감정
평가사 2차

감정평가실무

한권으로 끝내기

끝까지 책임진다! 시대에듀!
QR코드를 통해 도서 출간 이후 발견된 오류나 개정법령, 변경된 시험 정보, 최신기출문제, 도서 업데이트 자료 등이 있는지 확인해 보세요!
시대에듀 합격 스마트 앱을 통해서도 알려 드리고 있으니 구글 플레이나 앱 스토어에서 다운받아 사용하세요.
또한, 파본 도서인 경우에는 구입하신 곳에서 교환해 드립니다.

편집진행 김현지 | **표지디자인** 박종우 | **본문디자인** 손설이·임창규

2026 Certified Appraiser

2026 시대에듀 감정평가사 2차
감정평가실무 한권으로 끝내기

Always **with you**

사람의 인연은 길에서 우연하게 만나거나 함께 살아가는 것만을 의미하지는 않습니다.
책을 펴내는 출판사와 그 책을 읽는 독자의 만남도 소중한 인연입니다.
시대에듀는 항상 독자의 마음을 헤아리기 위해 노력하고 있습니다.
늘 독자와 함께하겠습니다.

저 자 이용훈 〈감정평가이론〉, 〈감정평가실무〉

- 서울대 공과대학(재료공학) 전공
- 서울시립대 도시과학대학원(도시계획) 전공
- 강원대 부동산학과 박사(부동산조세) 수료
- 감정평가사 18기
- **現)** 대화감정평가법인 본사 / 한국감정평가사협회 감정평가기준위원장 / 한국자산관리공사 직무교육
- **前)** 공인중개사, **자격시험 출제위원 / 미래전지, 한국경제TV, 법률저널 칼럼니스트 / 강원대 강사

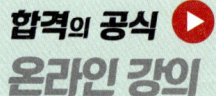

보다 깊이 있는 학습을 원하는 수험생들을 위한
시대에듀의 동영상 강의가 준비되어 있습니다.
www.sdedu.co.kr → 회원가입(로그인) → 강의 살펴보기

PREFACE 머리말

감정평가란 부동산, 동산을 포함하여 토지, 건물, 기계기구, 항공기, 선박, 유가증권, 영업권과 같은 유·무형의 재산에 대한 경제적 가치를 판정하여 그 결과를 가액으로 표시하는 행위를 뜻합니다. 이러한 평가를 하기 위해서는 변해가는 경제상황 및 이에 기반한 다양한 이론과 법령을 알아야 하며, 그 분량이 매우 많습니다.

감정평가사 2차 시험 과목 중에서도 감정평가실무는 가장 난이도가 높다고 평가됩니다. 출제 범위가 넓고, 깊이 있는 답안을 요구하기 때문에 대비에 막막함을 느끼는 수험생이 많을 것입니다. 본 도서는 감정평가실무를 어떻게 하면 단 한권으로 끝낼 수 있을지에 대한 고민이 담겨있는 도서입니다. 본서의 특징은 다음과 같습니다.

도서의 특징

❶ 필수이론과 관련법령, 그리고 기출문제를 한권으로 수록하여 방대한 학습분량을 최적화하였습니다.

❷ 이론의 서두에 목차를 배치하여 전체적인 체계를 한눈에 정리할 수 있습니다.

❸ 제1회부터 제36회까지 기출문제를 분석해 이론에 기출 회차를 표시히여 개념의 출제빈도와 중요도를 파악할 수 있습니다.

❹ 기출문제를 출제영역 및 답안작성 가이드와 함께 문제가 출제된 이론의 뒤에 수록하여 이론학습과 문제풀이가 연계되도록 구성하였습니다.

본서로 학습하는 수험생 여러분의 합격을 기원합니다.

편저자 드림

REVIEW
저자의 말

개정4판

네 번째입니다. 초판이 어렵지 개정판은 슬슬 작업해도 될 것처럼 오해도 받습니다. 사실, 개정판 작업은 욕심을 내려놓는 게 관건입니다. 더 추가하고 싶은 영역들이 많기 때문입니다. 매년 실무적으로 업데이트되는 내용들이 적잖아 이를 다 옮겨 실으려면 상당한 분량입니다. 실무이론서에 더 방점을 찍으려 할 때 그런 욕심이 발동하지만, 수험적합성을 우선시하니 거품이 꺼졌습니다.

개정 4판의 특징입니다.

첫째. 36회 기출문제 3문항을 업데이트했습니다. 분묘기지권을 묻고 있는 마지막 약술은 '지상권이 설정된 토지평가' 파트에 본문으로 추가했습니다.

둘째. 오산, 오기된 부분을 다듬고, 수강생 질문이 많았던 몇 문제에 답안을 좀 더 구체화시켰습니다.

셋째. 새롭게 추가한 콘텐츠로는,
❶ 공공기여와 관련된 감정평가 기준을 정리했습니다. 감정평가기준센터에서 회원에게 배포한 문서와 국토교통부 공공기여 가이드 라인에 기초했습니다.
❷ 감정평가사협회의 질의회신 자문 중 도시개발법 상의 기준시점, 시산가액 조정, 권리금 산정 시 영업이익 등 유의미한 부분을 실었습니다.
❸ 25년 하반기 한국부동산연구원의 수목 감정평가 자료집 연구주제에 맞춰, 수목평가 내용을 추가했습니다.
❹ 25년 하반기 한국감정평가사협회에서 무형자산 평가매뉴얼을 발간해, 지식재산권 파트를 강화하고 로열티공제법을 적용한 상표권 등의 평가 보고서 일부를 발췌해 수록했습니다.

한권으로 끝낸다는 이 책이 실무 출제 범위를 빠짐없이 아우르고 있는 것은 확실합니다. 정확하게 그리고 깊게 이해하고 기출 문제를 통해 단단히 하는 작업, 연습문제 풀이 통해 취약한 부분을 메워가는 보강공사까지 거치면, 충분히 합격 수준에 이를 수 있습니다.

실무과목이 어렵습니다. 몸이 경험하는 것과 눈으로 경험하는 것은 다르니까요. 저도 어려웠고 모두가 그랬습니다. 출제자나 채점자가 여러분에게 큰 것 기대하지 않는다는 것을 알려드리고 싶습니다. 어느 정도 논리적이고 앞뒤 맞아 들어가는 답안 정도면 눈높이를 충족시킵니다.

좋은 소식 있기를 기원합니다. 노력에 대한 결실을 얻으시기를. 합격해서 현장에서 마주치게 되길 기다리겠습니다. 그 땐, 여러분에게 창조주의 저작물 '성경' 읽기를 권하고 싶습니다.

2025년 9월
저자 이용훈

개정3판

올해 출판사와 협의해 개정 시기를 앞당겼습니다. 7월 제2차 시험, 10월 합격자 발표인데, 연말이 다 되어 개정판이 나오는 이제까지의 일정이 지혜롭지 못해서입니다. 9월 말 출간은 맞추자고 개정작업을 서둘렀습니다. 개정 때마다 그 해 기출문제 해설을 추가하는 것 외에 한 해 동안의 중요한 실무적 이슈를 업데이트하려 노력합니다. 이 책이 수험생에게는 가장 방대한 실무적 스펙트럼을 가진 책으로, 젊은 평가사에게는 평가 보고서 작성 시 참고할 수 있는 실무이론서로 활용되었으면 하는 바람에서. 개정3판의 변화된 부분은 다음과 같습니다.

첫째, 35회 기출문제 4문항을 추가했습니다. 그리고 누락됐던 특허권(세부논점) 기출문제를 수록했습니다.

둘째, 새롭게 추가한 콘텐츠는 다음과 같습니다.
1. 호텔 평가와 골프장 평가입니다. 둘 다 실제보고서 작성 시 판단하는 내용 중심으로 요약했습니다. 수험생들이 학원 문제로만 내용을 정리하는 불편함을 없애고 싶었고 수습평가사가 해당 업무를 배정받고 우왕좌왕하는 모습도 눈에 밟혔습니다.
2. 채권 평가와 관련해 실무적 이슈가 있는 임대차보증금반환채권과 담보부부실채권(NPL)을 간략히 정리했습니다.
3. 재건축초과이익환수에 관한 법률 개정내용이 많아 해당 부분은 거의 전면 개정했습니다.
4. 타당성 평가 중 사업성 평가 파트를 별도로 추가했습니다. 실무자를 위한 툴 제공의 연구용역 결과물인데 항목별로 정리가 잘 된 보고서라서 수험뿐만 아니라 업무에 도움이 된다고 확신했습니다.
5. 지하부분과 대지권의 기초가액 판단, 공공주택지구의 적용공시지가소급기준, 개발이익배제위한 지가변동률 적용의 미비점, 회계기준 상의 개정된 공정가치 정의, 잔여지의 사업시행이익 판단 등의 소소한 논점도 추가했습니다. 영업의 폐지가 폐업으로 바뀐 것, 오산이 있는 부분도 손 봤습니다.

이론은 평가사와 교수의 조합, 법규는 교수, 실무는 평가사로만 출제진이 구성됩니다. 실무과목에 있어서는 현업실무의 범위 내에 있다면 출제범위 이탈의 문제는 발생하지 않는 특수성이 있어, 저자로서는 실무적인 이슈가 있다면 빠뜨리지 않으려 합니다. 아직 정리가 되지 않은 '계획기반 부동산 개발 지원을 위한 감정평가', '조정금 산정 목적의 감정평가'를 추가하려다가 한 해만 더 여유를 가지려 합니다. 내년에는 도시개발사업 감정평가 영역도 간략히 정리해 보려 합니다.

매년 수험생의 답안지 질이 떨어진다는 채점 평을 직접 듣곤 하는데, 평균적인 수준에서는 그렇고 합격자의 절반 정도는 여전히 훌륭한 답안을 썼다고도 합니다. 이 책의 내용을 충분히 숙지한다면 그 훌륭한 답안지의 주인공이 되기에 부족할 일은 없을 것으로 확신합니다. 출제범위를 가늠하기 위해 출제위원이 이 책을 들춰본다는 고급정보(?)도 알려드리고 싶습니다.

또 다른 책도 잠시 홍보합니다. 논점이탈이라 공격받을까 염려되긴 하지만 오덕후인 점 숨기고 싶진 않습니다. 우리는 토지 등의 가치를 평가하지만, 끝 날 우리 인생을 3방식이 아닌 가장 공정한 방식으로 저울에 달아보실 분의 스토리가 있는 책 '성경'입니다. 사심 담아 이 책을 강력 추천합니다.

그리고 가장 중요한 것, 여러분의 합격을 기원합니다!

2024년 9월
저자 **이용훈**

REVIEW
저자의 말

개정2판

한 달은 개정1판의 오산 및 오류 수정에, 그리고 한 달은 현업에서 숙지해야 할 새로운 콘텐츠 선별과 정리에 시간을 들였습니다. 이 책이 100% 수험서인 동시에, 실무경험이 농익지 못한 젊은 평가사에게 최소한의 평가 가이드라인을 제공하는 실무서이기를 바라기 때문입니다. 개정2판의 특징은 다음과 같습니다.

첫째, 제34회 기출문제 4문항에 대한 해설을 추가했습니다.

둘째, 개정된 감정평가실무기준의 내용을 반영했습니다. 개정된 내용은, 그 밖의 요인 보정 시 적정사례 선정기준 명확화, 단가 유효숫자 처리 방법 마련, 수익환원법 상 환원이율 산정 시 '시장추출법' 이외 적절한 방법 선택 허용, 임대료 평가 시 적산법 적용 규정 마련, 기업가치 평가에서의 자산가치 개념 추가, 공사중단 건축물 등에 대한 평가기준 신설, 보상평가 시 당해 사업에 따른 가격변동 검토 및 개발이익 배제 사항 구체화 등입니다.

셋째, 새로운 콘텐츠로는 ① 입주권(분양권) 감정평가 방법을 소개했습니다. 조세목적의 평가가 빈번하기 때문입니다. ② 빈집 및 소규모주택 정비사업을 정리했습니다. 그중 가로주택정비사업이 핵심입니다. ③ 도심공공주택복합사업을 설명했습니다. 24년까지 한시적으로 운영되지만 지구지정된 곳이 많아 기한 연장이 예상되며, 도심 내에서 정비사업 방식이 아닌 수용방식으로 진행되는 독특한 사업이고 언론노출 빈도가 높아 수험생이 대비해야 할 부분이라고 판단했습니다. ④ 리모델링 사업을 다뤘습니다. 정비사업 평가기준을 준용하면서 약간 다른 부분이 무엇인지 짚어 드렸습니다. ⑤ 「공공시설 등 기부채납 용적률 인센티브 운영 기준」에 따른 감정평가를 살펴봤습니다. 아직 명확한 평가기준이 없지만, 현재 단계에서 정리된 내용까지만 소개했습니다. ⑥ 택지비평가 시 용적률 보정과 관련된 시사성 있는 논점을 들춰봤습니다. 수험생과 젊은 평가사를 위한 콘텐츠로 유용하리라 생각됩니다.

최종원고를 넘길 당일에, 제34회 합격자 발표가 있었습니다. 실무 과락률이 상당했습니다. 실무는 여전히 견고한 벽입니다. 업무상 골프를 종종 치는 저자에게도 첫 홀 티샷이 그렇게 긴장되는데, 수험생에게 시험장에서의 1번 문제는 그러한 중압감으로 다가왔으리라 짐작됩니다. 이 책이, 탄탄한 자기만의 스윙을 완성해서 결전의 날 떨림을 조금이라도 덜어주길 기대합니다.

다음 주면 회사 수습감정평가사 채용 면접에 들어갑니다. 험난한 과정을 거쳐 사회 첫발을 내디딘 그 초롱초롱한 눈빛을 대면합니다. 이 책을 통해 인연이 시작된 누군가가 한 공간에 근무할 회사 후배가 되는 기쁨을 누리고 싶습니다. 올해 업무적으로 또 개인적으로 험난한 한 해였습니다. 도서 개정작업을 통해 잠시 쉼을 갖게 돼 감사했습니다. 후배가 될 이들에게 부끄럽지 않은 책이길 소망합니다. 우리는 토지 등의 가치를 평가하지만, 끝 날 우리 인생을 저울에 달아보실 분의 스토리가 '성경'에 있습니다. 말미에 사심 담아 이 책도 홍보합니다.

여러분의 합격을 기원합니다!

2023년 10월
저자 **이용훈**

개정1판

두 달여 개정판을 준비했습니다. 초판에 보였던 옥에 티와 같은 오타와 오산 먼저 손 봤습니다. 그리고 학습필요성이 있는 내용을 선별해 초판 빈 곳에 알맞게 배치시켰습니다. 개정판의 특징은 다음과 같습니다.

첫째, 새로운 콘텐츠로, 통계학의 기초적인 내용(감정평가사를 위한 통계학 입문, 한국부동산연구원, 2013), 오피스빌딩의 친환경요인(오피스빌딩의 친환경요인 가중치결정에 관한 연구, 한국부동산연구원, 2010), 신약개발기술가치 평가에 중용되는 rNPV법(기술평가실무가이드, 산업통상자원부, 2021)을 소개했습니다.

둘째, 심화된 콘텐츠로, 영업권 및 기업가치 감정평가기준 마련 연구용역(한국감정평가사협회, 2021), 택지비평가서 검토 업무매뉴얼(한국부동산원, 2022), 지방세 시가표준액 조사산정업무요령(행정안전부, 2022), 상가권리금의 감정평가에 관한 연구(김동현, 2020)의 내용을 발췌해 수록했습니다. 영업권은 실무자에게 즉시 도움 될 수준까지 나갔고, 택지비평가에서의 빈번한 오류, 부가세평가실익을 판단하기 위한 시가표준액에 의한 부가세비율산정, 권리금 평가 실례를 접할 수 있습니다.

셋째, 입체적 이해를 위해 실제 평가서의 내용을 조금 소개했습니다. 물류창고 감정평가, 분양가상한제하에서의 일반분양가 산정, 감정평가를 통한 부가세비율 산정, 제3기 신도시 보상평가에서의 적용공시지가 소급 검토 과정 등이 대표적입니다. 해외에서만 활용되고 있는 방매사례비교법도 이참에 소개하고 싶었습니다.

넷째, 보상평가 영역을 대폭 다듬었습니다. 김원보 평가사님의 토지보상법해설 1-3권(2021)에서 수험에 도움 될 만한 내용을 선별했고, 토지수용업무편람(중토위, 2022), 잔여지 수용 및 가치하락 손실보상 등에 관한 참고기준(중토위, 2019), 지장물보상평가자료집(한국감정평가사협회, 2017)의 내용도 일부 수록했습니다. 보상평가규정 중 누락됐던 실직(휴직)보상, 공익사업지구 밖의 토지 등의 보상은 조문위주로 간략히 정리했습니다.

책에 수록된 어느 내용 하나 저자 고유의 것은 없어 보입니다. 실무규정들과 선배 평가사의 실무 노하우, 잘 정리된 논문·책·판례·해석, 완성된 감정평가보고서에서 조심히 건져 올린 것뿐입니다. 그러나 15년간 현장에서 부딪혀 익힌 실무적 감각과 실무규정 개정에 줄곧 참여하면서 머릿속에 자리 잡은 개념체계들이 잘 섞여, 저만의 언어로 정리한 이 작업 결과는 오롯이 저자 고유의 창작물일 수 있습니다. 비록 수험서지만 출처 기재에 철저를 기했습니다. 그리고 한 가지 욕심이 있다면, 수습평가사의 실무수습 기간에 다시 한번 정독할 만한 실무수습교재가 되길 원합니다. 사례를 가급적 많이 끼워 넣은 이유가 있습니다.

큰딸 은교가 수능을 앞두고 있어 수험생의 마음이 올해 유독 많이 체휼되고 있습니다. 큰딸도 이 책을 선택한 수험생 여러분도 힘내길 응원합니다. 끝으로 책상 정리는 형편없지만 글로써 정리하는 데는 약간의 재능을 주신 하나님께 다시 한번 감사를 올려 드리고 싶습니다.

2022년 11월

저자 **이용훈**

REVIEW
저자의 말

초판

"감정평가실무를 준비하는 수험생들을 위한 충실한 기본서"

수험서로서 감정평가실무 과목을 집필하는 일은 부담스럽다. 양이 방대한 게 첫째고, 수험서에 실을 콘텐츠를 정하기 어려운 게 둘째다. 양이 만만치 않은 건 이해할 텐데 수험서 콘텐츠를 확정하는 일이 뭐 어렵다는 말일까? 예컨대 고등수학에서 다루는 미분법은 명확한 공식이 있고 활용에 제약이 없다. 미분계수를 활용하는 문제가 각종 물리, 화학 실험과 복잡한 제조공정, 첨단 기기의 작동과 관련돼 출제된다고 해도, 그 분야에 대한 기초지식이 없음으로 인해 공식 활용이 제한되거나 지장을 받지 않는다. 그런데 감정평가실무는 각종 자산을, 다양한 평가목적에 따라, 물건 특성과 상황에 맞게 저마다의 방식으로 풀어내는 일이다. 공식은 있지만 현장이 똑같이 않아 매번 세팅이 다르다. 그 현장에 있어보지 않았으면 낯섦은 두려움이 되고 판단의 갈림길에서 우왕좌왕하게 된다.

현장에 있어보지 않은 사람은 실무를 경험해보지 않은 사람이다. 그에게 매뉴얼만 제공한다고 조금씩 다른 환경에 즉각 적응하길 바랄 수는 없다. 감정평가실무를 공부해야 하는 수험자의 입장이 이렇게 열악하다. 그래서 수험서에 방법론적인 얘기만 나열할 수 없다. 현장의 실무적인 내용을 최대한 소개해야 응용력도 생기고 자신감도 붙는다. 그렇게 살을 붙여 나가다 보면 점점 가장자리가 확장된다. 최적의 접점을 찾는 일이 집필자의 부담으로 다가온다. 줄곧 감정평가사의 업무로 알고 있던 영역만 시험에 출제됐다. 그런데 개발 부담금을 산정하기 위한 개시시점과 종료시점의 지가를 관련 법률에 따라 '산정'하라는 문제가 등장했을 때는 지경을 조금 더 넓혀야 한다는 시그널을 받았다. 재건축초과이익부담금 산정, 옵션가치 평가방법을 포함시킨 것은 그 때문이다.

이 책은, 단 한 권으로 감정평가실무의 내용을 섭렵할 수 있도록 기획되었다. 감정평가실무를 학습해야 하는 앞서 언급한 개별성을 빠짐없이 고려했다. 책은 방법론적인 내용과 실무적인 내용을 담고 있어야 하고 출제의 경향과 형식도 짚어줘야 한다. 방법론적인 부분은 「감정평가에 관한 규칙」, 「감정평가실무기준」 및 해설서, 감정평가사협회 실무매뉴얼 등에 기초해 정리했다. 실무적인 내용은 꼭 필요한 파트에서 샘플 감정평가서의 본문 일부를 발췌해 제공했다. 보고서가 어떻게 작성되는지 보여주기 위해서다.

각 파트의 최신 대표 기출 문제를 예시답안과 함께 정리해 큰 흐름을 익히도록 했다. 학습의 집중력을 높이고자 기출문제 전문을 소개할 필요가 없을 때는 해당 파트와 무관한 내용을 '중략'해서 편집의 묘미를 살렸다. 이 책이 지향한 이와 같은 3박자의 학습이 감정평가실무의 콘텐츠를 충분히 만족스럽게 흡수할 첩경이자 왕도임을 확신한다.

대부분의 감정평가실무 기본서는 요약서의 형태를 취하고 있다. 일종의 편집본이다. 반면 이 책은 혼자서 공부할 수 있도록 서술식을 취했다. 책 속에 필자의 업무경험에서 나오는 몇몇 조언은 알토란이다. 이 점이 책을 조금 돋보이게 할 것으로 기대한다. 저자로서 이 책으로 동영상 강의도 촬영했다. 책의 내용을 저자의 시각에서 완벽하게 이해하고 싶다면, 동영상 강의를 적극 활용할 것도 추천한다.

책을 집필하는 동안 꽤 힘들었다. 대학교재나 일반인을 위한 교양서적을 쓸 때보다 에너지가 배는 소모됐다. 필자의 에너지와 응축된 실무지식, 풍부한 현장의 경험과 감정평가사로서의 생각법이 이 책을 읽는 독자에게 오롯이 전달되기를 희망한다. 책을 마무리하며, 저술의 기쁨과 약간의 글쓰기 재능을 허락하신 하나님께 감사한다. 그리고 책을 예쁘고 가독성 있게 만들어준 시대고시기획 출판부에도 감사의 마음을 전한다.

2021년 10월

저자 **이용훈**

이 책의 구성과 특징

핵심 키워드

절별 목차를 핵심 키워드로 정리하여 수험생들이 중요 개념의 흐름과 학습 방향을 명확히 파악할 수 있도록 하였습니다.

기출회차 표시

감정평가사 2차 시험에 기출된 이론에 해당 회차를 표기하여 중요도를 한눈에 파악하고, 수험생들이 우선순위를 정해 집중적으로 대비할 수 있도록 구성하였습니다.

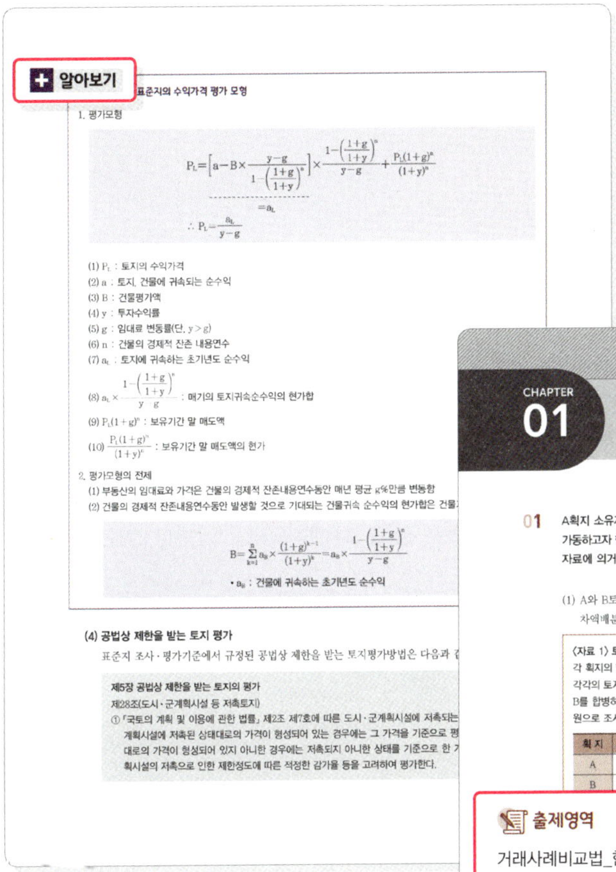

합격의 공식 Formula of pass | 시대에듀 www.sdedu.co.kr

+ 알아보기

+ 알아보기 를 통해 본문과 관련하여 출제경향이 반영된 참고 내용을 확인할 수 있습니다.

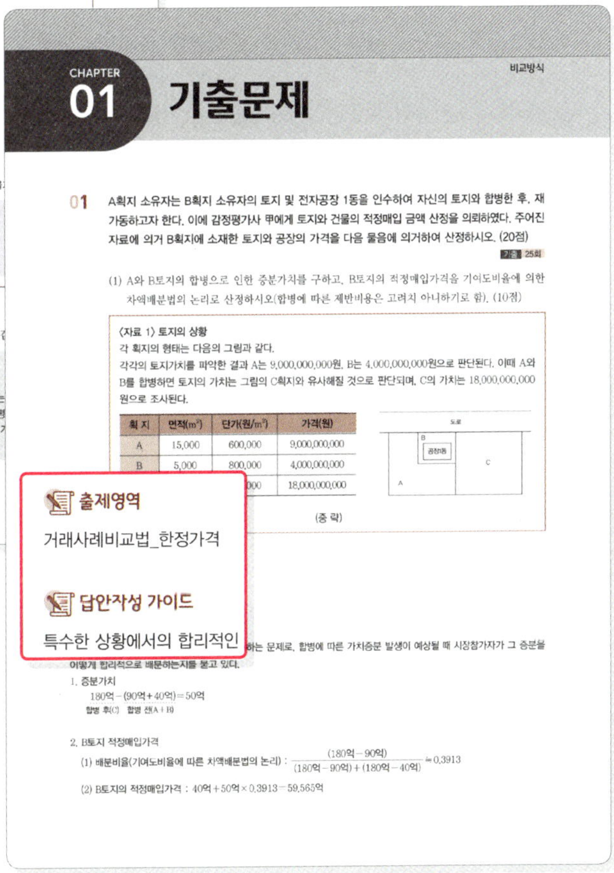

기출문제

이론학습 후 관련 기출문제를 풀어볼 수 있으며, 출제영역과 답안작성 가이드를 확인하여 답안작성을 훈련할 수 있습니다.

유료 동영상 강의 교재

본 도서를 교재로 사용하는 시대에듀 유료 동영상 강의가 진행되고 있습니다. 충분히 독학할 수 있도록 기획·제작되었으나, 내용 이해가 어려운 수험생들은 유료 동영상 강의를 이용해 주시기 바랍니다.

INFORMATION
감정평가사 자격시험 안내

❖ 2025년 제36회 시험공고 기준

⭐ 시험일정(2026년)

감정평가사 시험은 1차와 2차 각각 연 1회 실시됩니다. 1차 시험은 그 해의 상반기(4월)에 실시하고, 2차 시험은 그 해의 하반기(7월)에 실시합니다. 매해 시험일정이 상이하므로 상세한 시험일정은 한국산업인력공단 홈페이지(www.q-net.or.kr)를 통하여 확인하시기 바랍니다.

⭐ 응시자격 및 결격사유

❶ 응시자격 : 제한 없음
 ※ 단, 최종 합격자 발표일(2025.10.22.) 기준, 감정평가 및 감정평가사에 관한 법률 제12조의 결격사유에 해당하는 사람 또는 같은 법 제16조 제1항에 따른 처분을 받은 날부터 5년이 지나지 아니한 사람은 시험에 응시할 수 없음

❷ 결격사유 : 감정평가 및 감정평가사에 관한 법률 제12조의 다음 각 호 중 어느 하나에 해당하는 사람

> 1. 파산선고를 받은 사람으로서 복권되지 아니한 사람
> 2. 금고 이상의 실형을 선고받고 그 집행이 종료(집행이 종료된 것으로 보는 경우를 포함한다)되거나 그 집행이 면제된 날부터 3년이 지나지 아니한 사람
> 3. 금고 이상의 형의 집행유예를 받고 그 유예기간이 만료된 날부터 1년이 지나지 아니한 사람
> 4. 금고 이상의 형의 선고유예를 받고 그 선고유예기간 중에 있는 사람
> 5. 제13조에 따라 감정평가사 자격이 취소된 후 3년이 지나지 아니한 사람
>   ※ 단, 제39조 제1항 제11호 및 제12호에 따라 자격이 취소된 후 5년이 지나지 아니한 사람은 제외한다.
> 6. 제39조 제1항 제11호 및 제12호에 따라 자격이 취소된 후 5년이 지나지 아니한 사람

⭐ 시험과목

구 분	시험과목	시험방법
1차 시험	❶ 「민법」 중 총칙, 물권에 관한 규정 ❷ 경제학원론 ❸ 부동산학원론 ❹ 감정평가관계법규 → 「국토의 계획 및 이용에 관한 법률」, 「건축법」, 「공간정보의 구축 및 관리 등에 관한 법률」 중 지적에 관한 규정, 「국유재산법」, 「도시 및 주거환경정비법」, 「부동산등기법」, 「감정평가 및 감정평가사에 관한 법률」, 「부동산 가격공시에 관한 법률」 및 「동산·채권 등의 담보에 관한 법률」 ❺ 회계학 ❻ 영어(영어시험성적 제출로 대체)	객관식 5지 택일형
2차 시험	❶ 감정평가실무 ❷ 감정평가이론 ❸ 감정평가 및 보상법규 → 「감정평가 및 감정평가사에 관한 법률」, 「공익사업을 위한 토지 등의 취득 및 보상에 관한 법률」, 「부동산 가격공시에 관한 법률」	주관식 논술형 (기입형 병행가능)

※ 시험과 관련하여 법률·회계처리기준 등을 적용하여 정답을 구하여야 하는 문제는 시험시행일 현재 시행 중인 법률·회계처리기준 등을 적용하여 그 정답을 구하여야 함
※ 회계학 과목의 경우 한국채택국제회계기준(K-IFRS)만 적용하여 출제
※ 기활용된 문제, 기출문제 등도 변형·활용되어 출제될 수 있음

⭐ 공인어학성적 기준점수

시험명	TOEFL		TOEIC	TEPS	G-TELP	FLEX	TOSEL	IELTS
	PBT	IBT						
일반 응시자	530	71	700	340	65 (level-2)	625	640 (Advanced)	4.5 (Overall Band Score)
청각 장애인	352	–	350	204	43 (level-2)	375	145 (Advanced)	–

※ 청각장애인(장애의 정도가 심한 청각장애인을 말한다)의 경우 듣기부분을 제외한 나머지 부분의 합계점수를 말함. 청각장애인의 기준 점수를 적용받으려는 수험자는 원서접수 마감일까지 장애의 정도가 심한 청각장애인으로 유효하게 등록되어 있어야 하며, 원서접수 마감일부터 4일 이내에 장애인등록증의 사본을 원서접수 기관에 제출하여야 함

⭐ 합격자 결정

구 분	내 용
1차 시험	영어 과목을 제외한 나머지 시험과목에서 과목당 100점을 만점으로 하여 모든 과목 40점 이상이고, 전 과목 평균 60점 이상인 사람
2차 시험	❶ 과목당 100점을 만점으로 하여 모든 과목 40점 이상, 전 과목 평균 60점 이상을 득점한 사람 ❷ 최소합격인원에 미달하는 경우 최소합격인원의 범위에서 모든 과목 40점 이상을 득점한 사람 중에서 전 과목 평균점수가 높은 순으로 합격자를 결정

※ 동점자로 인하여 최소합격인원을 초과하는 경우에는 동점자 모두를 합격자로 결정. 이 경우 동점자의 점수는 소수점 이하 둘째자리까지만 계산하며, 반올림은 하지 아니함

⭐ 감정평가사 시험 통계자료

구 분		2021년(32회)	2022년(33회)	2023년(34회)	2024년(35회)	2025년(36회)
1차 시험	대 상	4,019명	4,513명	6,484명	6,746명	7,969명
	응 시	3,176명	3,642명	5,515명	5,755명	6,702명
	응시율	79%	80.7%	85.06%	85.31%	84.1%
	합 격	1,171명	877명	1,773명	1,340명	1,914명
	합격률	36.9%	24.08%	32.15%	23.28%	28.55%
2차 시험	대 상	1,905명	2,227명	2,655명	2,950명	3,118명
	응 시	1,531명	1,803명	2,377명	2,667명	2,851명
	응시율	80.36%	80.96%	89.53%	90.4%	91.43%
	합 격	203명	202명	204명	195명	190명
	합격률	13.26%	11.20%	8.58%	7.31%	6.66%

CONTENTS
이 책의 차례

제1편 감정평가 개관

CHAPTER 01 평가실무 기초   2
- 제1절 기본적 사항
- 제2절 관련규정
- 제3절 기초 수학

CHAPTER 02 토지평가 기초   23
- 제1절 토지의 기본적 사항
- 기출문제

CHAPTER 03 건물평가 기초   49
- 제1절 건축물
- 제2절 건축물 분류
- 제3절 건축면적 등
- 제4절 건축물대장의 이해

CHAPTER 04 감정평가 절차   63

제2편 감정평가방식

CHAPTER 01 비교방식　　　　　　　　　　　　　　66
제1절 거래사례비교법
제2절 공시지가기준법
제3절 임대사례비교법
기출문제

CHAPTER 02 원가방식　　　　　　　　　　　　　　117
제1절 원가법
제2절 적산법
기출문제

CHAPTER 03 수익방식　　　　　　　　　　　　　　152
제1절 수익환원법
제2절 수익분석법
기출문제

CHAPTER 04 그 밖의 감정평가방식　　　　　　　　181
제1절 GIM법
제2절 대쌍자료비교법
제3절 회귀분석법
제4절 조건부가치평가법
기출문제

CONTENTS 이 책의 차례

제3편 유형별 감정평가

CHAPTER 01 토지 평가 196
제1절 개 관
제2절 유형별 토지평가
기출문제

CHAPTER 02 건물 평가 213
제1절 개 관
제2절 특수한 건물평가

CHAPTER 03 구분소유부동산 평가 217
제1절 개 관
제2절 유형별 구분소유부동산 평가

CHAPTER 04 복합부동산 평가 222
제1절 개 관
제2절 유형별 복합부동산 평가
기출문제

CHAPTER 05 산림 평가 278
제1절 개 관
제2절 입목평가
기출문제

CHAPTER 06 과수원, 염전 평가 286
제1절 과수원
제2절 염 전

CHAPTER 07 공장재단 평가 287
제1절 개 관
제2절 기계기구류 평가
제3절 구축물의 평가
제4절 과잉유휴시설의 평가
기출문제

CHAPTER 08 광업재단 평가   314

제1절 개 관
제2절 평가방법
기출문제

CHAPTER 09 의제부동산 평가   320

제1절 자동차
제2절 건설기계
제3절 선 박
제4절 항공기
기출문제

CHAPTER 10 광업권 평가   331

제1절 개 요
제2절 광업권 평가

CHAPTER 11 어업권 평가   333

제1절 개 요
제2절 어업권 평가

CHAPTER 12 권리금 평가   335

제1절 개 요
제2절 권리금 평가
기출문제

CHAPTER 13 지식재산권 등 평가   348

제1절 개 요
제2절 지식재산권 평가
제3절 기술가치 평가
기출문제

CHAPTER 14 유가증권 평가   374

제1절 주 식
제2절 채 권
제3절 리 츠
기출문제

CHAPTER 15 기업가치·영업권 평가   393
  제1절 기업가치
  제2절 영업권
  기출문제

CHAPTER 16 동산 평가   432
  제1절 개 요
  제2절 동산 평가
  제3절 「동산·채권 등의 담보에 관한 법률」에 따른 동산담보평가(집합동산)

CHAPTER 17 "소음 등"으로 인한 토지 등의 가치하락 평가   436
  제1절 개 요
  제2절 가치하락 평가
  기출문제

CHAPTER 18 지상권 평가   452
  제1절 지상권
  제2절 구분지상권

CHAPTER 19 임대차 평가   458
  제1절 임대료 평가
  제2절 임대권, 임차권, 전대권, 전차권
  기출문제

CHAPTER 20 입주권(분양권) 평가   466
  제1절 개 요
  제2절 입주권(분양권) 평가

CHAPTER 21 옵션 평가   468
  제1절 개 요
  제2절 옵션 평가

CHAPTER 22 골프장 평가   476
  제1절 개 요
  제2절 골프장 평가

제4편 목적별 감정평가

CHAPTER 01 담보평가 494
　제1절 개 관
　제2절 담보평가
　기출문제

CHAPTER 02 경매평가 520
　제1절 개 관
　제2절 경매평가
　기출문제

CHAPTER 03 정비사업 평가 543
　제1절 개 관
　제2절 정비사업 감정평가
　제3절 빈집 및 소규모주택정비사업 감정평가
　제4절 도심공공복합사업 감정평가
　제5절 리모델링에 따른 감정평가
　기출문제

CHAPTER 04 국·공유재산 평가 608
　제1절 개 관
　제2절 국·공유재산 평가
　기출문제

CHAPTER 05 택지비 평가 618
　제1절 개 관
　제2절 택지비 평가

CHAPTER 06 과세관련 평가 636
　제1절 표준지공시지가 평가
　제2절 개발부담금
　제3절 부가세 평가
　제4절 법인세 평가
　기출문제

CONTENTS
이 책의 차례

CHAPTER 07 재무보고목적 평가 — 682

CHAPTER 08 공공기여 등에 따른 감정평가 — 684
제1절 공공기여량 한도 산정을 위한 감정평가
제2절 「공공시설 등 기부채납 용적률 인센티브 운영 기준」에 따른 감정평가

CHAPTER 09 소송평가 — 691
기출문제

CHAPTER 10 보상평가 — 699
제1절 보상평가 입문
제2절 토지 보상평가
제3절 지장물 보상평가
제4절 영업손실 등 보상평가
제5절 생활보상 등
기출문제

제5편 비가치추계(컨설팅)

CHAPTER 01 최고최선의 이용분석 — 922
기출문제

CHAPTER 02 타당성 분석(투자의사결정) — 932
기출문제

CHAPTER 03 투자수익률 — 966
기출문제

CHAPTER 04 그 밖의 컨설팅 — 972

제1편

감정평가 개관

CHAPTER 01   평가실무 기초
CHAPTER 02   토지평가 기초
CHAPTER 03   건물평가 기초
CHAPTER 04   감정평가 절차

CHAPTER 01 평가실무 기초

> **핵심 키워드**
>
> **제1절 기본적 사항**
> 1. 감정평가 정의
> 2. 감정평가 대상
> 3. 감정평가 목적
> 4. 감정평가 방법
>   (1) 3방식 7방법
>   (2) 가격3면 등가
> 5. 기본적 사항의 확정
>   (1) 기준가치
>   (2) 기준시점
>   (3) 평가조건
>   (4) 평가원칙
>   (5) 감정평가서 작성
>
> **제2절 관련규정**
>
> **제3절 기초 수학**
> 1. 화폐의 시간가치
> 2. 각종 계수
>   (1) 일시불의 내가계수
>   (2) 일시불의 현가계수
>   (3) 연금의 내가계수
>   (4) 연금의 현가계수
>   (5) 감채기금계수
>   (6) 저당상수
>   (7) 상환비율(P)
>   (8) 기 타
> 3. 그 밖의 수학적 기초
>   (1) 변동률 및 격차율
>   (2) 보 정
>   (3) 평균과 분산

제1절 기본적 사항

1. 감정평가 정의

「감정평가 및 감정평가사에 관한 법률」(이하 "감정평가법") 제2조(정의) 제2호에서, "감정평가"란 토지 등의 경제적 가치를 판정하여 그 결과를 가액으로 표시하는 것으로 정의했다. 감정평가를 정의하는 세 가지 요소를 살펴보면 다음과 같다. 다만, 무형자산의 개발에 투입된 비용을 회계상 '개발비'로 특정하기 위해 적정 비용을 추정하기도 하며 보상평가에서는 물건 등의 이전비를 산정하기도 해, 실무적으로 감정평가의 정의는 자산의 경제적 가치를 판정하는 것에 국한되지 않는다.

'토지 등'	감정평가의 대상을 일컫는 말로 평가의 주를 이루는 토지, 건물을 비롯하여 경제적 가치를 지닌 모든 유·무형 자산이 이에 해당된다. 가치하락 또는 가치증가분도 평가 대상인데, 가치하락(증가) 전·후의 자산을 평가하기 때문이다.
'경제적 가치'	시장에서 화폐와 교환될 수 있는 경제적 측면의 가치를 추계한다.
'가액으로 표시'	경제적 가치를 구체적인 화폐금액으로 표시한다. 가액은 하나의 값 또는 범위의 값이 될 수 있다.

2. 감정평가 대상

「감정평가법」 제2조 제1호에서 "토지 등"을 '토지 및 그 정착물, 동산, 그 밖에 대통령령으로 정하는 재산과 이들에 관한 소유권 외의 권리'로 정의했다. 이를 나열하면 아래 표와 같다. 감정평가법에는 임대료, 가치하락, 구분소유부동산 등이 포함돼 있지 않으나 감정평가법이 감정평가의 세부적인 원칙과 기준을 위임한 「감정평가에 관한 규칙」(이하 "감칙")에 아래 열거된 평가 대상 외에 다른 평가대상도 포함되어 있는바 감정평가 대상은 훨씬 광범위하다.

구 분	상 세[1]
토 지	용도별 토지(주거, 상업·업무, 공업, 농경, 임야지), 특수토지(광천지, 골프장용지, 공공용지, 사도, 공법상 제한을 받는 토지, 일단으로 이용 중인 토지, 지상정착물과 소유자가 다른 토지, 제시 외 건물 등이 있는 토지, 공유지분토지, 지상권이 설정된 토지, 규모가 과대하거나 과소한 토지, 맹지, 고압선 등 통과 토지, 택지 등 조성공사 중에 있는 토지)
정착물	일반적인 건물, 특수한 경우의 건물(공법상 제한받는 건물, 기존 건물 상층부에 증축한 건물, 토지와 그 지상건물의 소유자가 다른 건물, 공부상 미등재 건물, 건물 일부가 인접 토지상에 있는 건물, 공부상 지번과 다른 건물), 공작물
동 산	원재료, 비품, 기계기구
저작권·산업재산권·어업권·양식업권·광업권 및 그 밖의 물권에 준하는 권리	지식재산권, 영업권
「공장 및 광업재단 저당법」에 따른 공장재단과 광업재단	공장 및 광업재단에 속하는 토지, 건물, 기계기구, 무형자산
「입목에 관한 법률」에 따른 입목	—
자동차·건설기계·선박·항공기 등 관계 법령에 따라 등기하거나 등록하는 재산	—
유가증권	주식, 채권, 기업가치

---

[1] 감정평가실무기준의 목차를 참고하여 예시적으로 나열함

3. 감정평가 목적

감정평가를 의뢰해 발급된 보고서를 어디에 활용하는지와 밀접하게 관련돼 있다. 물론 원래 의뢰한 목적과 다르게 평가서를 활용할 때에는 '목적≠use'가 될 수 있다. 그래서 감정평가서에는 '평가목적'을 기재하도록 돼 있다. 감정평가 목적을 정리하면 대략 다음과 같다.

구 분	상 세
담보(금융, 일반)	금융기관이 의뢰하거나 금융기관에 제출하기 위해 수행되는 감정평가. 의뢰처나 제출처가 금융기관이 아닌 경우 일반담보라고 부름
경 매	법원의 결정 또는 저당권의 실행에 의해 체납자의 자산을 매각하여 자금을 회수하기 위한 평가
국·공유재산 매각	국·공유재산을 점유자 또는 사업시행자 등에 매각하기 위한 평가
관리처분	정비사업 구역 내 분양대상자의 종전 토지 및 건축물과 분양예정인 대지 및 건축물에 대한 평가
무상 양·수도	정비사업 구역 내 용도폐지 기반시설과 신설되는 기반시설 간 교환을 위한 평가
일반거래	거래 또는 개발을 위한 시가의 참고 등을 위한 평가
조 세	상속·증여, 현물출자[2], 부가세 산출 등에서 시가를 확인하기 위한 평가 및 표준지공시지가 평가
개발부담금[3]	개발이익 환수를 위해 개발사업의 개시시점과 종료시점 당시의 지가를 결정하기 위한 평가
보 상	공익사업에 의해 토지 등을 취득함에 있어 협의 또는 재결에 필요한 평가
현금청산	정비사업 구역 내 미동의자 또는 분양대상 제외자 등의 재산에 대한 평가
택지비	분양가상한제 적용을 받는 공동주택 부지의 분양가 결정을 위한 평가
소 송	임대료, 가치하락, 보상금 등에 대한 법적 다툼이 있을 경우 법원의 의뢰에 의한 평가

동일한 자산에 대해서 평가목적을 달리한 평가가 수행될 수 있다. A토지가 표준지로 지정됐다면 매년 1월 1일을 기준으로 표준지공시지가 평가가 진행된다. 재산세의 과세표준을 확정하기 위해서다. 해당 필지를 담보로 자금을 융통하고자 하면 담보평가가 수행될 것이다. 이자와 원금을 계속 체납한다면 경매평가가 예고돼 있다. 체납이 대출액이 아니라 국세 등 조세면 공매평가가 이뤄진다. A토지를 포함한 일대가 재개발구역으로 지정됐다면 조만간 관리처분 목적의 평가가 진행될 것이다. 재개발구역 내에서 새롭게 신설될 도로가 A토지를 관통한다면 무상 양·수도 평가가 이뤄질 것이다. 분양신청하지 않고 다른 곳으로 이사 가기로 결정했다면 현금청산 평가, 현금청산 제시액이 마음에 들지 않으면 보상(재결)평가, 끝까지 보상금에 대해 다투고 싶다면 소송평가까지 가야 한다. 그 와중에 소유자의 사망 또는 증여할 사정이 생기면 일반거래(상속, 증여)평가, A토지를 포함한 재개발구역 전체를 하나의 택지로 한 택지비 평가도 받아야 한다.

감정평가 목적을 조금 자세히 설명하는 이유는 평가목적이 평가사유 및 평가서활용과 직결돼 있어 평가목적에 따라 감정평가액이 상이할 수 있기 때문이다. 관련 법률의 규정에 따라 평가기준이 달라지거나 평가 대상이 조정될 수 있으며 평가 조건이 부가되기도 한다. 감정평가 목적은 가장 먼저 확인해야 할 사항이다.

---

[2] 주주(株主)가 금전 이외의 현물, 곧 부동산, 채권, 특허권, 영업권 따위를 출자하는 일. 금전 출자 원칙에 대한 예외이다.
[3] 토지의 형질변경이나 용도변경을 수반하는 개발사업의 시행자로부터 징수하는 부담금 형태의 공과금을 일컬음. 투기를 막기 위해 토지의 형질변경 등으로 생기는 개발이익 중 일정한 비율을 환수하는 제도로 개발사업이 완료된 토지의 가격에서 개발 사업을 하기 전의 토지가격과 토지개발에 소요된 비용 및 사업기간 동안 정상지가상승분을 공제한 나머지(개발이익)에서 25%를 징수하도록 규정하고 있다. 단 개발제한구역에서 원주민이 개발 사업을 시행할 경우에는 개발이익의 20%를 징수하도록 하고 있다.

> **➕ 알아보기** 평가목적에 따른 평가액의 변동
>
> 일례로 시가참고용 일반거래 목적의 평가와 담보평가를 비교해 보자. 시가(실제 시장 참여자들이 부담 없이 거래하고자 하는 가격) 100만원짜리 중고차가 있다. 일반거래 목적의 평가에서는 100만원으로 평가한다. 그게 시가이기 때문이다. 그러나 채무자가 채권자로부터 중고차를 담보로 돈을 빌린다고 상정하면 채권자는 현재의 시세를 감안하여 부담 없이 100만원을 대여해 줄 수 있을까? 일단 상환기간이 정해져 있을 테니 상환만료일이 됐을 때 중고차가 100만원의 가치를 유지할 수 있을지를 먼저 확인해야 하고 또 하나 상환만료일이 도래했을 때 채무자의 상환이 이루어지지 않아 대출금을 회수하고자 저당권을 행사해 담보물로 잡힌 중고차를 시중에 내다 팔 때 100만원에 팔릴 수 있을지 까지 따져봐야 한다. 고유가로 인한 유류비 부담에 너도나도 중고차 시장에 매물을 내놓아 중고차 시세가 당분간 하락세를 보일 것으로 예상한다면 현재 시세 100만원을 담보가격으로 평가하는 것은 위험하다. 결국 담보평가액은 평가서에 사인하는 평가사가 책임을 지고 보증할 수 있는 가격 수준에서 결정될 것이고 이는 현재의 적정 시세를 하회할 수 있다. 평가목적이 달라지면 감정평가액이 변동될 수 있다.

4. 감정평가 방법

(1) 3방식 7방법

「감칙」 제11조에서는 감정평가의 3방식과 7방법에 대해서 규정하고 있다.

구 분	세 분	방 법	가격(임료)	의 의	특 징
비교방식	가 격	거래사례비교법	비준가액	대상물건과 가치형성요인이 같거나 비슷한 물건의 거래사례와 비교하여 대상물건의 현황에 맞게 사정보정(事情補正), 시점수정, 가치형성요인 비교 등의 과정을 거쳐 대상물건의 가액을 산정하는 감정평가방법	시장성 기반
		공시지가기준법	공시지가기준가액	감정평가의 대상이 된 토지와 가치형성요인이 같거나 비슷하여 유사한 이용가치를 지닌다고 인정되는 표준지의 공시지가를 기준으로 대상토지의 현황에 맞게 시점수정, 지역요인 및 개별요인 비교, 그 밖의 요인의 보정(補正)을 거쳐 대상토지의 가액을 산정하는 감정평가방법	
	임 료	임대사례비교법	비준임료	대상물건과 가치형성요인이 같거나 비슷한 물건의 임대사례와 비교하여 대상물건의 현황에 맞게 사정보정, 시점수정, 가치형성요인 비교 등의 과정을 거쳐 대상물건의 임대료를 산정하는 감정평가방법	
원가방식	가 격	원가법	적산가액	대상물건의 재조달원가에 감가수정(減價修正)을 하여 대상물건의 가액을 산정하는 감정평가방법	비용성 기반
	임 료	적산법	적산임료	대상물건의 기초가액에 기대이율을 곱하여 산정된 기대수익에 대상물건을 계속하여 임대하는 데에 필요한 경비를 더하여 대상물건의 임대료[(賃貸料), 사용료를 포함한다. 이하 같다]를 산정하는 감정평가방법	
수익방식	가 격	수익환원법	수익가액	대상물건이 장래 산출할 것으로 기대되는 순수익이나 미래의 현금흐름을 환원하거나 할인하여 대상물건의 가액을 산정하는 감정평가방법	수익성 기반
	임 료	수익분석법	수익임료	일반기업 경영에 의하여 산출된 총수익을 분석하여 대상물건이 일정한 기간에 산출할 것으로 기대되는 순수익에 대상물건을 계속하여 임대하는 데에 필요한 경비를 더하여 대상물건의 임대료를 산정하는 감정평가방법	

(2) 가격3면 등가

모든 자산에 대해 원칙적으로 3방식 접근이 가능하다. 각 방법에 의해 도출된 가격을 시산가액이라 하며 합리적인 시장, 합리적인 시장 참여자를 상정할 때 3방식에 의한 가격은 상호 균형을 이룬다. 이같은 배경에서 「감칙」제12조에는, '어느 하나의 감정평가방법(주된 감정평가방법)을 적용하여 산정한 가액을 다른 감정평가방식에 속하는 하나 이상의 감정평가방법으로 산출한 시산가액과 비교하여 합리성을 검토하여야 한다.'고 규정돼 있다. 대상물건의 특성 등으로 이런 합리성 검토가 불가능해 예외를 인정받는 상황은, 시장 매매가 불가능하거나 수익이 발생하지 않아 각각 거래사례비교법과 수익환원법을 활용할 수 없는 것이 명백할 때다. 아래는 3면 등가의 이론을 현실에 맞게 설명한 내용이다.

> **+ 알아보기** 3방식에 의한 접근 및 3면 등가
>
> 모든 유, 무형 자산에 대한 평가는 3가지 방식의 사고에 의해 접근이 가능하다. 펜션의 가치를 3가지 사고방식에 의해 평가하기로 하고 과거, 현재, 미래의 펜션 상태를 다음과 같이 상정해 보자.
>
>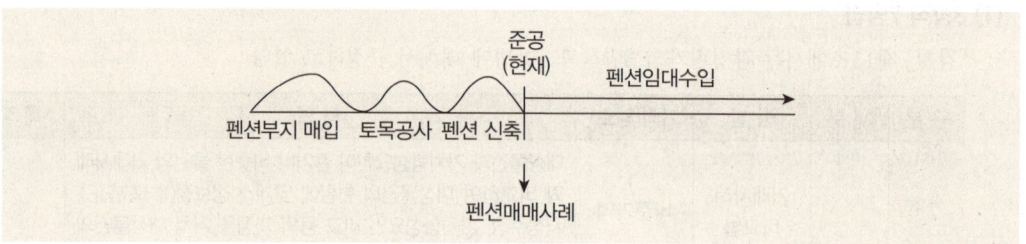
>
> 펜션을 준공한 시점을 현재라 하면, 소유자는 과거 펜션 부지를 매입해 토목공사를 했고 연이어 건축공사에 들어가 현 시점 완공한 셈이다. 펜션을 완성하기 위해 지불한 비용에 주목하는 방법을 원가방식, 인근 신축 펜션의 최근 매매사례를 기준으로 가격을 책정하는 방법을 비교방식, 향후 펜션을 통해 창출하게 될 수익을 기준으로 평가를 진행하는 방법을 수익방식으로 이해할 수 있다.
> 먼저 비용성에 입각한 원가방식은 과거에 지출된 비용에 주목한다. 합리적인 매수자와 매도자를 가정하면, 매도자는 펜션 짓는데 소요된 총 비용[4] 이하로는 팔려고 하지 않을 것이다. 반대로 매수자는 총 비용 이상에 사야 한다면 차라리 펜션을 짓는 방법을 선택할 개연성이 크다. 결국 접점은 매도자가 투여한 비용만큼이 될 가능성이 농후하다. 이처럼 원가방식이란 과거에 소요된 비용이 대상의 가치를 형성한다는 매우 단순하지만 합리적인 사고에 기초하고 있다.
> 두 번째로 시장성에 입각한 비교방식은 최근 인근에서 매매된 대상과 유사한 펜션의 거래금액에 주목한다. 시장에서 대개 그 정도 가격으로 거래가 된다면 대상도 시장에 매물로 등장하면 그 가격수준에서 매매가 성립될 가능성이 클 것이다. 물론 거래된 사례보다 대상이 경관이나 입지조건 등에서 다소 유리하다면 최근 거래된 사례의 매매금액에 대상과 사례의 가격격차를 합리적으로 보정해 주면 될 것이다.
> 세 번째로 수익성에 입각한 수익방식이란 펜션의 장래 창출 수익규모에 주목한다. 펜션을 처분하지 않고 현재 소유자가 계속 소유하면서 성수기마다 휴가객에게 돈을 받고 펜션을 빌려주는 일을 펜션 사용연한까지 지속했을 때 장래 벌어들이는 수익을 현재 시점으로 환산한 값을 펜션의 현재 가치로 보는 방법이다. 쉽게 말해 앞으로 5억원(시간에 대한 보정을 거친)의 순수익을 올릴 수 있는 펜션은 현재 5억원의 가치를 지닌다고 판단하는 것이다.
> 투입원가 수준에서 거래가격이 형성될 수 있고, 거래가격은 또한 장래 수익 기대치가 반영될 수 있다. 그런 면에서 3면 등가가 달성된다.

---

[4] 통상 부지매입과 토목공사, 신축완료까지는 상당 기간 소요되므로 명목 지출에 개발하는 기간의 이자비용까지 합산한 금액을 말한다.

5. 기본적 사항의 확정

(1) 기준가치 기출 8회

「감칙」 제2조 제3호에서 "기준가치"를 감정평가의 기준이 되는 가치로 정의했다. 동 규칙 제5조 제1항에서는 '대상물건에 대한 감정평가액은 시장가치를 기준으로 결정한다.'고 했다(시장가치기준 원칙). 그리고 제2항에서는 사유가 있는 경우 '시장가치 외의 가치'를 기준으로 결정할 수 있도록 했다. 이를 정리하면 다음과 같다.

기준가치	상 세
시장가치	감정평가의 대상이 되는 토지 등(이하 "대상물건"이라 한다)이 통상적인 시장에서 충분한 기간 동안 거래를 위하여 공개된 후 그 대상물건의 내용에 정통한 당사자 사이에 신중하고 자발적인 거래가 있을 경우 성립될 가능성이 가장 높다고 인정되는 대상물건의 가액(價額)
시장가치 외의 가치	1. 법령에 다른 규정이 있는 경우 2. 감정평가 의뢰인(이하 "의뢰인"이라 한다)이 요청하는 경우 3. 감정평가의 목적이나 대상물건의 특성에 비추어 사회통념상 필요하다고 인정되는 경우

'시장가치 외의 가치'를 기준가치로 결정하기 위해서는 위 '1. 법령에 다른 규정이 있는 경우'를 제외하고는 해당 시장가치 외의 가치의 성격과 특징, 시장가치의 외의 가치를 기준으로 하는 감정평가의 합리성 및 적법성을 검토하여야 한다. 감정평가 업계에서는 평가수요 부응, 업무의 다각화 등을 이유로 '시장가치 외의 가치'를 더 구체적으로 정의하고 실무적으로 활용하기 위해 「감칙」 및 실무기준 등의 개정을 추진했지만 현재까지 입법화되지는 않고 있다.

(2) 기준시점

「감칙」 제2조 제2호에서 "기준시점"을 대상물건의 감정평가액을 결정하는 기준이 되는 날짜로 정의했다. 동 규칙 제9조 제2항에서는 '기준시점은 대상물건의 가격조사를 완료한 날짜로 한다. 다만, 기준시점을 미리 정하였을 때에는 그 날짜에 가격조사가 가능한 경우에만 기준시점으로 할 수 있다'고 했다. 기준시점은 과거일 수도 있고 미래 어느 시점일 수 있다.

구 분			원 칙	예 외
일반평가			현장조사 완료일 (별도 제시일이 없는 경우)	의뢰일(별도 제시일) 또는 법정일(*)
공적평가		표준지	매년 1월 1일	—
	보상	협 의	협의성립일(의뢰일)	—
		재결 (수용재결, 이의재결)	수용재결일	—

위 표에서 법정일(*)이라 함은, 관련 법률에서 현장조사완료 등과 무관하게 기준시점을 정해 놓은 날이다. 예컨대 「도시 및 주거환경정비법」(이하 도정법)에서는 관리처분 목적의 종전자산 평가 시 '사업시행인가고시일'을 기준시점으로 정했다.

> **알아보기**
>
> ■ 「공공주택 특별법」 제50조의3 제5항에 따라, 임대사업자 또는 임차인 과반수 이상의 동의를 받은 임차인(임차인대표회의)은 임대아파트의 분양전환가격 감정평가에 대해 이의신청할 수 있으며, 시장·군수·구청장은 시행령 제56조 제4항에 따라 관계 법령 위반 또는 부당 평가여부 등을 검토하여 한 차례만 재평가하게 할 수 있음. 따라서 이때의 재감정평가는 기존에 완료되었던 감정평가 결과가 관계 법령 위반이나 부당 평가 여부 등의 사유로 이의신청이 이루어진 것을 고려할 때, 재감정평가는 최초 감정평가와 동일한 기준일을 적용하여야 함(국토교통부 주거복지지원과-1347).
>
> ■ 「도시개발법」 제21조와 제22조의 규정에 의하여 도시개발사업을 수용 또는 사용하는 방식으로 시행하는 경우에는 「공익사업을 위한 토지 등의 취득 및 보상에 관한 법률」(이하, "토지보상법"이라 한다)을 준용하여 감정평가할 수 있으나, 환지방식에 의하여 도시개발사업을 시행하는 경우에는 건축물 등이나 장애물 등을 이전하거나 제거하는 경우를 제외하고는 토지보상법을 준용할 수 있다는 규정이 없으며, 국토교통부 유권해석(도시재생과-1249, 2015.05.11.)에서도 환지방식에 의한 도시개발사업의 환지계획 작성시 정리전 토지의 감정평가는 토지보상법의 준용대상이 아니라고 하였음. 「도시개발법」 시행규칙 제27조의2제1항에서는 환지설계시 적용되는 토지·건축물의 평가액은 최초 환지계획인가시를 기준으로 하여 정하고 변경할 수 없으며, 환지 후 토지·건축물의 평가액은 실시계획의 변경으로 평가요인이 변경된 경우에만 환지계획의 변경인가를 받아 평가할 수 있다고 규정되어 있음. 도시개발사업의 시행상 필요한 세부적인 사항을 정하고 있는 「도시개발업무지침」 4-1-4.(5)에 의하면, 정리전가격은 실시계획인가시점(도시개발사업으로 인한 도시·군 관리계획 결정, 변경결정 등을 반영하지 않는 사업이전 상태)을 기준으로 하고 정리 후 가격은 환지처분시점을 기준으로 하여 정하되, 평가시기는 환지계획 수립전에 하여야 한다고 규정됨. 「도시개발법」 시행규칙 제27조의2제1항과 「도시개발업무지침」 4-1-4.(5) 규정은 환지계획변경시 토지 소유자의 재산권보호를 위해 조합원 사이의 자산가치 비율을 산정하기 위한 정리전가격 평가에서 토지등의 평가액의 변경을 제한하기 위한 취지이므로 추가로 세목고시된 토지에 대하여서도 정리전가격은 최초의 실시계획인가일이 기준시점임(한국감정평가사협회 감정평가기준센터)

(3) 평가조건

「감칙」 제6조 제1항에서 '감정평가는 기준시점에서의 대상물건의 이용 상황(불법적이거나 일시적인 이용은 제외한다) 및 공법상 제한을 받는 상태를 기준으로 한다'(현황기준 원칙)고 했다. 그러나 상황에 따라 어떤 조건을 상정하여 감정평가액을 산출하도록 요구받을 때가 있다. 동 규칙 제6조 제2항에서는 '기준시점의 가치형성요인 등을 실제와 다르게 가정하거나 특수한 경우로 한정하는 조건(감정평가조건)을 붙여' 감정평가 할 수 있도록 했다. 조건을 부가할 수 있는 사유로 '① 법령에 다른 규정이 있는 경우, ② 의뢰인이 요청하는 경우, ③ 감정평가의 목적이나 대상물건의 특성에 비추어 사회통념상 필요하다고 인정되는 경우'로 했으며, 사유 ①을 제외하고는 감정평가 조건의 합리성, 적법성, 실현가능성을 검토해야 한다. 실무기준에서는, 조건이 부가된 감정평가를 할 때 감정평가서에 '① 감정평가조건의 내용, ② 감정평가조건을 부가한 이유, ③ 감정평가조건의 합리성, 적법성 및 실현가능성의 검토사항, ④ 해당 감정평가가 감정평가조건을 전제로 할 때에만 성립될 수 있다는 사실'을 기재하도록 하고 있다. 실무기준해설서에서 평가조건을 부가할 수 있는 예를 다음과 같이 설명하고 있다. 다만, 감정평가조건의 실현가능성이란 측면에서 개발사업의 인·허가와 관련된 사항을 조건 부가할 때는 신중해야 한다. 인·허가 여부를 감정평가사가 판단하기에는 다소 무리가 따른다. 그래서 행정적 조건을 부가할 때는 감정평가서 대신 컨설팅 보고서를 발급하는 것이 현명하다.

구 분	상 세
법령에 다른 규정이 있는 경우	「공익사업을 위한 토지 등의 취득 및 보상에 관한 법률」(이하 토지보상법) 제70조의 개발이익배제원칙에 따른 공시지가 선정
의뢰인이 요청하는 경우	도시계획실시, 택지조성 및 수면매립의 전제, 불법점유의 해제, 환경의 개량, 건물의 증·개축
감정평가의 목적이나 대상물건의 특성에 비추어 사회통념상 필요하다고 인정되는 경우	국·공유지 처분 평가에서 점유자에 대한 매각(용도폐지 전제), 건축허가 득한 건물의 완공 임박 시 '대지'를 전제한 평가

> **➕ 알아보기** 「농지법」 제42조에 따른 원상회복명령 미이행자에 대한 이행강제금 부과 시 '조건'
>
> 농지 처분명령 또는 원상회복명령 이행 기간 만료일 다음 날을 기준시점으로 평가하면서, 원상회복된 농지 상태가 아니라 불법시설물을 포함해 불법 전용된 현황을 기준으로 평가하는 조건부 평가를 진행(농지과-3971). 이는 입법적 취지상 불법사항을 제외하고 원상회복 후 농지를 기준으로 이행강제금 부과액 산출 시 불법 농지 전용으로 농지법상 의무는 이행하지 않고 사적 이익을 누리던 농지 소유자의 행위를 사실상 방조하게 될 우려가 있고, 사회통념상 농지법상 의무는 이행하지 않고 사적 이익을 누리던 농지 소유자의 행위를 시정하는 데 목적이 있기 때문.

(4) 평가원칙

① 시장가치기준 원칙

대상물건에 대한 감정평가액은 원칙적으로 시장가치를 기준으로 결정하고 특수한 경우에 시장가치 외의 가치로 결정할 수 있다.

② 현황기준 원칙

대상물건에 대한 감정평가액은 원칙적으로 기준시점에서의 대상물건의 이용상황(불법적이거나 일시적인 이용 제외) 및 공법상 제한을 받은 상태를 기준으로 결정하고 특수한 경우에 감정평가 조건을 붙여 감정평가 할 수 있다. 실무기준에서는 '불법적이거나 일시적인 이용'인 경우의 처리 방침을 다음과 같이 정리하고 있다.

구 분	상 세
대상물건이 일시적 이용 등 최유효이용에 미달되는 경우	최유효이용을 기준으로 감정평가 하되, 최유효이용으로 전환하기 위해 수반되는 비용을 고려
대상물건이 불법적인 이용인 경우	합법적인 이용을 기준으로 감정평가 하되, 합법적인 이용으로 전환하기 위해 수반되는 비용을 고려

③ 개별물건기준 원칙

「감칙」 제7조 제1항에는 '감정평가는 대상물건마다 개별로 하여야 한다'고 했다. 그런데 사안에 따라 여러 물건을 일괄로, 한 개의 물건을 구분해서, 한 개(일체로 이용되고 있는 경우 여러 개)의 물건의 일부분만 감정평가 할 수 있다. 실무적으로는 다음과 같이 활용된다.

구 분	일괄평가	구분평가	부분평가
정 의	2개 이상의 대상물건이 일체로 거래되거나 대상물건 상호간에 용도상 불가분의 관계[5]가 있는 경우에는 일괄하여 평가	1개의 대상 물건이라도 가치를 달리하는 부분은 이를 구분하여 평가	일체로 이용되고 있는 대상물건의 일부분에 대하여 특수한 목적 또는 합리적인 이유가 수반되는 경우 그 일부분에 대한 평가
적 용	둘 이상의 획지 또는 필지를 일단지로 평가할 필요가 있는 경우, 대지와 지상물이 일체로 거래되는 경우, 용도상 불가분의 관계에 있는 아파트, 다세대, 연립주택, 아파트형공장, 주거용 오피스텔 등의 평가를 행하는 경우, 임지와 입목을 일체로 하는 임야, 토지·건물의 복합부동산	한 필지의 토지가 둘 이상의 용도로 이용되는 경우, 광평수 토지의 전면 및 후면평가, 도시계획시설에 저촉되는 부분과 그렇지 않은 부분평가, 증축건물의 기존부분과 증축부분평가, 구조 및 용도가 다른 건물의 각 층 평가	1필지 일부만이 공익사업에 편입되는 경우, 공유토지 중 특정 지분만의 평가, 토지·건물 일체로 구성된 복합부동산 그 상태에서 토지 또는 건물만의 평가(단, 지적재조사에 따른 조정금 산정은 조정된 면적만을 평가대상으로 하나, 지적재조사 사업에 따라 면적이 확정된 1필지 전체의 개별요인을 기준해서 평가)

(5) 감정평가서 작성

「감칙」제13조에는 감정평가서를 작성할 때 총 13가지 사항을 기재하도록 하고 있다. '① 감정평가법인등의 명칭, ② 의뢰인의 성명 또는 명칭, ③ 대상물건(소재지, 종류, 수량, 그 밖에 필요한 사항), ④ 대상물건 목록의 표시근거, ⑤ 감정평가 목적, ⑥ 기준시점, 조사기간 및 감정평가서 작성일, ⑦ 실지조사를 하지 아니한 경우에는 그 이유, ⑧ 시장가치 외의 가치를 기준으로 감정평가한 경우에는 해당 시장가치 외의 가치의 성격과 특징, 시장가치 외의 가치를 기준으로 하는 감정평가의 합리성 및 적법성, ⑨ 감정평가조건을 붙인 경우에는 감정평가조건의 합리성, 적법성 및 실현가능성에 대한 검토사항, ⑩ 감정평가액, ⑪ 감정평가액의 산출근거 및 결정의견, ⑫ 전문가의 자문 등을 거쳐 감정평가한 경우 그 자문 등의 내용, ⑬ 그 밖에 이 규칙이나 다른 법령에 따른 기재사항'이 포함되어야 한다. 이 중 '⑪ 감정평가액의 산출근거 및 결정의견'의 내용에는 감정평가방법 적용에 따라 다음과 같은 내용을 포함해야 한다.

구 분	상 세
공 통	적용한 감정평가방법 및 시산가액 조정 등 감정평가액 결정 과정, 일괄감정평가, 구분감정평가 또는 부분감정평가를 한 경우 그 이유, 감정평가액 결정에 참고한 자료가 있는 경우 그 자료의 명칭, 출처와 내용, 대상물건 중 일부를 감정평가에서 제외한 경우 그 이유
공시지가기준평가	비교표준지의 선정 내용, 비교표준지와 대상토지를 비교한 내용 및 그 밖의 요인을 보정한 경우 그 내용
원가법	재조달원가 산정 및 감가수정 등의 내용
적산법, 수익환원법	기대이율 또는 환원율(할인율)의 산출근거

---

5) 외관상 '독립한 부동산'으로서 '용도상 불가분의 관계'에 있는 경우도 있다. 중고차 매매 단지는 지목 '잡종지'인 주차장과 사무실로 사용하는 구분상가로 이루어져 있다. 중고차 매매상은 상가의 특정 호를 구분소유권 형태로, 주차장에 대해서는 공유 지분 형태로 소유하고 있다. 「집합건물의 소유 및 관리에 관한 법률」상 구분소유권은 전유면적과 공용면적 그리고 대지권으로 구성된다. 이때 매매상가 부지만 대지권 면적에 포함되어 있을 뿐 주차장은 대지권의 목적이 되고 있는 토지로 등재되어 있지 않다. 그래서 외관상 매매상가와 주차장 부지는 상호 독립적인 부동산으로 취급해야 할 것으로 보이지만 실질적으로는 '용도상 불가분 관계'를 이루고 있다. 중고차를 전시할 장소, 중고차를 보관할 장소를 매매상가와 분리한다는 것은 '통상적인 시장'에서 '정상적인 거래'를 하는 '정통한' 당사자 입장에서는 불합리하다. 물론 거래가 될 때에는 구분상가는 얼마, 주차장 부지는 얼마하고 가격을 책정하여 총액을 결정하겠지만 이들이 일체로 거래된다는 점은 부인할 수 없는 사실이다. 이와 같은 관계도 사실상 '용도상 불가분의 관계'에 해당한다.

제2절 관련규정

감정평가실무에 적용되는 관련 규정의 위계를 정리하면 다음과 같다.

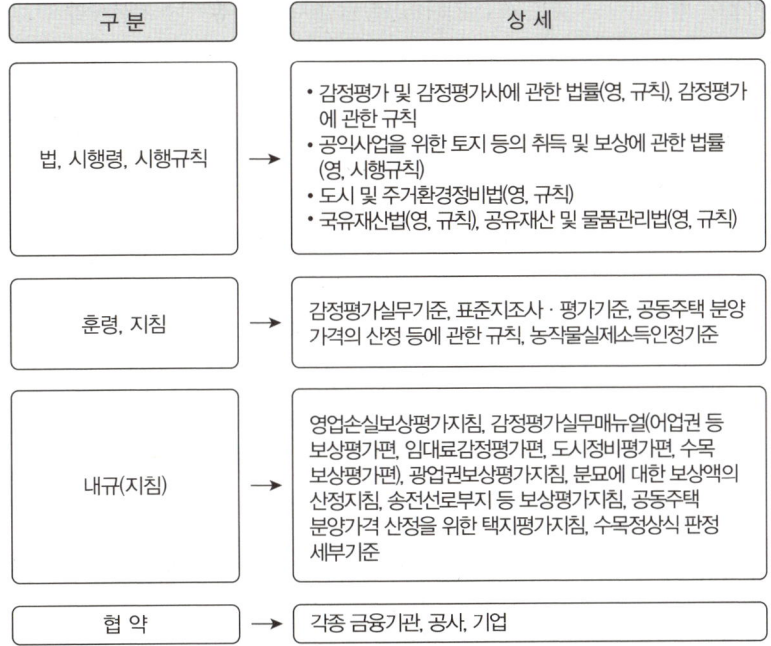

내규(지침)에 해당하는 감정평가실무매뉴얼이 각 평가목적 및 유형별로 제작 중에 있으며, 감정평가실무기준 및 그 해설서와 더불어 실질적인 감정평가 기준으로 적용된다. 위에 열거되지 않은 관련법률 중 평가와 관련된 일부 규정은 숙지할 필요가 있는데 이는 목적 및 유형별 평가 단원에서 확인할 수 있다.

제3절 기초 수학

1. 화폐의 시간가치

이자수익, 이자비용이 발생한다는 것은 시간(기다림)에 대한 대가를 받거나 지불해야 함을 말한다. 명목상 동일 화폐금액을 어느 시점에 수령(지불)하느냐에 따라 실질가치가 달라진다. 이자율 10%를 전제하면, 1년 전 100원의 예금은 이자를 복리계산 할 때 현재와 1년 뒤 다음과 같이 불어난다.

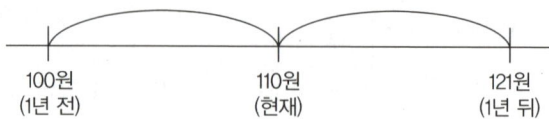

화폐의 시간가치는, 이자율 10% 하에서, 1년 전 100원과 현재의 110원, 1년 뒤 121원의 실질가치가 시간의 기회비용을 고려할 때 동등하다는 것을 말한다. 그리고 1년 전과 1년 뒤의 예금 잔액을 현재시점으로 보정한 110원을 '현재가치'라고 부른다. 이자율을 반영한 시간의 가치를 고려한다면 과거나 미래 특정시점에서의 금액에 시간에 대한 기회비용을 가산 혹은 공제해야만 현재 가치로 환산되게 된다.

과거나 미래의 금액을 현재의 금액으로 환산하기 위해 시간에 대한 기회비용을 고려한 보정을 거쳐야 할 때 시간 경과에 대한 가치 가산 혹은 시간 소급에 대한 가치 할인의 정도를 '할인율'이라고 부른다. 미래시점의 금액은 할인되지만 과거 시점의 금액은 할증되므로 엄밀히 말하면 할인할증률이지만, 실무적으로 할인율로 통칭한다. 시간의 기회비용을 높게 인정하면 할인율도 높아진다. 할인율은 대체투자자산의 수익률과 밀접한 관련이 있다. 금융상품 등의 수익률이 높으면 부동산에 대한 수익률 기대치도 높아지고 그에 상응해 할인율도 올려 잡는 것이 상식이다. 할인율은 평가의 목적, 평가 주체, 평가 대상에 따라 유동적이다.

2. 각종 계수

화폐의 시간가치는 여러 상황에 적용된다. 수익이나 비용의 발생시점이 시각이 아니라 시간(period)일 상황이 더 많기 때문이다. 거래금액도 분할 지급한다면 현재의 매매금액으로 환산하기 위해 할인의 과정을 거쳐야 한다. 원가법에서의 비용, 수익환원법에서의 수익과 비용은 어느 한 시점에서 발생하지 않고 기간에 걸쳐 분포한다. 현재가치 또는 미래가치로 환산하기 위한 대표적인 산식(계수)은 다음과 같다.

자본환원계수	적용	수 식	제계수의 관계
일시불의 내가계수 (FVF)	현재의 1원이 n년 후 얼마가 되겠는가?	$(1+r)^n$	PVF의 역수
일시불의 현가계수 (PVF)	n년 후의 1원이 현재 얼마겠는가?	$\dfrac{1}{(1+r)^n}$	FVF의 역수
연금의 내가계수 (FVAF)	매년마다 1원씩 n년 동안 적립할 경우 n년 후 그 합계의 미래가치는 얼마가 되겠는가?	$\dfrac{(1+r)^n-1}{r}$	FVF의 합계
감채기금계수 (SFF)	n년 후 1원을 만들기 위해 매년 적립해야할 금액이 얼마이겠는가?	$\dfrac{r}{(1+r)^{n-1}}$	FVAF의 역수

연금의 현가계수 (PVAF)	매년 1원씩 n년 동안 적립할 경우 그 합계액의 현재가치는 얼마겠는가?	$\dfrac{(1+r)^n-1}{r(1+r)^n}$ $(=\dfrac{1-(1+r)^{-n}}{r})$	PVF의 합계
저당상수 (MC)	현재 1원을 빌려서 n년 동안 갚을 경우 매년 갚아야 할 원금이자의 합계액은 얼마겠는가?	$\dfrac{r(1+r)^n}{(1+r)^n-1}$ $(=\dfrac{r}{1-(1+r)^{-n}})$	PVAF의 역수
상환비율 (P)	일정시점에서의 저당대부금액에 대한 원금의 상환비율 $\dfrac{t년의 종가}{n년의 종가}$	$\dfrac{(1+r)^t-1}{(1+r)^n-1}$ $=\dfrac{MC_n-r}{MC_t-r}$	• n년 : 총대부기간 • t년 : 상환기간 • r : 이자율
잔금비율	일정시점에서 저당대부금액에 대한 저당잔금의 비율	$1-p$	

※ r : 시간의 기회비용을 나타내는 할인율 혹은 이자율

> **+ 알아보기** 　등비수열
>
> 일정한 수의 나열을 수열이라 한다. 그러나 규칙성이 없는 수열은 우리의 관심 밖이다. 나열의 규칙성을 추출할 수 있어 흐름을 예측함으로 일반항을 규정할 수 있는 수열이 우리가 관심을 갖는 수열이다. 이 중 대표적인 것이 등차수열과 등비수열이다. 전자는 초항에 일정한 값이 계속 더해지는 형태(3의 배수의 나열)이고 후자는 초항에 일정한 값이 계속 곱해지는 양태(3의 거듭제곱의 나열)다. 이 중 감정평가실무에서 기본적으로 숙지해야 할 것은 후자인 등비수열이다. 등비수열은 일반항의 도출과 n항까지의 합이 그 핵심인데 6계수, K계수 등이 등비수열의 합과 직접적으로 연관이 있다.
>
> 첫째항이 a이고, 공비가 r인 등비수열의 첫째항부터 제n항까지의 합을 S_n이라 하면
>
> ▶ $r \neq 1$일 때, $S_n = \dfrac{a(r^n-1)}{r-1}$ 또는 $S_n = \dfrac{a(1-r^n)}{1-r}$
>
> ▶ $r = 1$일 때, $S_n = na$

pf) 등비수열의 첫째항을 a, 공비를 r, 제n항까지의 합을 S_n이라 하면
$S_n = a + ar + ar^2 + \cdots + ar^{n-2} + ar^{n-1}$ … ①
①의 양변에 r을 곱하면
$rS_n = ar + ar^2 + ar^3 + \cdots + ar^{n-1} + ar^n$ … ②
① − ②하면 $S_n - rS_n = a - ar^n$, 곧 $(1-r)S_n = a(1-r^n)$
$r \neq 1$일 때, $S_n = \dfrac{a(1-r^n)}{1-r} = \dfrac{a(r^n-1)}{r-1}$
$r = 1$일 때, ①에서 $S_n = a + a + a + \cdots + a = na$

(1) 일시불의 내가계수

아래 time-table과 같이 현재 a원을 n년 간 적립해 놓았을 때 n년 후의 가치는 a원의 몇 배가 되는지를 나타내는 계수이다. 시간에 대한 기회비용은 r로 상정했다(단위가 1이므로 10%/연 이라면 r에 0.1을 대입하면 됨).

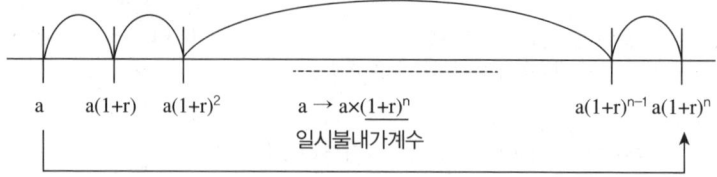

(2) 일시불의 현가계수

아래 time-table과 같이 n년 뒤 a원의 현재 가치는 a원의 몇 배가 되는지를 나타내는 계수이다.

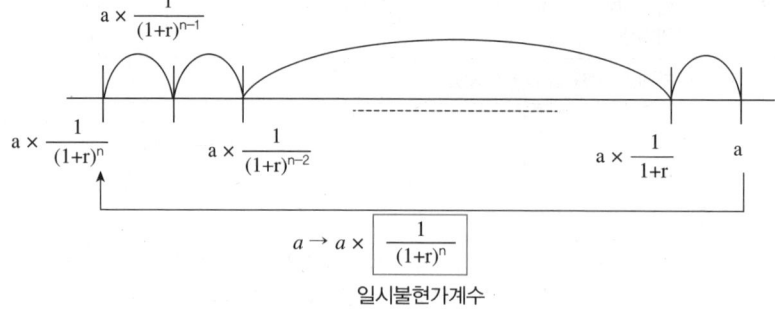

(3) 연금의 내가계수

아래 time-table과 같이 n년 간 매년 a원씩 적립할 때 n년 뒤 합계가 a원의 몇 배가 되는지를 나타내는 계수이다.

(4) 연금의 현가계수

아래 time-table과 같이 n년 간 매년 a원씩 적립할 때 현재 시점에서 적립액의 합계가 a원의 몇 배가 되는지를 나타내는 계수이다.

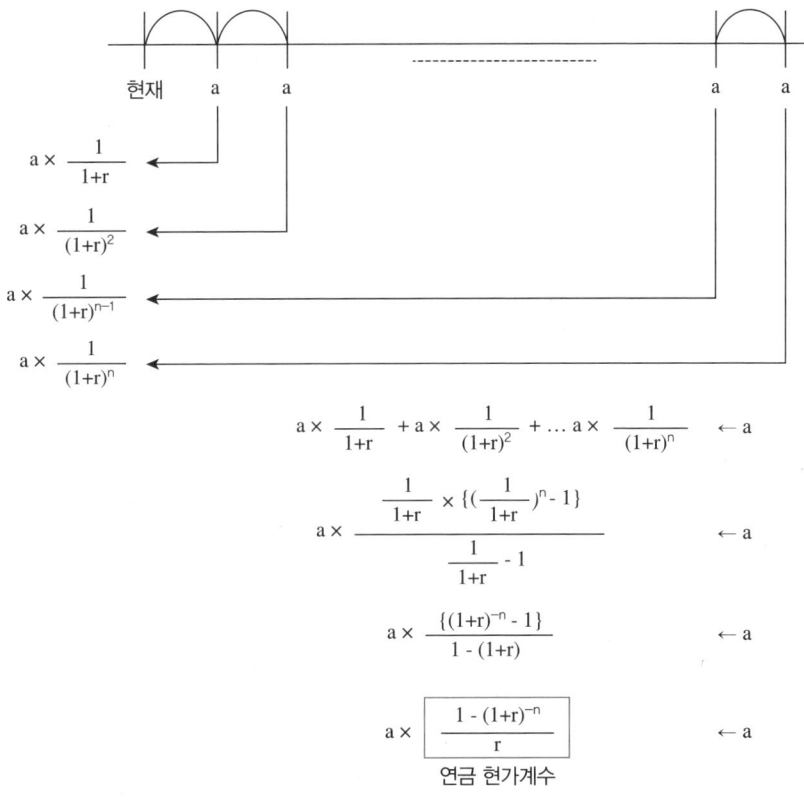

(5) 감채기금계수

아래 time-table과 같이 n년 뒤 a원을 만들기 위해 매년 적립해야 하는 금액은 a원의 몇 배가 되는지를 나타내는 계수이다.

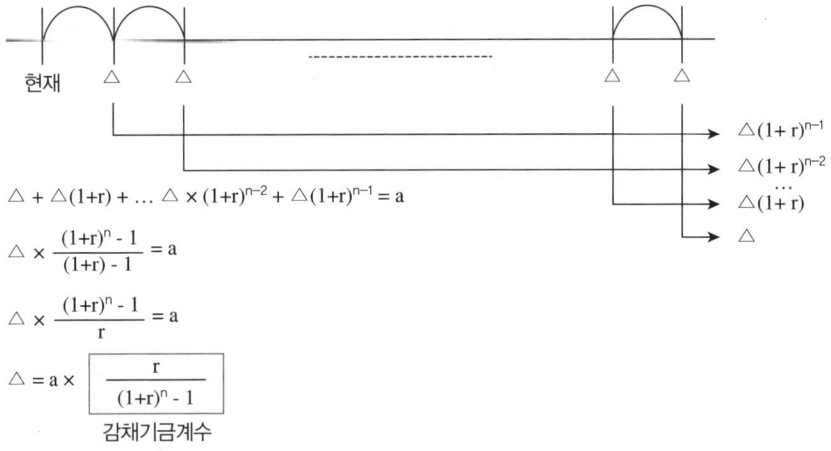

(6) 저당상수

아래 time-table과 같이 현재 a원을 만들기 위해 n년 간 매년 적립해야 하는 금액은 a원의 몇 배가 되는지를 나타내는 계수이다.

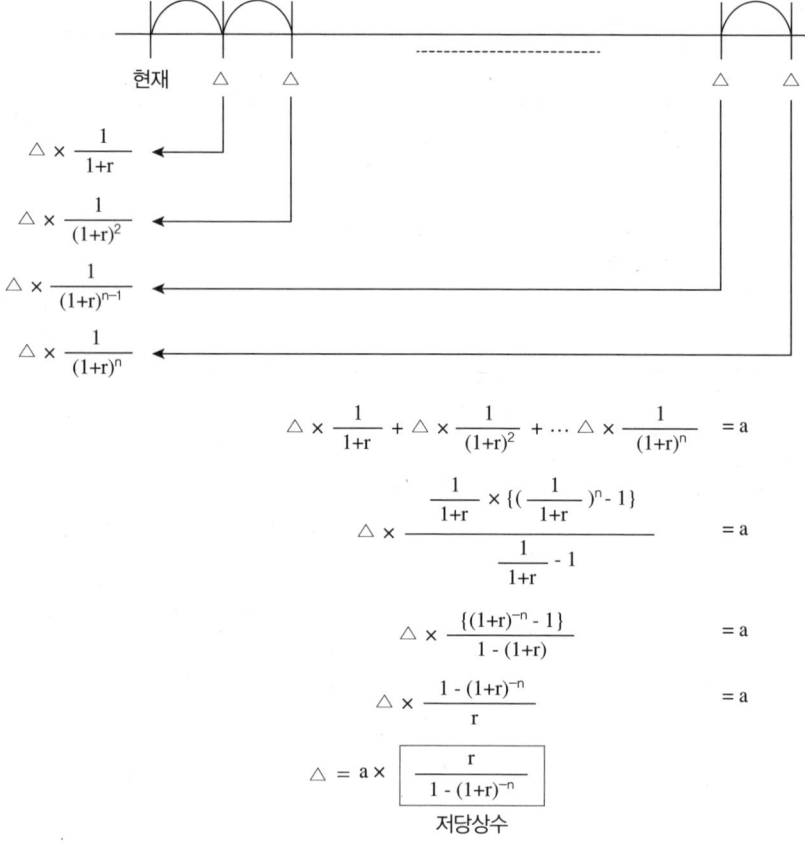

(7) 상환비율(P)

총 대부금액에 대한 t년까지의 원금의 상환비율로 t년까지의 상환 누적액을 총 대부기간(n년)의 상환 누적액으로 나눈 비율을 의미한다. 매년의 원리금 상환액을 a원이라 하면 상환비율 P는 다음과 같이 정리할 수 있다.

$$\frac{a \times \frac{(1+r)^t - 1}{r}}{a \times \frac{(1+r)^n - 1}{r}} = \frac{(1+r)^t - 1}{(1+r)^n - 1}$$

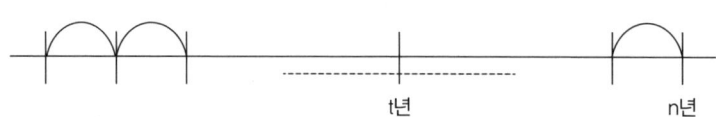

(8) 기 타

① K계수와 J계수

계수	목적	수식	비고
K계수	NOI[6]가 t년 간 매년 일정 비율(g%)씩 증가할 때 이를 평균 NOI로 변환시키기 위한 계수(소득이 2기말부터 정률 증감)	$K = \dfrac{1-\left(\dfrac{1+g}{1+r}\right)^t}{(r-g) \times PVAF_{r\%, t}}$	평균 NOI = 최초 NOI × K계수
J계수[7]	NOI가 t년 간 감채기금형식으로 매 기간 마다 일정액씩 누적적으로 증감할 때 이를 평균 NOI로 변환시키는 계수(소득이 1기말부터 증감)	$J = SFF_{y\%, t년} \times \left[\dfrac{t}{1-(1+y)^{-t}} - \dfrac{1}{y}\right]$	평균 NOI = 최초 NOI × (1 + △J계수)

※ r, y : 지분수익률(할인율)
※ t년 후 NOI가 2배 증가할 때 △(가치변화율) = 1

K계수는 향후 수익과 비용의 정률 증감을 예상할 때 적용할 수 있는데 유도과정은 다음과 같다.

> **알아보기** K계수 유도과정
>
>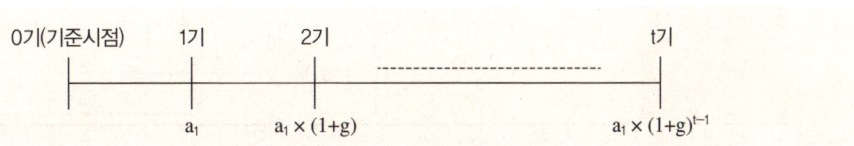
>
> 기준시점 현재 정률 증감하고 있는 t기까지의 순수익을 할인 합산하면 다음과 같다.
>
> $$\dfrac{a_1}{(1+r)} + \dfrac{a_1(1+g)}{(1+r)^2} + \cdots \dfrac{a_1(1+r)^{t-1}}{(1+r)^t}$$
>
> 이는 초항이 $\dfrac{a_1}{(1+r)}$이고 공비가 $\dfrac{1+g}{1+r}$인 등비수열을 t항까지 합산한 것이다. 따라서 다음과 같이 정리된다.
>
> $$\dfrac{\dfrac{a_1}{1+r} \times \left\{1-\left(\dfrac{1+g}{1+r}\right)^t\right\}}{1-\dfrac{1+g}{1+r}} = \dfrac{a_1 \times \left\{1-\left(\dfrac{1+g}{1+r}\right)^t\right\}}{(1+r)-(1+g)} = a_1 \times \dfrac{\left\{1-\left(\dfrac{1+g}{1+r}\right)^t\right\}}{r-g}$$
>
> t기간 동안의 평균적인 순수익을 구하려면 위 산식에 저당상수를 곱하면 되며 저당상수의 역수가 연금현가계수이므로 k계수는 다음과 같이 결정된다.
>
> $$K = \dfrac{1-\left(\dfrac{1+g}{1+r}\right)^t}{(r-g) \times PVAF_{r\%, t}}$$

---

[6] 순영업소득 또는 순수익을 NOI로 지칭한다.
[7] J계수는 실무상 사용되는 경우가 없으므로 산식에 대한 증명은 생략하기로 함

② 단순한 형태의 연금

구 분	의 의	증 명
영구연금	동일한 NOI가 영구히 발생하는 모형	$P = \dfrac{a}{1+r} + \dfrac{a}{(1+r)^2} + \cdots \dfrac{a}{(1+r)^\infty}$ [8] $= \dfrac{\dfrac{a_1}{1+r} \times \left\{1 - \left(\dfrac{1}{1+r}\right)^\infty\right\}}{1 - \dfrac{1}{1+r}}$ $= \dfrac{a}{r} \times \left\{1 - \left(\dfrac{1}{1+r}\right)^\infty\right\} = \dfrac{a}{r}$
영구성장연금	NOI가 매년 g씩 상승하며 영구히 발생하는 모형 (r>g인 경우)	K계수 유도과정 중 기간 t를 ∞로 대체하면 산식은 다음과 같이 정리된다. $\dfrac{a_1}{1+r} + \dfrac{a_1(1+g)}{(1+r)^2} + \cdots \dfrac{a_1(1+r)^\infty}{(1+r)^{\infty-1}}$ $= \dfrac{\dfrac{a_1}{1+r} \times \left\{1 - \left(\dfrac{1+g}{1+r}\right)^\infty\right\}}{1 - \dfrac{1+g}{1+r}} = \dfrac{a_1 \times \left\{1 - \left(\dfrac{1+g}{1+r}\right)^\infty\right\}}{(1+r)-(1+g)}$ $= a_1 \times \dfrac{\left\{1 - \left(\dfrac{1+g}{1+r}\right)^\infty\right\}}{r-g} = \dfrac{a_1}{r-g}$

3. 그 밖의 수학적 기초 기출 25회

(1) 변동률 및 격차율

① 변동률

지가변동률 등은 전월 대비 변동률(%)로 주어진다. 기간이 복수인 경우, 변동률은 각 기간 변동률을 곱한다(상승식). 당월의 지가변동률이 발표되지 않았다면 직전 월의 지가변동률을 연장 적용한다. 계산과정은 다음과 같다.

---

[8] r>0일 때 $\lim\limits_{n \to \infty} \left(\dfrac{1}{1+r}\right)^n = 0$

> **case 1**
> - 시점수정기간 : 1.1.~3.31.
> - 지가변동률 : 1월 1.05%, 2월 1.04%, 3월 1.02%
> - 시점수정 : $1.0105 \times 1.0104 \times 1.0102 = 1.03142$(3.142%, 백분율로 소수점 넷째 자리에서 반올림)
>
> **case 2**
> - 시점수정기간 : 1.1.~3.31.
> - 지가변동률 : 1월 1.05%, 2월 1.04%
> - 시점수정 : $1.0105 \times 1.0104 \times (1 + 0.0104 \times 31일/28일) = 1.03277$(3.277%, 백분율로 소수점 넷째 자리에서 반올림)

지가변동이나 임대료변동 등이 지수로 표현되기도 한다. 대표적인 것이 생산자물가지수다. 지수로 표시된 경우 각각 직전월 지수로 비교하는데, 당월 지수가 발표되고 기준시점이 15일 이후인 경우는 당월 지수를 적용할 수 있다.[9]

> - 시점수정기간 : 2022.1.1.~2022.3.31.
> - 지가지수 : 2021년12월 110, 2022년 1월 112, 2022년2월 114
> - 시점수정 : $114/110 = 1.03636$(3.636%, 백분율로 소수점 넷째 짜리에서 반올림)

② 격차율

대상물건과 사례물건의 우열 비교 값을 격차율로 정의한다. 기준은 항시 비교대상이다. 사례대비 대상물건이 몇 % 우세 또는 열세하다고 표현된다. 간혹, 직접비교가 아닌 간접비교의 방법을 취할 수 있다. 예컨대 대상물건이 A에 비해 10% 우세, B가 A에 비해 5% 열세한 경우라면, 대상물건은 B에 비해 15.79% 우세한 것으로 아래와 같이 계산된다.

> 대상물건/B = (대상물건/A)/(B/A) = 1.1/0.95

(2) 보 정

행정적 조건의 격차율을 산정할 때 비교대상 물건이 도시계획시설 등에 저촉받는 면적이 있는 경우 보정의 과정을 거치게 된다. 예긴대 거래시례 토지 면적 30%가 도시계획시설도로에 저촉되고 저촉받는 경우 감가율이 30% 적용된다면, 저촉받는 사례물건의 가격을 저촉받지 않는 사례물건의 가격으로 보정하기 위해서는, 다음과 같이 계산된 격차율을 적용해야 한다.

> - 저촉받지 않는 사례물건의 가격 : 100
> - 저촉받는 사례물건의 가격 : $100 \times [0.7 \times 1 + 0.3 \times (1-0.3)] = 91$
> - 보정 격차율 $= \dfrac{1}{0.7 + 0.3 \times 0.7}$

---

9) 지수는 한 달에서 두 달 정도 후에 해당 월 지수가 발표된다. 따라서 당월 지수를 적용할 때는 소급감정평가임

(3) 평균과 분산

투자를 검토하거나 각종 율을 적용함에 있어, 평균과 분산(표준편차)의 개념을 활용할 때가 있다. 간략히 정리하면 다음과 같다.

> **➕ 알아보기** 평균과 표준편차
>
> 1. 확률변수의 평균
>
>   확률변수 X의 확률분포가 다음의 확률분포 표와 같을 때,
>
> | (확률분포 표) | | | | | | |
> |---|---|---|---|---|---|---|
> | $X=x_i$ | x_1 | x_2 | x_3 | ⋯ | x_n | 계 |
> | $P(X=x_i)$ | p_1 | p_2 | p_3 | ⋯ | p_n | 1 |
>
> $\Sigma xp = x_1p_1 + x_2p_2 + x_3p_3 + \cdots + x_np_n$ 을 X의 평균 또는 기댓값이라 하고, m 또는 E(X)로 나타낸다.
>
> $$E(X) = \sum_{i=1}^{n} x_i p_i = x_1p_1 + x_2p_2 + x_3p_3 + \cdots + x_np_n$$
>
>   ※ E(X)에서 E는 expectation(기댓값)의 첫 글자이고, m은 mean(평균)의 첫 글자이다.
>
> 2. 확률변수의 분산과 표준편차
>
>   확률변수 X의 평균이 m일 때, $(X-m)^2$의 평균 $E\{(X-m)^2\}$을 X의 분산이라 하고, V(X) 또는 $\sigma^2(X)$로 나타낸다. 또, 분산의 양의 제곱근을 표준편차라 하고, $\sigma(X)$로 나타낸다.
>
> $$V(X) = \sum_{i=1}^{n}(x_i-m)^2 p_i = \sum_{i=1}^{n} x_i^2 p_i - m^2$$
>
> $$\sigma(X) = \sqrt{\sum_{i=1}^{n}(x_i-m)^2 p_i} = \sqrt{\sum_{i=1}^{n} x_i^2 p_i - m^2}$$
>
>   ※ V(X)의 V는 variance(분산)의 첫 글자이고, $\sigma(X)$에서 σ는 standard deviation(표준편차)에서 standard의 s에 해당하는 그리스 문자이다.
>
> 3. 분포와 평균·분산
>
>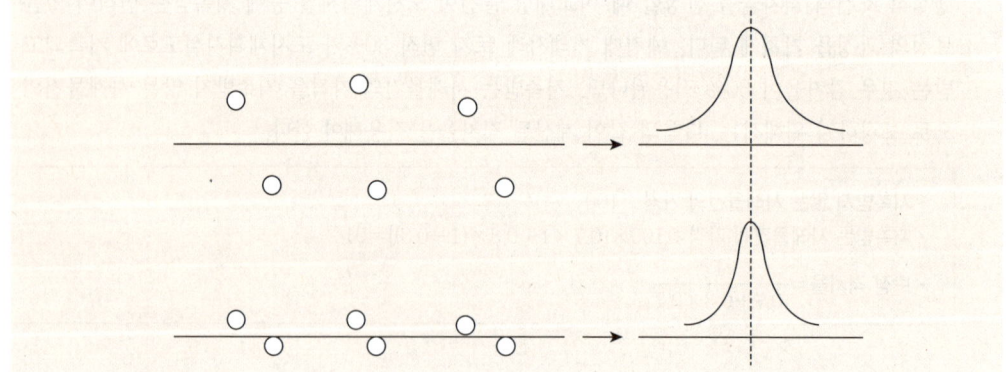
>
>   위와 같은 분포를 보일 때 각 변수들이 위치하는 평균적인 높낮이로 오른쪽 그래프에서 점선으로 표시한 부분이 평균이고 분산은 평균을 중심으로 곡선이 퍼져 있는 정도를 가리킨다고 이해하면 될 것이다.

4. 평균 분산의 활용(투자안의 수익성과 위험)
   다음과 같은 투자안을 상정해 보자

투자안 \ 확률	호황기(25%)	불황기(25%)	정체(50%)
A 투자안 수익률	7%	5%	6%
B 투자안 수익률	10%	2%	6%

A투자안의 호황기와 불황기, 정체기에 대한 확률을 고려한 평균 수익률은 '0.25×7%+0.25×5%+0.5× 6%=6%'이며 B투자안의 평균 수익률은 '0.25×10%+0.25×2%+0.5×6%=6%'로 평균 수익률은 동일하다. 반면 A투자안은 호황기와 불황기의 수익률 격차가 크지 않고 B투자안은 호황기 대비 불황기의 수익률 저하가 두드러진다. 이를 확인하는 방법이 분산을 구하여 비교하는 것이다. A투자안의 분산 값은 '0.25×(7%−6%)^2+0.25× (5%−6%)^2+0.5×(6%−6%)^2=0.5'로 수익률 변동이 크지 않고, B투자안의 분산은 '0.25×(10%−6%)^2+0.25 ×(2%−6%)^2+0.5×(6%−6%)^2=8'로 수익률의 진폭이 큼을 알 수 있다. 투자에 있어서 수익률의 평균은 수익성의 정도를, 분산은 위험의 정도를 표시한다.

위에서 말한 평균(기댓값)은 산술평균을 의미한다. 평균은 자료가 어떤 값을 중심으로 분포되어 있는가를 나타내는 측도(중심경향 측도)로서, 산술평균 외에 중위수, 최빈값, 기하평균 등의 개념도 많이 활용된다.[10]

구 분	상 세
산술평균 (Arithmetic Mean)	자료를 자료의 수로 나누기 때문에 이상치가 존재할 경우 중심경향 측도의 역할이 약해짐
중위수 (Median)	• 자료를 크기순으로 배열했을 때(순서배열) 중앙의 위치에 놓인 자료의 값 • 표본분포가 대칭이면 산술평균과 중위수는 일치함 • 중위수는 이상치에 민감하지 않고, 분포상태가 극도로 비대칭일 때에는 중위수가 산술평균보다 대푯값으로 더 큰 의미가 있음
최빈값 (Mode)	• 자료에서 가장 빈도가 높은 값 • 평균 및 중위수와 달리 최빈값은 두 개 이상도 가능하고 없을 수도 있음
기하평균 (Geometric Mean)	• 변화율과 같은 비율 등의 평균 • 실효수익률(Effective Rate of Return)과 같은 수익률의 평균에 적합 • 기하평균 식 $X_G = \sqrt[t]{X_1 \times X_2 \times \cdots \times X_t}$ • 실효수익률 식 $R_G = \sqrt[t]{(1+R_1) \times (1+R_2) \times \cdots \times (1+R_t)} - 1$ (R : 기간수익률)

분산은 평균의 차이가 거의 없을 때 두 자료의 산포도를 비교하기에 유용하나, 두 자료 간 평균의 차이가 클 때는 '변동계수(COV ; Coefficient of Variation)'를 활용하는 것이 좋다. 표준편차를 평균으로 나눈 값으로서 평균 1단위에 대한 표준편차의 상대적 크기, 즉 상대적 위험을 가리킨다.[11]

---

10) 안지희, 감정평가사를 위한 통계학 입문, 한국부동산연구원, 2013, pp.33~35
11) 안지희, 감정평가사를 위한 통계학 입문, 한국부동산연구원, 2013, p.40

아래 C지역과 D지역의 다세대주택 바닥면적 분포에서 평균과 표준분포를 구하면 둘 다 D지역이 크다.

C지역(단위 m^2)	D지역(단위 m^2)
220	260
265	295
240	310
322	365
280	408
315	338
234	288
240	380
330	302
250	356
평균 269.6	평균 330.2
표준편차 40.07	표준편차 46.69

그래서 단순히 D지역 다세대주택의 바닥면적 편차가 C지역에 비해 크다고 판단하기 쉽다. 자료의 Range만 봐도 C지역은 110(330−220), D지역은 148(408−260)이다. 그러나 두 지역의 변동계수를 구해보면 C지역이 오히려 크다.

- $COV_C = 40.07 \div 269.6 = 0.15$
- $COV_D = 46.69 \div 330.2 = 0.14$

따라서 평균의 수준과 표준편차값을 상대적으로 비교한 변동계수를 통해, 위 분포에서 두 지역의 바닥면적 편차는 비슷하다는 판단이 합리적이다.

CHAPTER 02 토지평가 기초

제1편 | 감정평가 개관

> **핵심 키워드**

제1절 토지의 기본적 사항
1. 도량형
   (1) 표기 원칙
   (2) 공부에 등장하는 도량형
2. 축척과 등고선
   (1) 축 척
   (2) 등고선
3. 도 로
   (1) 도로의 정의
   (2) 도로의 분류
   (3) 대지와 도로의 관계
   (4) 도로와 감정평가
4. 지형, 지세, 방위
   (1) 지형(토지의 형상)
   (2) 지세(토지의 고저)
   (3) 방 위
5. 면 적
   (1) 토지면적
   (2) 면적사정
   (3) 대지면적
   (4) 일단지
   (5) 면적과 감정평가
6. 공부상 지목과 현실이용
7. 공법상 제한
   (1) 용도 지역지구제(Zoning)
   (2) 용도 지역, 지구, 구역
   (3) 공법상 제한과 감정평가

제1절 토지의 기본적 사항

1. 도량형 기출 7회

(1) 표기 원칙

도량형에 대한 법정계량단위로 국제 십진법인 '미터법'이 사용된다. 길이, 넓이에 대한 미터법은 다음과 같다.

값	이 름	표 기
길 이	미 터	m
면 적	제곱미터(평방미터) 아르(100m²)	m^2 a

(2) 공부에 등장하는 도량형

길이, 부피와 관련해서는 미터법으로 통일하여 기재하고 있으나 면적은 m²외에 척관법[12]에 의한 단위(구 기재단위)가 등기 및 대장에 남아 있다. 척관법에 의한 임야의 구 면적단위는 정·단·무·보로 이들은 1정=10단=100무=3000보의 관계에 있으며 토지의 구 단위로는 평·홉·작·재가 있고 1평=10홉=100작=1000재이다. 척관법에 의한 대표적인 면적 단위를 미터법으로 환산하면 다음과 같다.

구 분	m^2	통용 단위	비 고
평	3.3057851	3.3058m²	1평=$\frac{400}{121}m^2$
단	9.9173554×102	9.9174a(약 10a)	300평=1단
정	9.9173554×103	0.99174ha(약 1ha)	10단=1정

2. 축척과 등고선 기출 8회

(1) 축 척

도면상의 길이와 실제 거리와의 비율을 의미한다. 토지평가를 위해서 발급받는 서류 중 지적도 등본이라는 것이 있다. 토지의 경계와 형상 등을 정치하게 표현한 도면인데 우측 하단에 축척이 기재되어 있다. 이 축척을 통해 도면을 보고 실제 거리와 면적 등을 대략적으로 추정할 수 있게 된다. 축척이 1/1,200인 도면상에 소재한 필지의 폭을 측정한 결과 10cm라면 실제 거리는 '1,200×10=12,000cm=120m'가 된다. 실제 감정평가 시 접면 도로 폭을 축척을 이용해 실제 거리로 환산해 파악하기도 한다.

---

12) 특히 등기상에 구 면적단위로 기재되어 있는 것을 종종 볼 수 있는데 이때는 명세표의 공부상 면적 란에 구 단위로 기재하고 사정면적 란에 미터법으로 환산한 값을 적용하면 된다.

문서확인번호: 1629-0000-0000-2938

지적도 등본

발급번호	202111650-0000-00000	처리시각	10시 24분 05초	발 급 자	정부24
토지소재	A시 B구 C동	지 번	1625-2번지	축 척	등록:1/500 출력:1/700

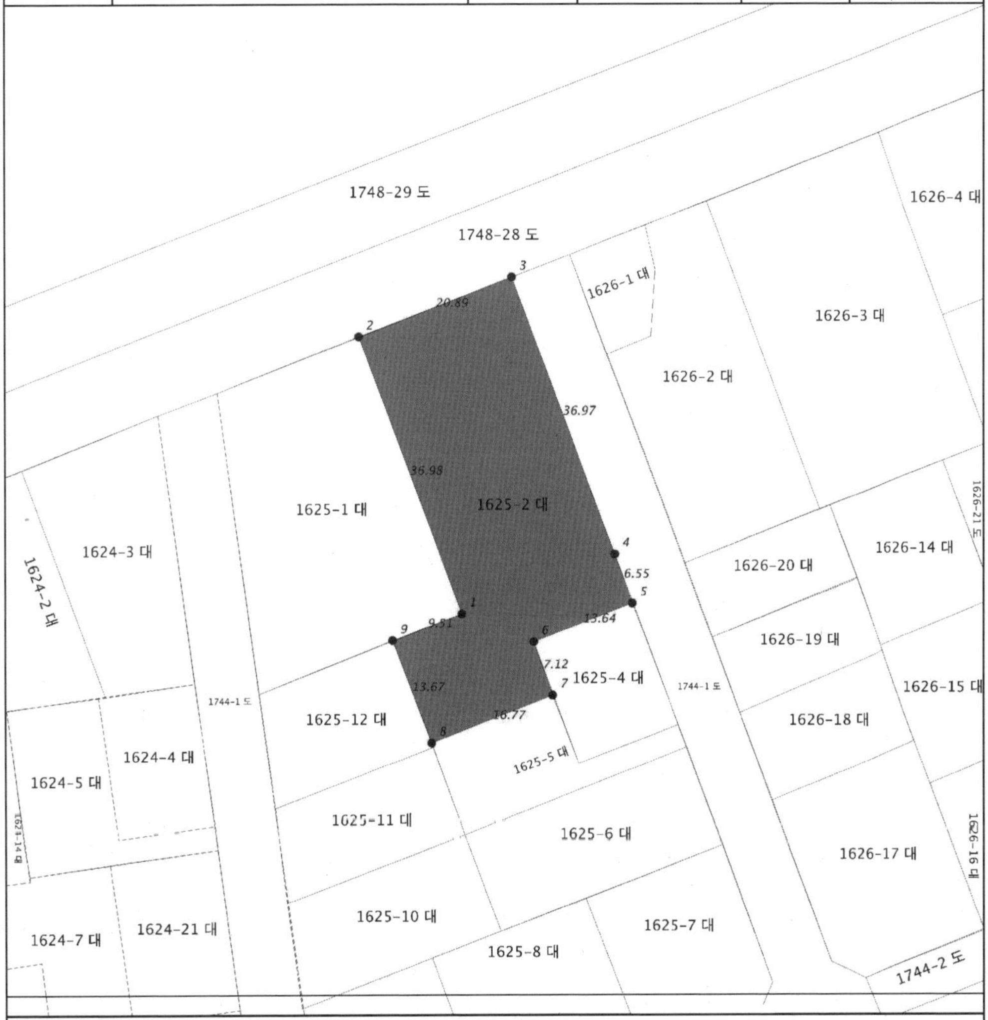

지적도등본에 의하여 작성한 등본입니다.
이 도면등본으로는 지적측량에 사용할 수 없습니다.

2021년 08월 26일

A 시 B 구청장

(2) 등고선

지도에서 해발 고도가 같은 지점을 연결한 곡선을 등고선이라 하며 임야의 위치, 지세 등을 판단하는 데 활용된다. 지도상에 있는 등고선을 보고 입체적으로 재구성하여 임야의 지세를 판단하는 과정을 살펴보면 다음과 같다.

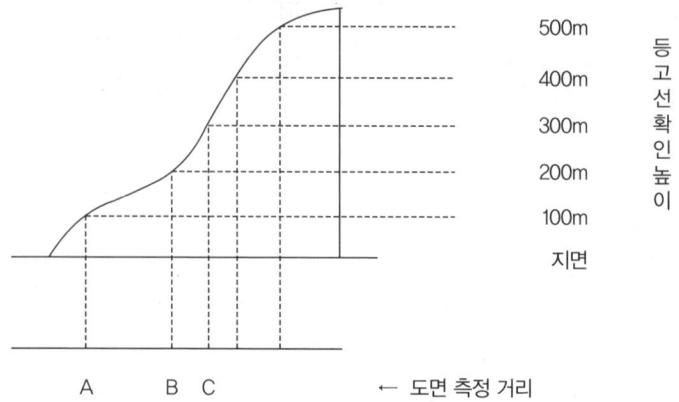

A, B, C간의 수직 거리는 각각 100m이다. 도면상으로 A−B구간보다는 등고선이 조밀한 B−C구간이 경사가 가파른 지형이라는 것을 파악할 수 있다. 제시된 도면의 축척이 1/1,000이고 A−B의 도면상 거리가 10cm라고 하면 실제 거리는 '1,000×10=10,000cm=100m'이다. A−B간의 수직거리는 100m이므로 이를 입체적으로 표시하면 다음과 같다. 즉 두 지점 사이의 경사각이 45°임을 알 수 있다.

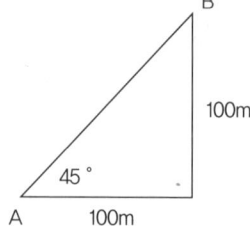

3. 도로

(1) 도로의 정의

관련 법률에서 규정하고 있는 도로에 대한 정의는 다음과 같다.

> **도로법**
>
> **제2조 (정의)**
> ① 이 법에서 사용하는 용어의 뜻은 다음과 같다.
>   1. "도로"란 차도, 보도(步道), 자전거도로, 측도(側道), 터널, 교량, 육교 등 대통령령으로 정하는 시설로 구성된 것으로서 제10조에 열거된 것을 말하며, 도로의 부속물을 포함한다.
>
> **제10조 (도로의 종류와 등급)**
> 도로의 종류는 다음 각 호와 같고, 그 등급은 다음 각 호에 열거한 순서와 같다.
>   1. 고속국도(고속국도의 지선 포함)
>   2. 일반국도(일반국도의 지선 포함)
>   3. 특별시도(特別市道)・광역시도(廣域市道)
>   4. 지방도
>   5. 시 도
>   6. 군 도
>   7. 구 도

> **건축법**
>
> 제2조 (정의)
>
> 11. "도로"란 보행과 자동차 통행이 가능한 너비 4미터 이상의 도로(지형적으로 자동차 통행이 불가능한 경우와 막다른 도로의 경우에는 대통령령으로 정하는 구조와 너비의 도로)로서 다음 각 목의 어느 하나에 해당하는 도로나 그 예정도로를 말한다.
>   가. 「국토의 계획 및 이용에 관한 법률」, 「도로법」, 「사도법」, 그 밖의 관계 법령에 따라 신설 또는 변경에 관한 고시가 된 도로
>   나. 건축허가 또는 신고 시에 특별시장·광역시장·특별자치시장·도지사·특별자치도지사(이하 "시·도지사"라 한다) 또는 시장·군수·구청장(자치구의 구청장을 말한다. 이하 같다)이 위치를 지정하여 공고한 도로

반면 감정평가에서 인정하는 도로는 법률상 도로, 사실상 도로, 예정도로를 포괄하는 개념이다.[13]

구 분	상 세	비 고
법률상 도로	관련법률상 정의된 도로 중 대상 토지로 진·출입이 가능한 도로	고속도로, 자동차 전용도로는 관련법률상 도로이나 대상 토지로 진·출입이 불가하므로 감정평가 시에는 도로로 보지 않음(즉, 대상 토지가 도로에 접한 것으로 보지 않음)
사실상 도로	관련 법률에서 규정되지 않은 도로이나 실제로 도로로 사용되고 있는 도로	지목은 '대'이나 일부가 도로로 포장되어 다수의 통행에 제공되고 있고 소유자의 의사에 의한 통행 제한이 불가한 경우 도로(사실상 사도)로 봄
예정 도로	도시계획시설도로로 결정되어 현재 공사 중에 있는 도로 등	기준시점 현재 건설공사 중에 있는 경우 현황도로로 보며, 건설공사는 착수하지 아니하였으나, 「국토의 계획 및 이용에 관한 법률」 제91조에 따른 도시·군 계획시설사업의 실시계획의 고시 및 「도시개발법」 제18조에 따른 도시개발사업의 실시계획의 고시가 된 경우에는 이를 반영하여 평가

도로의 폭도 아래 그림과 같이 차도와 인도부분만을 포함하여 결정한다.

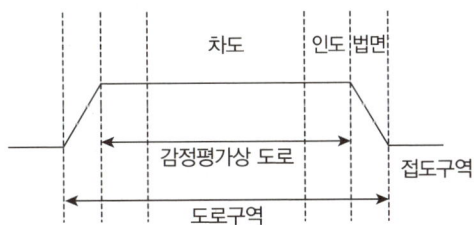

---

13) 이하 2021년 표준지공시지가 조사·평가 업무요령 상의 '표준지 토지특성 조사요령' 참고

(2) 도로의 분류

① 행정상 도로 분류(도시계획시설의 결정구조 및 설치기준에 관한 규칙 제9조)

구 분	세 분	상 세
사용 및 형태별 구분	일반도로	폭 4미터 이상의 도로로서 통상의 교통소통을 위하여 설치되는 도로
	자동차전용도로	특별시·광역시·특별자치시·시 또는 군(이하 "시·군"이라 한다)내 주요지역간이나 시·군 상호간에 발생하는 대량교통량을 처리하기 위한 도로로서 자동차만 통행할 수 있도록 하기 위하여 설치하는 도로
	보행자전용도로	폭 1.5미터 이상의 도로로서 보행자의 안전하고 편리한 통행을 위하여 설치하는 도로
	보행자우선도로	폭 20미터 미만의 도로로서 보행자와 차량이 혼합하여 이용하되 보행자의 안전과 편의를 우선적으로 고려하여 설치하는 도로
	자전거전용도로	하나의 차로를 기준으로 폭 1.5미터(지역 상황 등에 따라 부득이하다고 인정되는 경우에는 1.2미터) 이상의 도로로서 자전거의 통행을 위하여 설치하는 도로
	고가도로	시·군내 주요지역을 연결하거나 시·군 상호간을 연결하는 도로로서 지상교통의 원활한 소통을 위하여 공중에 설치하는 도로
	지하도로	시·군내 주요지역을 연결하거나 시·군 상호간을 연결하는 도로로서 지상교통의 원활한 소통을 위하여 지하에 설치하는 도로(도로·광장 등의 지하에 설치된 지하공공보도시설을 포함한다). 다만, 입체교차를 목적으로 지하에 도로를 설치하는 경우를 제외한다.
규모별 구분	광로 1류	폭 70미터 이상인 도로
	광로 2류	폭 50미터 이상 70미터 미만인 도로
	광로 3류	폭 40미터 이상 50미터 미만인 도로
	대로 1류	폭 35미터 이상 40미터 미만인 도로
	대로 2류	폭 30미터 이상 35미터 미만인 도로
	대로 3류	폭 25미터 이상 30미터 미만인 도로
	중로 1류	폭 20미터 이상 25미터 미만인 도로
	중로 2류	폭 15미터 이상 20미터 미만인 도로
	중로 3류	폭 12미터 이상 15미터 미만인 도로
	소로 1류	폭 10미터 이상 12미터 미만인 도로
	소로 2류	폭 8미터 이상 10미터 미만인 도로
	소로 3류	폭 8미터 미만인 도로
기능별 구분	주간선도로	시·군내 주요지역을 연결하거나 시·군 상호간을 연결하여 대량통과교통을 처리하는 도로로서 시·군의 골격을 형성하는 도로
	보조간선도로	주간선도로를 집산도로 또는 주요 교통발생원과 연결하여 시·군 교통이 모였다 흩어지도록 하는 도로로서 근린주거구역의 외곽을 형성하는 도로
	집산도로(集散道路)	근린주거구역의 교통을 보조간선도로에 연결하여 근린주거구역내 교통이 모였다 흩어지도록 하는 도로로서 근린주거구역의 내부를 구획하는 도로
	국지도로	가구(街區 : 도로로 둘러싸인 일단의 지역을 말한다. 이하 같다)를 구획하는 도로
	특수도로	보행자전용도로·자전거전용도로 등 자동차 외의 교통에 전용되는 도로

② (감정평가상) 도로의 폭에 따른 분류

'25m－12m－8m'

구 분			내 용
광대로	광대한면	광대로한면	폭 25m 이상의 도로에 한 면이 접하고 있는 토지
	광대소각	광대로－광대로 광대로－중로 광대로－소로	광대로에 한 면이 접하고 소로(폭 8m 이상 12m 미만) 이상의 도로에 한 면 이상 접하고 있는 토지
	광대세각	광대로－세로(가)	광대로에 한 면이 접하면서 자동차 통행이 가능한 세로(가)에 한 면 이상 접하고 있는 토지
중로	중로한면	중로한면	폭 12m 이상 25m 미만 도로에 한 면이 접하고 있는 토지
	중로각지	중로－중로 중로－소로 중로－세로(가)	중로에 한 면이 접하면서 중로, 소로, 자동차 통행이 가능한 세로(가)에 한 면 이상 접하고 있는 토지
소로	소로한면	소로한면	폭 8m 이상 12m 미만의 도로에 한 면이 접하고 있는 토지
	소로각지	소로－소로 소로－세로(가)	소로에 한 면이 접하면서 소로, 자동차 통행이 가능한 세로(가)에 한 면 이상 접하고 있는 토지
세로	세로(가)	세로한면(가)	자동차 통행이 가능한 폭 8m 미만의 도로에 한 면이 접하고 있는 토지
	세각(가)	세로(가)－세로(가)	자동차 통행이 가능한 세로에 두 면 이상이 접하고 있는 토지
	세로(불)	세로한면(불)	자동차 통행이 불가능하나 이륜자동차의 통행이 가능한 세로에 한 면이 접하고 있는 토지
	세각(불)	세로(불)－세로(불)	자동차 통행이 불가능하나 이륜자동차의 통행이 가능한 세로에 두 면 이상 접하고 있는 토지
맹지		－	이륜자동차의 통행이 불가능한 도로에 접한 토지와 도로에 접하지 아니한 토지

> **＋ 알아보기** 　실무상 판단 사항
>
> ① 광대로한면＋세로한면(불) → 광대로한면
> ② 중로한면＋세로한면(불) → 중로한면
> ③ 소로한면＋세로한면(불) → 소로한면
> ④ 세로한면(가)＋세로한면(불) → 세로한면(가)
> ⑤ 계단도로(전반적인 계통으로 보아 차량의 통행이 가능하나, 구간 중 일부가 계단으로 되어 있어 차량의 자유로운 통행에 지장이 있는 도로)가 세로이면 세로(불), 소로이면 세로(가)
> ⑥ 도로의 폭이 일정하지 않는 경우 도로의 많은 부분을 차지하는 도로 폭 기준
> ⑦ 이면 각지는 각지로, 준각지(準角地, 'ㄴ'자 모양의 도로)는 한면으로 판단(접면도로폭이 승용차가 원활하게 교차할 수 있는 정도인 경우 각지로 판단)
> ⑧ 보행자도로(보행자 통행 위해 차량의 자유로운 진출입이 제한되는 도로)가 차량통행의 제한 등으로 통상적인 도로에 비해 그 기능이 저하되는 경우에는 계단도로에 준함
> ⑨ 지방도나 군도 중 왕복 2차선 포장도로인 경우 폭 8미터 미만이라도 소로로 분류 가능
> ⑩ 세로에 대한 구분기준은 자동차(승용차) 통행 여부

막다른 도로인 경우, 폭 및 형태에 따라 도로조건을 달리 보게 된다.

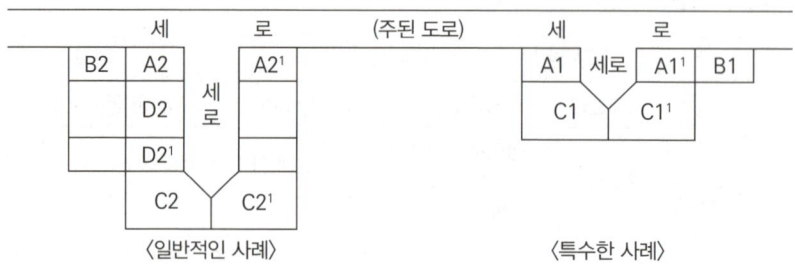

구 분	막다른 도로 폭	토 지	도로조건
일반적 사례	4m 이상/4m 미만	D2	세로(가)/세로(불)
특수한 사례	4m 이상/4m 미만	C1	세로(가)/세로(가)

(3) 대지와 도로의 관계

「건축법」제2조 제1호는「공간정보의 구축 및 관리 등에 관한 법률」에 따라 각 필지(筆地)로 나눈 토지'를 '대지'로 정의하고 있다.「건축법」상의 '대지'는 지목이 '대(垈)'인 토지에 한정되지 않고 공장용지, 과수원, 학교용지 등으로 되어 있는 필지라도 건축물이 들어서 있는 토지를 포함한다. 건축물이 들어서는 '대지'는 일정한 도로 조건을 충족하여야 하며 이는「건축법」제44조에서 아래와 같이 규정하고 있다. 따라서 아래의 조건을 만족하는 도로를 확보하지 못한 경우 대지면적 중 일부를 도로로 조성하거나 도로 폭을 확장하기 위해 인접 부지를 일부 매입해야 하는 현실적인 문제에 부딪히게 된다.

① 대지가 접해야 할 (통과)도로 요건

대상 건축물	대지가 접해야 할 도로	
	너 비	접하여야 할 길이
모든 건축물	4m 이상	2m 이상 (자동차만의 통행에 사용되는 도로 제외)
연면적 2,000m² 이상인 건축물	6m 이상	4m 이상

※ 예외 : 당해 건축물의 출입에 지장이 없다고 인정되는 경우 및 건축물의 주변에 광장, 공원, 유원지 기타 관계법령에 의하여 건축이 금지되고 공중의 통행에 지장이 없는 공지로서 허가권자가 인정하는 공지가 있는 경우, 농막을 건축하는 경우

② 지형적 조건 등에 의한 도로 요건

특별자치도지사 또는 시장, 군수, 구청장이 지형적 조건으로 인하여 차량 통행을 위한 도로의 설치가 곤란하다고 인정하여 그 위치를 지정, 공고하는 구간의 너비 3미터 이상(길이가 10미터 미만인 막다른 도로인 경우에는 너비 2미터 이상)인 도로

③ 막다른 도로일 때 도로 요건

한쪽 방향이 막혀 있어 차량이 통과하지 못하는 도로를 막다른 도로라고 한다. 그 도로의 너비와 길이는 아래 기준 이상이어야 한다.

막다른 도로의 길이	도로의 너비
10m 미만	2m
10m 이상 35m 미만	3m
35m 이상	6m(도시지역이 아닌 읍·면 지역은 4m)

(4) 도로와 감정평가

토지가격비준표상의 도로조건 격차율 표가 제시되는 것이 일반적이다. 도로의 폭에 따라 주위환경이 달라지므로 표준지나 거래사례, 평가 선례를 선정할 때 도로조건의 유사성도 중요한 선정 기준이 된다.

4. 지형, 지세, 방위

(1) 지형(토지의 형상)

① 지형의 구분

구 분	기재방법	내 용
정방형	정방형	정사각형 모양의 토지로서 양변의 길이 비율이 1 : 1.1 내외인 토지
가로장방형	가장형	장방형의 토지로 넓은 면이 도로에 접하거나 도로를 향하고 있는 토지
세로장방형	세장형	장방형의 토지로 좁은 면이 도로에 접하거나 도로를 향하고 있는 토지
사다리형	사다리	사다리꼴(변형사다리꼴 포함) 모양의 토지
부정형	부정형	불규칙한 형상의 토지 또는 삼각형 모양의 토지 중 최소외접직사각형 기준 1/3 이상의 면적손실이 발생한 토지
자루형	자루형	출입구가 자루처럼 좁게 생겼거나 역삼각형의 토지(역사다리형을 포함)로 꼭짓점 부분이 도로에 접하거나 도로를 향하고 있는 토지

각지인 토지의 가각 정리된 부분이 있을 경우 가각이 정리되지 않은 것으로 보고 판단한다.

② 지형과 도로

지형은 접면도로를 기준[14]하여 판단한다. 도로에 접하지 아니한 맹지의 형상은 인근도로방향을 기준으로 조사하여 기재한다. 다만 둘 이상의 도로가 인접한 경우에는 주된 도로의 방향을 기준으로 판단한다.

③ 지형과 감정평가

도로조건과 마찬가지로 토지가격비준표에 형상에 따른 격차율이 예시적으로 산정되어 있다. 일단지는 일단지를 기준으로, 부분평가는 전체 토지를 기준으로 형상을 파악하여 평가한다.

---

14) 접면도로에서 바라본 형상

(2) 지세(토지의 고저)

① 지세의 분류

구 분	상 세
저 지	간선도로[15] 또는 주위의 지형지세보다 현저히 낮은 지대의 토지
평 지	간선도로 또는 주위의 지형지세와 높이가 비슷하거나 경사도가 미미한 토지
완경사지	간선도로 또는 주위의 지형지세보다 높고 경사도가 15° 이하인 지대의 토지
급경사지	간선도로 또는 주위의 지형지세보다 높고 경사도가 15°를 초과하는 지대의 토지
고 지	간선도로 또는 주위의 지형지세보다 현저히 높은 지대의 토지

② 지세와 감정평가

도로조건과 마찬가지로 토지가격비준표에 지세(고저)에 따른 격차율이 예시적으로 산정되어 있다.

(3) 방 위

주거용 토지와 임야(목장용지)의 평가에만 고려하며 대상 토지에서 접면도로를 향한 방향을 방위로 보며 임야는 임지의 정상에서 경사면을 바라보는 방향을 기준으로 판정한다.

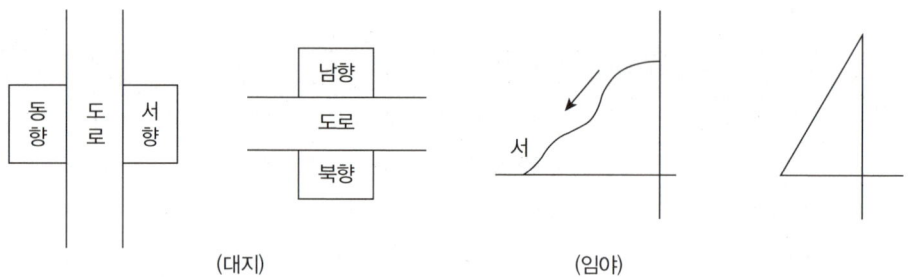

(대지)   (임야)

5. 면 적

(1) 토지면적

지적측량에 의하여 지적공부에 등록된 토지의 '수평투영면적'이다. 경사진 임야의 경우 경사면상의 면적이 아닌 수평투영면적이 지적공부에 등록되므로 실제 지표면상의 면적이 공부면적에 비해 크다.

(2) 면적사정

① 면적 판단 기준

공부상 면적을 기준으로 판단하며[16] 토지등기사항전부증명서가 권리관계 판단의 기준이 되는 반면 토지면적에 있어서는 토지대장이 그 판단 기준이 된다. 이는 권리변동 시에는 변동내역이 '토지등기부 → 토지대장'의 순으로 반영되지만 합병, 분할 등의 사유로 토지 면적의 변경이 발생한 경우에는 토지대장에 면적 정정이 이루어지고 추후 토지등기사항전부증명서에 변동사항이 반영되기 때문이다.

---

15) 「도로법」에 의한 국도 · 지방도 · 시도 · 군도(대중교통수단이 1일 1 ~ 2회 통과하는 도로 제외)

16) 실제 면적이 공부상 면적에 비해 뚜렷하게 작은 경우 이는 분필 등의 사유가 공부에 미처 반영되지 못한 경우로 공부상 면적 정정과정을 거쳐 현황에 부합하는 면적으로 평가를 진행해야 할 것이다. 건물에 있어서 공부상 면적과 실제 면적의 괴리는 빈번하지만 토지대장과 실제 면적이 상이한 경우는 예외적이다.

상기 토지대장을 통해 지목과 면적, 토지이동(합병)내용, 개별공시지가 및 소유권 변동 내역까지 확인할 수 있다. 토지대장을 통해서는 지목, 면적, 토지이동 상황 확인을 해야 한다.

② 환지예정지 기출 35회

환지방식의 도시개발사업에서 환지처분에 의해 환지로 지정된 토지를 환지예정지라 한다. 이때는 종전의 토지면적으로 기재되어 있는 토지대장을 기준으로 하지 않고 환지예정면적과 권리면적, 청산금 정산 여부에 따라 다음과 같이 면적사정하게 된다. 환지예정지지정증명원의 내용이 다음과 같다고 하면,

구분	종전의 토지				환지예정지				과도면적	부족면적
	통명	지번	지목	면적	BL	LT	권리면적	환지면적		
①				500m²			380m²	360m²		20m²
②				500m²			380m²	400m²	20m²	

면적사정 결과는 다음과 같다.

구분	CASE	면적사정
①	부족면적 20m²에 대한 청산금을 교부받은 경우[17]	360m²
	부족면적 20m²에 대한 청산금을 교부받지 않은 경우	380m²
②	과도면적 20m²에 대한 청산금을 납부한 경우	400m²
	과도면적 20m²에 대한 청산금을 납부하지 않은 경우	380m²

17) 권리면적에 미달하는 환지면적을 교부받는 자는 그 차액을 현금으로 정산받는다. 〈권리면적=환지면적+교부금〉

➕ 알아보기   환지(예정지)에 대한 이해[18]

1. 개설

도시개발사업은 환지, 수용, 혼용방식 등에 의해 추진된다. 이 중 환지방식은 개발 전 토지를 잘 정비된 개발 후 토지로 교환해 주는 방식이다. 도로, 공원 등 부족했던 기반시설을 확충하게 되므로 종전토지 대비 환지면적의 총량은 감소한다. 토지면적은 감소하지만 기반시설이 확충되고 접근조건, 주위환경 등이 개선되므로 단위면적 당 지가는 상승해서 면적 감소 효과를 상쇄하게 된다. 이 사업이 진행되면서 환지예정지, 권리면적, 환지면적, 감보율 등의 용어가 등장한다.

2. 권리면적, 환지면적, 청산금

구분	의의	기타
권리면적	종전의 토지면적에서 감보면적을 제외한 면적으로 종전토지와 동일한 가치를 지니는 개발 완료 상태의 토지면적	감보율 = $\dfrac{\text{종전토지면적} - \text{환지면적}}{\text{종전토지면적}} \times 100\%$
환지면적[19]	종전의 토지를 대체하여 개발이 완료된 상태로 실제 교부되는 면적	토지형상이나 지역여건, 기존건축물의 존재 여부, 토지효율성 등을 감안하여 획지면적을 합리적으로 분할하므로 환지면적은 권리면적보다 크거나 작게 교부될 수 있다.
청산금	권리면적과 환지면적이 차이 남에 따라 교부받거나 납부하는 금액	—

➕ 알아보기   환지확정조서 예시

환지확정처분조서

지정제호	주소		S시 ㅇ구 ㅇㅇ				성명			주민등록번호			
종전토지				환			지					청산금	
동명	지번	지목	대장면적(m)	감보면적(m)	감보율(%)	블록번호	롯트번호	동명	지번	지목	권리면적(m)	환지면적(m)	과도면적(m)	부족면적(m)	평정단가(원)	징수금액(원)	교부금액(원)	비고
남양	산123-9	임	3,005.0	1,726.0	57.44	25	5	남양	2065-5	대	246.0	246.7	0.7		855,000	598,500		
						26	5	남양	2064-5	대	296.5	296.5						
						26	6	남양	2064-6	대	296.5	296.5						
						26	7	남양	2064-7	대	440.0	342.5		97.5	990,000		96,525,000	
						계					1279.0	1,182.2	0.7	97.5		598,500	96,525,000	
													상계처리				95,826,500	

조서상의 내용을 설명하면, 남양동 산 123-9번지 임야 3,005m²가 도시개발사업에 의해 남양동 2065-5외 3필지 1,182.2m²로 환지되었다. 기반시설 조성 등으로 토지면적은 57.44% 줄어들지만 임야였던 토지가 대지로 대체되므로 토지가격의 변동은 없다. '환지면적 < 권리면적'이므로 면적 감소분만큼 9천 5백여만원을 교부받게 된다.

---

18) 이계형, 『담보평가실무』, 한국금융연수원, 2007, p.448
19) 종전의 토지 200m²와 개발 후 토지 159.8720m²의 가치가 등가라고 해서 획지면적을 159.87m²로 애매하게 분할할 수는 없다. 권리면적과 환지면적의 불일치가 발생하는 이유다.

(3) 대지면적

① 대지면적 기준

「건축법」에 따라 「공간정보의 구축 및 관리 등에 관한 법률」상 '대'에 국한하지 않고 건축물이 들어설 수 있는 토지를 '대지'라고 할 때 대지의 면적은 다음과 같이 결정한다.[20]

구 분		상 세	'하나의 대지'로 보는 면적
원 칙		1필지 1대지	1필지
예외	2필지 이상	하나의 건축물을 2필지 이상에 걸쳐 건축물이 건축되는 경우	그 건축물이 건축되는 각 필지의 토지를 합한 토지
		합병신청을 할 수 없어 합병이 불가능한 토지로서 각 필지의 지번부여지역 또는 축척이 다르거나 지반이 연속되지 않은 경우(단, 소유자가 동일하고 소유권 외의 권리관계가 각 필지별로 동일한 경우)	합병이 불가능한 필지의 토지를 합한 토지
		도시·군 계획시설에 해당하는 건축물을 건축하는 경우	도시·군계획시설이 설치되는 일단(一團)의 토지
		주택법 규정에 의하여 사업계획승인을 받아 주택과 그 부대시설 및 복리시설을 건축하는 경우	주택, 부대시설, 복리시설 등을 묶은 주택단지
		도로의 지표 아래에 건축하는 건축물의 경우	특별시장·광역시장·특별자치시장·특별자치도지사·시장·군수 또는 구청장(자치구의 구청장을 말한다. 이하 같다)이 그 건축물이 건축되는 토지로 정하는 토지
		「건축법」 제22조에 따른 사용승인을 신청할 때 둘 이상의 필지를 하나의 필지로 합칠 것을 조건으로 건축허가를 하는 경우	그 필지가 합쳐지는 토지
	1 이상의 필지의 일부[21]	1 이상의 필지 일부에 대하여 도시계획시설 결정, 고시가 있는 경우	해당 필지의 일부분
		1 이상의 필지 일부에 대하여 농지전용허가, 산지전용허가, 개발행위허가를 받는 경우	허가받은 토지 일부
		「건축법」 제18조의 규정에 의한 사용승인을 신청하는 때에 분필 조건으로 건축허가를 하는 경우	분필대상이 되는 토지

> **➕ 알아보기** 건축물이 있는 대지의 분할제한[22]
>
> | 용도지역 | 주거지역 | 상업지역 | 공업지역 | 녹지지역 | 기타지역 |
> |---|---|---|---|---|---|
> | 대지의 분할제한면적 | 60m² | 150m² | 150m² | 200m² | 60m² |

---

[20] 「건축법 시행령」 제3조(대지의 범위). 대지면적은 건축물의 건폐율, 용적률 적용에 있어 기준이 되며, 토지면적은 토지대장, 대지면적은 건축물대장에서 확인된다. 토지면적 ≥ 대지면적
[21] 한 필지 일부분 또는 2필 이상 토지의 일부분
[22] 「건축법」 제57조. 다만, 건축협정이 인가된 경우 그 건축협정의 대상이 되는 대지는 분할제한면적 이하로 분할할 수 있음.

② 특수한 경우의 대지면적

「건축법 시행령」 제119조에서는, 대지면적은 대지의 수평투영면적으로 하되, 아래의 면적은 대지면적에서 제외하도록 했다.

구 분	대지면적에서 제외되는 면적
「건축법」 제46조 제1항 단서[23]에 따라 대지에 건축선이 정하여진 경우	그 건축선과 도로 사이의 대지면적
대지에 도시·군계획시설인 도로·공원 등이 있는 경우	그 도시·군계획시설에 포함되는 대지(「국토의 계획 및 이용에 관한 법률」 제47조 제7항에 따라 건축물 또는 공작물을 설치하는 도시·군계획시설의 부지는 제외한다)면적

구체적으로 살펴보면 다음과 같다.

구 분	세 분	상 세
건축선[24]과 도로 사이의 면적	도로 폭 확보 건축 후퇴선	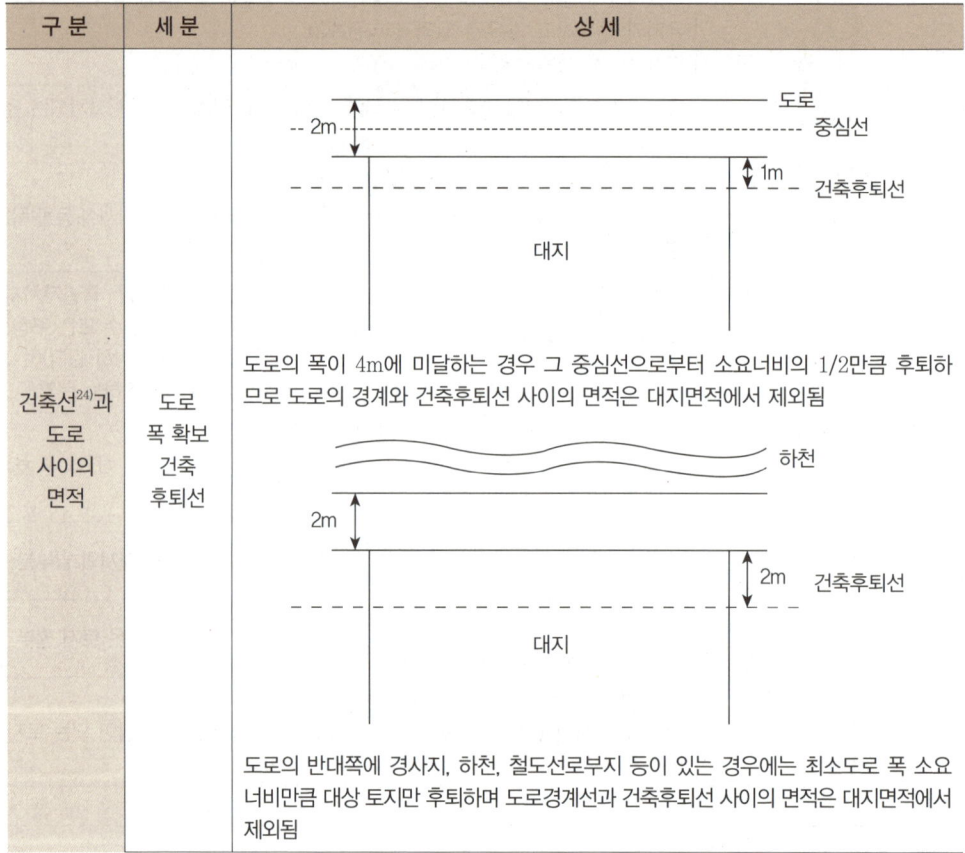 도로의 폭이 4m에 미달하는 경우 그 중심선으로부터 소요너비의 1/2만큼 후퇴하므로 도로의 경계와 건축후퇴선 사이의 면적은 대지면적에서 제외됨 도로의 반대쪽에 경사지, 하천, 철도선로부지 등이 있는 경우에는 최소도로 폭 소요너비만큼 대상 토지만 후퇴하며 도로경계선과 건축후퇴선 사이의 면적은 대지면적에서 제외됨

---

23) 소요너비 미달하여 건축선이 지정되는 경우
24) 건축선은 건축 후퇴선과 건축 지정선으로 나뉘며 시, 군, 구청장이 건축물의 위치, 환경을 정비할 목적으로 필요한 경우 4m 이하 범위에서 지정할 수 있는 건축지정선(예 : 미관지구 내 건축선)은 대지 면적 결정과 무관

도로 모퉁이 건축 후퇴선[25]	〈후퇴 기준〉			
	도로의 교차각	당해도로의 너비		교차되는 도로의 너비
		6~8m	4~6m	
	90° 미만	4	3	6~8m
		3	2	4~6m
	90° 이상 120° 미만	3	2	6~8m
		2	2	4~6m
	예컨대 다음과 같은 도로 폭을 갖는 양 도로의 모퉁이에 위치한 토지는 대지면적 산정 시 빗금 친 부분은 면적에서 제외된다(도로 폭이 각 7m이고 도로의 교차각이 90°보다 작으므로 각 4m씩 후퇴).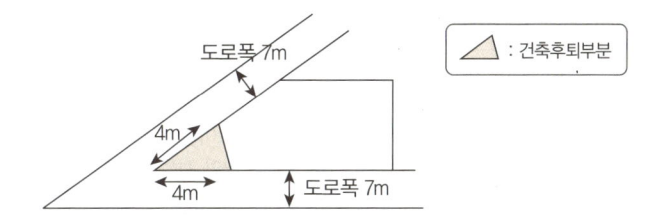			

(4) 일단지

① 일단지의 정의[26]

용도상 불가분의 관계에 있는 2필지 이상의 일단의 토지를 일단지라 한다. 이때 "용도상 불가분의 관계"라 함은 일단으로 이용되고 있는 상황이 사회적·경제적·행정적 측면에서 합리적이고 해당 토지의 가치형성측면에서도 타당하다고 인정되는 관계에 있는 경우를 말한다. 현재 일단으로의 이용이 토지의 합리적, 최유효이용이며 해당 토지에 대한 거래도 일단으로 이루어진다.

② 일단지의 유형

㉠ 개발사업 시행 예정지 중 관계법령에 의한 당해 사업계획의 승인이나 「공익사업을 위한 토지 등의 취득 및 보상에 관한 법률」 제20조의 규정에 의한 사업인정(다른 법률의 규정에 의하여 사업인정으로 보는 경우를 포함한다. 이하 같다)이 있는 경우

㉡ 2필지 이상의 토지에 하나의 건축물(부속건축물을 포함한다)이 선넘되어 있거나 건축 중에 있는 토지, 현재 나지상태이나 건축허가 등을 받고 공사를 착수한 토지

㉢ 아파트 부지 등 공동주택용지

㉣ 골프장 용지

> **알아보기** 일단지로 보지 않는 경우
>
> (1) 전, 답 등의 농경지와 임야
> (2) 2필지 이상의 일단의 토지가 조경수목재배지, 조경자재제조장, 골재야적장, 간이창고, 간이체육시설용지(테니스장, 골프연습장, 야구연습장 등) 등으로 이용되고 있는 경우로서 주위환경 등의 사정으로 보아 현재의 이용이 일시적인 이용 상황으로 인정되는 경우

---

25) 「건축법 시행령」 제31조
26) 표준지 조사·평가 기준 제20조

③ 일단지 판단 기준

「감칙」, 실무기준에서 개별적인 상황에서의 일단지 판단 기준이 구체적이지 않아 유권해석, 판례의 도움을 받고 있다. 대표적인 판단기준을 소개하면 다음과 같다.

구 분	판단사항
2017 재결례	각 필지별로 경작이 가능하며 개별적으로 매매가 가능한 '농경지'로서 토지 상호 간에 용도상 불가분의 관계에 있다고 볼 수 없음
대법 2011두24033	관계 법령에 의하여 건축물의 부지조성을 목적으로 한 개발행위(토지의 형질변경) 허가를 받아 그 토지의 형질을 대지로 변경한 다음 토지에 건축물을 신축하는 내용의 건축허가를 받고 그 착공신고서까지 제출하였고, 형질이 변경된 이후에 그 토지가 대지로서 매매되는 등 형질이 변경된 현황에 따라 정상적으로 거래된 사정이 있는 경우 건축물을 건축하는 공사를 착공하지 못하였더라도 현실적인 이용상황을 대지로 평가함이 상당
대법 2019두46398	① 여러 필지의 토지가 일단을 이루어 이용되는 것은 토지의 합리적, 최유효 이용의 결과로 볼 수 있으며, 그 경우 거래도 일체로서 이루어지는 것이 일반적이므로, 보상액 평가의 경우에도 이를 반영하여 1필지의 토지로 보아 평가하는 것이 거래 현실에 부합하고, 이와 달리 지적공부상 개별 토지로 보고 평가하는 경우에는 부당하게 낮거나 높은 가격으로 평가될 수 있는 문제를 야기하는 점, ② 이 사건 각 토지는 그 소유자가 원고로 동일하고, 그 용도지역 및 지목도 근린상업지역 내의 대지로 동일하며, 수용재결 당시 나대지의 상태로 이를 함께 이용하는 데에 아무런 장애가 없었던 점, ③ 위 각 토지를 별개로 이용하는 경우 가로조건, 획지조건 등 개별요인이 불리해져 그 효용도가 현저히 떨어지는 반면, 위 각 토지를 함께 이용하는 경우 그 형태가 가로장방형으로 개선되고, 그 면적도 112.1m^2로 증가하는 점, ④ 실제로 이 사건 각 토지를 별개로 이용하는 경우 D 토지에 층별 약 44.5m^2, E 토지에 층별 약 22.8m^2의 각 건물을 신축할 수 있는 반면, 이를 함께 이용하는 경우 층별 약 67.3m^2의 건물을 신축할 수 있는 것으로 보이는데, 만일 위 각 토지에 복층 건물을 별개로 신축하는 경우 복도, 계단 또는 승강기 등을 설치함에 따라 실제 상가 등으로 이용가능한 면적은 더 줄어들거나 사실상 복층 건물의 신축 자체가 곤란할 것으로 보이는 점, ⑤ 앞서 본 사정 등에 비추어 이 사건 각 토지는 일단을 이루어 함께 이용될 것이 확실시되고, 그 거래도 일체로서 이루어질 것으로 보이며, 종전에 위 각 토지가 별개로 이용되었다는 사정만으로 이와 달리 보기 어려운 점, ⑥ 나아가 원고는 2003년 3월경 D 토지 및 그 지상 건물을 취득한 다음 이 사건 주택재개발정비사업에 관한 재정비촉진지구의 지정이나 사업시행인가에 앞서 E 토지 및 그 지상 건물을 취득하였는데, 이는 D 토지가 부정형으로 그 형상이 불리한 점을 감안하여 E 토지와 합병한 후 건물을 신축하는 등으로 그 이용 상황 등을 개선하기 위한 것으로 보일 뿐 이 사건 주택재개발정비사업의 진행 과정에서 보상금의 증액 등을 위한 의도로 E 토지 등을 취득한 것으로 보이지는 않는 점 등을 종합하여 보면, 이 사건 수용재결일 당시 이 사건 각 토지는 일단의 토지로 이용되는 것이 사회적·경제적·행정적 측면에서 합리적이고 위 각 토지의 가치 형성적 측면에서도 타당하다고 인정되므로, 그 용도상 불가분 또는 거래상 일체성의 관계가 인정되는 경우에 해당하여 이를 일괄 평가함이 상당

④ 일단지와 감정평가

일단의 토지를 기준으로 토지의 물적 사항(도로조건, 형상, 지세 등)을 판단하며 동일한 단가를 적용한다.

(5) 면적과 감정평가

토지가격비준표에 면적에 따른 격차율이 예시적으로 산정되어 있다. 면적 경계는 3,300m², 16,500m², 33,000m², 66,000m²이다. 통상 광평수 토지인 경우 표준적인 획지규모[27]의 토지 대비 감가율이 적용되는데 단독효용가능성의 희박, 시장성의 감퇴, 한정된 수요자 등의 사유로 파악된다.

6. 공부상 지목[28]과 현실이용 기출 16회

지목이란 「공간정보의 구축 및 관리 등에 관한 법률」에 근거해 토지의 주된 용도에 따라 토지의 종류를 구분하여 지적공부에 등록한 것을 말한다. 토지의 지목은 토지이용계획확인서를 발급받아 확인한다. 지목의 종류는 28개로 다음과 같다.

구 분	약 어	상 세
전	전	물을 상시적으로 이용하지 않고 곡물·원예작물(과수류는 제외한다)·약초·뽕나무·닥나무·묘목·관상수 등의 식물을 주로 재배하는 토지와 식용(食用)으로 죽순을 재배하는 토지
답	답	물을 상시적으로 직접 이용하여 벼·연(蓮)·미나리·왕골 등의 식물을 주로 재배하는 토지
과수원	과	사과·배·밤·호두·귤나무 등 과수류를 집단적으로 재배하는 토지와 이에 접속된 저장고 등 부속시설물의 부지. 다만, 주거용 건축물의 부지는 "대"로 한다.
목장용지	목	가. 축산업 및 낙농업을 하기 위하여 초지를 조성한 토지 나. 「축산법」 제2조 제1호에 따른 가축을 사육하는 축사 등의 부지 다. 가목 및 나목의 토지와 접속된 부속시설물의 부지 다만, 주거용 건축물의 부지는 "대"로 한다.
임야	임	산림 및 원야(原野)를 이루고 있는 수림지(樹林地)·죽림지·암석지·자갈땅·모래땅·습지·황무지 등의 토지
광천지	광	지하에서 온수·약수·석유류 등이 용출되는 용출구(湧出口)와 그 유지(維持)에 사용되는 부지. 다만, 온수·약수·석유류 등을 일정한 장소로 운송하는 송수관·송유관 및 저장시설의 부지는 제외한다.
염전	염	바닷물을 끌어들여 소금을 채취하기 위하여 조성된 토지와 이에 접속된 제염장(製鹽場) 등 부속시설물의 부지. 다만, 천일제염 방식으로 하지 아니하고 동력으로 바닷물을 끌어들여 소금을 제조하는 공장시설물의 부지는 제외한다.
대	대	가. 영구적 건축물 중 주거·사무실·점포와 박물관·극장·미술관 등 문화시설과 이에 접속된 정원 및 부속시설물의 부지 나. 「국토의 계획 및 이용에 관한 법률」 등 관계 법령에 따른 택지조성공사가 준공된 토지
공장용지	장	가. 제조업을 하고 있는 공장시설물의 부지 나. 「산업집적활성화 및 공장설립에 관한 법률」 등 관계 법령에 따른 공장부지 조성공사가 준공된 토지 다. 가목 및 나목의 토지와 같은 구역에 있는 의료시설 등 부속시설물의 부지
학교용지	학	학교의 교사(校舍)와 이에 접속된 체육장 등 부속시설물의 부지

---

[27] 인근지역에서 가격수준 및 표준적 사용에 있어 평균 수준인 토지의 면적
[28] 「공간정보의 구축 및 관리 등에 관한 법률」 제67조(지목의 종류), 동법 시행령 제58조(지목의 구분)

주차장	차	자동차 등의 주차에 필요한 독립적인 시설을 갖춘 부지와 주차전용 건축물 및 이에 접속된 부속시설물의 부지. 다만, 다음 각 목의 어느 하나에 해당하는 시설의 부지는 제외한다. 가. 「주차장법」 제2조 제1호 가목 및 다목에 따른 노상주차장 및 부설주차장(「주차장법」 제19조 제4항에 따라 시설물의 부지 인근에 설치된 부설주차장은 제외한다.) 나. 자동차 등의 판매 목적으로 설치된 물류장 및 야외전시장
주유소용지	주	다음 각 목의 토지. 다만, 자동차·선박·기차 등의 제작 또는 정비공장 안에 설치된 급유·송유시설 등의 부지는 제외한다. 가. 석유·석유제품, 액화석유가스, 전기 또는 수소 등의 판매를 위하여 일정한 설비를 갖춘 시설물의 부지 나. 저유소(貯油所) 및 원유저장소의 부지와 이에 접속된 부속시설물의 부지
창고용지	창	물건 등을 보관하거나 저장하기 위하여 독립적으로 설치된 보관시설물의 부지와 이에 접속된 부속시설물의 부지
도 로	도	다음 각 목의 토지. 다만, 아파트·공장 등 단일 용도의 일정한 단지 안에 설치된 통로 등은 제외한다. 가. 일반 공중(公衆)의 교통 운수를 위하여 보행이나 차량운행에 필요한 일정한 설비 또는 형태를 갖추어 이용되는 토지 나. 「도로법」 등 관계 법령에 따라 도로로 개설된 토지 다. 고속도로의 휴게소 부지 라. 2필지 이상에 진입하는 통로로 이용되는 토지
철도용지	철	교통 운수를 위하여 일정한 궤도 등의 설비와 형태를 갖추어 이용되는 토지와 이에 접속된 역사(驛舍)·차고·발전시설 및 공작창(工作廠) 등 부속시설물의 부지
제 방	제	조수·자연유수(自然流水)·모래·바람 등을 막기 위하여 설치된 방조제·방수제·방사제·방파제 등의 부지
하 천	천	자연의 유수(流水)가 있거나 있을 것으로 예상되는 토지
구 거	구	용수(用水) 또는 배수(排水)를 위하여 일정한 형태를 갖춘 인공적인 수로·둑 및 그 부속시설물의 부지와 자연의 유수(流水)가 있거나 있을 것으로 예상되는 소규모 수로부지
유 지	유	물이 고이거나 상시적으로 물을 저장하고 있는 댐·저수지·소류지(沼溜地)·호수·연못 등의 토지와 연·왕골 등이 자생하는 배수가 잘 되지 아니하는 토지
양어장	양	육상에 인공으로 조성된 수산생물의 번식 또는 양식을 위한 시설을 갖춘 부지와 이에 접속된 부속시설물의 부지
수도용지	수	물을 정수하여 공급하기 위한 취수·저수·도수(導水)·정수·송수 및 배수 시설의 부지 및 이에 접속된 부속시설물의 부지
공 원	공	일반 공중의 보건·휴양 및 정서생활에 이용하기 위한 시설을 갖춘 토지로서 「국토의 계획 및 이용에 관한 법률」에 따라 공원 또는 녹지로 결정·고시된 토지
체육용지	체	국민의 건강증진 등을 위한 체육활동에 적합한 시설과 형태를 갖춘 종합운동장·실내체육관·야구장·골프장·스키장·승마장·경륜장 등 체육시설의 토지와 이에 접속된 부속시설물의 부지. 다만, 체육시설로서의 영속성과 독립성이 미흡한 정구장·골프연습장·실내수영장 및 체육도장과 유수(流水)를 이용한 요트장 및 카누장 등의 토지는 제외한다.
유원지	원	일반 공중의 위락·휴양 등에 적합한 시설물을 종합적으로 갖춘 수영장·유선장(遊船場)·낚시터·어린이놀이터·동물원·식물원·민속촌·경마장·야영장 등의 토지와 이에 접속된 부속시설물의 부지. 다만, 이들 시설과의 거리 등으로 보아 독립적인 것으로 인정되는 숙식시설 및 유기장(遊技場)의 부지와 하천·구거 또는 유지[공유(公有)인 것으로 한정한다]로 분류되는 것은 제외한다.

종교용지	종	일반 공중의 종교의식을 위하여 예배·법요·설교·제사 등을 하기 위한 교회·사찰·향교 등 건축물의 부지와 이에 접속된 부속시설물의 부지
사적지	사	문화유산으로 지정된 역사적인 유적·고적·기념물 등을 보존하기 위하여 구획된 토지. 다만, 학교용지·공원·종교용지 등 다른 지목으로 된 토지에 있는 유적·고적·기념물 등을 보호하기 위하여 구획된 토지는 제외한다.
묘 지	묘	사람의 시체나 유골이 매장된 토지, 「도시공원 및 녹지 등에 관한 법률」에 따른 묘지공원으로 결정·고시된 토지 및 「장사 등에 관한 법률」 제2조 제9호에 따른 봉안시설과 이에 접속된 부속시설물의 부지. 다만, 묘지의 관리를 위한 건축물의 부지는 "대"로 한다.
잡종지	잡	다음 각 목의 토지. 다만, 원상회복을 조건으로 돌을 캐내는 곳 또는 흙을 파내는 곳으로 허가된 토지는 제외한다. 가. 갈대밭, 실외에 물건을 쌓아두는 곳, 돌을 캐내는 곳, 흙을 파내는 곳, 야외시장 및 공동 우물 나. 변전소, 송신소, 수신소 및 송유시설 등의 부지 다. 여객자동차터미널, 자동차운전학원 및 폐차장 등 자동차와 관련된 독립적인 시설물을 갖춘 부지 라. 공항시설 및 항만시설 부지 마. 도축장, 쓰레기처리장 및 오물처리장 등의 부지 바. 그 밖에 다른 지목에 속하지 않는 토지

위 공부상 지목은 반드시 현실 이용 상황과 일치하지 않는다. 불일치 사유, 관련규정에서의 처리기준에 따라 감정평가에서의 판단사항은 다르다.

구 분	예 시	감정평가
불법적 용도변경, 원상회복 요구되는 경우	산지관리법상 보전산지(공부상 지목 임야)를 불법 개간하여 농경지로 사용하는 경우	공부상 지목대로 평가하되 원상회복 비용을 감안
불법적 용도변경, 원상회복 요구되지 않는 경우	89.1.24. 이전의 무허가 건축물이 들어선 부지(공부상 지목 임야 또는 전)	현실이용 상황으로 평가(지목 변경 비용 등도 고려치 않음)
적법한 용도변경, 지목변경 절차 필요한 경우	공장설립허가를 받아 토목공사와 건축공사를 마치고 사용승인까지 받아 공장가동중인 부지(공부상 지목 임야 또는 전)	현실이용 상황으로 평가

7. 공법상 제한

(1) 용도 지역지구제(Zoning)

지역지구제란 현대 「도시계획법」에 의해 규정된 토지의 평면적 이용에 기능적 특성을 부여하여, 토지이용에 따르는 기능간의 상충을 막기 위해 토지의 용도를 구분해, 이용목적에 부합되지 않는 건축행위는 규제하고 바람직한 방향으로 토지가 이용되도록 하는 법적 행정적 유도장치이다. 우리나라는 미국의 지역지구제를 도입하여 시행하고 있으며 지역지구제에 따라 모든 토지에는 「국토의 계획 및 이용에 관한 법률」상의 용도지역·지구가 지정된다. 지역, 지구 지정은 해당 토지에 들어설 수 있는 건축물의 용도·종류·규모(건폐율, 용적률, 높이)를 제한함에 따라 토지의 활용가치가 달라진다.

(2) 용도 지역, 지구, 구역

「국토의 계획 및 이용에 관한 법률」, 동법 시행령에서 규정하고 있는 용도지역, 지구, 구역은 다음과 같다.

① 용도지역[29]

대분류	중분류	소분류	세분류	건폐율 상한(%)	용적률 (%)	지정 목적
도시 지역	주거	전용 주거	제1종 전용주거	50	50-100	단독주택 중심의 양호한 주거환경을 보호하기 위하여 필요한 지역
			제2종 전용주거	50	100-150	공동주택 중심의 양호한 주거환경을 보호하기 위하여 필요한 지역
		일반 주거	제1종 일반주거	60	100-200	저층주택을 중심으로 편리한 주거환경을 조성하기 위하여 필요한 지역
			제2종 일반주거	60	100-250	중층주택을 중심으로 편리한 주거환경을 조성하기 위하여 필요한 지역
			제3종 일반주거	50	100-300	중고층주택을 중심으로 편리한 주거환경을 조성하기 위하여 필요한 지역
		준주거		70	200-500	주거기능을 위주로 이를 지원하는 일부 상업기능 및 업무기능을 보완하기 위하여 필요한 지역
	상업	중심상업		90	200-1500	도심·부도심의 상업기능 및 업무기능의 확충을 위하여 필요한 지역
		일반상업		80	200-1300	일반적인 상업기능 및 업무기능을 담당하게 하기 위하여 필요한 지역
		근린상업		70	200-900	근린지역에서의 일용품 및 서비스의 공급을 위하여 필요한 지역
		유통상업		80	200-1100	도시내 및 지역간 유통기능의 증진을 위하여 필요한 지역
	공업	전용공업		70	150-300	주로 중화학공업, 공해성 공업 등을 수용하기 위하여 필요한 지역
		일반공업		70	150-350	환경을 저해하지 아니하는 공업의 배치를 위하여 필요한 지역
		준공업		70	150-400	경공업 그 밖의 공업을 수용하되, 주거기능·상업기능 및 업무기능의 보완이 필요한 지역
	녹지	자연녹지		20	50-100	도시의 녹지공간의 확보, 도시확산의 방지, 장래 도시용지의 공급 등을 위하여 보전할 필요가 있는 지역으로서 불가피한 경우에 한하여 제한적인 개발이 허용되는 지역
		생산녹지		20	50-100	주로 농업적 생산을 위하여 개발을 유보할 필요가 있는 지역
		보전녹지		20	50-80	도시의 자연환경·경관·산림 및 녹지공간을 보전할 필요가 있는 지역

---

29) 필요한 경우 건폐율, 용적률은 지자체 조례로 달리 정할 수 있다.

비도시 지역	관리	계획관리	40	50-100	도시지역으로의 편입이 예상되는 지역이나 자연환경을 고려하여 제한적인 이용·개발을 하려는 지역으로서 계획적·체계적인 관리가 필요한 지역
		생산관리	20	50-80	농업·임업·어업 생산 등을 위하여 관리가 필요하나, 주변 용도지역과의 관계 등을 고려할 때 농림지역으로 지정하여 관리하기가 곤란한 지역
		보전관리	20	50-80	자연환경 보호, 산림 보호, 수질오염 방지, 녹지공간 확보 및 생태계 보전 등을 위하여 보전이 필요하나, 주변 용도지역과의 관계 등을 고려할 때 자연환경보전지역으로 지정하여 관리하기가 곤란한 지역
	농림	-	20	50-80	도시지역에 속하지 아니하는 「농지법」에 따른 농업진흥지역 또는 「산지관리법」에 따른 보전산지 등으로서 농림업을 진흥시키고 산림을 보전하기 위하여 필요한 지역
	자연 환경 보전	-	20	50-80	자연환경·수자원·해안·생태계·상수원 및 문화유산의 보전과 수산자원의 보호·육성 등을 위하여 필요한 지역

+ 알아보기 용도지역 미지정 또는 미세분지역에서의 행위제한[30]

구 분	세 분	적 용
용도 미지정 지역	-	자연환경보전지역의 규정을 적용
용도 미세분 지역	도시지역	보전녹지지역의 규정을 적용
	관리지역	보전관리지역의 규정을 적용

② 용도지구[31]

구 분	세 분	지정 목적
경관지구	자연경관지구	산지·구릉지 등 자연경관을 보호하거나 유지하기 위하여 필요한 지구
	시가지경관지구	지역 내 주거지, 중심지 등 시가지의 경관을 보호 또는 유지하거나 형성하기 위하여 필요한 지구
	특화경관지구	지역 내 주요 수계의 수변 또는 문화적 보존가치가 큰 건축물 주변의 경관 등 특별한 경관을 보호 또는 유지하거나 형성하기 위하여 필요한 지구
고도지구	-	쾌적한 환경 조성 및 토지의 효율적 이용을 위하여 건축물 높이의 최고 한도를 규제할 필요가 있는 지구

---

30) 「국토의 계획 및 이용에 관한 법률」 제79조
31) 「국토의 계획 및 이용에 관한 법률」 제37조, 동법 시행령 제31조

보호지구	역사문화환경보호지구	문화유산·전통사찰 등 역사·문화적으로 보존가치가 큰 시설 및 지역의 보호와 보존을 위하여 필요한 지구
	중요시설물보호지구	중요시설물의 보호와 기능의 유지 및 증진 등을 위하여 필요한 지구
	생태계보호지구	야생동식물서식처 등 생태적으로 보존가치가 큰 지역의 보호와 보존을 위하여 필요한 지구
취락지구	자연취락지구	녹지지역, 관리지역, 농림지역 또는 자연환경보전지역 안의 취락을 정비하기 위하여 필요한 지구
	집단취락지구	개발제한구역 안의 취락을 정비하기 위하여 필요한 지구
개발진흥지구	주거개발진흥지구	주거기능을 중심으로 개발·정비할 필요가 있는 지구
	산업·유통개발진흥지구	공업기능 및 유통·물류기능을 중심으로 개발·정비할 필요가 있는 지구
	관광·휴양개발진흥지구	관광·휴양기능을 중심으로 개발·정비할 필요가 있는 지구
	복합개발진흥지구	주거기능, 공업기능, 유통·물류기능 및 관광·휴양기능 중 2 이상의 기능을 중심으로 개발, 정비할 필요가 있는 지구
	특정개발진흥지구	주거기능, 공업기능, 유통·물류기능 및 관광·휴양기능 외의 기능을 중심으로 특정한 목적을 위하여 개발, 정비할 필요가 있는 지구
방화지구	―	화재의 위험을 예방하기 위하여 필요한 지구
방재지구	시가지방재지구	건축물·인구가 밀집되어 있는 지역으로서 시설 개선 등을 통하여 재해 예방이 필요한 지구
	자연방재지구	토지의 이용도가 낮은 해안변, 하천변, 급경사지 주변 등의 지역으로서 건축 제한 등을 통하여 재해 예방이 필요한 지구
특정용도 제한지구	―	주거 및 교육 환경 보호나 청소년 보호 등의 목적으로 오염물질 배출시설, 청소년 유해시설 등 특정시설의 입지를 제한할 필요가 있는 지구

③ 용도구역[32]

구 분	지정 목적
개발제한구역	도시의 무질서한 확산을 방지하고 도시주변의 자연환경을 보전하여 도시민의 건전한 생활환경을 확보하기 위하여 도시의 개발을 제한할 필요가 있거나 국방부장관의 요청이 있어 보안상 도시의 개발을 제한할 필요가 있다고 인정되는 경우
도시자연공원구역	도시의 자연환경 및 경관을 보호하고 도시민에게 건전한 여가·휴식공간을 제공하기 위하여 도시지역 안에서 식생(植生)이 양호한 산지(山地)의 개발을 제한할 필요가 있다고 인정되는 경우
시가화조정구역	도시지역과 그 주변지역의 무질서한 시가화를 방지하고 계획적·단계적인 개발을 도모하기 위하여 5년 이상 20년 이내의 기간 동안 시가화를 유보할 필요가 있다고 인정되는 경우
수산자원보호구역	수산자원을 보호·육성하기 위하여 필요한 경우

---

32) 「국토의 계획 및 이용에 관한 법률」 제38조, 제38조의2, 제39조, 제40조

(3) 공법상 제한과 감정평가

① 공법상 제한의 확인

토지에 대한 공법상 제한 사항은 토지이용계획확인원을 발급받아 확인한다.

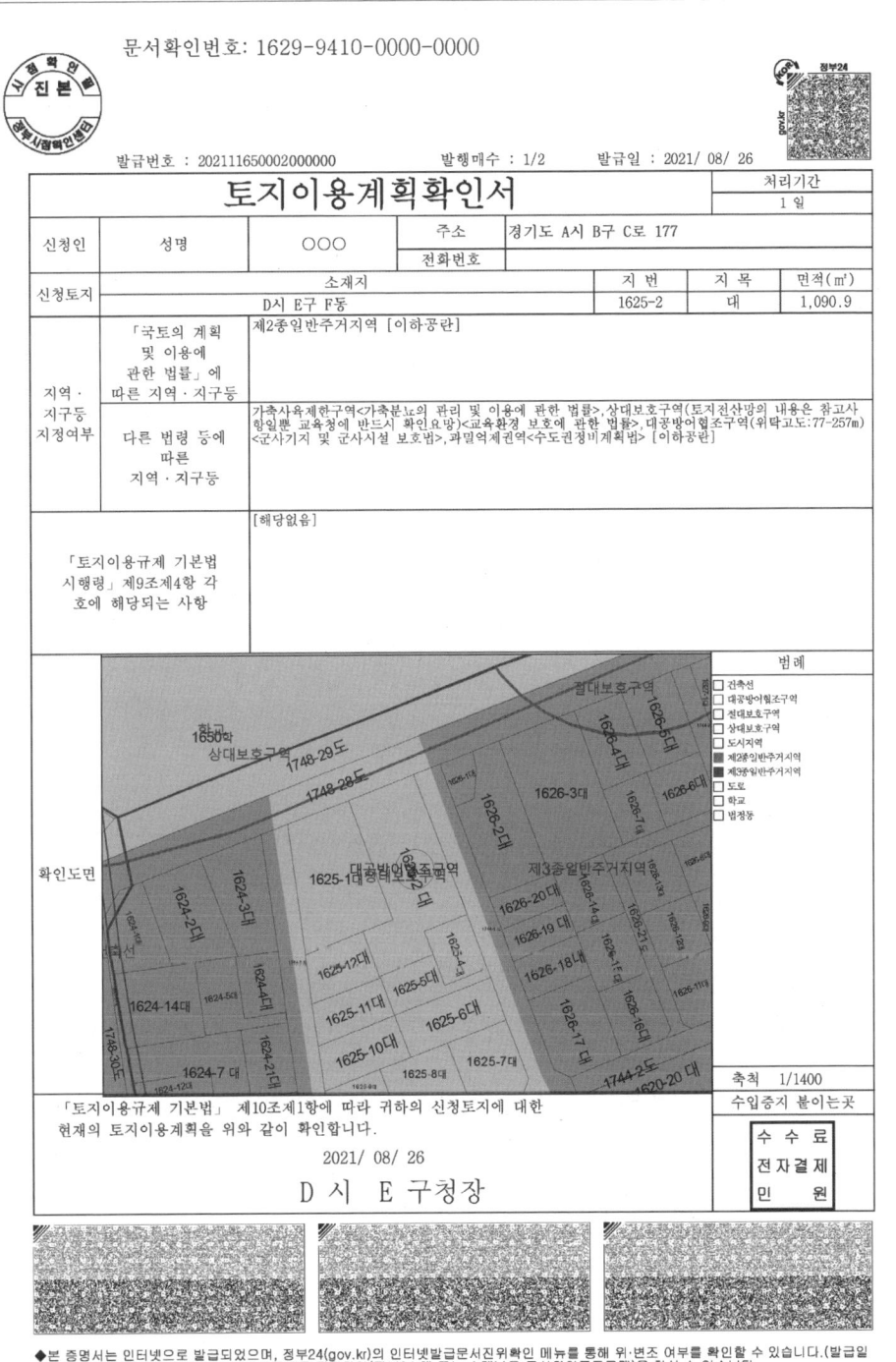

② 감정평가

공법상 제한은 토지의 사용, 수익, 처분에 영향을 미치는 가치형성요인이며, 공법상 제한을 보정하기 위한 토지가격비준표상 감가율은 확인할 수 있다. 공법상 제한이 다른 경우 이를 보정하는 과정을 거쳐야 한다. 감정평가와 관련해서 공법상 제한사항이 미치는 영향을 간단히 정리하면 다음과 같다.

구 분	상 세
가격자료의 채택	대상 토지의 가치를 결정하기 위해 적용하는 비교표준지, 거래사례, 조성사례, 수익사례, 분양사례 모두 대상과 동일 또는 유사한 공법상 제한을 받는 토지여야 한다.
가격수준의 검토	용도지역만으로 대상이 속한 지역 내 토지의 전반적인 가격수준이 결정된다. 이를 쉽게 이해하면 다음과 같다. 용적률이 100%인 토지 A와 200%인 토지 B가 있고 모두 상업용 건물을 신축하여 분양한다고 상정하면 후자는 전자에 비해 2배 규모로 건축할 수 있고 신축 후 모두 분양된다고 전제하면 전자의 토지에 비해 〈용적률 차이 100% 만큼의 분양수입－A토지의 건축규모를 초과하는 부분의 건축비〉만큼의 가치를 더 창출한다고 이해할 수 있다. 해당 부분의 가치 증가분을 단순하게 A, B 토지의 가치 격차로 이해할 수 있다.
행위제한 여부 및 그 정도	도시계획시설(도로, 하천 등)에 저촉된 경우 저촉부분에는 행위제한의 효과가 발생한다. 따라서 저촉 받지 않는 토지에 비해 행위제한으로 인한 일정한 가치하락이 발생한다고 이해할 수 있다.
거래관행의 파악	정비구역(재개발구역 등)의 경우 대지 면적을 기준으로 거래되는 관행이 있다. 대상 토지가 정비구역 내 소재하고 있다면 토지 면적을 기준으로 거래되고, 대상 부동산의 가격 결정도 토지 면적을 기준으로 해야 할 것이다. 지역, 지구 등의 지정에 따라 개발 프리미엄이 얹혀 거래될 수 있음을 인지할 수 있다.

CHAPTER 02 기출문제

토지평가 기초

01 도시개발사업이 시행 중인 구역 내의 토지 기호(1) 및 기호(2)에 대하여 해당 '토지대장'과 '환지확정처분조서'에 근거하여 〈자료 1〉과 같이 정리하였다. 〈자료 2〉의 가격자료를 참고하여 다음 물음에 답하시오. (20점) *기출 35회*

(1) 청산금이 정산(교부 또는 납부)된 상태를 전제로 기호(1) 및 기호(2) 토지의 과도 또는 부족면적을 판정하여 사정면적을 확정하고, 청산금의 정산상태를 고려한 현재의 가격을 각각 추정하여 면적의 차이를 분석하시오. (10점)

(2) 청산금이 미정산된 상태를 전제로 기호(1) 및 기호(2) 토지의 과도 또는 부족면적을 판정하여 사정면적을 확정하고, 청산금의 미정산 상태를 고려한 현재의 가격을 각각 추정하여 면적의 차이를 분석하시오. (10점)

〈자료 1〉 토지의 상황

구 분	종전토지(토지대장기준)				종후의 환지예정지				과도면적 (m^2)	부족면적 (m^2)
	소재지	지 번	지 목	면적 (m^2)	BL	LT	권리면적 (m^2)	환지면적 (m^2)		
기호(1)	A시 B동	10번지	전	600	35	13	420	460	—	—
기호(2)	A시 B동	20번지	답	1,200	35	14	840	800	—	—

〈자료 2〉 가격자료

1. A시 B동에서 기호(1) 및 기호(2)와 유사한 지목 '전'과 '답' 등의 농경지 가격은 100,000원/m^2 수준에 형성되어 있다.
2. A시 B동에서 도시개발사업이 기 완료된 기호(1) 및 기호(2)와 유사한 환지된 토지의 가격은 200,000원/m^2 수준에 형성되어 있다.
3. 본 도시개발사업과 관련한 교부 또는 납부(징수) 청산금의 단위면적당 가격은 도시개발사업 완료 후 가격과 유사한 200,000원/m^2 수준이다.
4. 현재의 시점은 사업의 종료가 임박한 추상적 시점으로 시점차이에 대한 보정의 필요성은 없는 것으로 조사되고, 기호(1)과 기호(2)의 소유자는 상이하여 상계처리대상이 아니다.

출제영역
환 지

답안작성 가이드

[물음 1] (10점)

1. 청산금 교부 전제 사정면적

   청산금이 정산된 상태를 전제하므로 환지면적을 기준으로 사정면적 확정함

   기호(1) : 460m²(증환지)

   권리면적(420m²)이 환지면적(460m²)보다 작아 과도면적(40m²) 발생하여 해당 금액(8,000,000원) 징수된 상태로 볼 수 있음.

   기호(2) : 800m²(감환지)

   권리면적(840m²)이 환지면적(800m²)보다 커 부족면적(40m²) 발생하여 해당 금액(8,000,000원)이 교부된 상태로 볼 수 있음.

2. 현재의 가격 추정

   1) 기호(1)

      정리 후 토지의 가격은 200,000×460＝92,000,000원

   2) 기호(2)

      정리 후 토지의 가격은 200,000×800＝160,000,000원

3. 면적의 차이 분석

   정리 후 토지면적＝정리 전 토지면적×(1－감보율)임. $\frac{정리\ 후}{정리\ 전}$ 면적 비율은 기호(1)토지(420/600)＝기호(2)토지(840/1,200) ＝70%이므로, 감보율은 30%임. 모든 토지에 대해 이 감보율을 적용한 토지면적으로 분할할 수 없으므로 필지별로 권리면적과 실제 환지면적이 달라지며, 과도한 면적은 정산금 납부로 과소한 면적은 정산금 교부를 통해 실질적으로는 권리면적으로 정리되는 효과를 얻음. 정산금 산정 시 토지단가를 정리 후 토지단가로 적용하면서, 증환지 또는 감환지 어느 경우이든 유·불리는 없음.

[물음 2] (10점)

1. 청산금 미정산 상태 사정면적

   청산금이 미정산된 상태를 전제하므로 권리면적을 기준으로 사정면적 확정함

   기호(1) : 420m²

   기호(2) : 840m²

2. 현재의 가격 분석

   1) 기호(1)

      정리 후 토지의 가격은 200,000×420＝84,000,000원

   2) 기호(2)

      정리 후 토지의 가격은 200,000×840＝168,000,000원

3. 면적의 차이 분석

   정산금의 교부 또는 납부 전이므로, 정리 후 토지면적＝정리 전 토지면적×(1－감보율)에 의해 면적이 확정됨.

CHAPTER 03 건물평가 기초

제1편 | 감정평가 개관

> **핵심 키워드**
>
> 제1절 건축물
> 1. 건축법상 건축물
>   (1) 건축의 정의
>   (2) 일반 건축물
> 2. 그 밖의 건축물
>   (1) 가설건축물
>   (2) 무허가건축물 등
>
> 제2절 건축물 분류
>
> 제3절 건축면적 등
> 1. 건축면적
> 2. 바닥면적 및 연면적
> 3. 건축물의 높이 및 층고
> 4. 층 수
>
> 제4절 건축물대장의 이해

제1절 건축물

1. 건축법상 건축물

(1) 건축의 정의

「건축법」 제2조에서는 건축물을 신축·증축·개축·재축(再築)하거나 건축물을 이전하는 것을 "건축"으로 정의했다.

구 분	정 의
신 축	건축물이 없는 대지(기존 건축물이 해체되거나 멸실된 대지를 포함한다)에 새로 건축물을 축조(築造)하는 것[부속건축물만 있는 대지에 새로 주된 건축물을 축조하는 것을 포함하되, 개축(改築) 또는 재축(再築)하는 것은 제외한다]
증 축	기존 건축물이 있는 대지에서 건축물의 건축면적, 연면적, 층수 또는 높이를 늘리는 것
개 축	기존 건축물의 전부 또는 일부[내력벽·기둥·보·지붕틀(제16호에 따른 한옥의 경우에는 지붕틀의 범위에서 서까래는 제외한다) 중 셋 이상이 포함되는 경우를 말한다]를 해체하고 그 대지에 종전과 같은 규모의 범위에서 건축물을 다시 축조하는 것

재축	건축물이 천재지변이나 그 밖의 재해(災害)로 멸실된 경우 그 대지에 다음 각 목의 요건을 모두 갖추어 다시 축조하는 것 가. 연면적 합계는 종전 규모 이하로 할 것 나. 동(棟)수, 층수 및 높이는 다음의 어느 하나에 해당할 것 　(1) 동수, 층수 및 높이가 모두 종전 규모 이하일 것 　(2) 동수, 층수 또는 높이의 어느 하나가 종전 규모를 초과하는 경우에는 해당 동수, 층수 및 높이가 「건축법」(이하 "법"이라 한다), 이 영 또는 건축조례(이하 "법령 등"이라 한다)에 모두 적합할 것	
이전	건축물의 주요 구조부를 해체하지 아니하고 같은 대지의 다른 위치로 옮기는 것	

건축물이 철거, 멸실돼 새롭게 축조되는 경우, 철거와 멸실이 종전 건물의 일부인지 전부인지에 따라서 그리고 새로운 건물의 규모에 따라서 아래와 같이 건축행위의 정의가 달라진다.

구 분	세 분	분 류
전부철거	종전규모 초과 축조	신 축
	종전규모 이하 축조	개 축
일부철거	종전규모 초과 축조	증 축
	종전규모 이하 축조	개 축
전부멸실	종전규모 초과 축조	신 축
	종전규모 이하 축조	재 축
일부멸실	종전규모 초과 축조	증 축
	종전규모 이하 축조	재 축

(2) 일반 건축물

토지에 정착하는 공작물 중 지붕과 기둥 또는 벽이 있는 것과 이에 부수되는 시설물, 지하 또는 고가의 시설물에 설치하는 사무소, 공연장, 점포, 차고, 창고 등을 건축물이라 한다. 건축물은 건축법이 적용되는 것과 건축법 적용이 배제되는 건축물로 구분할 수 있다.

건축법 적용 건축물	건축법 적용 배제 건축물
토지에 정착(定着)하는 공작물 중 지붕과 기둥 또는 벽이 있는 것과 이에 딸린 시설물, 지하나 고가(高架)의 공작물에 설치하는 사무소, 공연장, 점포, 차고, 창고 등	1. 「국가유산기본법」에 따른 지정문화유산이나 임시지정문화유산 2. 철도나 궤도의 선로 부지(敷地)에 있는 다음 각 목의 시설 　(1) 운전보안시설 　(2) 철도 선로의 위나 아래를 가로지르는 보행시설 　(3) 플랫폼 　(4) 해당 철도 또는 궤도사업용 급수(給水)·급탄(給炭) 및 급유(給油) 시설 3. 고속도로 통행료 징수시설 4. 컨테이너를 이용한 간이창고(「산업집적활성화 및 공장설립에 관한 법률」 제2조 제1호에 따른 공장의 용도로만 사용되는 건축물의 대지에 설치하는 것으로서 이동이 쉬운 것만 해당된다) 5. 「하천법」에 따른 하천구역 내의 수문조작실

2. 그 밖의 건축물

(1) 가설건축물

임시로 설치한 건축물로서 건축물대장이 아닌 가설건축물대장에 등재해 관리한다. 가설건축물은 크게 허가 가설건축물과 신고 가설건축물로 구분할 수 있다.

① 허가 가설건축물

「국토의 계획 및 이용에 관한 법률」(이하 '국계법') 제64조에서는 원칙적으로 도시·군계획시설 부지에서의 개발행위를 금지하되, 도시·군계획시설결정의 고시일부터 2년이 지날 때까지 그 시설의 설치에 관한 사업이 시행되지 아니한 도시·군계획시설 중 「국계법」 제85조에 따라 단계별 집행계획이 수립되지 아니하거나 단계별 집행계획에서 제1단계 집행계획(단계별 집행계획을 변경한 경우에는 최초의 단계별 집행계획을 말한다)에 포함되지 아니한 도시·군계획시설의 부지에 대하여는 가설건축물 건축을 허가할 수 있도록 했다.

「건축법」 제20조에서는 다음의 경우만 아니고는 가설건축물 허가 신청에 대해 허가 처분을 내리도록 했다.

> 1. 「국토의 계획 및 이용에 관한 법률」 제64조에 위배되는 경우
> 2. 4층 이상인 경우
> 3. 구조, 존치기간, 설치목적 및 다른 시설 설치 필요성 등에 관하여 대통령령으로 정하는 기준의 범위에서 조례로 정하는 바에 따르지 아니한 경우
>   (1) 철근콘크리트조 또는 철골철근콘크리트조가 아닐 것
>   (2) 존치기간은 3년 이내일 것. 다만, 도시·군계획사업이 시행될 때까지 그 기간을 연장할 수 있다.
>   (3) 전기·수도·가스 등 새로운 간선 공급설비의 설치를 필요로 하지 아니할 것
>   (4) 공동주택·판매시설·운수시설 등으로서 분양을 목적으로 건축하는 건축물이 아닐 것
> 4. 그 밖에 이 법 또는 다른 법령에 따른 제한규정을 위반하는 경우

허가받은 가설건축물에 대해서는 도시·군계획시설사업이 시행되는 경우에는 그 시행예정일 3개월 전까지 소유자의 부담으로 그 가설건축물 철거 등 원상회복에 필요한 조치를 하여야 한다.

② 신고 가설건축물

「건축법」 제20조 제3항에서는 '재해복구, 흥행, 전람회, 공사용 가설건축물 등 대통령령으로 정하는 용도의 가설건축물을 축조하려는 자는 대통령령으로 정하는 존치 기간, 설치 기준 및 절차에 따라 특별자치시장·특별자치도지사 또는 시장·군수·구청장에게 신고한 후 착공하여야 한다.'고 규정했다. 시행령으로 정하고 있는 신고 대상 가설건축물은 다음과 같다.

> 1. 재해가 발생한 구역 또는 그 인접구역으로서 특별자치시장·특별자치도지사 또는 시장·군수·구청장이 지정하는 구역에서 일시사용을 위하여 건축하는 것
> 2. 특별자치시장·특별자치도지사 또는 시장·군수·구청장이 도시미관이나 교통소통에 지장이 없다고 인정하는 가설흥행장, 가설전람회장, 농·수·축산물 직거래용 가설점포, 그 밖에 이와 비슷한 것

3. 공사에 필요한 규모의 공사용 가설건축물 및 공작물
4. 전시를 위한 견본주택이나 그 밖에 이와 비슷한 것
5. 특별자치시장·특별자치도지사 또는 시장·군수·구청장이 도로변 등의 미관정비를 위하여 지정·공고하는 구역에서 축조하는 가설점포(물건 등의 판매를 목적으로 하는 것을 말한다)로서 안전·방화 및 위생에 지장이 없는 것
6. 조립식 구조로 된 경비용으로 쓰는 가설건축물로서 연면적이 10제곱미터 이하인 것
7. 조립식 경량구조로 된 외벽이 없는 임시 자동차 차고
8. 컨테이너 또는 이와 비슷한 것으로 된 가설건축물로서 임시 사무실·임시 창고 또는 임시숙소로 사용되는 것(건축물의 옥상에 축조하는 것은 제외한다. 다만, 2009년 7월 1일부터 2015년 6월 30일까지 및 2016년 7월 1일부터 2019년 6월 30일까지 공장의 옥상에 축조하는 것은 포함한다)
9. 도시지역 중 주거지역·상업지역 또는 공업지역에 설치하는 농업·어업용 비닐하우스로서 연면적이 100제곱미터 이상인 것
10. 연면적이 100제곱미터 이상인 간이축사용, 가축분뇨처리용, 가축운동용, 가축의 비가림용 비닐하우스 또는 천막(벽 또는 지붕이 합성수지 재질로 된 것과 지붕 면적의 2분의 1 이하가 합성강판으로 된 것을 포함한다)구조 건축물
11. 농업·어업용 고정식 온실 및 간이작업장, 가축양육실
12. 물품저장용, 간이포장용, 간이수선작업용 등으로 쓰기 위하여 공장 또는 창고시설에 설치하거나 인접 대지에 설치하는 천막(벽 또는 지붕이 합성수지 재질로 된 것을 포함한다), 그 밖에 이와 비슷한 것
13. 유원지, 종합휴양업 사업지역 등에서 한시적인 관광·문화행사 등을 목적으로 천막 또는 경량구조로 설치하는 것
14. 야외전시시설 및 촬영시설
15. 야외흡연실 용도로 쓰는 가설건축물로서 연면적이 50제곱미터 이하인 것
16. 그 밖에 제1호부터 제14호까지의 규정에 해당하는 것과 비슷한 것으로서 건축조례로 정하는 건축물

(2) 무허가건축물 등

건축법상 허가를 받지 않았거나, 허가받은 대로 건축하지 않은 경우, 사용승인을 받은 이후 허가나 신고 등의 절차 없이 무단으로 용도, 면적 변경을 한 건물 모두 비적법 건물의 유형에 속한다.

사 유	구 분	관련문제
건축허가 부재	무허가건축물	건물평가 대상(담보물 등, 종전자산) 적격성, 경과연수 판단, 지상 토지 이용 상황 판단
사용승인 부재	미사용승인건축물	건물평가 대상(담보물 등, 종전자산)적격성, 경과연수 판단
용도변경·증축신고 등 부재	위반건축물	건물평가 대상 적격성(담보물 등), 이행강제금 등 부담 반영

제2절 건축물 분류

「건축법 시행령」제14조 제5항에는 건축물의 시설군과 각 시설군에 속하는 용도를 다음과 같이 분류하고 있다.

시설군	용도군
자동차관련시설군	자동차관련시설군
산업 등 시설군	운수시설, 창고시설, 공장, 위험물저장및처리시설, 자원순환 관련 시설, 묘지 관련 시설, 장례시설
전기통신시설군	방송통신시설, 발전시설
문화집회시설군	문화 및 집회시설, 종교시설, 위락시설, 관광휴게시설
영업시설군	판매시설, 운동시설, 숙박시설, 제2종 근린생활시설 중 다중생활시설
교육 및 복지시설군	의료시설, 교육연구시설, 노유자시설, 수련시설, 야영장시설
근린생활시설군	제1조 근린생활시설, 제2종 근린생활시설(다중이용시설 제외)
주거업무시설군	단독주택, 공동주택, 업무시설, 교정 및 군사시설
그 밖의 시설군	동물 및 식물 관련시설

위 시설군 간, 시설군 내에서 용도변경을 할 때는 허가 및 신고를 해야 하거나 건축물대장 상의 기재사항을 변경하는 절차를 밟아야 한다.

구 분	상 세
허 가	건축물의 용도를 하위시설군에서 상위시설군으로 변경하는 경우
신 고	건축물의 용도를 상위시설군에서 하위시설군으로 변경하는 경우
건축물대장 기재사항 변경	동일한 시설군 내에서 용도변경하는 경우(동일한 용도군 내에서의 용도변경을 제외)
허 용	동일한 용도군 내의 용도변경

제3절 건축면적 등[33] 기출 7회

1. 건축면적

원칙	건축물의 외벽(외벽이 없는 경우에는 외곽 부분의 기둥)의 중심선으로 둘러싸인 부분의 수평투영면적			
구체적 산정	처마, 차양, 부연(附椽), 그 밖에 이와 비슷한 것으로서 그 외벽의 중심선으로부터 수평거리 1미터 이상 돌출된 부분이 있는 건축물	돌출된 끝부분으로부터 다음의 구분에 따른 수평거리를 후퇴한 선으로 둘러싸인 부분의 수평투영면적	「전통사찰의 보존 및 지원에 관한 법률」 제2조 제1호에 따른 전통사찰	4미터 이하의 범위에서 외벽의 중심선까지의 거리
			사료 투여, 가축 이동 및 가축 분뇨 유출 방지 등을 위하여 처마, 차양, 부연, 그 밖에 이와 비슷한 것이 설치된 축사	3미터 이하의 범위에서 외벽의 중심선까지의 거리(두 동의 축사가 하나의 차양으로 연결된 경우에는 6미터 이하의 범위에서 축사 양 외벽의 중심선까지의 거리를 말한다)
			한 옥	2미터 이하의 범위에서 외벽의 중심선까지의 거리
			「환경친화적자동차의 개발 및 보급 촉진에 관한 법률 시행령」 제18조의5에 따른 충전시설(그에 딸린 충전 전용 주차구획을 포함한다)의 설치를 목적으로 처마, 차양, 부연, 그 밖에 이와 비슷한 것이 설치된 공동주택(「주택법」 제15조에 따른 사업계획승인 대상으로 한정한다)	2미터 이하의 범위에서 외벽의 중심선까지의 거리
			「신에너지 및 재생에너지 개발·이용·보급 촉진법」 제2조 제3호에 따른 신·재생에너지 설비(신·재생에너지를 생산하거나 이용하기 위한 것만 해당한다)를 설치하기 위하여 처마, 차양, 부연, 그 밖에 이와 비슷한 것이 설치된 건축물로서 「녹색건축물 조성 지원법」 제17조에 따른 제로에너지건축물 인증을 받은 건축물	2미터 이하의 범위에서 외벽의 중심선까지의 거리
			그 밖의 건축물	1미터

---

[33] 「건축법 시행령」 제119조

	태양열을 주된 에너지원으로 이용하는 주택, 단열재를 구조체의 외기측에 설치하는 단열공법으로 건축된 건축물	건축물의 외벽 중 내측 내력벽의 중심선을 기준
	창고 또는 공장 중 물품을 입출고하는 부위의 상부에 한쪽 끝은 고정되고 다른 쪽 끝은 지지되지 아니한 구조로 설치된 돌출차양의 면적 중 건축면적에 산입하는 면적	'해당 돌출차양을 제외한 창고의 건축면적의 10퍼센트를 초과하는 면적'과 '해당 돌출차양의 끝부분으로부터 수평거리 6미터를 후퇴한 선으로 둘러싸인 부분의 수평투영면적' 중 작은 면적
	건축면적 산입 제외	(1) 지표면으로부터 1미터 이하에 있는 부분(창고 중 물품을 입출고하기 위하여 차량을 접안시키는 부분의 경우에는 지표면으로부터 1.5미터 이하에 있는 부분) (2) 「다중이용업소의 안전관리에 관한 특별법 시행령」 제9조에 따라 기존의 다중이용업소(2004년 5월 29일 이전의 것만 해당한다)의 비상구에 연결하여 설치하는 폭 2미터 이하의 옥외 피난계단(기존 건축물에 옥외 피난계단을 설치함으로써 법 제55조에 따른 건폐율의 기준에 적합하지 아니하게 된 경우만 해당한다) (3) 건축물 지상층에 일반인이나 차량이 통행할 수 있도록 설치한 보행통로나 차량통로 (4) 지하주차장의 경사로 (5) 건축물 지하층의 출입구 상부(출입구 너비에 상당하는 규모의 부분을 말한다) (6) 생활폐기물 보관시설(음식물쓰레기, 의류 등의 수거시설을 말한다. 이하 같다) (7) 「영유아보육법」 제15조에 따른 어린이집(2005년 1월 29일 이전에 설치된 것만 해당한다)의 비상구에 연결하여 설치하는 폭 2미터 이하의 영유아용 대피용 미끄럼대 또는 비상계단(기존 건축물에 영유아용 대피용 미끄럼대 또는 비상계단을 설치함으로써 법 제55조에 따른 건폐율 기준에 적합하지 아니하게 된 경우만 해당한다) (8) 「장애인·노인·임산부 등의 편의증진 보장에 관한 법률 시행령」 [별표 2]의 기준에 따라 설치하는 장애인용 승강기, 장애인용 에스컬레이터, 휠체어리프트 또는 경사로 (9) 「가축전염병 예방법」 제17조 제1항 제1호에 따른 소독설비를 갖추기 위하여 같은 호에 따른 가축사육시설(2015년 4월 27일 전에 건축되거나 설치된 가축사육시설로 한정한다)에서 설치하는 시설 (10) 「매장유산 보호 및 조사에 관한 법률」 제14조 제1항 제1호 및 제2호에 따른 현지보존 및 이전보존을 위하여 매장유산 보호 및 전시에 전용되는 부분 (11) 「가축분뇨의 관리 및 이용에 관한 법률」 제12조 제1항에 따른 처리시설(법률 제12516호 가축분뇨의 관리 및 이용에 관한 법률 일부개정법률 부칙 제9조에 해당하는 배출시설의 처리시설로 한정한다) (12) 「영유아보육법」 제15조에 따른 설치기준에 따라 직통계단 1개소를 갈음하여 건축물의 외부에 설치하는 비상계단(같은 조에 따른 어린이집이 2011년 4월 6일 이전에 설치된 경우로서 기존 건축물에 비상계단을 설치함으로써 법 제55조에 따른 건폐율 기준에 적합하지 않게 된 경우만 해당한다)

2. 바닥면적 및 연면적

바닥면적의 산정 기준 및 바닥면적에서 제외되는 부분은 다음과 같다.

원 칙		건축물의 각 층 또는 그 일부로서 벽, 기둥, 그 밖에 이와 비슷한 구획의 중심선으로 둘러싸인 부분의 수평투영면적
구체적 산정	바닥면적 산입	가. 벽·기둥의 구획이 없는 건축물은 그 지붕 끝부분으로부터 수평거리 1미터를 후퇴한 선으로 둘러싸인 수평투영면적으로 한다. 나. 건축물의 노대등의 바닥은 난간 등의 설치 여부에 관계없이 노대등의 면적(외벽의 중심선으로부터 노대등의 끝부분까지의 면적을 말한다)에서 노대등이 접한 가장 긴 외벽에 접한 길이에 1.5미터를 곱한 값을 뺀 면적을 바닥면적에 산입한다. 다. 단열재를 구조체의 외기측에 설치하는 단열공법으로 건축된 건축물의 경우에는 단열재가 설치된 외벽 중 내측 내력벽의 중심선을 기준으로 산정한 면적을 바닥면적으로 한다.
	바닥면적 산입 제외	라. 필로티나 그 밖에 이와 비슷한 구조(벽면적의 2분의 1 이상이 그 층의 바닥면에서 위층 바닥 아래면까지 공간으로 된 것만 해당한다)의 부분은 그 부분이 공중의 통행이나 차량의 통행 또는 주차에 전용되는 경우와 공동주택의 경우에는 바닥면적에 산입하지 아니한다. 마. 승강기탑(옥상 출입용 승강장을 포함한다), 계단탑, 장식탑, 다락[층고(層高)가 1.5미터(경사진 형태의 지붕인 경우에는 1.8미터) 이하인 것만 해당한다.], 건축물의 내부에 설치하는 냉방설비 배기장치 전용 설치공간(각 세대나 실별로 외부 공기에 직접 닿는 곳에 설치하는 경우로서 1제곱미터 이하로 한정한다), 건축물의 외부 또는 내부에 설치하는 굴뚝, 더스트슈트, 설비덕트, 그 밖에 이와 비슷한 것과 옥상·옥외 또는 지하에 설치하는 물탱크, 기름탱크, 냉각탑, 정화조, 도시가스 정압기, 그 밖에 이와 비슷한 것을 설치하기 위한 구조과 건축물 간에 화물의 이동에 이용되는 컨베이어벨트만을 설치하기 위한 구조물은 바닥면적에 산입하지 않는다. 바. 공동주택으로서 지상층에 설치한 기계실, 전기실, 어린이놀이터, 조경시설 및 생활폐기물 보관시설의 면적은 바닥면적에 산입하지 않는다. 사. 「다중이용업소의 안전관리에 관한 특별법 시행령」 제9조에 따라 기존의 다중이용업소(2004년 5월 29일 이전의 것만 해당한다)의 비상구에 연결하여 설치하는 폭 1.5미터 이하의 옥외 피난계단(기존 건축물에 옥외 피난계단을 설치함으로써 법 제56조에 따른 용적률에 적합하지 아니하게 된 경우만 해당한다)은 바닥면적에 산입하지 아니한다. 아. 제6조 제1항 제6호에 따른 건축물을 리모델링하는 경우로서 미관 향상, 열의 손실 방지 등을 위하여 외벽에 부가하여 마감재 등을 설치하는 부분은 바닥면적에 산입하지 아니한다. 자. 「영유아보육법」 제15조에 따른 어린이집(2005년 1월 29일 이전에 설치된 것만 해당한다)의 비상구에 연결하여 설치하는 폭 2미터 이하의 영유아용 대피용 미끄럼대 또는 비상계단의 면적은 바닥면적(기존 건축물에 영유아용 대피용 미끄럼대 또는 비상계단을 설치함으로써 법 제56조에 따른 용적률 기준에 적합하지 아니하게 된 경우만 해당한다)에 산입하지 아니한다. 차. 「장애인·노인·임산부 등의 편의증진 보장에 관한 법률 시행령」 [별표 2]의 기준에 따라 설치하는 장애인용 승강기, 장애인용 에스컬레이터, 휠체어리프트 또는 경사로는 바닥면적에 산입하지 아니한다. 카. 「가축전염병 예방법」 제17조 제1항 제1호에 따른 소독설비를 갖추기 위하여 같은 호에 따른 가축사육시설(2015년 4월 27일 전에 건축되거나 설치된 가축사육시설로 한정한다)에서 설치하는 시설은 바닥면적에 산입하지 아니한다. 타. 「매장유산 보호 및 조사에 관한 법률」 제14조 제1항 제1호 및 제2호에 따른 현지보존 및 이전보존을 위하여 매장유산 보호 및 전시에 전용되는 부분은 바닥면적에 산입하지 아니한다. 파. 「영유아보육법」 제15조에 따른 설치기준에 따라 직통계단 1개소를 갈음하여 건축물의 외부에 설치하는 비상계단의 면적은 바닥면적(같은 조에 따른 어린이집이 2011년 4월 6일 이전에 설치된 경우로서 기존 건축물에 비상계단을 설치함으로써 법 제56조에 따른 용적률 기준에 적합하지 않게 된 경우만 해당한다)에 산입하지 않는다. 하. 지하주차장의 경사로(지상층에서 지하 1층으로 내려가는 부분으로 한정한다)는 바닥면적에 산입하지 않는다.

연면적의 산정 기준 및 연면적에서 제외되는 부분은 다음과 같다.

원 칙	하나의 건축물 각 층의 바닥면적의 합계
용적률 산정 시 제외 연면적	가. 지하층의 면적 나. 지상층의 주차용(해당 건축물의 부속용도인 경우만 해당한다)으로 쓰는 면적 마. 제34조 제3항 및 제4항에 따라 초고층 건축물과 준초고층 건축물에 설치하는 피난안전구역의 면적 바. 제40조 제4항 제2호에 따라 건축물의 경사지붕 아래에 설치하는 대피공간의 면적

바닥면적 및 연면적과 대지면적의 비율인 건폐율, 용적률은 다음과 같이 계산된다.

구 분	산 식
건폐율	대지면적에 대한 건축면적(대지에 건축물이 둘 이상 있는 경우에는 이들 건축면적의 합계로 한다)의 비율 $$\frac{건축면적}{대지면적}$$
용적률	대지면적에 대한 연면적(대지에 건축물이 둘 이상 있는 경우에는 이들 연면적의 합계로 한다)의 비율 $$\frac{(각층 바닥면적 합계 - 지하층면적 - 지상 층의 주차장면적 - 피난안전구역 및 대피공간의 면적)}{대지면적}$$

아래는 바닥면적, 연면적, 건폐율 및 용적률을 산정의 예시다.

1. 건축물대장

대장번호	—	일반 건축물 대장			사용일자	89.9.9.	번호	89-0341
소재지	서울특별시 ○○구○○동		지 번	123-45	명칭 및 번호			—
지역지구	일반상업지역, 주차장정비지구				용 도	근린생활시설, 업무시설		
대지면적	?	연면적	?	층 수	지상4층/지하1층	구 조	철근콘크리트조/지붕:슬래브	
건축물 현황					소유자 현황			
층별	면적	용도	층별	면적	용도	일자	성명	주민등록번호	주소	지분
지층 1층 2층 3층 4층 계	145.50 145.50 160.50 160.50 160.50 772.50	다 방 소매점 사무실 사무실 사무실				890909	홍길동	—	—	—

2. 배치도

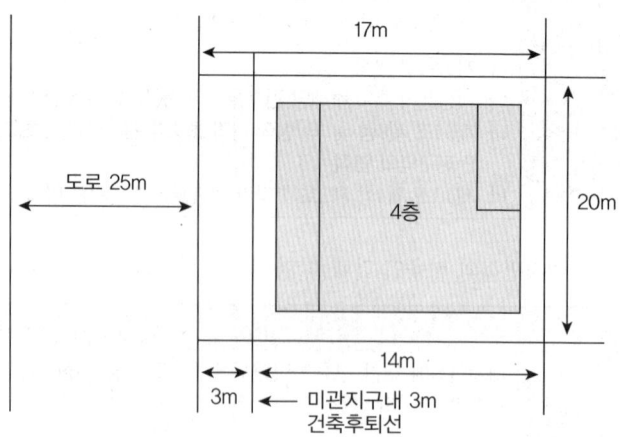

3. 정면도

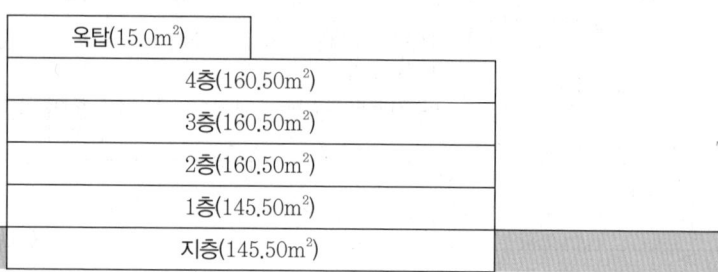

4. 측면도

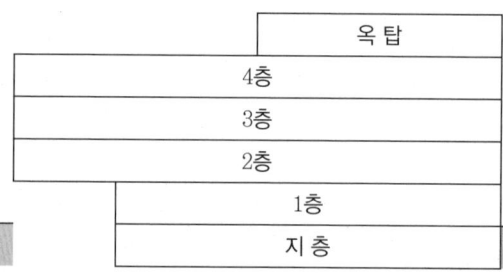

대지면적 : 17×20	≒340m²
주) 대지의 수평투영면적	
건축면적 :	≒160.5m²
주) 건축물의 중심선으로 둘러싸인 부분의 수평투영면적	
연면적 : 145.50×2+160.50×3	≒772.50m²
주) 하나의 건축물의 각층 바닥면적의 합계	
건폐율 : 160.50/340×100	≒47.21%
주) 건축면적/대지면적	
용적율 : (772.50−145.50)/340×100	≒184.41%
주) 용적율 산정시 바닥면적 중 지하면적은 제외한다.	

3. 건축물의 높이 및 층고

건축물의 높이	원칙		지표면으로부터 그 건축물의 상단까지의 높이[건축물의 1층 전체에 필로티(건축물을 사용하기 위한 경비실, 계단실, 승강기실, 그 밖에 이와 비슷한 것을 포함한다)가 설치되어 있는 경우에는 법 제60조 및 법 제61조 제2항을 적용할 때 필로티의 층고를 제외한 높이
	구체적 산정	건축물의 높이 제한에 따른 건축물의 높이 산정 시	전면도로의 중심선으로부터의 높이 (1) 건축물의 대지에 접하는 전면도로의 노면에 고저차가 있는 경우에는 그 건축물이 접하는 범위의 전면도로부분의 수평거리에 따라 가중평균한 높이의 수평면을 전면도로면으로 본다. (2) 건축물의 대지의 지표면이 전면도로보다 높은 경우에는 그 고저차의 2분의 1의 높이만큼 올라온 위치에 그 전면도로의 면이 있는 것으로 본다.
		일조 등의 확보를 위한 건축물의 높이 제한에 따른 건축물의 높이 산정 시	건축물 대지의 지표면과 인접 대지의 지표면 간에 고저차가 있는 경우에는 그 지표면의 평균 수평면을 지표면으로 본다. 다만, 법 제61조 제2항에 따른 높이를 산정할 때 해당 대지가 인접 대지의 높이보다 낮은 경우에는 해당 대지의 지표면을 지표면으로 보고, 공동주택을 다른 용도와 복합하여 건축하는 경우에는 공동주택의 가장 낮은 부분을 그 건축물의 지표면으로 본다.
		건축물의 옥상에 설치되는 승강기탑·계단탑·망루·장식탑·옥탑 등으로서 그 수평투영면적의 합계가 해당 건축물 건축면적의 8분의 1(「주택법」 제16조 제1항에 따른 사업계획승인 대상인 공동주택 중 세대별 전용면적이 85제곱미터 이하인 경우에는 6분의 1) 이하인 경우	그 부분의 높이가 12미터를 넘는 경우에는 그 넘는 부분만 해당 건축물의 높이에 산입
		지붕마루장식·굴뚝·방화벽의 옥상돌출부나 그 밖에 이와 비슷한 옥상돌출물과 난간벽(그 벽면적의 2분의 1 이상이 공간으로 되어 있는 것만 해당한다)	건축물의 높이에 산입하지 아니함
층고			방의 바닥구조체 윗면으로부터 위층 바닥구조체의 윗면까지의 높이(다만, 한 방에서 층의 높이가 다른 부분이 있는 경우에는 그 각 부분 높이에 따른 면적에 따라 가중 평균한 높이로 한다)

4. 층수

	상세
승강기탑(옥상 출입용 승강장을 포함한다), 계단탑, 망루, 장식탑, 옥탑, 그 밖에 이와 비슷한 건축물의 옥상 부분으로서 그 수평투영면적의 합계가 해당 건축물 건축면적의 8분의 1(「주택법」 제15조 제1항에 따른 사업계획승인 대상인 공동주택 중 세대별 전용면적이 85제곱미터 이하인 경우에는 6분의 1) 이하인 것과 지하층	층수에 산입하지 아니함
층의 구분이 명확하지 아니한 건축물	4미터마다 하나의 층으로 보고 그 층수를 산정
건축물이 부분에 따라 그 층수가 다른 경우	가장 많은 층수 기준

제4절 건축물대장의 이해

건축물대장은 건물의 물적 사항 및 연혁을 모두 담고 있다. 건축물대장은 일반건축물대장과 집합건축물대장으로 나뉜다(후자는 구분소유권의 대상이 되는 건물로 전체 건물을 표시하는 표제부와 개별 구분호의 물적 사항을 표시하는 전유부로 구성되며 자세한 사항은 구분소유부동산의 평가에서 다루기로 한다). 일반건축물대장의 예시다.

문서확인번호 1635-3875-0000-0000

■ 건축물대장의 기재 및 관리 등에 관한 규칙 [별지 제2호서식] <개정 2017. 1. 20.>

일반건축물대장(을) 건축물현황

(1쪽 중 제1쪽)

고유번호	1165010800-1-00000000	정부24접수번호	20211028-00000000	명칭	○○○ 빌딩	호수/가구수/세대수	0호/0가구/0세대
대지위치	A시 B구 C동		지번	1625-2	도로명주소	A시 B구 C로 52	

건 축 물 현 황					건 축 물 현 황				
구분	층별	구조	용도	면적(㎡)	구분	층별	구조	용도	면적(㎡)
주1	1층	철근콘크리트라멘조	제2종근린생활시설(종교집회장)	110.16					
주1	2층	철근콘크리트라멘조	사무실	413.4					
주1	3층	철근콘크리트라멘조	사무실	413.4					
주1	4층	철근콘크리트라멘조	사무실	413.4					
주1	5층	철근콘크리트라멘조	사무실	413.4					
주1	6층	경량철골조	업무시설(사무실)	92.88					
주1	6층	연와조	사무실	49.2					
주1	6층	철근콘크리트라멘조	물탱크실	42.6					
		- 이하여백 -							

297㎜×210㎜[백상지(80g/㎡)]

◆ 본 증명서는 인터넷으로 발급되었으며, 정부24(gov.kr)의 인터넷발급문서진위확인 메뉴를 통해 위·변조 여부를 확인할 수 있습니다.(발급일로부터 90일까지) 또한 문서 하단의 바코드로도 진위확인(정부24 앱 또는 스캐너용 문서확인 프로그램)을 하실 수 있습니다.

문서확인번호 1635-3875-0000-0000

■ 건축물대장의 기재 및 관리 등에 관한 규칙 [별지 제2호의서식] <신설 2017. 1. 20.>

일반건축물대장(을) 변동사항

(2쪽 중 제1쪽)

고유번호	1165010800-1-00000000	정부24접수번호	20211028-00000000	명칭	○○○ 빌딩	호수/가구수/세대수	0호/0가구/0세대
대지위치	A시 B구 C동		지번	1625-2	도로명주소	A시 B구 C로 52	

변동사항

변동일	변동내용 및 원인	변동일	변동내용 및 원인
	중목욕탕683㎡→업무시설(사무소)], 위법건축물 해제[건축과28603(2004.11.5)] 및 기재사항[대지면적:1090.9㎡, 건축면적:414.6㎡, 용적률산정용연면적:2245.44㎡, 지역:2종일반주거지역, 명칭및번호:서초한광빌딩]	2006.2.1.	건축과-2644(2006.02.01)호에 의거 용도변경[1층:업무시설(사무실) 407.16㎡→업무시설(사무실) 110.16㎡, 제2종근린생활시설(일반음식점) 297.00㎡]
2005.8.11.	지적과8663(2005.8.10)의거 토지합병으로 서초동1625-2외2필지(1625-3,1625-13)에서 서초동1625-2로 지번변경	2013.1.7.	도시계획과-158(2013. 1. 4).호에 의거 위반건축물 지정[구조:합판/타일, 면적:8.2㎡, 용도:영업장입구]
2005.8.23.	건축과20919(2005.8.22)의거 표시변경[건물명칭:서초한광빌딩→씨엠 빌딩]	2014.7.26.	도시계획과-11100(2014.07.24)호에 의거 위반건축물 표기 해제[도시계획과-158(2013.01.04)호 8.2㎡ 위반사항 시정완료]
2005.12.7.	건축과-30247(2005.12.05)호에 의거 대수선[건축내부 4.35㎡ 엘리베이터실 설치, 조경면적 166.54㎡ 기재]	2017.11.16.	건축과-31434(2017.11.15).호에 의거 용도변경[지상1층 업무시설(사무소) 110.16㎡→제2종근린생활시설(종교집회장)110.16㎡]
		2019.7.1.	건축과-15517(2019.07.01.)호에 의거 용도변경[지하1층 업무시설(사

297㎜×210㎜[백상지(80g/㎡)]

◆ 본 증명서는 인터넷으로 발급되었으며, 정부24(gov.kr)의 인터넷발급문서진위확인 메뉴를 통해 위·변조 여부를 확인할 수 있습니다.(발급일로부터 90일까지) 또한 문서 하단의 바코드로도 진위확인(정부24 앱 또는 스캐너용 문서확인 프로그램)을 하실 수 있습니다.

```
문서확인번호  1635-3875-0000-0000
```

일반건축물대장(을) 변동사항   (2쪽 중 제2쪽)

고유번호	1165010800-1-00000000	정부24접수번호	20211028-00000000	명칭	○○○ 빌딩	호수/가구수/세대수	0호/0가구/0세대
대지위치	A시 B구 C동		지번	1625-2	도로명주소	A시 B구 C로 52	

변동사항

변동일	변동내용 및 원인	변동일	변동내용 및 원인
	무소 683.00㎡ → 제1종근린생활시설(소매점) 203.66㎡ / 제2종근린생활시설(당구장) 479.34㎡] - 이하여백 -		

297㎜×210㎜[백상지(80g/㎡)]

◆ 본 증명서는 인터넷으로 발급되었으며, 정부24(gov.kr)의 인터넷발급문서진위확인 메뉴를 통해 위·변조 여부를 확인할 수 있습니다.(발급일로부터 90일까지) 또한 문서 하단의 바코드로도 진위확인(정부24 앱 또는 스캐너용 문서확인 프로그램)을 하실 수 있습니다.

상기 건축물대장을 기준으로 감정평가와 관련하여 파악한 내용은 다음과 같다.

구 분	상 세
(대지)지번(1p)	건물신축허가를 받을 당시 건물이 들어설 토지로 허가받은 필지의 면적을 가리키며 건물이 여러 필지인 경우 4페이지 '관련지번'에 대표필지 외의 지번이 기재된다.
건축면적(1p)	414.6㎡
연면적(1p)	3,216.55㎡
용적률 산정용 연면적(1p)	2,245.44㎡
건폐율(1p)	38.01%
용적률(1p)	205.83%
주구조(1p)	철근콘크리트라멘조, 경량철골조, 연와조
주용도(1p)	업무시설, 근린생활시설
층수(1p)	지하 2층/지상 6층
층별 내역(1p)	각 층 별 구조 및 용도 면적
허가일자(3p)	1988.8.27.
사용승인일자(3p)	1989.7.22.
변동내역(3~4p)	위법건축물 등재(무단증축 및 무단용도 변경)및 해제, 용도변경, 면적정정, 지번변경(분/합필), 명칭변경, 대수선 등

CHAPTER 04 감정평가 절차[34]

구 분	상 세		
기본적 사항의 확정	1. 의뢰인 2. 대상물건 3. 감정평가목적 4. 기준시점 5. 감정평가조건 6. 기준가치 7. 관련전문가에 대한 자문 또는 용역 8. 수수료 및 실비에 관한 사항		
처리계획의 수립	현장조사일정, 보고서 완료 시점		
대상물건의 확인	자료에 의한 조사, 실지조사		
자료의 수집 및 정리	자료의 종류	공부 등의 확인자료	
		가치형성요인 등에 관한 요인자료	
		거래사례, 임대, 분양 등의 사례 자료	
	자료의 수집방법	의뢰자로부터 징구, 실사, 열람, 탐문법	
자료검토 및 가치형성요인의 분석	—		
평가방법의 선정 및 적용	가장 적정한 방법에 의하되, 타 방법에 의한 가액으로 합리성 검토		
평가액의 결정 및 표시	시산가액 조정		
감정평가서 기재사항	1. 감정평가법인등의 명칭 2. 의뢰인의 성명 또는 명칭 3. 대상물건(소재지, 종류, 수량, 그 밖에 필요한 사항) 4. 대상물긴 목록의 표시근기 5. 감정평가 목적 6. 기준시점, 조사기간 및 감정평가서 작성일 7. 실지조사를 하지 아니한 경우에는 그 이유 8. 시장가치 외의 가치를 기준으로 감정평가한 경우에는 제5조 제3항 각 호의 사항. 다만, 같은 조 제2항 제1호의 경우에는 해당 법령을 적는 것으로 갈음할 수 있다. 9. 감정평가조건을 붙인 경우에는 그 이유 및 제6조 제3항의 검토사항. 다만, 같은 조 제2항 제1호의 경우에는 해당 법령을 적는 것으로 갈음할 수 있다.		

---

[34] 「감정평가에 관한 규칙」 제8조, 제9조, 제13조

10. 감정평가액
11. 감정평가액의 산출근거 및 결정 의견

> (1) 적용한 감정평가방법 및 시산가액 조정 등 감정평가액 결정 과정(제12조 제1항 단서 또는 제2항 단서에 해당하는 경우 그 이유를 포함한다)
> (2) 공시지가기준법으로 토지를 감정평가한 경우 비교표준지의 선정 내용, 비교표준지와 대상토지를 비교한 내용 및 제14조 제2항 제5호에 따라 그 밖의 요인을 보정한 경우 그 내용
> (3) 재조달원가 산정 및 감가수정 등의 내용
> (4) 적산법이나 수익환원법으로 감정평가한 경우 기대이율 또는 환원율(할인율)의 산출근거
> (5) 제7조 제2항부터 제4항까지의 규정에 따라 일괄감정평가, 구분감정평가 또는 부분감정평가를 한 경우 그 이유
> (6) 감정평가액 결정에 참고한 자료가 있는 경우 그 자료의 명칭, 출처와 내용
> (7) 대상물건 중 일부를 감정평가에서 제외한 경우 그 이유

12. 전문가의 자문 등을 거쳐 감정평가한 경우 그 자문 등의 내용
13. 그 밖에 이 규칙이나 다른 법령에 따른 기재사항

제2편
감정평가방식

CHAPTER 01 　 비교방식
CHAPTER 02 　 원가방식
CHAPTER 03 　 수익방식
CHAPTER 04 　 그 밖의 감정평가방식

CHAPTER 01 비교방식

> **핵심 키워드**

제1절 거래사례비교법
1. 개 관
   (1) 정 의
   (2) 산 식
2. 물건별 거래사례비교법 적용
   (1) 토 지
   (2) 건 물
   (3) 복합부동산
   (4) 구분소유부동산
   (5) 그 밖의 물건

제2절 공시지가기준법
1. 개 관
   (1) 정 의
   (2) 산 식

2. 항목별 검토
   (1) 비교표준지 선정 및 적용 공시지가
   (2) 시점수정
   (3) 지역요인 및 개별요인 비교
   (4) 그 밖의 요인 보정
   (5) 토지단가

제3절 임대사례비교법
1. 개 관
   (1) 정 의
   (2) 산 식
2. 항목별 검토
   (1) 임대료 구성
   (2) 임대사례 선정
   (3) 사정보정 및 시점수정
   (4) 가치형성요인비교

제1절 거래사례비교법

1. 개 관

(1) 정 의

「감칙」 제2조(정의) 제7호에서, 거래사례비교법을 "대상물건과 가치형성요인이 같거나 비슷한 물건의 거래사례와 비교하여 대상물건의 현황에 맞게 사정보정(事情補正), 시점수정, 가치형성요인 비교 등의 과정을 거쳐 대상물건의 가액을 산정하는 감정평가방법"으로 정의하고 있다.

시장에서 형성되는 가격은 수요·공급의 상호작용에 의한 것이며, 합리적인 경제인은 대체·경쟁관계에 있는 다른 부동산의 가격을 고려하여 대상물건의 가치를 판단한다. 거래사례의 거래시점과 거래경위, 거래조건 등에 대한 검토가 가능하고 객관성이 결여된 특수조건 등에 적합한 수정을 가할 수 있으면 이 방법에 의한 가치추계는 합리적인 결론에 도달한다.[35]

---

[35] 『감정평가실무기준해설서』, 한국감정원, 2014, p.140

(2) 산식

① 산식의 구성
거래사례비교법의 산식은 다음과 같다.

> 거래사례가격 × 사정보정 × 시점수정 × 지역요인비교 × 개별요인비교 = 비준가액

② 항목별 검토

㉠ 거래사례 선정

거래사례는 다음과 같은 요건을 모두 갖춰야 한다.

구 분	상 세
거래사정이 정상이라고 인정되는 사례나 정상적인 것으로 보정이 가능한 사례	• 거래 당시 사정의 개입으로 시장가치와 괴리될 경우, 그것으로 인한 차이를 계량화할 수 있을 것 • 계량화하기 위해서는 시가 대비 몇 % 저가 또는 고가로 거래됐다는 사실 확인이 필요함
기준시점으로 시점수정이 가능한 사례	• 거래시점이 분명해야 하고, 거래시점과 기준시점 간 가격변동을 보정할 수 있어야 함 • 가격변동을 보정할 수 있는 공신력 있는 변동률 및 지수 등이 있어야 함
대상물건과 위치적 유사성이나 물적 유사성이 있어 지역요인·개별요인 등 가치형성요인의 비교가 가능한 사례	지역(가격수준), 물적 유사성이 있어야 함. 가치형성요인비교치가 지나치게 크다는 것은 유사성이 떨어지는 거래사례를 선정한 결과임

㉡ 사정보정

거래사례에 특수한 사정이나 개별적인 동기가 반영되어 있거나 거래 당사자가 시장에 정통하지 않는 등 수집된 거래사례의 가격이 적절하지 못한 경우 그러한 사정이 없었을 경우의 적절한 가격수준으로 정상화시켜야 한다.

㉢ 시점수정

거래사례의 거래시점과 대상물건의 기준시점이 불일치하여 가격수준의 변동이 있을 경우 거래사례의 가격을 기준시점의 가격수준으로 수정해야 한다. 실무기준에서는 '시점수정은 사례물건의 가격변동률로 한다. 다만, 사례물건의 가격 변동률을 구할 수 없거나 사례물건의 가격 변동률로 시점 수정하는 것이 적절하지 않은 경우에는 지가변동률·건축비지수·임대료지수·생산자물가지수·주택가격동향지수 등을 고려하여 가격 변동률을 구할 수 있다'고 했다. 실무적으로는 사례물건의 가격변동률을 구하는 것이 불가능하여 지가변동률 등 통계지수를 활용하고 있다.

㉣ 지역요인·개별요인 비교

사례와 대상물건이 속한 지역의 가격수준의 차이, 종별·유형별 특성에 따른 물건의 개별적 격차를 보정한다. 지역요인은 기준시점 당시 사례와 대상물건을 비교하고, 개별요인은 거래시점(사례)과 기준시점(대상물건)에서의 요인을 비교한다.

> **알아보기** 방매사례비교법

거래사례비교가 불가능한 경우 방매사례비교법을 적용해 토지가격을 평가하는 나라도 있다. 아래는 베트남 공장부지를 방매사례비교법으로 평가한 보고서의 산출과정 일부를 발췌한 것이다.

■ 대상 토지 및 방매사례 개요

No	Comparable Criteria	Valuation Asset	Comparable Asset		
			Comparable Asset 1	Comparable Asset 2	Comparable Asset 3
1	Information about land user	—	Contact : Mr. Học	Contact : Mr. Hải	Contact : Mr. Tuấn
2	Valuation time	—	For sale		
3	Selling price (VND)	—	1,200,000,000	2,050,000,000	1,250,000,000
4	Term of payment	—	Once		
5	Address	Song Trau commune, Trang Bom district, Dong Nai province			
6	Characteristics of land lot	—			
+	Area (m²)	70,114.1	170.50	290.80	167.30
+	Dimension (shape)	Square shape			
+	The purpose of land use	Agricultural land			
8	Legal status	Land using right Certificate	No Land using right Certificate yet		
9	Location	Located in Bau Xeo industrial zone	Located in residential area		
+	Security	Good			
+	Living environment	Industrial zone	Residential area		
+	Business advantage	Industrial zone	Residential area		
10	Traffic	2A street Bau Xeo	Trang Bom—Cay Gao street		
+	Width of road	8 meters in width			
+	Road structure	asphalt road			
+	Location	Near the main roads			
11	Infrastructure	Complete			
+	Electricity and water	Complete			
+	The status quo of the ground	Smooth and flat ground			

■ 방매사례비교법

No	Comparable Criteria	Valuation Asset	Comparable Asset		
			Comparable Asset 1 (TT1)	Comparable Asset 2 (TT2)	Comparable Asset 3 (TT3)
1	Selling price (VND)		1,200,000,000	2,050,000,000	1,250,000,000
+	Comment:		The current comparable properties are being sold publicly and widely. Through directly exchange and negotiation with the landowner, the transaction price may be reduced by 7%.		
+	Reduction rate		5%	5%	5%
+	The price can be successfully traded (VND)		1,140,000,000	1,947,500,000	1,187,500,000
2	Total value of land		1,140,000,000	1,947,500,000	1,187,500,000
3	The unit price of agriculture (VND/m^2)		6,686,217	6,697,043	7,098,027
4	Determining the unit price of valuation asset				
4.1	Determining the unit price of valuation asset	Land using right Certificate	No Land using right Certificate yet		
+	Comment:	The parcel of land that has been granted a land using right certificate is more favorable than the land without a certificate. The evaluation team estimates the ratio as follows :			
+	Ratio	100%	95%		
+	Adjustment Ratio		5.26%		
+	Adjustment Level		351,906	352,476	373,580
4.2	Area	70,114.1	170.50	290.80	167.30
+	Comment:	Large-sized land plot will be great value. Therefore, it is less convenient than small-sized land plot about potential customers. The evaluation team estimates the ratio as follows:			
+	Ratio	100%	140%		
+	Adjustment Ratio		-28.57%		
+	Adjustment Level		(1,910,348)	(1,913,441)	(2,028,008)
4.3	Location	Located in Bau Xeo industrial zone	Located in residential area		
4.3.1	Security		Good		
+	Comment:		Valuation Asset and comparable assets are similar		
=	Ratio		100%		

+	Adjustment Ratio		0%		
+	Adjustment Level		0		
4.3.2	Living environment	Industrial zone	Residential area		
+	Comment:	Asset located in industrial parks is more polluted than assets located in residential areas. The evaluation team estimates the ratio as follows:			
+	Ratio	100%	130%		
+	Adjustment Ratio		−23.08%		
+	Adjustment Level	(1,542,973)	(1,545,471)		(1,638,006)
4.3.3	Business advantage	Industrial zone	Residential area		
+	Comment:	Asset located in residential area will be more convenient for trading and business than asset located in industrial park. The evaluation team estimates the ratio as follows:			
+	Ratio	100%	105%		
+	Adjustment Ratio		−4.76%		
+	Adjustment Level	(318,391)	(318,391)		(338,001)
4.4	Traffic	2A street (Bau Xeo Industrial Area)	Trang Bom−Cay Gao street		
4.4.1	Width of road	8 meters in width			
+	Comment:	Valuation Asset and comparable assets are similar			
+	Ratio	100%			
+	Adjustment Ratio	0%			
+	Adjustment Level	0			
4.4.2	Road structure	asphalt road			
+	Comment:	Valuation Asset and comparable assets are similar			
+	Ratio	100%			
+	Adjustment Ratio	0%			
+	Adjustment Level	0			
4.4.3	Location	Near the main roads			
+	Comment:	Valuation Asset and comparable assets are similar			
+	Ratio	100%			
+	Adjustment Ratio	0%			
+	Adjustment Level	0			
4.5	Infrastructure	Complete			
4.5.1	Electricity and water	Complete			
+	Comment:	Valuation Asset and comparable assets are similar			

+	Ratio	100%		
+	Adjustment Ratio	0%		
+	Adjustment Level	0		
4.5.2	The status quo of the ground	Smooth and flat ground		
+	Comment:	Valuation Asset and comparable assets are similar		
+	Ratio	100%		
+	Adjustment Ratio	0%		
+	Adjustment Level	0		
5	Dimension (shape)	Square shape		
+	Comment:	Valuation Asset and comparable assets are similar		
+	Ratio	100%		
+	Adjustment Ratio	0%		
+	Adjustment Level	0		
6	Indication price of comparable asset (VND/m^2)	3,266,411	3,271,700	3,467,592
+	Average indication price (VND/m^2)	3,335,234		
+	The difference between the average price and the indication price (not exceed ±10%)	−2.06%	−1.90%	3.97%
7	Synthesis of adjusted data			
+	Number of adjustments (times)	0 lần		
+	Total net adjustment value (VND/m^2)	−3,419,806	−3,425,343	−3,630,435
+	Total gross adjustment value (VND/m^2)	4,123,618	4,130,295	4,377,595
8	Adjustment amplitude			
+	Reduction rate	−28.57%		
+	Increase rate	5.26%		
9	Flat indication price(VND/m^2)	3,266,411		

2. 물건별 거래사례비교법 적용

(1) 토 지 기출 1, 3, 13, 15, 18, 30, 33회

① 거래사례 선정

실무기준에서는 다음의 요건을 모두 충족하는 거래사례 중에서 대상 토지의 감정평가에 가장 적절하다고 인정되는 거래사례를 선정하도록 하고 있다.

구 분	상 세
「부동산 거래신고에 관한 법률」에 따라 신고된 실제 거래가격일 것	• 취득세부과기준일은 잔금지급일인데 반해, 감정평가에서는 계약 당시를 거래시점으로 파악 • 매매목록이 있는 경우, 해당 토지만의 거래가격을 파악해야 함(신고자의 필지별 배분 자의성 주의)
거래사정이 정상적이라고 인정되는 사례나 정상적인 것으로 보정이 가능한 사례일 것	—
기준시점으로부터 도시지역(「국토의 계획 및 이용에 관한 법률」 제36조 제1항 제1호에 따른 도시지역을 말한다)은 3년 이내, 그 밖의 지역은 5년 이내에 거래된 사례일 것, 다만, 특별한 사유가 있는 경우에는 그 기간을 초과할 수 있다.	특별한 사유는 대체로 그 기간 내 거래 포착이 어려운 경우임
토지 및 그 지상건물이 일체로 거래된 경우에는 배분법의 적용이 합리적으로 가능한 사례일 것	(복합부동산의 거래가격−건물가격) 또는 (복합부동산의 거래가격×토지가격구성비)에 의하며, 실무적으로는 전자를 적용함. 후자를 적용할 때 건물(토지)가격구성비는 거래시점 당시 기준
비교표준지의 선정기준에 적합할 것	비교표준지 선정 기준은 다음과 같음 1. 「국토의 계획 및 이용에 관한 법률」상 용도지역·지구·구역 등(이하 "용도지역 등"이라 한다) 공법상 제한사항이 같거나 비슷할 것 2. 이용 상황이 같거나 비슷할 것 3. 주변 환경 등이 같거나 비슷할 것 4. 인근지역에 위치하여 지리적으로 가능한 한 가까이 있을 것

② 사정보정

사정이 개입된 대표적인 사례는 다음과 같다.

유 형	구체적인 사정	적 용
고가, 저가 매매	1. 정상적인 매매가격을 기준으로 몇 % 고가, 저가로 매매했다는 사실이 확인되는 경우로 지인간의 거래, 관계회사 간 거래, 급매 등의 사유가 해당 2. 인접필지의 소유자 또는 대상 토지의 사용이 불가피한 매수자가 토지를 구입하는 경우 합필가치의 일부를 매도자에게 지급했다고 추정되는 경우(한정가격)	정상가격＝거래가격×사정 보정치

	• 사정 보정률	
	$\dfrac{거래가격-정상가격}{정상가격} \times 100 = \pm a\%$(고가, 저가)	
	• 사정 보정치	
	$\dfrac{정상가격(100)}{(사정개입)정상가격(100\pm a)}$	
철거비 및 양도소득세	매수자가 철거비를 부담하는 경우	정상가격 = 거래가격 + (매수자부담 철거비 - 폐재가치)
	매수자가 양도소득세를 부담하는 경우	정상가격 = 거래가격 + (매수자 부담) 양도소득세
금융보정 (현금등가)	지불기간의 보정	정상가격 = 지불금액의 현재가치[36]
	저당의 인수	정상가격 = 지불금액 + 잔여기간 저당 상환액의 현재가치
	전세금, 보증금 등의 인수	정상가격 = 지불금액 + 추후지급의무금액

철거비 및 양도소득세, 폐재가치 모두 거래당시 기준 금액이다. 거래 당시의 추정(예상)금액이 거래가격에 반영됐기 때문이다. 아래는 사정보정 사유 중 인접필지 간 매매에서 합필에 따른 증분가치를 반영하여 고가로 거래되는 경우다.

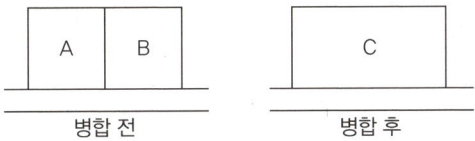

구 분	면적(m^2)	시장가치(원/m^2)
병합 전 A	a	p
병합 전 B	b	q
병합 후 C	a+b(=c)	r
증분가치(합필가치)	$(a+b) \times r - ap - bq = \alpha$	
거래가격	bq + 'α의 일정비율'	
매매상황	A필지 소유자가 B필지를 매입하기 위해 합병에 따른 증분가치의 일부분을 B에게 배분하여 정상가격 대비 고가로 매수	

A필지 소유자가 증분가치(α)를 B필지 거래가격에 반영하는 합리적인 방법에는 4가지 정도가 있다. 면적과 단가, 총액, 구입한도액을 고려할 수 있으며 어떠한 경우에도 증분가치 전체를 배분하지는 않는다.

---

36) 통상의 매매계약은 계약당일 일부 계약금만 지불하고 시기를 늦춰 중도금, 잔금을 지급하므로 매매(계약)당시에 일시에 지불했을 금액으로 환산해야 한다.

구 분	증분가치 배분액 기출 5, 25회
면적비	$\{(a+b) \times r - ap - bq\} \times \dfrac{b}{c(=a+b)}$
단가비	$\{(a+b) \times r - ap - bq\} \times \dfrac{q}{p+q}$
총액비	$\{(a+b) \times r - ap - bq\} \times \dfrac{bq}{ap+bq}$
구입한도액비[37]	$\{(a+b) \times r - ap - bq\} \times \dfrac{cr-ap}{(cr-ap)+(cr-bq)}$

이때 거래가격은 'B필지 시장가치＋증분가치 배분액'이므로 사정보정치는 'B필지 시장가치/B필지 거래가격(B필지 시장가치＋증분가치 배분액)'이 된다.

③ 시점수정

거래시점과 기준시점 간 가치의 변동을 보정하는 절차로서, 지가변동률 적용이 원칙이며 예외적으로 생산자물가상승률을 적용할 수 있다.

구 분	적 용	상 세
원 칙	거래사례가 소재하는 시·군·구의 동일 용도지역 지가변동률[38]	• 거래사례와 같은 용도지역의 지가변동률이 조사·발표되지 아니한 경우 : 공법상 제한이 비슷한 용도지역의 지가변동률, 이용 상황별 지가변동률(지가변동률의 조사·평가 기준일이 1998년 1월 1일 이전인 경우에는 지목별 지가변동률)이나 해당 시·군·구의 평균지가변동률 • 거래사례가 도시지역의 개발제한구역 안에 있는 경우 또는 도시지역 안에서 용도지역이 미지정된 경우 : 녹지지역의 지가변동률. 다만, 녹지지역의 지가변동률이 조사·발표되지 아니한 경우에는 거래사례와 비슷한 이용 상황의 지가변동률이나 해당 시·군·구의 평균지가변동률 • 거래시점이 1997년 1월 1일 이전인 경우로서 거래사례가 도시지역 밖에 있는 경우, 도시지역의 개발제한구역 안에 있는 경우나 도시지역 안의 용도지역이 미지정된 경우 : 이용 상황별 지가변동률을 적용함. 다만, 거래사례와 같은 이용 상황의 지가변동률이 조사·발표되지 아니한 경우에는 거래사례와 비슷한 이용 상황의 지가변동률 또는 해당 시·군·구의 평균지가변동률
예 외	생산자물가상승률[39]	• 조성비용 등을 기준으로 감정평가하는 경우 • 그 밖에 특별한 이유가 있다고 인정되는 경우

---

37) B구입 한도액＝합병 후 가치−합병 전 A구입가격/A구입한도액＝합병 후 가치−합병 전 B구입가격
38) 「부동산 거래신고 등에 관한 법률」 제19조에 따라 국토교통부장관이 월별로 조사·발표
39) 「한국은행법」 제86조에 따라 한국은행이 조사·발표

지가변동률의 산정은 기준시점 직전 월까지의 지가변동률 누계에 기준시점 해당 월의 경과일수(해당 월의 첫날과 기준시점일을 포함) 상당의 지가변동률을 곱하는 방법으로 구하되, 백분율로서 소수점 이하 셋째 자리까지 표시하고 넷째 자리 이하는 반올림한다. 해당 월의 경과일수 상당의 지가변동률 산정은 해당 월의 지가변동률이 조사·발표된 경우에는 해당 월의 총일수를 기준으로 하고, 해당 월의 지가변동률이 조사·발표되지 아니하여 지가변동률을 추정하는 경우에는 추정의 기준이 되는 월의 총일수를 기준으로 한다. 생산자물가상승률은 거래시점과 기준시점의 각 직전 달의 생산자물가지수를 비교하여 산정한다. 다만, 기준시점이 그 달의 15일 이후이고, 감정평가시점 당시에 기준시점이 속한 달의 생산자물가지수가 조사·발표된 경우에는 기준시점이 속한 달의 지수로 비교한다.

④ 지역 및 개별요인 비교

지역요인 비교는 거래사례가 있는 지역의 표준적인 획지의 최유효이용과 대상토지가 있는 지역의 표준적인 획지의 최유효이용을 판정·비교하여 산정한 격차율을 적용하되, 거래사례가 있는 지역과 대상 토지가 있는 지역 모두 기준시점을 기준으로 한다. 개별요인 비교는 거래사례의 최유효이용과 대상토지의 최유효이용을 판정·비교하여 산정한 격차율을 적용하되, 거래사례의 개별요인은 거래시점을 기준으로 하고 대상토지의 개별요인은 기준시점을 기준으로 한다. 지역요인과 개별요인은 토지가 속한 용도지대별로 비교항목이 다르다. 용도지대별로 비교항목을 정리하면 다음과 같다.

㉠ 지역요인

구 분	상업지대	주택지대	공업지대
가로조건	가로의 폭, 구조 등의 상태(폭, 포장, 보도, 계통의 연속성), 가구의 상태(가구의 정연성, 가구시설의 상태)	가로의 폭, 구조 등의 상태(폭, 포장, 보도, 계통 및 연속성)	가로의 폭, 구조 등의 상태(폭, 포장, 계통 및 연속성)
접근조건	교통수단 및 공공시설과의 접근성(인근교통시설의 편의성, 인근교통시설의 승객 수, 주차시설의 정비, 교통규제의 정도-일방통행, 주정차 금지 등, 관공서 등 공공시설과의 접근성)	도심과의 거리 및 교통시설의 상태(인근 교통시설의 편익성, 인근교통시설의 도심중심 접근성), 상가의 배치상태(인근상가의 편익성, 인근상가의 품격), 공공 및 편익시설의 배치상태(관공서 등 공공시설과의 접근성)	판매 및 원료구입 시장과의 위치관계(도심과의 접근성, 항만, 공항, 철도, 고속도로 등과의 접근성), 노동력확보의 난이(인근교통시설과의 접근성), 관련 산업과의 관계(관련 산업 및 협력업체 간의 위지관계)

환경조건	상업 및 업무시설의 배치상태(백화점, 대형 상가의 수와 연면적, 전국규모의 상가 및 사무소의 수와 연면적, 관람집회시설의 상태, 부적합한 시설의 상태-공장, 창고, 주택 등, 기타 고객유인시설 등, 배후지의 인구, 배후지의 범위, 고객의 구매력 등) 경쟁의 정도 및 경영자의 능력(상가의 전문화와 집단화, 고층화 이용정도), 번화성 정도(고객의 통행량, 상가의 연립성, 영업시간의 장단, 범죄의 발생정도), 자연환경(지반, 지질 등)	기상조건(일조, 습도, 온도, 통풍 등), 자연환경(조망, 경관, 지반, 지질 등), 사회환경(거주자의 직업, 연령 등, 학군 등), 획지의 상태(획지의 표준적인 면적, 획지의 정연성, 건물의 소밀도, 주변의 이용 상태), 공급 및 처리시설의 상태(상수도, 하수도, 도시가스 등), 위험 및 혐오시설(변전소, 가스탱크, 오수처리장 등의 유무, 특별고압선 등의 통과 여부), 재해 발생의 위험성(홍수, 사태, 절벽붕괴 등), 공해발생의 정도(소음, 진동, 대기오염 등)	공급 및 처리시설의 상태(동력자원, 공업용수, 공장배수), 공해발생의 위험성(수질, 대기오염 등), 자연환경(지반, 지질 등)
행정적 조건	행정상의 규제정도(용도지역, 지구, 구역 등, 용적제한, 고도제한, 기타규제)	행정상의 규제정도(용도지역, 지구, 구역), 기타규제	행정상의 조장 및 규제정도(조장의 정도, 규제의 정도, 기타규제)
기타조건	기타(장래의 동향, 기타)	기타(장래의 동향, 기타)	기타(공장진출의 동향, 장래의 동향, 기타)

구 분	농경지대(전, 답지대)
접근조건	교통의 편부(취락과의 접근성, 출하집적지와의 접근성, 농로의 상태)
자연조건	기상조건(일조, 습도, 온도, 통풍, 강우량 등), 지세(경사의 방향, 경사도), 토양, 토질(토양, 토질의 양부), 관개, 배수(관개의 양부, 배수의 양부), 재해의 위험성(수해의 위험성, 기타 재해의 위험성)
행정적 조건	행정상의 조장 및 규제정도(보조금, 융자금 등 조장의 정도, 규제의 정도)
기타조건	기타(장래의 동향, 기타)

구 분	택지후보지지대
접근조건	도심과의 거리 및 교통시설의 상태(인근교통시설과의 접근성, 인근교통시설의 성격, 인근교통시설의 도시중심 접근성), 상가의 배치상태(인근시장과의 접근성, 인근상가의 품격), 공공 및 편익시설의 배치상태(유치원, 초등학교, 공원, 병원, 관공서 등), 주변가로의 상태(주변간선도로와의 접근성 및 가로의 종류 등)
환경조건	기상조건(일조, 습도, 온도, 통풍 등), 자연환경(조망, 경관, 지반, 지질 등), 공급 및 처리시설의 상태(상하수도, 가스, 전기 등 설치의 난이), 인근환경(주변기존지역의 성격 및 규모), 시가화 정도(시가화 진행의 정도), 도시의 규모 및 성격 등(도시의 인구, 재정, 사회, 복지, 문화, 교육시설 등), 위험 및 혐오시설(변전소, 가스탱크, 오수처리장 등의 유무, 특별고압선 등의 통과 유무), 재해발생의 위험성(홍수, 사태, 절벽붕괴 등), 공해발생의 정도(소음, 진동, 대기오염 등)
택지조성 조건	택지조성의 난이 및 유용성(택지조성의 난이 및 필요정도, 택지로서의 유효 이용도)
행정적 조건	행정상의 조장 및 규제정도(조장의 정도, 용도지역, 지구, 구역 등, 기타규제)
기타조건	기타(장래의 동향, 기타)

ⓒ **개별요인** 기출 7회

구 분	상업지대	주택지대	공업지대
가로조건	가로의 폭, 구조 등의 상태(폭, 포장, 보도, 계통 및 연속성)	가로의 폭, 구조 등의 상태(폭, 포장, 보도, 계통 및 연속성)	가로의 폭, 구조 등의 상태(폭, 포장, 계통 및 연속성)
접근조건	상업지역 중심 및 교통시설과의 편의성(상업지역중심과의 접근성, 인근교통시설과의 거리 및 편의성)	교통시설과의 접근성(인근대중교통시설과의 거리 및 편의성), 상가와의 접근성(인근상가와의 거리 및 편의성), 공공 및 편익시설과의 접근성(유치원, 초등학교, 공원, 병원, 관공서 등과의 거리 및 편익성)	교통시설과의 거리(인근교통시설과의 거리 및 편의성, 철도전용인입선, 전용부두)
환경조건	고객의 유동성과의 적합성, 인근환경(인근토지의 이용상황, 인근토지의 이용 상황과의 적합성), 자연환경(지반, 지질 등)	일조 등(일조, 통풍 등), 자연환경(조망, 경관, 지반, 지질 등), 인근환경(인근토지의 이용상황, 인근토지의 이용 상황과의 적합성), 공급 및 처리시설의 상태(상수도, 하수도, 도시가스 등), 위험 및 혐오시설 등(변전소, 가스탱크, 오수처리장 등의 유무, 특별고압선 등과의 거리)	공급 및 처리시설의 상태(동력자원, 공업용수, 공장배수), 자연환경(지반, 지질 등)
획지조건	면적, 접면너비, 너비, 깊이, 형상 등(면적, 접면너비, 깊이, 부정형지, 삼각지, 자루형 토지), 방위, 고저 등(방위, 고저, 경사지), 접면도로상태(각지, 2면 획지, 3면 획지)	면적, 접면너비, 깊이, 형상 등(면적, 접면너비, 깊이, 부정형지, 삼각지, 자루형 획지), 방위, 고저 등(방위, 고저, 경사지), 접면도로 상태(각지, 2면 획지, 3면 획지)	면적, 형상 등(면적, 형상, 고저)
행정적 조건	행정상의 규제정도(용도지역, 지구, 구역 등, 용적제한, 고도제한, 기타규제-입체이용제한 등)	행정상의 규제정도(용도지역, 지구, 구역, 기타규제-입체이용제한 등)	행정상의 조장 및 규제정도(조장의 정도, 규제의 정도, 기타규제)
기타조건	기타(장래의 동향, 기타)	기타(장래의 동향, 기타)	기타(장래의 동향, 기타)

구 분	농경지대(전 지대)	농경지대(답 지대)
접근조건	교통의 편부(취락과의 접근성, 농로의 상태)	교통의 편부(취락과의 접근성, 농로의 상태)
자연조건	일조 등(일조, 통풍 등), 토양, 토질(토양, 토질의 양부), 관개, 배수(관개의 양부, 배수의 양부)	일조 등(일조, 통풍 등), 토양, 토질(토양, 토질의 양부), 관개, 배수(관개의 양부, 배수의 양부), 재해의 위험성(수해의 위험성, 기타 재해의 위험성)
획지조건	면적, 경사 등(면적, 경사도, 경사의 방향), 경작의 편부(형상부정 및 장애물에 의한 장애의 정도)	면적, 경사 등(면적, 경사도, 경사의 방향), 경작의 편부(형상부정 및 장애물에 의한 장애의 정도)
행정적 조건	행정상의 조장 및 규제정도(보조금, 융자금 등 조장의 정도, 규제의 정도)	행정상의 조장 및 규제정도(보조금, 융자금 등 조장의 정도, 규제의 정도)
기타조건	기타(장래의 동향, 기타)	기타(장래의 동향, 기타)

구 분	택지후보지지대
접근조건	교통시설과의 접근성(인근상가와의 거리 및 편의성, 인근교통시설과의 거리 및 편의성), 공공 및 편의시설과의 접근성(유치원, 초등학교, 공원, 병원, 관공서 등과의 거리 및 편의성), 주변가로의 상태(주변간선도로와의 거리 및 가로의 종류 등)
환경조건	일조 등(일조, 통풍 등), 자연환경(조망, 경관, 지반, 지질 등), 공급 및 처리시설의 상태(상하수도, 가스, 전기 등 설치의 난이), 위험 및 혐오시설(변전소, 가스탱크, 오수처리장 등의 유무, 특별고압선 등과의 거리)
획지조건	면적, 형상 등(면적, 형상, 접면도로 상태), 방위, 고저 등(방위, 경사, 고저)
택지조성 조건	택지조성의 난이 및 유용성(택지조성의 난이도 및 필요정도, 택지로서의 유효 이용도)
행정적 조건	행정상의 조장 및 규제정도(조장의 정도, 용도지역, 지구, 구역 등, 기타규제)
기타조건	기타(장래의 동향, 기타)

위 지역요인 및 개별요인 비교치는 평점법으로 산정한다. 각 조건 안의 세 항목 단위의 격차율은 합산(총화)하여 조건 단위의 격차율을 구한 후 각 조건의 격차율을 곱하여(상승식) 비교치를 산출한다. 개별요인 격차율 산정과정을 정리하면 다음과 같다.[40]

세항목 단위 격차율 결정	격차율 표의 적정한 항목 단위 격차율 적용 (예 상업지대 획지조건 중 형상 3% 우세, 접면도로상태 2% 열세)
조건 단위 격차율 산정	조건별 세항목 격차율의 합 (예 획지조건 3% 우세+2% 열세=1% 우세)
개별요인 격차율	가로조건×접근조건×환경조건×획지조건×행정적조건×기타조건 (예 획지조건에 1.01 적용)

➕ 알아보기 지역요인 비교

지역요인을 비교하는 평가보고서는 흔치 않다. 그러나 택지비평가에서는 지역요인 비교가 종종 필요하다. 동일 행정구역, 인근지역에서 택지비평가선례를 발견하기 어렵기 때문이다. 아래는 지역 전체, 동일 용도지역 기준 아파트 표준지의 가격수준을 비교하여 그 밖의 요인 보정 과정에서 비교표준지와 택지비 평가선례의 지역요인 비교치를 결정한 평가보고서의 일부를 발췌한 것이다.

구 분		용도지역	표준지 필지수	평균단가(원/m²)	격차율(%) (마포구/영등포구)
A구	전 체	전 체	1,321	9,212,986	1.478
	아파트	주거지역	26	7,422,885	1.094
B구	전 체	전 체	1,227	6,230,049	—
	아파트	주거지역	12	6,787,500	—

※ 2022년 표준지 공시지가수준 비교

---

[40] 『감정평가실무기준해설서』, 한국감정원, 2014

상기와 같이 비교표준지(A구)는 평가선례(B구)대비 지역 전체 표준지 평균단가 측면에서 약 48% 우세, 주거지역 아파트 표준지로 한정했을 때는 약 9% 우세한 것으로 조사되는바, 아파트부지 가격수준을 고려하여 격차율 10%를 지역요인 비교치로 적용함이 타당할 것으로 판단됨.

(2) 건 물

① 산 식[41]

$$\text{사례건물거래가격} \times \text{사정보정} \times \text{시점수정} \times \text{개별요인}$$

② 항목별 검토

구 분	상 세
사례건물거래가격	건물만의 거래사례가 있는 경우 그 가격, 토지와 건물을 일체로 하여 거래된 경우 거래가액에서 토지가액을 빼거나(공제방식) 건물의 가액구성비율을 적용하여(비율방식) 배분된 건물만의 가격
시점수정	건축비 지수
개별요인	• 연면적 및 잔가율을 모두 비교 • 사례 및 대상 건물의 잔가율은 다음과 같이 계산함 $\text{잔가율} = \text{주체비율} \times \dfrac{\text{주체 잔존내용연수}}{\text{주체 전내용연수}} + \text{부대비율} \times \dfrac{\text{부대설비 잔존내용연수}}{\text{부대설비 전내용연수}}$

(3) 복합부동산

오피스빌딩, 물류센터 등 토지와 건물이 일괄로 거래되는 관행이 있는 경우 거래사례비교법으로 평가하며, 거래사례의 가격구성비를 기준으로 물건별로 비교하는 방법과 일괄 비교하는 방법 모두 가능하다.

구 분	상 세	산 식
(사례) 가격구성비 적용	일괄 시점수정	사례복합부동산거래가격 × 사정보정 × 시점수정[42] × {(사례)토지가격구성비 × 지역요인 × 개별요인 × 면적 + (사례)건물가격구성비 × 개별요인 × 면적} × 일체품 등 비교치[43]
(사례) 가격구성비 적용	개별 시점수정	사례복합부동산거래가격 × 사정보정 × {(사례)토지가격구성비 × 시점수정(=지가변동률) × 지역요인 × 개별요인 × 면적 + (사례)건물가격구성비 × 시점수정(=건축비지수) × 개별요인 × 면적} × 일체품 등 비교치
(사례) 가격구성비 적용×	일괄 시점수정	사례복합부동산거래가격 × 사정보정 × 시점수정 × 지역요인 × 개별요인(토지+건물) × 면적비교[44]

---

[41] 국·공유지에 건물이 소재하는 경우 등 예외적으로 적용하며, 지역요인 비교는 불필요함
[42] 토지와 건물 일체의 가격변동을 나타낼 수 있는 변동률 등 적용
[43] 사례와 대상 모두 최유효 이용 상태인 경우에는 별도로 고려할 필요 없음
[44] 토지, 건물 구분하지 않고 일괄로 비준하는 경우 개별요인에 '수량요소' 포함 몇 % 우세, 열등하다는 문구가 주어지며, 이때는 면적비교를 별도로 하지 않음

(4) 구분소유부동산
① 산 식

| 사례구분소유부동산가격 × 사정보정 × 시점수정 × 지역요인 × 가치형성요인 |

② 항목별 검토

구 분	상 세
사례구분소유 부동산가격	• 건물(전유부분과 공용부분)과 대지사용권을 일체로 한 거래가격 • 대지사용권을 수반하지 않으나 추후 토지의 적정지분이 정리될 것을 전제로 형성된 가격으로 거래되는 경우 그 가격
시점수정	• 주거용 중 공동주택 : 한국부동산원 유형별 매매가격지수 • 주거용 오피스텔 : 한국부동산원 아파트 매매가격지수 ※ 상기 주택가격지수의 기준일이 익월 1일로 변경돼 예외 없이 직전달 지수 적용 • 비주거용(아파트형공장, 업무시설 등) : 한국부동산원 상업용부동산 자본수익률(오피스/매장용-집합, 일반소규모, 일반중대형)

가치형성요인	• 외부요인, 건물요인, 개별요인, 면적 등으로 비교
	• 개별요인은 층별 효용 및 위치별 효용의 비교
	• 면적비교는 전유면적 기준
	• 공동주택의 가치형성요인 비교항목 예시
	  - 외부요인 : 가로의 폭 및 구조 등의 상태, 도심과의 거리 및 교통시설의 상태, 공공시설 및 편익시설과의 접근성, 조망·풍치, 경관 등 자연환경, 변전소·오수처리장 등 위험 및 혐오시설의 유무, 기타 사회적·경제적·행정적 요인
	  - 건물요인 : 시공의 상태, 통로구조, 승강기 등의 설비상태, 건물의 층수, 세대수 등의 규모, 경과연수 및 관리체계 등에 따른 노후도
	  - 개별요인 : 방범, 승강기 및 계단을 이용한 접근성 등의 층별 효용, 조망, 개방감 등의 위치별 효용, 일조, 채광 등의 향별 효용, 일조, 채광 등의 향별효용, 간선도로, 철도 등에 의한 소음의 정도, 1층 전용정원 및 최상층의 추가 공간 유무, 전유부분의 면적 및 대지 지분

(5) 그 밖의 물건
기계설비, 동산, 자동차, 무형자산 등을 거래사례비교법으로 평가하는 경우 해당 거래가격에 각 자산의 가치형성요인에 영향을 미치는 항목의 격차율을 가치형성요인으로 반영한다.

| 사례물건가격 × 사정보정 × 시점수정 × 가치형성요인 |

제2절 공시지가기준법 기출 11, 13, 15, 16, 18회

1. 개 관

(1) 정 의

「감칙」제2조 제9호에서는 공시지가기준법을 「감정평가 및 감정평가사에 관한 법률」제3조 제1항 본문에 따라 감정평가의 대상이 된 토지와 가치형성요인이 같거나 비슷하여 유사한 이용가치를 지닌다고 인정되는 표준지의 공시지가를 기준으로 대상토지의 현황에 맞게 시점수정, 지역요인 및 개별요인 비교, 그 밖의 요인의 보정(補正)을 거쳐 대상토지의 가액을 산정하는 감정평가방법으로 정의하고 있다. 거래사례비교법과 다른 점은, 표준지공시지가는 단위면적당 가격으로 공시된다는 점과 관련법령에서는 공시지가를 '적정가격'으로 표현하고 있지만 실제 시장가치에 부합하지 않아 '그 밖의 요인'으로 공시지가를 보정해야 한다는 점이다.

아래는 특정 표준지의 공시내역을 발췌한 것이다.

일련번호	시군구	소재지지번	면적(m^2)	지목
*****	경기도 화성시	남양동 23	1,038	전
지리적 위치	이용 상황	용도지역	주위환경	도로교통
수작이마을 내	전	자연 녹지	근교농경지대	세각(가)
형상지세	공시지가(원/m^2)	용도지구	기타제한	계획시설 저촉률
부정형 평지	350,000	자연 취락지구	허가구역 기타	0

(2) 산 식

> 표준지공시지가(원/m^2) × 시점수정 × 지역요인비교 × 개별요인비교 × 그 밖의 요인 보정

2. 항목별 검토

(1) 비교표준지 선정 및 적용 공시지가

① 비교표준지 선정

구 분	상 세
원칙 (선정기준)	1. 「국토의 계획 및 이용에 관한 법률」상의 용도지역·지구·구역 등 공법상 제한사항이 같거나 비슷할 것 2. 이용 상황이 같거나 비슷할 것 3. 주변 환경 등이 같거나 비슷할 것 4. 인근지역에 위치하여 지리적으로 가능한 한 가까이 있을 것
예 외	위 선정기준을 충족하는 표준지가 없는 경우에는 인근지역과 유사한 지역적 특성을 갖는 동일수급권 안의 유사지역에 위치하고 제1호부터 제3호까지를 충족하는 표준지
기 타	도로·구거 등 특수용도의 토지에 관한 감정평가로서 선정기준에 적합한 표준지가 인근지역에 없는 경우에는 인근지역의 표준적인 이용 상황의 표준지

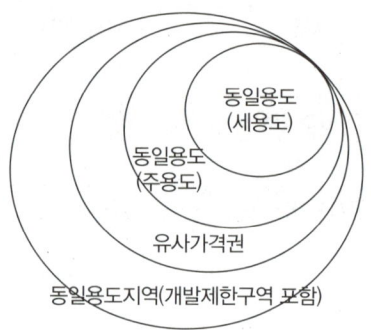

② 적용공시지가

기준시점에 공시되어 있는 표준지 공시지가 중에서 기준시점에 가장 가까운 시점의 것을 선택한다. 다만, 감정평가시점이 공시지가 공고일 이후이고 기준시점이 공시기준일과 공시지가 공고일 사이인 경우에는 기준시점 해당 연도의 공시지가를 기준으로 한다. 통상 공고일은 매년 2월 말이므로 기준시점 및 현장조사완료일이 1월 1일 ~ 2월 말인 경우 전년도 공시지가를 선택하게 된다.

(2) 시점수정

토지의 거래사례비교법 적용 시와 같다. 거래사례는 비교표준지로, 거래시점은 공시기준일로 대체한다.

(3) 지역요인 및 개별요인 비교

토지의 거래사례비교법 적용 시와 같다. 거래사례는 비교표준지로, 거래시점은 공시기준일로 대체한다. 「표준지공시지가 조사·평가 기준」 제18조(공법상 제한상태 기준 평가)에는 '표준지의 평가에 있어서 공법상 용도지역·지구·구역 등 일반적인 계획제한사항 뿐만 아니라 도시계획시설 결정 등 공익사업의 시행을 직접목적으로 하는 개별적인 계획제한사항이 있는 경우에는 그 공법상 제한을 받는 상태를 기준으로 평가한다.'는 규정이 있다. 표준지에 대상 토지에 부과되지 않은 공법상 제한이 가해진 경우, 이를 개별요인 중 행정적 조건으로 보정해야 할 때가 종종 발생한다.

(4) 그 밖의 요인 보정

시점수정, 지역요인 및 개별요인의 비교 외에 대상토지의 가치에 영향을 미치는 사항이 있는 경우 그 밖의 요인 보정을 할 수 있다. 대부분 보정을 통해 토지단가를 상향시켜 결정하기 위함이다. 그 밖의 요인을 보정하는 경우에는 대상토지의 인근지역 또는 동일수급권 안의 유사지역의 정상적인 거래사례나 평가사례 등을 참작할 수 있다. 거래사례 등은 다음 각 호의 선정기준을 모두 충족하는 사례 중에서 대상토지의 감정평가에 가장 적절하다고 인정되는 사례를 선정한다. 다만, 제1호, 제2호 및 제5호는 거래사례를 선정하는 경우에 적용하고, 제3호는 평가사례를 선정하는 경우에 적용한다.

> 1. 「부동산 거래신고 등에 관한 법률」에 따라 신고된 실제 거래가격일 것
> 2. 거래사정이 정상적이라고 인정되는 사례나 정상적인 것으로 보정이 가능한 사례일 것
> 3. 감정평가 목적, 감정평가조건 또는 기준가치 등이 해당 감정평가와 유사한 사례일 것
> 4. 기준시점으로부터 도시지역(「국토의 계획 및 이용에 관한 법률」 제36조 제1항 제1호에 따른 도시지역을 말한다)은 3년 이내, 그 밖의 지역은 5년 이내에 거래 또는 감정평가된 사례일 것. 다만, 특별한 사유가 있는 경우에는 그 기간을 초과할 수 있다(단서의 경우에는 그 근거를 감정평가서에 기재해야 함).
> 5. 토지 및 그 지상건물이 일체로 거래된 경우에는 배분법의 적용이 합리적으로 가능한 사례일 것
> 6. 비교표준지의 선정기준에 적합할 것

한편, 그 밖의 요인 보정 자료로 거래사례를 활용할 경우에도, 이는 공시지가기준법 적용 시 사례선정·적용의 문제일 뿐, 거래사례비교법에 의한 합리성 검토를 우회적으로 수행했다고 보기는 어렵다. 시산가액 조정의 취지를 고려할 때, 합리성 검토는 주된 평가방법 외에 다른 평가방법 적용의 필요성을 전제하기 때문이다. 다만, 적정한 실거래가 요건을 갖춘 거래사례가 하나밖에 없고, 적정한 평가선례가 없어 부득이 해당 거래사례를 공시지가기준법 적용 시 그 밖의 요인 보정자료로 활용함으로 인해 거래사례비교법에서의 비교 거래사례로서 중복 활용할 수 없는 예외적인 경우에는, 다른 평가방법 적용이 불필요한 경우는 아닐지라도 다른 평가방법을 적용하는 것이 곤란한 경우로 볼 수는 있다. 건물의 감정평가 시 원가법 외에 다른 감정평가방법 적용 배제의 사유로, 건물만의 거래나 수익사례가 없다는 논거를 들고 있으므로, '적정한 실거래가 자료 부재(실질적으로는 두 평가방법에서 동일한 거래사례 적용 배제로 인한 자료 부족)'를 이유로 한 다른 감정평가방법 적용 배제는 수용할 수 있어 보인다.

그 밖의 요인을 보정하는 방법에는 대상토지 기준 산정방식과 표준지 기준 산정방식 2가지가 있다.

구 분	산 식
대상토지 기준 산정	$\dfrac{\text{사례가격} \times \text{시점수정} \times \text{지역요인} \times \text{개별요인(대상토지/사례)}}{\text{표준지공시지가} \times \text{시점수정} \times \text{지역요인} \times \text{개별요인(대상토지/표준지)}}$
표준지 기준 산정	$\dfrac{\text{사례가격} \times \text{시점수정} \times \text{지역요인} \times \text{개별요인(표준지/사례)}}{\text{표준지공시지가} \times \text{시점수정}}$

위 산식을 적용해 산출된 격차율을 소수점 둘째 자리까지 표시해 적용하는 것이 일반적이다.

아래는 평가보고서에서 대상 토지 기준 그 밖의 요인 보정치를 산출하는 과정(기준시점 2020.3.18. 일반거래 목적 평가)을 발췌한 것이다.

5. 그 밖의 요인 보정

(1) 그 밖의 요인 보정의 필요성

「감정평가에 관한 규칙」 제14조 제2항과 국토교통부유권해석(건설부 토정30241-36538, 1991.12.28.), 대법원 판례(1998.7.10. 선고 98두6067, 1993.9.10. 선고 92누16300) 등의 취지에 따라 인근지역 또는 동일수급권내 유사지역의 평가 선례와 균형을 유지하고, 인근지역의 지가수준을 적정히 반영하기 위하여 그 밖의 요인의 보정이 필요함

(2) 그 밖의 요인 보정치 산정 방식

$$\frac{\text{비교사례 기준 대상토지 단가}}{\text{표준지 기준 대상토지 단가}} = \frac{\text{비교사례 단가} \times \text{시점수정치} \times \text{지역요인 비교치} \times \text{개별요인 비교치}}{\text{비교표준지 공시지가} \times \text{시점수정치} \times \text{지역요인 비교치} \times \text{개별요인 비교치}}$$

(3) 인근 평가선례

〈S시 S구〉

구 분	소재지 지번	면적 (m²)	지 목	기준시점	평가단가 (원/m²)	평가 목적	이용 상황	용도 지역	비 고
평가 선례1	S동 산 19-2	2,975	임 야	2018.5.11.	203,000	공 매	자연림	개발제한 자연녹지	맹지 부정형 완경사

(4) 보정치의 산정

대상 토지	구 분	기준단가 (원/m²) / 공시지가 (원/m²)	시점 수정치	지역요인 비교치	개별요인 비교치	산정단가 (원/m²)	격차율
1	평가선례(1) 기준 대상토지 단가	203,000	1.07090	1.00	0.903	196,305	1.98
	비교표준지(A) 기준 대상토지 단가	87,000	1.01485	1.00	1.122	99,063	

산정내역		
시점수정	1	S시 S구 녹지지역 (2018.5.11. ~ 2020.3.18.) : 1.07090
지역요인 비교	1	인근지역 내에 위치하여 대등함 (1.00)

개별요인 비교	대상토지	접근조건	자연조건	행정적조건	기타조건	격차율 계
	1	0.95	0.95	1.00	1.00	0.903
	1	• 접근조건 : 취락 및 간선도로와의 접근성에서 열세함 • 자연조건 : 경사 등에서 열세함				

(5) 인근지역 정상지가 수준 등 검토
   ① 인근지 호가수준

용도지역	토지용도	가격수준	비 고
개발제한 자연녹지	임 야	약 160,000~250,000원/m^2	대상토지 인근지역 내 유사토지(도로, 위치 등에 따른 가격차이 있음)

   ② 최근 1년간 경매 낙찰가율 (2019.3.1. ~ 2020.2.29.)

〈자료출처 : 인포케어〉

용 도	소재지	낙찰가율 (%) (총 낙찰가/총 감정가)	낙찰률 평균 (%) (총 낙찰건수/총 입찰건수)	낙찰 건수
토지/임야	S시	47.07	73.58	26
	S구	59.91	95.09	5

(6) 그 밖의 요인 보정치의 결정

보정내용	적용 보정치	
인근지역의 정상지가 수준, 평가선례, 거래사례 및 장래동향, 평가목적 등을 종합적으로 고려할 때 적정한 평가액 결정을 위하여 그 밖의 요인 보정치를 증액 적용함이 타당시 됨	기호(1)	1.95

(5) 토지단가

토지의 단위면적당 가액("토지단가")은 산정된 제곱미터(m^2)당 가액이 100,000원 미만인 경우에는 유효숫자 둘째자리까지 표시하고, 100,000원 이상인 경우에는 유효숫자 셋째자리까지 표시하는 것을 원칙으로 하되 반올림한다. 다만, 의뢰인으로부터 다른 요청이 있는 경우 또는 가액의 구분이 필요한 경우에는 달리 적용할 수 있다.

제3절 임대사례비교법[45] 기출 2, 11, 29회

1. 개관

(1) 정의

「감칙」제2조 제8호에서 임대사례비교법을 대상물건과 가치형성요인이 같거나 비슷한 물건의 임대사례와 비교하여 대상물건의 현황에 맞게 사정보정, 시점수정, 가치형성요인 비교 등의 과정을 거쳐 대상물건의 임대료를 산정하는 감정평가방법으로 정의하고 있다. 거래사례비교법은 거래사례와 비교해 가격을 도출하는 방법이고 임대사례비교법은 임대사례와 비교해 임대료를 구한다. 이렇게 구한 임대료를 비준임료로 칭한다.

(2) 산식

$$임대사례임대료 \times 사정보정 \times 시점수정 \times 가치형성요인비교$$

2. 항목별 검토

(1) 임대료 구성

임대료는 다음과 같이 구성된다.

실질임대료 (A+B+C)		⟨A⟩ ① 일시금운용이익 ② 권리금 상각액 및 미상각액의 운용이익	
	지급임대료 (B+C)	⟨B⟩ ① 매기 지불액 중 비용을 제한 금액 ② 부가사용료, 공익비 중 실비 초과액	⟨C⟩ ① 감가상각비, ② 유지관리비, ③ 공조공과, ④ 손해보험료, ⑤ 대손준비비, ⑥ 공실손실상당액, ⑦ 정상운영자금이자
		순임대료(A+B)	필요제경비(C)
		실질임대료(A+B+C)	

임대사례에는 임대차계약에 의한 차임, 지상권 설정에 의한 지료, 전세권 설정에 의한 전세금 계약이 모두 포함된다. 임대사례비교법으로 구하고자 하는 임대료는 실질임대료가 원칙이며, 의뢰인이 보증금 등을 포함한 계약내용에 따라 지급임대료를 산정하도록 요청한 경우에는 지급임대료를 구할 수 있다. 이때 실질임대료를 도출한 후 시장의 통상적인 보증금-월세, 해당 물건의 특수성 등을 고려하여 평가대상 물건에 적용할 보증금-월세 및 전환율을 결정해야 한다. 임대료는 신규임대료가 기준이며, 임대료 산정기간은 1월, 1년 단위가 원칙이고 의뢰인 요청 시 특정기간 산정이 가능하다.

---

[45] 「감정평가실무매뉴얼(임대료감정평가)」, 감정평가사협회

(2) 임대사례 선정

임대사례를 수집하여 적정성 여부를 검토한 후 다음 각 호의 요건을 모두 갖춘 하나 또는 둘 이상의 적절한 임대사례를 선택하여야 한다.

> 1. 임대차 등의 계약내용이 같거나 비슷한 사례
> 2. 임대차 사정이 정상이라고 인정되는 사례나 정상적인 것으로 보정이 가능한 사례
> 3. 기준시점으로 시점수정이 가능한 사례
> 4. 대상물건과 위치적 유사성이나 물적 유사성이 있어 지역요인·개별요인 등 가치형성요인의 비교가 가능한 사례

위 선정기준 중 '1. 임대차 등의 계약내용이 같거나 비슷한 사례'를 판정함에 있어 세부적인 검토사항은 다음과 같다.

> ① 임대차계약서상 임차인의 임대면적 및 해당 위치에 대한 확인이 필요하며, 임대차 계약서상 임대차물건이 합법적인 건물인지, 공부상 미등재된 서비스면적이 포함되어 있는지 등에 대한 검토
> ② 임대료의 지급형태와 관련하여 보증금만으로 구성된 전세시장 또는 보증부 월세시장 등은 세부시장별로 개별 임대시장의 특징을 가지고 있어 시장에서 수요와 공급의 원리에 의해 개별 시장간 시장참여주체의 변화가 발생(예로 전세의 월세화 현상 등)하기도 함. 따라서 가급적 유사한 임대료 지급형태를 가지는 임대사례를 선정
>   ㉠ 임대차계약내용이 보증금의 비율이 높은 경우는 보증금이 높은 사례를 기준으로, 월세의 비중이 높은 경우는 월세 비중이 높은 사례를 가급적 선정
>   ㉡ 특히 상업용 건물로 비율임대차 계약에 따른 임대차계약서의 경우 감정평가 시 해당 비율임대차 계약의 적정성 여부 및 해당 자료의 사용가능 여부 등에 대한 사전 검토 필요
> ③ 관리비의 납부형태와 관련하여 임대료에 포함하여 납부하는지 별도로 납부하는지 여부를 확인해야 하며, 별도로 납부하는 경우에도 임차인이 실비를 지급하는 형태인지 아니면 임대인에게 일정금액을 선납하는 형태인지 등 관리비 납부와 관련된 사항 검토 필요
> ④ 임대차 계약서상 특별한 임대조건이 수반되는 경우 임대차계약에 따른 계약감가가 발생할 여지가 있으므로 계약서를 면밀히 검토해야 함. 예를 들어 이용 상황을 일정용도로 제한하는 조건, 이용 시간을 제약하는 조건 등이 있는 경우에는 이를 감안
> ⑤ 이외에도 계약서상 연간 임대료 상승률, 지불시기 및 지불방법 등도 검토

임대사례의 (전세 또는 보증부월세) 임대조건을 실질임대료로 선환할 때 물건의 특성 등에 맞는 보증금운용이율을 적용해야 한다. 보증금 비중이 낮으면 월세 미납 또는 연체 리스크 헷지를 위한 것으로 보증금을 예금적 성격으로 파악해야 하고, 보증금 비중이 높으면 대상 부동산 자금조달 비용 및 금융자산의 투자수익률 및 전월세전환율 등을 고려해 운용이율을 결정해야 한다.

(3) 사정보정 및 시점수정

사정보정 과정은 거래사례비교법에서의 사정보정 과정과 동일하다. 임대사례의 계약시점(계약서상 개시시점)과 대상물건의 기준시점 간 임대료 수준의 변동을 시점수정 할 때, 원칙적으로 사례물건의 임대료 변동률로 하도록 했으나 여의치 않으면 사례물건의 가격 변동률·임대료지수·생산자물가지수 등을 고려한다. 실무매뉴얼에서는 시점수정 적용 순위를 다음과 같이 정하고 있다.

구 분	내 용
1순위	동종물건의 임대료 변동률
2순위	동종물건의 가격관련 지수, 경제동향 관련 지수, 수익률 관련 지수
3순위	유사물건의 임대료 또는 가격 변동률 및 유사물건의 수익률 자료 등

물건 유형별로 시점수정 방법도 조금 다르다.

구 분	내 용
집합건물(주거용)	전세가격지수, 월세가격지수
집합건물(상업용)	소득수익률, 투자수익률
토지 및 건물	토지의 경우 지가변동률, 건물의 경우 건축비지수

한국감정평가사협회에서 권장하는 임대료 평가 시 유형별 시점수정 자료는 다음과 같다.

구 분	권장지수	보조지수
주거용(아파트, 연립, 다세대)	(한국부동산원 전국주택가격동향조사) 유형별 전월세 통합지수	(한국부동산원 전국주택가격동향조사) 전세가격지수, 월세가격지수 등
오피스텔	(한국부동산원 가격동향조사) 전세가격지수, 월세가격지수	—
비주거용(구분상가, 업무시설, 지식산업센터, 특수부동산)	(한국부동산원 상업용 부동산 임대동향조사) 상권별 임대가격지수(오피스/중대형상가/소규모상가/집합상가)	생산자물가지수 중 비주거용 건물 임대부문 지수 등

구체적으로 주거용 부동산의 경우, 유형별 지역별 전월세 통합지수를 적용하는 것이 임대료 추이에 부합하지 않는 경우에는 (유형별)지역별 전세가격지수, 월세가격지수 활용이 가능하다. 오피스텔의 경우, 통계자료 적용이 되지 않는 지역의 경우에는 실질에 따라 공동주택의 임대료 권장지수와 상업용 부동산 임대료 권장지수 활용이 가능하다. 비주거용 부동산은 유형별 하위상권별 임대가격지수 적용을 원칙으로 하고 하위상권 확인이 불가하거나 하위상권의 임대가격지수가 발표되지 않는 경우에는 시도별 임대가격지수를 활용한다.

(4) 가치형성요인비교

거래사례비교법에서의 지역요인 및 개별요인 비교를 준용하며, 면적비교는 통상 임대면적이 기준이다.

CHAPTER 01 기출문제

비교방식

01 A획지 소유자는 B획지 소유자의 토지 및 전자공장 1동을 인수하여 자신의 토지와 합병한 후, 재가동하고자 한다. 이에 감정평가사 甲에게 토지와 건물의 적정매입 금액 산정을 의뢰하였다. 주어진 자료에 의거 B획지에 소재한 토지와 공장의 가격을 다음 물음에 의거하여 산정하시오. (20점)

기출 25회

(1) A와 B토지의 합병으로 인한 증분가치를 구하고, B토지의 적정매입가격을 기여도비율에 의한 차액배분법의 논리로 산정하시오(합병에 따른 제반비용은 고려치 아니하기로 함). (10점)

〈자료 1〉 토지의 상황
각 획지의 형태는 다음의 그림과 같다.
각각의 토지가치를 파악한 결과 A는 9,000,000,000원, B는 4,000,000,000원으로 판단된다. 이때 A와 B를 합병하면 토지의 가치는 그림의 C획지와 유사해질 것으로 판단되며, C의 가치는 18,000,000,000원으로 조사된다.

획 지	면적(m^2)	단가(원/m^2)	가격(원)
A	15,000	600,000	9,000,000,000
B	5,000	800,000	4,000,000,000
C	20,000	900,000	18,000,000,000

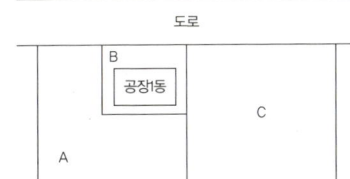

(중 략)

📄 출제영역
거래사례비교법_한정가격

📝 답안작성 가이드
특수한 상황에서의 합리적인 매입가격을 파악하는 문제로, 합병에 따른 가치증분 발생이 예상될 때 시장참가자가 그 증분을 어떻게 합리적으로 배분하는지를 묻고 있다.

1. 증분가치
   180억 − (90억 + 40억) = 50억
   합병 후(C)   합병 전(A+B)

2. B토지 적정매입가격
   (1) 배분비율(기여도비율에 따른 차액배분법의 논리) : $\dfrac{(180억 - 90억)}{(180억 - 90억) + (180억 - 40억)} ≒ 0.3913$

   (2) B토지의 적정매입가격 : 40억 + 50억 × 0.3913 = 59.565억

02

감정평가사 甲은 S시에 소재하는 대상 부동산에 대하여 일반거래(시가참고) 목적의 감정평가를 의뢰받았다. 관련법규 및 이론을 참작하고 제시된 자료를 활용하여 다음 각 물음에 답하시오. (40점)

기출 32회

(1) 거래사례비교법을 적용하여 대상 토지의 시산가액을 산정하시오. (18점)

〈자료 1〉 기본적 사항

1. 기준가치 : 시장가치
2. 기준시점 : 2021년 8월 7일
3. 대상물건의 개황
   (1) 토 지

소재지지번	지 목	면적(m^2)	용도지역	이용상황	도로접면	형상지세	주위환경
J구 M동 120	대	1,500	일반상업	업무용	광대세각	가장형 평지	일반 업무지대

   (2) 건 물
   ① 건물 개황

소재지지번	구 조	층 수	면적(m^2)	용 도	급 수	비 고
J구 M동 120	철근 콘크리트조	지하4층/ 지상10층	13,800	업무용	3	허가일 : 2015.7.15. 사용승인일 : 2016.7.15. (지상9~10층 증축 : 2018.7.15.)

   ② 건물 세부 내역

구 분	면적(m^2)	이용 상황	부대설비 내역
지하1층~지하4층	각 950	주차장, 기계실	전기설비, 소방설비, 승강기설비
지상1층~지상10층	각 1,000	업무시설	전기설비, 소방설비, 위생설비, 냉난방설비, 승강기설비

(중 략)

〈자료 3〉 인근지역 평가사례 및 거래사례

2. 거래사례
   (1) 거래사례 #1
   - 소재지 : J구 M동 109
   - 총 거래가격 : 67,050,000,000원
   - 거래시점 : 2021년 3월 1일
   - 토지 : 일반상업, 주상용, 900m^2, 광대한면, 세장형, 평지
   - 건 물

구 조	급 수	연면적(m^2)	허가일/사용승인일	부대설비 내역
철근콘크리트조	4	12,500	2017.2.23./ 2018.2.20.	전기설비, 소방설비, 위생설비, 냉난방설비, 승강기설비

   - 기타사항 : 일반 업무지대에 위치하며, 정상 거래사례임

(2) 거래사례 #2
- 소재지 : J구 M동 129
- 총 거래가격 : 98,400,000,000원
- 거래시점 : 2021년 2월 1일
- 토지 : 일반상업, 업무용, 1,600㎡, 광대세각, 세장형, 평지
- 건 물

구 조	급 수	연면적(㎡)	허가일/사용승인일	부대설비 내역
철근콘크리트조	3	5,000	1980.1.20./ 1981.1.25.	전기설비, 소방설비, 위생설비, 냉난방설비

- 기타사항 : 일반 업무지대에 위치하는 정상적인 거래사례로, 매수자는 대상 부동산을 매입하여 지하3층, 지상10층 규모의 업무시설로 신축할 예정임(철거비는 감안하지 않는 것으로 함)

(3) 거래사례 #3
- 소재지 : J구 M동 139
- 총 거래가격 : 99,636,000,000원
- 거래시점 : 2021년 3월 1일
- 토지 : 일반상업, 업무용, 1,500㎡, 광대한면, 가장형, 평지
- 건 물

구 조	급 수	연면적(㎡)	허가일/사용승인일	부대설비 내역
철근콘크리트조	3	13,600	2015.2.16./ 2016.2.19.	전기설비, 소방설비, 위생설비, 냉난방설비, 승강기설비

- 기타사항 : 일반 업무지대에 위치하며, 매도자의 사정으로 인해 급매된 사례임

(4) 거래사례 #4
- 소재지 : J구 M동 209
- 총 거래가격 : 81,940,000,000원
- 거래시점 : 2021년 4월 1일
- 토지 : 일반상업, 업무용, 1,470㎡, 소로한면, 가장형, 평지
- 건 물

구 조	급 수	연면적(㎡)	허가일/사용승인일	부대설비 내역
철근콘크리트조	3	11,000	2018.3.17./ 2019.3.29.	전기설비, 소방설비, 위생설비, 냉난방설비, 승강기설비

- 기타사항 : 후면 상가지대에 위치하며, K사의 펀드운용을 위한 투자목적으로 거래된 정상 거래사례임

(5) 거래사례 #5
- 소재지 : J구 M동 153
- 총 거래가격 : 111,573,000,000원
- 거래시점 : 2020년 10월 1일
- 토지 : 일반상업, 업무용, 1,600m^2, 광대한면, 가장형, 평지
- 건 물

구조	급수	연면적(m^2)	허가일/사용승인일	부대설비 내역
철근콘크리트조	3	14,700	2015.8.20./ 2016.9.20.	전기설비, 소방설비, 위생설비, 냉난방설비, 승강기설비

- 기타사항 : 일반 업무지대에 위치하는 정상 거래사례임

(6) 거래사례 #6
- 소재지 : J구 M동 163
- 총 거래가격 : 102,900,000,000원
- 거래시점 : 2020년 9월 1일
- 토지 : 일반상업, 업무용, 1,500m^2, 광대한면, 가장형, 평지
- 건 물

구조	급수	연면적(m^2)	허가일/사용승인일	부대설비 내역
철근콘크리트조	3	14,000	2014.7.16./ 2015.8.19.	전기설비, 소방설비, 위생설비, 냉난방설비, 승강기설비

- 기타사항 : 일반 업무지대에 위치하며, 대상 부동산은 구분소유건물로서 매수 후 개별분양 예정임

(7) 거래사례 #7
- 소재지 : J구 M동 173
- 총 거래가격 : 62,300,000,000원
- 거래시점 : 2020년 11월 1일
- 토지 : 일반상업, 업무용, 1,800m^2, 광대한면, 가장형, 평지
- 건 물

구조	급수	연면적(m^2)	허가일/사용승인일	부대설비 내역
철근콘크리트조	4	10,000	2001.9.22./ 2002.11.1.	전기설비, 소방설비, 위생설비, 냉난방설비, 승강기설비

- 기타사항 : 일반 업무지대에 위치하며, 인근 중개업소에 탐문 조사한 결과 거래에 따른 양도소득세는 매수자가 부담하는 것으로 조사되었음

(중 략)

〈자료 6〉 시점수정 자료

1. 지가변동률(S시 J구)

구 분	주거지역	상업지역
2018.6.1. ~ 2021.6.30.(누계)	12.825	12.846
2020.9.1. ~ 2021.6.30.(누계)	4.057	4.036
2020.10.1. ~ 2021.6.30.(누계)	3.715	3.694
2020.11.1. ~ 2021.6.30.(누계)	3.376	3.355
2020.12.1. ~ 2021.6.30.(누계)	3.018	2.997
2021.1.1. ~ 2021.6.30.(누계)	2.624	2.645
2021.2.1. ~ 2021.6.30.(누계)	2.265	2.285
2021.3.1. ~ 2021.6.30.(누계)	1.827	1.845
2021.4.1. ~ 2021.6.30.(누계)	1.278	1.293
2021.5.1. ~ 2021.6.30.(누계)	0.795	0.806
2021.6.1. ~ 2021.6.30.	0.414	0.420

— 2021년 7월 이후 지가변동률은 미고시 되었음

〈자료 7〉 지역요인

1. 대상과 사례는 인근지역에 소재하여 지역요인은 유사함

〈자료 8〉 토지개별요인

1. 가로조건(각지인 경우 가로조건에서 반영하기로 함)

구 분	광대한면	광대소각	광대세각	중로한면	중로각지	소로한면	소로각지
광대한면	1.00	1.09	1.05	0.95	0.99	0.85	0.89
광대소각	0.92	1.00	0.96	0.87	0.91	0.78	0.82
광대세각	0.95	1.04	1.00	0.90	0.94	0.81	0.85
중로한면	1.05	1.15	1.11	1.00	1.04	0.89	0.94
중로각지	1.01	1.10	1.06	0.96	1.00	0.86	0.90
소로한면	1.18	1.28	1.24	1.12	1.16	1.00	1.05
소로각지	1.12	1.22	1.18	1.07	1.11	0.96	1.00

2. 접근조건

구 분	대상	표준지	평가사례 가	평가사례 나	평가사례 다	평가사례 라	평가사례 마
평 점	95	100	93	100	93	100	95

구 분	거래사례 #1	거래사례 #2	거래사례 #3	거래사례 #4	거래사례 #5	거래사례 #6	거래사례 #7
평 점	93	95	93	100	90	95	93

— 상기의 접근조건 비교치 산정 시 소수점 셋째 자리에서 반올림하여 소수점 둘째 자리까지 산정함

3. 획지조건

구 분	정방형	가장형	세장형	사다리형	부정형
정방형	1.00	1.00	0.98	0.95	0.92
가장형	1.00	1.00	0.98	0.95	0.92
세장형	1.02	1.02	1.00	0.97	0.94
사다리형	1.05	1.05	1.03	1.00	0.97
부정형	1.09	1.09	1.07	1.03	1.00

4. 제시된 조건 외의 조건은 동일함

(중 략)

〈자료 13〉 기타사항
1. 사례 선정 시 선정 및 제외 사유를 반드시 기재할 것
2. 〈자료 6〉을 이용한 시점수정치는 소수점 여섯째 자리에서 반올림하여 소수점 다섯째 자리까지 표시함
3. 개별요인은 조건간 상승식으로 산정하되, 소수점 넷째 자리에서 반올림하여 소수점 셋째 자리까지 표시함
5. 거래사례비교법에 의한 토지 단가는 반올림하여 각각 유효숫자 셋째 자리까지 표시하며, 각 평가방법별 시산가액은 천만원 단위에서 반올림하여 억원 단위까지 표시함

출제영역

거래사례비교법_한정가격

답안작성 가이드

적정한 사례를 선정해, 거래사례비교법으로 토지가격을 도출한다.
(1) 거래사례비교법
  ① 거래사례 선정 및 제외 사유
    ㉠ 거래사례 선정 : '일반상업, 업무용, 일반업무지대 등' 기준 #2(철거전제 토지만의 가격)
(2) 사정보정치 : 정상적인 거래사례로서 1.00
(3) 시점수정치 (2021.2.1. ~ 2021.8.7., 상업지역)
    $1.02285 \times (1 + 0.00420 \times 38/30) ≒ 1.02829$
(4) 지역요인 비교치 : 인근지역으로서 1.000
(5) 개별요인 비교치 (광대세각, 가장형)
    $1.00(가로) \times 1.00(접근) \times 1.02(획지) ≒ 1.020$
(6) 비준가액
    $98,400,000,000 \times 1.00 \times 1.02829 \times 1.000 \times 1.020 / 1,600 ≒ @64,500,000$
                                        ($\times 1,500 = 96,750,000,000$)

03 평가대상 토지는 주거지역의 소로에 접한 나지이다. 감정평가사 甲은 거래사례비교법으로 대상 토지를 평가하기 위하여 인근의 주거지역에서 최근 3년 이내에 거래된 총 4건의 거래관련 사례 등을 아래와 같이 수집하였다. 이들 사례 등에 대하여 거래 당시의 조건 등에 따른 차이를 정상화 하기 위한 보정(Adjustments)작업을 한 후, 보정된 토지만의 가격과 단가를 구하고자 한다(다만, 모든 사례 등은 거래시점과 기준시점의 차이에 따른 가격의 변동은 포착되지 아니하여, 고려하지 아니하기로 함). (30점)

> 기출 33회

구 분	거래금액 등	토 지	건 물	거래상황 및 조건	비 고
거래사례(1)	14억원	500m²	연면적 1,000m²	공사 중단된 건물을 포함하여 인수	—
거래사례(2)	10억원	500m²	없 음	저당대부액 신규인수	—
낙찰사례(3)	5억원	400m²	없 음	경매에서 수회 유찰 후 낙찰	점유자 및 적치물 소재
평가선례(4)	10억원	400m²	없 음	낙찰사례(3)의 평가선례	경매목적 평가

(1) 상기의 거래사례(1)에 대하여, 〈자료 1〉과 〈자료 2〉를 활용, 공사 중단된 상태의 건물의 공정률을 추정하고, 토지만의 보정된 거래가격과 단가를 구하시오. (10점)

(2) 상기의 거래사례(2)에 대하여, 〈자료 3〉과 〈자료 4〉를 활용, 저당대부액의 신규 인수조건을 고려한 저당지불액 및 저당지불액의 현가합(백원 단위에서 반올림)을 구한 후, 토지의 보정된 거래가격과 단가를 구하시오. (10점)

(3) 상기의 낙찰사례(3)에 대하여, 〈자료 5〉를 활용, 토지의 보정된 가격과 단가를 구하되, 낙찰자 입장의 보정된 가격과 평가선례(4)를 활용한 통계적 측면의 보정된 가격을 각각 구한 후, 그 결과를 평균하여 가격과 단가를 구하시오. 또한, 낙찰사례(3)과 평가선례(4)에 대한 가격의 성격 및 보정 방식별 특징을 쓰시오. (10점)

〈자료 1〉 거래사례(1)에 대한 개요

1. 토지 : 면적은 500m²이고, 토지만의 정상화 보정을 위하여 건물은 공정률을 고려한 원가법으로 평가하고, 전체 거래가격에서 공제하는 방식을 채택하여 산정하기로 하였다.

2. 건물 : 철근콘크리트조 슬래브지붕 3층 규모의 원룸형 도시형생활주택으로, 연면적은 1,000m²이고, 최근 공사가 중단된 상태이며, 현 상태의 건물과 토지가 총 14억원에 거래되었다.

3. 공사진행 사항
   - 공정률은 최근 발행된 〈자료 2〉의 건물신축단가표를 활용하여 간접법으로 산정하며, 신축단가(백원 단위에서 반올림)로도 활용할 예정이다.
   - 각 공정별로 철근콘크리트공사, 조적공사, 방수공사 등은 완료되었으나, 대부분의 내부공사가 남은 상태이고, 가설물은 존치된 상태이어서 이를 고려할 때, 가설공사가 90% 진행된 것으로 추정하였다.
   - 기초 및 토공사는 건물 주변의 되메우기 및 정리가 남은 상태로 80% 진행된 것으로 추정하였다.
   - 이외의 공사는 착수되지 아니하였고, 설비부문에 대한 별도의 보정은 고려치 아니하기로 하였다.
   - 설계비는 모두 지급되었고, 감리비는 50%만 지급된 상태이다.
   - 제경비의 처리에 대하여서는 직접적인 공사비(1~12번 공사)의 집행정도에 따라 그 비율에 의거 추정할 예정이다.

⟨자료 2⟩ 건물신축단가표 : 공사항목에 따른 법정비율은 고려치 아니한다.

1. 개 요

용 도	구 조	표준단가(m^2)	내용연수(년)
도시형생활주택(원룸형)	철근콘크리트조 슬래브지붕	1,600,000	50

2. 단위면적(m^2)당 공사비 적산표

구 분	주요공사내역	공사비	구성비
01. 가설공사	공통가설, 일반가설	80,000	5.00
02. 기초 및 토공사	터파기, 되메우기, 잔토처리, 잡석다짐	20,000	1.25
03. 철근콘크리트공사	레미콘, 철근가공조립, 합판거푸집, 유로폼	280,000	17.50
04. 조적공사	시멘트벽돌쌓기(0.5B), 치장벽돌쌓기(0.5B)	20,000	1.25
05. 방수공사	도막방수, 우레탄방수	40,000	2.50
06. 미장공사	시멘트모르타르미장	60,000	3.75
07. 타일공사	자기질타일, 포슬란타일, 석재타일	60,000	3.75
08. 창호공사	칼라알루미늄단열바, 강화도어 등	180,000	11.25
09. 유리공사	로이복층유리24mm, 강화유리10mm	20,000	1.25
10. 도장공사	페인트 및 수성페인트(내부), 무늬코트	220,000	13.75
11. 수장공사	압출보온판, 걸레받이, 몰딩, 원목마루	200,000	12.50
12. 기타공사	우편함, 카스토퍼, 맨홀	60,000	3.75
소 계		1,240,000	(77.50)
제경비	간접노무비, 산재보험료, 안전관리비, 경비, 일반관리비, 이윤, 건강보험료, 환경보존비	260,000	16.25
건축공사비 합계		1,500,000	(93.75)
설계비		24,000	1.50
감리비		16,000	1.00
전기기본설비비		60,000	3.75
합 계		1,600,000	100%

⟨자료 3⟩ 거래사례(2)에 대한 개요

1. 토지 : 면적 500m^2이고, 유리한 조건의 신규 저당대부가 설정되어 이의 인수를 전제로 거래가 이루어졌다.
2. 건물 : 없음
3. 저당대부 관련사항
   - 본 거래사례(2)는 매수인이 시장이자율보다 낮은 이율로 승계 가능한 신규 설정된 저당대부를 인수하는 조건으로 매매한 것이다.
   - 거래금액은 10억원이며, 대부비율은 70%여서 차액인 30%만이 매도인에게 지불되었다.
   - 저당기간은 20년이고, 저당이자율은 연간 10%이며, 현재의 전형적인 시장이자율은 연간 12%이다.
   - 한편, 저당대부는 만기까지 존속되는 것을 가정하고, 원리금의 지불은 편의상 연단위로 계산하며, ⟨자료 4⟩의 연복리표를 활용한다.

〈자료 4〉 연복리표 (20년, 소수점 다섯째 자리에서 절사함)

이자율	일시불 내가계수	연금 내가계수	감채기금 계수	일시불 현가계수	연금 현가계수	저당상수
10%	6.7275	57.2749	0.0174	0.1486	8.5135	0.1174
12%	9.6462	72.0524	0.0138	0.1036	7.4694	0.1338

〈자료 5〉 낙찰사례(3)에 대한 개요

1. 토지 : 면적은 400m²이고, 별도 명도비용의 발생이 예상된다.
2. 건물 : 없음
3. 경매 관련사항
   - 낙찰사례(3)의 가격은 최초의 경매개시 가격의 50%에서 결정되었으며, 평가선례(4)는 낙찰사례 자체를 대상으로 한 경매목적의 평가로 평가액은 10억원이었고, 점유자 및 적치물은 고려치 못한 상태에서 평가가 이루진 것으로 조사된다.
   - 낙찰자는 점유자 및 그 적치물의 상태를 고려(인수조건)하여 입찰에 참여하였고, 이에 따른 명도비용은 약 1억 5천만원이 소요될 것으로 예상되며, 기간이자 및 자가노력비는 고려치 아니하였다.
   - 관련 통계에 의하면, 사례가 속한 지역의 해당 기간 평균적인 경매의 낙찰률(최초 평가가격 대비 낙찰가격)은 다음과 같이 조사된다.

구 분	상업지역	주거지역	녹지지역	지역평균
낙찰률	90%	80%	70%	80%

   - 한편, 낙찰률의 적용은 낙찰사례가 속한 지역이 주거지역이지만, 녹지지역과 연접하기 때문에 녹지지역과 주거지역 낙찰률의 평균을 적용하였다.

📝 **출제영역**

거래사례비교법_토지

📝 **답안작성 가이드**

거래사례 보정을 거쳐 토지만의 전산거래 단가를 추출한다.
Ⅰ. 개 요
   각 사례토지의 보정단가를 구함

Ⅱ. [물음 1] 공정률 및 사례토지 보정단가 (10)
   1. 개 요
      공정률은 공사진행 정도 및 적산표 상의 항목별 점유율을 고려하여 산정, 보정된 토지단가는 거래금액에서 현 공정률을 반영한 건물가액을 차감하여 결정

2. 공정률
    (1) 직접공사비
        가설공사 90%, 철근·조적·방수 완료, 기초 및 토공사 80% 반영
        $0.05 \times 90\% + 0.0125 \times 80\% + (0.175 + 0.0125 + 0.025) \times 100\% = 26.75\%$
    (2) 간접공사비
        직접공사비의 일정비율로, 직접공사비 공정률 반영
        $0.1625 \times 26.75\%/77.50\% = 5.61\%$
    (3) 건축공사비
        $26.75\% + 5.61\% = 32.36\%$
    (4) 공정률
        건축공사비에 설계 및 감리 반영
        $32.36\% + 1.5\% + 1\% \times 0.5 = 34.36\%$
3. 사례 보정단가
    거래금액 − 공사중단된 건물가액(재조달원가 × 공정률)
    $(1,400,000,000 - 1,600,000 \times 0.3436 \times 1,000)/500\text{m}^2 = @1,700,000$

Ⅲ. [물음 2] 저당지불액 및 사례토지 보정단가 (10)

1. 개 요
    거래당시 인수 저당대부의 현금등가는 저당이자율 및 시장이자율 고려 산정, 보정된 토지단가는 〈현금지급액 + 저당대부 현금등가〉를 정상 거래금액으로 보아 결정
2. 저당대부 현금등가
    대부총액 7억원, 대출조건(이자율 10%, 만기 20년), 시장이자율 12%
    $700,000,000 \times 0.1174^{*)} \times 7.4694^{**)} \fallingdotseq 613,835,000$
    *) MC(10%, 20년)
    **) PVAF(12%, 20년)
3. 사례토지 보정단가
    $(300,000,000 + 613,835,000)/500\text{m}^2 \fallingdotseq @1,828,000$원

Ⅳ. [물음 3] 낙찰사례 보정단가 (10)

1. 개 요
    낙찰자 입장의 보정된 토지단가와 통계적 측면의 보정된 토지단가를 산정
2. 사례토지 보정단가
    (1) 낙찰자입장
        입찰금액 + 추가인수금액
        $(500,000,000 + 150,000,000)/400\text{m}^2 = @1,625,000$원
    (2) 통계적 측면
        경매목적 평가액 × 낙찰률(주거지역 + 녹지지역)
        $(1,000,000,000 \times 75\%^{*)})/400\text{m}^2 = @1,875,000$원
        *) (80% + 70%)/2
    (3) 사례토지 보정단가
        $(1,625,000 + 1,875,000)/2 = @1,750,000$원

4. 가격의 성격 및 보정방식 비교
  (1) 가격의 성격
    경매평가액은 시장가치 요건을 충족하는 반면, 낙찰사례는 시장가치 요건에 해당하는 '정상적인 거래'로 볼 수 없는 사정(강제매각, 매수자우위 시장형성, 입찰보증금 등의 제약)이 있고 매수 후 인수해야 할 부담이 존재하는 상황을 감안한 가액이므로 시장가치 외의 가치로 볼 수 있음
  (2) 보정방식별 특징
    ㉠ 〈경매평가액×평균낙찰률〉, 〈낙찰사례+추후인수금액〉 모두 시장가치에 비해 낮게 형성된 가액으로 시장가치와 약간의 괴리가 있는 점은 공통점
    ㉡ 전자는 낙찰사례의 개별적 특성을 반영하지 않아 오차 가능성이 커질 수 있는 단점이 있으나 시장 평균적인 수준의 낙찰금액을 확인하는데 용이해 대량의 NPL투자 등에서 활용 가능한 장점이 있음
    ㉢ 후자는, 낙찰사례의 개별적 특성이 충분히 반영돼 형성된 가액이므로 유사한 사례를 확보하는 경우 또 다른 낙찰사례의 가액 추정이 정교해지는 반면, 추후 인수금액 등은 노출된 공개정보가 아니므로 자료 확보 측면에서 어려움이 있음

04

감정평가사 K씨는 복합부동산에 대한 감정평가를 의뢰받고 사전조사와 현장조사를 통해 다음과 같은 자료를 수집하였다. 주어진 자료를 활용하여 다음 물음에 답하시오. (40점) 기출 15회

(1) 건물의 가격을 산출하시오. (25점)

〈자료 1〉 평가대상물건 개요
1. 토지
  (1) 소재지 : S시 K구 A동 100번지
  (2) 용도지역 : 일반상업지역
  (3) 토지특성 : 대, 820m², 가로장방형, 평지, 소로한면
2. 건물 : 철근콘크리트조 슬래브지붕 지하1층 지상5층

구 분	면적(m²)	이용 상황
지하1층	287	점포 및 주차장
지상1층	574	점 포
2층	574	점 포
3층	574	병 원
4층	574	병 원
5층	574	학 원
계	3,157	

3. 조사기간 : 2004년 8월 24일 ~ 2004년 9월 1일
4. 감정평가목적 : 일반거래 (매매참고용)

(중 략)

〈자료 3〉 거래사례

1. 거래사례 #2
   (1) 토지 : S시 K구 C동 150번지, 대, 900m², 일반상업지역, 정방형, 평지, 세로(가)
   (2) 건물 : 위 지상 철근콘크리트조 슬래브지붕 상업용 건물 (지하1층, 지상5층), 지하층 315m², 지상층 연면적 3,150m²
   (3) 거래가격 : 48억원
   (4) 거래일자 : 2003년 10월 5일
   (5) 기타사항 : 매도자의 급한 사정으로 약 5% 저가로 거래되었음

2. 거래사례 #3
   (1) 토지 : S시 K구 C동 250번지, 대, 780m², 일반상업지역, 세장형, 평지, 소로한면
   (2) 거래가격 : 23억 5천만원
   (3) 거래일자 : 2002년 8월 1일
   (4) 기타사항 : 별도의 사정보정 요인이 없는 정상적인 거래임

(중 략)

〈자료 6〉 지가변동률 등

1. 지가변동률

구분	평균	용도지역별(%)				이용상황별(%)						
		주거	상업	공업	녹지	전	답	대		임야	공장용지	기타
								주거	상업			
2001년	2.10	1.87	1.76	2.73	1.28	2.93	3.28	1.36	1.02	2.02	2.63	2.04
2002년	1.84	2.15	1.71	1.19	0.27	3.05	2.65	1.54	1.15	2.44	1.76	1.91
2003년	3.88	4.20	3.30	4.00	3.20	5.10	5.60	3.40	2.70	3.10	2.73	1.80
2004년 1/4분기	1.21	1.20	1.36	0.50	0.84	1.92	1.50	0.70	0.71	0.42	0.77	0.30
2004년 2/4분기	1.12	1.15	1.22	0.60	0.76	1.58	0.52	1.21	1.37	0.59	0.92	1.27

(주) 2004년 3/4분기 지가변동률은 미고시 상태임

2. 생산자물가지수

시 점	2002.1.	2003.1.	2004.1.	2004.7.
지 수	130	132	139	141

3. 건축비지수

시 점	2002.1.	2003.1.	2004.1.	2004.7.
지 수	102	109	114	117

〈자료 7〉 지역요인 비교자료
1. K구 같은 동의 사례는 지역요인이 동일함
2. K구 A동과 B동은 인근지역으로서 지역요인 동일하나, A동 또는 B동을 기준으로 한 C동과 D동은 동일수급권내 유사지역으로서 지역요인이 상이하고 그 격차를 알 수 없음
3. 건물의 경우에는 지역격차를 별도로 고려하지 아니함

〈자료 8〉 개별요인비교자료
1. 도로접면

구 분	광대한면	중로한면	소로한면	세로(가)
광대한면	1.00	0.93	0.86	0.83
중로한면	1.07	1.00	0.92	0.89
소로한면	1.16	1.09	1.00	0.96
세로(가)	1.20	1.12	1.04	1.00

2. 형 상

구 분	정방형	가로장방형	세로장방형	사다리형	부정형	자루형
정방형	1.00	1.05	0.99	0.98	0.95	0.90
가로장방형	0.95	1.00	0.94	0.93	0.90	0.86
세로장방형	1.01	1.06	1.00	0.99	0.96	0.91
사다리형	1.02	1.08	1.01	1.00	0.97	0.92
부정형	1.05	1.11	1.04	1.03	1.00	0.95
자루형	1.11	1.16	1.10	1.09	1.05	1.00

3. 지 세

구 분	평 지	완경사	급경사	고 지	저 지
평 점	1.00	0.97	0.92	0.90	0.96

〈자료 9〉 표준건축비 등
1. 표준건축비와 내용연수

구 분	목 조	조적조	철골조	철근콘크리트조
지상층의 표준건축비(원/평)	1,800,000	2,000,000	1,700,000	2,500,000
물리적 내용연수	60	60	60	100
경제적 내용연수	45	45	40	50

2. 건물의 개별격차 등

구 분	거래사례2 건물	임대사례건물	대상 건물
사용승인일자	2002.5.10.	2021.12.5.	2001.10.20.
개별요인비교	97	105	100

(주) 건물개별요인은 지하층과 지상층을 포함한 것이고, 잔가율은 미반영된 것임

(중 략)

〈자료 14〉 기타유의사항
1. 지역요인 및 개별요인 격차율은 백분율로 소수점 둘째 자리에서 반올림할 것
2. 각 단계의 가격(금액) 산정 시 천원 미만은 반올림하고, 최종 감정평가액은 유효숫자 넷째 자리까지로 함
3. 비교표준지, 거래사례 등의 선정 시와 각 단계의 시산가격 결정시에는 그 논리적 근거를 명기할 것

(중 략)

📑 출제영역
거래사례비교법_건물

📑 답안작성 가이드
복합부동산의 거래에서 토지가격을 차감하여 이를 건물거래금액으로 보고, 건물평가에서 거래사례비교법을 적용한다.

1. 거래사례비교법
   (1) 사례선정 : 구조 및 용도, 사용승인일 등 유사하고 비교적 신축건물로서 배분법적용이 가능한 〈거래사례#2〉
   (2) 사례 토지 가격 (2003.10.5.)
   사례와 인근지역에 소재하고 비교가능성 있는 〈사례#3〉 기준

$$2,350,000,000 \times \underset{사}{1} \times \underset{사*1)}{1.03248} \times \underset{지}{1} \times \underset{개*2)}{0.970} \times \underset{면}{\frac{900}{780}} ≒ 2,715,621,000$$

   *1) $(1+0.0171 \times \frac{153}{365}) \times (1+0.0330 \times \frac{278}{365})$, 상업지역

   *2) 0.96×1.01

   (3) 비준가액

$$(4,800,000,000 \times \frac{100}{95} - 2,715,621,000) \times 1.04599^{*1)} \times \frac{100}{97} \times \frac{\frac{48}{50}}{\frac{49}{50}} \times \frac{3,157}{3,465} ≒ 2,249,225,000$$

   *1) $\frac{(117+3 \times \frac{1}{6})}{(109+5 \times \frac{8}{12})}$, 건축비변동률

   ※ 시점수정 계산할 때 117+3×1/6에서, 3은 최근 6개월 동안의 건축비 변동이고, 최근 6개월 동안 3만큼 변동되었으니, 앞으로 한 달은 그것의 1/6만큼 변동될 것으로 추정한 것

05

감정평가사 甲은 S시에 소재하는 대상 부동산에 대하여 일반거래(시가참고) 목적의 감정평가를 의뢰받았다. 관련법규 및 이론을 참작하고 제시된 자료를 활용하여 다음 각 물음에 답하시오. (40점)

기출 32회

(1) 일괄 거래사례비교법에 의한 시산가액을 산정하시오. (7점)

〈자료 1〉 기본적 사항

1. 기준가치 : 시장가치
2. 기준시점 : 2021년 8월 7일
3. 대상물건의 개황
   (1) 토 지

소재지 지번	지 목	면적(m²)	용도지역	이용상황	도로접면	형상지세	주위환경
J구 M동 120	대	1,500	일반상업	업무용	광대세각	가장형 평지	일반 업무지대

   (2) 건 물
   ① 건물 개황

소재지 지번	구 조	층 수	면적(m²)	용 도	급 수	비 고
J구 M동 120	철근 콘크리트조	지하4층/ 지상10층	13,800	업무용	3	허가일 : 2015.7.15. 사용승인일 : 2016.7.15. (지상9~10층 증축 : 2018.7.15.)

   (3) 건물 세부 내역

구 분	면적(m²)	이용 상황	부대설비 내역
지하1층 ~ 지하4층	각 950	주차장, 기계실	전기설비, 소방설비, 승강기설비
지상1층 ~ 지상10층	각 1,000	업무시설	전기설비, 소방설비, 위생설비, 냉난방 설비, 승강기설비

(중 략)

〈자료 3〉 인근지역 평가사례 및 거래사례

1. 거래사례
   (1) 거래사례 #1
   - 소재지 : J구 M동 109
   - 총 거래가격 : 67,050,000,000원
   - 거래시점 : 2021년 3월 1일
   - 토지 : 일반상업, 주상용, 900m², 광대한면, 세장형, 평지
   - 건 물

구 조	급 수	연면적(m²)	허가일/사용승인일	부대설비 내역
철근콘크리트조	4	12,500	2017.2.23./ 2018.2.20.	전기설비, 소방설비, 위생설비, 냉난방설비, 승강기설비

   - 기타사항 : 일반 업무지대에 위치하며, 정상 거래사례임

(2) 거래사례 #2
- 소재지 : J구 M동 129
- 총 거래가격 : 98,400,000,000원
- 거래시점 : 2021년 2월 1일
- 토지 : 일반상업, 업무용, 1,600m^2, 광대세각, 세장형, 평지
- 건 물

구 조	급 수	연면적(m^2)	허가일/사용승인일	부대설비 내역
철근콘크리트조	3	5,000	1980.1.20./ 1981.1.25.	전기설비, 소방설비, 위생설비, 냉난방설비

- 기타사항 : 일반 업무지대에 위치하는 정상적인 거래사례로, 매수자는 대상 부동산을 매입하여 지하3층, 지상10층 규모의 업무시설으로 신축할 예정임(철거비는 감안하지 않는 것으로 함)

(3) 거래사례 #3
- 소재지 : J구 M동 139
- 총 거래가격 : 99,636,000,000원
- 거래시점 : 2021년 3월 1일
- 토지 : 일반상업, 업무용, 1,500m^2, 광대한면, 가장형, 평지
- 건 물

구 조	급 수	연면적(m^2)	허가일/사용승인일	부대설비 내역
철근콘크리트조	3	13,600	2015.2.16./ 2016.2.19.	전기설비, 소방설비, 위생설비, 냉난방설비, 승강기설비

- 기타사항 : 일반 업무지대에 위치하며, 매도자의 사정으로 인해 급매된 사례임

(4) 거래사례 #4
- 소재지 : J구 M동 209
- 총 거래가격 : 81,940,000,000원
- 거래시점 : 2021년 4월 1일
- 토지 : 일반상업, 업무용, 1,470m^2, 소로한면, 가장형, 평지
- 건 물

구 조	급 수	연면적(m^2)	허가일/사용승인일	부대설비 내역
철근콘크리트조	3	11,000	2018.3.17./ 2019.3.29.	전기설비, 소방설비, 위생설비, 냉난방설비, 승강기설비

- 기타사항 : 후면 상가지대에 위치하며, K사의 펀드운용을 위한 투자목적으로 거래된 정상 거래 사례임

(5) 거래사례 #5
- 소재지 : J구 M동 153
- 총 거래가격 : 111,573,000,000원
- 거래시점 : 2020년 10월 1일
- 토지 : 일반상업, 업무용, 1,600m^2, 광대한면, 가장형, 평지
- 건 물

구 조	급 수	연면적(m^2)	허가일/사용승인일	부대설비 내역
철근콘크리트조	3	14,700	2015.8.20./ 2016.9.20.	전기설비, 소방설비, 위생설비, 냉난방설비, 승강기설비

- 기타사항 : 일반 업무지대에 위치하는 정상 거래사례임

(6) 거래사례 #6
- 소재지 : J구 M동 163
- 총 거래가격 : 102,900,000,000원
- 거래시점 : 2020년 9월 1일
- 토지 : 일반상업, 업무용, 1,500m^2, 광대한면, 가장형, 평지
- 건 물

구 조	급 수	연면적(m^2)	허가일/사용승인일	부대설비 내역
철근콘크리트조	3	14,000	2014.7.16./ 2015.8.19.	전기설비, 소방설비, 위생설비, 냉난방설비, 승강기설비

- 기타사항 : 일반 업무지대에 위치하며, 대상 부동산은 구분소유건물로서 매수 후 개별분양 예정임

(7) 거래사례 #7
- 소재지 : J구 M동 173
- 총 거래가격 : 62,300,000,000원
- 거래시점 : 2020년 11월 1일
- 토지 : 일반상업, 업무용, 1,800m^2, 광대한면, 가장형, 평지
- 건 물

구 조	급 수	연면적(m^2)	허가일/사용승인일	부대설비 내역
철근콘크리트조	4	10,000	2001.9.22./ 2002.11.1.	전기설비, 소방설비, 위생설비, 냉난방설비, 승강기설비

- 기타사항 : 일반 업무지대에 위치하며, 인근 중개업소에 탐문조사한 결과 거래에 따른 양도소득세는 매수자가 부담하는 것으로 조사되었음

(중 략)

〈자료 6〉 시점수정 자료
1. 오피스빌딩 자본수익률(S시 J구)

구 분	2020. 3분기	2020. 4분기	2021. 1분기	2021. 2분기
자본수익률(%)	0.42	0.46	0.50	0.54

〈자료 7〉 지역요인
1. 대상과 공시지가표준지 및 사례는 인근지역에 소재하여 지역요인은 유사함

(중 략)

〈자료 9〉 토지, 건물 일괄 개별요인
1. 개별요인
　(1) 대상물건/거래사례 #1

구 분	입지적 특성	기능적 특성	물리적 특성
대상물건	102	103	102
거래사례 #1	100	100	100

　(2) 대상물건/거래사례 #2

구 분	입지적 특성	기능적 특성	물리적 특성
대상물건	100	105	105
거래사례 #2	100	100	100

　(3) 대상물건/거래사례 #3

구 분	입지적 특성	기능적 특성	물리적 특성
대상물건	102	103	102
거래사례 #3	100	100	100

　(4) 대상물건/거래사례 #4

구 분	입지적 특성	기능적 특성	물리적 특성
대상물건	95	103	102
거래사례 #4	100	100	100

　(5) 대상물건/거래사례 #5

구 분	입지적 특성	기능적 특성	물리적 특성
대상물건	105	102	100
거래사례 #5	100	100	100

(6) 대상물건/거래사례 #6

구 분	입지적 특성	기능적 특성	물리적 특성
대상물건	100	102	100
거래사례 #6	100	100	100

(7) 대상물건/거래사례 #7

구 분	입지적 특성	기능적 특성	물리적 특성
대상물건	102	103	102
거래사례 #7	100	100	100

2. 상기의 개별요인은 상승식으로 계산하며, 제시된 특성 외의 특성은 동일함

(중 략)

〈자료 13〉 기타사항
1. 사례 선정 시 선정 및 제외 사유를 반드시 기재할 것
2. 〈자료 6〉을 이용한 시점수정치는 소수점 여섯째 자리에서 반올림하여 소수점 다섯째 자리까지 표시함
3. 개별요인은 조건간 상승식으로 산정하되, 소수점 넷째 자리에서 반올림하여 소수점 셋째 자리까지 표시함
4. 일괄 거래사례비교법 적용 시 건물 연면적을 기준으로 함

출제영역

거래사례비교법_복합부동산

답안작성 가이드

복합부동산 거래사례를 활용하여 일괄 거래사례비교법을 적용한다.

1. 일괄거래사례 선정 및 제외 사유
   (1) 일괄거래사례 선정 : '일반상업, 업무용, 건물규모, 일괄비교 가능성 등' 기준 #5
   (2) 제외 사유 : #1 : 용도상이, #2 : 토지만의 거래, #3 : 급매, #4 : 용도지대 상이, #6 : 부동산유형 상이, #7 : 매수자 부담 양도소득세 파악 불가
2. 사정보정치 : 정상적인 거래사례로서 1.00
3. 시점수정치 (2021.10.1. ~ 2021.8.7., 오피스빌딩 자본수익률)

$$1.00460 \times 1.00500 \times 1.00540 \times (1+0.00540 \times 38/91) ≒ 1.01736$$

4. 지역요인 비교치 : 인근지역으로서 1.000
5. 일괄개별요인 비교치

$$(105/100)(입지) \times (102/100)(기능) \times (100/100)(물리) ≒ 1.071$$

6. 시산가액

$$111,573,000,000 \times 1.00 \times 1.01736 \times 1.000 \times 1.071/14,700 ≒ @8,270,000$$
$$(\times 13,800 = 114,100,000,000원)$$

06

한국○○공사는 보유중인 부동산을 매각하기 위해 김공정 감정평가사에게 일반거래(시가참고) 목적의 감정평가를 의뢰하였다. 관련법규 및 이론을 참작하고 제시된 자료를 활용하여 다음의 물음에 답하시오. (40점) <small>기출 26회</small>

(1) 401호를 거래사례비교법으로 평가하시오. (30점)

〈자료 1〉 기본적 사항

1. 감정평가 의뢰내역 (준주거지역)

기 호	소재지 지번	층	호 수	전용면적(㎡)	공용면적(㎡)	전체면적(㎡)
4	서울시 A구 B동 ○○번지	4층	401	1,100	1,600	2,700

2. 기준시점 : 2015.8.20.
3. 기준가치 : 시장가치
4. 평가목적 : 일반거래(시가참고)

〈자료 2〉 지역분석 자료

1. 본건이 위치하고 있는 지역은 새롭게 조성된 상업 및 업무지대로 토지 및 업무시설(집합건물)의 평가사례 및 거래사례가 풍부함
2. 기준시점 현재 해당지역의 업무시설가격은 2013년 1분기 대비 소폭 상승하였으나 해당기간동안 업무시설가격은 상승과 하락을 반복하였음
3. 사무실 또는 상가는 층별 각기 다른 가격격차를 보이고 있는데, 고객의 이용에 따른 편의성, 접근성, 수익성 등에 따른 것으로 판단됨 한편, 지하철역과의 거리에 따른 가격격차도 확인할 수 있었음. 그리고 지하철역과의 거리에 따른 가격격차는 업무용 토지가격에서도 확인할 수 있었음
4. 상기의 지역분석은 탐문조사, 평가사례 및 거래사례 등을 이용하여 분석한 것으로 보다 상세한 해당지역의 가치형성요인을 분석하기 위해 기준시점으로부터 6개월 이내 자료를 이용하여 계량분석을 실시함

〈자료 3〉 가치형성요인의 계량분석

1. 헤도닉가격모형을 이용하여 해당지역의 가치형성요인을 분석함
2. 집합건물인 업무시설(사무실)의 거래 사례를 이용하여 업무시설가격을 종속변수로 한 모형을 추정한 결과 모형의 설명력은 0.825(수정된 R제곱)이고, F-value는 523.257로 나타남. 다음은 분석내용임
   (1) 설명변수로 채택된 층의 경우 본 계량모형상의 1층 가격은 약 3,500,000원/m^2 정도임 한편, 다른 조건이 모두 동일한 경우 지하1층은 1% 유의수준에서 880,000원/m^2 정도가 1층에 비해 가격이 낮게 나타남. 한편, 2층부터 6층까지는 5% 유의수준에서 2층은 410,000원/m^2, 3층은 295,000원/m^2, 4층은 385,000원/m^2, 5층은 350,000원/m^2, 6층 이상은 400,000원/m^2 정도가 1층에 비해 가격이 낮게 나타났으며 이는 통계적으로 유의함
   (2) 설명변수로 채택된 지하철역까지의 거리 변수는 5% 유의수준에서 유의했고 지하철역에서 멀어질수록 업무시설가격은 하락(−)함(토지의 경우 지하철역과의 거리가 0.5km ~ 1km인 토지는 0.5km 미만의 토지에 대해 다른 조건이 일정할 때 가격측면에서 3% 열세한 것으로 나타났으나 1km 초과 토지는 통계적으로 유의하지 않음).
   (3) 설명변수로 채택된 전용율의 경우 전체면적이 통제된 상태에서 전용면적의 증가는 업무시설가격에 긍정적인(+) 효과를 미쳤고 1% 유의수준에서 유의한 것으로 나타남. 구체적으로 전용율 45% 미만의 업무시설은 전용율 45% 이상의 업무시설에 비해 가격측면에서 약 3% 열세한 것으로 나타남. 한편, 전용면적이 통제된 상태에서 공용면적의 증가는 통계적으로 유의하지 않음
   (4) 설명변수로 채택된 업무시설의 전체면적은 1% 유의수준에서 4,000m^2 ~ 8,000m^2 면적의 업무시설은 4,000m^2 미만 면적의 업무시설에 비해 다른 조건이 일정할 때 가격측면에서 약 5% 열세한 것으로 나타났으며 통계적으로 유의함

(중 략)

〈자료 5〉 집합건물 거래사례(소재지 : 서울시 A구 B동)

기호	지번	층	호수	전용면적(m^2)	전체면적(m^2)	거래가격(원)	용도	거래시점
A	625	3	301	1,350	3,000	8,500,000,000	사무소	2015.1.10.
B	670	4	401	1,125	2,500	6,780,000,000	사무소	2015.2.10.
C	710	5	501	1,080	2,700	6,350,000,000	연구소	2015.3.10.
D	720	지1	B101	2,080	5,200	11,000,000,000	사무소	2015.4.10.

1. 지하철역까지의 거리
   • 기호A : 0.55km, 기호B : 0.63km, 기호C : 0.60km, 기호D : 1.80km, 대상 : 0.62km
2. 용도지역
   • 기호A : 일반상업, 기호B : 준주거, 기호C : 준주거, 기호D : 준주거
3. 가치형성요인의 경우 상기자료 외에는 대상과 사례가 동일함

〈자료 6〉 층별효용지수 참고자료

1. 계량분석외 본건에 인접한 유사 건물의 평가사례 및 실무기준해설서상의 층별효용지수 관련 자료는 다음과 같음

층	평가사례1 (2013.3.27.)	평가사례2 (2014.9.15.)	평가사례3 (2015.7.20.)	실무기준해설서	
				A형	B형
지상5층 이상	85	87	90	42	51
지상4층	92	87	90	45	51
지상3층	83	87	90	50	51
지상2층	85	87	90	60	51
지상1층	100	100	100	100	100
지하1층	—	—	—	44	44

(중 략)

〈자료 11〉 기타자료

1. 시점수정 자료
   (1) 오피스 자본수익률(단위 : %)

기 간	2015년 1분기	2015년 2분기
자본수익률	0.35	0.30

   ※ 2015년 2분기 이후 오피스 자본수익률은 미고시 상태이며 2015년 2분기 오피스 자본수익률과 동일하게 변동하는 것으로 추정함
2. 거래사례는 모두 정상적인 사례로 판단됨
3. 유의수준이란 가설검증 시 제1종 오류를 범할 확률의 허용한계, 즉, 오차 가능성을 말함

📝 **출제영역**

거래사례비교법_구분소유부동산

📝 **답안작성 가이드**

유사 집합건물 거래사례를 활용하여 구분소유부동산을 거래사례비교법으로 평가한다.

[거래사례비교법]

(1) 사례 선정
    준주거지역 내 거래사례로서 지하철역까지의 거리, 전용률, 이용 상황, 전체면적 등에서 가장 유사한 기호 'B' 선정
    (기호 A : 용도지역 상이, 기호 C : 전용률 상이, 기호 D : 지하철역과의 거리 보정 불가)

(2) 4층 비준가액

① 사례단가 : 전체(임대)면적 기준

6,780,000,000/2,500＝2,712,000원/m²

② 시점수정 : 오피스 자본수익률 기준

(1＋0.0035×50/90)×1.0030×(1＋0.0030×51/91)≒1.00664

③ 가치형성요인

전체면적, 지하철역과의 거리에서 대등하며, 전용률에서 대상(40.74%)이 사례(45%)에 비해 열세함(0.97)

④ 비준가액

2,712,000원/m²×1.00664×0.970＝2,650,000원/m²

(×2,700m²＝7,155,000,000)

07

감정평가사 甲은 부동산투자자 乙로부터 대상 부동산 투자에 관한 정보의 제공을 의뢰받고, 관련 자료를 수집·분석하여 乙에게 제공하려고 한다. 제시된 자료를 참조하여 다음 물음에 답하시오. (40점)

기출 27회

(1) 2016년 7월 1일 기준 대상 부동산의 시장가치를 구하되 공시지가기준법에 의한 가격을 제시하시오. (25점)

〈자료 1〉 대상 부동산 현황

1. 토지현황
   (1) 소재지 : S시 T구 W동 500번지, 501번지
   (2) 용도지역 : 일반상업지역
   (3) 토지특성(2필 일단의 토지로서, 부정형의 평지이며, 소로한면에 접함)
       - 500번지 : 대, 350m², 세로장방형, 평지, 소로한면
       - 501번지 : 대, 450m², 사다리형, 평지, 소로한면

2. 건물현황
   (1) 구조 : 철근콘크리트조 슬래브지붕
   (2) 사용승인일자 : 2005년 5월 1일
   (3) 세부현황 : 500번지, 501번지 양 지상에 위치함

층 별	구 조	면적(m²)	용 도	비 고
지하1층	철근콘크리트조	260	주차장, 기계실	—
지상1층	철근콘크리트조	520	사무실	P은행 임차
지상2층	철근콘크리트조	520	사무실	P은행 임차
지상3층	철근콘크리트조	520	사무실	R회사 임차
지상4층	철근콘크리트조	520	사무실	R회사 임차
지상5층	철근콘크리트조	400	사무실	공 실
계		2,740		—

3. 기타현황

현재 대상부동산의 소유자는 丙과 丁이 공동소유(각각 50%)를 하고 있으며, 소유자 丙의 명의로 C은행에 근저당권 5억원이 설정되어 있음

〈자료 2〉 표준지 공시지가 현황(공시기준일 : 2016.1.1.)

기호	소재지(지번)	면적(m^2)	지목	이용상황	용도지역	주위환경	도로교통	형상지세	공시지가(원/m^2)
1	V동 130	(일단지) 535	대	주상용	일반상업	후면상가지대	소로한면	사다리형 평지	2,700,000
2	V동 150	800	대	상업용	일반상업	노선상가지대	소로한면	가장형 평지	3,400,000
3	W동 485	420	대	상업기타 주차건물	일반상업	후면상가지대	세로(가)	사다리형 평지	2,100,000
4	W동 520	450	대	상업용	일반상업	노선상가지대	소로한면	사다리형 평지	3,000,000

〈자료 3〉 평가선례(공시지가기준법 적용시 그 밖의 요인에 적용함)

구 분	평가선례 #1	평가선례 #2	평가선례 #3
소재지(지번)	V동 143	W동 504	W동 522
토지현황	대, 450m^2, 소로한면, 부정형, 평지, 일반상업지역	대, 780m^2, 소로한면, 사다리형, 평지, 일반상업지역	대, 350m^2, 세로(가), 가장형, 평지, 일반상업지역
건물현황	철근콘크리트조 슬래브지붕, 상업용, 지하1층 ~ 지상5층, 연면적 3,300m^2	철근콘크리트조 슬래브지붕, 상업용, 지하2층 ~ 지상8층, 연면적 5,200m^2	없음(상업나지)
토지단가	3,600,000원/m^2	3,400,000원/m^2	3,500,000원/m^2
기타사항	기준시점 2016.4.1. 일반거래목적의 정상적인 평가선례	기준시점 2016.1.1. 일반거래목적의 정상적인 평가선례	기준시점 2016.5.1. 담보목적의 정상적인 평가선례

(중 략)

⟨자료 8⟩ 시점수정 등 관련자료(T구)

1. 지가변동률

구 분	일반상업지역
2016.1.1. ~ 2016.5.31.(누계)	1.687
2016.4.1. ~ 2016.5.31.(누계)	0.654
2016.5.1. ~ 2016.5.31.(당월)	0.323

※ 2016년 6월부터 지가변동률 미고시, 2016년 6월 지가변동률은 직전월 자료를 적용하고, 변동률의 계산은 백분율을 기준으로 소수점 넷째 자리에서 반올림함

⟨자료 9⟩ 지역요인, 개별요인 등 품등 비교자료

1. 지역요인 자료

V동과 W동은 S시 T구에 속하며, 간선도로(소로한면)를 두고 맞은편에 위치하고 있음. 최근 V동 남측에 종합유통센터가 개장함에 따라 V동 상권으로 유동인구가 증가하여 V동이 W동에 비해 지역요인이 3% 우세를 보이고 있음

2. 개별요인 자료

(1) 도로접면 격차율

구 분	광대세각	광대한면	소로한면	세로(가)	세로(불)
광대세각	1.00	0.95	0.86	0.81	0.75
광대한면	1.05	1.00	0.91	0.86	0.78
소로한면	1.16	1.10	1.00	0.91	0.86
세로(가)	1.24	1.18	1.07	1.00	0.92
세로(불)	1.34	1.28	1.16	1.07	1.00
맹 지	1.39	1.32	1.20	1.16	1.04

(2) 형상 격차율

구 분	정방형	장방형	사다리형	부정형
정방형	1.00	0.99	0.98	0.95
장방형	1.01	1.00	0.99	0.96
사다리형	1.02	1.01	1.00	0.97
부정형	1.05	1.04	1.03	1.00

※ 가로장방형은 장방형을 적용

(3) 환경조건 격차율
  • 대상부동산은 표준지 기호1 보다 5% 우세하며, 표준지 기호3 보다 15% 우세함
  • 대상부동산은 평가선례 #1 보다 10% 열세하며, 거래사례 #2 보다 15% 우세함

(중 략)

출제영역
공시지가기준법

답안작성 가이드

(1) 토지(공시지가기준법)
　① 비교표준지의 선정
　　일반상업, 상업용, 노선상가지대, W동 #4
　　(#1-이용 상황, #2-유사지역, #3-주위환경 상이 배제)
　② 시점수정치(2016.1.1. ~ 2016.7.1.)-지가변동률
　　$(1+0.01687) \times (1+0.00323 \times 31/31) ≒ 1.02015$
　③ 지역요인 : 같은 지역, W동 = 1.000
　④ 개별요인 : 1.00(도로) × 0.97(형상) × 1.00(환경) ≒ 0.970
　⑤ 그 밖의 요인 보정
　　㉠ 사례의 선정 : 일반거래, 정상적인 W동 선례 #2
　　　(#1-V동, 환경조건 차이, #3-상업나지, 담보목적 배제)
　　㉡ 그 밖의 요인 보정치
　　　$$\frac{3,400,000 \times 1.02015^{*1)} \times 1.000 \times 1.000}{3,000,000 \times 1.02015} ≒ 1.13^{*2)}$$
　　　*1) 시점수정 : 비교표준지와 동일
　　　*2) 공통유의사항 : 소수점 셋째 자리 이하 절사
　⑥ 토지 시산가액
　　$3,000,000 \times 1.02015 \times 1.000 \times 0.970 \times 1.13 ≒ 3,350,000$
　　　　　　　　　　　　　($\times 800m^2$(일단지) = 2,680,000,000)

08 감정평가사 甲은 ○○공사로부터 소유건축물의 일부(1층 101호)에 대해 2018.7.1. 기준시점의 임대료감정평가를 의뢰받았다. 관련 법규와 감정평가이론을 참작하고, 제시된 자료를 활용하여 다음의 물음에 답하시오. (30점)　　　　　　　　　　　　　　　　　기출 29회

(1) 임대사례비교법에 의한 임대료를 산정하시오. (10점)

〈자료 1〉 대상물건의 토지 내역
1. 소재지 : A광역시 S구 S동 118번지
2. 용도지역 : 근린상업지역
3. 대상토지 현황 : 대, 350m², 광대한면, 부정형, 평지
4. 주위환경 : 대로변을 따라 5층 ~ 10층 규모의 금융회사, 사무실 등 상업용 또는 업무용 건물이 밀집하여 위치함, 후면은 소로를 따라 저층규모의 주상용 건물, 일부 단독주택 등이 혼재하고 있음

〈자료 2〉 대상물건의 건물 내역
1. 건물 현황 : 건축면적 250m², 연면적 1,740m²
2. 건물구조 등 : 철근콘크리트조 슬래브지붕 지하1층, 지상6층
3. 사용승인일 : 2000.5.8.
4. 층별 현황(집합건축물대장)

(단위 : m²)

층 별	용 도	바닥면적	전유면적	공유면적	비 고
지하1층	업무시설	300	220	80	
1층	업무시설, 소매점	250	188	62	3개 호실
2층	업무시설	250	188	62	
3층	업무시설	240	180	60	
4층	업무시설	240	180	60	
5층	업무시설	240	180	60	
6층	업무시설	220	165	55	

5. 1층 호별 현황(집합건축물대장)

(단위 : m²)

1층	101호	102호	103호
전유면적	60	55	73

(중 략)

〈자료 5〉 임대사례

소재지	임대면적(m²)	임대보증금(원)	월임대료(원)	임대계약일자
S구 S동 185-28 1층 102호	70	30,000,000	2,750,000 (부가세 10% 포함)	2017.2.2.

※ 보증금운용이율은 연 4%로 조사되어 이를 적용함
※ 부가가치세(부가세)는 임차인이 환급받을 수 있음

〈자료 6〉 시점수정 자료

1. 자본수익률(A광역시)

기 간	상업용부동산 자본수익률(%)	비 고
2017.1.1. ~ 2017.12.31.	2.930	2017년(365일) 누계
2018.1.1. ~ 2018.3.31.	0.731	2018년 1분기

※ 자본수익률은 2018년도 2분기 자료가 기준시점 현재 고시되지 않아 2018년도 1분기(90일) 자본수익률을 연장 추정하여 적용하되, 소수점 넷째 자리에서 반올림하여 셋째 자리까지 표시함

〈자료 7〉 가치형성요인 비교자료

1. 임대사례 개별요인 비교자료
   대상물건의 건물 중 1층 101호는 임대사례 대비 외부요인 25% 열세, 건물요인 10% 열세, 호별요인 9% 열세, 기타요인은 동일함
2. 대상물건, 표준지, 평가사례, 임대사례 등은 모두 지역요인이 같거나 유사하고, 상기 제시자료 외의 개별요인은 모두 대등한 것으로 판단됨

(중 략)

〈자료 10〉 기타 사항

1. 대상물건은 최유효이용으로 판단됨
2. 임대사례의 임대료는 신규 계약된 정상임대료로 판단되며, 감정평가 대상인 1층 101호의 임대료도 연간실질임대료로 산정함
3. 요인비교치는 소수점 셋째 자리에서 반올림하여 둘째 자리까지 표시함

📖 출제영역

임대사례비교법

📖 답안작성 가이드

1. 임대사례비교법에 의한 임대료 산정
   (1) 임대사례 선정 : '대상물건과 가치형성요인의 비교 가능'하여 임대사례 선정
   (2) 임대사례 실질임대료
   $[30,000,000 \times 0.04 + (2,750,000/1.1^{*)}) \times 12]/70 ≒ @446,000$
   *) 부가세 10% 제외
   (3) 시점수정치 (2017.2.2. ~ 2018.7.1. 자본수익률)
   $(1 + 0.02930 \times 333/365) \times 1.00731 \times (1 + 0.00731 \times 92/90) ≒ 1.04196$
   (4) 가치형성요인 비교 : $0.75(외부) \times 0.90(건물) \times 0.91(호별) ≒ 0.61$
   (5) 임대사례비교법에 의한 임대료 산정
   $@446,000 \times 1.00 \times 1.04196 \times 0.61 ≒ @283,000$
   $(\times 60m^{2*)} = 16,980,000원)$

   *) 전유면적과 임대면적은 같다고 판단

CHAPTER 02 원가방식

제2편 | 감정평가방식

핵심 키워드

제1절 원가법
1. 개 관
   (1) 정 의
   (2) 산 식
2. 물건별 적용
   (1) 토 지
   (2) 건 물
   (3) 구분소유부동산
   (4) 그 밖의 물건

제2절 적산법
1. 개 관
   (1) 정 의
   (2) 산 식
2. 항목별 검토
   (1) 기초가액
   (2) 기대이율
   (3) 필요제경비
3. 실무상 적용
   (1) 지하 부분 기초가액
   (2) 대지권 기초가액

제1절 원가법

1. 개 관

(1) 정 의

「감칙」 제2조(정의) 제5호에서 원가법을 "대상물건의 재조달원가에 감가수정(減價修正)을 하여 대상물건의 가액을 산정하는 감정평가방법"으로 정의하고 있다. 원가법에 의해 도출된 가액은 대상물건의 구성부분의 가치를 합산하여 구한 가액이라는 의미로 적산가액(積算價額)이라고 부른다.

(2) 산 식

① 산식의 구성

원가법의 산식은 다음과 같다.

> 재조달원가 − 감가수정액 = 적산가액

② 항목별 검토

㉠ 재조달원가

대상물건을 기준시점에 재생산하거나 재취득하는 데 필요한 적정원가의 총액으로, 대상물건을 일반적인 방법으로 생산하거나 취득하는 데 드는 비용으로 하되, 제세공과금 등과 같은 일반적인 부대비용을 포함한다.

재조달원가는 직접 생산(건축)가능 여부에 따라 재생산원가와 재취득원가로 구분하고 재생산원가는 다시 복제원가와 대체원가로 나눈다.

구 분		정 의
재생산원가	복제원가 (reproduction cost)[46]	대상물건과 같은 모양, 구조, 노동의 질, 원자재를 가지고 있는 복제품을 기준시점 현재 만드는 데 소요되는 원가
	대체원가 (replacement cost)[47]	대상물건과 같은 효용을 가진 물건을 기준시점 현재 만드는 데 소요되는 원가(현재의 원자재, 기준, 배치계획, 디자인 등이 반영)
재취득원가		도입기계 등과 같이 생산이 불가능한 예외적인 경우, 표준적인 취득비와 통상의 부대비용

재생산원가를 구성하는 항목은 다음과 같다.

구 분	항 목	비 고
표준적 건설비	공사비(직접비, 간접비)	개량물의 건축에 사용되는 노동과 원자재에 대한 지출 +하청회사의 간접비용과 이윤
	수급인의 적정이윤	개량물의 건축에 사용되는 노동과 원자재에 대한 지출 +하청회사의 간접비용과 이윤
도급인이 직접 부담하는 통상의 부대비용	건설자금이자, 설계감리비	일반간접비용, 관리간접비용, 비품에 대한 감가상각비 등으로, 표준적인 건설비의 일정비율로 표시
	허가비용, 세금 및 공과금, 등기수속비 등	
	기타 도급인 부담비용	
개발이윤	정상적인 이윤	완성된 부동산의 가치에서 개발비용을 뺀 차액으로, 매도할 경우는 판매이윤, 임대할 경우는 정상적 임대수익 외에 소유자에게 귀속되는 추가적 투자수익, 직접 사용할 경우 기업에 대한 사용가치의 형태

재생산원가 등의 자료 출처 기준에 따라 직접법과 간접법으로, 구체적인 산정 방법으로는 총량조사, 구성단위, 단위비교, 비용지수법 등이 있다.

구 분	세 분	상 세
자료의 출처	직접법	대상물건의 구성부분별 또는 전체에 대한 사용자재의 종별, 품등, 수량 및 소요노동의 종별, 시간 등을 조사하여 대상물건이 소재하는 지역의 기준시점에 있어서의 단위를 기초로 직접공사비를 적산하고, 여기에 간접공사비 및 수급인의 적정이윤을 가산하여 표준적 건설비를 구한 다음, 도급인이 부담해야 할 일반적인 부대비용을 가산 예 도급공사계약서
	간접법	대상물건의 인근지역 또는 유사지역 즉, 동일수급권 내에 소재하고 있는 동일성·유사성 있는 부동산의 재조달원가를 대상부동산과 비교 예 건물신축단가표

---

[46] 보험목적의 평가, 계획 중인 건물의 평가, 신규건물의 평가에서 적용하며 건물신축단가표에 등장하는 건물 표준단가는 복제원가임
[47] 최초 신축 당시의 자료가 없는 경우 오래된 건물 등의 평가에 적용

	총량조사법	대상부동산에 대한 원가요소별로 재료비, 노무비, 경비 등 집계
산정 방법	구성단위법	벽, 바닥, 지붕 등과 같은 몇 개의 중요한 구성부분으로 나누고, 각 구성부분별로 측정단위에다 단가를 곱하여 비용을 추계
	단위비교법	평방미터나 입방미터와 같은 총량적 단위를 기준으로 비용을 산출
	비용지수법	최초의 건물비용을 알 수 있을 때 사용되는 방법으로, 신뢰성 있는 기관으로부터 발표된 건물비용에 관한 지수를 활용

ⓒ 감가수정

대상물건에 대한 재조달원가를 감액하여야 할 요인이 있는 경우에 가치 하락요인 등(감가요인)을 고려하여 그에 해당하는 금액을 재조달원가에서 공제하여 기준시점에 대상물건의 가액을 적정화하는 작업이며, 감가요인은 다음과 같이 분류한다.

구 분	상 세
물리적 감가요인	대상물건의 물리적 상태 변화에 따른 감가요인 예 시간적 경과, 사용으로 인한 마모 또는 파손, 재해 등 우발적 사고로 인한 손상, 기타 물리적인 하자 등
기능적 감가요인	대상물건의 기능적 효용 변화에 따른 감가요인 예 형식의 구식화, 설비의 부족, 설계의 불량, 능률의 저하, 기타 기능적인 하자 등
경제적 감가요인	인근지역의 경제적 상태, 주위환경, 시장상황 등 대상물건의 가치에 영향을 미치는 경제적 요소들의 변화에 따른 감가요인 예 주위환경과의 부적합, 인근지역의 쇠퇴, 시장성의 감퇴, 기타 경제적인 하자 등

감가수정은 감가수정 자료의 출처에 따라 직접법과 간접법으로 나뉘며, 구체적으로 내용연수법, 관찰감가법, 분해법, 시장추출법, 임대료손실환원법으로 세분된다.

자료출처	구체적인 감가수정 방법	
직접법	내용연수법	정액법
		정률법
		상환기금법
→	관찰감가법	
간접법	다른 방법	분해법
		시장추출법
		임대료손실환원법

실무기준에서는, 감가수정을 할 때에는 경제적 내용연수를 기준으로 한 정액법, 정률법 또는 상환기금법 중에서 대상물건에 가장 적합한 방법을 적용하여야 하고 이 방법이 적절하지 아니한 경우에는 물리적·기능적·경제적 감가요인을 고려하여 관찰감가 등으로 조정하거나 다른 방법에 따라 감가수정 할 수 있도록 했다. 실제, 실무적으로 활용되는 것은 내용연수법과 관찰감가법이다.

ⓐ 내용연수법

경과연수에 비례하여 감가가 일정액 또는 일정비율로 누적되는 것으로 상정하며, 전체 내용연수는 물리적 수명이 반영된 물리적 내용연수가 아닌 기능·효용의 수명인 경제적 내용연수가 적용된다. 경과연수 기산시점은 사용승인일이며, 1년 단위로 기간을 계산한다. 1년 미만이면 산입하지 않는다. 건축물 중에는 실질적인 완공 후 사용승인일까지 1년 이상 경과한 건물도 있다. 실무적으로는 완공 후 사용승인일까지 1년 이상이 경과한 경우 완공일이 감가개시시점(경과연수 산정 기준일)이다.

- 정액법

구분	상 세
정의	감가수정총액(재조달원가－기간 말 잔존가치)을 경제적 내용연수로 나누어 매년의 감가액을 결정하는 방법
산식	• 매년의 감가액(D) : $\dfrac{C\times(1-R)}{N} = \dfrac{C-S}{N}$ • 감가누계(D_n) : $\dfrac{C\times(1-R)}{N}\times n$ • 적산가액(P_n) : $C\times\left\{1-(1-R)\times\dfrac{n}{N}\right\}$ D : 매년의 감가액, D_n : 감가누계액, P_n : 적산가액, C : 재조달원가, S : 내용연수 만료시 잔존가치, R : 최종잔가율, N : 경제적 내용연수, n : 경과연수

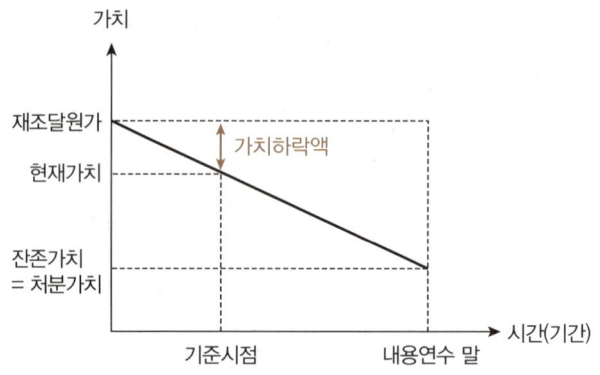

- 정률법

구분	상세
정의	매년 말 잔존가치에 일정한 감가율을 곱하여 다음 연도의 감가액을 결정하는 방법
산식	• 매년의 감가율(K) : $1-\sqrt[N]{\dfrac{S}{C}}=1-r,\ \left\{r=1-K=\sqrt[N]{\dfrac{S}{C}}\right\}$ • 매년의 감가액 : $D=P_{n-1}\times K$ • 감가누계액 : $C\times[1-(1-K)^n]$ • 적산가액(P_n) : $C\times(1-K)^n=C\times r^n$ ※ 전년대비 잔가율(r) + 매년의 감가율(k) = 1 D : 매년의 감가액, D_n : 감가누계액, P_n : 적산가액, C : 재조달원가, S : 내용연수 만료시 잔존가치, K : 매년의 감가율, N : 경제적 내용연수, n : 경과연수, P_{n-1} : 전기 말 잔존가치, r : 전년대비잔가율

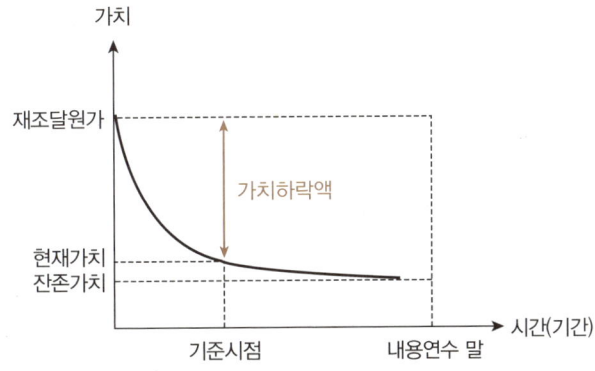

- 상환기금법

구분	상세
정의	매년의 감가액을 외부에 축적(투자)하고, 그에 따른 복리의 이자도 발생한다는 것을 전제로 내용연수 만료 시에 감가누계액 및 그에 따른 복리이자상당액의 합계액이 감가 총액과 같아지도록 매년의 감가액을 결정하는 방법
산식	• 매년의 감가액 : $C\times(1-R)\times\dfrac{i}{(1+i)^N-1}$ • 감가누계(D_n) : $C\times(1-R)\times\dfrac{i}{(1+i)^N-1}\times n$ • 적산가액(P_n) : $C\times\left\{1-(1-R)\times\dfrac{i}{(1+i)^N-1}\times n\right\}$ D : 매년의 감가액, D_n : 감가누계액, P_n : 적산가액, C : 재조달원가, R : 최종 잔가율, N : 경제적 내용연수, n : 경과연수, i : 축적이율

기 타	계산의 편의상 n년 경과 후 감가누계 $D_n = C \times (1-R) \times \dfrac{i}{(1+i)^N - 1} \times n$로 적용하나, 매년의 감가액이 복리로 적립된다는 논리를 정확히 적용하면 $D_n = C \times (1-R) \times \dfrac{i}{(1+i)^N - 1} \times \dfrac{(1+i)^n - 1}{i}$이 되어야 할 것이다.

• 내용연수 조정

정액, 정률, 상환기금법 모두 경과연수를 사용승인일 부터 기준시점까지의 실제 경과 연수로 파악한다. 신축 후 추가투자, 보수관리, 리모델링 등과 같은 건물의 변동사항 (감가의 개별성)을 반영하기 위해서는 실제경과연수를 유효경과연수로 조정하거나 실제 잔존연수를 장래보존연수로 대체하는 등 경과연수 및 잔존연수를 달리 적용해 감가 율을 조정하는 것이 합리적이다. 증축이 있을 때도 증축부분의 잔존연수가 기존부분의 잔존연수와 동일해지므로 내용연수 조정이 자연스럽게 이뤄진다.

구 분	상 세	산 식
유효 연수법	대상 부동산의 실제경과연수 대신 증·개축을 고려한 유효연수를 기준으로 감가수정하는 방법으로, 전내용연수는 고정하고 경제적 잔존내용수명(장래보존연수)에 따라 경과연수를 조정하는 방법	감가율 = $\dfrac{\text{전 내용연수} - \text{장래보존연수}}{\text{전 내용연수}}$
미래 수명법	잔존 경제적 수명(장래보존연수)을 더 정확하게 알 수 있을 때, 잔존 경제적 수명에 경과연수를 더하여 전체수명(전 내용연수)를 조정하는 방법	감가율 = $\dfrac{\text{실제경과연수}}{\text{실제경과연수} + \text{장래보존연수}}$
증축 부분 내용연수	기존부분의 잔존내용연수가 증축부분의 잔존내용연수가 됨. 즉, '증축부분의 총 내용연수 = 기존부분의 잔존내용연수 + 증축부분의 경과연수'임	감가율 = $\dfrac{\text{증축부분의 경과연수}}{\text{기존부분의 잔존내용연수} + \text{증축부분의 경과연수}}$

※ 잔가율이 '0'인 경우

> **➕ 알아보기** 경제적 감가
>
> 대규모 설비(또는 구축물)의 공정가치 평가에 있어 종종 경제적 감가(경제적 진부화)문제가 회계상 이슈가 되기도 한다. 산업구조의 재편에 따라 쇠퇴가 불가피한 산업 내 기업은 제품의 수요 감소, 시장축소 상황을 반영해야 하고 생산시설 평균 가동률을 조정할 것이다. 경제적 감가율은, 수요 감소의 정도, 가동률 조정 현황, 매출 구성 등을 종합 고려하여 결정할 수 있다. 부두(접안시설)의 경제적 감가는 물동량, 하역량, 부두사용률 등이 기준이 될 것이다.
> 대규모 물놀이 시설은, 배후지의 성숙도, 방문자 추세를 고려해 극단적으로 구축물 전체의 가치를 '0'으로 처리하기도 한다(물놀이시설만으로 영업 손실이 장기간 지속되는 몇몇 사업장의 공정가치 평가). 일부 평가에서는, 투하자본(물놀이시설 구축비용)대비 적정 수익(투하자본 × 투자수익률)과 실현가능 영업이익(현재의 수요 등 고려해 달성할 수 있는 최대 영업이익)과의 격차를 경제적 감가 비율로 보기도 한다.

ⓑ 관찰감가법

감가의 기준을 직접적으로 경과연수에 두지 않고, 대상 부동산의 전체 또는 구성부분별로 물리적·기능적·경제적 감가요인에 의한 감가액을 직접 관찰함으로써 감가액을 구하는 방법으로, 실무적으로는 경과연수 또는 장래 보존연수 등을 조정·적용하는 식으로 활용한다. '5년의 관찰감가를 요한다.'는 표현은, 관리 상태로 보아 '유효경과연수＝실제경과연수＋5년'을 나타내는 말이다.

ⓒ 분해법 기출 5회

대상 부동산에 대한 감가요인을 물리적·기능적·경제적 요인으로 세분한 후 각 감가요인별로 경제적 타당성을 기초로 회복가능, 회복불능으로 항목화하여 이에 대한 감가수정액을 각각 별도로 측정하고 이것을 합산하여 감가수정추계치를 산출하는 방법이다. 실무적으로 활용되지 않고 있으며, 관련내용을 정리하면 다음과 같다.

항목	세항목	치유가능[48] 여부	감가수정액
물리적 감가	장 기[49]	×	(전체재조달원가－단기항목재조달원가－치유항목재조달원가) $\times \dfrac{경과연수}{(장기)내용연수}$
	단 기	×	단기항목 $\times \dfrac{경과연수}{(단기)내용연수}$
		○	치유비용
	반달리즘[50]	○	치유비용
	합 계		치유가능 물리적 감가＋치유불능 물리적 감가＋반달리즘
기능적 감가	부족 (결핍)	○	치유비용－신축상정 설치비용
		×	가치손실액－신축상정 설치비용
	대체 (현대화)	○	기존항목 잔존가치(재조달원가－감가누계)＋치유비용 －신축상정 설치비용
		×	기존항목 잔존가치(재조달원가－감가누계)＋가치손실 －신축상정 설치비용
	과 잉	×	기존항목 잔존가치(재조달원가－감가누계)＋가치손실
	합 계		치유불능 기능적 감가＋치유가능 기능적 감가
경제적 감가	단 기	×	수익감소액 $\times \dfrac{1-(1+r)^{-n}}{r} \times$ 건물가격구성비
	장 기	×	$\dfrac{수익감소액}{r} \times$ 건물가격구성비
			수익감소액 $\times$ 건물순수익구성비 $\times \dfrac{1}{건물환원율}$
	합 계		(치유불능)단기항목 경제적 감가＋장기항목 경제적 감가

---

48) 치유비용과 치유를 통한 가치증가분을 1차적으로 비교하고, 치유비용이 치유를 통한 당해 부분의 가치증가분을 상회하는 경우라도 다른 부분의 가치하락을 막거나 가치유지에 필수불가결한 경우는 치유가능으로 판단
49) 건물 전체의 내용연수보다 짧은 내용연수를 가진 부분을 단기, 동일한 내용연수를 갖는 부분을 장기로 분류
50) 문화·예술 및 공공시설을 파괴하는 행위 또는 그러한 경향을 일컫는 말로 부동산과 관련해서는 물리적인 퇴화현상이 아닌 외부적인 가해 행위의 결과로 나타난 물리적 측면의 손실을 일컬음

> **알아보기** 경제적 감가

구분	대상 부동산 상황	감가수정액
치유가능 물리적 감가	카펫 냄새가 심하고 일부가 찢어져 교체를 요함	대상 부동산을 매수하려는 자는 비교 부동산(카펫 상태를 제외하고 동일)의 거래가격 대비 카펫 교체 비용(기존부분 제거비용＋신규 설치비용)만큼 낮게 지불하려고 할 것이다. 따라서 정액법에 의한 감가수정액 외에 해당 교체비용만큼 대상 부동산은 가치하락이 발생하고 있다고 판단한다.
	반달리즘	물리적인 퇴화 등으로 일어난 손실이 아니라 신축 건물 외벽에 페인트로 칠한 낙서와 같이 이에 대한 치유비용이 감가수정액이 된다. 치유가능 물리적 감가의 대상은 재조달원가를 구성하여 이에 대한 치유비용을 지불하게 되면 경과연수에 따른 별도의 감가상각비를 고려하지 않으나 반달리즘은 치유하더라도 종전의 상태로 회귀하는데 그친다.
치유가능 기능적 감가	노후화된 고층 건물로 엘리베이터가 설치되지 않은 경우(부족, 결핍)	대상 부동산과 같이 엘리베이터가 설치되지 않아 임차자에게 불편을 야기하고 있는 건물을 매수하려는 자가 엘리베이터 미설치로 인해 느끼는 가치하락은, 현재 건물에 엘리베이터를 설치하는 비용과 기준시점 현재 건물 신축 시 엘리베이터 항목에 대한 재조달원가와의 차액이다. 즉 전체건물을 신축하는 경우 설치하는 비용보다 엘리베이터만을 단독으로 설치하는 경우 추가 비용이 발생하게 되는데 매수자는 이 부분만큼은 지불하려고 하지 않을 것이다.
	대부분의 주택이 유류보일러 난방시설을 갖춘 상황에서 대상부동산만 연탄보일러인 경우(대체, 현대화)	대상 부동산을 매수하려는 자는 우선 연탄보일러를 제거하는 데 비용을 지불하여야 한다(물론 제거비용에서 폐재 가치는 공제). 그리고 연탄보일러를 제거함으로 인해 연탄보일러의 잔존가치는 무의미해지게 된다. 제거한 후에는 미설치되어 있는 건물과 동일하게 보일러 항목만을 설치함으로 인해 추가적으로 비용을 지불하여야 하므로 엘리베이터가 설치되지 않은 경우처럼 단독설치비용과 신축 상정하는 경우의 해당 항목의 재조달원가의 차액만큼 지불가격은 낮아진다. 따라서 매수자가 느끼는 가치하락분은 '① 제거비용－폐재 가치, ② 연탄보일러의 잔존가치, ③ 유류보일러만의 설치비용－기준시점 현재 신규건물 신축 상정 시 유류보일러 설치비용'의 합계가 된다.
치유불능 기능적 감가	노후화된 고층 건물로 엘리베이터가 설치되지 않은 경우(부족, 결핍)	대상 부동산과 같이 엘리베이터가 설치되지 않아 임차자에게 불편을 야기하고 있는 건물을 매수하려는 자가 엘리베이터가 정상적으로 설치된 비교부동산(엘리베이터 설치를 제외한 여타 요인은 동일)과 비교해 엘리베이터 미설치로 인해 느끼는 가치하락은 '임대료 손실(불편을 이유로 공실이 증가하여 발생하는 손실)의 가치환산액－기준시점 현재 신축 시 엘리베이터 설치비용'이 된다. 임대료 손실은 보고 있지만 엘리베이터 설치비용도 절약하고 있어서다.
	전원주택의 거실 층고가 일정 수준을 넘어 난방비용 등의 추가 손실이 발생 하는 경우(과잉)	대상 부동산을 매수하려는 자는 정상적인 전원주택의 층고 이상으로 신축한 부분에 대해서는 가치부여를 하지 않을 것이다. 또한 치유가 불가능한 층고로 인해 추가적으로 발생하는 유류비의 손실만큼 매매대금을 낮추려 한다. 따라서 대상 부동산에 발생하는 가치하락은 '과잉부분의 잔존가치＋유류비 손실 가치환산액'이다.

ⓓ 시장추출법 기출 10회

구 분	상 세		
정 의	시장에서 타 상각자산의 매년의 감가수정률 혹은 감가수정액을 추출하여 대상에 적용하는 방법		
산 식	감가수정액을 추출하는 경우	사례의 연감가 수정액 추출	$\underbrace{(\text{사례건물 재조달원가}-\text{사례건물 적산가액})}_{\text{감가누계}} \times \dfrac{1}{\text{사례경과연수}}$
		대상의 감가수정액 결정	사례연감가수정액 × 대상경과연수
	감가수정률을 추출하는 경우	사례의 연감가 수정률 추출	$1-\underbrace{\dfrac{\text{전체가격}-\text{토지가격}}{\text{건물재조달 원가}}}_{\text{감가율}} \times \dfrac{1}{\text{사례경과연수}}$
		대상의 감가수정액 결정	대상재조달원가 × 사례연간감가수정률 × 대상경과연수
기 타	사례와 대상 건물간의 구조, 이용 상황, 노후화 정도 등이 유사해야 함		

ⓔ 임대료손실환원법

임대료손실환원법은 독립적으로 최종 감가수정액을 결정하는 방법이라기보다는 분해법에서 치유불능 기능적 감가액을 구하는 세부 산식으로 이용될 수 있다.

구 분	상 세
정 의	해당 감가요인으로 인해 감소된 순수익을 자본환원하여 구한 가치하락액을 감가수정액으로 결정하는 방법
산 식	감가수정누계액 = $\dfrac{\text{감가요인으로 인한 순수익감소분}}{\text{순수익 감소분에 대한 환원율}}$
기 타	순수익 감소는 전적으로 건물의 노후화, 기능적 결함, 시장성 감퇴 등 건물의 가치하락에 기인한다는 전제가 필요

2. 물건별 적용

(1) 토 지 기출 1, 15, 18회

조성공사 중에 있는 토지 또는 조성된 택지 등의 평가에서 활용되며, 조성 토지의 소지가액, 기준시점까지 조성공사에 실제 든 비용상당액, 공사 진행정도, 택지조성에 걸리는 예상기간 등을 종합 고려하여 평가한다. 원가법은 가산방식과 공제방식, 개발법의 형태로 나타난다. 표준지조사·평가 기준에서는, 유사용도 토지의 거래사례 등 가격자료를 구하기가 현저히 곤란하거나 적정하지 아니하다고 인정되는 '새로이 조성 또는 매립된 토지'는 원가법으로 평가할 수 있도록 했다.

① 가산방식

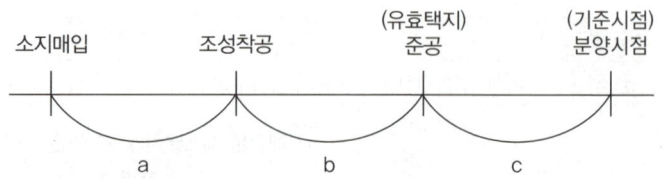

구 분	산 식
준공시점의 조성택지 평가액(원/m²)	(소지가액+조성공사비+공공공익시설부담금+판매비 및 일반관리비+농지조성비등+개발업자의 적정이윤)/유효택지면적(m²)
기준시점의 조성택지 평가액(원/m²)	준공시점의 조성택지 평가액(원/m²)×지가변동률 등

각 항목의 적용 시 고려할 사항은 다음과 같다.

구 분	상 세
소지가액[51]	소지매입에 따른 부대비용 파악
조성공사비	도급 방식 기준, 통상의 조성공사비 직접 구할 수 없거나 불합리한 경우 인근, 동일 수급권 내 유사지역 조성공사비 비교·수정 결정
공공공익시설부담금	도로, 상·하수도시설 등의 간접시설에 대한 공사비로, 조성택지의 효용증가와 관계 있는 것만 반영
판매비 및 일반관리비	조성택지의 분양에 따른 광고선전비 기타 판매에 소요된 비용, 기업의 유지를 위한 관리업무부분에서 발생하는 제비용
개발업자의 적정이윤	개발기간 동안의 투하자본에 대한 자본비용에 기업의 경영 위험 및 재무위험을 고려
유효택지면적	분양가능면적으로 총 사업면적에서 공원용지, 도로용지 및 하천 등의 공공시설용지를 공제한 주거용지, 상업용지, 학교용지, 인접생활용지 및 행정업무용지

소지매입부터 준공 또는 기준시점까지 명목상 소지가액 및 조성공사비 등을 현재가치로 환산할 때 적용할 할인율은 지가변동률 또는 투하자본이자율이다.

구 간	a	b	c
ㄱ	지가변동률	지가변동률	지가변동률
ㄴ	지가변동률	투하자본이자율	지가변동률
ㄷ	투하자본이자율	투하자본이자율	지가변동률

---

51) 소지가격 자체의 적정성을 타 평가방법(표준지공시지가기준법, 거래사례비교법 등)에 의해 검토하는 경우도 있다. 이는 매입가격의 사정개입을 확인하기 위해서다. 다만 개발가능성을 염두에 두고 일정부분의 개발이익을 포함하여 매수한 경우 이를 적정 소지가격으로 볼 수 있다는 점에 유의하여야 한다. '장래에 택지로의 전환이 확실한 토지인 농경지나 임야 등을 감정평가 함에 있어 순수한 농경지나 임야상태로 평가한다면 현실의 가격과 괴리된 가격이 산출될 것이다.'(한국감정원, 「감정평가이론 및 실무」, 1999, p.61)

② 개발법 기출 4회

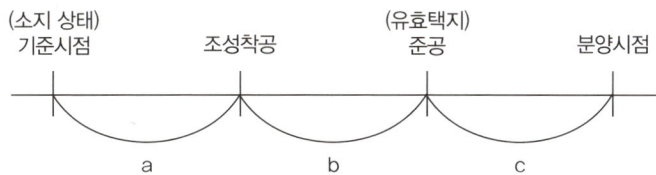

$$\text{토지평가액(원/m}^2\text{)} = \frac{\text{분양판매총액의 현가(a~c)} - \text{조성공사비 등 각종 비용의 현가(a~b)}}{\text{총 사업면적(= 소지면적)}}$$

주로 기존 시가지의 대규모 필지를 대상으로 적용되는 방법으로, 법적·물리적·경제적으로 분할 가능한 최적의 획지수를 분석한 후, 분할된 획지의 시장가치와 개발에 소요되는 제 비용을 계산하여 분양이 완료될 때까지의 매 기간의 현금수지를 예측하고, 이를 현재가치로 할인해서 개발대상 토지의 가액을 결정한다.

각 항목의 적용 시 고려할 사항은 다음과 같다.

구 분		상 세
분양판매총액	택지로 분양	〈LOT수 × LOT별 판매단가[52]〉에 의해 결정하되 표준적인 획지규모에 미달하는 경우는 정상적인 토지가격 대비 일정비율 감액하여 판매단가를 결정
	건물 신축 후 분양	통상 구분소유권의 형태로 분양하므로 인근 분양선례, 거래사례 등 적정시세(각 층·호별 격차 반영)를 참고하여 분양가격을 결정
조성공사비 등 각종 비용	택지로 분양	개발단계별 예상소요비용으로 조성착공 시부터 준공 시까지 투입되는 조성공사비(도급기준), 공공시설부담금, 개발 부담금, 판매비와 일반관리비, 적정이윤 등
	건물 신축 후 분양	'택지로 분양하는 경우'의 비용에 건축도급공사비를 포함
총사업면적 (= 소지면적)		개발 전 소지상태의 면적

아래 표는 사업시행자가 작성한 사업수지다. 표에는 토지매입비도 주어져 있다. 사업시행자의 매출이익은 '매출이익 = 분양수입 - 공사비 - 토지비 - 분양경비 - 용역비 - 금융비용 - 제세금 - 제부담금 - 기타사업비'에 의해 추산된다. 시행자 입장에서는 토지 매입이 사업 추진의 첫걸음이다. 그 후 발생하는 비용과 수입에 따라 토지매입가격의 적정성이 검증될 것이다. 분양가, 토지 매입비를 제외한 다른 비용이 적정하게 책정·실현되었는데도 매출이익이 전혀 발생하지 않았다면 토지를 너무 비싸게 매입했다는 결론에 이를 것이다.

---

[52] 이때의 LOT별 판매단가는 인근 유사토지의 최근 분양사례 및 거래가격 등을 기초로 결정함

개발법에 의한 토지의 감정평가액은, 사업이 시행자의 계획대로 진행될 때의 '사업부지의 적정매입금액과 매출이익'으로 귀결된다. '매출이익＝분양수입－공사비－토지비－분양경비－용역비－금융비용－제세금－제부담금－기타사업비' 산식과 '매출이익＋토지비＝분양수입－공사비－분양경비－용역비－금융비용－제세금－제부담금－기타사업비' 산식은 등식이다. 그리고 후자는 개발법에 의한 토지평가액을 구하는 산식과 일치한다. 이런 이유로, 개발법은 「감칙」 및 실무기준 등에서 규정된 감정평가방법으로 인정되지 않고 있다. 다만, 사업부지의 매입 적정성 검토 등에는 널리 활용되고 있다.

+ 알아보기 시행자 사업수지/각 항목별 금액은 cash flow를 고려하여 할인 합산한 금액임

구 분				금액(천원)	%	산출내역		
시행사 수지	분양수입	1단지	32.17 / 32(A)평형	16,553,514	6.63%	211,968천원	78세대	평당 6,589천원
			32.10 / 32(B)평형	13,536,442	5.43%	211,507천원	64세대	평당 6,589천원
			45.65 / 45(A)평형	71,171,135	28.53%	324,982천원	219세대	평당 7,119천원
			45.98 / 45(B)평형	23,567,877	9.45%	327,332천원	72세대	평당 7,119천원
			54.08 / 54평형	21,087,631	8.45%	390,512천원	54세대	평당 7,221천원
			소 계	145,896,598	8.45%		487세대	평당 7,017천원
		2단지	32.68 / 32(C)평형	23,255,480	9.32%	215,329천원	108세대	평당 6,589천원
			32.59 / 32(D)평형	18,681,989	7.49%	214,736천원	87세대	평당 6,589천원
			45.65 / 45(C)평형	23,398,729	9.38%	324,982천원	72세대	평당 7,119천원
			45.32 / 45(D)평형	11,292,158	4.53%	322,633천원	35세대	평당 7,119천원
			49.89 / 49평형	25,578,154	10.25%	360,256천원	71세대	평당 7,221천원
			소 계	102,206,511	40.79%		373세대	평당 6,915천원
		아파트계		248,103,108	99.45%		860세대	평당 6,974천원
	상가	상가		1,372,500	0.55%	10,000천원	137.25평	
		소 계		1,372,500	0.55%			
	기타수입	—		—	0%			
		소 계		—	0%			
	합 계			249,475,608	100%			

투입비용		도급공사비	130,499,290	52.31%	46,391.50평	2,813천원
	공사비	철거비	300,000	0.12%	[1식]	
		승인조건공사비	1,000,000	0.40%	[1식]	[군부대조건공사비 포함]
		예술장식품	111,085	0.04%	지상층 연면적×표준건축비×0.1%	
		인입공사비	–	–	도급공사비×0.5%	
		폐기물처리비	–	–		
		기타공사비	1,267,577	0.51%	[1식]	
		소 계	2,678,662	1.07%		
	토지비	토지매입비	55,104,189	22.09%	19,973.50평	2,759천원
		명도비	674,000	0.27%	[1식]	
		중학교부지 매입비	1,200,000	0.48%	[1식]	평×8,500천원
		토지대추가	514,500	0.21%	[1식]	
		이전제세금	2,755,209	1.10%	토지매입비×5.0%	100% 적용
		도로부지 매입비	2,500,000	1.00%		
		국공유지 매입비	1,295,910	0.52%	870.02평	2,000천원
		소 계	64,043,808	25.67%		
	분양경비	M/H부지 임차비	200,000	0.08%	24개월	6,250천원	[보증금 5천만원, 사용료 15천만원]
		M/H건립비	1,900,000	0.76%	단지모형제작비 포함	
		M/H운영비	240,000	0.10%	24개월	10,000천원
		광고홍보비	2,200,000	0.88%	[1식]	
		분양대행수수료 (아파트)	1,720,000	0.69%	아파트세대	2,000천원
		분양대행수수료 (상가)	68,625	0.03%	매출액×5.0%	
		분양보증수수료	1,111,502	0.45%	일반분양분×0.28%	
		기 타	200,000	0.08%	M/H 개보수비	
		소 계	7,640,127	3.06%		
	용역비	지구단위용역비	200,000	0.08%	[1식]	
		설계비	1,633,703	0.65%	46,391.50평	35천원
		감리비	1,855,660	0.74%	46,391.50평	40천원
		측량비	100,000	0.04%	[1식]	
		기타용역비	200,000	0.08%	[1식]	
		소 계	3,989,363	1.60%		

금융비용	브릿지론 수수료	—	—	차입금 70억원		10%
	브릿지론 이자	450,000	0.18%	7,000,000천원		9%
	P/F 수수료	1,094,400	0.44%	차입액×1.92%		
	P/F 이자	8,364,000	3.35%	57,000,000천원		연 6.85
	중도금 무이자	7,099,790	2.85%	[1식]		
	중도금 후불이자	—	—			
	소 계	17,008,190	6.82%			
제세금	보존등기비	4,290,711	1.72%	(건축+설계+감리비)×3.2%		
	부가가치세	10,838,425	4.34%	매출액×6.5%		
	종합토지세	440,834	0.18%	용지대×0.8%		
	기 타	89,927	0.04%	[확정] 국민주택채권 및 면허세		
	소 계	15,659,897	6.28%			
제부담금	광역교통부담금	—	—	표준건축비(673)×3.2%		
	학교시설부담금	971,811	0.39%	아파트매출액×0.40%		
	오수처리부담금	409,568	0.16%	[확정] 세대당 476천원		
	상수도부담금	430,000	0.17%	세대당 500천원		
	인입부담금	430,000	0.17%	세대당 500천원		
	기반시설부담금	—	—	[표준비용(58천원)+공시지가×0.4×1.0]×연면적×20% 공제액		
	개발부담금	—	—			
	과밀부담금	—	—			
	전용부담금	1,191,060	0.48%	[확정] [산지전용예치금(966,237천원)은 보증서로 대체(조성비 24,818천원 포함)]		
	소 계	3,432,439	1.38%			
	민원보상비	—	—	[1식]		
기타사업비	시행사운영비	720,000	0.29%	30,000천원	24개월	잔액 준공 시 정산지급
	신탁보수비	100,000	0.04%	분양수입×0.40%		[1식]
	예비비	300,000	0.12%	[1식]		
	기 타	—	—			
	소 계	1,120,000	0.45%			
합 계		246,071,775	98.64%			
매출이익		3,403,833	1.36%			

(금액단위 : 천원, 상가수입 VAT 포함)

③ 공제방식

택지후보지에 대해, 택지화된 후의 나지를 상정한 가액에서 조성공사비, 발주자의 통상적인 부대비용 등을 공제하여 구한 금액을 택지후보지의 성숙도에 따라 적정하게 수정하여 택지후보지의 소지가액을 결정한다.

> 토지평가액(원/m²)=[총 분양가격−(조성공사비+공공시설부담금+판매관리비+개발부담금+업자이윤)]
>   × 택지성숙도 보정

(2) 건 물 기출 13, 15, 16, 18회

① 사용승인 받은 건물

㉠ 재조달원가

직접법이나 간접법으로 산정하되, 직접법으로 구하는 경우에는 대상건물의 건축비를 기준으로 하고, 간접법으로 구하는 경우에는 건물신축단가표와 비교하거나 비슷한 건물의 신축원가 사례를 조사한 후 사정보정 및 시점수정 등을 하여 산정할 수 있다. 직접법은 최근 신축된 건물로서 도급공사계약서 상의 금액을 신뢰할 수 있는 경우에 활용한다. 특수용도, 특수설계 건물은 개별성이 강해 건물신축단가표의 금액을 적용하기 곤란하다. 그러나 이때도 도급방식[53]이 아닌 직영공사[54]로 진행된 경우라면, 공사비의 적정성을 검증하는 과정이 필요하다. 또 직접법에 의한 자료가 제시됐을 때도 순수한 건물만의 공사비로 볼 수 없는 항목들이 있고 기계 또는 별도의 시설비용으로 분류해야 할 것이 있다.

구 분	상 세
조경공사	건물만의 공사비로 보지 않음
마당콘크리트공사	
울타리, 담장	
대 문	
옹 벽	
수변전설비	기계항목으로 처리
크레인설비	
사우나, 찜질방의 시설물	영업용 자산에서는 건물이 아닌 별도의 시설비용으로 반영

간접법은 신축단가표 등 검증된 공사비 자료를 기준으로 재조달원가를 결정한다. 재조달원가는 '표준단가+부대설비[55] 보정단가'로 추계된다. 표준단가 및 부대설비 보정단가는 한국부동산원, 한국부동산연구원 등에서 제작, 배포하는 건물신축단가표에서 확인할 수 있다.

---

53) contract. 건축주가 꾸민 설계서에 따라 도급업자에게 공사계약을 체결하여 그 책임 하에 공사를 완성시키는 것
54) direct management works. 시공주(builder)가 계획을 세우고 직접 재료구입, 노무자고용, 시공기계 및 가설재의 마련을 하여 일체의 공사를 자기 책임으로 시행하는 것
55) 건물의 일반적인 효용을 위한 전기설비, 냉·난방설비, 승강기설비, 소화전설비 등 부대설비는 건물에 포함

아래는 한국부동산원 신축단가표 중 일반주택, 3급수, 철근콘크리트조 건물의 2020년 표준단가에 대한 예시다.

분류	용도	구조	급수	표준단가(㎡)	내용연수
01-01-05-01	일반주택	철근콘크리트조/박공지붕/시멘트기와	3	1,219,000	50 (45~55)

■ 건물개요
	공사명	000 주택 신축공사	구조	철근콘크리트조
	공사규모	지상1층	건물높이	2.9m
	연면적	140㎡		

■ 주요설계

구조		콘크리트(㎡)		거푸집(㎡)		철근(t)	
		1.127	㎡/㎡	1.984	㎡/㎡	0.127	t/㎡
	벽	돌(매)					
		24	매/㎡				

외부마감	부위	자재	수량	부위	자재	수량
	외장	외장타일	1.55㎡	ROOF	시멘트기와	1.30㎡
	외부창호	PW	0.18㎡			

내부마감	부위	주요자재	수량	부위	주요자재	수량
	바닥	강화마루	0.80㎡	천정	도배지/발포	0.73㎡
		자기질타일	0.10㎡			
	벽	도기질타일	0.43㎡			
		도배지/발포	1.43㎡			

	공종	주요내역	공사비	재료	노무	경비	구성비(%)
건축공사	1. 가설공사	공통가설, 직접가설	37,604	8	73	19	3.08
	2. 토 및 지정공사	터파기, 지정공사	12,311	18	68	14	1.01
	3. 철근콘크리트공사	철근, 콘크리트, 거푸집	218,804	56	43	1	17.95
	4. 조적공사	0.5B조적	18,345	62	38	-	1.50
	5. 타일 및 석공사	자기질타일, 도기질타일, 외장타일	121,929	36	64	-	10.00
	6. 방수공사	액체방수, 코킹	26,657	16	84	-	2.19
	7. 지붕 및 홈통공사	선홈통, 드레인, 시멘트기와	51,402	41	59	-	4.22
	8. 금속공사	난간	15,797	21	78	1	1.30
	9. 미장공사	시멘몰탈, 판넬히팅	42,659	6	94	-	3.50
	10. 창호 및 유리공사	PW, 16, 24㎜복층유리, 하드웨어	98,436	82	18	-	8.08
	11. 도장공사	조합, 녹막이, 수성페인트	7,322	14	86	-	0.60
	12. 목 및 수장공사	강화마루, 목재반자틀, 도배지, 단열재	108,498	72	28	-	8.90
	13. 기타공사	가구	16,451	100	-	-	1.35
	14. 골재비 및 운반비	시멘트, 모래, 잡석	22,868	89	-	11	1.88
■ 직접비(원/㎡)		소계	799,083				65.56
■ 간접비(원/㎡)		간접노무비, 산재보험, 안전관리비, 기타경비, 일반관리, 이윤	297,338				24.39
■ 건축공사합계(원/㎡)			1,096,421				
	설계감리비		56,000				4.59
	전기기본공사비		67,000				5.50
■ 합계(원/㎡)		건축 + 제경비 + 설계감리 + 전기기본공사비	1,219,000				100

그리고 부대설비 중 전기부분에 대한 보정단가(원/㎡) 예시다.

건물용도		화재탐지	방송설비	CCTV설비	정보통신설비
단독주택	고급주택	2,000~3,000	—	—	1,000~3,000
상업시설	근린생활시설(판매)	9,000~13,000	1,000~2,000	3,000~4,000	2,000~4,000
업무시설	업무시설(사무실)고층	22,000~26,000	3,000~4,000	4,000~5,000	9,000~14,000
숙박시설	호텔	31,000~45,000	8,000~14,000	10,000~15,000	16,000~35,000

부대설비 중에는 연면적당 단가 대신 개당 가격 또는 회선 당 가격 등이 제시되기도 한다. 경광조명 설비, 전화교환대, 소화기가 대표적이며 건물 연면적 당 단가로 환산해 적용하면 될 것이다.

재조달원가 적용에 있어 주의해야 할 사항은 다음과 같다.

> • 한 건물 내 용도가 다른 경우, 층별 시공의 질이 다른 경우에는 용도 및 각 층별로 표준단가를 달리 적용(예 주거용과 상업용의 혼재, 지상층과 지하층)
> • 부대설비는 설치위치에 층 및 위치별로 개별적으로 보정

ⓒ 감가수정

내용연수법 중 정액법에 의하며, 주체 및 부대비율로 구분하여 감가수정 할 수 있다. 증축부분은 잔존연수 조정이 필요하며 관리 상태를 고려하여 관찰감가법을 병용하는 것이 일반적이다.

② **공사중단 건축물**[56]

「건축법」제21조에 따른 착공신고 후 건축 또는 대수선 중인 건축물이나, 「주택법」제16조 제2항에 따라 공사착수 후 건축 또는 대수선 중인 건축물로서, 공사의 중단이 확인된 건축물을 가리킨다.

㉠ 기본적 사항

공사중단 건축물의 가격자료에는 거래사례, 해당 건축물의 착공시점의 공사비용, 시장자료 등이 있으며, 대상 공사중단 건축물등의 특성에 맞는 적절한 자료를 수집하고 정리한다. 공사중단 건축물등의 감정평가는 기준시점의 현황을 기준으로 하되, 의뢰인과 협의하여, 공사중단 건축물등의 목록, 내역 및 관련 자료, 공사중단 건축물의 철거, 용도변경, 공사 재개 및 완공 계획 여부, 기준시점에서의 공사중단 건축물의 공정률 등을 제시받아야 한다. 공정률은 전체공사비 대비 기 투입비용의 비율, 감리자의 공정률 중간확인, 지자체에 신고된 공정률 보고 등을 종합적으로 판단한다.

㉡ 감정평가

공사중단 건축물의 감정평가에서는, 공사중단 건축물의 물리적 감가, 기능적 감가 또는 경제적 감가, 공사중단 건축물의 구조, 규모, 공정률, 방치기간, 공사중단 건축물의 용도 또는 거래 조건에 따른 제한을 고려한다. 공사중단 건축물의 대지를 감정평가 할 때는, 공사중단 건축물의 대지 위치·형상·환경 및 이용 상황, 공사중단 건축물의 구조, 규모, 공정률, 방치기간, 공사중단 건축물의 용도 또는 거래 조건에 따른 제한 등을 고려할 수 있다.

한편, 「공사중단 장기방치 건축물의 정비 등에 관한 특별조치법」에 따른 공사중단 건축물등에 대한 감정평가는, 해당 법률에 감정평가의 기준을 별도로 두고 있다. 「공사중단 장기방치 건축물의 정비 등에 관한 특별조치법」제12조 제1항에는, 시장·군수·구청장 및 위탁사업자는 정비사업을 위하여 필요한 경우 정비계획으로 정하는 바에 따라 공사중단 건축물등을 그 소유자와 개별 합의에 의한 가격으로 매수하거나, 토지보상법에 다른 협의 또는 수용, 「민사집행법」에 따른 경매 및 「국세징수법」에 따른 공매를 통해 취득할 수 있도록 했고, 동법 시행령에서 개별 합의에 의한 가격은 평가금액을 고려하여 당사자의 합의에 따르는데, 그 기준이 되는 감정평가의 기준시점은 개별합의가 성립한 시점이고 감정평가방법은, 공사중단 건축물은 해당 건축물의 착공 시점의 공사비용을 기준으로 하되, 물리적 감가, 기능적 감가 또는 경제적 감가 등을 고려하여 산정하고, 공사중단 건축물의 대지는 표준지공시지가를 기준으로 하되, 공사중단 건축물로 인한 대지의 사용제한 사항 등을 고려하여 산정한다고 규정하고 있다.

---

56) 실무기준에서는 "공사중단 건축물등"을, 공사중단 건축물 및 이에 관한 소유권 외의 권리와 공사중단 건축물의 대지, 대지에 정착된 입목, 건물, 그 밖의 물건 및 이에 관한 소유권 외의 권리까지 포괄적으로 정의하고 있음.

(3) 구분소유부동산 기출 4회

집합건물 내 특정 호수 구분소유부동산의 가액은, 전체 1동의 토지 및 건물 부분의 가액을 구하고 층별·위치별 효용비율을 적용한다. 원가법은 본래 구성부분의 가치를 모두 합산한다는 의미로 이 방법에 의한 가액을 적산가액으로 불렀는데, 구분소유부동산에서의 원가법은 역방향으로 전체가액에서 해당 호수가 차지하는 효용의 점유율을 곱해 개별호수의 평가액을 결정한다.

> 구분소유부동산 평가액 = 전체 1동 가액(토지 및 건물가액의 합) × 층별 효용비율 × 위치별 효용비율

이때, 층별 효용비율 및 위치별 효용비율은 다음의 산식에 의한다. 층 및 위치의 효용비는 단위면적당 분양가격, 임대료 등으로 파악되는 효용의 격차를 말한다.

> 층(위치)별 효용비율 = $\dfrac{\text{특정호수 층(위치) 효용비} \times \text{특정호수 전유면적}}{\sum \text{각 호수 층(위치) 효용비} \times \text{각 호수 전유면적}}$

층 효용비는 국토교통부가 매 분기 발표하는 상업용 부동산 임대조사에서 지역(시도, 광역상권, 하위상권)별 단위면적당 임대료의 비율로 발표되고 있다. 2021년 2분기 서울-강남-강남대로 상권에서 집합상가의 층별 효용도는 다음과 같다. 보고서는 효용비를 효용비율로 표시하고 있다.

(천원/m², %)

지역			구분	2021년 02분기						
시도	광역상권	하위상권		지하1층	1층	2층	3층	4층	5층	6-10층
서울	강남	강남대로	임대료	49	71.2	29.3	22.6	25	24.6	24.3
		강남대로	효용비율	68.8	100	41.2	31.8	35.1	34.6	34.2

과거에는 구분소유부동산의 건물과 대지사용권의 가치를 각각 추산하여 그 가액을 합산하는 것을 원가법의 한 형태로 보고 대지사용권의 가치를 '지가배분가격'으로 파악하기도 했으나, 현재는 그렇게 접근하는 방식은 논의되지 않고 있다.

(4) 그 밖의 물건

상각자산인 기계설비, 자동차, 항공기, 선박 등은 재취득원가를 재조달원가로 보고 내용연수법 중 정률법으로 감가수정하며, 무형자산 등은 해당 권리의 취득까지 투입된 비용을 적산하는 형태로 원가법을 적용한다.

> 재조달원가 - 감가수정액 = 적산가액

제2절 적산법[57] 기출 2, 11, 17, 19, 28, 29, 32회

1. 개 관

(1) 정 의

「감칙」제2조(정의) 제6호에서 적산법(積算法)을 '대상물건의 기초가액에 기대이율을 곱하여 산정된 기대수익에 대상물건을 계속하여 임대하는 데에 필요한 경비를 더하여 대상물건의 임대료[(賃貸料), 사용료를 포함]를 산정하는 감정평가방법'으로 정의하고 있다. 적산법에 따라 평가한 임대료를 적산임료로 부른다.[58]

(2) 산 식

적산법의 산식은 다음과 같다.

$$기초가액 \times 기대이율 + 필요제경비$$

2. 항목별 검토

(1) 기초가액

적산법으로 감정평가 하는 데 기초가 되는 대상물건의 가치를 말한다. 교환의 대가인 협의의 가치와 용익의 대가인 임대료 사이에는 원본과 과실의 관계가 있으므로 적산임료를 구하기 위해서는 원본가치로서의 기초가액을 구할 필요가 있다. 적산법이 부동산으로부터 발생하는 사용 수익의 대가를 얻기 위해 소요된 원가를 통해 간접적으로 측정할 수 있다는 논리에 기초하고 있으므로 투하된 가치인 기초가액이 중요한 의미를 가진다. 그러나 「감칙」에 기초가액을 구하는 방법은 제시돼 있지 않다.

기초가액의 성격을 시장가치, 임대차조건 등에 부응하는 사용(용익)가치, 자본이득으로 인한 가치를 공제한 가치 등으로 보는 견해가 있는데, '시장가치=용익가치+자산가치'의 시각을 갖고 있기 때문이다.

시장가치		
용익가치		자산가치
계약감가 반영된 용익가치	계약감가	
임차인 향유	임대인(소유자) 향유＝소유자에게 유보된 자산가치	

---

57) 「임대료평가 매뉴얼」, 한국감정평가사협회, 2016
58) 종전 실무기준에서는, 임대료의 평가는 임대사례비교법을 적용한다고만 하고 다른 평가방법에 대한 언급이 없어 다른 평가방법의 적용은 감칙 제12조에서 근거를 찾았는데, 개정된 실무기준에서 '임대사례비교법으로 감정평가하는 것이 곤란하거나 적절하지 아니한 경우에는 적산법 등 다른 감정평가방법을 적용할 수 있다.'는 내용을 추가함.

대법원과 감정평가업계의 시각도 조금 다르다. 이론적으로 기초가액을 용익가치로 이해하는 면은 같으나, 실무적으로 용익가치 추계가 어려우므로 감정평가업계에서는 용익가치 대신 시장가치를 기초가액으로 파악하고 그에 맞는 기대이율을 적용하고 있다.

기초가액	기대이율	비 고
용익가치	• 대체투자수익률 등을 고려 • 지역별, 이용 상황별, 품등별 미 고려	대법원 판례 기준
시장가치	지역별, 이용 상황별, 품등별 및 대체투자 수익률 등을 참작하여 차등 적용	감정평가 실무상 적용기준

기초가액의 평가에 있어, 확인할 사항은 아래와 같다.

- 기초가액은 원가법 및 거래사례비교법(공시지가기준법)에 의해 추계하며, 사용 조건·방법·범위 등을 고려할 수 있음
- 수익방식을 적용하면, 임대료 개념을 기초로 구한 기초가액으로 다시 임대료를 구하는 모순에 이르게 돼 기초가액을 수익환원법으로 추계하지 않음
- 기초가액이 해당토지의 지상 또는 지하 일부의 경우만을 대상으로 하는 경우(구분지상권)에는 입체이용률(입체이용저해율) 또는 감정평가 일반이론 등에 의해 결정할 수 있음
- 지상권 설정 등 법률적 제한이 있는 경우 그 제한상태를 반영하여 감정평가 해야 하나, 부당이득반환청구 소송 등 부당이득의 법리에 따라 기초가액을 산정하는 경우 그 제한정도를 반영하지 않은 상태를 기준으로 감정평가 함
- 집합건물의 대지사용권(대지지분권)에 대한 기초가액은 층별·위치별 효용이 반영된 상태의 해당 대지사용권(지분권)의 가격을 구하는 것이 합리적임

(2) 기대이율

기초가액에 대하여 기대되는 임대수익의 비율을 말한다. 임대차에 제공되는 대상물건을 취득하는 데에 투입된 자본에 대하여 기대되는 임대수익의 비율[59]로 볼 수 있다. 따라서 부동산에 대한 투자자의 입장 또는 임대공급자의 입장에서 부동산이 아닌 다른 투자대상에 투자하였을 경우의 기회비용을 포함하여 부동산으로부터 얻고자 하는 요구수익률의 성격을 갖는다. 금융시장의 이자율과 밀접한 관계가 있으며 기간이 짧은 임대차활동의 기초가 되고 상각 후 세 공제 전 순수익에 대응되는 이율이다.

실무기준에서는 기대이율의 산정 방법으로 시장추출법, 요소구성법, 투자결합법, CAPM을 활용한 방법, 그 밖의 대체·경쟁 자산의 수익률 등을 고려한 방법 등으로 산정할 수 있다고 규정했다. 대법원의 논리에 따르면 국공채이율, 은행의 장기대출금리, 일반시중금리, 정상적인 부동산거래이윤율, 「국유재산법」 등이 정하는 대부료율을 참작해야 한다. 실무기준은 또, 기초가액을 시장가치로 감정평가 한 경우에는 해당 지역 및 대상물건의 특성을 반영하는 이율로 정하되, 한국감정평가사협회에서 발표한 '기대이율 적용기준율표', 「국유재산법 시행령」·「공유재산 및 물품관리법 시행령」에 따른 국·공유재산의 사용료율(대부료율) 등을 참고하여 실현가능한 이율로 정할 수 있도록 했다. 아래는 한국감정평가사협회에서 발표한 기대이율 적용기준율표 등 실무적으로 참고할 수 있는 자료로서, 임대료 평가 매뉴얼에 담겨 있다.

---

[59] 임대인이 현재의 투자자금이 갖는 유동성을 포기하고 이를 임대부동산에 투자함으로 인하여 얻고자 하는 임대수익의 자본에 대한 비율

① 기대이율 적용기준율표(2016년 기준)

대분류		소분류		실제 이용 상황	
				표준적 이용	임시적 이용
Ⅰ	주거용	아파트	수도권 및 광역시	1.5% ~ 3.5%	0.5% ~ 2.5%
			기타 시도	2.0% ~ 5.0%	1.0% ~ 3.0%
		연립·다세대	수도권 및 광역시	1.5% ~ 5.0%	0.5% ~ 3.0%
			기타 시도	2.5% ~ 6.5%	1.0% ~ 4.0%
		다가구	수도권 및 광역시	2.0% ~ 6.0%	1.0% ~ 3.0%
			기타 시도	3.0% ~ 7.0%	1.0% ~ 4.0%
		단독주택	수도권 및 광역시	1.0% ~ 4.0%	0.5% ~ 2.0%
			기타 시도	1.0% ~ 5.0%	0.5% ~ 3.0%
	상업용	업무용		1.5% ~ 5.0%	0.5% ~ 3.0%
		매장용		3.0% ~ 6.0%	1.0% ~ 4.0%
	공업용	산업단지		2.5% ~ 5.5%	1.0% ~ 3.0%
		기타공업용		1.5% ~ 4.5%	0.5% ~ 2.5%
Ⅱ	농지	도시근교농지		1.00% 이내	
		기타농지		1.00% ~ 3.00%	
	임지	유실수단지 등 수익성이 있는 임지		1.50% 이내	
		자연임지		1.00% 이내	

※ 상각 후 기대이율
※ 표준적 이용 : 인근지역 내 일반적이고 평균적인 이용
※ 임시적 이용 : 인근지역 내 표준적인 이용에 비해 그 이용이 임시적인 것으로서 모델하우스, 가설건축물 등 일시적 이용, 상업용부지의 주차장 이용, 주거용지의 텃밭 이용 및 건축물이 없는 상태의 이용(주거, 상업, 공업용에 한정)을 포함하는 이용

② CD금리를 반영한 기대이율 표시(2016년 기준)

대분류		소분류		실제 이용 상황	
				표준적 이용	임시적 이용
Ⅰ	주거용	아파트	수도권 및 광역시	CD금리+−1.5%~0.5%	CD금리+−2.5%~−0.5%
			기타	CD금리+−1.0%~2.0%	CD금리+−2.0%~0.0%
		연립·다세대	수도권 및 광역시	CD금리+−1.5%~2.0%	CD금리+−2.5%~0.0%
			기타	CD금리+−0.5%~3.5%	CD금리+−2.0%~1.0%
		다가구	수도권 및 광역시	CD금리+−1.0%~3.0%	CD금리+−2.0%~0.0%
			기타	CD금리+−0.0%~4.0%	CD금리+−2.0%~1.0%
		단독주택	수도권 및 광역시	CD금리+−0.0%~4.0%	CD금리+−2.5%~−1.0%
			기타	CD금리+−2.0%~2.0%	CD금리+−2.5%~0.0%
	상업용	업무용		CD금리+−2.0%~2.0%	CD금리+−2.5%~0.0%
		매장용		CD금리+−0.0%~3.0%	CD금리+−2.0%~1.0%
	공업용	산업단지		CD금리+−0.5%~2.5%	CD금리+−2.0%~0.0%
		기타공업용		CD금리+−1.0%~2.0%	CD금리+−2.5%~−0.5%
Ⅱ	농지	도시근교농지		1.00% 이내	
		기타농지		1.00%~3.00%	
	임지	유실수단지 등 수익성이 있는 임지		1.50% 이내	
		자연임지		1.00% 이내	

※ 상각 후 기대이율
※ 부동산 시장의 임대차 관행 및 파급속도 등을 고려하여 과거 2년 간 평균금리 적용, 경기 동향, 지역여건 등에 따라 신뢰성 있는 기간 적용 가능

③ 주거용 기대이율 결정 시 참고자료

주거용 기대이율＝매매가격 대비 전세가격비율×적용이율－감가상각비율

위 식은 약식 검증수단으로 전세시장이 주를 이루는 주거용 임대시장에서 적용할 수 있다. 적용이율은 주거용 부동산 임대차시장의 특성, 전세금의 비중 및 성격, 임대차계약의 특수성을 고려하여 결정하되, 적용이율을 전월세전환율로 적용할 경우 시장에서의 기대이율보다 높게 나올 수 있다.[60] 감가상각비율은 공동주택 및 집합건물 토지건물배분비율 등 수치를 적용할 수 있다.

---

60) 전세금 전액을 월세로 전환 시에는 일반적으로 시장의 전월세전환율보다 낮은 수준으로 형성될 개연성이 높음

④ 상업용 기대이율 결정 시 참고자료

> (상업용) 상각 후 기대이율＝소득수익률－감가상각비율

위 식은 약식 검증수단으로 소득수익률은 기준시점 직전분기 기준 과거 4분기 소득수익률을 적용하면 된다. 다만, 소득수익률에서의 순영업소득은 일반적인 수익방식에서의 순영업소득 계산과 다르다. '순영업소득－기타수입＋공실손실상당액－감가상각비'와 같이 조정돼야 한다. 기타수입은 임대순수익 외의 수입이며, 공실손실상당액은 전형적인 공실률과 관계있으나 임대료에서는 전형적인 공실률이 아니라 임차인의 시설비 투입 공사 등에 의한 공실을 고려하며, 감가상각비는 필요제경비에 별도 산입하므로 제외되어야 한다.

한편, 토지와 건물의 소유자가 동일하다면 토지와 건물의 기대이율(상각 후)은 동일하다. 다만 상각자산인 건물 등은 시간경과에 따른 감가를 필요제경비의 감가상각비 항목에 가산해 주어야 한다.

(3) 필요제경비

임차인이 사용·수익할 수 있도록 임대인이 대상물건을 적절하게 유지·관리하는 데에 필요한 비용으로 감가상각비, 유지관리비, 조세공과금[61], 손해보험료, 대손준비금, 공실손실상당액, 정상운영자금이자 등이 포함된다. 구체적으로 살펴보면 다음과 같다.

구 분	상 세
감가상각비	대상물건이 상각자산인 경우 시간경과에 따라 발생하는 물리적, 기능적, 경제적 가치 감소분인 감가상각액을 의미
유지관리비	대상물건의 유용성을 유지, 관리하기 위해 필요한 수익적 지출로 수선비, 유지비, 관리비 등을 의미
조세공과금	대상물건에 직접 부과되는 세금 및 공과금으로 법인세와 소득세 등은 포함되지 않음
손해보험료	화재보험료, 대상물건의 손해보험료 등으로 소멸성 보험료를 의미
대손준비금	임차인의 임료 지불 불이행에 따른 준비금으로 임대차계약내용 및 시장관행 등을 고려하여 판단. 다만, 보증금 등 일시금을 받는 경우에는 계상하지 아니함
공실손실상당액	임대기간의 공백 또는 일부 미입주 등으로 인한 공실발생에 대비한 손실상당액
정상운영자금이자	임대영업을 하기 위하여 소요되는 정상적인 운영자금에 대한 이자를 의미

---

[61] 부동산의 보유와 관련된 세금 및 공과금으로, 재산세, 도시계획, 공공시설세가 전자이고 도로점용료, 과밀부담금, 교통유발부담금 등이 후자에 해당됨. 한편, 종합부동산세는 물건별 부과세가 아니며 인별 과세이나 재산세 과세대상인 주택 및 토지를 유형별로 구분하여 인별 합산한 후 공시가격 합계액이 공제금액을 초과할 경우 부과되는 세금이므로 보유와 관련 있음. 전체 부과액 중 해당 부동산 귀속분은 반영할 필요 있음(권현진, 물건유형별 기대이율 산정에 관한 연구, 한국부동산연구원, 2022, p.24)

토지용도별로 필요제경비 적용 항목이 다르다.

토지용도	필요제경비 항목	
	건축물이 있는 토지	나 지
주거용, 상업용, 공업용	감가상각비, 공실손실상당액, 유지관리비, 조세공과, 손해보험료, 대손준비비 등	조세공과 등
농지, 임지	—	조세공과 등

필요제경비 산정에 있어 확인할 사항은 다음과 같다.

- 임차인의 사용으로 인해 발생하는 수도광열비 등 부가사용료 및 공익비는 제외
- 공실손실상당액의 경우 임차인의 인테리어 기간 등에 대한 반영을 의미하고 수익환원법 적용 시 반영하는 인근의 표준적인 공실정도를 반영한 금액은 아님
- 대상물건의 교환가치에 영향을 미칠 수 있는 자본적 지출은 해당되지 않음

3. 실무상 적용

(1) 지하 부분 기초가액

토지의 지하부분 기초가액 결정에 있어 공법상 제한 반영 여부가 논란이 될 수 있다. 지상은 공원, 도로, 광장 등으로 이용되면서 행정상 제한이 가해지는 경우 지하부분에도 그 제한을 동일하게 반영하는지가 쟁점이다. 사용가치 측면에서만 본다면, 지상 공공용지 등은 실제적으로 공법상 제한을 받는데 반해, 지하는 실질적인 공법상 제한을 받지 않고 정상적으로 사용할 수 있다. 지상부분과 달리 공법상 제한을 받지 않는 지하부분의 사용가치를 기초가액으로 해야 한다는 주장이 제기될 수 있다.

현재 토지의 입체적 가치 추계에 있어, 입체적 이용범위를 건축물등 이용, 지하이용, 기타이용으로 구분하고 있으며, 입체적 이용범위의 가치를 각각 추계한 후 이를 합산하여 전체 토지가치를 결정하지 않고, 건축물등, 지하, 기타 부분의 이용범위가 전체토지의 입체적 이용에서 차지하는 비율인 '입체적 토지이용률'에 따라 전체 토지 가치에 입체적 이용률을 곱해 각 입체적 이용범위의 가치를 도출하고 있다. 따라서 건축물등, 지하, 기타 이용범위의 가치를 추계할 때 각각의 입체적 토지이용률을 달리 적용할 뿐, 전체 토지가치는 동일하게 반영해야 한다. 해당 토지에 대한 공법상 제한사항 설정 시 별도의 조건이 있거나, 공공용지로서의 용도제한 또는 거래제한을 고려하지 않을 별도의 사유가 있지 않는 한 현황기준 원칙에 따라 공법상 제한사항 등을 고려한 전체 토지가액에 공간적으로 배분하는 비율 등을 적용하여 기초가액을 산정하는 것이 현행 감정평가 기준에 부합한다.

(2) 대지권 기초가액

구분소유 건물 1개호는 집합건물 내 특정 건물부분(전유부분)과 대지사용권(대지지분)이 결합돼 있다. 전유부분과 대지사용권이 함께 등기돼 있고 이 둘을 분리해 처분할 수 없다. 종종 건물의 소유자가 대지사용권을 갖지 못할 때가 있는데, 이때 구분건물은 대지를 점유하고 있을 뿐이다. 전유부분과 결합되지 않은 대지부분을 건물이 점유하고 있을 때 부당이득반환의 문제가 개입한다. 건물이 남의 땅을 무단 사용하고 있으므로, 부당이득은 해당 토지에 대한 사용료를 가리킨다. 1개호 외에 다른 호수도 대지지분을 갖고 있으므로 부당이득의 범위는 대지사용권이 없는 구분소유 건물 1개호의 전유면적에 비례해 정상적으로 등기됐어야 할 대지지분에 한정된다. 부당이득 사용료는 통상 적산법으로 평가하며, 기초가액은 대지지분의 가격이다.

현재 실무기준에는 '집합건물의 대지사용권(또는 대지지분권)에 대한 기초가액은 층별·위치별 효용이 반영된 상태의 해당 대지사용권(또는 지분권)의 가격을 구하는 것이 감정평가이론 및 시장논리에 부합하다고 판단된다.'고 규정돼 있다. 이에 따르면 구분소유 건물 1개호의 건물부분이 1층일 때와 지하층일 때 각 대지지분의 가격은 다르다. 불가분관계의 건물부분과 대지사용권의 가치를 일괄로 평가한 후 건물부분과 대지사용권의 가치로 안분할 때 안분비율과 면적에 차이가 없어도 층·위치별 일괄 평가한 금액이 다르므로 1층과 지하층의 대지사용권 가치가 다를 수밖에 없다는 논리다. 그런데 판례에서는 이와 반대의 시각을 드러낸다. 집합건물의 대지사용권이 없는 전유부분 소유자들에 대한 부당이득반환청구와 관련하여 하급심 법원은 "집합건물 구분소유자들의 대지에 대한 점유는 대지에 대한 현실적인 점유가 아니라 구분건물의 소유를 매개로 한 관념적인 점유로서 그 점유에 따른 사용이익은 구분소유건물의 실제 이용가치와 상관없이 구분소유물건의 면적에 비례하는 것으로 보는 것이 타당하다"라고 판시하였으며, 이에 대하여 대법원은 원심의 판단이 정당하다고 판결했다. 감정평가업계는 대지사용권의 교환가치에 방점을 찍어 사용료를 추계해야 한다는 논리고 판례는 사용가치에 요율을 곱해야 한다는 시각이다.

관념적 점유의 논리가 사용료 산출할 때만 한정적으로 해석된다면, 층·위치별로 대지사용권의 교환가치를 달리 보는 현행 평가기준을 유지할 수 있어 보이지만, 관련 판례에 따라 대지사용권 없는 구분건물 전유부분 소유자들에 대한 부당이득반환청구소송에 대한 감정평가 시에는 별도의 층별·위치별 효용을 반영하지 않아야 할 것이다.

CHAPTER 02 기출문제

원가방식

01 감정평가사 K씨는 복합부동산에 대한 감정평가를 의뢰받고 사전조사와 현장조사를 통해 다음과 같은 자료를 수집하였다. 주어진 자료를 활용하여 다음 물음에 답하시오. (40점)   **기출 15회**

(1) 토지의 가격을 산출하시오. (25점)

〈자료 1〉 평가대상물건 개요

1. 토 지
   (1) 소재지 : S시 K구 A동 100번지
   (2) 용도지역 : 일반상업지역
   (3) 토지특성 : 대, 820m^2, 가로장방형, 평지, 소로한면
2. 건물 : 철근콘크리트조 슬래브지붕 지하1층 지상5층

구 분	면적(m^2)	이용 상황
지하 1층	287	점포 및 주차장
지상 1층	574	점 포
2층	574	점 포
3층	574	병 원
4층	574	병 원
5층	574	학 원
계	3,157	

3. 조사기간 : 2004년 8월 24일 ~ 2004년 9월 1일
4. 감정평가목적 : 일반거래(매매참고용)

(중 략)

〈자료 4〉 조성사례
1. 소재지 등 : S시 K구 B동 50번지, 대, 700m^2, 일반상업지역, 세로장방형, 평지, 소로한면
2. 조성전 토지매입가격 : 2,000,000원/m^2(토지매입 시 지상에 철거를 요하는 조적조 슬래브지붕 2층 건물 연면적 240m^2가 소재하여 이를 매수자가 철거하는 조건으로 거래하였으며, 매입당시 예상 철거비는 50,000원/m^2, 예상 폐재가치는 5,000,000원이었으나 실제 철거비는 60,000원/m^2, 실제 폐재가치는 4,000,000원이 발생된 것으로 조사됨)
3. 조성공사비 : 4억 5천만원 (매분기초에 균등분할지급)
4. 일반관리비 : 조성공사비 상당액의 10% (공사 준공 시 일괄 지급)

5. 적정이윤 : 조성공사비 상당액과 일반관리비 합계액의 8% (공사 준공 시 일괄 지급)
6. 공사일정 등
    (1) 조성 전 토지 매입시점 : 2002년 8월 1일
    (2) 공사 착공시점 : 2003년 1월 1일
    (3) 공사 준공시점 : 2004년 1월 1일
    (4) 토지매입비는 공사착공시의 조성원가로 함

(중 략)

〈자료 6〉 지가변동률 등

1. 지가변동률

구 분	평균	용도지역별(%)				이용 상황별(%)						
		주거	상업	공업	녹지	전	답	대		임야	공장	기타
								주거	상업			
2001년	2.10	1.87	1.76	2.73	1.28	2.93	3.28	1.36	1.02	2.02	2.63	2.04
2002년	1.84	2.15	1.71	1.19	0.27	3.05	2.65	1.54	1.15	2.44	1.76	1.91
2003년	3.88	4.20	3.30	4.00	3.20	5.10	5.60	3.40	2.70	3.10	2.73	1.80
2004년 1/4분기	1.21	1.20	1.36	0.50	0.84	1.92	1.50	0.70	0.71	0.42	0.77	0.30
2004년 2/4분기	1.12	1.15	1.22	0.60	0.76	1.58	0.52	1.21	1.37	0.59	0.92	1.27

(주) 2004년 3/4분기 지가변동률은 미고시 상태임

2. 생산자물가지수

시 점	2002.1.	2003.1.	2004.1.	2004.7.
지 수	130	132	139	141

〈자료 7〉 지역요인 비교자료
1. K구 같은 동의 사례는 지역요인이 동일함
2. K구 A동과 B동은 인근지역으로서 지역요인 동일하나, A동 또는 B동을 기준으로 한 C동과 D동은 동일수급권내 유사지역으로서 지역요인이 상이하고 그 격차를 알 수 없음

〈자료 8〉 개별요인비교자료
1. 도로접면

구 분	광대한면	중로한면	소로한면	세로(가)
광대한면	1.00	0.93	0.86	0.83
중로한면	1.07	1.00	0.92	0.89
소로한면	1.16	1.09	1.00	0.96
세로(가)	1.20	1.12	1.04	1.00

2. 형 상

구 분	정방형	가로장방형	세로장방형	사다리형	부정형	자루형
정방형	1.00	1.05	0.99	0.98	0.95	0.90
가로장방형	0.95	1.00	0.94	0.93	0.90	0.86
세로장방형	1.01	1.06	1.00	0.99	0.96	0.91
사다리형	1.02	1.08	1.01	1.00	0.97	0.92
부정형	1.05	1.11	1.04	1.03	1.00	0.95
자루형	1.11	1.16	1.10	1.09	1.05	1.00

3. 지 세

구 분	평지	완경사	급경사	고 지	저 지
평 점	1.00	0.97	0.92	0.90	0.96

(중 략)

〈자료 13〉 시장이자율 등
1. 보증금 및 지불임료 운용이율 : 연 10%
2. 시장이자율 : 연 8%(분기당 2% 별도 적용 가능)
3. 자본수익률 : 8%

〈자료 14〉 기타유의사항
1. 수익률, 이자율, 시점수정치 등의 산정 시 백분율로 소수점 셋째 자리에서 반올림할 것
2. 지역요인 및 개별요인 격차율은 백분율로 소수점 둘째 자리에서 반올림할 것
3. 각 단계의 가격(금액) 산정 시 천원 미만은 반올림하고, 최종 감정평가액은 유효숫자 네 자리까지로 함

출제영역

원가법_토지 가산방식

답안작성 가이드

I. [물음 1] 원가법

1. 준공시점기준(2004.1.1.)

    (1) 소지매입가격*1)

    $[2,000,000 \times 700 + (50,000 \times 240 - 5,000,000)] \times 1.08 ≒ 1,519,560,000$

    *1) 매입당시 예상 철거비 등 전제, 토지금리는 준공 시까지 투하자본의 성격으로 연 8% 적용, 공사착공 시 조성원가로 함

    (2) 조성공사비, 일반관리비 및 적정이윤(분기 2% 적용)

    $450,000,000 \times \dfrac{1}{4} \times (1.08^2 + 1.06^1 + 1.04^0 + 1.02^0) \times (1 + 0.1 + 1.1 \times 0.08) ≒ 561,731,000$

    (3) 합계 ≒ 2,081,291,000

2. 적산가액

    $2,081,291,000 \times 1 \times 1.03463^{*2)} \times 1 \times 1.06 \times \dfrac{1}{700} ≒ @3,261,000$

    *2) $1.0136 \times 1.0122 \times (1 + 0.0122 \times 63/91)$

02

갑은 주거지역내 토지를 매입하여 빌라트를 건축할 준비를 진행하고 있다. 다음 물음에 대하여 답하시오. (40점)

기출 10회

(1) 본 빌라트를 분양할 경우의 토지가치를 구하시오.

〈자료 1〉기준일자

가격시점과 의사결정시점은 1999년 9월 1일을 기준으로 한다.

〈자료 2〉대상토지에 관한 내용

1. 토지면적 : 3,000m²
2. 매입일자 : 1998.6.1.
3. 건축부지 : 2,500m²
4. 대상 토지 중 일부(500m²)는 도시계획도로에 저촉되어 기부채납하기로 하였음

(중 략)

〈자료 7〉빌라트 건축계획

1. 대상토지에 철근콘크리트조 경사슬래브지붕 구조로 지하1층 지상9층의 빌라트를 건축함
2. 건축연면적 : 6,500m²
3. 건축호수 : 18세대(1세대 당 280m²)
4. 건축공사비는 준비시점(1999년 9월 1일) 당시 @1,200,000원/m²이 소요될 것으로 예측되었으며, 건축공사착수 시 30%, 착수시점부터 3개월 후 30%, 준공 시 40%를 지불하기로 하였음
5. 공사 스케줄

월 구 분	1999년				2000년							
	9월	10월	11월	12월	1월	2월	3월	4월	5월	6월	7월	8월
준 비	←——————→											
건축공사				←————————————————————→								
판 매						←————————————————→						

〈자료 8〉빌라트 분양계획

1. 분양가격 및 분양수입 : 분양가격은 세대당 650,000,000원으로 결정하고 판매착수 시 20%, 판매착수로부터 3개월이 경과된 때 30%, 준공 시 50%의 분양수입이 되는 것으로 함
2. 판매비와 일반관리비는 분양판매금액의 10%를 계상하되, 판매착수 시 1/2, 건물준공 시 1/2을 지불하는 것으로 함

(중 략)

〈자료 10〉각종이자율, 이율 및 수익률

1. 시장이자율 : 연 12%
2. 상각전 환원율 : 토지 5%, 건물 9%, 토지·건물 7%
3. 저당대부이자율 : 연 14.4%
4. 보험만기 약정이자율 : 연 6%
5. 보증금 운용이자율 : 연 8%
6. 기대수익률 : 10%

〈자료 11〉 계산단계별 단수처리
1. 계산은 소수점 이하 넷째 자리에서 사사오입한다.
2. 지가변동률은 소수점 이하 넷째 자리까지 선택한다.
3. 각 단계의 모든 현금의 계산은 1,000원 이하의 금액은 절사한다.
4. 기간계산은 월단위로 한다.

〈자료 12〉 복리현가율표와 복리종가율표
1. 복리현가율표 $\dfrac{1}{(1+r)^n}$

n \ r	0.010	0.020	0.030	0.060	0.100	0.120	0.144
1	0.990	0.980	0.971	0.943	0.909	0.893	0.764
2	0.980	0.961	0.943	0.890	0.826	0.797	0.668
3	0.971	0.942	0.915	0.840	0.751	0.712	0.584
4	0.961	0.924	0.888	0.792	0.683	0.636	0.510
5	0.951	0.906	0.863	0.747	0.621	0.567	0.446
6	0.942	0.888	0.837	0.705	0.564	0.507	0.390
7	0.933	0.871	0.813	0.665	0.513	0.452	0.341
8	0.923	0.853	0.789	0.627	0.467	0.404	0.298
9	0.914	0.837	0.766	0.592	0.424	0.361	0.260
10	0.905	0.820	0.744	0.558	0.386	0.322	0.228
11	0.896	0.804	0.722	0.527	0.350	0.287	0.199
12	0.887	0.788	0.701	0.497	0.319	0.257	0.174
13	0.879	0.773	0.681	0.469	0.290	0.229	0.152
14	0.870	0.758	0.661	0.442	0.263	0.205	0.133
15	0.861	0.743	0.642	0.417	0.239	0.183	0.116
16	0.853	0.728	0.623	0.394	0.218	0.163	0.102
17	0.844	0.714	0.605	0.371	0.198	0.146	0.089
18	0.836	0.700	0.587	0.350	0.180	0.130	0.078
19	0.828	0.686	0.570	0.331	0.164	0.116	0.068
20	0.820	0.673	0.554	0.312	0.149	0.104	0.059
21	0.811	0.660	0.538	0.294	0.135	0.093	0.052
22	0.803	0.647	0.522	0.278	0.123	0.083	0.045
23	0.795	0.634	0.507	0.262	0.112	0.074	0.040
24	0.788	0.622	0.492	0.247	0.102	0.066	0.008
36	0.699	0.490	0.345	0.123	0.032	0.017	0.002
48	0.620	0.387	0.242	0.061	0.010	0.004	0.000
60	0.550	0.305	0.170	0.030	0.003	0.001	0.000
72	0.488	0.240	0.119	0.015	0.001	0.000	0.000
84	0.434	0.189	0.083	0.007	0.000	0.000	0.000

출제영역
원가법_토지 개발법

답안작성 가이드

Ⅰ. [물음 1] 분양할 경우 토지가치

1. 분양수입 현가
   (1) 분양수입
   $650,000,000 \times 18 = 11,700,000,000$
   (2) 현가
   '①' $\times (0.2 \times 0.961 + 0.3 \times 0.933 + 0.5 \times 0.887) = 10,712,520,000$

2. 건축비 등
   (1) 건축공사비 현가
   ① 건축공사비 $1,200,000 \times 6,500 = 7,800,000,000$
   ② 현가
   '①' $\times (0.3 \times 0.971 + 0.3 \times 0.942 + 0.4 \times 0.887) = 7,243,860,000$
   (2) 판매관리비 현가
   $11,700,000,000 \times 0.1 \times 1/2 \times (0.961 + 0.887) = 1,081,080,000$
   (3) 합 $= 8,324,940,000$

3. 분양할 경우 토지가치 '1.' $-$ '2.' $= 2,387,580,000$

03 감정평가사 甲은 S시에 소재하는 대상 부동산에 대하여 일반거래(시가참고)목적의 감정평가를 의뢰받았다. 관련법규 및 이론을 참작하고 제시된 자료를 활용하여 다음 각 물음에 답하시오. (40점)

기출 32회

(1) 건물은 원가법을 적용하여 시산가액을 산정하시오. (18점)

〈자료 1〉 기본적 사항
1. 기준가치 : 시장가치
2. 기준시점 : 2021년 8월 7일
3. 대상물건의 개황
   (1) 토지

소재지 지번	지목	면적(m²)	용도지역	이용상황	도로접면	형상지세	주위환경
J구 M동 120	대	1,500	일반상업	업무용	광대세각	가장형 평지	일반 업무지대

   (2) 건물
   ① 건물 개황

소재지 지번	구조	층수	면적(m²)	용도	급수	비고
J구 M동 120	철근 콘크리트조	지하4층/ 지상10층	13,800	업무용	3	허가일 : 2015.7.15. 사용승인일 : 2016.7.15. (지상9~10층 증축 : 2018.7.15.)

② 건물 세부 내역

구 분	면적(m²)	이용 상황	부대설비 내역
지하1층 ~ 지하4층	각 950	주차장, 기계실	전기설비, 소방설비, 승강기설비
지상1층 ~ 지상10층	각 1,000	업무시설	전기설비, 소방설비, 위생설비, 냉난방설비, 승강기설비

(중 략)

〈자료 5〉 재조달원가 및 감가수정 관련 자료

1. 표준단가

용 도	구 조	급 수	표준단가(원/m²)	내용연수
업무시설	철근콘크리트조 (6층 ~ 15층 이하)	1	1,400,000	50
업무시설	철근콘크리트조 (6층 ~ 15층 이하)	2	1,300,000	50
업무시설	철근콘크리트조 (6층 ~ 15층 이하)	3	1,200,000	50
업무시설	철근콘크리트조 (6층 ~ 15층 이하)	4	1,100,000	50
업무시설	철근콘크리트조 (6층 ~ 15층 이하)	5	1,000,000	50

— 지상·지하 구분 없이 적용 가능함

2. 부대설비 보정단가

구 분	보정단가(원/m²)
전기설비	10,000
소방설비	10,000
위생설비	50,000
냉난방설비	140,000
승강기설비	30,000

3. 건물의 잔가율은 0%임
4. 건물의 감가수정은 정액법(만년감가)을 적용함

〈자료 6〉 시점수정 자료
3. 건축비지수는 동일하다고 가정함

(중 략)

출제영역
원가법_건물

답안지작성 가이드

Ⅰ. [물음 1] 건물
   1. 지하1층 ~ 지하4층
      (1) 재조달원가 : @1,200,000+(@10,000+@10,000+@30,000)=@1,250,000
      (2) 건물가액 : '(1)'×(45/50) ≒ @1,130,000
         (×950m^2×4개층=4,300,000,000원)
   2. 지상1층 ~ 지하8층
      (1) 재조달원가
         @1,200,000+(@10,000+@10,000+@50,000+@140,000+@30,000)=@1,440,000
      (2) 건물가액 : '(1)'×(45/50) ≒ @1,300,000
         (×1,000m^2×8개층=10,400,000,000원)
   3. 지상9층 ~ 지하10층
      @1,440,000×[45/(45+3)]=@1,350,000
         (×1,000m^2×2개층=2,700,000,000원)
   4. 소계 : '1.'+'2.'+'3.'=17,400,000,000원

04 감정평가사 L씨는 S법원으로부터 토지소유자와 지상 건물소유자간에 발생한 분쟁으로 제기된 소송의 판결을 위한 토지사용료 산정을 의뢰 받았다. 다음 자료를 활용하여 적정 토지사용료를 구하시오. (10점)

기출 17회

〈자료 1〉 감정평가의뢰 내용

1. 토 지

소재지	지 번	지 목	면적(m^2)	용도지역
S시 Y동	30	대	600	일반상업지역

2. 건 물

소재지	지 번	구 조	면적(m^2)	용 도
S시 Y동	30	철골조 철판지붕 단층	400	아파트 모델하우스

3. 가격시점 : 2006.8.27.
4. 평가할 사항 : 가격시점으로부터 향후 1년간 토지사용료

〈자료 2〉 현장조사 내용
1. 평가대상 토지는 광대로에 접하며 세로장방형 평지
2. 인근지역은 노선을 따라 업무용 빌딩, 백화점, 병원 등이 소재
   도로후면은 소규모 점포 및 주택 등이 혼재

3. 유사토지의 적정 임대사례를 찾지 못함
4. 건물은 최근 신축, 건축비용은 3억원

〈자료 3〉 인근지역 공시지가 표준지 현황 (공시기준일 2006.1.1.)

일련번호	소재지	지번	면적(m²)	지목	이용상황	용도지역	도로교통	형상지세	공시지가(원/m²)
1	S시 Y동	15	550	대	상업나지	일반상업지역	소로각지	가장형평지	1,000,000
2	S시 Y동	25	15,000	대	아파트	일반상업지역	광대한면	세장형평지	750,000
3	S시 Y동	70	180	대	단독주택	일반상업지역	소로한면	정방형평지	700,000
4	S시 Y동	95	750	대	업무용	일반상업지역	광대소각	가장형평지	1,400,000

※ 표준지 일련번호 1과 4는 도시계획시설 '도로'에 각각 25%, 30%가 저촉되며, 표준지공시지가 산정 시 적용된 도시계획시설 '도로'의 공법상 제한 감안율은 15%임

〈자료 4〉 S시 지가변동률

기 간 \ 용도지역	상업지역(%)
2006년 6월	0.005
누계(2006년 1월 ~ 6월)	1.200

〈자료 5〉 개별요인비교

대상토지	표준지 1	표준지 2	표준지 3	표준지 4
100	75	55	50	110

※ 상기 요인비교에 공법상 제한은 고려되지 않았음

〈자료 6〉 기대이율 적용 기준율표

토지용도(최유효이용)		실제 이용 상황		
		최유효이용	임시적이용	나 지
상업용지	업무·판매시설	7-10%	4-6%	3-4%
	근린생활시설(주택·상가겸용포함)	5-8%	3-4%	2-3%
주거용지	아파트·연립·다세대	4-7%	2-4%	1-2%
	다중·다가구 주택	3-6%	2-4%	1-2%
	일반단독주택	3-5%	1-3%	1-2%
공업용지	아파트형공장	4-7%	2-4%	1-2%
	기타공장	3-5%	1-3%	1-2%

농지	경작여건이 좋고 수익성 있는 순수농경지	3−4%		
	도시근교 및 기타 농경지	2% 이내		
임지	조림지·유실수단지·죽림지	1.5% 이내		
	자연림지	1% 이내		

〈자료 7〉 필요제경비
1. 필요제경비 : 종합토지세 등 조세공과
2. 연간 조세부담액 : 기초가격의 0.3%

〈자료 8〉 기 타
1. 비교표준지 선정 및 기대이율 적용 사유를 충분히 기술할 것
2. 범위로 된 기대이율의 적용 시 범위의 중앙값으로 적용할 것

출제영역

적산법

답안지작성 가이드

'기초가격×기대이율＋필요제경비' 산식 대신, '시장가치×순임료비율＋필요제경비'에 의한 실무상 적산법을 적용하여 지료를 구한다.

Ⅰ. 처리방침
    토지사용료에 대한 소송평가로서 적산법을 이용하여 적정임료를 산정함(기준시점 2006.8.27.)

Ⅱ. 시장가치
  1. 비교표준지 선정
    대상과 용도지역·이용 상황이 유사한 표준지 중에서 면적과 도로교통이 더 유사한 표준지⟨4⟩를 선정함 (대상은 광대로 노선상가지대에 위치하므로 소로보다는 광대로에 접한 표준지와의 유사성이 더 큰 것으로 보임)
  2. 공시지가기준가액
    $1,400,000 \times 1.01210^{*시)} \times 1.000^{지)} \times 0.952^{*개)} \times 1.00^{그)} ≒ @1,350,000$
                                                     ($\times 600 = 810,000,000$)

    *시) $1.01200 \times (1 + 0.00005 \times 58/30)$

    *개) $\dfrac{100}{110} \times \dfrac{1}{0.7 + 0.3 \times 0.85}$

Ⅲ. 순임료 비율
    대상토지의 기초가격은 인근지역의 최유효이용인 업무용을 기준하여 산정하였으나, 현재 임시적으로 모델하우스 부지로 이용되고 있는 것을 고려하여 〈업무 판매시설의 임시적 이용〉 4∼6%의 중앙값인 5%로 결정함

Ⅳ. 토지사용료
    $810,000,000 \times (0.05 + 0.003) = 42,930,000$원

CHAPTER 03 수익방식[62]

> **핵심 키워드**
>
> 제1절 수익환원법
> 1. 개관
>   (1) 정의
>   (2) 산식(모형)
>   (3) 항목별 검토
> 2. 수익환원법 적용
>   (1) 직접환원법
>   (2) 할인현금흐름분석법
>
> 제2절 수익분석법
> 1. 개관
>   (1) 정의
>   (2) 산식
> 2. 항목별 검토
>   (1) 순수익
>   (2) 필요제경비

제1절 수익환원법 기출 35회

1. 개관

(1) 정의

「감칙」제2조(정의) 제10호에서 수익환원법을, '대상물건이 장래 산출할 것으로 기대되는 순수익이나 미래의 현금흐름을 환원하거나 할인하여 대상물건의 가액을 산정하는 감정평가방법'으로 정의하고 있다. 수익환원법에 따라 평가된 가액을 수익가액으로 부른다.

(2) 산식(모형)

① 직접환원법(단일기간의 순수익을 적절한 환원율로 환원하여 대상물건의 가액을 산정하는 방법)

$$V = \frac{a}{r} \quad (a : 순수익,\ r : 환원율)$$

---

[62] 『감정평가실무기준 해설서』, 감정평가사협회, 2014

② 할인현금흐름분석법(대상물건의 보유기간에 발생하는 복수기간의 순수익(현금흐름)과 보유기간 말의 복귀가액에 적절한 할인율을 적용하여 현재가치로 할인한 후 더하여 대상물건의 가액을 산정하는 방법)

$$V = \sum_{k=1}^{n} \frac{순수익}{(1+r_k)^k} + \frac{복귀가액}{(1+r)^n} \quad (r : 적정한 할인율)$$

(3) 항목별 검토

① 순수익 [기출 4회]

㉠ 순수익의 개념 등

대상물건에 귀속하는 적절한 수익으로서 유효총수익에서 운영경비를 공제하여 산정한다. 적절한 수익은, 대상 부동산의 최유효이용하에서 부동산의 내용연수에 걸쳐 규칙적·계속적으로 발생하는 것을 전제하며, 장래동향 등도 반영되어야 한다. 연간 단위로 추산한다.

㉡ 유효총수익

가능총수익에 공실손실상당액 및 대손충당금을 공제하여 산정한다. 각 항목의 산정과정은 다음과 같다.

구 분	항 목	비 고
가능총수익 (100% 임대 시 창출 가능한 잠재적 총수입)	보증금(전세금) 운용수익	• 전세계약의 경우 전세보증금, 보증부 월세의 경우 보증금의 운용수익 • 보증금(전세금)×보증금운용이율
	연간 임대료	• 월세×12 • 월말이 아닌 월초 수령하는 경우 월 임대료는 '월 임대료×(1＋월 운용이율)'로 수정 적용
	연간 관리비 수입	(부가사용료＋공익비)[63]－실제발생 부가사용료·공익비
	주차수입, 광고수입, 그 밖에 대상물건의 운용에 따른 주된 수입	• 임대료에 포함되지 않은 무료 주차 초과 차량의 월 주차료 및 방문차량 주차료 • 광고수입, 송신탑 임대수입, 공중전화, 자동판매기 장소임대료, 행사장 대여임대료
(－)공실손실상당액		임차자의 정상적인 전출입, 대체·경쟁 부동산의 수급변화로 인한 최소한의 공실로 인한 손실분
(－)대손충당금		• 임차인이 임대차기간 중 임대료를 지급하지 않을 경우를 대비한 일정액 계상 • 임차인의 신용, 지역경제사정, 기존 임차인의 개량물 등에 의해 결정
＝ 유효총수익		

---

[63] 부가사용료란 부동산 중 임차인이 독점적으로 사용하는 임대 부분에 관계되는 가스료, 전기료, 수도료, 청소비, 냉난방비 등으로 임차인이 직접 가스회사, 전기회사 등 공급자에게 지불하여야 하는 비용임에도 불구하고 편의상 임차인이 임대인에게 지불하고 임대인이 이를 모아서 공급자에게 지급하는 비용을 말하며 공익비는 부동산의 공용부분에 소요되는 수도료, 광열비, 위생비, 공용설비비, 공용안전관리비 등의 비용을 의미한다(이효주 외, 『임료 평가방법에 관한 연구』, 한국부동산연구원, 2008).

ⓒ 운영경비

부동산의 유지, 가능총수익의 창출을 위해 정기적으로 지출되는 경비로서, 고정경비(제세공과금, 보험료, 대체충당금)과 변동경비(유지관리비, 공익비)등으로 구분한다. 대상 부동산의 운영경비가 적절하지 않으면 시장의 표준적인 운영경비비율을 적용할 수 있다. 운영경비에 감가상각비는 포함되지 않는다. 구체적인 경비 항목은 다음과 같다.

구 분	항 목	비 고
용역인건비 직영인건비	• 건물의 유지관리를 위하여 소요되는 인건비 • 직영인 경우 직영인건비, 외주인 경우 외부용역비, 쓰레기수거비, 소모품비 • 인건비에는 관리직 직원 급여, 상여금, 퇴직급여, 휴가비, 자녀교육비, 국민연금부담금, 의료보험료, 고용보험료, 산재보험료, 임시직원 급여 및 수당, 복리후생비가 모두 포함됨	
수도광열비	공용부분에 관련되는 전기료, 수도료, 연료비 등의 공익비	관리비에 수도광열비가 포함되고 유효총수익으로 반영했다면, 실제 발생 수도광열비를 운영경비로 계산
수선유지비	• 소모품비, 비품 감가상각비 등 건물 관리 위해 통상적으로 소요되는 일반관리비 • 내외벽, 천장, 바닥 등의 보수와 부품대체비, 엘리베이터, 에스컬레이터 등 보수비	
세금·공과금	• 부동산에 부과되는 재산세, 종합부동산세(대상부동산 귀속분), 공동시설세, 도시계획세 등의 세금 • 도로점용료, 과밀부담금, 교통유발부담금 등 공과금	부동산임대소득에 대한 과세(부동산임대소득세, 법인세 등), 부동산 취득관련 세금(취득세, 등록세, 상속세, 증여세, 면허세 등), 부동산 양도 관련 세금(양도소득세, 특별부가세) 등은 제외

보험료	임대부동산의 화재 및 손해보험료 중 소멸성 보험료	• 보험료 일시납인 경우
		  － 전액소멸성 : 보험료×MC
		  － (일정액)환급되는 경우 :
		    보험료×MC－환급액×SFF
		  － 환급액이 약관금리 적용받는 경우 : 보험료×MC－환급액×(1+약관금리)^n
		    ×SFF
		• 보험료 매기납입인 경우
		  － 전액소멸성 : 보험료
		  － (일정액)환급되는 경우 : 보험료－환급액×SFF
		  － 환급액이 약관금리 적용받는 경우 :
		    보험료－보험료×FVAF×SFF

대체충당금	• 본체보다 내용연수가 짧고 정기적으로 교체되어야 할 구성부분의 교체 위한 매기 적립액 • 대상부동산의 효용, 가치를 단순 유지시키기 위한 수익적 지출	대상 부동산의 효용, 가치 증진시키는 자본적 지출은 감가상각비 고려 대상

| 광고 선전비 등 그 밖의 경비 | • 임대상황을 개선시키기 위한 광고 선전 활동에 소요되는 광고 선전비
• 임대영업을 영위하기 위한 정상적인 운전자금에 대한 이자(정상운전자금이자) | 임대수입의 수금일과 제 경비의 지출일의 불일치로 인해 필요한 일정액의 운전자금에 대한 이자 |

② 환원율 및 할인율
  ㉠ 환원율 기출 35회

  시장추출법으로 구하는 것을 원칙으로 한다. 다만, 시장추출법의 적용이 적절하지 않은 때에는 요소구성법, 투자결합법, 유효총수익승수에 의한 결정방법, 시장에서 발표된 환원율 등을 고려하여 적절한 방법으로 구할 수 있다. 구체적으로 살펴보면 다음과 같다.

구 분	상 세	산식 등
시장추출법	대상부동산과 유사한 최근의 거래사례로부터 환원율 추출	환원율 = 사례부동산 순수익/사례부동산 매매가격
요소구성법	무위험률을 바탕으로 대상부동산에 관한 위험을 여러 가지 구성요소로 분해하고, 개별적인 위험에 따라 위험할증률을 가산	환원율 = 무위험률 + 위험할증률 ※ 무위험률 : 정기예금이자율, 3(5)년 만기 국채수익률 등 사용 ※ 위험할증률 : 위험성, 비유동성, 관리의 난이성, 자금의 안정성 참작
투자결합법	대상부동산에 대한 투자자본과 그것의 구성비율을 결합	〈물리적 투자결합법〉 환원율 = $\dfrac{\text{토지가치}}{\text{토지가치}+\text{건물가치}} \times \text{토지환원율} + \dfrac{\text{건물가치}}{\text{토지가치}+\text{건물가치}} \times \text{건물환원율}$ 〈금융적 투자결합법〉[64] 환원율 = $\dfrac{\text{저당액}}{\text{저당액}+\text{지분액}} \times \text{저당상수} + \dfrac{\text{지분액}}{\text{저당액}+\text{지분액}} \times \text{지분환원율}$
유효총수익에 의한 방법	거래사례의 유효총수익승수를 이용	환원율 = $\dfrac{1-\text{운영경비비율}}{\text{유효총수익승수}}$ = $\dfrac{1-\text{운영경비비율}}{\text{거래사례가격}/\text{유효총수익}}$ = $\dfrac{\text{유효총수익}(1-\text{운영경비비율})}{\text{거래사례가격}}$ = $\dfrac{\text{순수익}}{\text{거래사례가격}}$
시장에서 발표된 환원율	시장에서 발표된 환원율 자료를 적용	

---

[64] 이 식을 kazdin식으로 부르며, 저당상수 대신 저당이자율(i)을 대입하면 ross방식이 된다. ross방식에서는 매기 원금 상환은 고려하지 않음

이 외에도 엘우드법과 부채감당법(Gettel법, DCR법)이 있다. 엘우드법은 전형적인 투자자의 시각에서 환원율을 결정하는 방법이다. 전형적인 투자자는 자기자본 외에 타인자본을 이용하고, 일정 기간 보유 후 처분하는 행태를 보이며, NOI보다 BTCF에 관심을 보인다. 투자자는 매기 지분수익에 기간 말 지분형성분, 기간 말 가치변화에 의한 자본차익을 모두 향유한다. 산식은 다음과 같다.

구 분	산 식
ELLWOOD식	환원율 = $y - L/V \times (y + p \times SFF_{y\%, n년} - MC_{i, N}) \pm \triangle \times SFF_{y\%, n년}$
	y : 지분수익률, L/V : 저당비율, p : 상환비율, i : 이자율, $\triangle$: 가치변화율
AKERSON식	환원율 = $E/V \times y + L/V \times MC - L/V \times p \times SFF \pm \triangle \times SFF$
	E/V : 지분비율
	〈추가저당이 있는 경우〉 $R = E/V \times y + L_1/V \times MC_1 + L_2/V \times MC_2 - L_1/V \times p_1 \times SFF - L_2/V \times p_2 \times SFF \pm \triangle \times SFF$
	L_1/V : 기존저당, L_2/V : 추가저당

➕ 알아보기 엘우드(ELLWOOD)법에 대한 이해

엘우드의 전제에 따르면 지분투자자는 매기지분수익(지분투자에 따른 수익의 배당)과 지분형성분, 가치변화분을 향유한다.

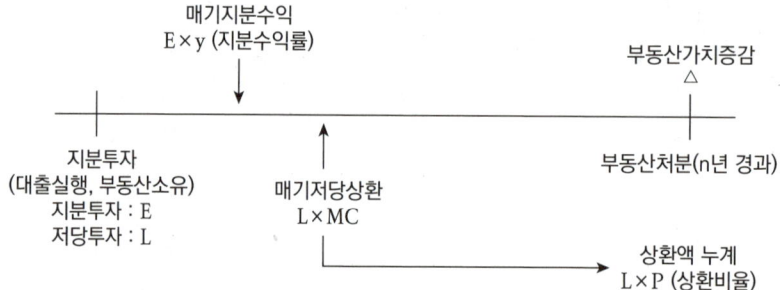

n년 보유 후 매각하는 조건하에 매기 실질적으로 지분투자자에게 귀속하는 수익은 다음과 같이 정리할 수 있다.

> 매기지분수익 + 자기자본화된 저당상환액 + 부동산가치증감

① 매기지분수익 : 지분투자에 따라(투자액 집행) 획득해야 하는 최소한의 이익 → $E \times y$
② 자기자본화된 저당상환액 : n년 간 대출금을 상환함에 따라 부동산 처분 시에 상환 누계액만큼 적금을 타게 되는 효과가 있다. 이를 부동산 보유기간 동일 배분하면 → $L \times p \times SFF$
③ 부동산가치증감 : n년 보유 후 매각 시 부동산 취득 시 보다 ★만큼의 가치 상승이 있었다면 이를 보유기간 동일 배분하면 → ★ $\times SFF$

따라서 현재 발생하고 있는 순수익에서 매기저당상환액을 공제하고 상기 지분귀속수익을 합산한 것이 지분투자자의 실질적인 매기 지분수익이다. 산식은 다음과 같이 정리할 수 있다.

- $E \times y = a - L \times MC + L \times p \times SFF + ★ \times SFF$ (a : 순수익)
- $E/V \times y = \dfrac{a}{V} - L/V \times MC + L/V \times p \times SFF + ★/V \times SFF$ ← 양변 V로 나눔
- $\dfrac{a}{V} = E/V \times y + L/V \times MC - L/V \times p \times SFF - ★/V \times SFF$
- $R = (1 - L/V) \times y + L/V \times MC - L/V \times p \times SFF - ★/V \times SFF$ ← $\dfrac{★}{V} = △$
- $\therefore R = y - L/V(y + p \times SFF - MC) - △ \times SFF$

엘드우법에 의한 환원율은 산식은 복잡한 반면 실무 적용례는 드물다.

부채감당법은 전형적인 저당투자자(대출자)의 시각에서 환원율을 결정하는 방법이다. 대출자의 관심은, 대출을 포함해 구입한 부동산에서 발생하는 순수익이 대출자의 몫으로 돌아올 부채서비스액을 감당할 수 있는지다. 부채감당률로 부르는 DCR(debt coverage ratio)은 '순영업소득/부채서비스액'으로 정의한다. 이 식을 변형하면 부채감당률법에 의한 환원율이 다음과 같이 도출된다.

$$DCR = \dfrac{NOI}{DS} = \dfrac{NOI}{V \times L/V \times MC}$$

$$DCR = \dfrac{NOI}{V} \times \dfrac{1}{L/V \times MC}$$

$$DCR = R \times \dfrac{1}{L/V \times MC}$$

$$\therefore R = DCR \times L/V \times MC$$

ⓒ 할인율

투자자조사법(지분할인율), 투자결합법(종합할인율), 시장에서 발표된 할인율 등을 고려하여 대상물건의 위험이 적절히 반영되도록 결정하되 추정된 현금흐름에 맞는 할인율을 적용한다. 구체적으로 살펴보면 다음과 같다.

구 분	상 세	산식 등
투자자조사법 (지분할인율)	시장에 참가하고 있는 투자자 또는 잠재적 투자자를 대상으로 한 설문조사 등을 토대로 공표된 자료를 활용	
투자결합법 (종합할인율)	투자자본과 구성비율을 결합하며, 물리적 측면과 금융적 측면에서 도출 가능	〈물리적 투자결합법〉 할인율 = $\dfrac{토지가치}{토지가치+건물가치} \times$ 토지할인율 $+ \dfrac{건물가치}{토지가치+건물가치} \times$ 건물할인율 〈금융적 투자결합법〉 할인율 = $\dfrac{저당액}{저당액+지분액} \times$ 저당할인율 $+ \dfrac{지분액}{저당액+지분액} \times$ 지분할인율
시장에서 발표된 할인율	시장에서 발표된 할인율 자료를 적용	

➕ 알아보기　소득률(income rate), 수익률(yield rate)의 비교

구 분	수익률(rate of return)	
	소득률(income rate)	수익률(yield rate)
적 용	환원모형	할인모형
	직접환원법, 잔여환원법	할인현금흐름분석법
	한해의 소득 vs 가치	기간의 소득 vs 가치
성 격	환원율	할인율
상 세	종합환원율, 지분환원율	이자율, 할인율, 내부수익률, 지분수익률, 저당수익률, 종합수익률

2. 수익환원법 적용

실무기준에서는, 수익환원법으로 감정평가 할 때에는 직접환원법이나 할인현금흐름분석법 중에서 감정평가 목적이나 대상물건에 적절한 방법을 선택하여 적용하되, 부동산의 증권화와 관련한 감정평가 등 매기의 순수익을 예상해야 하는 경우에는 할인현금흐름분석법을 원칙으로 하고 직접환원법으로 합리성을 검토하도록 하고 있다.

(1) 직접환원법　기출 1회

단일기간의 순수익을 적절한 환원율로 환원하여 대상물건의 가액을 평가하는 방법으로 전통적인 직접환원법과 잔여환원법으로 구분한다.

① 전통적 직접환원법

구 분	전 제	산 식
직접법	일정한 순수익이 영속적으로 발생, 투하자본에 대한 회수가 불필요한 자산	$V = \dfrac{a}{r}$ (a : 순수익, r : 환원율)
직선법	• 순수익과 상각자산의 가치가 동일한 비율로 일정액씩 감소, 투자자는 내용연수 말까지 자산을 보유, 회수자본은 재투자하지 않음 • 건물·구축물 등과 같이 수익을 발생시키는 상각자산으로 내용연수가 유한하여 투자자본 회수가 고려돼야 하는 경우	$V = \dfrac{\text{상각전 순수익}}{\text{상각전 환원율}} = \dfrac{a}{r + \dfrac{1}{n}}$ (a : 순수익, r : 환원율, n : 경제적 수명)
상환기금법 (Hoskold법)	• 자본회수분을 안전하게 회수할 수 있는 곳에 재투자하는 것을 가정, 해당 자산에 대한 상각 후 환원율보다 낮은 축적이율에 의해 이자가 발생 • 광산, 산림 등의 소모성 자산이나 건물을 고정임대료로 장기임대차에 공여하고 있을 경우	$V = \dfrac{\text{상각전 순수익}}{\text{상각후 환원율} + \text{감채기금계수}}$ $= \dfrac{a}{r + \dfrac{i}{(1+i)^n - 1}}$ (a : 순수익, r : 환원율, i : 축적이율, n : 경제적 수명)

연금법	• 매년의 상각액을 당해 사업이나 유사사업에 재투자, 상각 후 환원율과 동일한 이율에 의해 이자 발생 • 매년 순수익의 흐름이 일정하거나 상대적으로 안정적일 것으로 예측되는 경우, 임대용 부동산 중 장기 임대차에 제공되고 있는 부동산이나 어업권 등에 적용	$V = \dfrac{\text{상각전 순수익}}{\text{상각후 환원율} + \text{감채기금계수}}$ $= \dfrac{a}{r + \dfrac{r}{(1+r)^n - 1}}$ (a : 순수익, r : 환원율, n : 경제적 수명)

직접법에서, 보유기간 말의 부동산가치의 증감을 소득흐름과 함께 반영하는 모델(재산모델)도 있다. 이때 산식은 다음과 같이 변형 적용된다.

$$V = \dfrac{a}{r - \triangle \times SFF} \quad (a : \text{순수익}, r : \text{환원율}, \triangle : \text{보유기간 말 가치변동})$$

② **잔여환원법** 기출 1, 3, 9, 11, 13, 15, 18회

구분	세분	산식
물리적 측면	토지 잔여법	건축비용을 정확히 추계할 수 있는 건물, 감가상각이 거의 없는 물건, 토지가치를 독립적으로 추계할 수 없는 부동산, 건물이 최유효이용상태에 있는 부동산, 건물가치가 토지가치에 비해 상대적으로 적은 부동산(주차장, 자동차 운전교습장, 작은 건물이 있는 공장부지)	토지의 수익가액 $= \dfrac{\text{대상부동산의 순수익} - \text{건물가액} \times \text{건물환원율}}{\text{토지환원율}}$
	건물 잔여법	감가의 정도가 심한 부동산, 토지가치를 정확히 추계할 수 있는 부동산, 상대적으로 토지가치 비율이 적게 차지하는 부동산, 추가투자의 적정성 판단이 요구되는 경우	건물의 수익가액 $= \dfrac{\text{대상부동산의 순수익} - \text{토지가액} \times \text{토지환원율}}{\text{건물환원율}}$
	부동산 잔여법	수익이 건물의 경제적 잔존내용연수 동안 전체부동산으로부터 나올 것, 기간 말 건물가치는 없고 토지기치는 일정할 것 토지가치의 추계가 상대적으로 용이한 부동산, 토지가치 비율이 높은 부동산, 건물가치만을 주로 평가하는 경우, 적용할 순수익이 연금 성격을 강하게 갖는 부동산	대상부동산의 가액 $= \text{대상부동산의 순수익} \times \dfrac{(1+r)^n - 1}{r(1+r)^n}$ $+ \dfrac{\text{기간말 토지가치}}{(1+r)^n}$
금융적 측면	지분잔여법		지분가액 $= \dfrac{\text{대상부동산의 순수익} - \text{저당가치} \times \text{저당상수}}{\text{지분환원율}}$
	저당잔여법		저당가액 $= \dfrac{\text{대상부동산의 순수익} - \text{지분가치} \times \text{지분환원율}}{\text{저당상수}}$

(2) 할인현금흐름분석법 기출 5, 15회

대상물건의 보유기간에 발생하는 복수기간의 순수익(현금흐름)과 보유기간 말의 복귀가액에 적절한 할인율을 적용하여 현재가치로 할인한 후 더하여 대상물건의 가액을 산정하는 방법이다.

① 현금흐름

일반적인 할인현금흐름분석법에서는 순수익을 현금흐름으로 파악한다. 그러나 실제 (지분)투자자에게 귀속하는 현금흐름은 저당대출의 유무 및 영업소득세 발생 여부에 따라 달라진다. 현금흐름의 대상을 살펴보면 다음과 같다.

구 분	항 목	약 어	적 용
	보증금(전세금)운용수익		
+	연간 임대료		
+	연간 관리비 수입		
+	주차수입, 광고수입, 그 밖에 대상물건의 운용에 따른 주된 수입		
=	가능총수익	(PGI : potential gross income)	
−	공실손실상당액		
−	대손충당금		
=	유효총수익	(EGI : effective gross income)	
−	운영경비	(OE : operating expenses)	
=	순수익	(NOI : net operating income)	NOI 모형
−	저당지불액	(DS : debt service)	
=	세전현금흐름	(BTCF : before tax cash flow)	BTCF 모형
−	영업소득세 등		
=	세후현금흐름	(ATCF : after tax cash flow)	ATCF 모형

㉠ 저당지불액

지분투자 외에 타인자본을 활용해 부동산을 취득할 때 매 년도 타인자본(대출)에 대한 상환금을 가리킨다. 상환방식에는 원금균등분할상환(CAM), 원리금균등분할상환(CPM), 점증상환(GPM)이 있고 가장 일반적인 형태는 원리금균등분할상환이다. 이때 매기 저당지불액은 '대출금액 × 저당상수'가 된다.

ⓒ 영업소득세 등

구 분	항 목	상 세
	세전현금흐름	—
+	대체충당금	—
+	원금상환분	• t기의 원금상환분 → 대출액 × [t기의 상환비율 − (t−1)기의 상환비율] $= 대출액 \times \left\{ \dfrac{(1+r)^t-1}{(1+r)^N-1} - \dfrac{(1+r)^{t-1}-1}{(1+r)^N-1} \right\}$ $= 대출액 \times \dfrac{(1+r)^t-(1+r)^{t-1}}{(1+r)^N-1}$ $= 대출액 \times \dfrac{(1+r)^{t-1} \times (1+r-1)}{(1+r)^N-1}$ $= 대출액 \times \dfrac{r \times (1+r)^{t-1}}{(1+r)^N-1}$ $= 대출액 \times \underbrace{\dfrac{r}{(1+r)^N-1}}_{\text{1기 상환비율}} \times \underbrace{(1+r)^{t-1}}_{\text{t년 경과}}$ • 1기의 원금상환분 → 1기의 저당지불액 − 1기의 이자분 $= 대출액 \times \dfrac{r(1+r)^N}{(1+r)^N-1} - 대출액 \times r$ $= 대출액 \times \dfrac{r}{(1+r)^N-1}$ N : 총대출기간, n : 보유기간
−	감가상각비	건물재조달원가 $\times \dfrac{1}{\text{내용연수}}$
=	과세대상소득	
	영업소득세	과세대상소득 × (1 − 세공제비율) × 세율

② 분석모형

현금흐름 대상에 따라 분석 모형은 다음과 같이 분류한다.

구 분	산 식
100% 지분 투자	$V = \sum_{k=1}^{n} \dfrac{순수익}{(1+r_k)^k} + \dfrac{복귀가액}{(1+r)^n}$ (r : 적정한 할인율)
일부 저당 투자	$V = n\sum k = 1 \dfrac{a_k}{(1+r_k)^k} + \dfrac{복귀가액}{(1+r)^n} + 저당가치$ (a_k : 매기의 세전, 세후 현금흐름, r : 적정한 할인율)

일부 저당 투자시의 모형에서 저당가치는 일반적으로 기간 초 저당대부액을 가리킨다. 그러나 저당수익률이 저당이자율보다 낮은 경우(시장침체 등) 저당부동산의 경매처분가액에서 제 수수료 등을 공제한 것이 저당복귀액이 되므로 이때의 저당가치는 저당대부액을 밑돈다.

(세전, 세후) 복귀가액은 다음과 같은 과정을 거쳐 확정된다.

구 분	항 목	비 고
	재매도가치	내부추계 또는 외부추계
−	매도경비 등	
=	복귀가액	
−	미상환저당잔금	대출총액×(1−상환비율) ※ 상환비율 : $\dfrac{(1+r)^n - 1}{(1+r)^N - 1}$
=	세전지분복귀액	
−	자본이득세(양도소득세)	과세대상소득×(1−세공제비율)×자본이득세율 ※ 과세대상소득=(재매도가치−매도비용)−(취득가액−감가누계)
=	세후지분복귀액	

재매도가치를 구할 때 현재의 현금흐름을 반영하는 방법이 내부추계법이다. 보유기간 경과 후 초년도(n+1년) 순수익을 추정해 최종환원율(기출환원율, going-out capitalization rate)로 환원한다. 이때의 최종환원율은 보유기간 중의 순수익에 대응되는 통상적인 환원율(기입환원율, going-in capitalization rate)에 비해 높은 편으로 기입환원율에 장기위험프리미엄·성장률·소비자물가상승률 등을 고려하여 결정한다. 외부추계법은 과거의 성장 추세(성장률) 및 인플레이션율 등을 고려하여 재매도가치를 결정한다.

아래는 할인현금흐름분석법(NOI모형)에 따라 작성된 현금흐름 테이블 예시다.

보증금	13,279,520,000	연임대료	14,661,662,000	월관리비	0
보증금운용이율	0.015	공실 및 불량부채 충당 비율	0.00	영업경비 비율	0
할인율	0.055	보유기간	5	임대료 및 영업경비 인상률	1.015
기출환원율	0.060	매도경비 비율	0.02	임대면적	125,660.97

보유기간	0기	1기	2기	3기	4기	5기	6기
보증금운용이익	199,192,800	199,192,800	199,192,800	199,192,800	199,192,800	199,192,800	199,192,800
연임대료	14,661,662,000	14,881,586,930	15,104,810,734	15,331,382,895	15,561,353,638	15,794,773,943	16,031,695,552
연관리비		0	0	0	0	0	0
가능총수익	14,860,854,800	15,080,779,730	15,304,003,534	15,530,575,695	15,760,546,438	15,993,966,743	16,230,888,352
공실 및 불량부채 충당금	0	0	0	0	0	0	0
기타수입	0	0	0	0	0	0	0
유효총수익	14,860,854,800	15,080,779,730	15,304,003,534	15,530,575,695	15,760,546,438	15,993,966,743	16,230,888,352
운영경비	0	0	0	0	0	0	0
순영업소득	14,860,854,800	15,080,779,730	15,304,003,534	15,530,575,695	15,760,546,438	15,993,966,743	16,230,888,352
복귀가액						265,104,509,750 (내부추계 6기 NOI)	
현가계수		0.9479	0.8985	0.8516	0.8072	0.7651	
순영업소득현가		14,295,071,106	13,750,647,175	13,225,838,262	12,721,913,085	12,236,983,955	
복귀가액현가						202,831,460,409	
현금흐름		14,295,071,106	13,750,647,175	13,225,838,262	12,721,913,085	215,068,444,365	

제2절 수익분석법

1. 개 관

(1) 정 의
일반기업 경영에 의하여 산출된 총수익을 분석하여 대상물건이 일정한 기간에 산출할 것으로 기대되는 순수익에 대상물건을 계속하여 임대하는 데 필요한 경비를 더하여 대상물건의 임대료를 산정하는 감정평가방법이다. 이 방법에 의한 임대료를 수익임료로 부른다. 대상물건의 순수익이 기업 수익의 대부분을 차지하고 있거나 기업수익에 경영 주체의 영향력이 크지 않은 경우 적용 가능하다.

(2) 산 식

$$R_i = NR + Exp$$
(R_i=수익임료, NR=순수익, Exp=필요제경비)

2. 항목별 검토

(1) 순수익
대상물건의 총수익에서 그 수익을 발생시키는데 드는 경비(매출원가, 판매비 및 일반관리비, 정상운영자금이자, 그 밖에 생산요소귀속 수익 등)를 공제하여 산정한다.

	매출액		
−	매출원가	=	노동, 경영에 대한 배분
	매출총이익		
−	판매관리비, 정상운영자금이자상당액	=	노동에 대한 배분
−	그 밖의 생산요소귀속소득		
	영업이익		
+	출자임원급여 등		
−	기타비용		
−	배당금, 이자비용	=	자본에 대한 배분 (자기자본, 타인자본)
	순수익		

(2) 필요제경비
대상물건에 귀속될 감가상각비, 유지관리비, 조세공과금, 손해보험료, 대손준비금 등이 포함된다.

CHAPTER 03 기출문제

수익방식

01 K 감정평가법인에 선임감정평가사로 재직 중인 당신은 수습감정평가사의 평가보고서를 검토하고 있다. 대상부동산은 최근에 건립된 것으로 토지가격 3억원, 순수익 5,000만원, 경제적 잔존내용연수는 40년이다. 대상 부동산의 토지가격은 시장증거에 의해 충분히 지지되고 있으며, 대상부동산의 자본수익률은 7%인 것으로 분석되었다. 수습감정평가사가 수집한 매매사례와 분석결과는 아래 표에서 보는 바와 같다. 수습감정평가사는 사례부동산들의 환원율이 9.22%에서 9.30%에 이른다는 것으로 확인하고, 환원율을 9.25%로 하여 대상부동산의 수익가액을 '5,000만원 / 0.0925 = 5억 4,000만원'으로 평가했다. 당신은 이같은 판단에 중대한 실수가 있다고 생각하고, 다음과 같은 절차로 수습감정평가사의 잘못을 지적하고자 한다. (15점) 〔기출 9회〕

(1) 잔여환원법을 사용하여 대상부동산의 수익가액과 환원율을 구하시오. 그 결과치를 수습감정평가사가 산출한 수익가액 및 환원율과 비교하시오. 토지환원율은 자본수익률로 건물환원율은 자본수익률에 자본회수율(감가상각률)을 더한 값으로 하시오.

(2) 각 사례별로 자본수익률을 분석하고, 그 결과가 대상부동산의 그것과 다르다는 것을 밝히시오. 자본수익률은 자본수익을 매매가격으로 나눈 것이다. 자본수익은 순수익에서 자본회수액을 뺀 것이다. 사례부동산들의 경제적 잔존내용연수는 대상부동산과 마찬가지로 40년으로 모두 동일하다고 가정하고, 건물에 대한 자본회수는 직선법으로 하시오.

(3) 이상의 분석 결과가 의미하는 바는 무엇이고 수습감정평가사는 어떠한 잘못을 행하고 있는지 설명하시오.

(단위 : 천원)

매매사례	매매가격	순수익	토지가격	환원율
1	570,000	53,000	180,000	9.30%
2	545,000	50,400	137,000	9.25%
3	450,000	41,500	194,000	9.22%

📖 출제영역
환원율 산정

📖 답안작성 가이드
환원율을 시장에서 추출할 때, 회수율은 개별 자산별로 상이하므로 상각 후 환원율만 추출해 적용해야 한다.

Ⅰ. [물음 1] 잔여환원법
   1. 대상 수익가액(단위 : 만원)
      (1) 토지가격 = 30,000
      (2) 건물가격
         ① 토지귀속순수익 : $30,000 \times 0.7 = 2,100$
         ② 건물귀속순수익 : $5,000 - 2,100 = 2,900$
         ③ 건물가격 : $2,900 / (0.07 + \frac{1}{40}) ≒ 30,526$
      (3) 수익가액 : '①' + '②' ≒ 60,526

   2. 환원율
      $R = (5,000/60,526) \times 100 ≒ 8.26\%$

   3. 비 교
      수습평가사의 수익가액(54,000만원), 환원율(9.25%)과 다름을 알 수 있다.

Ⅱ. [물음 2] 자본수익률 분석
   1. 사례 자본수익률
      • 1 → $r = 0.0930 - \frac{570,000 - 180,000}{570,000} \times \frac{1}{40} ≒ 0.0759$
      • 2 → $r = 0.0925 - \frac{545,000 - 137,000}{545,000} \times \frac{1}{40} ≒ 0.0738$
      • 3 → $r = 0.0922 - \frac{450,000 - 194,000}{450,000} \times \frac{1}{40} ≒ 0.0780$

   2. 검 토
      대상 부동산의 자본수익률은 7%인데 반해 사례의 자본수익률은 7.38% ~ 7.8%로 대상보다 큰 것을 알 수 있다.

Ⅲ. [물음 3] 결과 분석 및 오류 지적
   1. 결과분석
      자본수익률은 투하자본에 대한 수익의 비율로서 부동산의 경우 개별성으로 인하여 각각의 부동산 고유의 특징 및 위험이 달라 이로 인하여 각 부동산마다 자본수익률 또한 달라지게 된다. 사례들은 대상보다 자본수익률이 높고 건물의 경제적 내용연수가 모두 같지만 건물 가격 구성비가 높기 때문에 결과적으로 대상보다 종합 환원율이 크게 산정된다.

   2. 검 토

   3. 오류지적
      수습평가사는 자본수익률의 유사성, 토지·건물 가격 구성비 차이에 따른 자본회수율 차이 등을 고려하여 대상에 적용할 종합 환원율을 결정했어야 함에도 불구하고 매매사례의 환원율을 단순 산술평균하여 결정한 오류가 있다.

02 감정평가사 甲은 아래 부동산에 대한 평가의뢰를 받고 감정평가가격을 산정하고자 한다. 주어진 자료를 활용하여 아래의 물음에 답하시오. (35점) <기출 18회>

(1) 임대사례를 활용하여 토지가격을 산정하시오.

〈자료 1〉 대상부동산의 개황

소재지	A시 B구 C동 197번지
평가목적	일반거래
가격시점	2007.8.26.
토지에 관한 사항	• 지역개황 : 평가 대상 토지는 주간선도로와 연계되는 보조간선도로변에 소재하여, 인근 지역은 현재 상권이 잘 형성되어 있는 성숙한 노선상가지대임 • 용도지역 : 제3종 일반주거지역 • 접면도로상태 : 남측 15m 도로에 동측으로 2m 정도의 골목길에 양면 접함 • 지목 : 대, 면적 : 500 • 형상, 고저 : 세장형, 평지 • 약 $35m^2$는 도시계획시설도로에 저촉됨
건물에 관한 사항	• 구조, 면적 : 철근콘크리트조 슬래브 지붕 10층 근린생활시설 $1,200m^2$ • 준공일자 : 1996.9.20. • 건물증축 : 11층 $60m^2$(구조-적벽돌조 슬래브 지붕, 용도-직원숙소) • 증축일자 : 2003.5.3. • 건물 총 공사비 : 670,000,000원(공사비 중 50,000,000원은 기초 터파기공사시 예상치 못한 지반암반 노출로 이를 제거하는데 소요된 공사비임) • 부대설비 : 냉난방설비, 승강기, 화재탐지설비 • 증축부분을 제외한 기존 건물은 관리상태가 다소 불량하여 3년 정도의 관찰감가를 요함

(중 략)

〈자료 3〉 지가변동률
(1) 용도지역별, 이용 상황별 지가변동률(단위 : %)

구 분	상업지역	주거지역	대		기 타
			상업용	주거용	
2005년	2.378	3.193	1.154	2.156	3.004
2006년	1.268	2.158	1.487	1.389	1.167
2007년 1월	0.045	0.136	0.327	0.841	0.324
2007년 2월	0.069	0.519	0.423	0.346	0.813
2007년 3월	0.148	0.328	0.238	0.518	0.193
2007년 4월	0.085	0.137	0.327	0.542	0.426
2007년 5월	0.043	0.420	0.409	0.209	0.823
2007년 6월	0.166	0.256	0.178	0.218	0.204

※ 2005년도와 2006년도의 지가는 연중 균등하게 상승하였다.

〈자료 4〉 생산자 물가지수

2006년 1월	105.3	2006년 7월	107.6	2007년 1월	108.9
2006년 2월	105.8	2006년 8월	107.5	2007년 2월	109.3
2006년 3월	106.7	2006년 9월	107.9	2007년 3월	108.7
2006년 4월	106.3	2006년 10월	108.1	2007년 4월	108.6
2006년 5월	106.9	2006년 11월	108.0	2007년 5월	109.0
2006년 6월	107.3	2006년 12월	108.4	2007년 6월	109.6

(중 략)

〈자료 6〉 사례자료

구 분	임대사례
	사례1
용도지역	3종 일주
비교치(대상지/사례지)	0.97
건물구조 등	철근콘크리트조슬래브지붕 13층
용 도	근린생활시설
부대설비	승강기, 화재탐지설비, 스프링클러, 냉난방설비, 주차타워
내용년수	주체부분 : 40년 부대설비 : 20년
준공시점	2001.8.5.
거래시점	—
사례의 특징	—
토지 건물의 규모	대지 : 550m² 건물연면적 : 1,200m²
거래가격	—

〈자료 7〉 임대사례 내역 : 최근 1년간 임대내역 및 필요제경비(단위 : 원)

지출항목(연간)		수입항목(연간)	
유지관리비 :	6,000,000	보증금 운용익 :	10,000,000
제세공과금 :	8,000,000	임대료수입 :	144,000,000
손해보험료 :	3,000,000	주차료수입 :	14,000,000
대손상각액 :	15,000,000		
공실손실상당액 :	2,000,000		
장기차입이자 :	1,500,000		

※ 손해보험료는 소멸성임
※ 감가상각비는 별도 계산을 요함

⟨자료 8⟩ 건물신축단가

구 분	재조달원가	내용연수	잔가율
철근콘크리트조	600,000	40년	10%
적벽돌조 슬래브	510,000	35년	10%

⟨자료 9⟩ 건물부대설비 보정단가

부대설비 구분	적용단가	비 고
승강기	50,000원/m^2	12층 미만
	60,000원/m^2	12층 이상
화재탐지설비	4,000원/m^2	
스프링클러	6,000원/m^2	
냉난방설비	65,000원/m^2	
주차타워	150,000,000원/식	12층 미만
	180,000,000원/식	12층 이상

⟨자료 10⟩ 기타사항

1. 토지의 환원율 : 연 8%
2. 건물의 상각 후 세공제전 환원율 : 연 10%
3. 단가는 백원 단위에서 반올림하여 천원 단위까지 구함
4. 지가변동률산정 시 미고시 기간은 직전 월의 변동률을 연장 적용하며, 백분율로 소수점 넷째자리에서 반올림할 것

📝 출제영역

수원환원법_토지잔여법

📝 답안작성 가이드

사례의 토지귀속순수익(사례의 순수익－사례건물가치×건물환원율)을 비준하여 대상토지기대순수익을 구해 직접 환원하는 방법으로 토지수익가치를 구한다.

1. 사례 토지귀속 순수익
   (1) 사례 상각 후 순수익
      ① 총수익 : 10,000,000＋144,000,000＋14,000,000≒168,000,000
      ② 총비용
         ㉠ 감가상각비
            ⓐ 주체 : 600,000×1,200×0.9×1/40≒16,200,000
            ⓑ 부대 : {(60,000＋4,000＋6,000＋65,000)×1,200＋180,000,000}×1/20＝17,100,000
            ⓒ 소계 : 33,300,000

   ⓒ 총비용(장기차입이자 제외)
    6,000,000＋8,000,000＋3,000,000＋15,000,000＋2,000,000＋33,300,000＝67,300,000
  ③ 사례 상각 후 순수익 : 168,000,000－67,300,000≒100,700,000
 (2) 사례 건물귀속 순수익
  ① 사례 건물가격
   ㉠ 주체 : 600,000×1,200×(1－0.9×6/40)≒622,800,000
   ㉡ 부대 : {(60,000＋4,000＋6,000＋65,000)×1,200＋180,000,000}×14/20≒239,400,000
   ⓒ 소계 : 862,200,000
  ② 사례 건물귀속 순수익 : 862,200,000×0.1≒86,220,000
 (3) 사례 토지귀속 순수익 : 100,700,000－86,220,000≒14,480,000

2. 대상 토지기대 순수익
 14,480,000×1×1.00000×1×0.97× 1/550≒@25,537

3. 수익가액 : 25,537/0.08≒@319,000
    (×500≒159,500,000)

03 감정평가사 甲은 부동산투자자 乙로부터 대상 부동산 투자에 관한 정보의 제공을 의뢰받고, 관련 자료를 수집·분석하여 乙에게 제공하려고 한다. 제시된 자료를 참조하여 다음 물음에 답하시오. (40점)   기출 27회

(1) 2016년 7월 1일 기준 대상 부동산의 시장가치를 구하되, 수익방식에 의한 가격을 제시하시오. (25점)

<자료 1> 대상 부동산 현황
1. 토지현황
 (1) 소재지 : S시 T구 W동 500번지, 501번지
 (2) 용도지역 : 일반상업지역
 (3) 토지특성(2필 일단의 토지로서, 부정형의 평지이며, 소로한면에 접함)
  － 500번지 : 대, 350m^2, 세로장방형, 평지, 소로한면
  － 501번지 : 대, 450m^2, 사다리형, 평지, 소로한면
2. 건물현황
 (1) 구조 : 철근콘크리트조 슬래브지붕
 (2) 사용승인일자 : 2005년 5월 1일
 (3) 세부현황 : 500번지, 501번지 양 지상에 위치함

층 별	구 조	면적(m^2)	용 도	비 고
지하1층	철근콘크리트조	260	주차장, 기계실	－
지상1층	철근콘크리트조	520	사무실	P은행 임차
지상2층	철근콘크리트조	520	사무실	P은행 임차
지상3층	철근콘크리트조	520	사무실	R회사 임차
지상4층	철근콘크리트조	520	사무실	R회사 임차
지상5층	철근콘크리트조	400	사무실	공실
계		2,740		－

3. 기타현황

현재 대상부동산의 소유자는 丙과 丁이 공동소유(각각 50%)를 하고 있으며, 소유자 丙의 명의로 C은행에 근저당권 5억원이 설정되어 있음

(중 략)

〈자료 6〉 대상 부동산의 임대내역

구 분	면적(m²)	임차인	임대기간	임대료
지상 1층	520	P은행	2011.7.1. ~ 2016.6.30.	'15년 7월 1일부터 연간가능 총소득(PGI) 120,000원/m² 적용
지상 2층	520	P은행	2011.7.1. ~ 2016.6.30.	'15년 7월 1일부터 연간가능 총소득(PGI) 95,000원/m² 적용
지상 3층	520	R회사	2014.7.1. ~ 2019.6.30.	'15년 7월 1일부터 연간가능 총소득(PGI) 80,000원/m² 적용
지상 4층	520	R회사	2014.7.1. ~ 2019.6.30.	'15년 7월 1일부터 연간가능 총소득(PGI) 80,000원/m² 적용
지상 5층	400	공 실	—	최근 1개월간 공실
계	2,480		—	

※ R회사는 회사 사정상 2016.6.30.에 이전할 계획이며, 현재 소유자도 중도 계약해지에 동의하였고, 새로운 임차인을 시장임대료로 즉시 구할 수 있음

〈자료 7〉 최근 임대사례

1. 사례물건 : V동 138번지 소재 5층
   (1) 토지현황 : 일반상업지역, 대, 950m², 소로한면, 사다리형, 평지
   (2) 건물현황 : 철근콘크리트조, 지하1층 ~ 지상5층, 연면적 3,200m², 상업용
2. 임대상황
   (1) 1 ~ 2층 임대사례 : G은행 2016.7.1.부터 5년 계약
      연간가능총소득(PGI) 1층 160,000원/m², 2층 120,000원/m²
   (2) 3 ~ 5층 임대사례 : H 회사 2016.7.1.부터 5년 계약
      연간가능총소득(PGI) 3 ~ 4층 100,000원/m², 5층 90,000원/m²

(중 략)

〈자료 9〉 지역요인, 개별요인 등 품등 비교자료

3. 임대사례(V동 138번지)와 대상 부동산의 품등 격차율(지역 요인과 개별요인 포함) : 임대사례가 대상 부동산 보다 총 10% 우세함

〈자료 10〉 수익환원법 적용 자료 및 의뢰인 乙의 부동산 투자계획

1. 환원율 및 할인율
   (1) 현재시점 환원율 : 시장추출법에 의한 산정

구 분	사례 #1	사례 #2	사례 #3
매매가격(원)	3,500,000,000	2,200,000,000	2,400,000,000
순수익(원)	140,000,000	88,000,000	200,000,000
기 타	최근사례, 정상거래	최근사례, 정상거래	최근사례, 사정개입

2. 수익환원법 적용
   (1) 대상 부동산의 시장가치산정을 위한 수익환원법은 1년차 순영업소득(NOI)을 직접 환원하는 직접환원법을 적용
   (2) 수익환원법에 적용되는 수익과 비용은 연간 단위로 산정하고 연말에 인식하는 것을 가정하며, 연간가능총소득(PGI)에는 관리비 등 제반 내역이 합리적으로 포함되어 있다고 전제함
   (3) 대상 부동산의 수익환원법 적용 시, 연간가능총소득(PGI)은 최근 임대사례에서 산출하고, 공실손실상당액, 운영경비 등은 대상 부동산을 기준으로 산정함
   (4) 공실률은 매년 5%로 예상되며, 운영경비는 각 층별 면적 기준으로 25,000원/m^2이 소요되며

(중 략)

📑 출제영역

수익환원법_직접환원법

📑 답안작성 가이드

시장임대료를 기준으로 인근 사례로부터 환원율을 추출하여 직접환원법에 의해 수익가액을 도출한다.

1. 수익방식－일체 수익가액
   (1) 순영업소득(NOI)
      ① 연간가능총소득(PGI)－시장임대료
         1층 : 160,000×100/110×520m^2
         2층 : 120,000×100/110×520m^2
         3, 4층 : (100,000×100/110×520m^2)×2
         5층 : 90,000×100/110×400m^2
         소계＝259,636,000
      ② 유효총소득(EGI) : '(1)'×(1－0.05[*])≒246,654,000
         *) 예상공실률
      ③ 운영경비(OE) : 25,000×2,480(＝2,740－지하층 260)m^2＝62,000,000
      ④ 순영업소득(NOI) : '②'－'③'＝184,654,000
   (2) 환원율 : 시장추출법, 최근, 정상사례 #1, #2 (#3－사정개입)
      #1 : 140,000,000/3,500,000,000＝0.04
      #2 : 88,000,000/2,200,000,000＝0.04
      환원율(산술평균)＝0.04
   (3) 일체 수익가액 :
      184,654,000/0.04＝4,616,000,000

04 (주)A감정평가법인 甲감정평가사는 (주)K자산운용으로부터 감정평가 등을 의뢰받았다. 주어진 자료를 활용하여 다음 물음에 답하시오. (40점) 〔기출 23회〕

(1) 계약임대료를 기준으로 대상물건을 감정평가하시오. (10점)

〈자료 1〉 대상물건 개요
1. 토지·건물 내역

토지	소재지	서울특별시 G구 Y동 ○○빌딩
	지목	대
	면적	2,833m²
	용도지역	일반상업지역
건물	구조	철골철근콘크리트조 (철근)콘크리트지붕
	용도	업무시설
	건축면적	1,983.48m²
	연면적	49,587m²
	층수	지상 20층/지하 5층
	사용승인	1999.12.
	주차	100대
	승강기	승객용 5 (H사, 1,150kg, 90m/min, 15인) 비상용 1 (H사, 750kg, 90m/min, 10인)

2. 대상물건 거래관련 자료

거래예정금액	275,000,000,000
거래조건	없음
거래예정시점	2012.9.30.
거래예정금액 지급조건	일시불(자기자본 : 110,000,000,000원, 타인자본 : 165,000,000,000원)
토지건물 배분예정금액	토지 : 210,000,000,000원 건물 : 65,000,000,000원
오피스빌딩 하위시장	YS북부

〈자료 3〉 계약임대료(Contract Rent) 관련 자료
1. 보증금, 연간임대료, 연간관리비, 고정경비 및 변동경비 상승률 : 5% 또는 CPI 중 낮은 율
2. 공실 및 대손충당금
   (1) PGI의 3.5%
   (2) 대상물건은 양호한 임차인이 입주하고 있어 오피스빌딩 하위시장의 공실 및 대손충당금 비율에 비해 낮은 상태를 유지하고 있다.
3. 보증금 운용이율 : 연 5%

4. 계약임대료

구 분	대상물건
보증금(원/m²)	240,000
월임대료(원/m²)	24,000
월관리비(원/m²)	10,000

(중 략)

〈자료 4〉 공통자료

1. 각종지표
    (1) 2008년 금융위기 이후 일반경기의 본격적인 상승이 이루어지지 않고 있으며, CPI는 연간 3.5% 상승이 예상된다.
    (2) 채권금리 등

구 분	국고채(3년)	회사채(3년)	CD(91일)
%	4.34	5.44	2.79

    (3) 벤치마크 수익률

하위시장	SN북부	SN남부	YS북부	YS남부
투자수익률(%)	6.0	6.2	7.0	6.5

2. 영업경비
    (1) 고정경비 : 연간관리비의 40%
    (2) 변동경비 : 연간관리비의 30%
    (3) 대체충당금 : 2년차에 100,000,000원, 4년차에 150,000,000원 설정 예정

3. 할인율(Discount Rate)
    (1) 甲감정평가사는 할인율 결정방법을 (주)A감정평가법인의 감정평가심사위원회(이하 '위원회')에 부의하여 결정하기로 하였다.
    (2) 동 위원회는 자본자산평가모델(CAPM ; Capital Asset Pricing Model), 가중평균자본비용(WACC ; Weighted Average Cost of Capital), 국고채금리에 일정률을 가산하여 구하는 방법 등을 종합 검토한 결과 본 감정평가에 적용할 할인율 결정방법은 WACC로 적용하는 것이 타당할 것 같다고 甲감정평가사에게 권고하였고, 甲감정평가사는 이를 수용하였다.
    (3) 甲감정평가사가 오피스빌딩 하위시장에서 조사한 자기자본수익률은 6.50%, 타인자본수익률은 5.67%이다.
    (4) 甲감정평가사가 대상물건과 관련하여 조사한 자기자본수익률은 6.25%, 타인자본수익률은 5.00%이다.
    (5) IRR, WACC는 소수점 넷째자리 이하 절사한다.

4. 기출환원율(Terminal Cap Rate)
   (1) 甲감정평가사는 기출환원율도 위원회에 부의하여 결정하기로 하였다.
   (2) 위원회는 향후 오피스빌딩시장의 가격변동률이 하락될 것으로 예상되어 기출환원율의 결정은 보수적인 입장을 취하는 것이 합리적이라는 판단을 하였다.
   (3) 그래서 위원회는 甲감정평가사에게 기출환원율은 결정된 할인율에 0.5%p를 가산하여 적용하는 것이 타당할 것이라는 권고를 하였다. 甲감정평가사도 오피스빌딩 시장이 부동산경기 및 일반경기 침체로 인해 하락할 것으로 판단하여 위원회의 권고안을 받아들이기로 하였다.

5. 보유기간 및 복귀가격
   (1) 보유기간은 5년으로 하고, 재매도비용은 공인중개사수수료 및 기타비용 등을 고려할 때 2%로 한다.
   (2) 복귀가격 결정을 위한 PGI 등은 5년차의 PGI 등에 연간 임대료, 관리비 등의 상승률을 적용하여 6년차의 순영업소득(NOI ; Net Operating Income)을 기준으로 결정한다.

6. 할인율과 기별 계수

구 분	1기	2기	3기	4기	5기
2.79%	0.973	0.946	0.921	0.896	0.871
4.34%	0.958	0.919	0.880	0.844	0.809
5.00%	0.952	0.907	0.864	0.823	0.784
5.44%	0.948	0.899	0.853	0.809	0.767
5.50%	0.948	0.898	0.852	0.807	0.765
5.80%	0.945	0.893	0.844	0.798	0.754
5.94%	0.944	0.891	0.841	0.794	0.749
6.00%	0.943	0.890	0.840	0.792	0.747
6.50%	0.939	0.882	0.828	0.777	0.730
7.00%	0.935	0.873	0.816	0.763	0.713
7.50%	0.930	0.865	0.805	0.749	0.697
8.00%	0.926	0.857	0.794	0.735	0.681
8.50%	0.922	0.849	0.783	0.722	0.665
9.00%	0.917	0.842	0.772	0.708	0.650
9.50%	0.913	0.834	0.762	0.696	0.635
10.00%	0.909	0.826	0.751	0.683	0.621

출제영역
수익환원법_할인현금흐름 분석법

답안작성 가이드
현 계약임대료를 적용하여 할인현금흐름분석법에 의해 수익가액을 도출한다.

I. 계약임대료 기준 감정평가

1. 개요
   대상 물건의 계약 임대료를 기준하여 수익가액으로 평가함

2. 할인율(WACC)
   대상물건 관련 수익률 적용함
   $0.4^{*)} \times 0.0625 + 0.6 \times 0.05 = 0.055$
   *) 자기자본비율 : 타인자본비율 = 110/275(0.4) : 165/275(0.6)

3. 보유기간 현금흐름
   (1) 현금흐름 추정
   ① 0기 PGI
   $\{240,000 \times 0.05 + (24,000 + 10,000) \times 12\} \times 49,587 ≒ 20,827$백만원
   ② 0기 경비
   $10,000 \times 12 \times 49,587 \times (\underline{0.4} + \underline{0.3}) ≒ 4,165$백만원
   　　　　　　　　　　　　　고정　변동
   ③ 임대료 및 경비 상승률 : min 3.5%
   ④ 공실률 : PGI의 3.5%

   (2) 현금흐름표 (단위 : 백만원)

	0	1	2	3	4	5	6
PGI	20,827	21,556	22,310	23,091	23,899	24,736	25,602
EGI	20,098	20,802	21,529	22,283	23,063	23,870	24,706
(OE)							
고정+변동	4,165	4,311	4,462	4,618	4,779	4,947	5,120
대체충당금			100		150		
소계	4,165	4,311	4,562	4,618	4,929	4,947	5,120
NOI	15,933	16,491	16,967	17,665	18,134	18,923	19,586

   ※ EGI = PGI × (1 − 0.035) / 고정+변동비 = $4,165 \times 1.035^n$

4. 기말 복귀가격
   (1) 기출 환원율
   $0.055 + 0.005 = 0.060$
   (2) 기말 복귀가격
   19,586백만 / $0.060 \times (1 - 0.02) ≒ 319,905$백만원

5. 평가액
   $\sum \dfrac{NOI_n}{1.055^n} + \dfrac{기말\ 복귀가격}{1.055^5} ≒ 319,806$백만원

05 상업용부동산의 감정평가에 대하여 주어진 자료를 바탕으로 물음에 답하시오. (30점) 〈기출 35회〉

(1) 시산가액 조정기준(reconciliation criteria)을 설명하고, 이와 관련지어 본건 시산가액 조정을 통한 감정평가액 결정의 적정성에 대한 의견을 기술하시오. (10점)

(2) 주어진 자료상 본건에 적용한 환원율이 부적정할 가능성이 있는 사유에 대하여 설명하고, 제시된 자료 외에 추가적으로 부적정한 원인이 될 수 있는 사유를 기술하시오. (10점)

(3) 인근지역의 시장상황에 비추어 적정하다고 판단되는 환원율을 산출하고, 이를 기초로 산출된 수익방식에 의한 시산가액이 대상부동산의 적정한 감정평가액(시장가치)일 경우 본건 건물의 유효잔존내용연수를 구하시오. (내용연수 만료 시 잔존가치와 철거비는 없음) (10점)

〈자료〉 감정평가 요약

1. 기본적 사항
   - 소재지 : S시 S구 B동 157
   - 토지 : 3종일반주거지역, 대, 500m^2
   - 건물 : 연와조 슬래브지붕, 지하1층 지상2층, 연면적 900m^2, 사용승인일 1994.7.13.
   - 평가목적 : 일반거래(시가참고)
   - 기준시점 : 2024.7.13.
   - 기준가치 : 시장가치

2. 인근지역 및 본건 개황
   1) 인근지역 개황
      - 본건의 인근지역은 S시 부도심 서측의 N로(중로)에 접하고 있는 노선상가지대로, 최근 개통된 터널로 S시 부도심의 간선도로와 동서로 연결되었음
      - 인근지역의 부동산은 그동안 낮은 상업성으로 인해 저밀도로 이용되고 있었는데, 터널의 개통과 함께 경과연수가 오래된 건물들부터 철거 후 신축 또는 대수선을 수반한 증축이 일어나고 있어 지역의 변모와 함께 부동산 거래량이 증가하는 양상을 나타내고 있음
      - 인근지역 시장조사 결과, 유사부동산에 대한 투자수익률은 8.00%이고 순임료(NOI)와 부동산 가격이 매년 3.00% 상승할 것으로 예상됨
   2) 대상 부동산 개황
      - 본건 토지는 N로에 북측으로 접하고 있는 가장형 평지임
      - 본건 건물은 30년 경과된 지하1층 지상2층 연와조 슬래브지붕으로, 신축 후 양호한 관리 및 소매판매점 용도에 비추어 시간의 경과에 따른 감가 외에 기능적 감가는 없는 것으로 판단됨

3. 원가방식에 의한 시산가액 산출
   1) 토지가치의 산출
      - 공시지가기준법에 의한 토지가치 : @18,000,000원/m^2
      - 거래사례비교법에 의한 토지가치 : @18,200,000원/m^2
      - 거래사례비교법에 의하여 충분히 지지되는 공시지가기준법에 의한 토지가치로 결정
      - @18,000,000원/m^2 × 500m^2 = 9,000,000,000원
   2) 건물가치의 산출
      - 재조달원가 : @1,500,000원/m^2(표준건축비에 따른 적정한 수준)
      - 감가수정(정액법) : @1,500,000원/m^2 × 30년/45년 = @1,000,000원/m^2
      - 건물가치 : (@1,500,000원/m^2 − @1,000,000원/m^2) × 900m^2 = 450,000,000원

3) 원가방식에 의한 시산가액
   - 토지가치 : 9,000,000,000원
   - 건물가치 : 450,000,000원
   - 합계 : 9,450,000,000원

4. 수익방식에 의한 시산가액 산출
   1) 계약임대료 : @42,500원/m^2, 월(순임료)
   2) 계약내용 : 본건 부동산 전체를 할인마트에 장기임대 중으로 최근에 시장임대료 수준으로 계약임대료를 갱신하였는바, 잔존 임대차기간은 7년임
   3) 순영업소득 : @42,500원/m^2 × 900m^2 × 12 = 459,000,000원
   4) 환원율의 산출

매매사례	매매가격(원)	순영업소득(원)(NOI)	환원율(R_o)	토지가격(원)	건물가격(원)
1	8,500,000,000	488,000,000	5.74%	5,400,000,000	3,100,000,000
2	5,300,000,000	300,000,000	5.66%	3,200,000,000	2,100,000,000
3	14,000,000,000	798,000,000	5.70%	8,700,000,000	5,300,000,000

   ※ 상기 매매사례는 모두 3종일반주거지역에 속하고 매매가격, 토지 및 건물가격, 순영업소득 등은 모두 정상적인 최근 사례임

   최근 본건 인근에 소재하는 상기 매매사례의 매매가격과 순영업소득을 기초로 산출된 환원율이 유사한 수준을 나타내고 있어 신뢰성이 있다고 판단되어 본건 평가에 적용할 환원율을 5.70%로 결정함

   5) 수익방식에 의한 시산가액
      459,000,000원/5.70% ≒ 8,052,000,000원

5. 시산가액의 조정 및 감정평가액 결정
   - 원가방식에 의한 시산가액은 거래사례비교법에 의하여 충분히 지지되는 공시지가기준법에 의하여 산출된 시산가액에 정액법에 의하여 감가수정한 건물가치를 합산하여 산출하였음
   - 수익방식에 의한 시산가액은 최근 시장임대료 수준으로 갱신된 계약임대료를 기초로 산출된 순영업소득에 인근의 정상적인 매매사례의 순영업소득과 매매가격에 기초하여 산출된 환원율 5.66% ~ 5.74%를 고려하여 환원율 5.70%를 적용하여 산출하였음
   - 이와 같이 원가방식 및 수익방식에 적용한 자료 등이 모두 기준시점 현재 인근의 시장상황을 반영하고 있는바, 각 감정평가방식에 특별한 문제가 없는 것으로 판단됨
   - 따라서 양 시산가액의 평균액을 최종 감정평가액 8,751,000,000원으로 결정함

출제영역
수익환원법, 환원율

답안작성 가이드
Ⅰ. 평가개요

상업용 복합부동산에 대한 일반거래(시가참고) 목적의 감정평가로서, 2024.7.13.을 기준시점으로 시장가치를 기준으로 평가하되, 제시된 물음에 답함.

Ⅱ. [물음 1] 시산가액 조정기준과 감정평가액 결정의 적정성에 대한 의견 (10)
  1. 시산가액 조정기준
     감정평가 실무기준(400-4)에 의거, 감정평가 목적, 대상물건의 특성, 수집한 자료의 신뢰성, 시장상황 등을 종합적으로 고려
     1) 감정평가 목적
        감정평가를 수행하는 목적(의뢰자의 요청, 감정평가서의 사용처 등 참고)에 따라 시산가액 조정 기준이 달라짐.
     2) 대상물건의 성격(특성)
        시장성이 큰 경우 비교방식 중심, 수익성 부동산의 경우 수익방식 중심, 최근 공급된 부동산 등의 경우 원가방식 중심으로 시산가액 조정
     3) 시장상황
        시장상황의 안정 또는 급변동 여부에 따라 특정 접근방식이 더 신뢰성을 줌
     4) 자료의 신뢰성
        자료의 적절성, 정확성, 자료의 양에 따라 특정 접근방식 중심으로 결정
        ① 적절성
           각 방식의 적용에 있어 적절한 자료가 수집되었는지, 제대로 활용되었는지 확인
        ② 정확성
           각 방식에 사용된 자료 중 어느 것이 더 정확성이 있는 자료인지 확인
        ③ 자료(증거)의 양
           통계학적인 의미와 같은 맥락에서 풍부한 자료에 의해 지지되는 접근방식에 신뢰성이 높음
  2. 시산가액 조정을 통한 감정평가액 결정의 적정성에 대한 의견
     1) 감정평가 목적
        일반거래(시가참고) 목적의 감정평가로서 시장가치를 정확하게 파악하기 위해서는 원가방식, 수익방식 외에 비교방식에 대한 합리성 검토도 필요하나 비교방식에 의한 시산가액이 제시되지 않음.
     2) 대상물건의 성격·시장상황
        터널 등의 개통으로 접근성이 개선되면서 신축 및 대수선 등에 의해 지역 개발이 진행되고 있으며, 대상물건은 양호한 관리상태 및 임대상황으로 당분간 현 상태대로 유지될 것으로 보이는 중도적 이용 상황에 있음. 수익환원법 중 부동산잔여법 또는 할인현금흐름분석법 등의 평가방식이 고려되지 않음.
     3) 자료의 신뢰성
        수익방식 적용과정에서 환원율 산출 위해 검토한 부동산은 토지, 건물 가격구성비 등의 유사성이 떨어져 자료의 적절성이 의심되고, 시장사례 외에 통계적인 환원율 자료에 대한 검토가 없어 자료의 양 측면에서도 미흡.
     4) 가중치
        단순하게 원가방식과 일괄 수익방식에 의한 시산가액을 평균함. 위 목적, 물건의 성격 및 시장상황, 자료의 신뢰성 등에 비춰 가중치를 달리 적용하는 것에 대한 검토가 누락

Ⅲ. [물음 2] 환원율의 부적정 사유 (10)
  1. 환원율의 부적정 가능성 사유
     1) 제시된 자료 기준
        지리적 인접성, 공법상 제한, 시점 등에서 유사성이 인정되나, 아래와 같이 물리적 측면의 이질성(토지, 건물 가격구성비의 차이로 인한 회수율 등의 차이)이 커, 사례의 환원율 평균을 단순 인용하는 것은 오차가 큼. 또한 건물가격구성비 및 건물가액을 고려할 때 사례는 당분간 현 상태 유지 또는 대수선 등이 예정되어 있다고 추정되나, 대상은 잔여임대기간 종료 후 철거 및 신축이 예정되어 있다고 볼 수 있어 장래 이용 측면에서 유사성이 떨어짐.

구 분	토지 건물 가격 구성비
대상부동산	95.2 : 4.8
사례 1	63.5 : 36.5
사례 2	60.4 : 39.6
사례 3	62.1 : 37.9

2) 제시된 자료 외 기준
　(1) 시장추출법
　　시장추출법에 의할 경우, 용도 및 규모 등의 유사성이 인정되어야 하나, 용도의 유사성이 주어진 자료로 확인되지 않음.
　(2) 요소구성법
　　무위험률을 결정하는 데 있어 현 시중금리 및 금리변동 추세가 제시되지 않았고, 위험할증률 결정에 있어 건물의 가격구성비 및 경과연수에 비춰 최근 갱신된 대상부동산 임대계약이 잔존 임대차기간까지 유지되지 않을 위험성 등을 반영해야 할 수 있음.
　(3) 물리적 투자결합법
　　잔존내용연수의 차이에 의해 환원율의 차이가 발생
　(4) 금융적 투자결합법
　　각 사례의 매매 당시 지분―저당 구조 등이 차이가 있을 경우 환원율의 달라질 수 있음.

Ⅳ. [물음 3] 환원율의 산출 및 유효잔존내용연수의 결정 (10)
　1. 환원율의 산출
　　인근지역의 시장조사 결과 유사부동산에 대한 투자수익률 8%, 순임료와 부동산가격의 매년 상승률 3%인바,
　　환원율
　　＝투자수익률―순임료상승률(가격상승률)
　　＝8%―3%
　　＝5%

　2. 유효잔존내용연수 결정
　　1) 처리방침
　　　[순임대료÷시장추출법에 의한 R―원가방식에서의 토지가치]를 현재 건물가치로 보고, [(재조달원가―현재건물가치)/경과연수]로 연감가수정액을, [재조달원가/연감가수정액]으로 전체내용연수를, [전체내용연수―경과연수]로 유효잔존연수를 산정함.
　　2) 현재 건물가치
　　　459,000,000/0.05―9,000,000,000＝180,000,000
　　3) 연 감가수정액
　　　(1,350,000,000―180,000,000)/30＝39,000,000원
　　4) 전체내용연수
　　　1,350,000,000/39,000,000＝34.6년
　　5) 유효잔존연수
　　　34.6년―30년＝약 4년

CHAPTER 04 그 밖의 감정평가방식

제2편 | 감정평가방식

> **핵심 키워드**
>
> 제1절 GIM법
>
> 제2절 대쌍자료비교법
> 1. 산 식
> 2. 산정 예시
>   (1) 거래사례 및 대상 현황
>   (2) 격차 산정
>   (3) 감정평가액
>
> 제3절 회귀분석법
> 1. 단순회귀분석법
> 2. 다중회귀분석법
>
> 제4절 조건부가치평가법

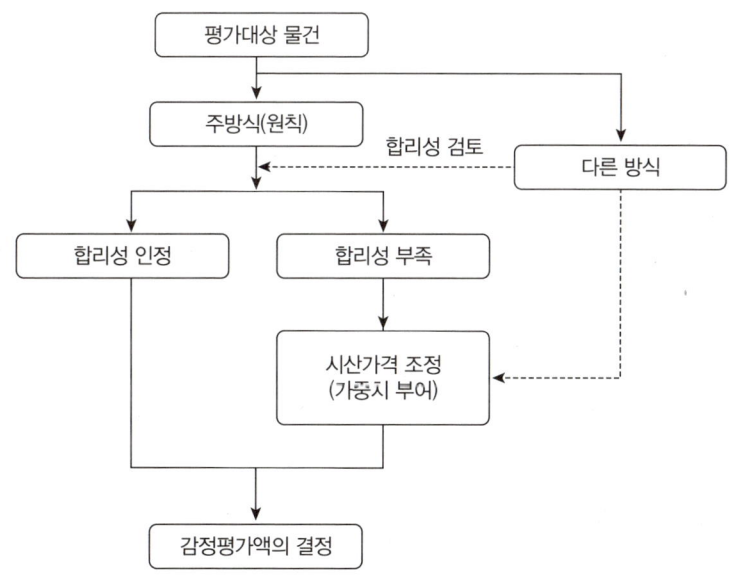

감정평가액의 결정 과정에서 적용하는 주방식과 다른 방식의 감정평가방식은 물건에 따라 다르다. 다만, 최종 감정평가액은 「감칙」과 실무기준에서 정한 3방식 7방법 중에서 선택한 주방식에 의한 시산가액이거나 주방식 외 다른 방식에 의한 시산가액까지 고려한 가액이다. 이 장에서 말하는 '그 밖의 감정평가방식'[65]은 최종 감정평가액을 결정하는 방식으로 활용할 수 없다. 시산가액 조정의 과정에서 가중치를 부여할 때 참고하거나 3방식 7방법에 의한 시산가액을 검토할 때 참작할 수 있다.

제1절 GIM법 기출 29회

수익환원법 중 환원모형에서는 (표준적인) 순수익을 환원율로 나눠 수익가액을 도출한다. 환원율 산정 방법에는 시장추출법이 있었다. 대상과 유사한 부동산의 거래가액과 순수익의 비율을 환원율로 적용한다. 시장추출법에서 '순수익/거래가액'이 환원율이다. GIM법은 순수익 대신 총수익을 대입해 '거래가액/총수익'(총수익승수)을 대상 총수익에 적용해 평가액을 추정한다.
총수익에서 기타소득을 배제한 총임료를 적용할 때는 GRM법으로 부른다.

구 분			상 세
GIM법	산 식		사례의 GIM × 대상의 총소득(GI) = 대상 감정평가액
	항 목	사례 GIM	$\dfrac{\text{사례 거래가격}}{\text{사례 GI}}$
		대상 GI	대상의 총수익
GRM법	산 식		사례의 GRM × 대상의 총임료(GR) = 대상 감정평가액
	항 목	사례 GRM	$\dfrac{\text{사례 거래가격}}{\text{사례 GR}}$
		대상 GR	가능총소득 중 기타소득을 포함하지 않음

제2절 대쌍자료비교법 기출 28회

거래사례비교법의 약식 형태로서, 특정 가치형성요인의 보유 유무에 따른 가격격차를 시장에서 추출하여 거래사례가격에 가감하는 형태로 대상 부동산의 가치를 추정하는 방법이다.

1. 산 식

> 대상 감정평가액 = 사례부동산 거래가격 + Σ 특정요소 보유에 따른 가격 격차

---

[65] 노선가식평가는 실무상 적용가능성이 떨어져 소개는 생략함

2. 산정 예시

(1) 거래사례 및 대상 현황

구 분	A	B (비교거래사례)	C	D	E	대상
엘리베이터	○	○	○	○	○	○
개별 에어컨	○	○	○	×	○	×
개별 위생설비	○	○	×	○	×	×
개별 취사시설	×	○	×	○	○	×
거래가격	A	B	C	D	E	P(?)

(2) 격차 산정

항 목	항목별 가격
개별 에어컨	B−D
개별 위생설비	A−C
개별 취사시설	E−C
가격 격차액 누계	(B−D)+(A−C)+(E−C)=A+B−2C−D+E

(3) 감정평가액

```
P = 거래사례B − (개별에어컨 + 개별위생설비 + 개별취사시설)
  = B − (A+B−2C−D+E)
  = −A+2C+D−E
```

제3절 회귀분석법[66]

데이터 간 상관관계를 분석하는 방법을 회귀분석법이라고 부른다. 독립변수와 종속변수 간 상관관계는 회귀식으로 나타낸다. 감정평가와 관련해서는, 부동산 가치형성요인과 부동산가치의 상관관계가 관심사다. 부동산 가치가 어떠한 요인에 영향을 받고 각 요인이 부동산 가치에 미치는 영향의 정도를 개별적으로 파악하려는 것이다. 종속변수가 부동산 가격일 때의 회귀분석모형을 헤도닉가격모형이라고 부른다. 회귀분석을 통해 시점수정자료, 층별 효용비 등도 통계적으로 추출 가능하다.

---

[66] 안정근, 『부동산평가이론』, 법문사, 2006, pp.729∼748

헤도닉가격모형에서의 회귀식은 다음과 같이 표현될 것이다.

$$P=F(면적, 형상, 인근교통시설과의 거리, 일조 \cdots)\ [67]$$

회귀식 자체는 통계프로그램이나 가장 간단히는 엑셀 함수기능을 써서 도출할 수 있다. 회귀분석법은 독립변수의 수에 따라 변수가 하나인 단순회귀분석과 다변수인 다중회귀분석으로 구분한다. 단순회귀분석법에서는, 독립변수를 제외한 다른 요인을 통제해야 한다. 예컨대 A전철역에서의 거리에 따른 토지 가격의 변화를 나타내는 회귀식을 얻으려면, 다수의 유사 토지 거래사례를 포착한 뒤 전철역에서의 거리를 제외한 다른 요인은 상호 동등하게 보정해야 한다. 시점수정, 지역적 개별적 요인 보정 등이 필요하다.

아래 그래프는 독립변수와 종속변수가 각각 전철역에서의 거리와 토지가격인 단순회귀분석에 대한 예시다.

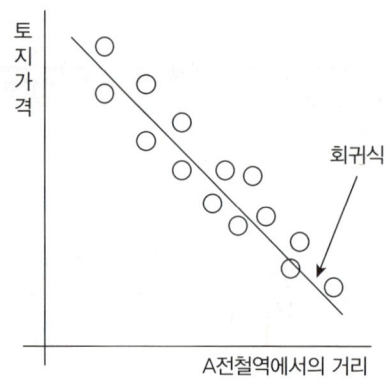

1. 단순회귀분석법

위 그래프의 회귀식을 구한다고 가정하면, 산식은 다음과 같이 구성된다.

$$Y=a+bX$$
[X : 독립변수, Y : 종속변수, a : 회귀상수, b : 회귀계수(n : 선정한 사례의 개수)]

구 분	상 세
X (독립변수)	토지가격에 영향을 미치는 요인에는 면적, A전철역에서의 거리, 형상, 조망, 일조, 도로조건 등 다양한 가치형성요인이 있으나, 이 중 A전철역에서의 거리를 변수로 설정한다.
Y (종속변수)	'단위면적당 토지가격'을 종속변수로 설정한다. 명목상 토지거래단가가 종속변수가 아니고 독립변수를 제외한 대상 다른 가치형성요인은 대상 토지와 대등하도록 보정한 조정실거래가가 종속변수 값이 된다.

---

67) 이를 산식으로 표현하면 Y=a+b×면적+c×형상+d×인근교통시설과의 거리+e×일조시간 … 과 같다.

b (회귀계수)	독립변수가 가격에 영향을 미치는 정도[68]로서, 회귀식의 기울기에 해당하며 다음 산식으로 계산된다. $$b = \frac{n\sum_{k=1}^{n}XY - \sum_{k=1}^{n}X\sum_{k=1}^{n}Y}{n\sum_{k=1}^{n}X^2 - (\sum_{k=1}^{n}X)^2}$$ 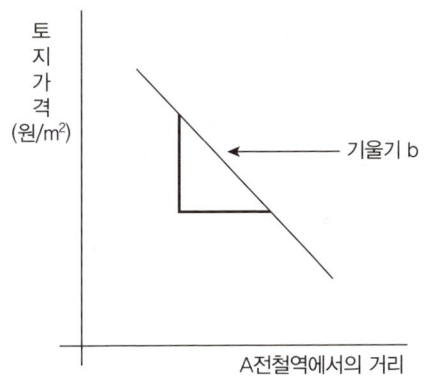
a (회귀상수)	독립변수 값이 0일 때의 토지가격으로, 그래프의 y절편에 해당된다. $$a = \frac{\sum_{k=1}^{n}Y\sum_{k=1}^{n}X^2 - \sum_{k=1}^{n}X\sum_{k=1}^{n}XY}{n\sum_{k=1}^{n}X^2 - (\sum_{k=1}^{n}X)^2}$$ 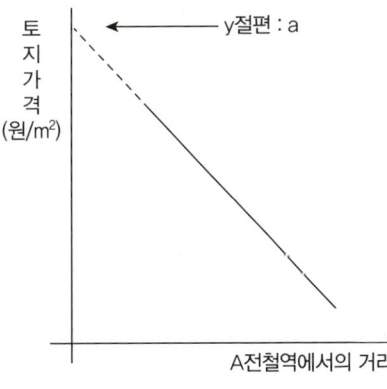

---

[68] 회귀계수가 (−)가 나오면 이는 독립변수와 종속변수가 역의 상관관계에 있음을 나타낸다. 즉 변수의 값이 커질수록 토지가격이 하락한다는 의미이며 A전철역에서의 거리가 독립변수일 때도 해당될 것이다.

위 산식을 도출하는 과정을 정리하면 다음과 같다.

> 1. 먼저 n개의 토지 거래사례를 수집한 후 변수 X를 제외한 모든 요인을 대상과 동일하게 보정한다.
> 2. 모형을 Y=a+bX 로 놓는다.
> 3. 양변에 Σ를 취한다.
> $$\sum_{k=1}^{n} Y = na + b \sum_{k=1}^{n} X \quad \cdots\cdots ①$$
> 4. 모형의 양변에 X를 곱한 후 Σ를 취한다.
> $$\sum_{k=1}^{n} XY = a \sum_{k=1}^{n} X + b \sum_{k=1}^{n} X^2 \quad \cdots\cdots ②$$
>   두 식은 변수가 a, b이고 나머지 값은 숫자인 이원일차연립방정식이므로, 간단히 풀 수 있다.

회귀식이 도출되면, 결정계수(R^2)값도 결정된다. 종속변수의 총 변량 중 회귀식에서 설명되는 변량의 비율로서 간단히 '회귀식의 값을 신뢰할 수 있는 비율' 정도로 이해할 수 있다. 산식은 다음과 같다.

$$R^2 = \frac{\sum(Y' - \overline{Y})^2}{\sum(Y' - \overline{Y})^2 - \sum(Y - Y')^2}$$

$\overline{Y}$는 종속변수의 평균이며, Y'는 회귀식에 의한 값이다. 결정계수는 0 ~ 1의 값을 가지며 회귀식에 의한 값(Y')와 실제 사례 값(Y) 간에 오차가 없으면 1이 된다.

단순회귀분석법으로 회귀식을 도출할 때는 독립변수 외 다른 변수의 영향을 제한시키기 위해 자료를 취사선택하기도 한다. 숙박업소에 대한 평가를 위해, 인근 숙박업소의 수익 자료를 아래와 같이 취합했다면, 이 자료로부터 어떤 회귀식을 얻을 수 있는지 고민해야 한다.

조사시점	규모(객실수)	PGI/객실·월(천원)	객실점유율(%)
6.12.	15	700	75.5
7.2.	30	800	82.2
7.3.	31	810	81.8
7.5.	16	690	74.1
7.6.	30	800	80.5
7.8.	29	790	80.0
7.10.	15	710	72.2
7.12.	30	800	78.8

※ 조사시점은 매월 초일을 기준하고, 충당금은 무시함

위 표를 보면 규모(객실수)에 따라 PGI 및 객실점유율의 격차가 크다. 대상 숙박업소와 유사한 규모의 사례만 선별적으로 추출해야 한다. 유사한 규모에서는 PGI의 변동이 크지 않고, 객실점유율만 조사시점이 최근일수록 감소하는 추세를 보인다. 따라서 위자료에서 얻을 수 있는 회귀식은 시점을 독립변수로, 객실점유율을 종속변수로 해야 한다.

도출한 회귀식을 보고 상황에 맞게 해석해야 한다. 위 숙박업소를 대상으로 한 또 다른 회귀식이 다음과 같이 주어졌다면, 회귀계수 0.4는 변동경비비율을, 회귀상수 1,200,000원은 고정경비를 나타낸다.

$$\hat{y} = 1{,}200{,}000원 + 0.4X$$
($\hat{y}$: 운영경비, X : 가능총소득, $R^2 = 0.951$)

2. 다중회귀분석법

변수가 2개 이상인 회귀식으로, 'Y=a+bX_1+cX_2+dX_3+ … '으로 표현된다. 각 변수의 회귀계수는 변수가 1만큼 변동될 때 종속변수의 변화 값을 나타낸다. 다음은 변수가 2개인 다중회귀식을 수작업으로 구하는 과정이다.

> 1. n개의 사례를 선정한 후 변수 X_1, X_2를 제외한 모든 요인을 대상과 동일하게 보정한다.
>
> 2. 모형을 결정한다.
> $Y = a + bX_1 + cX_2$
>
> 3. 양변에 Σ를 취한다.
> $$\sum_{k=1}^{n} Y = na + b\sum_{k=1}^{n} X_1 + c\sum_{k=1}^{n} X_2 \quad \cdots\cdots \text{①}$$
>
>   모형의 양변에 X_1를 곱한 후 Σ를 취한다.
> $$\sum_{k=1}^{n} X_1 Y = a\sum_{k=1}^{n} X_1 + b\sum_{k=1}^{n} X_1^2 + c\sum_{k=1}^{n} X_1 X_2 \quad \cdots\cdots \text{②}$$
>
>   모형의 양변에 X_2를 곱한 후 Σ를 취한다.
> $$\sum_{k=1}^{n} X_2 Y = a\sum_{k=1}^{n} X_2 + b\sum_{k=1}^{n} X_1 X_2 + c\sum_{k=1}^{n} X_2^2 \quad \cdots\cdots \text{③}$$
>
> 4. 세 식을 연립하여 a, b, c값을 구한다.

미지수는 a, b, c이고 나머지는 모두 계산할 수 있는 값이므로 미지수가 3개, 산식이 3개인 삼원일차연립방정식의 풀이로 해결 가능하다.

제4절 조건부가치평가법[69]

시장가격을 확보할 수 없는 비(非)시장재화의 가치를 추정하는 사회과학적 모델이다. 자연자원, 문화유산, 환경재 등의 가치를 추계할 때 활용된다. 특정 상황을 상정해서 설문조사를 벌이는데, 설문을 통해 응답자가 각 재화에 대해 지불할 수 있는 금액 또는 보상금으로 희망하는 금액을 조사한다. 예를 들어, 오염된 토지의 가치하락을 판단하는 설문조사를 다음과 같이 진행할 수 있다.

첫 번째 설문은, 오염된 상태를 기정사실화한 후 응답자의 토지라면 오염의 완전한 제거를 위해 지급해도 좋다고 생각하는 금액(지불의사액, WTP-willingness to pay)을 묻는다.

두 번째 설문은, 토양 오염 상태가 심각하여 오염 이전의 원래 상태로 회복이 불가능해졌다면 원상회복을 포기하는 대신 보상받기 원하는 금액(보상의사액, WTA-willingness to accept)을 묻는다.

이렇게 조사한 금액을 토양 오염이 발생한 토지의 '가치하락'으로 판단한다. 가치 추계 대상이 천연기념물로 지정된 희귀종의 군락지라면, 그 군락지를 보호하기 위해 고속도로를 우회해 건설하는 등 납세자가 부담할 용의가 있는 금액 총량이 군락지의 가치로 결정될 것이다.

구 분	평가액
WTP	지불하고자 의사를 표명한 금액의 평균 혹은 가중평균치
WTA	수용하고자 하는 의사를 표명한 보상금액의 평균 혹은 가중평균치

토양오염으로 인한 가치하락 등과 같이 가치하락의 원인이 비현시성(잠재성), 비 명확성, 비 확정 불안요소라고 하는 심리적 특징 때문에 발생하는 경우 유효적절한 접근방식이다. 비시장재화는 원가, 수익 거래증거 모두 확보할 수 없어 이 방법 외에는 대체할 접근 방법도 마땅치 않다. 다만, 질문내용과 설문대상자에 따라 발생하는 편의(bias)로 인해 설문 결과의 신뢰성이 떨어질 수 있다는 위험성을 안고 있다.

---

[69] CVM : Contingent Valuation Method

CHAPTER 04 기출문제

그 밖의 감정평가방식

01 투자자 甲은 1동의 건물 전체를 주거용으로 임대 중인 '단지형 연립주택' 대하여 아래의 〈자료 1〉과 〈자료 2〉를 참고하여, 〈자료 3〉과 같이 대상부동산의 가치를 산정하였다. 관련 법규 및 감정평가이론을 참작하고, 제시된 자료를 활용하여 다음의 물음에 답하시오. (10점) **기출 29회**

(1) 〈자료 3〉과 같은 甲의 가치산정과정과 결과에 대하여 '조소득승수(gross income multiplier)'를 활용하여 점검하되, 최종 조소득승수는 매매 사례 (a)와 (b)를 평균하여 산정하시오. (5점)

> 〈자료 1〉 대상부동산의 개요
> 1. 총 20개호인 각호의 구조는 2개의 룸으로 구획되어 있고 모두 동일함
> 2. 보증금 없이 각호 당 월 50만원에 전체를 공실 없이 임대 중임
>
> 〈자료 2〉 인근의 부동산 매매사례 등
> 1. 매매사례 (a) : 총 20개호인 각호의 구조는 3개의 룸으로 구획되어 있고 모두 동일하며, 보증금 없이 각호 당 월 70만원에 전체를 공실 없이 임대 중이며, 최근 12억원에 거래되었음
> 2. 매매사례 (b) : 총 20개호인 각호의 구조는 4개의 룸으로 구획되어 있고 모두 동일하며, 보증금 없이 각호 당 월 90만원에 전체를 공실 없이 임대 중이며, 최근 16억원에 거래되었음
>
> 〈자료 3〉 甲의 가치산정과정 및 결과
> 1. 매매사례 (a) : 12억원 전체 룸의 수 60개
> 2. 매매사례 (b) : 16억원 전체 룸의 수 80개
> 3. 룸 당 평균단가 : (12억원 + 16억원)/(60룸 + 80룸)=2,000만원
> 4. 대상부동산의 시산가치 : 2,000만원 × (2룸 × 20개호)=8억원

📋 출제영역
조소득승수법

📋 출제영역
사례의 매매가액과 총수익의 비율로 조소득승수를 구해, 대상 단지형 연립주택의 가치를 평가하도록 하고 있다.

Ⅰ. 물음 (1) 조소득승수를 활용하여 점검
  1. 조소득승수
    (1) 매매사례 (a)의 조소득승수
      1,200,000,000/(700,000×20개호×12월)=7.14
    (2) 매매사례 (b)의 조소득승수
      1,600,000,000/(900,000×20개호×12월)=7.41
    (3) 조소득승수 결정 : [`(1)`+`(2)`]/2=7.28
  2. 조소득승수법에 따른 부동산 가치
    (500,000×20개호×12월)×7.28=873,600,000원

02 감정평가사 김○○은 다음 물건에 대하여 A기업으로부터 일반거래 시가참고용 감정평가를 의뢰받았다. 기준시점을 2017.7.1.로 하여 관련 법규 및 이론을 참작하고 제시된 자료를 활용하여 감정평가 하시오. (10점)

기출 28회

〈자료 1〉 대상물건 개요

소재지	A시 B구 C동 100외 2필지			
건물명, 층, 호수	"D타운" 제10동 제17층 제1706호			
용도	아파트	사용승인일	2010.10.10.	
면적	전유면적(m²)	공용면적(m²)	분양면적(m²)	대지권면적(m²)
	85	25	110	28.5

〈자료 2〉 현장조사내용
1. 본건 인근은 아파트, 다세대 및 다가구주택, 상가, 공장 등이 혼재하는 지역임
2. 본건까지 차량출입 가능하고 인근에 노선버스정류장이 위치해 있음
3. 본건은 현재 방 3개, 주방, 거실, 화장실 2개, 발코니로 구성되어 있으며, 위생 및 급·배수설비, 난방설비, 승강기설비, 소화전설비 등이 되어 있음
4. 본건은 발코니가 합법적으로 확장되어 있으며 확장면적은 10m²임
5. 본건의 관리상태를 상, 중, 하로 나타낼 경우 '하'에 해당함
6. 대상물건이 위치한 동일 아파트단지 내의 거래사례를 분석한 결과, 거래시점, 발코니 확장정도, 관리상태, 층, 향, 동에 따라 가격차이가 존재함

〈자료 3〉 인근 아파트 거래사례(정상적인 거래로 판단됨)

기호	소재지, 지번, 명칭	동	층	호수	전유면적(m²)	거래금액(원)	거래시점	관리상태
1	A시 B구 C동 100외 2필지 D타운	제10동	4	406	85	338,750,000	2016.6.10.	하
2		제10동	18	1803	85	335,000,000	2016.12.10.	하
3		제10동	16	1605	85	350,000,000	2017.3.25.	중
4		제15동	8	802	85	338,000,000	2017.7.1.	상
5		제15동	8	801	85	345,000,000	2017.7.1.	중

〈자료 4〉 A시 월별 아파트 매매가격지수

2016년						2017년						
7월	8월	9월	10월	11월	12월	1월	2월	3월	4월	5월	6월	7월
103.4	103.6	103.8	104	104.4	104.4	104.4	104.4	104.5	104.6	104.7	105.0	105.1

〈자료 5〉 기타자료
1. 거래사례 중 기호5는 발코니가 합법적으로 10m² 확장된 것으로 조사되었고 나머지는 확장되지 않은 것으로 조사됨
2. 본건과 거래사례는 방 배치 등 기타 구조 측면에서 모두 동일함

3. 관리 상태에 따른 가격격차 정도는 다음과 같음(D타운 전체 적용가능)

하	중	상
100	101	102

4. 층에 따른 가격격차 정도는 다음과 같음(D타운 전체 적용가능)

1층 ~ 3층	4층 ~ 10층	11층 ~ 20층
100	105	108

5. 본건 아파트의 1호 ~ 3호는 남동향이며, 4호 ~ 6호는 남향임

출제영역

대쌍자료비교법

답안작성 가이드

아파트의 가치형성요인 중, 발코니 확장 여부에 따른 가격격차를 대쌍자료를 통해 추출하도록 요구하는 문제다.

1. 감정평가 개요
   (1) 기준시점 : 2017.7.1.
   (2) 감정평가방법 : 「감칙」 제7조 제2항 및 제16조에 의거 거래사례비교법을 적용함
   (3) 감정평가 목적 : 일반거래(시가참고용)

2. 감정평가액 결정
   (1) 거래사례 선정 : #3(#1 – 시점수정 불가, #2 – 방위 비교 불가, #4, #5 – 동 및 방위 비교 불가)
   (2) 시점수정치(2017.3.25. ~ 2017.7.1.)
      $105.0/104.5 ≒ 1.00478$
   (3) 외부요인, 건물요인 비교 : 동일 아파트 단지로서 1.000
   (4) 개별요인 비교
      ① 발코니 확장(A) (거래사례 #4와 #5로부터 추출)
         $338,000,000 \times (101/102) \times A ≒ 345,000,000$
         $A = 1.03$
      ② 관리상태 : $100/101 ≒ 0.99$
      ③ 층에 따른 가격격차 : 1.00
      ④ 향 : 1.00
      ⑤ 동 : 1.00
      ⑥ 개별요인 비교 : 1.020
   (5) 감정평가액 결정
      @$350,000,000 \times 1.00 \times 1.00478 \times 1.000 \times 1.000 \times 1.020 ≒ 359,000,000$원

03 한국○○공사는 보유 중인 부동산을 매각하기 위해 김공정 감정평가사에게 일반거래(시가참고) 목적의 감정평가를 의뢰하였다. 관련법규 및 이론을 참작하고 제시된 자료를 활용하여 다음의 물음에 답하시오. (40점) 기출 26회

(1) 본 감정평가에 적용할 층별효용지수를 산정하시오. (10점)

<자료 1> 기본적 사항
1. 감정평가 의뢰내역

기호	소재지 지번	층	호수	전용면적 (m²)	공용면적 (m²)	전체면적 (m²)
1	서울시 A구 B동 00번지	1층	101	1,350	1,650	3,000
2	〃	2층	201	1,215	1,485	2,700
3	〃	3층	301	1,215	1,485	2,700
4	〃	4층	401	1,100	1,600	2,700
5	〃	5층	501	1,215	1,485	2,700
6	〃	6층	601	900	1,100	2,000
7	〃	지하1층	B101	2,250	2,750	5,000

2. 기준시점 : 2015.8.20.
3. 기준가치 : 시장가치
4. 평가목적 : 일반거래(시가참고)

<자료 2> 지역분석 자료
1. 본건이 위치하고 있는 지역은 새롭게 조성된 상업 및 업무지대로 토지 및 업무시설(집합건물)의 평가사례 및 거래사례가 풍부함
2. 기준시점 현재 해당지역의 업무시설가격은 2013년 1분기 대비 소폭 상승하였으나 해당 기간 동안 업무시설가격은 상승과 하락을 반복하였음
3. 사무실 또는 상가는 층별 각기 다른 가격격차를 보이고 있는데, 고객의 이용에 따른 편의성, 접근성, 수익성 등에 따른 것으로 판단됨. 한편, 지하철역과의 거리에 따른 가격격차도 확인할 수 있었음. 그리고 지하철역과의 거리에 따른 가격격차는 업무용 토지가격에서도 확인할 수 있었음
4. 상기의 지역분석은 탐문조사, 평가사례 및 거래사례 등을 이용하여 분석한 것으로 보다 상세한 해당 지역의 가치형성요인을 분석하기 위해 기준시점으로부터 6개월 이내 자료를 이용하여 계량분석을 실시함

<자료 3> 가치형성요인의 계량분석
1. 헤도닉가격모형을 이용하여 해당지역의 가치형성요인을 분석함

(중 략)

3. 집합건물인 업무시설(사무실)의 거래사례를 이용하여 업무시설가격을 종속변수로 한 모형을 추정한 결과 모형의 설명력은 0.825(수정된 R제곱)이고, F-value는 523.257로 나타남. 다음은 분석내용임
   (1) 설명변수로 채택된 층의 경우 본 계량모형상의 1층 가격은 약 3,500,000원/m^2 정도임. 한편, 다른 조건이 모두 동일한 경우 지하1층은 1% 유의수준에서 880,000원/m^2 정도가 1층에 비해 가격이 낮게 나타남. 한편, 2층부터 6층까지는 5% 유의수준에서 2층은 410,000원/m^2, 3층은 295,000원/m^2, 4층은 385,000원/m^2, 5층은 350,000원/m^2, 6층 이상은 400,000원/m^2 정도가 1층에 비해 가격이 낮게 나타났으며 이는 통계적으로 유의함

(중 략)

〈자료 11〉 기타자료
1. 유의수준이란 가설 검증시 제1종 오류를 범할 확률의 허용한계, 즉, 오차가능성을 말함

출제영역
회귀분석법

답안작성 가이드
헤도닉가격모형에 의해 각 층별 격차가 집합건물 가격에 미치는 영향의 정도를 반영하면 된다.

헤도닉 가격모형에 의한 층별 효용지수

층 수	단가(원/m^2)	효용비(1층=100)
지하1층	3,500,000－880,000＝2,620,000	75
1층	3,500,000	100
2층	3,500,000－410,000＝3,090,000	88
3층	3,500,000－295,000＝3,205,000	92
4층	3,500,000－385,000＝3,115,000	89
5층	3,500,000－350,000＝3,150,000	90
6층	3,500,000－400,000＝3,100,000	89

행운이란 100%의 노력 뒤에 남는 것이다.
— 랭스턴 콜먼 —

제3편
유형별 감정평가

CHAPTER 01	토지 평가
CHAPTER 02	건물 평가
CHAPTER 03	구분소유부동산 평가
CHAPTER 04	복합부동산 평가
CHAPTER 05	산림 평가
CHAPTER 06	과수원, 염전 평가
CHAPTER 07	공장재단 평가
CHAPTER 08	광업재단 평가
CHAPTER 09	의제부동산 평가
CHAPTER 10	광업권 평가
CHAPTER 11	어업권 평가
CHAPTER 12	권리금 평가
CHAPTER 13	지식재산권 등 평가
CHAPTER 14	유가증권 평가
CHAPTER 15	기업가치·영업권 평가
CHAPTER 16	동산 평가
CHAPTER 17	"소음 등"으로 인한 토지 등의 가치하락 평가
CHAPTER 18	지상권 평가
CHAPTER 19	임대차 평가
CHAPTER 20	입주권(분양권) 평가
CHAPTER 21	옵션 평가
CHAPTER 22	골프장 평가

CHAPTER 01 토지 평가

> **핵심 키워드**

제1절 개 관
 1. 관련 규정
 2. 실무적 적용

제2절 유형별 토지평가
 1. 용도별 토지평가
 2. 특수 토지평가
    (1) 광천지
    (2) 골프장용지 등
    (3) 공공용지
    (4) 사 도
    (5) 공법상 제한을 받는 토지
    (6) 일단(一團)으로 이용 중인 토지
    (7) 지상 정착물과 소유자가 다른 토지
    (8) 제시 외 건물 등이 있는 토지
    (9) 공유지분 토지
    (10) 지상권이 설정된 토지
    (11) 규모가 과대하거나 과소한 토지
    (12) 맹 지
    (13) 고압선 등 통과 토지
    (14) 택지 등 조성공사 중에 있는 토지
    (15) 석 산

제1절 개관

1. 관련 규정

「감정평가법」,「감칙」,「실무기준」에서는 토지평가의 기준을 다음과 같이 정하고 있다.

구 분	상 세
「감정평가 및 감정평가사에 관한 법률」	제3조(기준) ① 감정평가법인등이 토지를 감정평가 하는 경우에는 그 토지와 이용가치가 비슷하다고 인정되는「부동산 가격공시에 관한 법률」에 따른 표준지공시지가를 기준으로 하여야 한다. 다만, 적정한 실거래가가 있는 경우에는 이를 기준으로 할 수 있다. ② 제1항에도 불구하고 감정평가법인등이「주식회사 등의 외부감사에 관한 법률」에 따른 재무제표 작성 등 기업의 재무제표 작성에 필요한 감정평가와 담보권의 설정·경매 등 대통령령으로 정하는 감정평가를 할 때에는 해당 토지의 임대료, 조성비용 등을 고려하여 감정평가를 할 수 있다.
「감정평가에 관한 규칙」	제14조(토지의 감정평가) ① 감정평가법인등은 법 제3조 제1항 본문에 따라 토지를 감정평가할 때에는 공시지가기준법을 적용하여야 한다. ③ 감정평가법인등은 법 제3조 제1항 단서에 따라 적정한 실거래가를 기준으로 토지를 감정평가할 때에는 거래사례비교법을 적용하여야 한다. ④ 감정평가법인등은 법 제3조 제2항에 따라 토지를 감정평가할 때에는 제1항부터 제3항까지의 규정을 적용하되, 해당 토지의 임대료, 조성비용 등을 고려하여 감정평가할 수 있다.

「감정평가 실무기준」	③ 법 제3조 제2항에 따라 다음 각 호의 어느 하나에 해당하는 경우에는 제1항 및 제2항을 적용하되, 해당 토지의 임대료, 조성비용 등을 고려하여 감정평가할 수 있다.
	  1.「주식회사의 외부감사에 관한 법률」에 따른 재무제표 작성에 필요한 토지의 감정평가
	  2.「자산재평가법」에 따른 토지의 감정평가
	  3. 법원에 계속 중인 소송(보상과 관련된 감정평가를 제외한다)이나 경매를 위한 토지의 감정평가
	  4. 담보권의 설정 등을 위한 금융기관·보험회사·신탁회사 등 타인의 의뢰에 따른 토지의 감정평가

2. 실무적 적용

관련규정에서도 공시지가기준법 적용을 강행규정(~하여야 한다)으로 두고 거래사례(거래사례비교법), 임대료(수익환원법), 조성비용(원가법) 등을 고려한 감정평가방법 적용을 임의규정(~할 수 있다)으로 두고 있다. 이런 이유로 실무적으로도, 공시지가기준법에 의한 평가액을 거래사례비교법에 의한 가액으로 합리성을 검토해 최종적인 평가액은 공시지가기준법으로 결정한다. 골프장 등 토지는 원가법을 적용한 보고서를 발견할 수 있으나 토지 단독으로 수익환원법(토지잔여법 등)을 적용한 예는 찾아보기 힘들다.

제2절 유형별 토지평가

1. 용도별 토지평가

「실무기준」에서는 주거용지, 상업·업무용지, 공업용지, 농경지, 임야지에 대한 감정평가 시 중점을 둬야 할 사항들을 제시하고 있다.

구 분	중점 고려 사항
주거용지	1. 도심과의 거리 및 교통시설의 상태 2. 상가와의 거리 및 배치상태 3. 학교·공원·병원 등의 배치상태 4. 조망·풍치·경관 등 지역의 자연적 환경 5. 변전소·폐수처리장 등 위험·혐오시설의 유무 6. 소음·대기오염 등 공해발생의 상태 7. 홍수·사태 등 재해발생의 위험성 8. 각 획지의 면적과 배치 및 이용 등의 상태
상업·업무용지	1. 배후지의 상태 및 고객의 질과 양 2. 영업의 종류 및 경쟁의 상태 3. 고객의 교통수단 상태 및 통행 패턴 4. 번영의 정도 및 성쇠의 상태 5. 번화가에의 접근성
공업용지	1. 제품의 판매시장 및 원재료 구입시장과의 위치관계 2. 항만, 철도, 간선도로 등 수송시설의 정비상태 3. 동력자원, 용수·배수 등 공급처리시설의 상태 4. 노동력 확보의 용이성 5. 관련 산업과의 위치관계 6. 수질오염, 대기오염 등 공해발생의 위험성 7. 온도, 습도, 강우 등 기상의 상태
농경지	1. 토질의 종류 2. 관개·배수의 설비상태 3. 가뭄 피해나 홍수 피해의 유무와 그 정도 4. 관리의 편리성이나 경작의 편리성 5. 마을 및 출하지에의 접근성
임야지	1. 표고, 지세 등의 자연 상태 2. 지층의 상태 3. 일조, 온도, 습도 등의 상태 4. 임도 등의 상태

농경지는 현 이용 상황 못지않게 주위 환경에 따라 가치형성요인이 다르다. 농업진흥구역 안 순수 농경지는 농경지 고유의 가치형성요인에 의해 가격이 형성되나, 택지로 이행 중인 농경지대는 대지에 근접한 가격수준을 보인다. 임야지는 이용상황과 공법상 제한사항에 따라 가치를 달리한다. 토지임야와 자연림의 가격격차가 크며, 「산지관리법」상 보전산지와 준보전산지는 가격대를 달리 한다.

2. 특수 토지평가

(1) 광천지

지하에서 온수·약수·석유류 등이 솟아 나오는 용출구와 그 유지에 사용되는 부지(운송시설 부지는 제외)로서 광천의 종류, 광천의 질과 양, 부근의 개발상태 및 편익시설의 종류와 규모, 사회적 명성, 그 밖에 수익성 등을 고려하여 감정평가한다. 토지에 화체되지 않은 건물, 구축물, 기계·기구 등의 가액은 포함하지 않는다. 구체적인 평가방법 적용은 다음과 같다.

구 분	적 용
공시지가기준법	인근 광천지 표준지가 있는 경우 이를 선정하여 광천지 특성에 따른 개별적인 격차 보정
거래사례비교법	• 거래사례 희소 • 토지, 건물에 포함하여 거래되는 경우 광천지만의 가격 배분 필요
원가법	• 공구당 총가격/대상 광천지 면적 • 공구당 총가격＝굴착, 그라우팅, 동력, 배관에 소요되는 비용＋가설비, 부대비용, 업자이윤 등＋소지가격－광천지에 화체되지 않은 건물, 구축물, 기계 • 온천개발비(굴착, 그라우팅, 펌프, 모터, 동력, 배관비 등)와 광천지 가치가 비례하는 것은 아님
수익환원법	• 용출량, 온수양탕비용, 방문객 수 등 조사 • 온천업(토지, 건물, 광천지)이 숙박업소의 형태인 경우, 숙박업소의 총 순수익에서 광천지만의 순수익 추출

(2) 골프장용지 등

해당 골프장의 등록된 면적 전체를 일단지로 보고 감정평가하되, 토지에 화체되지 아니한 건물, 구축물, 기계·기구 등(골프장 안의 클럽하우스·창고·오수처리시설 등을 포함)의 가액은 포함하지 아니한다. 이 경우 하나의 골프장이 회원제 골프장과 대중 골프장으로 구분되어 있을 때에는 각각 일단지로 구분하여 감정평가한다. 경마장 및 스키장시설, 그 밖에 이와 비슷한 체육시설용지나 유원지의 감정평가에 준용한다.

골프장은 개발지와 원형보전지로 구분된다. 개발지는 골프코스(티그라운드, 페어웨이, 러프, 그린 등), 주차장 및 도로, 조성지, 조경시, 클럽하우스 등 관리시설 부지며, 원형보존지는 원형상태 그대로의 임야, 늪지 등을 가리킨다. 골프장용지의 평가방법을 정리하면 다음과 같다.

구 분	상 세
거래사례비교법	골프장용지 거래사례(골프장 거래가격－클럽하우스 등 가치)를 기준으로 골프장의 위치, 교통편의 및 접근성, 개발지의 비율, 홀 수, 회원 수, 명성 등을 고려하여 평가
원가법	개발지와 원형보존지의 표준적 공사비 및 부대비용을 기준으로 평가하되, 건물, 구축물, 수목(조경수), 기계·기구 등의 가액은 포함하지 않음
수익환원법	골프장용지 수익(골프장 전체 순수익－건물, 구축물 등 귀속 순수익)을 기준으로 평가

(3) 공공용지

도로·공원·운동장·체육시설·철도·하천의 부지, 그 밖의 공공용지는 용도의 제한이나 거래제한 등을 고려하여 감정평가하고, 공공용지가 다른 용도로 전환하는 것을 전제로 의뢰된 경우에는 전환 이후의 상황을 고려하여 감정평가한다. 현재 용도제한에 따른 감가율은 토지가격비준표를 참작할 수 있으며, 다른 용도로의 전환은 도시·군 계획시설의 용도폐지를 전제로 한 매각 평가로서 현황평가의 예외에 해당한다.

(4) 사도

「도로법」, 「농어촌정비법」 등의 도로가 아닌 것으로서 그 도로에 연결되는 길인 사도는, 다음과 같이 평가한다.

구분	상세
사도가 인근 관련 토지와 함께 의뢰된 경우	인근 관련 토지와 사도부분의 감정평가액 총액을 전 면적(사도＋인근 토지)에 균등 배분하여 감정평가
사도만 의뢰된 경우	다음 각 호의 사항을 고려하여 감정평가 1. 해당 토지로 인하여 효용이 증진되는 인접 토지와의 관계 2. 용도의 제한이나 거래제한 등에 따른 적절한 감가율 3. 「공익사업을 위한 토지 등의 취득 및 보상에 관한 법률 시행규칙」 제26조에 따른 도로의 감정평가방법[70] (인근 토지가격수준 또는 인근 토지가격의 일정비율 이내로 평가)

(5) 공법상 제한[71]을 받는 토지 기출 13회

도시·군계획시설 저촉 등 공법상 제한을 받는 토지를 감정평가할 때(보상평가는 제외한다)에는 비슷한 공법상 제한상태의 표준지 공시지가를 기준으로 감정평가한다. 다만, 그러한 표준지가 없는 경우에는 「실무기준」[610−1.5.2.1]의 선정기준을 충족하는 다른 표준지 공시지가를 기준으로 한 가액에서 공법상 제한의 정도를 고려하여 감정평가할 수 있다.

토지의 일부가 도시·군계획시설 저촉 등 공법상 제한을 받아 잔여부분의 단독이용가치가 희박한 경우에는 해당 토지 전부가 그 공법상 제한을 받는 것으로 감정평가할 수 있으며, 둘 이상의 용도지역에 걸쳐있는 토지는 각 용도지역 부분의 위치, 형상, 이용상황, 그 밖에 다른 용도지역 부분에 미치는 영향 등을 고려하여 면적 비율에 따른 평균가액으로 감정평가하되, 용도지역을 달리하는 부분의 면적비율이 현저하게 낮아 가치형성에 미치는 영향이 미미하거나 관련 법령에 따라 주된 용도지역을 기준으로 이용할 수 있는 경우에는 주된 용도지역의 가액을 기준으로 감정평가할 수 있다.

공법상 제한의 정도를 반영하기 위해 토지가격비준표를 참작할 수 있으나, 그 격차율이 정밀하다고 볼 수는 없다. 따라서 표준지, 거래사례, 평가 선례 등을 선정할 때 대상 토지와 공법상 제한이 동일하거나 유사한지를 다른 특성에 앞서 살펴봐야 한다.

---

70) 제4편 목적별 평가 중 제9장 보상평가 참조
71) 관계법령의 규정에 의한 토지이용 및 처분 등의 제한으로, 용도지역 등, 공원, 접도구역, 하천구역 등 제한의 유형은 다양함

(6) 일단(一團)으로 이용 중인 토지

2필지 이상의 토지가 일단으로 이용 중이고 그 이용 상황이 사회적·경제적·행정적 측면에서 합리적이고 대상토지의 가치형성 측면에서 타당하다고 인정되는 등 용도상 불가분의 관계에 있는 경우에는 일괄감정평가를 할 수 있다.

일단으로 이용 중인 토지(일단지)인지를 판단할 때 토지소유자의 동일성이나 지목의 동일성은 필요요건이 아니다. 또 주위환경 등의 사정으로 일시적인 이용상황[가설건축물 부지, 조경수목재배지, 조경자재제조장, 골재야적장, 간이창고, 간이체육시설용지(테니스장, 골프연습장, 야구연습장 등)]으로 보이는 경우도 일단지로 판단하지 않는다.

한편, 2필지 이상의 토지상에 현 시점 건축물이 있다면 명백히 일단지로 보지만, 건축 중에 있는 경우 「표준지 조사·평가 기준」에서는 건축허가 등을 받고 공사를 착수한 때 일단지로 보고 있다. 다만, 착공 이전이라도 주위환경 등으로 보아 장래 일단으로의 이용이 확실시된다면 일단지로 판단할 수 있을 것이다.

(7) 지상 정착물과 소유자가 다른 토지

토지 소유자와 지상의 건물 등 정착물의 소유자가 다른 토지는 그 정착물이 토지에 미치는 영향을 고려하여 감정평가한다. 다른 소유자의 건물이 존재함에 따른 불리함을 반영하도록 한 것이다. 이는, 법정지상권이 설정될 수 있기 때문이며, 법정지상권에 따라 건물이 토지를 합법적으로 사용하면서 토지의 이용 등에 제한을 받는 점을 감안하도록 한 것이다.

(8) 제시 외 건물 등이 있는 토지

의뢰인이 제시하지 않은 지상 정착물(종물과 부합물을 제외한다)이 있는 토지의 경우에는 소유자의 동일성 여부에 관계없이 실무기준 [610-1.7.7]의 지상건축물과 소유자가 다른 토지 평가규정을 준용하여 감정평가한다. 제시 외 건물의 등기여부, 구조, 면적, 용도 등에 따라 토지이용에 제한을 받는 정도를 결정한다. 다만, 타인의 정착물이 있는 국·공유지의 처분을 위한 감정평가의 경우에는 지상 정착물이 있는 것에 따른 영향을 고려하지 않고 감정평가한다. 해당 정착물의 소유자에게 처분하면서 지상 정착물의 영향을 고려할 필요가 없었거나 국·공유지상 무단 건축물을 강제 철거하고 매각할 수 있기 때문이다.

(9) 공유지분 토지 기출 21회

1필지의 토지를 2인 이상이 공동으로 소유하고 있는 토지의 지분을 감정평가할 때에는 대상토지 전체의 가액에 지분비율을 적용하여 감정평가한다. 다만, 대상지분의 위치가 확인되는 경우에는 그 위치에 따라 감정평가할 수 있다.

구분소유적 공유관계가 지분 위치로 확인되는 대표적인 예로서, 1필지 토지 중 위치, 면적이 특정된 일부를 양수하고서도 분필에 의한 소유권이전등기를 하지 않은 채 편의상 그 필지의 면적에 대한 양수부분의 면적비율에 상응하는 공유지분등기를 경료한 경우이다.

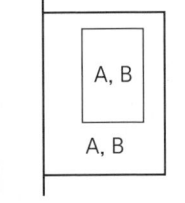
공유관계

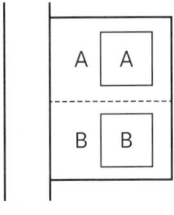
구분소유적 공유관계

공유지분 토지의 위치는 공유지분자 전원 또는 인근 공유자 2인 이상의 위치확인동의서를 받아 확인한다. 이 경우 공증을 통해 확인된 위치를 공적으로 증명하는 절차가 필요하다. 공유지분 토지가 건물이 있는 토지인 경우에는 다음 각 호의 방법에 따라 위치확인을 할 수 있으며 감정평가서에 그 내용을 기재한다.

> 1. 합법적인 건축허가도면이나 합법적으로 건축된 건물로 확인하는 방법
> 2. 상가·빌딩 관리사무소나 상가번영회 등에 비치된 위치도면으로 확인하는 방법

한편, 위 그림에서의 수평적인 구분소유적 공유관계뿐만 아니라 지상건물의 수직적 위치를 독점적으로 점유·사용하는 수직적 구분소유적 공유관계도 있다.

> **➕ 알아보기** **구분소유적 공유토지**
>
> 구분소유적 공유토지는 각 공유지분의 위치가 특정돼 있어 지분 위치에 따라 평가하는 것이 일반적이나, 평가목적이 '보상'인 경우는 예외적으로 전체의 가액에 지분비율을 적용하여 감정평가(전체가액×지분비율)한다. 구분소유적 공유관계에서의 보상금 산정과 관련해 대법원은, 다음과 같이 판시했다.
> ▶ 수용대상 토지를 평가함에 있어서는 특별한 사정이 없는 한 이를 필지별로 평가하여야 할 것이므로, 수인이 각기 한 필지의 특정지분을 매수하면서도 편의상 공유지분등기를 경료함으로써 각자의 특정부분에 관한 공유지분등기가 상호 명의신탁 관계에 있는, 이른바 구분소유적 공유토지라고 할지라도 명의신탁된 부동산이 대외적으로 수탁자의 소유에 속하는 것이니만큼, 일반 공유토지와 마찬가지로 한 필지의 토지 전체를 기준으로 평가한 다음 이를 공유지분 비율에 따라 안분하여 각 공유지분권자에 대한 보상액을 정하여야 한다(대법원 1998.7.10. 선고 98두6067 판결).

(10) 지상권이 설정된 토지 기출 36회

지상권이 설정된 토지는 지상권이 설정되지 않은 상태의 토지가액에서 해당 지상권에 따른 제한정도 등을 고려하여 감정평가한다. 제한정도를 고려할 때는 지상권 가치를 구하여 차감할 수 있고 제한의 정도를 감안한 일정비율을 적용할 수도 있다.

구 분	상 세
지상권 가치를 차감[72]	• 지상권이 설정되지 않은 상태 토지가액 − 지상권 가치 • 지상권 가치 [토지의 시장가치 × 적정기대이율 + 필요제경비 − 실제지불임료(지상권지료)] $\times \dfrac{(1+r)^n - 1}{r \times (1+r)^n}$ (n : 지상권 존속기간, r : 이율)
제한의 정도를 감안	지상권이 설정되지 않은 상태 토지가액 × (1 − 제한비율)

---

72) 지상권을 소유권 외의 권리로 보고 소유권과 별도로 평가하는 보상평가에서 이 방법을 적용하고 있음

저당권자가 채권확보를 위하여 설정한 지상권의 경우에는 저당권자의 토지 사용·수익을 위한 것이 아니고 처분제한의 목적만 있으므로 이에 따른 제한 등을 고려하지 않고 감정평가한다.

> **+ 알아보기** 분묘기지권
>
> 한국 민법상 명문 조항이 아닌 관습법상으로 인정된, 타인의 토지 위에 설치된 분묘의 유지·관리를 위한 지상권 유사 물권임. 성립요건은 크게 아래 3가지임.
>
> | 구 분 | 상 세 |
> |---|---|
> | 승낙형 | 토지 소유자의 승낙을 받아 분묘를 설치한 경우, 토지소유자가 분묘의 유지·관리에 필요한 범위 내에서 지상권 유사의 물권을 설정한 것으로 봄 |
> | 양도형(법정지상권형) | 자신 소유의 토지에 분묘를 설치한 뒤, 이장 흠결(특약 없이) 없이 토지를 양도한 경우, 분묘기지권이 성립 |
> | 취득시효형(점유형) | 타인의 토지에 토지 소유자의 허락 없이 분묘를 설치하고, 20년 간 평온·공연하게 점유해 온 경우 분묘기지권이 시효로써 성립 |
>
> 장사 등에 관한 법률 시행(2001.1.13.)이후 설치된 분묘에 대해서는 취득시효형 분묘기지권은 성립하지 않는데 이는, 시행일 이전 설치된 분묘에 20년 점유 등의 요건을 갖춘 경우 분묘기지권이 인정되는 것과 크게 달라진 점임. 대법원 전원합의체(2017다228007, 2021.04.29.)에 따르면, 취득시효형 분묘기지권은 토지사용의 대가로서 토지소유자가 지료를 청구하는 때부터 지료를 지급할 의무가 있음. 따라서, 관습법상 분묘기지권이 성립되는 토지에 대한 평가는, 관습법상 법정지상권이 성립된 토지에 준해 감정평가가 이뤄질 것이며, 분묘기지권이 실제 행사되는 해당 토지의 규모 및 점유비율, 위치 등을 고려해 토지에 미치는 불리한 영향의 정도를 결정함. 특히 취득시효형 법정지상권이 성립하는 경우 지료청구 권이 인정되므로, 시장 지료 수준과 큰 차이 없는 적정 지료를 수령하고 있다면 토지에 불리한 영향의 정도가 현격히 줄어들며, 2001년 1월 13일 이후 설치돼 취득시효형 분묘기지권을 충족하지 못하는 점유형 분묘의 경우 토지소유자의 굴이소송 등에 의해 토지사용권을 회복할 수 있으므로 토지에 미치는 불리한 영향이 거의 없다고 볼 수 있음.

(11) 규모가 과대하거나 과소한 토지

토지의 면적이 최유효이용 규모를 초과하거나 미달하는 토지는 대상물건의 면적과 비슷한 규모의 표준지 공시지가를 기준으로 감정평가한다. 다만, 그러한 표준지 공시지가가 없는 경우에는 규모가 과대하거나 과소한 것에 따른 불리한 정도를 개별요인 비교 시 고려하여 감정평가한다.

규모가 과소한 토지로서 「건축법」상 최소대지면적에 미달하여 건축을 통한 독자적 이용가치가 없는 경우는 표준적 규모 토지가격 이하로 평가될 것이나, 이때에도 인접토지와의 합병 가능성 등을 고려할 때 불리한 정도가 상쇄될 수 있다. 규모가 과대한 토지는 표준적 규모의 토지보다 거래가 용이 하지 않아 표준적 규모로 분할하면서 발생하는 감보율 및 분할비용이 감가의 요인으로 작용할 것이다. 다만, 대규모 토지이용의 효용이 인정되는 경우 감가요인을 반영하지 않거나 증가요인으로 볼 수 있다.

(12) 맹지

지적도상 도로에 접한 부분이 없는 토지로서, 현재 상태로 이용하는데 문제가 없고 인근지역 상황으로 볼 때 현황이 최유효이용인 경우 맹지로서 평가한다. 읍·면 지역의 농경지대·산림지대 등에 소재하는 농지, 임야, 농가주택 부속 텃밭 등이 여기에 해당되며 공통적으로 건축 가능성이 낮은 토지들이다. 도로개설 필요성이 있는 경우 다음 2가지 평가방법을 적용할 수 있다.

구분	상세
진입로 개설비용을 감안한 평가	• 진입로 개설을 전제로 자루형 토지를 상정하여 감정평가액을 구한 후, 도로개설비용(진입로 부지 취득원가, 공사부대비용 등)을 공제 $$\frac{(자루형토지를 \; 상정한 \; 평가액 - 도로개설비용)}{(1+할인율)^n} \times (1-감가율)$$ • 다만, 이 경우에도 가장 열악한 자루형 토지의 평가액보다 낮아야 함
인접 토지 합병 조건부 평가	• 인접한 토지 중 합병 가능성이 가장 높은 토지를 매수한다고 가정한 후 해당 맹지와 인접 토지를 합한 획지의 평가액에서 합병 전 인접토지 평가액을 공제하고 적정한 감가율을 적용 • (합병 후 맹지와 인접 토지 전체 평가액 - 합병 전 인접 토지 평가액) × (1 - 합병가능성, 합병가치 배분액 등을 감안한 감가율)

다만, 다음 각 호의 어느 하나에 해당하는 경우에는 해당 도로에 접한 것으로 보고 감정평가할 수 있다.

- 토지소유자가 그 의사에 의하여 타인의 통행을 제한할 수 없는 경우 등 관습상 도로가 있는 경우
- 지역권(도로로 사용하기 위한 경우) 등이 설정되어 있는 경우

이때의 관습상 도로는 폭 4m 이상의 도로가 개설되어 있는 경우, 폭 4m 이하여도 차량통행이 가능하며 포장이 되어 있는 경우, 폭 4m 이하 비포장도로라도 불특정 다수인이 상시 이용하는 경우를 포함한다. 구거에 접한 맹지는 지자체로부터 구거점용허가를 받아 도로에 연결되므로 맹지가 아닌 토지와 비교해 점용허가비, 포장비용 등의 부담 정도만 감가하면 될 것이다.

(13) 고압선 등 통과 토지

송전선 또는 고압선(이하 "고압선 등")이 통과하는 토지는 통과전압의 종별, 고압선 등의 높이, 고압선 등 통과부분의 면적 및 획지 안에서의 위치, 철탑 및 전선로의 이전 가능성, 지상권 설정 여부 등에 따른 제한의 정도를 고려하여 감정평가할 수 있다. 고압선 등 통과부분의 직접적인 이용저해율과 잔여부분에서의 심리적·환경적인 요인의 감가율을 파악할 수 있는 경우에는 이로 인한 감가율을 각각 정하고 고압선 등이 통과하지 아니한 것을 상정한 토지가액에서 각각의 감가율에 의한 가치감소액을 공제하는 방식으로 감정평가한다. 고압선 등 통과 토지의 감가요인을 정리하면 다음과 같다.

구 분	상 세
건축 및 시설제한	특별고압가공전선과 건축물의 접근상태에 따라 받게 되는 건축의 금지, 제한으로 건축물의 이격거리, 고압전선의 지표상 높이제한 등
위험시설로서의 심리적 부담감	전파장애, 소음에 의한 불쾌감, 전선 단락 및 과전류로 인한 감전사고 위험, 조망 및 경관미 저해
등기사항전부증명서상 하자	등기에 설정된 구분지상권으로 인해 담보설정 기피, 건축허가 심의 부담
입체이용 저해	공중공간의 고압선 설치로 인한 입체이용 저해
장래 기대이익 상실	장래 도시지역으로의 전환 또는 택지로의 이용이 가능한 경우 입체이용의 제한으로 인한 기대이익 상실 및 감소
기타 감가요인	고압선 등 통과 이외 활용가능한 잔여부분의 형태 불량 감가

고압선 등이 통과하고 있는 토지는 제한을 감안하여 일정비율을 적용하는 방법과 통과부분과 잔여부분의 감가율을 각각 산정해 이를 가치감소액으로 공제하는 평가 방법이 있다.

(14) 택지 등 조성공사 중에 있는 토지

택지 등 조성공사는 간단하게는 농지전용 또는 산지전용허가를 받아 소규모로 진행될 수 있고 「도시개발법」 또는 「택지개발촉진법」에 의해 대규모로 개발될 수 있다. 개발상태가 유사한 표준지나 거래사례를 활용하여 평가하거나 조성공사 진척도, 택지로서의 성숙도에 따라 원가법 중 가산방식과 개발법의 적용도 가능하다. 정리하면 다음과 같다.

① 건물 등의 건축을 목적으로 농지전용허가나 산지전용허가를 받거나 토지의 형질변경허가를 받아 택지 등으로 조성 중에 있는 토지

구 분	상 세
조성 중인 상태대로의 가격이 형성되어 있는 경우	그 가격
조성 중인 상태대로의 가격이 형성되어 있지 아니한 경우	조성 전 토지의 소지가액, 기준시점까지 조성공사에 실제로 든 비용상당액, 공사 진행 정도, 택지조성에 걸리는 예상기간 등을 종합적으로 고려하여 감정평가

② 「도시개발법」에서 규정하는 환지방식에 따른 사업시행지구 안에 있는 토지

구 분	상 세
환지처분 이전에 환지예정지로 지정된 경우	환지예정지의 위치, 확정예정지번(블록·롯트), 면적, 형상, 도로접면상태와 그 성숙도 등을 고려하여 감정평가. 다만, 환지면적이 권리면적보다 큰 경우로서 청산금이 납부되지 않은 경우에는 권리면적을 기준으로 함
환지예정지로 지정 전인 경우	종전 토지의 위치, 지목, 면적, 형상, 이용상황 등을 기준으로 감정평가

③ 「택지개발촉진법」에 따른 택지개발사업시행지구 안에 있는 토지

구 분	상 세
택지개발사업실시계획의 승인고시일 이후에 택지로서의 확정예정지번이 부여된 경우	환지예정지의 위치, 확정예정지번(블록·롯트), 지정용도, 면적, 형상, 도로 접면상태와 그 성숙도 등을 고려하여 감정평가. 다만, 환지면적이 권리면적보다 큰 경우로서 청산금이 납부되지 않은 경우에는 권리면적을 기준으로 함
택지로서의 확정예정지번이 부여되기 전인 경우	종전 토지의 이용상황 등을 기준으로 그 공사의 시행정도 등을 고려하여 감정평가하되, 「택지개발촉진법」 제11조 제1항에 따라 용도지역이 변경된 경우에는 변경된 용도지역을 기준

(15) 석 산

석산에는 「산지관리법」에 따른 토석채취허가를 받거나 채석단지의 지정을 받은 토지, 「국토의 계획 및 이용에 관한 법률」에 따른 토석채취 개발행위허가를 받은 토지 또는 「골재채취법」에 따른 골재채취허가(육상골재에 한함)를 받은 토지가 포함된다. 이들의 평가기준은 원칙적으로 수익환원법이며, 수익환원법으로 감정평가하는 것이 곤란하거나 적절하지 아니한 경우에는 토석의 시장성, 유사 석산의 거래사례, 평가사례 등을 고려하여 공시지가기준법 또는 거래사례비교법으로 감정평가할 수 있다. 다른 토지와 달리 수익환원법을 주된 평가방법으로 규정한 이유는 토석의 가치를 적극적으로 반영하기 위함이다. 관련업계에서 석산의 가치가 저평가돼 담보물로 활용하는데 제약이 많다고 지적했는데 공시지가기준법의 산식에서 매장된 석재의 가치를 반영할 있는 항목이 마땅치 않은 점은 사실이다.

수익환원법(DCF)을 적용할 때에는 허가기간동안의 순수익을 환원한 금액에서 장래 소요될 기업비를 현가화한 총액과 현존 시설의 가액을 공제하고 토석채취 완료시점의 토지가액을 현가화한 금액을 더하여 감정평가한다. 토석채취 완료시점의 토지가액을 현가화한 금액은 허가기간 말의 토지현황(관련 법령 또는 허가의 내용에 원상회복·원상복구 등이 포함되어 있는 경우는 그 내용을 고려한 것을 말한다)을 상정한 기준시점 당시의 토지 감정평가액으로 한다.

수익환원법으로 평가한 결과는 토지에 매장된 토석(석재와 골재)과 토석이 없는 상태의 토지가치를 합산한 가액이다. 따라서 석산의 감정평가액은 합리적인 배분기준에 따라 토석(석재와 골재)의 가액과 토지가액으로 구분하여 표시할 수 있다.

CHAPTER 01 기출문제

토지 평가

01 자동차 부품업체를 운영하고 있는 김갑동 사장은 공장을 증설하기 위하여 임야를 매입하고, 자금 마련을 위해 개발단계로 담보대출을 신청하려 한다. 주어진 조건과 자료를 참고하여 다음 물음에 답하시오. (40점) [기출 20회]

(1) 2009.1.1.을 가격시점으로 하여 토지를 평가하시오. (5점)
(2) 2009.3.31.을 가격시점으로 하여 토지를 평가하시오. (10점)

〈자료 1〉 평가의뢰 내역

1. 평가토지
   (1) 토지 : C시 Y읍 S리 산11번지 중 김갑동 소유지분
   (2) 건물 : 위 지상 소재 건물
2. 평가목적 : 담보

〈자료 2〉 2009.1.1. 가격시점 관련사항

1. 사전조사사항
   (1) 토지등기부등본

소재지번	지 목	면 적	소유자
C시 Y읍 S리 산11번지	임 야	23,955m²	공유자 지분 3분의 1 김갑동 지분 3분의 1 이갑동 지분 3분의 1 박갑동

   (2) 건물등기부등본 및 건축물대장등본 : 해당사항 없음
   (3) 토지대장등본 : 등기부와 동일
   (4) 지적도 : 지적분할신청 중으로 발급받지 못함
   (5) 토지이용계획확인원 : 계획관리지역, 준보전산지
   (6) 공장신설승인신청서 사본(요약)

소재지번	용도지역	공장용지 면적	제조시설 면적	부대시설 면적
C시 Y읍 S리 산11번지 (분할후 11번지)	계획관리 지역	7,780m²	2,000m²	500m²

※ 분할 후 11-3번지는 진입도로로 조성할 것이며 토지 가분할 측량성과도와 같이 분할예정임

(7) 토지 가분할 측량성과도

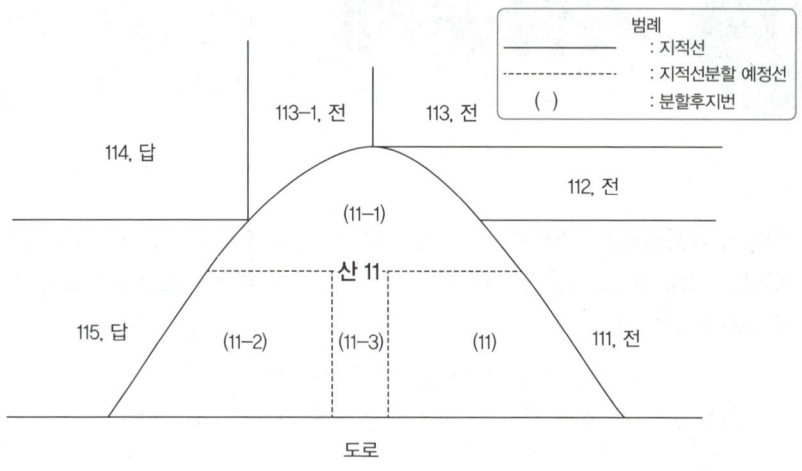

2. 현장조사사항
   (1) 대상토지인 산11번지는 왕복 2차선 국도변에 위치한 남서향 완경사의 임야로 대부분 활잡목인 임지상의 임목은 별도의 평가가치는 없는 것으로 판단되었으며 부근은 국도주변 중소규모 공장 및 농경지대임
   (2) 대상토지는 토지분할 및 공장신설승인신청서가 곧 수리될 예정인 것으로 탐문되었음

3. 심사평가사의 심사의견
   당해지역은 2009.1.1. 기준으로 관리지역 세분화가 시행되었고 임야의 경우 산지번에서 등록전환, 분할측량 등의 경우에는 면적이 달라질 수 있음

〈자료 3〉 2009.3.31. 가격시점 관련 사항

1. 사전조사사항
   (1) 토지등기부등본 : C시 Y읍 S리 산11번지 C시 Y읍 S리 11로 등록전환되고 면적은 23,940m²로 변경되었으며, 지목과 소유자는 동일함
   (2) 건물등기부등본 및 건축물대장등본 : 해당사항 없음
   (3) 토지대장등본

토지소재	지번	토지표시			소유자
		지목	면적	사유	
C시 Y읍 S리	11	임야	23,940m²	2009년 3월 1일 산11에서 등록전환	공유자 지분 3분의 1 김갑동 지분 3분의 1 이갑동 지분 3분의 1 박갑동
C시 Y읍 S리	11	임야	7,780m²	2009년 3월 2일 분할되어 본번에 -1, -2, -3을 부함	김갑동

토지소재	지번	토지표시			소유자
		지목	면적	사유	
C시 Y읍 S리	11-1	임야	7,780m²	2009년 3월 2일 11번지에서 분할	이갑동

토지소재	지번	토지표시		사유	소유자
		지목	면적		
C시 Y읍 S리	11-2	임야	7,780m²	2009년 3월 2일 11번지에서 분할	박갑동

토지소재	지번	토지표시		사유	소유자
		지목	면적		
C시 Y읍 S리	11-3	임야	600m²	2009년 3월 2일 11번지에서 분할	공유자 지분 3분의 1 김갑동 지분 3분의 1 이갑동 지분 3분의 1 박갑동

(4) 토지이용계획확인원

토지소재	지번	토지표시		토지이용계획사항
		지목	면적	
C시 Y읍 S리	11	임야	7,780m²	계획관리지역, 준보전산지
C시 Y읍 S리	11-1	임야	7,780m²	계획관리지역, 준보전산지
C시 Y읍 S리	11-2	임야	7,780m²	계획관리지역, 준보전산지
C시 Y읍 S리	11-3	임야	600m²	계획관리지역, 준보전산지

(5) 지적도 및 기타사항 토지 가분할 측량성과도와 같이 분할되어 확정되었으며, 공장신설건은 2009.3.10.자로 신청서와 같이 승인되었음

2. 현장조사사항
   (1) 대상토지는 인접토지와 평탄하게 공장부지 조성공사(조경·바닥포장 공사는 착수하지 않았음) 및 접면도로 포장공사가 완료되어 있었음
   (2) 현장조사 시 제시받은 공장부지 조성원가 자료는 아래와 같음

구 분	금액(단위 : 원)
가설 및 토공사	45,000,000
자재 및 운반비	150,000,000
옹벽공사	30,000,000
조경·바닥포장공사	55,000,000
기타 제간접경비 등	72,000,000

※ 접면도로 포장비는 포함되어 있지 않고 별도 고려하지 아니함

   (3) 대상토지의 공장용지부분에 건물신축을 위해 임시사용승인을 받은 경량 철골조 철판지붕 단층 작업장(바닥면적 : 100m²)이 소재함

3. 심사평가사의 심사의견
   (1) 제시한 조성공사비의 대부분은 적정하나 자재비가 일시 폭등한 시점에 공사가 이뤄져 자재 및 운반비는 통상적인 공사에 비해 50% 정도 높은 것으로 보이니 가격검토 시 이를 고려할 것(단, 기타 간접제경비 등은 제시금액으로 할 것)

(2) 만약 제시 외 건물의 토지에 대한 영향정도를 파악할 경우 건물의 바닥면적만큼만 고려할 것
(3) 막다른 길이 있는 각지의 도로접면은 한 면으로 인식할 것

(중 략)

〈자료 5〉 가격결정을 위한 참고자료

1. 표준지 공시지가 현황(현장조사일과 감정평가서 작성완료일은 동일하고 공시지가 공시기준일은 매년 1월 1일, 공시일은 매년 3월 1일임)

일련번호	소재지	면적(m^2)	지목	이용상황	용도지역 2008년도	용도지역 2009년도	도로교통	형상 및 지세	공시지가(원/m^2) 2008년도	공시지가(원/m^2) 2009년도
1	C시 Y읍 S리 산20	17,345	임야	임야	관리	계획관리	맹지	부정형 완경사	51,000	50,000
2	C시 Y읍 J리 산17	22,915	임야	임야	관리	보전관리	세로가	부정형 완경사	39,000	38,000
3	C시 Y읍 S리 107	8,950	공장용지	공업용	관리	계획관리	소로한면	부정형 평지	151,000	150,000
4	C시 Y읍 S리 55	2,235	잡종지	상업용	관리	계획관리	소로한면	장방형 평지	223,000	220,000

2. 적용할 지가변동률(월말에 해당 월 변동률을 발표한다고 간주, 단위 : %)
  (1) 2008년도

구 분	공업지역	관리지역	농림지역	임 야	공업용
2008.1.1. ~ 12.31.	-1.179	-1.245	-1.377	-1.154	-0.912
2008.12.1. ~ 12.31.	-0.179	-0.389	-0.247	-0.169	-0.088

  (2) 2009년도

구 분	공업지역	관리지역	농림지역	임 야	공업용
2009.1.1. ~ 3.31.	-0.697	-0.765	-0.454	-0.667	-0.546
2009.1.1. ~ 9.6.	0.998	0.996	0.997	0.988	0.917

3. 지역요인 : 동일함
4. 개별요인 : 이용상황이 동일하면 별도의 지목감가는 하지 아니함
  (1) 도로접면

구 분	소로한면	세로가	세로(불)	맹 지
소로한면	1.00	0.93	0.86	0.83
세로가	1.07	1.00	0.92	0.89
세로(불)	1.16	1.09	1.00	0.96
맹 지	1.20	1.12	1.04	1.00

(2) 형 상

구 분	정방형	장방형	사다리형	부정형
정방형	1.00	0.99	0.98	0.95
장방형	1.01	1.00	0.99	0.96
사다리형	1.02	1.01	1.00	0.97
부정형	1.05	1.04	1.03	1.00

(3) 지 세

구 분	평지	완경사
평 지	1.00	0.97
완경사	1.03	1.00

(4) 2009.3.31. 기준 C시 Y읍 S리 11번지 토지의 성숙도 비교치

대상토지	표준지3	표준지4	거래사례	평가선례
1.00	1.10	1.10	0.50	0.90

5. 거래사례 및 평가선례
    (1) 거래사례

소재지	지목	면적(m²)	이용상황	용도지역	도로교통	형상 및 지세	단가(원/m²)	거래시점
C시 Y읍 S리 산11	임야	7,985	임야	관리	소로한면	부정형 완경사	110,000	2008.12.1.

    (2) 평가선례 : 유사사례가 많으나 대표적인 것만 제시함

소재지	지목	면적(m²)	이용상황	용도지역	도로교통	형상 및 지세	단가(원/m²)	기준시점
C시 Y읍 S리 산22	임야	7,890	공장예정지	계획관리	소로한면	부정형 완경사	120,000	2009.1.1

    (3) 심사평가사의 심사의견
        수집한 자료들 중 평가선례는 적정하나 거래사례는 개발이익의 상당부분이 매도자에게 귀속된 것으로 보이고 공장예정지인 평가선례는 개별요인에서 성숙도를 보정해야 한다는 의견을 제시함

6. 원가법에 의한 평가 시 투하자금에 대한 기간이자는 고려하지 아니함

📑 **출제영역**

택지 등 조성공사 중에 있는 토지

📝 **답안작성 가이드**

Ⅰ. [물음 1] 09.1.1. 기준 토지 담보평가 (5)

1. 기본적 사항의 확정
(1) 지적분할 신청 상태로 위치확인이 곤란한 경우로 현황 고려 전체를 '임야'로 보고 등기사항전부증명서상 지분 고려 (김갑동 지분, 1/3) 평가함
(2) 소로한면(본건 거래사례 참조, 왕복2차선), 부정형, 완경사
(3) 기준시점(현장조사일과 동일) 현재 '09공시지가 미 공시된바
〈2008〉 공시지가 기준

2. 비교표준지 선정
관리지역, 임야, S리 소재하는 〈#1〉 선정
(#2 : 09 J리 소재, #3·4 : 이용상황 상이 배제)

3. 토지단가
$51,000 \times 0.98743^{*)} \times 1.000 \times (1.20 \times 1 \times 1) \times 1.00 ≒ @60,000$
*) 시점수정$(1-0.01245) \times (1-0.00389 \times 1/31)$

4. 김갑동씨 지분 토지 담보평가액 (10)
$60,000 \times 23,955 \times 1/3 = 479,100,000$

Ⅱ. [물음 2] 09.3.31. 기준 토지 담보평가 (10)

1. 기본적 사항의 확정
(1) 지번분할된 상태로 김갑동 소유 11, 11-3의 1/3 지분이 평가대상목록이나, 도로는 환가성 등 고려 담보적격성 결여로 평가 외 함. 7,780m² 평가
(2) 소로한면(서측 막다른 도로), 사다리형, 평지
(3) 제시 외 건물의 토지에의 영향 : 건물신축을 위해 임시 사용승인된 건물은 구조, 설치목적, 점유강도 등을 고려할 때 토지에 미치는 영향이 없을 것으로 판단되어 미 고려

2. 공시지가기준법
(1) 비교표준지 선정 : 계획관리, 공업용 〈09년 #3〉 선정, 성숙도 고려
(2) 평가액
$150,000 \times 0.99235^{*1)} \times 1.000 \times (1 \times 1.03 \times 1 \times \frac{1}{1.1}) \times 1.00^{*2)} ≒ @139,000$

*1) 시점수정$(1-0.00765)$
*2) 그 밖의 요인(적정성 검토)
① 평가선례 기준단가 : $120,000 \times 0.99235 \times 1.000 \times (1 \times 1.03 \times 1.03 \times 1/0.9) ≒ @140,000$
② 공시지가기준가액이 시세 및 적정성을 반영하고 있다고 판단되어 1.00 적용

3. 원가법(조성원가법)
(1) 소지가격 (대상 거래사례를 토지 매입금액으로 보아 이를 기준)
$110,000 \times 7,780m^2 = 855,800,000$
(2) 조성공사비
$45,000,000 + 150,000,000 \times \frac{1}{1.5} + 30,000,000 + 72,000,000 = 247,000,000$
(조경·바닥포장공사비 제외, 자재 및 운반비는 가격폭등 고려 50% 보정)
(3) 토지가격 : $('(1)' + '(2)')/7,780 ≒ @142,000$

4. 담보평가액 결정
조성원가법은 소지매입비에 사정개입이 있어 다소 높게 산정되었다고 판단되나, 「공시지가기준법」에 의한 평가액은 평가선례에 의한 가격으로 그 적정성이 지지되는바 「감칙」§14 의거 공시지가기준가액으로 결정
∴ $@139,000 \times 7,780 = 1,081,420,000$원

CHAPTER 02 건물 평가

제3편 | 유형별 감정평가

> **핵심 키워드**
>
> 제1절 개관
> 1. 정의
> 2. 물적 동일성
> 3. 평가방법
>
> 제2절 특수한 건물평가

제1절 개관

1. 정의

건물은, 토지에 정착하는 공작물 중 지붕과 기둥 또는 벽이 있는 것과 이에 부수되는 시설물, 지하 또는 고가(高架)의 공작물에 설치하는 사무소, 공연장, 점포, 차고, 창고, 그 밖에 「건축법 시행령」으로 정하는 것으로 정의되고 있다. 민법, 등기법 등에서는 '건물'로 표시돼 있고, 「건축법」, 「토지보상법」 등에서는 건축물로 표현된다.

2. 물적 동일성

토지와 달리 건물평가에서는 '물건의 동일성' 문제가 종종 발생한다. 평가의뢰된 건물은 건축물대장 또는 건물등기사항전부증명서에서 확인된다. 감정평가는 제시된 건물의 현재 상태를 보고 수행되는데 의뢰 건물과 실제 건물이 동일한지 의심될 때가 있다. 주구조가 다른 경우와 면적차이가 큰 경우가 대표적이다. 둘 모두에 해당될 때는 평가 반려될 가능성이 높다. 보상목적의 평가에서는 서류상 기재된 것은 참고만 할 뿐 현재 상태대로 평가하므로 불일치 문제는 크게 중요하지 않으나 담보물로 제공된 물건이라면 추후 담보권이 성립되지 않을 수도 있다. 평가목적에 따라 불일치 사유에 대처하는 방법도 다르다.

면적 확정은 원칙적으로 건축물대장상의 면적이 기준이 된다. 동일성 문제가 발생하지 않는다면 건축물대장의 면적이 아닌 실제 면적으로 할 수 있다. 현장조사 결과 실제 면적과 건축물대장상 면적이 현저하게 차이가 나는 경우 및 의뢰인이 실제 면적을 제시하여 그 면적을 기준으로 감정평가할 것을 요청한 경우다. 실제 면적은 바닥면적으로 하되 「건축법 시행령」 제119조 제1항 제3호에 따라 건축물의 각 층 또는 그 일부로서 벽, 기둥, 그 밖에 이와 비슷한 구획의 중심선으로 둘러싸인 부분의 수평투영면적을 실측에 의하여 산정한다.

3. 평가방법

건물평가와 관련된 규정을 정리하면 다음과 같다.

구 분	상 세
「감 칙」	제15조(건물의 감정평가) ① 감정평가법인등은 건물을 감정평가할 때에 원가법을 적용하여야 한다.
「실무기준」	① 건물을 감정평가할 때에는 원가법을 적용하여야 한다. 이 경우 [400-4]를 따른다. ② 원가법으로 감정평가할 때 건물의 재조달원가는 직접법이나 간접법으로 산정하되, 직접법으로 구하는 경우에는 대상건물의 건축비를 기준으로 하고, 간접법으로 구하는 경우에는 건물신축단가표와 비교하거나 비슷한 건물의 신축원가 사례를 조사한 후 사정보정 및 시점수정 등을 하여 대상건물의 재조달원가를 산정할 수 있다. ③ 거래사례비교법으로 감정평가할 때에는 적절한 건물의 거래사례를 선정하여 사정보정, 시점수정, 개별요인비교를 하여 비준가액을 산정한다. 다만, 적절한 건물만의 거래사례가 없는 경우에는 토지와 건물을 일체로 한 거래사례를 선정하여 토지가액을 빼는 공제방식이나 토지와 건물의 가액구성비율을 적용하는 비율방식 등을 적용하여 건물가액을 배분할 수 있다. ④ 수익환원법으로 감정평가할 때에는 전체 순수익 중에서 공제방식이나 비율방식 등으로 건물귀속순수익을 산정한 후 이를 건물의 환원율로 환원하여 건물의 수익가액을 산정한다. ⑤ 건물의 일반적인 효용을 위한 전기설비, 냉·난방설비, 승강기설비, 소화전설비 등 부대설비는 건물에 포함하여 감정평가한다. 다만, 특수한 목적의 경우에는 구분하여 감정평가할 수 있다.

건물평가는 특별한 경우[73]를 제외하고는 원가법을 적용한다. 토지평가에서는 시산가액 조정 과정을 생략하기 위해서는 사유를 기재해야 한다. 예를 들면, 공시지가기준법으로만 평가하면서 적정한 실거래 사례가 없어 합리성 검토를 생략한다는 등의 기재다. 반면, 건물평가에서는 '물건의 특성'을 이유로 다른 평가방법 적용이 곤란하거나 불필요한 것으로 기재한다.

한편, 한국감정평가사협회에서 권장하는 건물 유형별 시점수정 자료는 다음과 같다.

구 분	권장지수	보조지수
건물유형별	(한국건설기술연구원)건물 유형별 건설공사비 지수	건물신축단가지수(건물신축단가표의 유형별 연도별 변동률) 등

현재 건설공사비지수는 주거용 건물과 비주거용 건물로 구분하여 발표되고 있다.

---

[73] 토지보상법에 주거용 건물에 대해서만 예외적으로 거래사례비교법 적용을 허용하고 있음

제2절 특수한 건물평가

「실무기준」에서는 특수한 건물의 평가와 관련된 규정을 두고 있다. 정리하면 다음과 같다.

구 분	상 세
공법상 제한받는 건물	① 공법상 제한을 받는 건물이 제한을 받는 상태대로의 가격이 형성되어 있을 경우에는 그 가격을 기초로 하여 감정평가하여야 한다. 다만, 제한을 받는 상태대로의 가격이 형성되어 있지 아니한 경우에는 제한을 받지 않는 상태를 기준으로 하되 그 제한의 정도를 고려하여 감정평가한다. ② 건물의 일부가 도시·군계획시설에 저촉되어 저촉되지 않은 잔여부분이 건물로서 효용가치가 없는 경우에는 건물 전체가 저촉되는 것으로 감정평가하고, 잔여부분만으로도 독립건물로서의 가치가 있다고 인정되는 경우에는 그 잔여부분의 벽체나 기둥 등의 보수에 드는 비용 등을 고려하여 감정평가한다. ③ 공법상 제한을 받는 건물로서 현재의 용도로 계속 사용할 수 있는 경우에는 이에 따른 제한 등을 고려하지 않고 감정평가한다.
기존 건물 상층부 등에 증축한 건물	증축부분의 경과연수는 기존 건물의 경과연수에 관계없이 증축부분의 실제경과연수를 기준하며 장래보존연수는 기존 건물의 장래보존연수 범위에서 적용하여 감가수정한다.
토지와 그 지상 건물의 소유자가 다른 건물	건물의 소유자와 그 건물이 소재하는 토지의 소유자가 다른 건물은 정상적인 사용·수익이 곤란할 경우에는 그 정도를 고려하여 감정평가한다. 다만, 다음 각 호의 경우에는 이에 따른 제한 등을 고려하지 않고 감정평가할 수 있다. 1. 건물의 사용·수익에 지장이 없다고 인정되는 경우 2. 사용·수익의 제한이 없는 상태로 감정평가할 것을 요청한 경우
공부상 미등재 건물	실지조사 시 의뢰되지 않은 공부상 미등재 건물이 있는 경우에는 의뢰인에게 감정평가 포함여부를 확인하여 실측면적을 기준으로 감정평가할 수 있다.
건물 일부가 인접 토지상에 있는 건물	건물의 일부가 인접 토지상에 있는 건물은 그 건물의 사용·수익의 제한을 고려하여 감정평가한다. 다만, 그 건물의 사용·수익에 지장이 없다고 인정되는 경우에는 이에 따른 제한 등을 고려하지 않고 감정평가할 수 있다.
공부상 지번과 실제 지번이 다른 건물	건물의 실제 지번이 건축물대장상이나 제시목록상의 지번과 다를 때에는 감정평가하지 않는 것을 원칙으로 한다. 다만, 다음 각 호의 경우로서 해당 건물의 구조·용도·면적 등을 확인하여 건축물대장과의 동일성이 인정되면 감정평가할 수 있다. 1. 분할·합병 등으로 인하여 건물이 있는 토지의 지번이 변경되었으나 건축물대장상 지번이 변경되지 아니한 경우 2. 건물이 있는 토지가 같은 소유자에 속하는 여러 필지로 구성된 일단지로 이용되고 있는 경우 3. 건축물대장상의 지번을 실제 지번으로 수정이 가능한 경우
녹색건축물	「녹색건축물 조성 지원법」 제2조 제1호에 따른 녹색건축물은 온실가스 배출량 감축설비, 신·재생에너지 활용설비 등 친환경 설비 및 에너지효율화 설비에 따른 가치증가분을 포함하여 감정평가한다.

녹색건축물 평가 규정은 비교적 최근에 신설된 규정이다. 원가법으로 평가하면서 친환경설비 등 설비 투자비용을 가산하도록 하고 있다. 따라서 재조달원가는 직접법으로 결정할 수 있다. 다만, 해당 설비로 인한 유지관리비 등의 절감효과 등을 확인할 필요가 있다. 비용감소분의 효과가 뚜렷하지 않다면 설비과잉으로 기능적 감가의 대상이 될 수 있다.

한편, 오피스빌딩을 평가할 때 감정평가 단계에서 고려해야 할 친환경요인을 다음과 같이 분류하기도 한다.[74]

대항목	소항목	세부항목
에너지 효율	조명에너지 절약	조명에너지 절약
	전력사용의 효율성	전략 사용의 효율성, 에너지성능, 에너지효율 발현 찬장
	고효율 단열재 사용	열환경, 단열재, 에너지절약형 난방
	온도조절장치	실내 온도조절장치/온도조절/독립적 쾌적성 제어/온열환경
자원 및 자재	자재 재사용여부	건물외관/구조의 재사용, 기존 건축물의 재사용, 건축/자재의 재사용, 폐기물발생량 및 처리율, 건축물폐자재 재활용여부, 생활폐기물 재활용 시스템, 쓰레기절약, 쓰레기 처리시설, 부산물에 대한 재활용 비율, 건축 폐기물 관리
	자재 및 설비의 고효율	설비 시스템의 고효율화
	유해물질(CO_2 등) 제거여부	유해물질 저함유 자재, 건축자재로부터 배출되는 기타 유해물질 억제, 유해 실내마감재 사용 억제, 화학물질 소량 배출 자재, 휘발성 유기화합 물질의 사용, 포름알데히드 최소화, 오염물질 함유재료의 사용회피
	친환경자재 사용	저탄소기술, CO_2배출감소, 온실가스 배출저감, 이산화탄소 배출 저감
수자원	중수도 설치 및 이용	수자원의 재순환, 우수하수분리시설, 중수도설치, 잡배수 재이용, 물재 활용, 재순환
	절수시설 설치	수질오염 저감, 급수 소비절약, 상수절약시설, 생활용 상수 절감, 소요 수량 감소대책, 수자원 누출 방지, 절수
	우수이용 여부	우수이용, 빗물관리, 우수충족률
자연/대체 에너지 활용	자연/대체 에너지 사용 여부	대체에너지 사용 여부, 태양열, 녹색에너지 생산, 자연에너지의 직접·변환이용, 재생에너지 비율
	자연조명 이용	내·외부 조명수준, 외부조명, 주광, 조명제어
	자연환기설비 설치	공기환경, 대기오염량(저감), 환기, 자연환기의 가능성, 내부 공기질, 환기의 효율성
실내·외 환경	방음시설 설치	소음, 방음처리, 실내 허용소음, 소음감소, 방음, 내부 소음수준, 음환경
	옥상녹화 조성 및 녹지면적 확보	녹지면적률, 녹지율(량), 실내녹화/벽면녹화, 녹지율, 녹지공간율
	휴게공간 조성	적절한 휴게공간, 쾌적한 실내환경 조성

---

74) 김태훈 외, 오피스빌딩의 친환경요인 가중치 결정에 관한 연구, 한국부동산연구원, 2010

CHAPTER 03 구분소유부동산 평가

제3편 | 유형별 감정평가

> **핵심 키워드**
>
> 제1절 개 관
> 1. 정 의
> 2. 관련 규정
>
> 제2절 유형별 구분소유부동산 평가
> 1. 주거용
> 2. 상업·업무용
> 3. 유형별 시점수정

제1절 개 관

1. 정 의

「실무기준」에서 구분소유부동산을 「집합건물의 소유 및 관리에 관한 법률」(이하 「집소법」) 에 따라 구분소유권의 대상이 되는 건물부분과 그 대지사용권(대지소유권)으로 정의하고 있다. 「집소법」은 1동의 건물 중 구조상 구분된 여러 개의 부분이 독립한 건물로서 사용되는 경우 그 각 부분은 각각 소유권의 목적으로 할 수 있다고 했다. 판례에서는 구조 및 이용상의 독립성 모두를 구분소유권의 요건이라고 밝혔다. 각각의 개념을 정리하면 다음과 같다.

구 분	상 세
전유부분	구분소유권의 목적인 건물부분
공용부분	전유부분 외의 건물부분, 전유부분에 속하지 아니하는 건물의 부속물 및 규약, 공정증서에 따라 공용부분으로 된 부속의 건물
대지사용권	구분소유자가 전유부분을 소유하기 위하여 건물의 대지에 대하여 가지는 권리

「집소법」에서는 여러 개의 전유부분으로 통하는 복도, 계단, 그 밖에 구조상 구분소유자 전원 또는 일부의 공용(共用)에 제공되는 건물부분(공용부분)은 구분소유권의 목적으로 할 수 없도록 했다. 동법 제13조 (전유부분과 공용부분에 대한 지분의 일체성)에서도 '공용지분에 대한 공유자의 지분은 그가 가지는 전유부분의 처분에 따르며, 공유자는 그가 가지는 전유부분과 분리하여 공용부분에 대한 지분을 처분할 수 없다'고 했고 공용부분에 관한 물권의 득실변경(得失變更)은 등기를 필요로 하지 않는다고 했다. 아래 집합건물 등기사항전부증명서에는 특정 호의 구분소유권의 대상인 전유부분에 대해서만 표시하고 있다.

[집합건물] 경기도 화성시 ○○동 ○○○ 제1층

【 표 제 부 】 (1동의 건물의 표시)				
표시번호	접 수	소재지번,건물명칭 및 번호	건 물 내 역	등기원인 및 기타사항
1	20○○년11월20일	경기도 화성시 ○○동 동탄2신도시씨8블록로트 ○○○ [도로명주소] 경기도 화성시 동탄광역환승로	철근콘크리트구조 (철근)콘크리트지붕 2층 판매시설 지하3층 95.0412㎡ 지하2층 32.1857㎡ 지하1층 5816.419㎡ 1층 5135.6653㎡ 2층 4412.6418㎡	
2	20○○년2월13일	경기도 화성시 ○○동 973 [도로명주소] 경기도 화성시 동탄광역환승로	철근콘크리트구조 (철근)콘크리트지붕 2층 판매시설 지하3층 95.0412㎡ 지하2층 32.1857㎡ 지하1층 5816.419㎡ 1층 5135.6653㎡ 2층 4412.6418㎡	지적공부확정

(대지권의 목적인 토지의 표시)				
표시번호	소 재 지 번	지 목	면 적	등기원인 및 기타사항
1	1. 경기도 화성시 ○○동	대	27699.5㎡	20○○년4월20일 등기

【 표 제 부 】 (전유부분의 건물의 표시)				
표시번호	접 수	건 물 번 호	건 물 내 역	등기원인 및 기타사항
1	20○○년11월20일	제1층	철근콘크리트구조 56.7㎡	

정리하면, 구분소유권은 전유부분만을 대상으로 한다. 따라서 거래사례비교법으로 구분소유부동산을 평가할 때 전유면적을 비교해야 한다. 그러나 공용면적이 완전히 무시되는 것은 아니다. 전용비율(전유면적을 전유면적과 공용면적의 합계로 나눈 값)이 크면 상대적으로 공용면적이 작다는 것이며, 복도, 통로 등 전유부분의 사용을 돕는 시설이 열악하다는 것을 뜻한다. 전용비율은 감가의 요인으로 반영할 수 있다. 공용면적은 집합건축물대장에서 확인할 수 있다.

고유번호			4159012900-3-00000000	
대지위치			경기도 화성시 ○○동	
전유부분				
구분	층별	※구조	용도	면적(㎡)
주	1층	철근콘크리트구조	판매시설	56.7
		- 이하여백 -		
공용부분				
구분	층별	구조	용도	면적(㎡)
주	각층	철근콘크리트구조	계단실	24.4841
부	지3,지1	철근콘크리트구조	기계실,전기실	8.6639

구분소유부동산을 구성하는 대지사용권은, 전유부분이 속하는 1동의 건물이 있는 토지 및 규약[75]에 따라 건물의 대지로 된 토지에 대해 구분소유자가 갖는 권리를 가리킨다. 구분소유자는 해당 대지에 대한 공유지분권자다.「집소법」제12조에서는 각 공유자의 지분은 그가 가지는 전유부분의 면적 비율에 따른다고 했으므로, 특수한 경우가 아니면 집합건물 전체 전유면적 대비 각 구분소유권자의 전유면적 비율로 대지의 공유지분이 배분된다. 또 공용부분과 마찬가지로「집소법」제20조(전유부분과 대지사용권의 일체성)에서는, 구분소유자의 대지사용권은 그가 가지는 전유부분의 처분에 따르며 규약으로 달리 정한 경우 외에는 구분소유자는 그가 가지는 전유부분과 분리하여 대지사용권을 처분할 수 없도록 했다. 대지사용권이 없다면 타인 토지에 건물만 소유하는 셈이기 때문이다.

[집합건물] 경기도 화성시 ○○동 ○○○ 제207동 제1층

(대지권의 표시)			
표시번호	대지권종류	대지권비율	등기원인 및 기타사항
1	1 소유권대지권	27699.5분의 22.1867	20○○년4월24일 대지권 20○○년4월24일 등기

2. 관련 규정

「감칙」과「실무기준」에서 정한 구분소유부동산의 평가 규정은 다음과 같다.

구 분	상 세
「감 칙」	제16조(토지와 건물의 일괄감정평가) 감정평가법인등은「집합건물의 소유 및 관리에 관한 법률」에 따른 구분소유권의 대상이 되는 건물부분과 그 대지사용권을 일괄하여 감정평가하는 경우 등 제7조 제2항에 따라 토지와 건물을 일괄하여 감정평가할 때에는 거래사례비교법을 적용하여야 한다. 이 경우 감정평가액은 합리적인 기준에 따라 토지가액과 건물가액으로 구분하여 표시할 수 있다.
「실무기준」	3.1.3 구분소유 부동산의 감정평가방법 ① 구분소유 부동산을 감정평가할 때에는 건물(전유부분과 공유부분)과 대지사용권을 일체로 한 거래사례비교법을 적용하여야 한다. 이 경우 [400-4]를 따른다. ② 구분소유 부동산을 감정평가할 때에는 층별・위치별 효용요인을 반영하여야 한다. ③ 감정평가액은 합리적인 배분기준에 따라 토지가액과 건물가액으로 구분하여 표시할 수 있다. 3.1.4 대지사용권을 수반하지 않은 구분건물의 감정평가 대지사용권을 수반하지 않은 구분건물의 감정평가는 건물만의 가액으로 감정평가한다. 다만, 추후 토지의 적정지분이 정리될 것을 전제로 가격이 형성되는 경우에는 대지사용권을 포함한 가액으로 감정평가할 수 있다.

구분소유부동산의 주된 평가방법은 거래사례비교법이다. 수익환원법에 의한 가액으로 비준가액의 합리성 검토를 수행하는 것이 일반적이다. 원가법에 의한 가액은 토지와 건물 총액을 특정 호수로 배분하는 과정을 거치는데, 총액 결정과 배분 과정 모두에 오류 가능성이 크다.

---

[75] 통로, 주차장, 정원, 부속건물의 대지, 그 밖에 전유부분이 속하는 1동의 건물 및 그 건물이 있는 토지와 하나로 관리되거나 사용되는 토지는 규약으로써 건물의 대지로 할 수 있다.

첫째, 토지와 건물 총액은 토지와 건물 각각을 개별적으로 평가해 합산하는데 이것이 집합건물 전체 총액과 괴리가 발생한다. 신축 건물을 전제했을 때 토지와 건물 총액은 순수한 원가에 가깝고 집합건물 총액은 분양이익이 포함된 분양가이기 때문이다.

둘째, 총액을 특정 호수로 배분하는 과정에서 층별, 호별 효용비 판단에 따라 최종가액 변동 폭이 크다. 거래사례비교법에서는 2개 구분소유부동산의 층별, 호별 격차를 판단하는데 그치지만 원가법에서는 지하층부터 지상 최고층까지 모든 호수의 효용비를 판단해야 하므로 오차 가능성이 커진다.

제2절 유형별 구분소유부동산 평가 기출 31회

1. 주거용

도시형생활주택, 주거용 오피스텔, 다세대주택, 연립주택, 아파트 등의 평가에서는, 동일한 유형의 구분소유부동산 거래사례를 활용해야 한다. 세부 유형별 가치형성요인이 달라 유형이 다르다면 격차를 보정한다고 해도 정밀도가 떨어진다. 전유면적의 크기, 세대수, 경과연수, 학군 및 지하철역 접근성, 조망 및 일조 등의 요인이 크게 작용한다. 주거용 부동산에서만 전세가격을 참고할 수 있다. 전세가격 수준을 안다면, 전세가격과 매매가격의 비율을 활용해 전세가격을 역산하여 매매가격을 추정해 볼 수 있다.

노후화된 주택일수록 대지면적의 크기가 중요한 가치형성요인이 된다. 정비사업 구역으로 묶였거나 재개발, 재건축이 예정된 지역에서는 전유면적 대신 대지권 면적 단위로 가격이 형성되기 때문이다.

한편, 실무적으로는 건축 중인 공동주택의 골조가 완성된 후 공사가 중단되어 건축물 사용승인을 받지 않은 상태로 장기간 방치상태인 경우, 이를 집합 건물로 보아 평가할 수 있는지 논란이 되기도 한다. 분쟁이 발생해 가처분등기의 촉탁으로 소유권 보존 등기된 집합건물이 건축물대장도 없고 공용부분 및 대지권도 확인되지 않는 상황이다. 골조 완성 후, 건축 중단된 건물을 집합 건물로 볼 수 있는지와 관련해, 대법원 판례(2013.1.17. 선고, 2010다71578 전원합의체 판결)에서는 1동의 건물에 대하여 구분소유가 성립하기 위해서는 객관적·물리적인 측면에서 1동의 건물이 존재하고, 구분된 건물 부분이 구조상·이용상 독립성을 갖추어야 할 뿐만 아니라 1동의 건물 중 물리적으로 구획된 건물부분을 각각 구분소유권의 객체로 하려는 구분행위가 있어야 한다고 보았으며, 구분행위는 건물의 물리적 형질에 변경을 가함이 없이 법률 관념상 특정부분을 구분하여 별개의 소유권의 객체로 하려는 일체의 법률 행위로서 그 시기나 방식에 특별한 제한이 있는 것은 아니고, 처분권자의 구분의사가 객관적으로 외부에 표시되면 인정된다고 판시했다. 판례에서는 구분건물이 물리적으로 완성되기 전에도 건축허가 신청이나 분양계약 등을 통하여 장래 신축되는 건물을 구분 건물로 하겠다는 구분의사가 객관적으로 표시되면 구분행위의 존재를 인정할 수 있고, 이후 1동의 건물 및 그 구분행위에 상응하는 구분건물이 객관적·물리적으로 완성되면 아직 그 건물이 집합건축물대장에 등록되거나 구분건물로서 등기부에 등기되지 않았더라도 그 시점에서 구분소유가 성립한다고 본 것이다. 따라서 이 경우는 「감정평가 실무기준」(610-3.1.4)에 의거하여 대지사용권을 수반하지 않은 구분건물의 감정평가로서 건물만의 가액으로 평가가 가능할 것이다.

2. 상업·업무용

집합매장, 오피스, 업무용 오피스텔, 지식산업센터 등의 평가에서는, 동일한 유형의 구분소유부동산 거래 사례를 적용해야 하는 것 외에 규모 및 층별 격차의 유사성을 기준으로 사례를 선택해야 한다. 특히 지하층은 지하층 사례를, 1층은 1층 사례를 선정해야 한다. 성숙한 상가지대에서는 상가 전면과 측면 후면의 격차가 상당하므로 위치별 효용 역시 고려해야 한다.

수익성 부동산으로서 부동산 유형별 기대수익률이 시장에 형성돼 있으므로, 수익환원법 중 직접환원법에 의해 평가할 수 있다.

3. 유형별 시점수정

한국감정평가사협회에서 권장하는 구분소유부동산의 유형별 시점수정 자료는 다음과 같다.

구 분	권장지수	보조지수
주거용(아파트 연립, 다세대)	(한국부동산원 전국주택가격동향조사) 유형별 매매가격지수	• (KB 주택가격동향조사)유형별 매매가격지수 • (한국부동산원)공동주택 실거래가격지수
오피스텔	(한국부동산원 오피스텔가격동향조사)매매가격지수	(KB 오피스텔통계) 매매가격지수
	오피스텔 통계 미발표지역의 경우 주거용오피스텔은 주거용 권장지수를, 비주거용오피스텔은 비주거용권장지수를 준용)	
비주거용(구분상가, 업무시설, 지식산업센터, 특수부동산[76])	(한국부동산원 상업용 임대동향조사)상권별 자본수익률(오피스/중대형상가/소규모상가/집합상가)	—

상기 지수는 물건별 유형을 고려한 권장지수로서 대상 물건의 특성, 입지, 지역 환경 등에 따라 협회 권장지수와 달리 적용 가능하다.

구체적으로 오피스텔은, 가격동향조사에서 규모별로 지수를 제공하고 있으나, 표본수의 한계로 인해 규모별이 아닌 지역별 매매가격 지수를 활용하며 서울의 경우에는 권역별(도심권, 동남권, 동북권, 서남권, 서북권)지수를 활용한다. 비주거용익 경우, 평가대상붙건의 유형에 따라 오피스, 중내형상가, 소규모싱가, 집합상가 유형별 자본수익률을 적용하며, 동일한 유형이 없는 경우 평가대상물건의 특성과 가장 유사한 유형의 자본수익률을 활용한다. 또한 물건 유형별 하위상권의 자본수익률 적용을 원칙으로 하고 하위상권 확인이 불가하거나 하위상권의 자본수익률이 발표되지 않는 지역은 시도별 자본수익률을 활용한다.

---

76) 숙박시설 등

CHAPTER 04 복합부동산 평가

제3편 | 유형별 감정평가

> **핵심 키워드**
>
> 제1절 개 관
> 1. 정 의
> 2. 관련 규정
>
> 제2절 유형별 복합부동산 평가
> 1. 오피스
> 2. 물류창고
> 3. 호텔(숙박시설)
>   (1) 객실 영업수익 추정
>   (2) 부대시설 영업수익 추정
>   (3) 영업경비 추정

제1절 개 관

1. 정 의

토지와 건물이 결합되어 구성된 부동산으로서 구분소유부동산이 아닌 것을 복합부동산으로 부른다.

2. 관련 규정

「감칙」과 「실무기준」에서는 복합부동산을 개별 평가하는 것을 원칙으로 하되 일괄(거래사례비교법, 수익환원법)로 평가할 수 있도록 했다.

구 분	상 세
「감칙」	제7조(개별물건기준 원칙 등) ① 감정평가는 대상물건마다 개별로 하여야 한다. ② 둘 이상의 대상물건이 일체로 거래되거나 대상물건 상호 간에 용도상 불가분의 관계가 있는 경우에는 일괄하여 감정평가할 수 있다.
「실무기준」	① 복합부동산은 토지와 건물을 개별로 감정평가하는 것을 원칙으로 한다. 다만, 토지와 건물이 일체로 거래되는 경우에는 일괄하여 감정평가할 수 있다. ② 제1항 단서에 따라 토지와 건물을 일괄하여 감정평가할 때에는 거래사례비교법을 적용하여야 한다. 이 경우 [400-4]를 따른다. ③ 토지와 건물을 일괄하여 감정평가한 경우의 감정평가액은 합리적인 배분기준에 따라 토지가액과 건물가액으로 구분하여 표시할 수 있다.

오피스, 물류창고, 호텔 등 대규모 수익성 부동산은 개별평가와 일괄평가(비준가액, 수익가액)를 모두 수행하고 시산가액 조정을 통해 최종평가액을 결정하는 것이 일반적이다. 반면 다가구주택, 소규모 근린생활시설 등은 개별물건기준 가액만 산출한다.

제2절 유형별 복합부동산 평가 기출 27회

1. 오피스 기출 23, 26, 32회

일괄평가(비준, 수익)에 의한 시산가액과 개별평가에 의한 시산가액에 각각의 가중치를 부여하여 최종가치를 도출하고 있다. 일괄평가액과 개별평가액의 괴리가 있어, 개별평가액을 전혀 고려하지 않는 보고서도 많다. 감정평가에 앞서 민간 컨설팅 기관의 market report를 참고하여 시장조사를 한다. 다음은 AVISON YOUNG의 20년 4/4분기 오피스시장동향보고서를 참고해 작성한 감정평가보고서 내 시장분석 내용을 발췌한 것이다.

➕ 알아보기 오피스시장 분석

1. 오피스 권역 분류

[권역 분류 기준]

권역		지역	세부지역
서울	CBD	종로구, 중구(중림동 제외), 용산구, 동자동	광화문신문로, 남대문, 을지로, 종로, 도심기타
	GBD	강남, 서초구	테헤란로, 강남대로, 강남기타
	YBD	영등포구 여의도동	서여의도, 동여의도증권, 동여의도기타
	Others	주요 3권역 이외 서울 지역	마포, 용산, 잠실·송파, 상암, 서울기타
BBD		성남시 분당구	서현, 수내, 분당기타, 판교
6대광역시		인천, 대구, 대전, 광주, 울산, 부산	—

자료출처 : AVISON YOUNG, Office Market Report

[서울 세부지역 분류 기준]

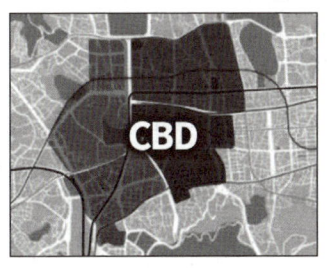
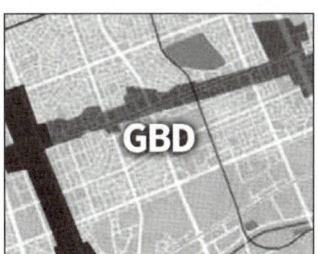

자료출처 : AVISON YOUNG, Office Market Report

2. 오피스 시장 동향

(1) 개 요

① 4분기 서울 오피스 거래규모는 4조 1,090억원으로 역대 최대 거래규모를 보였던 지난 3분기 거래규모(5조 2,343억원) 대비 1조 1,252억원(22%↓) 감소하였음
② 평당 거래가는 GBD, Others의 평당 거래가 상승에 힘입어 전 분기 대비 1,024천원(4.7%↑) 상승한 22,652천원을 기록함. 특히 GBD에서 거래된 더피나클강남, 플래티넘타워의 거래가 서울 전체 평당가 상승을 견인함
③ SK서린빌딩, 파인에비뉴B동, 롯데손해보험빌딩 등 현재 시장에서 거래가 진행 중인 매물들이 일부 확인되었으나 2021년 1분기 거래규모는 당 분기 대비 소폭 하락할 것으로 예상됨

[서울 오피스 투자시장 요약]

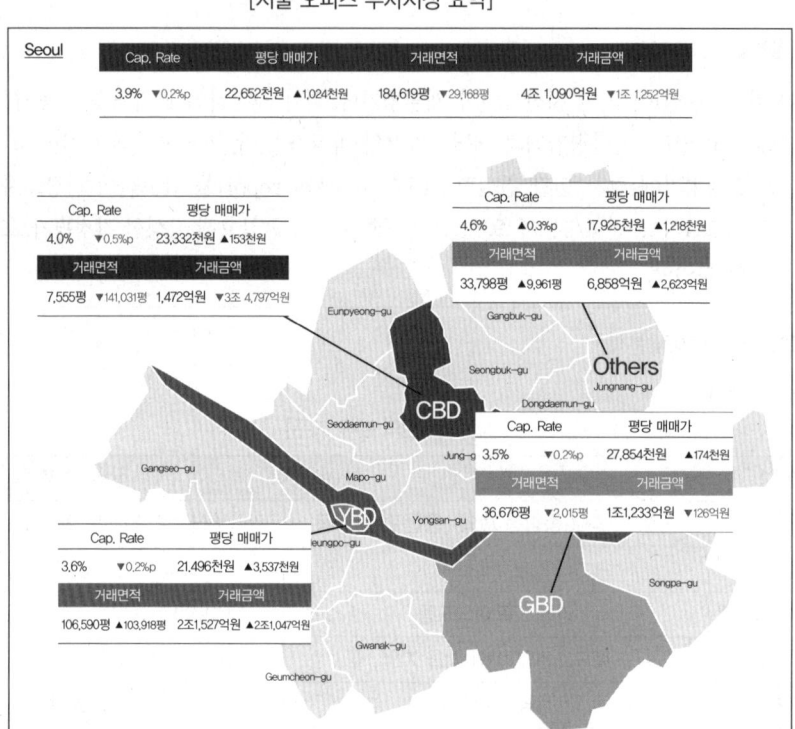

자료출처 : AVISON YOUNG, Office Market Report, 2020 4/4분기

④ 2020년 4분기 서울 전체 공실률은 CBD와 YBD의 공실률 하락 영향으로 전 분기 대비 0.2%p 하락한 8.0%를 기록하였으며, 4분기 오피스 공급량은 126천 평으로 전 분기 대비 소폭 감소함
⑤ CBD 공실률은 삼일빌딩 리모델링이 완료되었음에도 불구하고, D타워 돈의문에 DL(구 대림) 계열사들이 한 곳으로 집결한 영향에 힘입어 전 분기 대비 0.8%p 하락한 9.9%를 기록함, CBD는 최근 신축 대형 오피스가 지속적으로 공급된 점을 감안하였을 때, 신축 제외 공실률은 7.9%로 5개 분기 연속 하락함
⑥ GBD 공실률은 당 분기 HJ타워가 신규 공급되고, 파르나스타워에서 CJ E&M이 퇴거하는 등 테헤란로의 공실률 상승 영향으로 전 분기 대비 0.3%p 상승한 4.2%를 기록, 2020년 1분기에는 센터필드타워의 신규 공급과, 현대글로비스의 타 권역 이전이 예정되어 있어 공실률은 소폭 상승할 것으로 예상됨
⑦ YBD는 여의도 포스트타워의 신규 공급에도 불구하고 파크원, FKI타워 등 초대형 오피스의 공실률 하락에 힘입어 전 분기 대비 0.9%p 하락한 14.4%를 기록함

[서울 오피스 임대시장 요약]

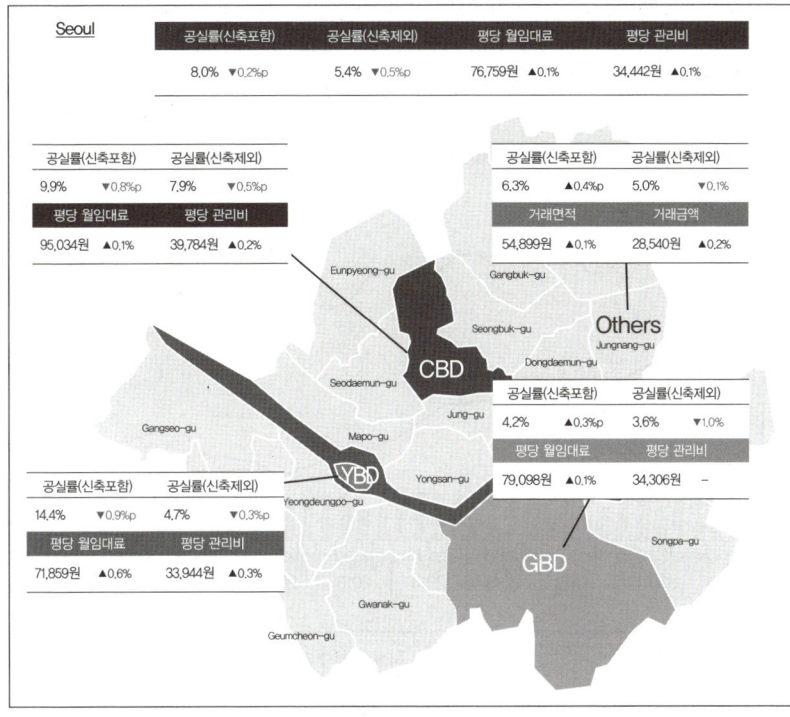

자료출처 : AVISON YOUNG, Office Market Report, 2020 4/4분기

3. 서울 오피스 매매가격 지수
   (1) AVISON YOUNG은 국내 최초로 서울 Office 매매가격 지수를 2009년 2분기부터 발표하고 있으며, 지수산정은 국내외 학계 및 연구기관에서 오랜 기간 활용되고 있는 Hedonic Price Model을 이용하고 있음
   (2) 당 분기 서울 오피스 매매가격 지수는 380으로 전 분기와 동일한 수준(전년 대비 7.6% 상승)으로 나타남

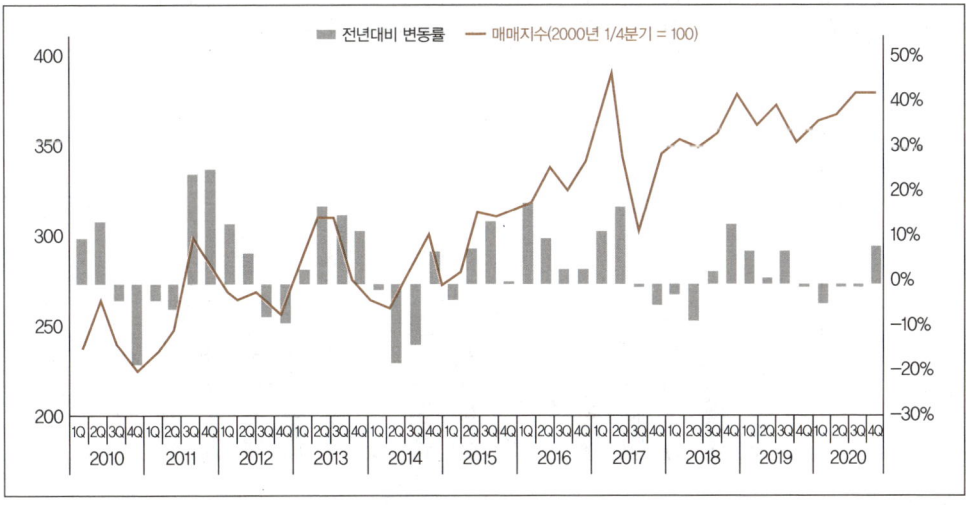

자료출처 : AVISON YOUNG, Office Market Report, 2020 4/4분기

4. 서울 오피스 Cap.Rate 추이
    (1) 2020년 4분기 서울 오피스 Cap.Rate는 9분기 연속 하락하며 처음으로 3%대 Cap.Rate인 3.9%를 기록함
    (2) 반면 국고채(3년) 수익률은 0.95%로 상승하며 Cap.스프레드는 2019년 1분기 이후 가장 낮은 3.0%p를 나타냄. 이는 CBD에서 거래된 화이자타워 거래가 Cap.Rate 하락을 주도한 것으로 나타남

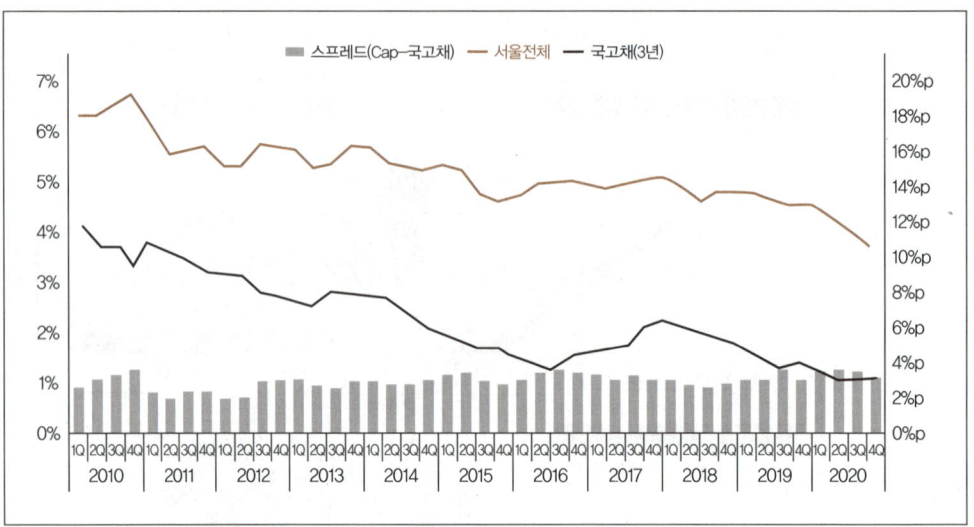

자료출처 : AVISON YOUNG, Office Market Report, 2020 4/4분기

5. 서울 오피스 거래규모 추이
    (1) 4분기 서울 오피스 거래규모는 4조 1,090억원으로 역대 최대 거래규모를 보였던 지난 3분기 거래규모(5조 2,343억원) 대비 1조 1,252억원(22%↓) 감소하였음
    (2) 지난 분기 역대 최대 거래규모를 기록했던 CBD의 거래가 당 분기에는 대폭 줄어들며 서울 전체 거래규모가 감소하는 모습을 보임. 다만 YBD의 거래규모는 파크원 타워2의 영향에 힘입어 역대 최대 거래규모인 2조원 대를 기록한 것으로 나타남
    (3) GBD 주요 거래사례로는 구분소유였던 플래티넘 타워가 BNK자산운용으로 전체 손바뀜되었고, 위워크타워(구 PCA생명타워)는 당 분기 이지스자산운용으로 평당 2,900만원에 거래됨

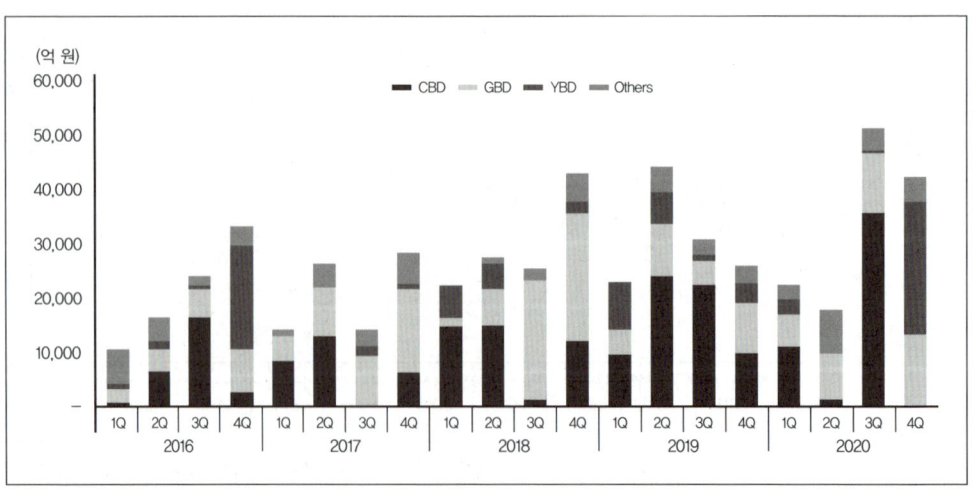

자료출처 : AVISON YOUNG, Office Market Report, 2020 4/4분기

6. 권역별 거래 면적 및 평당 거래가격
    (1) 4분기 서울 오피스 거래는 18개동, 약 187천평이 거래됨
    (2) 이 중 58%의 면적이 YBD에서 거래되었는데 파크원 타워2, 하나금융투자빌딩, 유수홀딩스빌딩 등 대형 오피스 거래가 YBD에 집중된 것으로 나타남
    (3) 당 분기 평당 거래가는 GBD와 Others에서 최고가를 경신하며 각각 평당 27,854천원, 17,925천원을 기록함

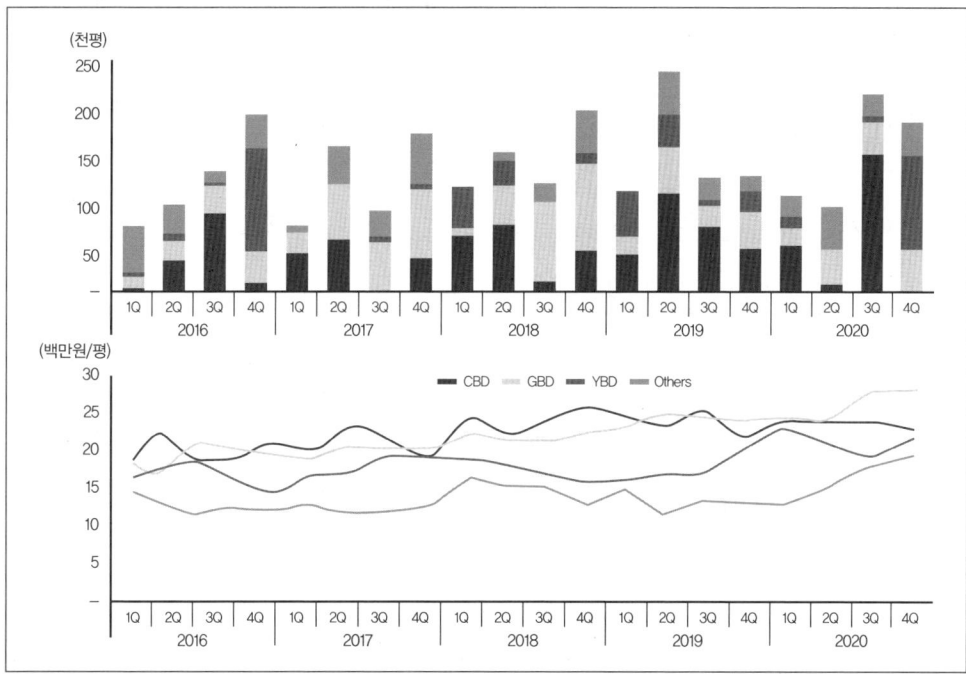

자료출처 : AVISON YOUNG, Office Market Report, 2020 4/4분기

7. 매도·매수자 유형별 거래규모
    (1) 매도자 유형 측면에서는 직접(법인)의 매도가 9건, 2조 1,137억원이며, 전체거래규모의 51%로 가장 높은 비중을 보임
    (2) 리츠의 매각 규모는 3분기 연속 증가하며 당 분기 3건, 총 8,103억원으로 전체거래규모의 19%를 차지함
    (3) 매수자 유형에서는 펀드와 리츠의 매수가 각각 2조 9,041억원(70%), 4,858억원(12%)으로 간접투자기구를 이용한 매수가 5분기 연속 50% 이상 규모를 차지하고 있음

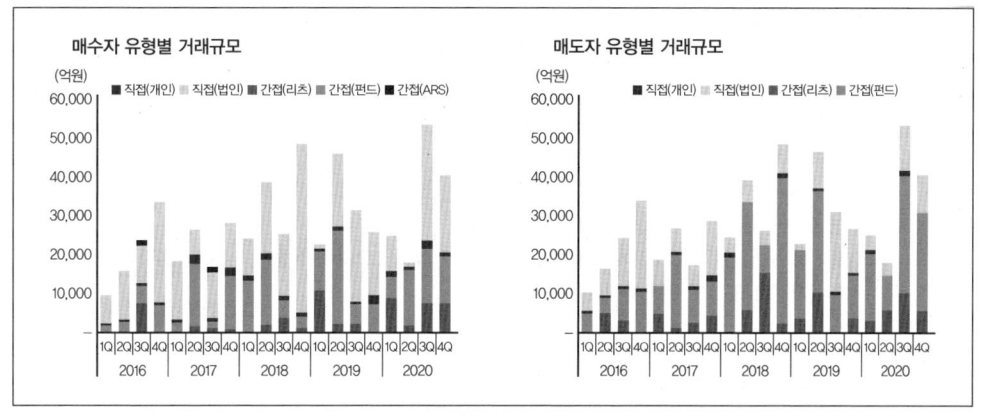

자료출처 : AVISON YOUNG, Office Market Report, 2020 4/4분기

8. 거래권역 및 면적별 평당 거래가격
    (1) 당 분기 오피스는 18개동(BBD 포함 19개동)이 거래되었으며, 권역별로 CBD 2개동, GBD 7개동, YBD 7개동, Others 2개동이 거래되었음
    (2) CBD의 경우 화이자타워가 평당 2,300만원 수준에 거래되었으며, GBD에서는 플래티넘타워와 위워크타워가 평당 약 3,000만원 수준에 거래됨
    (3) 가장 많은 거래규모를 기록한 YBD에서는 하나금융투자빌딩, 유수홀딩스빌딩, KB금융타워 등 대형 오피스의 경우 2,000만원 초반대에 거래되었고 소형 오피스는 1,000만원 중반대에 거래된 것으로 분석됨
    (4) BBD의 경우 티맥스 수내타워가 평당 1,370만원에 거래되며 권역 최고가를 경신함

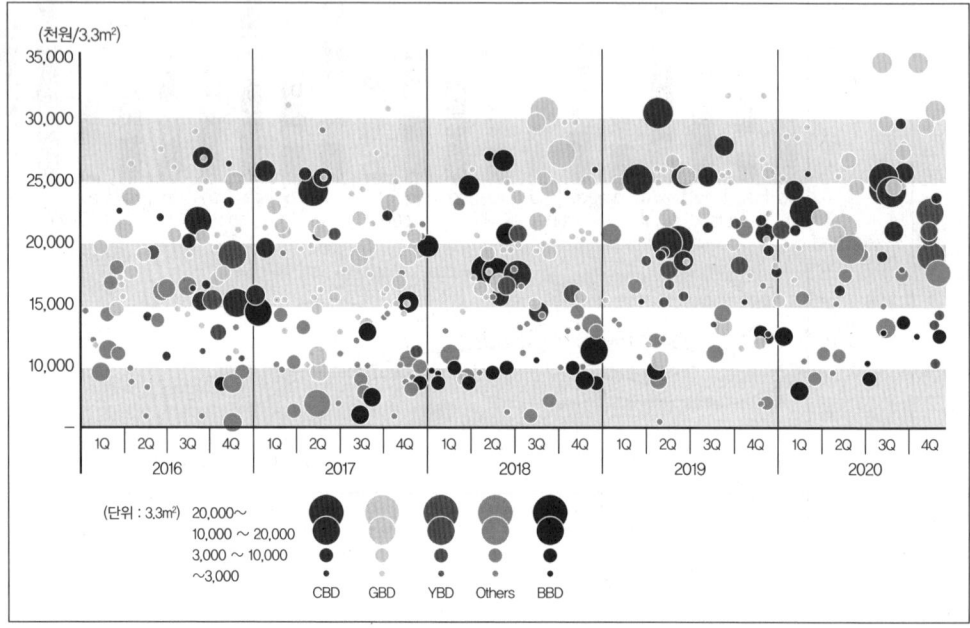

자료출처 : AVISON YOUNG, Office Market Report, 2020 4/4분기

다음은 일괄 거래사례비교법에 의한 평가내용을 발췌한 것이다.

1. 거래사례비교법
   (1) 거래사례비교법의 개요
       대상물건과 동일성 또는 유사성이 있는 물건의 거래사례와 비교하여 대상물건의 가치를 평가하는 방식입니다. 대상물건의 현황에 맞게 사정보정 및 시점수정, 가치형성요인 비교 등을 가하여 가격을 산정하는 방법으로 이때 산정된 가액을 비준가액이라 합니다.
   (2) 비교사례의 선정
       YBD 및 유사권역의 2018년 1월 이후의 거래사례 중, 대상물건과 입지여건 및 규모 등이 비교 가능한 거래사례는 다음과 같이 조사되었습니다.
       대상물건과 동일 권역에 소재하고 비교적 최근에 거래되었으며 대상물건과 규모·주위환경·이용상황 등이 유사한 〈거래사례 3〉을 비교사례로 선정하였습니다.

[인근 거래사례]

구 분	거래사례 1	거래사례 2	거래사례 3
건물명	A	B	C
사 진			
소재지	Y동 ××	Y동 ××	Y동 ××
용도지역	일반상업지역	일반상업지역	일반상업지역
대지면적(m^2)	3,176	2,290.0	3,176
이용상황	업무시설, 근린생활시설	업무시설	업무시설, 근린생활시설
층 수	지하 7층 / 지상 21층	지하 4층 / 지상 14층	지하 6층 / 지상 20층
연면적(m^2)	43,669.26	18,039.76	40,361.09
사용승인일	1994.2.5.	1983.10.27.	1995.3.20.
주구조	철골철근콘크리트	철근콘크리트	철골철근콘크리트
교통여건	Y역 인근	Y역 인근	Y역 인근
주변환경	업무·상업지대	업무·상업지대	업무·상업지대
거래시점	2019.4.29.	2019.10.16.	2019.12.20.
거래연면적(m^2)	42,346.41	18,039.76	40,361.09
거래가격(원)	232,200,000,000	120,000,000,000	271,500,000,000
거래단가 (원/건물m^2)×	5,483,346	6,651,973	6,726,776
거래단가 (원/건물$3.3m^2$)×	18,126,764	21,989,993	22,237,276
비 고	2020.8. 증축 이전 사례	—	—

※ 자료출처 : 등기사항전부증명서 및 한국부동산원 감정평가정보체계 등
※ 거래단가는 소수점 한 자리에서 반올림함

CHAPTER 04 | 복합부동산 평가

[인근 거래사례]

구 분	거래사례 4	거래사례 5	거래사례 6
건물명	D	E	F
사 진			
소재지	Y동 ××	Y동 ××	Y동 ××
용도지역	일반상업지역	일반상업지역	일반상업지역
대지면적(m²)	3,707	3,934	5,541
이용상황	업무시설	업무시설	제2종근린생활시설, 사무실
층 수	지하 6층/지상 20층	지하 5층/지상 15층	지하 4층/지상 20층 테라스원 지하2층/지상 6층 별관 지상 1층
연면적(m²)	45,499.06	47,362.10	49,967.875
사용승인일	1994.10.21.	2017.3.23.	1984.1.31. 2015.9.30.
주구조	철골철근콘크리트	철골철근콘크리트	철골철근콘크리트
교통여건	Y역 인근	Y역 인근	Y역 인근
주변환경	업무·상업지대	업무·상업지대	업무·상업지대
거래시점	2019.10.11.	2018.6.21.	2020.5.29.
거래연면적(m²)	45,499.06	47,362.10	49,967.875
거래가격(원)	254,880,000,000	295,100,000,000	330,000,000,000
거래단가 (원/건물m²)×	5,601,874	6,230,720	6,604,243
거래단가 (원/건물3.3m²)×	18,518,592	20,597,421	21,832,208
비 고	—	—	—

※ 자료출처 : 등기사항전부증명서 및 한국부동산원 감정평가정보체계 등
※ 거래단가는 소수점 한 자리에서 반올림함

(3) 평가요인비교치의 결정
  ① 사정보정
    거래사례 등에 거래당사자의 특수한 사정 또는 개별적인 동기가 개재되어 있거나 감정평가선례 등에 특수한 평가조건 등이 반영되어 있는 경우에는 그러한 사정이나 조건 등이 없는 상태로 이를 적정하게 보정하는 것을 사정보정이라 합니다.
    대상물건과 〈거래사례 3〉의 경우 특이한 사정이 개입되지 않다고 판단되어 사정보정치는 1.000으로 결정하였습니다.
  ② 시점수정
    사례물건의 거래시점과 대상물건의 기준시점이 시간적으로 불일치하여 가격수준의 변동이 있는 경우 사례물건의 가격을 기준시점의 수준으로 정상화하는 작업을 시점수정이라 합니다.
    • 지가변동률
      토지의 경우 지역별, 용도별 지가변동률이 국토교통부에 의해 매월 조사·발표되고 있습니다. 〈거래사례 3〉의 거래시점과 대상물건의 기준시점간 지가변동률은 다음과 같습니다.

[S시 Y구 상업지역 지가변동률]

기 간	용도지역	지가변동률	비 고
2019.12.20. ~ 2020.10.13.	상업지역	3.758 (1.03758)	S시 Y구 (19.12.20. ~ 20.10.13.) (상업) 2019.12.1. ~ 2019.12.31. : 0.280 2020.1.1. ~ 2020.8.31. : 3.119 2020.8.1. ~ 2020.8.31. : 0.368 $(1+0.00280 \times 12/31) \times (1+0.03119) \times (1+0.00368 \times 43/31) ≒ 1.03758$

※ 2020년 9월 이후 지가변동률이 고시되지 않아 2020년 8월 지가변동률 연장적용함

    • 생산자물가상승률(부동산부분)
      〈거래사례 3〉의 거래시점과 대상물건의 기준시점간 생산자물가(비주거용건물임대) 상승률은 다음과 같습니다.

[생산자물가(비주거용건물임대)지수(2015=100)]

(2015=100)	1월	2월	3월	4월	5월	6월	7월	8월	9월	10월	11월	12월
2019년	102.60	102.71	102.77	102.80	102.85	102.85	103.02	103.09	103.24	103.28	103.27	103.30
2020년	103.84	103.86	103.86	103.84	103.83	103.83	103.92	103.97	—	—	—	—

※ 자료출처 : 한국은행경제통계시스템, http://ecos.bok.or.kr

[생산자물가(비주거용건물임대) 상승률]

기 간	생산자물가(부동산부분) 상승률	비 고
2019.12.20.~2020.10.13.	1.00649	$\dfrac{2020년\ 8월\ 103.97}{2019년\ 12월\ 103.30} ≒ 1.00649$

※ 2020년 9월 지수 미고시되어 8월 지수 적용함

- 자본수익률
〈거래사례 3〉의 거래시점과 대상물건의 기준시점간 자본수익률은 다음과 같습니다.

[〈S시 Y권역〉 오피스빌딩 자본수익률]

기 간	자본수익률(%)	비 고
2019.12.20. ~ 2020.10.13.	2.287 (1.02287)	2019년 04분기 : 1.31 2020년 01분기 : 0.66 2020년 02분기 : 0.67 2020년 03분기 : 0.67 (2020년 02분기 자료) $(1+0.0131 \times 12/92) \times (1+0.0066) \times (1+0.0067 \times 196/91) ≒ 1.02287$

※ 2020년 3분기 수익률은 미고시되어 2020년 2분기 수익률을 연장하여 적용하였음

- 시점수정치 결정
지가변동률은 토지의 감정평가시 활용되는 지표이고, 생산자물가(부동산 부분) 상승률은 거시경제지표로서 국지적인 부동산 거래가의 변동추이를 적절히 반영하지 못하는 것으로 대상물건과 같은 토지건물의 일괄 거래사례비교법의 적용 시 시점수정치로서 활용하기에는 적정하지 않으므로, 한국감정원에서 발표하는 자료 중 자본수익률로 시점수정치를 결정하였습니다.

[시점수정치]

구 분	시점수정치
오피스빌딩 자본수익률(S시 Y권역)	1.02287

③ 지역요인 비교
지역요인 비교는 대상물건이 속한 지역의 표준적인 획지의 최유효이용과 사례지역이 속한 지역의 표준적인 획지의 최유효이용을 비교하는 것입니다. 대상물건과 〈거래사례 3〉은 인근지역에 위치하여 지역요인은 동일하며, 지역요인 비교치는 1.000입니다.

④ 개별요인 비교
대상물건과 〈거래사례 3〉의 개별요인 비교항목은 토지개별요인과 건물개별요인으로 구분하여 검토하였습니다. 각 항목을 종합하여 개별요인비교치는 아래와 같이 결정하였습니다.

[대상물건과 〈거래사례 3〉의 개별요인 비교]

	항목	개별요인		격차율	비 고
		〈본 건〉	〈거래사례 3〉		
토 지	가로조건	중 로	중 로	1.00	대등함
	접근조건	양호 (Y역)	양호 (Y역)	1.00	대등함
	환경조건	양 호	양 호	1.00	대등함
	획지조건	한면/세장형	2면각지/세장형	0.98	대상은 거래사례 대비 접면도로의 상태 등 획지조건에서 열세함
	행정적조건	일반상업	일반상업	1.00	대등함
	기타조건	─	─	1.00	대등함

건물	시공상태	철골철근콘크리트	철골철근콘크리트	1.00	대등함
	설비상태	양 호	양 호	1.00	대등함
	관리상태	양 호	보 통	1.05	대상은 거래사례 대비 최근 증축공사 및 지속적인 자본적지출 등 관리상태에서 우세함
	경과년수	사용승인일 1994.2.5.	사용승인일 1995.3.20.	1.00	대등함
	인지도	양 호	양 호	1.00	대등함
	건물규모	연면적 43,669.26㎡	연면적 40,361.09㎡	1.00	대등함
	기 타	—	—	1.00	대등함
개별요인비교치				1.029	

(4) 거래사례비교법에 의한 시산가액
  ① 거래사례비교법에 의한 단가

감정평가단가 = 거래단가 × 사정보정치 × 시점수정치 × 지역요인비교치 × 개별요인비교치

구분	거래단가 (원/㎡)	사정보정치	시점수정치	지역요인비교치	개별요인비교치	산정단가 (원/㎡)	결정단가 (원/㎡)
대상물건	6,726,776	1.000	1.02287	1.000	1.029	7,080,155	7,080,000

  ② 거래사례비교법에 의한 시산가액

거래사례비교법에 의한 시산가액 = 거래사례비교법에 의한 단가 × 연면적

구분	거래사례비교법에 의한 단가(원/㎡)	연면적(㎡)	거래사례비교법에 의한 시산가액(원)
대상물건	7,080,000	43,669.26	309,178,360,800
시산가액(원)			309,180,000,000

2. 물류창고 기출 31회

일괄평가(비준, 수익)에 의한 시산가액과 개별평가에 의한 시산가액에 각각의 가중치를 부여하여 최종가치를 도출하고 있다. 일괄평가액과 개별평가액의 괴리가 있어, 최근에는 개별평가액을 전혀 고려하지 않는 보고서도 많다. 일괄평가 중 수익환원법은 할인현금흐름분석법을 적용하며, 임대료는 상온과 저온으로 나눠 추계하고, 임차의향서 및 'Master lease' 계약임대료를 기준으로 매기의 현금흐름을 추정한다. 할인율 및 기출환원율에 따라 수익가액 변동 폭이 커, 시장추출법에 의해 최근 거래된 물류창고의 거래가격/순임대료 자료를 확보해 활용한다.

아래는 물류창고(상온)를 일괄 거래사례비교법으로 평가한 감정평가서의 일부를 발췌한 것이다. 상온 및 저온창고라면, 상온과 저온의 비준단가에 각각의 면적을 곱해주면 된다.

1. 물건 개요
   (1) 토지개요

[K도 E시 B읍]

기호	소재지	지번	지목	용도지역	이용상황	면적(m²)	도로조건	형상, 지세	개별공시지가(2021, 원/m²)
1	K리	산102-2	임	계획관리	자연림	16,658	세로(가)	부정형, 완경사	40,800
2	K리	310-1	전	계획관리	전	526	세로(가)	부정형, 평지	83,900
3	K리	327	전	계획관리	전	853	맹지	부정형, 완경사	63,700
4	K리	327-1	전	계획관리	전	546	맹지	부정형, 완경사	63,700
5	K리	328	전	계획관리	전	450	맹지	부정형, 완경사	63,700
소계		—	—	—	—	19,033	—	—	—

(2) 건물개요

대지위치	E시 B읍 K리 산102-2번지외 4필지	대지면적	19,033m²
구조	P.C구조, P.E.B구조	건축면적	7,605.93m²
층수	지하2층/지상4층	연면적	33,297.34m²
사용승인일	2022.11.30.(예정)	건폐율	39.9618%
주용도	창고시설(상온)	용적률	98.892%

(3) 층별·용도별 개요

구분	층별 면적(m²) 면적(평)	용도별면적 면적(평)	용도별면적 용도	비고
지상 4층	5,280.29 (1,597.27평)	4,606.91 (1,393.58평)	창고시설	—
		92.43 (27.95평)	공용시설(로비, 홀, 계단, 화장실, 기/전실 등)	—
		233.46 (70.62평)	캐노피	—
		347.49 (105.12평)	차량통로/램프	—

층	면적	세부면적	용도	비고
지상 3층	6,834.39 (2,067.38평)	4,704.43 (1,423.08평)	창고시설	—
		636.76 (192.61평)	공용시설(로비, 홀, 계단, 화장실, 기/전실 등)	—
		453.51 (137.19평)	하역장	—
		1,039.69 (314.50평)	차량통로/램프	—
지상 2층	1,212.23 (366.69평)	990.93 (299.76평)	창고시설	—
		155.85 (47.14평)	사무실/부대시설	—
		65.45 (19.79평)	공용시설(로비, 홀, 계단, 화장실, 기/전실 등)	—
지상 1층	7,906.83 (2,391.80평)	7,460.37 (2,256.75평)	창고시설	—
		108.98 (32.96평)	공용시설(로비, 홀, 계단, 화장실, 기/전실 등)	—
		337.48 (102.09평)	캐노피	—
지상층 소계	21,233.74 (6,423.21평)	21,233.74 (6,423.21평)	—	—
지하 1층	1,369.07 (420.19평)	969.10 (293.15평)	창고시설	—
		333.33 (100.83평)	사무실/부대시설	—
		86.64 (26.21평)	공용시설(로비, 홀, 계단, 화장실, 기/전실 등)	—
지하 2층	10,674.53 (3,229.03평)	10,112.21 (3,058.93평)	창고시설	—
		75.46 (22.82평)	공용시설(로비, 홀, 계단, 화장실, 기/전실 등)	—
		486.86 (147.28평)	캐노피	—
지하층 소계	12,063.60 (3,649.24평)	12,063.60 (3,649.24평)	—	—
합계	33,297.34 (10,072.45평)	33,297.34 (10,072.45평)	—	—

※ 귀 제시자료

(4) 본건 임대면적

층 수	창고시설 (①)		사무실 및 부대시설 (②)		공용시설 (③)		하역장 (④)	
	m²	평	m²	평	m²	평	m²	평
지상4층	4,606.91	1,393.58	—	—	92.43	27.95	—	—
지상3층	4,704.43	1,423.08	—	—	636.76	192.61	453.51	137.19
지상2층	990.93	299.76	155.85	47.14	65.45	19.79	—	—
지상1층	7,460.37	2,256.75	—	—	108.98	32.96	—	—
지하1층	969.10	293.15	333.33	100.83	86.64	26.21	—	—
지하2층	10,112.21	3,058.93	—	—	75.46	22.82	—	—
합 계	28,843.95	8,725.25	489.18	147.97	1,065.72	322.34	453.51	137.19

※ 귀 제시자료

층 수	캐노피 (⑤)		차량통로 및 램프 (⑥)		소 계 (⑦)		임대면적 ⑦-⑥ (①+②+③+④+⑤)	
	m²	평	m²	평	m²	평	m²	평
지상4층	233.46	70.62	347.49	105.12	5,280.29	1,597.27	4,932.80	1,492.15
지상3층	—	—	1,039.69	314.50	6,834.39	2,067.38	5,794.70	1,752.88
지상2층	—	—	—	—	1,212.23	366.69	1,212.23	366.69
지상1층	337.48	102.09	—	—	7,906.83	2,391.80	7,906.83	2,391.80
지하1층	—	—	—	—	1,389.07	420.19	1,389.07	420.19
지하2층	486.86	147.28	—	—	10,674.53	3,229.03	10,674.53	3,229.03
합 계	1,057.80	319.99	1,387.18	419.62	33,297.34	10,072.36	31,910.16	9,652.74

※ 귀 제시자료

2. 거래사례비교법
   (1) 거래사례 선정
   본건과 유사한 물류창고는 창고의 업종(일반창고, 냉장·냉동창고, 위험물창고) 및 도로와의 접근성, 판매시장과의 접근성 등이 가격에 미치는 영향이 중요한 요인입니다. 대상물건 인근지역에 소재하고 창고의 업종이 유사한 〈거래사례 1〉을 비교사례로 선정하였습니다.

[상온창고 거래사례]

구 분	거래사례 1	거래사례 2	거래사례 3	거래사례 4	거래사례 5
명 칭	A 물류센터	B 물류센터	C 물류센터 (선매입)	D 물류센터	E 물류센터
소재지	K도 E시 H면 M리 977-5외	K도 Y시 C구 B면 백봉리 767-13	K도 E시 D면 C리 273-1외	K도 H시 J면 E리 198외	K도 E시 H면 D리 234-2외

용도지역	계획관리	계획관리	계획관리	계획관리	계획관리
등기유형	토지/건물	토지/건물	토지/건물	토지/건물	토지/건물
창고유형	상온창고	상온창고	상온창고	상온창고	상온창고
주구조	프리캐스트 콘크리트구조	철골철근 콘크리트구조	—	콘크리트구조	철골철근 콘크리트구조
층 수	지하1층 / 지상4층	지하4층 / 지상2층	지하1층 / 지상3층	지상 4층	지하2층 / 지하4층
사용승인일	2017.9.27.	2016.11.4.	—	2015.1.21.	2017.6.22.
교통여건	OO IC에서 약 5.7km	OO IC에서 약 31km	OO IC에서 약 2km	OO IC에서 약 2.5km	OO IC에서 약 4.4km
대지면적(m^2)	54,990	19,604	19,074	40,269	24,219
거래시점	2021.2.15.	2021.3.12.	2021.2.4. (설립일)	2021.6.24.	2020.9.3.
건물연면적(m^2)	54,331.93	29,980.02	28,707.90	29,262.04	33,460.37
건물연면적(평)	16,435.41	9,068.96	8,684.14	8,851.77	10,121.76
거래가격(원)	107,318,312,199	59,900,000,000	53,000,000,000*	66,000,000,000	60,000,000,000
거래단가 (원/건물m^2)	1,980,000	2,000,000	1,850,000	2,260,000	1,790,000
거래단가 (원/건물3.3m^2)	6,530,000	6,600,000	6,100,000	7,460,000	5,930,000

※ 자료출처 : 등기사항전부증명서, KAIS 등
※ 거래사례 3 : 한국경제신문[마켓인사이트] 2021.9.14.

(2) 사정보정

거래사례 등에 거래당사자의 특수한 사정 또는 개별적인 동기가 개재되어 있거나 평가선례 등에 특수한 평가조건 등이 반영되어 있는 경우에는 그러한 사정이나 조건 등이 없는 상태로 이를 적정하게 보정하는 것을 사정보정이라 합니다. 대상물건과 〈거래사례 1〉의 경우 특이한 사정이 개입되지 않다고 판단되어 사정보정치는 1.000으로 결정하였습니다.

(3) 시점수정

사례물건의 거래시점과 대상물건의 기준시점이 시간적으로 불일치하여 가격수준이 변동이 있는 경우 사례물건의 가격을 기준시점의 수준으로 정상화하는 작업을 시점수정이라 합니다. 생산자물가상승률은 거시경제지표로서 국지적인 부동산 거래가의 변동추이를 적절히 반영하지 못하는 것으로, 대상물건과 같은 토지건물의 일괄 거래사례비교법의 적용시 시점수정치로서 활용하기에는 적정하지 않아 한국부동산원에서 발표하는 상업용부동산 임대동향조사 자료인 〈K도〉의 중대형 상가 자본수익률로 시점수정치를 결정하였습니다.

거래사례	기 간	자본수익률	비 고
1	2021.2.15. ~ 2022.11.30.	6.283 (1.06283)	중대형상가 지역 : K도(21.2.15. ~ 22.11.30.) 2021년 01분기 : 0.87 2021년 02분기 : 0.87 2021년 03분기 : 0.87 (2021년 02분기 자료) $(1+0.0087 \times 45/90) \times (1+0.0087 \times 609/91) ≒ 1.06283$

(4) 지역요인 비교

지역요인 비교는 대상물건이 속한 지역의 표준적인 획지의 최유효이용과 사례지역이 속한 지역의 표준적인 획지의 최유효이용을 비교하는 것입니다. 대상물건은 거래사례와 동일권역에 위치하여 지역요인 비교치는 대등합니다. (1.00)

(5) 개별요인 비교

대상물건과 거래사례의 개별요인비교치는 아래와 같이 결정하였습니다.

[기호(가)와 〈거래사례 1〉의 개별요인 비교]

개별요인				격차율	비 고
	항목	〈거래사례 1〉	대상물건		
토지	가로조건	소 로	세로(가)	0.95	본건은 사례대비 가로의 폭(세로(가)/소로) 등에서 열세합니다.
	접근조건	보 통	보 통	1.00	대등합니다.
	환경조건	보 통	보 통	1.00	대등합니다.
	획지조건	부정형, 평지	부정형, 평지	1.00	대등합니다.
	행정적조건	계획관리	계획관리	1.00	대등합니다.
	기타조건	—	—	1.00	대등합니다.
건물	시공상태	프리케스트 콘크리트구조	프리케스트 콘크리트구조	1.00	대등합니다.
	대지면적(m^2)	54,990	19,033	0.96	본건은 사례대비 대지면적($19,033m^2/54,990m^2$) 등에서 열세합니다.
	건물규모 (PY)	16,435.41	10,072.00	0.96	본건은 사례대비 건물규모(10,072PY/16,435.41PY) 등에서 열세합니다.
	사용승인일	2017.9.27.	2022.11.30. (준공예정일)	1.06	본건은 경과년수 등에서 우세합니다.
	층 수	지하1층 / 지상4층	지하2층 / 지상4층	1.00	대등합니다.
	기능성 (접안성 등)	양 호	양 호	1.00	대등합니다.
	기타조건	—	—	1.00	대등합니다.
개별요인비교치				0.928	

(6) 결정단가

위의 제 요인을 참작하여 아래와 같이 단가가 산정되었습니다.

산정단가＝거래단가×사정보정치×시점수정치×지역요인비교치×개별요인비교치							
구 분	거래단가 (원/m^2)	사정보정치	시점수정치	지역요인 비교치	개별요인 비교치	산정단가 (원/m^2)	결정단가 (원/m^2)
거래사례 1 (상온창고)	1,980,000	1.000	1.06283	1.00	0.928	1,952,886	1,940,000

※ 거래사례비교법에 의한 결정단가는 담보로서의 안정성 및 환가성 등을 고려하여 결정하였음

(7) 비준가액

거래사례비교법에 의한 비준가액＝거래사례비교법에 의한 단가×면적			
기 호	거래사례비교법에 의한 단가(원/m^2)	연면적(m^2)	비준가액(원)
가 (상온창고)	1,940,000	33,297.34	64,596,839,600
합 계			64,596,839,600

3. 호텔(숙박시설) 기출 22회

호텔(숙박시설)의 평가에서는 한국호텔업협회의 매년 시장 통계자료를 활용하고 있다. 아래는 master lease 돼 있는 호텔을 수익환원법－할인현금흐름분석법에 의해 추계한 감정평가보서의 일부를 발췌한 것이다. covid－19을 반영하여 현금흐름을 조정한 점이 특징이다.

1. 순수익 추정

(1) 개 요

본건 숙박시설(호텔)은 장기 임대차(Master lease)에 의한 임대운영이 예정되어 있는 바, 호텔 임대운영에 의하여 창출이 기대되는 순영업소득 산정은 아래와 같은 방식에 의하였습니다.

	구 분	내 용
①	객실매출 연동임대료	[RevPar(＝ ADR×OCC)×연간 판매가능 객실수]×44%
②	기타매출 연동임대료	[①×적용율(%)]×44%
③	전대매출 연동임대료	전대매출×95%
④	식음매출 연동임대료	Max[(층별매출액×층별 계약수수료율)의 합산액, 41,666,660원]
⑤	연간 임대료 결정 (Annual Rent)	Max[①＋②＋③＋④, 최소보장 임대료(연 9,309,000,000원)]
⑥	보증금 운용이익	보증금×보증금운용이율
⑦	호텔부분 임대료조소득	⑤＋⑥
⑧	운영경비 (Operating Expense)	FF&E, 재산관련 보험, 제세공과금, CAPEX 적립금 등
⑨	호텔부분 순영업소득(NOI)	⑦－⑧

(2) 본건 매출 검토 및 추정
  ① 객실 부분 매출의 추정
    ㉠ 대상 객실 부문 과거 실적

구 분	'18년	'19년	'20년	'21년 ~ '21년 6월
객실매출(원)	15,343,049,000	18,228,381,000	3,435,010,000	1,235,320,000
RevPAR(원)	72,698	86,327	15,038	11,847
ADR(원)	89,450	99,916	82,726	78,545
OCC(%)	81.27	86.40	18.18	15.08
영업일수	365	365	366	181
Salable Room	210,240	210,240	210,816	104,256
Sold Room	170,867	181,647	38,323	15,725

대상 호텔은 2019년까지 ADR, OCC 및 객실매출이 상승하였으나, COVID-19 사태 이후, 관광시장이 침체되면서 ADR은 82,726원, OCC는 18.18%로 급격히 감소하였습니다. ADR에 비해 OCC가 큰 폭으로 하락하여 RevPAR은 2020년도는 2019년 대비 약 80% 감소하였습니다.

  ㉡ ADR(판매객실 평균요금) 추정
    ADR(Average Daily Rate, 판매객실 평균요금)이란, 숙박시설의 객실판매단가를 측정하는 지표로 객실매출액을 판매된 객실수로 나누어 산출합니다. 대상호텔 및 서울특별시 J구 내 유사등급 호텔의 ADR을 통하여 대상물건의 ADR을 추정하였으며, 본건 인근지역 내 기공급 호텔의 전반적인 ADR수준을 살펴보되, 본건의 경쟁상품으로 객실수, 인지도, 브랜드, 호텔등급, 객실수준 등이 유사하여 비교가능성이 높은 호텔을 중심으로 분석하였습니다.

[서울 J구 지역 등급별 객실운영현황]

출처 : 2019 한국관광호텔업협회 (단위 : 원)

등급(호텔수) (2019년)	숙박객수 (명)	부대시설 이용객수 (명)	객실매출액 (원)	부대시설 수입(원)	객실 이용률 (OCC, %)	판매객실 평균요금 (ADR)	객실당수입 (RevPAR)
J구 전체	4,430,290	3,240,814	287,744,619	187,056,295	80.19	122,264	98,050
관 광	4,238,773	3,237,186	277,040,473	186,593,564	80.08	122,364	97,985
5성	889,667	1,870,215	108,083,802	138,427,963	75.32	189,112	142,433
4성	1,303,539	896,786	81,855,938	28,626,606	80.49	117,734	94,761
3성	1,742,689	440,832	71,617,421	16,235,909	82.52	86,025	70,984

※ 판매객실 평균요금(ADR) : 총 객실판매수입/판매객실수
※ 객실이용률(OCC) : 판매객실수/판매가능객실수
※ 객실당수입(RevPAR) : 판매객실 평균요금/객실이용률=ADR×OCC

[4성급 호텔 평균객실단가(ADR) 현황]

(단위 : 원)

구 분	전 국	S시	J구
2017년	99,644	102,772	98,558
2018년	105,268	107,744	108,958
변동률(%)	5.64%	4.84%	10.55%
2019년	112,881	116,997	117,734
변동률(%)	7.23%	8.59%	8.05%

출처 : 2019 한국관광호텔업협회

2019년 S시 J구 호텔 등급별 평균객실단가(ADR)는 5성급은 약 189,112원, 4성급은 약 117,734원, 3성급의 경우 약 86,025 수준을 보이고 있습니다. 다만, 상기 통계는 2019년이 마지막 집계 인바, 이후 시장변화를 반영하지 못하는 한계가 있습니다.

S시 및 J구의 평균 객단가 추이와 대상물건의 규모, 설비, 운영현황 등을 고려하여 볼 때 귀 제시 ADR 수준은 적정한 것으로 판단됩니다. 따라서, 인근 유사지역 4성급 호텔의 최근 평균객실단가, 대상의 운영 현황 등을 고려하여 평균객실단가는 귀 제시 자료 중 최근 2020년 및 2021년 평균 ADR을 기준으로 하여 '80,000원'으로 결정하였으며, 향후 ADR은 소비자물가상승률[77]을 감안하여 매기간 '0.2%' 상승할 것으로 추정하였습니다.

ⓒ OCC(객실 이용률) 추정

[S시 J구 지역 등급별 객실운영현황]

출처 : 2019 한국관광호텔업협회 (단위 : 원)

등급(호텔수) (2019년)	숙박객수 (명)	부대시설 이용객수 (명)	객실매출액 (원)	부대시설 수입(원)	객실 이용률 (OCC, %)	판매객실 평균요금 (ADR)	객실당 수입 (RevPAR)
J구 전체	4,430,290	3,240,814	287,744,619	187,056,295	80.19	122,264	98,050
관 광	4,238,773	3,237,186	277,040,473	186,593,564	80.08	122,364	97,985
5성	889,667	1,870,215	108,083,802	138,427,963	75.32	189,112	142,433
4성	1,303,539	896,786	81,855,938	28,626,606	80.49	117,734	94,761
3성	1,742,689	440,832	71,617,421	16,235,909	82.52	86,025	70,984

※ 판매객실 평균요금(ADR) : 총 객실판매수입/판매객실수
※ 객실이용률(OCC) : 판매객실수/판매가능객실수
※ 객실당수입(RevPAR) : 판매객실 평균요금/객실이용률 = ADR × OCC

[4성급 호텔 객실이용률(OCC) 현황]

(단위 : %)

구 분	2017	2018	2019
전 국	65.20	68.88	71.22
서 울	72.34	74.64	80.00
중 구	73.94	79.69	80.49

출처 : 2019 한국관광호텔업협회

---

77) "2021년 및 중기 경제전망" 국회예산정책처 발간(2020.9.)

2019년 S시 J구 호텔 등급별 객실 이용률은 5성급은 약 75.32%, 4성급은 약 80.49%, 3성급은 약 82.52%의 수준을 보이며, 본건 최근 6개월 평균 OCC는 코로나의 영향으로 평균 15.08%를 보이고 있습니다. 본건의 최근 운영현황 및 개별적 특성 등을 고려하고 향후 코로나의 종식에 따른 정상운영의 가능성을 반영하여 본건 OCC를 '1기 : 20%, 2기 : 60%, 3 ~ 6기 : 80%'로 적용하였습니다.

㉣ 1기 객실 부분 월 매출의 추정

구 분	평균객실단가(ADR)	객실이용률(OCC)	객실수	영업일	월 매출액
객실매출액(월 기준)	80,000	20%	576	30	276,480,000

객실매출액 = 평균객실단가(ADR) × 객실이용률(OCC) × 판매가능 객실수

② 대상 기타매출 및 식음매출 부문 과거 실적

구 분	'18년	'19년	'20년	21년 1월 ~ '21년 6월
A. 객실매출(원)	15,343,049,000	18,228,381,000	3,435,010,000	1,235,320,000
B. 객실기타매출(원)	129,098,000	144,900,000	7,809,000	259,162
객실매출(A) 대비 객실기타매출(B) 비율	0.84%	0.79%	0.23%	0.02%
C. 식음매출(원)	3,702,162,000	3,740,701,000	536,943,000	139,329,000
1F	902,067,000	503,176,000	56,701,000	—
객실매출(A) 대비 1F 비율	5.88%	2.76%	1.65%	0.00%
2F	2,101,564,000	2,419,460,000	291,697,000	—
객실매출(A) 대비 2F 비율	13.70%	13.27%	8.49%	0.00%
3F	698,531,000	818,065,000	188,545,000	139,329,000
객실매출(A) 대비 3F 비율	4.55%	4.49%	5.49%	11.28%
D. 객실기타매출(B)+식음매출(C)	3,831,260,000	3,885,601,000	544,752,000	139,588,162
객실매출(A) 대비 객실기타 및 식음매출(D) 비율	24.97%	21.32%	15.86%	11.30%
E. 객실매출(A)+객실기타매출(B)+식음매출(C)	19,174,309,000	22,113,982,000	3,979,762,000	1,374,908,162

2018년 및 2019년의 식음매출 및 객실기타수입은 객실수입 대비하여 약 21% ~ 25% 수준으로 조사되었으며, 2020년 이후 코로나바이러스 확산에 따라 사회적 거리두기 등 방역수칙 준수에 따라 정상적으로 운영을 하지 못하여 2020년 및 2021년의 식음 및 기타매출은 크게 감소한 것으로 나타났습니다.

㉠ 객실기타매출 및 식음매출 추정

[S시 J구 지역 등급별 객실운영현황]

출처 : 2019 한국관광호텔업협회, (단위 : 원)

등급(호텔수) (2019년)	숙박객수(명)	부대시설 이용객수(명)	객실매출액 (원)	부대시설 수입(원)	부대시설 수입비율
J구 전체	4,430,290	3,240,814	287,744,619	187,056,295	65.01%
관 광	4,238,773	3,237,186	277,040,473	186,593,564	67.35%
5성	889,667	1,870,215	108,083,802	138,427,963	128.07%
4성	1,303,539	896,786	81,855,938	28,626,606	34.97%
3성	1,742,689	440,832	71,617,421	16,235,909	22.67%

※ 부대시설 수입비율 : 부대시설수입/객실매출액

호텔업운영현황에 따르면 S시 J구 호텔의 객실매출 대비 부대시설수입비율은 약 65%로 나타났으며, 5성급은 약 128%, 4성급은 약 35%, 3성급은 약 23% 수준으로 호텔 등급이 낮아질수록 객실매출 대비 부대시설수입비율이 낮아지는 것으로 확인되었습니다.

대상 관광숙박시설의 과거실적을 살펴볼 때 객실매출 대비 식음료 및 기타매출은 2019년까지 약 21% ~ 25% 수준을 보였으며, 이는 S시 J구 4성급 평균(약 35%)을 하회하는 수준입니다. 다만, COVID-19의 사태로 인한 2020년부터 기타매출 비율은 급격히 감소하였으나, 대상물건은 입지적으로 도심 관광지에 위치하여 있고, 향후 백신 공급 및 계획에 따라 정상 운영할 가능성이 높다고 판단되는 바, 귀 제시 객실기타매출 비율, 식음매출 비율 및 한국관광호텔업협회의 부대시설 수입비율 등을 종합 고려하여, 객실 매출의 '21%[78]'로 추정하였습니다.

③ 대상 전대매출 부문 과거 실적

전대 매출	'21.1.	'21.2.	'21.3.	'21.4.	'21.5.	'21.6.	평 균
주차장	24,928,800	24,928,800	24,928,800	24,928,800	24,928,800	24,928,800	24,928,800
카 페	2,354,710	3,933,910	5,028,913	5,121,010	5,416,230	5,463,598	4,553,062
편의점	5,100,000	5,100,000	5,100,000	5,100,000	5,100,000	5,100,000	5,100,000
패스트 푸드점	12,000,000	12,000,000	12,000,000	12,000,000	12,000,000	12,000,000	12,000,000
합 계	44,383,510	45,962,710	47,057,713	47,149,810	47,445,030	47,492,398	46,581,862

전대매출은 호텔 1층 일부 및 주차장 임대수수료에 대한 매출이며, 의뢰인 제시자료 및 임대차계약서에 따른 최근 6개월간 전대매출사항은 위와 같습니다. 주차장, 편의점, 패스트푸드점의 경우 일정기간 동안 일정한 전대수익을 창출하고 있으나 카페의 경우 계약서에 따르면 월 매출의 23%를 수취하고 있기에 매월 전대수익이 변동하는 것으로 조사되었습니다. 전대매출은 최근 6개월간 평균 수준인 월 '46,000,000원'을 적용하였습니다.

---

[78] [객실매출(A) 대비 객실기타매출(B) 비율 : 1%]+[객실매출(A) 대비 1F 비율 : 3%]+[객실매출(A) 대비 2F 비율 : 13%]+[객실매출(A) 대비 3F 비율 : 4%]=21%

④ 본건 1기 연간 임대료의 추정

구 분		월 매출액(원)	수수료율	수수료액(원)	비 고
(a) 객실매출액		276,480,000	44%	121,651,200	80,000(ADR)×20%(OCC) ×576실×30일
(b) 객실기타매출액		2,764,800	44%	1,216,512	객실매출액(a)×1%
(c) 전대매출액		46,000,000	95%	43,700,000	21년도 최근 6개월 평균치
(d) 식음료 매출액	A. 1F	8,294,400	10%	829,440	객실매출액(a)×3%
	B. 2F	35,942,400	8%	2,875,392	객실매출액(a)×13%
	C. 3F	11,059,200	8%	884,736	객실매출액(a)×4%
	산출소계 (A+B+C)	—	—	4,589,568	A+B+C 값과 41,666,660원 중 높은 값
	결정소계	—	—	41,666,660	
산출 월 임대료(a+b+c+d)(원)				208,234,372	산출임대료(a+b+c+d)와 월 기본 임대료(775,750,000원) 중 큰 금액
결정 월 임대료(원)				775,750,000	
결정 1기 연간 임대료(원)				9,309,000,000	월 775,750,000원×12개월

(3) 1기 총수익 산정

① 보증금운용이율 결정

보증금 총액을 1년 동안 운영하였을 경우의 예상수입을 결정하기 위해 보증금에 적용하는 이율의 성격과 대차금을 줄이는 기회비용의 성격 등을 종합적으로 고려하고 각종 시장금리 등을 고려하여 '2.0%'를 적용하였습니다.

출처 : 한국은행경제통계시스템, 단위 %

구 분		2020년												2021년		
		1월	2월	3월	4월	5월	6월	7월	8월	9월	10월	11월	12월	1월	2월	3월
기준금리		1.25	1.25	0.75	0.75	0.50	0.50	0.50	0.50	0.50	0.50	0.50	0.50	0.50	0.50	0.50
무담보 콜금리 전체		1.27	1.24	0.98	0.74	0.70	0.48	0.48	0.51	0.48	0.50	0.50	0.51	0.49	0.49	0.49
C/D유통 수익률(91일)		1.47	1.42	1.23	1.10	1.02	0.79	0.79	0.68	0.63	0.63	0.66	0.66	0.68	0.73	0.75
국민주택 채권1종(5년)		1.585	1.463	1.396	1.412	1.301	1.282	1.246	1.231	1.328	1.340	1.422	1.463	1.459	1.471	1.688
국 고 채	3년	1.373	1.253	1.091	1.024	0.878	0.850	0.826	0.829	0.908	0.910	0.965	0.970	0.975	0.995	1.133
	5년	1.479	1.357	1.266	1.260	1.129	1.127	1.094	1.092	1.194	1.196	1.295	1.323	1.316	1.348	1.550
회 사 채	(3년, AA−)	1.955	1.847	1.840	2.145	2.179	2.218	2.219	2.192	2.239	2.239	2.247	2.211	2.143	2.055	2.091
	(3년, BBB−)	8.068	7.971	8.005	8.367	8.440	8.515	8.544	8.542	8.590	8.598	8.636	8.619	8.543	8.439	8.459

② 1기 총수익 산정

산식＝보증금 운용수익(보증금×2.00%)＋연간 임대료			
구 분	보증금 운용수익(원)	연간 임대료(원)	가능총수익(원)
대상물건	124,000,000	9,309,000,000	9,433,000,000

(4) 운영경비비율

[본건 운영경비비율]

(단위 : 원)

구 분	2017년	2018년	2019년	2020년	2021년 6월 누계
총수익	9,343,886,000	9,345,590,000	9,489,907,000	7,414,870,000	2,411,121,100
총지출	484,234,000	490,235,000	514,878,000	511,411,000	21,733,000
경비비율	5.18%	5.25%	5.43%	6.90%	0.90%

출처 : 귀 제시자료(재구성)

[운영경비_중대형매장용]

구 분		2020년			2021년	평 균
건물유형	지 역	2분기(%)	3분기(%)	4분기(%)	1분기(%)	
중대형 상가	전 체	12.3	34.3	13.3	12.9	18.20
	S시	12.2	38.7	13.2	12.9	19.25
	도 심	12.6	41	15.3	16	21.23
	M	13.9	42.8	20.5	25.6	25.70
	N	18.3	43.6	18.3	17.5	24.43

출처 : 한국부동산원 부동산통계, 단위 %

업 종	종 목	국세청 기준경비율(2020년)
숙박업	호텔업	26.1%
	여관업	20.9%

출처 : 국세청

대상물건은 임대차계약 내용상 영업행위로 인한 제세공과금은 임차인이 부담하고, 소유로 인한 제세공과금은 임대인이 부담합니다. 또한 임대차목적물의 정상적인 사용, 수익 및 유지, 관리에 필요한 통상적인 제비용(전기료, 가스료, 상하수도료, 냉난방료, 사업소세, 시설, 미화, 보안, 안내, 주차, 전화료, 통신비 등 빌딩관리용역비 및 유지보수비 등을 포함하되 이에 한정하지 않음)을 임차인이 직접 부담하는 등 대상물건의 연면적·건물상태·본건 및 인근 유사 부동산의 운영경비 수준 등을 종합적으로 고려하여 운영경비 비율은 총수익의 5%로 결정하였습니다.

(5) 1기 순수익 결정

산식＝총수익－운영경비			
구 분	총수익(원)	운영경비(원)	순수익(원)
대상물건	9,433,000,000	471,650,000	8,961,350,000

2. 수익방식 적용요소의 결정

(1) 할인율 및 환원이율 결정을 위한 참고자료

소득수익률은 일정기간 동안 발생하는 순영업소득을 기초 자산가격으로 나눈 값이고, 자본수익률은 자본이득(기말자산가격-기초자산가격)을 기초자산 가격으로 나눈 값이며, 투자수익률은 소득수익률과 자본수익률의 합으로서 투하된 자본에 대한 전체 수익률을 나타냅니다.

[S시 도심 M지역 오피스 및 중대형상가 수익률]

출처 : 국토교통부 부동산통계정보시스템, 단위 : %

지 역	물 건	구 분	'20.2분기	'20.3분기	'20.4분기	'21.1분기	1년치 누계
S시 도심	오피스	소득수익률	1.12	0.9	1.07	1.07	4.23
		자본수익률	0.38	0.35	0.71	0.81	2.27
		투자수익률	1.5	1.24	1.77	1.88	6.54
S시 도심	중대형 상가	소득수익률	0.87	0.58	0.76	0.71	2.95
		자본수익률	0.37	0.3	0.48	0.68	1.84
		투자수익률	1.24	0.87	1.23	1.39	4.81

[S시 호텔 Cap. Rate 추이]

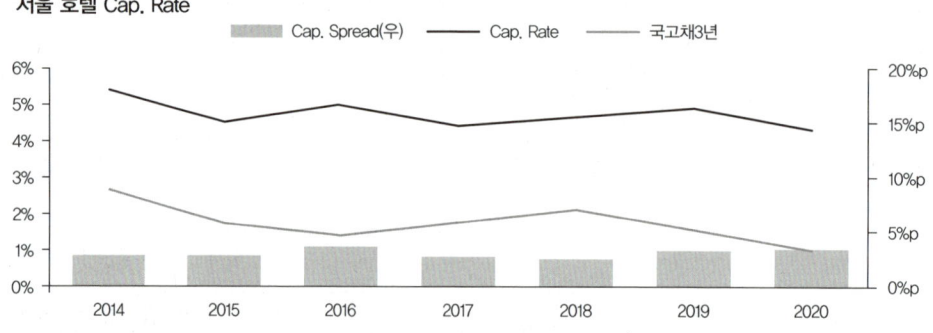

출처 : 한국호텔업협회, 젠스타메이트 리서치센터

상기의 최근 S시 호텔 거래시장의 Cap. Rate 추이(2020년 호텔 Cap. Rate는 4.3%)와 S시 도심의 소득수익률 수준을 감안하되, 최근 금리 및 경기동향, 지역적 요인, 신축건물로서의 시장경쟁력, 대체·경쟁 관계에 있는 유사 빌딩과의 관계 등을 감안하고 본 평가의 경우 비교적 장기간의 예측인 점 또한 감안하여 환원율을 결정하였습니다. 내부추계법을 이용한 추정기간말 자산의 미래가치 평가를 위한 재매도 환원이율(Terminal Capitalization Rate)은 평가시점의 기입 환원이율(Going-in Capitalization Rate)에 투자기간 동안의 경제적 수명의 변화, 시장의 사회적·경제적·행정적 위치의 변화, 거시경제 불확실성 등의 리스크요인을 고려하여 결정하는 것이 일반적입니다.

출처 : 한국은행경제통계시스템, 단위 %

구 분		2020년												2021년		
		1월	2월	3월	4월	5월	6월	7월	8월	9월	10월	11월	12월	1월	2월	3월
기준금리		1.25	1.25	0.75	0.75	0.50	0.50	0.50	0.50	0.50	0.50	0.50	0.50	0.50	0.50	0.50
무담보 콜금리 전체		1.27	1.24	0.98	0.74	0.70	0.48	0.48	0.51	0.48	0.50	0.50	0.51	0.49	0.49	0.49
C/D유통 수익률(91일)		1.47	1.42	1.23	1.10	1.02	0.79	0.79	0.68	0.63	0.63	0.66	0.66	0.68	0.73	0.75
국민주택 채권1종(5년)		1.585	1.463	1.396	1.412	1.301	1.282	1.246	1.231	1.328	1.340	1.422	1.463	1.459	1.471	1.688
국고채	3년	1.373	1.253	1.091	1.024	0.878	0.850	0.826	0.829	0.908	0.910	0.965	0.970	0.975	0.995	1.133
	5년	1.479	1.357	1.266	1.260	1.129	1.127	1.094	1.092	1.194	1.196	1.295	1.323	1.316	1.348	1.550
회사채	(3년, AA−)	1.955	1.847	1.840	2.145	2.179	2.218	2.219	2.192	2.239	2.239	2.247	2.211	2.143	2.055	2.091
	(3년, BBB−)	8.068	7.971	8.005	8.367	8.440	8.515	8.544	8.542	8.590	8.598	8.636	8.619	8.543	8.439	8.459

(2) 환원율 결정

환원율(capitalization rate)은 자본화 시점의 소득에 적용하여 부동산의 가치를 산정할 때 사용되는 이율로써 국토교통부에서 조사 발표한 "상업용부동산 임대동향조사"상의 S시 지역의 투자수익률을 고려하고 시장환경의 불확실성 및 투자자의 요구수익률, 인근의 시장환원이율 등을 고려하여 결정합니다.

따라서, 보유기간말 재매도가격을 산출하기 위한 것으로 본건의 예상수익성, 거래 가능성, 거시경제지표, 향후 부동산시장전망, 호텔시장전망, 지역적 제반 특성 등을 종합적으로 감안하여, '4.4%'로 결정하였습니다.

(3) 할인율 결정

대상물건의 평가 시 적용할 할인율은 위에서 제시한 주요 금리지표 및 오피스빌딩 및 중대형상가의 투자수익률 및 평가목적 등을 종합적으로 고려하여 '4.65%'로 결정하였습니다(자본이득수익률은 ADR 상승률 및 부동산관련 생산자물가상승률 및 소비자물가상승률 등을 종합적으로 고려하여 결정하였습니다).

$$할인율(i) = 자본환원율(Cap\ Rate) + 자본이득수익률(g) = 4.4\% + 0.25\%$$

[최근 3개년 4성급 호텔 판매객실 ADR 변동률 추이]

구 분		2016년	2017년	2018년	2019년	평 균
전국	ADR(원)	100,856	99,644	105,268	112,881	−
	변동률	−	−1.20%	5.6%	7.2%	3.87%
S시	ADR(원)	103,045	102,772	104,744	116,997	−
	변동률	−	−0.26%	1.9%	11.7%	4.45%
J구	ADR(원)	110,472	98,558	108,958	117,734	−
	변동률	−	−10.78%	10.5%	8.1%	2.61%

출처 : 한국관광호텔업협회

[전국 생산자물가(비주거용건물임대부분) 지수]

(2015=100)	2013년	2014년	2015년	2016년	2017년	2018년	2019년	2020년
전국 생산자물가지수 (비주거용건물임대부분)	98.51	99.31	100.00	100.71	101.32	101.95	102.98	103.89
전년대비 생산자물가지수 (비주거용건물임대부분) 상승률	—	0.81%	0.69%	0.71%	0.61%	0.62%	1.01%	0.88%

출처 : 국가통계포털, http://kosis.or.kr/

[전국 소비자물가 지수(총지수)]

(2015=100)	2013년	2014년	2015년	2016년	2017년	2018년	2019년	2020년
전국 소비자물가지수	98.048	99.298	100.000	100.970	102.930	104.450	104.850	105.420
전년대비 소비자물가지수 상승률	—	1.27%	0.71%	0.97%	1.94%	1.48%	0.38%	0.54%

출처 : 국가통계포털, http://kosis.or.kr/

(4) 보유기간말 복귀가격
  ① 보유기간 결정
   통상적으로 시장상황의 예측이 일정부분 가능한 범위 내에서 경기변동의 주기, 투자자의 패턴, 자본회수기간 등을 종합적으로 고려하여 보유기간을 5년으로 결정하고, 5년 후에는 재매각하는 것으로 가정하였습니다.
  ② 재매도경비 비율
   보유기간말 대상물건의 복귀가격은 할인현금흐름분석법(DCF)상 내부추계법과 외부추계법에 의해 구할 수 있습니다. 내부추계법은 복귀가격의 추계근거가 대상물건의 현금흐름 내에 있는 것으로, 보유기간말이나 보유기간말 다음해의 순수익을 적절한 자본환원율을 적용하여 산정하는 것입니다. 외부추계법은 과거의 가치성장률이나 각종 변수와 가치와의 관계 등을 고려하여 보유기간말 복귀가격을 추계하는 것입니다.
   본 평가에서는 내부추계법에 의해 대상물건 보유기간말 다음해의 순수익을 기출환원이율로 환원한 후 매도경비를 공제하여 산정하였습니다. 매도경비비율은 중개수수료 및 통상의 부대비용 등을 고려하여 매도가격의 1.00%로 적용하였습니다.

보유기간만료 후 초년도 순수익(원)	후 술		8,961,350,000
기출환원이율	4.4%	÷	0.044
매도가격(원)	—	=	203,667,045,455
매도경비(원)	203,667,045,455×1.00%	—	2,036,670,455
복귀가격(원)	—	=	201,630,375,000

3. 수익방식에 의한 시산가액

(단위 : 원)

구 분	1기	2기	3기	4기	5기	6기
ADR	80,000	80,160	80,320	80,481	80,642	80,803
OCC	0.20	0.60	0.80	0.80	0.80	0.80
판매가능 객실수	576	576	576	576	576	576
월평균영업일	30	30	30	30	30	30
월 객실매출	276,480,000	831,098,880	971,550,720	1,112,569,344	1,114,795,008	1,117,020,672
객실매출임대료(a) (객실매출×44%)	121,651,200	365,683,507	427,482,317	489,530,511	490,509,804	491,489,096
기타매출액	2,764,800	8,310,989	11,103,437	11,125,693	11,147,950	11,170,207
기타매출임대료(b) (기타매출×44%)	1,216,512	3,656,835	4,885,512	4,895,305	4,905,098	4,914,891
전대매출	46,000,000	46,000,000	46,000,000	46,000,000	46,000,000	46,000,000
전대매출임대료(c) (전대매출×95%)	43,700,000	43,700,000	43,700,000	43,700,000	43,700,000	43,700,000
식음료매출액(d)	41,666,660	41,666,660	41,666,660	41,666,660	41,666,660	41,666,660
매출연동 월임대료(a+b+c+d)	208,234,372	454,707,002	517,734,489	579,792,476	580,781,562	581,770,647
결정 월 임대료	775,750,000	775,750,000	775,750,000	775,750,000	775,750,000	775,750,000
연간임대료	9,309,000,000	9,309,000,000	9,309,000,000	9,309,000,000	9,309,000,000	9,309,000,000
보증금운용이익	124,000,000	124,000,000	124,000,000	124,000,000	124,000,000	124,000,000
연간 조소득	9,433,000,000	9,433,000,000	9,433,000,000	9,433,000,000	9,433,000,000	9,433,000,000
영업 경비(OE)	471,650,000	471,650,000	471,650,000	471,650,000	471,650,000	471,650,000
순수익(NOI)	8,961,350,000	8,961,350,000	8,961,350,000	8,961,350,000	8,961,350,000	8,961,350,000
복귀가격					201,630,375,000	
현금흐름	8,961,350,000	8,961,350,000	8,961,350,000	8,961,350,000	210,591,725,000	
현가계수	0.9556	0.9131	0.8725	0.8338	0.7967	
현재가치	8,563,466,060	8,182,608,685	7,818,777,875	7,471,973,630	167,778,427,308	
현재가치 합	199,815,253,558					
수익가액(DCF)	199,800,000,000					

※ 수익환원법에 의한 수익가액은 억단위 미만 반올림하였음

호텔을 할인현금흐름분석법에 의해 평가할 때, 0기의 현금흐름은 객실영업수익, 부대시설 영업수익, 영업경비에 의해 결정되며, 연도별 증감율을 반영해 통상의 보유기간 5년의 현금흐름을 추정하게 된다.

	객실 영업수익	RevPAR(=ADR×OCC)×연간 판매가능 객실수
+	부대시설 영업수익	Main Dining/Bakery Cafe/Pool Bar 등
=	총 영업수익 (Gross Operating Revenue)	객실 영업수익+부대시설 영업수익
-	영업경비(Operating Expense)	재료비/변동비/고정비/인건비 등
=	순수익(NOI)	총 영업수익(GOR)-영업경비(OE)

(1) 객실 영업수익 추정

객실판매수익은 평균객실단가(ADR : Average Daily Rate)와 객실점유율(OCC)에 의해 결정된다. ADR은 숙박시설의 객실판매단가를 측정하는 지표로 객실매출액을 판매된 객실수로 나누어 산출한다. 간접법에 의할 경우 대상 관광호텔과 객실수, 인지도, 브랜드, 호텔등급, 객실등급이 유사하여 비교가능성이 높은 호텔을 중심으로 분석하는데, 한국호텔업협회에서 발표하는 아래와 같은 통계치는 가이드라인 역할을 한다.

**지역 호텔 현황

구 분		객실 숙박객수 (명)	부대시설 이용객수 (명)	객실수입 (백만원)	부대시설 수입 (백만원)	기타수입 (백만원)	ADR (원)
****년	전 체						
	5성급						
	4성급						

평가전례를 활용할 수도 있는데, 이는 인근지역 대체·경쟁 가능성 있는 호텔의 평가 시 해당 호텔의 ADR을 참고하기 위함이다.

구 분	사례 A	사례 B	사례 C	사례 D
소재지				
등 급				
객실수				
기준시점				
ADR(원)				

직접법에 의할 때는, 최근 3개년의 연도별 자료 및 최근 1년 월별 자료를 분석한다.

구 분		2023	2024	2025.1.	2025.2.	2025.3.	2025.4.	2025.5.	2025.6.	2025.7.	2025.8.
판매 객실수	일 반										
	카지노										
	합 계										
객실 매출	일 반										
	카지노										
	합 계										
기준요금											
ADR	일 반										
	카지노										
	전 체										

위 관광호텔은, 카지노호텔로서 객실판매가 일반숙박객과 카지노입장객으로 구분돼 ADR 통계를 세분한 것이다. 카지노 매출증대를 위해 카지노입장객에게는 숙박 할인쿠폰 등을 제공하는 것이 일반적이어서 일반객실단가에 비해 카지노입장객 객실 단가가 낮게 추산된다. 기준요금은 호텔홈페이지 상의 공개단가이며 객실판매를 촉진하기 위해 비성수기 할인 등의 프로모션이 있으므로 ADR과 격차가 있다.

OCC(객실점유율)는, 객실이 고객에게 판매된 정도를 나타내는 지표로서 판매한 객실수를 전체 객실 수로 나눈 값이다. ADR추계과정과 유사하게, 호텔업협회 통계치, 유사 평가전례, 대상호텔의 실현 객실점유율을 참고하여 결정한다.

구 분		객실 숙박객수 (명)	부대시설 이용객수 (명)	객실수입 (백만원)	부대시설 수입 (백만원)	기타수입 (백만원)	OCC (%)
****	전 체						
	5성급						
	4성급						
	관광호텔						

구 분	사례 A	사례 B	사례 C	사례 D
소재지				
등 급				
객실수				
기준시점				
OCC(%)				

구 분	2023	2024	2025.1.	2025.2.	2025.3.	2025.4.	2025.5.	2025.6.	2025.7.	2025.8.
OCC(%)										

ADR의 연도별 변동률은, 한국호텔업협회의 매년 평균 ADR의 변동률과 대상 호텔의 실현 ADR의 추세, 한국은행경제통계시스템 상의 소비자물가지수(CPI) 및 호텔숙박료지수, 숙박서비스지수 등의 통계자료를 활용해 결정한다.

구 분	2015	2016	2017	2018	2019	2020	2021	2022	2023	2024	평 균
호텔숙박료지수											
증가율(%)											
숙박서비스지수											
증가율(%)											

구 분	2015	2016	2017	2018	2019	2020	2021	2022	2023	2024
소비자물가지수										
변동률										

OCC의 연도별 변동률도 ADR의 예상 변동률과 유사하게 결정하는데, 관광지의 경우 항공편 증감 추세를 활용하기도 한다. 아래는 제주국제공항 국제선 운항편수 추이에 대한 자료인데, 월간예정편수를 독립변수, 해당 월의 객실입장객수 또는 객실판매수를 종속변수로 하는 단순회귀식을 구해서 선형관계가 확인되면 장래의 OCC 예상치를 장래의 월간항공예정편수로 가늠할 수 있다.

월별	23.1.	23.2.	23.3.	23.4.	23.5.	23.6.	23.7.	23.8.	23.9.	23.10.	23.11.	23.12.	24.1.	24.2.	24.3.	24.4.	24.5.	24.6.	24.7.
일본	7	7	7	7	7	7	7	7	7	7	7	7	7	7	7	7	7	7	10
대만	7	7	7	7	9	9	9	9	9	9	9	9	16	16	16	19	19	19	19
싱가포르	5	5	5	5	5	5	5	5	5	5	5	5	5	5	5	5	5	5	5
중국	0	0	21	25	44	70	79	84	92	105	96	103	108	111	106	112	122	140	147
국제선 합계	19	19	40	44	65	91	100	105	113	126	117	124	136	139	134	143	153	171	181
일수	31	28	31	30	31	30	31	31	30	31	30	31	31	29	31	30	31	30	31
월 주수	4.4	4	4.4	4.3	4.4	4.3	4.4	4.4	4.3	4.4	4.3	4.4	4.4	4.1	4.4	4.3	4.4	4.3	4.4
월간 예정편수	84	76	177	188	287	390	442	465	484	558	501	549	602	575	593	612	677	732	801

(2) 부대시설 영업수익 추정

부대시설 영업수익은 크게 식음료매출(F&B)과 기타매출로 구성된다. 한국호텔업협회 상의 통계 및 대상 호텔의 자료에서도 구분 집계된다. 객실매출대비 부대시설 매출비율은 유사 호텔 평가전례를 통해서도 확인이 가능한데, 연회장 등의 규모가 커 타 호텔에 비해 F&B 수입이 이례적으로 큰 경우가 아니라면 평균적으로 수렴하는 비율이 시장에 형성돼 있다.

구 분		객실 숙박객수 (명)	부대시설 이용객수 (명)	객실수입 (백만원)	F&B 수입 (백만원)	기타수입 (백만원)	부대시설 매출비율 (%)
****년	전 체						
	5성급						
	4성급						
	관광호텔						

[대상 관광호텔 부대시설 매출 현황]

구 분	2023	2024	2025.1.~8.
객실 매출(원)			
F/B 매출(원) ①			
기타 매출(원) ②			
부대시설 매출(원) (①+②)			
부대시설 매출 비율			

※ 부대시설 매출 비율＝부대시설 매출/객실 매출

(3) 영업경비 추정

객실과 부대시설로 나눠 집계한다. 각 시설의 매출원가가 상이하기 때문이다. 통계자료, 국세청 경비비율, 전자공시시스템(DART)상의 판관비비율 등의 자료를 활용하는데, 유사 경쟁호텔 및 대상 호텔의 실현 영업경비비율 사료가 가장 확실한 데이터다. 객실 영입경비와 부대시설 영입경비를 합한 전체 영업경비도 전체 매출액 대비 수렴하는 비율이 시장에 형성돼 있어, 인근지역 유사 경쟁호텔과 비교해 영업경비비율을 다르게 적용할 사유가 흔치 않다.

[국세청 고시 업종별 경비비율]

구 분	호텔업	여관업	휴양콘도운영업	민박업	기타일반및생활 숙박시설운영업
단순경비율(%)					
기준경비율(%)					

출처 : 국세청

[호텔업운영현황(총매출액 대비 인건비 비율)]

구 분	전 체	5성급	4성급
**			

출처 : 한국호텔업협회

[5성급 호텔 사업체 판매·관리비 비율]

(단위 : 백만원)

구 분	매출액	매출원가	매출원가율(%)	판매비·관리비	매출액 대비 판관비 비율(%)
A					
B					
C					

출처 : 전자공시시스템 DART

CHAPTER 04 기출문제

복합부동산 평가

01 감정평가사 甲은 (주)K생명보험으로부터 동 회사가 보유 중인 부동산에 대한 감정평가를 의뢰받아 처리계획을 수립한 후 현장조사를 수행하고 아래와 같이 자료를 수집·분석하였는바, 이를 활용하여 시산가치 조정을 통한 최종 감정평가액을 산출하되, 평가방식 적용 시 필요한 경우 그 판단에 대한 의견을 명기하시오. (40점)

기출 22회

〈자료 1〉 기본적 사항

1. 감정평가 의뢰 내역

항목	기호	소재지		지목층	면적(m^2)	용도지역용도
토지	1	경기도 Y시 B읍 K리 219		잡종지	225.0	계획관리
	2	〃	219-2	잡종지	291.0	〃
	3	〃	219-1	대	975.0	〃
	4	〃	219-3	대	554.0	〃
	5	〃	219-4	도로	105.0	〃
	6	〃	219-5	도로	144.0	〃
건물	가	〃 〃	219-1 219-3	지하1 지상3	1,254.3	근린생활시설 및 숙박시설
	나	〃 〃	219-1 219-3	1	72.24	근린생활시설

2. 의뢰인 : (주)K생명보험
3. 평가목적 : 일반거래(매매참고용)
4. 제출처 : (주)K생명보험
5. 목록표시근거 : 등기부등본, 일반건축물관리대장등본
6. 가격시점 : 2011.9.4.
7. 조사기간 : 2011.8.31. ~ 2011.9.4.
8. 작성일자 : 2011.9.4.

〈자료 2〉 대상부동산에 관한 기본 자료 및 현장조사 내용

1. 토 지
   (1) 이용상황
   - 기호 (1, 2) : 본건 기호 (5, 6) 토지와 경계 구분 없이 본건 (가, 나) 건물의 진출입을 위한 포장도로로 이용 중임
   - 기호 (3) : 현황 숙박시설로 이용 중인 본건 기호 (가) 건물 부지임
   - 기호 (4) : 현황 주택으로 이용 중인 본건 기호 (나) 건물 부지임
   - 기호 (5, 6) : 본건 기호 (1, 2) 토지와 경계 구분 없이 본건 (가, 나) 건물 진출입을 위한 포장도로로 이용 중임

   (2) 접면도로
   - 본건 기호 (2, 6) 토지가 남서측으로 ○○번 국도에 접함

   (3) 형상 및 지세
   - 본건 일단의 토지 전체를 기준으로 자루형에 가까운 평지임

2. 건 물
   (1) 공통사항
   - 사용승인일 : 1997.8.29.
   - 건폐율/용적률 : 24.91%/65.07%

   (2) 기호 (가)
   - 구조 : 철근콘크리트 슬래브지붕
   - 난방설비, 패키지 에어컨에 의한 냉방설비, 위생 및 급배수설비, 화재탐지·경보 및 소화설비 등
   - 이용상황

층	용도	면적	이용상황
지1	근린생활시설	331.55	창고, 보일러실
1	숙박시설	305.23	접수대, 객실 9
2	숙박시설	308.76	객실 10
3	숙박시설	308.76	객실 10

   (3) 기호 (나)
   - 구조 : 연와조 슬래브지붕 단층
   - 면적 : 72.24m^2
   - 주요설비 : 난방설비, 위생 및 급배수설비 등
   - 이용상황 : 주택(방2, 화장실 겸 욕실, 주방 겸 거실)

3. 임대 및 사용현황
   (1) 2009년부터 乙에게 무상으로 임대 중인 것으로 조사되었음

4. 본건 평가전례
   (1) 가격시점 : 2006.3.2.
   (2) 평가목적 : 담보
   (3) 평가액 : 1,402,384,500원

〈자료 3〉 경기도 Y시 개황

1. Y시는 경기도 북동측 내륙권, 서울에서 직선거리 약 30km 거리에 위치하며 대체로 산지가 많고 평지가 적음

2. 도로 및 전철 등 서울로의 대중교통 접근조건이 개선됨에 따라 대규모 택지개발사업 시행 및 그로 인하여 인구유입이 지속적으로 증가되어 왔고, 이에 따라 주택이 지속적으로 공급되어 왔음

3. Y시의 산업별 사업체 수는 제조업, 도소매업, 숙박(음식점)업 순으로 나타났고, 종사인원을 기준으로 할 경우 제조업이 50%정도를 차지하나 대형 할인점 등의 입지에 따른 3차 산업의 발달 등 급격한 도시화로 도소매업의 증가가 두드러진 반면 숙박업은 지속적인 감소세를 나타내고 있음

4. Y시 토지거래는 2000년대 초반, 시 승격을 전후로 연간 6,500여건에서 연간 16,000여건으로 거래량이 급격히 상승하였으나 2000년대 중반 이후 등락을 보이다 최근에는 연간 10,000여건으로 안정세를 보이고 있음

〈자료 4〉 지역 및 대상부동산 개황

1. 본건은 Y시 B읍 K리 소재 K저수지 북동측 인근에 위치하고 있으며, 인근은 국도 및 지방도변을 따라 숙박시설 및 근린생활시설 등이 산재하고 후면으로 농경지 및 임야 등이 혼재하여 있음

2. 본건 토지 남서측으로 ○○번 국도에 접하고 있어 본건까지 제반 차량의 진출입이 원활하고, 본건 북서측 인근에 ○○번 국도와 동서로 연결되는 □□번 지방도가 연결되는 삼거리가 소재함

3. Y시 관내를 연결하는 버스정류장이 본건 남동측 인근에 위치하나, 운행 간격 등에 비추어 대중교통 사정은 다소 불편함

〈자료 5〉 인근지역 분석

1. 본건은 계획관리지역 내 3층 숙박시설(객실 29개)로서, 용도적·기능적 동일성을 기준으로 본건 남서측 인근에 소재한 K저수지 북측의 ○○번 국도변 및 동 국도에 동서로 연결되는 □□번 지방도를 따라 본건 북서측 인근 M저수지에 이르는 지방도변 일대가 본건 부동산의 인근지역으로 판단됨

2. 인근지역은 K저수지를 중심으로 유원지·낚시터 등의 이용객들을 위한 음식점, 숙박시설, 카페 등이 산재되어 있고, M저수지 주변도 이와 유사한 이용을 보이고 있으며 특히, 숙박시설은 독립적으로 위치하기 보다는 몇 개씩 집단화고 있는 양상을 보이고 있으나, 경기침체 및 유원지·낚시터 등의 이용객의 감소와 더불어 숙박시설이 집단화한 지역으로서의 전반적인 경쟁력 약화 등이 상승 작용하여 영업상황이 악화되어 가고 있으며, 영업을 중지하는 숙박시설이 증가하고 있는 추세임

3. 인근지역은 ○○번 국도 및 □□번 지방도를 따라 노변 또는 후면에 음식점 또는 숙박시설이 주류를 이루고 있으며, 숙박시설의 경우 3층으로서 객실 30〜35개 규모가 일반적 이용임

4. 토지 가격수준에 대한 탐문 조사결과, ○○번 국도에 접하고 있는 경우 @453,000원/m^2〜@600,000원/m^2, 후면지의 경우 @272,000원/m^2〜@300,000원/m^2 수준이고, M저수지에서 동측으로 □□번 지방도에 접하고 있는 경우 @453,000원/m^2〜@544,000원/m^2, 후면지의 경우 @211,000원/m^2〜@300,000원/m^2 수준으로 호가되고 있음

5. 또한, 최근 인근지역에는 영업이 중단된 숙박시설을 노인전문요양원 등 타 용도로 전환·이용하려는 목적으로 매물을 찾는 문의가 간혹 있으나 실제 노인전문요양원 등으로 전환·이용된 사례는 없는 것으로 조사되었음

〈자료 6〉 공시지가 표준지 및 매매사례

1. 비교 표준지 공시지가

(중 략)

2. 매매사례

구 분		매매사례 #1	매매사례 #2	매매사례 #3	매매사례 #4
소재지		K리 354	K리 419-3	K리 418	K리 381-5
매매금액		481,100,000	903,500,000	685,100,000	850,100,000
매매일자		2009.6.5.	2010.1.7.	2009.8.20.	2011.2.27.
토지면적(m²)		974.0	1,327.0	1,405.0	1,258.0
건물내역	구 조	-	철근콘크리트조 슬래브지붕	철근콘크리트조 슬래브지붕	철근콘크리트조 슬래브지붕
	용 도	-	숙박시설	숙박시설	숙박시설
	객실 수	-	31	26	34
	층(지상/지하)	-	3/1	5/1	3/1
	연면적(m²)	-	1,349.74	975.24	2,410.27
	사용승인일	-	2004.12.24.	1999.8.15.	2002.9.1.
비 고		-	거래당시 건물의 가치는 300,047,000원으로 추정	현 영업중단	현 영업중단

〈자료 7〉 표준건축비 자료(가격시점 기준)

(중 략)

〈자료 8〉 시점수정 자료

1. 2007.1.1. 이후 인근지역 토지시장 및 건축물 신축가격은 큰 변화가 없었던 것으로 조사되어 시점수정은 필요 없음

〈자료 9〉 본건 영업자료 등

1. 매출액 : 5,500,000원/월
2. 영업경비
   (1) 단기내용연수 항목에 대한 대체충당금을 제외한 세금 등 고정비와 인건비, 냉난방비, 공과금 등 변동비에 대한 자료검토 결과 평균 4,500,000원/월 소요됨
3. 동산항목 가치
   (1) 가격시점 현재 본건 숙박시설 내 가구, 전자제품 등의 잔존가치는 객실당 @600,000원으로 산정됨

〈자료 10〉 요인비교 자료

1. 토지 개별요인 비교치

공시지가 표준지	본 건 (전체 기준)	매매사례 #1	매매사례 #2	매매사례 #3	매매사례 #4
1.00	0.78	1.15	1.07	0.97	0.95

2. 건물 개별요인 비교치

   (1) 철근콘크리트조

표준건축비	본 건	매매사례 #2	매매사례 #3	매매사례 #4
1.00	1.00	1.00	1.03	1.00

   (2) 연와조

표준건축비	본 건
1.00	1.05

   (3) 경제적 내용연수 : 6년

〈자료 11〉 각종 이율 등

1. 시장금리 등
   (1) 국고채(3년) : 3.96%/연
   (2) 회사채(3년, AA−) : 6.12%/연
   (3) 저당이자율(예금은행 가중평균 대출금리) : 6.73%/연

2. 숙박시설 지분환원율 등
   (1) 지분환원율 : 12.0%/연
   (2) 대출비율 : 45%

3. 숙박시설 투자수익률 등
   (1) 투자수익률 : 15.0%/연
   (2) 가치변동ㆍ전형적인 보유기간인 5년 동안 인근지역 숙박시설의 가치는 35% 정도 하락할 것으로 예상

〈자료 12〉 기 타

1. 비교방식 중 개별요인 비교는 사례의 토지/건물 가치구성비율을 활용하고, 내용연수 만료 시 잔존가치율은 1%를 적용

2. 숙박시설 운영을 위해서는 직원 등의 숙소가 필요함이 일반적인 바, 본건 기호 (나) 건물은 무상임차인 乙과 운영을 돕고 있는 그 자녀 1인의 숙소로 사용되는 바, 숙박시설 용도에 부합하는 것으로 판단

출제영역
모 텔

답안작성 가이드

Ⅰ. 일체 비준가액
  1. 사례 선정
     대상과 규모, 이용 상황 유사하고 배분법 적용(토지 건물 가격구성비 산정)이 가능한 일체 거래사례 #2 선정

  2. 사례 토지 건물 가격 구성비
     (1) 건물 가격 구성비 : $\frac{300,047}{903,500} ≒ 0.33$
     (2) 토지 가격 구성비 : $1 - 0.33 ≒ 0.67$

  3. 요인 비교치
     (1) 토지 : $1 × 1 × 0.78/1.07 × 2,294/1,327 ≒ 1.26$
     (2) 건물 : $1 × 1 × 0.01/(1-0.99 × 5/6) × 1,326.54/1,349.74 ≒ 0.06$

  4. 비준가액
     $903,500,000 × 1 × 1 × (0.67 × 1.26 + 0.33 × 0.06) ≒ 780,624,000$

Ⅱ. 일체수익가액
  1. 영업이익
     $(5,500,000 - 4,500,000) × 12 ≒ 12,000,000$

  2. 환원율(금융적투자결합법, Ross방식)
     $0.12 × 0.55 + 0.0673 × 0.45 ≒ 0.096$

  3. 수익가액
     $125,000,000 - 600,000 × 29 ≒ 107,600,000$
        * 비부동산가치(동산항목)

02 감정평가사甲은 A자산운용사로부터 부동산 펀드에 새로이 편입되는 Z마트(대형할인점) 3개 점포의 금융기관 담보제공 목적 감정평가를 의뢰받았다. 관련 법규 및 이론을 참작하고, 제시된 자료 및 전제조건을 활용하여 다음의 물음에 답하시오(단, 기준시점은 2020.9.19.임). (30점) 기출 31회

(1) 대상물건 각 점포에 적용되어야 하는 실무적·이론적으로 타당한 할인율과 재매도환원율을 결정하고, 그 사유를 서술하시오(단, 할인율과 재매도환원율은 백분율 기준 소수점 둘째 자리에서 반올림함). (15점)

(2) 결정된 할인율과 재매도환원율을 적용하여 대상물건의 수익환원법 시산가액을 산정한 후 원가법에 의한 시산가액과 비교·검토하고, 각 점포별 시산가액의 균형에 대해 서술하시오. (15점)

〈자료 1〉 대상물건 내역 및 원가법 시산가액

해당자산	소재지역	규 모	용도지역	사용승인일	원가법 시산가액 (단위 : 백만원)
Z마트 a점포	A	• 대지면적 : 3,866m² • 연면적 : 18,500m²	준주거	2006.5.31.	• 토지 : 57,990 (79.8%) • 건물 : 14,652 (20.2%) • 합계 : 72,642 (100.0%)
Z마트 b점포	B	• 대지면적 : 6,520m² • 연면적 : 28,000m²	유통상업	2011.12.10.	• 토지 : 37,816 (59.4%) • 건물 : 25,872 (40.6%) • 합계 : 63,688 (100.0%)
Z마트 c점포	C	• 대지면적 : 12,630m² • 연면적 : 43,000m²	유통상업	2015.11.15.	• 토지 : 17,682 (30.8%) • 건물 : 39,732 (69.2%) • 합계 : 57,414 (100.0%)

※ 각 점포의 건물은 관련 법규에서 정하여진 허용 용적률을 전부 사용하여 건축되었음. 원가법 시산가액은 대·중소기업 상생협력 촉진에 관한 법률에 의한 사업조정비용 등 무형적 비용을 제외한 금액임

〈자료 2〉 전제조건 등

1. 대형할인점 운영기업은 유동성 확보 차원에서 최근 10년간 주요 대형할인점 점포를 매각후 재임차(Sales and Lease Back)하였으며, 매각후 재임차된 점포는 수익환원법 가치를 바탕으로 자산운용사에 매매되는 관행이 성립되었음. 자산운용사 및 기타 시장참여자(재무적 투자자 등)는 위험회피자임

2. 해당 펀드는 5년 후 청산을 목적으로 하는 펀드로서, 펀드에 대해 투사하는 금융기관은 펀드 만기에 대상물건 각 점포별 재매도 가치를 중요하게 생각하는바, 의뢰인 A자산운용사는 5년 후 재매도 가치가 할인현금수지에 명확히 포함되는 평가모형을 사용하여 줄 것을 감정평가사甲에게 요청하였음

3. 감정평가사甲은 시장관행에 따라 순영업소득(NOI)을 기초로 할인현금수지법(DCFMethod)을 적용하기로 하되, 재매도 가치는 내부추계법을 사용하기로 하였음

4. 감정평가사甲이 소속된 D감정평가법인의 심사위원회는 감정평가사甲에게 "Z마트의 경우 재무적 상황이 악화되어 임차계약 연장이 불투명하고, 의뢰인의 목표수익률도 자산별로 상이하므로, 해당 자산이 소속된 지역의 부동산 상황·자산별 특성 및 판매시설 운용추이 등을 종합적으로 검토하여 자산별로 할인율과 재매도환원율을 달리 사용할 것"을 권고하였음

5. 해당 부동산의 임대차 내역 : 대상 물건은 Z마트 a, b, c 점포로서, 다음은 매도인 Z마트(임차인)와 매수인 A자산운용사가 설립한 특수목적법인 A사모부동산투자신탁 제1호(임대인) 간에 체결된 임대차 내역을 요약한 표임

해당자산	소재지역	연간 임대료(원)	비 고
Z마트 a점포	A	3,800,000,000	임대 기간: 2020.9.19. ~ 2030.9.18. 기타 임대 조건 : ① 대상 물건에 대한 운영경비는 임차인이 전부 부담하는 순임대차임 ② 연간 임대료는 1년 단위 임대기간 말 후취조건임 ③ 연간 임대료는 매년 1.5%씩 인상함
Z마트 b점포	B	3,600,000,000	
Z마트 c점포	C	3,500,000,000	

6. 보증금과 임대차기간 동안의 공실 및 기타수입은 없는 것으로 간주하며, 연간임대료는 순영업소득과 일치함

7. 할인율 및 재매도환원율을 공공기관 통계를 기초로 결정하는 경우 최근의 경제상황을 고려하여 최근 1년 평균치와 최근 5년 평균치의 중앙값을 순영업소득 및 재매도 가치에 적용하며, 자산운용사 제시 자료를 기초로 할인율 및 재매도환원율을 결정하는 경우 타인자본 차입비율(L/V : 65%)을 고려한 가중평균수익률(종합할인율)을 순영업소득 및 재매도 가치에 적용함

8. 해당 부동산 펀드는 유보 없이 배당가능금액 전부를 배당하며, 편의상 부동산 영업경비를 제외한 펀드 운용비용 등은 없는 것을 전제로 함

〈자료 3〉 취득 자료 및 조사사항

1. 공공기관에서 발표한 대형 상업용 부동산 수익률 통계는 다음과 같음. 소득수익률통계는 각 지역에서 여러 개의 표본에 대해 최근 1년 및 5년의 원본가치 대비 순영업소득 비율을 취합한 결과로서, 원본가치는 토지 및 건물을 각각 산정하여 합산하였음

구 분	소득수익률 (최근 1년 평균)	투자수익률 (최근 1년 평균)	자본이득률 (최근 1년 평균)
A지역	5.00%	6.50%	1.50%
B지역	4.80%	5.80%	1.00%
C지역	4.70%	5.20%	0.50%

구 분	소득수익률 (최근 5년 평균)	투자수익률 (최근 5년 평균)	자본이득률 (최근 5년 평균)
A지역	6.20%	7.70%	1.50%
B지역	6.00%	7.10%	1.10%
C지역	5.60%	6.00%	0.40%

2. A자산운용사가 제시한 해당 펀드의 목표 배당수익률 및 금융기관 대출금리는 다음 표와 같음. 대출금리는 5년간 고정금리이며, 펀드설정기간 동안 원금상환은 없음. 감정평가사甲이 수집한 자료를 통해 검증해 본 결과 해당 자산운용사의 목표수익률은 유사지역 동종 부동산 펀드 목표수익률과 유사한 수준이며, 실현가능성이 매우 높은 것으로 판단됨

구 분	초기(초년도) 목표배당수익률 (매각차익 배당 제외)	장기 목표배당수익률 (매각차익 배당 포함)	금융기관 대출금리
Z마트 a점포	6.80%	8.00%	3.50%
Z마트 b점포	7.50%	8.30%	3.50%
Z마트 c점포	7.80%	8.60%	3.50%

3. 감정평가사甲이 분석한 해당 점포 소재지역의 지역분석 내용은 다음과 같음

구 분	지역분석 내용
A지역	A지역은 S시의 남쪽에 위치하며, 해당 지역의 배후지는 S시 내에서 상대적으로 고소득 계층이 거주하는 지역으로서, 판매시설의 매출은 상대적으로 견고한 추이를 보이고 있음. A지역의 상업용 부동산 임대료는 과거 타지역에 비해 상대적으로 낮은 변동성을 보이고 있으며, 장래 이자율·환율·GDP 상승률 등 거시경제지표 변동과 상관계수가 낮을 것으로 예상됨
B지역	B지역은 S시의 서남쪽에 위치하며, 해당 지역의 배후지는 S시 내에서 상대적으로 저소득 계층이 거주하는 지역으로서, 판매시설의 매출은 인근 경공업 경기에 비교적 민감하게 반응하고 있음. B지역의 과거 상업용 부동산 임대료의 변동성은 A지역에 비해 상대적으로 높고 C지역에 비해 상대적으로 낮으며, 장래 B지역 임대료의 이자율·환율·GDP 상승률 등 거시경제지표와의 상관계수도 A지역에 비해 상대적으로 높고 C지역에 비해 상대적으로 낮을 것으로 예상됨
C지역	C지역은 K도 남부에 위치하며, 해당 지역의 배후지는 과거 K도 최고수준 소득 계층이 거주하는 지역이었으나, 최근 조선업의 불황으로 인구변동이 활발히 일어나고 있음. C지역 판매시설의 매출은 인근 조선업 경기에 매우 민감하게 반응하고 있음. C지역 상업용 부동산 임대료는 과거 B지역에 비해 상대적으로 높은 변동성을 보이고 있으며, 장래 이자율·환율·GDP 상승률 등 거시경제지표 변동과 상관계수도 B지역에 비해 상대적으로 높을 것으로 예상됨

〈자료 4〉 기타사항

1. 할인현금흐름수지표는 십만원 단위에서 반올림하여, 백만원 단위로 작성할 것
2. 재매도 비용은 매각자문비용 등으로서, 재매도 가치의 1.3%를 적용함
3. 현시점의 기입환원율(Going-in Cap-rate)과 펀드 자산 매각시기의 재매도환원율은 동일한 것으로 간주할 것

4. 할인현금흐름수지표는 회계기간을 고려하지 않고, 기준시점부터 1년 단위로 작성하되, 현재가치율은 백분율 기준 소수점 첫째 자리까지 계산하고 표기할 것
5. 각 점포에 대해 체결된 임대계약은 시장임대료 및 해당 점포 소재지 판매시설 부동산 시장 상황을 적절히 반영하고 있음
6. A자산운용사는 대형할인점 운영기업의 경우 최근 소셜커머스 기업의 대형화로 인해 성장이 둔화된 상황이므로, 향후 건물가치가 하락할 수 있다는 점을 고려하여 부동산 매입을 결정하였음 지역별 할인율을 결정할 때, 건물가치의 운용기간 중 회수율을 고려하여 자산별 적용 할인율의 균형을 검토하여야 함
7. 상기 제시된 모든 수익률은 감가상각비를 비용으로 고려하지 않은 상각전 수익에 대한 원본가치 대비 수익률임
8. 해당 펀드는 대상 점포별로 다른 금융기관의 대출을 이용하고자 하는바, 각 점포별 담보가치의 균형에 유의하여야 함
9. 수익률 산정 및 수익환원법 시산가액 산정에 있어 세금효과는 배제함
10. 물음 (2)의 할인현금수지표에는 기간별 순영업소득, 재매도 가액에서 재매도비용을 공제한 순재매도 가액, 이자지급전 현금흐름, 현재가치율, 할인현금흐름이 포함되어야 함
11. 평가개요 작성은 생략할 것

출제영역

대형할인점

답안작성 가이드

Ⅰ. [물음 1] 할인율, 재매도환원율 결정 (15)
  1. 자료분석
    (1) 공공기관 자료
      ① 할인율 (투자수익률 적용)
        ㉠ A지역 : (6.5+7.7)/2=7.1%
        ㉡ B지역 : (5.8+7.1)/2=6.5%
        ㉢ C지역 : (5.2+6.0)/2=5.6%
      ② 재매도환원율 (소득수익률 적용)
        ㉠ A지역 : (5.0+6.2)/2=5.6%
        ㉡ B지역 : (4.8+6.0)/2=5.4%
        ㉢ C지역 : (4.7+5.6)/2=5.2%
    (2) A자산운용사 자료
      ① 할인율 (장기 목표배당수익률 적용)
        ㉠ A지역 : 0.35×8.0+0.65×3.5=5.1%
        ㉡ B지역 : 0.35×8.3+0.65×3.5=5.2%
        ㉢ C지역 : 0.35×8.6+0.65×3.5=5.3%
      ② 재매도환원율 (초기 목표배당수익률 적용)
        ㉠ A지역 : 0.35×6.8+0.65×3.5=4.7%
        ㉡ B지역 : 0.35×7.5+0.65×3.5=4.9%
        ㉢ C지역 : 0.35×7.8+0.65×3.5=5.0%

2. 점포별 할인율, 재매도환원율 결정

(1) 결 정

구 분	A지역	B지역	C지역
할인율	5.1%	5.2%	5.3%
재매도환원율	4.7%	4.9%	5.0%

(2) 결정 이유

① 시장참여자의 성향 고려

시장참여자는 '위험회피자'로서, 시장상황의 변동성이 클수록 더 높은 리스크 프리미엄을 요구하게 됨. 이에 따를 경우 'A지역<B지역<C지역' 순으로 할인율 및 재매도환원율을 산정하는 것이 타당함

② 회수율을 고려한 할인율의 균형 검토

건물가치의 비율은 'a점포<b점포<c점포' 순이고, 향후 대형할인점의 성장이 둔화된 상황에서 건물가치가 하락할 수 있다는 점을 고려할 때, 'A지역<B지역<C지역' 순으로 할인율 및 재매도환원율을 산정하는 것이 타당함

③ 수익환원법 전제조건 고려

수익환원법은 미래의 상황을 예측하여야 하는 것으로 예상되는 목표 수익률을 적용하는 것이 타당함. 공공기관에서 발표하는 자료는 실현된 과거의 데이터이나, A자산운용사의 자료는 실현될 가능성이 있는 자료임. 즉, 자산운용사의 자료가 수익환원법의 전제조건에 더 부합함

④ 소 결

상기의 결정 이유를 종합할 때, A지역<B지역<C지역 순으로 할인율 및 재매도환원율이 산정되는 'A자산운용사'의 자료로 결정하는 것이 타당함

Ⅱ. [물음 2] 시산가액 균형 검토 (15)

1. 수익환원법 시산가액 산정

(1) a점포

(단위 : 백만원)

구 분	1기	2기	3기	4기	5기	6기
순영업소득	3,800	3,857	3,915	3,974	4,034	4,095
순재매도 가액		(4,095/0.047)×(1−0.013)=			85,995	
이자지급 전 현금흐름	3,800	3,857	3,915	3,974	90,029	
현재가치율	0.9515	0.9053	0.8614	0.8196	0.7798	
할인현금흐름	3,616	3,492	3,372	3,257	70,205	
시산가액	83,942					

(2) b점포

(단위 : 백만원)

구 분	1기	2기	3기	4기	5기	6기
순영업소득	3,500	3,553	3,606	3,660	3,715	3,771
순재매도 가액		(3,771/0.050)×(1−0.013) =			74,440	
이자지금 전 현금흐름	3,500	3,553	3,606	3,660	78,155	
현재가치율	0.9497	0.9019	0.8565	0.8134	0.7724	
할인현금흐름	3,324	3,204	3,089	2,977	60,367	
시산가액			72,961			

2. 원가법에 의한 시산가액과 비교·검토

   (1) 각 시산가액

구 분	수익가액(①) (백만원)	적산가액(②) (백만원)	격차율(①/②)
a점포	83,942	72,642	1.156
b점포	76,574	63,688	1.202
c점포	72,961	57,414	1.271

   (2) 시산가액 비교·검토

   대상물건은 대형할인점으로 수익성 부동산이며, 토지·건물 일체로 거래되거나 대상물건 상호간에 용도상 불가분의 관계에 있음, 이런 특성을 반영하는 수익가액과 개별 물건별로 감정평가한 적산가액은 본질적으로 차이가 발생하게 됨 대상물건의 특성을 반영하고, 부동산 펀드에 편입되는 점을 고려할 때 수익가액에 의한 시산가액의 합리성이 인정된다고 볼 수 있음

3. 각 점포별 시산가액의 균형

   시장참여자의 성향, 회수율, 수익환원법의 전제조건 등을 고려하여 'A지역<B지역<C지역' 순으로 할인율 및 재매도 환원율을 적용한 수익가액을 산정하였기 때문에, 각 점포별 시산가액의 균형은 적절한 것으로 판단됨

03 감정평가 甲은 (주)A자산운용으로부터 현황 부동산(이하 '대상부동산') 및 최유효이용 상정 부동산(이하 '최유효이용 부동산')에 대해 감정평가를 의뢰받았다. 제시된 자료를 활용하여 다음 물음에 답하시오(단가는 개별문제에서 제시하는 바에 따르고, 그 밖의 요인 보정치는 소수점 셋째자리 이하 절사한다). (40점)

기출 34회

(1) 공시지가기준법 및 원가법으로 대상부동산을 감정평가하시오. (5점)
(2) 거래사례비교법으로 대상부동산을 감정평가하시오. (5점)
(3) 수익환원법(직접환원법)으로 대상부동산을 감정평가하시오. (5점)
(4) (1) ~ (3)의 시산가액을 기준으로 대상부동산의 감정평가액을 결정하시오. (5점)
(5) 할인현금흐름분석법을 적용하여 최유효이용 부동산을 감정평가하시오. (15점)
(6) 최유효이용에 미달하는 부분의 가치를 구하시오. (5점)

〈자료 1〉 대상부동산 및 최유효이용 부동산 개요

1. 기준가치 : 시장가치
2. 기준시점 : 2023.7.15.
3. 대상부동산 개요
   1) 토 지

소재지	지목	면적(m²)	용도지역	이용상황	도로접면	형상지세	주위환경
K구 S동 100	대	800	일반상업	업무용	광대소각	세장형 평지	업무지대

   2) 건 물

소재지	구조	층수	연면적(m²)	용도	급수	비고
K구 S동 100	철근 콘크리트조	지하2층/ 지상5층	2,700	업무용	3	사용승인일 : 1985.7.10.

4. 최유효이용 부동산 개요
   1) 토 지

소재지	지목	면적(m²)	용도지역	이용상황	도로접면	형상지세	주위환경
K구 S동 100	대	800	일반상업	업무용	광대소각	세장형 평지	업무지대

   2) 건 물

소재지	구조	층수	연면적(m²)	용도	급수	비고
K구 S동 100	철골철근 콘크리트조	지하5층/ 지상18층	9,600	업무용	1	사용승인 예정일 : 2025.7.15.

〈자료 2〉 표준지공시지가

(공시기준일 : 2023.1.1.)

기호	소재지	지목	면적(m²)	이용상황	용도지역	도로교통	형상지세	공시지가 (원/m²)
1	K구 S동 90	대	900	상업용	일반상업	중로 한면	정방형 평지	54,000,000
2	K구 S동 120	대	850	업무용	일반상업 3종일주	광대 한면	부정형 평지	80,000,000
3	K구 S동 140	대	1,200	업무용	근린상업	광대 세각	정방형 평지	90,000,000
4	K구 S동 160	대	1,000	업무용	중심상업	광대 소각	정방형 평지	100,000,000
5	K구 S동 190	대	900	업무용	일반상업	광대 소각	정방형 평지	90,000,000
6	S구 R동 150	대	1,250	업무용	중심상업	광대 세각	정방형 평지	95,000,000
7	S구 R동 200	대	700	상업용	일반상업	중로 각지	정방형 평지	68,000,000

※ 1) S구 R동은 K구 S동과 동일수급권 내 유사지역에 소재함
　 2) 기호 1, 7은 노선상가지대, 기호 2 ~ 6은 업무지대에 소재함
　 3) 일반상업과 근린상업, 일반상업과 중심상업, 근린상업과 중심상업은 지역격차가 있음
　 4) 기호 2의 3종일주 면적은 30%임

〈자료 3〉 인근지역 평가사례 및 거래사례

1. 평가사례(평가목적 : 일반거래)

기호	소재지	지목	면적 (m²)	용도 지역	이용 상황	도로 접면	형상 지세	기준 시점	토지단가 (원/m²)
1	K구 S동 80	대	770	일반상업	상업용	중로 한면	정방형 평지	2022.2.1.	55,500,000
2	K구 S동 115	대	3,000	일반상업 3종일주	업무용	광대 한면	세장형 평지	2023.3.3.	85,000,000
3	K구 S동 185	대	2,000	일반상업	상업용	광대 한면	가장형 평지	2020.6.1.	80,000,000
4	K구 S동 200	대	850	일반상업	업무용	광대 한면	세장형 평지	2023.7.1.	90,000,000
5	K구 S동 250	대	1,360	일반상업	업무용	중로 한면	가장형 평지	2021.1.1.	52,000,000

※ 기호 나 3종일주에 속하는 면적은 미미하여 일반상업으로 판단함

2. 거래사례
   1) 거래사례 #1
      - 소재지 : K구 S동 70
      - 총 거래가격 : 45,000,000,000원
      - 거래시점 : 2023.4.1.
      - 토지 : 일반상업, 상업용, 750m^2, 중로한면, 세장형, 평지
      - 건 물

구 조	급 수	연면적(m^2)	사용승인일	부대설비 내역
철근콘크리트조	2	3,000	2016.2.20.	대상건물과 유사함

      - 기타사항 : 노선상가지대에 위치하며, 정상 거래사례임
   2) 거래사례 #2
      - 소재지 : K구 S동 380
      - 총 거래가격 : 71,400,000,000원
      - 거래시점 : 2023.2.1.
      - 토지 : 일반상업, 업무용, 840m^2, 광대세각, 세장형, 평지
      - 건 물

구 조	급 수	연면적(m^2)	사용승인일	부대설비 내역
철근콘크리트조	3	2,500	1984.1.25.	대상건물과 유사함

      - 기타사항 ; 업무지대에 소재하며, 정상 거래사례임
   3) 거래사례 #3
      - 소재지 : K구 S동 355
      - 총 거래가격 : 48,750,000,000원
      - 거래시점 : 2023.5.1.
      - 토지 : 일반상업, 업무용, 650m^2, 광대소각, 부정형, 평지
      - 건 물

구 조	급 수	연면적(m^2)	사용승인일	부대설비 내역
철근콘크리트조	4	2,000	1979.2.19.	대상건물과 유사함

      - 기타사항 : 업무지대에 위치하며, 건물 노후화로 총 거래가격에 건부감가가 포함되어 있는 사례임
   4) 거래사례 #4
      - 소재지 : K구 S동 60
      - 총 거래가격 : 47,740,000,000원
      - 거래시점 : 2023.4.1.
      - 토지 : 일반상업, 업무용, 770m^2, 중로한면, 가장형, 평지
      - 건 물

구 조	급 수	연면적(m^2)	사용승인일	부대설비 내역
철근콘크리트조	4	2,500	1983.3.29.	대상건물과 유사함

      - 기타사항 : 노선 상가지대에 위치하며, 정상 거래사례임

〈자료 4〉 시점수정 관련 자료

1. 지가변동률(S시 K구)

구 분	주거지역(%)	상업지역(%)
2020.6.1. ~ 2023.7.15.(누계)	15.345	16.565
2021.1.1. ~ 2023.7.15.(누계)	11.050	12.115
2022.2.1. ~ 2023.7.15.(누계)	7.585	7.885
2023.1.1. ~ 2023.6.30.(누계)	1.270	1.295
2023.2.1. ~ 2023.7.15.(누계)	1.150	1.165
2023.3.3. ~ 2023.7.15.(누계)	1.020	1.035
2023.4.1. ~ 2023.7.15.(누계)	1.050	1.070
2023.5.1. ~ 2023.7.15.(누계)	1.010	1.020
2023.6.1. ~ 2023.6.30.	0.100	0.150

※ 2023년 7월 이후 지가변동률은 미고시 되었음

2. 오피스빌딩 자본수익률(S시 K구)

구 분	2022년 3분기	2022년 4분기	2023년 1분기	2023년 2분기
자본수익률(%)	0.22	0.26	0.20	0.24

3. 건축비지수는 변동이 없다고 가정함

〈자료 5〉 지역요인 판단자료

1. 대상부동산과 동일한 구(區)에 소재하는 표준지공시지가, 평가사례 및 거래사례는 지역요인이 동일함
2. 다른 구(區)에 소재하는 표준지공시지가, 평가사례 및 거래사례는 지역요인의 비교가 필요함

〈자료 6〉 개별요인 관련 자료

1. 가로조건(각지인 경우 가로조건에서 반영함)

구 분	광대한면	광대소각	광대세각	중로한면	중로각지	소로한면	소로각지
광대한면	1.00	1.10	1.06	0.96	0.98	0.86	0.90
광대소각	0.93	1.00	0.97	0.88	0.92	0.79	0.83
광대세각	0.96	1.05	1.00	0.91	0.95	0.82	0.86
중로한면	1.06	1.16	1.12	1.00	1.05	0.90	0.95
중로각지	1.02	1.11	1.07	0.97	1.00	0.87	0.91
소로한면	1.19	1.29	1.25	1.13	1.17	1.00	1.05
소로각지	1.13	1.23	1.19	1.08	1.12	0.97	1.00

2. 획지조건

구 분	정방형	가장형	세장형	사다리형	부정형
정방형	1.00	1.00	0.97	0.93	0.91
가장형	1.00	1.00	0.97	0.93	0.91
세장형	1.02	1.02	1.00	0.95	0.93
사다리형	1.06	1.06	1.04	1.00	0.96
부정형	1.10	1.10	1.08	1.04	1.00

3. 상기 제시된 조건 이외의 다른 조건은 동일함

〈자료 7〉 토지, 건물 일괄 거래사례비교법 적용 개별요인 관련 자료

1. 개별요인

  1) 대상물건/거래사례 #1

구 분	입지적 특성	기능적 특성	물리적 특성
대상물건	115	100	95
거래사례 #1	100	100	100

  2) 대상물건/거래사례 #2

구 분	입지적 특성	기능적 특성	물리적 특성
대상물건	104	100	100
거래사례 #2	100	100	100

  3) 대상물건/거래사례 #3

구 분	입지적 특성	기능적 특성	물리적 특성
대상물건	100	100	105
거래사례 #3	100	100	100

  4) 대상물건/거래사례 #4

구분	입지적 특성	기능적 특성	물리적 특성
대상물건	115	100	105
거래사례 #4	100	100	100

2. 토지, 건물 일괄 개별요인은 상승식으로 계산하되 소수점 셋째자리에서 반올림하여 둘째자리까지 표기하고, 제시된 특성 이외의 특성은 동일함

〈자료 8〉 재조달원가 및 감가수정 관련자료

1. 표준단가

용 도	구 조	급 수	표준단가(원/m²)	내용연수(년)
업무시설	철근콘크리트조 (5층 ~ 15층 이하)	1	2,000,000	50
	철골철근콘크리트조 (10층 ~ 20층 이하)	1	2,300,000	55
업무시설	철근콘크리트조 (5층 ~ 15층 이하)	2	1,700,000	50
	철골철근콘크리트조 (10층 ~ 20층 이하)	2	2,000,000	55
업무시설	철근콘크리트조 (5층 ~ 15층 이하)	3	1,500,000	50
업무시설	철근콘크리트조 (5층 ~ 15층 이하)	4	1,300,000	50
업무시설	철근콘크리트조 (5층 ~ 15층 이하)	5	1,200,000	50

2. 부대설비 보정단가는 상기 표준단가에 포함되었음
3. 건물 잔가율은 0%임
4. 건물의 감가수정은 정액법(만년감가)을 적용함
5. 최유효이용 건물의 건축비는 표준단가를 적용함

〈자료 9〉 대상부동산 및 최유효이용 부동산의 시장임대료 관련 자료

1. 대상부동산 관련 시장임대료

구 분	임대사례 1	임대사례 2	임대사례 3	대상부동산
소재지	S시 K구 S동	S시 K구 S동	S시 K구 S동	S시 K구 S동 100
건물명	가 빌딩	나 빌딩	다 빌딩	○○빌딩
층(지상/지하)	17F/B3	5F/B2	5F/B2	5F/B2
구 조	철골철근 콘크리트	철근 콘크리트	철근 콘크리트	철근 콘크리트
건물연면적(m²)	10,000	2,800	2,600	2,700
토지면적(m²)	900	850	750	800
용적률(%)	800	230	210	220
용도지역	일반상업	일반상업	일반상업	일반상업
사용승인(년)	2022	1986	1987	1985

오피스빌딩 하위시장	B북부	B북부	B남부	B북부
보증금(원/m^2)	300,000	270,000	260,000	250,000
월임대료(원/m^2)	30,000	27,000	26,000	25,000
월관리비(원/m^2)	15,000	12,000	11,000	12,000
비 고	시장임대료	시장임대료	시장임대료	계약임대료

※ 1) 오피스빌딩 하위시장이 다른 경우 그 격차는 〈자료 10〉을 기준으로 보정해야 함
　2) 시장임대료 및 계약임대료는 기준시점에서 조사된 임대료이며, 연면적을 기준으로 함

2. 최유효이용 부동산 관련 시장임대료

구 분	임대사례 4	임대사례 5	임대사례 6	최유효이용 부동산
소재지	S시 K구 S동	S시 K구 S동	S시 K구 S동	S시 K구 S동 100
건물명	라 빌딩	마 빌딩	바 빌딩	○○빌딩
층(지상/지하)	19F/B5	17F/B5	18F/B5	18F/B5
구 조	철골철근 콘크리트	철골철근 콘크리트	철골철근 콘크리트	철골철근 콘크리트
건물연면적(m^2)	10,000	9,000	12,000	9,600
토지면적(m^2)	950	850	1,000	800
용적률(%)	799	780	800	800
용도지역	일반상업	일반상업	일반상업	일반상업
사용승인(년)	2021	2022	2018	(2025)
오피스빌딩 하위시장	B남부	B북부	B북부	B북부
보증금(원/m^2)	270,000	300,000	290,000	—
월임대료(원/m^2)	27,000	30,000	29,000	—
월관리비(원/m^2)	14,000	15,000	15,000	—
비 고	시장임대료	시장임대료	시장임대료	—

※ 1) 오피스빌딩 하위시장이 다른 경우 그 격차는 〈자료 10〉을 기준으로 보정해야 함
　2) 시장임대료는 기준시점에서 조사된 최유효이용 부동산 관련 시장임대료이며, 연면적을 기준으로 함

〈자료 10〉 수익환원법 적용 관련 자료

1. 오피스빌딩 하위시장의 격차를 보정하는 자료는 조사가 불가능함
2. 렌트프리(Rent Free)는 없음
3. 임대사례와 대상부동산 및 최유효이용 부동산의 개별요인은 동일함

4. 직접환원법 및 할인현금흐름분석법에 적용할 조건은 다음과 같음
   1) 환원율은 투자결합법으로 산출한 결과 연 4.5%임
   2) 보증금 운용수익률은 연 3%, 공실손실상당액 및 대손충당금은 가능총수익의 5%, 보증금·연간 임대료·연간 관리비 상승률은 연 2%, 할인율은 시장에서 발표된 부동산투자수익률 및 물가상승률을 고려할 때 연 5%임
   3) 직접환원법에 적용할 운영경비는 연간 관리비 중 70%, 할인현금흐름분석법에 적용할 운영경비는 연간 관리비 중 60%임
   4) 복귀가액은 내부추계법을 적용하며, 재매도비용은 2%임
   5) 대상부동산이 속한 B북부 오피스빌딩 하위시장은 최유효이용 부동산이 사용승인 된 후 인근지역에 GTX-A 노선 역이 신설 예정이고, C그룹 본사의 오피스빌딩이 신축되는 등 개발호재로 인해 복귀가액 산정을 위한 최종환원율은 할인율에서 0.5%p를 공제하여 적용하는 것이 타당한 것으로 조사됨
   6) 할인현금흐름분석법은 최유효이용 부동산을 5년 보유 후 6년차에 매도하는 것으로 가정함
   7) 할인율 및 기별 현재가치 계수는 다음과 같음

구 분	1기	2기	3기	4기	5기	6기
4.0%	0.961	0.924	0.889	0.854	0.821	0.790
4.5%	0.956	0.915	0.876	0.838	0.802	0.767
5.0%	0.952	0.907	0.863	0.822	0.783	0.746
5.5%	0.947	0.898	0.851	0.807	0.765	0.725

〈자료 11〉 기타 자료

1. 표준지공시지가 및 사례 선정 시 선정사유를 반드시 기재
2. 개별요인은 상승식으로 산출하되, 소수점 셋째자리에서 반올림하여 둘째자리까지 표기
3. 그 밖의 요인 보정치는 "표준지 기준 산정방식"을 적용
4. 각 감정평가방법의 시산가액은 천만원 단위 이하에서 절사하여 억원 단위로 표기
5. 최유효이용에 미달하는 거래사례의 총 거래가격은 토지면적을 기준으로 거래되어 시점수정은 〈자료 4〉 시점수정 관련 자료를 적용
6. 할인현금흐름분석법의 현금흐름표는 1 ~ 6년 차를 모두 기재
7. 대상부동산의 감정평가액은 공시지가기준법 및 원가법 시산가액의 40%, 거래사례비교법 시산가액의 30%, 수익환원법 시산가액의 30%로 적용하여 조정 및 결정
8. 대상부동산 건물의 철거비는 고려하지 않음

출제영역
오피스

답안작성 가이드

Ⅰ. 개 요
과소활용되고 있는 업무용 빌딩의 현재 가액과 최유효이용 부동산 가치 평가

Ⅱ. [물음 1] 공시지가기준법 및 원가법

1. 개 요
   토지는 공시지가기준법, 건물은 원가법 적용

2. 공시지가기준법
   (1) 비교표준지 선정
   표준지 '5'(기호 1 : 이용상황 및 주변환경 상이, 기호 2-4 : 용도지역 상이, 기호 6 : 유사지역, 용도지역 상이, 기호 7 : 유사지역, 용도지역, 이용상황 상이)

   (2) 시점수정
   S시 K구 상업지역 지가변동률
   $1.01295 \times (1 + 0.00150 \times 15/30) = 1.01371$

   (3) 그 밖의 요인 보정
   평가사례 '라'(기호 가 : 이용상황 상이, 기호 나 : 규모 상이, 기호 다 : 이용상황 상이, 기호 마 : 도로접면 상이)

   $$\frac{90,000,000 \times 1.00075^{*)} \times 1.00 \times 1.12^{**)}}{90,000,000 \times 1.01371} \fallingdotseq 1.11$$

   *) 2023.7.1.-2023.7.15. : $1 + 0.0015 \times 15/30$
   **) 광대소각 정방형 평지/광대한면 세장형 평지 : 1.1×1.02

   (4) 공시지가기준가액
   $90,000,000 \times 1.01371 \times 1.00 \times 0.97^{*)} \times 1.11 \fallingdotseq @98,200,000(\times 800 = 78,560,000,000)$

   *) 광대소각 세장형 평지/광대소각 정방형 평지

3. 원가법
   (1) 재조달원가 : 〈자료 8〉 표준단가, 업무시설 철근콘크리트조(5층 ~ 15층 이하) 3급수 @1,500,000
   (2) 적산가액 : 경과연수 38년, 잔존연수 12년
   @$1,500,000 \times 12/50 \fallingdotseq @360,000(\times 2,700 = 972,000,000)$

4. 물건별 평가액 합계
   $78,560,000,000 + 972,000,000 \fallingdotseq 795$억

Ⅲ. [물음 2] 일괄거래사례비교법

1. 개 요
   과소 활용되고 있는 토지+건물 일괄 거래사례 기준

2. 사례 선정
   이용상황, 주변환경, 토지 및 건물규모, 노후도 등 유사, 최근 정상거래인 〈거래사례 #2〉 선정(사례 #1 : 주변환경 상이-노선 상가지대, 건물급수 상이, 사례 #3 : 거래가격에 사정개입-건부감가, 사례 #4 : 주변환경 상이-노선 상가지대, 건물급수 상이)

3. 비준가액

71,400,000,000 × 1.01165^{*)} × 1.04^{**)} × 800/840 ≒ 715억

*) 시점수정 : 토지면적 기준, 지가변동률 적용

**) 개별요인(입지, 기능, 물리)

Ⅳ. [물음 3] 일괄 수익환원법(직접환원법)

1. 개 요

현 계약임대료는 시장임대료에 비해 낮은바, 임대사례 기준 보정

2. 수익가액

(1) NOI

① PGI : 최근 임대사례 중 #2 적용(사례 #1 : 최유효이용 규모, 사례#3 : 하위시장 상이 – 보정불가)

㉠ 보증금운용이익 : 270,000 × 0.03 × 2,700 = 21,870,000

㉡ 연임대료 : 27,000 × 12 × 2,700 = 874,800,000

㉢ 연관리비 : 12,000 × 12 × 2,700 = 388,800,000

㉣ PGI : 1,285,470,000

② EGI : '①' × (1−0.05) = 1,221,196,500

③ OE : 연관리비 × (1−공실률) × 70% = 258,552,000

④ NOI : 1,221,196,500 − 258,552,000 = 962,644,500

(2) 환원율 : 투자결합법에 의한 4.5%

(3) 수익가액 : 962,644,500/0.045 ≒ 214억

Ⅴ. [물음 4] 시산조정

물건별 합계	거래사례비교법	수익환원법	감정평가액
795억	715억	214억	597억
40%	30%	30%	597억

Ⅵ. [물음 5] 최유효이용 부동산

1. 개 요

할인현금흐름분석법에 의한 수익가액

2. 수익가액

(1) 기본적 사항

① 매기 보증금 등 상승률 : 2%

② 할인율 : 5%

③ 운영경비 : 연 유효관리비의 60%

④ 재매도비용 : 2%

⑤ 기출환원율 : 5% − 0.5% = 4.5%

(2) 현금흐름

구 분	1기	2기	3기	4기	5기	6기
PGI	5,270,400,000	5,375,808,000	5,483,324,160	5,592,990,643	5,704,850,456	5,818,947,465
보증금 운용익	86,400,000	88,128,000	89,890,560	91,688,371	93,522,139	95,392,581
연임대료	3,456,000,000	3,525,120,000	3,595,622,400	3,667,534,848	3,740,885,545	3,815,703,256
연관리비	1,728,000,000	1,762,560,000	1,797,811,200	1,833,767,424	1,870,442,772	1,907,851,628
EGI	5,006,880,000	5,107,017,600	5,209,157,952	5,313,341,111	5,419,607,933	5,528,000,092
PGI×0.95						
OE	984,960,000	1,004,659,200	1,024,752,384	1,045,247,432	1,066,152,380	1,087,475,428
연관리비 ×0.95×0.6						
NOI	4,021,920,000	4,102,358,400	4,184,405,568	4,268,093,679	4,353,455,553	4,440,524,664
복귀가치					96,704,759,349	
6기NOI ×(1−0.98) /0.045						
현가계수	0.952	0.907	0.863	0.822	0.783	
현금흐름	3,828,867,840	3,720,839,069	3,611,142,005	3,508,373,004	79,128,582,269	
합 계	93,797,804,187					

(3) 수익가액

938억

Ⅶ. [물음 6] 최유효미달

1. 개 요

① 최유효이용 미달 : 현황부동산 가치 VS (최유효이용부동산 가치−전환비용)
② 전환비용 : '최유효−현황(철거비 미고려로 '0'원)'의 건축비용
철골철근 18층, 1급수 기준 @2,300,000×9,600m² = 22,080,000,000

2. 최유효미달 : (938억−220억)−597억 = 121억

3. 의 견

최유효미달 고려, 현 건물 철거 후 최유효이용으로 전환하는 것이 합리적임

CHAPTER 05 산림 평가

> **핵심 키워드**
>
> 제1절 개 관
> 1. 정 의
> 2. 관련 규정
>
> 제2절 입목평가

제1절 개 관

1. 정 의

「산림자원의 조성 및 관리에 관한 법률」제2조 제1호에서, 다음 중 어느 하나에 해당되면 산림으로 정의하고 있다.

> 가. 집단적으로 자라고 있는 입목·대나무와 그 토지
> 나. 집단적으로 자라고 있던 입목·대나무가 일시적으로 없어지게 된 토지
> 다. 입목·대나무를 집단적으로 키우는 데에 사용하게 된 토지
> 라. 산림의 경영 및 관리를 위하여 설치한 도로[이하 "임도(林道)"라 한다]
> 마. 가목부터 다목까지의 토지에 있는 암석지(巖石地)와 소택지(沼澤地 : 늪과 연못으로 둘러싸인 습한 땅)

다만, 농지, 초지(草地), 주택지, 도로, 과수원, 차밭, 꺾꽂이순 또는 접순의 채취원(採取園), 입목(立木)·대나무가 생육하고 있는 건물 담장 안의 토지, 입목·대나무가 생육하고 있는 논두렁·밭두렁, 입목·대나무가 생육하고 있는 하천·제방·도랑 또는 연못은 산림으로 분류하지 않는다.

실무적으로는 산림과 임야를 무차별하게 받아들이고 있으나 '산림＝임야＋입목'이 정확한 개념이다. 산림을 각 기준에 따라 구분하면 다음과 같다.

구 분	세 분	상 세
소유형태	국유림	국가 소유
	공유림	지자체, 공공단체 소유
	사유림	국유, 공유림 외

조성형태	원시림	사람의 손길이 미치지 않은 자연 그대로의 숲
	천연림	사람의 힘 없이 자연적으로 자라서 이루어진 삼림
	인공림	씨를 뿌리거나 꺾꽂이, 묘목 이식 따위의 인위적 작업으로 이루어진 숲
수 고	교 림	줄기가 굵고 높은 교목으로 우거진 산림
	왜 림	키가 작은 나무가 많은 숲
	중 림	교목(줄기가 곧고 굵으며 높이 자란 나무)과 관목(일반적으로 사람의 키보다 작고 원줄기와 가지의 구별이 분명하지 않으며 밑동에서 가지를 많이 치는 나무)이 뒤섞여 있는 숲
수종 혼효도	순 림	한 종류의 나무로만 이루어진 숲
	혼효림	두 가지 종류 이상의 나무로 이루어진 숲
수 령	동령림	수령이 거의 비슷한 나무들로 이루어진 숲
	이령림	수령의 차이가 많이 나는 나무로 이루어진 산림
	전령림	일년생에서 벌기에 이르기까지의 모든 나이의 나무로써 구성되어 있는 숲
경영목적	경제림	목재 따위를 이용하여 이익을 얻을 목적으로 가꾸는 숲
	보안림	재해 방지 따위의 특별한 목적을 가지고 나라에서 보호하는 산림
	다용림	경제림과 보안림의 구실을 함께 하는 산림

2. 관련 규정

「감칙」과 「실무기준」에서 정한 산림 평가의 원칙은 산지와 입목의 개별평가이며, 일괄 평가가 가능한 경우 산지와 입목을 일괄[79]하여 평가할 수 있다.

구 분	상 세
「감 칙」	제17조(산림의 감정평가) ① 감정평가법인등은 산림을 감정평가할 때에 산지와 입목(立木)을 구분하여 감정평가하여야 한다. 이 경우 입목은 거래사례비교법을 적용하되, 소경목림(小徑木林 : 지름이 작은 나무·숲)인 경우에는 원가법을 적용할 수 있다. ② 감정평가법인등은 제7조 제2항에 따라 산지와 입목을 일괄하여 감정평가할 때에 거래사례비교법을 적용하여야 한다.
「실무기준」	4. 산림의 감정평가 4.3 산림의 감정평가방법 4.3.1 산림의 감정평가 원칙 ① 산림은 산지와 입목을 구분하여 감정평가한다. 다만, 입목의 경제적 가치가 없다고 판단되는 경우에는 입목을 감정평가에서 제외할 수 있다. ② 유실수 단지의 감정평가는 [610-5]를 준용한다.

---

79) 일괄평가할 때는 거래사례비교법을 적용하며, 거래사례비교법 적용이 곤란하거나 적절하지 않은 경우 산림비용가법 또는 산림기망가법을 적용하는데 이는 입목을 비용가법 또는 기망가법으로 평가한 후 여기에 임지의 가액을 합산하므로 개별평가에 가깝다.

4.3.2 산지의 감정평가
「산지관리법」에 따른 산지의 감정평가는 [610-1]에 따른다. 다만, 산지로서 산지개량사업이 실시되었거나 산지보호시설이 되어 있는 경우에는 원가 등을 고려하여 감정평가할 수 있다.

4.3.3 입목의 감정평가
① 입목을 감정평가할 때에는 거래사례비교법을 적용하여야 한다.
② 제1항에도 불구하고 거래사례비교법을 적용하는 것이 곤란하거나 적절하지 않은 경우에는 조림비용 등을 고려한 원가법 등을 적용할 수 있다.

4.3.4 임업부대시설의 감정평가
임업부대시설의 감정평가는 다음 각 호의 방법에 따른다.
1. 임도 및 방화선(防火線)을 감정평가할 때에는 원가법을 적용하여야 한다. 다만, 산지의 감정평가액에 임도가액을 포함시킨 경우에는 따로 감정평가를 하지 아니한다.
2. 건물 및 소방망대(消防望臺)를 감정평가할 때에는 원가법을 적용하여야 한다.
3. 임간묘포(林間苗圃)를 감정평가할 때에는 거래사례비교법을 적용하여야 한다. 다만, 거래사례비교법의 적용이 곤란하거나 적절하지 않은 경우에는 원가법을 적용할 수 있다.

4.3.5 산지와 입목의 일괄감정평가
산지와 입목을 일괄하여 감정평가할 때에는 거래사례비교법을 적용하여야 한다.

제2절 입목평가 기출 19회

입목평가도 3방식에 의한 접근이 가능하다. 평가방법 및 산식은 다음과 같다.

구 분	평가방법	산 식	적 용
거래사례비교법	매매가법	입목만의 거래사례비교법	산지 입목만의 거래사례가 포착되는 경우
	시장가역산법	$f \times \left(\dfrac{A}{1+mp+r} - B\right)$ [f : 조재율, A : 원목시장가, m : 자본회수기간, p : 이자율, r : 기업자이윤(투자위험률 포함), B : 생산비용(벌목조재비 및 운반비 등)]	성숙림(벌기령에 도달한 임분 또는 벌기를 초과한 과숙 임분)
원가법	비용가법	$(B+V) \times [(1+p)^m - 1] + C \times (1+p)^m - \sum D_a \times (1+p)^{m-a}$ [B : 임지가격, V : 관리자본(관리비용/이자율), p : 이자율, C : 조림비, D_a : a년도 간벌수입, m : 조림 후 평가년도까지의 기간]	유령림(식재 때부터 제1회 간벌(통상 15년)전까지의 임분)
수익환원법	기망가법	$\dfrac{A_u + \sum D_a \times (1+p)^{u-a} - (B+V) \times [(1+p)^{u-m} - 1]}{(1+p)^{u-m}}$ [A_u : 주벌수익, n : 간벌시의 임령, D_a : a년도 간벌수입, B : 지가, V : 관리자본, p : 이자율, u : 주벌시의 임령, m : 현재임령]	벌기미만의 장령림(벌채, 이용까지는 도달하지 않았지만 입목이 어느 정도 성장하여 이용 가치가 있는 경우)

원가·수익 절충법	글라저법	• $A_m = (A_u - C) \times \dfrac{m^2}{u^2} + C$ • $A_m = (A_u - C_{10}) \times \dfrac{(m-10)^2}{(u-10)^2} + C_{10}$ [A_m : m년기준 입목가액, A_u : u년도의 주벌수입(m년 기준현가액), C : 초년도 조림비, C_{10} : 10년도 조림비, u : 적정벌기령, m : 현재수령]	중령림(성장시기에 따라 비준가액과 적산가액의 격차가 큰 경우)

입목의 평가방법 중 가장 현실적이면서 유용한 평가방법은 성숙림에 적용하는 시장가역산법이다. 산지 입목의 거래사례 포착은 어렵지만 인근 시장 원목 및 제재목의 가격 취득은 상대적으로 용이하기 때문이다. 이 방법은 평가대상 입목을 벌채하여 원목 등 제품으로 만들어 인근 시장까지 운반하여 판매하는 것을 상정한다. 입목의 시가는 입목을 벌출 판매하여 얻은 금액에서 이에 소요된 벌출비를 공제한 금액인 벌채가격과 등가이므로, 시장가격에서 역산하면 산원(山元)에서의 입목가를 구할 수 있다. 각종 수익률 등 가정요인이 있지만 시장 거래관행에 부합해 설득력이 높다. 산식에 들어가는 각 항목들을 구체적으로 살펴보면 다음과 같다.

구 분			상 세
산 식			$f \times \left(\dfrac{A}{1+mp+r} - B \right)$ [f : 조재율, A : 원목시장가, m : 자본회수기간, p : 이자율, r : 기업자이윤(투자위험률 포함), B : 생산비용(벌목조재비 및 운반비 등)]
time table			기준시점 벌채(비용) 산지집재 임도개설 운반 잡비 시장가 매각 ※ $\left(\dfrac{시장가}{1+할인율} - 비용 \right) \times 조재율(매각가능비율)$
산식 구성 인자	조재율(f)		목재재적/입목간재적의 비율(마름재목 부피 대비 벌채 나무 부피의 비)을 의미한다. 예컨대 벌채한 나무의 부피는 1만m^3이고 이를 반출, 가공하기 위해 일정한 치수로 잘라놓은 부피가 8천m^3라면 조재율은 80%이다. 산식에 적용할 때는 0.8
	원목시장가(P)		인근 시장에서 매각 가능한 판매가격(원/m^3)
	생산비용 (B)	벌목조재비	노임(원/m^3)+기계상각비(원/m^3)+연료비(원/m^3)
		산지집재비	노임(원/m^3)
		운반비	노임(원/m^3)+차량상각비(원/m^3)+연료비(원/m^3)
		임도 신설비 및 보수비	$\dfrac{비용(원/km) \times 신설거리(km)}{재적(m^3)} = 원/m^3$
		잡 비	'벌목조재비+산지집재비+운반비+임도 신설비 등'의 일정비율(원/m^3)
	할인율	자본회수기간(m)	입목대금의 회수기간(월)
		이자율(P)	위험부담에 따른 금리비용(%, 월이율)
		기업자 이윤 외(r)	기업자 이윤(%)+결손율 및 위험율(%)

CHAPTER 05 기출문제

산림 평가

01 A감정평가사는 ○○ 청으로부터 아래와 같은 내용의 입목에 대한 감정평가의뢰를 받았다. 제시자료를 검토하여 입목의 취득가격을 결정하시오(단, 입목의 평가방법은 제시자료에 타당한 합리적이고 보편적인 방식을 선택하여 평가할 것). (15점)   기출 19회

〈자료 1〉 감정평가 의뢰내역

1. 개 요
   (1) 평가목적 : 조림대부지 내 입목의 취득(매수)
   (2) 소재지 : ○○○도 ○○군 ○○면 ○○리 산21
   (3) 지목 : 임야
   (4) 면적 : 1,050,000m²

2. 입목현황

임 종	임 상	수 종	혼효율 (%)	임 령	령 급	경급 (cm)	수고 (m)	ha당재적 (m³)
천연림 (자연림)	활엽수	참나무 기타활엽수	70	$\frac{29}{15-45}$	Ⅱ - Ⅴ	$\frac{18}{8-35}$	$\frac{10}{8-18}$	75
	침엽수	소나무						
인공림 (조림)	침엽수	잣나무 낙엽송 리기다소나무	30	$\frac{35}{25-45}$	Ⅲ - Ⅳ	$\frac{20}{10-36}$	$\frac{11}{8-19}$	95

※ 참고사항 : 1. 조림대부지로서 관리상태는 양호함
2. 경급(cm) : $\frac{평균경급}{최저경급-최고경급}$

3. 수종별 재적

임 종	임 상	수 종	재적(m³)	비 고
천연림 (자연림)	활엽수	참나무	1,653.80	
		기타활엽수	3,307.50	
	침엽수	소나무	551.30	
	소 계		5,512.60	
인공림(조림)	침엽수	잣나무	1,047.40	
		낙엽송	748.10	
		리기다소나무	1,197.00	
	소 계		2,992.50	
합 계			8,505.10	

〈자료 2〉 임목평가자료

1. 원목 시장가격(가격시점현재)

등급기준	흉고직경(경급)	원목가격(원/m³)					
		참나무	기타 활엽수	소나무	잣나무	낙엽송	리기다 소나무
상	30cm 이상	105,000	100,000	110,000	100,000	105,000	100,000
중	16cm 이상	90,000	85,000	95,000	90,000	95,000	90,000
하	16cm 미만	85,000	78,000	85,000	80,000	85,000	80,000

※ 용재림 및 기타용도(펄프, 갱목, 목탄 및 목초액의 용도 등) 등으로 사용할 수 있는바 일반기준 벌기령은 적용하지 아니하고, 시장가격은 천연림과 인공림(조림)의 구분없이 형성되고 있음

2. 조재율

(단위 : %)

등급기준	활엽수	침엽수
상	90	90
중	85	85
하	80	80

3. 생산비용

(1) 벌목조재비

1일 노임/인		기계상각비 및 연료비	1일 작업량/인
벌목비	조재비		
80,000원	80,000원	30,000원	10.0m³

(2) 산지집재비(소운반 포함)

1일 노임은 80,000원/인이며 1일 작업량은 10.0m³/인임

(3) 운반비

구 분	1일 노임/인	1일 작업량/인
상하차비	80,000원	10.0m³
자동차운반비	110,000원	10.0m³

(4) 임도 보수 및 설치비

1일 노임/인	1일 작업량/인	소요임도
90,000원	0.3km	2.1km

(5) 잡비 : 생산비용의 10%

4. 이자율 및 기업자이윤 등

자본회수기간은 6개월 정도이며 이자율은 금융기관 대출금리기준 연 7.0%를 적용함

기업자 이윤은 10%, 산재보험을 포함한 위험률은 5.0%로 적용함

〈자료 3〉 참고사항

1. 일부 수종에서 참나무 시들음병이 발생되어 피해도가 "중" 이상인 입목은 평가에서 제외하고 피해도가 "경" 이하인 입목은 정상입목 평가액의 90%수준으로 평가함이 적절함
2. 참나무 시들음병 피해도를 조사한 바, 조사재적 중 "중" 이상 입목은 약 50%($826.90m^3$), "경" 이하 입목은 약 20%($330.80m^3$)임
3. 단가 계산은 원 단위는 절사하고 십원 단위까지만 표기요함

📜 출제영역

입 목

📜 답안작성 가이드

Ⅰ. 평가개요

시장가역산법으로 입목의 취득가격을 결정한다.

Ⅱ. 재적당 원목 시장가

1. 천연림

    (1) 참나무

    $90,000 \times 1,653.80m^3 \times (0.3+0.2 \times 0.9) = 71,444,160$

    주) 시들음병 '중' 이상 50% 평가 제외, '경' 이하 20%는 90% 수준

    (2) 기타 활엽수 : $85,000 \times 3,307.50m^3 = 281,137,500$

    (3) 소나무 : $95,000 \times 551.30m^3 = 52,373,500$

    (4) 소계 : 404,955,160

2. 인공림

    (1) 잣나무 : $90,000 \times 1,047.40m^3 = 94,266,000$

    (2) 낙엽송 : $95,000 \times 748.10m^3 = 71,069,500$

    (3) 리기다 : $90,000 \times 1,197.00m^3 = 107,730,000$

    (4) 소계 : 273,065,500

3. 재적당 원목 시장가 : ('1.'+'2.')/$8,505.10m^3$ ≒ @79,710

Ⅲ. 적용이율

$1+0.07/12개월 \times 6개월 + 0.1+0.05 = 1.185$

Ⅳ. 재적당 생산비용
   1. 벌목조재비
      $(80,000+80,000+30,000)/10\text{m}^3 = @19,000$

   2. 산지집재비
      $80,000/10\text{m}^3 = @8,000$

   3. 운반비
      $(80,000+110,000)/10\text{m}^3 = @19,000$

   4. 임도 보수비 등
      $90,000 \times (2.1/0.3)\text{km}/8,505.10\text{m}^3 ≒ @70$

   5. 잡 비
      $('1.'+\cdots+'4.') \times 0.1 ≒ @4,600$

   6. 소 계
      $'1.'+\cdots+'5.' = @50,670$

Ⅴ. 입목의 취득가격
   $(79,710/1.185 - 50,670) \times 8,505.10\text{m}^3 \times 0.85^{*)} ≒ 119,976,760$
   *) '중'급 조재율

CHAPTER 06 과수원, 염전 평가

제3편 | 유형별 감정평가

> **핵심 키워드**
>
> 제1절 과수원
>
> 제2절 염 전

제1절 과수원

집단적으로 재배하는 사과·배·밤·호도·귤나무 등 과수류 및 그 토지와 이에 접속된 저장고 등 부속시설물의 부지(주거용 건물이 있는 부지는 제외)로서, 「감칙」과 「실무기준」에서는 거래사례비교법을 적용하도록 했으나 원가법 또는 수익환원법에 의한 접근도 가능하다.

거래사례비교법	동일한 수종 및 품등의 과수가 식재된 과수원 거래사례와 비교하며, 식재 및 경영방식에 따른 수익 차이가 큰 점을 고려하여 사례 선정에 유의해야 함
원가법	과수원 부지평가액과 식재된 과수에 투입된 비용을 합산
수익환원법	잔존 효용연수 순수익 현가와 기간 말 토지복귀가치를 합산

표준적인 식재주수(=정상식재)를 초과하는 밀식 등의 경우 재배관리 및 수익실현에 감가요인이 될 수 있다.

제2절 염 전

「소금산업 진흥법」 제2조 제3호에 따른 소금을 생산·제조하기 위하여 바닷물을 저장하는 저수지, 바닷물을 농축하는 자연증발지, 소금을 결정시키는 결정지 등을 지닌 지면을 말하며, 해주·소금창고, 용수로 및 배수로로서, 「실무기준」에서는 거래사례비교법을 적용하도록 했으나 원가법 또는 수익환원법에 의한 접근도 가능하다.

거래사례비교법	입지조건, 규모 및 시설 등의 상태, 염전생산가능면적과 부대시설면적 비율, 수익성 등에서 비교가능성이 높은 염전 거래사례를 선정하되, 거래가격에 건물 및 구축물 가격이 포함돼 있는 경우에는 이를 공제
원가법	염전 조성 사례를 통한 조성비용, 염전설비 등 자료를 활용
수익환원법	염전 전체 순수익에서 염전부지 귀속 순수익을 추출하여 토지잔여법 적용

CHAPTER 07 공장재단 평가

제3편 | 유형별 감정평가

> **핵심 키워드**

제1절 개 관
1. 정 의
2. 관련규정
3. 기타사항

제2절 기계기구류 평가
1. 개 요
2. 관련규정
3. 구체적 평가
   (1) 평가 대상
   (2) 사전조사와 실지조사
   (3) 도입기계 평가
   (4) 국산기계 평가

제3절 구축물의 평가

제4절 과잉유휴시설의 평가

제1절 개 관

1. 정 의

영업을 하기 위하여 물품 제조·가공 등의 목적에 사용하는 일단의 기업용 재산으로서, 「공장 및 광업재단 저당법」에 따라 소유권과 저당권의 목적이 되는 것이다. 공장재단의 구성물이 될 수 있는 것은 공장에 속하는 (i) 토지, 건물, 그 밖의 공작물, (ii) 기계, 기구, 전봇대, 전선, 배관, 레일, 그 밖의 부속물, (iii) 항공기, 선박, 자동차 등 등기나 등록이 가능한 동산, (iv) 지상권 및 전세권, (v) 임대인이 동의한 임차권, (vi) 지식재산권이다. 기계, 기구는 반드시 공장에 속하는 토지 또는 건물에 직접 부가되거나 설치될 필요는 없다.

한편, 공장에 대한 정확한 정의와 그 범위는 「산업집적활성화 및 공장설립에 관한 법률」에 다음과 같이 규정돼 있다.

> 「산업집적활성화 및 공장설립에 관한 법률」 제2조(정의)
> 1. "공장"이란 건축물 또는 공작물, 물품제조공정을 형성하는 기계·장치 등 제조시설과 그 부대시설(이하 "제조시설 등"이라 한다)을 갖추고 대통령령으로 정하는 제조업을 하기 위한 사업장으로서 대통령령으로 정하는 것을 말한다.
>
> 「산업집적활성화 및 공장설립에 관한 법률 시행령」 제2조(공장의 범위)
> ① 「산업집적활성화 및 공장설립에 관한 법률」(이하 "법"이라 한다) 제2조 제1호에 따른 제조업의 범위는 「통계법」 제22조에 따라 통계청장이 고시하는 표준산업분류(이하 "한국표준산업분류"라 한다)에 따른 제조업으로 한다.
> ② 법 제2조 제1호에 따른 공장의 범위에 포함되는 것은 다음 각 호와 같다.
> 1. 제조업을 하기 위하여 필요한 제조시설(물품의 가공·조립·수리시설을 포함한다. 이하 같다) 및 시험생산시설
> 2. 제조업을 하는 경우 그 제조시설의 관리·지원, 종업원의 복지후생을 위하여 해당 공장부지 안에 설치하는 부대시설로서 산업통상자원부령으로 정하는 것
> 3. 제조업을 하는 경우 관계 법령에 따라 설치가 의무화된 시설
> 4. 제1호부터 제3호까지의 시설이 설치된 공장부지

2. 관련규정

「감칙」과 「실무기준」에서 정한 공장재단의 평가기준은 개별물건기준이며, 예외적으로 수익환원법에 의하도록 하고 있다.

구 분	상 세
「감 칙」	제19조(공장재단 및 광업재단의 감정평가) ① 감정평가법인등은 공장재단을 감정평가할 때에 공장재단을 구성하는 개별 물건의 감정평가액을 합산하여 감정평가해야 한다. 다만, 계속적인 수익이 예상되는 경우 등 제7조 제2항에 따라 일괄하여 감정평가하는 경우에는 수익환원법을 적용할 수 있다. ② 감정평가법인등은 광업재단을 감정평가할 때에 수익환원법을 적용해야 한다.
「실무기준」	① 공장을 감정평가할 때에는 공장을 구성하는 개별 물건의 감정평가액을 합산하여 감정평가하여야 한다. 다만, 계속적인 수익이 예상되는 경우 등은 [400-2.3-1]에 따라 일괄하여 감정평가할 수 있다. ② 제1항 단서에 따라 일괄하여 감정평가할 때에는 수익환원법을 적용하여야 한다.

개별물건기준으로 평가할 때 토지와 건축물 등은 앞서 소개된 물건별 주된 평가방법(무형자산평가기준은 후술)을 적용한다. 산업단지 및 공단 내 소재한 토지는 토지규모에 따른 가격수준 차이를 보여, 표준지 및 거래사례 등 선정 시 면적의 유사성에 주의해야 한다. 신규 조성된 공장용지는 원가법 중 가산방식 적용이 용이하며, 공장용지만의 임대 계약을 확보할 수 있으면 수익환원법 활용이 가능하다. 적치장 등으로 이용 중인 유휴부지는 단독효용성 및 현 공장부지와의 용도상 불가분관계를 확인해서 공장부지와 같은 수준으로 평가할 수 있으며 단독 효용가치가 희박하면 부속토지로 취급해 공장부지의 일정비율로 감액 평가된다. 공장설립 승인 당시 허가제외지는 공부상 지목을 기준으로 평가될 것이다.

공장 건축물은 건물의 일반적인 평가방법을 준용하되 해당 공장건물의 구조, 배치, 부대설비, 연면적, 층고, 주기둥의 크기 등의 개별성을 고려해 재조달원가를 결정한다. 건축물대장 상 공장으로 기재됐더라도 숙소, 식당 등으로 실제 활용된다면 부대설비는 현 용도에 맞춰 설치된 상태를 반영한다.

한편, 수익환원법을 적용할 때 대상 공장의 순수익 자료의 신뢰성이 떨어지는 등 직접 적용하기 곤란하다면 순수익을 간접법으로 아래와 같이 비준할 수 있다.

> 대상공장기대순수익 = 사례공장순수익×사정×[토지순수익구성비×토지요인비교치＋건물순수익구성비×건물요인비교치＋기계기구순수익구성비×기계기구요인비교치]

- 토지요인비교치＝시점(지가변동률)×지역×개별×면적
- 건물요인비교치＝시점(건축비지수)×잔가율×개별×면적
- 기계기구요인비교치＝시점(기계가격보정지수)×잔가율×개별×규모[80]

공장재단의 평가를 수익환원법으로 접근하면 추계된 가치는 공장재단보다는 기업 가치에 가까워진다. 그런 이유로 특별한 사유가 없는 한 개별물건기준으로 평가된다. 공장평가에서는, 토지와 건축물 등은 다른 용도 부동산 평가와 평가방법 및 평가절차에서 큰 차이가 없고, 공장에 설치된 기계기구류의 평가가 추가로 수행되는 점이 특징이라고 볼 수 있다.

3. 기타사항

공장재단을 평가할 때는 공장재단저당권을 설정할 때이다. 설정대상은 공장재단 목록에서 확인할 수 있다. 공장재단에 대해서는 담보목적으로 평가될 때가 많고 계속기업을 전제로 한 평가이므로 사업체의 현황 및 생산 공정, 생산능력, 경영 및 기술능력 등의 사항을 '사업체 감정평가요항표'에 기재해 감정평가보고서에 첨부시키고 있다.

> **＋ 알아보기** [예시] 사업체 감정평가요항표
>
> 1. 사업체의 개요
>   본 업체는 중소규모의 보강토옹벽블록 등의 생산업체로서,
>   1991.1. : 공장설립
>   1993.9. : 한국표준협회 KS마크 획득
>   2005.1. : ××공업(주) 공장 설립(옹벽 축조용 조립식블록)
>   2006.11. : ××(주)설립(토공사업)
>   2014.12. : IOS 14001(환경경영 시스템인증) 획득, IOS 9001(품질경영 시스템인승) 획득
>   2016.3. : ××산업 공장 생산라인 증설
>   2020.3. : 동 업종을 영위하며, 현재 정상 가동 중에 있음
>
> 2. 제품의 시장성
>   업체 측에 의하면 도로, 옹벽 등에 사용되는 실크스톤 보강토 옹벽블록, 천연석 질감 보강토 옹벽블록 등의 제품을 주로 ××에 판매하고 있는 것으로 조사되었고, 원자재 수급사정 및 제품의 시장성은 대체로 양호한 편임
>
> 3. 생산공정의 적부
>   원료투입－배합－성형－절단－양생－포장－검사의 비교적 단순한 공정임

---

[80] 과잉유휴시설을 제외한 적정 규모

4. 생산능력 및 규모의 직정성여부
   본 업체는 총 4개의 생산라인을 보유하고 있으며, 2020년 매출액은 약 ××억 정도이고 2021년 매출액은 ××억 내외로 추정하고 있음

5. 입지조건
   본 업체는 경기도 ××소재 "××일반산업단지" 남동측 인근 계획관리지역 내에 위치하며, 부근은 산업단지 주변의 각종 공장, 창고 등이 주를 이루는 지역으로 물류교통망, 동력 및 노동력 확보 등 제반 입지조건은 비교적 무난한 편임

6. 경영 및 기술능력
   업체 측 설명에 의하면, 본 업체에서 근무하는 인원으로 총 14명 내외를 확보하고 공장 운영을 하고 있는 것으로 조사되며, 경영 및 기술상의 애로사항은 없는 것으로 파악됨

제2절 기계기구류 평가 기출 27회

1. 개요

「실무기준」에서는 기계와 기구, 장치를 아래와 같이 구분하고 있다.

구 분	상 세
기 계	동력을 받아 외부의 대상물에 작용을 하는 설비 및 수동식 구조물로 일정한 구속운행에 의하여 작용을 하는 설비
기 구	인력 또는 기계에 의하여 이루어지는 모든 노동을 보조하는 것 또는 작업에 간접적으로 사용되는 물건
장 치	내부에 원료 등을 수용하여 이를 분해, 변형, 운동시키는 설비

2. 관련규정

「감칙」과 「실무기준」에서 정한 기계기구류의 평가기준은 원가법이며, 예외적으로 거래사례비교법에 의하도록 하고 있다.

구 분	상 세
「감 칙」	제20조(자동차 등의 감정평가) ② 감정평가법인등은 건설기계를 감정평가할 때에 원가법을 적용하여야 한다.
「실무기준」	• 공장재단 기계기구류의 감정평가는 [630-1]을 준용한다. 다만, 재조달원가는 기계기구류의 설치비용 등을 포함하여 산정한다. • 기계기구류([630-1]) ① 기계기구류를 감정평가할 때에는 원가법을 적용하여야 한다. ② 제1항에도 불구하고 대상물건과 현상·성능 등이 비슷한 동종물건의 적절한 거래사례를 통해 시중시가를 파악할 수 있는 경우(외국으로부터의 도입기계기구류를 포함한다)에는 거래사례비교법으로 감정평가할 수 있다.

공장재단에 속한 기계기구류는 공장재단저당이 설정된 경우 별도로 분리하여 매각하지 못한다. 이런 이유로 원가법을 적용할 때 설치비용이 재조달원가에 포함된다. 거래사례비교법을 적용하기 위해서는 중고기계의 매각시장이 존재해야 한다. 시장에서의 매각가액 추이에 대한 분석이 필요하고 매각사례를 포착, 특정할 수 있어야 한다. 가격수준을 개략적으로 파악할 수 있을 정도라면 실무적으로 거래사례비교법 산식을 구성하기 어려운 면이 있다.

3. 구체적 평가

(1) 평가 대상

일반적이지 않은 기계기구류는 평가대상 포함 여부부터 확인해야 한다. 소유권유보부 기계기구, 리스물건, 과잉유휴시설은 평가에서 배제시키는 것이 일반적이다.

구 분	상 세
소유권유보부 기계기구[81]	매도인이 매수인에게 기계기구를 인도하면서 대금의 일부만 수령하되 소유권은 매도인이 가지며, 추후 대금 잔금의 완납시점에 이르러야 매수인이 소유권을 갖는 기계기구
리스물건	「여신전문금융업법」에 의한 시설대여업자가 대여한 시설대여업자의 소유물건
과잉유휴시설	해당 공장에 설치되어 있거나 보유하고 있는 시설 중에서 공장의 운영에 직접적으로 이용되지 않거나 가까운 장래에도 이용될 가능성이 없는 시설

(2) 사전조사와 실지조사

등기사항전부증명서 및 대장 등의 몇몇 서류만으로 부동산은 현장조사에 큰 어려움이 없다. 반면, 기계기구는 종류 및 모델이 다양하고 동종인 경우에도 스펙이 달라 해당 설비 운용자 외에는 기계기구의 동일성을 확인하는 과정이 쉽지 않다. 「실무기준」해설서에는 기계기구의 감정평가 시 조사사항을 다음과 같이 정리하고 있다.

구 분	상 세
사전조사	• 기계기구의 등기유무, 견적서, 계약서, 세금계산서, 기계설치도면 • 종류·형식, 등록일자, 번호, 용도, 검사 조건 및 검사예정일자, 설치 및 부대비용과 옵션 • (도입기계)수입신고서, invoice, packing list, offer sheet, catalogue, 통관에 따른 부대비용
실지조사	• 기계기구 설치 및 배치현황, 명판 및 표지판 내용(명칭, 제소번호, 모델명, 제작회사, 제조년월일, 구입처) • 기록 및 영상 촬영, 소유권유보부 기계기구 등 여부, 정상작동 여부, 옵션 상태, 환가성

---

81) 다만 대법원은 등기나 등록을 요하는 재산에 대해서는 소유권유보부매매가 성립될 여지가 없다고 보고 있음(「감정평가 실무기준」 해설서)

(3) 도입기계 평가 기출 3, 6, 17회

① 재조달원가

「실무기준」에서는 도입기계의 재조달원가를 수입가격에 적정한 부대비용을 포함한 금액으로 하되 수입시차가 상당하여 산정된 재조달원가가 부적정하다고 판단될 때에는 대상물건과 제작자·형식·성능 등이 같거나 비슷한 물건의 최근 수입가격에 적정한 부대비용을 더한 금액으로 하도록 했다. 이렇게 산정하는 것이 불합리하거나 불가능한 경우에는 같은 제작국의 동종기계기구류로서 가치형성요인이 비슷한 물건의 최근 수입가격 또는 해당 기계기구류의 도입당시 수입가격등을 기준으로 추정한 수입가격에 적정한 부대비용을 더하여 산정할 수 있다.

실무적으로는 수입신고서상 수입가격과 기계제작국의 기계가격보정지수를 활용한다. '재조달원가=수입가격+적정 부대비용'이며, 수입가격은 CIF, FOB가격 모두 활용할 수 있다. 밑줄 친 부분이 도입당시 원산지 외화가격을 이용해 수입가격을 계산해 내는 식이다.

구분	산정	산식
현행 운임, 보험료 파악이 어려운 경우	CIF가격 기준	재조달원가=도입당시CIF원산지외화가격×기계가격보정지수×(기준시점)외화환산율+적정부대비용
현행 운임, 보험료 파악이 가능한 경우	FOB가격 기준	재조달원가=도입당시FOB원산지외화가격×기계가격보정지수×(기준시점)외화환산율+(기준시점)운임+(기준시점)보험료+적정부대비용

FOB가격 기준이 현재시점의 운임과 보험료를 반영하는 점에서, 과거 운임과 보험료가 포함된 수입가격을 기계가격보정지수로 시점수정하면서 오차 발생가능성이 큰 CIF가격 기준보다 합리적이다. 다만, 현행 운임과 보험료 파악이 쉽지 않고 통관실무에서 CIF가격 기준이 과세기준가격으로 적용하기 간편하다는 이유로 CIF가격 기준이 보편적으로 활용되고 있다.

구분	정의	특징 및 효과
FOB (Free On Board)	• 발송지가격(본선인도가격) • 무역상거래조건의 하나로 매도인이 약속한 화물을 매수인이 지정한 선박에 적재, 본선상에서 화물의 인도를 마칠 때까지의 일체의 비용과 위험을 부담하는 조건으로 적출항에서 매수자가 인도할 때의 가격	CIF가격에 비해 과세가격이 적어 관세부담이 적으며 관세평가가 용이함
CIF (Cost Insurance And Freight)	• 도착지가격 • 무역거래조건의 하나로 매도자가 상품의 선적에서 목적지까지의 원 가격과 운임, 보험료의 일체를 부담할 것을 조건으로 매수자가 인도할 때의 가격	FOB가격에 비해 과세가격이 커서 관세부담이 크며 근거리 수입을 촉진하는 효과 있음
양자의 관계	CIF가격=FOB가격+운임+보험료	

수입가격은 도입당시 원산지 외화가격인 도입가격에서 출발한다. 도입가격은 수입신고서를 통해 확인할 수 있다.

수입신고서는 외국에서 물품을 수입하는 자가 수입에 관련된 제반사항을 기록하여 세관에 제출하는 서류로서, 세관은 이에 의거 물품을 대조·검사한 후 관세 등을 부과한다. 세관이 발행한 수입신고서를 신고필증으로 부른다. 수입신고서에는 물품수입에 관련된 제반사항이 기록되어 있으며 도입기계의 평가와 관련한 사항 즉 품명, 신고일, 공급자, 원산지, 총중량, 수입가격, 세종·세율, 감면율 등이 표시된다.

도입당시는 수입신고서상 신고일자를 원칙으로 하며, 대단위 plant 등은 입항일자를 기준으로 할 수 있다. 원산지는 도입기계의 제작국으로 적출국이나 환적국과는 다르다. 원산지 화폐 환산은 도입가격을 원산지 기준 화폐단위로 재계산하는 과정이다. 원산지화폐 단위였으면 환산 절차는 불필요하다.

기계가격보정지수[82]는 도입 당시부터 기준시점까지 원산지의 기계가격 변동을 보정하기 위한 시점수정 자료다. 대상 기계제작국에 대한 연도별 기계가격지수를 구할 수 있는 경우 일반기계 및 전기기계를 구분하여 해당 자료를 적용한다. 전기기계는 전기설비와 기계기구의 주요 구성부분이 전동기, 전열장치 등의 전기기구로 이루어진 기계기구를 가리킨다. 기계가격보정지수는 미국, 일본, 영국, 독일 4개국만에서만 발표되고 있다. 그 외 나라는 이들 4개국 보정지수를 토대로 각국의 생산자물가지수 등을 반영하여 간접적으로 추정하고 있다. 수입가격을 결정하는 과정을 정리하면 다음과 같다.

산 식		도입가격×(화폐환산)(1)×기계가격보정지수×화폐환산(2)＝수입가격 CIF기준　　도입국→원산지　　　원산지　　　원산지→원화	
도입 가격	도입당시	수입신고서상 신고일자, 대단위 plant시설 등은 입항일자를 기준할 수 있음	
	국가구분	적출국	도입기계의 수입국
		환적국	적출국에서 선적한 기계를 운임 절약 등의 사유로 타 선박으로 옮겨 실은 국가
		원산지	도입기계의 제작국
	도입가격	수입신고서상 CIF가격	
화폐 환산(1)	적 용	수입신고서상 도입가격을 원산지 화폐로 환산	
	환 율[83]	기준시점 이전 최근 15일 평균(환율변동이 심한 경우 기준시점 이전 3월 평균)의 외국환거래법 규정에 의한 "기준 환율 또는 재정환율"의 평균치	
기계가격 보정지수		기준시점연도의 기계가격보정지수 도입시점연도의 기계가격보정지수	
화폐 환산(2)	적 용	원산지 화폐를 자국 화폐로 환산	
	환 율	기준시점 이전 최근 15일 평균(환율변동이 심한 경우 기준시점 이전 3월 평균)의 외국환거래법 규정에 의한 "기준 환율 또는 재정환율"의 평균치	

---

82) 한국부동산연구원에서 발표하는 도입기계 기계가격보정지수를 활용
83) 고시환율이 어느 은행 기준인지와 환율 평균기간을 얼마로 볼지는 실무적으로 통일돼 있지 않음

적정부대비용은 L/C 개설비, 하역료, 통관비, 창고료, 육상운반비(이상 L/C등 개설비)와 설치비, 관세, 농어촌특별세, 소요자금이자 및 감독비 등으로 구성된다.

	원칙			기준시점 CIF가격×(1－현행감면율)×현행관세율
관세	적용	수입당시 관세감면 품목○	현행관세 감면품목○	사후관리 기간 미경과[84]	현행관세율과 현행감면율 적용[85]
			현행관세 감면품목×	－	현행관세율 적용
		수입당시 관세감면 품목×	현행관세 감면품목○	－	현행관세율과 현행감면율 적용
			현행관세 감면품목×	－	현행관세율 적용
		기타(관세를 감면받고 사후관리기간 중 양도한 경우)		양수한 자의 새로운 용도에 따라서 감면받은 관세의 전부를 납부한 때	현행관세율 적용[86]
				양수한 자가 일부만 납입하거나 납입할 의무가 없는 경우	현행관세율과 현행감면율 적용
		분할납부품목		미납관세가 있는 경우	현행관세율 적용하되 미납액은 평가명세표 비고란에 기재하고 그 총액을 평가의견란에 기재
농어촌 특별세	관세감면 받은 경우			감면관세액×20%	
L/C등 개설비				수입가격의 3% 이내에서 적용	
설치비	자주식 기계인 경우(실험기기 및 이동성 기기류)				설치비 미 고려
	자주식 기계가 아닌 경우	동산으로 평가(경매, 공매 등)			설치비 미 고려
		사업체 평가(공장저당법에 의한 공장재단 평가 등)			설치비 고려
소요자금이자 및 감독비	상당한 건설기간이 소요된 사업체 설비에 한함. 소요지금 중 외자는 실제 발생한 이자율 적용을 원칙으로 기준시점에서의 동종 이자율과 큰 차이가 있을 경우 기준시섬 통종 이자율을 참작 조정, 적용할 수 있음. 내자는 적정한 시설자금의 현행 이자율 적용				

---

84) 이때는 사후관리기간 내 지정된 목적대로의 사용을 전제로 관세를 감면받은 경우이다.
85) 이때에도 (i) 법원경매에 수반되는 평가, (ii) 국세, 관세, 지방세, 공과금(이하 "국세 등"이라 한다.)의 체납처분을 위한 압류재산의 공매에 수반되는 평가, (iii) 법원경매절차 또는 국세 등의 체납처분을 위한 압류재산의 공매절차를 거친 물건의 평가 시에는 현행감면율을 적용하지 않는다.
86) 양수자가 당해 물품을 관세의 감면을 받을 수 있는 용도에 사용하기 위해 양수하는 경우에는 현행감면율을 적용

② 감가수정

정률법으로 감가수정하는 것을 원칙으로 한다. 다만, 정률법으로 감가수정하는 것이 적정하지 않은 경우에는 정액법 또는 다른 방법에 따라 감가수정할 수 있다. 통상 기계기구류는 가동초기 기계적 마모가 커 정률법 적용이 합리적이나 설비의 성격 및 특성(특히 plant)에 따라 정액법 적용이 적절할 때도 있다.

내용연수는 경제적 내용연수로 한다. 물리적 내구연한의 범위 내에서 결정하는데, 해당 설비의 유지보수비용이 해당 설비로부터 얻어지는 효용과 같아질 때까지의 기간으로 보고 있다. 내용연수 조정은 설비 특성에 따라『유형고정자산내용연수표』(한국부동산원)를 참고한다. 감가수정은 연 단위 만년감가이며 특별히 내용연수가 짧거나 감모 주기가 빠른 것은 월 단위 감가를 적용할 수 있다. 경과연수 조정은 원칙적으로 기계 제작일자가 조정기준일이며 취득 또는 사용개시일자와 시차가 있을 때는 취득일자 등으로 기준일을 변경할 수 있다. 장래보존연수는 대상물건의 내용연수 범위에서 사용·수리의 정도, 관리상태 등을 고려한 장래 사용가능한 기간으로 한다.

한편 중고 상태로 도입한 기계는 신규기계가격 파악 여하에 따라 다음과 같이 평가될 수 있다.

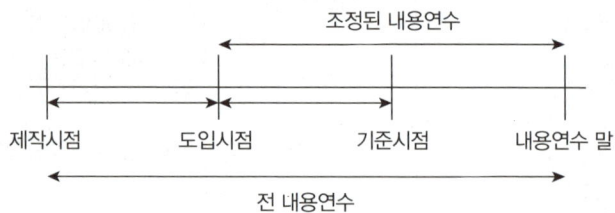

구 분	산 식
신규기계가격 확인이 가능한 경우	• 기계가격 = 신규기계가격(기준시점) × r^n • $n = \dfrac{경과연수(제작시점 \sim 기준시점)}{전내용연수}$
신규기계가격 확인이 불가한 경우	• 기계가격 = 도입가격 × r^n • $n = \dfrac{경과연수(도입시점 \sim 기준시점)}{조정된 내용연수}$

(4) 국산기계 평가

국산기계기구류의 재조달원가는 기준시점 당시 같거나 비슷한 물건을 재취득하는 데에 드는 비용으로 하되, 명칭 및 규격이 같은 물건인 경우에도 제조기술, 제작자, 성능, 부대시설의 유무 등에 따른 가격의 차이가 있는 경우에는 이를 고려한다. 단종 및 특수제작 기계는 동종 유사 기계의 신조가격을 참고하되 제작시점과 기준시점 간 기술진보에 따른 진부화의 영향을 반영하는 것이 합리적이다. 재조달원가 결정 시 각종 물가자료집 등을 참작할 수 있다. 감가수정은 도입기계 평가와 동일하다.

알아보기 관세에 대한 이해[87]

구 분	상 세	
관세율 체계	관세 — 국정관세 — 기본관세(관세법 제50조) — 잠정관세(관세법 제50조) — 탄력관세 — 덤핑방지관세(관세법 제51조) 　　　　　　상계관세(관세법 제57조) 　　　　　　보복관세(관세법 제63조) 　　　　　　긴급관세(관세법 제65조) 　　　　　　특정국물품긴급관세(관세법 제67조의2) 　　　　　　특별긴급관세(관세법 제68조) 　　　　　　조정관세(관세법 제69조) 　　　　　　할당관세(관세법 제71조) 　　　　　　계절관세(관세법 제72조) 　　　　　　편익관세(관세법 제74조) — 일반특혜관세(관세법 제76조) — 협정관세 — 세계무역기구협정 일반양허관세 　　　　　　세계무역기구협정 개발도상국간 양허관세 　　　　　　방콕협정 양허관세 　　　　　　개발도상국간 특혜무역제도의 양허관세 　　　　　　특정국가와의 관세협상에 따른 양허관세	
관세율 적용순서	1순위 (제50조 제2항 제1호)	덤핑방지(제51조), 상계(제57조), 보복(제63조), 특정국물품긴급(제67조의2), 농림축산물특별긴급(제68조)	관세율의 높낮이에 관계없이 최우선 적용
	2순위 (제50조 제2항 제2호)	국제협력(제73조), 편익(제74조) - WTO 양허관세에 의한 [별표 1의 가], [별표 2], [별표 3의 가], [별표 3의 나], [별표 3의 다], [별표 3의 라], [별표 3의 마], [별표 4] - 자유무역협정(FTA)세율	3, 4, 5, 6순위 세율보다 낮은 경우에만 적용
		※ 농림축신물양허관세(WTO에 의한 양허관세규정 [별표 1의 나] 및 [별표 3의 다])(제50조 제3항 단서)	세율이 높은 경우에도 5, 6순위 세율보다 우선적용
	3순위 (제50조 제2항 제3호)	조정(제69조), 할당(제71조) 및 계절(제72조)	할당(제71조)규정에 의한 세율은 일반특혜(제2항 제4호)의 세율보다 낮은 경우에 한하여 적용
	4순위 (제76조 제3항)	최빈특혜(일반특혜)	• 관세율은 신품, 중고품 구분 없이 동일하게 적용 • 관세율은 모든 국가에 동일하게 적용 [다만 덤핑 양허관세처럼 해당 세율 적용 국가(업체)를 정한 경우 제외] • 같은 순위에서 경합 시 낮은 세율 우선 적용
	5순위(제50조)	잠정세율	
	6순위(제50조)	기본세율	

---

[87] 한국감정원, 『도입기계평가』, p.7~, 한국감정원, 2009.12.

관세 산출	종가세 적용물품	과세가격＝거래가격×과세환율[88]
		관세액＝과세가격×관세율
	종량세 적용물품 (예 영화필름 등)	수입물품의 수량×단위당 관세액
관세감면	정의	수입물품이 일정한 요건에 해당하는 경우에 관세의 납부의무를 무조건 감면[89]하거나 일정 용도에 사용할 것을 조건으로 감면하는 것
	유형 / 무조건 감면세	• 일정 물품의 수입사실에 의거 감면이 완결되고 수입신고 수리 후에 예정된 용도가 아닌 타 용도에 사용하더라도 원칙적으로 감면한 관세의 추징을 하지 아니하고 사후관리의 대상이 되지 않는 것 • 여기에는 정부용품 등의 면세, 소액물품 등의 면세, 여행자휴대품, 이사물품 등의 면세가 있음
	유형 / 조건부 감면세	• 수입 시 일정한 용도에 사용할 것을 조건으로 관세를 감면하고 사후관리기간 내에 지정용도 외로 사용할 때 감면된 관세를 징수하는 것 • 세율불균형물품의 감면세, 학술연구용품의 감면세, 환경오염방지물품 등에 대한 감면세, 외교관용품 등의 면세, 종교용품·자산용품·장애인용품 등의 면세, 재수출 면세 등이 있음
분할납부		• 시설기계류, 기초설비품 또는 그 구조물과 공사용 장비에 대하여 부과된 관세를 납부기한(수입신고수리 후 15일)이내에 전액 납부하지 않고 일정기간을 정하여 분할하여 납부하는 제도 • 관세의 부담을 일정기간으로 분산함으로써 산업시설 및 설비투자를 촉진하고 정부, 학교, 직업훈련원, 비영리법인 등 공익사업 및 사회복지사업을 지원하는 데 목적이 있음(관세법 제107조)
사후관리 기간		조건부 감면세 등의 승인을 받고 수입신고 수리된 물품이 일정한 기간 내에 감면받은 용도 외로 사용하거나 양도(임대 포함)할 수 없도록 제한하고, 당해용도 외로 사용하거나 해당용도 외로 사용할 자에게 양도한 때에는 감면된 관세를 즉시 징수할 수 있도록 정한 기간

제3절 구축물의 평가

구축물을 감정평가할 때에는 원가법을 적용하여야 한다. 토지 improvement(옹벽, 석축, 배수로 등) 또는 건물의 부속설비인 경우 토지 또는 건물에 포함 평가하는 것이 일반적이다. 「실무기준」에서도 구축물이 주된 물건의 부속물로 이용 중인 경우에는 주된 물건에 대한 기여도 및 상관관계 등을 고려하여 주된 물건에 포함하여 감정평가할 수 있도록 했다. 원가법으로 평가할 때는 구축물 자체의 경제적 가치가 상당하며, 고정자산대장에 구축물 계정으로 잡혀 있고, 그 투하비용을 객관적으로 입증할 수 있는 경우를 모두 충족해야 하며, 부두의 접안시설 평가가 대표적이다.

---

[88] 과세환율은 수입신고일의 전주 외국전신환 매도율을 평균하여 관세청장이 지정고시함
[89] 감면은 산출세액의 일부를 경감하는 감세와 산출세액의 전부를 면제하는 면세로 구분함

> **➕ 알아보기** 항만시설 중 안벽시설 평가사례
>
> - 항만의 기초부분을 만들기 위해 지반부분까지 잠함시키는 철근콘크리트구조물인 케이슨(CASSION)을 말하며, 해저지형에 따른 개별성이 매우 강해 표준적 공사비를 적용하는 간접법 대신 직접 투입원가와 공사비지수를 적용하여 평가함
> - 도급공사비는 직접공사비, 간접공사비, 이윤으로 구성되며, 공사비지수는 토목건설-항만, 전체, 일반토목-지수를 적용하고 부대비용은 설계, 감리, 사후영향평가비용과 제세공과금, 기타비용 등을 포함시킴
> - 직접법에 의한 가액의 합리성을 검토하기 위해, 항만이 조성된 산업단지의 개발계획에 따른 사업비 항목(국토부 고시)에서 '항만조성공사비'를 추출하여 그 규모를 상호 비교하는 방법을 취할 수 있음

제4절 과잉유휴시설의 평가

감정평가 당시 정상가동하지 않고 있고 장래 가동할 전망이 없어 사실상 해당 공장에 필요치 않은 시설들을 묶어 과잉유휴시설로 분류하는데, 실무적으로는 과잉유휴시설로 특정하는 것 자체가 어렵다. 가동 중단 사유가 내부 사정일 수도 있고, 시장 외부 환경에 기인할 수도 있기 때문이다. 「실무기준」에서는 다른 사업으로 전용이 가능한지 여부에 따라 평가기준을 달리 잡고 있다.

구 분	평가 기준
다른 사업으로 전용이 가능한 과잉유휴시설	정상적으로 감정평가하되, 전환 후의 용도와 전환에 드는 비용 및 시차 등을 고려
다른 사업으로 전용이 불가능한 과잉유휴시설	해체·철거 및 운반에 드는 비용 등을 고려하여 처분이 가능한 금액으로 감정평가

다른 사업으로 전용이 불가능한 과잉유휴시설에서의 '해체처분가능가액'은 시설 각 구성부분을 해체해 처분하는 것을 상정한 가액이다. 주요 부품은 중고매각가격, 기타 부품은 고철 등 시세로 평가될 것이다.

위 평가기준은 과잉유휴시설을 평가대상으로 삼을 때이다. 평가목적에 따라 과잉유휴시설을 평가 제외시켜야 할 때가 많다. 특히 공장재단을 담보평가 할 때 담보물로서 가치를 부여하는 것이 합리적이지 않으므로 목록에서 제외시킨다.

CHAPTER 07 기출문제

공장재단 평가

01 자동차 부품업체를 운영하고 있는 김갑동 사장은 공장을 증설하기 위하여 임야를 매입하고, 자금 마련을 위해 개발단계로 담보대출을 신청하려 한다. 주어진 조건과 자료를 참고하여 다음 물음에 답하시오. (40점) 〔기출 20회〕

(1) 2009.9.6.을 가격시점으로 하여 공장을 평가하시오. (25점)

〈자료 1〉 평가의뢰 내역

1. 평가토지
   (1) 토지 : C시 Y읍 S리 산11번지 중 김갑동 소유지분
   (2) 건물 : 위 지상 소재 건물
2. 평가목적 : 담보

〈자료 2〉 2009.1.1. 가격시점 관련사항

1. 사전조사사항
   (1) 토지등기부등본

소재지번	지목	면적	소유자
C시 Y읍 S리 산11번지	임야	23,955m²	공유자 지분 3분의 1 김갑동 지분 3분의 1 이갑동 지분 3분의 1 박갑동

   (2) 건물등기부등본 및 건축물대장등본 : 해당사항 없음
   (3) 토지대장등본 : 등기부와 동일
   (4) 지적도 : 지적분할신청 중으로 발급받지 못함
   (5) 토지이용계획확인원 : 계획관리지역, 준보전산지
   (6) 공장신설승인신청서 사본(요약)

소재지번	용도지역	공장용지 면적	제조시설 면적	부대시설 면적
C시 Y읍 S리 산11번지 (분할후 11번지)	계획관리지역	7,780m²	2,000m²	500m²

   ※ 분할 후 11-3번지는 진입도로로 조성할 것이며 토지 가분할 측량성과도와 같이 분할예정임

(7) 토지 가분할 측량성과도

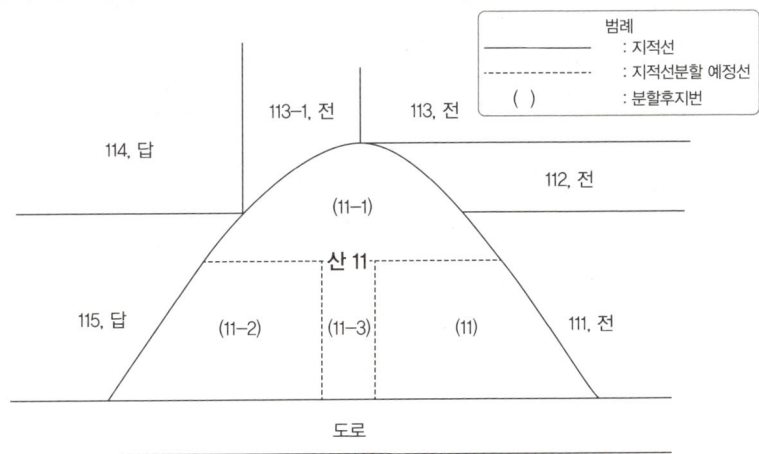

2. 현장조사사항
   (1) 대상토지인 산11번지는 왕복 2차선 국도변에 위치한 남서향 완경사의 임야로 대부분 활잡목인 임지상의 임목은 별도의 평가가치는 없는 것으로 판단되었으며 부근은 국도주변 중소규모 공장 및 농경지대임
   (2) 대상토지는 토지분할 및 공장신설승인신청서가 곧 수리될 예정인 것으로 탐문되었음

3. 심사평가사의 심사의견
   당해지역은 2009.1.1. 기준으로 관리지역 세분화가 시행되었고 임야의 경우 산지번에서 등록전환, 분할측량 등의 경우에는 면적이 달라질 수 있음

〈자료 3〉 2009.3.31. 가격시점 관련 사항

1. 사전조사사항
   (1) 토지등기부등본 : C시 Y읍 S리 산11번지 C시 Y읍 S리 11로 등록전환되고 면적은 $23,940m^2$로 변경되었으며, 지목과 소유자는 동일함
   (2) 건물등기부등본 및 건축물대장등본 : 해당사항 없음
   (3) 토지대장등본

토지소재	지번	토지표시			소유자
		지목	면적	사유	
C시 Y읍 S리	11	임야	$23,940m^2$	2009년 3월 1일 산11에서 등록전환	공유자 지분 3분의 1 김갑동 지분 3분의 1 이갑동 지분 3분의 1 박갑동
C시 Y읍 S리	11	임야	$7,780m^2$	2009년 3월 2일 분할되어 본번에 -1, -2, -3을 부함	김갑동

토지소재	지번	토지표시			소유자
		지목	면적	사유	
C시 Y읍 S리	11-1	임야	$7,780m^2$	2009년 3월 2일 11번지에서 분할	이갑동

토지소재	지번	토지표시			소유자
		지목	면적	사유	
C시 Y읍 S리	11-2	임야	7,780m²	2009년 3월 2일 11번지에서 분할	박갑동

토지소재	지번	토지표시			소유자
		지목	면적	사유	
C시 Y읍 S리	11-3	임야	600m²	2009년 3월 2일 11번지에서 분할	공유자 지분 3분의 1 김갑동 지분 3분의 1 이갑동 지분 3분의 1 박갑동

(4) 토지이용계획확인원

토지소재	지번	토지표시		토지이용계획사항
		지목	면적	
C시 Y읍 S리	11	임야	7,780m²	계획관리지역, 준보전산지
C시 Y읍 S리	11-1	임야	7,780m²	계획관리지역, 준보전산지
C시 Y읍 S리	11-2	임야	7,780m²	계획관리지역, 준보전산지
C시 Y읍 S리	11-3	임야	600m²	계획관리지역, 준보전산지

(5) 지적도 및 기타사항 : 토지 가분할 측량성과도와 같이 분할되어 확정되었으며, 공장신설건은 2009.3.10.자로 신청서와 같이 승인되었음

2. 현장조사사항

 (1) 대상토지는 인접토지와 평탄하게 공장부지 조성공사(조경·바닥포장 공사는 착수하지 않았음) 및 접면도로 포장공사가 완료되어 있었음

 (2) 현장조사 시 제시받은 공장부지 조성원가 자료는 아래와 같음

구 분	금액(단위 : 원)
가설 및 토공사	45,000,000
자재 및 운반비	150,000,000
옹벽공사	30,000,000
조경·바닥포장공사	55,000,000
기타 제간접경비 등	72,000,000

 ※ 접면도로 포장비는 포함되어 있지 않고 별도 고려하지 아니함

 (3) 대상토지의 공장용지부분에 건물신축을 위해 임시사용승인을 받은 경량 철골조 철판지붕 단층 작업장(바닥면적 : 100m²)이 소재함

3. 심사평가사의 심사의견

 (1) 제시한 조성공사비의 대부분은 적정하나 자재비가 일시 폭등한 시점에 공사가 이뤄져 자재 및 운반비는 통상적인 공사에 비해 50% 정도 높은 것으로 보이니 가격검토 시 이를 고려할 것(단, 기타 간접제경비 등은 제시금액으로 할 것)

 (2) 만약 제시 외 건물의 토지에 대한 영향정도를 파악할 경우 건물의 바닥면적 만큼만 고려할 것

 (3) 막다른 길이 있는 각지의 도로접면은 한면으로 인식할 것

〈자료 4〉 2009.9.6. 가격시점 관련 사항

1. 사전조사사항
   (1) 토지등기부등본 및 토지대장등본 : 2009.3.31. 토지대장과 동일
   (2) 건물등기부등본 : 해당사항 없음
   (3) 토지이용계획확인원 및 지적도 : 종전과 동일
   (4) 건축물대장등본 : 소유자는 김갑동임

대지위치	지 번	대지면적	건축면적	사용승인일자
C시 Y읍 S리	11	7,780m²	2,500m²	2009.9.6.
구 분	층 별	구 조	용 도	면 적
주1	1	일반철골구조	공장	2,000m²
부1	1	일반철골구조	사무실	500m²

   ※ 5일 이내에 토지지목변경을 조건부로 한 사용승인이었음

   (5) 기계기구 의뢰목록

구 분	기계명	수 량	제작 및 구입일자	구입가격(원/대)
1	CNC M/C (수치제어선반)	2	수입신고서 참조	수입신고서 참조
2	선 반	3	2009.1.1.	50,000,000
3	Air Compressor (컴프레셔)	1	2008.8.1.	12,000,000

2. 현장조사사항
   (1) 공장부지 조성공사는 완료되어 있었음
   (2) 현장조사 시 제시받은 건물공사비 내역서 자료는 다음과 같음

구 분	공장동(단위 : 원)	사무실동(단위 : 원)
기초공사	30,000,000	5,000,000
옹벽공사	30,000,000	—
철골 및 철근콘크리트 공사	250,000,000	30,000,000
조적 및 벽체공사	120,000,000	15,000,000
창호 및 지붕공사	100,000,000	13,000,000
미장, 타일, 도장, 위생 및 냉난방공사 등	170,000,000	31,000,000
일반관리비 등(간접경비)	50,000,000	25,000,000
설계, 감리, 전기기본공사	100,000,000	19,000,000
수배전설비(100kw)	150,000,000	—
크레인설비(20ton)	15,000,000	—

(3) 기계장치는 신규 설치되어 정상가동되고 있으며 도입기계 중 CNC M/C 1대는 향후 증설을 예상하여 도입하였으나 설치하지 않고 보관 중으로 증설시기는 미정이며, 목록에 포함되지 않은 기계기구의 제작 및 구입일자는 선반과 동일한 것으로 조사되었음

(4) 도입기계 관련 수입신고서(요약)

신고일	입항일	반입일	적출국
2009.2.1.	2009.1.5.	2009.1.8.	JP(JAPAN)
품 명	수 량	단가(USD)	금액(USD)
CNC M/C	2U	100,000	200,000
과세가격(CIF)	$200,000	원산지표시	JP-Y-Z-N
	₩280,304,000		
세 종 관 농 부	세 율 8.00 20.00 10.00	감면율 50	세 액 11,212,160 2,242,432 29,375,859
결제금액	CIF-USD200,000	환 율	1,401.52

3. 심사평가사의 심사의견

　업자가 제시한 기계기구 구입가격 및 건물공사비 내역서의 금액은 적정한 것으로 보이나 일부 항목은 건물공사비 산입의 적정성을 재검토하고 특히 기계기구 의뢰목적을 재작성해야 할 것이라는 의견을 제시함

〈자료 5〉 가격결정을 위한 참고자료

1. 표준지 공시지가 현황(현장조사일과 감정평가서 작성완료일은 동일하고 공시지가 공시기준일은 매년 1월 1일, 공시일은 매년 3월 1일임)

일련번호	소재지	면적(m^2)	지목	이용상황	용도지역 2008년도	용도지역 2009년도	도로교통	형상 및 지세	공시지가(원/m^2) 2008년도	공시지가(원/m^2) 2009년도
1	C시 Y읍 S리 산20	17,345	임야	임야	관리	계획관리	맹지	부정형 완경사	51,000	50,000
2	C시 Y읍 J리 산17	22,915	임야	임야	관리	보전관리	세로가	부정형 완경사	39,000	38,000
3	C시 Y읍 S리 107	8,950	공장용지	공업용	관리	계획관리	소로한면	부정형 평지	151,000	150,000
4	C시 Y읍 S리 55	2,235	잡종지	상업용	관리	계획관리	소로한면	장방형 평지	223,000	220,000

2. 적용할 지가변동률(월말에 해당 월 변동률을 발표한다고 간주, 단위 : %)
    (1) 2008년도

구 분	공업지역	관리지역	농림지역	임 야	공업용
2008.1.1. ~ 12.31.	−1.179	−1.245	−1.377	−1.154	−0.912
2008.12.1. ~ 12.31.	−0.179	−0.389	−0.247	−0.169	−0.088

    (2) 2009년도

구 분	공업지역	관리지역	농림지역	임 야	공업용
2009.1.1. ~ 3.31.	−0.697	−0.765	−0.454	−0.667	−0.546
2009.1.1. ~ 9.6.	0.998	0.996	0.997	0.988	0.917

3. 지역요인 : 동일함
4. 개별요인 : 이용상황이 동일하면 별도의 지목감가는 하지 아니함
    (1) 도로접면

구 분	소로한면	세로가	세로(불)	맹 지
소로한면	1.00	0.93	0.86	0.83
세로가	1.07	1.00	0.92	0.89
세로(불)	1.16	1.09	1.00	0.96
맹 지	1.20	1.12	1.04	1.00

    (2) 형 상

구 분	정방형	장방형	사다리형	부정형
정방형	1.00	0.99	0.98	0.95
장방형	1.01	1.00	0.99	0.96
사다리형	1.02	1.01	1.00	0.97
부정형	1.05	1.04	1.03	1.00

    (3) 지 세

구 분	평 지	완경사
평 지	1.00	0.97
완경사	1.03	1.00

    (4) 2009.3.31. 기준 C시 Y읍 S리 11번지 토지의 성숙도 비교치

대상토지	표준지3	표준지4	거래사례	평가선례
1.00	1.10	1.10	0.50	0.90

5. 거래사례 및 평가선례
   (1) 거래사례

소재지	지목	면적 (m²)	이용 상황	용도 지역	도로 교통	형상 및 지세	단가 (원/m²)	거래시점
C시 Y읍 S리 산11	임 야	7,985	임 야	관 리	소로한면	부정형 완경사	110,000	2008.12.1.

   (2) 평가선례 : 유사사례가 많으나 대표적인 것만 제시함

소재지	지목	면적 (m²)	이용 상황	용도 지역	도로 교통	형상 및 지세	단가 (원/m²)	기준시점
C시 Y읍 S리 산22	임 야	7,890	공장 예정지	계획 관리	소로한면	부정형 완경사	120,000	2009.1.1.

   (3) 심사평가사의 심사의견
   수집한 자료들 중 평가선례는 적정하나 거래사례는 개발이익의 상당부분이 매도자에게 귀속된 것으로 보이고 공장예정지인 평가선례는 개별요인에서 성숙도를 보정해야 한다는 의견을 제시함

6. 원가법에 의한 평가 시 투하자금에 대한 기간이자는 고려하지 아니함
7. 건물평가자료 : 제시자료를 활용하되, 내용연수는 35년을 적용할 것
8. 기계기구 평가자료
   (1) 내용연수는 15년, 최종 잔가율은 10%를 적용
   (2) 도입기계 관련 자료
      • CIF, 원산지 화폐를 기준하고 국내시장가격은 고려하지 아니함
      • 기계가격보정지수 : 1.0
      • 외화환산율

적용시점	통 화	해당통화당 미(달러)	미(달러)당 해당통화	해당통화당 한국(원)
2009.1.	JPY	0.7150(100엔당)	139.8601	1,409.10(100엔당)
2009.2.	JPY	0.7532(100엔당)	132.7669	1,425.05(100엔당)
2009.8.	JPY	0.7635(100엔당)	130.9758	1,405.22(100엔당)

      • 도입부대비
        설치비는 도입가격의 1.5%, L/C개설비 등 기타부대비용은 도입가격의 3%를 적용하고 세율, 감면율 등은 도입시점과 동일하게 적용
      • 정률법에 의한 잔존가치율(내용연수 15년, 최종잔가율 10%)

경과연수	1	2	3	4
잔존가치율	0.858	0.736	0.631	0.541

📜 **출제영역**

공 장

📜 **답안작성 가이드**

Ⅰ. [물음 1] 09.9.6. 기준 공장 담보평가 (25)
  1. 기본적 사항의 확정
    (1) 「감칙」 제19조 제1항에 의거 개별 물건의 감정평가액을 합산하여 결정함
    (2) 토지11-3번지는 도로로서 평가 외 함(소로한면, 사다리형, 평지, 7,780m²)
    (3) 건물은 미등기 상태이나 이를 감안하여 의뢰된 것으로 보아 건축물 대장을 근거로 평가하되, 건물이 미등기임을 평가서에 명시함
    (4) 도입기계 중 현재 미가동 중인 기계 1대는 유휴기계로 평가 제외하며, 건물 건축비 항목에 기재된 수배전 설비와 크레인 설비는 기계 항목으로 목록 재조정

  2. 토지(공시지가기준법)
    (1) 비교표준지 선정 : 계획관리, 공업용 〈'09년, #3〉 선정
    (2) 평가액
      $150,000 \times 1.00996 \times 1.000 \times (1.03 \times 1 \times 1) \times 1.00 ≒ 56,000$
      $(\times 7,780 = 1,213,680,000)$

  3. 건물(원가법)
    (1) 공사비 산입의 적정성 검토
      옹벽공사비는 토지 조성공사비용으로 제외, 수배전 설비와 크레인 설비는 기계항목으로 목록 재조정함
    (2) 공장 건물
      $(30+250+120+100+170+50+100) \times 35/35 \times 1,000,000 = 820,000,000$
    (3) 사무실 건물
      $(5+30+15+13+31+25+19) \times 35/35 \times 1,000,000 = 138,000,000$
    (4) 소계 = 958,000,000

  4. 기 계
    (1) 목록 재조정
      CNC M/C(수치제어선반) 1대는 보관 중인 유휴시설로 평가 제외, 수배전 설비와 크레인 설비는 기계 항목으로 포함
    (2) CNC M/C
      ① 도입가격 (CIF기준, 수입신고일 09.2.1 기준, 원산지 : 일본)

      $(\$200,000 \div 2) \times 132.7669 \times 1.0 \times \dfrac{1,405.22}{100} ≒ 186,567,000$

      단가　　　　2009.2. ¥/$　보정지수　2009.8. ₩/¥

      ② 부대비용 등[1)]
        $186,567,000 \times (0.5 \times 0.08 + 0.5 \times 0.08 \times 0.2 + 0.015 + 0.03) ≒ 17,351,000$
        *1) 공장 및 광업재단 저당법에 의한 사업체 평가로 설치비 포함하였음
      ③ 적산가액 : {'①'+'②'} × 1.000 = 203,918,000

(3) 선 반

　50,000,000×1×1×1.000×3대＝150,000,000

(4) Air Compressor

　12,000,000×1×1×0.858×1대＝10,296,000

(5) 수배전 설비와 크레인 설비

　150,000,000＋15,000,000＝165,000,000

(6) 소계＝529,214,000

5. 공장 담보평가액

　'2.'＋'3.'＋'4.'＝2,700,894,000

02
감정평가사 K씨는 (주)ABC로부터 도입기계에 대한 평가의뢰를 받고 다음과 같은 자료를 수집하였다. 도입기계의 평가액을 구하시오. (10점) 〔기출 17회〕

〈자료 1〉 감정 개요
1. 평가대상 : Lathe 1대
2. 가격시점 : 2006.8.27.
3. 평가목적 : 공장저당법에 의한 담보평가

〈자료 2〉 평가기준
1. CIF, 원산지화폐 기준
2. 국내시장가격은 고려하지 않음
3. 대상기계의 내용연수는 15년, 내용연수만료 시 잔가율은 10%

〈자료 3〉 외화환산율

적용시점	통화	해당통화당 미(달러)	미·당 해당통화	해당통화당 한국(원)
2004년 7월	JPY	0.9140(100엔당)	109.4081	1,059.02(100엔당)
2004년 8월	JPY	0.9522(100엔당)	105.0198	1,059.05(100엔당)
2006년 8월	JPY	0.8735(100엔당)	114.4877	832.28(100엔당)

〈자료 4〉 기계가격보정지수

구 분	국 명 \ 연 도	2005	2004
일반기계	미국	1.0000	1.0606
	영국	1.0000	1.0358
	일본	1.0000	0.9979
전기기계	미국	1.0000	0.9982
	영국	1.0000	0.9954
	일본	1.0000	0.9490

〈자료 5〉 수입신고서

수입신고서

(갑지)
(보관용)

(USD) 1,177.5200

①신고번호	②신고일	③세관.과	⑥입항일	
11797-06-3000149	2004/08/01	020-11	2004/07/26	※ 처리기간 : 3일

④B/L(AWB)번호	⑤화물관리번호	⑦반입일	⑧징수형태
EURFLH06803INC	06KMTCHN094-0021-008	2004/07/28	11

⑨신 고 자 지평관세사무소(민경대)
⑩수 입 자 (주)ABC(A].
⑪납세의무자 (에이비씨-1-01-1-01-1 /220-04-75312)
 (주소) 서울 중구 충무로1가 123
 (상호) (주)ABC
 (성명) 홍길동
⑫무역대리점
⑬공 급 자 AGEHRA VELVET (CO LTD)
 JPAGE0002A(JP)

⑭통관계획	D 보세구역장치후	⑮원산지증명서 유무	X	⑳총중량	5,487.0 KG
⑯신고구분	A 일반P/L신고	⑱가격신고서 유무	Y	㉑총포장갯수	1 GT
⑯거래구분	11 일반형태수입	㉒국내도착항	INC 인천항	㉓운송형태	10-FC
⑰종류	K 일반수입(내수용)	㉔적출국	JP (JAPAN)		
		㉕선기명	(LONG HE(CN)		

㉖MASTER B/L 번호   ㉗운수기관부호

㉘검사(반입)장소 02011123-060039603A (대한통운국제물류)

● 품명·규격 (란번호/총란수 : 1/1)

㉙품 명	LATHE FOR REMOCING METAL	㉛상 표	NO
㉚거래품명	LATHE		

㉜모델·규격	㉝성분	㉞수량	㉟단가(USD)	㊱금액(USD)
LATHE (NUMERICALLY CONTROLLED)		1 U	100,000	100,000

㊲세번 부호	8458.11-0000	㊵순중량	5,000.0 KG	㊷C/S 검사		㊹사후확인기관
㊳과세가격(CIF)	$ 100,000 ₩ 117,752,250	㊶수 량 ㊶환급물량	1 U 1.000 GT	㊸검사변경 ㊻원산지표시	JP-Y-Z-N	㊼특수세액

㊺수입요건확인
 (발급서류명)

㊽세종	㊾세율(구분)	㊿감면율	51세액	52감면분납부호	감면액	*내국세종부호
관	8.00(A 기가)	50.000	4,710,080	A09500010401	4,710,080	
농	20.00(A)		942,016			
부	10.00(A)		12,340,409			

53결제금액(인도조건-통화종류-금액-결제방법)	CIF - USD 100,000-LS	55환 율	1,177.5200

| 54총과세가격 | $ 100,000 ₩ 117,752,250 | 56운임 57보험료 | 942,016 17,662 | 58가산금액 59공제금액 | | 63납부번호 64부가가치세과표 | ---- 123,404,096 |

60세 종	61세 액	※관세사기재란	65세관기재란
관 세	4,710,080		
특 소 세			
교 통 세			
주 세			
교 육 세			
농 특 세	942,010		
부 가 세	12,340,400		
신고지연가산세			

62총세액합계	17,992,490	66담당자	67접수일시	68수리일자

업태 :   종목 :   세관·과 : 020-11   신고번호 : 11797-06-3000149   page 1/1

〈자료 6〉 부대비용

1. 관세, 농어촌특별세, 부가가치세 및 관세감면율 : 도입시점과 동일
2. 설치비 : 도입가격의 1.5%
3. L/C개설비 등 기타 부대비용 : 도입가격의 3%
4. 운임 및 보험료 : 도입시점과 동일

⟨자료 7⟩ 정률법에 의한 잔존가치율

(잔가율 : 10%)

연간감가율	0.206	0.189	0.175	0.162	0.152	0.142	0.134	0.127	0.120	0.114	0.109
내용연수 경과연수		10	11	12	13	14	15	16	17	18	19	20
1	9/0.794	10/0.811	11/0.825	12/0.838	13/0.848	14/0.858	15/0.866	16/0.873	17/0.880	18/0.886	19/0.891
2	8/0.630	9/0.657	10/0.680	11/0.702	12/0.719	13/0.736	14/0.749	15/0.762	16/0.774	17/0.784	18/0.793
3	7/0.500	8/0.533	9/0.561	10/0.588	11/0.609	12/0.631	13/0.649	14/0.665	15/0.681	16/0.695	17/0.707
4	6/0.397	7/0.432	8/0.463	9/0.493	10/0.517	11/0.541	12/0.562	13/0.580	14/0.599	15/0.616	16/0.630
5	5/0.315	6/0.350	7/0.382	8/0.413	9/0.438	10/0.464	11/0.487	12/0.507	13/0.527	14/0.545	15/0.561
6	4/0.250	5/0.284	6/0.315	7/0.346	8/0.371	9/0.398	10/0.421	11/0.442	12/0.464	13/0.483	14/0.500
7	3/0.196	4/0.230	5/0.260	6/0.290	7/0.315	8/0.341	9/0.365	10/0.386	11/0.408	12/0.428	13/0.445
8	2/0.157	3/0.187	4/0.214	5/0.243	6/0.267	7/0.293	8/0.316	9/0.337	10/0.359	11/0.379	12/0.397
9	1/0.125	2/0.151	3/0.177	4/0.203	5/0.226	6/0.251	7/0.273	8/0.294	9/0.316	10/0.336	11/0.353
10	0.1	1/0.123	2/0.146	3/0.170	4/0.192	5/0.215	6/0.237	7/0.257	8/0.278	9/0.298	10/0.315
11		0.1	1/0.120	2/0.143	3/0.163	4/0.185	5/0.205	6/0.224	7/0.245	8/0.264	9/0.280
12			0.1	1/0.119	2/0.138	3/0.158	4/0.177	5/0.195	6/0.215	7/0.233	8/0.250
13				0.1	1/0.117	2/0.136	3/0.154	4/0.171	5/0.189	6/0.207	7/0.223
14					0.1	1/0.117	2/0.133	3/0.149	4/0.167	5/0.183	6/0.198
15						0.1	1/0.115	2/0.130	3/0.146	4/0.162	5/0.177
16							0.1	1/0.113	2/0.129	3/0.144	4/0.157
17								0.1	1/0.113	2/0.127	3/0.140
18									0.1	1/0.113	2/0.125
19										0.1	1/0.111
20											0.1

출제영역

도입기계

답안작성 가이드

Ⅰ. 처리방침

　공장 및 광업재단 저당법에 의한 도입기계의 사업체 평가로서 원가법으로 평가함
　(감가수정은 신고일 기준, 정률법 적용) (기준시점 2006.8.27.)

Ⅱ. 재조달원가

　1. 도입가격 (CIF가격, 신고일 04.8.1. 기준)

　　$\$100{,}000 \times 105.0198 \times 0.9979 \times 832.28/100 ≒ 87{,}222{,}000$

　2. 부대비용

　　$87{,}222{,}000 \times \{0.08 \times 0.5 \times (1+0.2) + 0.015 + 0.03\} ≒ 8{,}112{,}000$

　　※ 사업체 평가이므로 설치비 고려

3. 합계

    87,222,000＋8,112,000＝95,334,000

Ⅲ. 도입기계 평가액

95,334,000×0.736*⁽잔⁾≒70,166,000

*⁽잔⁾ 잔존가치율 10%, 내용연수 15년, 경과연수 2년

03 감정평가사 甲은 국산 사출기 20대를 보유하고, 플라스틱 제품을 생산하여, 수출 중인 사업체(K사) 전체에 대한 적정한 시장가치의 산정을 의뢰받았다. 토지, 건물 및 구축물, 영업권 등의 무형자산에 대한 가치까지 산정한 후, 최종적으로 사업체의 주 생산설비인 국산 사출기 20대에 대하여 관련 규칙 및 기준에 의거하여 평가하고자 한다. 제시된 자료를 참조하여 평가방법을 결정하고, 다음 물음에 답하시오. (20점) 『기출』 27회

(1) '감정평가에 관한 규칙' 별지서식인 "감정평가액의 산출근거 및 결정의견"을 최대한 활용하여 제1라인의 적정가격을 제시하시오. (10점)

(2) '감정평가에 관한 규칙' 별지서식인 "감정평가액의 산출근거 및 결정의견"을 최대한 활용하여 제2라인의 적정가격을 제시하시오. (10점)

〈자료 1〉 기본사항

1. 의뢰인 및 사업체 명 : 주식회사 K
2. 기준시점 : 2016년 7월 1일
3. 생산라인구성 : 제1라인과 제2라인으로 구성되어 있으며, 각 생산라인에 10대씩 설치되어 있으나, 제1라인의 사출기는 생산효율이 높지 아니하고 전용 불가능한 과잉유휴설비로 전체를 철거하여 매각할 예정임

〈자료 2〉 기계에 관한 사항

1. 제1라인 : 2006년 7월 1일 10대 설치가동, 유지보수상태 보통 이하
2. 제2라인 : 2011년 7월 1일 10대 설치가동, 유지보수상태 양호

〈자료 3〉 라인별 취득가격 및 유지보수비 등

1. 라인별 취득가격

구 분	제1라인 단위당 취득가격(원)	제2라인 단위당 취득가격(원)
본 체	50,000,000	80,000,000
부대설비	20,000,000	30,000,000
설치비	5,000,000	5,000,000
시험운전비	5,000,000	5,000,000
부가가치세	8,000,000	12,000,000

2. 제1라인의 경우, 설치이후 현재까지 단위당 유지보수 등을 위한 수익적 지출에 20,000,000원, 자본적 지출에 20,000,000원이 각각 소요됨

3. 제2라인의 경우, 설치이후 현재까지 단위당 유지보수 등을 위한 수익적 지출에 10,000,000원, 자본적 지출에 10,000,000원이 각각 소요됨

〈자료 4〉 내용연수 및 잔가율 등
1. 국내생산의 사출기는 물리적 내용연수가 12년, 경제적 내용연수는 10년 정도인 것으로 조사됨
2. 본 기계의 잔가율은 통상 10%로 조사되고, 감가수정은 관련 법령에서 제시한 원칙적 방법에 따를 예정임
3. 물가변동에 따른 기계가격 보정지수 : 취득가격에만 적용
   (1) 제1라인은 기준시점까지 10% 상승
   (2) 제2라인은 기준시점까지 변동사항이 없음

〈자료 5〉 기타자료
1. 제1라인의 유사사양 사출기는 생산효율의 저감으로, 해체 및 포장된 상태에서 동남아 등지에 기계를 수출하는 업자에게 매각가능하며, 단위당 매각 가능가격은 잔존가치와 유사한 것으로 조사됨
2. 제1라인의 해체 및 철거와 조립 및 포장 운반 등에 소요되는 단위당 관련비용은 아래와 같이 조사됨
   (1) 해체비 : 1,000,000원
   (2) 철거비 : 1,000,000원
   (3) 운반비 등 : 1,000,000원
   (4) 설치비 : 5,000,000원

출제영역
기 계

답안작성 가이드

Ⅰ. 평가개요
국산 사출기에 대한 감정평가 (기준시점 : 2016.7.1.)

Ⅱ. [물음 1] 제1라인의 적정가격 (10)
1. 대상물건의 개요
   (1) 대상물건 : 국산 사출기 1라인(10대)
   (2) 기준시점 : 2016년 7월 1일(제시일)
   (3) 실지조사 내용 : 생산효율이 높지 않고 전용 불가능하여 운휴중임

2. 기준가치 및 감정평가조건
   기준가치는 '시장가치'이며, 철거 매각을 전제함

3. 감정평가액 산출근거
    (1) 감정평가방법의 적용
        과잉유휴시설로서의 해체처분가능 가격(잔존가치)으로 평가하되, 해체, 철거에 드는 비용, 운반비 등을 고려함
    (2) 감정평가액 산출과정
        ① 해체처분가격(잔존가치)
            경제적 내용연수가 도과하여 잔가율(재도달원가의 10%)로 파악하되, 사업체의 생산라인에서 분리하여 동산으로 판단되는바, 과거취득가격을 기준할 때 본체 및 부대설비, 자본적 지출액만 재도달원가로 파악함
            [(50백만원+20백만원)×1.1+20백만원]×0.1=9,700,000원/대
        ② 해체, 철거에 드는 비용 등
            해체, 철거, 운반비 등(설치비 제외)
            1,000,000+1,000,000+1,000,000=3,000,000원/대
            (매각조건에 판매자가 '운반비 등'을 부담하는 조항이 포함되는 것을 전제함)
        ③ 감정평가액
            (9,700,000-3,000,000)×10대=67,000,000원

Ⅲ. [물음 2] 제2라인의 적정가격 (10)
    1. 대상물건의 개요
        (1) 대상물건 : 국산 사출기 2라인(10대)
        (2) 기준시점 : 2016년 7월 1일(제시일)
        (3) 실지조사 내용 : 유지보수 상태 양호함
    2. 기준가치 및 감정평가조건
        기준가치는 '시장가치'이며, 조건은 없음
    3. 감정평가액 산출근거
        (1) 감정평가방법의 적용
            관련규정에 의거 원가법에 의하되, 대상 물건의 특성상 다른 평가방법(거래사례비교법 및 수익환원법)에 의한 합리성 검토는 생략함
        (2) 감정평가액 산출과정
            ① 재도달원가
                과거 취득가격 기준임. 본체 및 부대설비, 설치비, 시험운전비, 자본적 지출을 포함(부가가치세 및 수익적 지출 제외함).
                80,000,000+30,000,000+5,000,000+5,000,000+10,000,000=130,000,000원/대
            ② 적산가액
                잔가율 10%, 경제적 내용연수 10년, 경과연수 5년, 정률법에 의한 감가수정 적용함
                130,000,000원/대×$0.1^{5/10}$=41,100,000원/대
                (만원 단위에서 반올림함)
            ③ 감정평가액
                41,100,000×10=411,000,000원

CHAPTER 08 광업재단 평가

제3편 | 유형별 감정평가

> **핵심 키워드**
>
> 제1절 개관
> 1. 정의
> 2. 관련규정
> 3. 기타사항
>
> 제2절 평가방법
> 1. 산식
> 2. 항목별 검토

제1절 개관

1. 정의

「공장 및 광업재단 저당법」제2조 제3호에서, "광업재단"을 광업권(鑛業權)과 광업권에 기하여 광물(鑛物)을 채굴(採掘)·취득하기 위한 각종 설비 및 이에 부속하는 사업의 설비로 구성되는 일단의 기업재산으로서 이 법에 따라 소유권과 저당권의 목적이 되는 것으로 정의했다. 「실무기준」에서도 이 정의를 그대로 사용한다. 그리고 광업재단과 광산의 용어도 무분별하게 혼용하고 있다.

광업재단의 구성물은 '(i) 토지, 건물, 그 밖의 공작물, (ii) 기계, 기구, 그 밖의 부속물, (iii) 항공기, 선박, 자동차 등 등기 또는 등록이 가능한 동산, (iv) 지상권이나 그 밖의 토지사용권, (v) 임대인이 동의하는 경우 물건의 임차권, (vi) 지식재산권'이다. 경제적 가치를 지닌 광물이 매장돼 있고 등록한 광구에서 그 광물을 채굴, 취득할 수 있어야 각종 설비의 본연 가치를 인정받을 수 있으므로 광업재단의 가치 대부분은 광업권의 가치가 결정한다.

2. 관련규정

「감칙」과 「실무기준」에서 정한 평가규정은 다음과 같다.

구 분	상 세
「감 칙」	제19조(공장재단 및 광업재단의 감정평가) ② 감정평가법인등은 광업재단을 감정평가할 때에 수익환원법을 적용하여야 한다.
「실무기준」	2.3 광산의 감정평가방법 ① 광산을 감정평가할 때에는 수익환원법을 적용하여야 한다. ② 수익환원법을 적용할 때에는 대상 광산의 생산규모와 생산시설을 전제로 한 가행연수(稼行年數) 동안의 순수익을 환원한 금액에서 장래 소요될 기업비를 현가화한 총액을 공제하여 광산의 감정평가액을 산정한다.

이때의 수익환원법은 직접환원법이며, 자본회수방법으로 상환기금법을 적용한다. 「실무기준」해설서에서는 '광산을 수익환원법에 의하여 평가할 경우에는 원가법을 적용하여 광산을 구성하는 각 시설에 대한 감정평가를 병행하여 감정평가액의 적정성 여부를 판단해야 한다'고 했다. 다만, 개별평가액에 의해 합리성을 검토할 때 광업권의 가치를 수익환원법이 아닌 다른 평가방법으로 도출해야 순환 검토[90]의 오류에 빠지지 않는다.

3. 기타사항

광산의 감정평가를 위해서 광산 특성에 맞는 적절한 자료를 수집해야 한다. 사전조사 및 실지조사에서 확인해야 할 사항, 수익환원법에 의한 감정평가 시 가격자료 및 참고자료로 정리해야 할 내용은 다음과 같다.

구 분	상 세
사전조사	• 광업원부, 광업재단등기, 위치도, 설명서, 광구도, 갱내도, 배치도 • 소재지, 등록번호, 면적, 위치, 교통, 광산 부근 지질 및 지형, 광산 상황, 갱내외 설비, 수도시설, 동력관계, 종업원 수, 평균임금 • 토지 및 건물, 설비 등에 관한 자료 • 광종, 광구면적, 등록번호, 등록연월일, 광업권 존속기간, 토지사용권 등
실지조사	• 입지소건 : 광산 위치, 교통상황, 공업용수, 동력 및 노동력 • 지질 및 광상 : 암층, 구조, 노두, 광상 형태, 쌍물품위, 매장량 • 채광 및 선광 : 채굴방법, 선광광법, 지주, 배수, 통지, 운반방법 및 갱도현황 • 설비 : 채광, 선광, 제련, 운반, 배수, 통기 등
감정평가	• 토지 거래가격, 공시지가, 토지매입비, 조성공사비, 건물 건축비, 기계기구 구입단가, 해체처분가격, 부대비용, 외화환산율, 기계가격보정지수 • 재무상태표, 최근 생산판매시설표, 자금계획서, 연간순수익예상표, 조성비용 및 원가계산서, 매광조건, 가격추세, 운임 및 하역비 등

---

[90] 후속 단원에서 광업권의 가치는 광산의 수익가치에서 출발하므로, 광업권의 매입가격 또는 거래가격 등을 참고하여 별도로 광업권 가치를 추계해서 개별평가액을 내지 않으면 순환논리의 모순이 발생

제2절 평가방법

1. 산식

광산의 생산규모와 생산시설 하에서 가행연수를 결정하고 그 기간의 순수익을 직접환원한 후 여기에서 장래 소요될 기업비 현가 총액을 차감한다.

$$P = \frac{a}{S + \frac{i}{(1+i)^n - 1}} - E$$

(a : 상각전 연간 순수익, S : 배당이율, i : 축적이율, n : 가행연수, E : 장래소요기업비의 현가화 총액)

광산평가액은 직접환원법으로 구하고 자본수익률(=상각 후 환원이율)에 배당이율을, 자본회수율에는 축적이율을 대입한다. 이는, 광산은 지하자원을 채굴하면서 점차 자산 가치가 감소하는 소모성 자산이며, 낙파·발파 등에 따른 갱내사고의 위험성이 높아 위험성에 비례하는 투자이익이 보장돼야 해 광업권의 존속기간 중에 투하자본을 회수하는 사업구조가 합리적이기 때문이다.

2. 항목별 검토

위 산식의 각 항목을 적용함에 있어 구체적으로 확인해야 할 사항을 정리하면 다음과 같다.

항목	상세
a (상각전 연간 순수익)	• 3년간의 평균적인 [사업수익－소요경비] • 소요경비에는 채광, 선광, 제련비, 일반관리비 및 판매비, 정상운전자금이자 등이 해당됨 • 광물 가격은 최근 1년 이상 가격추세 반영
S (배당이율)	광업관련 산업부문의 상장법인 시가배당률을 고려한 배당률 1－세율(법인세, 방위세, 주민세)
i (축적이율)	광산의 잔존내용연수 기간 매년의 상각액을 안정적인 재투자에 의해 축적하는 안전이율로 통상 배당이율보다 낮음
n (가행연수)	• 가행연수 = $\frac{\text{확정광량} \times \text{확정광량가채율} + \text{추정광량} \times \text{추정광량가채율}}{\text{연간가채광량}}$ • 현재의 채광량을 기준으로 장래 채광가능연수로서 소수점 이하 절사하여 결정(5.4년은 5년으로 산입)
E (장래소요기업비의 현가화 총액)	• 장래요소기업비현가액＝연간소요기업비 $\times PVAF_{i\%,\ n년}$ • 적정생산량을 가행 최종연도까지 유지하기 위해 제반광산설비에 대해 투자되는 장래 총 투자액의 현가 • 상각 전 연간 순수익 산정 시의 소요경비와는 다른 지출이며, 채광, 탐광, 배수, 통기, 조명설비, 갱도연장, 확장 또는 신굴착, 갱내외 운반설비, 육해수송설비, 선광, 제련, 분석, 연구설비, 동력, 용수설비, 건물, 보건후생설비 등에 대한 지출

상각 전 연간 순수익 결정을 위해서는, 매장량 및 가채율에 대한 판단, 샘플채취를 통한 광물품등의 결정 등 전문가의 도움이 필요하다. 그런 이유로 광업재단 평가가 의뢰되면, 엔지니어링업체 기술사의 기본적인 조사보고서를 수령해 이를 기초로 감정평가를 수행하고 있다.

CHAPTER 08 기출문제

광업재단 평가

01 감정평가사 K는 A기업으로부터 적정시설을 보유하고 정상적으로 가동 중인 석탄광산에 대한 감정평가를 의뢰받고 사전조사 및 현장조사를 한 후 다음과 같이 자료를 정리하였다. 주어진 자료를 활용하여 다음 물음에 답하시오. (15점) 〔기출 13회〕

(1) 광산의 감정평가가격과 광업권의 감정평가가격을 구하시오.
(2) 광산의 감정평가 시 사전조사 및 현장조사할 사항을 설명하시오.
(3) 광산의 감정평가 시 사용하고 있는 환원율과 축적이율을 비교 설명하시오.

〈자료 1〉 연간수지상황

사업수익		소요경비	
정광판매수입		채광비	500,000,000원
		선광제련비	350,000,000원
		일반관리비, 경비 및 판매비	총매출액의 10%
월간생산량	50,000t	운영자금이자	150,000,000원
판매단가	5,000원/t	감가상각비	
		• 건물	30,000,000원
		• 기계기구	70,000,000원

※ 감정평가대상 광산의 연간수지는 장래에도 지속될 것이 예상됨

〈자료 2〉 자산명세

자산항목	자산별 가격
토 지	1,000,000,000원
건 물	750,000,000원
기계장치	1,200,000,000원
차량운반구	150,000,000원
기타 상각자산	200,000,000원
합 계	3,300,000,000원

⟨자료 3⟩ 광산 관련자료

1. 매장광량 – 확정광량 : 5,500,000t, 추정광량 : 8,000,000t
2. 가채율

구 분	일반광산	석탄광산
확정광량	90%	70%
추정광량	70%	42%

3. 투자비(장래소요기업비)
   적정생산량을 가행최종년도까지 유지하기 위한 제반 광산설비에 대한 장래 총 투자소요액의 현가로서 장래소요기업비의 현가총액은 1,450,000,000원임
4. 각종이율 – 환원율 : 16%, 축적이율 : 10%
5. 기타자료
   (1) 가격산정 시 천원 미만은 절사함
   (2) 생산량은 전량 판매됨
   (3) 가행년수(n) 산정 시 년 미만은 절사함

출제영역

광업권

답안작성 가이드

Ⅰ. [물음 1] 광산, 광업권의 감정평가액

1. 광산의 감정평가액
   (1) 광산의 수익가액
      ① 상각전 순수익
         ㉠ 사업수익
            $5,000 \times 50,000 \times 12 = 3,000,000,000$
         ㉡ 소요경비
            $500,000,000 + 350,000,000 + 3,000,000,000 \times 0.1 + 150,000,000 = 1,300,000,000$
         ㉢ 상각전 순수익
            '㉠' – '㉡' = 1,700,000,000
      ② 환원율
         $0.16 + \dfrac{0.1}{1.1^{12*} - 1} = 0.2068$

         *) 가행연수 : $\dfrac{5,500,000 \times 0.7 + 8,000,000 \times 0.42}{50,000 \times 12} ≒ 12년$

      ③ 수익가액
         '①'/'②' = 8,220,503,000

(2) 광산평가액

   $8,220,503,000 - \underline{1,450,000,000} = 6,770,503,000$
   장래소요기업비현가액

 2. 광업권

   $6,770,503,000 - \underline{3,300,000,000} = 3,470,503,000$
   적정규모시설가액

Ⅱ. [물음 2] 사전조사 및 현장조사사항

 1. 사전조사사항

   ① 광업등록원부에 의한 '광업권에 관한 소재지·광종·광구·면적·등록일·존속기간 등, ② 광업등기부등본에 의한 〈광업재단〉에 관한 토지·건물·시설종류·용도·용량·성능·규격·토지사용권의 목적·기간·면적 등, ③ 탐광계획 및 실적, ④ 채광계획 및 실적, ⑤ 광물생산보고서, ⑥ 그 밖에 필요한 사항

 2. 현장조사사항

   ① 입지조건, ② 지질·광상, ③ 채광, ④ 광석처리, ⑤ 광산설비, ⑥ 광물의 시장성, ⑦ 그 밖에 필요한 사항

Ⅲ. [물음 3] 광산평가 시 환원율과 축적이율의 비교

 1. 광산평가에서 환원율이란 배당이율로서 광산의 상장법인 배당률에 세금을 감안한 이율을 말한다. (세전자본수익률의 개념이며, 상각후 환원율임)

 2. 축적이율이란 소모성자산의 자본회수분을 안전하게 회수하는데 사용되는 이율로서 안전율 또는 무위험률을 의미한다. 광산과 같은 소모성자산은 상환기금법에 의해 자본을 회수하는데, 이 자본회수율을 산정할 때 축적이율이 이용된다.

CHAPTER 09 의제부동산 평가

> **핵심 키워드**
>
> 제1절 자동차
>   1. 개요
>   2. 평가
>
> 제2절 건설기계
>   1. 개요
>   2. 평가
>
> 제3절 선박
>   1. 개요
>   2. 평가
>
> 제4절 항공기
>   1. 개요
>   2. 평가

제1절 자동차

1. 개요

「자동차관리법」 제2조 제1호에서 원동기에 의하여 육상에서 이동할 목적으로 제작한 용구 또는 이에 견인되어 육상을 이동할 목적으로 제작한 용구(피견인자동차)를 자동차로 정의한다. 다만, 「건설기계관리법」에 따른 건설기계, 「농업기계화 촉진법」에 따른 농업기계, 「군수품관리법」에 따른 차량, 궤도 또는 공중선에 의하여 운행되는 차량, 「의료기기법」에 따른 의료기기는 포함되지 않는다. 자동차는 차체(Body)와 차대(Chassis)로 구성되며, 규모에 따라서 경형, 소형, 중형, 대형으로 구분하고, 종류별로는 승용, 승합, 화물, 특수, 이륜자동차로 나뉜다.

감정평가를 위해서는 사전에 자동차등록원부, 자동차등록증, 검사증, 사업면허증을 확보하며 이를 통해 등록번호, 연식과 형식, 차대 및 기관번호, 사용연료, 기통 수 및 엔진출력, 정원 및 적재정량, 제작자, 제작연월일, 주행거리를 파악할 수 있다.

2. 평가

「감칙」과 「실무기준」에서 정한 평가기준은 다음과 같다.

구 분	상 세
「감 칙」	제20조(자동차 등의 감정평가) ① 감정평가법인등은 자동차를 감정평가할 때에 거래사례비교법을 적용하여야 한다. ⑤ 감정평가법인등은 제1항부터 제4항까지에도 불구하고 본래 용도의 효용가치가 없는 물건은 해체처분가액으로 감정평가할 수 있다.
「실무기준」	1.3 자동차의 감정평가방법 ① 자동차를 감정평가할 때에는 거래사례비교법을 적용하여야 한다. ② 제1항에도 불구하고 거래사례비교법으로 감정평가하는 것이 곤란하거나 부적절한 경우에는 원가법을 적용할 수 있다. ③ 원가법으로 감정평가할 때에는 정률법으로 감가수정한다. 다만, 필요하다고 인정되는 경우 사용정도·관리상태·수리여부 등을 고려하여 관찰감가 등으로 조정하거나 다른 방법에 따라 감가수정할 수 있다. ④ 자동차로서 효용가치가 없는 것은 해체처분가액으로 감정평가할 수 있다.

자동차 중고거래시장이 활성화돼 있으며 사고유무, 부착옵션 등에 따라 가격층화가 두드러진다. 거래사례를 포착하기 어려운 주문제작 자동차 등에 원가법이 적용된다.

제2절 건설기계

1. 개 요

「건설기계관리법」 제2조 제1호에서, "건설기계"란 건설공사에 사용할 수 있는 기계로서 대통령령으로 정하는 것이라고 정의했는데, 대통령령 별표에 건설기계의 종류를 다음과 같이 소개하고 있다.

건설기계명	범 위
불도저	무한궤도 또는 타이어식인 것
굴착기	무한궤도 또는 타이어식으로 굴착장치를 가진 자체중량 1톤 이상인 것
로 더	무한궤도 또는 타이어식으로 적재장치를 가진 자체중량 2톤 이상인 것(다만, 차체굴절식 조향장치가 있는 자체중량 4톤 미만인 것은 제외한다)
지게차	타이어식으로 들어올림장치와 조종석을 가진 것[(다만, 전동식으로 솔리드타이어를 부착한 것 중 도로(「도로교통법」 제2조 제1호에 따른 도로를 말하며, 이하 같다)가 아닌 장소에서만 운행하는 것은 제외한다]
스크레이퍼	흙·모래의 굴착 및 운반장치를 가진 자주식인 것
덤프트럭	적재용량 12톤 이상인 것(다만, 적재용량 12톤 이상 20톤 미만의 것으로 화물운송에 사용하기 위하여 자동차관리법에 의한 자동차로 등록된 것을 제외한다)

기중기	무한궤도 또는 타이어식으로 강재의 지주 및 선회장치를 가진 것(다만, 궤도(레일)식인 것을 제외한다)
모터그레이더	정지장치를 가진 자주식인 것
롤러	1. 조종석과 전압장치를 가진 자주식인 것 2. 피견인 진동식인 것
노상안정기	노상안정장치를 가진 자주식인 것
콘크리트뱃칭플랜트	골재저장통·계량장치 및 혼합장치를 가진 것으로서 원동기를 가진 이동식인 것
콘크리트피니셔	정리 및 사상장치를 가진 것으로 원동기를 가진 것
콘크리트살포기	정리장치를 가진 것으로 원동기를 가진 것
콘크리트믹서트럭	혼합장치를 가진 자주식인 것(재료의 투입·배출을 위한 보조장치가 부착된 것을 포함한다)
콘크리트펌프	콘크리트배송능력이 매시간당 5세제곱미터 이상으로 원동기를 가진 이동식과 트럭적재식인 것
아스팔트믹싱플랜트	골재공급장치·건조가열장치·혼합장치·아스팔트공급장치를 가진 것으로 원동기를 가진 이동식인 것
아스팔트피니셔	정리 및 사상장치를 가진 것으로 원동기를 가진 것
아스팔트살포기	아스팔트살포장치를 가진 자주식인 것
골재살포기	골재살포장치를 가진 자주식인 것
쇄석기	20킬로와트 이상의 원동기를 가진 이동식인 것
공기압축기	공기배출량이 매분당 2.83세제곱미터(매제곱센티미터당 7킬로그램 기준) 이상의 이동식인 것
천공기	천공장치를 가진 자주식인 것
항타 및 항발기	원동기를 가진 것으로 헤머 또는 뽑는 장치의 중량이 0.5톤 이상인 것
자갈채취기	자갈채취장치를 가진 것으로 원동기를 가진 것
준설선	펌프식·바켓식·딧퍼식 또는 그래브식으로 비자항식인 것(다만, 「선박법」에 따른 선박으로 등록된 것은 제외한다)
특수건설기계	제1호부터 제25호까지의 규정 및 제27호에 따른 건설기계와 유사한 구조 및 기능을 가진 기계류로서 국토교통부장관이 따로 정하는 것
타워크레인	수직타워의 상부에 위치한 지브(jib)를 선회시켜 중량물을 상하, 전후 또는 좌우로 이동시킬 수 있는 것으로서 원동기 또는 전동기를 가진 것(다만, 「산업집적활성화 및 공장설립에 관한 법률」 제16조에 따라 공장등록대장에 등록된 것은 제외한다)

감정평가를 위해서는 사전에 등록원부, 등록증, 검사증을 통해 건설기계 종류, 형식, 등록일자와 번호 및 용도, 검사의 조건 및 검사예정일자를 확인하며, 실제조사 시 사용연료, 구조 및 규격, 형식, 용량 등을 구체적으로 파악한다.

2. 평가

「감칙」과 「실무기준」에서 정한 평가기준은 다음과 같다.

구 분	상 세
「감 칙」	제20조(자동차 등의 감정평가) ② 감정평가법인등은 건설기계를 감정평가할 때에 원가법을 적용하여야 한다. ⑤ 감정평가법인등은 제1항부터 제4항까지에도 불구하고 본래 용도의 효용가치가 없는 물건은 해체처분가액으로 감정평가할 수 있다.
「실무기준」	2.3 건설기계의 감정평가방법 ① 건설기계를 감정평가할 때에는 원가법을 적용하여야 한다. ② 제1항에도 불구하고 원가법으로 감정평가하는 것이 곤란하거나 부적절한 경우에는 거래사례비교법으로 감정평가할 수 있다. ③ 건설기계를 원가법으로 감정평가할 때에는 정률법으로 감가수정한다. 다만, 필요하다고 인정되는 경우 사용정도·관리상태·수리여부 등을 고려하여 관찰감가 등으로 조정하거나 다른 방법에 따라 감가수정할 수 있다. ④ 건설기계로서 효용가치가 없는 것은 해체처분가액으로 감정평가할 수 있다.

원가법은, 신품 또는 사용연수가 얼마 되지 않은 건설기계 및 시중거래가 거의 없는 특수건설기계 등에 적용한다. 중고기계 거래시장이 형성돼 있으면 거래사례비교법을 활용한다. 국가, 지자체, 공공단체에서 노후화됐거나 용도폐지된 건설기계를 처분하기 위한 목적으로 의뢰하는 감정평가에서는 해체처분가격 평가가 이뤄진다. 실제 해체상태에 있거나 건설기계로서 원형은 갖췄으나 해체처분을 전제로 한 평가 모두가 여기 해당된다.

제3절 선박 기출 29회

1. 개요

「선박법」 제1조의2에서 "선박"을 수상 또는 수중에서 항행용으로 사용하거나 사용할 수 있는 배 종류로 정의하고 있다. 선박은 기선과 범선, 부선으로 분류된다.

구 분	상 세
기 선	기관(機關)을 사용하여 추진하는 선박(선체(船體) 밖에 기관을 붙인 선박으로서 그 기관을 선체로부터 분리할 수 있는 선박 및 기관과 돛을 모두 사용하는 경우로서 주로 기관을 사용하는 선박을 포함한다)과 수면비행선박(표면효과 작용을 이용하여 수면에 근접하여 비행하는 선박을 말한다)
범 선	돛을 사용하여 추진하는 선박(기관과 돛을 모두 사용하는 경우로서 주로 돛을 사용하는 것을 포함한다)
부 선	자력항행능력(自力航行能力)이 없어 다른 선박에 의하여 끌리거나 밀려서 항행되는 선박

선박은 선체, 기관, 의장품으로 구성되며, 기관은 선체를 운항시키는 동력으로서 그 크기는 마력으로 표시되며, 의장품은 선박의 항행 및 정박에 필요한 항해기구 및 구명설비 등의 일체의 설비로서 선체의장, 기관의장, 전기의장으로 나뉜다. 선박의 크기는 선박톤수로 측정하는데, 선박법에서는 4가지로 이를 표시할 수 있게 했다.

구 분	상 세
국제총톤수	「1969년 선박톤수측정에 관한 국제협약」(이하 "협약"이라 한다) 및 협약의 부속서(附屬書)에 따라 주로 국제항해에 종사하는 선박에 대하여 그 크기를 나타내기 위하여 사용되는 지표
총톤수 (G/T)	우리나라의 해사에 관한 법령을 적용할 때 선박의 크기를 나타내기 위하여 사용되는 지표
순톤수 (N/T)	협약 및 협약의 부속서에 따라 여객 또는 화물의 운송용으로 제공되는 선박 안에 있는 장소의 크기를 나타내기 위하여 사용되는 지표
재화중량톤수 (D/W)	항행의 안전을 확보할 수 있는 한도에서 선박의 여객 및 화물 등의 최대적재량을 나타내기 위하여 사용되는 지표

감정평가를 위해서는 사전조사로 국적증서, 선적증서, 검사증을 통해 선적 및 국적, 선력, 검사 내용, 면허사항, 선급협회가입여부 등을 확인하고, 실지조사에서는 선체·기관·의장별 규격, 형식, 제작자, 제작연월일, 선종 및 선적량, 선박의 관리, 운영상황 등을 파악한다.

2. 평가

「감칙」과 「실무기준」에서 정한 평가기준은 다음과 같다.

구 분	상 세
「감 칙」	제20조(자동차 등의 감정평가) ③ 감정평가법인등은 선박을 감정평가할 때에 선체·기관·의장(艤裝)별로 구분하여 감정평가하되, 각각 원가법을 적용하여야 한다. ⑤ 감정평가법인등은 제1항부터 제4항까지에도 불구하고 본래 용도의 효용가치가 없는 물건은 해체처분가액으로 감정평가할 수 있다.
「실무기준」	3.3 선박의 감정평가방법 ① 선박을 감정평가할 때에는 선체·기관·의장별로 구분하여 감정평가하되, 각각 원가법을 적용하여야 한다. ② 선박을 감정평가할 때에는 선체는 총 톤수, 기관은 엔진 출력을 기준으로 감정평가하는 것을 원칙으로 한다. ③ 선박의 감가수정은 선체·기관·의장별로 정률법을 적용한다. 다만, 필요하다고 인정되는 경우 사용정도·관리상태·수리여부 등을 고려하여 관찰감가 등으로 조정하거나 다른 방법에 따라 감가수정할 수 있다. ④ 제3항에 따라 감가수정을 하는 경우 「수산업법 시행령」 제69조에 따른 [별표 4]를 적용하는 것을 원칙으로 한다. ⑤ 선박으로서 효용가치가 없는 것은 해체처분가액으로 감정평가할 수 있다.

선체·기관·의장별로 각각 원가법으로 평가해 이를 합산할 때는, 선체는 총톤수, 기관은 엔진출력, 의장품은 Capacity 단위별 재조달원가를 적용한다. 감가수정 과정에서 적용할 선질별 내용연수 및 잔존가치율은 「수산업법 시행령」 [별표 4]의 자료를 참작하도록 하고 있다. 해당 내용은 '어업보상에 대한 손실액의 산출방법'에서 어선의 감가상각비를 구하는 기준이다.

선질별	내용연수(년)	잔존가치율(%)
강 선	25	20
강화플라스틱(FRP)선	20	10
목 선	15	10

자동차, 건설기계와 달리 선박은 조선업경기에 따라 중고선가의 시중가격과 원가법에 의한 가액 간 괴리가 크게 발생한다. 영국의 Clarkson사에서 발표하는 자료, 한국조선협회, 한국해양수산개발원, 국내 선박 중개회사 등의 자료를 활용해 거래사례비교법에 의한 가액을 구해 원가법에 의한 가액의 합리성을 검토하는 것이 합리적이다. 거래사례비교법을 적용할 때 시점수정이나 개별요인 비교는 선박의 특성을 고려할 필요가 있다. 운반선(cargo)이라면 시점수정은 BDI지수, 개별요인은 건조연도 및 건조국, 장기정박여부, 구조 등을, 크기는 재화중량톤수를 적용하는 것이 일반적이다.

> **알아보기** BDI지수[91]
>
> 발틱운임지수는 발틱해운거래소가 1985년부터 건화물시황 운임지수로 사용해 온 Baltic Freight Index(BFI)를 대체한 종합운임지수이며, 1999년 11월 1일부터 발표, 선물시장(Future Market)에서 사용하고 있다. 동 지수는 선형별로 대표항로를 선정하고 각 항로별 톤마일 비중에 따라 가중치를 적용하여 1985년 1월 4일을 기준(1985년 1월 4일=1,000)으로 산정하며 선형에 따라 Baltic Capesize Index(BCI), Baltic Panamax Index(BPI), Baltic Handy Index(BHI) 등 별도의 선형별 지수로 구성되어 있다.
>
>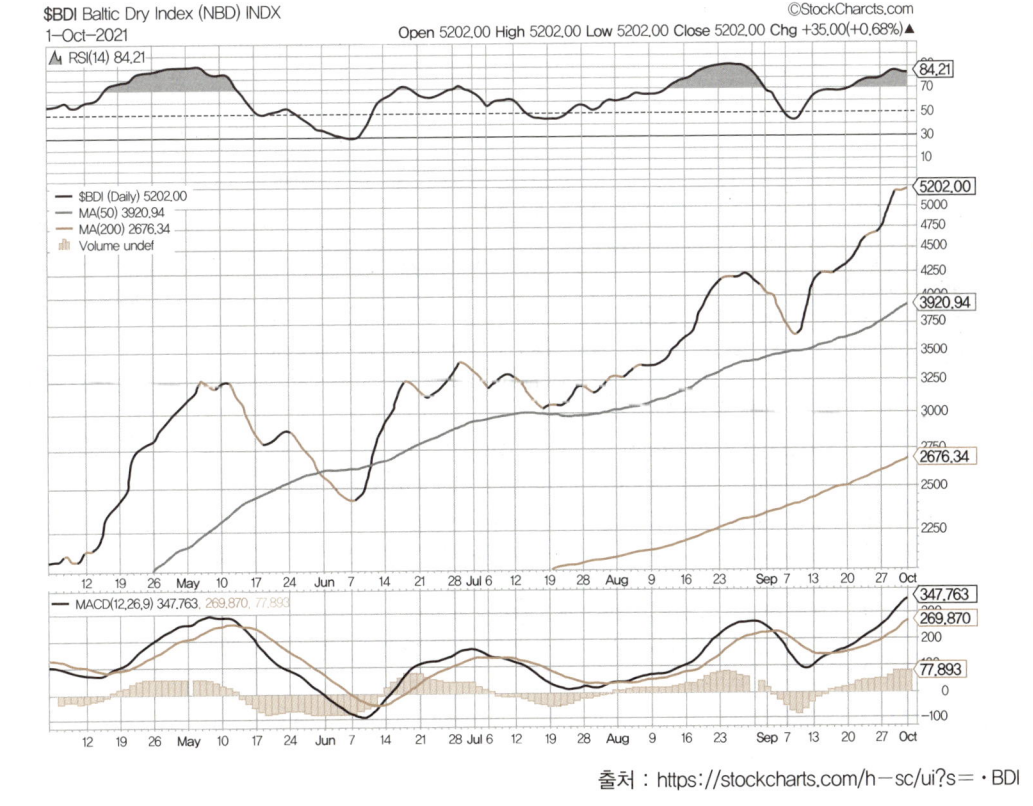
>
> 출처 : https://stockcharts.com/h-sc/ui?s=・BDI

---
91) 매경시사용어사전

제4절 항공기

1. 개요

폐지된 「항공법」에서, 비행기, 비행선, 활공기, 회전익항공기, 그 밖에 항공에 사용할 수 있는 기기를 항공기로 정의했다.

감정평가를 위해 사전조사에서는 등록원부, 등록증명서, 감항증명서 등을 통해 항공기의 국적, 등록기호, 항공기 종류, 형식, 등록번호, 항공기 제작일련번호, 운용분류, 감항분류, 감항증명 유효기간 등을 확인한다. 실지조사에서는 항공기 주요 구성부분별로 다음의 사항을 파악한다.

구 분	상 세
기 체	종류, 형식, 제작자, 제작연월일, 제작 후 기준시점까지의 비행시간, 최종 오버홀한 시점부터 기준시점까지의 비행시간
원동기	형식, 규격, 제작자, 제작연월일, 일련번호, 최종 오버홀한 시점부터 기준시점까지의 비행시간
프로펠러	형식, 규격, 세삭자, 제작연월일, 일련번호, 최종 오버홀한 시점부터 기준시점까지의 비행시간
부대시설	무선시설, 객석, 조종위치, 계기비행가능여부
그 밖의 사항	항공기 수리현황, 최대이륙현황, 항공기 속도, 원동기 출력, 기종별 기체, 원동기, 프로펠러 등의 오버홀 한계시간 및 오버홀 비용, 로그 북

오버홀(overhaul)은 우리말로 '분해수리'로 항공기 엔진 등의 중요 부분을 분해해서 세밀히 점검하고, 부품이 손상된 것이 있으면 교환하는 작업을 가리킨다. 건물로 치면 대수선에 가까운 작업이다.

2. 평가

「감칙」과 「실무기준」에서 정한 평가기준은 다음과 같다.

구 분	상 세
「감 칙」	제20조(자동차 등의 감정평가) ④ 감정평가법인등은 항공기를 감정평가할 때에 원가법을 적용하여야 한다. ⑤ 감정평가법인등은 제1항부터 제4항까지에도 불구하고 본래 용도의 효용가치가 없는 물건은 해체처분가액으로 감정평가할 수 있다.
「실무기준」	4.3 항공기의 감정평가방법 ① 항공기를 감정평가할 때에는 원가법을 적용하여야 한다. ② 항공기를 원가법으로 감정평가할 때에는 정률법으로 감가수정한다. 다만, 필요하다고 인정되는 경우에는 관찰감가 등으로 조정하거나 다른 방법으로 감가수정할 수 있다. ③ 항공기의 정확한 비행시간 및 오버홀 비용을 확인할 수 있는 경우에는 주요 부분별 가격을 합산하여 항공기 전체의 감정평가액을 산정할 수 있다. ④ 항공기로서 효용가치가 없는 것은 해체처분가액으로 감정평가할 수 있다.

항공기의 주요부분은 기체, 원동기, 프로펠러이며, 항공기의 정확한 비행시간 및 오버홀 비용을 확인할 수 있는 경우 다음 산식을 적용한다.

구 분	산 식
기 체	$(A_1 - C_1) \times (1-r) + C_1 \times \dfrac{T_1 - t_1}{T_1}$ (A_1 : 기체 재조달원가, C_1 : 기체오버홀비용, r : 경제적 감가율[92], T_1 : 기체오버홀 한계시간, t_1 : 기체의 최종오버홀 이후부터 기준시점까지의 비행시간)
원동기	$(A_2 - C_2) + C_2 \times \dfrac{T_2 - t_2}{T_2} = A_2 - C_2 \times \dfrac{t_2}{T_2}$ (A_2 : 원동기 재조달원가, C_2 : 원동기오버홀 비용, T_2 : 원동기 오버홀 한계시간, t_2 : 원동기의 최종오버홀 이후부터 기준시점까지의 비행시간)
프로펠러	$A_3 - C_3 \times \dfrac{t_3}{T_3}$ (A_3 : 프로펠러 재조달원가, C_3 : 프로펠러 오버홀 비용, T_3 : 프로펠러 오버홀 한계시간, t_3 : 프로펠러의 최종오버홀 이후부터 기준시점까지의 비행시간)

---

[92] 잔존가치율 10%를 적용한 정률 상각에 의한 감가율

CHAPTER 09 기출문제

의제부동산 평가

01 베트남 북동해역에서 석유시추용으로 운용되던 플랜트(선박)인 '스타호'는 경제성 저하 및 노후화로 '비운영 폐선'으로의 매각을 추진 중이며, 현재 싱가포르 외항에 정박 중이다. 소유자인 코리아석유공사는 2018.6.30. 기준의 유리한 매각 방식을 결정하기 위한 자문을 감정평가사 甲에게 구하였다. 관련 법규 및 감정평가이론을 참작하고 제시된 자료를 활용하여 다음의 물음에 답하시오. (20점)

기출 29회

(1) 해체처분가격의 성격을 약술하고, 전체를 해체처분가격으로 평가할 경우, 산출 가능한 시산가액을 매각처별로 산정하시오. (10점)

(2) 재사용이 가능한 기관 및 저장품은 분리하여 매각할 경우의 전체 시산가액을 산정한 후, 물음 (1)과 비교하여 가장 유리한 매각방식을 결정하시오. (10점)

〈자료 1〉 '스타호'의 개요

1. 종류 : 부선
2. 선질 : 강
3. 조선자 : 울산조선(주)
4. 진수일 : 1990.6.30.
5. 길이 : 75미터
6. 너비 : 60미터
7. 깊이 : 8미터
8. 총톤수 : 10,000톤
9. 재화중량(dead weight) : 13,000톤
10. 경하중량(light weight) : 15,000톤
11. 기관 : 디젤엔진(2,000hp) 2대 탑재되어 있고, 중량은 총 100톤으로 조사됨
12. 저장품 : 선박에 탑재된 수리용 신품의 부속장비로 중량은 총 900톤으로 조사됨

〈자료 2〉 가격조사 사항

1. 통상 선박의 해체처분은 정상운영 장비가 포함된 경하중량을 기준으로 거래되는 관행이며, 대형 선박 또는 플랜트의 해체 조선소는 파키스탄 및 한국에 소재함
2. 기준시점 현재 현지 인도조건의 scrap(고철) 매입단가는 파키스탄의 경우 톤당 260,000원 수준이고, 한국의 경우 톤당 240,000원 수준인 것으로 조사됨
3. 한편, 싱가포르 소재 대형선박 및 플랜트 관련 에이전트는 톤당 200,000원 수준에서 즉시 매입의사를 밝히고 있음
4. 본건은 자력항행이 불가능한 부선으로 현지 인도조건에 따른 운송비(보험료 포함)는 파키스탄의 경우 9억원, 한국의 경우 6억원이 소요되는 것으로 조사되고, 싱가포르 현지매각의 경우 매수자가 모든 부대비용을 부담하는 조건임

5. 재사용 가능 부분의 분리매각의 경우, 원매자 탐색 및 분리작업 기간에 4개월이 소요되고, 이에 따른 매월 정박료 및 대기비용으로 월간 2억원의 부담이 예상되나, 분리에 따른 작업 직접비용은 매수자 부담이며, 잔여 scrap(고철)은 싱가포르 현지에서 매각 예정임

〈자료 3〉 재조달원가
1. 기준시점에서 기관의 재조달원가는 마력(hp)당 300,000원인 것으로 조사됨
2. 저장품은 미사용품으로 취득가격은 50억원이며, 이를 재조달원가로 할 수 있음
3. 선체 및 의장품은 노후화로 본래용도로의 재사용은 불가능할 것으로 판단함

〈자료 4〉 내용연수 및 잔존가치율 등
1. 기관의 내용연수는 20년이고, 잔존가치율은 10%이나, 매년 정기적 유지보수로 경제적 측면의 잔존 내용연수가 5년 정도 남아있는 것으로 조사되며, 정률법에 의한 감가수정을 함
2. 저장품의 내용연수는 10년이고, 잔존가치율은 20%이며, 미사용 신품이지만 원매자가 제한되어 있어 잔존가치 정도에서 거래가 가능함

〈자료 5〉 정률법에 의한 잔존가치율 표

구 분	잔존가치율(10%)	
경과연수 \ 내용연수	15년	20년
1	14/0.858	19/0.891
2	13/0.736	18/0.794
3	12/0.631	17/0.708
4	11/0.541	16/0.631
5	10/0.464	15/0.562
6	9/0.398	14/0.501
7	8/0.341	13/0.447
8	7/0.293	12/0.398
9	6/0.251	11/0.355
10	5/0.215	10/0.316
11	4/0.185	9/0.282
12	3/0.158	8/0.251
13	2/0.136	7/0.224
14	1/0.117	6/0.200
15	0.100	5/0.178
16		4/0.158
17		3/0.141
18		2/0.126
19		1/0.112
20		0.100

📋 출제영역

선 박

📋 답안작성 가이드

Ⅰ. 평가개요

'스타호'에 대한 유리한 매각방식 자문에 대한 건임 (기준시점 : 2018.6.30.)

Ⅱ. [물음 1] 해체처분가격 및 매각처 별 시산가액 (10)

1. 해체처분가격의 성격

   (1) 해체처분가격의 의의

   본래 용도로의 효용가치를 상실한 물건을 해체하여 처분할 때의 가격을 말한다.

   (2) 해체처분가격의 성격

   ① 본래 용도로의 효용가치가 없는 가격임

   ② 해체처분시장에 따라 적용되는 단가, 환율, 비용 처리 등의 차이가 있음

   ③ 해체 후 전용할 수 있는 부품은 선봉가치 등을 고려함

2. 매각처별 시산가액

   (1) 파키스탄 : 260,000×15,000(경하중량)−900,000,000(운송비)=3,000,000,000원

   (2) 한국 : 240,000×15,000(경하중량)−600,000,000(운송비)=3,000,000,000원

   (3) 싱가포르 : 200,000×15,000(경하중량)=3,000,000,000원*

Ⅲ. [물음 2] 재사용 고려 및 가장 유리한 매각방식 (10)

1. 재사용 고려한 전체 시산가액

   (1) 재사용이 가능한 기관, 저장품 가액

   ① 기관 : (2,000×300,000×0.178)×2대=213,600,000원

   ② 저장품 : 5,000,000,000×0.2=1,000,000,000원

   ③ 소계 : '①'+'②'=1,213,600,000원

   (2) 기관, 저장품 외 해체처분가액

   200,000×(15,000−100−900)=2,800,000,000원

   (3) 정박료 및 대기비용

   200,000,000×4개월=800,000,000원

   (4) 재사용 고려한 전체 시산가액

   '(1)'+'(2)'−'(3)'*) ×= 3,213,600,000원

   *) "분리에 따른 작업 직접비용은 매수자 부담"으로서, 선박 매도인이 지불하는 비용으로 판단

2. 가장 유리한 매각방식

   매각가격이 가장 큰, 재사용 고려한 전체 시산가액 '3,213,600,000원'으로 매각하는 것이 가장 유리한 매각방식이다.

CHAPTER 10 광업권 평가

제3편 | 유형별 감정평가

> 핵심 키워드
>
> 제1절 개요
> 제2절 광업권 평가

제1절 개요

광업권이란 「광업법」 제3조 제3호에 따른 등록을 한 일정한 토지의 구역("광구")에서 등록을 한 광물과 이와 같은 광상(鑛床)에 묻혀 있는 다른 광물을 탐사·채굴 및 취득하는 권리다. 「광업법」에서는 탐사권[93]과 채굴권[94]을 광업권에 포함시키고 있다. 일반적으로 광업권 평가는 자신의 광구에서 탐사하고 채굴하는 것을 상정한다. 그러나 타인의 광구에서 채굴권의 목적이 되어 있는 광물을 채굴하고 취득하는 권리를 설정행위에 의해 취득할 수 있다. 이 권리를 '조광권'으로 정의하고 있다. 조광권에도 광업권 평가 방법을 적용할 수 있을 것이다.

광업권의 존속기간은 탐사권은 최대 7년, 채굴권은 20년의 상한을 두고 있다. 그러나 채굴권자는 채굴권의 존속기간이 끝나기 전에 산업통상자원부장관의 허가를 받아 채굴권의 존속기간을 연장할 수 있다. 다만, 연장할 때마다 그 연장기간은 20년을 넘을 수 없다.

---

93) 등록을 한 일정한 토지의 구역("광구")에서 등록을 한 광물과 이와 같은 광상(鑛床)에 묻혀 있는 다른 광물을 탐사하는 권리
94) 광구에서 등록을 한 광물과 이와 같은 광상에 묻혀 있는 다른 광물을 채굴하고 취득하는 권리

제2절 광업권 평가 [기출 13회]

「감칙」과 「실무기준」에서 정한 광업권 평가 기준은 다음과 같다.

구 분	상 세
「감 칙」	제23조(무형자산의 감정평가) ① 감정평가법인등은 광업권을 감정평가할 때에 제19조 제2항에 따른 광업재단의 감정평가액에서 해당 광산의 현존시설 가액을 빼고 감정평가하여야 한다. 이 경우 광산의 현존시설 가액은 적정 생산규모와 가행조건(稼行條件) 등을 고려하여 산정하되 과잉유휴시설을 포함하여 산정하지 아니한다.
「실무기준」	① 광업권은 [620-2.3]에 따른 광산의 감정평가액에서 해당 광산의 현존시설의 가액을 빼고 감정평가 하여야 한다. ② 현존시설의 가액은 적정 생산규모와 가행조건 등을 고려하되, 과잉유휴시설은 포함하지 아니한다. ③ 광업권의 존속기간은 20년을 초과하지 아니하는 범위에서 광상, 연장가능 여부 등을 고려하여 광업이 가능한 연한으로 결정한다.

광산(광업재단)의 평가액이 광업권과 현존시설가액의 합계이므로, 광업권 평가를 위해 먼저 광산의 가치를 수익환원법으로 평가해야 한다.

CHAPTER 11 어업권 평가

제3편 | 유형별 감정평가

> **핵심 키워드**
>
> 제1절 개 요
>
> 제2절 어업권 평가

제1절 개 요

어업권이란 「수산업법」 및 「내수면어업법」에 따라 면허를 받아 배타적으로 어업을 경영할 수 있는 권리다. 「수산업법」 제2조 제9호에서는 어업권을 면허를 받아 어업을 경영할 수 있는 권리로 정의했고, 「내수면어업법」에서는 '어업의 면허를 받은 자는 어업권원부(漁業權原簿)에 등록함으로써 어업권을 취득한다.'고 했으므로, 어업권이 성립하는 어업은 면허어업에 한정된다. 「수산업법」 제14조에서는 어업면허의 유효기간은 원칙적으로 10년이고 어업권자의 신청에 따라 면허기간이 끝난 날부터 10년의 범위에서 유효기간의 연장을 허가하도록 했다. 다만, 여러 차례에 걸쳐 연장허가를 한 경우에는 그 총 연장허가기간은 10년을 초과할 수 없다.

제2절 어업권 평가

「감칙」과 「실무기준」에서 정한 어업권 평가 기준은 다음과 같다.

구 분	상 세
「감 칙」	제23조(무형자산의 감정평가) ② 감정평가법인등은 어업권을 감정평가할 때에 어장 전체를 수익환원법에 따라 감정평가한 가액에서 해당 어장의 현존시설 가액을 빼고 감정평가하여야 한다. 이 경우 어장의 현존시설 가액은 적정 생산규모와 어업권 존속기간 등을 고려하여 산정하되 과잉유휴시설을 포함하여 산정하지 아니한다.
「실무기준」	2.3 어업권의 감정평가방법 2.3.1 어업권의 감정평가 원칙 ① 어업권을 감정평가할 때에는 수익환원법을 적용하여야 한다. ② 제1항에도 불구하고 수익환원법으로 감정평가하는 것이 곤란하거나 적절하지 아니한 경우에는 거래사례비교법으로 감정평가할 수 있다.

2.3.2 수익환원법의 적용
① 어업권을 수익환원법으로 감정평가할 때에는 어장 전체를 수익환원법으로 감정평가한 가액에서 해당 어장의 적정 시설가액을 뺀 금액으로 감정평가한다.
② 어장의 순수익을 산정하는 경우에는 장기간의 자료에 근거한 순수익을 산정하여야 한다.
③ 어업권의 존속기간은 어장의 상황, 어업권의 잔여기간 등을 고려하여 어업이 가능한 연한으로 결정한다.
④ 현존시설의 가액은 생산규모와 어업권 존속기간 등을 고려하여 감정평가하되, 과잉유휴시설은 제외한다.

2.3.3 거래사례비교법의 적용
어업권을 거래사례비교법으로 감정평가할 때에는 어종, 어장의 규모, 존속기간 등이 비슷한 인근의 어업권 거래사례를 기준으로 어업권의 가치에 영향을 미치는 개별요인을 비교하여 감정평가한다.

어업권도 광업권의 평가와 유사하다. 수익환원법에 의한 어장의 가치에서 현존 시설물 가액을 차감한다. 평년수익액(순수익)이 어장의 경영방식에 따라 변동하는 것을 감안해야 하고, 판매가격은 일시적 풍·흉어, 폐사 등의 발생, 수입물량에 따라 변동되는 경우 적절히 보정해야 한다. 수익환원법에 의한 산식 및 각 항목을 검토하면 다음과 같다.

어업권 평가액	· 어장의 수익가액 − 적정규모 시설액 · $P = \dfrac{a}{r + \dfrac{r}{(1+r)^n - 1}} - E - V_P = a \times PVAF_{r\%,\,n년} - E - V_P$ [a : 평년수익액(상각전), r : (상각후 세공제전)환원율, n : 어업권존속기간, E : 장래소요기업비현가, P : 어장의 수익가액, V_P : 적정규모시설액(시설물 등 유형고정자산의 잔존가치)]		
어장의 수익가격	산식	$P = \dfrac{a}{r + \dfrac{r}{(1+r)^n - 1}} - E = a \times PVAF_{r\%,\,n년} - E$	
	항목	a	평년수익액
		r	어장의 경우 광산과 달리 재투자의 위험이 낮아 재투자수익률인 축적이율에 환원율과 동일한 값을 적용함. 자본회수방법은 inwood법임
		n	원칙적으로 10년 이내, 연장하는 경우 최대 20년
		E	적정생산량을 어업권존속연수 말까지 유지하기 위해 제반어장설비에 대해 투자되는 장래 총 투자액의 현가
적정규모 시설액	V_p	건물, 구축물 등 유형고정자산의 잔존가치	

거래사례비교법을 적용할 때는 어업방법, 어종, 어장규모, 존속기간 등이 유사한 인근 어업권 거래사례를 포착해야 한다. 어업권과 시설물을 포함한 어장 전체 거래사례인 경우 사례의 적정시설물 가액을 공제한 어업권만의 거래가액을 추출한다. 지자체 해양수산관련부서, 동종 어업 종사 어업인, 수산업협동조합 등을 통해 자료수집이 가능하다. 개별요인에서는 어종, 수질, 수심, 수온, 유속, 저질상태, 시설물 상태, 가용시설규모 등 어장환경의 적합성을 비교하면 된다.

CHAPTER 12 권리금 평가

제3편 | 유형별 감정평가

> **핵심 키워드**
>
> 제1절 개요
> 1. 정의
> 2. 권리금 종류
> 3. 기타사항
>
> 제2절 권리금 평가
> 1. 개별평가
>   (1) 유형재산
>   (2) 무형재산
> 2. 일괄평가

제1절 개요

1. 정의

「실무기준」에서는 「상가건물 임대차보호법」상의 권리금 정의를 준용하고 있다. '임대차 목적물인 상가건물에서 영업을 하는 자 또는 영업을 하려는 자가 영업시설·비품, 거래처, 신용, 영업상의 노하우, 상가건물의 위치에 따른 영업상의 이점 등 유형·무형의 재산적 가치의 양도 또는 이용대가로서 임대인, 임차인에게 보증금과 차임 이외에 지급하는 금전 등의 대가'가 권리금의 정의이다.

권리금을 발생시키는 요소에 유형재산과 무형재산이 있다. 유형재산은 '영업을 하는 자 또는 영업을 하려고 하는 자가 영업활동에 사용하는 영업시설, 비품, 재고자산 등 물리적·구체적 형태를 갖춘 재산'을, 무형재산은 '영업을 하는 자 또는 영업을 하려고 하는 자가 영업활동에 사용하는 거래처, 신용, 영업상의 노하우, 건물의 위치에 따른 영업상의 이점 등 물리적·구체적 형태를 갖추지 않은 재산'을 지칭한다.

2. 권리금 종류

이론적으로 권리금은 시설권리금, 지역권리금, 영업권리금(기타권리금 포함)으로 구분하고 있다. 각각을 정리하면 다음과 같다.

구 분		상 세
시설권리금		영업을 위하여 건물의 구조변경, 영업장 내부에 고착시킨 인테리어, 집기 및 비품 등 유형물에 대한 대가
지역(바닥)권리금		영업장소가 위치한 장소적 이점에 대한 대가
영업권리금		영업을 영위하며 발생하는 영업상의 이점에 대한 대가로서, 영업을 하면서 확보된 고객 수, 광고나 평판 등으로 쌓은 명성, 신용, 영업상의 노하우의 이전에 대한 대가
기타권리금	허가권리금	법률이나 행정규제, 대리점권 등으로 새로운 영업자가 진입하지 못하게 됨으로 인하여 기존의 임차인이 향유하는 초과이익에 대한 대가로서 유흥주점 등 신규 인·허가가 어려운 업종에서 발생
	임차권보장권리금	상당한 임차권 존속기간 보장 약정 및 이를 전제로 한 양도계약에서 발생하는 특별한 사정으로 인한 권리금으로 임차인이 임대인에게 지급하는 권리금

현실적인 거래관행은 시설, 지역, 영업권리금을 구분하지 않고 일괄로 거래한다. 또 영업권리금과 지역권리금의 구분도 모호하다. 현실적으로 시설, 지역, 영업, 허가권리금으로 세분하기도 한다. 「실무기준」에서는 평가대상의 중첩문제를 고려하여 확연히 구별되는 유형재산과 무형재산으로 대별하고 있다.

3. 기타사항

유형재산과 무형재산으로 평가하면서, 공장재단의 과잉유휴시설처럼 타인에게 이전되지 않는 무형재산이나 영업활동과 무관한 유휴시설(유형재산)은 감정평가에서 제외해야 한다. 또 영업을 하는 자 또는 영업을 하려는 자 중 누구의 업종을 기준으로 감정평가 해야 하는지 사전에 확정할 필요가 있다. 원칙적으로 현재의 임차인 업종을 기준으로 하며 다른 업종으로의 업종 변경이 합리적인 경우에는 인근 표준적인 업종을 기준으로 할 수 있다. 권리금 평가를 위해 확보해야 할 자료는 다음과 같다.

구 분	상 세
확인자료	사업자등록증, 임대차계약서, 상가건물 등기서류 등, 영업시설 중 유형재산 구입내역서, 시설공사비 내역서, 기지불 권리금, 신규지불예정 권리금
요인자료	상가매출액, 영업이익, 신용도, 노하우, 거래처관계, 시설상태, 상가위치, 상권, 배후지, 업종특성, 경기동향, 수요자 특성 등
사례자료	유사업종 상가 권리금 거래사례, 방매사례(동일노변), 임대사례, 수익자료(임차인 영업능력, 경쟁상가 동향) 및 지역, 상권, 업종별 시장자료

제2절 권리금 평가

1. 개별평가

원칙적으로 유형재산과 무형재산을 개별 평가하며, 유형재산은 원가법, 무형재산은 수익환원법을 원칙으로 한다. 세부적인 내용을 정리하면 다음과 같다.

구 분	상 세
평가원칙	4.3.1 권리금의 감정평가 원칙 ① 권리금을 감정평가할 때에는 유형·무형의 재산마다 개별로 감정평가하는 것을 원칙으로 한다. ② 제1항에도 불구하고 권리금을 개별로 감정평가하는 것이 곤란하거나 적절하지 아니한 경우에는 일괄하여 감정평가할 수 있다. 이 경우 감정평가액은 합리적인 배분기준에 따라 유형재산가액과 무형재산가액으로 구분하여 표시할 수 있다.
유형재산	4.3.2 유형재산의 감정평가 ① 유형재산을 감정평가할 때에는 원가법을 적용하여야 한다. ② 제1항에도 불구하고 원가법을 적용하는 것이 곤란하거나 부적절한 경우에는 거래사례비교법 등으로 감정평가할 수 있다.

무형재산	4.3.3 무형재산의 감정평가
	4.3.3.1 무형재산의 감정평가방법
	① 무형재산을 감정평가할 때에는 수익환원법을 적용하여야 한다.
	② 제1항에도 불구하고 수익환원법을 적용하는 것이 곤란하거나 부적절한 경우에는 거래사례비교법이나 원가법 등으로 감정평가할 수 있다.
	
	4.3.3.2 수익환원법의 적용
	무형재산을 수익환원법으로 감정평가할 때에는 무형재산으로 인하여 발생할 것으로 예상되는 영업이익이나 현금흐름을 현재가치로 할인하거나 환원하는 방법으로 감정평가한다. 다만, 무형재산의 수익성에 근거하여 합리적으로 감정평가할 수 있는 다른 방법이 있는 경우에는 그에 따라 감정평가할 수 있다.
	
	4.3.3.3 거래사례비교법의 적용
	무형재산을 거래사례비교법으로 감정평가할 때에는 다음 각 호의 어느 하나에 해당하는 방법으로 감정평가한다. 다만, 무형재산의 거래사례에 근거하여 합리적으로 감정평가할 수 있는 다른 방법이 있는 경우에는 그에 따라 감정평가할 수 있다.
	  1. 동일 또는 유사 업종의 무형재산만의 거래사례와 대상의 무형재산을 비교하는 방법
	  2. 동일 또는 유사 업종의 권리금 일체 거래사례에서 유형의 재산적 가치를 차감한 가액을 대상의 무형재산과 비교하는 방법
	
	4.3.3.4 원가법의 적용
	무형재산을 원가법으로 감정평가할 때에는 대상 상가의 임대차 계약 당시 무형재산의 취득가액을 기준으로 취득 당시와 기준시점 당시의 수익 변화 등을 고려하여 감정평가한다. 다만, 무형재산의 원가에 근거하여 합리적으로 감정평가할 수 있는 다른 방법이 있는 경우에는 그에 따라 감정평가할 수 있다.

(1) 유형재산

원가법 적용 원칙은, 유형재산이 시간에 따라 가치가 하락하는 물건이며 상가의 개별성이 강해 맞춤형 제작·설치가 많고, 신품가격조사가 용이한 점을 반영한 것이다. 효용가치가 없는 시설은 해체처분가격으로 감정평가하면 된다. 유형재산 평가에서는 목록 확정이 가장 우선돼야 한다. 등기 또는 등록된 물건이 아니며, 소유권을 객관적으로 확인하기 어려운 데다, 임대차계약만료 시 원상회복의무를 지고「민법」에 따라 임차인의 부속물매수청구권이나 비용상환청구권이 발생할 수 있기 때문이다. 또한 현 재고자산이 평균 재고량을 상회하는 경우 별도의 동산 거래로 볼 여지가 있어 확인이 필요하다.

(2) 무형재산

① 수익환원법

「실무기준」해설서에서는 2개 모형을 제시하고 있다.

구 분	모 형
정상 영업	$V=\sum_{t=1}^{n}\dfrac{\text{무형재산 귀속 영업이익 또는 현금흐름}_t}{(1+r)^t}$
영업 중단 등	$V=\sum_{t=1}^{n}\dfrac{\text{조정된 무형재산 귀속 영업이익 또는 현금흐름}_t}{(1+r)^t}$

영업이 중단되었거나 영업이익이 비정상적인 경우, 동일 용도지대 및 유사업종 상가 평균 영업이익 등과 대상 상가의 개별성을 반영한 조정 영업이익을 대입한다.

㉠ 영업이익

영업이익 산정 시[95] 감가상각비뿐만 아니라 자가 인건비 상당액도 비용에 포함시켜야 한다. 자가 인건비 상당액은 통계청 등 발표하는 인건비자료 등을 참작할 수 있다. 기업형 상가 등의 경우 영업이익 대신 현금흐름을 적용하는 것이 합리적이다. '현금흐름＝영업이익－세금＋비현금흐름－자본적지출액±순운전자본증감'으로 계산한다. 세금은 개인의 경우 소득세, 법인은 법인세 상당액이며, 순운전자본은 '유동자산－유동부채'로 결정한다.

㉡ 무형재산귀속 영업이익

영업이익에서 무형재산에 귀속시킬 금액을 결정하는 방법에는 비율추출방식, 비교사례추출방식, 공제방식이 있다.

ⓐ 비율추출방식

> 무형재산 귀속 영업이익＝전체 영업이익×무형재산 영업이익 비율

무형재산 영업이익 비율은 자가 인건비 상당액 공제 전후에 따라 달라진다.

---

[95] 정상적인 영업활동에서의 손익계산서 상 영업이익이며, 매출원가의 절감에 해당하는 매입할인 등을 영업외수익으로 인식하여 회계처리한 결과 영업이익에 정상적으로 반영되지 않은 현금흐름이 있을 경우, 정상적인 회계처리에서의 실질 영업이익으로 조정하는 과정이 필요(감정평가기준센터, 2025)

> [예시 1]
> 시장탐문조사 시 감정평가 대상이 속한 노변의 권리금이 영업이익(자가인건비 상당액 공제 후)의 12개월로 조사된다면 이는 「상가건물 임대차보호법」상 보장기간 120개월의 10% 수준으로 추정됨
> → 무형재산 귀속 영업이익 비율 : 12개월/120개월=0.1
>
> [예시 2]
> 무형재산 영업이익이 전체 영업이익(자가 인건비 상당액 공제 전)의 12개월, 해당 상가의 영업이익(자가인건비 상당액 공제 전)이 300만원/월, 자가인건비 상당액 162만원(통계청 자료사용)으로 조사된다면 이는 「상가건물 임대차보호법」상 보장기간 21% 수준으로 무형재산 영업이익 비율을 추정함
> → 무형재산 귀속 영업이익 비율 : 26개월*)/120개월=0.21
> *) 3,000,000원×12개월=(3,000,000−1,620,000)×26개월

    ⓑ 비교사례추출방식

      권리금이 0원인 경우에도 영업이익이 존재하므로, 대상 상가가 속한 노변 및 유사지역의 권리금 수수되지 않은 상가와 권리금이 수수되고 있는 상가의 영업이익 차이로 추출해 낸다.

    ⓒ 공제방식

      '영업이익−투하자산 기여이익−임차인 경영이익'을 무형재산 귀속 영업이익으로 추정하는 방법이다.

  ⓒ 할인율(r)

    요소구성법 또는 가중평균자본비용으로 산정할 수 있다.

구 분	상 세
요소구성법	• 할인율=무위험율+위험할증률 • 무위험률은 은행 정기예금이자율, 3(5)년 국채수익률, 위험할증률은 상가의 영업에 따른 장래 위험프리미엄으로서 입지특성, 영업 및 상권특성, 시설특성, 장래 영업환경 변화, 경영상 위험률 등을 고려
가중평균자본비용	$$WACC = K_e \times \frac{E}{E+D} + K_d \times \frac{D}{E+D}$$ (K_e : 해당 상가이 위험프리미엄을 감안한 자기자본비용, K_d : 해당상가의 위험 스프레드를 감안한 타인자본비용, E : 자기자본총액, D : 이자지급부 부채총액)

  ⓓ 그 밖의 사항

    할인기간은 임대차 보호법 규정에 따라 10년으로 함이 타당하다.

② 거래사례비교법

  적용할 산식은 다음과 같다.

> $$V = P_s \times C \times T \times Z \times I$$
>
> [V : 무형재산 감정평가액, P_s=무형재산 거래금액, C : 사정보정치, T : 시점수정치, Z : 지역요인비교치, I : 개별요인비교치(면적 등 수정치 포함)]

거래사례는 권리금가치형성요인의 유사성, 비교 및 대체가능성을 고려하여 동일 또는 유사업종에서 선정해야 한다. 「건축법」의 9개 시설군 분류체계로서 유사업종을 판단할 수 있다. 다만, 권리금거래의 폐쇄성으로 인해 거래사례 포착도 어렵고 증빙자료인 권리금계약서 확보도 용이하지 않다. 실무적으로는 방매가격의 적정성을 시장조사로 확인한 후 방매가격을 활용하기도 한다.

권리금 단가가 면적에 반비례하는 점, 상가 층 및 위치별 권리금 수준이 다른 점을 고려해야 한다. 「실무기준」해설서에서 소개한 지역요인 및 개별요인 비교항목 표는 다음과 같다.

지역요인			개별요인		
조건	항목	세항목	조건	항목	세항목
입지조건	위치	교통 접근성	입지조건	위치	지하철역세권, 버스노선
		유동인구			유동인구, 접면도로 상태 등
		편의시설 정도			편의시설정도
	상권	경제기반도		상권	크기
		영업수준			주요고객 유형
		소비성향도			상가적합성
	배후지	배후지의 성격, 규모		배후지	위치, 종류, 크기
					세대수, 구성원 등
영업조건	영업형태	영업의 전문화	영업조건	신용도	고객인지도(브랜드 등)
					신용도
				노하우	영업노하우
				거래처 관계	업종간 경쟁관계
					고객수준, 영업(업종)난이도
		상권의 집단화		상가면적 및 건물관리 상태 등	건물규모, 관리상태, 임차자혼합정도, 주차상태 등
					상가면적, 층/위치 등
				임대차 계약 정도 등	초기 권리금 수준, 임대차계약 내용(계약기간, 보증금과 월임료, 특약 등)
		명성 및 트렌드	시설조건	시설상태, 규모 등	인테리어 정도
					영업시설의 형식 및 상태
					시설규모 등
					경쟁업체와의 시설수준
기타조건	기타	허가난이도 및 경기동향 등 그 밖의 사항	기타조건	기타	그 밖의 사항

③ 원가법

적용할 산식은 다음과 같다.

> 무형재산 권리금＝기지급한 감정평가 대상 상가의 무형재산 권리금×시점수정×수정률

권리금 시장에서 권리금을 기지급한 임차인의 대부분은 신규 임차인에게 적어도 기지급한 권리금 수준이나 그 이상을 받고자 하는 점을 고려한 산식이다. 기지급한 권리금은 영업 개시 시점 선불적 투자로서 지급한 금액에서 유형재산에 해당하는 권리금을 차감한 값이다. 시점수정은 상가 권리금과 임료의 상관관계를 고려하여 한국부동산원에서 매분기 조사·발표하는 매장용부동산 임대가격지수, 소비자물가지수 등을 활용한다. 수정률은 기지급시점과 기준시점 간 권리금을 둘러싼 경제사정의 변화, 상권변화, 임차인의 영업활동 변화 등에 대한 보정치로서 동일 용도지대 내 유사 상가의 권리금 거래수준, 상권의 변화 정도, 업종 특성, 장래 변화가능성, 경기변동 등을 종합적으로 고려하여 결정한다.

2. 일괄평가

원칙적으로 수익환원법을 적용하며, 예외적으로 거래사례비교법 등으로 감정평가할 수 있다. 세부적인 내용을 정리하면 다음과 같다.

구 분	상 세
평가원칙	4.3.4 유형재산과 무형재산의 일괄감정평가 ① 유형재산과 무형재산을 일괄하여 감정평가할 때에는 수익환원법을 적용하여야 한다. ② 제1항에도 불구하고 수익환원법을 적용하는 것이 곤란하거나 부적절한 경우에는 거래사례비교법 등으로 감정평가할 수 있다.

그 밖에, 보조적 방법으로 회귀분석법이나 월임대료승수법을 활용할 수 있다.

구 분	상 세
회귀분석법	권리금을 종속변수로 하고, 권리금에 영향을 미치는 변수를 독립변수로 한 다중회귀분석을 이용해 평가하는 방법
월임대료승수법 (Monthly Rent Multiplier Method)	상가권리금＝동일 또는 유사업종 상가의 임대료와 권리금 간 승수×감정평가 대상 상가 임료×수정률

승수는 권리금이 임대료 대비 몇 배인지를 나타내는 배수로 현장조사에서 탐문, 방매자료 확인 등을 통해 결정해야 한다. 상가의 임대료는 기준시점 현재의 월간 실질임대료다. 수정률은 상가의 개별성, 임차인의 투하자본과 업종별 특성에 따른 보정치이다.

아래는, 실제 사례를 바탕으로 oo치킨 전문점의 영업권리금과 시설권리금을 평가한 보고서[96]를 발췌한 것이다.

1. 영업권리금의 감정평가
   가. 개 요

   상가인 경우 수익성이 중요하므로 수익환원법으로 평가함. 세금 및 대출이자 등은 영업을 영위하는 자의 소득 및 신용상태 등의 영향을 받으므로 객관적 수입과 비용에 기반한 영업이익을 기준으로 하는 것이 설득력 높음.

   $$V = \sum_{t=1}^{n} \frac{무형재산\ 귀속\ 영업이익\ 또는\ 현금흐름_t}{(1+r)^t}$$

   나. 영업이익 재산정

항목			2017년	2018년	2019년
매출액(A)			150,000,000	160,000,000	170,000,000
매출원가(B)(매출원가×33.8%)			50,700,000	54,080,000	57,460,000
매출총이익(C=A−B)			99,300,000	105,920,000	112,540,000
판매비와 관리비(D)	임차료		24,000,000	24,000,000	25,200,000
	인건비	자가인건비	18,885,240	20,941,800	21,543,720
		인건비(일용직 포함)	13,137,000	15,000,000	15,000,000
	기준경비 (업종코드 552107 치킨전문점)		16,500,000	14,400,000	19,210,000
			11%	9.0%	11.3%
	소 계		72,522,240	74,341,800	80,953,720
영업이익(C−D)			26,777,760	31,578,200	31,586,280

(1) 매 출
임차인으로부터 제시받은 손익계산서 매출은 신고한 매출일 뿐 실제 매출과 상이한 것이 일반적임. 현금매출 비중 등 업종의 관행 조사하여 추정하거나 POS자료를 활용하여 추정할 수 있음.

(2) 매출원가
업종별로 업종을 지속하기 위해 요구되는 최소한의 매출원가 비율이 존재함(음식점 및 커피숍은 1/3 이내). 임차인 탐문과 손익계산서 매출원가 참고하되 해당 업종의 통상적 매출원가 비율 파악해야 함. 음식점의 경우 정부에서 발간(농림축산식품부, 외식업 경영실태 조사보고서)한 자료를 참고할 수 있음.

(3) 임대료
계약 임대료가 실제 지불되었는지 여부를 손익계산서 임대료와 비교해 검토. 임대료 외에 관리비 명목으로 임대인이 별도로 수령하는 금원이 있는 경우 임대료 성격을 지니는지 여부를 검토하여 반영 여부 판단함.

(4) 자가인건비
개인사업인 경우 본인 인건비는 손익계산서에 고려되지 않았으므로 이를 반영함. 최저임금을 적용하는 방법, 전문직 등의 경우 워크넷(www.work.go.kr)의 직업별 임금(중위치)을 적용하는 방법이 있음.

---

[96] 김동현, 상가권리금의 감정평가에 관한 연구 : 권리금의 종류와 개념을 중심으로, 한국감정평가학회 제19권 제3호, 2020, pp.49~82

(5) 일용직 포함 인건비

"급여대장상 고용직 인건비"와 "일용근로소득 지급명세서상 일용직 인건비"의 합계금액. 특정 연도 인건비의 변동이 크다면 사유 파악하여 적절히 보정할 필요 있음. 인건비 누락사유는 정부의 보조금 수령 위한 4대 보험 가입 기피, 불법체류, 신용불량자 등 다양함. 인건비 누락이 의심되는 경우 실제 영업에 필요한 최소한의 인력을 판단해야 함.

(6) 여타 경비

기준경비율을 적용하는 방법과 손익계산서상의 비용을 활용하는 방법이 있음. 전자는 국세청에서 매년 고시하는 업종별 기준경비율을 적용하여 산정이 용이하고 복리후생비, 차량유지비, 보험료, 잡금, 소모품비 등 실제 영업에 소요된 비용인지 또는 개인 용도로 사용한 금액인지 여부의 파악이 곤란한 경우 유용함. 후자는 병, 의원, 약국처럼 매출과 비용의 누락이 적은 경우 설득력이 높으며, 매출이 적거나 상당한 경우 기준경비율이 실제와 달라질 때 적용하는 것이 합리적임.

(7) 영업이익

재산정된 영업이익은 손익계산서상 영업이익과 상이함. '재산정된 영업이익+대표자의 자가인건비'가 종합소득세 신고금액과 유사한지 파악할 필요 있음.

(8) 미래영업이익 추정

산정된 영업이익의 추세를 반영. 다만, 영업이익 증가세라도 해당 업종의 특성상 경쟁업체 진입이 용이한 경우 미래 추정은 보수적이어야 함.

다. 할인기간 및 무형재산에 귀속되는 영업이익

(1) 미래 영업기간에 해당하는 할인기간

「상가건물 임대차보호법」에 의해 2018년 10월 16일 이후 새로이 임대차가 이뤄진 경우 최대 10년까지 고려할 수 있음. 업종의 특성 및 해당 상가의 영업력, 상권의 특성 등에 따라 미래 영업기간은 이보다 짧을 수 있으며, 관행상 적용하는 5년(60개월)도 고려할 수 있음. 소상공인 상권정보시스템에서의 업력현황 및 중소벤처기업부 등의 사업체 형태별, 입지유형별 평균영업기간 등의 자료를 참작할 수 있음.

예 업력현황(소상공인 상권정보시스템, 상권현황 → 업력정보)

구 분	지역, 경기도 고잔역				
	1년 미만(%)	1~2년(%)	2~3년(%)	3~5년(%)	5년 이상(%)
음식 (닭/오리요리)	0	7.7	0	53.8	38.5

예 사업체 형태별, 입지유형별 평균영업기간(중소벤처기업부·소상공인진흥원, 2018년도 상가건물임대차 실대조사)

구 분	평균영업기간(2018년 기준)						
	사례 수	3년 미만(%)	3~6년(%)	6~9년(%)	9~12년(%)	12년 이상(%)	평균(연)
전통시장	645	15.2	13	15.3	11.8	44.7	12.7
도로변 일반상점	6,060	21.7	22.2	14.3	12.9	29	9.2
주택가 단독상가	1,132	19.7	18.1	14.2	14	34	10.2

(2) 무형재산에 귀속되는 영업이익

감정평가실무기준해설서에 따라 비율추출방식이 권리금 거래관행을 잘 반영할 수 있고 시장 탐문 등을 통해 정보수집이 가능하여 현실적으로 유용한 방법임. 시장조사결과 매출이 감소하는 지역 및 업종은 1~1.5년 영업이익이, 매출이 증가하는 지역 및 업종은 2~3년 영업이익이 영업권리금으로 형성돼 있음. 18개월의 영업이익을 영업권리금으로 보면 무형재산 귀속 영업이익은 아래와 같이 30%로 계산됨.

$$\text{무형재산영업이익비율} = \text{영업권리금수준} / \text{평균 예상 영업기간}$$
$$= 18\text{개월 영업이익} / 60\text{개월}$$
$$= 30\%$$

매출 및 영업이익은 매년 꾸준히 증가하여 안정적인 추세를 보이고 있으며, 소상공인시스템 상권정보(sg.sbiz.or.kr)의 시장분석(점포이력분석)서비스를 통해 인근 상권은 손 바뀜이 적고 안정적인 매출을 확보할 수 있는 지역임을 확인해, 장래 예상 영업이익을 2017~2019년 3개년 평균인 3천만원으로 결정하였음. 무형재산에 귀속되는 영업이익은 다음과 같음.

구 분	1기	2기	3기	4기	5기
영업이익	30,000,000	30,000,000	30,000,000	30,000,000	30,000,000
무형재산의 비율	0.30	0.30	0.30	0.30	0.30
무형재산 귀속 영업이익	9,000,000	9,000,000	9,000,000	9,000,000	9,000,000

라. 적용 할인율의 결정

소규모 상가로서 상가의 특성 및 현금흐름의 형태 등을 고려할 때, 무위험률과 위험할증률을 추정하여 결정하는 요소구성법을 적용함. 위험할증률은 지역특성, 상권특성, 영업 노하우, 수익성, 경기동향, 상권 및 배후지 변동가능성, 임대차관계 및 업종별 경쟁관계 등 다양한 요인을 고려해 결정. 산정된 할인율의 적정성은 기업 신용등급에 따른 회사채 수익률(예 : 장외3년, BBB-등급)수준을 참고할 수 있음. 사례에서는 11.481%로 결정함.

마. 영업권리금

구 분	1기	2기	3기	4기	5기
무형재산 귀속 영업이익	9,000,000	9,000,000	9,000,000	9,000,000	9,000,000
현가계수	0.89701	0.80463	0.72177	0.64744	0.58076
무형자산 현가액	8,073,090	7,241,670	6,495,930	5,826,960	5,226,840
합 계					32,864,490
수익환원법에 의해 산정된 영업권리금					32,900,000

2. 시설권리금의 감정평가

가. 개요

영업시설의 잔존가치가 존재하고 신규 임차인이 그 가치를 인정한다면 임차인 간에 시설물은 거래의 대상이 되며 이때의 시설물이 권리보호의 대상인 시설권리금을 구성함. 시설물에는 영업시설(주방 등 제조시설, 집객시설, 창고 등 보관시설), 인테리어(바닥, 벽, 천정, 조명시설, 폴딩도어, 데크 등), 집기 및 비품(의자, 책상, 주방 집기 등)으로 구분됨. "영업시설 및 인테리어"는 현장조사를 통해 파악된 내용을 토대로 물량을 산출하고 세부 공사비용은 실행가 기준의 개산견적 형태로 재산정하는 것도 유용한데, 공사비용의 적정성을 파악할 수 있고 현장조사에서 파악하지 못한 공사 내역을 찾게 되는 경우가 많기 때문임. 프랜차이즈 업체의 경우 본사와 계약이 이루어지므로 견적서, 계약서 및 공사비내역서 등이 충실히 구비되는 경우가 많으므로 제출된 공사비용의 적정성을 위주로 검토하며, 증빙자료가 없는 경우 일부 물품이 중고품을 재활용한 것인지, 필요비 또는 유익비 성격을 갖는 일부 항목이 임대인 동의하에 설치된 것인지 확인할 필요가 있음.

나. 감정평가

① 재조달원가

직접공사비와 부대비용의 합계를 참고하여 결정함. 의뢰인 측에서 제시한 시설 및 인테리어 비용 자료를 검토하여 해당 금액이 적정한 경우 이를 기준으로 재조달원가를 결정할 수 있음.

② 감가수정

시설물의 종류 및 관리상태, 노후화된 정도, 업종의 특성 등을 고려하여 전내용연수를 결정함. 권리금 평가에 있어 영업시설은 물리적으로 사용이 가능할지라도 업종이 변화하거나 유행을 타는 업종의 경우 내용연수를 보수적으로 판단하는 것이 바람직함. 전내용연수는 한국부동산원발행 "유형고정자산 내용연수표" 또는 「법인세법」 시행규칙 별표를 기준하여 결정할 수 있음.

예 업종별 자산의 기준내용연수 및 내용연수 범위표(제15조 제3항 관련)

구분	기준내용연수 및 내용연수 범위 (하한 ~ 상한) 기준내용연수	적용대상자산 (다음에 규정된 한국표준산업분류상 해당업종에 사용되는 자산)	
		대분류	중분류
4	8년 (6 ~ 10년)	숙박 및 음식점업	55. 숙박업 56. 음식점 및 주점업

경과연수는 개업 이후 기준시점까지의 기간이며, 내용연수 말 잔존가치는 영업시설의 구조, 시장성 등을 고려할 때 0으로 보는 것이 합리적임. 한편, 인근 상권 내 유사 업종으로의 전환을 전제로 권리금평가가 이뤄진다면 영업권리금은 수익환원법이 아닌 거래사례비교법이 적용되는 것이 타당하며 시설권리금은 0으로 평가하는 것이 설득력 높음.

CHAPTER 12 기출문제

01 부동산을 명도받기 위한 소송을 제기한 임대인 원고에 맞서, 임차인이자 개인사업자인 피고는 「상가건물 임대차보호법」의 권리금 회수기회 보호 등의 규정을 들어 원고로부터 권리금의 지급을 요청하는 '감정신청서'를 법원에 제출하였다. 재판장은 피고의 감정신청을 받아들여 감정평가사 甲에게 권리금에 대한 감정평가를 의뢰하였다. 제시된 자료를 활용하여 대상 사업체의 권리금을 산정하시오(단, 권리금은 시설권리금, 영업권리금, 바닥권리금으로 구분하여 제시할 것). (10점)

기출 33회

〈자료 1〉 기본적 사항

1. 기준가치 : 시장가치
2. 기준시점 : 2022년 7월 16일
3. 대상 사업체의 개황
   (1) 소재지 : C시 D동 120
   (2) 업종 : 커피숍
   (3) 개업일 : 2017년 1월 1일
   (4) 면적 : 120m²

〈자료 2〉 시설권리금 자료

1. 시설권리금 대상인 유형재산은 인테리어 뿐이며, 사업자는 개업일 당시 인테리어비용 600,000원/m² 소요되었다는 자료를 제출하였고, 제반 상황을 고려할 때 비용은 적정한 것으로 판단됨
2. 기준시점의 재조달원가는 개업일 당시 비용에 건축공사비지수를 적용하여 산정하며, 조사된 건축공사비지수는 다음 표와 같다.

구 분	2017년 1월	2022년 7월
건축공사비지수	112	147

— 건축공사비 변동률 산정은 일할계산하지 않고, 해당 월에 고시된 건축공사비지수를 적용하며, 소수점 넷째 자리를 반올림하여 셋째 자리까지 표기함
3. 단가 산정은 천원 단위 미만에서 반올림하여 천원 단위까지 표기함
4. 감가수정은 정액법에 따르고, 총 내용연수는 동종업의 인테리어 수명 주기를 고려하여 10년으로 하며, 연 단위 만년감가를 적용함

〈자료 3〉 영업권리금 자료

1. 영업권리금 산정을 위한 영업이익은 기준시점 이전 3년의 평균영업이익인 연간 23,000,000원으로 하였음
2. 개인사업자로서 영업이익에서 공제해야하는 비용은 자가인건비 상당액으로 기준시점 이전 3년 평균인 연간 19,000,000원으로 하였으며, 감가상각비는 고려하지 않음
3. 무형재산 귀속 영업이익은 브랜드를 선호하는 업종의 특성을 고려할 때, 50%를 적용하는 것이 타당한 것으로 판단됨
4. 인근지역 브랜드 커피숍 증가로 기준시점 이후 영업이익은 동일할 것으로 추정함
5. 할인기간은 5년으로 하고, 기준시점 이후 5년간 추정된 영업이익에 대응하는 할인율은 아래 표와 같음

구 분	1년	2년	3년	4년	5년
할인율	0.899	0.808	0.726	0.653	0.587

〈자료 4〉 바닥권리금 자료
대상 사업체가 속한 상권은 위치와 업종, 가로의 상태에 따라 일부 바닥권리금이 형성되는 상가가 있으나, 시설권리금과 영업권리금을 받을 수 있는 상가는 별도의 바닥권리금이 없는 것으로 조사됨

📋 출제영역
권리금

📋 답안작성 가이드
시설권리금, 영업권리금, 바닥권리금을 각각 구하여 합산한다.

Ⅰ. 개 요
시설권리금 및 영업권리금을 개별적으로 평가한 후 합산하여 권리금을 결정함

Ⅱ. 권리금 평가
  1. 시설권리금
     - 원가법으로 평가, 재조달원가는 과거 설치비용을 건축공사비지수로 보정, 정액만년감가
       600,000×1.313×5/10=@394,000×120m²=47,280,000
       *시점수정 : 147/112(2022.7./2017.1.)

  2. 영업권리금
     - 최근 3년 영업이익 기준, 자가인건비 비용 반영, 무형재산귀속률 50%, 향후 5년 영업이익 동일
       (23,000,000−19,000,000)×0.5×(0.899+0.808+0.726+0.653+0.587)=7,346,000

  3. 바닥권리금
     시장조사 결과 시설권리금 및 영업권리금에 포함된 것으로 확인됨

  4. 권리금 평가액
     '1'+'2'=54,626,000

CHAPTER 13 지식재산권 등 평가

제3편 | 유형별 감정평가

> **핵심 키워드**
>
> **제1절 개요**
> 1. 정 의
> 2. 조사, 확인자료 등
>
> **제2절 지식재산권 평가**
> 1. 지식재산권 분석
> 2. 수익환원법
>   (1) 현금흐름을 할인하거나 환원하는 방법
>   (2) 지식재산기여도를 적용하는 방법
> 3. 거래사례비교법
> 4. 원가법
>
> **제3절 기술가치 평가**
> 1. 경제적 수명(현금흐름 추정기간)
> 2. 현금흐름
> 3. 할인율
> 4. 기술기여도
> 5. rNPV법
>   (1) 개 요
>   (2) 신약개발
>   (3) rNPV법 적용

제1절 개요

1. 정 의

지식재산권은 특허권·실용신안권·디자인권·상표권 등 산업재산권 또는 저작권 등 지적창작물에 부여된 재산권에 준하는 권리를 말한다.

구 분	상 세
특허권	「특허법」에 따라 발명 등에 관하여 독점적으로 이용할 수 있는 권리
실용신안권	「실용신안법」에 따라 실용적인 고안 등에 관하여 독점적으로 이용할 수 있는 권리
디자인권	「디자인보호법」에 따라 디자인 등에 관하여 독점적으로 이용할 수 있는 권리
상표권	「상표법」에 따라 지정상품에 등록된 상표를 독점적으로 사용할 수 있는 권리
저작권	「저작권법」 제4조의 저작물에 대하여 저작자가 가지는 권리

2. 조사, 확인자료 등

각각의 지식재산권에 대해 조사, 확인할 사항 및 확보해야 할 가격자료는 다음과 같다.

구 분	조사, 확인사항	가격자료
특허권	• 등록특허공보를 통한 특허권 내용 • 특허의 기술적 유효성, 경제적 유효성 • 특허권자, 특허권의 존속기간, 존속기간 연장여부 • 특허권의 효력, 계약관계 • 특허권의 수용여부 및 질권설정 여부 • 특허권에 대한 심판·소송 여부 • 재무상태표상 특허권의 장부가치	• 특허권 거래가격 등 • 특허권 취득을 위해 드는 비용 • 수익력 추정자료, 수익률, 라이센스계약에 따른 수익 및 실시료율, 재무상태표 등 • 경제성장률, 물가상승률, 금리, 환율 등
상표권	• 상표등록증을 통한 상표권 내용 • 상표권자, 출원인, 상표권 존속기간, 존속기간 갱신여부 • 상표권의 효력, 계약관계, 등록상표 등의 보호범위 • 상표권의 소송여부, 질권설정 여부 • 재무상태표상 상표권 장부가치	• 상표권 거래가격 등 • 상표권 취득을 위해 드는 비용 • 상표권 사용수익, 수익률, 라이센스계약에 따른 수익 및 실시료율, 재무상태표 등 • 경제성장률, 물가상승률, 금리, 환율 등
저작권	• 저작자의 실명, 이명, 국적, 주소, 거소 • 저작물의 제호, 종류, 창작연월일 • 저작물 공표 여부, 공표연월일, 공표 국가 • 저작인격권(공표권, 성명표시권, 동일성유지권) • 저작재산권(복제권, 공연권, 공중송신권, 전시권, 배포권, 대여권) • 실연자의 권리(복제권, 배포권, 대여권, 공연권, 방송권, 전송권 등) • 음반제작자의 권리(복제권, 배포권, 대여권, 전송권 등) • 방송사업자의 권리(복제권, 동시중계방송권) • 저작재산권의 양도, 질권의 행사, 권리변동	• 저작권 거래가격 등 • 저작권 취득을 위해 드는 비용 • 저작권 사용수익, 수익률, 라이센스계약에 따른 수익 및 실시료율, 재무상태표 등 • 경제성장률, 물가상승률, 금리, 환율 등

제2절 지식재산권 평가[97] 기출 30회

「감칙」과 「실무기준」에서 정한 지식재산권 평가 기준은 다음과 같다.

구 분	상 세
「감 칙」	제23조(무형자산의 감정평가) ③ 감정평가법인등은 영업권, 특허권, 실용신안권, 디자인권, 상표권, 저작권, 전용측선이용권(專用側線利用權), 그 밖의 무형자산을 감정평가할 때에 수익환원법을 적용하여야 한다.

---

[97] 무형자산(영업권, 지식재산권)감정평가 실무매뉴얼(한국감정평가사협회 감정평가기준센터, 2025.07)

「실무기준」

4.3 지식재산권의 감정평가방법

4.3.1 지식재산권의 감정평가 원칙

① 지식재산권을 감정평가할 때에는 수익환원법을 적용하여야 한다.

② 제1항에도 불구하고 수익환원법으로 감정평가하는 것이 곤란하거나 적절하지 아니한 경우에는 거래사례비교법이나 원가법으로 감정평가할 수 있다.

4.3.2 수익환원법의 적용

① 지식재산권을 수익환원법으로 감정평가할 때에는 다음 각 호에 따른 방법으로 감정평가할 수 있다. 다만, 대상 지식재산권이 창출할 것으로 기대되는 적정 수익에 근거하여 합리적으로 감정평가할 수 있는 다른 방법이 있는 경우에는 그에 따라 감정평가할 수 있다.

  1. 해당 지식재산권으로 인한 현금흐름을 현재가치로 할인하거나 환원하여 산정하는 방법

  2. 기업전체에 대한 영업가치에 해당 지식재산권의 기술기여도를 곱하여 산정하는 방법

② 제1항 제1호의 해당 지식재산권으로 인한 현금흐름은 다음 각 호의 방법에 따라 산정할 수 있다.

  1. 해당 지식재산권으로 인해 절감 가능한 사용료를 기준으로 산정하는 방법

  2. 해당 지식재산권으로 인해 증가된 현금흐름을 기준으로 산정하는 방법

  3. 기업의 총이익 중에서 해당 지식재산권에 일정비율을 배분하여 현금흐름을 산정하는 방법

③ 제1항 제2호의 기술기여도는 기업의 경제적 이익 창출에 기여한 유·무형의 기업 자산 중에서 해당 지식재산권이 차지하는 상대적인 비율로서 다음 각 호의 방법 등으로 산정할 수 있다.

  1. 비슷한 지식재산권의 기술기여도를 해당 지식재산권에 적용하는 방법

  2. 산업기술요소·개별기술강도·기술비중 등을 고려한 기술요소법

4.3.3 거래사례비교법의 적용

① 지식재산권을 거래사례비교법으로 감정평가할 때에는 다음 각 호의 방법으로 감정평가한다. 다만, 지식재산권의 거래사례에 근거하여 합리적으로 감정평가할 수 있는 다른 방법이 있는 경우에는 그에 따라 감정평가할 수 있다.

  1. 비슷한 지식재산권의 거래사례와 비교하는 방법

  2. 매출액이나 영업이익 등에 시장에서 형성되고 있는 실시료율을 곱하여 산정된 현금흐름을 할인하거나 환원하여 산정하는 방법

② 제1항 제2호의 실시료율은 지식재산권을 배타적으로 사용하기 위해 제공하는 기술사용료의 산정을 위한 것으로, 사용기업의 매출액이나 영업이익 등에 대한 비율을 말한다. 이 경우 실시료율을 산정할 때에는 다음 각 호의 사항을 고려하여야 한다.

  1. 지식재산권의 개발비

  2. 지식재산권의 특성

  3. 지식재산권의 예상수익에 대한 기여도

  4. 실시의 난이도

  5. 지식재산권의 사용기간

  6. 그 밖에 실시료율에 영향을 미치는 요인

4.3.4 원가법의 적용

지식재산권을 원가법으로 감정평가할 때에는 다음 각 호의 방법으로 감정평가할 수 있다. 다만, 대상 지식재산권의 원가에 근거하여 합리적으로 감정평가할 수 있는 다른 방법이 있는 경우에는 그에 따라 감정평가할 수 있다.

  1. 기준시점에서 새로 취득하기 위해 필요한 예상비용에서 감가요인을 파악하고 그에 해당하는 금액을 공제하는 방법

  2. 대상 지식재산권을 제작하거나 취득하는 데 들어간 비용을 물가변동률 등에 따라 기준시점으로 수정하는 방법

1. 지식재산권 분석

감정평가 전 단계에서, 대상 지식재산권의 특성을 기능적·법적·경제적 차원에서 가치에 영향을 미치는 여러 특성에 대하여 분석하고, 대상 지식재산권의 시장 경쟁력을 파악하기 위하여 시장·시장성을 분석함으로써 이를 지식재산권 감정평가의 핵심변수인 지식재산권의 경제적 수명, 할인율, 지식재산기여도, 적정 로열티율 등의 결정 등에서 판단 근거로 활용하기 위한 분석으로서, 크게 지식재산권의 특성 분석과 시장·시장성 분석으로 나뉜다.

구 분	세 분	상 세
지식재산권 특성 분석[98]	기능적 특성	지식재산권의 기본적 역량, 기능적 효과, 혜택, 기술적 우위, 기술적 진입장벽 등
	법적 특성	권리보호의 범위와 강도, 권리사용 제한 가능성
	경제적 특성	사업 분야 및 해당 기업 재무상태표, 지식재산권 유무에 따른 수익성 차이
시장·시장성 분석		• 지식재산권을 이용한 사업화 제품이 속한 시장의 수요, 공급 분석(시장분석) • 대상 지식재산권을 통해 구현되는 제품의 시장 내 포착률 분석(시장성분석)

2. 수익환원법

(1) 현금흐름을 할인하거나 환원하는 방법

해당 지식재산권으로 절감 가능(지급 예상)한 사용료를 기준으로 산정하는 방법인 '로열티공제법'이 중용된다. 이는 기업이 대상 지식재산권을 보유하지 못해 제3자에게 사용료를 지불하고 지식재산권을 사용하는 상황, 로열티가 매출액의 일정 비율로 지불된다는 가정 하에, 지식재산권의 경제적 수명 기간의 로열티지불액 현재가치로서 평가한다. 이 방법에서는 로열티율 추정이 핵심이다. ① 유사 라이선스 거래사례를 통하거나 ② 거래를 상정하여 비율을 결정한다. 전자에서는 비교 가능한 지식재산권의 라이선스 거래에서 확인된 로열티율에 대상 지식재산권과 사례의 차이를 반영하여 적정 로열티율을 추정한다. 이때 사례와의 차이로는 법적 권리 내용, 계약기간 및 만료일, 독점성 정도 등을 검토한다. 로열티 절감료는 세금효과가 반영되어야 하며(세후), 해당 지식재산권의 취득으로 인한 감가상각 절세효과를 고려할 수 있고[99], 이 경우 회계기준상 해당 자산의 상각 가능성, 세법상 상각기간 등을 검토하여야 한다. 유사 사례 수집이 어려워 정상적인 거래를 상정하는 경우 해당 지식재산권 사용을 위해 로열티 허가권자에게 가상으로 지급할 이익의 비율을 로열티율로 산정할 수 있다. 「실무기준」에는 로열티율을 구하는 방법이 별도로 규정되어 있지 않으나, 합리적인 로열티율을 추정하기 위한 다양한 방법이 사용될 수 있다.

---

98) 상표권, 저작권 등은 기능적, 법적 특성 분석 생략 가능
99) 이전가격(transfer price) 조정과 같은 특정목적의 경우에는 일반적으로 세금 효과를 고려하지 않으므로 평가목적별로 유의하여 적용할 필요가 있음

아래는 로열티공제법을 이용한 특허권 감정평가보고서 일부를 발췌한 것이다.

- 기업 : Black社
- 주요생산품목 : 고혈압 치료제 White
- White에 대한 특허권, 독점기술, FDA 승인 보유
- 평가목적: white 제약 특허, 독점기술, 관련 노하우의 공정시장가치 추정(재산세 과세 이의신청용)
- 기준시점 : 2022.1.1.

1. 1단계 : 로열티율 추출
   (1) 비교가능한 독립거래(CUT) 사례 검색
       제약산업 무형자산 라이선스 계약 건들을 상업적 로열티율 데이터베이스에서 추출(총 102건 : 라이선스 로열티율 범위는 2%~100%)
   (2) 라이선스 사례들로부터 라이선스 계약 분석 후 제외, 조정 사례 등 검토
       102건의 사례 중 해당 제품의 특성과 유사성이 낮은 사례, 조인트벤처 등 계약조건 등이 본건과 다른 사례들은 검토에서 제외
   (3) 라이선스 계약에서 라이선시의 제품매출 대비 백분율(%)로 표현된 로열티율 계약 탐색 및 로열티율 등가가치로 변환
       로열티율 보상 공식이 라이선시(licensee) 총이익 대비 일정률, 순이익대비 일정률, 제품별 이익대비 일정률, 라이선시(licensee) 총비용 대비 일정률 등 다양하므로 이러한 사례들의 보상방식을 '매출 대비 일정률' 형태로 변환(로열티율의 등가 가치로 변환)

지식재산권 제공자 (Licensor)	지식재산권 수령자 (Licensee)	이전된 지식재산권 권리	로열티 보상공식	조정 로열티율
A社	G社	명시된 제품 변형개발에 대한 특허권	서브라이선스 수익의 100%	매출의 8%(a)
B社	H社	염증성 피부질환 치료 제품 제조특허	제조원가의 15%	매출의 7.5%(b)
C社	I社	개발 및 제조 위한 특허 및 노하우 사용권리 구강 여드름 치료	매출의 15%	매출의 7.5%(c)
D社	J社	제품개발용 특허 소형 면관	세전이익의 25%	매출의 10%(d)
E社	K社	제약제품 개발용 특허 및 출원중 특허 사용권리 특정 위장질환	세전 이익의 50%	매출의 7.5%(e)
F社	L社	치료제품개발 및 제조 위한 특허 및 기술사용권리	500만달러＋총이익의 25%	매출의 10%(f)

(a) 서브라이선스 수익이 전액 세전 이익으로 전환된다고 가정, 이 산업의 평균 세전 이익률은 8%임.
(b) 해당 산업에서 제조원가는 제품 매출의 약 50%임.
(c) 의료기기 라이선스는 일반적으로 제약제품 라이선스보다 약 2배 높은 로열티율을 생성함.
(d) 총이익률은 해당 산업에서 약 40% 수준.
(e) 세전 이익률은 해당 산업에서 약 15% 수준
(f) 총이익률은 약 40%이고, 500만달러는 라이선서와 라이선시 간 특허 침해 소송합의금임.

(4) 정량적, 정성적 사례 평가를 통한 적합한 로열티율 도출
라이선스 계약사례들을 정성적, 정량적 평가하여 적합한 로열티율 사례 추출

지식재산권 제공자 (Licensor)	지식재산권 수령자 (Licensee)	이전된 지식재산권 권리	계약기간	로열티율 보상
M社	R社	녹내장 치료에 적용하기 위한 특허 및 임상연구 사용권	6년	매출의 8%
N社	S社	궤양성 대장염 치료에 사용하기 위한 특허 및 노하우 사용권	6년	매출의 7%
P社	T社	폐고혈압치료를 위한 전문의약품 개발 및 상용화를 위한 특허 및 기술사용권	20년	매출의 6%
P社	U社	항암치료제 관련 특허 및 기술 개선 사용권	9년	매출의 8.5%

조정 절차를 통해 평균로열티율, 중앙값 로열티율, 최빈값 로열티율 산정
최종적으로 로열티율 8% 적용

2. White 특허 관련 무형자산 가치평가
로열티공제법을 활용한 공정시장가치 평가

(단위 : 백만달러)

항 목	1차년도 (a)	2차년도	3차년도	4차년도	5차년도	6차년도	7차년도	8차년도	9차년도
White 제품 예상매출성장률(b)	10%	10%	10%	0%	0%	0%	−12%	−12%	−12%
White 제품 예상매출액(기준연도 매출 : 400)	440	484	532	532	532	532	469	412	363
로열티율	8%	8%	8%	8%	8%	8%	8%	8%	8%
추정 로열티 비용절감액(반올림)	35	39	43	43	43	43	38	33	29
법인세비용 (세율 40%)(c)	14	16	17	17	17	17	15	13	12
순로열티비용 절감액(반올림)	21	23	26	26	26	26	23	20	18
할인율적용 현가계수 (12%할인율 연중간시점 가정)(d)	94	84	75	67	60	54	48	43	38
로열티 비용 절감액의 현재가치	20	19	20	17	16	14	11	9	7

(a) White 제품 특허의 예상 경제적 유효 사용 기간(Useful Economic Life, UEL)은 9년으로, 이는 Black 경영진이 예측한 제품 수명 및 대체 제품 개발 현황, 경쟁 의약품의 시장 진입 상황 등을 반영함.
(b) 예상 매출 성장/감소율은 유사 약물의 특허 말기 수명주기에서 나타난 패턴을 참고하여 Black 경영진과 함께 분석함.
(c) 세후 순이익 산정에는 연방 및 주 세금을 포함한 **40%**의 유효 세율 적용. 이는 단위 원칙 평가에 사용된 세율과 동일.
(d) 12% 세후 할인율은 Black 제조시설의 단위 원칙 평가에 적용된 가중평균자본비용(WACC)과 일치하며, 연중 중간 시점 기준(mid-year convention) 할인 계수 적용.

총 로열티 절감액 현재가치 합계 : 133백만달러
White 특허 관련 무형자산의 공정시장가치(반올림) : 130백만달러

한편, 실무기준에서 로열티율 산정 방법을 구체적으로 정하고 있지 않은 것처럼, IVS에서도 시장거래 기반에서 실제 데이터를 사용해 합리적으로 로열티를 산출하라는 가이드만 있을 뿐 별도의 방법 제시는 없다. 국내에서 IP 기술금융의 담보목적에서 활용되는 로열디공제법(기준로열티율, 지식재산 보호비중, 조정계수 등을 활용)상의 로열티율은 변리사가 추정하는데, 감정평가에서 적용하는 로열티율과 동일한 개념은 아니다. 아래는 IP금융(상표권)에서의 로열티율 추정 사례다.

1. 개요
로열티공제법에서 IP 가치는 (매출액×로열티율)의 현재가치라고 볼 수 있고, 로열티율의 추정은 아래의 산식으로 구할 수 있음.

로열티율＝기준율×기술의 비중×조정계수×개척률

- 기준율: 업종별 로열티 통계의 중앙값(또는 평균값)
- 기술의 비중: 해당 IP가 제품의 구매 결정에 차지하는 비율
- 조정계수: 라이선스 상황 등 특수요인을 고려한 것(기본은 100%)
- 개척률: 제품화에 거액의 비용이 필요한 경우의 고려요인(0~100%)

출처 : 특허법인 A 보고서

상기 로열티율 산식은 일본 특허청에서 제시한 것이며, "지식재산금융과 가치평가실무(조경선, 임재용 공저, 2014년)"에서 활용된 바 있고, 현재 한국발명진흥회, 기술보증기금, 한국과학기술정보연구원(KISTI) 및 한국기술거래소(現 한국산업기술진흥원(KIAT)) 등의 공공 평가기관에서 활용한 바 있는 모델임.

2. 기준 로열티율 산정
가. 개요
기준 로열티율은 합리적인 로열티율을 추정하는 과정에서 기준이 되는 로열티율을 의미하며, 거래시장에서 대상 상표와 동일하거나 유사한 상표권의 거래사례 로열티율 자료를 수집할 수 있는 경우 대상 상표에 대한 로열티율을 직접 산출할 수 있으나, 거래사례가 없거나 매우 적은 경우에는 직접 산출보다는 대상 상품이 속하는 업종별 로열티율 통계자료의 중앙값 또는 평균값을 기준 로열티율로 결정할 수 있음.

나. 기준율 산정

업종	최솟값	최댓값	중앙값	평균값
의복, 의복 액세서리 및 모피제품 제조업(C14)	5.00%	5.00%	5.00%	5.00%

출처 : 한국과학기술정보원 기술가치평가시스템

업종	최소	하위	Q1	중앙	Q3	상위
의복, 의복 액세서리 및 모피제품 제조업(C14)	1.80%	1.80%	1.80%	2.40%	3.50%	4.70%

출처 : 지식재산 평가정보체계, 한국발명진흥원

평가 대상이 되는 상표권 "SUN"은 의류 제조·유통뿐만 아니라, 라이프스타일 전반을 아우르는 복합적인 패션·문화 브랜드임. "SUN"은 다양한 라이프스타일 상품과 문화 콘텐츠를 아우르지만, 상표권이 가장 핵심적으로 사용되는 영역은 의류 및 패션 액세서리의 기획·제조·유통임. 이에 따라 한국과학기술정보원 기술가치평가시스템에서 제공하고 있는 업종별 기술거래 통계치 중 의복, 의복 액세서리 및 모피제품 제조업(C14)의 중앙값인 5.00%를 해당 상표권의 기준 로열티율로 적용하였음.

대상 상표권의 기준 로열티율 (%) : 5.00%

3. 기술의 비중 산정

기술의 비중은 매출액 추정의 대상이 되는 제품 또는 서비스를 구현하기 위해 사용된 전체 기술에서 대상 기술이 차지하는 비중을 의미함. 매출액 추정의 대상은 제품이나 서비스이며, 대상 기술 제품이나 서비스를 구현하기 위해서는 다양한 기술이 포함될 수 있음. 기술의 비중을 적용하는 이유는 제품이나 서비스를 구성하는 많은 기술 중에서 대상기술이 차지하는 부분의 가치를 구별하여 산정하기 위함임.

기술의 비중을 산정하기 위해서는 매출액 추정의 대상이 되는 제품을 정의하고, 제품을 구성하는 구성기술(대분류)과 요소기술(세분류)을 분류한 후, 각 요소기술이 차지하는 비중을 결정하고 대상 IP가 제품을 구성하는 요소기술 중 어디에 해당하는지를 판단·결정하여 최종적으로 대상 IP의 이용률을 산정함.

대상 상표권의 매출액 추정의 대상이 되는 제품을 "의복, 의복 액세서리 및 모피제품 제조업"으로 정의하고, 대상 제품의 매출을 구성하는 요소의 대분류와 세분류로 분류한 뒤 각 요소가 차지하는 비중을 결정하고 대상 상표권이 요소 중 이디에 해당하는지를 결정하여 최종적으로 대상 상표권의 기술의 비중을 산정하였음.

[기술의 비중 산징표]

대분류	비중(A)	세분류	비중(B)	(A)×(B)
의복, 의복 액세서리 및 모피제품 제조업	100%	브랜드	100.0%	100.0%
대상 상표권 '브랜드' 비중				**100.0%**

출처 : 특허법인 A 보고서

평가 대상인 "SUN" 상표권의 경우, 해당 브랜드가 제품 및 서비스의 핵심 가치를 전적으로 대표하고 있어 세분류 '브랜드'의 비중이 100%로 평가됨. 따라서 대상 상표권에 대해 산정된 기술의 비중은 100%임.

대상 상표권 기술의 비중 : 100.0%

출처 : 특허법인 A 보고서

4. 조정계수 산정

가. 개요

조정계수는 기준 로열티율을 증가하게 하거나 감소하게 하는 변수를 의미하며, 로열티율을 추정하기 위해서 대상 상표 관련 제품과 유사한 거래사례 또는 업종별 로열티 통계의 중앙값을 기준으로 활용하기 때문에 조정계수가 필요함. 조정계수는 기술성, 권리성, 시장성, 사업성 관점에서 로열티율에 영향을 미칠 수 있는 주요 항목에 대한 평점 평가모형을 통해 점수화하여 조정 비율을 산정함.

기술평가 실무가이드(2021)에서 제시하고 있는 평가항목을 상표권의 실무에 맞게 준용하여 조정계수를 산정하였음.

나. 조정계수 산정

[대상 상표권의 조정계수 산정표]

구분		평가항목	평점 -2	평점 -1	평점 0	평점 1	평점 2
기술성 (6개)	기술의 유용성	혁신성		○			
		활용성			○		
	기술의 경쟁성	차별성				○	
		기술경쟁강도		○			
		대체가능성				○	
		모방난이도				○	
권리성 (3개)	권리의 안정성	권리안정성	○				
	권리의 광협	권리보호강도		○			
	권리의 충실성	침해발견 및 입증 용이성				○	
시장성/사업성 (6개)		시장경쟁강도	○				
		수요민감도	○				
		예상 시장점유율		○			
		사업화 소요자본				○	
		매출 성장추세				○	
		수익성				○	
합계		총계			-7		

출처 : 특허법인 A 보고서

대상 상표권에 대하여 기술성(6개), 권리성(3개), 시장성/사업성(6개)의 총 15개 평가항목에 대한 점수를 위와 같이 평가하고, 이를 합산한 '-7점'을 이용하여 조정계수는 76.7%로 함. 따라서 대상 상표권에 대해 산정된 조정계수는 76.7%임.

대상 상표권 조정계수 : 76.7%

출처 : 특허법인 A보고서

> 5. 로열티율 추정
>
> 대상 상표권의 로열티율은 아래와 같이 계산될 수 있음. 사업화에 많은 자본이 소요되기는 하나, 사업주체가 감당할 수 있는 수준이므로 개척률은 100%로 계산하였음.
>
> $$기준율 \times 기술의 비중 \times 조정계수 \times 개척률 = 로열티율$$
> $$5.00\% \times 100\% \times 76.7\% \times 100\% = 3.84\%$$
>
> 출처: 특허법인 A 보고서

(2) 지식재산기여도를 적용하는 방법

유사 지식재산권의 지식재산기여도 활용법 또는 기술요소법이 해당된다. 전자는, 해당 제품 또는 사업을 통해 창출된 미래 현금흐름의 순현재가치에 기여한 유·무형자산 가운데 대상 지식재산권이 공헌한 비율인 '지식재산기여도'를 시장에서 파악할 수 있는 경우에 적용하며, 후자는 지식재산기여도를 '산업기술요소×개별기술강도×기술비중'으로 계산한다. 기술요소란 기술자산이 사업화과정에서 창출된 경제적 이익에 공헌한 비율로, 기술요소법[100]은 지식재산권의 가치는 유·무형자산이 유기적으로 결합하여 창출한 대상 제품 또는 사업의 가치 가운데 기술요소의 비중으로부터 도출될 수 있다는 논리다. 다만, 기술요소법의 경우, 시장의 거래에 기반하지 않은 산출방법이다.

3. 거래사례비교법

유사 지식재산권 거래사례와 비교하는 방법, 실시료율을 곱하여 산정된 현금흐름을 할인하거나 환원하여 산정하는 방법으로 대별되는데, 후자는 로열티공제법과 흡사하다. 전자의 방법은, 시장에서 거래된 동일 또는 유사한 지식재산권의 거래사례를 포착하고, 거래의 조건, 사업화 단계, 제품의 완성도 및 대상 지식재산의 활용도, 권리안정성 등의 비교가 가능한지 판단하여야 한다. 비교가능성 있는 거래사례가 선정된 경우 대상 지식재산권의 가치형성에 영향을 미치는 요인을 중심으로 양자를 비교하여 적정 가치를 산출한다. 거래사례비교법은 시장 기반 정보를 활용한다는 점에서 장점이 있으나, 지식재산권 사용에 따른 대가의 지급 형태가 다양하게 혼합된 거래는 비교분석하기 어려우며, 거래에 포함된 숨겨진 요소들을 고려하기 어렵고, 지식재산권 거래 자체가 비공개계약인 경우가 많아 실무적으로 거래사례를 구하기가 쉽지 않은 한계점이 있다.

4. 원가법

새로 취득하기 위한 예상비용에 감가수정하는 방법, 제작 또는 취득에 소요된 비용을 물가변동률 등으로 수정하는 방법이 해당된다. 원가법의 기본산식은 다음과 같다.

> 대상 지식재산권의 가치＝지식재산 개발 관련 투입비용(원가)＋기회비용(개발보상비용)－진부화로 인한 가치감소분
> ＋(선택요인; 시장수요 가산요인)

---

[100] 제3절 기술가치 평가에서 후술

진부화로 인한 가치감소분에는 기능적 진부화와 경제적 진부화가 포함된다. 기능적 진부화는 대상 지식재산권을 사용하는데 있어 대체기술의 발전으로 기능을 충분히 발휘하지 못하게 되어 운영의 비효율성이 발생하는 것이며, 경제적 진부화는 해당 지식재산권 자산이 기능을 수행하고는 있으나 외부적 요인으로 인해 수익성이 감소하는 것이다.

아래는, 투입비용 이상의 수익을 발휘하지 못하고 있는 무형자산을 원가법으로 평가한 보고서 일부를 발췌한 것이다

감정평가액 산출근거

1. 산정 개요
   원가법에 의한 무형자산 White에 대한 평가임.
2. 무형 자산 내역

일련번호	구 분	명 칭	제작/개발	수량	비 고
1	개 발	B2B 통합 White 서비스	*	1식	B2B 통합 White 서비스 iOS/AOS App, 관리자 web(개발비)
2	개 발	B2B 통합 White 서비스 외주개발	**	1식	
3	개 발	B2B 통합 White 서비스 외주개발	***	1식	

출처 : 귀 제시목록

3. 재조달원가
   가. 간접법에 의한 재조달원가 (일련번호1)
      (1) 개 요

   > 소프트웨어 개발비＝직접인건비＋제경비＋기술료＋(직접경비)

   본건 개발비 중 내부 개발비의 경우 간접법(투입공수방식)에 의하여 산정함. 투입공수에 의한 소프트웨어 개발비 산정방식은 통상적으로 말하는 M/M(월평균 임금) 방식을 말하며 이 방식은 엔지니어링 사업 대가의 기준을 준용하여 소프트웨어 개발비를 산정하는 방식으로 투입인력의 직접인건비는 한국소프트웨어 산업협회가 조사 및 공표하는 소프트웨어기술자 등급별 노임단가를 적용하여 산정함.

   (2) 직접인건비
   직접인건비는 프로젝트 개발을 위해 실제로 투입되는 인원에 대한 인건비로서, 투입인력 소요공수에 노임단가를 곱하여 산정함. 노임단가는 통계청의 승인을 받아 한국 소프트웨어 산업협회에서 공표하는 소프트웨어기술자등급별 평균임금을 적용함. 이때 202*년 1월 1일 이후로 적용되는 소프트웨어 기술자 평균임금은 등급별로 고시되지 않고 직무별 평균임금만 공표되는 바, 가장 최근인 202*년 소프트웨어기술자등급별 평균임금을 기준하되 통상적으로 시장에서 적용되는 할인율로 조정함.

   > 직접인건비＝투입인력 기술자별 공수×소프트웨어 기술자 평균임금

   (3) 제경비
   제경비는 엔지니어링 사업 대가의 기준을 준용하며, 직접비(직접인건비와 직접경비)에 포함되지 아니하고 소프트웨어 개발 사업자의 행정 운영을 위한 기획, 경영, 총무 분야 등에서 발생하는 간접 경비임. 이는 임원·서무·경리직원 등의 급여, 사무실비, 사무용 소모품비, 비품비, 기계기구의 수선 및 상각비, 통신운반비, 회의비, 공과금, 운영활동 비용 등을 포함함.

   (4) 기술료
   기술료는 엔지니어링 사업 대가의 기준을 준용하며, 소프트웨어 개발 사업자가 개발·보유한 기술의 사용 및 기술 축적을 위한 대가로서 조사연구비, 기술개발비, 기술훈련비 등을 포함함.

(5) 직접 경비

직접경비란 당해 소프트웨어 사업에 소요되는 직접적인 비용을 의미하며, 엔지니어링 사업 대가기준에서 정한 직접경비 항목 이외에 소프트웨어 사업의 특성을 반영하여 당해 소프트웨어 사업에 특별히 필요로 하는 컴퓨터 시스템 및 소프트웨어 도구 사용료, 선투자 후정산 사업으로 추진되는 사업의 경우 지급이자, 발주자의 요구에 의한 특정기술 도입과 관련된 전문가 비용, 특수자료비, 자료조사비, 기자재 시험비, 모형 제작비, 그 밖에 당해 소프트웨어 사업에 특별히 소요되는 직접비용 등이 추가적으로 해당될 수 있음.

(6) 간접법에 의한 재조달원가

본건 소프트웨어의 투입공수는 의뢰인이 제시한 기술등급별 최종 투입공수를 검토하여 적용함. 대가산정 기준 및 입찰관행에 따라 제경비는 직접인건비의 110%, 기술료는 직접인건비와 제경비의 합에 20%를 적용함. 또한 대가 산정 기준이 입찰 시 상한으로 적용하여 통상적인 외주용역에 따른 할인율이 상기 기준금액의 10~20%(1차 벤더기준)인 점을 감안하되, 최근 물가인상 등을 고려하여 정상할인율을 10%로 적용하여 결정하였음.

(단위 : 천원)

HAE 직급	VCL3	VCL2	VCL1	합 계
기술등급	고 급	중 급	초 급	
M/M	19	18.75	7.83	45.58
노임단가	6,353,006	4,986,758	4,486,165	—
A. 직접인건비	120,707,114	93,501,713	35,126,672	249,335,498
B. 제경비	132,777,825	102,851,884	38,639,339	274,269,048
C. 기술료	50,696,988	39,270,719	14,753,202	104,720,909
소 계	304,181,927	235,624,316	88,519,213	628,325,455
정상할인금액	30,418,193	23,562,432	8,851,921	62,832,546
결정금액	273,763,734	212,061,884	79,667,292	565,492,909

나. 직접법에 의한 재조달원가(일련번호 2, 3)

본건 개발비 중 외주비의 경우 회사가 제시한 취득금액을 기준으로 취득시점부터 기준시점까지 물가변동률 (생산자물가지수 중 S/W개발공급지수)을 적용하여 산정함.

(단위 : 원)

일련번호	취득금액	취득일	시점수정	재조달원가
2	49,419,000	202*. 01	1.03143	50,972,239
3	42,000,000	202*. 05	1.03143	43,320,060
합 계				94,292,299

※ 시점수정 : 생산자물가지수(소프트웨어 개발·공급) 116.18/112.64＝1.03143

다. 재조달원가 결정

(단위 : 원)

구 분	일련번호 1	일련번호 2	일련번호 3	산정금액	결정금액
금 액	565,492,909	50,972,239	43,320,060	659,785,209	660,000,000

4. 감가수정

가. 경제적 내용연수 결정

(1) 국가별 소프트웨어 평균 내용연수 비교

아시아	유럽		북미
한국 : 6	프랑스 : 5	스페인 : 4	미국 : 3, 5
호주 : 4, 6	영국 : 5	네덜란드 : 3, 5	캐나다 : 3, 5
이스라엘 : 3, 5	이탈리아 : 5	핀란드 : 5	

출처 : 「자산별 내용연수와 감가상각률의 국제비교 및 시사점」, 한국은행 경제통계국 **

(2) 각국의 소프트웨어 고정자본 소모와 내용연수

구 분	내용연수 (년)		감가상각패턴
	자가계정과 주문형	패키지형	
호주	6	4	연령-효율함수
캐나다	5	3	직선형
체코	5		기업계정
덴마크	6	4	직선형
핀란드	5		직선형
프랑스	5		직선형
이탈리아	5		직선형
일본	5		직선형
네덜란드	3		직선형
스페인	4		직선형
스웨덴	10	5	기하형
영국	5		직선형
미국	5	3	기하형

출처 : OECD(20**a)

(3) 경제적 내용연수 결정

소프트웨어 평균내용연수 및 OECD자료 등을 참고하여 5년(60월)으로 결정함.

나. 감가수정

본건 서비스는 202*년 12월 일부 오픈이후, 202*년 04월 현재와 같은 수준으로 개선이 완료되었음. 이때 일부 서비스가 오픈된 상태에서도 사업 진행이 가능한 상태였으므로, 최초 서비스 오픈일인 202*년 12월 01일을 기준하여 정액법을 적용하되, 개발소프트웨어의 특성상 기간 말 잔존가치는 없는 것으로 보고, 통상적인 서비스 안정화 기간 등을 고려하여 만월감가를 적용하였음.

5. 감정평가액 결정

(단위 : 원)

구 분	재조달원가	감가율	감가수정액
일련번호 1~3	660,000,000	28/60	308,000,000

(단위 : 원)

구 분	재조달원가	감가수정액	기초가액
일련번호 1~3	660,000,000	308,000,000	352,000,000

제3절 기술가치 평가[101]

「기술의 이전 및 사업화 촉진에 관한 법률」 제2조에서는 '기술'을, 특허법 등 관련 법률에 따라 등록 또는 출원된 특허, 실용신안, 디자인, 반도체집적회로의 배치설계 및 소프트웨어 등 지식재산, 기술이 집적된 자본재, 기술에 관한 정보, 그 밖에 상기에 준하는 것으로서 대통령령으로 정하는 것('이전 및 사업화가 가능한 기술적·과학적 또는 산업적 노하우')으로 정의하고 있다. 지식재산권은 법률을 통해 소유권이나 소유권이 수반된 제반 권리를 보호받고 궁극적으로 경제적인 가치로 표현될 수 있다. 반면, 기술은 기술의 속성에 포함된 지식재산 부문을 제외하면 경제적 소유주체, 대상기술의 법적 실체성 등의 측면에서 일부 불완전성을 보유하고 있다.

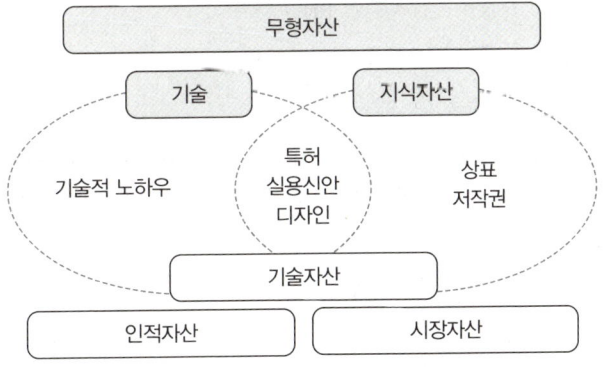

기술과 지식재산의 관계

따라서 기술평가란 사업화를 통해 발생할 수 있는 기술의 경제적 가치를 가액, 등급 또는 점수 등으로 표현하는 것이다.

---

101) 「기술평가 실무가이드」, 산업통상자원부, 2021

기술가치의 평가목적과 용도[102]를 정리하면 다음과 같다.

구 분	용 도
이전, 거래	기술의 매매, 라이선스 가격 결정
현물출자	기술 또는 지식재산권의 현물출자
금 융	기술의 담보권 설정 또는 투자유치
전 략	기업의 가치증진, 기술상품화, 분사(spin-off), 장기 전략적 경영계획 수립
세 무	기술의 기증, 처분, 상각을 위한 세무계획수립 및 세금 납부
소 송	지식재산권 침해, 채무불이행, 기타 분쟁 관련과 연관된 소송 수행
청 산	기업의 파산 또는 구조조정에 따른 자산평가, 채무상환계획 수립
기 타	특례상장 등

산업통상자원부의 기술평가 실무가이드에서 요약하고 있는 기술가치평가 방법론은 시장접근, 수익접근, 원가접근법으로 정리할 수 있다.

시장접근법	수익접근법	원가접근법
거래사례비교법 로열티공제법 경매(Auctions)	기술요소법 로열티공제(Relief from Royalty)법 다기간초과수익(Multi-period Excess Earning)법 증분수익(Incremental Income)법 잔여가치(Residual Value)법 실물옵션법	역사적원가법 재생산원가법 대체원가법

이 중 수익접근법의 '기술요소법'은 지식재산권의 수익환원법과 동일한 분석 틀을 활용한다. 기본적인 산식은 다음과 같다.

$$V_t = \left(\sum_{t=1}^{n} \frac{CF_t}{(1+r)^t} \right) \times 기술기여도$$

- n : 대상기술의 경제적 수명을 고려한 현금흐름 추정기간
- CF_t : t년도 현금흐름
- r : 할인율
- 기술기여도 : 사업가치 중 기술이 기여하는 비율로 '산업기술요소×기술의 비중×개별기술강도'
- 기술의 비중 : 대상기술 제품(서비스)를 구성하는 전체 기술 중에서 대상기술이 차지하는 비중

---

[102] 산업통상자원부, 기술평가기준운영지침(산업통상자원부 고시 제2016-114호)

1. 경제적 수명(현금흐름 추정기간)

기술수명에 부정적 영향을 미치는 요인들이 발생하여 기술이 시장에서 경쟁우위를 잃게 될 것으로 예상되는 시점까지로, 기술자산의 법적 보호기간이나 내용연수와는 다른 개념이며 기술 자체의 수명뿐만 아니라 기술이 사용되는 제반 환경적 요인을 고려하여 결정돼야 한다. 기술수명을 추정하는 데 '특허기술에 대한 인용빈도'를 중용하고 있다. 특허인용수명은 기술군 내 개별특허의 연차별 인용빈도 수에 기반하여 개별특허의 수명주기 값을 산출한 것으로 특허인용수명의 분포형태에서 그 중앙값(TCT)을 가리킨다. 기술수명 영향요인 평가를 통해 수명을 조정한다.

> 기술의 경제적 수명 = 기준 특허인용수명(TCT) × {1 + (영향요인 평점합계/20)}

기준특허인용수명은, R&D 도입단계 ~ 성장단계, 성장단계 ~ 성숙단계, 성숙단계 ~ 쇠퇴단계 등으로 나눌 때 해당 기술이 어느 단계에 속했는지에 따라 달리 적용된다. 영향요인 평점은 다음 평가표(예시)를 통해 구할 수 있다.

구 분	세부영향요인	평점				
		−2	−1	0	1	2
기술/권리요인	우월성				■	
	기술경쟁강도				■	
	대체가능성				■	
	모방난이도		■			
	권리보호강도			■		
시장/사업요인	시장진입가능성				■	
	시장경쟁강도		■			
	시장경쟁의 변화			■		
	신제품 출현가능성			■		
	예상 시장점유율			■		
영향요인 평점 합계		1점				

※ 항목별로 보통인 경우 0점을 기준하여 상대적인 수준에 따라 가점 또는 감점하여 평가함

이렇게 해서 기술의 경제적 수명이 결정되면 여기에서 대상특허의 등록 이후 경과연수를 차감하면 기술의 경제적 수명 '적용기간'이 도출된다. 이렇게 구한 기술의 경제적 수명 적용기간이 법적 잔존기간보다 짧으면 그대로 적용하고 법적 잔존기간보다 크면 법적잔존기간으로 적용해야 한다. 매출이 실현되기 전의 '사업화 준비기간'을 별도로 가산할 수도 있다.

2. 현금흐름

세후영업이익에서 그 밖의 비용을 가감하여 현금흐름에 대입한다.

> 현금흐름(CF)=세후영업이익(NOPLAT)+감가상각비(Dep)-자본적지출(CE)-순운전자본증감(△NWC)

3. 할인율

가중평균자본비용을 구해 대입한다.

> 가중평균자본비용(WACC)=자기자본비용×자기자본구성비+타인자본비용×타인자본구성비×(1-법인세율)

자기자본비용은 상장기업과 중소기업별로 달리 산출할 수 있다.

구 분	상 세
중소기업	상장기업 자기자본비용+비상장 규모 위험프리미엄+기술사업화 위험프리미엄
상장기업	$R_f + \beta \times [E(R_m) - R_f]$ • $E(R_m)$: 시장 포트폴리오에 대한 기대수익률, 일반적으로 종합주가지수수익률을 대용치로 사용 • R_f : 무위험이자율 • $[E(R_m) - R_f]$: 시장위험프리미엄 • 베타(β) : 개별자산(기업)의 체계적인 위험의 민감도

타인자본비용도 상장기업과 중소기업별로 달리 산출한다.

> 중소기업 타인자본비용(K_d)=상장기업 타인자본비용+추가위험 스프레드

상장기업의 타인자본비용은 이자지급부 금융부채에 대한 금융비용을 의미한다. 금융부채는 대차대조표 상의 단기차입금, 유동성 장기부채, 사채, 그리고 장기차입금 등이며, 금융비용은 손익계산서 상의 지급이자와 할인료, 회사채 이자를 합산하여 산출한다.

4. 기술기여도

기술기여도는 산업기술요소, 기술의 비중, 개별기술강도를 곱해 산출한다. 구조는 다음과 같다.

기술기여도(예시)

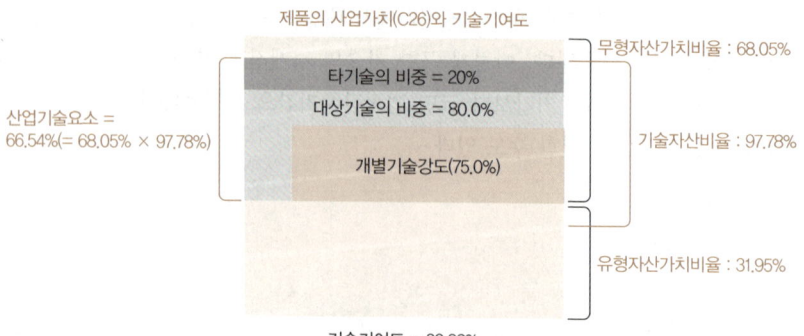

그리고 각 항목의 세부적 산출기준을 정리하면 다음과 같다. 자기자본비용은 상장기업과 중소기업별로 달리 산출할 수 있다.

> 기술가치 = 기술의 사업가치(Business Value) × 기술기여도
> 기술기여도(%) = 산업기술요소 × 기술의 비중 × 개별기술강도
>
> - 산업기술요소 : 최대 실현 무형자산가치비율 × 평균기술자산비율
> - 무형자산가치 = 기업시장가치(시가총액) − 순자산가치
> - 순자산가치 = 자산총액 − 부채총액
> - 무형자산가치비율 = 무형자산가치/기업시장가치(시가총액)
> - 기술자산비율 = 연구개발비/(연구개발비 + 광고선전비 + 교육훈련비)
> - 기술의 비중 : 대상기술 제품(서비스)을 구성하는 전체 기술 중에서 대상 기술이 차지하는 비중
> - 개별기술강도 : 산업 선도기술 대비 대상기술의 상대적인 수준

5. rNPV법[103]

(1) 개요

기술가치 중 제약, 바이오기술, 구체적으로 신약개발 기술가치의 평가에 주로 사용되는 방법으로 rNPV(risk-adjusted NPV, 위험조정NPV)법이 있다. 연도별 현금흐름을 할인율을 이용해 현재가치로 환산한 후, 신약개발의 위험 특성을 반영한 단계별 성공확률을 적용함으로써 기술의 가치를 산출한다. 이 방법은, 장기간 고비용이 들고 인허가가 필요한 신약개발에서 개발비용, 개발기간 및 임상 성공확률 등의 불확실한 요소들에 대한 각각의 분석결과를 투입변수로 활용함으로써 임상이라는 과정을 반드시 통과해야만 사업화가 가능한 신약개발의 특수성을 반영한 평가방법이다. 기존 수익접근법에서 NPV를 제약·바이오 기술에 적용할 경우 임상 성공과 연관된 위험요소를 반영하지 못하고 개발 단계별 실패위험을 고려하지 않기 때문에 과대평가될 가능성이 농후하다.

최근, 바이오벤처가 많아지고 이들의 신약기술이 임상단계에서 해외 빅파마(Big Pharma)에 수출되고 있다. 이에 따라 현물출자, 기술이전(양도), 조세, 투자유치 등의 목적으로 감정평가 수요가 발생한다.

(2) 신약개발

① 제약·바이오분야의 특성

제약·바이오 기술은 기술집약적 고부가가치 기술로서, 개발기간이 길고 막대한 개발비용이 요구되기 때문에 개발단계에서 기술이전이 진행되는 경우가 일반적이다. 또한 특정 제약 및 바이오 분야에서 개발단계와 연관된 위험 사이의 관계를 설명할 수 있는 승인확률 등의 자료가 발표되고 있다. 통계적으로 신약출시에 성공하는 경우는 후보물질 10,000개 중 1개에 불과하기 때문에 임상단계가 성공적으로 진행될수록 경제적 가치가 급격히 상승하게 된다. 또한 신약이 성공적으로 개발되면 대상기술이 만료되는 시점까지 독점적 지위를 확보할 수 있다.

---

103) 산업통상자원부, 기술평가실무가이드, 2021, p.149 이하

특허만료 후에는 후속물질(제네릭, 바이오시밀러)의 시장 출현에 의해 수익 창출이 줄어들 수 있지만 후속 물질이 출현하지 않으면 특허 만료 후에도 수익이 지속된다. 막대한 개발비용의 부담 때문에 국내 제약기업들은 중간단계에서 기술이전 등을 통한 수익 창출에 집중하고 있다. 제약·바이오 기술의 가치평가는 '개발 중인 약물'을 대상으로 시장에 출시한 이후 발생할 수 있는 경제적 가치를 평가하는 것이다. 아래는 신약개발의 개략적인 통계수치다.

구 분	후보물질 발굴			전임상	임상시험계획신청(IND)	임상			신약허가신청(NDA)	판 매
	유효물질 발견	선도물질 도출	선도물질 최적화			1상	2상	3상		
신약개수	5,000–10,000			10–250		9	5	2		1
기술이전 시 경제적 가치	—			1배	3배	10~30배	30~50배	100배	—	—

② 신약개발단계

개발단계는 크게 기초연구(과학적 발견, 가설 수립, 개념 검증), 응용(연구용 전임상[104]), 허가용 전임상), 개발(임상 1상, 임상 2상), 실용화단계(임상 3상, 시판 후 연구)로 대별되며, 단계별 개발기간(2019년 기준) 및 개발비용 통계(2010년 기준)는 다음과 같다.

구 분	후보물질			전임상	임상시험신청(IND)	임상			신약허가신청(NDA)	판 매
	발 견	도 출	최적화			1상	2상	3상		
시험대상자수	—	—	—	—		20~100명	100~500명	1,000~5,000명		—
기간	1년	1.5년	2년	1년		1.5년	2.5년	2.5년		1.5년
내용	정보탐색, 약물설계 (시험관 내 실험/in vitro)			동물실험 (invivo)		건강인 (안전성)	환자 (유효성)			—
비용 (백만달러)	1	2.5	10	5		15	40	150		40

(3) rNPV법 적용

① 종 류

사업모델에 따라 두 가지 방법을 고려할 수 있다. 각 방법은 평가목적, 대상 기술의 완성도, 사업주체의 사업화계획 등에 따라 평가자가 판단할 사항이다.

구 분	상 세
일반 rNPV	사업주체가 직접 대상 기술의 사업화를 통해 매출을 시현하는 경우
로열티기반 rNPV	기술이전을 통한 기술료 수입으로 매출을 시현하는 경우

---

104) preclinical

일반 rNPV 산식은 수익환원법의 할인현금흐름모형과 유사하며 신약승인확률 및 기술기여도를 반영한다는 점에서 차이가 있다.

$$rNPV = \sum_{t=1}^{n} \frac{CF_t \times 신약승인확률_t}{(1+r)^t} \times 기술기여도$$

- t : t년도
- n : 현금흐름 추정기간
- CF_t : t년도의 현금흐름
- r : 할인율
- 신약승인확률 : t년도의 신약 누적성공확률
- 기술기여도(%) : 연도별 현금흐름을 할인율을 이용해 현재가치로 환산한 후, 신약개발의 위험 특성을 반영한 단계별 성공확률을 적용함으로써 기술의 가치를 산출

로열티기반 rNPV는 일반 rNPV와 비교할 때, 기술기여도를 고려하지 않고 현금흐름은 총 로열티 수입(Front 수입＋경상 로열티 수입)에서 기술개발비용을 차감하여 산정한다는 점에서 차이가 있다. 일반 rNPV에서는, 사업주체가 이 기술의 사업화과정을 거쳐 발생한 현금흐름은 사업체의 영업이익(기업가치평가에서 FCFF) 개념이고 이 중 해당 기술에 안분하기 위해 기술기여도를 감안한다. 반면, 로열티기반 rNPV에서는 사업화 주체는 다른 기업이며 이 기업에 기술이전을 통해 로열티수입이 발생하고 이는 순수하게 해당 기술이 창출한 현금흐름이므로 안분의 과정이 불필요하다.

$$로열티기반\ rNPV = \sum_{t=1}^{n} \frac{CF_t \times 신약승인확률_t}{(1+r)^t}$$

- t : t년도
- n : 현금흐름 추정기간
- CF_t : t년도의 현금흐름(로열티 수입－기술개발비용)
- r : 할인율
- 신약승인확률 : t년도의 신약 누적성공확률

② 로열티기반 rNPV

이 방법이 실무적으로 가장 활용성이 높다. 장기간에 걸쳐 고비용의 임상시험이 필요한 신약개발은, 전임상 또는 임상 1～2상 단계에서 국내 또는 글로벌 제약사와의 기술제휴 또는 기술이전을 통해 사업화를 추진하는 경우가 대부분이기 때문이다. 로열티를 발생하는 대상은 후보 물질 또는 신약 제조 플랫폼으로 특허등록을 통해 법적 이익을 보호받는다.

이 방법을 적용함에 있어 각 항목의 구체적인 고려사항은 다음과 같다.

㉠ 현금흐름 추정기간

가치추계시점은 후보물질 발굴, 전임상, 임상, 판매 등의 단계 어느 하나에 해당될 수 있다. 이 시점부터 로열티 수입이 발생하는 기간을 마지막 시점까지가 현금흐름 추정기간이 된다.

ⓒ 현금흐름

현금흐름의 계산 과정을 정리하면 다음과 같다. 후보물질단계를 넘어 전임상 단계에서 기술이 전계약이 체결되는 것을 전제했다.

[현금흐름 TABLE]

구 분	전임상	임상1	임상2	임상3	FDA승인	제품출시	기술 경제적 수명완료
1. 로열티수입	경상로열티수입＋Front수입						
1.1 경상로열티						매출액×로열티율	
1.2 Front수입	Milestone계약에 의한 단계별 기술료 수령						
2. 기술개발비용	경상관리비＋임상비용						
3. 세전현금흐름	로열티수입－기술개발비용						
4. 세후현금흐름	세전현금흐름×(1－법인세율)						
5. 현재가치	세후현금흐름×현가계수(WACC)						
6. 신약승인누적확률	당기승인확률＝전기승인확률의 곱($p_1 \times p_2 \times \cdots$)						
7. 위험조정순현재가치	현재가치×신약승인누적확률						
8. 기술가치	Σ위험조정순현재가치						

이 중 로열티수입은 아래와 같이 구성된다.

신약개발계약	전임상	임상	승인신청	승인완료		신약출시
총 계약금액						로열티
계약선불금 (upfront)	단계별 기술료(milestone)				＋	경상로열티 (running royalty)
계약체결 후 일정기간 내 받는 금액	개발단계별 성공 시 받는 금액					기술이전 결과 매출 시현 후 받는 금액

경상로열티수입은 제품이 출시된 후 매출액에 연동해 받는 로열티수입을 가리킨다. 일종의 기술사용료다. '매출액×로열티율'로 결정하며, 로열티율은 기간 내 동일할 수도 있고 매출액 규모에 따라 증감할 때도 있다. 매출액은 환자 수를 기반으로 해서 추정한 시장규모에 의해 결정되는데, 대상 기술 약물이 시판될 국가의 인구수, 인구증가율, 질환 환자수 및 환자유병률, 환자증가율, 질환 진단비율 및 처방비율, 의약품 예상 가격 등 자료를 파악해 합리적으로 결정한다. 로열티율은 유사기술의 이전사례, 업종평균 등으로 추정하는데, 기술가치평가 실무가이드 및 글로벌 시장통계자료 등을 활용한다.

아래는 최근 몇몇 제약사의 기술이전 시 확인된 로열티율이다.

연 도	수출기업	수입기업	로열티율	이전대상
2022	사노피 (Sanofi)	리제네론 (Regeneron)	11%	립타요 (Libtayo)
2022	웨어울프 테라퓨틱스 (Werewolf Therapeutics)	재즈 파마슈티컬스 (Jazz Pharmaceuticals)	5% ~ 7%	WTX-613
2022	종근당바이오	큐티아 테라퓨틱스 (Cutia Therapeutics)	5%	타임버스4) (Tyemvers)
2021	아납티바이오 (AnaptysBio)	GSK	3%	젬펠리 (Jemperli)
2021	CMG제약 & 한독	AUM Biosciences	3.5% ~ 5.5%	CHC2014

Front수입은 계약선불금(upfront)과 단계별 기술료로 구분되는데, 통상 계약체결시점까지의 개발비용, 향후 시장규모 등을 고려해 책정된다. 단계별 기술료의 경우 임상단계에 도달했을 때 성공불 형식으로 받으며, 임상단계별로 수령금액이 높아지는 것이 일반적이다. 즉, 총 계약금액이 있고 해당 단계에 도달했을 때 각각 얼마씩 지급받게 된다.

기술개발비용은 경상관리비와 임상비용으로 구성되는데, 기술이전에 따라 임상비용을 이전받은 기업이 전부 부담하는 경우 고려할 필요가 없으며, 해당 기술의 특허등록 및 시장출시에 필요한 최소한의 경상관리비만 반영하면 된다.

ⓒ 할인율

가중평균자본비용을 적용한다. 일반적인 기술가치 평가 시에는 '기술사업화 위험프리미엄'을 반영하지만, 로열티기반 rNPV에서는 신약승인확률을 현금흐름단계에서 고려하며 위험을 인식하므로 기술사업화 위험프리미엄은 반영하지 않아도 된다.

ⓔ 신약승인확률

일반적인 수익환원법 및 로열티공제법과 가장 차별되는 투입정보다. 신약 단계별 성공확률은 대상 기술 약물이 현재의 개발단계에서 다음 개발단계로 성공적으로 진행될 확률을 뜻한다. 따라서 t기의 현금흐름에는 t기까지의 신약 단계별 성공확률을 누적적으로 곱해줘야 한다. 각 단계별 통계적인 성공확률도 기술가치평가 실무가이드 및 글로벌 시장통계사료를 참고한다.

CHAPTER 13 기출문제

지식재산권 등 평가

01 감정평가사 甲은 식료품 제조업을 영위하는 (주)A로부터 일반거래(시가참고) 목적의 감정평가를 의뢰받았다. 관련법규 및 이론을 참작하고 제시된 자료를 활용하여 다음의 물음에 답하시오.(단, 기준시점은 2020.1.1.임) (40점) 〔기출 30회〕

(1) (주)A의 특허권의 유효 잔존수명을 산출하고, 특허권 가치를 평가하시오. (10점)

⟨자료 1⟩ 대상 기업 및 특허권 개요

1. 대상 기업 현황

상 호	(주)A
대표자	이○○
설립일자	2012.6.17.
사업자번호	514-87-*****
주요제품	과자류

2. 특허권 개요

명 칭	나선형 ** 코팅 장치
등록번호	10-13*****
출원일	2013.5.26.
특허권자	(주)A
존속기간 만료일	2033.5.26.

⟨자료 2⟩ 주요가정

기업의 영업가치 총액은 10,967백만원, 이 중 추정기간 5년의 영업가치는 3,268백만원, 추정기간 후 영업가치는 7,699백만원임

(중 략)

〈자료 7〉 특허권 평가 자료

1. 특허권의 유효 잔존수명은 경제적 수명 잔존기간과 법적 잔존기간을 비교하여 결정하며, 산출된 유효 잔존수명은 연단위로 절사함
2. 특허권의 경제적 수명 잔존기간은 아래의 자료로 산출함
   1) 경제적 수명기간 산출방법 : 특허인용수명×(1＋영향요인 평점 합계/20)
   2) 특허인용수명

IPC	기술명	Q1	Q2(중앙값)	Q3
A23G	과자 등	5	9	13

   3) 기술수명 영향요인 평가표

구 분	세부요인	평 점				
		-2	-1	0	1	2
기술 요인	대체기술 출현가능성				V	
	기술적 우월성				V	
	유사·경쟁기술의 존재(수)		V			
	모방 난이도				V	
	권리 강도			V		
시장 요인	시장 집중도 (주도기업 존재)				V	
	시장경쟁의 변화			V		
	시장경쟁강도			V		
	예상 시장점유율				V	
	신제품 출현빈도				V	

3. 특허권은 물음 1에서의 "기업의 영업가치"에 해당 특허권의 기술기여도를 곱하는 방식으로 평가함

〈자료 8〉 기술기여도 산출 관련 자료

1. 결정방법 : 기술기여도는 산업 특성을 반영하는 산업기술요소와 개별기술의 특성을 평가하는 개별기술강도의 곱으로 결정함
2. 산업기술요소

표준산업분류코드		최대무형자산가치 비율(%)	기술자산비율 (%)	산업기술요소 (%)
C10	식료품 제조업	67.5	76.0	51.3
C28	전기장비제조업	90.4	75.3	68.1

3. 개별기술강도
   1) 기술성

구 분	평가지표	평 점				
		1	2	3	4	5
기술성	혁신성				V	
	파급성				V	
	활용성			V		
	전망성			V		
	차별성(독창성)				V	
	대체성				V	
	모방용이성			V		
	진부화가능성(기술수명)			V		
	권리범위				V	
	권리 안정성				V	

   2) 사업성

구 분	평가지표	평 점				
		1	2	3	4	5
사업성	수요성				V	
	시장진입성				V	
	생산용이성			V		
	시장점유율 영향			V		
	경제적 수명				V	
	매출 성장성			V		
	파생적 매출			V		
	상용화 요구시간			V		
	상용화 소요자본			V		
	영업 이익성				V	

   3) 개별기술강도
      개별기술강도(%)=(기술성 점수 합산+사업성 점수 합산)/100

출제영역
무형자산(특허권)

답안작성 가이드

Ⅰ. 평가개요
(주)A가 보유한 특허권에 대한 일반거래(시가참고) 감정평가 건임. (기준시점 : 2020.1.1.)

Ⅱ. (주)A의 특허권 가치
  1. 처리방침
     기업의 영업가치 × 기술기여도

  2. (주)A의 특허권의 유효 잔존수명
     1) 경제적 수명 : $9 \times (1+6/20) = 11$년
     2) 법적 수명 : 2013.5.26. ~ 2033.5.26. = 20년
     3) 특허권의 유효 잔존수명 : Min[1), 2)] − 6년 경과 = 〈5년〉

  3. 특허권 가치
     1) 특허권의 기술기여도
        (1) 산업기술요소 : $67.5\% \times 76.0\% = 51.30\%$
        (2) 개별기술강도 : $(36+34)/100 = 70.00\%$
        (3) 특허권의 기술기여도 : (1) × (2) = 35.91%
     2) 특허권의 가치 : 3,268백만원[*] × 35.91% = 〈1,174백만원〉
        *) 특허권의 유효잔존수명에 해당하는 추정기간 영업가치 적용

CHAPTER 14 유가증권 평가

제3편 | 유형별 감정평가

> **핵심 키워드**
>
> 제1절 주 식
> 1. 개 요
> 2. 주식평가
>   (1) 상장주식
>   (2) 비상장주식
>
> 제2절 채 권
> 1. 개 요
> 2. 채권평가
>   (1) 상장채권
>   (2) 비상장채권
>   (3) 특수한 채권
>
> 제3절 리 츠
> 1. 개 요
> 2. 리츠 평가

제1절 주 식

1. 개 요

주식은, 주식회사의 자본을 구성하는 금액적 의미와 주주의 권리 및 의무의 단위로서의 주주권(株主權)의 의미를 갖는다. 구체적으로는 상장주식과 비상주식으로 대별되는데, 상장주식은 「자본시장과 금융투자업에 관한 법률」에 따른 허가를 받고 개설된 거래소에게 매매할 수 있는 회사의 주식이다.

상장주식의 평가라 하더라도 특정한 사유로 인한 거래제한이 있는지, 배당권이 부착되어 있는지, 실효·위조·변조된 것은 아닌지 확인해야 하고 상장일자와 발행일자 역시 체크해야 한다. 매일의 종가를 확인할 수 있는 상장주식과 달리 비상장주식은 객관적 거래가격이 없다. 회사경영권을 매입하는 투자, 국유주식의 처분, 상장을 위한 공모, 상속세 과세목적 등으로 비상장주식 평가사유는 다양하다.

「감칙」 제10조에서는 유가증권 등 대상물건의 특성상 실지조사가 불가능하거나 불필요한 경우 실지조사를 생략할 수 있도록 했다.

2. 주식평가

감칙과 실무기준에서 정한 평가기준은 다음과 같다.

구 분	상 세

「감 칙」	제24조(유가증권 등의 감정평가)
	① 감정평가법인등은 주식을 감정평가할 때에 다음 각 호의 구분에 따라야 한다.
	  1. 상장주식[「자본시장과 금융투자업에 관한 법률」제373조의2에 따라 허가를 받은 거래소(이하 "거래소"라 한다)에서 거래가 이루어지는 등 시세가 형성된 주식으로 한정한다] : 거래사례비교법을 적용할 것
	  2. 비상장주식(상장주식으로서 거래소에서 거래가 이루어지지 아니하는 등 형성된 시세가 없는 주식을 포함한다) : 해당 회사의 자산·부채 및 자본 항목을 평가하여 수정재무상태표를 작성한 후 기업체의 유·무형의 자산가치(이하 "기업가치"라 한다)에서 부채의 가치를 빼고 산정한 자기자본의 가치를 발행주식 수로 나눌 것

「실무기준」	1.1.3 상장주식의 감정평가방법 ① 상장주식을 감정평가할 때에는 거래사례비교법을 적용하여야 한다. ② 제1항에 따라 거래사례비교법을 적용할 때에는 대상 상장주식의 기준시점 이전 30일간 실제거래가액의 합계액을 30일간 실제 총 거래량으로 나누어 감정평가한다. ③ 기준시점 이전 30일간의 기간 중 증자·합병 또는 이익이나 이자의 배당 및 잔여재산의 분배청구권 또는 신주인수권에 관하여 「상법」에 따른 기준일의 경과 등의 이유가 발생한 상장주식은 그 이유가 발생한 다음 날부터 기준시점까지의 실제거래가액의 합계액을 해당 기간의 실제 총 거래량으로 나누어 감정평가한다. ④ 상장주식으로서 「자본시장과 금융투자업에 관한 법률」제373조의2에 따라 허가를 받은 거래소(이하 "거래소"라 한다) 등의 시세가 없는 경우에는 [660-1.2.3]을 준용한다. 1.2.3 비상장주식의 감정평가방법 ① 비상장주식은 기업가치에서 부채의 가치를 빼고 산정한 자기자본의 가치를 발행주식수로 나누어 감정평가한다. 다만, 비슷한 주식의 거래가격이나 시세 또는 시장배수 등을 기준으로 감정평가할 때에는 비상장주식의 주당가치를 직접 산정할 수 있다. ② 제1항의 기업가치를 감정평가할 때에는 [660-3]을 따른다.

(1) 상장주식

기간별 가중평균단가를 구하도록 했으므로 넓은 의미에서의 거래사례비교법이다.

$$상장주식의\ 가액 = \frac{기준시점\ 이전\ 30일간\ 실제거래가액의\ 합계액}{30일간\ 실제\ 총거래량}$$

매매가 정지된 경우를 포함해 최근 거래가격을 알 수 없다면, 비상장주식 평가방법을 적용해야 한다.

(2) 비상장주식 기출 2, 18회

원칙적으로 자기자본가치(순자산가치)법으로 평가한다.

$$비상장주식의\ 가액 = \frac{자기자본가치(기업가치 - 부채)}{발행주식수}$$

일반적으로 기업가치는 수익환원법으로 평가한다. 다만, 원가법으로 평가하게 되면 기업가치는 유·무형의 개별자산의 가치를 합산한다. 원가법에서는 기준시점 현재 자산 및 부채의 공정가치를 각각 평가하여 수정재무상태표를 작성하면 '자산-부채'에 의해 자기자본가치를 확정할 수 있다. 위 비상장주식의 가액을 구하는 식은 원가법에 의한 기업가치 평가를 전제해서 공정가치로 평가한 '자산-부채'의 값으로 산출한다고 오해하기 쉬우나, 괄호 안의 (기업가치-부채)의 식이 원래 의미에 가깝다. 기업가치 평가방법은 후술되는 15장에서 검토한다.

기업가치에서 출발하는 비상장주식의 가치는, 특별한 사유가 없는 한 계속 기업을 전제한다. 따라서 기업의 가치에 영향을 미치는 사항들을 조사하고 수집해야 한다. 「실무기준」 해설서에서는 기업에 관한 조사, 분석 자료를 다음과 같이 제시하고 있다.

구 분		상 세
조사사항		기업개요, 영업권과 지식재산권 등에 대한 검토, 주식양도방법, 주식 의결권 여부, 기업 신용등급, 보통주식 소유관계
가격자료		거래사례-과거 지분거래가격, 유사기업 인수, 합병가격, 수익자료-재무상태표, 현금흐름추정자료, 시장자료-경제성장률, 물가상승률, 금리, 환율, KOSDAQ지수, KOSPI지수, 유사기업 주식가격
분석자료	경제분석자료	경제성장, 고용, 임금자료(경제성장률, 국내총투자율, 제조업평균가동률, 명목임금증감률, 실업률), 물가자료(생산자물가상승률, 수입물가등락률, 유가등락률), 통화·금융·증권자료(어음부도율, 이자율, 할인율, 종합주가지수), 국제수지 및 무역 외환자료(경상수지, 환율, 외환보유액, 수출증감률)
	산업분석자료	관련사업기술, 유통과정, 재무구조적 특징, 해당산업 시장전망과 규모 및 경제적 지위, 제품 및 원재료의 수요·공급에의 영향요인, 경기변동이나 산업수명주기상의 추정단계, 해당산업에서의 시장진입의 난이도, 예상되는 행정규제 및 지원 등
	내부현황분석자료	기업개요(조직형태, 연혁, 계열관계, 주요주주 및 경영진 약력, 사업개요, 주요시장 및 고객과 경쟁사현황 등), 생산·제조활동사항(주요제품과 서비스, 생산설비와 생산능력 및 가동률, 생산라인의 기술인력, 시설의 리스와 노후화 및 유지보수 정도 등), 영업활동사항(주요 원재료 및 구입처와 구입현황, 주요 제품별 생산공정 및 매출현황, 주요 거래처별 매출실적과 채권 회수 및 부실현황, 제품개발 및 영업신장계획 등), 재무·회계 관련 사항(과거 일정기간 감사보고서, 결산서, 세무신고납부서류, 운영계획 및 예산서, 영업보고서 및 주요 비용분석자료, 차입금 및 담보제공현황, 소송 및 지급보증현황 등)

제2절 채권

1. 개요

국채증권, 지방채증권, 특수채증권, 사채권, 기업어음증권 그 밖에 이와 비슷한 것으로서 지급청구권이 표시된 것을 통틀어 채권으로 정의한다. 국가부터 주식회사에 이르기까지 자금을 조달하기 위한 목적으로 채권을 발행하고 있다. 일정한 기간 약정된 이자의 정기적 지급과 기간 말 원금 상환을 약속하고 발행한 일종의 차용증서다. 채권은 발행주체, 이자지급방법, 상환기간, 모집방법, 보증유무, 이자율 변동여부 등에 따라 다음과 같이 분류한다.

구분		상세
발행주체	국채	국가 발행하는 채권으로 국고채권, 국민주택채권, 외국환평형기금채권
	지방채	지차체 발행하는 지역개발공채, 도시철도채권, 상수도공채, 도로공채
	특수채	특별법에 의해 설립된 특별법인이 발행한 토지개발채, 전력공사채
	금융채	특수채 중 발행주체가 금융기관인 통화안정증권, 산업금융채, 국민은행채, 중소기업금융채
	회사채	주식회사가 발행하는 보증사채, 무보증사채, 담보부사채, 전환사채, 신주인수권부사채, 교환사채, 옵션부사채
이자지급방법	이표채	채권 권면에 이표가 붙어 이자지급일에 일정하게 지급받는 채권
	할인채	액면금액에서 상환기일까지의 이자를 공제한 금액으로 매출하는 채권
	복리채	이자가 단위기간수만큼 복리로 재투자되어 만기 시 원금과 이자가 지급되는 채권
상환기간	단기채	상환기간이 1년 이하 채권
	중기채	상환기간이 1년 ~ 5년인 채권
	장기채	상환기간이 5년 이상
모집방법	사모채	채권발생회사가 특정 인수자에 대해 일정조건으로 인수계약을 체결하고 그 발행 총액을 인수자가 전액 인수하는 방법으로 발행된 채권
	공모채	채권발행회사가 불특정 다수인에게 발행하는 채권
보증유무	보증사채	정부, 금융기관이 원리금 지급이행을 보증하는 채권
	담보부채	채권에 물상담보권이 붙어 있는 채권
	무보증채	발행자의 신용도에 의해 발행, 유통되는 채권
지급이자율 변동유무	확정금리부채권	확정이자율을 적용받는 채권
	금리연동부채권	정기예금금리 등 기준금리에 연동돼 지급이자율이 변동되는 채권

채권의 평가 시에는 발행인, 상장여부·상장일자·거래상황, 상환조건(거치기간 등), 이자율과 지급방법, 채권 양도방법 및 제한, 미도래의 이표 부착여부, 실효·위조·변조의 유무를 조사하고, 채권 가격에 영향을 주는 요인(채권 고유요인, 거시 경제적요인, 채권 수급상황), 채권 가격자료(거래사례, 수익자료, 시장자료)를 검토한다.

2. 채권평가

「감칙」과 「실무기준」에서 정한 평가기준은 다음과 같다.

구 분	상 세

「감칙」	제24조(유가증권 등의 감정평가)
	② 감정평가법인등은 채권을 감정평가할 때에 다음 각 호의 구분에 따라야 한다.
	  1. 상장채권(거래소에서 거래가 이루어지는 등 시세가 형성된 채권을 말한다) : 거래사례비교법을 적용할 것
	  2. 비상장채권(거래소에서 거래가 이루어지지 아니하는 등 형성된 시세가 없는 채권을 말한다) : 수익환원법을 적용할 것

「실무기준」	2.3 채권의 감정평가방법 2.3.1 채권의 감정평가 원칙 2.3.1.1 상장채권 ① 상장채권을 감정평가할 때에는 거래사례비교법을 적용하여야 한다. ② 제1항에도 불구하고 거래사례를 수집할 수 없거나 시세를 알 수 없는 경우에는 수익환원법으로 감정평가할 수 있다. 2.3.1.2 비상장채권 ① 비상장채권을 감정평가할 때에는 수익환원법을 적용하여야 한다. ② 제1항에도 불구하고 수익환원법을 적용하는 것이 곤란하거나 부적절한 경우에는 거래사례비교법으로 감정평가할 수 있다. 2.3.2 거래사례비교법의 적용 채권을 거래사례비교법으로 감정평가할 때에는 동종 채권의 기준시점 이전 30일간 실제거래가액의 합계액을 30일간 실제 총 거래량으로 나누어 감정평가한다. 2.3.3 수익환원법의 적용 ① 채권을 수익환원법으로 감정평가할 때에는 지급받을 원금과 이자를 기간에 따라 적정수익률로 할인하는 방법으로 감정평가한다. ② 적정수익률은 거래소에서 공표하는 동종채권(동종채권이 없을 경우에는 유사종류 채권)의 기준시점 이전 30일간 당일 결제거래 평균수익률의 산술평균치로 한다. 다만, 같은 기간에 당일 결제거래 평균수익률이 없는 경우에는 보통거래 평균수익률 등 다른 수익률을 적용할 수 있다.

(1) 상장채권

거래소가 개설한 채권시장에서 매매될 수 있는 자격이 부여된 채권이다. 거래사례비교법에 의한 채권평가는 상장주식 평가와 동일하다.

$$상장채권의\ 가액 = \frac{기준시점\ 이전\ 30일간\ 실제거래가액의\ 합계액}{30일간\ 실제\ 총거래량}$$

거래소 거래사례를 수집할 수 없거나 시세를 알 수 없으면 비상장채권 평가 원칙인 수익환원법에 의한다.

수익환원법에 의한 채권 평가는 장래 지급받을 이자와 만기 상환 받는 원금의 현재가치다.

$$\text{수익환원법에 의한 채권의 가액} = \sum_{t=1}^{n} \frac{CF_t}{(1+r)^t}$$

- t : 채권을 보유하는 기간
- n : 채권의 만기일
- r : 적정수익률
- CF_t : t시점에서의 현금흐름(이자, 배당)

할인율로 적용되는 '적정수익률'은 거래소에서 공표하는 동종채권(없는 경우 유사종류 채권)의 기준시점 이전 30일간 당일 결제거래 평균수익률의 산술평균치로 한다. 다만, 같은 기간 당일 결제거래 평균수익률이 없는 경우에는 보통거래 평균수익률 등 다른 수익률을 적용할 수 있다. t시점에서의 이자 계산 시 금리연동부 채권에 적용할 변동금리는 기준시점 당일의 1년 만기 정기예금 이자율을 적용한다. 채무증권의 신용평가등급이 있는 경우 이를 감안해 적정수익률을 결정한다.

(2) 비상장채권

거래소가 개설한 채권시장에 상장되지 않은 채권으로, 거래시장에서 가격이 형성돼 있지 않으므로 원칙적으로 수익환원법을 적용하고 예외적으로 거래사례비교법을 활용한다.

(3) 특수한 채권

① 임대차보증금반환채권

지급청구권이 표시된 국채, 특수채 등으로서 상장된 채권이 아닌 경우 수익환원법(지급받을 원금과 이자를 적정수익률로 할인하는)을 적용하는 전형적인 채권과 달리, 임대차보증금의 전액 회수가 불가능한 상황에 놓인 경우 임대차보증금반환채권의 가치는 계약상 명목 보증금에도 불구하고 채권을 보유한 자에게 귀속할 잔여현금흐름(예상회수금액)으로 평가할 수 있다. 공공이 전세사기 피해자 등을 지원하기 위해 이 채권을 매입하려 하거나 채권자의 재산 중 하나인 임대차보증금의 시가를 판단해야 할 경우 예외적으로 평가의 문제가 개입한다.

이 채권의 감정평가액은, 경매를 통한 회수를 상정할 때, '임대차목적물 가치 × 추정 낙찰가율 － 선순위 채권가액'으로 결정할 수 있으며, 각각의 단계들 정리하면 다음과 같다.

구 분	상 세
임대차목적물의 가치	주로 빌라, 다세대 등으로서 거래사례비교법으로 평가
추정 낙찰가율[105]	• 지역별, 유형별(아파트, 연립, 빌라다세대 등)낙찰율 및 낙찰가율 검토 • 낙찰 후 인수 부담 등 제한이 없는 정상적인 낙찰사례 분석
선순위 채권가액[106]	목적물에 부과된 당해세, 임금채권, 소액임차인에 대한 보증금, 저당권, 전세권, 임차권, 채납된 국세·지방세, 유치권 등

---

[105] 낙찰사례마다 개별성(입찰자수와 입찰횟수 등)이 크며, 낙찰가율 통계도 기간설정(최근 3개월, 6개월, 12개월 등)에 따라 변동 폭이 큼.
[106] 감정평가사가 확인할 수 있는 선순위채권은 등기사항전부증명서에 기재된 담보물권 및 전세권, 임차권 등에 한정되며, 나머지 채권은 자료 징구 권한이 없어 파악할 수 없음. 등기로 확인되는 선순위 담보물권 역시 실제 채권채무액이 아닌 채권최고액이 기재되므로 100% 정확하지 않음.

② 부실채권(NPL)[107]

부실채권은 대출계약의 내용이 정상적으로 이행되지 않아 채권 회수가능성이 낮은 채권을 가리킨다. 은행업감독규정 제27조에 따른 보유자산 건전성 기준(정상＞요주의＞고정＞회수의문＞추정손실)에서 고정[108]이하의 여신이 여기 해당된다. 부실채권 중 부동산 담보부 부실채권이 감정평가의 대상이다. 평가사유는 크게 2개로 나뉜다. 첫째 유동화된 부실채권을 증권화하는 영역에서 담보자산의 기초가액(법사가) 추정을 의뢰할 때, 둘째 자산관리회사(AMC)가 유동화된 부실채권을 매각할 때 담보자산의 기초가액(법사가)/시장가액/예상낙찰가액 추정을 의뢰하는 경우다.

담보부 부실채권의 감정평가 방법을 정리하면 다음과 같다.

구 분	상 세
현금흐름접근법	• 담보물건에 현금흐름이 있는 경우 할인현금흐름분석법에 의해 평가. 그렇지 않은 경우 경매 통해 회수할 수 있는 금액 파악 • 대출금액, 연체금액, 임대차현황, 수선유지비용, 조세공과금 등 고려
청산접근법	• 선순위 저당권을 취득한 경우, 경매를 통해 회수할 수 있는 금액 파악 • 대출금액, 연체금액, 경매비용, 평균 경락율, 제3자 처분가능성, 채권회수전략, 채권회수시기 등을 고려
할인율적용법	채권을 등급별(pool)로 분류한 뒤 낙찰가율 데이터를 이용하여 등급별 적용 낙찰가율을 구하고 회수기간을 고려하여 등급별 회수액을 추정

위는 부실채권 자체를 평가하는 것인데, 감정평가 혹은 컨설팅 의뢰 대상은 부실채권의 기초자산인 부동산에 한정된다. 기초가액은 경매평가에서의 법사가(최저매각가격)을 의미하며, 시장가격은 해당 부동산을 시장에 매각할 때 성립 가능한 가격, 예상낙찰가액은 경매과정을 거쳐 최종적으로 낙찰될 가격이다. 복합부동산인 경우 법사가는 물건별 평가액, 시장가격은 일괄 비준가액, 예상낙찰가액은 낙찰사례 비준가액으로 이해해도 된다. 통상 법사가＞시장가액＞예상낙찰가액으로 형성된다.

아래는, 예상 낙찰가액을 결정하기 위해 낙찰사례를 비준하는 과정의 예시다.

---

107) 황선훈, 부실채권의 유동화제도와 감정평가업계의 시사점, 한국부동산연구원, 2022
108) 대출연체가 3개월 이상

구 분	Subject		Comp1		Comp2	
소재지	S시 W동 998-5번지		S시 W동 1005-15외		S시 W동 1003-7외	
사건번호	20XX타경xx		20XX타경xx		20XX타경xx	
용도지역	일반상업		일반상업		일반상업	
주용도/지목	숙박시설	숙박시설	숙박시설	대	숙박시설	대
형상/접면도로/지세	세장형 / 소로한면 / 평지			세장형 / 소로한면 / 평지	가장형 / 소로한면 / 평지	
토지면적	270.30m²	81.77py	792.60m²	239.76py	706.90m²	213.84py
개별공시지가	1,806,000/m²	5,970,000/py	1,927,000/m²	6,370,000/py	2,050,000/m²	6,777,000/py
건물면적	1,052.32m²	318.33py	976.56m²	295.41py	1,766.48m²	534.36py
주건물구조/용적률	철근콘크리트조	389%	철근콘크리트	322%	철근콘크리트	0%
주건물층수/층고	5층	17m	6층	18.15m	6층	19.1m
사용승인일	1998.8.24.		1998.2.24.		1998.10.19.	
제시외 구조/용도			철근콘크리트	숙소등	천막조	주차장
제시외 면적	0.00m²	0.00py	511.79m²	154.82py	234.00m²	70.79py
주기계내역	0	0 식	0	0 식	0	0 식
범용성유무	없음		있음		있음	

법사가	1,560,700,980		3,197,008,800		3,151,051,810	
기준시점	20XX.10.27.		20XX.12.3.		20XX.9.23.	
일괄단가	5,774,000/m²	19,087,000/py	4,034,000/m²	13,334,000/py	4,458,000/m²	14,736,000/py
토지가격/비율	795,492,900	51.0%	2,364,403,800	74.0%	1,921,603,300	61.0%
토지단가	2,943,000/m²	9,729,000/py	2,983,000/m²	9,861,000/py	2,718,000/m²	8,986,000/py
건물가격/비율	765,208,080	49.0%	766,409,000	24.0%	1,215,408,510	38.6%
건물단가	727,000/m²	2,404,000/py	785,000/m²	2,594,000/py	688,000/m²	2,275,000/py
(토지+건물)가격	1,560,700,980	100.0%	3,130,812,800	97.9%	3,137,011,810	99.6%
(토지+건물)단가	5,774,000/m²	19,087,000/py	3,950,000/m²	13,058,000/py	4,438,000/m²	14,670,000/py
제시외가격/비율	—	0.0%	66,196,000	2.1%	14,040,000	0.4%
기계가격/비율	—	0.0%	—	0.0%	—	0.0%

구 분	Subject		Comp1		Comp2	
Comp 낙찰가			2,383,500,000		2,930,000,000	
낙찰일자/유찰회수			20XX.9.22.	유찰 1회	20XX.4.28.	유찰 1회
낙찰가율/입찰자수			75.0%	입찰 4명	93.0%	입찰 2명
채무자/낙찰자			XXX	OOO	XXX	OOO
토지가격/낙찰가율			1,768,975,650	74.8%	1,785,630,086	92.9%
토지단가			2,232,000/m²	7,378,000/py	2,526,000/m²	8,350,000/py
건물가격/낙찰가율			574,806,750	75.0%	1,130,329,914	93.0%
건물단가			589,000/m²	1,946,000/py	640,000/m²	2,115,000/py
(토지+건물)가격/낙찰가율			2,343,782,400	74.9%	2,915,960,000	93.0%
(토지+건물)단가			2,957,000/m²	9,775,000/py	4,125,000/m²	13,636,000/py
제시외가격/낙찰가율			39,717,600	60.0%	14,040,000	100.0%
기계가격/낙찰가율			—			
사정보정 & 시점수정			100%		100%	
지역요인			100%		100%	
토지개별요인			100%		100%	
건물개별요인			90%		90%	
조정토지단가	2,232,000/m²	7,379,000/py	2,232,000/m²	7,379,000/py	2,526,000/m²	8,350,000/py
토지가중치			100%		0%	
조정건물단가	530,000/m²	1,752,000/py	530,000/m²	1,752,000/py	576,000/m²	1,904,000/py
건물가중치			100%		0%	

그리고 위 물건의 최종분석결과는 다음과 같았다.

법사가	1,560,700,980	법사가 대비
시장가	1,362,606,000	87.3%
낙찰가	1,161,058,000	74.4%

제3절 리츠[109] 기출 10, 17회

1. 개요

부동산투자가 일반적으로 상당한 규모의 자금과 전문적인 지식을 필요로 한다는 점에서 부동산에 전문성이 없는 평범한 소액투자자가 부동산에 직접 투자하기란 쉽지 않다. 이러한 부동산투자의 특성상 전문기관에 의한 간접투자 형식이 발전하게 되었는데, 부동산 간접투자의 가장 대표적인 형태가 바로 부동산투자회사, 리츠(REITS ; realestate investment trust)다. 리츠의 사전적인 정의는 '(i) 다수의 투자자로부터 자금을 모아 (ii) 부동산, 부동산관련 증권 등에 투자, 운영하고 (iii) 그 수익을 투자자에게 돌려주는 간접투자기구로서의 주식회사이자 그 자체가 간접투자상품'이다. 리츠는 상법상의 주식회사로서 단순한 자금의 집합체가 아닌 자산운용의 기능을 수행하는 영속기업으로 이해하는 것이 합리적이다. 미국에서도 현대적인 리츠의 개념을 단순한 자금의 집합체인 펀드로 보지 않고 일종의 운영회사로 설명하고 있다. 리츠의 기본구조는 다음과 같다.

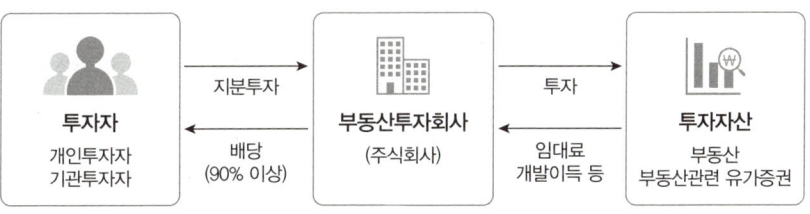

---
[109] 이용훈 외, 『부동산학 개론』, 이루, 2019

2. 리츠 평가[110]

리츠는 유가증권이므로, 주식 및 채권과 같이 거래시장에서 거래가액을 확인할 수 있고 수익성지표를 계산할 수 있다. 일반적인 리츠의 평가방법은 다음과 같다.

비용접근법 (장부가치 접근법)	리츠가치(주당) = $\dfrac{\text{장부상순자산(자산－부채)가치}}{\text{발행주식수}}$	
시장접근법 (상대가치 접근법)	대상리츠가치 = 비교대상 리츠가치 × $\dfrac{\text{대상의 P/FFO}}{\text{비교대상의 P/FFO}}$ • P/FFO : 주가를 운영수입으로 나눈 값 • FFO : 순수익＋부동산감가상각비－부동산판매순수입±재무제표 미연결 관계회사의 운영결과 조정－부채구조조정에 따른 이익	
소득접근법	순자산가치 (Net Asset Value : NAV)접근법	리츠가치＝NAV±조정항목(부채비율, FFO의 성장속도, 리츠의 간접비용 등) $NAV = \dfrac{\sum_{i=1}^{n} \dfrac{NOI_i}{R_i} + \text{기타자산가치} - \text{부채}}{\text{발행주식수}}$
	할인현금 흐름분석법	리츠가치(주당) = $\sum_{i=1}^{n} \dfrac{AFFO_i}{(1+k)^i} \times \dfrac{1}{\text{발행주식수}}$ AFFO : FFO－자본적지출(계속적인)－불균등임대료조정(비현금효과개선)－자본화비용의 이연상각비용

리츠의 투자대상이 대부분 수익성부동산이므로, 투자자는 투자부동산의 현금흐름(보유기간은 임대료수입, 기간 말 매각차익)에서 출발해 지분투자자에 귀속하는 수익을 계산해 각종 수익률을 계산할 수 있다. 가장 관심 있는 지표는 지분배당률과 배당수익률이다.

구 분	상 세
지분배당률	$\dfrac{NOI - (\text{타인자본})\text{이자}}{\text{발행주식액면가} \times \text{발행주식수}}$ 기본적으로 주식발행(Equity) 외에 금융기관으로부터 대출(Loan)을 받아 투자부동산을 취득한다. 지분투자자에 대한 배당가능총액은 NOI에서 (타인자본)이자를 차감한 값이다.
배당수익률	$\dfrac{\text{주당배당액}}{\text{주당액면가}}$ 배당가능총액을 전부 배당할 경우 정상운영자금 확보에 어려움을 겪을 여지가 있다. 따라서 운영자금 목적으로 배당가능총액 100%를 배당하는 것이 아니라 일정비율은 공제한 후 배당하게 된다. 법률 또는 정관 상 일정액을 적립해야 하는 경우에도 마찬가지다. 따라서 배당수익률은 언제나 지분배당률을 하회하게 된다.

---

[110] 이용훈, 『감정평가실무의 이해』, 리북스, 2010

CHAPTER 14 기출문제

유가증권 평가

01 다음 자료를 활용하여 ○○주식회사의 2006년 12월 31일 현재 비상장주식의 1주당 가격을 평가하시오(단, 원 미만은 반올림한다). (15점)   기출 18회

〈자료 1〉 평가대상 주식내용

구 분	수권 주식수	발행 주식수	1주의 금액
○○주식회사 비상장주식	500,000주	300,000주	5,000원

〈자료 2〉 2006.12.31.자 ○○주식회사의 대차대조표는 다음과 같다.

(단위 : 원)

차 변		대 변	
과 목	금 액	과 목	금 액
현금 예금	550,000,000	외상매입금	400,000,000
유가증권	150,000,000	지급어음	600,000,000
외상매출금	500,000,000	미지급비용	150,000,000
받을어음	800,000,000	단기차입금	2,000,000,000
재고자산	200,000,000	대손충당금	16,000,000
선급비용	50,000,000	건물감가상각충당금	64,800,000
부도어음	100,000,000	기계기구감가상각충당금	1,606,500,000
토 지	945,000,000	퇴직급여충당금	180,000,000
건 물	900,000,000	자본금	1,500,000,000
기계기구	3,500,000,000	이익준비금	500,000,000
창업비	20,000,000	당기말처분이익잉여금	697,700,000
합 계	7,715,000,000	합 계	7,715,000,000

〈자료 3〉 기말 정리사항은 다음과 같다.
1. 유가증권은 130,000,000원으로 평가함
2. 매출채권 잔액에 대하여 2%를 대손충당금으로 설정함
3. 재고 자산은 변동이 없음
4. 차입금에 대한 미지급이자가 30,000,000원 있음
5. 이미 지급한 보험료 중 기간 미경과된 금액이 20,000,000원임
6. 부도어음을 검토한 결과 50,000,000원은 회수 불가능함

7. 퇴직금 관련 제 규정에 따라 2006.12.31. 현재 퇴직급여충당금을 설정해야 하는 금액은 200,000,000원임
8. 창업비는 매년 상각하여 왔으며 이번 기에 미상각 잔액 전부를 상각하여야 함
9. 가격시점 현재 토지의 평가금액은 1,260,000,000원 이며, 건물과 기계기구의 평가금액은 자료 4 및 자료 5를 활용하여 구함

〈자료 4〉 건물의 자료

1. 대상건물

구조	연면적	사용승인일	건축비(원/m²)	건축비 검토결과
철근콘크리트조 슬래브 지붕 3층건	1,800m²	2001.12.31.	500,000	건축비는 표준적인 것으로 판단됨

2. 철근콘크리트구조 건물의 건축비 지수

2002.1.	2003.1.	2004.1.	2005.1.	2006.1.	2007.1.
100	107	115	126	135	145

3. 철근 콘크리트구조 건물의 경제적 내용연수는 50년이며, 내용연수 만료시 잔가율은 10%임

〈자료 5〉 기계기구의 자료

1. 가격시점 현재 기계기구의 재조달원가 총액은 3,800,000,000원이며 2001년 12월에 모두 신품을 구입하였음(모든 기계의 경제적 내용연수는 15년이며 감가수정방법은 정률법에 의하고 잔가율은 10%로 함)

2. 정률법에 의한 잔존가치율표(잔존가치 : 10%)

연간 감가율	0.319	0.280	0.250	0.226	0.206	0.189	0.175	0.162	0.152	0.142
내용년수 경과년수	6	7	8	9	10	11	12	13	14	15
1	5/0.681	6/0.720	7/0.750	8/0.774	9/0.794	10/0.811	11/0.825	12/0.838	13/0.848	14/0.858
2	4/0.464	5/0.518	6/0.562	7/0.599	8/0.631	9/0.658	10/0.681	11/0.702	12/0.720	13/0.736
3	3/0.316	4/0.373	5/0.422	6/0.464	7/0.501	8/0.534	9/0.562	10/0.588	11/0.611	12/0.631
4	2/0.215	3/0.268	4/0.316	5/0.539	6/0.398	7/0.433	8/0.464	9/0.492	10.0.518	11/0.541
5	1/0.147	2/0.193	3/0.237	4/0.278	5/0.316	6/0.351	7/0.383	8/0.412	9/0.439	10/0.464
6	0.1	1/0.139	2/0.178	3/0.215	4/0.251	5/0.285	6/0.316	7/0.436	8/0.373	9/0.398
7		0.1	1/0.133	2/0.167	3/0.200	4/0.231	5/0.261	6/0.289	7/0.316	8/0.341
8			0.1	1/0.129	2/0.158	3/0.187	4/0.215	5/0.242	6/0.268	7/0.293
9				0.1	1/0.126	2/0.152	3/0.178	4/0.203	5/0.228	6/0.251
10					0.1	1/0.123	2/0.152	3/0.178	4/0.193	5/0.215
11						0.1	1/0.121	2/0.143	3/0.164	4/0.185
12							0.1	1/0.119	2/0.139	3/0.158
13								0.1	1/0.118	2/0.136
14									0.1	1/0.117
15										0.1

출제영역
비상장주식

답안작성 가이드

Ⅰ. 평가개요

본 건은 비상장주식 평가로, 「감칙」제24조 제1항 제2호에 의거, 자기자본의 가치를 발행주식 수로 나누어 평가함 (기준시점 2006.12.31.)

Ⅱ. 자산 평가

1. 건물 평가(원가법)

$500,000 \times 145/100 \times (1-0.9 \times 5/50) \times 1,800 ≒ 1,187,550,000$

2. 기계기구 평가(원가법) : $3,800,000,000 \times 0.464 ≒ 1,763,200,000$

Ⅲ. 수정대차대조표

현금예금	550,000,000	외상매입금	400,000,000
유가증권	130,000,000	지급어음	600,000,000
외상매출금	500,000,000	미지급비용	180,000,000
받을어음	800,000,000	단기차입금	2,000,000,000
재고자산	200,000,000	대손충당금	26,000,000
선급비용	20,000,000	퇴직급여충당금	200,000,000
부도어음	50,000,000		
토 지	1,260,000,000		
건 물	1,187,550,000		
기계기구	1,763,200,000		

Ⅳ. 자기자본의 가치

1. 기업가치 : 유·무형의 자산가치의 합계 6,460,750,000원
2. 부채의 가치 : 3,206,000,000원
3. 자기자본의 가치 : '1.'－'2.'＝3,254,750,000원

Ⅴ. 비상장주식의 1주당 가치(발행주식수 기준)

3,254,750,000/300,000 ≒ 10,849원/주

02

베스트부동산투자회사는 주식발행과 차입을 통해 회사를 설립하면서 오피스 빌딩 2동을 매입, 임대하여 얻은 소득을 주식소유자에게 배당할 계획이다. 다음 제시 자료를 활용하여 물음에 답하시오. (40점)

> 기출 17회

(1) 각 오피스 빌딩의 예상 매입가격을 결정하시오.
(2) 매입부동산의 1차년도 현금흐름을 예상하고 1주당 예상 배당수익률을 산정하시오.
(3) 각 오피스 빌딩의 1차년도 지분배당률(equity dividend rate)을 계산하시오.
(4) 2차년도의 현금흐름을 경기상황에 대한 시나리오에 기초하여 예상하고, 주당 배당수익률을 1차년도와 동일한 수준으로 유지한다고 가정할 때 2차년도 기초의 이론적 주당가치를 예상하시오 (이때 다른 요인은 모두 변동하지 않는다고 가정한다).

〈자료 1〉 매입 예정 부동산

구 분	대상부동산 A	대상부동산 B
토지면적(m²)	1,500	1,200
건물연면적(m²)	6,000	3,600
잔존 경제적 내용연수(년)	50	45
가격시점	2006.8.27.	

〈자료 2〉 거래사례부동산

구 분	사례 #1	사례 #2	사례 #3	사례 #4
토지면적(m²)	1,600	1,100	1,450	1,350
건물연면적(m²)	6,500	3,100	5,800	3,800
잔존경제적 내용연수(년)	48	44	46	43
거래시점	2005.8.27.	2006.2.27.	2006.5.27.	2005.11.27.
거래조건	거래 대금을 거래시점 3개월 후부터 매 3개월마다 20%, 30%, 30%, 20%로 분할 지불함	• 대출비율 40% • 시장평균 금리보다 2% 낮은 고정금리 • 잔여만기 5년	거래 시점에 전액 현금지급	• 대출 비율 80% • 시장 평균 금리보다 2% 높은 고정금리 • 잔여만기 3년
거래가격(원)	9,900,000,000	5,800,000,000	8,000,000,000	4,800,000,000

〈자료 3〉 대상부동산과 사례부동산 기본자료
1. 유사한 시장지역이라고 판단되는 S시 K구에 소재
2. 이용상황 : 업무용
3. 도시관리계획 : 중심상업지역
4. 인근지역과 유사지역의 전형적인 토지 : 건물 가격비율은 65 : 35임

〈자료 4〉 대상부동산과 사례부동산의 요인 비교

구 분	대상 A	대상 B	사례 1	사례 2	사례 3	사례 4
지역요인	100	95	105	110	95	90
개별요인	100	100	100	105	105	95

〈자료 5〉 시장 이자율 등
1. 시장 할인율 : 8%
2. 시장 평균 이자율 : 6.5%
3. 시장 평균 대출조건 : 만기 5년, 연 1회 이자지급, 만기일시원금상환
4. 인근지역의 지난 1년간 오피스 빌딩 가격 연평균 상승률 : 6%

〈자료 6〉 부동산 투자회사 설립에 관한 사항
1. 주식발행 : 액면가 5,000원, 1,000,000주
2. 오피스 빌딩 매입가격 중 주식발행액으로 부족한 자금은 차입하여 조달
3. 대출조건 : 시장 평균 조건
4. 배당가능금액의 95%를 배당 예정
5. 경비비율 – 총소득 기준

구 분	영업경비(%)	위탁수수료(%)	기타 관리비용(%)
대상부동산 A	40	5	2.5
대상부동산 B	35	5	2.0

6. 배당가능금액은 순영업소득에서 지급이자를 차감한 것임

〈자료 7〉 대상부동산 시장임대료
1. 시장임대료는 월세 형태로 건축 연면적 기준으로 징수하며, 관리비 등 다른 부대경비는 지불하지 않음
2. 대상부동산의 공실률은 모두 0%라고 가정하고, 순영업소득 산정 시 자연공실률을 고려하지 말 것
3. 임대사례 : 거래사례와 동일한 부동산으로 임대내역 등은 다음과 같음

구 분	대상 A	대상 B	사례 1	사례 2	사례 3	사례 4
공실률(%)	0	0	2	3	5	4
전용률(%)	68	70	60	70	70	80
지하철역과 거리(km)	1.0	1.0	0.7	0.9	1.3	1.2
월임대료(원/m²)			17,500	17,800	17,100	17,000

4. 인근지역에서 통용되는 시장 월 임대료 산식은 다음과 같음

구 분	공실률차이	전용률차이	지하철역과 거리차이
격차율	0.01	0.03	0.05

※ 월 임대료＝사례부동산 월 임대료×(격차율×공실률 차이＋격차율×전용률 차이＋격차율×지하철역과 거리 차이)

⟨자료 8⟩ 2차년도 경기상황에 대한 시나리오

경기상황	발생확률	임대료 변동률(%)	
		대상부동산 A	대상부동산 B
호 황	0.4	10	8
보 통	0.4	5	3
불 황	0.2	−3	−2

⟨자료 9⟩ 기 타

1. 대상 오피스 빌딩의 거래사례비교법에 의한 시산가격은 거래가격을 토지면적당 단가와 건축면적당 단가를 비교단위로 하여 각 오피스 빌딩의 두 시산가격을 평균하여 산정할 것
2. 매입 대상 부동산의 가격 및 임대료를 구할 때 둘 이상의 사례를 사용하는 경우 각 사례에서 구한 시산가격을 평균하여 결정할 것
3. 건물 감가상각은 정액법에 의함
4. 오피스 빌딩의 지분배당률을 구할 때 종합환원율 공식은 원금을 만기에 일시 상환하는 대출관행을 고려해 Ross의 방법을 적용할 것
5. 각 대상부동산에 대한 지분 및 차입금 투자비율은 동일한 것으로 가정할 것
6. 배당은 매년 8월 27일 실시한다고 가정할 것
7. 배당수익률과 지분배당률은 백분율로서 소수점 이하 셋째 자리에서 반올림하여 둘째 자리까지 표시할 것

📑 **출제영역**

리 츠

📑 **답안작성 가이드**

Ⅰ. [물음 1] 각 오피스빌딩의 예상매입가격

1. 처리방침

   거래사례비교법을 이용해 각 오피스빌딩의 예상매입가격을 산정함 (기준시점 2006.8.27.)

2. 사례선택

   부동산의 규모, 잔존 경제적 내용연수의 유사성을 고려하여 부동산A는 사례 #1, #3을, 부동산B는 사례 #2, #4를 선택함

3. 부동산A의 예상매입가격

   (1) 토지단가

$$\{9{,}432{,}166{,}000^{*)} \times 1.06 \times \frac{100}{105} \times \frac{100}{100} \times 0.65 \times \frac{1}{1{,}600} + 8{,}000{,}000{,}000 \times 1.00 \times (1+0.06 \times \frac{3}{12}) \times \frac{100}{95} \times$$

$$\frac{100}{105} \times 0.65 \times \frac{1}{1{,}450}\} \times \frac{1}{2} ≒ @3{,}760{,}000$$

*) $9{,}900{,}000{,}000 \times (\frac{0.2}{1.02} + \frac{0.3}{1.04} + \frac{0.3}{1.06} + \frac{0.2}{1.08}) ≒ 9{,}432{,}166{,}000$

(2) 건물단가

$$\{9,432,166,000 \times 1.06 \times \frac{100}{105} \times \frac{100}{100} \times 0.35 \times \frac{1}{6,500} + 8,000,000,000 \times 1.00 \times (1+0.06 \times \frac{3}{12}) \times \frac{100}{95} \times$$

$$\frac{100}{105} \times 0.35 \times \frac{1}{5,800}\} \times \frac{1}{2} ≒ @502,000$$

(3) A부동산 매입가격

$3,760,000 \times 1,500 + 502,000 \times 6,000 = 8,652,000,000$

4. 부동산B의 예상매입가격

(1) 토지단가

$$\{5,475,792,000^{*1)} \times (1+0.06 \times \frac{6}{12}) \times \frac{95}{110} \times \frac{100}{105} \times 0.65 \times \frac{1}{1,100} + 4,849,480,000^{*2)} \times (1+0.06 \times \frac{9}{12})$$

$$\times \frac{95}{90} \times \frac{100}{95} \times 0.65 \times \frac{1}{1,350}\} \times \frac{1}{2} ≒ @2,730,000$$

*1) $5,800,000,000 \times \{0.6 + 0.4 \times (0.045 \times \frac{1.08^5 - 1}{0.08 \times 1.08^5} + \frac{1}{1.08^5})\} ≒ 5,475,792,000$

*2) $4,800,000,000 \times \{0.2 + 0.8 \times (0.085 \times \frac{1.08^3 - 1}{0.08 \times 1.08^3} + \frac{1}{1.08^3})\} ≒ 4,849,480,000$

(2) 건물단가

$$\{5,475,792,000 \times (1+0.06 \times \frac{6}{12}) \times \frac{95}{110} \times \frac{100}{105} \times 0.35 \times \frac{1}{3,100} + 4,849,480,000 \times (1+0.06 \times \frac{9}{12}) \times \frac{95}{90} \times$$

$$\frac{100}{95} \times 0.35 \times \frac{1}{3,800}\} \times \frac{1}{2} ≒ @522,000$$

(3) 부동산B 매입가격

$2,730,000 \times 1,200 + 522,000 \times 3,600 = 5,155,200,000$

5. 합계

$8,652,000,000 + 5,155,200,000 = 13,807,200,000$

Ⅱ. [물음 2] 1차년도 예상현금흐름과 1주당 예상배당수익률

1. 차입금

$13,807,200,000 - 5,000 \times 1,000,000 = 8,807,200,000$

2. 현금흐름

(1) 임대료 산정

① 부동산A

$$\{17,500 \times (1+2 \times 0.01 + 8 \times 0.03 - 0.3 \times 0.05) + 17,100 \times (1+5 \times 0.01 - 2 \times 0.03 + 0.3 \times 0.05)\} \times \frac{1}{2}$$

≒19,500/월

② 부동산B

$$\{17,800 \times (1+3 \times 0.01 + 0 - 0.1 \times 0.05) + 17,000 \times (1+4 \times 0.01 - 10 \times 0.03 + 0.2 \times 0.05)\} \times \frac{1}{2}$$

≒15,500/월

(2) 순영업소득

① 부동산A

$19,500 \times 12 \times 6,000 \times (1 - 0.475^{*1)}) = 737,100,000$

*1) 경비비율 $0.4 + 0.05 + 0.025$

② 부동산B

$15{,}500 \times 12 \times 3{,}600 \times (1-0.42^{*2}) = 388{,}368{,}000$

*2) 경비비율 $0.35+0.05+0.02$

③ 합계

$1{,}125{,}468{,}000$

(3) 지급이자

$8{,}807{,}200{,}000 \times 0.065 = 572{,}468{,}000$

(4) 배당예상액

$\{('2')-('3')\} \times 0.95 = 525{,}350{,}000$

3. 1주당 예상배당수익률

$$\frac{525{,}350{,}000/1{,}000{,}000}{5{,}000} \times 100 \fallingdotseq 10.51\%$$

Ⅲ. [물음 3] 각 오피스빌딩의 1차년도 지분배당률

1. 부동산A

$$\frac{737{,}100{,}000}{8{,}652{,}000{,}000} = \text{Re} \times \frac{5{,}000{,}000{,}000}{13{,}807{,}200{,}000} + 0.065 \times \frac{8{,}807{,}200{,}000}{13{,}807{,}200{,}000}$$

Re $\fallingdotseq 0.1208\ (12.08\%)$

2. 부동산B

$$\frac{388{,}368{,}000}{5{,}155{,}200{,}000} = \text{Re} \times \frac{5{,}000{,}000{,}000}{13{,}807{,}200{,}000} + 0.065 \times \frac{8{,}807{,}200{,}000}{13{,}807{,}200{,}000}$$

Re $\fallingdotseq 0.0935(9.35\%)$

Ⅳ. [물음 4] 2차년도 기초의 이론적 주당가치

1. 2차년도의 예상현금흐름

(1) 순영업소득

① 부동산A의 예상임대료

$19{,}500 \times (1+0.054^{*}) \fallingdotseq 20{,}600$

*) 임대료변동률 : $0.4 \times 0.1 + 0.4 \times 0.05 - 0.2 \times 0.03 = 0.054$

② 부동산B의 예상임대료

$15{,}500 \times (1+0.04^{*}) \fallingdotseq 16{,}100$

*) 임대료변동률 : $0.4 \times 0.08 + 0.4 \times 0.03 - 0.2 \times 0.02 = 0.04$

③ 순영업소득

$'①' \times 12 \times 6{,}000 \times (1-0.475) + '②' \times 12 \times 3{,}600 \times (1-0.42) \fallingdotseq 1{,}182{,}082{,}000$

(2) 배당가능금액

$'(1)' - 572{,}468{,}000 = 609{,}614{,}000$

2. 이론적 주식가치

(1) 주당배당금

$609{,}614{,}000 \times 0.95/1{,}000{,}000 \fallingdotseq 579$원/주

(2) 이론적 주식가치

$$\frac{579}{0.1051} \fallingdotseq 5{,}510\text{원/주}$$

CHAPTER 15 기업가치·영업권 평가[111]

제3편 | 유형별 감정평가

> **핵심 키워드**
>
> 제1절 기업가치
> 1. 개요
> 2. 기업가치 평가
>   (1) 관련규정
>   (2) 규모별 평가기준 등
>   (3) 수익환원법
>   (4) 거래사례비교법
>   (5) 원가법
>
> 제2절 영업권
> 1. 개요
> 2. 영업권 평가
>   (1) 관련규정
>   (2) 수익환원법
>   (3) 거래사례비교법
>   (4) 원가법

제1절 기업가치[112] 기출 23, 30, 36회

1. 개요

「실무기준」에서는 기업가치를, 해당 기업체가 보유하고 있는 유·무형의 자산 가치[113]로서, 자기자본가치와 타인자본가치로 규정했는데, 기업체의 유·무형의 자산가치는 영업 관련 기업가치와 비영업용 자산의 가치로 구분하고 있다. '자산=자본+부채'이므로, 기업이 보유한 자산은 기업에 투자한 자본과 기업이 진 부채에 의해 확보된다. 원가법에 의하면 단순히 개별자산의 평가액을 합산하면 기업가치가 도출되지만, 기업이 창출하는 현금흐름과 이를 지표화한 수익성 지표 등에 의해서 기업가치를 추계하는 것이 일반적이다.

평가실무에서 평가대상의 확정과 평가목적은 평가의 전제이자 출발점이다. 여타 평가대상과 달리 기업가치 평가는 기업의 '무엇'을 평가할 것인지, 어떤 '목적'으로 평가하는지에 따라 다른 결론에 도달하므로 기본적 사항을 확정하는 것이 선행돼야 한다. 평가대상이 기업의 총합가치와 지분에 대한 가치 중 어느 것인지, 계속운영과 청산 중 어떤 목적에서 평가 수요가 발생했는지 등을 규명해야 한다.

---

111) 김영돈 외, 영업권 및 기업가치 감정평가기준 마련 연구, 한국감정평가사협회, 2022
112) 이용훈, 『감정평가실무의 이해』, 리북스, 2010/안정근, 『부동산평가이론』, 양현사, 2006
113) 유·무형의 자산 가치를 다시 영업관련 기업가치(operating value)와 비영업용 자산가치(non-operating asset value)로 구분할 수 있음

기본적 사항을 정리하면 다음과 같다.

구 분	상 세
범 위	총합가치(지분＋부채), 지분가치
대 상	증권가치(주식, 부채 등), 자산가치(유무형 자산 등)
가치기준	공정시장가치, 시장가치, 공정가치, 투자가치 등
전 제	계속기업가치, 청산가치

2. 기업가치 평가

(1) 관련규정

「감칙」과 「실무기준」에서 정한 평가기준은 다음과 같다.

구 분	상 세
「감 칙」	제24조(유가증권 등의 감정평가) ③ 감정평가법인등은 기업가치를 감정평가할 때에 수익환원법을 적용하여야 한다.
「실무기준」	3. 기업가치의 감정평가 3.3 기업가치의 감정평가방법 3.3.1 기업가치의 감정평가방법 ① 기업가치를 감정평가할 때에는 수익환원법을 적용하여야 한다. ② 제1항에도 불구하고 기업가치를 감정평가할 때에 수익환원법을 적용하는 것이 곤란하거나 적절하지 아니한 경우에는 원가법·거래사례비교법 등 다른 방법으로 감정평가할 수 있다. 3.3.2 수익환원법의 적용 기업가치를 수익환원법으로 감정평가할 경우에는 할인현금흐름분석법, 직접환원법, 옵션평가모형 등으로 감정평가한다. 3.3.3 거래사례비교법의 적용 기업가치를 거래사례비교법으로 감정평가할 경우에는 유사기업이용법, 유사거래이용법, 과거거래이용법 등으로 감정평가한다. 3.3.4 원가법의 적용 ① 원가법을 적용할 때에는 대상 기업의 유·무형의 개별자산의 가치를 합산하여 감정평가한다. ② 계속기업을 전제로 하여 감정평가를 할 때에는 원가법만을 적용하여 감정평가해서는 아니 된다. 다만, 원가법 외의 방법을 적용하기 곤란한 경우에 한정하여 원가법만으로 감정평가할 수 있으며, 이 경우 정당한 근거를 감정평가서에 기재하여야 한다.

(2) 규모별 평가기준 등[114]

위 평가기준에 따르면 3방식 적용이 모두 가능하지만 기업규모에 따라 특정 평가방법의 신뢰성이 높은 것으로 보기도 한다.

[규모별 가치평가 척도]

| 시장의 잠재가치 | 매출액 | EBIT | FCF |

소규모 → 대규모

구 분	상 세
신생기업 및 영세업체	재무자료 등이 충분하지 않거나 신뢰성이 낮으므로 비재무정보인 시장의 잠재가치 또는 보유역량[115]을 기준으로 거래사례비교법에 따라 평가
매출이 실현되고 해당 금액이 신뢰성이 있는 소규모 업체	매출액을 이용한 주가매출액비율(PSR) 또는 사업가치매출액비율(EV/Sales) 등의 거래사례비교법을 이용하여 평가
매출이 늘어나고 영업이익을 창출하기 시작하는 중규모 업체	영업이익(EBIT), 이자비용ㆍ법인세ㆍ감가상각비ㆍ무형자산상각비 차감전이익(EBITDA), 이자비용ㆍ법인세ㆍ무형자산상각비차감전이익(EBITA)을 이용한 EV/EBIT, EV/EBITDA, EV/EBITA 등의 거래사례비교법을 이용하여 평가
과거 재무정보가 누적된 중소기업	미래 잉여현금흐름(FCF, Free Cash Flow)을 이용한 할인현금흐름분석법(DCF Model) 등 수익환원법을 이용하여 평가

(3) 수익환원법[116]

「실무기준」에서 정한 수익환원법 모델에는 할인현금흐름분석법, 직접환원법, 옵션평가모형이 있다. 직접환원법은 향후 수 년 내 예상이익을 평균해 이를 환원하는 평가방법인데 현실적이지 않다. 옵션평가모형은 환경변화에 의한 경영자의 의사결정에 따라 변동하는 미래현금흐름과 투자비용을 감안해 기업가치를 평가하도록 했으나 경영주체의 의사결정에 따라 기업가치가 달라지고 그 변동 폭이 크다는 난점이 있다. 가장 신뢰성이 높고 중용되는 모델은 할인현금흐름분석법이다.

할인현금흐름분석법은 대상 기업의 현금흐름을 기준으로 한 단계별 예측기간의 영업가치와 예측기간 후의 영구영업가치를 합산하여 전체 영업가치를 구하고 여기에 비영업용 자산가치를 더하여 기업가치를 추계한다.

> 기업가치 = 영업가치 + 비영업용 자산가치

---

114) 김영돈 외, 영업권 및 기업가치 감정평가기준 마련 연구, 한국감정평가사협회, 2022
115) 거래사례비교법에서의 '업종별 평가기준'을 의미함
116) 한국감정평가사협회, 「심사자교육자료」

영업가치를 구하는 식은 다음과 같다.

$$\text{예측기간의 영업가치} = \sum_{t=1}^{n} \frac{FCF_t}{(1+WACC)^t}$$

$$\text{예측기간 후의 영구영업가치} = \frac{FCF_{n+1}}{(WACC-g) \times (1+WACC)^n}$$

- n : 예측기간(통상 5년)
- FCF_t : 예측기간 내 t시점의 현금흐름
- FCF_{n+1} : 예측기간의 마지막 해 다음연도(n+1)의 현금흐름
- WACC : 기업의 가중평균자본비용
- g : 영구성장률

① FCF(잉여현금흐름)

$$FCF = EBIT(1-T) + 감가상각비 - 자본적지출 - 추가운전자본$$

기업의 영업활동으로 인하여 발생하는 영업이익을 기준으로 추정재무상태표에 의한 실질적인 영업이익에서 법인세를 차감하여 세후영업이익을 산정한 후 감가상각비등 비현금항목을 가산하고 영업부문 순운전자본증감액 및 순투자금액(자본적지출)을 차감한다.

구 분	상 세
매출추정	• 대상업체의 과거 추세분석을 기초로 한 추정 • 제시사업계획을 기초로 한 추정(사업계획의 실현가능성에 대한 검토 및 판단근거 기재 필요) • 유사 동종 업계의 통계치를 기초로 한 추정 • 영세업체 및 중소규모 업체는 미래수익을 합리적 기준에 의해 추정할 수 있는 과거 재무자료가 부족하며 재무자료가 있는 경우에도 매출 및 이익수준이 미미하거나 변동성이 큰 경우가 많으므로 Bottom-up 방식이 아닌 Top-down 방식이 합리적[117]
원가(율)추정	• 대상업체의 과거 분석을 기초로 한 추정 • 제시 사업계획을 기초로 한 추정 • 유사 동종업계의 통계치를 기초로 한 추정(제조업 및 도매업 등 원가율이 높은 업종의 경우 원가율 판단에 따른 기업가치 편차가 큼)
판매관리비 추정	• 고정비와 변동비로 분석 • 고정비는 물가상승률 등 반영, 변동비는 생산량 변동을 반영 • 판관비 분석 시, 인건비는 개인사업자의 경우 제시받은 과거 회계자료 상에 사업주 본인의 인건비가 미반영 돼 있으나 실질적으로 사업자가 영업활동에 기여하고 있으면서 미래의 현금흐름 창출에도 사업주의 기여 또는 대체인력의 투입이 필요한 경우 대표자의 급여 등을 추가해야 함. 지급임차료 또한 향후 사업계획의 매출 목표 등에 상응하는 임차료 수준 확인 필요(자가인건비는 매 연도 한국은행경제통계시스템 상의 직종별 평균임금_관리자 고려)

---

117) Bottom-up : 거래처별, 지역별로 매출추정을 build-up 하는 방식, Top-down : 전체 시장규모를 예측(관련 전문 리서치기관의 자료를 활용)하고 전체 시장에서 해당 기업이 차지하는 시장점유율을 예측하는 방식

영업이익(EBIT)	과거 손익계산서 상의 영업이익률과 판매관리비 조정된 수치를 적용한 예상 영업이익률 등을 비교하여 적정성 판단
Tax(T)	법인의 경우 법인세, 개인사업자는 소득세
감가상각비	• 판관비 및 제조경비에 계상된 부분을 현금유출이 없는 비용(+)으로 반영 • 자본적 지출이 계상되는 경우에는 기존설비 등 유형자산의 감가상각비와 함께 자본적 지출부분에 대한 감가상각비도 추가돼야 함
자본적 지출[118]	• 사업계획서 상의 내용을 검토하여 반영하며 매출추정과 연계하여 판단 필요 • 자본적 지출 : 기존설비의 유지·보수 충당분(기존설비 감가상응)+전기 투입된 자본적 지출의 유지·보수 충당분(신규 투자 감가상응)+당해연도 자본적 지출 발생분
추가운전자본	• 기준연도의 '유동자산(매출채권+재고자산)-유동부채(매입채무)'이며 매출변동을 감안하여 추가 소요예상 부분을 반영 • 운전자본증감=매출증가분×운전자본소요율 • 운전자본소요율='1/매출채권회전율'+'1/재고자산회전율'-'1/매입채무회전율'

② 재매도가치

(n+1)기의 FCF와 안정성장률 및 미래위험에 대한 프리미엄을 감안하여 직접환원방식으로 산정
예측기간이 5년인 경우,

$$\frac{6기의\ FCF}{고속성장기\ WACC-영구성장률+장래위험프리미엄}$$

영구성장률을 추정하는 방법은 대략 3가지다.[119] 실무적으로 영구성장률을 3% 이상으로 추정하지는 않는다.

구 분	상 세
비교대상기업의 과거 일정기간의 잉여현금흐름(FCF) 또는 세후영업이익(NOPLAT)에 대한 분석을 통해 평가대상기업의 장기적인 영구성장률을 추정하는 방법	평가대상기업이 속한 동일업종 또는 영업위험 및 재무위험이 유사하리라 판단되는 비교대상기업들의 평균 잉여현금흐름(FCF)의 증가율은 장기적으로 평가대상기업이 도달할 안정 성장 형태에 근접해 있을 것이란 가정
영구성장률은 향후 거시경제의 성장률을 앞지르지 않을 것이란 가정하에 장기 소비자물가상승률 등을 감안하여 2~3% 내외로 설정하는 방법	개별기업의 20~30년 후의 잉여현금흐름의 성장률을 예측하는 것은 현실적으로 불가능함. 따라서 기업이 생존하는 기간 내에는 장기적으로 거시경제지표 수준의 상승률 달성을 가장 현실적인 가정으로 봄
영구성장률을 0%로 가정하는 방법	실현 잉여현금흐름을 분석해보면 대부분의 기업이 일정하게 성장하는 경우는 찾기 어렵고 거시경제상황의 악화나 경영환경의 변화, 기업 내부역량의 감퇴 등으로 인해 부(negative)의 현금흐름을 지속적으로 창출하는 경우도 있음. 20~30년 이상의 기간 동안 꾸준히 현금흐름이 증가할 것으로 보는 것 자체가 비현실적이며, 장기적으로 현금흐름은 0에 수렴할 것이라는 시각

---

118) 계속성장기업 가정 시는 감가상각비≤자본적지출, 소멸예상기업 가정 시는 감가상각비≥자본적지출
119) 김영돈 외, 영업권 및 기업가치 감정평가기준 마련 연구, 한국감정평가사협회, 2022

③ 할인율(가중평균자본비용, WACC)

$$WACC = K_e \times \frac{S}{S+B} + K_d \times (1-T) \times \frac{B}{S+B}$$

(K_e : 자기자본비용, K_d : 타인자본비용, T : 법인세율, S : 자기자본총계, B : 이자지급부부채총계)

자본을 사용하는 대가로 지불해야 하는 비용으로서 타인자본을 제공하는 채권자 혹은 자기자본의 제공자인 주주에게 기업이 그 자본을 사용하는 대가로 지불해야 하는 비용을 의미하는 것으로 자기자본과 타인자본비용을 각각 구한 후 회사가 장기적으로 지향하는 목표 자본구조를 감안하여 가중 평균하여 산정한다.

㉠ 자기자본 및 타인자본 구성비율

현재의 자본구조 및 시장가치기준 자본구조 모두 적용하지 않고 목표자본구조로 구성 비율을 결정한다. 미래현금흐름과 대응되는 자본비용은 장기간에 걸쳐 적용 가능한 것이어야 하므로 현재 자본구조를 그대로 적용할 수 없으며, 시장가치기준 자본구조를 적용할 경우 순환문제(자본비용→자본구조→기업가치, 기업가치→자본구조→자본비용)가 발생하기 때문이다. 목표 자본구조를 검토함에 있어서는 유사기업의 자본구조와 대상 기업의 장기적인 자금조달계획을 참고해야 한다. 유사기업의 평균치는 대상 기업이 장기적으로 도달하게 될 목표자본구조가 될 가능성이 높으며, 각 기업의 여건과 목표를 반영하는데 자체적인 자금조달계획만큼 중요한 요소는 없다.

자본구조 결정 시의 부채항목은 회계상 부채가 아닌, 영업부채를 공제한 이자발생부부채만 해당된다. 대표적인 영업부채가 매입채무와 미지급금, 예수금이다. 한편, 토지를 재평가한 시가를 반영해, 자본구조 계산 시 이를 자기자본에 반영해야 하는지 고민일 수 있다. 재평가차익은 손익에도 반영되지만, 이를 자본잉여금으로 돌릴 수도 있어서다. 영업자산의 재평가 결과를 자본구조에 반영하면 균형 있게 부채의 공정가치 반영을 해야 하므로, 전체적으로 반영하지 않는 것이 좋다.

다만, 아래와 같은 구조를 보일 때 베타계수 산정 시 적용하는 부채비율은 (600/1000)이 아닌 (600/400)으로 자기자본 및 타인자본 구성비율에서의 산식과 다른 점에 유의하여야 한다.

자산		1,000	부채		600
유동자산	현금등가물	300	유동부채	외상매입	400
	외상매출금	100		단기차입	100
	재고자산	100	비유동부채	장기차입	100
비유동자산	기계기구	200			
	건 물	300	자본		400

ⓒ 자기자본비용(K_e)

자기자본비용은 자기자본의 제공자인 주주의 입장에서 기대하는 요수익률로서 자본자산가격결정이론(CAPM, Capital asset pricing model)을 주로 사용한다.

$$K_e(E(R_i)) = R_f + \beta(R_m - R_f) + 위험할증률$$

구 분	상 세
R_f (무위험이자율)	• 투자에 있어 위험이 전혀 고려되지 않은 투자의 기대수익률로 일반적으로 국고채수익률과 유사한 개념 • 과거에는 국고채 3~5년물이 많이 활용됐으나 3~5년은 기간이 짧아 국고채 재투자위험이 있으므로 가급적 국고채 10년물 활용이 바람직
R_m (시장수익률)	• 주가수익률(5~15년), 회사채 금리, 블룸버그코리아의 시장수익률[120] 지표 등을 사용할 수 있으나, 회사채 금리는 가급적 배제 • 과거 실적자료를 이용하는 경우 단기간을 적용해야 할 특별한 반증이 없는 한 최소 10년 이상의 KOSPI 지수 등을 이용
β (베타계수)	• 시장전체의 위험을 1로 보았을 때 개별기업주식이 갖는 위험의 크기로 시장위험의 변화에 대한 개별기업주식의 민감도를 나타내며 주식수익률 회귀모형에 의해 산출 • 유사상장 기업[121]의 차입금 등이 반영된 Lβ(Levered Beta)로부터 차입금 등의 영향이 배제된 Uβ(Unlevered Beta, 무부채베타)를 도출하여 대상 기업의 자본, 부채비율을 적용한 Re-Lβ(Levered Beta)를 산정함 • Lβ = Uβ × [1-(1-Tax rate) × (Debt/Equity)] • 유사상장기업이 없는 경우 산업별 β[122] 사용 가능
위험할증률	• 회사고유의 위험에 대한 추가적인 리스크 프리미엄으로, 유동성 프리미엄과 규모위험(size) 프리미엄, 기타 프리미엄 등이 있음 • 유동성 프리미엄은 투자의 분산 정도가 낮고 주식 매각이 여의치 않은 경우로서 비상장기업 등이 해당됨 • 규모위험 프리미엄은 동일 경영환경에서 소기업이 대기업에 비해 많은 위험에 노출되므로 그에 상응하는 추가적 보상수익을 반영한 것

'R_m(시장수익률)-R_f(무위험이자율)'을 시장위험 프리미엄으로 지칭하는데 이를 각각 산출하기보다는 과거 실적자료 또는 미래 시장추정치(체계화된 추정모델 활용)를 이용해 일괄 계산한다. 특히, 장래 현금흐름의 할인율을 계산하는데 필요한 자료이므로 단순한 과거 수치의 원용보다는 미래기대치가 반영되어야 한다.

---

[120] 블룸버그의 시장위험 프리미엄은 3단계 배당할인모형(3-stage Dividend Discount Model)을 기반으로 하며, 개별 종목별로 재무분석가의 이익예측치에서 산출된 미래 기대배당의 현재가치와 현재 주가를 일치시켜주는 내부수익률(IRR)을 구한 후의 값들을 시가총액으로 가중평균한 값에서 무위험이자율을 차감하여 도출하는 것으로 알려져 있음

[121] 비교대상기업(Peer) 선정을 위해 영업위험(Business Risk, Operating Risk), 재무위험(Financial Risk), 잠재적 성장률(Potential Growth), 기업규모(Firm Size) 등의 유사성을 고려해야 하지만 각 요건을 모두 만족하는 기업을 비교대상기업으로 선정하는 것은 사실상 불가능하며, 요건을 엄격히 적용할수록 선정될 기업의 수는 줄어들게 됨(김영돈 외)

[122] 동일한 산업의 회사들은 유사한 영업위험에 직면하므로 유사한 영업베타를 가지므로 산업의 중앙값(또는 평균값) 베타가 더 우월한 추정치일 수 있음(김영돈 외)

베타계수는 다음 그래프의 기울기와 같다.

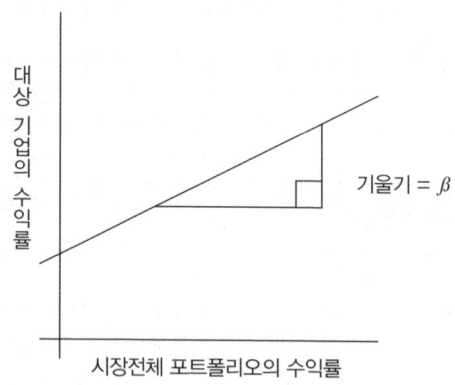

베타는 회귀분석 모형에 의해 측정되는데, 시장수익률 자료와 개별 주식의 수익률 자료의 적용 기간을 결정해야 한다. 시장위험 프리미엄이나 무위험수익률은 장기간의 자료를 이용하므로 베타 추정을 위한 데이터도 많은 과거자료가 포함되는 것이 유리할 수 있으나 개별기업은 시간이 지남에 따라 영업구조 및 재무구조가 변동하므로 개별 기업의 추가적인 위험을 측정하는 베타의 경우 오히려 단기 실적을 이용하는 것이 바람직할 수도 있다. 2년 주간 단위(2 year-weekly) 또는 5년 월간 단위(5 year-monthly)로 측정된 베타가 많이 활용되는 편이다. 다만, 이렇게 베타 측정기간에 따라 동일한 기업에 대한 베타추정결과가 달라지므로 개별 기업의 베타가 전체 평균에 근접하도록 '베타 평균화(Beta Smoothing)'[123]를 시도하기도 하는데, 이는 시장에서 생존하고자 하는 기업은 규모를 키우려고 하고 사업부를 다각화하면서 더 많은 자산을 보유하고자 하는데 이런 과정은 특정 기업의 베타를 1에 가까운 방향으로 유도한다는 논리다.

한편, 위 위험할증률로 반영할 수 있는 기타 위험프리미엄으로는 다음과 같은 것들이 있다.

- 목표자본구조 달성에 관한 위험프리미엄
- 파산(또는 지급보증) 위험프리미엄
- 지급보증 위험프리미엄
- 소수 품목생산에 따른 위험프리미엄
- 초기단계 위험프리미엄(Early Stage Risk Premium)

위 항목은 시장 또는 산업 전체가 가지는 위험이 아니라 베타계수에 반영되지 않은 해당 기업이 가지는 고유한 위험으로서 자본비용을 증가시킨다. 그러나 이를 이론적으로 산출하는 방법이 없다. 따라서 미래의 기대현금흐름을 조정하고 다양한 시나리오에 대한 발생확률로 이에 대한 가중치를 달리해 간접적으로 기타 위험을 반영하는 것이 논리적이다.

자기자본비용을 계산하는데 자본자산가격결정이론 외에 차익거래가격결정이론 및 배당평가모형도 활용가능하나 실제 활용빈도는 매우 낮다.

---

[123] 블룸버그의 조정베타＝0.33＋0.67×원시베타

차익거래가격결정이론 (APT : Arbitrage Pricing Theory)	$k_e = E(R_i) = \lambda_0 + \sum_{k=1}^{n}(\lambda_k \times b_{ik})$ (λ_0 : 모든 공통요인에 대한 베타가 0인 포트폴리오의 기대수익률, λ_k : k요인에 대한 위험프리미엄, b_{ik} : 공통요인 k에 대한 자산 i의 베타계수)
배당평가모형	$P = \dfrac{D_1}{1+k_e} + \dfrac{D_2}{(1+k_e)^2} + \cdots = \sum_{t=1}^{n} \dfrac{D_t}{(1+k_e)^t}$ (P : 보통주가격, D_t : t기의 배당금, k_e : 자기자본비용) 다만 고든(M. Gorden)의 평가모형에 따르면 다음과 같으며 이는 배당액이 영구히 g% 상승하는 예외적인 경우이다. $k_e = \dfrac{D_1}{P_0} + g$ (D_1 : 1기의 배당액, P_0 : 현재 주가, g : 성장률)

• 타인자본비용(K_d)

$$K_d = k\left(\dfrac{이자비용}{타인자본}\right) \times (1 - 법인세율)$$

채권자 입장에서 기대하는 최소한의 요구수익률로서 세후 수익률로 전환하여 사용한다. 이자율(k)은 대상 사업체의 규모 등을 고려하여 대기업 대출금리, 중소기업 대출금리 등을 사용한다. 세율은 각 기간의 영업이익 대비 법인세 또는 소득세 비율이다.

타인자본비용은 부채로 자금을 조달할 때 기업이 부담하게 되는 비용인데 각각 다른 타인자본비용이 있을 경우에는 가중평균하여 산정한다. 만일, 타인자본 종류별로 타인자본비용을 파악하기 어려운 경우라면 '지급이자/평균타인자본'으로 산정할 수 있으며, 이때의 평균타인자본은 기초타인자본과 기말타인자본의 산술 평균을 말한다. 타인자본비용은 세후비용이며, FCFF추정 시 적용 세율과 동일한 세율을 반영한다.

한편 금융업종은 투하자본방식(invested capital basis)에 의한 기업가치 DCF 접근법(enterprise discounted cash flow approach)이 아닌 자기자본방식(equity basis)에 의한 자기자본 DCF 접근법(equity discounted cash flow approach)을 사용 해야 한다. 고객의 예수금 및 차입에 따른 이자비용은 대표적인 영업비용에 해당하므로 금융업종의 영업이익은 일반 업종과는 달리 자기자본의 제공자인 주주에게만 귀속된다. 따라서 주주에게 귀속되는 현금흐름을 가중평균자본비용이 아닌 자기자본비용으로 할인해서 주주가치인 자기자본가치(equity value)를 구하고 여기에 비영업용 자산의 가치를 가산하면 된다. 금융업종의 기업가치 평가에서는 목표 BIS 자기자본비율 유지를 위한 이익잉여금의 내부유보 등 자본제약 조건을 고려해야 한다.

(4) 거래사례비교법

① 유사기업이용법

대상 기업과 비슷한 상장기업들의 주가를 기초로 산정된 시장배수를 이용하여 대상 기업의 가치를 감정평가한다. 비교기업은 사업의 유형, 규모 및 성장률, 시장점유율·경쟁관계·판매처 및 구매처와의 관계 등 영업환경, 영업이익률·부채비율 등 재무지표가 비슷하고, 자료의 양이 풍부하고 검증 가능해야 한다.

[시장배수]

구 분	상 세
주가수익비율 (PER : price/earning ratio)	현재의 주식가격이 주당이익의 몇 배로 형성되어 있는지를 나타내는 비율 $$\frac{P_0}{EPS_1} = PER = \frac{배당성향}{r - g_n}$$ • P_0 : 주식가치 • EPS_1 : 1년 후의 기대배당금 • r : 자기자본의 요구수익률(자기자본비용) • g_n : 배당금의 영구적 기대성장률
주가순자산비율 (PBR : price/book value ratio)	현재의 주식가격이 주당순자산가치의 몇 배로 형성되어 있는지를 나타내는 비율 $$\frac{P_0}{BV_0} = PBR = \frac{ROE \times 배당성향 \times (1+g_n)}{r - g_n} = \frac{ROE - g_n}{r - g_n}$$ • P_0 : 주식의 가치, BV_0 : 주식 1주의 장부가치 • ROE : 자기자본수익률, r : 자기자본의 요구수익률(자기자본비용) • g_n : 배당금의 영구적 기대성장률
주가매출액비율 (PSR : price/sales ratio)	현재의 주식가격을 주당매출액으로 나눈 비율 $$\frac{P_0}{sales_0} = PSR = \frac{ROS \times 배당성향 \times (1+g_n)}{r - g_n} = \frac{ROS \times 배당성향}{r - g_n}$$ • P_0 : 주식의 가치 • $sales_0$: 주식 1주당 매출액 • ROS : 매출액순이익율 • r : 자기자본의 요구수익률(자기자본비용) • g_n : 배당금의 영구적 기대성장률
주가현금흐름비율 (PCR : price/cash-flow ratio)	• 현재의 주식가격이 기업의 주당 영업활동 현금흐름의 몇 배로 형성되어 있는가를 나타내는 비율 • 주당현금흐름 : 주식회사의 재무상태표에 나타난 사내유보금과 사외로 유출되지 않는 비용인 감가상각비의 합계인 현금흐름을 발행주식수로 나눈 값 • 주가현금흐름비율 : 특정시점의 주가를 주당 현금흐름으로 나눈 값 • PCR이 낮을수록 주가가 상대적으로 저평가됨을 나타냄. 이 값은 개별기업의 최대 자금동원능력 등 위기상황에 대한 대처능력을 알려 줌
EV/EBITDA (기업가치/영업력)	주식의 시가총액과 순차입금의 합계에서 비영업용자산을 차감한 기업전체의 사업가치가 이자비용·법인세·감가상각비·무형자산상각비 차감 전 이익의 몇 배인가를 나타내는 지표

유사기업이용법에서 시장배수를 활용할 때는, 비영업용 순자산 포함 여부, 비경상적 항목의 포함 여부, 재고자산·감가상각·리스 등에 관한 회계처리방식의 차이, 비교대상 해외기업을 선정한 경우 국가 간 회계기준의 차이 등을 분석하여 적절한 검토와 조정을 해야 한다. 예컨대, 시장배수가 비영업용 순자산이 불 포함돼 사용된 경우 시장배수를 적용한 후 대상 기업의 비영업용 순자산을 가산해야 한다. 시장배수는 복수로 활용하여 이를 가중평균하는 것도 가능하다.

② 유사거래이용법

대상 기업과 비슷한 기업들의 지분이 기업인수 및 합병거래에서 거래된 가격을 기초로 시장배수를 산정하여 대상 기업의 가치를 평가한다. 시장배수를 추출한 지분 또는 기업의 인수, 합병 거래의 구조와 배경, 거래조건 등에 대한 검토를 거쳐야 한다.

③ 과거거래이용법

대상 기업 지분의 과거 거래가격을 기초로 시장배수를 산정하여 대상 기업의 가치를 평가한다. 대상 기업의 과거 매매사례를 적용하는 것으로 과거와 현시점의 매매환경이 다르므로 이를 보정하는 과정이 필요하다.

④ 특정산업배수법[124]

산업의 고유특성에 따라 재무실적에 기초한 거래사례비교법 이외에도 배럴당 기업가치(EV/Barrel), Acre당 기업가치(EV/Acre), 메가와트당 기업가치(EV/MW) 등 매장량 또는 생산 능력 대비 기업가치 평가방법을 활용할 수 있다. 예를 들어, 바이오 CMO(Contract Manufacturing Organization, 위탁생산) 사업의 경우 생산능력이 중요한 척도로서 EV/Capacity 방식이 사용될 수 있다. 특정산업배수법(Sector-specific Multiples, Industry-specific Multiples)은 특정한 산업(industry) 또는 사업(business)에 있어 산업의 고유특성에 따라 재무실적에 기초한 거래사례비교법 이외에 핵심가치창출요소(Key-Value Driver)를 이용하여 비교대상회사와 비교하여 평가 대상회사의 가치를 추정하는 방법이다. 거래사례비교법에서 특정산업배수를 이용할 수 있는 사례는 다음과 같다.

산업 종목	이용 사례
인터넷 관련기업	웹페이지 조회수(EV/Web Page Hits), 방문자수(EV/Web Page Visitors), 가입자수(EV/Members)
숙박 관련기업	유효객실수(EV/Valid Rooms)
Cable TV(SO, MSO 등), 위성방송(DTH; Direct-to-Home)	가입자수(EV/Subscriber)
정유	생산(production) 또는 정제(refining) 배럴(EV/Barrel)
농작물	생산 에이커(EV/Acre)
전력	생산 메가와트(EV/MW)
오일, 가스	매장량(EV/Reserves)

---

124) 김영돈 외, 영업권 및 기업가치 감정평가기준 마련 연구, 한국감정평가사협회, 2022

바이오CMO(Contract Manufacturing Organization)	생산능력(EV/Capacity)
바이오시밀러(Biosimilar)	보유 파이프라인(EV/Pipeline)
제네릭 의약품(Generic Medicine)	보유 파이프라인(EV/Pipeline)
오리지널 바이오 의약품(Original Bio Medicine)	보유 파이프라인(EV/Pipeline)
전자 OEM(Original Equipment Manufacturing)	생산능력(EV/Capacity)
반도체 파운드리(foundry)	생산능력(EV/Capacity)
물 류	운송능력(EV/Ton)
항공사	여객수(EV/Passenger)
이커머스	총거래액(EV/GMV, Gross Merchandise Volume)
푸드 딜리버리	배달건수(EV/Number of Deliveries), 총거래액(EV/GMV)

위 평가기준은 특정 산업에만 적용됨으로써 다른 산업과 비교가 어렵고 기업 가치와 직접적으로 연결되는 핵심변수를 찾기가 쉽지 않다는 단점이 있다. 예를 들어, 인터넷 관련 기업의 경우 조회 수가 어떠한 프로세스와 방식으로 미래의 현금흐름창출능력과 관계가 있는지를 밝히기 용이하지 않다. 반면, 영세업체 및 중소규모 업체의 경우 재무정보 등 가치평가의 불확실성으로 인해 가능하다면 거래사례비교법, 수익환원법과 더불어 상기 지표 등 비재무적 정보를 병행하여 평가할 실익이 있다.

(5) 원가법

기준시점에서 대상 기업의 모든 유·무형 자산의 공정가치를 평가한다. 그 과정을 정리하면, '회계기준에 따라 작성된 재무상태표 입수 → 취득원가로 기록된 자산과 부채의 가액을 공정가치로 조정 → 재무상태표에 누락돼 있는 부외자산 및 부외부채의 공정가치 산정 → 공정가치로 측정된 개별 자산과 부채를 기초로 수정재무상태표 작성 → 개별자산의 가치 합산'이다. 영업활동을 수행하지 않고 부동산이나 타 회사의 지분을 보유해서 이익을 얻는 지주회사 또는 청산기업에 적절한 평가방법으로, 계속기업전제인 경우에는 적절하지 않다.

제2절 영업권[125] 기출 14, 30, 31, 35, 36회

1. 개요

「실무기준」은 '대상 기업이 경영상의 유리한 관계 등 배타적 영리기회를 보유하여 같은 업종의 다른 기업들에 비하여 초과수익을 확보할 수 있는 능력으로서 경제적 가치가 있다고 인정되는 권리'로 영업권을 정의하고 있다.[126] 영업권의 실질은 '초과수익능력'이다. 기업체에 있어 영업권에 기인한 수익은 독립하여 발생하는 것이 아니라 기업의 전체수익에 포함돼 있다. 기업체 투자액에 대한 정상수익률을 상회하는, 기업순수익에서 투자액에 대한 정상수익을 공제하여 투자자에게 돌아오는 초과수익을 자본환원한 값이 전통적 의미에서의 영업권이다. 따라서 기업의 취득, 합병, 인수 과정에서 매입가액이 순자산의 공정가치를 초과한다면 그 초과액은 영업권을 매입한 대가로 인식하고 있다.

초과수익의 발생 원인을 구체적으로 살펴보면 다음과 같이 정리할 수 있다.

- 당해 기업의 상호 또는 상표가 다년간의 신용에 의해 지명도가 크고 기존의 고객을 끌 수 있는 고객 흡수력이 있을 것
- 동업자에 비해 소질이 우수한 영업자나 종업원(경험 또는 교육훈련에서의 우위)을 확보하고 있을 것
- 공장 또는 영업소의 입지조건이 동업자에 비해 상대적으로 우위에 있을 것
- 제조, 판매기술 등에 대한 영업상의 노하우를 갖고 있을 것
- 영업 또는 점포배치의 면허제 또는 행정지도가 있거나 기득권이 있는 등 유리한 조건을 가질 것

영업권 평가에서는 이 초과수익력이 장래 얼마나 계속될 것인가를 분석해야 한다. 초과수익이 크고 영속할수록 영업권 가치는 비례해 커지지만 초과수익이 클수록 경쟁이 심화돼 어느 시점에서는 초과수익이 소멸하게 된다. 초과수익의 지속연수에 따라 수익환원법 모델(영구환원, 유기환원)이 결정된다. 초과수익 기간을 계산할 때는 경쟁자의 출현 유무와 정도, 영업형태의 변화, 유행의 변천, 수요의 변화 등을 살펴보아야 한다. 초과수익 기간 판단 못지않게 초과수익이 영업권 승계 과정에서 얼마나 충실하게 '이전'되는가도 중요하다. 양수자에게 이 초과수익력이 잘 이전되면 이전성이 높다고 말하고 영업권의 가치도 높아진다.

영업권을 계속기업을 전제로 하여 평가한 경우에는 평가의 전제에서 계속기업으로서 현재의 인적, 물적 자산을 현재와 같은 방식으로 계속적으로 이용하여 경영함으로써 수익을 창출하는 것을 전제로 하였다는 점을 명시할 필요가 있다. 이는 감정평가에서의 영업권은 '시장가치'를 판단하는 것으로 특정한 거래 당사자 간 거래의 조건등과 관계없이 해당 기업체의 기준시점의 계속기업으로서의 영업권을 평가하기 때문이다. 한편, 회계상 영업권과 감정평가에서의 영업권의 개념, 기본 전제, 평가방식을 구분[127]해야 한다. 감정평가상 영업권과 회계상 영업권은 모두 "무형자산"에 해당하지만, 평가목적·평가방법·적용기준 등이 상이하다. 감정평가상 영업권은 사업양도, 세무목적 등 다양하게 활용 가능하나, 회계상 영업권은 사업결합(인수, 합병 등)과 같은 실제거래가 있어야 인식이 가능하며, 다음과 같은 차이점이 있다.

---
125) 한국감정평가사협회, 「심사자교육자료」
126) 회계기준은 사업결합 과정에서 획득하였으나 개별적으로 식별이 불가능한 자산으로 설명
127) 무형자산(영업권, 지식재산권)감정평가 실무매뉴얼(한국감정평가사협회 감정평가기준센터, 2025.07)

구 분	감정평가상 영업권	회계상 영업권
정 의	대상 기업이 경영상의 유리한 관계 등 배타적 영리기회를 보유하여 같은 업종의 다른 기업들에 비하여 초과수익을 확보할 수 있는 능력으로서 경제적 가치가 있다고 인정되는 권리	사업결합시 취득자가 지급한 대가가 취득한 순자산의 공정가치를 초과하는 금액
기 준	「감칙」제23조, 「실무기준」[650-3]	K-IFRS 제1038호(무형자산), 제1103호(사업결합)등
발생시점	실거래가 없더라도 사업체(또는 사업부)의 수익력 존재시 평가 가능	인수, 합병 등 실제거래 발생시만 인식가능
측정방식	수익환원법(주방식), 거래사례비교법, 원가법 적용 가능 주로, "영업권=영업관련 기업가치-영업투자자본"으로 산정	"영업권=매입가-순자산 공정가치"
상각/손상	기준시점에서의 개별자산(영업권)의 가치	정기적 손상검사, 감가상각 없음
양도 가능성	특정사업체나 업종에 귀속된 경우 부분양도, 평가 가능	일반적으로 독립 양도 불가능(전체 사업체 거래에 포함)

특히, 측정방식과 관련하여 감정평가상 영업권은 영업투하자본 산정시 기준시점에서의 유형자산의 시가를 측정하나, 회계상 영업권은 사업체 전체의 매매가액에서 순자산 장부가액을 공제한 잔여가치를 영업권으로 측정한다는 점에서 본질적으로 다르다.

2. 영업권 평가

(1) 관련규정

「감칙」과 「실무기준」에서 정한 평가기준은 다음과 같다.

구 분	상 세
「감 칙」	제23조(무형자산의 감정평가) ③ 감정평가법인등은 영업권, 특허권, 실용신안권, 디자인권, 상표권, 저작권, 전용측선이용권(專用側線利用權), 그 밖의 무형자산을 감정평가할 때에 수익환원법을 적용하여야 한다.
「실무기준」	3.3 영업권의 감정평가방법 3.3.1 영업권의 감정평가 원칙 ① 영업권을 감정평가할 때에는 수익환원법을 적용하여야 한다. ② 제1항에도 불구하고 수익환원법으로 감정평가하는 것이 곤란하거나 적절하지 아니한 경우에는 거래사례비교법이나 원가법으로 감정평가할 수 있다. 3.3.2 수익환원법의 적용 영업권을 수익환원법으로 감정평가할 때에는 다음 각 호의 어느 하나에 해당하는 방법으로 감정평가한다. 다만, 대상 영업권의 수익에 근거하여 합리적으로 감정평가할 수 있는 다른 방법이 있는 경우에는 그에 따라 감정평가할 수 있다. 　1. 대상 기업의 영업관련 기업가치에서 영업투하자본을 차감하는 방법 　　가. 영업관련 기업가치 : [660-3.3.2]를 준용하여 산정. 단, 비영업용자산은 제외 　　나. 영업투하자본 : 영업자산에서 영업부채를 차감하여 산정 　2. 대상 기업이 달성할 것으로 예상되는 지속가능기간의 초과수익을 현재가치로 할인하거나 환원하는 방법

3.3.3 거래사례비교법의 적용
영업권을 거래사례비교법으로 감정평가할 때에는 다음 각 호의 어느 하나에 해당하는 방법으로 감정평가한다. 다만, 영업권의 거래사례에 근거하여 합리적으로 감정평가할 수 있는 다른 방법이 있는 경우에는 그에 따라 감정평가할 수 있다.

1. 영업권이 다른 자산과 독립하여 거래되는 관행이 있는 경우에는 같거나 비슷한 업종의 영업권만의 거래사례를 이용하여 대상 영업권과 비교하는 방법
2. 같거나 비슷한 업종의 기업 전체 거래가격에서 영업권을 제외한 순자산 가치를 차감한 가치를 영권의 거래사례 가격으로 보아 대상 영업권과 비교하는 방법
3. 대상 기업이 유가증권시장이나 코스닥시장에 상장되어 있는 경우에는 발행주식수에 발행주식의 주당가격을 곱한 가치에서 영업권을 제외한 순자산가치를 차감하는 방법

3.3.4 원가법의 적용
영업권을 원가법으로 감정평가할 때에는 다음 각 호의 방법으로 감정평가할 수 있다. 다만, 대상 영업권의 원가에 근거하여 합리적으로 감정평가할 수 있는 다른 방법이 있는 경우에는 그에 따라 감정평가할 수 있다.

1. 기준시점에서 새로 취득하기 위해 필요한 예상비용에서 감가요인을 파악하고 그에 해당하는 금액을 공제하는 방법
2. 대상 무형자산의 취득에 든 비용을 물가변동률 등에 따라 기준시점으로 수정하는 방법

(2) 수익환원법

① 영업 관련 기업가치에서 영업투하자본을 차감하는 방법

실무상 대부분의 영업권 평가에서 적용하는 방식이다.

구 분	상 세
영업 관련 기업가치	FCF모형에 의한 기업가치 평가방법[128]을 준용하며, 비영업용자산은 포함시키지 않음
영업투하자본	영업자산 − 영업부채
영업자산, 영업부채[129]	• 영업자산은 기업의 영업에 소요되는 모든 자산으로, '영업자산＝비유동자산＋운전자본' • 영업부채는 영업활동에 따라 발생하는 외상매입금, 미지급금 등의 비이자부 부채(유동부채, 비유동부채의 개념과는 무관)

영업부채는 영업사산 중 일부 자산(주로 외상매출금, 재고자산 등)을 조달하는데 사용되는 것으로 영업부채를 통하여 조달된 영업자산은 영업 부채만큼 조달비용(사본수익률, 이자율)의 부담 없이 조달이 가능하기 때문에 영업자산의 총계에서 영업부채 만큼을 차감하여 영업투하자본을 산정하는 것이다.

영업자산을 산정할 때는 회계 상의 계정과목에 관계없이 실질에 따라 판단해야 한다. 유형자산과 비유동자산은 영업 관련성이 높고 투자자산은 불 포함시킨다. 다만, 투자자산 중 일부는 장기영업용자산으로 투하자본에 포함될 수 있음에 유의할 필요가 있다. 특히, 원재료와 부재료를 공급받기 위한 관계기업, 공동기업, 종속기업 등의 지분증권은 영업용자산에 해당할 수 있다.

---

[128] 비용 추정 시, 개인사업장의 경우 적정 대표자 급여가 반영되어야 하며, 일정 금액 또는 매출액 대비 일정률로 표시
[129] 영업부채의 상대개념으로 재무부채(이자부채, 금융부채)가 있으며, 자산을 조달하기 위하여 조달비용(이자비용)을 부담하고 외부에서 차입된 금원(장, 단기 차입금, 리스미지급금 등)을 의미함. 유동부채, 비유동부채의 개념과는 무관함

영업용 자산은 현재가치로 환산해야 하며 장부가액과 시가와의 괴리 등을 검토해야 한다. 토지는 장부가액 대신 최근의 감정평가액으로, 차량운반구나 비품은 감가상각누계액을 차감하여 반영한다. 판매관리비 산정 시 특수관계자 간 임대차를 이유로 손익계산서에 반영하지 않은 적정 임대료를 포함시켰다면, 영업자산 산정 시에는 적정 임차보증금을 산입하여야 한다.

영업부채는 기업의 영업활동과 직접적으로 관련된 부채다. 회계상 부채는 유동부채와 비유동부채로 구분하지만, 영업권 평가에서는 이자부부채와 비이자부부채로 분류할 수 있다. 비이자부부채는 다시 영업부채와 비영업부채로 구분할 수 있다. 유동부채는 영업부채와 비영업부채를 포함하고 있으며, 유동부채 중 영업부채는 거래처와 관련된 매입채무, 종업원과 관련된 미지급급여, 고객과 관련된 선수금 또는 이연수익과 세무와 관련된 미지급법인세 등이다.

영업투하자본은 재무적으로 접근할 수도 있고 자금의 사용관점인 자산접근방식으로 파악할 수도 있다. 아래의 경우에서,

자 산		1,000	부 채		600
유동자산	현금등가물	300	유동부채	외상매입	400
	외상매출금	100		단기차입	100
	재고자산	100	비유동부채	장기차입	100
비유동자산	기계기구	200			
	건 물	300	자 본		400

재무적인 접근에서는 '투하자본=자본총계+외부차입금합계(장·단기 불문 이자지급 부채)'가 된다. 투하자본은 '자본(400)+차입금합계(200)=600'이다. 반면, 「실무기준」에서는 자산접근방식을 취하고 있다. 이 방법에서는 '투하자본=영업자산총계(비사업용자산 제외)−영업부채(비이자부부채)'가 되고 투하자본은 '영업자산(1000)−영업부채(외상매입)(400)=600'이다.

비사업용자산이 존재하는 경우에는 '영업가치<기업가치'가 된다. 아래의 경우에서,

자 산		1,200	부 채		600
유동자산	현금등가물	300	유동부채	외상매입	400
	외상매출금	100		단기차입	100
	재고자산	100	비유동부채	장기차입	100
비유동자산	투자유가증권 (비사업용)	200			
	기계기구	200			
	건 물	300	자 본		600

재무적 접근에서는 '투하자본=자본총계+외부차입금합계'이므로 '600+200=800'이 투하자본으로 산정되나 투하자본 중 200은 비사업용자산의 취득에 소요되므로 실질적인 투하자본은 '800-200=600'이 된다. 자산접근에서는, '투하자본=영업자산총계(비사업용자산 제외)-영업부채(비이자부부채)'이므로 '(1200-200)-400=600'이 된다.

비영업용자산이 존재하는 경우 FCF를 현가한 영업가치가 1500으로 추계됐다면, 재무접근과 자산접근의 결과 영업권은 다음과 같이 결정된다.

구 분	산 정
재무접근	영업권=영업가치-(자본총계+외부차입금-비사업용) =1,500-(600+200-200) =900
자산접근	영업권=영업가치-(영업자산-영업부채) =1,500-(1,000-400) =900

상기와 같이 재무접근이나 자산접근으로 영업투하자본을 산정한 경우에도 '적정운전자본+비유동산자산'의 관점에서 검토를 할 필요가 있다. 개인사업자의 경우 해당 사업체에서 영업이익 내지 본인의 근로소득에 해당하는 부분을 임의로 인출해 가게 되면 향후 영업부채의 상환에 소요될 부분까지 과다하게 인출하게 되고, 과소하게 인출하게 되면 영업에 소요될 운전자본을 초과하여 보유하는 경우가 된다.

한편, 현금예금을 과다하게 인출할 경우 적정 투하자본 산정(과소운전자본)문제는 아래와 같이 생각하면 된다.

자산		700	부채		600
유동자산	현금예금	0	유동부채	외상매입	400
	외상매출금	100		단기차입	100
	재고자산	100	비유동부채	장기차입	100
비유동자산	기계기구	200			
	건 물	300	자 본		100

- 재무접근 : 자본(100)+차입금(200)=300
- 자산접근 : 자산(700)-부채(400)=300

위 사업장은 재고의 구입이나 판매관리비 등에 사용되어야 할 운전자본이 필요 없다고 가정하더라도 투하자본이 최소 500(기계+건물) 이상 있어야 함에도 어느 방식에 의하더라도 투하자본이 300으로 산정된다.

이는 영업부채(외상매입금 400)가 영업부채의 상환에 상환되어야 할 유동성 영업자산[현금(0)＋외상매출금(100)＋재고자산(100)＝200]을 초과한 상태로 재무상태표가 작성되었기 때문이며 개인사업자가 매출채권을 회수하고 외상매입금을 상환하지 않은 상태에서 채무의 상환에 사용되어야 할 현금예금을 모두 인출하였기 때문이다. 현재의 투하자본은 사업장을 현재와 동일하게 마련하는데 반드시 요구되는 기계기구(200)와 건물(300)을 구입하는데도 부족하게 산정돼 논리적이지 않다. 따라서 인출한 현금 300을 가지급금으로 잡아야 한다.

자산		1000	부채		600
유동자산	업무가지급(인출금)	300	유동부채	외상매입	400
	외상매출금	100		단기차입	100
	재고자산	100	비유동부채	장기차입	100
비유동자산	기계기구	200			
	건 물	300	자본		400

이때 투하자본은
- 재무접근 : 자본(400)＋차입금(200)＝600
- 자산접근 : 영업자산(1000)－영업부채(400)＝600
- 영업가치를 1500으로 산정 시, 재무접근 및 자산접근 모두 영업권이 '1500－600＝900'으로 추계된다.

이 방법에 의한 영업권 평가와 관련해 실무적으로 고민해야 할 사항은 다음과 같다.

> **＋ 알아보기**　영업권 평가 관련해 실무적으로 고민해야 할 사항[130]
>
> (1) 영업부채
>
> 운전자본(WC; Working Capital)은 매출채권, 재고자산, 매입채무 등 영업활동과정에서 발생하는 채권, 채무 등을 말한다. 잉여현금흐름 계산에서 매출채권, 재고자산 등 (＋)운전자본(자산항목의 운전자본)의 증가는 차감하고, 매입채무, 미지급금 등 (－)운전자본(부채항목의 운전자본)의 증가는 가산한다. 잉여현금흐름(FCF)계산 시 운전자본의 증가금액을 차감하는 이유는 현금흐름의 계산이 재무회계에서 사용되는 영업이익에서 시작된다는 점이다. 영업활동 현금흐름을 계산하기 위해서는 세후영업이익(NOPLAT)에서 운전자본의 증가액(감소액)을 차감(가산)한다. 세후영업이익에서 차감하는 매출채권의 증가를 예로 들어 보자. 세후영업이익은 매출액에서 매출원가와 판매비 및 관리비를 차감한 후 영업이익에 대한 법인세를 고려하여 계산한다. 이때 매출액은 현금기준의 매출액이 아닌 재무회계의 기본개념인 '발생주의'에 따라 계산된 것이다. 발생주의에 따른 매출액이란 비록 현금판매가 이루어지지 않았더라도 재화의 인도가 완료되면, 즉 재화의 판매가 이뤄지면 매출로 표시한다는 의미이다. 이러한 경우 현금유입이 없었으므로 기업은 매출채권을 인식한다. 잉여현금흐름의 추정이 재무회계상의 매출액 인식에서 비롯된 영업이익을 기반으로 하므로 현금유입액과는 차이가 발생한다. 이러한 재무회계상의 발생주의와 현금흐름할인모형의 현금주의의 차이를 조정해주기 위한 방법으로 운전자본을 차감하는 것이다. 발생주의 매출은 현금주의 매출과 매출채권(운전자본)만큼 차이가 발생하게 된다. 예를 들어, 매출채권의 기초잔액이 없으며 당기 발생한 매출채권을 차감하면 현금주의 매출로 조정이 된다. 매출채권의 기초잔액이 있으면 기초매출채권 잔액의 당기 회수분은 현금주의 매출에 가산되어야 한다.

---

[130] 김영돈 외, 영업권 및 기업가치 감정평가기준 마련 연구, 한국감정평가사협회, 2022

따라서 발생주의매출을 현금주의 매출로 조정하는 과정은 다음과 같이 정리된다.

> 현금주의 매출＝발생주의 매출－기말매출채권＋기초매출채권
> 　　　　　　＝발생주의 매출－매출채권 증가액

매출 외에 매출원가도 발생주의 원가에서 현금주의 원가로의 조정과정은 동일하다. 다만, 조정되는 운전자본이 재고자산과 매입채무라는 점이 다르다. 매입채무증가액은 매입은 하였으나 현금을 지급하지 않으므로 가산하여 준다. 매입과 관련하여 재고자산 증가액은 구입하였으나 비용화되지 않았기 때문에 현금흐름에서 차감한다.

- 현금주의 원가＝발생주의 원가＋매입채무 증가액－재고자산 증가액
- 발생주의 원가＝기초재고자산＋당기매입－기말재고자산
  ＝당기매입－재고자산 증가액
- 발생주의 당기매입＝발생주의 원가＋재고자산 증가액
- 현금주의 당기매입＝발생주의 당기매입－매입채무 증가액
  ＝발생주의 원가＋재고자산 증가액－매입채무 증가액
- (－)현금주의 당기매입＝(－)현금주의 원가
  ＝(－)발생주의 원가－재고자산 증가액＋매입채무 증가액
- (－)현금주의 원가＝(－)발생주의 원가＋매입채무 증가액－재고자산 증가액

운전자본에는 매출채권, 재고자산 및 매입채무뿐 아니라 선급금, 선급비용, 미수금, 기타유동자산과 선수금, 미지급금, 미지급비용, 기타유동부채 등이 있다. 매출채권, 재고자산 및 매입채무는 영업활동과 직접 관련된 운전자본이므로 영업활동현금흐름 계산 시 반드시 고려해야 하는 운전자본 항목이다. 반면, 선급금, 선수금 등 기타유동자산과 기타유동부채에 포함된 항목은 영업활동과 관련될 수도 있고, 투자활동이나 재무활동과 관련될 수도 있다. 영업활동과 관련된 운전자본이라면 영업이익에서 조정해 주어야만 현금주의 영업이익이 도출될 것이다. 만일 투자활동이나 재무활동과 관련된 항목이라면 영업활동현금흐름과 관련이 없으므로 조정할 필요가 없다.

현금흐름할인모형은 현금주의 영업이익과 현금주의 투자액을 기준으로 한 미래잉여현금흐름을 추정하는 것이 최종적인 목적이다. 그럼에도 미래 잉여현금흐름을 직접적으로 추정하지 않고 발생주의 영업이익을 미래잉여현금흐름 추정의 기본 자료로 이용하는 이유는 추정의 과정이 발생주의에 따라 계산된 과거 회계자료를 기초로 하여 미래의 이익을 추정하는 것이 더 쉽기 때문이다. '수익이 아닌 현금유입' 항목으로 선수금 및 선수수익 등이 있다. 재화나 용역을 제공하기 전에 고객으로부터 미리 받은 대금인 선수금 및 선수수익은 수익으로 인식하지 않지만 현금을 증가시키므로 세후영업이익에 가산하여 현금의 증가를 표시한다. 반대로 '비용이 아닌 현금유출' 항목으로 선급금 및 선급비용 등이 있다. 선급금 및 선급비용은 비용으로 인식하지 않지만 현금을 감소시키므로 세후영업이익에 차감하여 현금의 감소를 표시한다.

- 회계상의 부채(Liabilities)는 유동부채(Current Liabilities)와 비유동부채(Non-current Liabilities)로 구분하지만, 기업가치 평가를 위하여 이자부 부채(Interests Bearing Debt)와 비이자부 부채(Non-interests Bearing Debt)로 분류하며 비이자부 부채는 영업부채(Operating Liabilities)와 비영업부채(Non-operating Liabilities)로 구분할 수 있다.
- 따라서 유동부채는 영업부채와 비영업부채를 포함하고 있으며 유동부채 중 주요 비영업부채는 단기차입금, 유동성장기부채, 비영업자산과 관련된 미지급금, 비영업비용과 관련된 미지급비용 등이 있다.
- 또한, 전체부채는 영업부채와 비영업부채를 포함하고 있으며 전체부채 중 주요 비영업부채는 장·단기차입금, 사채, 리스부채 등이 있다.
- 비이자부 부채(Non-interests Bearing Debt)는 비영업자산과 관련된 미지급금, 비영업비용과 관련된 미지급비용 등 이외에는 대부분이 영업부채에 해당한다.
- 순운전자본은 유동자산에서 유동부채를 차감한 잔액을 말하며 순운전자본은 유동부채를 지급하고 남은 잔액이므로 영업활동에 추가적으로 사용하거나 단기차입금의 상환에 이용할 수 있는 자금의 성격을 갖는다.

(2) 적정운전자본 판단

업종의 특성상 정상적으로 영업용 유동자산보다 영업용 유동부채가 커서 부(−)의 운전자본을 보일 수 있다. 또는 영업활동과정에서 특정한 해에 일시적으로 영업용 유동부채가 커져서 부(−)의 운전자본을 나타낼 수 있다. 예를 들어, 유통업의 일부 기업은 시장지배력이 커서 매출채권의 회수속도는 빠르지만, 매입채무의 상환속도는 느린 경우 부(−)의 운전자본을 보인다. 업종의 특성상 재고자산이 없거나 미미한 서비스업과 영업상 선수금이 큰 업종도 이에 해당할 수 있다.

〈비정상적 부(−)의 운전자본이 영업권에 미치는 영향〉
① 영업가치 : 부(−) 영향 (차기연도 운전자본의 추가적 증가로 잉여현금흐름이 감소함)
② 투하자본 : 부(−) 영향 (비정상적 운전자본 감소로 투하자본 감소함)
③ 영업권(= ①−②) : 영향 없음

〈정상적 부(−)의 운전자본이 영업권에 미치는 영향〉
① 영업가치 : 영향 없음 (운전자본의 정상적 증감이 잉여현금흐름의 정상적 증감을 가져옴)
② 투하자본 : 부(−) 영향 (정상적 부(−)의 운전자본으로 인해 부(−)의 투하자본을 보일 수 있음)
③ 영업권(= ①−②) : 정(+) 영향

(3) 과대/과소 운전자본 관련

기업 활동 과정에서 또는 경제상황에 따라 특정한 해에 일시적으로 과도한 영업용 유동자산 또는 과도한 영업용 유동부채를 보일 수 있으며 이에 따라 과대·과소 순운전자본이 산출될 수 있다. 기업가치평가 과정에서 해당 기업의 운전자본의 적정성을 검토할 필요가 있으며 비정상적인 운전자본을 보일 경우 추정 1차년도 잉여현금흐름(FCF, Free Cash Flow)의 산정과정에서 조정이 필요하다.

〈과대 운전자본이 영업권에 미치는 영향〉
① 영업가치 : 정(+) 영향 (차기연도 운전자본의 추가적 감소로 잉여현금흐름이 증가함)
② 투하자본 : 정(+) 영향 (비정상적 운전자본 증가로 투하자본 증가함)
③ 영업권(= ①−②) : 영향 없음

〈과소 운전자본이 영업권에 미치는 영향〉
① 영업가치 : 부(−) 영향 (차기연도 운전자본의 추가적 증가로 잉여현금흐름이 감소함)
② 투하자본 : 부(−) 영향 (비정상적 운전자본 감소로 투하자본 감소함)
③ 영업권(= ①−②) : 영향 없음

(4) 재무제표상 △투하자본(△운전자본) 시 투하자본 결정

업종의 특성상 정상적으로 부(−)의 투하자본을 보일 수 있다. 대표적으로 업종의 특성상 정상적으로 영업용 유동자산보다 영업용 유동부채가 커서 부(−)의 운전자본을 보이는 경우이다. 또한, 업종의 특성상 장기성 매입채무와 영업 관련 충당부채와 같은 영업용 비유동부채가 큰 경우이다.

〈비정상적 부(−)의 투하자본이 영업권에 미치는 영향〉
① 영업가치 : 부(−) 영향 (차기연도 투하자본의 추가적 증가로 잉여현금흐름이 감소함)
② 투하자본 : 부(−) 영향
③ 영업권(= ①−②) : 영향 없음

〈정상적 부(−)의 투하자본이 영업권에 미치는 영향〉
① 영업가치 : 영향 없음 (투하자본의 정상적 증감이 잉여현금흐름의 정상적 증감을 가져옴)
② 투하자본 : 부(−) 영향
③ 영업권(= ①−②) : 정(+) 영향

(5) 무형자산(기인식된 영업권 포함) 관련

대개의 경우 기존 영업권을 포함하여 특허권, 브랜드, 산업재산권, 개발비 등 무형자산은 유형자산과 동일하게 대표적인 영업용 자산에 해당하므로 투하자본 산정 시 이를 포함해야 한다. 실질가치가 없는 영업권이나 기타 무형자산은 손상검사(Impairment Test) 및 손상차손(Impairment Loss)을 통해 감액 처리할 필요가 있다. 실질가치가 있는 기존 영업권을 포함한 무형자산은 특별한 사유가 없는 한 영업 관련 투하자본 산정 시 이를 포함한다.

(6) 영업용 자산 누락

영업용 자산은 영업현금흐름(OCF; Operating Cash Flow)에 기여하는 자산으로 정의되어야 하며 계정과목과 관계 없이 실질 내용을 보고 판단해야 한다. 즉, 항목별로 영업현금흐름과 관련이 있는지 실질적으로 검토할 필요가 있다. 재무상태표 상 자산의 계정과목별로 영업과 관련이 있는지 여부를 신중히 검토할 필요가 있으며, 대개의 경우 투자자산 이외에 유형자산과 기타비유동자산은 영업과의 관련성이 높다. 대표적인 기타비유동자산으로는 장기성 매출채권, 본·지점 임차보증금, 거래를 위해 필요한 영업보증금 등이 있다.

(7) 충당부채

충당부채(Provisions)는 지출의 시기 또는 금액이 불확실한 미확정부채이다. 충당부채와 우발부채는 지급 시기나 금액이 불확실하기 때문에 모두 우발적인 부채이지만 우발적인 부채를 부채로 인식할 수 있는 요건을 갖춘 충당부채(Provisions)와 부채의 인식기준을 충족하지 못하기 때문에 재무제표 본문에 인식하지 아니하고 주석으로만 공시하는 우발부채(Contingent Liabilities)로 구분할 수 있다. 충당부채는 평가자의 시각에 따라 영업가치(Operating Value) 및 자기자본가치(Equity Value) 산출과정에서 분류가 다르게 된다. 예를 들어, 퇴직급여충당부채의 경우 기업가치에서 차감될 부채성 항목으로 구분되기도 하고 장기 운전자본 성격의 영업부채로 구분되기도 한다.

① 부채성 항목(차입금)으로 보는 경우

임직원들의 퇴직급여충당부채를 현재 기업이 부담하고 있는 일종의 채무(debt)로 가정하여 기업가치에서 차감한다. 따라서 영업권 산정 시에는 퇴직급여충당 관련 사항(충당금 및 충당금상환에 소요될 영업자산)은 고려하지 않는다.

② 영업부채(장기 운전자본 성격)로 보는 경우

영업현금흐름 추정 시 발생주의에 따른 퇴직급여 추정액의 증가분만큼 매년 현금으로 지급되는 것으로 가정한다. 이 경우 퇴직급여충당부채는 투하자본의 차감항목으로 처리한다. 충당부채는 할인현금흐름분석에 의한 기업가치 산출과정에서 어떤 관점에서 보느냐에 따라 앞서 설명한 바와 같이 두 가지 방법으로 처리할 수 있다.

구 분	상 세
타인자본으로 처리	충당부채로부터 발생할 현금흐름을 타인자본비용으로 할인. 충당부채를 타인자본으로 보아 미래현금흐름의 현재가치로 추정한 후 기업가치에서 차감하며 이 때 현재가치를 산출하는 과정에 적용되는 할인율은 타인자본비용이다.
미래 잉여현금흐름 추정에서 현금유출로 처리	영업가치에서 부(−)의 항목으로 고려. 현재가치로 측정된 충당부채로부터 장래에 지출될 것으로 예상되는 현금유출액을 미래 잉여현금흐름에서 직접 고려하며 기업의 영업활동현금흐름 일부로 판단한다. 이때 충당부채로부터 장래에 지출될 것으로 예상되는 현금흐름은 가중평균자본비용으로 할인되어 결국 영업가치에 부(−)의 영향을 끼치게 된다.

- 계속적인 영업활동과 관련된 충당부채(퇴직급여충당부채, 품질보증충당부채, 반품보증충당부채)는 기업의 영업활동과 직접적으로 관련된 현금흐름이므로 미래 잉여현금흐름 추정에서 현금유출로 처리한 후 가중평균자본비용으로 할인하여 영업가치에 부(−)로 반영되도록 한다.
- 계속적인 영업활동이 아닌 비연속적, 장기적으로 발생할 충당부채(구조조정충당부채)나 투자활동과 관련된 충당부채(복구충당부채)는 미래 잉여현금흐름에서 개별적으로 추정하는 것보다 타인자본의 한 형태로 보아 충당부채로부터 미래에 발생할 현금흐름을 타인자본비용으로 할인하여 현재가치로 측정한다.

- 충당부채의 미래 지출액은 세전현금흐름이므로 할인율로 사용되는 타인자본비용도 세전 타인자본비용을 사용한다.
- 충당부채를 K-IFRS 1037호에 따라 예상되는 지출액의 현재가치로 인식하고 있다면 장부금액을 조정할 필요 없이 타인자본가치(Debt Value)로 사용한다.

〈충당부채가 영업권에 미치는 영향〉
(1) 충당부채를 부채성 항목이나 타인자본(debt)으로 처리하는 경우
  ① 영업가치 : 영향 없음 (미래잉여현금흐름에 미치는 영향 없음)
  ② 투하자본 : 영향 없음 (투하자본에 포함되지 않음)
  ③ 영업권(=①-②) : 영향 없음
(2) 충당부채를 영업부채로 미래 현금유출로 처리하는 경우
  ① 영업가치 : 부(-) 영향 (미래잉여현금흐름이 감소함)
  ② 투하자본 : 부(-) 없음 (투하자본의 차감항목으로 처리됨)
  ③ 영업권(=①-②) : 영향 없음

(8) 비사업용자산 관련

영업용 자산과 비영업용 자산의 구분은 수익환원법 또는 거래사례비교법 사용 시 영업현금흐름 또는 영업가치 평가 결과에 고려되지 못한 비영업용 자산의 가치를 별도로 가산하여 전체 기업가치를 평가하기 위해서이다. 따라서 영업용 자산은 영업현금흐름(OCF; Operating Cash Flow)에 기여하는 자산으로 정의되어야 하며, 비영업용 자산은 추정 영업현금흐름에 기여하지 못하지만 기업가치(EV; Enterprise Value)를 구성하는 자산의 일부로서 영업가치(OV; Operating Value)에 가산되어야 한다. 투하자본 산정과정에서 현금 및 현금성자산(이하 현금)의 처리는 실무적으로 두 가지 주장이 있다.

① 보유현금을 영업용 현금과 비영업용 현금으로 구분하여 처리

기업이 정상적인 영업활동을 위해 보유해야 하는 현금을 영업용 현금(Operating Cash, Working Cash)으로 정의할 수 있으며 매출액 대비 운전자본의 규모 및 회전율 또는 매출원가와 판매비와 관리비 등 영업비용 지출규모를 고려하여 1개월 또는 2개월의 현금지출 영업비용을 운전자본에 포함하여야 할 영업용 현금으로 산정하기도 한다. 특히, 재무상황이 어려운 기업의 경우 현금의 일부 수준을 영업용 현금으로 구분할 필요가 있다.

② 보유현금 전체를 비영업용 자산으로 처리

자기자본가치(Equity Value) 산정을 위한 순차입금(Net Debt)을 계산할 때 기업이 보유한 현금에 대하여 별도의 조정이 없이 전체 현금을 차감하여 산출하기도 한다. 또한, 재무상황이 건전하고 운전자본이 정상적으로 순환되는 기업의 경우 보유현금 전체를 비영업용 자산으로 정의하기도 한다. 잉여현금흐름(FCF; Free Cash Flow)을 창출하기 위한 영업용 투하자본(IC; Invested Capital)은 영업용 운전자본(Operating Working Capital), 유형자산 및 기타 장기영업용 자산으로 구성되며 영업용 운전자본은 초과보유현금(Excess Cash)을 제외한 적정보유현금(Target Cash Balance)인 영업용 현금(Operating Cash, Working Cash)을 포함한다. 정상적인 영업활동을 위해 일정 수준의 현금은 반드시 필요하며, 구매, 생산, 판매 등의 영업활동수준에 따라 영업현금 수준도 변동하게 된다. 회사의 보유현금 중 얼마만큼을 적정 영업현금수준으로 볼 것인가에 대한 의견은 다양하다. 적정 영업현금수준을 통해 영업용 현금을 산출하기 위한 기준은 다음과 같은 다양한 방법을 들 수 있다.

구 분	상 세
운전자본의 순환주기를 고려하여 1개월 ~ 2개월의 현금지출 영업비용	현금지출 영업비용 산출 시 상각비 등 비현금비용(Non-Cash Expense)은 제외시킴
해당 기업이 속한 산업에서 매출액 대비 현금 비중이 가장 낮은 기업의 현금 보유비율	이자수익을 창출하지 못하는 현금을 무수익자산(Non-Performing Asset, Wasting Cash)으로 보는 견해
해당 기업이 속한 업종 평균비율	-

- 운전자본의 순환주기, 산업 내 Best Practice, 업종 평균비율 등을 이용하여 보유현금을 영업용 현금과 비영업용 현금으로 구분할 수 있다.
- 사업용 자산과 비사업용 자산은 계정과목과 관계없이 실질 내용을 보고 판단해야 하며 투자자산 중 일부는 장기영업용 자산으로 투하자본에 포함해야 한다.
- 원재료와 부재료의 공급을 받기 위해 투자한 관계기업, 공동기업, 종속기업 등의 지분증권은 투자자산 중 사업용 자산에 해당한다.
- 해당 기업의 영업 관련된 협회 등에 출연한 협회 출연금은 투자자산 중 사업용 자산에 해당한다.
- 대개의 경우 대여금, 투자부동산, 매도가능금융자산이나 FVPL·FVOCI·AC금융자산 등 유가증권, 정기예금·적금이나 수익증권 등 장단기금융상품, 골프나 헬스 회원권 등은 비영업용 자산으로 분류한다.

(9) 기준시점의 투하자산 가치 판단

실무적으로 평가기준일이 회계결산일과 일치하지 않을 경우 평가기준일과 가장 근접한 회계결산일을 기초로 조정작업을 수행하여 평가기준일 시점의 투하자본을 산출해야 한다. 일반적으로 기업들은 매출채권, 재고자산, 매입채무 등 주요 운전자본을 회계연도 말 시점에 회사의 목표 운전자본 수준으로 유지할 수 있도록 관리할 수도 있다. 따라서 회계연도 말이 아닌 월 결산 또는 분기결산 기준의 운전자본 추정은 연도 말 운전자본 수준과 비교하였을 때 차이가 발생할 수 있다. 평가기준일까지의 재무정보를 기준으로 매출 추정이 이루어질 경우 연간 기준의 매출 추정과 괴리가 발생할 수 있다. 이러한 경우 과거 동일한 기간의 수익 및 비용 발생금액과의 비교를 통한 추세분석이 이루어져야 한다. 수선유지비, 광고선전비, 임차료, 보험료 등 특정한 월에 발생하는 비용의 경우 향후 추정에 누락되지 않도록 주의할 필요가 있다.

(10) 인출금

개인사업자의 경우 사업주의 인출이 빈번히 발생하며 기중의 회계처리방법과 관계없이 기말에 자본금계정으로 대체하여 마감해야 한다. 이러한 인출금이 일시적으로 과도하여 영업용 유동자산의 과도한 감소로 이어져 매우 작거나 부(-)의 운전자본을 보일 수 있다.

〈과도한 인출금으로 인한 부(-)의 운전자본이 영업권에 미치는 영향〉
① 영업가치 : 부(-) 영향 (차기연도 운전자본의 추가적 증가로 잉여현금흐름이 감소함)
② 투하자본 : 부(-) 영향 (비정상적 운전자본 감소로 투하자본 감소함)
③ 영업권(= ①-②) : 영향 없음

한편 개인사업자의 법인전환에 따른 영업권 감정평가를 이 방법에 의할 경우, 이전성 문제, FCFF, 영업자본 결정에 있어 주의해야 할 점이 있다.

구 분	상 세
이전성	• 영업자(소유자)와 분리가 불가능한 전속적인 권리인지 여부에 대한 판단이 가장 중요 • 이전성이 현저히 낮거나 실질적으로 이전이 불가능한 경우는 대표적으로 영업자의 identity에 의해 발생하는 초과수익이 영업의 이전으로 소멸할 때이며, 이전되는 초과수익이 없다면 영업권 평가가 불가함
FCFF	• 특수관계자 간 비정상 임대차 계약인 경우 정상 임대차를 기준으로 임대조건 변경 후 적정 임대료를 판관비에 반영 • 대표자급여인 자가노력비를 판관비에 반영 • 법인세율이 아닌 소득세율 적용
영업자본	• 특수관계자 간 비정상 임대차 계약인 경우 적정임대차보증금 영업자산에 반영

② 초과이익을 할인 또는 환원하는 방법[131]

초과수익은 현재수익에서 정상수익을 차감한 값이다. 정상수익(또는 정상수익률)은 다음과 같은 세 가지 방법을 이용하여 산정할 수 있다.

- 해당 기업이 속한 산업의 유사기업의 평균이익률
- 해당 기업이 속한 산업의 평균이익률
- 투자자 관점에서 (최소) 요구수익률인 해당 기업의 자본비용

유사기업(peer)은 영업위험과 재무위험이 유사한 기업이며 업종관련성, 사업의 유사성 등을 종합적으로 고려하여 선정한다. 해당 기업이 속한 산업은 한국표준산업분류의 중분류, 세분류, 세세분류 등을 이용할 수 있다. 산업 평균이익률은 한국은행에서 발간하는 '기업경영분석'을 활용할 수 있다. 투자자가 해당 기업으로부터 얻고자 요구하는 최소 요구수익률(required rate of return)은 자본비용(cost of capital)을 적용한다. 초과이익이 없는 정상이익(normal earnings)은 산업별, 기업 간에 벌어지는 치열한 경쟁에 의하여 최소요구수익인 자본비용과 등가다.

한편 초과이익 개념을 이용하여 가치평가를 측정하는 방법으로는 EVA Model(Economic Value Added Model)과 RIM(Residual Income Model)이 있다. 채권자 및 주주 관점에서 측정한 초과이익이 EVA(Economic Value Added; 경제적 부가가치)이며 주주 관점에서 측정한 초과이익이 RI(Residual Income; 잔여이익)에 해당한다. EVA는 세후영업이익(NOPAT; Net Operating Profit After Taxes 또는 NOPLAT; Net Operating Profit Less Adjusted Taxes)에서 영업에 투하된 자본(Invested Capital)에 대한 최소한의 기대수익을 차감한 초과영업이익 개념이다.

$$EVA = 세후영업이익(NOPAT) - 자본비용(Capital Cost)$$
$$= 세후영업이익(NOPAT) - 가중평균자본비용(WACC) \times 투하자본(IC)$$
$$= 투하자본(IC) \times \{투하자본이익률(ROIC) - 가중평균자본비용(WACC)\}$$

---

131) 김영돈 외, 영업권 및 기업가치 감정평가기준 마련 연구, 한국감정평가사협회, 2022

EVA는 아래와 같이 ROIC에서 WACC을 차감하여 비율(%)로 산정할 수 있으며, 여기에 영업에 투하된 자본인 투하자본(IC)을 곱하여 금액(amount)으로 산정할 수 있다.

$$EVA(\%) = 투하자본이익률(ROIC) - 가중평균자본비용(WACC)$$
$$EVA(금액) = 투하자본(IC) \times \{투하자본이익률(ROIC) - 가중평균자본비용(WACC)\}$$

EVA Model(Economic Value Added Model)에 의한 영업가치(Operating Value)는 아래와 같다.

$$Operating\ Value = 투하자본 + 미래\ EVA\ 현재가치의\ 합$$

초과이익을 발생시키는 원천이 영업권이므로 이 현재가치의 합이 바로 이론적인 영업권의 가치에 해당함을 알 수 있다. EVA Model에 의하면 평가기업의 미래 세후영업이익이 그 정상이익을 초과하면 평가기업의 영업가치는 그 투하자본의 공정가치보다 영업권만큼 커지는 관계를 설명하고 있다. 다시 말해, EVA Model은 아래 관계를 정리하고 있다.

$$Operating\ Value = 투하자본의\ 공정가치 + 영업권$$

RI는 당기순이익(Net Income)에서 자기자본(Equity)에 대한 최소한의 기대수익을 차감한 초과순이익 개념이다.

$$RI = 당기순이익(Net\ Income) - 자기자본비용(Equity\ Cost)$$
$$= 당기순이익(Net\ Income) - 자기자본비용(Cost\ of\ Equity,\ K_e) \times 자기자본(Equity)$$
$$= 자기자본(Equity) \times \{자기자본이익률(ROE) - 자기자본비용(K_e)\}$$

RI는 아래와 같이 ROE에서 K_e를 차감하여 비율(%)로 산정할 수 있으며, 여기에 주주의 자본인 자기자본(Equity)을 곱하여 금액(amount)으로 산정할 수 있다.

$$RI(\%) = 자기자본이익률(ROE) - 자기자본비용(K_e)$$
$$EVA(금액) = 자기자본(Equity) \times \{자기자본이익률(ROE) - 자기자본비용(K_e)\}$$

RIM(Residual Income Model)에 의한 자기자본가치(Equity Value)는 아래와 같다.

$$Equity\ Value = 자기자본 + 미래\ RI\ 현재가치의\ 합$$

초과이익을 발생시키는 원천이 영업권이므로 '미래 RI 현재가치의 합'이 바로 이론적인 영업권의 가치에 해당함을 알 수 있다. RIM에 의하면 평가기업의 미래 당기순이익이 그 정상이익을 초과하면 평가기업의 자기자본 가치는 그 순자산의 공정가치보다 영업권만큼 커지는 관계를 설명하고 있다. 다시 말해, RIM은 아래 관계를 정리하고 있다.

$$Equity\ Value = 순자산의\ 공정가치 + 영업권$$

(3) 거래사례비교법

영업권만의 거래사례가 있는 경우, 영업권을 포함한 기업 전체 거래사례가 있는 경우, 상장된 기업으로 주당가격을 확보할 수 있는 경우 적용한다.

(4) 원가법

영업권 구축에 소요된 기간에 취득할 수 있었던 상대적인 경제적 이윤으로 영업권 가치를 판단한다. 다만, 기업 활동의 노하우, 효율성, 경영 능력에 의해 발생하는 영업권을 취득비용을 감안해 평가한다는 논리적 모순이 있으며, 초과수익이 발생하는 한 영속적으로 존재하는 영업권을 감가 수정하는 부분도 매끄럽지 못하다. 과거취득비용에 물가변동률을 곱하면 기간이 경과할수록 영업권 가치는 매년 증액 추계된다는 오류도 발생해 예외적인 경우만 적용한다.

CHAPTER 15 기출문제

기업가치·영업권 평가

01 감정평가사 甲은 식료품 제조업을 영위하는 (주)A로부터 일반거래(시가참고) 목적의 감정평가를 의뢰받았다. 관련법규 및 이론을 참작하고 제시된 자료를 활용하여 다음의 물음에 답하시오(단, 기준시점은 2020.1.1.임). (40점)

기출 30회

(1) (주)A의 기업가치를 평가하시오. (25점)
(2) (주)A의 영업권 가치를 평가하시오. (5점)

〈자료 1〉 대상 기업 및 특허권 개요

1. 대상 기업 현황

상 호	(주)A
대표자	이○○
설립일자	2012.6.17.
사업자번호	514-87-*****
주요제품	과자류

※ 대상 기업은 식료품 제조업을 영위함

2. 특허권 개요

명 칭	나선형 ** 코팅 장치
등록번호	10-13*****
출원일	2013.5.26.
특허권자	(주)A
존속기간 만료일	2033.5.26.

〈자료 2〉 주요가정

1. 추정기간이란 할인현금수지분석법 적용에 있어 현금흐름을 직접 추정하는 기간으로 대상 기업의 특성 및 시장상황 등을 고려하여 5년(1기 ~ 5기)으로 가정함
2. 추정기간이 지난 6기부터는 성장율 0%를 적용하며, 5기의 현금흐름이 지속되는 것으로 가정함
3. 대상 기업의 결산일은 매년 말일이며, 현금흐름은 편의상 기말에 발생하는 것으로 가정함
4. 대상 기업의 현금흐름 추정시 비영업용 자산에 의한 수익, 비용은 제외된 것으로 가정함

〈자료 3〉 재무상태표 및 손익계산서 일부 발췌(2019.12.31. 현재)

1. 재무상태표(일부 발췌)

계정과목	금액(원)
자 산	
Ⅰ. 유동자산	
1. 당좌자산	
(1) 단기금융상품	700,000,000
(2) 그 외	500,000,000
2. 재고자산 등	600,000,000
Ⅱ. 비유동자산	
1. 투자자산	
(1) 장기투자자산	300,000,000
2. 유형자산	
(1) 토 지	2,500,000,000
(2) 건 물	1,000,000,000
(3) 기 계	800,000,000
부 채	
Ⅰ. 유동부채	1,100,000,000
Ⅱ. 비유동부채	
1. 장기차입금	2,500,000,000

※ 대상 기업의 무형자산은 영업권과 특허권만 존재함
※ 대상 기업의 비영업용 항목은 단기금융상품, 장기투자자산임

2. 손익계산서(일부 발췌)

(단위 : 원)

구 분	2017년	2018년	2019년
매출액	2,000,000,000	2,100,000,000	2,205,000,000
매출원가	1,000,000,000	1,050,000,000	1,102,500,000
매출총이익	1,000,000,000	1,050,000,000	1,102,500,000
판매비와 관리비	200,000,000	210,000,000	220,500,000
영업이익	800,000,000	840,000,000	882,000,000

⟨자료 4⟩ 재무제표 관련 추가 자료

1. 추정기간 동안 매출액은 다음에서 산출한 증가율과 동일한 비율로 증가할 것으로 판단됨
   (1) 매출액 증가율 결정 방법 : 대상 기업의 과거 매출액 평균 증가율(2017년 ~ 2019년)과 동종 및 유사업종 매출액 평균 증가율의 산술 평균으로 결정함
   (2) 동종 및 유사업종 매출액 증가율

항 목	단 위	2017년	2018년	2019년
매출액 증가율	%	4.92	4.82	5.24

2. 매출원가는 과거와 동일한 매출원가율을 적용함
3. 판매비와 관리비는 향후에도 과거와 동일하게 매출액의 일정 비율만큼 발생할 것으로 봄
4. 감가상각비는 2019년에는 110,000,000원이며 추정기간 동안 매년 5,000,000원씩 증가됨
5. 향후 예상되는 자본적 지출액은 매출액의 3%가 소요될 것임
6. 순운전자본 증감
   (1) 대상 기업의 경우 추정 매출액 증감액에 운전자본 소요율을 곱하여 산출함

   (추정매출액$_t$ − 추정매출액$_{t-1}$) × 운전자본 소요율

   (2) 운전자본 소요율은 한국은행 공시 재무정보를 이용한 회전율 등을 고려하여 대상 회사의 자료 등을 기준으로 산출하며, 추정기간 동안 동일하게 적용함

$$운전자본 소요율 = \frac{1}{매출채권회전율} + \frac{1}{재고자산회전율} - \frac{1}{매입채무회전율}$$

구 분	매출채권회전율	재고자산회전율	매입채무회전율
회	8	10	20

⟨자료 5⟩ 자기자본비용 관련

1. 본 기업의 자본구조는 자기자본비율 40%, 타인자본비율 60%임
2. 자기자본의 기회비용은 자본자산가격평가모델(CAPM법 : Capital Asset Pricing Model)에 의함
3. 무위험자산의 수익률(Rf)은 평균 5년 만기 국고채 수익률 등을 고려하여 3.5%, 시장의 기대수익률 (E(Rm))은 12%로 가정함
4. β계수는 최근 3년 유사업종에 속한 기업들의 β계수의 산술평균으로 함

[식료품 제조업]

기준년도	기업베타(β)
2017년	0.9654
2018년	0.9885
2019년	0.9763

〈자료 6〉 타인자본비용 관련
대상 기업의 재정상태 및 금융상환 가능성 등을 종합적으로 고려하여 대상 기업의 차입이자율을 7%로 결정함

〈자료 7〉 특허권 평가 자료
특허권 가치 평가액은 1,174백만원임

(중 략)

〈자료 9〉 영업권 평가 자료
1. 영업권은 물음 1에서의 "기업의 영업가치(영업관련 기업가치)"에서 영업투하자본을 차감하는 방법으로 평가하되, 평가된 특허권도 차감함
2. 제시된 재무상태표를 기준으로 영업투하자본을 산출함

〈자료 10〉 기 타
1. 기업가치는 "기업의 영업가치"와 비영업용자산으로 구성됨
2. 연도별 매출액과 "기업의 영업가치", 영업권 평가액은 십만 단위에서 반올림함
3. 매출액 증가율을 제외한 모든 율은 백분율로 소수점 이하 셋째 자리에서 반올림하여 백분율로 소수점 이하 둘째자리까지 표시함
4. 법인세율 22%

출제영역
기업가치, 영업권

답안작성 가이드

Ⅰ. 평가개요
(주)A에 대한 일반거래(시가참고) 감정평가 건임(기준시점 : 2020.1.1.)

Ⅱ. [물음 1] (주)A의 기업가치 (25)
1. 개 요
  (1) 관련 규정 : 「감칙」 제24조 제3항에 의거, 「수익환원법」 원칙
  (2) 기업가치=기업의 영업가치+비영업용자산

2. 기업의 영업가치
  (1) FCFF
    ① 매출액 증가율
      ㉠ 대상 기업의 과거 매출액 평균 증가율 : 5%
      ㉡ 동종 및 유사업종 매출액 평균 증가율 : (4.92+4.82+5.24)/3=4.99%
      ㉢ 매출액 증가율 결정 : ('㉠'+'㉡')/2=〈5%〉
    ② 매출원가율 : 매출액×50%×〈5%〉 상승률
    ③ 판관비율 : 매출액×10%×〈5%〉 상승률

④ 운전자본 소요율 : (1/8+1/10−1/20)=17.5%
⑤ FCFF 추정

(단위 : 백만원)

구 분	1기	2기	3기	4기	5기
매출액	2,315	2,431	2,553	2,680	2,814
−매출원가	1,158	1,216	1,277	1,340	1,407
−판관비	232	243	255	268	281
영업이익	925	972	1,021	1,072	1,126
−법인세	204	214	225	236	248
+감가상각비	115	120	125	130	135
−자본적 지출	69	73	77	80	84
−추가운전자본	19[*]	20	21	22	23
FCFF	748	785	823	864	906

*) 1기 추가운전자본 : (1기 매출액−0기 매출액)×0.175

(2) WACC
   ① 자기자본비용
      ㉠ β계수 : (0.9654+0.9885+0.9763)/3≒0.9767
      ㉡ 자기자본비용=3.5%+0.9767×(12%−3.5%)≒11.80%
   ② 타인자본비용 : 7%×(1−22%)=5.46%
   ③ WACC=11.80%×40%+5.46%×60%≒8%

(3) 기업의 영업가치
   ① 추정기간 영업가치 : $\sum_{n=1}^{5} FCFF_n/(1+0.08)^n = 3{,}271$백만원
   ② 추정기간 후 영업가치 : $[906백만원/(0.08-0)] \times (1/1.08)^5 = 7{,}708$백만원
   ③ 기업의 영업가치 : '①'+'②'=10,979백만원

3. (주)A의 기업가치
   (1) 비영업용자산 : 700백만원+300백만원=1,000백만원
   (2) (주)A의 기업가치 : 10,979백만원+1,000백만원=11,979백만원

Ⅲ. [물음 2] (주)A기업의 영업권 가치 (5)
   1. 개 요
      영업권 가치 : 기업의 영업가치−영업투하자본−특허권 가치

   2. 영업투하자본(영업자산−영업부채)
      (1) 영업자산 : 6,400백만원−1,000백만원[*]=5,400백만원
         *) 비영업용자산
      (2) 영업부채 : 1,100백만원
      (3) 영업투하자본 : '(1)'−'(2)'=4,300백만원

   3. (주)A기업의 영업권 가치
      10,979백만원−4,300백만원−1,175백만원=5,504백만원

02 아래의 자료를 이용하여 2003.12.31.자 비상장회사인 ○○주식회사의 영업권의 가치를 평가하시오. (10점)

기출 14회

〈자료 1〉 수정 후 잔액시산표

계정과목	금액(원)	계정과목	금액(원)
현금예금	380,000,000	외상매입금	1,950,000,000
유가증권	530,000,000	차입금	9,500,000,000
외상매출금	1,100,000,000	대손충당금	210,000,000
이월상품	2,000,000,000	퇴직급여충당금	2,120,000,000
토 지	8,500,000,000	감가상각충당금(건물)	650,000,000
건 물	6,500,000,000	감가상각충당금	1,876,000,000
기계기구	3,500,000,000	(기계기구)	
판매관리비	1,157,000,000	자본금	3,400,000,000
매 입	2,900,000,000	매 출	6,861,000,000
계	26,567,000,000	계	26,567,000,000

〈자료 2〉
- 동종업종의 정상수익률은 영업권을 제외한 순자산의 10%
- 초과수익은 영업이익기준이며, 장래초과수익은 제반여건을 고려할 때 향후 3년간 지속될 것으로 판단됨
- 시장할인율은 년 9%임
- 평가금액은 백만원 단위까지 산정

📘 출제영역
영업권

📘 답안작성 가이드

Ⅰ. 평가개요
영업권가치평가로 초과수익환원법에 의한다.(「감칙」 제23조 제3항)

Ⅱ. 실제 영업이익
$6,861,000,000 - 2,900,000,000 - 1,157,000,000 = 2,804,000,000$
　매 출　　　매출원가　　　판관비

Ⅲ. 순자산가치
$(380+530+1,100+2,000+8,500+6,500+3,500) \times 1,000,000 - (1,950+9,500+210+2,120+650+1,876) \times 1,000,000 = 6,204,000,000$

Ⅳ. 영업권가치
$(2,804 - 6,204 \times 0.1) \times 1,000,000 \times PVAF(9\%, 3년) = 5,527,000,000$

03 영업권에 대하여 "대상기업이 같은 업종의 다른 기업과 비교하여 초과수익을 확보할 수 있는 능력으로서 경제적 가치가 있다고 인정되는 권리"로 정의할 때, 영업권이 존재하기 위한 초과수익과 관련된 다음 물음에 답하시오. (10점) 〈기출 35회〉

(1) 영업권이 존재하기 위한 초과수익이 갖추어야 할 요건을 나열하시오. (5점)
(2) 초과수익을 "현재수익에서 정상수익을 차감한 값"으로 정의할 때, 정상수익(또는 정상수익률)을 산정하는 제반 방법을 기술하시오. (5점)

📋 출제영역
영업권

📋 답안작성 가이드

[물음 1] (5)

1. 초과수익의 발생원인
   (1) 당해 기업의 상호 또는 상표가 다년간의 신용에 의해 지명도가 크고 또 기존의 고객을 끌 수 있는 흡수력이 있을 것
   (2) 소질이 우수한 영업자나 종업원을 확보하고 있어 그 경험 또는 교육훈련이 잘 되어 있는 등 인재가 동업자에 비해 상대적으로 우수할 것
   (3) 공장 또는 영업소의 입지조건이 동업자에 비해 상대적으로 우위에 있을 것
   (4) 제조, 판매기술 등에 대한 영업상의 비결을 갖고 있을 것
   (5) 영업 또는 점포배치의 면허제 또는 행정지도가 있는 것과 기득권이 있는 것 등 유리한 조건을 가질 것

2. 초과수익의 요건
   (1) 계속성
   초과수익력이 장래 얼마나 계속될 것인가를 고려
   - 초과수익이 크고 영속할수록 영업권의 가치는 크지만, 초과수익이 클수록 경쟁이 발생해 어느 시점에서 초과수익이 소멸함
   - 경쟁자의 출현 유무와 그 정도·영업형태의 변화·유행의 변천·수요의 변화 등을 파악하여 초과수익의 지속연수를 결정
   - 초과수익의 지속연수에 따라
   (2) 이전성
   - 영업권을 계승한 자에게 초과수익력이 옮겨가는 정도로서 영업권 양도 후의 초과수익력을 가리킴
   - 초과수익의 이전성이 높을수록 영업권의 가치는 높아짐

[물음 2] 정상수익 산정방법 (5)

1. 해당기업이 속한 산업의 유사기업 평균이익률
   해당기업이 속한 산업은 한국표준산업분류의 중분류, 세분류, 세세분류 등을 활용할 수 있고 유사기업은 영업위험과 재무위험이 유사한 기업으로 업종관련성, 사업의 유사성 등을 종합적으로 고려하여 선정

2. 해당기업이 속한 산업의 평균이익률
   한국은행에서 발간하는 '기업경영분석'을 이용

3. 해당기업의 자본비용
   투자자가 해당기업으로부터 얻고자 요구하는 최소 요구수익률인 자본비용 적용

04 감정평가사 甲은 상품 판매업을 하는 개인기업 A의 법인전환에 따른 영업권 감정평가를 의뢰받았다. 관련 법규 및 이론을 참고하고, 제시된 자료를 활용하여 다음 물음에 답하시오. (30점)

기출 36회

(1) 대상기업 A의 영업관련 기업가치를 평가하시오. (20점)
(2) 대상기업 A의 영업권 가치를 평가하시오. (10점)

〈자료 1〉 대상기업 개요

상 호	A	대표자	乙
개업일	2017.01.01.	사업의 종류	도매업, 소매업
종 목	전자상거래업, 소매업	주요상품	각종 액세서리 등

〈자료 2〉 주요 가정
1. 대상기업의 특성 및 시장상황 등을 고려하여 고속성장기는 5년(1기~5기)이고, 6기부터는 안정성장기로 가정함. 안정성장기의 영구성장율은 0%를 적용하며, 5기와 동일한 현금흐름이 지속되는 것으로 가정함 (단, 고속성장기 1 기는 2025.01.01.~2025.12.31.임)
2. 대상기업의 결산일은 매년 말일이며, 현금흐름은 편의상 기말에 발생하는 것으로 가정함
3. 대상기업의 현금흐름 추정시 비영업용 자산에 의한 수익, 비용은 제외된 것으로 가정함

〈자료 3〉 재무상태표 및 손익계산서(2024.12.31. 현재)
1. 재무상태표

(단위 : 원)

과 목	금 액	
자 산		
Ⅰ. 유동자산		178,000,000
(1) 당좌자산		118,000,000
현금 및 현금성 자산	18,000,000	
매출채권	80,000,000	
선급비용	20,000,000	
(2) 재고자산		60,000,000
상 품	60,000,000	
Ⅱ. 비유동자산		159,000,000
(1) 투자자산		8,000,000
매도가능증권	8,000,000	
(2) 유형자산		151,000,000
토 지	100,000,000	
차량운반구	60,000,000	
감가상각누계액	(10,000,000)	
비 품	5,000,000	
감가상각누계액	(4,000,000)	

(3) 무형자산		
(4) 기타 비유동자산		
자산총계		337,000,000
부 채		
Ⅰ. 유동부채		155,000,000
매입채무	70,000,000	
미지급금	36,000,000	
예수금	31,000,000	
단기차입금	18,000,000	
Ⅱ. 비유동부채		62,000,000
장기차입금	62,000,000	
부채총계		217,000,000
자 본		
Ⅰ. 자본금		120,000,000
자본금	120,000,000	
자본총계		120,000,000
부채 및 자본 총계		337,000,000

2. 손익계산서

(단위 : 원)

과 목	금 액	
Ⅰ. 매출액		1,000,000,000
상품매출	1,000,000,000	
Ⅱ. 매출원가		600,000,000
기초상품재고액	50,000,000	
당기상품매입액	610,000,000	
기말상품재고액	60,000,000	
Ⅲ. 매출총이익		400,000,000
Ⅳ. 판매비와 관리비		176,000,000
직원급여	75,000,000	
상여금	12,000,000	
퇴직급여	8,000,000	
복리후생비	14,000,000	
여비교통비	5,000,000	
접대비	7,000,000	
통신비	1,000,000	

세금과공과금	11,000,000	
감가상각비	10,000,000	
보험료	4,000,000	
차량유지비	8,000,000	
운반비	3,000,000	
소모품비	10,000,000	
지급수수료	8,000,000	
Ⅴ. 영업이익		224,000,000
Ⅵ. 영업외 수익		2,000,000
잡이익	2,000,000	
Ⅶ. 영업외 비용		1,000,000
잡손실	1,000,000	
Ⅷ. 소득세차감전 이익		225,000,000

〈자료 4〉 매출액 및 매출원가 관련 자료

1. 매출액은 고속성장기에서는 과거 3년간의 매년 상승률 추세가 지속될 것으로 예측되며, 안정성장기에는 상승률 0%로 가정함. 상승률은 백분율로 소수점 첫째자리에서 반올림하고, 매출액은 십만원 단위에서 반올림함

(단위 : 원)

구 분	2021년	2022년	2023년
매출액	915,141,600	942,595,900	970,873,800

2. 매출원가는 2024년의 매출원가율과 동일한 매출원가율을 적용하여 추정함

〈자료 5〉 판매비와 관리비, 임차료, 대표자 급여(자가 노력비) 관련 자료

1. 판매비와 관리비는 2024년의 판매비와 관리비 비율과 동일한 비율을 적용하여 추정하되, 판매비와 관리비 비율에는 임차료가 포함되고, 대표자 급여(자가 노력비)는 포함되지 아니함
2. 대상기업은 특수관계자의 건물을 임차해서 영업에 사용하고 있어 임차료를 지급하지 않고 있으며, 적정한 임대차 조건은 2024.12.31. 현재 매월 임차료 2,000,000원과 보증금 20,000,000원으로 조사되었음
3. 乙은 실질적으로 영업활동에 기여하고 있으며, 관리자급 직원의 급여 수준은 2024.12.31. 현재 연간 70,000,000원이고, 고속성장기 동안 매년 1,000,000원씩 증가됨

〈자료 6〉 자본적지출 관련 자료
감가상각비와 동일한 금액이 자본적 지출로 재투자되는 것으로 가정함

〈자료 7〉 세금 관련 자료
1. 계산의 편의상 지방소득세를 포함하여 소득세율은 33%, 법인세율은 22%를 적용함(단, 누진세율은 적용하지 아니함)
2. 세금 계산시 제시된 자료 외의 감면 등은 없는 것으로 가정함

〈자료 8〉 추가운전자본 관련 자료
1. 추가운전자본은 운전자본소요율을 이용하여 산정함

$$운전자본\ 소요율 = \frac{1}{매출채권회전율} + \frac{1}{재고자산회전율} - \frac{1}{매입채무회전율}$$

$$추가운전자본 = 매출액증가분 \times 운전자본소요율$$

2. 운전자본소요율 계산 자료

구 분	매출채권회전율	재고자산회전율	매입채무회전율
회	10	10	20

〈자료 9〉 할인율 관련 자료
1. 할인율은 가중평균자본비용(WACC)을 사용하며, 백분율로 소수점 둘째자리에서 반올림 함
2. 대상기업의 자본구조는 제시된 2024.12.31. 현재의 재무상태표를 기준으로 결정함
3. 자기자본비용은 자본자산가격결정모형(CAPM : Capital Asset Pricing Model)에 의하여 결정하며, 무위험자산의 수익률(Rf)은 국고채 수익률 등을 고려하여 4.0%, 시장의 기대수익률(E(Rm))은 10.0%를 적용함
4. β계수는 유사업종에 속한 기업들의 β계수 등을 고려하여 1.1로 결정함
5. 대상기업의 규모 등을 고려한 위험프리미엄은 7.4%임
6. 타인자본비용 결정시 차입이자율은 시장의 대출금리 등을 종합적으로 고려하여 8.2%를 적용함
7. 고속성장기와 안정성장기의 가중평균자본비용(WACC)은 동일하다고 가정함

〈자료 10〉 재무상태표 관련 자료
1. 재무상태표상 비영업용 항목은 매도가능증권임
2. 토지는 2017년에 취득한 영업 관련 자산으로, 현재가치(시가) 산정을 위해 감정평가한 결과는 160,000,000원임
3. 그 외 자산, 부채는 장부가액과 시가와의 차이가 없음

〈자료 11〉 기타 사항
1. 기준시점 : 2025.01.01.
2. 영업권은 대상기업의 영업관련 기업가치에서 영업투하자본을 차감하는 방법으로 평가할 것
3. 영업관련 기업가치는 십만원 단위에서 반올림할 것

출제영역

기업가치, 영업권

답안작성 가이드

Ⅰ. [물음1] 영업관련 기업가치 (20)

1. 처리방침
   - 기업가치에서 비영업자산을 제외하여 산정한다. 「감칙」24조 의거 수익환원법 의함.
   - 기준시점 : 2024.12.31.
   - FCFF=EBIT(1−tax)+(△NWC−Capex)+Dep

2. 고속성장기 FCFF 추정

   (1) WACC 결정

   1) K_e : 4%+6%×1.1+7.4%=18%
   2) K_d(1−tax) : 8.2%×(1−0.33)=5.494%
   3) 목표 자본구조
      ① 부채 : 금융부채 80,000,000원
      ② 자기자본 : 120,000,000원
   4) WACC :

   $$18\% \times \frac{120}{80+120} + 5.494\% \times \frac{80}{80+120} = 13\%$$

   (2) 고속성장기(1 ~ 5기간) 현금흐름

   1) 판관비 조정(0기)

   적정 실질임대료를 판관비에 가산하며, 실질적으로 영업활동에 기여하고 있는 대표자 자가노력비는 별도 지출로 계상한다.

   ① 임대료 : 20,000,000×0.04+2,000,000×12=24,800,000
   ② 자가노력 : 기준시점 현재 7천만원, 1기 말 7100만원
      → 판관비 조정 : 176,000,000+24,800,000=200,800,000(매출액 대비 20.08%)
      → 자가노력비 계상 : 70,000,000원(매년 100만원씩 증가)

   2) 감가상각비와 자본적지출 상쇄
   3) 개인사업자로서 소득세율 33% 적용함.
   4) 운전자본소요율 : 0.1+0.1−0.05=15%

5) Cash flow.
   ① 1기 매출액: 10억×1.03[*1]=1,030,000,000원
   ② 1기 △NWC=10억×3%×(0.1+0.1−0.05)[*2]=4,500,000원
   *1) 과거 3년간 매출액 상승률
   *2) 운전자본소요율

(단위: 천원)

구 분	1	2	3	4	5	6
매출액	1,030,000	1,060,900	1,092,727	1,125,509	1,159,274	1,159,274
매출원가(60%)	618,000	636,540	655,636	675,305	695,564	695,564
판관비(20%)	206,000	212,180	218,545	225,102	231,855	231,855
자가노력비	71,000	72,000	73,000	74,000	75,000	0
EBIT	135,000	140,180	145,545	151,102	156,855	156,855
tax	44,550	46,259	48,030	49,864	51,762	51,762
EBIT(1−tax)	90,450	93,921	97,515	101,238	105,093	105,093
△NWC	4,500	4,635	4,774	4,917	5,065	0
FCFF	85,950	89,286	92,741	96,321	100,028	105,093

6) $FCFF_{1\sim5}$ 현가 합 : 323,626,662원

3. 안정성장기 FCFF 현가

$$\frac{105,093,000}{13\%} \times \frac{1}{1.13^5} = 438,770,163$$

4. 영업관련 기업가치 결정
   323,626,662 + 438,770,163 = 762,000,000원

Ⅱ. [물음2] 영업권가치 (10)

1. 영업관련 기업가치 : 762,000,000원

2. 투하자본
   (1) 영업자산 : 337,000,000−8,000,000(투자자산)+60,000,000(토지가치증가분)+ 20,000,000(임차보증금)
       =409,000,000
   (2) 영업부채 : 217,000,000−80,000,000(장단기차입금)=137,000,000
   (3) 영업투하자본 : 272,000,000원

3. 영업권 평가액
   762,000,000−272,000,000=**490,000,000원**

CHAPTER 16 동산 평가

제3편 | 유형별 감정평가

> **핵심 키워드**
>
> 제1절 개 요
>
> 제2절 동산평가
> 1. 관련 규정
> 2. 거래사례비교법
> 3. 해체처분가격
>
> 제3절 「동산·채권 등의 담보에 관한 법률」에 따른 동산담보평가(집합동산)
> 1. 수 량
> 2. 단 가

제1절 개 요

상품, 원재료, 반제품, 재공품, 제품, 생산품 등 부동산 이외의 물건을 통칭해 동산으로 정의하고 있다. 토지와 정착물 이외의 모든 유체물이 여기 포함된다. 다만, 등록·등기할 수 있는 동산인 자동차, 건설기계 등의 의제부동산은 별도로 취급하고 있다. 「민사집행법」상 강제집행 대상인 동산은 「민법」에 규정한 동산의 정의에 비해 훨씬 범주가 넓다. 등기할 수 없는 토지의 정착물로서 독립하여 거래의 객체가 될 수 있는 것, 토지에서 분리하기 전의 과실로서 1월 내에 수확할 수 있는 것, 유가증권으로 배서가 금지되지 않은 것까지 포함시키고 있다. 동산의 평가는 현 상태대로 매각가격이 형성돼 있어 즉시 처분이 가능한 경우, 전환비용을 들여 타 용도로 전용할 수 있는 경우, 부품의 재활용가치도 없어 폐재가치로 처분해야 하는 경우로 나눌 수 있다. 실제 평가 시에는, 동산의 가격 변동사항, 계절성의 유무 및 보관의 난이 정도, 변질 또는 처분가능 여부, 수요 및 장래성 등을 종합 고려해야 한다.

제2절 동산 평가

1. 관련 규정

구 분	상 세
「감 칙」	제21조(동산의 감정평가) 감정평가법인등은 동산을 감정평가할 때에는 거래사례비교법을 적용하여야 한다. 다만, 본래 용도의 효용가치가 없는 물건은 해체처분가액으로 감정평가할 수 있다.
「실무기준」	1.3 동산의 감정평가방법 ① 동산을 감정평가할 때에는 거래사례비교법을 적용하여야 한다. ② 동산이 본래의 용도로 효용가치가 없는 경우에는 해체처분가액으로 감정평가할 수 있다.

2. 거래사례비교법

현 상태의 매매가격이 형성돼 있는 경우에 적용한다. 시중 매매가격은 생산원가, 도매 및 소매가격의 시계열적 분석을 거쳐 확정해야 한다. 가격 격차는 거래단계에 따른 상하차비, 운반비, 창고보관비, 감손, 업자이윤 등에서 발생한다. 타 용도로 전환이 가능한 경우 전환 후의 가치에서 전환비용을 차감하면 된다.

3. 해체처분가격

동산 중 불용품이 여기 해당된다. 구성 재질별로 중량을 산출하고 처분 가능한 폐재가치(시중고철시세 등을 참고)에서 해체비용을 감안한다. 불용품 매각을 위한 감정평가를 거쳐 매각공고를 하면, 민간 업체들이 해체 및 운반비용 등을 감안해서 매입하게 되므로 순수한 고철시세 등으로만 평가할 경우 매입타당성이 없어 매각이 불발될 수 있어, 매각평가의뢰 당시 운반 및 해체비용을 감안한 평가를 요청할 때가 많다.

제3절 「동산·채권 등의 담보에 관한 법률」에 따른 동산담보평가(집합동산)[132]

동산에 대한 담보권을 창설하기 위해 도입된 「동산·채권 등의 담보에 관한 법률」은 동산을 등기하도록 해 담보물로 취급할 수 있도록 했고, 이 중 아래 요건을 갖춘 재고자산을 '집합동산'으로 묶어 감정평가하고 있다.

- 다수의 동산이 집합하여 경제적으로 단일한 가치를 가지고 거래상으로도 일체로 다루어질 것
- 종류, 수량, 장소 등에서 특정할 수 있어야 하며 다른 물건과 구별될 수 있을 것

재고자산은 정상적인 영업과정에서 판매를 위해 보유 또는 생산 중인 자산, 생산이나 용역제공에 사용될 원재료나 소모품을 일컫는데, 각 시점에서 수량의 증감이 있는 게 일반적이다. 그 구성물이 증감·변동하면서도 전체로서의 동일성을 유지하면 이를 '집합동산'으로 보고, 하나의 물건처럼 평가하도록 한 것이다. 장소의 특정과 관련해서는, 보관 장소의 구체적인 소재지(지번 및 건물의 동·호수, 명칭 등)가 확인돼야 한다.

집합동산을 평가 대상으로 확정하기 위해서는 최소한 해당 업체에서 원재료로 인식해야 하고 회계처리 등에서 그런 사실을 확인할 수 있어야 하며, 아직 공정에 투입되지는 않았으나 투입될 예정임이 명확해야 한다. 투입되고 나면 재공품 또는 반제품이 된다.

집합동산으로 인정된 재고자산은 '동산의 단가×수량'의 방법으로 전체의 가격을 산정하며 구체적으로는 아래와 같은 방법을 적용할 수 있다.

구 분	상 세
집합동산을 이루는 일단의 재고자산의 종류규격이 모두 동일하여 동일한 단가를 적용할 수 있는 경우	단가×평가대상 수량
같은 종류로 구성되어 집합동산임을 인정할 수 있으나 규격이 다른 경우	'규격별로 동일유사하게 형성되는 단가×해당 단가를 적용할 수 있는 수량'의 합계[133]

집합동산의 수량과 단가의 확정 및 유의사항과 관련해 실무매뉴얼에서 제시한 사항은 다음과 같다.

1. 수 량

- 재고자산의 수량은 상시 증감 변동하므로 기준시점과 수량을 확정하는 것이 중요
- 평가의뢰인과 협의하여 기준시점과 수량을 확정하되, 평가목적에 비추어 현존하는 수량과 지나치게 괴리된 수량을 제시하는 경우 및 업체의 경영능력, 보관 장소의 규모 등에 비추어 실현가능성이 없는 수량을 제시하는 경우는 제시된 수량 그대로 감정평가 해서는 곤란
- 다수의 금융기관은 상기와 같은 점을 고려하여 기준시점 이전 1년 이상의 입출고 내역 자료를 확인하여 최저 수량의 80%범위 내로 확정하고 있음. 즉 1년 이상 입출고 내역을 검토하여 재고수량(입고수량−출고수량)의 추이를 확인하되 최저인 수량을 기준으로 80% 수준 내지 그 이내만을 평가대상 수량으로 하면 담보목적으로 수량을 확정하는 방법으로는 합리적임

---

132) 한국감정평가사협회, 『동산담보평가실무매뉴얼』, 한국감정평가사협회, 2013
133) 예컨대 집합동산을 이루고 있는 단일한 종류의 물건이 A, B, C라는 규격으로 구성되어 있는 경우에는 "A규격의 수량×해당 규격의 평가액(단가)+B규격의 수량×해당 규격의 평가액(단가)+C규격의 수량×해당 규격의 평가액(단가)"으로 평가액을 결정할 수 있을 것이다.

2. 단 가

- 재고자산의 생산년도, 유형과 형식, 관리 및 보관상태 등을 고려하고 매출원가, 대리점 납품가격 및 현행 판매가격 등을 종합적으로 고려
- 재고자산의 제조일자를 확인하여 형식의 구식화, 기능의 진부화, 관련법상 유통기한의 경과여부 등을 면밀히 검토한 후 적절하게 가치감소요인을 감안하여 평가
- 「동산 등 담보법」에 따른 담보평가 시 재고자산의 취득원가에 운반비와 부대비용의 비중이 높은 경우, 재고자산의 환가를 통해 새로이 취득하는 사람은 운반비 및 부대비용의 투입을 고려하여 그만큼 낮은 가격으로 취득하고자 할 것이기 때문에 이를 감안
- 재고자산은 거래단계별 가격 즉 생산원가, 도매가격, 소매가격 등을 시계열적으로 파악하고 각 단계별 가격차이의 발생요인을 분석하여 평가하되, 재고자산의 가격은 동산이 소재하는 장소에 따른 가격을 평가함을 원칙으로 함. 예컨대 생산지인 공장창고에 소재하는 재고자산은 생산자가격을, 물류창고에 보관된 동산은 도매가격을, 최종 판매점의 창고에 보관된 동산은 소매가격을 기준으로 가격차이 발생요인을 가감조정하여 평가
- 재무상태표 상에 재고자산평가손실 항목이 있으면 해당 재고자산의 가치가 하락하고 있다는 의미
- 재고자산의 장부가액에도 불구하고 해당 재고자산이 진부화되거나 미사용으로 인한 장기 방치 상태이면 현 시점에서는 사실상 불용품에 해당할 수 있음
- 동종 업계의 재고자산과 관련한 산업동향 등을 살펴봄으로써 재고자산의 환가성 정도를 파악
- 업체의 장부가액은 신품으로서의 구매가격이므로 시세의 변동이 없다면 적정 재매도가격은 보관상태 및 보관기간에 따라 떨어질 수밖에 없음

CHAPTER 17 "소음 등"으로 인한 토지 등의 가치하락 평가

> **핵심 키워드**
>
> 제1절 개 요
>
> 제2절 가치하락 평가
> 1. 관련 규정
>   (1) 가치하락분 산정의 일반 원리
>   (2) 감정평가방법
> 2. 일조침해로 인한 가치하락
> 3. 조망침해로 인한 가치하락

제1절 개 요

장기간 지속적으로 발생하는 소음·진동·일조침해 또는 환경오염 등("소음 등")으로 대상물건에 직접적 또는 간접적인 피해가 발생하여 대상물건의 객관적 가치가 하락한 경우 소음 등의 발생 전과 비교한 가치하락분을 '소음 등으로 인한 토지 등의 가치하락'이라고 정의한다. 가치하락분에는 객관적으로 입증되는 것만 포함되고 정신적인 피해 등 주관적 가치하락은 제외된다. 소음 등의 유형은 다음과 같다.

구 분	상 세
소 음	「소음·진동규제법」상 기계·기구·시설 기타 물체의 사용으로 인하여 발생하는 강한 소리로 일상생활에서 발생하는 바람직하지 않은 음을 총칭
진 동	「소음·진동규제법」상 기계·기구·시설 기타 물체의 사용으로 인하여 발생하는 강한 흔들림으로 가진력에 의해 어떤 양의 크기가 시간이 경과함에 따라 어떤 기준 값보다 커지거나 작아져서 주기적으로 변동하는 현상
일조침해	태양광선을 차단당해 받는 불이익을 제거시킬 수 있는 권리가 침해되는 현상
환경오염	쓰레기·연소재·오니·폐유·폐산·폐알카리 등의 토양오염원이 대상 토지에 매립되거나 인근토지에 매립돼 대상토지로 유입되어 경제적 피해가 발생하는 토지·바다·강 등 토양오염, 수질오염, 각종 유해물질로 인한 공기오염
기 타	조망침해, 수원 고갈, 전파장애, 지반침하 등

소음 등에 의한 가치하락 감정평가에 있어 조사·확인해야 할 사항은 다음과 같다.

- 소음 등의 실태(가치하락을 유발한 원인의 종류·특성 등)
- 소음 등의 관련 법령상 허용기준
- 소음 등이 대상물건에 미치는 물리적 영향과 그 정도
- 소음 등의 복구 시 책임관계
- 가치하락을 유발한 원인으로부터의 복구 가능성 및 복구에 걸리는 시간
- 소음 등의 복구 방법과 소요비용
- 소음 등의 발생 전·후 대상물건의 물리적·경제적 상황
- 소음 등의 발생 후 대상물건에 대한 시장의 인식
- 소음 등을 관련 전문가(전문연구기관)에 의해 측정하는 경우 그 자문이나 용역의 결과

제2절 가치하락 평가 기출 28회

1. 관련 규정

「감칙」과 「실무기준」에서 정한 평가 규정은 다음과 같다.

구 분	상 세
「감 칙」	제25조(소음 등으로 인한 대상물건의 가치하락분에 대한 감정평가) 감정평가법인등은 소음·진동·일조침해 또는 환경오염 등(이하 "소음 등"이라 한다)으로 대상물건에 직접적 또는 간접적인 피해가 발생하여 대상물건의 가치가 하락한 경우 그 가치하락분을 감정평가할 때에 소음 등이 발생하기 전의 대상물건의 가액 및 원상회복비용 등을 고려하여야 한다.
「실무기준」	2. 소음 등으로 인한 대상물건의 가치하락분에 대한 감정평가 2.3 소음 등으로 인한 대상물건의 가치하락분에 대한 감정평가방법 ① 소음 등으로 인한 대상물건의 가치하락분을 감정평가할 때에는 소음 등이 발생하기 전의 대상물건의 가액과 소음 등이 발생한 후의 대상물건의 가액 및 원상회복비용 등을 고려하여야 한다. ② 가치하락분에는 관련 법령에 따른 소음 등의 허용기준, 원상회복비용 및 스티그마(STIGMA) 등을 고려하되, 일시적인 소음 등으로 인한 가치하락 및 정신적인 피해 등 주관적 가치 하락은 제외한다. 다만, 가축 등 생명체에 대한 피해는 가치하락분에 포함할 수 있다. ③ 제1항에서 소음 등의 발생 전과 발생 후의 대상물건의 가액은 거래사례비교법에 의한 비준가액이나 수익환원법에 의한 수익가액으로 산정하되 소음 등이 발생한 후의 대상물건의 가액은 다음 각 호와 같이 산정한다. 　1. 비준가액 : 대상물건에 영향을 미치고 있는 소음 등과 같거나 비슷한 형태의 소음 등에 의해 가치가 하락한 상태로 거래된 사례를 선정하여 시점수정을 하고 가치형성요인을 비교하여 산정 　2. 수익가액 : 소음 등이 발생한 후의 순수익을 소음 등으로 인한 위험이 반영된 환원율로 환원하여 산정 ④ 가치하락분을 원가법에 의하여 직접 산정하는 경우에는 소음 등을 복구하거나 관리하는 데 드는 비용 외에 원상회복 불가능한 가치하락분을 고려하여 감정평가한다.

(1) 가치하락분 산정의 일반 원리

가치하락분은 소음 등의 발생 전후의 가치 차액이다.

> 소음 등으로 인한 토지 등의 가치하락분 = '소음 등이 발생하기 전 대상물건의 가치' - '소음 등이 발생한 후 대상물건의 가치'

객관적인 가치하락분은 관련법령 등에 따른 허용사항, 원상회복에 소요되는 비용, 스티그마 효과 등이 포함된다. 스티그마를 정리하면 다음과 같다.

> **➕ 알아보기 스티그마**
> - 환경오염의 영향을 받는 부동산에 대해 일반인이 갖는 '무형의, 측정할 수 없는 불리한 인식'을 지칭
> - 시장참여자들에게 오염부동산이란 낙인이 찍히면, 오염정화가 완료된 후에도 불확실성 및 위험가능성 등의 인식 결과로 외부적 감가요인이 발생함
> - 그 감가요인은, 무형적이고 심리적 측면이 강하며, 위험요소에 대한 공포, 향후 나타날 수 있는 오염피해에 대한 우려 등임
> - 스티그마 감가는, '오염 정화 전 > 오염 정화 후', '주거용지 > 상업용지 > 공업용지', '오염원에서 근거리 > 원거리'이며, 정화 후 시간이 경과함에 따라 감소하고 소멸함

환경오염 된 토지의 시계열상 가치 변화 및 스티그마가 시간에 따라 감소하는 양상을 시각화[134]하면 다음과 같다.

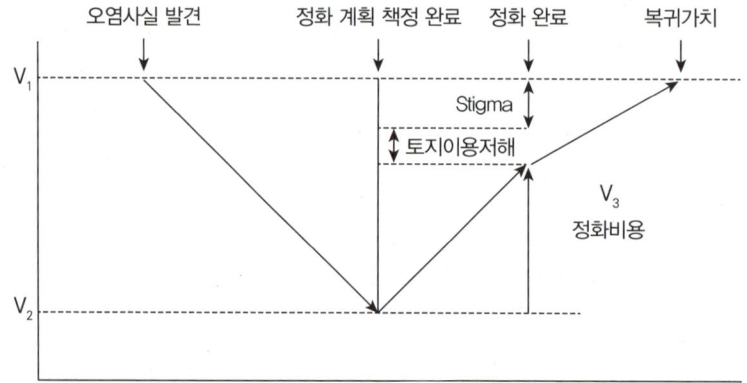

---

134) 김태훈, 『오염부동산의 평가』, 한국부동산연구원, 2007

(2) 감정평가방법

① 소음 등의 발생 전과 발생 후의 가치를 비교하는 방법

거래사례비교법 또는 수익환원법으로 소음 등 발생 전후의 대상물건 가치를 추계해 그 차액을 가치하락분으로 인식한다. 발생 전 또는 발생 후 대상물건 가액은 거래사례비교법 또는 수익환원법으로 평가하되, 소음 등 발생 후의 대상물건 가액의 평가에서는 다음을 고려한다.

> • 거래사례비교법 : 대상물건에 영향을 미치고 있는 소음 등과 같거나 비슷한 형태의 소음 등에 의해 가치하락된 상태의 거래사례 포착
> • 수익환원법 : 소음 등이 발생한 후의 순수익과 소음 등으로 인한 위험이 반영된 환원율 적용

소음 등이 발생 후 대상물건 가액 평가에 수익환원법을 적용할 때, 소음 등에 의한 수익감소, 정화비용 투입 등을 반영한 현금흐름은 다음과 같은 양상을 띠게 된다.

구 분		오염 전 단계		조사단계		정화단계			정화 후 단계			
		1	2	3	4	5	6	7	8	9	10	11
가능조소득		300	300	300	300	300	300	300	300	300	300	300
공실손실		30	30	150	150	150	150	150	45	45	45	45
유효조소득		270	270	150	150	150	150	150	255	255	255	255
운영경비		90	90	90	90	90	90	90	90	90	90	90
수선비용	조사비용	—	—	20	20	—	—	—	—	—	—	—
	수선비용	—	—	—	—	60	40	20	—	—	—	—
	진행비용	—	—	—	—	—	—	—	15	15	15	15
순수익		180	180	40	40	0	20	40	150	150	150	150
복귀가격		—	—	—	—	—	—	—	—	—	1,500	—
현금흐름		180	180	40	40	0	20	40	150	150	1,650	150

$$V = \sum_{t_0}^{t_1} \frac{CF_t}{(1+r)^t} + \sum_{t_1}^{t_2} \frac{CF_t}{(1+r)^t} + \sum_{t_2}^{t_3} \frac{CF_t}{(1+r)^t} + \sum_{t_3}^{t_4} \frac{CF_t}{(1+r)^t} + \frac{R_v}{(1+r)^t}$$

- $t_0 - t_1$: 오염 전 단계
- $t_1 - t_2$: 오염 조사 단계
- $t_2 - t_3$: 정화단계
- $t_3 - t_4$: 정화 후 단계
- R_v : 복귀가치

② 소음 등으로 인한 비용 등을 합산하는 방법

소음 등을 복구하거나 관리하는 비용과 원상회복이 불가능한 가치하락분을 합산하여 평가한다.

2. 일조침해로 인한 가치하락[135] 기출 22회

일조권 침해 기준에 대한 판례의 태도는, 동지일을 기준으로 9시 ~ 15시 사이에 연속 2시간 이상 햇빛을 볼 수 있거나 8 ~ 16시 사이에 일조시간의 합이 4시간 이상이면 수인할 수 있는 정도이며 이 두 가지 조건 모두를 충족하지 못하면 '참을 수 있는 정도를 넘어선 것'으로 판단해 일조권 침해로 인한 손해배상을 인정하고 있다.

환경침해의 일종인 일조권 침해는 계속적 침해라는 점과 대부분의 경우 침해행위가 적법한 권리행사로 인정되며 피침해이익은 토지 건물 등의 재산적 이익과 인격적 이익을 종합한 전체로서의 생활이익인 경우가 많다는 점 등 환경권 침해가 공통으로 가지고 있는 특징을 갖고 있다.

동시에 가해건축물이 철거되지 않는 한 침해가 영구 확정적적으로 지속되는 점, 침해의 원인이 되는 가해건축물의 건축 중지나 철거는 기술적으로 곤란할 뿐만 아니라 사회·경제적으로 많은 손실을 수반하므로 그 철거청구에 제약을 지니는 점, 인접한 사인간의 소규모적 내지는 상린 관계적 분쟁으로 나타나는 점, 환경 침해에서 전형적인 공해가 유해물질을 피해자의 생활영역에 적극적으로 침입시킴으로서 침해하는 것과 대조적으로 단지 인접토지소유자가 자기의 토지위에 건축법상 적법한 건물 내지 공작물을 설치한 결과 타인의 일조를 방해하게 되는 이른바 소극적 환경침해라는 일조권 침해 고유의 특징도 가지고 있다. 일조권침해로 인한 가치하락액을 평가하는 방법은 다음과 같다.

구 분	접근방법	예 시	문제점
거래사례 비교법	가치하락액 : 일조권 침해가 없는 정상적인 부동산의 가격 - 일조권 침해로 가치가 하락한 부동산의 가격	대상과 비교가능성이 높은 거래사례 중 일조권 침해가 없는 부동산과 일조권 침해 상태에 있는 부동산을 선정한 후 각각을 대상의 가격으로 비준함	일조 조건만 다른 비교부동산을 찾기가 어려움
원가법	가치하락액 : 일조권 침해로 유발되는 추가적인 비용의 현가합	일조 침해로 인한 난방·냉방·조명·습도·통풍 등의 피해로 건물존속기간 동안 추가적으로 발생하는 제경비의 현가합	비용에 대한 일반적인 자료가 마련되어 있지 않고 추가적인 비용에 정신적인 피해 부분이 누락되어 있음
수익환원법	가치하락액 : 일조침해로 인한 수익 손실액의 현가합	임대료의 파악이 가능한 오피스, 상가 등 수익성 부동산에서 일조 침해로 인한 수익 손실액을 건물의 잔존내용연수에 걸쳐 현가하여 합산	일조 침해만의 수익 손실 판단의 어려움
특성가격 접근법 (Hedonic pricing method)	가치하락액 : 'P=F(면적, 일조, 입지…)'에서 일조변수로 편미분한 값	일조권 가치가 개별적으로 거래되지 않고 부동산이라는 패키지 형태로 거래되므로 부동산의 가치를 결정하는 요인(특성가격)과 부동산가치와의 상관관계를 나타내는 회귀식을 도출하였을 때 일조권가치 변수의 계수	-

---

135) 박성호, 『일조권 가치의 감정평가에 관한 연구』, 성균관대학교, 2004

구 분			
회피행동 분석법	가치하락액 : 일조 침해의 피해를 줄이거나 회피하기 위해 적극적으로 강구하는 방안인 회피행동에 지출되는 비용	회피행동의 가치를 시장에서 개인이 간접적으로 표현한 주관적 일조가치로 판단함	주관적 결정의 오류 가능성
조건부가치 분석법	가치하락액 : 일조권 침해를 방지하기 위해 지출할 의사가 있는 비용 또는 일조권 침해 상태를 회복시킬 수 없을 때 보상받기 원하는 금액	—	주관적 결정의 오류 가능성

실무적으로 일조권 가치하락액을 구하려는 대표적인 논의를 정리하면 다음과 같다.

구 분	상 세
특성가격 접근법	• 서울시 지하철 7호선 제7－17공구 공사 관련 아파트 시가하락액 산정업무 아파트 가격 구성요인 중 일조가 차지하는 가격비율인 일조기초가격지수에 컴퓨터 시뮬레이션에 의해 도출된 일조시간 침해 비율을 곱하여 가치하락액 산정
원가법	• 일조·조망 침해로 인한 피해액 산정에 관한 연구_배재흠_감정평가논집 $$추가부담비용 = \Sigma \left\{ T \times D \times S \times C \times \frac{1-(1+r)^{-n}}{r} \right\}$$ (T : 1일 침해시간, D : 연간 비용부담이 되는 일수, S : 비용부담이 되는 거실 또는 방의 면적, C : 단위면적 또는 단위시간당 비용, n : 비용부담의 대상이 되는 연수, r : 연이율)
방위비율 접근법	• 마포구 상수동 일조권 침해에 따른 부동산 가격하락액 산정에 대한 민사소송 평가(박성호) 토지가격비준표상의 방위차이에 따른 차액을 부동산 가치에서 일조권이 차지하는 비율로 보고 일조권 침해 전후의 일조권시간 비율을 고려하여 일조권 침해에 따른 가격하락분 산정 [토지가격비준표－서울특별시 마포구 상수동] 	방 위	남 향	동 향	서 향	북 향
---	---	---	---	---
남 향	1.00	0.98	0.97	0.97
동 향	1.02	1.00	0.99	0.99
서 향	1.03	1.01	1.00	1.00
북 향	1.03	1.01	1.00	1.00	
효용지수 접근법	• 방배 무지개 아파트 자산가치 평가(이승호) 일조에 대한 가격 차이를 효용지수를 이용하여 산정. 일조는 아파트 가격형성 요인 중 중요한 비중을 차지하는 요인으로 통상 동지일을 기준한 일조량으로 효용격차를 산정. 동지일을 기준으로 컴퓨터 시뮬레이션을 통해 오전 8시부터 오후 4시까지 약 8시간 동안 거실에 비춰질 일조량이 얼마인지를 각 호별로 백분율을 산정하여 효용가치를 산정하고 이를 부동산 가격 결정에 적용함 [일조권 효용지수] | 일조배점	일조량		효용지수		지수차이
---	---	---	---	---	---
2.0	최 고	8시간	최 고	102	1.83
	최 저	1시간 45분	최 저	100.17		

3. 조망침해로 인한 가치하락[136]

'조망'의 사전적 의미는 '먼 곳을 바라보는 것, 또는 바라다 보이는 경치'이다. 조망의 정의에 비추어 볼 때 조망침해는 주택에서 경관을 바라보는 행위의 차단을 의미하는 것으로 볼 수 있으며 침해로 인한 가치하락은 해당 주택이 가지고 있는 조망가치와 일치한다. 조망가치를 평가하는 방법은 일조권침해로 인한 가치하락액 평가방법과 무차별하다. 아래는, 특성가격접근법(헤도닉평가기법)에 의한 조망가치 평가 예시다.

구분	상세						
변수의 선정	분류		변수				
	물리적 요인	주거특성	아파트평수, 거주하는 층, 경과연수, 방의 개수, 화장실 수, 욕실수, 취사연료, 난방형태				
		단지특성	단지규모, 단지내 평형비율, 건폐율, 용적률, 조경면적 비율, 보행안전성, 단지내 운동시설, 지상주차장 비율				
	입지적 요인		초등학교까지의 거리, 전철역까지의 거리, 근생(점포, 약국, 개인병원, 유치원 등)까지의 거리, 공원과의 인접, 공공시설(동사무소, 우체국, 은행 등)과의 인접, 자연환경(산, 하천, 강)과 인접, 중·고교와의 인접, 편익(판매)시설과의 인접, 의료시설과의 인접, 직장까지의 거리, 학군주변이 주택밀집지역/상가밀집지역/아파트밀집지역인지 여부				
	환경적 요인		향, 조망, 프라이버시, 일조, 소음, 단열 통풍 및 환기, 층수, 발코니의 크기, 넓이, 실내인테리어 정도, 코어 유형				
	기타요인		건설사명, 설계사명, 매매회전율, 전세회전율, 가격상승률, 관리비				
조망측정 결과 및 침해여부 판단	측정대상			신축 전 조망율(A)		신축 후 조망율(B)		변화율(B−A)	
	번지	호	창	하늘	인접 지번 건축물	하늘	인접 지번 건축물	하늘	인접 지번 건축물
	12	102	거실창	24.41	0.00	0.00	95.94	−24.41	95.94
			안방창	0.01	63.64	4.00	42.55	3.98	−21.09
		202	거실창	25.13	0.00	0.00	100.00	−25.13	100.00
			안방창	19.31	36.29	5.99	55.48	−13.32	19.18
		302	거실창	25.85	0.00	0.00	100.00	−25.85	100.00
			안방창	21.38	18.73	6.86	62.57	−14.52	43.83
		402	거실창	26.50	0.00	0.00	100.00	−26.50	100.00
			안방창	24.87	9.83	7.80	64.60	−17.06	54.78

※ 조망은 더미변수로 처리하며 조망이 양호하면 0, 조망이 불량하면 1로 코딩함[137]

---

[136] 정수연 외, 『조망가치 산정방법에 관한 연구』, 한국부동산연구원, 2004
[137] 일조 침해와 달리 조망은 일정부분 차폐 상태가 되면 완전히 차폐된 것처럼 조망의 효용이 없어지는 것으로 해석함

구분	변수	계수추정결과		
		비표준계수		t값
		계 수	오 차	
추정결과 및 회귀식	Y절편	3.416	0.232	14.717
	비로알층	−0.008	0.004	−1.928
	로그층고	1.242	0.139	8.904
	조망불량더미	−0.040	0.005	−8.696
	소음재코딩(불량)	−0.005	0.005	−1.012
	로그전철역거리	−0.083	0.016	−5.175
	로그학교거리	−0.026	0.020	−1.285
	로그경과연수	−0.784	0.167	−4.681
	모형적합도	$R^2=0.742$, adj $R^2=0.727$, $F=49.231$ Prob$>F=0.000$		

log(아파트 가격)=3.416−0.008×(로알층여부)+1.242×log(층고)−0.040×(조망양호여부)−0.083×log(전철역까지의 거리)−0.784×log(경과연수)[138]

조망가치 산정	조망이 양호한 경우와 불량한 경우 각각 0과 1을 대입하고 나머지 변수에는 거래사례 아파트 자료의 평균값을 대입하면 log(아파트가격)이 0.040만큼 차이를 보이게 된다. 이를 환산하면 조망 여부에 따라 아파트 가격이 9.6%(10^0.04=1.096) 정도 차이 나는 것으로 해석할 수 있다. 따라서 조망가치 또는 조망침해로 인한 가치하락액은 '조망이 양호한 아파트 가격×%'로 결정할 수 있다.

[138] 로알층 여부도 더미변수로 처리하여 로알층이면 0, 비로알층이면 1로 코딩한다. 변수 중 회귀식에 등장하지 않는 요소는 모두 Y절편에 포함된 것으로 이해하면 된다.

CHAPTER 17 기출문제

"소음 등"으로 인한 토지 등의 가치하락 평가

01 감정평가사 김○○은 산업단지 내의 염색공장으로 사용되었던 오염 토지에 대하여 시가참고 목적의 감정평가를 의뢰받았다. 관련 법규 및 이론을 참작하고 제시된 자료를 활용하여 다음 물음에 답하시오. (30점)

기출 28회

(1) 오염 전의 토지가액을 구하시오. (10점)
(2) 오염 후의 토지가액을 구하시오. (15점)
(3) 오염된 토지의 스티그마(Stigma) 감정평가 방법을 기술하시오. (5점)

〈자료 1〉 대상 토지의 개요

기호	소재지	지목	면적(m²)	용도지역	도로교통	형상지세
1	서울특별시 A구 가동 99	공장용지	9,999	준공업지역	중로한면	사다리 평지

〈자료 2〉 기본적 사항

1. 감정평가 목적 : 시가참고
2. 기준시점 : 2017.7.1.
3. 현장조사 : 2017.3.1. ~ 2017.7.1.
4. 대상 토지는 2005년부터 산업단지 내에 공업용으로 사용되었고, 토양오염이 발견되어 최근 오염조사 및 정화전문업체가 시료채취를 하여 오염여부를 조사 하였음. 대상 토지는 2010.7.1.부터 오염이 시작된 것으로 보이며, 현 상황에서 오염정화에 필요한 기간은 2017.7.1.부터 3년이 소요될 것으로 예상됨 대상 토지가 속한 인근지역은 최근 주택 건축이 늘어나고 있으며, 대상 토지 역시 Y주택건설(주)이 주택부지로 분양하기 위하여 2015.7.1.에 29,997,000,000원에 매입하였음(종전 건물의 철거비용 150,000,000원은 종전 소유자가 부담). Y주택 건설(주)은 대상 토지를 주택부지로 분양하기 위하여 기초공사를 하던 중 2016.7.1.에 토양이 오염된 것을 발견하였고 관련 조사가 진행 중임

〈자료 3〉 오염물질 조사사항

구분	오염요인	조사된 오염물질(단위 : mg/kg)
대상 토지 일부	공장운영에 따른 배관 부식과 오염물질 누출로 추정됨	• 트리클로로에틸렌(TCE) : 75 • 테트라클로로에틸렌(PCE) : 50 • 톨루엔 : 110 • 페놀 : 50 • 카드뮴 : 110 • 납 : 1,300 • 6가크롬 : 80 • 비소 : 400 • 수은 : 60

- 감정평가사 김○○은 오염조사 및 정화 전문업체의 조사 보고서를 검토한 결과, 대상 토지 일부가 「토양환경보전법 시행규칙」 제1조의5 관련 [별표 3] 토양오염우려기준을 상당히 초과하였다고 판단
- 향후 오염제거 및 정화공사가 필요하며 이는 합리적이라고 판단함
- 토양오염의 규모는 2,000m^3로 조사됨

〈자료 4〉 거래사례 자료

구 분	사례 #1	사례 #2	사례 #3
소재지	서울특별시 A구 가동 97	서울특별시 B구 나동 100	서울특별시 C구 다동 101
지 목	공장용지	공장용지	공장용지
면적(m^2)	9,000	8,000	7,500
이용상황	공업용	공업용	공업용
도로교통	중로한면	중로한면	중로한면
형상지세	사다리 평지	사다리 평지	사다리 평지
거래시점	2016.9.23.	2016.9.14.	2016.11.6.
거래금액(원)	15,500,000,000 (@1,722,000원/m^2)	12,500,000,000 (@1,562,000원/m^2)	35,000,000,000 (@4,666,000원/m^2)
용도지역	준공업지역	준공업지역	준공업지역
오염여부	오염(TCE, PCE 등, 1,000m^3 정화필요)	오염(TCE, PCE 등, 500m^3 정화필요)	토양오염 없음

※ 사례3은 정상적인 거래라고 판단함

〈자료 5〉 시점수정 자료(지가변동률)

구 분	A구 공업지역	B구 공업지역	C구 공업지역
2016년 9월	−0.041%	0.021%	1.081%
2016년 10월	−0.042%	1.085%	0.752%
2016년 11월	−0.040%	0.024%	0.020%
2016년 12월	−0.044%	1.083%	1.080%
2017년 1월	1.025%	−1.022%	1.500%
2017년 2월	1.124%	0.099%	1.670%
2017년 3월	2.013%	0.077%	1.080%
2017년 4월	−1.012%	−0.044%	1.020%
2017년 5월	0.051%	0.022%	0.750%

※ 2017년 6월 이후의 지가변동률은 현재 미고시인 상태로 직전 월인 2017년 5월 지가변동률을 연장적용하기로 함

〈자료 6〉 기타 참고자료

1. 오염 전의 토지가액은 비교방식을 적용하고, 거래단가를 기준으로 산정함
2. 비교요인표

구 분	본 건	거래사례 #1	거래사례 #2	거래사례 #3
지역요인 비교	100	100	98	115
개별요인 비교	100	95	85	135

※ 요인 비교에서 본건과 사례의 가치형성요인 사항에는 오염에 대한 비교요인은 고려되지 않았음

3. 토양오염 조사비용 자료 : 토양오염의 규모는 2,000m^3로 조사되었고, 관련 토양오염 조사비용으로 토양이 오염된 규모를 기준으로 1,000,000원/m^3을 2017.7.1.에 지급함
4. 정화비용 자료 : 정화방법은 생물학적 처리, 화학적 처리 및 열처리를 복합적으로 적용할 예정이며, 정화기간은 3년이 소요될 것으로 추정되고 연간 정화비용은 600,000원/m^3이 소요되며 매년 연말에 지급함
5. 정화공사 기간 중 토지이용제약에 따른 임대료손실 자료 : 임대료 조사사항은 향후 4년 간 시장임대료를 기준으로 보증금 3,000,000,000원, 연간 임대료는 600,000,000원이며, 정화공사 기간 중 임대료손실이 예상되고, 임대와 관련된 지출비용은 미미함
6. 스티그마 자료(오염 전 토지가액을 기준으로 한 가치감소분)

감가율	오염 전	오염된 상태	정화공사 중	정화공사 후
오염조사 전문업체 보고서 기준	0%	−30%	−10%	−5%
시장조사 자료	0%	−20%	−15%	−10%

※ 정화공사 기간은 3년이며, 스티그마의 존속기간은 공사완료 후 1년까지 예상됨
※ 본건 스티그마 금액을 산정하는 경우에는 현재 '오염된 상태'의 보고서 및 시장 조사 자료의 감가율을 기준으로 각각 산정한 후 평균금액을 적용

7. 이율 자료
   (1) 보증금은 기간초 지급, 임대료 기간말 지급, 보증금 운용이율은 연 2% 적용함
   (2) 시장이자율(할인율) 연 6%, 화폐의 시간가치 고려함
   (3) 연복리표(이자율 6% 기준)

기 간	일시불 내가계수	연금 내가계수	연금 현가계수
3년	1.191016	3.183600	2.673012
4년	1.262477	4.374616	3.465106

8. 기 타
   (1) 토양오염 이외의 악취 등 가치감소요인은 없는 것으로 봄
   (2) Y주택건설(주) 대표 장○○은 대상 토지 오염으로 인하여 30,000,000원의 정신적 손실이 발생함
   (3) 종전 소유자(매도인)의 책임사항은 논외로 함
   (4) 토지단가는 천원 미만 절사. (1), (2)의 토지가액 및 비용산정 등 금액은 백만원 미만 절사함

출제영역
오염부동산

답안작성 가이드

Ⅰ. [물음 1] 오염 전의 토지가액 (비교방식) (30)
  1. 거래사례 선정 : '준공업, 공업용, 토양오염 없음' 기준 〈사례 #3〉

  2. 시점수정치 (2016.11.6. ~ 2017.7.1., 사례3이 속한 C구 공업지역)
  $(1+0.00020 \times 25/30) \times 1.01080 \times 1.01500 \times 1.01670 \times 1.01080 \times 1.01020 \times 1.00750 \times (1+0.00750 \times 31/31) ≒ 1.08133$

  3. 지역요인 비교 : $100/115 ≒ 0.870$

  4. 개별요인 비교 : $100/135 ≒ 0.741$

  5. 오염 전의 토지가액(단가 : 천원 미만 절사, 가액 : 백만원 미만 절사, 이하 동일)
  @$4,666,000 \times 1.00 \times 1.08133 \times 0.870 \times 0.741 ≒$ @$3,252,000$
  $(\times 9,999m^2 = 32,516,000,000원)$
  ※ 대상 토지의 2년 전 매입가격(@3,000,000원/m^2) 고려할 때 적정한 것으로 파악됨

Ⅱ. [물음 2] 오염 후의 토지가액 (15)
  1. 비교방식 중 거래사례비교법
    (1) 거래사례 선정 : '준공업, 공업용, 토양오염 규모 유사' 기준 〈사례 #1〉
    (2) 시점수정치 (2016.9.23. ~ 2017.7.1., A구 공업지역)
    $(1-0.00041 \times 8/30) \times (1-0.00042) \times (1-0.00040) \times (1-0.00044) \times 1.01025 \times 1.01124 \times 1.02013 \times (1-0.01012) \times 1.00051 \times (1+0.00051 \times 31/31) ≒ 1.03126$
    (3) 지역요인 비교 : $100/100 = 1.000$
    (4) 개별요인 비교
      ① 오염에 대한 비교요인 고려 전 : $100/95 ≒ 1.053$
      ② 오염 500m^3에 대한 비교요인 (사례 #1과 사례 #2 활용)
      @$1,562,000 \times 1.00 \times 1.00007^{*1)} \times 1.020^{*2)} \times 1.118^{*3)} \times A =$ @$1,722,000$
      *1) 시점수정치(2016.9.14. ~ 2016.9.23., B구 공업지역) : $1+0.00021 \times 10/30$
      *2) 지역요인 비교치 : $100/98$
      *3) 개별요인 비교치 : $95/85$
      'A≒0.967'은 오염 1,000m^3와 오염 500m^3의 차이 즉, 오염 500m^3당 개별요인
      ③ 오염 1,000m^3에 대한 비교요인
      본건 오염 2,000m^3와 사례 오염 1,000m^3의 차이는 $[1-(1-0.967)\times 2]$인, '0.934'라고 판단함
      ④ 개별요인 비교 ('①' × '③') : $1.053 \times 0.934 ≒ 0.984$
    (5) 비교방식 중 거래사례비교법에 의한 오염 후의 토지가액
    @$1,722,000 \times 1.00 \times 1.03126 \times 1.000 \times 0.984 ≒$ @$1,747,000$
    $(\times 9,999m^2 = 17,468,000,000원)$

2. 원가방식 중 원가법
   (1) 오염 전의 토지가액 : 물음 (1) 기준하여 32,516,000,000원임
   (2) 가치하락분
      ① 토양오염 조사비용 : 1,000,000 × 2,000 = 2,000,000,000원
      ② 정화비용 : 600,000 × 2,000 × PVAF(6%, 3년) = 3,207,000,000원
      ③ 임대료손실 : (3,000,000,000 × 0.02 + 600,000,000) × PVAF(6%, 4년) ≒ 2,286,000,000원
      ④ 스티그마
         ㉠ 오염조사 전문업체 보고서 기준 : 32,516,000,000 × 0.3 = 9,754,800,000원
         ㉡ 시장조사 자료 기준 : 32,516,000,000 × 0.2 = 6,503,200,000원
         ㉢ 스티그마 결정 : ('㉠' + '㉡') / 2 = 8,129,000,000원
         ㉣ 가치하락분 : '①' + '②' + '③' + '④' ≒ 15,622,000,000원
   (3) 정신적 손실
      Y주택건설(주) 대표 장○○의 정신적 손실은 주관적 가치 하락으로 고려하지 않는다.
   (4) 원가방식 중 원가법에 의한 오염 후의 토지가액
      '(1)' − '(2)' = 16,894,000,000원

3. 오염 후의 토지가액
   (i) 대상물건에 영향을 미치고 있는 오염과 비슷한 형태의 오염에 의해 가치가 하락한 상태인 시장 거래사례를 반영한 거래사례비교법에 의한 오염 후의 토지가액과, (ii) 「감칙」 제25조의 응용형태인 원가법에 의한 오염 후의 토지가액을 종합 고려하여, 17,100,000,000원으로 결정함

Ⅲ. [물음 3] 오염된 토지의 스티그마(Stigma) 감정평가 방법 (5)
   1. 스티그마의 의의
      스티그마는 환경오염의 영향을 받는 토지에 대해 일반인들이 갖는 '무형의 또는 양을 잴 수 없는 불리한 인식'을 말한다.
   2. 스티그마의 감정평가 방법
      (1) 감정평가 3방식
         (i) 오염 전의 토지가액에서 스티그마 이외의 오염 후의 토지가액, 정화비용 등을 차감하여 하여 구하는 '원가방식', (ii) 오염이 있는 토지에 관한 거래사례를 수집·분석하여 스티그마를 판단하는 '비교방식', (iii) 스티그마로 인해 낮아진 임대료와 위험 프리미엄이 가산된 환원율로 스티그마를 판단하는 '수익방식' 등이 있다.
      (2) 간접적인 방식
         ① 가상적으로 시장을 만들어 비시장재를 화폐화하여 평가하는 '가상시장평가법(CVM)'이 있다. 즉, 설문조사를 통하여 조사대상자에게 가상계획을 제시하고, 그 실현을 위해 지급해도 좋다고 생각하는 금액, 혹은 상황이 악화될 경우 원래 수준까지 보상하는 데 필요한 금액을 응답받아 추계한다.
         ② 토지의 가격에 영향을 주는 주요 변수(x)들과 가격(y)간의 함수관계를 모형으로 설정하고 회귀분석을 통해 가격을 도출해내는 '특성가격접근법(HPM)'이 있다.
            환경의 질도 이러한 변수의 하나로 특성가격함수 지가모형에 투입되고 환경의 질이 한 단위 악화 또는 개선될 때 그것이 토지의 가격에 미치는 영향을 평가한다.

02 D건설회사는 총 720세대 규모의 아파트단지 조성사업을 시행하여 입주가 완료되었으나 그중 12세대는 일반적인 아파트와는 달리 거실 유리창의 일부가 감소되도록 설계되어 입주 후 가치하락액을 산정하여 환불해주기로 하고 환불대상세대 및 환불액 결정을 K감정평가법인에 의뢰하였다. 아래에 제시된 조건과 자료의 범위내에서 K감정평가법인이 수행해야 할 환불대상세대 결정 및 대상세대의 최종 환불액을 평가하시오. (20점) 〔기출 22회〕

〈자료 1〉 기본적 사항

1. 환불액 평가의 가격시점은 2011.8.1.로 한다.
2. 환불액 지급대상세대는 〈자료 2〉에 제시된 세대 중 연속일조시간이 2시간 미만이고 총 일조시간이 4시간 미만인 세대만을 대상으로 한다.
3. 환불액은 일조시간을 기초로 산정한 가치하락액을 기준으로 결정한다. 이 경우 본 아파트단지에서 일조권 가치가 전체가치에서 차지하는 비율은 평형에 관계없이 6%이며 총 일조시간(x분)과 해당세대의 가치하락율(y)간의 관계는 다음 산식으로 산정한다.

$$y = 0.06(1 - x/240)$$

4. 환불대상세대 중 1년 이내에 거래사례가 있는 경우에는 거래사례에 의해 산정한 가치하락액과 일조시간을 기준으로 산정한 가치하락액을 비교하여 적은 금액으로 환불액을 결정한다.

〈자료 2〉 대상 아파트단지 개요

1. 소재지 : S시 A구
2. 규모 : 총 720세대(10개동 × 각동 72세대)
3. 층수 : 각동 공히 18개층 높이이며 각층별 세대수는 동일하게 건축되었음
4. 동별 현황
   - 101동 ~ 108동 : 전세대 85m^2형
   - 109동, 110동 : 전세대 110m^2형

〈자료 3〉 창면적 감소세대 현황

동번호	해당세대	창면적감소비율(%)	총 일조시간(분)	연속일조시간(분)
101	301호	45	165	95
	302호	18	265	183
	401호	45	170	98
	402호	18	270	185
102	602호	60	160	93
	702호	25	250	170
109	301호	45	165	125
	302호	18	265	183
	401호	45	170	128
	402호	18	270	185
110	602호	60	160	93
	702호	25	250	170

〈자료 4〉 본건 아파트단지의 층별 효용지수

층	효용지수(%)	층	효용지수(%)	층	효용지수(%)	층	효용지수(%)
1	90	6	100	11	100	16	100
2	94	7	100	12	100	17	100
3	96	8	100	13	100	18	98
4	98	9	100	14	100	—	—
5	99	10	100	15	100	—	—

〈자료 5〉 본건 아파트단지의 위치별 효용지수

위 치	1호	2호	3호	4호
효용지수(%)	98	100	98	96

〈자료 6〉 본건 아파트단지의 면적 타입별 효용지수

면적(m^2)	85	110
효용지수(%)	100	104

〈자료 7〉 본건 아파트 단지 내 거래사례 자료

1. 창면적 감소가 없는 사례
   - 동, 호수 : 107동 503호
   - 거래시점 : 2011.6.25.
   - 거래가격 : 322,000,000원
2. 창면적 감소가 있는 사례
   - 동, 호수 : 101동 401호
   - 거래시점 : 2011.3.12.
   - 거래가격 : 305,000,000원

〈자료 8〉 인근지역의 아파트가격 변동지수

2011.1.1.	2011.2.1.	2011.3.1.	2011.4.1.	2011.5.1.	2011.6.1.	2011.7.1.
113	114	116	116.8	117.8	119	120

〈자료 9〉 기타 평가조건

1. 각 호별 정상가격 산정에 있어서 개별소유자가 개별투자한 내부마감재, 구조변경, 추가설비 및 관리상태의 차이 등의 개별적 사항은 고려하지 않는다.
2. 본건 아파트 단지 내 각 동별 효용격차는 없는 것으로 가정한다.

📝 출제영역

가치하락

📝 답안작성 가이드

Ⅰ. 평가개요

「감칙」제25조 일조권 침해 환불대상세대 결정 및 대상세대의 최종 환불액 평가(2011.8.1.)

Ⅱ. 환불대상세대 결정

연속 2시간 미만, 총 4시간 미만 조건을 모두 만족하는 101-301호, 101-401호, 102-602호, 110-602호(총 4세대)

Ⅲ. 최종 환불액 평가

1. 101-301

   (1) 가치하락 전 시장가치

   $322,000,000 \times 1.00 \times 1.01001^{*)} \times 1 \times 96/99 \times 98/98 \times 1 ≒ 315,368,000$

   *) 2011.6.25. ~ 8.1. : $(120+1\times31/30)/(119+1\times25/30)$

   (2) 환불액

   ① 가치하락율 : $0.06 \times (1-165/240) = 0.01875$

   ② 환불액 : '(1)' $\times 0.01875 = 5,913,150$

2. 101-401(1년 이내 거래사례 있음)

   (1) 시장가치

   $322,000,000 \times 1.00 \times 1.01001 \times 1 \times 98/99 \times 98/98 \times 1 ≒ 321,938,000$

   (2) 환불액

   ① 거래사례 기준

   '(1)' $- 305,000,000 \times 1 \times 1.04061^{*)} \times 1 \times 1 ≒ 4,552,000$

   *) 2011.3.12. ~ 8.1. : $(120+1\times31/30)/(116+0.8\times12/31)$

   ② 가치하락율 기준

   '(1)' $\times 0.0175^{*)} ≒ 5,634,000$

   *) $0.06 \times (1-170/240)$

   ③ 결정

   둘 중 작은 금액인 4,552,000원

3. 102-602

   (1) 시장가치

   $322,000,000 \times 1.00 \times 1.01001 \times 1 \times 100/99 \times 100/98 \times 1 ≒ 335,213,000$

   (2) 환불액

   ① 가치하락율 : $0.06 \times (1-160/240) = 0.02$

   ② 환불액 : '(1)' $\times 0.0200 ≒ 6,704,000$

4. 110-602

   (1) 시장가치

   $322,000,000 \times 1.00 \times 1.01001 \times 1 \times \underline{100/99} \times \underline{100/98} \times \underline{104/100} \times \underline{110/85} ≒ 451,157,000$
   　　　　　　　　　　　　　　　　　　층　　　　　위치　　　　　타입　　　　면적

   (2) 환불액

   ① 가치하락율 : $0.06 \times (1-160/240) = 0.02$

   ② 환불액 : '(1)' $\times 0.0200 ≒ 9,023,000$

CHAPTER 18 지상권 평가[139]

제3편 | 유형별 감정평가

> **핵심 키워드**
>
> 제1절 지상권
>
> 제2절 구분지상권

제1절 지상권

지상권이 설정된 토지의 가치평가에서, 지상권의 가치를 구하여 지상권이 설정되지 않은 상태의 토지가액에서 차감하는 방법은, 지상권 가치를 다음의 산식으로 구하도록 하고 있다.

$$[토지의\ 시장가치 \times 적정기대이율 + 필요제경비 - 실제지불임료(지상권지료)] \times \frac{(1+r)^n - 1}{r \times (1+r)^n}$$

(n : 지상권존속기간, r : 이율)

위 산식에서 '토지의 시장가치 × 적정기대이율 + 필요제경비'는 토지의 적정지불임료를 나타낸다. 따라서 위 산식에서는 적정지불임료와 실제지불임료의 차액을 지상권자가 누리는 편익으로 보고 이를 지상권존속기간 동안 할인 합산한 금액을 지상권 가치로 보고 있다. 자산 또는 권리의 가치는 미래 편익의 현재가치와 등가이므로 산식은 설득력이 있다. 그런데 실제지불임료와 적정지불임료가 같으면 지상권 가치는 '0'이 된다. 지상권자가 임료 할인의 혜택은 보지 않으나 타인의 토지를 존속기간 동안 자유롭게 이용하면서 수익을 창출할 수 있다면 지상권자의 편익을 없다고 볼 수 없다. 그렇지만 산식에 따르면 언제든 지상권 가치는 '0'이 된다. 이 부분은 규정의 미비점으로 보인다.

법원감정평가실무에서는, 위 산식 외에도 지상권만의 단독 거래사례를 포착할 수 있는 경우 거래사례비교법을 적용할 수 있다고 했다. 산식은 다음과 같다.

> 대상 지상권 가격 = 지상권 설정사례가격 × 사정보정 × 시점수정 × 지역요인 × 개별요인 × 면적

위 개별요인에서는, 지상권 설정 목적물의 종류(견고한 건물인지 공작물인지), 기간(지상권 존속기간 및 건물의 잔존기간), 지상권 설정 토지면적 등의 격차를 반영해야 한다.

---
[139] 한국감정평가사협회, 『법원감정평가실무』, 한국감정평가사협회

제2절 구분지상권

건물 기타 공작물을 소유하기 위해 타인의 토지 지하 또는 지상의 공간을 그 상하의 범위를 정하여 사용하는 지상권이다. 지상권은 토지의 소유권이 미치는 토지의 상하 전부에 그 효력을 미치는데 비해, 구분지상권은 그 지상 또는 지하의 일정한 범위에만 그 효력이 미친다. 구분지상권 가격은 구분지상권 설정지의 경제가치를 기초로 하여, 권리설정범위의 권리이익의 내용에 따라 정한다. 구분지상권 설정지 전체의 경제 가치 중에서 분할된 당해 권리의 설정부분의 경제가치 및 그 부분의 효용을 보전하기 위하여 타 공간부분의 이용을 제한하는 만큼의 경제가치를 화폐액으로 나타낸 값이다.

구분지상권 평가방법은 크게 4가지로 나눈다.

구 분	상 세
구분지상권 설정사례 기준	• 구분지상권 설정사례가격×사정보정×시점수정×지역요인×개별요인×면적 • 설정사례 : 구분지상권 경제가치는 당해 구분지상권에 관계된 공작물을 보전하기 위해 다른 공간의 사용을 제한하는데 상응하는 경제적 가치가 포함된 경우가 많으므로 설정사례 선정 시 주의 • 지역요인 : 인근지역 지역요인뿐만 아니라 지하철의 구분지상권 설정 시 이어지는 일단의 토지처럼 당해 구분지상권의 효용에 기여하는 타부동산이 존재하는 유사지역과의 균형 고려 • 개별요인 : 지하 또는 지상의 입체적, 평면적 위치, 규모, 형상 등을 구분지상권 설정지 전체와 관련시켜 그 분할 상태를 판단하고 미치는 영향을 고려
구분지상권 설정비율 기준	• 대상나지가격×구분지상권 비율 • 구분지상권 비율 = $\dfrac{\text{사례구분지상권가격}}{\text{사례나지가격}}$ • 사례선정 : 인근지역, 동일수급권 내 유사지역 등에서 설정형태가 유사한 구분지상권 설정사례 포착 • 구분지상권 비율 : 사례구분지상권의 설정, 양도 시 구분지상권이 구분지상권 설정지에서 점하는 가격비율 추출
차액순수익 기준	$\dfrac{\text{차액순수익}}{\text{환원율}} \times$ 구분지상권 설정계약 내용 등에 따른 수정률 (차액순수익 : 구분지상권 설정치 않은 상태의 최유효이용 상정 순이익−구분지상권 설정상태의 최유효이용 상정 순이익)
입체이용률 기준	대상나지가격×입체이용저해율×구분지상권 계약내용에 따른 수정률

입체이용률 기준 방법은, 토지의 상하공간을 다음과 같이 구분한다.

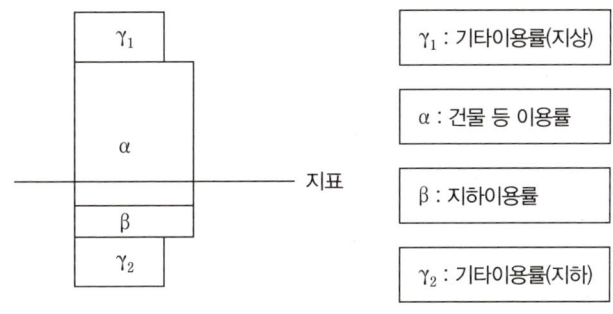

구 분		상 세
건물 등 이용률		건물 등의 신축에 따라 임대가 가능한 공간(지상+지하 일부)에 대한 이용률
지하이용률		주차장 등의 활용이 가능한 공간에 대한 이용률
기타이용률	지 상	광고탑, 통신탑, 굴뚝 등의 활용공간에 대한 이용률
	지 하	지하터널, 공동구 등의 활용공간에 대한 이용률

입체이용률은 지역에 따라 다른 분포를 보인다.

해당지역 이용률구분	용적률	고층시가지 800% 이상	중층시가지 550～750%	저층시가지 200～500%	주택지 100% 내외	농지·임지 100% 이하
건물 등 이용률		0.80	0.75	0.75	0.70	0.80
지하이용률		0.15	0.10	0.10	0.15	0.10
기타이용률		0.05	0.15	0.15	0.15	0.10
γ의 상하배분 비율		1:1～2:1	1:1～3:1	1:1～3:1	1:1～3:1	1:1～4:1

구분지상권 평가에서 구분지상권 설정범위의 입체이용률과 입체이용저해율은 동일한 의미로 사용된다. 구분지상권이 설정되면서 설정범위의 입체이용률만큼 나지상태의 최유효이용에서 제약이 발생하기 때문이다. 입체이용저해율은, 건물 등 이용저해율, 지하이용저해율, 기타이용저해율을 각각 구하여 합산한다.

구 분	산 식
건물 등 이용 저해율	건물 등 이용률(a) × $\dfrac{\text{저해층의 층별효용비 합계}}{\text{(최유효 전제한)각층의 층별효용비 합계}}$ • 저해층수 : 최유효층수−구분지상권설정에 따라 건축가능한 층수 • 효용비 : 각층 동일면적이라고 전제함
지하 이용 저해율	지하이용률(β) × 심도별지하이용률(p) • 심도별지하이용률 : 토피심도에 따른 체감율 • 토피 : 지하시설물 최상단에서 지표까지의 수직거리(보호층 미고려)
기타 이용 저해율	기타이용률(r) × 지상, 지하배분율 • 지상배분율 : 지상의 기타이용 저해 시 • 지하배분율 : 지하의 기타이용 저해 시

각 저해율을 산정하기 위해 다음과 같은 자료를 활용하고 있다.

〈자료 1〉 층별효용 비율표

층 별	고층 및 중층시가지		저층시가지		주택지		
	A형	B형	A	B	A	B	
20	35	43					
19	35	43					
18	35	43					
17	35	43					
16	35	43					
15	35	43					
14	35	43					
13	35	43					
12	35	43					
11	35	43					
10	35	43					
9	35	43	42	51			
8	35	43	42	51			
7	35	43	42	51			
6	35	43	42	51			
5	35	43	42	51	36	100	
4	40	43	45	51	38	100	
3	46	43	50	51	42	100	
2	58	43	60	51	54	100	100
지상 1	100	100	100	100	100	100	100
지하 1	44	43	44	44	46	48	
지하 2	35	35					

1. 이 표의 지수는 건물가격의 입체분포와 토지가격의 입체분포가 같은 것을 전제로 함
2. 이 표에 없는 층의 지수는 이 표의 경향과 주위환경 등을 고려하여 결정한다.
3. 이 표의 지수는 각 용도지역별 유형의 개략적인 표준을 표시한 것이므로 여건에 따라 보정할 수 있다.
4. A형은 상층부 일정 층까지 임료수준에 차이를 보이는 유형이며 B형은 2층 이상이 동일한 임료수준을 나타내는 유형이다.

〈자료 2〉 건축가능 층수 기준표

1. 터 널

    (1) 풍화토(PD-2)패턴(단위 : 층)

토피(m) 건축구면	10	15	20	25
지상	12	15	18	22
지하	1	2	2	3

    (2) 풍화암(PD-3)패턴(단위 : 층)

토피(m) 건축구면	10	15	20	25	30
지상	17	19	21	23	25
지하	1	2	2	3	4

    (3) 연암(PD-4)패턴(단위 : 층)

토피(m) 건축구면	10	15	20	25	30	35
지상	19	24	28	30	30	30
지하	1	2	3	3	4	4

    (4) 경암(PD-5)패턴(단위 : 층)

토피(m) 건축구면	10	15	20	25	30	35	40
지상	30	30	30	30	30	30	30
지하	1	2	3	4	5	6	7

2. 개 착

토피(m) 건축구면	5	10	15	20
지상	7	12	19	19
지하	1	2	2	2

〈자료 3〉 심도별 지하이용 저해율

한계심도	40m		35m		30m			20m	
체감율(%)	P	β×P	P	β×P	P	β×P		P	β×P
토피심도(m)		0.15×P		0.10×P		0.10×P	0.15×P		0.10×P
0 ~ 5 미만	1.0000	0.150	1.0000	0.100	1.000	0.100	0.150	1.000	0.100
5 ~ 10 미만	0.875	0.131	0.857	0.086	0.883	0.088	0.125	0.750	0.075
10 ~ 15 미만	0.750	0.113	0.715	0.071	0.667	0.067	0.100	0.500	0.050
15 ~ 20 미만	0.625	0.094	0.571	0.057	0.500	0.050	0.075	0.250	0.025
20 ~ 25 미만	0.500	0.075	0.429	0.043	0.333	0.033	0.050		
25 ~ 30 미만	0.375	0.056	0.286	0.029	0.167	0.017	0.025		
30 ~ 35 미만	0.250	0.038	0.134	0.014					
35 ~ 40 미만	0.125	0.019							

1. 지가형성에 잠재적 영향을 미치는 토지이용의 한계심도는 토지이용의 상황, 지질, 지표면 하의 영향 등을 고려하여 40m, 35m, 30m, 20m로 구분한다.
2. 토지심도의 구분은 5m로 하고 심도별 지하이용 효율은 일정한 것으로 본다.
3. 지하이용 저해율 = 지하이용률(β) × 심도별 지하이용효율(P)

〈자료 4〉 기 타

1. 농지, 임지의 경우 건물 등 이용저해, 지하 이용저해가 없는 것으로 본다.
2. 보호층 : 지하시설물을 보호하기 위한 지하시설물 상단으로부터 일정 거리를 의미하며 토피를 계산할 때는 고려하지 않음
3. 한계심도 : 지하시설물 설치로 인해 통상적으로 토지이용에 지장이 없는 최대 깊이

CHAPTER 19 임대차 평가

제3편 | 유형별 감정평가

> **핵심 키워드**
>
> 제1절 임대료 평가
>
> 제2절 임대권, 임차권, 전대권, 전차권

제1절 임대료 평가[140]

임대차계약에 기초한 대상물건의 사용대가로서 지급되는 금액을 임대료로 정의한다. 임대료 평가와 관련된 「감칙」과 「실무기준」의 내용은 다음과 같다.

구 분	상 세
「감 칙」	제22조(임대료의 감정평가) 감정평가법인등은 임대료를 감정평가할 때에 임대사례비교법을 적용하여야 한다.
「실무기준」	3.3 임대료의 감정평가방법 ① 임대료를 감정평가할 때에는 임대사례비교법을 적용하여야 한다. ② 제1항에도 불구하고 임대사례비교법으로 감정평가하는 것이 곤란하거나 적절하지 아니한 경우에는 적산법 등 다른 감정평가방법을 적용할 수 있다. ③ 임대료의 산정기간은 1월이나 1년을 단위로 하는 것을 원칙으로 한다. ④ 임대료는 산정기간 동안에 임대인에게 귀속되는 모든 경제적 대가에 해당하는 실질임대료를 구하는 것을 원칙으로 한다. 다만, 의뢰인이 보증금 등을 포함한 계약 내용에 따라 지급임대료를 산정하도록 요청할 때에는 해당 계약 내용을 고려한 지급임대료를 구하되, 감정평가서에 그 내용을 적어야 한다.

임대사례비교법 외에 다른 평가방법 허용 규정은 없지만, 「감칙」 12조에 근거해 적산법 및 수익분석법의 적용이 가능하다.

---

140) 임대사례비교법, 적산법, 수익분석법에 대한 내용은 2편(감정평가방식)을 참고할 것

제2절 임대권, 임차권, 전대권, 전차권 기출 25, 27, 30회

임대차계약을 맺은 임대인과 임차인 양 당사자에게 임대차계약을 기준으로 귀속하는 편익의 현재가치를 각각 임대권, 임차권으로 부른다. 임차인은 임대인의 동의하에 제2의 임차인과 새로운 임대차계약을 맺을 수 있다. 이를 전대차계약으로 부르고, 이 계약에서의 양 당사자인 전대인과 전차인에게 귀속하는 편익의 현재가치는 각각 전대권, 전차권이 된다.

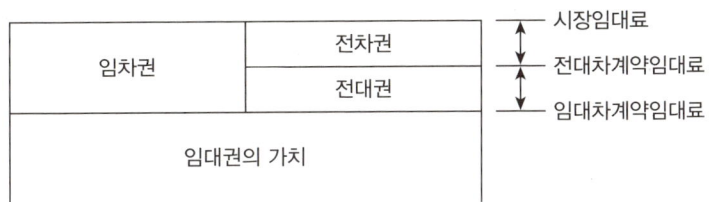

이때 임대권과 임차권은 다음과 같이 산정된다.

구 분	상 세
임대권	계약임대료 $\times \dfrac{1-(1+r_1)^{-n}}{r_1} + \dfrac{V}{(1+r_1)^n}$ (r_1 : 임대권할인율, n : 계약기간, V : 기말복귀가치)
임차권	임차자귀속소득 $\times \dfrac{1-(1+r_2)^{-n}}{r_2} + \dfrac{V}{(1+r_2)^n}$ (임차자귀속소득 : 시장임대료 − 계약임대료, r_2 : 임차권할인율, n : 임대차기간, V : 임차인에게 귀속하는 개량물의 기말복귀가치)

임대권할인율과 임차권할인율을 r로 일치시키면, '임대권＋임차권＝소유권'의 관계가 성립한다.

$$[계약임대료 \times \dfrac{1-(1+r)^{-n}}{r} + \dfrac{V}{(1+r)^n}] + [(시장임대료 - 계약임대료) \times \dfrac{1-(1+r)^{-n}}{r}]$$
$$= 시장임대료 \times \dfrac{1-(1+r)^{-n}}{r} + \dfrac{V}{(1+r)^n} = V$$

임대권과 임차권의 합이 소유권과 다른 이유는, 편익귀속의 안정성 및 위험성을 고려해 임차권할인율과 임대권할인율을 달리 적용하기 때문이다.

CHAPTER 19 | 임대차 평가

전대차계약이 이뤄지는 경우, 같은 논리로 전대권과 전차권의 가치도 다음과 같이 추계된다.

구 분	상 세
전대권	$(전대차임대료 - 계약임대료) \times \dfrac{1-(1+r_3)^{-n}}{r_3} + \dfrac{V}{(1+r_3)^n}$ (r_3 : 전대권할인율, n : 전대차기간, V : 전대인귀속개량물기말복귀가치)
전차권	$(시장임대료 - 전대차임대료) \times \dfrac{1-(1+r_4)^{-n}}{r_4}$ (r_4 : 전차권할인율, n : 전대차기간)

CHAPTER 19 기출문제

임대차 평가

01 완전소유권의 시장가치는 임대권가치와 임차권가치의 합이라 할 때, 연간 시장임대료(순임료)는 12,000,000원, 연간 계약임대료(순임료)는 9,000,000원, 계약기간 10년, 계약기간 만료 시 본건 부동산의 완전 소유권 시장가치는 120,000,000원이고 계약기간 중 시장가치의 변동은 없는 것으로 예상되는 경우 다음 물음에 답하시오. (10점) 　　기출 25회

(1) 임대권(賃貸權) 수익률이 9.00%라고 할 경우 본건의 내재된 임차권(賃借權) 수익률은 얼마인가? (5점)
(2) 어떤 경우에 「완전소유권 시장가치＝임대권가치＋임차권가치」의 등식이 성립하지 않는가? (5점)

📝 출제영역
임차권

📝 답안작성 가이드

Ⅰ. [물음 1] 본건의 내재된 임차권 수익률 (5)

1. 임대권의 가치

$$9{,}000{,}000 \times \frac{1.09^{10}-1}{0.09 \times 1.09^{10}} + 120{,}000{,}000 \times \frac{1}{1.09^{10}} \fallingdotseq 108{,}448{,}000$$

2. 내재된 임차권 수익률

(1) 내재된 임차권 가치
　　120,000,000 － 108,448,000 ＝ 11,552,000

(2) 내재된 임차권 수익률

$$11{,}552{,}000 = (12{,}000{,}000 - 9{,}000{,}000) \times \frac{(1+r)^{10}-1}{r \times (1+r)^{10}}$$

　　r ≒ 22.58%

Ⅱ. [물음 2] 등식이 성립되지 않는 경우 (5)

완전소유권가치는 최유효이용을 전제한 시장가치로, 현재 임대료 수준이 최유효이용이 아닌 경우 등식이 성립하지 않는다. 또한 완전소유권은 전형적 시장 임차인을 가정하는데, 실제 임차인이 그렇지 않을 경우 등식이 성립하지 않는다.

02

감정평가사 甲은 토지의 장기임차권을 매입하여 지상에 공장 건물을 신축하여 사업체를 운영하고 있는 사업자 乙로부터 일반거래 목적의 감정평가를 의뢰받았다. 이해관계인은 공정한 자산 가액의 산정을 위하여 복수의 감정평가를 요구하고 있다. 제시된 자료를 활용하여 각 물음에 답하시오. (20점)

기출 33회

(1) 대상 토지의 장기임차권 매입금액을 기준으로 한 시산가액을 산정하시오. (6점)
(2) 토지의 장기임차권 거래사례 중 감정평가에 활용할 거래사례 하나를 선정하여 그 사유를 설명하고, 이를 기준으로 한 시산가액을 산정하시오. (6점)
(3) 산정된 시산가액을 검토하여 감정평가액을 결정하시오. (4점)
(4) 복수감정평가의 장단점을 설명하시오. (4점)

〈자료 1〉 기본적 사항

1. 기준가치 : 시장가치
2. 기준시점 : 2022년 7월 16일
3. 대상 물건의 개황

소재지 지번	지목	면적(m²)	용도지역	이용상황	도로접면	형상지세	주위환경
A시 B동 110	공장용지	2,000	일반공업지역	공업용	중로각지	가장형 평지	일반공장지대

4. 대상 토지의 장기임차권 내용
   (1) 계약일 : 2011년 1월 1일
   (2) 계약기간 : 50년 (2011년 1월 1일 ~ 2060년 12월 31일)
   (3) 매입금액 : 120,000원/m²
   (4) 계약내용 : 토지의 장기임차권 매입금액은 계약일에 토지의 소유권자에게 일괄지급하고, 계약기간 50년 동안 토지상에 건물과 공작물의 설치 등 토지를 안정적으로 사용할 수 있으며, 장기임차권 만료일이 경과되면 토지와 건물 등 모든 시설의 소유권은 토지의 소유권자에게 무상으로 반납된다.

〈자료 2〉 시점수정 자료

1. 토지의 장기임차권에 대한 변동률이 고시되지 아니하여 당해 시의 공업지역 지가변동률을 적용함
2. 지가변동률

구 분	A시 공업지역(%)	비 고
2011.1.1. ~ 2011.12.31.	5.001	누 계
2012.1.1. ~ 2012.12.31.	6.505	누 계
2013.1.1. ~ 2013.12.31.	6.312	누 계
2014.1.1. ~ 2014.12.31.	7.322	누 계
2015.1.1. ~ 2015.12.31.	8.457	누 계
2016.1.1. ~ 2016.12.31.	5.023	누 계
2017.1.1. ~ 2017.12.31.	4.505	누 계

2018.1.1. ~ 2018.12.31.	3.255	누 계
2019.1.1. ~ 2019.12.31.	2.975	누 계
2020.1.1. ~ 2020.12.31.	2.523	누 계
2021.1.1. ~ 2021.12.31.	2.350	누 계
2022.1.1. ~ 2022.5.31.	1.244	누 계
2022.5.1. ~ 2022.5.31.	0.198	누 계

― 지가변동률은 2022년 6월 이후는 고시되지 않아서 5월 지가변동률을 연장·추정하여 적용함

〈자료 3〉 잔존가치율 산정 자료

토지 장기임차권의 상각은 정액법에 따르고, 상각은 월단위 만월 상각을 적용하며, 잔존가치율 산정은 소수점 넷째 자리를 반올림하여 셋째 자리까지 표기한다.

〈자료 4〉 토지의 장기임차권 거래사례

대상 토지의 인근지역에 위치하고 확인 가능한 토지의 장기임차권 거래사례는 다음 표와 같으며, 검토 결과 거래가액은 적정한 것으로 판단됨

기호	소재지 지번	지목	면적 (m²)	용도 지역	이용 상황	도로접면	형상 지세	단가 (원/m²)	계약일	계약기간
가	A시 B동 115	공장용지	2,800	일반공업지역	공업용	광대한면	가장형 평지	130,000	2011. 7.16.	계약일로부터 50년
나	A시 B동 210	공장용지	3,000	일반공업지역	공업용	중로한면	정방형 평지	280,000	2022. 7.1.	계약일로부터 50년
다	A시 B동 220	공장용지	800	일반공업지역	상업용	중로한면	정방형 평지	450,000	2022. 7.1.	계약일로부터 50년
라	A시 B동 230	공장용지	1,200	준공업지역	공업용	중로각지	세장형 평지	360,000	2022. 7.5.	계약일로부터 50년

〈자료 5〉 토지의 개별요인

1. A시 B동 공업지대 가로조건, 획지조건의 개별요인 비교치는 아래와 같으며, 나머지 개별요인은 대등한 것으로 상정함
2. A시 B동 공업지대의 가로조건

구 분	광대한면	중로각지	중로한면
광대한면	1.00	0.97	0.95
중로각지	1.03	1.00	0.98
중로한면	1.05	1.02	1.00

3. A시 B동 공업지대의 획지조건

구 분	정방형	가장형	세장형
정방형	1.00	1.01	0.99
가장형	0.99	1.00	0.98
세장형	1.01	1.02	1.00

〈자료 6〉 기타 사항
1. 시점수정치인 지가변동률은 백분율로서 소수점 넷째 자리를 반올림하여 셋째 자리까지 표기한다.
2. 단가 산정은 천원 미만 단위에서 반올림하여 천원 단위까지 표기한다.
3. 개별요인 산정은 소수점 넷째 자리를 반올림하여 셋째 자리까지 표기한다.
4. 주어진 자료 이외의 사항은 고려하지 아니한다.

출제영역
토지 장기임차권

답안작성 가이드
토지 장기임차권의 가치를 원가법과 거래사례비교법으로 평가한다.

Ⅰ. 개 요
장기임차권을 원가법, 거래사례비교법을 활용하여 평가함

Ⅱ. [물음 1] 원가법 (6)
  1. 재조달원가
    — 과거 매입금액에 공업지역 지가변동률 적용
      $120,000 \times 1.72072^{*)} = @206,000$
      *)시점수정(2011.1.1.∼2022.7.16.) : $1.05001 \times 1.06505 \cdots \times 1.01244 \times (1 + 0.00198 \times 46/31)$

  2. 적산가액
    (1) 잔존가치율
      — 11년 6월(138월)경과, 총내용연수 600개월
        $1 - 138/600 = 0.77$
    (2) 적산가액
      $206,000 \times 0.77 = @159,000$

Ⅲ. [물음 2] 거래사례비교법 (6)
  1. 거래사례 선정
    기호 '나'(기호 '가'는 도로접면, 기호 '다'는 이용상황, 기호 '라'는 용도지역 상이)

2. 비준가액

280,000 × 1.00102[*] × 1,000 × 0.793[**] = @222,000

[*]시점수정(2022.7.1.—2022.7.16.) : (1 + 0.00198 × 16 / 31)

[**]개별요인(중로각지 / 중로한면 × 가장형 / 정방형 × 잔존가치율) : 1.02 × 1.01 × 0.77

Ⅳ. [물음 3] 시산가액 조정 (4)

1. 시산가액

   원가법 : @159,000, 거래사례비교법 : @222,000

2. 감정평가액

   ① 원가법은 재조달원가 추정 시 과거 매입금액에 지가변동률을 적용하였으나, 장기매입권은 사용권인바 지가의 변동과 괴리될 수 있으며, 11년이 넘는 기간의 보정을 거쳐 시장상황의 변화에 따른 가격변동을 정확하게 반영하기 어려움

   ② 원가법은 감가수정 시 정액법에 의해 감가했으나, 사용기한 내 매년의 지가변동 양상이 다른 경우 감가의 정도가 연도별로 달라질 수 있는 점을 반영하기 어려움

   ③ 기준시점 최근의 거래사례를 기준 추계한 비준가액의 합리성이 인정돼 @222,000로 결정함(× 2,000m² = 444,000,000)

Ⅴ. [물음 4] 복수감정평가 (4)

1. 장점 : 감정평가는 객관적 자료에 의해 합리적인 가격을 도출하는 일련의 과정을 거치지만, 평가자의 판단 및 재량이 상당부분 개입됨. 복수감정평가방법에 의한 시산가액 조정 기능과 같이 복수평가로 인해 주관의 남용 및 판단의 편이(bias)가 줄어들어 최종가액의 합리성이 높아질 수 있음.

2. 단점 : 평가기간 및 비용 부담이 단수평가에 비해 늘어나며, 평가자 간 중요사항에 대한 의견일치가 되지 않는 경우 평가금액의 격차가 커져 평가서 최종 사용자가 판단하는데 어려움을 겪을 수 있음. 또 관련규정에 따라 평가금액 간 격차가 10%를 초과하는 경우 재평가 등의 부작용도 생김.

CHAPTER 20 입주권(분양권) 평가

> **핵심 키워드**
>
> 제1절 개요
>
> 제2절 입주권(분양권) 평가

제1절 개요

「상속세 및 증여세법」(이하 "상증세법") 제61조에서는, '부동산을 취득할 수 있는 권리'와 특정시설물을 이용할 수 있는 권리에 대해 언급하고 있다. 전자 중 대표적인 것이 (조합원)입주권과 분양권이다. 입주권은 「도시 및 주거환경 정비법」에 따른 관리처분계획인가 후 조합원 자격 하에 신축 아파트에 입주할 수 있는 권리, 후자는 신축 아파트에 입주할 수 있는 권리로서 청약을 통해 당첨[141]되거나 전매를 통해 매입한 것을 가리킨다. 조합원입주권은 달리 조합원지위라고 봄이 상당한데, 상증세법에서는 이를 '권리'로 보고 부동산과 달리 보고 있다. 국세청도, 조합원 입주권 상속 증여 시, 상속재산의 평가는 상속개시일 현재를 기준으로 부동산을 취득할 수 있는 권리를 평가하는 것이므로 종전자산(부동산)에 대한 권리가액은 시가로 인정되는 가액에 포함되지 않는다고 해석했다.

제2절 입주권(분양권) 평가

상증세법 제61조에서는 부동산을 취득할 수 있는 권리의 평가에 대해, 그 권리 등이 남은 기간, 성질, 내용, 거래 상황 등을 고려하여 대통령령으로 정하는 방법으로 평가한 가액으로 한다고 규정했다. 동법 시행령 제51조에서는, 부동산을 취득할 수 있는 권리(건물이 완성되는 때에 그 건물과 이에 부수되는 토지를 취득할 수 있는 권리를 포함한다) 및 특정시설물을 이용할 수 있는 권리의 가액은 평가기준일까지 납입한 금액(「소득세법」 제89조 제2항에 따른 조합원입주권의 경우 「도시 및 주거환경정비법」 제74조 제1항에 따른 관리처분계획을 기준으로 하여 기획재정부령으로 정하는 조합원 권리가액과 평가기준일까지 납입한 계약금, 중도금 등을 합한 금액으로 한다)과 평가기준일 현재의 프리미엄에 상당하는 금액을 합한 금액으로 보고 있다.

---

[141] 신혼부부와 다자녀·장애인·국가유공자 가구 등에 우선적으로 청약 기회를 주는 특별공급에 당첨된 분양권을 시중에서 '물딱지'로 부르는데, 당첨은 됐지만 동·호수는 아직 배정되지 않은 상태임.

분양권은 분양권 평가 기준시점 당시 납입한 금액과 프리미엄으로 평가하며, 입주권은 조합원 권리가액과 기준시점 당시 납입한 금액에 프리미엄을 더해 평가하게 된다. 분양권에서 납입한 금액, 입주권에서 권리가액과 납입한 금액은 의뢰자의 자료 제출로 확인할 수 있다. 따라서 이들 평가는 시장에서 입주권 및 분양권의 프리미엄을 확정하는 과정과 다를 바 없다. 프리미엄은 평가대상 분양권과 입주권으로 취득할 수 있는 아파트의 기준시점에서의 시장가격과 분양가격(공급가격)의 차액이다. 이때의 공급가격에는 발코니 확장 등 옵션가격이 포함된다. 수분양자 입장을 정리하면 다음과 같다.

- 분양가격＝기 납입한 금액＋추가 납입할 금액
- 프리미엄＝시장가격－분양가격
- 분양권의 가치＝기 납입한 금액＋프리미엄
  ＝(분양가격－추가 납입할 금액)＋(시장가격－분양가격)
  ＝시장가격－추가 납입할 금액

입주권의 가치도 같은 논리로 다음과 같다.

- 분양가격＝조합원 권리가액＋기 납입한 금액＋추가 납입할 금액
- 프리미엄＝시장가격－분양가격
- 분양권의 가치＝조합원 권리가액＋기 납입한 금액＋프리미엄
  ＝(분양가격－추가 납입할 금액)＋(시장가격－분양가격)
  ＝시장가격－추가 납입할 금액

따라서, 분양권과 입주권의 가치를 평가하는 방법은, 다음과 같이 정리할 수 있다.

구 분	상 세
방법 1	입주권의 경우 권리가액 및 기 납입금액, 분양권의 경우 기 납입금액(추가 납입액)이 동일하고, 평형, 효용비가 유사한 아파트 입주(분양)[142]권의 최근 거래사례를 활용한 거래사례비교법
방법 2	입주(분양)권의 목적물인 아파트와 평형, 효용비가 유사한 인근 신축 아파트의 최근 거래사례를 활용한 거래사례비교법에 의한 가액에서 추가납입액을 차감하는 방법

한편, 유사한 입주권 또는 분양권 전매사례를 활용할 경우, 동일 사업장이 아니라면 권리가액 및 기 납부액이 유사하더라도 입주 시기에 따라 사례와 대상 입주권(분양권)이 향후 부담할 이자비용이 달라지므로 가치형성 요인 비교 시 이를 감안해야 한다.

---

[142] 「감정평가 실무기준」 등에서 명시적으로 분양사례는 비교거래사례로 선정할 수 없다는 취지의 규정을 두고 있지 아니하기에, 분양사례가 사정이 개입되지 아니하거나 보정이 가능하고 가치형성요인의 비교가 가능하며 신고 된 실제 거래가격 등에 해당한다면 적절한 거래사례로 선정될 수 있을 것으로 보임(감정평가기준센터 2021－00337 : 2021－03－08).

CHAPTER 21 옵션 평가[143]

> **핵심 키워드**
>
> 제1절 개요
>
> 제2절 옵션 평가
> 1. 블랙–숄즈 결정모형
> 2. 이항분포모형에 의한 옵션가치 평가
>   (1) 이항분포 모형
>   (2) 실물옵션 가치

제1절 개요

수익환원법 중 할인현금흐름분석법에서는 미래현금흐름이 확실하게 발생하는 것으로 추정하여 수익가치를 추계한다(정적 DCF, 정적 NPV). 그러나 현실에서는 시장여건이 예상과 빗나가면 투자자는 의사결정을 수정한다. 투자를 연기할 수 있거나 포기, 축소, 확장할 수 있는 선택권(옵션)이 있으면 불확실성에 따른 투자전략의 유연성을 갖게 된다. 옵션행사로 인해 개발사업의 수익성이 크게 개선될 수 있다(동적 DCF, 확장 NPV). 이때 옵션의 가치는 개선된 수익성의 크기와 등가다. 금융에서는 이미 옵션이 활발하게 거래되고 있다. 콜옵션, 풋옵션 등이 그것이다. 이런 금융옵션과 비교해 부동산 개발사업, 실물에서 쓰이는 옵션은 '실물옵션'으로 부르고 금융옵션의 가치를 정치하게 추계할 수 있듯 실물옵션의 가치도 논리적으로 평가할 수 있다.

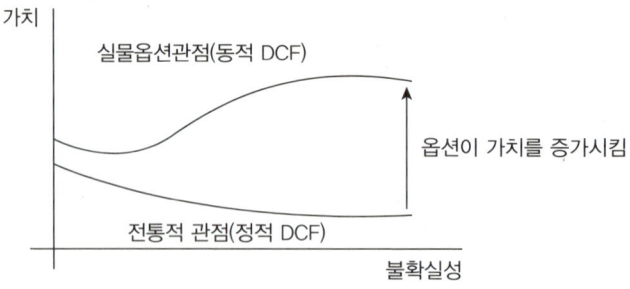

---
[143] 이영호, 『실물옵션 평가방법의 이해』, 한국부동산연구원, 2006 / 이용훈, 『감정평가실무의 이해』, 리북스, 2010

금융옵션에서 쓰이는 기본적인 용어는 다음과 같다.

구 분	상 세
옵션행사 (exercising)	기초자산의 가격이 행사가격에 비하여 유리한 경우 옵션매입자가 옵션계약내용을 옵션매도자에게 이행하도록 요구하는 행위
행사가격 (exercise price)	옵션계약 체결 시 미리 정해진 가격으로 옵션이 행사될 때 적용되는 가격
프리미엄 (premium, option fee)	옵션계약 체결 시 수취되는 옵션자체의 가격
내재가치 (intrinsic value)	행사가격과 기초자산가격과의 차이
시간가치 (time value)	현재 기초자산가격과 행사되는 시기에 예상되는 기초자산가격과의 차이
콜옵션 (call option)	기초자산을 정한 가격으로 매입할 수 있는 권리
풋옵션 (put option)	기초자산을 정한 가격으로 매각할 수 있는 권리
내가격 (ITM : in the money)	• 옵션의 내재가치가 있는 상태 • 콜옵션의 경우 현재 기초자산가격이 옵션행사가격보다 높은 경우 • 풋옵션의 경우 현재 기초자산가격이 행사가격보다 낮은 경우
등가격 (ATM : at the money)	현재 기초자산과 옵션행사가격이 동일한 상태
외가격 (OTM : out of the money)	• 옵션의 내재가치가 없는 상태 • 콜옵션의 경우 기초자산가격이 옵션행사가격보다 낮은 경우 • 풋옵션의 경우 현재 기초자산가격이 행사가격보다 높은 경우

예를 들어 어떤 주식의 현재가격이 10,000원이고 이 주식을 11,000원에 매입할 수 있는 옵션(콜옵션)을 가지고 있다고 전제하면, 주식가격이 옵션의 행사시점에 13,000원으로 상승하게 되면 옵션을 실행해서 11,000원에 이 주식을 매입하고 행사시점의 시장가격인 13,000원에 매도할 수 있으므로 2,000원의 시세차익을 얻는다. 이때 10,000원을 기초가격, 11,000원을 행사가격, 13,000원이 옵션 행사시점의 기초 자산가격이다.

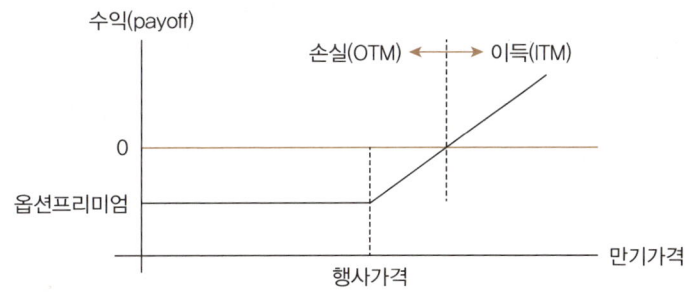

금융옵션과 실물옵션을 다음과 같이 비교할 수 있다.

구 분	금융옵션	실물옵션
만 기	1년 이하의 단기	투자기회가 상실될 때까지
권리의 내용	배타적 권리	하나 이상 경쟁자의 영향을 받음
행사시점	영향이 작음	영향이 크며 특히 최적시기 결정은 중요함
기초자산	시장가격이며 음의 값은 생기지 않음	미래 기대 현금흐름이고 음의 값도 발생
행사가격	대부분 정해져 있음	일정하지 않고 확률에 따라 달라짐
행사 후 가치	행사 후에는 옵션가치가 소멸함	상황이 가변적이므로 수치해석기법이 필요함

금융옵션	변 수	실물옵션
주식의 현재가치	$S \leftrightarrow V$	기대현금흐름의 현재가치
행사가격	$X \leftrightarrow I$	투자비용
만기까지의 기간	T	투자기회의 수명
가격 변동성	σ	투자가치(프로젝트)의 불확실성
무위험 이자율	r	시간흐름에 따른 화폐가치

실물옵션의 종류는 다음과 같다.

유 형	내 용	적용 분야
연기옵션 (option to defer)	현재 보유하고 있는 설비자산이나 토지의 개발 시기를 늦출 수 있는 옵션	• 천연자원 채굴사업 • 부동산 개발 • 농장개발 • 제지산업
단계별 투자옵션 (time-to-build option or staged investment)	투자 후 상황변화에 따라 후속 투자의 규모나 철수 등에 대한 선택이 있는 옵션	• R&D투자산업 • 벤처산업 • 장기자본집약산업 • 건설, 에너지 생산시설
운영변경옵션 (option to alter operating scale)	시장상황이 좋을 때 생산설비를 확장할 수 있고 그렇지 않은 경우에는 축소할 수 있는 옵션	• 천연자원채굴 • 의류산업 • 소비재 • 상업용부동산
포기옵션 (option to abandon)	시장상황이 악화되면 현재의 자산을 재판매 시장에서 처분하고 떠날 수 있는 옵션	• 천연자원채굴 • 금융회사 • 불확실한 시장 환경 하의 신제품 도입 시
전환옵션 (option to switch use)	생산 원자재를 바꾸거나(process flexibility), 시장상황에 따라 제품을 변환(product flexibility)하는 옵션	• 부품 기계류, 장난감 • 전기, 화학, 농산물 재배
성장옵션 (growth options)	미래 성장기회 확보를 위해 선행 투자가 필수적인 옵션	• 사회간접자본투자 • 다국적 기업경영 • 전략적 자산취득, 합병
복합연계옵션 (multiple interacting options)	독립옵션보다 복합옵션일 때 옵션의 가치가 달라질 수 있는 옵션	• 대부분의 투자대안

제2절 옵션 평가

1. 블랙-숄즈 결정모형

무배당 주식과 콜옵션을 적절히 결합하면 무위험 포트폴리오를 구성할 수 있다는 점에 착안하여, 무배당 주식의 콜옵션을 대상으로 차익거래 기회가 없는 균형가격을 도출하는 모형으로 주가지수라는 기초자산을 1단위 보유하고 있다면 콜옵션을 얼마만큼 발행하면 무위험 헤지 포트폴리오를 구성할 수 있는지를 연구한 모형이다. 기초주식의 현재가격, 행사가격, 기초주식의 수익률분산, 만기 및 무위험이자율 등 다섯 가지의 가격결정요인을 이용하여 옵션의 가치를 구한다. 다만, 가격 결정식이 복잡하고 아래에서 기술하는 이항분포 가격결정 모형에서 기간을 계속 세분할 경우 블랙-숄즈 모형과 거의 동일한 결과가 도출돼 논의실익이 크지 않다.

2. 이항분포모형에 의한 옵션가치 평가

(1) 이항분포 모형

기초자산의 움직임을 연속 시간대가 아닌 이산 시간대에서 원하는 시점까지 전개해 나가며 기초자산의 가격이 일정한 수준의 높은 가격으로 상승하거나 일정한 수준의 낮은 가격으로 하락하는 이항 모형을 따른다는 가정 하에 위험 중립적 가치평가 원리를 적용하여 옵션가치를 계산하는 수치분석방법이다. 부동산 투자와 관련하여 적용 가능한 단순한 모형이다.

먼저 1기간을 가정한 이항분포 옵션가격 결정모형은 다음과 같이 유도가능하다. 일단 기초자산의 가격(S)이 1기간에 상승하는 경우(u)와 하락하는 경우(d)를 가정한다면 1기간의 기초자산가격은 상승하면 'S+=u×S', 하락하면 'S−=d×S'로 나타낼 수 있다(X는 행사가격). 이때 콜옵션의 가치는 다음과 같다.

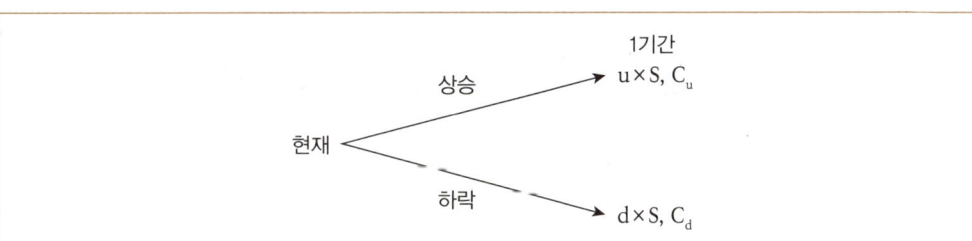

C_u : 주가상승 시 콜옵션의 가치(max[u×S−X, 0]) C^+로도 표시
C_d : 주가하락 시 콜옵션의 가치(max[d×S−X, 0]) C^-로도 표시

이때 완전헷지 포트폴리오의 1기간 현금흐름이 상승, 하락에 관계없이 동일하다는 전제, 무위험 헷지 포트폴리오의 기초가치가 1기간 후의 현재가치와 일치한다는 식을 연립하면 다음과 같이 정리된다.

$$C=\frac{C_u \times P + C_d \times (1-P)}{(1+r)}, \quad P=\frac{(1+r)-d}{u-d}$$

이때의 P는 실제 상승, 하락할 확률과는 다르게 계산되는데 다음의 간단한 예를 살펴보자.

현재 나대지인 토지가격(S)이 10억이라고 가정하고 1기간 후에 토지가격이 상승하여 12억(u=1.2)이 되거나 하락하여 8억(d=0.8)이 된다고 예상하고, 각각 상승하거나 하락할 확률이 50%, 시장의 무위험이자율(r)과 행사가격(X)이 각각 10%, 10억이라면 콜옵션의 가치는 다음과 같다.

- $P=\frac{(1+r)-d}{u-d}=\frac{1.1-0.8}{1.2-0.8}=\frac{3}{4}$
- $C_u = \max[u \times S - X, 0] = \max[1.2 \times 10 - 10, 0] = 2$
- $C_d = \max[d \times S - X, 0] = \max[0.8 \times 10 - 10, 0] = 0$
- $C(옵션가치) = \dfrac{2억 \times \dfrac{3}{4} + 0원 \times \dfrac{1}{4}}{(1+0.1)} \fallingdotseq 1.3636억원$

상식적으로 생각하면 상승할 경우만 옵션의 실행 실익이 있고 토지가격이 상승할 확률은 50%, 실행 시 2억원의 차익이 발생하므로 옵션 보유로 인한 순현가는 '2억×0.5=1억'이 되어 옵션의 가치도 1억원이 되어야 할 것으로 보인다. 그러나 산식에 들어가는 확률 P는 실제 토지가격이 상승, 하락할 확률이 아니라 무위험이자율을 할인율(시간에 대한 기회비용)로 적용할 때 내부적으로 투자안의 순현가를 '0'으로 만드는 확률 값(이는 무위험 헷지포트폴리오에 대한 가정에서 나온 것)이다.

즉, '$\dfrac{12억 \times p + 8억 \times (1-p)}{1+0.1} = 10억$'의 산식에서 계산되는 확률값이다.

이를 2기간으로 확장한 이항옵션가격결정모형도 산식은 그리 복잡하지 않다. 2기간에서도 1기간처럼 기초자산가격이 이항분포를 따른다고 전제할 때 기초자산 움직임과 콜옵션 가격은 다음과 같은 모습을 보인다.

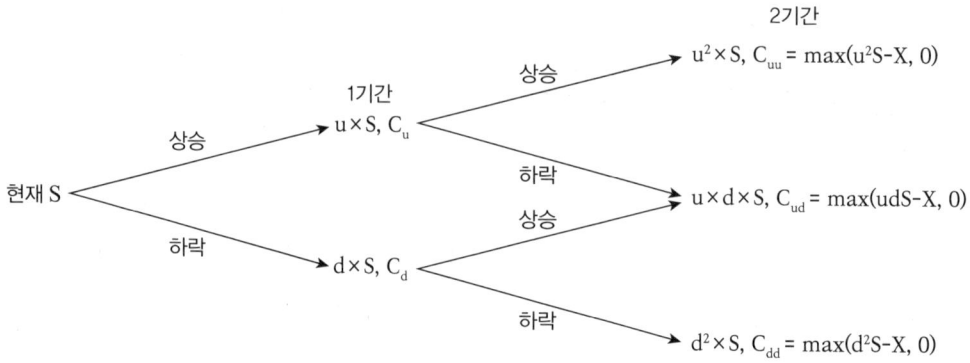

이때 2기간 모형의 옵션가격 C는 다음과 같이 계산된다.

$$C = \frac{[p^2 C_{uu} + 2p(1-p) C_{ud} + (1-P)^2 C_{dd}]}{(1+r)^2}$$

(2) 실물옵션 가치

다음과 같은 기본사항을 공유할 때,
- 현재 10만m² 규모 부동산가격이 m²당 15만원으로 시세는 150억원[144]
- 초기투자비용(I_0)은 160억원이 소요
- 임대용 부동산 개발로 인한 부동산가치가 매년 80% 상승 또는 40% 하락할 것으로 예상함
- 부동산시장이 호황 또는 불황일 확률은 50%
- 대상 부동산과 유사한 프로젝트의 기대수익률은 20%, 무위험이자율은 5%를 가정

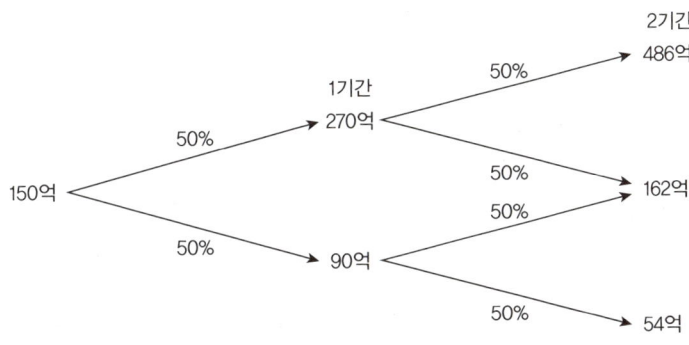

- 1기간의 기초자산 가격 변동 폭을 고려한 확률 P

$$P = \frac{(1+r) - d}{u - d} = \frac{1 + 0.05 - 0.6}{1.8 - 0.6} = 0.375$$

- 옵션이 없을 경우의 투자 타당성
  1기간에서 부동산가격이 상승, 하락할 확률이 50%이고 1기간의 현금흐름을 유사한 프로젝트의 기대수익률(20%)로 할인하게 되면 대상 부동산의 현재가치는 다음과 같다.

$$V_0 = \frac{0.5 \times 270억 + 0.5 \times 90억}{1 + 0.2} = 150억$$

- 초기 투자비용 '$I_0 = 160$억원'이므로 '정적 NPV = (−)10억원'이 되어 대상 부동산에 대한 투자 타당성은 없다.

---

144) 현재가치 150억원은 실제 1기간 후의 현금흐름과 기대수익률을 적용하여 상황별 가중 평균한 대상 부동산의 가치

① 연기옵션을 보유한 경우

- 1년 후 부동산가격의 불확실성이 해소되어 이익을 얻을 수 있다고 판단하여 투자시점을 연기하는 방안
- 1년 후(1기간)의 행사가격(X)은 투자비용의 미래가치이므로 'X=160억×(1+0.05)=168억'
- 확장 NPV
  $C_u = \max[u \times S - X, 0] = \max[1.8 \times 150 - 168, 0] = 102$
  $C_d = \max[d \times S - X, 0] = \max[0.6 \times 150 - 168, 0] = 0$

  확장NPV(ROV) $= \dfrac{102억 \times 0.375 + 0원 \times 0.625}{(1+0.05)} \fallingdotseq 36.43억원$

- '연기옵션의 가치(옵션 프리미엄)=확장 NPV−정적 NPV=46.43억원'이 된다.

② 성장옵션을 보유한 경우

- 현재보다 시장상황이 호전되어 부동산 규모를 확장하기 위해 추가투자를 할 필요가 있을 경우 부동산개발을 확장할 수 있는 방안
- 1기간 후 추가투자(I_1) 60억원을 투입하여 부동산개발가치를 50% 향상시킬 수 있다고 가정하면 1기간 후에는 기본규모를 유지하는 방안과 추가투자로 50% 부동산개발가치를 확장하는 대안 중에서 선정
- 확장 NPV
  $C_u = \max[u \times S, 1.5 \times u \times S - I_1] = \max[1.8 \times 150, 1.5 \times 1.8 \times 150 - 60] = 345$(확장)
  $C_d = \max[d \times S, 1.5 \times d \times S - I_1] = \max[0.6 \times 150, 1.5 \times 0.6 \times 150 - 60] = 90$(기본규모 유지)

  확장NPV(ROV) $= \dfrac{345억 \times 0.375 + 90억 \times 0.625}{(1+0.05)} - 160억 \fallingdotseq 16.79억원$

- '성장옵션의 가치(옵션 프리미엄)=확장 NPV−정적 NPV=16.79−(−10)=26.79억원'이 된다.

③ 포기옵션(대안적 용도로의 전환)을 보유한 경우

- 투자비용의 회복불가능성을 고려하여 부동산개발이 진행 중이라도 부동산 가격이 폭락할 것으로 예상되는 경우 추가 손실을 방지하기 위해 기존 개발 사업을 포기하고 최선의 대안 용도로 전환할 수 있는 방안
- 대안적 용도(주거용 부동산 개발가치)의 이항분포

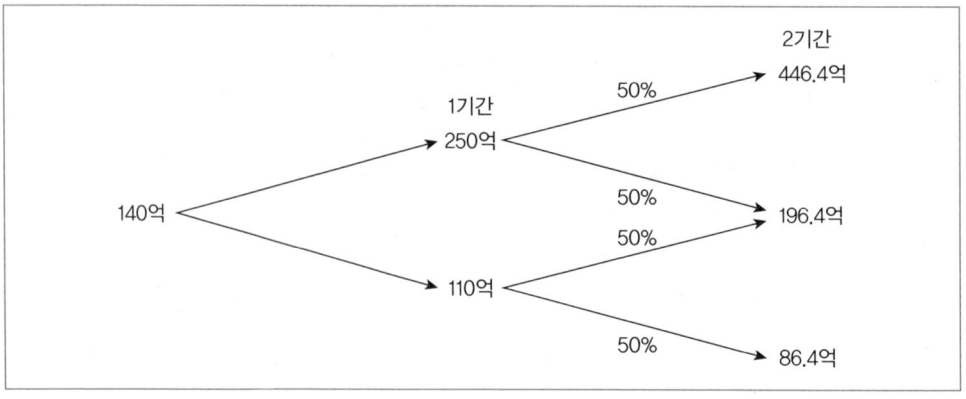

- 현재시점에서는 임대용 부동산 개발가치(150억원)가 주거용 부동산 개발가치(140억원)보다 크기 때문에 현재의 프로젝트를 진행하다 1기간 후에 시장이 불황일 경우 임대용 부동산개발가치(90억원)보다 주거용 부동산개발가치(110억원)가 크기 때문에 현재의 프로젝트를 중단하고 주거용 부동산 개발 프로젝트로 전환함
- 부동산 개발업자는 프로젝트의 사용가치 또는 최선의 대안 사용가치(A)중에서 극대값을 선택함
- 확장 NPV

$$C_u = \max[u \times S, A] = \max[270, 250] = 270억(현\ 프로젝트\ 유지,\ 임대용\ 부동산)$$
$$C_d = \max[d \times S, A] = \max[90, 110] = 110억(용도변경,\ 주거용\ 부동산)$$
$$확장NPV(ROV) = \frac{270억 \times 0.375 + 110억 \times 0.625}{(1+0.05)} - 160억 ≒ 1.9억원$$

확장옵션의 가치(옵션 프리미엄) = 확장 NPV - 정적 NPV = 1.9 - (-10) = 11.9억원

④ 단계별 투자옵션을 보유한 경우
- 초기투자비용을 단계별로 나누고 단계별로 투자비용 대비 개발가치가 상회하는 경우만 계획대로 투자비용을 집행할 수 있는 방안
- 초기에 60억원을 투자하고 1기간 후에 100억원을 투자하는 단계별 투자옵션
- 1기간 후의 투자비용(I_1)은 $100 \times (1+0.05) = 105$억원
- 확장 NPV

$$C_u = \max[u \times S - I_1, 0] = \max[270 - 105, 0] = 165억(단계별투자)$$
$$C_d = \max[d \times S - I_1, 0] = \max[90 - 105, 0] = 0(개발중단)$$
$$확장NPV(ROV) = \frac{165억 \times 0.375 + 0 \times 0.625}{(1+0.05)} - 60억 ≒ (-)1.07억원$$

단계별투자옵션의 가치(옵션 프리미엄) = 확장 NPV - 정적 NPV = (-)1.07 - (-10) = 8.93억원

⑤ 2기간 투자옵션을 보유한 경우
- 초기투자비용(I_1) 160억원 중 60억원을 12% 이자율로 차입하여 2기에 상환하는 경우
- 2기 상환금액은 $60억원 \times (1+0.12)^2 = 75.264$억원
- 확장 NPV

$$C_{uu} = \max[u^2 \times S - D, 0] = \max[486 - 75.264, 0] = 410.736억$$
$$C_{ud} = \max[u \times d \times S - D, 0] = \max[162 - 75.264, 0] = 86.736억$$
$$C_{dd} = \max[d^2 \times S - D, 0] = \max[54 - 75.264, 0] = 0$$
$$확장NPV(ROV) = \frac{[p^2 C_{uu} + 2p(1-p)C_{ud} + (1-p)^2 C_{dd}]}{(1+r)^2} - I_0$$
$$= \frac{0.375^2 \times 410.736 + 2 \times 0.375 \times 0.625 \times 86.736 + 0.625^2 \times 0^2}{(1+0.05)^2} - 100$$
$$≒ (-)10.73억원$$

2기간 투자옵션의 가치(옵션 프리미엄) = 확장 NPV - 정적 NPV = (-)10.73 - (-10) = (-)0.73억원

CHAPTER 22 골프장 평가

제3편 | 유형별 감정평가

> **핵심 키워드**
>
> 제1절 개요
>
> 제2절 골프장 평가
> 1. 개 요
> 2. 물건별 평가
>
> (1) 토 지
> (2) 건 물
> 3. 일괄 평가
> (1) 거래사례비교법
> (2) 수익환원법

제1절 개요

골프장은 「체육시설의 설치·이용에 관한 법률」(이하 '체육시설법') 제3조에서 규정하고 있는 체육시설의 하나로서 골프장 조성을 위한 사업계획승인을 받아 그 시설을 갖추고 시·도지사에게 체육시설업의 등록을 한후 운영할 수 있다. 골프장은 「관광진흥업」에 따른 관광단지 개발 또는 지구단위계획에 의한 개발의 방법으로 조성된다. 전자는 관광단지 내 관광·숙박 시설의 조성과 아울러 관광단지 30% 이내 면적으로 골프장을 조성하는데 민간개발의 경우 관광단지 조성계획승인(사업인정의제)을 얻고 2/3 이상 부지를 매입하면 잔여 토지에 대해 수용권을 행사할 수 있다. 반면, 후자는 주민제안 지구단위계획입안 방법을 취하는데 현재로서는 수용권이 부여되지 않아 100% 부지를 매입해야 한다.

골프장은 이용형태 및 운영형태를 기준으로 다음과 같이 분류할 수 있다.

구 분		개념 및 주요특성
이용형태별	회원제	• 회원을 모집해 회원권을 발급하고 예약에 의해 이용하는 골프장으로 대부분의 회원제 골프장이 18홀 이상으로 운영하는 골프장 • 회원제 골프장은 3홀 이상도 가능하도록 개정(2006.4.3.)
	비회원제	회원을 모집하지 아니하고 경영하는 골프장
	대중형	비회원제 골프장 중에서 이용료 등의 요건을 충족하는 골프장
운영형태별 (회원제)	입회금제	회원이 경영회사에 입회금을 예탁하고 그 시설을 우선적으로 이용할 권리(시설이용권)와 일정한 거치기간이 지난 후 입회금의 반환을 청구할 권리(입회금 반환청구권)를 갖는 골프장
	사단법인제	골퍼들로 구성된 조직체(골프클럽)가 골프장을 건설, 운영하고 그 회원인 골퍼들이 그 시설을 이용하는 골프장
	주주회원제	골프장을 경영하는 주식회사의 주식을 전 회원이 골고루 나누어 가지고 이들의 총의에 의해 그 회사가 운영되는 골프장

출처 : 문화체육관광부, 체육시설의 설치·이용에 관한 법률

골프장을 구성하는 자산은 토지, 건축물, 구축물 등이다. 이 중 토지는 과거에는 개발지와 원형보전지 등으로 단순 구분하였으나, 체육시설법 시행령 제20조에서는 회원제 골프장업의 등록 시 골프장의 토지를 다음과 같이 세분하여 등록하도록 하고 있다.

구 분	비 고
골프코스	티그라운드·페어웨이·러프·해저드·그린 등
주차장 및 도로	
조정지	골프코스와는 별도로 오수처리 등을 위하여 설치한 것은 제외
골프장의 운영 및 유지·관리에 활용되고 있는 조경지	골프장 조성을 위하여 산림훼손, 농지전용 등으로 토지의 형질을 변경한 후 경관을 조성한 지역
관리시설 및 그 부속토지	사무실·휴게시설·매점·창고와 그 밖에 골프장 안의 모든 건축물을 포함하되, 수영장·테니스장·골프연습장·연수시설·오수처리시설 및 태양열이용설비 등 골프장의 용도에 직접 사용되지 아니하는 건축물은 제외
보수용 잔디 및 묘목·화훼 재배지 등 골프장의 유지·관리를 위한 용도로 사용되는 토지	—

제2절 골프장 평가

1. 개 요

표준지 조사·평가 기준 41조에서 표준지로 선정된 골프장용지의 평가방법은 규정하고 있으나, 골프장에 대한 평가규정은 「감정평가에 관한 규칙」 및 감정평가실무기준에 달리 없다. 토지, 건물 등 개별물건기준으로 평가하든지 일괄로 평가할 수 있을 것이다. 골프장이 거래될 때 그 구성 자산 일체로 거래되는 관행이 있으므로 일괄 거래사례비교법 적용이 가능하고, 골프장 내장객이 지불하는 그린피, 카트비, 식음료수입 등의 매출에서 영업경비를 차감한 골프장 운영수익을 환원 또는 할인하는 일괄 수익환원법도 활용할 수 있다.

2. 물건별 평가

(1) 토 지

공시지가기준법 및 원가법을 활용할 수 있다. 조성완료 된 골프장용지의 거래사례가 있다면 거래사례비교법 적용도 가능하다. 공시지가기준법을 적용할 때는 대상 골프장과 유사한 표준지를 선정한다. 골프장용지는 특수토지이며 각 권역별로 골프장 표준지가 분포하고 있다. 평가대상 토지가 표준지인 경우도 흔하다. 해당 골프장 표준지와의 개별요인 비교는 통상 다음의 표를 활용하고 있다. 물리적 측면과 관리운영적 측면으로 구분하고 물리적 요인은 입지, 코스, 시설요인으로, 관리운영적 측면은 경영요인과 기타요인으로 파악한다.

조건	항목		세부요인
물리적 요인	입지요인	가로조건	접면도로의 폭과 계통, 진입로 상태 등
		접근조건	도로 및 교통시설 등과의 접근성, 주변 도시와의 거리 등
		환경조건	지형적 입지특성(산악형, 구릉형, 해안형), 동 지역 골프장의 경쟁관계 등
		행정조건	용도지역・지구・구역, 행정상의 규제정도 등
		획지조건	골프장의 형상・방위・고저・경사도, 지반・지질 등
	코스요인(코스개발 특성)		홀 개수
			등록(시행)면적
			개발지와 원형보전지의 비율
			골프코스 설계의 우수성, 코스의 관리상태 등
	시설요인(시설개발 특성)		조경상태, 부대시설, 야간조명시설여부, 대중골프장 병설여부 등
관리운영 요인	경영요인(경영특성)		내장객수, 이용요금, 연간매출액, 영업이익률 등
	기타요인(기타특성)		지명도(명성), 개장일자, 회원제/비회원제, 골프장회원권 가격 등

그 밖의 요인보정은 골프장 평가 선례 또는 거래사례를 활용한다. 공시지가기준법으로 평가함에 있어 기본적 사항 확정 단계에서 면적확정과 구축물 등의 처리 방침을 밝힌다. 골프코스, 주차장 및 도로, 조정지, 조경지, 관리시설 및 부속 토지, 유지관리용 토지 등 이용 상황에 구애 없이 등록된 면적 전체를 일단지로 본다. 용도상 불가분성이 인정되기 때문이다. 등록된 면적 이외에 증설 예정 부지 등을 평가해야 하는 경우 현황을 고려해 지목과 이용상황 별로 개별필지 단위로 평가해 일단의 골프장 부지가액에 합산해야 할 것이다. 또, 기반배수공사, 주차장, 스프링클러, 폰드공사, 티그린공사 등의 구축물은 골프코스 등 토지에 그 가치가 이전된 것으로 보아 토지에 포함 평가하고 별도로 평가하지 않는다.

원가법은 소지비용과 조성공사비(부대비용 포함)를 합산한다. 소지비용은 조성 전 지목의 토지를 현시점에 재취득하는 가액이며 최근 개발된 골프장은 수년에 걸쳐 매입한 금액을 확인할 수 있다. 용도지역별 면적 및 지목구성비율에 따라 인근 유사 골프장 간에도 매입단가의 차이가 크다. 직접법에 의할 경우 인근 유사 토지의 가격수준보다 통상 높게 추계되는데 이는 '매입단가=적정지가수준+α(적정개발프리미엄)'이기 때문이다. 조성공사비는 골프코스 등의 조성에 투입된 금액으로 토지에 가치가 이전되지 않은 골프장 안의 관리시설(클럽하우스・창고・오수처리시설 등 골프장 안의 모든 건축물)의 설치에 소요되는 금액 상당액은 포함하지 않는다. 조성공사비 역시 직접법과 간접법 모두 활용할 수 있다. 아래 표는 감정평가사협회에서 발표한 개략적인 홀당 조성공사비 수준이다.

1홀당 가액

구 분	코스공사비	기타비용 (토지귀속분)	금융비용 추정 (PF기준)	조성공사비 추정액
평지형	15억원 내외	8억원 ~ 12억원	3억원 ~ 4억원	23억원 ~ 27억원 (28 ~ 30억원)
산악형	20억원 ~ 25억원	8억원 ~ 12억원	3억원 ~ 4억원	28억원 ~ 37억원 (31 ~ 40억원)

아래는 산악형 **골프장의 공사 준공내역서를 발췌한 것이다.

공종명	규격	재료비	노무비	경비	합계
**컨트리클럽 조성공사 준공내역서		22,480,222,377	20,475,156,534	27,811,113,255	65,656,744,909
토공사비	—	6,395,439,710	8,533,505,498	11,296,337,296	26,225,282,504
조형공사비	—	217,891,800	638,968,800	187,826,400	1,044,687,000
배수공사비	—	2,794,601,936	2,430,134,237	571,666,256	5,796,402,429
포장공사비	—	1,764,489,526	453,467,188	282,568,413	2,500,525,127
잔디공사비	—	1,436,255,248	3,862,163,023	2,299,211,065	7,597,629,336
연못조성공사비	—	804,555,627	545,296,797	43,931,028	1,393,783,452
G.T.B & F/W 조성공사비	—	2,953,322,246	890,135,660	136,793,486	3,980,251,392
구조물공사비	—	285,509,667	540,133,658	114,282,249	939,925,574
생태통로공사비	—	107,417,936	60,061,853	71,183,288	238,663,077
스프링클러 공사비	—	—	—	—	—
비점오염원 처리시설공사비	—	60,000,000	30,437,520	10,160,510	100,598,030
부대공사비	—	550,991,424	310,152,998	523,327,404	1,384,471,826
조경공사비	—	—	—	—	—
직접공사비	—	22,480,222,377	18,294,457,232	15,537,287,395	51,202,219,747
간접노무비	직접노무비의 11.92%	—	2,180,699,302	—	2,180,699,302
산재보험료	노무비의 3.7%	—	—	757,580,792	757,580,792
안전관리비	재료비, 직접노무비의 0.94%	—	—	355,748,938	355,748,938
고용보험료	노무비의 0.92%	—	—	188,371,440	188,371,440
퇴직공제부금	직접노무비의 2.3%	—	—	470,928,600	470,928,600
기타경비	재료비, 노무비의 6.1%	—	—	2,308,583,531	2,308,583,531
건강보험료	직접노무비의 1.7%	—	—	348,077,661	348,077,661
연금보험료	직접노무비의 2.49%	—	—	509,831,398	509,831,398
노인장기요양 보험료	건강보험료의 6.55%	—	—	22,799,087	22,799,087
일반관리비	순공사원가의 3.55%	—	—	2,042,069,417	2,042,069,417
이윤	노무비, 경비, 일반관리비의 9%	—	—	5,269,834,997	5,269,834,997
총원가	순공사원가, 일반관리비, 이윤	—	—	65,656,744,909	65,656,744,909
홀당가격		—	—	—	3,647,596,939

표준지 조사·평가기준에서는 특수한 공법을 사용하여 토지를 조성한 경우 등 해당 토지의 조성공사비가 평가가격 산출시 적용하기에 적정하지 아니한 경우에는 인근 유사토지의 조성공사비를 참작하여 적용할 수 있도록 했다. 소지가격, 조성공사비 모두 직접법 및 간접법을 병용해야 설득력이 높다.

(2) 건물

원가법에 의해 평가하며, 한국부동산원 신축단가표 상 레저시설, 목욕장, 新한옥, 점포 및 상가, 일반창고 등에 적용되는 표준단가를 활용하며, 여기에 건물별 부대설비 현황을 파악해 보정단가로 반영한다. 통상의 클럽하우스 등 건물의 부대설비 내역을 예시하면 다음과 같다.

구분	설비	주요설비현황			비고
		분류	제원/용량	수량	
클럽하우스	수변전설비	수전설비	2,750kwh 수전설비		
		비상발전기	250kwh 디젤발전기		
		메인 변압기	1,000kwh	2대	22.9kV → 380V
			750kwh	1대	22.9kV → 6.6kV
		서브 변압기	150~250kwh	6대	6.6kV → 380V
	소방설비	자기탐지설비	수신기	1대	
			경보설비	각 층/실	시각/청각
			감지기	각 층/실	정온/정전식
		자동소화설비	스프링클러/펌프	각 층/실	
		소화설비	소화전/펌프	각 층/실	
		방송설비	비상용 방송설비	각 층/실	
	공조설비	공기열히트펌프	20마력 히트펌프	3대	냉/온 열원
		공조기	로비/레스토랑 외	5대	냉난방장치
		시스템 에어컨	사무실 외	21대	
		일반 에어컨	MDF실 외	8대	
	급/온탕설비	스팀 보일러	증발량-1톤/h	3대	
		사우나 여과시스템	남/녀 사우나 냉/온/열탕	1식	온도보정 겸용
		급탕탱크	25톤	1대	
			9톤	1대	
		저수용 물탱크	156톤	1대	
	배수설비	오수 중계조	50톤	1식	
		중계펌프	5마력	2대	
		배수펌프	2~5마력	6대	

게스트하우스	소방설비	자기탐지설비	수신기	1대	
			경보설비	각 층/실	시각/청각
			감지기	각 층/실	
		자동소화설비	스프링클러	각 층/실	펌프 → 클럽하우스 겸용
		소화설비	소화전		펌프 → 클럽하우스 겸용
	공조설비	공기열히트펌프	15마력 히트펌프	2대	
		공조기	대 연회장	1대	
		시스템에어컨	별채동 응접실 외	5대	
	급/온탕 설비	온수 보일러	35,000kcal	2대	
	배수설비	급탕 탱크	5톤	1대	
		배수펌프	2~5마력	8대	
관리동/창고동	소방설비	자기탐지설비	수신기	1대	
			경보설비	각 층/실	
			감지기	각 층/실	
	수변전설비	비상발전기	100kwh		
	공조설비	시스템에어컨	사무실 외	6대	
		일반 에어컨	장비관리실	1대	
	급/온탕설비	온수 보일러	35,000kcal	1대	
		급탕 탱크	3톤	1대	
	배수설비	배수펌프	2마력	4대	
직원식당	공조설비	일반 에어컨	홀/주방 외	6대	기사 기실/ 수면실 포함
	급/온탕설비	온수 보일러	35,000kcal	1대	
	배수설비	배수펌프	2마력	2대	
		오수 중계조	5톤	1식	
		중계펌프	2마력	2대	
그늘집 1/2	공조설비	시스템 에어컨	홀	4대	
	급/온탕설비	전기 온수기	1톤	2대	
	배수설비	오수 중계조	5톤	2식	
		중계펌프	7.5마력	3대	
		배수펌프	1마력	3대	

연습장 관리동	공조설비	시스템 에어컨	사무실 외	6대
	급/온탕설비	전기 온수기	1톤	1대
	배수설비	오수 중계조	5톤	1식
		중계펌프	5마력	2대
		배수펌프	1마력	2대
경비실	공조설비	시스템 에어컨	경비실	1대
	급/온탕설비	전기 온수기	50리터	1대
	배수설비	오수 중계조	5톤	1식
		중계펌프	5마력	2대
기 타	위험물 저장시설	LPG 저장탱크	15톤	1대
		LPG 저장탱크	2.9톤	1대
	자가 주유소	경유탱크	5,000리터	1기
		휘발유탱크	5,000리터	1기
		주유기	경유/휘발유 복합	1대
	수처리시설	오수처리장	250톤/일	1식
	관계용수설비	관계용수탱크	2,000톤	1식
		관계용수펌프	40마력	3대
		지하 심정	100~400m	3개소
	생활용수설비	급수용 가압펌프	10마력 인라인 펌프	2대

3. 일괄 평가

(1) 거래사례비교법

대상과 비교가능성 높은 골프장 거래사례를 포착해 일괄 비교하며, 홀 당 거래금액을 비교단위로 한다. 골프장은 고가의 부동산으로 거래사례가 드물고 배후지가 광역적이라는 점에서 지역적 경계 없이 사례를 채택하기도 한다. 아래는 골프장 간 가치형성요인 비교 항목에 대한 예시이며, 거래사례 선정 기준으로도 활용할 수 있다.

항 목	세부요인
골프장 이용	골프장 이용의 용이도
	회원권의 가격, 이용요금
	이용형태(회원제, 비회원제)
	회원권의 조건
	골프장 회원수
골프장 입지	도로 등과의 접근성
	골프장의 주변환경

골프장 개발특성	골프장의 전체 규모
	골프장의 형상, 지형, 경사도
	지형적 입지특성, 관리상태
	개발지와 원형보전지 비중
골프장 질적특성	골프코스 설계의 우수성
	골프장의 전체적인 관리상태
골프장 시설물 특성	클럽하우스, 그늘집 등 개량물의 상태
	기타 부대시설(게스트하우스 등) 및 기계기구 등의 상태

시점수정은 골프장의 가격변화를 우회적으로 나타내는 소비자물가지수 중 골프장 이용료 지수를 활용한다.

(2) 수익환원법

통상 할인현금흐름분석법으로 수익가액을 추계한다. 내장객수 등 수익자료, 비용자료 등은 레저백서 또는 한국골프장경영협회의 통계자료를 활용한다. 회원제 골프장의 경우 회원권 판매를 통해 골프장 개발비용의 상당부분을 회수하고 회원에게 낮은 그린피 등의 혜택을 주고 있으므로 현금흐름으로만 수익가액을 추계할 경우 수익가액이 매우 낮거나 (−)의 가치로 도출될 수 있다.[145] 회원제 골프장은 대중제 골프장으로의 전환가능성, 대기업의 이미지 제고 및 임직원 복지차원에서 수익성에 구애 없이 운용하는 행태 등을 고려할 때, 수익환원법에 의한 추계가 적정하지 않을 수 있다. 달리 생각하면, 회원권 판매총액(입회보증금 총액)으로 우회적으로 수익가액을 검증해 볼 수 있다. 아래는 수도권 **골프장(대중제)의 수익환원법(할인현금흐름분석법) 적용 사례를 발췌한 것이다.

1. 총수익 산정
   비회원제 골프장(18홀)으로서 총수익은 코스 운영수입(그린피 : 입장수입)과 기타운영수입(카트대여료, 식음매출−위탁수수료−, 프로샵 매출 등)으로 구분하여 추정
   (1) 코스운영수입(Course utilization income)
   　 1) 가능 내장객수의 추정
   　 　 ① 전국 골프장 이용객 현황

자료출처 : 한국골프장경영협회

시 도	골프장수			이용객수			1홀당 이용객		
	202*년	202*년	증감율(%)	202*년	202*년	증감율(%)	202*년	202*년	증감율(%)
강 원	57	57	0	4,406,476	4,804,931	9.0	3,963	4,286	8.2
경 기	164	166	1.2	16,597,612	17,068,942	2.8	4,946	5,023	1.6
경 북	51	53	3.9	5,393,561	6,051,461	12.2	5,707	6,131	7.4
경 남	53	54	1.9	5,795,450	6,459,442	11.5	5,351	5,835	9.0
충 북	36	36	0	3,572,416	4,075,995	14.1	4,725	5,392	14.1
충 남	29	29	0	2,655,235	2,747,437	3.5	5,116	5,294	3.5

---

[145] 보증부 월세구조에서 수익가액을 추계할 때 보증금이 전세금에 육박할 정도로 높고 월세가 낮은 특이한 계약형태로 볼 수 있음. 보증금은 개발비용으로 충당돼 현재 보유하고 있지 않은 경우가 대부분이므로 현금흐름 계산 서 보증금운용이익으로 반영하기는 어려움

전 북	25	25	0	2,002,626	2,142,846	7.0	4,234	4,446	5.0
전 남	44	44	0	3,852,685	4,466,577	15.9	4,721	5,356	13.4
제 주	42	41	−2.4	2,459,680	2,748,905	11.8	3,388	3,786	11.8
합 계	501	505	0.8	46,736,741	50,566,536	8.2	4,776	5,092	6.6

② 대상 골프장 내장객 집계 현황

단위 : 명

구 분	202*년	202*년	202*년 (1월 ~ 7월)
합 계	70,549	69,261	36,109
홀 당	3,919	3,848	2,006

③ 대상물건 가능 내장객수의 결정

상기 자료를 참고하되, 대상물건 **CC의 최근 3년간 내장객수 추이 등을 고려하여 1차년도 내장객수를 아래와 같이 추정하여 결정

구 분	적용 내장객수(명)
홀	—
연 간	70,000
주중(%)	65
주말(%)	35

※ 상기 주중, 주말의 내장객수 비율은 대상물건 및 유사 골프장의 사례 등을 참작하여 결정

④ 연간 내장객수 증가율 결정

대상 골프장은 수익이 안정화 단계에 접어든 상태이며, 과거 내장객수 및 증가 추이, 비회원제 골프장의 이용객수 증가 추세, 마케팅 효과 및 골프인구의 증가, 접근성 등을 감안할 경우 내장객수는 연도별 큰 변동 없이 소폭 상승할 것으로 판단되어 1 ~ 6기 동안의 내장객 수는 매년 1.5% 증가하는 것으로 가정

⑤ DCF법 적용 시 매기 내장객수의 결정

추정기간		1기	2기	3기	4기	5기	6기
연간 내장객수 (명)	적용 내장객수	70,000	71,050	72,116	73,198	74,296	75,410
	주중(65%)	45,500	45,500	45,500	45,500	45,500	45,500
	주말(35%)	24,500	24,500	24,500	24,500	24,500	24,500

2) 그린피 추정

① 대상물건 정가 그린피

(202*년 10월 23일~202*년 12월 3일 기준)

그린피(인당)		카트피(팀당)	캐디피(팀당)
주 중	주 말		
25만원 ~ 27만원	32만원 ~ 34만원	100,000	150,000

② 인근 비회원제 골프장 그린피 현황

(11월 기준)

골프장명	기준홀수	소재지	비회원제(비회원) 요금 (단위 : 원)	
			주중 평균 그린피	주말 평균 그린피
A* CC	18홀	**	180,000	240,000
B* CC	18홀	**	175,000	226,000
C* CC	18홀	**	220,000	290,000

③ 적용 그린피 결정

상기 자료 및 대상물건 202*년 평균 객단가(228,710원) 등을 고려하여 대상물건 골프장의 적용 그린피를 하기와 같이 결정. 해당 골프장의 객 단가 및 최근 주변 골프장의 객 단가가 20**년 이후 상승하고 있는 점을 고려 연간 1.5% 상승 가정

구 분	적용 그린피(원)
주 중	190,000
주 말	280,000

3) 코스 이용수입

추정기간		1기	2기	3기	4기	5기	6기
연간 내장객수 (명)	내장객수	70,000	71,050	72,116	73,198	74,296	75,410
	주중(65%)	45,500	46,183	46,875	47,579	48,292	49,017
	주말(35%)	24,500	24,868	25,241	25,619	26,004	26,394
그린피	주 중	190,000	192,850	195,743	198,679	202,653	206,706
	주 말	280,000	284,200	288,463	292,790	297,182	301,640
입장수입 (천원)	주중(65%)	8,645,000	8,906,295	9,175,531	9,452,888	9,786,599	10,132,004
	주말(35%)	6,860,000	7,067,343	7,280,979	7,501,074	7,727,801	7,961,335
	계	15,505,000	15,973,638	16,456,510	16,953,963	17,514,401	18,093,339

(2) 기타 운영수입

1) 사례 골프장 카트비

골프장명	기준홀수	소재지	기타수익(원)	
			캐디피(팀)	카트비(팀)
A* CC	18홀	**	150,000	100,000
B* CC	18홀	**	150,000	100,000
C* CC	18홀	**	150,000	100,000

2) 카트수입

상기 자료 및 대상물건의 실제 카트요금 등을 종합적으로 고려하여 25,000원/1인[100,000원/1팀(4명)]으로 결정

구 분	1기	2기	3기	4기	5기	6기
입장객수(명)	70,000	71,050	72,116	73,198	74,296	75,410
수입(천원)	1,750,000	1,776,250	1,802,900	1,829,950	1,857,400	1,885,250

※ 카트수입(원) : 입장객수(명) × 카트비(25,000원/1인)

3) 식음료 매출액

① 대상 골프장 식음매출

대상 골프장 식음료는 위탁 운영방식이며 매출액의 19.2% ~ 27.2%를 수수료로 받고 있음. 최근 3년간 대상 골프장의 식음료 수입은 상승하고 있으며, 20**년 기준 726,854,000원의 매출액을 기록

구 분	202*년	202*년	202*년(7월까지)
식음매출	2,483,363,000	3,003,524,000	1,117,389,000
매출 수수료	600,967,000	726,854,000	438,559,000

② F&B 수입 결정

골프장 식음매출의 경우 내장객수, 식음업장 규모, 운영정책 등에 따라 개별 골프장별 편차가 발생하는 것으로 탐문됨. 대상 골프장의 식음업장 규모, 최근 운영 실적 등을 종합적으로 고려하여 202*년 매출 수수료 기준 객 단가는 10,286원 수준인 바, 1기 식음매출 단가는 10,000원을 적용하였으며, 향후 일반물가상승률 등을 고려하여 매기 1.5%의 상승률을 적용하여 아래와 같이 F&B 수입을 추정

구 분	1기	2기	3기	4기	5기	6기
입장객수(명)	70,000	71,050	72,116	73,198	74,296	75,410
수입(천원)	700,000	710,500	721,160	731,980	742,960	754,100

4) 프로샵 수입

① 대상 골프장 프로샵 수입

대상 골프장 프로샵은 위탁 운영방식으로서, 매출액의 16%를 수수료로 받고 있음. 최근 3년간 대상 골프장의 프로샵 수입은 상승하고 있으며, 202*년 기준 56,557,000원의 매출액을 기록

구 분	202*년	202*년	202*년(7월까지)
프로샵 매출	338,840,000	367,435,000	219,841,000
매출 수수료	41,316,654	56,557,000	35,175,000

② 프로샵 수입 결정

대상 골프장의 최근 운영실적 등을 종합적으로 고려하여 대상물건에 적용할 1기 프로샵 매출액은 대상 골프장의 202*년 매출 수수료를 기준하여 56,000,000원으로 결정. 향후 일반물가상승률 등을 고려하여 매기 1.5%의 상승률을 적용하여 아래와 같이 프로샵 수입을 추정

구 분	1기	2기	3기	4기	5기	6기
프로샵 수입 (천원)	56,000	56,840	57,692	58,557	59,436	60,327

5) 기타 수입
   ① 대상 골프장 기타 수입
   대상 골프장의 기타 수입은 골프장 내 진입로 등의 깃발 광고 수입, 기숙사 이용료 등으로 명목상 수입을 제외한 수입임.

구 분	202*년	202*년	202*년(7월까지)
기타 수입	364,786,824	335,051,000	212,593,000

   ② 기타 수입 결정
   대상 골프장의 기타 수입은 대부분 광고 수입 등인 것으로 탐문됨. 골프장의 최근 운영실적 등을 종합적으로 고려하여 대상물건에 적용할 1기 기타 수입은 202*년 기타 수입을 기준하여 330,000,000원으로 결정하였으며, 향후 일반물가상승률 등을 고려하여 매기 1.5%의 상승률을 적용하여 아래와 같이 기타 수입을 추정

구 분	1기	2기	3기	4기	5기	6기
기타 수입 (천원)	330,000	334,950	339,974	345,073	350,249	355,503

6) 임대료 수입
   ① 대상 골프장 임대 내역
   대상 골프장의 현황 임대 내역은 아래와 같음. **골프와의 임대차 계약은 202*년까지는 월임대료 12,000,000원, 202*년부터 월임대료 40,000,000원으로 상승하는 것으로 계약되어 있으며, 수입 추정 시 별도의 상승은 없는 것으로 추정

구 분	임차인	보증금	월임대료	계약기간	비 고
골프연습장부지, 연습장관리사무실, 스윙분석실, 골프타석	**골프	200,000,000	12,000,000	202*.1.1. ~ 202*.12.31.	202*년부터 월임대료 40,000,000
클럽하우스 옥상 약 10m²	**	─	3,700,000(년)	202*.6.16. ~ 202*.6.15.	
─	**	─	1,500,000	202*.5.9. ~ 202*.5.8.	자동연장 중

   ② 보증금 운용이율의 결정
   각종 시중 금리를 고려하여 보증금 운용이율을 3.5%로 결정

구 분	202*년 3월	202*년 4월	202*년 5월	202*년 6월	202*년 7월	202*년 8월	202*년 9월	202*년 10월
한국은행 기준금리	3.50	3.50	3.50	3.50	3.50	3.50	3.50	3.50
무담보콜금리(1일)	3.425	3.467	3.570	3.566	3.510	3.538	3.596	3.517
CD유통수익률(91일)	3.61	3.50	3.64	3.75	3.75	3.70	3.76	3.82
국고채(3년)	3.461	3.263	3.33	3.548	3.638	3.727	3.842	4.031
회사채(장외 3년, AA-등급)	4.184	4.072	4.139	4.356	4.437	4.500	4.602	4.827

   출처 : 한국은행 경제통계시스템

③ 임대료 수입의 결정

구 분	1기	2기	3기	4기	5기	6기
임대료(천원)	452,700[*)	508,700	508,700	508,700	508,700	508,700

*) 임대료 산정 기간 중 202*년 이후 임대료 상승분을 감안하여 산정하였음.

(3) 코스운영 총수입

구 분		1기	2기	3기	4기	5기	6기
입장수입(천원)		15,505,000	15,973,638	16,456,510	16,953,963	17,514,401	18,093,339
기타 운영 수익 (천원))	카트	1,750,000	1,776,250	1,802,900	1,829,950	1,857,400	1,885,250
	식음료	700,000	710,500	721,160	731,980	742,960	754,100
	프로샵	56,000	56,840	57,692	58,557	59,436	60,327
	기타 수입	330,000	334,950	339,974	345,073	350,249	355,503
	임대료 수입	452,700	508,700	508,700	508,700	508,700	508,700
합 계(천원)		18,793,701	19,360,880	19,886,939	20,428,227	21,033,151	21,657,225

2. 운영경비의 추정
 (1) 운영경비 비율
  골프장의 운영경비는 매출원가와 판매관리비로 구성되며 특히, 판매관리비의 항목 중 인건비의 구성비율이 가장 높은 비율을 차지. 운영경비의 경우 매출액과 일정상관관계를 갖는바 인근 유사 비회원제 골프장의 영업이익률 등을 고려하여 대상물건의 경비비율을 추정
 (2) 대상물건 골프장 감사보고서상 손익계산서

(단위 : 원)

구 분	202*년	202*년	202*년(7월까지)
매출액	14,771,628,272	18,489,131,677	9,662,215,971
매출원가	411,005,794	505,990,947	289,920,129
매출총이익	14,360,622,478	17,983,140,730	9,372,295,842
판관비	9,399,787,138	11,114,932,321	6,171,694,202
영업이익	4,960,835,340	6,868,208,409	3,200,601,640
감가상각비 등	2,863,724,558	2,877,182,553	1,732,427,515
상각전 영업이익	7,824,559,898	9,745,390,962	4,933,029,155
(영업이익률)	53%	53%	51%

(3) 국내 비회원제 골프장의 경영실적(202*년)

(단위 : 백만원, %)

구 분	비회원제 9홀 (35개사)	비회원제 18홀 (80개사)	비회원제 27홀 (54개사)	비회원제 36홀 이상(14개사)	비회원제 평균 (183개사)
매출액	6,134	16,374	23,607	41,276	18,455
영업이익	2,691	7,865	12,279	18,124	8,963
(영업이익률)	43.9	48	52	43.9	48.6
EBITDA	3,239	9,126	14,052	22,220	10,455
(EBITDA율)	52.8	55.7	59.5	53.8	56.7

출처 : 레저백서2023

(4) 대상골프장 경비비율 결정
　　최근의 비회원제 골프장의 성장세를 고려하고, 대상물건 골프장의 영업이익률 등을 종합 참작하여 대상물건에 적용할 경비비율을 47%(영업이익률을 53%)로 결정

3. 영업이익의 추정

추정기간	1기	2기	3기	4기	5기	6기
총매출액(천원)	18,793,700	19,360,878	19,886,937	20,428,225	21,033,147	21,657,221
영업이익률	53%	53%	53%	53%	53%	53%
영업이익(천원)	9,960,661	10,261,265	10,540,076	10,826,959	11,147,568	11,478,327

4. 기타 변수의 결정
　(1) 할인율 및 재매도환원율
　　1) 금리 및 국고채 이자율

구 분	202*년 3월	202*년 4월	202*년 5월	202*년 6월	202*년 7월	202*년 8월	202*년 9월	202*년 10월
한국은행 기준금리	3.50	3.50	3.50	3.50	3.50	3.50	3.50	3.50
무담보콜금리(1일)	3.425	3.467	3.570	3.566	3.510	3.538	3.596	3.517
CD유통수익률(91일)	3.61	3.50	3.64	3.75	3.75	3.70	3.76	3.82
국고채(3년)	3.461	3.263	3.33	3.548	3.638	3.727	3.842	4.031
회사채(장외 3년, AA-등급)	4.184	4.072	4.139	4.356	4.437	4.500	4.602	4.827

출처 : 한국은행 경제통계시스템

2) 수익성 부동산(중대형 상가)의 수익률

구분		투자수익률				연간환산(%)
		2*.4Q	2*.1Q	2*.2Q	2*.3Q	
중대형 상가	전체평균	0.84	0.69	0.73	0.65	2.91
	서울평균	0.61	0.66	0.75	0.82	2.84
	경기평균	1.10	0.87	0.97	0.89	3.83

출처 : 상업용부동산 임대동향조사, 국토교통부

구분		자본수익률				연간환산(%)
		2*.4Q	2*.1Q	2*.2Q	2*.3Q	
중대형 상가	전체평균	−0.01	−0.15	−0.12	0.02	−0.26
	서울평균	−0.06	−0.01	0.07	0.35	0.35
	경기평균	0.13	−0.09	0.01	0.15	0.2

출처 : 상업용부동산 임대동향조사, 국토교통부

3) 할인율 및 재매도환원율 결정

상기 제시한 수익률 자료, 최근의 주요 금리지표와 시장상황, 대상물건의 규모와 질, 수익의 변동 가능성, 감정평가의 목적 등 제반 여건을 감안하여 대상물건에 적용할 할인율 및 재매도환원율을 5.1%로 결정

5. 수익방식에 의한 시산가액

추정기간	1기	2기	3기	4기	5기	6기
영업이익 (NOI)	9,960,661,000	10,261,265,671	10,540,076,859	10,826,959,376	11,147,568,399	11,478,327,456
재매도가치 (환원이율 5.1%)	−	−	−	−	225,065,244,234	−
순현금흐름	9,960,661,000	10,261,265,671	10,540,076,859	10,826,959,376	236,212,812,634	
현가계수 (할인율 5.1%)	0.951	0.905	0.861	0.820	0.780	
현가액	9,477,317,793	9,289,567,610	9,078,950,112	8,873,514,088	184,200,103,861	−
현가액 합계			220,919,453,463			
시산가액(원)			220,900,000,000(약 122.7억원/홀)			

※ 시산가액은 억 단위에서 반올림함.

가장 빠른 지름길은
지름길을 찾지 않는 것이다.

– 랭스턴 콜먼 –

제4편

목적별 감정평가

CHAPTER 01	담보평가
CHAPTER 02	경매평가
CHAPTER 03	정비사업 평가
CHAPTER 04	국·공유재산 평가
CHAPTER 05	택지비 평가
CHAPTER 06	과세관련 평가
CHAPTER 07	재무보고목적 평가
CHAPTER 08	공공기여 등에 따른 감정평가
CHAPTER 09	소송평가
CHAPTER 10	보상평가

CHAPTER 01 담보평가[146]

> **핵심 키워드**
>
> 제1절 개 관
> 1. 정 의
> 2. 절 차
>
> 제2절 담보평가
> 1. 담보물 적격성
>   (1) 부적절한 담보물건
>   (2) 협약사항
> 2. 물건별 담보평가
>   (1) 토 지
>   (2) 건 물
>   (3) 구분소유부동산
>   (4) 공장(공장재단)

제1절 개 관

1. 정 의

「실무기준」에서는 담보평가를, 담보를 제공받고 대출 등을 하는 은행·보험회사·신탁회사·일반기업체 등이 대출을 하거나 채무자(담보를 제공하고 대출 등을 받아 채무상환의 의무를 지닌 자)가 대출을 받기 위하여 의뢰하는 담보물건(채무자로부터 담보로 제공받는 물건)에 대한 감정평가로 정의하고 있다. 담보평가의 기준가치 또한 시장가치기준 원칙에 따라야 하지만 그 성격을 고려하여 미실현 개발이익 등의 반영 등에 주의할 필요가 있다. 실무기준해설서에서는 '범위로 나타나는 시장가치 중 다소 안정적인 가액 결정 접근이 필요하다'는 설명을 하고 있는데, 이는 평가의 목적 및 성격상 채권 회수를 고려한 보수적인 평가액을 말한다.

---

146) 감정평가실무기준해설서, 『감정평가실무매뉴얼(담보평가편)』, 한국감정평가사협회

2. 절차

담보평가가 의뢰되고 평가가 수행되기까지의 과정을 정리하면 다음과 같다.

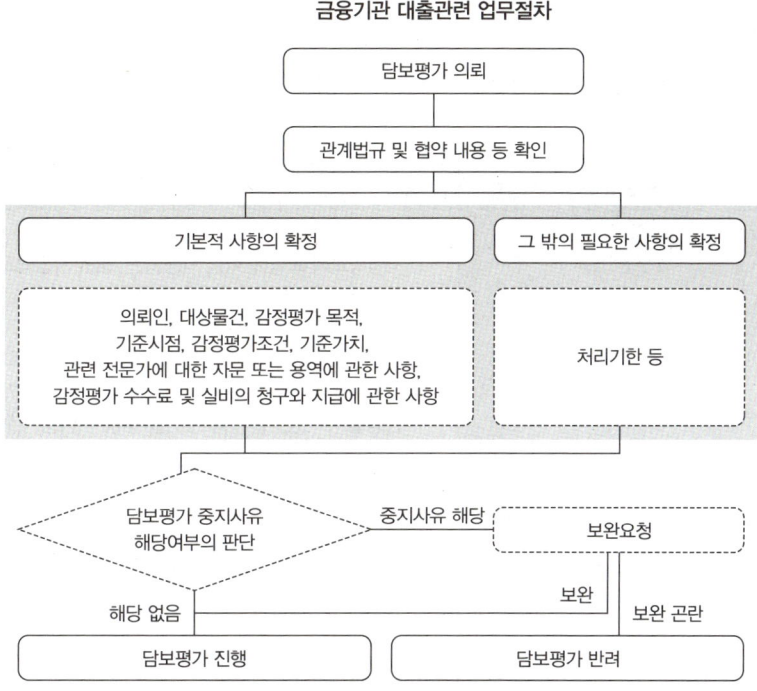

금융기관 대출관련 업무절차

담보평가를 수행하고 담보평가액이 결정되면 이에 기초해 담보대출이 실행된다. 아래는 경기도 이천시에 소재하는 단독주택(2층)의 담보평가액에 기초해 실제 대출액이 결정되는 과정을 예시한 것이다.

절차	담보평가액 결정	대출가능액	공제액	대출실행액
예시	단독주택 (경기도 이천시 소재) →	단독주택 70% 적용 (금융기관 내부 기준 예시) →	① 1층 임대보증금 (30,000,000) ② 2층 자가 사용부분 (방 2 × 23,000,000 = 46,000,000)[147] ③ 타 금융기관 근저당 권 설정 채권최고액 (100,000,000) →	담보평가액 × 대출비율 − 공제액
금액	400,000,000원	400,000,000 × 0.7 = 280,000,000원	176,000,000원	280,000,000 − 176,000,000 = 104,000,000원

---

147) 「주택임대차보호법 시행령」 제10조(보증금 중 일정액의 범위 등) ① 법 제8조에 따라 우선변제를 받을 보증금 중 일정액의 범위는 다음 각 호의 구분에 의한 금액 이하로 한다.
 1. 서울특별시 : 5천만원
 2. 「수도권정비계획법」에 따른 과밀억제권역(서울특별시는 제외한다), 세종특별자치시, 용인시, 화성시 및 김포시 : 4천300만원
 3. 광역시(「수도권정비계획법」에 따른 과밀억제권역에 포함된 지역과 군지역은 제외한다), 안산시, 광주시, 파주시, 이천시 및 평택시 : 2천300만원
 4. 그 밖의 지역 : 2천만원

제2절 담보평가

1. 담보물 적격성

(1) 부적절한 담보물건

실무기준해설서에서 예시한 부적절한 담보물건은, 담보취득이 관련법령에 의해 금지 또는 제한되거나, 담보물로서의 가치가 낮은 경우, 담보물의 환가성에 문제소지가 있는 물건 등으로 정리된다.

구 분	상 세
다른 법령에서 담보취득을 금지하는 물건, 담보제공을 위하여 주무관청의 허가가 필요한 물건임에도 불구하고 허가를 받지 아니한 물건	• 법률 규정에 의해 담보취득이 금지되는 물건 1. 사립학교의 교육에 직접 사용되는 재산(「사립학교법」 제28조 제2항) 2. 행정재산(「국유재산법」 제27조) 3. 금융기관의 주식(「은행법」 제38조 제4호) 4. 주택건설사업에 의해 건설된 주택 및 대지(입주자모집공고 승인 신청일 이후부터 입주예정자가 그 주택 및 대지의 소유권이전등기를 신청할 수 있는 날 이후 60일까지)(「주택법」 제61조) • 담보취득 시 주무관청의 허가를 요하는 물건 1. 사립학교의 교육에 직접 사용되는 재산 이외의 기본재산(「사립학교법」 제28조 제1항) 2. 공익법인의 기본재산(「공익법인의 설립·운영에 관한 법률」 제11조 제3항) 3. 사회복지법인의 기본재산(「사회복지사업법」 제23조 제3항) 4. 전통사찰의 재산(「전통사찰의 보존 및 지원에 관한 법률」 제9조 제2항) 5. 향교재산(「향교재산법」 제4조) 6. 국가의 지원에 의해 취득한 북한이탈주민의 부동산 (「북한이탈주민의 보호 및 정착지원에 관한 법률」 제20조 제2항)
담보권을 제한하는 권리가 있는 부동산	예고등기, 압류, 가압류, 가처분, 가등기, 경매개시등기 등의 등기가 돼 있는 물건
특수한 용도로 이용되고 있는 것으로서 다른 용도로의 전환가능성이 작고 매매의 가능성이나 임대차의 가능성이 희박한 물건	도로, 구거, 사도, 묘지, 유지, 하천 등의 토지와 교회[148], 고아원, 양로원 등의 특수용도 부동산
공부상 소재지·지번·지목·면적 등이 실제와 현저히 달라 동일성을 인정하기 어려운 물건	
지상에 제시 외 건물(종물 및 부합물 제외)이 있는 토지	
공부상 등재되지 아니한 건물(적법하게 추가 등재가 가능하거나 준공검사를 필한 건물 제외)	• 토지상에 미등기 건물만 존재하는 경우 건물로서 요건을 갖춘 미등기 건물에 법정지상권이 인정되므로 보존등기를 한 후 저당권 설정 • 토지상에 등기된 건물과 미등기 건물이 함께 존재하는 경우 미등기 건물이 등기된 건물의 종된 건물(종물, 부합물)인 경우에는 무관하며, 독립성이 인정되는 경우 보존등기를 한 후 저당권 설정

---
148) 교회, 어린이집 등은 실질적으로 담보물로 제공되고 있음

구조가 복잡하거나 현상이 극히 불량(노후 정도가 심한 건물 포함)하여 일정기간 그 보존이 어렵다고 인정되는 건물이나 기계·기구 등	
채무자의 소유권이 인정되지 않는 기계 기구	• 리스기계 • 소유권유보부기계
과잉유휴시설이거나 단독효용가치가 희박한 부분	• 과잉유휴시설 • 형상, 면적, 도로저촉 등의 공법상 제한으로 일부 또는 전체가 단독으로 이용될 수 없는 것
그 밖에 담보물건으로 부적절한 물건	• 폐광·미채광 상태이거나 장기간 휴광 중인 광산으로서 광상상태가 불분명한 광산, 시설 및 운영이 부적당하여 가행성적이 불량하거나 입지조건·광량·품질이 극히 불량하여 경영 장래성이 없는 광산 또는 광업권에 한정하여 감정평가가 의뢰된 광산 • 거래실적이 없거나 거래소로부터 거래정지 처분을 받은 주식 • 시험기구·비품·집기 등으로서 이동이 용이하여 관리·보전이 어려운 물건 • 환금성과 시장성 등이 매우 낮거나 채권기관과의 특약에 따라 정한 물건 • 그 밖에 손상이나 노후화 등으로 담보가치가 희박하다고 인정되는 물건

(2) 협약사항

금융기관과는 담보평가의 기준에 대한 협약을 맺고 있다. 협약의 내용에는 각 물건을 평가할 때 어떻게 평가해야 하는지 세부적인 내용이 담겨 있다. 아래는 금융기관이 담보평가에 관해 갖는 시각을 이해하는데 도움이 될 것으로 보여 시중은행과의 협약서 일부 내용을 발췌한 내용이다.

> • 감정평가금액이 100억원 이상일 경우 감정평가서는 '서술식'으로 작성하여야 하며 그 내용에는 향후 최고최선의 이용에 관한 관리·개발·분양 등 준컨설팅 형식의 평가서가 되도록 하여야 한다. 특히 건물신축·개축·증축 등 개발사업이 진행 중이거나 진행예정인 물건에 대해서는 동 개발사업의 타당성(경제성분석, 최고최선의 이용)평가 등을 면밀히 기술하여야 한다. 또한, 수익성 부동산(임대용빌딩, 상가, 호텔, 백화점 등)에 대해서는 감정평가 3방식(수익환원법을 중심으로 기술할 것)에 의해 모두 기술한 서술식 감정평가서로 작성해야 한다.
> • 토지 및 건물의 평가는 공부상의 지목 및 용도에도 불구하고 기준시점 현재의 실제 지목 및 이용상황을 기준으로 평가한다. 다만, 그 이용상황이 일시적인 것으로 인정되거나 불법으로 형질변경(용도변경)된 경우에는 실제 이용상태에도 불구하고 공부상 지목이나 용도로 평가하여야 한다.
> • 토지 및 건물의 면적은 토지(임야)대장, 건축물대장 등의 공부에 의거하여 산정하되, 공부와 실제 이용상태가 다를 경우에는 작은 면적으로 사정하여야 하며, 도로의 저촉부분, 타인점유부분 및 분묘소재부분 등은 평가 대상면적에서 제외하여야 한다.
> • 농지(임야)전용허가 등을 받아 형질변경 중인 토지는 형질변경의 정도, 인근지역의 성숙도, 형질변경 목적의 실현성여부 등을 고려하여 평가하되, 농지(임야)전용허가 등을 득하였더라도 형질변경공사의 미착공, 공사중단 등 법적 형질변경요건을 충족하지 못한 경우에는 소지가격(허가전의 농지 또는 임야)으로 평가하여야 한다.
> • (신도시)상가, 지방소재 APT, 주차시설이 없는 주택 등 환가성(유동성)이 낮을 것으로 판단되는 물건에 대하여는 단순히 분양가나 기준시점 현재의 거래사례비교법으로 평가하지 말고 수익가치, 가격변동 가능성, 환가성 등을 고려하여 평가하여야 한다.
> • 토지소유권에 부합되지 않는 권리(온천공, 사용권, 허가권)가 수반되는 부동산은 해당 권리를 지배하지 못하거나 상실할 경우의 부동산의 가치에 대한 구체적인 의견을 평가서에 기재한다.

2. 물건별 담보평가 기출 4, 8, 12, 13, 16, 18, 20, 21, 23회

(1) 토 지

공시지가기준법 및 거래사례비교법을 적용하며, 사안별로 다음과 같이 처리한다.

① 관계법규 등에 따라 거래가격 및 거래의 상대방이 제한되는 토지

「산업입지 및 개발에 관한 법률」에 따라 개발한 토지, 「산업집적활성화 및 공장설립에 관한 법률」에 따라 분양받은 토지, 「연구개발특구의 육성에 관한 특별법」에 따른 교육·연구 및 사업화 시설구역의 부지, 그 밖에 국가·지방자치단체·공공기관 등으로부터 분양받는 토지로서, 분양계약서 및 등기사항전부증명서에 매매·처분제한 또는 환매특약 등의 취지가 기재·등기되어 있는 토지는, 의뢰자와 협의하여 처리방침을 결정하고, 평가진행하게 되면 제한사항이 토지에 미치는 영향을 고려하여 감정평가한다.

② 공익사업지구에 편입된 토지

저당권설정일이 사업인정고시일 이후인 경우 보상금 통지 당시 관계인에 채권자가 포함되지 않아 보상금 지급 등에 대해 알기 어려워 채권회수에 위험성이 있으므로 평가를 진행하지 않는 것이 바람직하다.

> **➕ 알아보기** 산업용지 등의 처분제한
>
> 「산업입지 및 개발에 관한 법률」 제38조에 제1항에 따르면 '사업시행자가 개발한 토지·시설 등 중 산업단지관리기본계획이 수립된 지역 안의 토지·시설 등을 분양·임대·양도("처분")하려는 경우에는 처분계획을 작성하여 「산업집적활성화 및 공장설립에 관한 법률」 제30조에 따른 관리기관과 협의하여야 한다'고 했고, 동법 제7항에서는, '제1항에 따른 처분계획의 내용·처분방법·처분절차·가격기준 등에 관하여 필요한 사항은 대통령령으로 정한다.'고 규정돼 있다.
> 동법 시행령 제40조 제1항은 '사업시행자가 개발된 토지 또는 시설 등을 법 제38조 제1항에 따라 산업시설용지로 분양하는 경우 그 분양가격은 조성원가로 한다. 다만, 조성된 산업시설용지를 분할하여 분양하는 경우로서 분양촉진 등을 위하여 필요한 경우에는 분양하려는 전체 산업시설용지의 총 조성원가의 범위에서 일부 산업시설용지를 조성원가보다 높거나 낮은 가격으로 분양할 수 있다'고 했다. 이때의 조성원가는 국토교통부장관 고시 또는 시·도의 조례로 정하는 적정이윤을 포함한 금액인데, 그 이윤율은 100분의 15의 범위로 한정된다.
> 이렇게 조성원가 수준에서 공급받은 산업시설용지를 처분할 때는 제한이 따른다. 「산업집적활성화 및 공장설립에 관한 법률」 제1항에 따르면 '산업시설구역 등의 산업용지 또는 공장 등을 소유하고 있는 입주기업체가 공장설립 등의 완료신고 전 또는 신고 후 5년이 지나기 전에 분양받은 산업용지를 처분하는 경우 산업용지를 관리기관에 양도하여야 한다'고 했는데, 이때의 양도가격은 그가 취득한 가격에 대통령령으로 정하는 아래 이자 및 비용을 합산한 금액이다.
>
> > 1. 양도할 산업용지의 취득가격에 그 취득일부터 양도일까지의 기간 중의 생산자물가총지수를 곱하여 계산한 금액
> > 2. 양도할 산업용지의 취득에 소요된 취득세, 그 밖의 제세공과금. 다만, 산업용지를 취득한 자의 귀책사유로 추징된 세금은 제외한다.
> > 3. 양도할 산업용지의 유지·보존 또는 개량을 위하여 지출한 비용
>
> 따라서 이런 처분제한을 받는 산업시설용지 등을 평가할 때는 처분제한기간이 지나 시장가격으로 자유롭게 매매할 수 있는 공장부지 등과 달리 양도가격 제한을 받는 상태를 고려하여 평가해야 한다.

③ 일단지

평가시점 당시 일단지로서 볼 수 있는지를 판단해야 한다. 개발행위허가시점, 건축허가시점 또는 착공신고 완료시점 등과 같은 특정 행위시점만을 기준으로 판단하지 않고 그 이후 형질변경행위 등을 통해 하나의 부지로 이용되는 것이 객관적으로 확실시 되는 시점부터 일단지로 일괄감정평가 하는 것이 합리적이다.[149]

---

149) 국토교통부 유권해석

④ 부분평가

하나의 물건 중 일부분만의 담보평가는 원칙적으로 곤란하다. 우리는 일물일권주의를 취하고 있으므로 관계법규 및 판례 등에서 허용하는 경우를 제외하고는 하나의 물건 중 일부에만 담보권을 설정할 수 없다. 하나의 물건 중 일부만의 담보평가를 수행해도 무의미하거나 부적절할 수 있다.

(2) 건 물

원가법에 의해 평가하며, 감가수정은 정액법 및 관찰감가를 병행한다. 건물평가에서는 특히 종물과 부합물 판단이 중요하다. 다만, 종물 또는 부합물로 보이지만 경제적 가치가 없다고 판단되는 물건, 대상물건의 경제적 가치에 영향을 미치지 않는다고 판단되는 물건은 굳이 의뢰인과 협의할 필요는 없다. 종물과 부합물로 판단 내리면 주물의 평가에 영향을 미치지 않는다.

① 종 물

구 분	상 세	
정 의	물건의 소유자가 주물의 상용에 이바지하기 위하여 부속케 한 물건	
요건 (모두 충족)	주물의 상용에 이바지 할 것	
	독립한 물건(부합물과의 차이)	
	동일한 소유자에게 속할 것	
유 형	부동산[150]	화장실, 목욕탕, 창고, 정화조
	동 산	보일러시설, 지하수펌프, 주유소의 주유기, 백화점 건물의 지하층 기계실에 설치된 전화교환설비, 농지에 부속한 양수시설
평 가	종물은 주물의 처분에 따르므로 별도로 평가하지 않고 주물의 평가액에 포함시킨다.	

② 부합물

구 분	상 세	
정 의	소유자를 각기 달리하는 수개의 물건이 결합하여 사회 관념상 1개의 물건으로 되어 그 분리가 불가능하거나 심히 곤란하게 된 물건[151]	
요 건	부합물을 훼손하거나 과다한 비용을 들이지 않고는 분리할 수 없을 정도로 부착 합체될 것	
유 형	토지에의 부합물	정원수, 정원석, 수목, 교량, 도랑, 돌담, 도로의 포장, 지하굴착공사에 의한 콘크리트구조물, 지하구조물, 주유소부지 지하의 유류저장탱크, 공유수면의 빈지에 옹벽을 쌓고 토사를 다져 넣어 축조한 공작물
	건물에의 부합물	독립된 구분소유권의 객체로 거래될 수 없는 증축 또는 개축 부분, 임차인이 그 권원에 의하여 벽, 천장에 부착시킨 석재, 합판
평 가	토지에의 부합물	원 물건에 포함 평가하며 별도로 평가하지 않음
	건물에의 부합물	석재, 합판 등은 원 물건에 포함 평가하되, 증축 부분[152]은 평가 제외

---

150) 별동으로 되어 있고 주물의 경제적 효용을 보조하기 위하여 계속적으로 이바지되는 물건(93다42399)
151) 부합의 원인은 인공적이든 자연적이든 무관하며 부합물의 주물은 동산이나 부동산 모두 가능하다.
152) 증축부분은 독립적인 구분소유권의 객체 여부에 불문하고 평가에서 제외시킨다. 이와는 별도로 증축부분(옥탑 등)에 주거시설을 설치하여 임대차하는 경우에는 방 수만큼 대출기관의 공제액(최소임대차보증금)을 증가시켜 대출 가능액을 낮추므로 평가서에 '증축부분 소재하며 본건 사용, 수익, 처분에 미치는 영향이 있는 것으로 판단됨'이라는 문구를 삽입한다.

(3) 구분소유부동산

거래사례비교법 또는 수익환원법으로 평가하며, 오픈상가 및 대지권을 수반하지 않는 경우 주의할 필요가 있다.

구조상·이용상 독립성이 없다고 판단되는 구분건물(일명, '오픈상가')은, 건축물관리대장상 독립한 별개의 구분건물로 등재되고 등기상에도 구분소유권의 목적으로 등기되었다 하더라도 그 등기는 무효로 본다. 낙찰자가 매각 허가를 받고 매수대금을 납부했어도 소유권을 취득할 수 없어 낙찰 받으려는 자가 쉽게 나타나지 않아 결국 채권자는 채권회수에 어려움을 겪는다. 대부분의 금융기관에서는 오픈상가가 경계표시 등 특정 요건을 충족할 때만 예외적으로 담보 취득하고 있다.

대지사용권을 수반하지 않은 구분소유 부동산을 담보평가 할 때는 의뢰인이 대지사용권을 제시하지 않은 이유, 대상물건이 대지사용권을 수반하고 있는지 여부 및 그 근거, 등기사항증명서에 대지사용권이 등재되어 있지 않다면 그 이유, 대상물건에 대하여 대지사용권을 수반하지 않은 건물만의 가격이 형성되어 있는지 여부, 그 밖에 대상물건을 감정평가 하는 데 필요한 사항을 조사한다. 그리고 다음에 해당하는 경우 의뢰인과 협의하여 대지사용권을 포함한 가액으로 감정평가할 수 있다.

- 분양계약서 등에 따라 대상물건이 실질적으로 대지사용권을 수반하고 있지만 토지의 분할·합병, 지적미정리 등으로 인하여 기준시점 현재 대지사용권이 등기되어 있지 않은 경우
- 분양계약서 등에 따라 대상물건이 실질적으로 대지사용권을 수반하고 있지만 등기절차의 지연 등으로 기준시점 현재 대지사용권이 등기되어 있지 않은 경우
- 그 밖에 대상물건이 실질적으로 대지사용권을 수반하고 있지만 합리적인 사유로 기준시점 현재 대지사용권이 등기되어 있지 않은 경우

대지사용권이 제시되지 않은 구분소유 부동산이 위 경우에 해당하지 않는 경우에는 의뢰인과 협의한 후 감정평가를 진행하되 건물만의 가액으로 감정평가한다.

(4) 공장(공장재단) 기출 16, 19회

토지, 건물, 기계기구 등을 개별물건으로 평가한 후 합산해 평가액을 결정한다. 물건별 평가방법은 토지는 공시지가기준법 및 거래사례비교법, 건물 및 기계기구는 원가법이다. 공장의 평가는 대부분 공장저당법에 의한 공장재단으로, 저당권 설정계약 및 목록제출(기계, 기구 등), 토지, 건물 등기사항전부증명서에 등기하는 절차를 거쳐 공장저당권을 설정한다. 기계 기구 전부를 토지 또는 건물과 분리하면 공장저당권 전체가 소멸하며, 기계 기구 일부를 토지 또는 건물과 분리하면 분리된 기계 기구에 대한 공장저당권은 소멸한다. 다만, 분리하기 위해서는 저당권자의 동의가 필요하다.

공장재단의 평가에서는 리스기계 및 소유권유보부 기계를 식별해 평가목록에서 제외해야 한다. 소유권유보부 기계를 식별하는 방법은 계약서를 면밀히 검토하여 소유권유보조항이 있는지, 담보감정평가대상 전체 기계 기구에 대한 대금지급 영수증을 구비하고 있는지 여부를 확인하는 방법과 판매회사에 대금완납에 관하여 직접 조회하는 방법이 있다.[153]

---

[153] 이계형, 『담보감정평가실무』, 한국금융연수원, 2007

리스기계는 현장조사를 통해서나 관련 서류를 확인하는 방법으로 식별하는데, 접근방법을 정리하면 다음과 같다.

- 물건조사 시 기계설비에 부착된 「여신전문금융업법」 제36조[154]에 의한 특정물건의 표지판(리스표지판)을 개별 확인
- 물건조사 시 Name Plate가 부착된 근처에 일정규격(보통 4각형 또는 타원형)이 기계설비의 원색과 동일하지 않고 변색되어 있는지 확인
- 종업원이나 경리 담당자, 기술직 직원에게 간접문의
- 대상 기업의 대차대조표상 (차)리스자산 (대)리스미지급금, 손익계산서상 리스이자비용이 계상(금융리스인 경우)되어 있거나 리스료비용이 계상(운용리스인 경우)되어 있는지 확인
- 고정자산대장에 회사자산으로 등재되어 있는지 확인
- 고정자산대장에 등재되어 있다 하더라도 회계장부인 지급어음계정에 월별 또는 분기별로 정액 균등하게 결제되는 부분이 있는지 확인
- 수입신고서상 수입회사명을 확인
- 의제부동산의 경우 등록원부의 을구란에 시설대여업자 명의의 저당권이 설정되어 있는지 확인
- 건물 등기사항전부증명서의 을구란에 시설대여업자 명의의 저당권 등이 설정되어 있는지 확인
- 중소, 영세기업의 경우 시설대여(리스)취급기관인 중소기업진흥공단에 확인

그러나 리스물건이 기계나 기구인 경우 등기·등록의 방법이 없고, 채무자가 사전에 리스물건 표시판을 제거하거나 다른 명판으로 교체할 가능성이 있으며, 엘리베이터, 냉난방설비, 방송설비 등의 부대시설도 리스가 가능해 식별이 잘 되지 않은 점, 재(再)리스가 가능해 중고품도 리스대상이 되므로 실제 사용 중인 것처럼 외관상 보인다는 점에서 실무적으로 리스물건을 판별하는데 어려움이 있다.

이 밖에도 평가에서 제외시키는 기계·기구가 있으며, 이들이 평가목록에서 배제되는 사유를 중심으로 정리하면 다음과 같다.

구 분	상 세
소재불명	물건의 소재파악이 되지 않아 기계·기구 등이 없는 것으로 인정되는 경우
확인불명	물건은 있는 것으로 인정되나 확인이 곤란한 경우 또는 평가 의뢰한 기계·기구 목록과 부합시키기 곤란한 경우
가격조사불능	시중가격이 형성되지 않거나 필요 서류가 없는 등 평가가 곤란한 경우
평가가치 없음	노후 등으로 사용이 불가능한 경우
해 체	기계 등의 각 부품을 해체한 경우
철거보관	주 생산라인에서 철거하여 보관중인 것으로 불용화된 것으로 추정되는 경우
멸 실	철거 등으로 없어진 경우

---

[154] 「여신전문금융업법」 제36조 [시설대여 등의 표시]
① 시설대여업자는 시설대여 등(연불판매에서 특정물건의 소유권을 이전한 경우는 제외한다)을 하는 특정물건에 총리령으로 정하는 바에 따라 시설대여 등을 나타내는 표지(標識)를 붙여야 한다.
② 해당 특정물건의 시설대여 등을 한 시설대여업자 외의 자는 제1항의 표지를 손괴 또는 제거하거나 그 내용 또는 붙인 위치를 변경하여서는 아니 된다.

# CHAPTER 01 기출문제

담보평가

01 감정평가사 K는 H은행 B지점으로부터 담보감정평가를 의뢰받고 사전조사 및 실지조사를 다음과 같은 자료를 수집·정리하였다. 제시된 자료를 활용하여 아래의 물음에 답하시오. (30점) 기출 18회

(1) 담보물건에 대한 평가를 하는 감정평가사와 그가 소속된 감정평가법인등이 준수하여야 할 사항을 5가지 이상 간략히 설명하시오. (5점)
(2) 대상 부동산의 등기부상 권리내역을 분석하고 H은행이 대출 가능금액을 판단하는데 필요한 사항을 기술하시오. (4점)
(3) 감정의 목적을 감안하여 다음 순서에 따라 대상부동산의 감정평가 가격을 구하시오. (16점)
   ① 토지가격 산정
   ② 건물가격 산정
   ③ 대상부동산의 감정평가 가격
(4) 위 '(3)'의 순서에 따라 작성된 감정평가서를 발송하기 전에 미리 심사(검토)하여야 할 사항을 5가지 이상 기술하시오. (5점)

〈자료 1〉 감정평가의 기본적 사항
1. 감정평가 의뢰물건 : 경기도 A시 B구 C동 321-12 소재 토지 및 건물
2. 감정평가 의뢰일자 : 2007.8.20.
3. 현장조사일자 : 2007.8.23. ~ 2007.8.25.
4. 감정평가서 작성일자 : 2007.8.26.

〈자료 2〉 실시조사결과 확인내용
1. 토지 : 대상토지 남측에 접한 321-13(잡)은 시설녹지이며 지상에는 3미터 높이의 조경수목이 밀식되어 있음
2. 건물
   (1) 이용상황 : 지층-창고, 1층-근린생활시설(소매점), 2층-다가구주택(2가구), 3층-다가구주택(1가구)
   (2) 지층 및 1, 2층의 면적은 공부와 일치하나, 3층 부분의 실제면적은 $60m^2$임
   (3) 지상층에는 위생설비가 되어 있고, 2층과 3층에는 도시가스에 의한 개별난방설비가 되어 있음
3. 임대차 내역 : 임대차 내역은 아래와 같이 조사됨

구 분	임대차 내역	비 고
지층 및 1층	전체를 소유자가 이용 중임	
2층	201호 : 김갑동(보증금 65,000,000원) 202호 : 이을동(보증금 60,000,000원)	전체 임대
3층	박병동(보증금 50,000,000원)	전체 임대

〈자료 3〉 인근의 공시지가 표준지 현황(공시기준일 : 2007.1.1.)

일련번호	소재지	면적(m²)	지목	이용상황	용도지역	도로교통	형상 및 지세	공시지가(원/m²)
1	C동 313-2	300	대	주·상 복합용지	제1종일반주거지역	세로한면	가장형 평지	2,000,000
2	C동 320-8	230	대	주·상 복합용지	제1종일반주거지역	소로각지	가장형 평지	2,250,000
3	C동 321-2	260	대	주·상 복합용지	제1종일반주거지역	세로한면	가장형 평지	2,150,000
4	C동 350-5	250	대	주거용지	제1종일반주거지역	소로한면	부정형 평지	1,800,000

〈자료 4〉 지가변동률

구 분	상업지역	주거지역	녹지지역
2007년 6월 (1~6월 누계)	0.015% (1.421%)	0.246% (1.373%)	0.322% (1.537%)

〈자료 5〉 토지에 대한 지역요인 평점

구 분	대상토지	공시지가표준지
평 점	100	100

〈자료 6〉 토지에 대한 개별요인 평점

구 분	대상토지	공시지가 표준지1	공시지가 표준지2	공시지가 표준지3	공시지가 표준지4
평 점	100	95	105	96	90

〈자료 7〉 기타요인자료

1. 인근지역의 평가사례

소재지	평가목적	가격시점	평가액(원/m²)	비 고
B구 C동 318-6	담 보	2007.7.29.	2,170,000	적정가격으로 판단됨

※ 평가대상토지와 인근 평가사례의 개별요인은 대등함

2. 대상토지와 유사한 이용가치를 지닌 인근 토지의 가격시점 현재 적정 지가수준은 2,150,000원/m² ~ 2,250,000원/m² 정도임

〈자료 8〉 건물 표준단가(가격시점 현재)

분류번호	용도	구조	급수	표준단가 (원/m^2)	내용연수
2-3-5-2	다가구주택	철근콘크리트조 경사슬래브지붕	3	800,000	50년
4-1-5-7	점포 및 상가	철근콘크리트조 경사슬래브지붕	4	600,000	50년

주) 지하부분의 재조달원가는 1층 표준단가의 70%를 적용함

〈자료 9〉 건물 부대설비 보정단가(가격시점 현재)

1. 위생설비 : 근린생활시설—20,000원/m^2, 일반주택 및 다가구주택—40,000원/m^2
2. 난방시설(유류 및 도시가스 온수식) : 일반주택 및 다가구주택—50,000원/m^2

〈자료 10〉 평가대상 부동산의 공부

1. 토지이용계획확인서 내용 : 제1종일반주거지역, 소로2류에 접함
2. 지적도 등본—1부 첨부
3. 토지등기부등본 및 건물등기부등본—각 1부 첨부
4. 토지대장—1부 첨부
5. 일반건축물 대장—1부 첨부

〈자료 11〉 유의사항

1. 시점수정치 산정 시 백분율로 소수점 넷째 자리에서 반올림할 것
2. 각 단계의 가격(금액) 산정 시 천원 미만은 절사할 것
3. 건물의 감가수정은 정액법으로 하여 만년감가하고 내용연수 만료 시 잔가율은 0%임
4. 비교표준지 선정 시 도로조건에 유의할 것
5. 기타요인 보정 시 산출근거를 제시할 것

등기사항전부증명서(말소사항 포함)
- 토지 -

고유번호 1356-1996-000000

[토지] 경기도 A시 B구 C동 321-12

【 표 제 부 】 (토지의 표시)

표시번호	접 수	소재지번	지 목	면 적	등기원인 및 기타사항
1 (전 3)	1995년8월28일	경기도 A시 B구 C동 321-12	대	215.8㎡	
					부동산등기법 제177조의 6 제1항의 규정에 의하여 2001년 01월 03일 전산이기

【 갑   구 】 (소유권에 관한 사항)

순위번호	등기목적	접 수	등기원인	권리자 및 기타사항
1 (전 3)	소유권이전	1996년3월20일 제35232호	1993년4월29일 매매	소유자 ○○○ ******-******* A시 B구 C동 321-12
				부동산등기법 제177조의 6 제1항의 규정에 의하여 2001년 01월 03일 전산이기
2	소유권이전	2001년5월28일 제36934호	2001년4월24일 매매	소유자 ○○○ ******-******* A시 B구 C동 612-1502
3	소유권이전	2002년11월22일 제106947호	2002년9월20일 매매	소유자 ○○○ ******-******* A시 B구 C동 707-403

【 을 구 】			(소유권 이외의 권리에 관한 사항)	
순위번호	등 기 목 적	접 수	등 기 원 인	권리자 및 기타사항
~~1~~ ~~(전 1)~~	~~근저당권설정~~	~~1997년7월11일~~ ~~제81052호~~	~~1997년7월11일~~ ~~설정계약~~	~~채권최고액 금육천오백만원~~ ~~채무자 ○○○~~ ~~A시 B구 C동 321-12~~ ~~근저당권자 한국주택은행 000000-000000~~ ~~서울 D구 E동 36-3~~

[토지] 경기도 A시 B구 C동 321-12

순위번호	등 기 목 적	접 수	등 기 원 인	권리자 및 기타사항
				공동담보 동소 동번지 건물
~~2~~ ~~(전 2)~~	~~근저당권설정~~	~~2000년6월1일~~ ~~제55511호~~	~~2000년5월31일~~ ~~설정계약~~	~~채권최고액 금60,000,000원~~ ~~채무자 ○○○~~ ~~A시 B구 C동 321-12~~ ~~근저당권자 수산업협동조합중앙회~~ ~~000000-000000~~ ~~서울 D구 E동 11-6~~
				~~공동담보 동소 동번지 토지, 건물~~
				부동산등기법 제177조의 6 제1항의 규정에 의하여 1번 내지 2번 등기를 2001년 01월 03일 전산이기
~~3~~	~~근저당권설정~~	~~2001년6월25일~~ ~~제44561호~~	~~2001년6월25일~~ ~~설정계약~~	~~채권최고액 금120,000,000원~~ ~~채무자 ○○○~~ ~~A시 B구 C동 1502~~ ~~근저당권자 주식회사서울은행 000000-000000~~ ~~서울 D구 E동 10-1~~
				~~공동담보 건물 경기도 A시 B구 C동~~ ~~321-12~~
~~3-1~~	~~3번근저당권변경~~	~~2002년11월26일~~ ~~제107754호~~	~~2002년11월26일~~ ~~계약인수~~	~~채무자 ○○○~~ ~~A시 B구 C동 707-403~~
4	1번근저당권설정등 기말소	2001년6월29일 제46661호	2001년6월29일 해지	
5	2번근저당권설정등 기말소	2001년6월29일 제46662호	2001년6월29일 해지	
6	3번근저당권설정등 기말소	2006년5월9일 제36253호	2006년5월9일 해지	
7	근저당권설정	2007년7월27일 제46678호	2007년7월27일 설정계약	채권최고액 금336,000,000원 채무자 ○○○ 경기도 A시 B구 C동 707-403 근저당권자 농업협동조합중앙회 000000-000000

등기사항전부증명서(말소사항 포함)
- 건물 -

고유번호 1356-1996-000000

[건물] 경기도 A시 B구 C동 321-12

【 표 제 부 】 (건물의 표시)					
표시번호	접 수	소재지번 및 건물번호	건물 내역	등기원인 및 기타사항	
1 (전 1)	1997년2월14일	경기도 A시 B구 C동 321-12	철근콘크리트조 경사슬라브지붕 주택및 근린생활시설 지층 106.70㎡ 1층 106.70㎡ 2층 107.48㎡ 3층 107.48㎡	부동산등기법 제177조의 6 제1항의 규정에 의하여 2001년 01월 03일 전산이기	
2		경기도 A시 B구 C동 321-12 [도로명주소] 경기도 A시 B구 C로 149번길 1	철근콘크리트조 경사슬라브지붕 주택및 근린생활시설 지층 106.70㎡ 1층 106.70㎡ 2층 107.48㎡ 3층 107.48㎡	도로명주소 2012년8월3일 등기	

【 갑 구 】 (소유권에 관한 사항)					
순위번호	등 기 목 적	접 수	등 기 원 인	권리자 및 기타사항	
1 (전 1)	소유권보존	1997년2월14일 제19205호		소유자 ○○○ ******-******* A시 B구 C동 321-12	
				부동산등기법 제177조의 6 제1항의 규정에 의하여 2001년 01월 03일 전산이기	
2	소유권이전	2001년5월28일 제36934호	2001년4월24일 매매	소유자 ○○○ ******-******* A시 B구 C동 612-1502	

[건물] 경기도 A시 B구 C동 321-12

순위번호	등 기 목 적	접 수	등 기 원 인	권리자 및 기타사항
3	소유권이전	2002년11월22일 제106947호	2002년9월20일 매매	소유자 ○○○ ******-******* A시 B구 C동 707-403

【 을   구 】 (소유권 이외의 권리에 관한 사항)

순위번호	등 기 목 적	접 수	등 기 원 인	권리자 및 기타사항
1 (전 1)	근저당권설정	1997년7월11일 제81052호	1997년7월11일 설정계약	채권최고액 금육천오백만원 채무자 ○○○ A시 B구 C동 321-12 근저당권자 한국주택은행 000000-000000 서울 D구 E동 36-3 공동담보 동소 동번지 토지
2 (전 2)	근저당권설정	2000년6월1일 제55511호	2000년5월31일 설정계약	채권최고액 금60,000,000원 채무자 ○○○ A시 B구 C동 321-12 근저당권자 수산업협동조합중앙회 000000-000000 서울 F구 G동 11-6 공동담보 동소 동번지 토지,건물 부동산등기법 제177조의 6 제1항의 규정에 의하여 1번 내지 2번 등기를 2001년 01월 03일 전산이기
3	근저당권설정	2001년6월25일 제44561호	2001년6월25일 설정계약	채권최고액 금120,000,000원 채무자 ○○○ A시 B구 C동 612-1502 근저당권자 주식회사서울은행 000000-000000 서울 H구 I동 10-1 공동담보 토지 경기도 A시 B구 C동 321-12
3-1	3번근저당권변경	2002년11월26일 제107754호	2002년11월26일 계약인수	채무자 ○○○ A시 B구 C동 707-403
4	1번근저당권설정등기말소	2001년6월29일 제46661호	2001년6월29일 해지	

토지 대장

문서확인번호 : 1635-3879-0000-0000								1/2
고유번호	4113510700-00000-0000			도면번호	26	발급번호	202141135-00000-0000	
토지소재	경기도 A시 B구 C동			장 번 호	2-1	처리시각	11시 25분 58초	
지 번	321-12	축 척	수치	비 고		발 급 자	인터넷민원	

토지표시 / 소유자

지 목	면 적(㎡)	사 유	변동일자 / 변동원인	주소 / 성명 또는 명칭	등록번호
(08) 대	*215.8*	(62) 1995년 06월 03일 구획정리완료	1995년 07월 27일 (08)환지	D시 E구 F동 164 한국토지개발공사	******-0******
		--- 이하여백 ---	1995년 08월 28일 (09)측탁등기	D시 E구 F동 164 한국토지개발공사	******-0******
			1996년 03월 20일 (03)소유권이전	G동 141 H마을 803-301 ○○○	******-1******
			1997년 07월 11일 (04)주소변경	321-12 ○○○	******-1******

등급수정 년월일	1995. 08. 03. 설정							
토지등급 (기준수확량등급)	221							
개별공시지가기준일	2015년 01월 01일	2016년 01월 01일	2017년 01월 01일	2018년 01월 01일	2019년 01월 01일	2020년 01월 01일	2021년 01월 01일	용도지역 등
개별공시지가(원/㎡)	2304000	2377000	2450000	2623000	2778000	2933000	3206000	

토지대장에 의하여 작성한 등본입니다.
2021년 10월 28일

경기도 A시 B구청장

◆ 본 증명서는 인터넷으로 발급되었으며, 정부24(gov.kr)의 인터넷발급문서진위확인 메뉴를 통해 위·변조 여부를 확인할 수 있습니다.(발급일로부터 90일까지) 또한 문서 하단의 바코드로도 진위확인(정부24 앱 또는 스캐너용 문서확인 프로그램)을 하실 수 있습니다.

일반건축물대장(갑)

(2쪽 중 제1쪽)

고유번호	4113510700-1-00000000	정부24접수번호	20211028-00000000	명칭		호수/가구수/세대수	0호/3가구/0세대
대지위치	경기도 A시 B구 C동	지번	321-12	도로명주소	경기도 A시 B구 C로 149번길 1		
※대지면적	215.8㎡	연면적	428.36㎡	※지역	일반주거지역(도시설계지역)	※지구	※구역
건축면적	107.48㎡	용적률 산정용 연면적	321.66㎡	주구조	철근콘크리트조	주용도 주택및근린생활시설	층수 지하 1층/지상 3층
※건폐율	49.97%	※용적률	149.05%	높이	10.5m	지붕 경사슬라브	부속건축물
※조경면적 ㎡		공개 공지·공간 면적 ㎡		※건축선 후퇴면적 ㎡		※건축선 후퇴거리 m	

건축물 현황 / 소유자 현황

구분	층별	구조	용도	면적(㎡)	성명(명칭) 주민(법인)등록번호 (부동산등기용등록번호)	주소	소유권 지분	변동일 변동원인
주1	지층	철근콘크리트조	근린생활	63.92	○○○	526 마을 707-403	/	2002.11.22. 소유권이전
주1	지층	철근콘크리트조	대피소	42.78	******-2******			
주1	1층	철근콘크리트조	근린생활시설	106.7	- 이하여백 -			
주1	2층	철근콘크리트조	다가구주택(2가구)	107.48	※ 이 건축물대장은 현소유자만 표시한 것입니다.			

이 등(초)본은 건축물대장의 원본내용과 틀림없음을 증명합니다.

발급일: 2021년 10월 28일

담당자: 건축과
전 화:

A시 B구청장

※ 표시 항목은 총괄표제부가 있는 경우에는 적지 않을 수 있습니다.
◆ 본 증명서는 인터넷으로 발급되었으며, 정부24(gov.kr)의 인터넷발급문서진위확인 메뉴를 통해 위·변조 여부를 확인할 수 있습니다.(발급일로부터 90일까지) 또한 문서 하단의 바코드로도 진위확인(정부24 앱 또는 스캐너용 문서확인 프로그램)을 하실 수 있습니다.

297mm×210mm[백상지(80g/㎡)]

문서확인번호 1635-3880-0000-0000 (2쪽 중 제2쪽)

고유번호	4113510700-1-00000000	정부24접수번호	20211028-00000000	명칭		호수/가구수/세대수	0호/3가구/0세대
대지위치	경기도 A시 B구 C동	지번	321-12	도로명주소	경기도 A시 B구 C로 149번길 1		

구분	성명 또는 명칭	면허(등록)번호
건축주	○○○	******-1******
설계자	세진건축사사무소 ○○○	
공사감리자	세진건축사사무소 ○○○	
공사시공자 (현장관리인)	○○○	******-1******

※주차장				
구분	옥내	옥외	인근	면제
자주식	대 ㎡	3대 34.5㎡	대 ㎡	대
기계식	대 ㎡	대 ㎡	대 ㎡	

승강기	
승용 대	비상용 대
※하수처리시설	
형식	
용량 인용	

허가일	1996.8.8.
착공일	1996.8.16.
사용승인일	1996.12.26.
관련 주소	
지번	
도로명	

※제로에너지건축물 인증	※건축물 에너지효율등급 인증	※에너지성능지표(EPI) 점수	※녹색건축 인증	※지능형건축물 인증
등급	등급	점	등급	등급
에너지자립률 %	1차에너지 소요량 (또는 에너지절감률) kWh/㎡(%)	※에너지소비총량	인증점수 점	인증점수 점
유효기간: . . ~ . .	유효기간: . . ~ . .	kWh/㎡	유효기간: . . ~ . .	유효기간: . . ~ . .

내진설계 적용 여부	내진능력	특수구조 건축물	특수구조 건축물 유형
지하수위 G.L m	기초형식	설계지내력(지내력기초인 경우) t/㎡	구조설계 해석법

변동사항

변동일	변동내용 및 원인	변동일	변동내용 및 원인	그 밖의 기재사항
2001.10.11.	소유권이전			- 이하여백 -
2003.1.14.	소유권이전			
2011.10.19.	건축물대장 기초자료 정비에 의거 (용적을 산정용 연면적 : '0' → '321.66') 직권변경			
	- 이하여백 -			

※ 표시 항목은 총괄표제부가 있는 경우에는 적지 않을 수 있습니다.

◆ 본 증명서는 인터넷으로 발급되었으며, 정부24(gov.kr)의 인터넷발급문서진위확인 메뉴를 통해 위·변조 여부를 확인할 수 있습니다.(발급일로부터 90일까지) 또한 문서 하단의 바코드로도 진위확인(정부24 앱 또는 스캐너용 문서확인 프로그램)을 하실 수 있습니다.

출제영역

토지, 건물 담보평가

답안작성 가이드

Ⅰ. [물음 1] 담보평가 시 준수사항 (5)

1. 성실, 공정하게 담보평가업무를 수행하여야 하며, 정당한 이유 없이 평가를 기피하거나 반려하여서는 아니 된다.
2. 평가의뢰서에 처리기간이 명시되어 있는 경우에는 그 기간 내에 처리하여야 한다. 다만, 그 기간 내에 처리가 사실상 곤란하거나 업무를 수행할 수 없는 정당한 이유가 있을 때에는 그 사유를 평가 의뢰한 금융기관 등에 통지를 하여야 한다.
3. 감정평가서에는 평가액의 산출근거를 명시하여 평가의 공정성과 객관성이 유지되도록 하여야 한다.
4. 지전 이해관계가 있는 물건에 대하여 평가를 하여서는 아니 되며, 평가와 관련하여 알게 된 비밀을 정당한 사유 없이 외부에 누설하여서는 아니 된다.
5. 담보물건의 평가를 의뢰한 금융기관 등으로부터 자료제출 등의 요청이 있을 때에는 특별한 사유가 있는 경우를 제외하고는 이에 적극적으로 응하여야 한다.
6. 기타 담보물건의 평가와 관련하여 감정평가사의 윤리강령 및 윤리규정 등을 준수하여야 한다.

Ⅱ. [물음 2] 권리내역 분석 및 대출 가능금액 판단 시 필요사항 (4)

1. 권리내역 분석 (등기사항전부증명서에 의거함)
   (1) 소유권 : 토지, 건물 모두 박○○이 소유자임
   (2) 소유권 이외의 권리 : 채권자는 IBK은행, 채무자는 홍길동인 근저당권이 토지·건물 공동담보로, 336,000,000원이 채권최고액으로 설정되어 있음
   (3) 기타분석 : 소유자와 채무자가 다른 바, 소유자는 물상보증으로 판단됨
2. 대출 가능금액 판단 시 필요사항
   '① 감정평가금액, ② 선순위 권리내역, ③ 임대차 내역, ④ 주택임대차 및 상가 임대차보호법 적용여부' 등

Ⅲ. [물음 3] 대상부동산의 감정평가액 (16)

1. 기준시점 : 「감칙」제9조에 의거, 현장조사완료일인 2007.8.25.로 함

2. 토지가격
   (1) 대상토지의 면적 및 도로접면
       ① 대상토지의 면적은 등기사항전부증명서 등에 의거 215.8m²이며
       ② 도로접면은 토지이용계획확인서 및 지적도 등본, 실지조사결과에 의거 소로한면으로 판단함
   (2) 비교표준지 선정
       용도지역, 이용상황, 도로접면 등을 고려하여 시설녹지(현 완충녹지)에 접한 상태가 유사한 표준지 기호 3을 선정함
   (3) 공시지가기준가액(그 밖의 요인 보정 전)
       $2,150,000 \times 1.01839^{*1)} \times 1.000 \times 1.042 ≒ @2,280,000$
       *1) 시점수정치(07.1.1. ~ 07.8.25., 주거지역) $1.01373 \times (1+0.00246 \times 56/30) ≒ 1.01839$
   (4) 그 밖의 요인 보정 여부 검토
       ① 평가사례 기준
          $2,170,000 \times (1+0.00246 \times 28/30) \times 1.000 \times 1.000 ≒ @2,170,000$
          $(\div @2,280,000 ≒ 0.952)$
       ② 인근 토지 적정 지가수준 : @2,150,000 ~ @2,250,000
       ③ 결정 : 평가사례, 인근 지가수준, 평가목적 등을 고려하여 그 밖의 요인 보정치를 0.95로 결정함
   (5) 토지가격
       $2,150,000 \times 1.01839 \times 1.000 \times 1.042 \times 0.95 ≒ @2,170,000$
       $(\times 215.8 = 468,286,000)$

3. 건물가격
   (1) 경과연수 및 면적
       ① 건물의 경과연수는 일반건축물대장의 사용승인일자 기준 10년이며,
       ② 3층 현황 면적이 공부보다 작아 현황면적으로 사정함
   (2) 건물단가
       ① 지층 : $600,000 \times 0.7 \times 40/50 ≒ @336,000$
       ② 1층 : $(600,000+20,000) \times 40/50 ≒ @496,000$
       ③ 2, 3층 : $(800,000+40,000+50,000) \times 40/50 ≒ @712,000$
   (3) 건물가격
       $336,000 \times 106.7 + 496,000 \times 106.7 + 712,000 \times (107.48+60) ≒ 208,020,000$

4. 대상부동산의 감정평가액 : 676,306,000

Ⅵ. [물음 4] 감정평가서 발송 전 심사사항 (5)

1. 공부내용과 현황의 일치여부
2. 적용공시지가 표준지 선정의 적정성
3. 평가액 산출과정의 적정성
4. 건물 등의 재조달원가 및 내용연수 결정 등의 적정성
5. 감정평가서 필수적 기재사항 누락 여부
6. 감정평가수수료 산정의 적정성
7. 그 밖의 필요한 사항

02 선임심사역인 감정평가사 甲은 KY은행본점에서 감정평가서 심사업무를 담당하고 있다. 〈자료 1〉의 감정평가서를 대상으로 주어진 자료를 활용하여 다음 물음에 답하시오(단, 심사대상 감정평가서 내용 중 달리 판단할 근거가 없는 경우에는 적정한 것으로 본다). (30점) 　　기출 23회

(1) 〈자료 1〉 감정평가서 중 부적정한 평가내용이 있다면 구체적인 사유와 보완내용을 포함하여 기술하시오. (15점)

(2) 〈자료 1〉 감정평가서에 적용하지 않은 다른 방식으로 평가가격을 검토하시오. (5점)

(3) KY은행이 평가조건을 요구(동의)하지 않았을 경우의 감정평가액을 구하고 〈자료 1〉 감정평가서의 평가개요 중 달라지는 항목을 기술한 후 감정평가명세표를 재작성하시오. (10점)

〈자료 1〉 심사대상 감정평가서(부분 요약 발췌)

1. 평가개요
   (1) 본 감정평가는 K시 H구 A동에 소재하는 부동산에 대한 담보 목적의 감정평가로 감정평가 관련 법규에 따라 평가하였습니다.
   (2) 본 토지상에 사용승인을 득하고, 일반건축물대장에 등재예정인 건물(명세표상 기호 ㉮ 건물)은 귀 KY은행의 요구에 따라 일반건축물대장에 등재된 것을 전제로 하여 토지와 건물을 평가하였고 가격시점은 2012년 9월 9일입니다.
   (3) 토지는 당해 토지와 유사한 이용가치를 지닌다고 인정되는 표준지 공시지가를 기준으로 공시기준일부터 가격시점까지의 지가변동률, 당해 토지의 위치, 형상, 환경, 이용상황 기타 가격형성상의 제요인과 인근 지가수준 등을 종합적으로 참작하여 평가하였습니다.
   (4) 건물은 구조, 용도, 부대설비 및 시공 상태 등을 종합 참작하여 원가법으로 평가하였으며, 감가수정은 정액법을 적용하였습니다.

2. 평가대상 물건현황
   (1) 인근지역 현황
   　　대상부동산은 1990년대에 민간이 조성한 소규모 협동화공장단지 내에 소재하며 동 단지는 약 100,000㎡ 규모로 13개 업체가 입주가능하고 현재의 입주율은 85% 정도입니다. 입주업체는 의료분야의 중소규모 업체가 대부분이며 전체 종업원은 1,200명 정도입니다. 이 단지는 진입로변 국도를 통해 고속도로와 연결되어 교통, 물류 등의 여건이 비교적 양호하며 용수, 전력, 인력수급 등의 여건도 양호한 편입니다.

   (2) 대상부동산 현황
   　　당해 토지는 2차선 포장도로를 통하여 단지 내 도로와 연결되고 있으며, 평탄한 콘크리트지반이 조성된 사다리형태의 상업용지로서 공부상 지목은 잡종지로 경쟁가능성이 없는 독점적인 위치를 가진 적정규모의 토지입니다. 용도지역은 동 단지 전체가 준공업지역이고, 토지의 임대상황은 없으며 등기사항전부증명서상 소유자는 乙입니다. 일반건축물대장에 소유자 乙로 등재예정인 지상건물의 현황은 아래와 같습니다.

구 조	건축연면적	건물규모	용 도
철근콘크리트조 슬래브지붕	300㎡	지상 2층	근린생활시설

3. 감정평가가액 산출근거

(1) 토지가액 산출근거

① 비교표준지 공시지가 : 2012.1.1. 공시된 인근지역 내 비교가능한 표준지는 아래와 같으며 이중 제반 여건이 유사한 '기호 ②' 표준지를 선정하였습니다.

기 호	소재지	면적(m²)	지 목	이용상황	용도지역	도로교통	형상지세	공시지가(원/m²)
①	A동 57	350	대	상업용	일반공업지역	소로한면	사다리평지	450,000
②	A동 154	630	장	주상용	준공업지역	소로한면	세장형평지	420,000
③	A동 322	245	대	단독주택	준공업지역	소로한면	부정형완경사	400,000

※ '기호 ①' 표준지는 도시계획도로에 5% 저촉됨

② 지가변동률

국토해양부장관이 조사 발표한 K시 H구 공업지역의 2012.1.1.부터 가격시점까지의 지가변동률은 0.750%입니다.

③ 지역요인 : 인근지역에 소재하여 지역요인은 동일합니다.

④ 개별요인 : 대상토지가 비교표준지 ②에 비해 다소 열세합니다.

가로조건	접근조건	환경조건	획지조건	행정적조건	기타조건	격차율
1.00	1.00	1.00	0.99	1.00	1.00	0.99

⑤ 기타요인

㉠ 신뢰성 있고 채택 가능한 평가선례(단위 : m², 원/m²)

기 호	소재지	지 목	면 적	이용상황	용도지역	평가단가	평가목적	비고(평가기관)
①	A동 159	대	250	상업용	준공업지역	450,000 (2012.1.1.)	경 매	K법인
②	A동 522	대	250	주상용	준공업지역	504,000 (2012.1.1.)	보상평가	K법인

㉡ 비교가능하고 신뢰할 만한 최근의 거래사례는 포착하지 못하였으며, 인근 유사토지의 가격수준은 470,000원/m² ~ 530,000원/m²입니다.

⑥ 토지가격 결정

공시지가(원/m²)	지가변동률	지역요인	개별요인	기타요인	평가단가(원/m²)
420,000	1.00750	1.00	0.99	1.20	500,000

(2) 건물가액 산출근거

① 재조달원가 : 신축건물이므로 업자가 제시한 적산자료를 활용하여 직접법에 의하여 재조달원가를 구하였습니다.

〈표〉 적산자료

(단위 : 원)

구 분	내 역	업자제시액	최종사정액
설계비	설계비용, 감리비	13,000,000	12,000,000
기본건축비	기초 및 골조 공사비	54,000,000	54,000,000
옹벽공사비	옹벽 및 배수로 공사	9,000,000	8,000,000
내외장공사비	미장, 창호공사 등	47,000,000	47,000,000
위생 및 냉난방설비비	위생, 냉난방공사 등	22,000,000	22,000,000
전기통신설비비	전기 및 통신공사비 등	16,000,000	16,000,000
조경공사비	토지입구 조경수 등	14,000,000	14,000,000
집기 및 비품비	비품, 소모품 등	8,000,000	8,000,000
일반관리비 등	일반관리비, 이윤 등	15,000,000	14,000,000
총 액	― ―	198,000,000	195,000,000

② 평가단가

(단위 : 년, 원/m²)

재조달원가	내용연수	경과연수	산 식	평가단가
650,000	50	0	650,000×50/50	650,000

4. 감정평가 명세표

| 기 호 | 소재지 | 지목 용도 | 용도지역 및 구조 | 면적(m²) | | 평가가격 | | 비 고 |
				공 부	사 정	단 가	금 액	
①	K시 H구 A동 103-1	잡종지	준공업 지역	400	400	500,000	200,000,000	현황 "대"
㉮	〃	근린 생활시설	철근콘크리트조 슬래브지붕 2층	300	300	650,000	195,000,000	650,000 ×50/50
	합 계						395,000,000	

5. 기타 부속내용(지적개황도 관련부분)

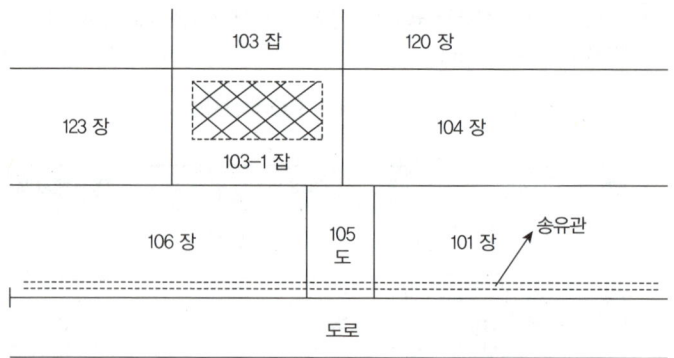

〈자료 2〉 심사 감정평가사의 조사자료

1. 각종 공적장부 확인자료

토지 등기사항전부증명서를 확인한 바 103-1번지는 근저당권자 KY은행, 채권최고액은 2억원인 권리관계가 존재하고 있다.

2. 가격조사자료

(1) 경매 낙찰가율 자료(최근 6개월, 단위 : %)

지 역	공업용	주거용	상업용	평 균
H구	70	90	80	80
K시 전체	75	95	85	85

(2) 평가선례 검토자료

① 평가선례 ㉠ : 경매 감정평가서를 열람하여 보니 평가 당시 지상의 부가물을 포함한 평균단가로 평가하였고 지상의 부가물은 조경석 3톤, 조경수 2그루였으나 구체적인 평가액은 알 수 없었다.

② 평가선례 ㉡ : 당시 동 사업의 감정평가에 참여했던 나머지 법인의 자료가 A법인은 505,000원/m^2, B법인은 506,000원/m^2에 평가된 것으로 조사되었다.

(3) 임대사례 조사자료

① 공실 및 대손충당금 비율은 인근지역이 연간 가능 총 임대료의 15%, 대상부동산은 5%가 확실시 된다.

② 운영경비 비율은 모두 유사하나 시장에서 구체적인 내역을 수집하지는 못하였다.

③ 대상부동산은 가격시점과 임대시점, 임대면적과 건축연면적이 각각 동일하며 연간가능총임대료는 59,000원/m^2인 것으로 조사되었다.

(단위 : m^2, 원)

기 호	소재지	토지면적	임대면적	이용상황	용도지역	연간가능총임대료	부동산가액	임대시점
①	A동 69	333	250	상업용	준공업지역	15,000,000	304,000,000	2012.9.9.
②	A동 90	400	300	상업용	준공업지역	20,000,000	345,000,000	2012.9.9.

⟨자료 3⟩ 기타 관련자료 등

1. KY은행에서는 감정평가업무협약서상 기타요인의 산출근거를 설시하도록 요구하고 있으며, 감정평가사가 임의로 평가조건을 설정할 수 없도록 하고 있다.

2. 개별요인 비교자료(지역요인은 동일함)

대 상	표준지 ①	표준지 ②	표준지 ③	평가선례 ①	평가선례 ②
100	105	101	95	91	99

3. 대상물건에 적용할 환원율과 임료승수(GRM ; Gross Rent Multiplier 또는 EGRM ; Effective Gross Rent Multiplier)는 2개 이상의 적정한 사례자료를 기준으로 산술평균하여 구한다.

4. 당해 지역의 법정지상권 감안비율은 인근 송유관부지 구분지상권의 사용료(지료)가 가격에서 차지하는 비율의 10배 정도가 적정한 것으로 조사되었다.
   (1) 송유관이 지나는 105번지의 토지 등기사항전부증명서를 확인한 바 지목은 도로, 면적은 180m^2, 소유자는 乙과 丙이 각 1/2씩 소유하고 있었고 지상권자는 DH송유관공사, 사용료는 90,000원이었다.
   (2) 지상권 사용료는 산정당시의 토지 감정평가액은 250,000원/m^2이었고 송유관이 지나는 부지의 폭은 3m, 길이는 6m이었다.

📋 출제영역

담보평가 검토

📋 답안작성 가이드

Ⅰ. [물음 1] (15)
  1. 미등재된 건물의 평가
    (1) 사 유
      현재 건축물대장에 등재되지 않은 건물을 평가하였음
    (2) 보완 내용
      KY은행에 조건에 대한 공문서나 근거자료를 징구 받아 평가 진행하거나, 미구비 시 평가를 보류

  2. 도로 소유 지분의 담보 미취득
    (1) 사 유
      103−1번지 전면의 도로 105번지에 대한 乙의 소유지분을 담보취득하지 않음
    (2) 보완 내용
      KY은행과 협의하여 도로 지분을 추가목록으로 제시받아 평가하되, 도로는 담보목적상 평가 외 하고, 감정평가명세표에 도로에 대한 지분을 표시

3. 평가 선례 채택의 부적정성 등
   (1) 사 유
   평가 선례는 각각 경매, 보상으로 본건의 평가목적인 담보와 상이하며, 선례 ①은 토지만의 가격이 아니며, 선례 ②는 3개 법인 산술평균가격이 아님
   (2) 보완 내용
   평가목적이 동일한 선례를 채택함이 타당하며 적정 담보선례를 포착하기 어렵다 하더라도, 선례 ①의 경우 수목 등 지상의 부가물 가격을 공제할 수 있어야 하며, 선례 ②의 경우 3개 법인 산술평균가격을 적용

4. 그 밖의 요인 보정치 산출근거 미제시
   (1) 사 유
   협약사항인 그 밖의 요인 보정치에 대한 산출근거를 제시하지 않았음
   (2) 보완 내용
   담보평가는 금융기관과의 협약내용을 준수할 의무가 있으므로 협약에 따라 그 밖의 요인 보정치의 산출근거를 구체적으로 제시하여야 함

5. 건물 재조달원가 산정의 부적정성
   (1) 사 유
   ① 업자가 제시한 적산자료만을 기준으로 산정하였고, ② 적산자료 항목에 건축비와 무관한 항목이 포함되어 있음
   (2) 보완 내용
   ① 이해관계인인 건축업자가 제시한 적산자료에는 사정이 개입될 가능성이 있으므로 간접법을 병용하거나 적정성을 검토한 후 산정하여야 함
   ② 또한 순수건축비와 무관한 항목이 포함되어 있는지 검토 후 제외하고 산정하여야 함

II. [물음 2] (5)
1. 개 요
   수익환원법을 적용하되, 운영경비 수집 불가로 유효조소득 및 유효조소득 승수법을 이용함
   (1) 일체수익가액
      ① 본건 유효조소득(인근 공실률 적용)
         $59,000 \times 300 \times (1-0.15) = 15,045,000$
      ② 유효조소득 승수(EGIM)
         $\left[\dfrac{304}{(15 \times 0.85)} + \dfrac{345}{(20 \times 0.85)}\right] \div 2 ≒ 22.07$
      ③ 일체수익가액
         $15,045,000 \times 22.07 ≒ 332,043,000$

2. 건물 가격(옹벽, 조경, 집기 등 제외)
   $12,000,000 + 54,000,000 + 47,000,000 + 22,000,000 + 16,000,000 + 14,000,000 \times [(195-14)-(8+14+8)] \div (195-14) = 162,680,000 (@542,000)$

3. 토지 가격
   $332,043,000 - 162,680,000 = 169,363,000 (@423,000)$

4. 검토 : 일체수익가액으로 검토한 결과 토지 및 건물의 가격이 다소 차이가 있는 것으로 분석됨

Ⅲ. [물음 3] (10)
  1. 평가조건 미요구 시 평가액
   (1) 공시지가기준법
      ㉠ 그 밖의 요인 비교치
        ⓐ 평가선례 선정 : 보상평가의 공법상 제한 기타 가격수준이 유사한 것으로 판단하여 선례 ⓑ를 선정(선례 ⓐ는 토지만의 가격 배분 불가)
        ⓑ 그 밖의 요인 보정치 결정(표준지비교방식)
        $$\frac{505,000 \times 1.00750 \times 1.000 \times 101/99}{420,000 \times 1.00750} ≒ 1.227$$

        상기와 같이 산정되는바 밖의 요인 보정치로 20% 증액 보정함 (1.20)
        ※ 보상평가액 : (505,000+506,000+504,000)/3
      ㉡ 토지단가
        $420,000 \times 1.00750 \times 1.000 \times 0.990^{*)} \times 1.20 ≒ @503,000$

        *) 개별 100/101
   (2) 지상 건물에 따른 감가율
      ① 지상권 사용료와 토지가격 비율
        $(90,000/18m^2)/250,000 ≒ 0.02$
      ② 감가율 : 0.02×10배 = 0.2 (20%)
   (3) 지상 건물 제한에 따른 토지 단가
      $503,000 \times (1-0.2) ≒ @402,000$

  2. 평가개요 중 달라지는 항목 및 명세표
   (1) '평가개요 (2)' 수정
      토지상에 제시 외 건물이 소재하나 소유자가 동일하고 사용승인을 득하여 이에 따른 가치에 영향이 없는 상태의 가격을 제시하였으나 제시 외 건물의 소유자의 진위에 따른 지상권 설정 가능성 및 공동담보 설정여부 등에 대해서는 추후 확인을 요함. 다만, 지상 제시 외 건축물의 소유권이 상이한 사유 등으로 인해 법정지상권 설정 가능성 기타 토지가치에 미치는 영향 등을 감안한 단가를 감정평가명세표 비고란에 제시하였으니 업무진행시 참조 바람
   (2) '평가개요 (4)' 수정
      공부상 미등재된 제시 외 건물은 평가 외 하였음
   (3) 평가개요 추가
      A동 105번지(乙지분)와 공동으로 담보 취득하여 평가 목록에 포함하나 평가 외임

  3. 감정평가명세표

일련번호	소재지	지 번	지목 용도	용도지역 구조	면적(m²)		평가금액		비 고
					공 부	사 정	단 가	금 액	
1	K시 H구 A동	103-1	잡종지	준공업 지역	400	400	503,000	201,200,000	현황 "대" (법정지상권 성립 시 : @402,000)
2	〃	105	도 로	준공업 지역	$180 \times \frac{1}{2}$	90	—	평가 외	현황도로 乙소유지분
합 계								201,200,000	

CHAPTER 02 경매평가[155]

> **핵심 키워드**
>
> 제1절 개관
> 1. 정의
> 2. 종류
> 3. 기타
>
> 제2절 경매평가
> 1. 토지
>   (1) 법정지상권 등
>   (2) 공부상 지목과 현황이 다른 토지
>   (3) 도로저촉 토지
>   (4) 도시계획시설 녹지 및 접도구역 내 토지
>   (5) 토지의 부합물
>   (6) 미분리의 천연과실
>   (7) 부동산의 공유 지분
>   (8) 공부의 오류가 있는 토지
>
> 2. 건물
>   (1) 면적산출
>   (2) 제시 외 건물
>   (3) 건물의 부합물
>   (4) 다세대주택의 실질을 갖춘 다가구용 단독주택의 공유 지분
> 3. 구분소유부동산
>   (1) 구분소유권의 객체
>   (2) 토지, 건물가액의 배분

제1절 개관

1. 정의

「실무기준」에서 경매평가를, 해당 집행법원(경매사건의 관할 법원)이 경매의 대상이 되는 물건의 경매에서 최저매각가격(물건의 매각을 허가하는 최저가격)을 결정하기 위해 의뢰하는 감정평가로 정의하고 있다. 「민사집행법」 제97조에서는 '법원은 감정인에게 부동산을 평가하게 하고 그 평가액을 참작하여 최저매각 가격을 정하여야 한다.'고 규정하고 있는데, 이는 감정평가를 통한 적정한 가격이 제시될 때 부당하게 염가로 매각되는 것이 방지되고 매수신고를 하려는 사람도 입찰가격의 기준을 확인할 수 있어 공정한 경매가 이루어지기 때문이다.

---

[155] 한국감정평가사협회, 『감정평가실무기준해설서』, 『법원감정평가실무』.

2. 종류

경매는 개인 사이에서 행해지는 사경매와 국가기관에 의한 공경매가 있고, 공경매에는 「민사집행법」상의 강제이행절차에 의한 경매와 국세징수법의 체납처분에 의한 공매가 있다. 「민사집행법」상의 경매에는 일반채권자에 의한 경매와 담보권의 실행을 위한 경매가 있는데, 전자를 강제경매, 후자를 임의경매로 부른다. 강제경매와 임의경매의 공통점과 차이점은 다음과 같다.

구 분	항 목	강제경매	임의경매
공통점	채권변제	강제환가	
	환가주체	국가공권력(집행법원)	
	소유권 취득시기	매각대금을 완납한 때	
	효력발생시기	경매신청 등기 시	
차이점	경매대상	채무자의 일반재산 전부	담보설정 된 특정재산
	우선변제	채권액에 따른 비율배분	담보권자 우선변제
	집행권원	필 요	불필요
	공신적 효과	있 음	없 음
	이해관계인	압류채권자, 배당요구한 채권자, 채무자(채무자=소유자), 등기상의 권리자, 권리를 증명한 자	압류채권자, 배당요구한 채권자, 채무자 및 소유자, 등기상의 권리자, 권리를 증명한 자
	이의사유	집행권원의 형식적 부존재	집행절차의 하자, 담보권의 부존재

강제경매에서의 집행권원은 다음과 같다.

구 분	상 세
확정된 이행 판결	이행의 소에서 받은 승소 판결문(형성 판결이나 확인 판결은 집행권원이 없으며 이행 판결을 얻어야 강제 집행이 인정됨)
가집행 선고부 판결	가집행을 할 수 있음을 선고한 판결(내용증명 발송 → 채무자의 재산 가압류 → 소 제기 → 확정 판결 후 집행문 부여 → 강제 집행부여)
확정된 지급명령	법원의 지급 명령에 대하여 채무자의 이의가 없어 확정된 것(지급 명령서가 채무자에게 송달된 후 2주 내 이의가 없으면 확정)
각종조서	화해 조서, 조정 조서, 청구 인낙 조서
공증된 금전채권 문서	공증된 문서 중 금전·유가증권의 채무 이행에 관한 문서(채무자가 강제 집행을 승낙한 취지의 기재가 있는 것)

3. 기 타

경매낙찰금액 전액이 채권회수금액이 되지는 않는다. 경매비용 등 선공제되는 비용이 있고 경매신청권원이 된 해당 저당권보다 선순위권자는 먼저 배당받는다. 경매낙찰금액의 배당순위를 정리하면 다음과 같다. NPL 또는 경매 투자자는 배당순위를 통해 해당 투자로부터 회수되는 금액을 추정할 수 있다.

구 분	항 목	
선공제 비용	경매비용	• 경매신청인이 경매신청서 등에 첨부한 인지대 및 작성 수수료 • 등기사항전부증명서, 공과 증명 등 각종첨부서류 발급비용 • 경매신청을 위한 여비, 일당 • 경매절차 진행상 서류의 송달료 • 경매신청등기의 등기촉탁의 비용(등록세 등 제비용) • 경매절차진행 비용(신문 공고료 등) • 부동산 감정평가 수수료 • 집달관의 집행수수료 (경매수수료, 현황조사 수수료, 유찰수수료 등)
	경매목적부동산에 투입한 필요비[156]와 유익비[157]	저당권을 설정한 후에 목적부동산의 소유권, 지상권, 전세권, 임차권을 취득한 제3취득자가 그 부동산의 보존개량을 위해 필요비 또는 유익비를 지출할 때에는 저당물의 경매 대가에서 우선상환을 받을 수 있다.
1순위	「주택임대차보호법」상의 소액보증금, 「상가건물임대차보호법」상의 소액보증금, 최종 3개월분의 임금과 최종 3년간의 퇴직금 및 재해보상금	
2순위	경매되는 부동산 등에 대한 당해세	
3순위	저당권, 전세권, 담보가등기에 의하여 담보된 채권, 대항요건과 확정일자를 갖춘 임차인의 임차보증금, 당해세를 제외한 국세, 지방세	
4순위	「근로기준법」 제38조 제1항의 임금채권(근로관계로 인한 임금채권)	
5순위	법정기준일이 저당권, 전세권, 질권 설정일보다 늦은 국세, 지방세 등 지방자치단체의 징수금	
6순위	「국민건강보호법」, 「산업재해보상보험법」 및 「국민연금법」에 의한 보험료, 기타 공과금(단 「국민건강보험법」 등에 의한 보험료의 납부기한이 저당권 등의 설정등기일보다 선순위일 경우 이들 보험료는 저당권 등에 의하여 담보된 채권보다 우선하여 배당받을 수 있음)	
7순위	일반 채권자의 일반채권	

---

156) 보존비, 수선비, 공과금 등으로 지출 증빙서가 있는 비용의 범위 내에서 상환을 청구할 수 있다.
157) 물건의 사용가치를 증가시키는데 이바지한 비용으로 부동산 가격이 증가한 현존액을 증명하여 그 범위 내에서 상환을 청구할 수 있다.

제2절 경매평가 기출 13, 16, 17, 20, 24, 26회

1. 토지

(1) 법정지상권 등

① 법정지상권

현행법상 법정지상권은 전세권, 저당권, 가등기담보권, 입목에 의해 발생하고 관습법상의 법정지상권도 인정되고 있다. 법원의 평가명령서에는 '제시 외 건물이 있는 경우에는 반드시 그 가액을 평가하고, 제시 외 건물이 경매대상에서 제외되어 그 대지가 소유권의 제한을 받는 경우에는 그 가액도 평가'하도록 기재돼 있다. 법정지상권은 부동산을 평가할 당시에는 아직 발생하지 않았지만 경락인이 경락으로 토지소유권을 취득할 때에는 그 토지의 부담이 되므로 법정지상권에 의한 부담을 평가하여 제시할 필요가 있다. 실무적으로는 나지 상정하여 정상시가로 표시하고, 그 건물로 인하여 토지의 사용에 제한을 받는 상태의 감정평가금액은 별도로 의견란 등에 표시한다. 대법원(91마608)은, '지상권이 설정된 인근토지의 거래사례와 대항력을 갖춘 임차권이 있는 인근토지의 거래사례를 조사하여 지상권과 임차권 등 용익권에 의한 사용가치의 제한으로 말미암아 토지가 그 제한이 없는 토지에 비하여 얼마정도로 감액되어 거래되고 있는가를 밝힌 뒤 평가대상 토지의 특수성을 고려하여 평가한다.'고 했는데, 실무적으로는 별도의 의견란 등에 적는 법정지상권이 발생하는 토지의 가액을, 지불임료 등의 파악이 가능하면 '나지상정 토지가격 − 지상권 가치'로, 그렇지 않으면 일정비율을 감액하는 식으로 접근하고 있다.

② 유치권

유치권이 개입된 경우 실무상 유치권의 존부 및 권리파악이 곤란하므로 정상평가한 후 조사내용을 기재하여 재판부에서 유치권에 대해 처리하도록 조치하면 된다.

③ 타인점유부분

점유권원 유무, 점용료 지불여부 등을 조사하여 권리의 내용에 따라 감액 또는 정상평가 하되 조사된 내용을 의견서에 표시한다.

④ 건축이 중단된 구축물이 있는 토지

토지만을 정상평가한 뒤에 의견서에 명기하고, 구축물에 대해서 법원의 구축물 추가 평가명령이 있으면 추가로 평가한다. 구축물이 토지의 부합물에 불과하다면 토지평가에 반영하면 될 것이다.

⑤ 건축 중인 건물이 있는 토지

건축 중인 건물이 비록 미완성이지만 기둥, 주벽 및 천장 등을 갖추어 독립한 건물의 요건을 갖춘 경우에는 위 건축 중인 건물 전체를 토지의 부합물로 볼 수 없으므로 경매목적물에서 제외하고 법정지상권 성립가능성을 고려해야 한다.

⑥ 용익권

지상권은 '① 법정지상권' 평가기준을 준용하며, 인접토지의 지역권을 부담하고 있는 승역지인 경우 이로 인한 사용가치 감소액 상당의 손해액을 감액해 평가한다. 전세권이 설정된 경우 선순위의 저당권설정등기 및 전세권설정등기전의 압류가 없는 경우로서 경매신청의 기입등기 후 6월을 경과하여 그 존속기간이 만료되는 전세권에 한해 감가해 평가한다. 대항력 있는 임차권이 존재하고 있는 경우에도 그 부담이 있는 상태대로 감액 평가한다.

(2) 공부상 지목과 현황이 다른 토지

실제 거래에서 반영될 이용 상황을 기준으로 평가한다. 다만, 평가명령서에는 등기상 지목과 현황이 다른 토지는 지목 및 현황에 따른 가격을 병기하도록 하고 있으므로, 두 개의 가격을 제시하는 것이 일반적이다.

(3) 도로저촉 토지

도시계획도로인 경우 그 저촉 받는 상태대로 평가하되, 도로개설시기 및 예상 보상가 등을 고려할 필요가 있다. 현황도로인 경우 관습상 사도인지 특정인만 사용해서 그에게 지료청구가 가능한 도로인지를 조사하고 보상평가의 대상이 될 경우 등을 고려하여 평가한다. 실무적으로는 「토지보상법」상의 도로평가기준(사실상 사도의 경우 인근토지의 1/3이내 평가 등)을 준용하고 있다.

(4) 도시계획시설 녹지 및 접도구역 내 토지

행위제한의 내용을 확인해서 그 제한을 받는 상태대로 평가한다. 도시계획시설 녹지 중 완충녹지가 경관녹지에 비해 행위제한이 다소 강하며, 접도구역 내 토지는 현 이용 상황에 따라 제한의 정도가 달라 이를 고려한다.

(5) 토지의 부합물

토지의 부합물에는 수목(단, '입목에 관한 법률에 따라 등기된 입목' 및 '명인방법을 갖춘 입목' 제외), 교량, 도랑, 돌담, 도로포장, 논둑, 지하굴착공사에 의한 콘크리트구조물, 주유소부지의 유류저장탱크, 공유수면의 빈지에 옹벽을 쌓고 토사를 다져 넣어 축조한 공작물 등이 있으며, 토지의 평가 시 이를 반영한다. 다만, 정원석 등 부합물이 상당한 경제적 가치를 갖는 경우 토지와 별도로 평가금액을 표시하는 것이 바람직하다.

(6) 미분리의 천연과실

물건의 용법에 의하여 수취하는 산출물로서 과수의 열매, 곡물, 광물, 석재, 토사 등이 있다. 명인방법을 구비해 제3자에게 양도된 경우가 아니면 토지의 구성부분이므로 평가 대상이 된다. 경락 시까지 성숙기에 달해 채무자에 의해 수취될 것이 예상되거나 채굴이 예상되는 경우 평가 대상에서 제외되지만, 임의경매에서는 이에 구애 없이 모든 천연과실을 평가하도록 하고 있다.

(7) 부동산의 공유 지분

공유물 전체에 관해 평가한 다음 그 지분비율에 따른 가격을 산출하는 것이 원칙이며, 지분별로 토지 위치가 특정된 경우(공유지분자 전원 또는 인근 공유지분자 3인 이상의 위치확인동의서를 받아 확인) 그 위치에 따라 평가한다. 대표적으로 구분소유적 공유로 파악되면 토지의 지분에 대한 평가가 아닌 특정 구분소유목적물에 대해 평가한다.

(8) 공부의 오류가 있는 토지

위치가 지적공부와 부합되지 않는 토지는 실제의 위치로 정정하는 것이 원칙이므로 정정 후 평가하며, 지적공부와 면적이 부합하지 않는 경우 불부합 내용을 기재하고 현황을 확인하여 조치 후 평가한다.

2. 건 물

(1) 면적산출

면적 측정은 물적 동일성을 확인하기 위함이며, 공부와 실측 면적이 동일성을 인정할 수 있을 정도의 오차를 보일 경우 공부면적으로 평가하고, 그 오차가 상당한 경우 실측면적으로 평가한다. 의견란 등에 실측사정 하였음을 기재해야 한다.

(2) 제시 외 건물

면적 등은 실측면적으로 사정하고 현상 등을 반영하여 평가하되, 제시 외 건물임을 알 수 있게 표시해야 한다.

(3) 건물의 부합물

증축 또는 개축되는 부분이 독립된 구분소유권의 객체로 될 수 없는 것일 때에는 기존건물에 부합한다. 임차인이 그 권원에 의해 벽, 천정에 부착시킨 석재, 합판 등도 부착과 동시에 건물에 부합된다. 다만, 건물의 증축부분이 축조 당시에는 본 건물의 구성부분이 됨으로써 독립한 권리의 객체성을 상실하여 본 건물에 부합되었다고 할지라도 그 후 구조의 변경 등으로 독립한 권리의 객체성을 취득하게 된 때에는 본 건물과 독립하여 거래의 대상이 될 수 있어 부합물로 보기 어렵다.

(4) 다세대주택의 실질을 갖춘 다가구용 단독주택의 공유 지분

구조상·이용상 독립성을 구비하고 실질적으로 여러 세대가 독립된 주거생활을 영위하는 다세대용 공동주택에 해당되지만, 구분건물등기가 경료되지 못한 다가구용 단독주택의 공유지분등기는 일반등기와는 달리 특정부분에 대한 구분소유권을 표창, 전체가격 중 공유지분의 비율에 따른 가격이 아니라 전체건물 중 해당 구분건물이 점유하고 있는 위치를 반영한 가격이이야 하므로 토지·건물을 일체로 한 비준가액으로 결정해야 한다.

3. 구분소유부동산

(1) 구분소유권의 객체

준공 당시 경계벽이 아닌 「집합건물법」 제1조의2에서 정한 경계표지에 의하여 각 구분점포를 구분하기로 예정하면서 집합건축물대장 신규등록과 구분건물로서 소유권보존등기를 마쳤으나 각 점포가 인근의 점포들과 통합하여 각각 하나의 통합점포로 이용되면서 현재 경계표지 능이 설치되어 있지 않은 경우, 각 점포의 집합건축물대장에 첨부된 평면도 및 건축물현황도에 의하면 점포별로 위치와 면적이 명확히 나타나 특정할 수 있고, 이를 기초로 각 점포의 경계를 확인하고 경계표지 등을 설치하여 구분건물로서 용이하게 복원할 수 있다면, 각 점포는 구분건물로서 구조상 독립성을 갖추고 있었다고 볼 수 있어, 각 점포에 존재하는 기둥, 유리벽, 출입문만으로는 각 점포의 경계 혹은 범위를 특정할 수 없다는 등의 이유로 구분소유권의 객체가 될 수 없다고 판단할 수는 없다(대법원). 따라서 이 경우도 경매평가의 대상이 된다.

(2) 토지, 건물가액의 배분

집합건물을 일괄하여 평가하더라도 법원경매 시 토지와 건물 각각의 후순위자가 배당참여에 결정적인 영향을 미치기 때문에 법적인 권리관계를 명확히 하기 위해서 토지와 건물의 배분비율을 산정하여 각각의 가격배분 내역을 감정평가서에 명시하도록 하고 있다. 배분비율은 한국부동산연구원에서 2004년, 2007년, 2012년 제시한 주거용 및 비주거용 집합건물의 토지·건물 배분비율표를 참작하고 있다.

➕ 알아보기 | 배분비율표

- 아파트의 토지·건물 배분비율표(전국, 서울만 예시)

구 분			신축-5년		6-15년		16-25년		25년 초과	
			토지	건물	토지	건물	토지	건물	토지	건물
전국			3	7	3	9	3	9	4	6
서울		저층	6	4	6	4	7	3	8	2
		중층	6	4	6	4	7	3	8	2
		고층	6	4	6	4	7	3	7	3
		초고층	5	5	6	4	6	4	6	4
	도심권	저층	7	3	7	3	8	2	8	2
		중층	6	4	6	4	7	3	8	2
		초고층	6	4	6	4	7	3	7	3
	동북권	저층	6	4	6	4	7	3	7	3
		중층	6	4	6	4	6	4	7	3
		고층	5	5	5	5	6	4	6	4
		초고층	4	6	5	5	5	5	6	4
	동남권	저층	7	3	7	3	8	2	9	1
		중층	7	3	7	3	8	2	9	1
		고층	7	3	7	3	8	2	8	2
		초고층	6	4	7	3	7	3	8	2
	서남권	저층	6	4	6	4	7	3	7	3
		중층	6	4	6	4	7	3	7	3
		고층	6	4	6	4	6	4	7	3
		초고층	5	5	6	4	6	4	6	4
	서북권	저층	6	4	6	4	7	3	7	3
		중층	6	4	6	4	7	3	7	3
		고층	5	5	6	4	6	4	6	4
		초고층	5	5	5	5	6	4	6	4

- 연립 및 다세대주택의 토지·건물 배분비율표

구 분		신축-5년		6-15년		16-25년		25년 초과	
		토지	건물	토지	건물	토지	건물	토지	건물
전 국		3	7	3	7	4	6	5	5
	서울	4	6	5	5	6	4	7	3
	도심권	5	5	5	5	6	4	8	2
	동북권	4	6	4	6	5	5	7	3
	동남권	6	4	6	4	7	3	8	2
	서남권	4	6	4	6	5	5	7	3
	서북권	4	6	4	6	5	5	7	3

- 비주거용 집합건물 토지·건물 배분비율표(서울)

구 분		해당층											
		지하		1층		2층		3-5층		6-10층		11층 이상	
		토지	건물	토지	건물	토지	건물	토지	건물	토지	건물	토지	건물
오피스 빌딩	10층 이하	3.9	6.1	2.6	7.4	3.5	6.5	3.7	6.3	3.6	6.4	—	—
	11층 이상	3.8	6.2	2.5	7.5	3.2	6.8	3.4	6.6	3.5	6.5	3.4	6.6
매장용 빌딩	5층 이하	3.7~4.7	6.3~5.3	2.1~3.1	7.9~6.9	3.4~4.4	6.6~5.6	3.7~4.7	6.3~5.3	—	—	—	—
	6층 이상	3.5~4.5	6.5~5.5	1.8~2.8	8.2~7.2	3.0~4.0	7.0~6.0	3.6~4.6	6.4~5.4	3.6~4.6	6.4~5.4	—	—
오피 스텔	5층 이하	5.2	4.8	5.2	4.8	5.2	4.8	5.2	4.8	5.2	4.8	5.2	4.8
	6~10층	4.4	5.6	4.4	5.6	4.4	5.6	4.4	5.6	4.4	5.6	4.4	5.6
	11층 이상	4.1	5.9	4.1	5.9	4.1	5.9	4.1	5.9	4.1	5.9	4.1	5.9

CHAPTER 02 기출문제

경매평가

01 감정평가사 김공정씨는 다음 물건에 대하여 ○○지방법원으로부터 경매 목적의 감정평가를 의뢰받았다. 기준시점을 2015.9.19.로 하여 관련법규 및 이론을 참작하고 주어진 자료를 활용하여 감정평가하시오. (10점) `기출 26회`

〈자료 1〉 법원감정평가 명령서 내용 요약 및 평가대상

1. 기호(1) : S시 S구 S동 1210번지, 대, 200m², 제2종일반주거지역

2. 기호(가) : S시 S구 S동 1210번지 지상 철근콘크리트조 및 벽돌조 슬래브 지붕 2층 주택(사용승인일 : 2009.12.5., 완공일 : 2008.5.5.)
   1층 : 철근콘크리트조 단독주택 100m²
   2층 : 벽돌조 단독주택 12m²(2012.2.3. 증축)

3. 현장조사사항 : 기호(1) 토지 지상에는 〈자료 2〉 현황도와 같이 법원의 제시목록 외 기호 ㉠, ㉡이 소재함. 제시 목록뿐 아니라 등기사항전부증명서 및 대장에도 등재되어 있지 아니하여 소유권에 대한 재확인이 필요함

4. 유의사항 : 제시 외 건물이 있는 경우에는 반드시 그 가액을 평가하고, 제시 외 건물이 경매대상에서 제외되어 그 대지가 소유권의 행사를 제한받는 경우에는 그 제한을 반영하여 평가함

〈자료 2〉 현황도

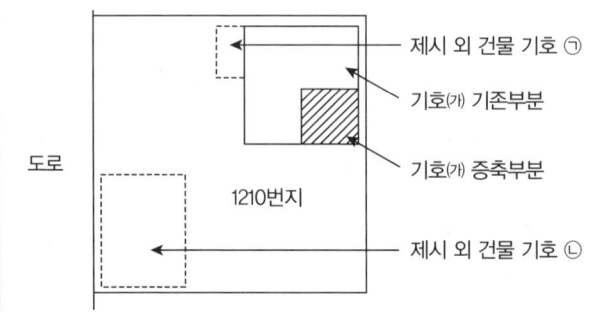

〈자료 3〉 건물평가자료

구 분	구 조	이용상황	재조달원가(원/㎡)	면적(㎡)	적용단가(원/㎡)
기호(가) 기존	철근콘크리트조 슬래브지붕	주택(방1, 거실, 주방, 화장실1)	750,000		
기호(가) 증축	벽돌조슬래브지붕	방1	600,000		
제시 외 건물 기호 ㉠	경량철골조 판넬지붕	보일러실	—	4	100,000
제시 외 건물 기호 ㉡	벽돌조 슬래브지붕	주택(방1, 주방1, 화장실1)	600,000	48	

※ 철근콘크리트조 내용년수 50년, 벽돌조 내용년수 45년, 잔가율 0%
※ 제시 외 건물 기호 ㉠은 신축연도가 불명확하여 관찰감가를 병용하여 적용단가를 산정하였으며, 면적은 실측면적임
※ 제시 외 건물 기호 ㉡은 잔존내용년수가 20년으로 추정됨

〈자료 4〉 기타자료

1. 제시 외 건물이 토지에 미치는 영향을 고려하지 아니하고 공시지가 기준으로 평가한 금액은 6,530,000원/㎡임. 제시 외 건물이 토지에 미치는 영향이 있다고 판단될 경우에는 아래사항을 감안하여 평가하기 바람

구 분	전체 토지에 미치는 영향
제시 외 건물 기호㉠	1%
제시 외 건물 기호㉡	12%

출제영역
경매평가

답안작성 가이드

Ⅰ. 평가개요
  복합부동산에 대한 경매평가(기준시점 : 2015.9.19.)

Ⅱ. 경매평가액
  1. 제시 외 건물을 포함한 일괄 경매 시
    (1) 토지가액
      6,530,000 × 200㎡ = 1,306,000,000

(2) 건물가액
　① 기호 (가)
　　㉠ 1층 : 신축시점은 완공일 기준(사용승인일과 1년 이상 격차)
　　　750,000×43/50＝@645,000
　　　　　　　　　(×100m²＝64,500,000)
　　㉡ 2층(구분평가) : 증축건물인바 잔존내용연수 조정
　　　600,000×42/45*⁾＝@560,000
　　　　　　　　　(×12m²＝6,720,000)
　　　*) 43＋3년＞45인바 전체내용연수로 45년 적용
　　㉢ 감정평가액
　　　'㉠'＋'㉡'＝71,220,000
　② 제시 외 건물
　　㉠ 제시 외 건물 ⓐ
　　　※ 관찰감가 적용
　　　100,000×4＝400,000
　　㉡ 제시 외 건물 ⓑ
　　　600,000×20/45≒@266,000
　　　　　　　　　(×48m²＝12,768,000)
　　㉢ 소 계
　　　13,168,000
　③ 건물가액
　　'①'＋'②'≒84,388,000
(3) 경매평가액
　'(1)'＋'(2)'≒1,390,388,000

2. 제시 외 건물을 제외한 경매평가 시
　(1) 토지가액 ; 제시 외 건물 ⓑ가 미치는 불리한 영향 고려
　　6,530,000×(1−0.12)＝5,746,000
　　　　　　　　　(×200m²＝1,149,200,000)
　(2) 건물가액 ; 기호 (가) 및 부합물로 판단되는 제시 외 건물 ㉠ 포함
　　71,220,000＋400,000＝71,620,000
　(3) 경매평가액
　　'(1)'＋'(2)'＝1,220,820,000

02

감정평가사 A는 다음과 같은 조건으로 감정평가의뢰를 받았다. 주어진 자료를 활용하여 각각의 감정평가가격을 구하시오. (20점)   기출 13회

(1) 2001.3.31. 가격시점의 담보감정평가가격 : 〈자료 1〉 ~ 〈자료 4〉
   ① 담보감정평가가격을 구하시오.
   ② 담보감정평가 시 적정성 검토방법을 약술하시오.
(2) 2002.3.31. 가격시점의 경매감정평가가격 : 〈자료 5〉 ~ 〈자료 8〉
   ① 경매감정평가가격을 구하시오(단, 제시 외 건물이 토지와 일괄경매되는 조건).
   ② 제시 외 건물이 타인 소유인 것으로 상정하여 당해 토지(토지대장등본상 C시 S읍 C리 121번지)의 경매감정평가가격을 구하시오.

Ⅰ. 2001.3.31. 가격시점의 자료

〈자료 1〉 감정평가 의뢰내용

1. 소재지 : C시 S읍 C리 121번지, 답, 360m²
2. 도시계획사항 : 도시지역(미지정)
3. 감정평가목적 : 담보

〈자료 2〉 사전조사사항

1. 등기부 및 토지대장등본 확인사항 : 답, 360m²
2. 인근의 공시지가 표준지 현황

(공시기준일 2001.1.1.)

일련번호	소재지	지목	면적(m²)	용도지역	이용상황	도로교통	공시지가(원/m²)
1	C시 126-2	대	500	미지정	상업용	소로한면	40,000
2	C시 119	답	400	미지정	답	세로(불)	18,000
3	C시 226	답	365	자연녹지	답	세로가	20,000

3. 지가변동률(C시)

(단위 : %)

용도지역	주거지역	상업지역	녹지지역	준농림지역	농림지역
2001년 1/4분기	-0.80	-2.00	0.00	1.05	0.95

4. 본 토지 및 유사물건 감정평가사례 : 없음

〈자료 3〉 현장조사 사항

1. 지적도 및 이용상태(지적선 : 실선)

노폭 5m의 포장도로				
120번지	121번지	현황 도로 부분		122번지
131번지	132번지		133번지	

현장조사결과 본 토지 중 50m²는 현황도로로 이용 중이고 현황도로 부분과 C시 S읍 C리 122번지 사이의 토지 10m²부분은 단독효용성이 희박한 것으로 조사되었음

2. 거래사례

일련번호	소재지	지 목	면적(m²)	거래가격(원)	거래일자	용도지역
1	C리 126-2	전	500	12,000,000	2001.2.1.	미지정
2	C리 125	답	400	6,000,000	2001.1.9.	미지정

가. 거래사례 1은 외지인이 1년 이내에 음식점을 신축할 목적으로 정상가격보다 21% 고가로 매입하였음

나. 거래사례 2는 친척간의 거래로 정상가격보다 저가로 거래되었음

〈자료 4〉 기타자료

1. 지역요인 : 동일함

2. 개별요인 평점

구 분	대상토지	표준지(1)	표준지(2)	표준지(3)	거래사례(1)	거래사례(2)
평 점	100	160	90	100	90	110

※ 단, 대상토지의 평점은 현황도로 및 단독효용성 희박부분 외의 토지를 기준함

3. 지가변동률은 토지보상평가지침에 의거 소수점 셋째 자리에서 반올림함

4. 토지단가는 토지보상평가지침에 의거 100,000원 단위 이상일 경우 유효숫자 셋째 자리, 그 미만은 둘째 자리까지 표시함을 원칙으로 하되 반올림함

Ⅱ. 2002.3.31. 가격시점의 자료

〈자료 5〉 감정평가 의뢰내용

1. 소재지 : C시 S읍 C리 121번지, 답, 350m²

2. 도시계획사항 : 자연녹지지역

3. 감정평가목적 : 경매

〈자료 6〉 사전조사사항

1. 등기부등본 확인사항 : 답, 350m²
2. 토지대장등본 확인사항 : 토지대장등본을 확인한 바 C시 S읍 C리 121번지의 토지이동사항은 아래와 같고 소유자는 관련 등기부등본상의 소유자와 동일함

이동 전	이동 후	비 고
답, 360m²	답, 350m²	2001.11.1.에 답, 10m²가 분할되어 C시 S읍 C리 122번지와 합병 (등기부정리 완료)
답, 350m²	답, 300m²	2001.12.1.에 답, 50m²가 분할되어 C시 S읍 C리 121-1번지로 분할

3. 당해 토지 용도지역은 2001.12.1.에 확정·변경되었음
4. 인근의 공시지가 표준지 현황

(공시기준일 2002.1.1.)

일련번호	소재지	지 목	면적(m²)	용도지역	이용상황	도로교통	공시지가(원/m²)
1	C시 126-2	대	500	자연녹지	상업용	소로한면	40,000
2	C시 119	답	400	자연녹지	답	세로(불)	20,000
3	C시 226	답	365	자연녹지	답	세로가	22,000

5. 지가변동률(C시)

(단위 : %)

용도지역	주거지역	상업지역	녹지지역	준농림지역	농림지역
2002년 1/4분기	1.00	0.80	2.00	2.05	1.75

〈자료 7〉 현장조사사항

1. 지적도 및 이용상태(지적선 : 실선)

노폭 5m의 포장도로				
120번지	121번지	(ㄱ)	121-1번지	122번지
131번지	132번지		132-1번지	133번지

   가. 현황도로인 C시 S읍 C리 121-1번지는 C시에서 농로를 개설하기 위해 직권분할하였으며, 보상 감정평가는 이루어졌으나 보상금은 미수령 상태인 것으로 조사되었음
   나. 지적도상 C시 S읍 C리 121번지는 부지조성을 공정률 20%정도 진행하다 중단된 상태로 현재까지 지출된 비용은 3,000,000원(제시 외 건물과는 무관함)이고 이는 적정한 것으로 조사되었음

2. 제시 외 건물에 관한 사항
   가. 본 토지상에 기호 (ㄱ)인 제시 외 건물이 소재하고 있으며 소유자는 알 수 없었음
   나. 구조, 용도, 면적 : 경량철골조, 판넬 지붕, 간이숙소, 30m²
   다. 신축시점 : 탐문결과 2002.1.1.에 신축된 것으로 조사됨

3. 보상선례 : 대상토지의 정상적인 거래시세 및 기타사항 등을 종합 참작한 적정 가격으로 분석되었으며, 공도 등으로 이용되는 대상 토지는 보상평가 기준에 의거 감정평가한 것으로 조사되었음

소재지	지 목	면적(m²)	이용상태	가격시점	보상단가(원/m²)
C시 S읍 C리 121-1번지	답	50	도 로	2002.3.31.	8,500

※ 보상선례를 기준한 단가는 백원 미만을 절사함

〈자료 8〉 기타사항

1. 대상토지에 적용되는 건폐율은 60%임
2. 토지의 지역요인 : 동일함
3. 토지의 개별요인

구 분	대상토지	표준지(1)	표준지(2)	표준지(3)
평 점	100	160	90	100

※ 단, 대상토지의 평점은 현황도로 및 단독효용성 희박부분 외의 토지를 기준함

4. 경량철골조, 판넬지붕, 간이창고건물의 2002.3.31.기준 표준적인 신축가격은 150,000원/m²이며 간이숙소에 설치하는 난방, 위생설비 등의 설비 단가는 30,000원/m²임(내용연수는 30년)
5. 본 지역 관할법원에서는 토지와 제시 외 건물의 소유자가 상이하여 일괄경매가 되지 않을 경우의 토지가격을 별도로 감정평가해줄 것을 요구 하고 있음. 이 경우 해당부분의 토지에 지상권이 설정된 정도의 제한을 감안(30%)하여 감정평가하는 것이 일반적임

출제영역

담보, 경매평가

답안작성 가이드

I. [물음 1] 2001.3.31. 담보감정평가액

1. 담보감정평가액

(1) 기본적 사항의 확정

감정평가의뢰내용에 따라 C리 121번지 답 360m²를 평가대상으로 하되, 평가목적이 담보임을 고려하여 환가성이 없는 현황도로 및 단독효용이 희박한 토지부분은 평가 외로 함

[유효토지면적 : 360-(50+10)=300m²]

(2) 공시지가기준가액

대상과 용도지역(미지정), 이용상황(답)이 유사한 표준지 〈기호 2〉를 기준함

18,000 × 1.00000 × 1.000 × 100/90 × 1.00 = @20,000
     *시   *개   *그

*시 : 도시지역 내 용도지역이 미세분된 바, 녹지지역의 지가변동률을 적용함
※ 별도의 그 밖의 요인 보정사항 없음

(3) 비준가액

최근 거래사례 중 사정보정이 가능한 〈사례 1〉 기준하여,

$12,000,000 \times \underset{*사}{0.83} \times 1.00000 \times 1.000 \times \underset{*개}{1.111} \times 1/500 ≒ @22,000$

*사 : 100/121

*개 : 100/90

(4) 담보평가액의 결정

표준지공시지가를 기준으로 하되, 담보물건의 안정성을 고려하여 @20,000원으로 결정함

∴ @20,000 × 300 = 6,000,000원

2. 적정성 검토 방법

① 공부내용과 현황의 일치여부, ② 적용공시지가 표준지 선정의 적정성, ③ 평가액 산출과정의 적정성, ④ 건물 등의 재조달원가 및 내용연수 산정의 적정성, ⑤ 감정평가서의 필수적 기재사항 누락여부, ⑥ 감정평가수수료 산정의 적정성, ⑦ 그 밖에 필요한 사항

Ⅱ. [물음 2] 2002.3.31. 경매감정평가액

1. 경매감정평가액(일괄경매조건)

(1) 기본적 사항의 확정

① 제시된 공부를 기준하여, 답 350m^2가 평가대상임. 도로로 예정된 121-1(50m^2) 부분은 보상금지급이 확실시 되므로 보상평가액으로 갈음함

② 현황평가로서 기준시점 당시의 용도지역을 기준으로 하고, 부지조성비 및 제시 외 건물가격을 포함함

(2) 토지평가액

① 유효택지부분

㉠ 비교표준지 선정

대상과 용도지역(자연녹지), 이용상황(답) 및 도로조건이 유사한 표준지 〈기호 3〉을 선정함

㉡ 감정평가액

$22,000 \times 1.02000 \times 1.000 \times 100/100 \times 1.00 + 3,000,000/300 ≒ @32,000$

(× 300 = 9,600,000원)

② 전체토지가격

'①' + 8,500 × 50 = 10,025,000원

(3) 제시 외 건물

(150,000 + 30,000) × 30 = 5,400,000

(4) 합계

'(2)' + '(3)' = 15,425,000

2. 제시 외 건물이 타인소유인 경우 토지의 경매감정평가액

(1) 기본적 사항의 확정

타인소유 건축물이 있는 토지는 지상권이 설정된 정도의 제한을 감안하여 평가함(적용면적 : 30/0.6 = 50m^2)

(2) 토지평가액

㉠ 유효택지부분

$32,000 \times 250 + (32,000 \times 0.7) \times 50 = 9,120,000$

㉡ '공도 등'

$8,500 \times 50 = 425,000$

※ 보상평가액

㉢ 합계

'㉠' + '㉡' = 9,545,000원

03

감정평가사 S씨는 투자자로부터 부실채권(Non Performing Loan)투자와 관련한 자문을 요청받았다. 부실채권은 당해부동산과 관련된 담보부채권이다. 주어진 자료를 활용하여 다음 물음에 답하시오. (20점)   기출 20회

(1) 가격시점 현재 대상부동산의 가격을 평가하시오. (10점)
(2) 대상부동산의 예상낙찰가를 낙찰가율과 낙찰사례를 통하여 각각 구해 결정하고, 법원의 경매절차 진행시 낙찰을 통해 대상부실채권으로부터 얻을 수 있는 예상현금흐름을 구하시오(단, 시간적 요인은 고려하지 아니함). (10점)

〈자료 1〉 기본적 사항

1. 대상부동산
   (1) 토지 : A시 B구 C동 77번지, 대, 250m², 주거용, 일반상업지역, 세로에 접함, 장방형, 평지
   (2) 건물 : 위 지상 벽돌조 슬래브지붕 2층건, 연면적 200m²(1, 2층 각 100m²)

2. 가격시점 : 2009.9.6.

3. 개요
   (1) 대상부동산이 속한 A시 B구는 구도심 내 일반상업지역인 C동, 아파트가 많이 소재하는 D동, 정비된 주택지대인 E동, 기타 F동 등으로 형성되어 있으며, 대상부동산의 주변은 구도심 내 일반상업지역으로 대로변으로는 다소 노후화된 3~4층 규모의 상업용 건물이 소재하고 후면으로는 노후화된 주상용 건물, 주거용 건물 등이 혼재하여 있음. 도심지 재개발과 관련하여 사업을 추진 중인 추진위원회는 설립되어 있으나 구체적인 계획은 미정인 상태임
   (2) 본건은 노후화된 2층의 주거용 건물로서 1층에는 소유자가 거주하고 있으며 2층 일부는 임차인이 거주하고 있음
   (3) 본건 주변의 거래상황은 재개발가능성을 염두에 둔 수요가 다소 있어 매도호가는 다소 상승 중인 것으로 조사되었으며, 거래관행은 본건 주변건물이 대체로 노후화되어 있어 토지면적만을 기준으로 가격이 형성되어 있는 것으로 조사됨

4. 대상부실채권(NPL)
   상기 대상부동산에 관련된 M은행의 500,000,000원의 담보부채권으로서 2순위로 근저당 설정되어 있음(미납이자 등은 고려하지 아니함)

〈자료 2〉 표준지 공시지가(공시기준일 2009년 1월 1일)
본건과 가장 비교가능성 있는 다음의 표준지를 기준함

일련번호	소재지	면적(m²)	지목	이용상황	용도지역	도로교통	형상 및 지세	공시지가(원/m²)
1	A시 B구 C동 78	260	대	주거용	일반상업	세로	정방형 평지	5,000,000

〈자료 3〉 거래사례

1. 토지 : C동 100번지, 대, 300m², 주거용, 일반상업지역, 소로에 접함, 사다리형, 완경사
2. 건물 : 벽돌조 슬래브지붕 2층 건, 연면적 200m²
3. 거래가격 : 1,455,000,000원
4. 거래시점 : 2009.5.1.
5. 기타 : 본 거래에 특이사항은 없었던 것으로 판단됨

⟨자료 4⟩ 임대내역 등

1. 본건 1층은 소유자 자가사용이고, 2층 일부는 임차인에게 임대 중이나 정확한 내역은 미상임
2. 주변 탐문조사 결과 본건을 임대할 경우 1, 2층 각각 보증금 50,000,000원, 월세 1,400,000원에 임대 가능한 것으로 조사됨
3. 제경비는 임차인 부담으로 필요제경비, 공익비 및 실비초과액 등은 고려하지 아니함

⟨자료 5⟩ 낙찰사례

1. 토지 : C동 60번지, 대, 350m², 주거용, 일반상업지역, 세로에 접함, 사다리형, 완경사
2. 건물 : 벽돌조 슬래브지붕 2층 건, 연면적 180m²
3. 경매평가금액(최초법사가) : 1,600,000,000원
4. 낙찰가 : 1,070,000,000원
5. 낙찰시점 : 2009.6.1.
6. 기타 : 경매 당시 소유자와 일부 임차인이 거주 중이었고, 권리관계 등 제반사항은 본건과 유사한 것으로 조사되었음

⟨자료 6⟩ 토지 개별요인 비교

1. 도로 : 세로(95), 소로(100), 중로(105), 광로(115)
2. 형상 : 정방형(100), 장방형(100), 기타(95)
3. 지세 : 평지(100), 완경사(95)
4. 기타 : 토지의 기타 개별요인은 대상부동산과 표준지·사례들이 유사함

⟨자료 7⟩ 건물에 관한 사항

1. 건물개요

구 분	대상건물	거래사례	낙찰사례
준공일자	1980.1.1.	1982.1.1.	1981.1.1.
대지면적(m²)	250	300	350
연면적(m²)	200	200	180
구 조	벽돌조 슬래브지붕	벽돌조 슬래브지붕	벽돌조 슬래브지붕

2. 벽돌조 슬래브지붕 건물신축단가(2009.1.1. 기준) : 700,000(원/m²)
3. 내용연수 50년, 잔존가치 0%
4. 감가상각은 만년감가함

⟨자료 8⟩ 낙찰가율 자료 : 최근 6개월간 A시 B구 낙찰가율

구 분	낙찰가율(%)
아파트	80
단독주택	70
연립, 다세대 주택	68
상업용건물	73
기 타	65

⟨자료 9⟩ 시점수정 자료

1. 지가변동률
   (1) 2009.1.1. ~ 가격시점 : 1.00300
   (2) 2009.5.1. ~ 가격시점 : 1.01000
   (3) 2009.6.1. ~ 가격시점 : 1.00700

2. 건축비지수
   2009년 1월 1일 이후 건축비는 보합세임

⟨자료 10⟩
현금흐름 산정 시 검토할 이해관계는 다음과 같음

1. 등기부상
   (1) 1순위 근저당(I은행) : 400,000,000원
   (2) 2순위 근저당(M은행 : 대상부실채권) : 500,000,000원
   (3) 3순위 근저당(N은행) : 100,000,000원
   (4) 4순위 근저당(P은행) : 50,000,000원

2. 기 타
   (1) 경매감정평가 수수료 및 경매집행비용 : 7,000,000원
   (2) 소액임차인 : 16,000,000원
   (3) 일반채권 : 10,000,000원

⟨자료 11⟩ 기타사항

1. 같은 동에 소재하는 부동산은 동일한 지역요인을 가지는 것으로 조사됨
2. 보증금 운용이율과 적용 환원율은 6%로 함
3. 근저당과 관련한 미납이자나 채권최고액 등은 고려하지 아니함

출제영역

경매 현금흐름

답안작성 가이드

I. [물음 1] 현 대상부동산 가치 (10)

1. 평가개요

   주거용 복합 부동산인 대상의 현재가격을 물건별 평가액, 일체비준가액(건물 포함된 토지가격), 일체 수익가액을 시산 조정하여 결정함

2. 물건별 평가액의 합계

   (1) 토지(공시지가기준법)

   $5,000,000 \times 1.00300 \times 1 \times 1 \times 1 ≒ @5,020,000$
   $(\times 250 = 1,255,000,000)$

   (2) 건물(원가법)

   $700,000 \times 1 \times 1 \times \dfrac{21}{50} \times 200 = 58,800,000$

   주) 건물개별요인 미제시되어 동일하다고 가정

   (3) 합계 = 1,313,800,000

3. 거래사례비교법

(1) 개 요

대상 소재 지역은 도심 재개발 사업이 추진 중인 지역으로 거래관행은 토지면적만을 기준으로 가격이 형성되므로, 사례도 이와 같은 관행으로 거래된 것으로 보아 토지 요인 비교만으로 평가함

(2) 일체비준가액

$$1{,}455{,}000{,}000 \times 1 \times 1.01000 \times 1.000 \times \left(0.95 \times \frac{100}{95} \times \frac{100}{95}\right) \times \frac{250}{300} ≒ 1{,}289{,}079{,}000$$

4. 일체수익가액

(1) 개 요

자가 사용 부분 및 임대료 미상인 부분의 적정 임대료를 탐문조사에 의한 시장임료를 적용하여 산정함

(2) 순수익

$(50{,}000{,}000 \times 0.06 + 1{,}400{,}000 \times 12) \times 2 = 39{,}600{,}000$

(3) 일체수익가액

$39{,}600{,}000 / 0.06 = 660{,}000{,}000$

5. 대상 부동산 가격 결정

대상은 전형적인 규모에 미달하고 재개발 예정지역인 점에서 수익에 기초한 수익가액은 신뢰성에 의문이 있다. 물건별 평가액을 중심으로 인근의 거래 관행을 잘 반영한다고 보이는 비준가액을 참작하여 1,300,000,000원으로 결정함

Ⅱ. [물음 2] 경매에 따른 예상 현금흐름 (10)

1. 예상 낙찰가격

(1) 낙찰가율

① 최근 6개월간 A시 B구 평균 낙찰가율(단독주택) : 70%

② 낙찰사례의 낙찰가 기준

$1{,}070{,}000{,}000 / 1{,}600{,}000{,}000 ≒ 0.669\ (66.9\%)$

③ 낙찰가율 결정

B구 단독주택 낙찰가율과 유사하고 대상과 권리관계 등 유사한 최근 낙찰사례의 낙찰가율을 기준하여 67%로 결정함

(2) 대상 예상 낙찰가격

$1{,}300{,}000{,}000 \times 0.67 = 871{,}000{,}000$

2. 예상 현금흐름

순 위	내 용	금액(원)
	예상낙찰가격	871,000,000
1	평가수수료 및 경매집행비용	7,000,000
2	소액임차인 최우선 변제	16,000,000
3	1순위(I은행) 근저당	400,000,000
	대상 부실채권 귀속 현금흐름	448,000,000

04 감정평가사 홍길동 씨는 법원으로부터 시장가치 및 예상낙찰가 산정을 의뢰받았다. 주어진 자료를 참고하여 시장가치 및 예상낙찰가를 구하고, 산출방법에 대해 약술하시오. (15점) 기출 24회

〈자료 1〉 평가대상 부동산 개황

1. 소재지 : A시 B구 C동 100－1번지 외
2. 토지 : 100－1번지, 200m², 대, 준주거지역, 정방형, 평지
   100－2번지, 200m², 대, 준주거지역, 정방형, 평지
   100－3번지, 200m², 대, 준주거지역, 정방형, 평지
3. 건물 : 평가대상 토지(100－1, 2, 3번지) 및 평가대상 외 토지(100번지 : 타인소유) 4필지 일단의 토지 지상 철근콘크리트조 슬래브지붕 1 ~ 4층 각 480m²(지하층 없음) 근린생활시설(신축년도 2003.9.7.)
4. 기준시점 : 2013.9.7.

〈자료 2〉 주위환경 및 시장상황

1. 본건이 속한 A시 B구 C동은 전면 도로변으로 4 ~ 6층 근린생활시설이 혼재하며, 후면은 근린생활시설 및 단독, 다가구 등 주상복합지대로 형성되어 있음
2. 본건 주위는 최근 2년간 가격 변동 추이는 보합정도이며, 향후 전망도 보합정도이나 용적률이 낮은 오래된 상업용 건물(1970년대 신축)의 경우 개별 또는 합필하여 철거 후 재건축이 진행 중인 필지도 일부 혼재함
3. 토지소유자와 건물소유자가 다른 경우 건물소유자는 토지의 시장가치에 적정지료를 지불하고 정상적으로 사용·수익할 수 있는 것으로 조사되었으며, 주변의 토지 거래량이나 거래가격도 적정한 것으로 조사됨

〈자료 3〉 지적도

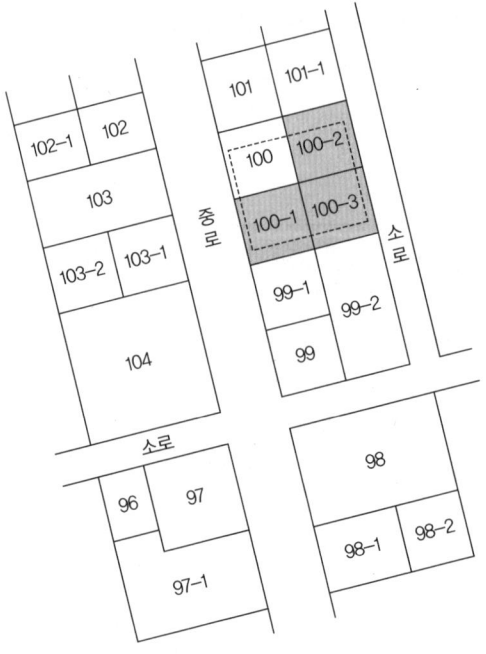

〈자료 4〉 표준지 공시지가

(2013.1.1.)

기 호	소재지	면적(m²)	지 목	용도지역	이용상황	도로교통	형상 지세	공시지가 (원/m²)
1	C동 99-1	200	대	준주거	상업용	중로한면	정방형 평지	5,200,000
2	C동 101-1	250	대	준주거	주상용	소로한면	가장형 평지	3,000,000
3	C동 103	400	대	준주거	상업용	중로한면	세장형 완경사	4,000,000

〈자료 5〉 개별요인 비교치

1. 접면도로

구 분	중로각지	중로한면	소로각지	소로한면
비교치	1.05	1.00	0.90	0.85

2. 형 상

구 분	가로장방형	정방형	세로장방형	부정형
비교치	1.05	1.00	0.95	0.85

3. 지 세

구 분	평지	저지	완경사	급경사	고지
비교치	1.05	1.00	0.95	0.90	0.85

〈자료 6〉 신축단가 등

1. 철근콘크리트조 슬래브지붕(부대설비 포함) @1,400,000원/m²(2013.1.1.)
   (2013년 이후 건축비 변동은 없는 것으로 함)
2. 물리적 내용연수 : 철근콘크리트조 슬래브지붕 50년
3. 잔존가치는 없는 것으로 봄

〈자료 7〉 기 타
A시 B구 근린생활시설의 최근 낙찰가율은 75% 정도임

📑 출제영역
경매_예상낙찰가

📑 답안작성 가이드

Ⅰ. 평가개요
본 건은 A시 B구 C동에 소재하는 토지 및 건물에 대한 시장가치 및 예상낙찰가 평가 건임(기준시점 2013.9.7.)

Ⅱ. 시장가치
1. 토 지
    (1) 대상물건의 확정
        평가대상은 필지는 100-1, -2, -3번지이고, 개별요인은 100번지 포함 일단지 기준 중로각지, 정방형, 평지임
    (2) 비교표준지 선정
        용도지역(준주거)·이용상황(상업용), 주노선(중로)이 동일하며 지리적으로 근접한 표준지 〈기호 1〉 선정
    (3) 평가액
        $5,200,000 \times \underset{\text{시}^{*1)}}{1.00000} \times \underset{\text{지}}{1.000} \times \underset{\text{개}^{*2)}}{1.050} \times \underset{\text{그}^{*3)}}{1.00} = @5,460,000$ ($\times 600m^2 = 3,276,000,000$원)

        *1) 향후 가격변동추이 보합
        *2) $1.05/1.00 \times 1.00/1.00 \times 1.00/1.00$
        *3) 별도 제시자료 없어 표준지가 시장가치 수준인 것으로 판단

2. 건 물
    $1,400,000 \times \underset{\text{사}}{1} \times \underset{\text{시}}{1.00000} \times \underset{\text{개}}{1.000} \times \underset{\text{잔}^{*1)}}{\dfrac{40}{50}} = @1,120,000$ ($480 \times 4 = 2,150,400,000$)

    *1) 물리적 내용연수와 경제적 내용연수 동일한 것으로 봄. 정액법, 만년감가

3. 시장가치 : '1'+'2' = 5,426,400,000 원

Ⅲ. 예상낙찰가
$5,426,400,000 \times 0.75$(A시 B구 근린생활시설 최근 낙찰가율) $- 312,000,000^{*)} = 3,757,800,000$원

*) 100번지 지상권가액 : $5,200,000 \times 0.3 \times 200m^2$

Ⅳ. 산출방법
1. 시장가치
    본건은 A시 B구 C동에 소재하는 상업용 부동산(토지, 건물)으로서 토지는 공시지가기준법, 건물은 원가법으로 가격 결정하였음

2. 예상낙찰가(결정)
    대상 부동산의 시장가치에 동일 구 내 근린생활시설의 최근 낙찰가율을 적용하여 산출하되, 타인 토지 점유로 건물 잔존내용연수 동안 적정지료를 지불해야 하는 불리한 정도를 점유 토지의 지상권 가치 정도로 판단해 추가 감가함

CHAPTER 03 정비사업 평가[158]

제4편 | 목적별 감정평가

> **핵심 키워드**

제1절 개 관
1. 정비사업
2. 정비사업 절차에 따른 감정평가
3. 관리처분방식

제2절 정비사업 감정평가
1. 종전자산 감정평가
   (1) 대 상
   (2) 기준시점
   (3) 평가기준 및 방법
2. 종후자산 감정평가
   (1) 성 격
   (2) 기준시점
   (3) 평가기준 및 방법
3. 정비기반시설 감정평가
   (1) 대 상
   (2) 기준시점
   (3) 평가기준 및 방법
4. 국·공유재산 매각평가
   (1) 대 상
   (2) 기준시점
   (3) 평가기준 및 방법
5. 현금청산 감정평가
   (1) 「도시정비법」 제73조에 따른 현금청산
   (2) 「도시정비법」 제39조 제3항에 따른 현금청산
6. 매도청구 감정평가
   (1) 유 형
   (2) 기준시점
   (3) 평가기준 및 방법
7. 수용 등에 따른 보상평가
8. 그 밖의 감정평가

제3절 빈집 및 소규모주택정비사업 감정평가
1. 빈집 감정평가
   (1) 개 요
   (2) 빈집 철거에 따른 감정평가
   (3) 빈집 매입에 따른 감정평가
   (4) 빈집 수용에 따른 감정평가
2. 소규모주택정비사업 감정평가
   (1) 개 요
   (2) 행위제한 등
   (3) 관리처분
   (4) 매도청구 및 수용

제4절 도심공공복합사업 감정평가
1. 개 요
2. 단계별 감정평가
   (1) 도심공공주택복합사업 절차
   (2) 보상평가

제5절 리모델링에 따른 감정평가
1. 개 요
2. 리모델링 감정평가
   (1) 매도청구
   (2) 권리변환(종전, 종후)
   (3) 현금청산
   (4) 법인세 감정평가

---

158) 한국감정평가사협회 『감정평가실무기준』, 『감정평가실무기준해설서』, 『감정평가실무매뉴얼(도시정비평가편)』

제1절 개관

1. 정비사업

「도시 및 주거환경정비법」(이하 "도시정비법")에서 정비사업을, 도시기능을 회복하기 위하여 정비구역에서 정비기반시설을 정비하거나 주택 등 건축물을 개량 또는 건설하는 사업으로 정의하고 있다. 정비사업은 아래와 같이 분류한다.

주거환경개선사업	도시저소득 주민이 집단 거주하는 지역으로서 정비기반시설이 극히 열악하고 노후·불량건축물이 과도하게 밀집한 지역의 주거환경을 개선하거나 단독주택 및 다세대주택이 밀집한 지역에서 정비기반시설과 공동이용시설 확충을 통하여 주거환경을 보전·정비·개량하기 위한 사업
재개발사업	정비기반시설이 열악하고 노후·불량건축물이 밀집한 지역에서 주거환경을 개선하거나 상업지역·공업지역 등에서 도시기능의 회복 및 상권 활성화 등을 위하여 도시환경을 개선하기 위한 사업
재건축사업	정비기반시설은 양호하나 노후·불량건축물에 해당하는 공동주택이 밀집한 지역에서 주거환경을 개선하기 위한 사업

「빈집 및 소규모주택 정비에 관한 특례법」으로 진행하는 가로주택정비사업 및 소규모재건축사업은 각각 재개발·재건축 사업과 유사하여 이들 사업에서의 감정평가도 「도시정비법」 규정을 준용하고 있다.

2. 정비사업 절차에 따른 감정평가

정비사업의 단계와 각 단계에서 수행하는 감정평가업무를 정리하면 다음 표와 같다.

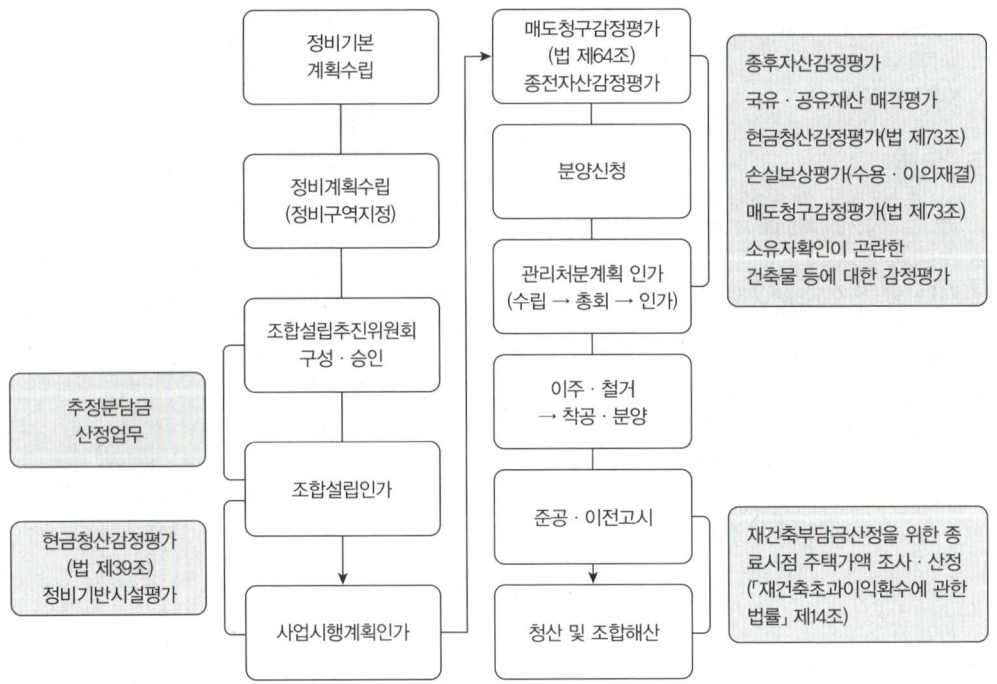

각 단계의 감정평가업무를 정리하면 다음과 같다.

구 분	상 세
종전자산 감정평가	「도시정비법」 제72조 제1항 제1호 및 제74조 제1항 제5호에 따라 실시되는 종전의 토지 또는 건축물에 관한 관리처분계획 수립 목적의 감정평가
종후자산감정평가	「도시정비법」 제74조 제1항 제3호에 따라 실시되는 분양예정인 대지 또는 건축물에 대한 관리처분계획 수립 목적의 감정평가
세입자별 영업손실평가	「도시정비법」 제74조 제1항 제8호에 따라 관리처분계획수립을 위해 실시되는 세입자별 영업손실보상평가
정비기반시설감정평가	「도시정비법」 제97조 제1항 내지 제3항에 따른 정비기반시설의 무상귀속 및 무상양도 협의를 위해 「도시정비법 시행령」 제47조 제2항 제10호와 제11호에 따라 실시하는 감정평가
국·공유재산 매각평가	「도시정비법」 제98조 제4항 내지 제6항에 따라 매각하는 국·공유재산에 대한 매각예정가액 결정을 위한 감정평가
현금청산감정평가	「도시정비법」 제39조 제3항 또는 제73조에 따라 실시되는 현금청산대상자 소유의 토지·건축물 또는 그 밖의 권리에 대한 현금청산협의를 목적으로 하는 감정평가
매도청구감정평가	「도시정비법」 제64조 또는 제73조에 따라 제기된 매도청구소송 관할법원의 의뢰로 실시되는 매도청구대상 토지·건축물 또는 그 밖의 권리에 대한 감정평가

한편, 「도시정비법」 제35조 제10항에는 '추진위원회는 조합설립에 필요한 동의를 받기 전에 추정분담금 등 대통령령으로 정하는 정보를 토지 등 소유자에게 제공하여야 한다.'고 규정돼 있다. 조합설립 동의서를 제출하기에 앞서 조합원은 이 사업으로 인해 신축될 주택 등을 받기 위해 추가로 납부해야 할 개략적인 분담금에 관한 정보를 제공받아야 한다는 것이다. 이때 '추정분담금 산정 용역'을 수행하는데 이는 감정평가가 아닌 컨설팅 형식을 취한다. 재건축사업에서는 「재건축초과이익환수에 관한 법률」에 따른 재건축초과이익부담금을 납부해야 한다. 분양신청 전에 조합원에게 개략적인 부담금을 통지하고 있어 그 즈음에 '재건축초과이익부담금 추정' 용역을 컨설팅 업무로 수행한다.

이 외에 분양가상한제적용을 받는 구역에서는 일반분양가 결정을 위해 '택지비감정평가'가 수행되고, 국민주택규모를 초과하는 주택 및 근린생활시설에 포함시킬 부가가치세 결정을 위한 평가, 정비사업 조합이 납부할 법인세를 절감하기 위한 현물출자자산 평가 등의 수요가 있다.

3. 관리처분방식

정비사업은 대부분 관리처분방식으로 진행한다. 관리처분방식은 종전자산을 분양예정자산으로 교환해주는 방식이며, 그 지렛대 역할을 '비례율'이 맡는다. 비례율은 '(분양예정자산-사업비용)/종전자산'으로 계산되는 정비사업의 사업성을 나타내는 지표로, 분모는 현재 자산, 분자는 전환비용을 감안한 장래 자산의 가치다. 따라서 정비사업으로 인해 종전자산의 가치가 평균적으로 얼마나 증가하는지를 표시한다. 분양 신청하는 조합원은, '종전자산×비례율'만큼 권리가액으로 인정받고 분양신청한 분양예정자산 조합원분양가와의 차액을 납부하거나 수령한다. 비례율을 산정할 때는 종전자산과 종후자산은 평가액으로, 사업비용은 사업시행자가 제시한 원가산출내역서를 계약서등을 통해 검증해 반영하고 있다. 아래는 A정비사업조합이 제시한 원가산출내역서다.

알아보기 원가산출내역서

			총 계	263,537,698,966	—
소요비용추산액			소 계	5,725,796,315	—
			조사측량비	500,000,000	경계복원, 점유, 확정측량, 경계측량 등
			설계비	1,791,000,615	—
			감리비	3,434,795,700	—
	공사비		소 계	208,388,973,950	—
			대지조성 공사비	37,028,320,000	
			건축시설 공사비	163,416,543,350	
			부대시설 공사비	—	건축시설 공사비에 포함
			정비기반시설 공사비	—	건축시설 공사비에 포함
		지장물 정비	건축물 철거비	4,400,000,0000	
			이설비(상수, 통신, 가스 등)	1,472,055,300	—
			석면폐기물처리	300,000,000	
		기타 공사비	수방대책비	300,000,000	
			인입공사비	1,472,055,300	
			예술장식품, 공원조성, 기부채납도로조성, 조경공사	—	건축시설 공사비에 포함
	보상비 및 관리비		소 계	18,523,693,539	
			국공유지 매입비	143,850,000	
			무상 양수·도 차액	80,000,000	〈무상양도액－무상양수액〉을 토지 원가로 파악
		손실 보상비	수용재결 등	7,417,843,539	현금청산 포함
			기타보상비	3,500,000,000	영업권 손실 등
		이주비	세입자 주거 대책비	5,600,000,000	주거 이전비 4개월, 임대신청자 2개월
			조합운영비	1,862,000,000	—
	부대경비		소 계	30,899,235,162	—
			감정평가수수료	800,000,000	용도폐지, 종전/종후평가 수수료
			채권매입	485,960,000	도시철도채권, 국민주택채권, 면허세 등
		외주 용역비	행정용역	1,226,712,750	
			정비계획수립	493,350,000	구역지정 및 정비계획수립
			교통영향평가	70,000,000	—
			지질조사 및 조경설계	56,000,000	
			문화유산지표조사	4,570,000	—
			정비기반시설산출 등	196,600,000	정비기반시설설치, 임대택지비, 임대 대지조성비
			법무 및 변호, 회계비	130,000,000	—
			기타용역비	800,000,000	상가분양수수료, 분양보증수수료 등 제반비용

		광역교통시설부담금	182,438,179	—
		하수도원인자부담금	5,000,000	—
		학교용지부담금	200,000,000	—
		분양보증수수료	342,792,611	—
		보존등기비	700,000,000	일반분양, 토지수용공탁, 건축물대장제작, 기타 등기비 등
	기타 경비	제세공과금	3,000,000,000	사업승인비, 허가수수료, 법인세, 등록세, 취득세 등
		공사부가세	6,705,811,622	국민주택초과규모
		대여금 이자	10,000,000,000	유이자 대여금에 대한 금리 추산액
		기타사업비	500,000,000	총회 등 기타사업추산경비
		예비비	5,000,000,000	사업추진과정에서 발생되는 지출항목 이외의 소요비용 추산액

정비사업 중 재건축사업에서는 '비례율' 못지않게 '무상지분율'이란 용어가 등장한다. 무상지분율은 종전 자산의 대지평형을 종후자산 분양평형으로 전환시키는 비율이다. 산출과정은 다음과 같다.

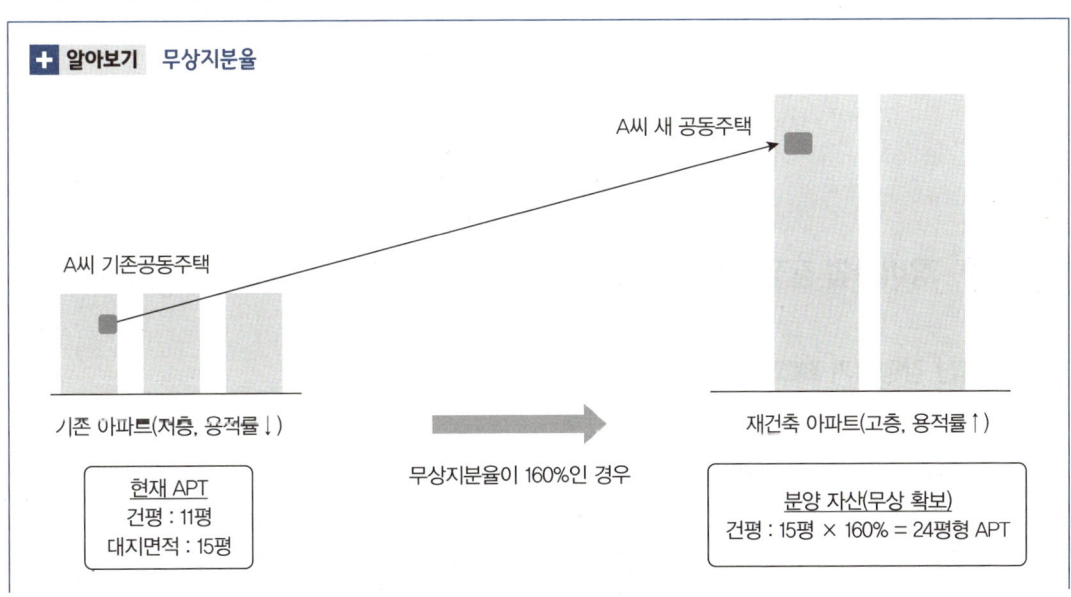

알아보기 무상지분율

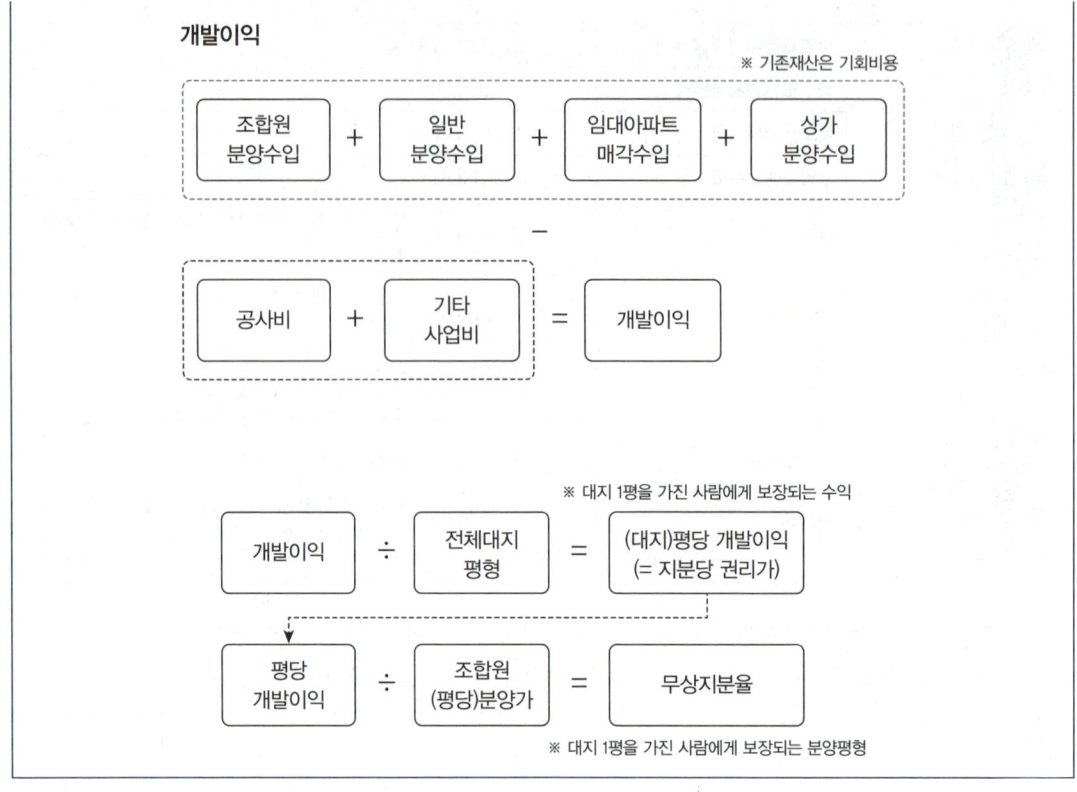

제2절 정비사업 감정평가

1. 종전자산 감정평가 기출 17, 21회

(1) 대상

실무기준에서는 도시정비평가의 대상을 사업시행자 등이 감정평가를 요청한 물건으로 규정했다. 종전자산 감정평가 목록 확정은 감정평가의 문제일 뿐 아니라 관리처분계획 수립 시 토지 등 소유자 자격 및 조합원 자격, 분양대상자격과 직결된다. 쉽게 이해하면 종전자산 감정평가 목적물은 분양신청자격이 주어지는 물건이다. 종전자산 감정평가 목록의 확정은 사업시행자가 작성·제시한 감정평가 목록으로 한다. 종전자산 평가대상과 관련한 실무적인 처리방침은 다음과 같다.

구 분	상 세
무허가건물	• 대부분의 조례에서 89.1.24. 당시의 무허가건물은 적법한 건물로 보아 종전자산 대상에 포함시킴 • 그 외의 무허가건물은 '신발생무허가건축물'로 목록에서 제외
국·공유재산	• 점유지 : 점유자에게 우선 매각되는 경우 목록에 포함, 점유자가 매수를 포기하는 경우 및 점유면적이 점유·사용연고권 인정면적(서울시의 경우 사유지를 포함해 200m²)을 초과하는 경우는 원칙적으로 사업시행자가 매수하므로 목록에 포함되지 않으나 종전자산 평가 당시는 이가 확정되지 않아 실무적으로는 점유지 전체를 종전자산 목록에 넣음 • 비점유지 : 사업시행자에게 무상으로 양도되거나 사업시행자가 유상으로 매입하므로 모두 목록에 불포함
소유권 외의 권리	소유권 외의 권리자는 분양대상자가 아니므로 목록에 불포함
재건축설립 미동의자	원칙적으로 목록에 불포함하나, 재건축조합 표준정관 제9조 제1항에 따라 분양신청 기한까지 조합설립동의서를 제출한 조합원 물건은 목록 포함 가능
건물 외 담장·대문, 수목 등	일반적으로 목록에 포함되지 않으나, 정관 등에 따라 처리
건축물	• 일반적으로 건축물대장상 면적을 기준 • 건축물대장에 표시되지 않은 종물, 부합물 성격의 옥탑, 발코니, 현관 보일러실, 창고 등은 목록에 불포함 • 건물의 실측면적을 제시받은 경우에는 조례·정관에 위배되는지 확인, 조회 후 처리(일반적이지 않음)
미사용승인건축물	건축물대장 및 등기가 없는 점 고려 재산세과세대장 등 자료 참고하여 대상물건을 확인하며, 건물면적은 건축허가면적을 초과할 수 없음
구분소유권 객체가 아닌 경우	• 구분소유권 등기·등록과 별개로, 구분소유권 성립요건 충족하지 못한 경우 토지, 건물로 목록 포함 • 법정공용부분인 복도 등이 별개의 전유부분으로 구분등기 되어도 구분등기는 무효이므로 목록 불포함
독립적 부동산으로 보기 어려운 경우	부합물에 불과한 화장실, 창고 등은 원칙적으로 목록 불포함
멸실부동산	• 기준시점 당시 현존하고 확인 가능한 것만 원칙적으로 목록 포함 • 다만 「도시정비법」 제81조에 따른 안전사고 우려 등의 사유로 적법하게 철거한 경우 및 화재로 인한 시장정비사업에 있어서만은 예외적으로 목록 포함
정비구역과 정비구역이 아닌 지역에 걸쳐 있는 경우	해당 정비구역 편입부분만 목록 포함
2이상의 정비구역에 걸치는 경우	각 정비구역의 종전자산평가 시기가 다르므로 사업시행자 제시에 따라 목록 결정
대지권 없는 아파트 공유시설 (새마을 회관, 관리사무실)	별도의 소유자가 특정되어 있지 않은 아파트 공용부분에 대해 분양대상자격이 주어지지 않으므로 목록 불포함
무단 용도변경에 따른 부대설비(영업용>주거용)	용도를 변경하지 않고 해당 설비의 설치가 가능하다면 이를 고려하여 평가

(2) 기준시점

「도시정비법」제72조 및 제74조에는 '사업시행계획인가의 고시가 있은 날'을 기준으로 한 가격을 토지 등 소유자에게 통지하고 관리처분계획을 수립하도록 하고 있다. 종전자산의 기준시점은 '사업시행계획인가의 고시가 있은 날'이며, 사업시행계획인가 고시문이 수록된 사업시행계획인가권자가 속한 지방자치단체의 공보(公報)가 발행된 날[159]을 기준으로 판단한다.

사업시행계획변경인가의 고시가 있게 되면, 종전 사업시행계획인가가 유효한지 최초 사업시행계획인가 당시 종전자산 평가 결과물이 있었는지에 따라 의견이 나뉜다. 아래는, 실무매뉴얼에서 각 사안별로 정리한 의견이다. 매뉴얼에서도 다양한 의견이 있으며 어느 한 의견이 옳다는 판단을 내리지는 않았다. 따라서 사업시행자 또는 관리처분계획인가권자로부터 서면을 받아 처리하는 것이 합리적이다.

구 분		기간도과 실효 여부		당초 사업시행계획 인가의 법적 효력이 소급하여 상실(취소 또는 무효확인)된 후에 관리처분계획을 변경하는 경우
		사업시행기간 내 사업시행계획·관리처분계획 변경 시	기간도과 실효 후 사업시행계획변경 및 관리처분계획 변경 시	
최초 사업시행 기간 내 종전자산 감정평가 실시 여부	실시된 경우, 종전자산 감정평가를 다시 해야 하는지 여부	(유형1) 변경 고시일을 기준시점으로 종전자산재평가를 하지 않은 것이 위법한 것은 아니다.	(유형2) 변경 고시일을 기준시점으로 하여 종전자산재평가를 하지 않은 것이 위법한 것은 아니다.	(유형5) 변경고시일 기준으로 종전자산 감정평가를 다시 하지 않고 최초 고시일 기준 종전자산 감정평가 결과를 원용한 하자가 중대한 것은 아니다 (조합설립인가처분이 무효임이 확정된 후에 관리처분계획을 변경한 경우)
	실시되지 않고, 변경고시 후 비로소 종전자산 감정평가를 하는 경우	(유형3) ① 변경고시일 : 법제처 법령해석14-0289(2014.7.21.) ② 최초고시일 　(i) 국토교통부 주택정비-959(2015.3.26.) 　(ii) 한국감정평가사협회 2016년 교육내용 ③ 특별한 사정이 없는 한 최초고시일 원칙이나 변경 고시일도 가능 　(i) 2016두 35281 판결 　(ii) 법제처 법령해석 18-0397(2018.10.11.)	(유형4) ① 변경고시일 : 한국감정평가사협회 2016 교육내용 ② 사업시행기간은 사업시행계획 및 그 인가처분의 유효기간이 아니므로 기간도과 여부는 독자적 분류기준이 될 수 없고 유형3의 제 견해에 따라야 한다는 견해	(유형6) 확정적으로 취소되거나 무효가 확인된 사업시행계획인가 이후 최초로 행해진 유효적법한 사업시행계획인가의 고시가 있은 날

---

159) 다만, 공보에 고시한 날과 공보발행일이 다른 경우 전자

당초 지정된 정비구역에 대해 종전자산 감정평가를 한 후에 정비구역이 추가·확장된 경우 사업시행계획변경인가를 받게 된다. 기존 구역은 종전자산 평가결과물이 있고 추가·확장된 부분은 새로이 종전자산 평가를 수행해야 한다. 이때는 사업시행계획인가고시일 또는 사업시행계획변경인가고시일 어느 것으로 하든 기존구역과 추가·확장 부분의 기준시점만 통일시키면 된다. 사업시행계획의 '변경'이 아닌 '폐지'에 해당되면 새로이 사업시행인가고시를 받은 날을 기준으로 평가한다.

「도시정비법」 제81조 제3항에 따라 안전사고 우려 등으로 시장·군수 등의 허가를 받아 적법하게 멸실한 경우 '시장·군수 등에게 허가를 받은 날'을 기준시점으로 삼는다.

(3) 평가기준 및 방법

실무기준에서 종전자산 평가의 기준을 다음과 같이 규정하고 있다.

> 종전자산의 감정평가는 사업시행인가고시가 있는 날의 현황을 기준으로 감정평가하되, 다음 각 호의 사항을 준수하여야 한다.
> 1. 종전자산의 감정평가는 조합원별 조합출자 자산의 상대적 가치비율 산정의 기준이 되므로 대상물건의 유형·위치·규모 등에 따라 감정평가액의 균형이 유지되도록 하여야 한다.
> 2. 해당 정비구역의 지정에 따른 공법상 제한을 받지 아니한 상태를 기준으로 감정평가한다.
> 3. 해당 정비사업의 시행을 직접 목적으로 하여 용도지역이나 용도지구 등의 토지이용계획이 변경된 경우에는 변경되기 전의 용도지역이나 용도지구 등을 기준으로 감정평가한다.

① 상대적 가격 균형

재개발사업은 초기 손실보상평가의 성격을 갖고 출발했으나 현재는 조합원의 현물출자에 의한 공동사업으로 이해하고 있다. 종전자산 감정평가는 관리처분계획수립을 위한 것이고 관리처분계획은 해당사업으로 인한 개발이익과 손실을 분양대상자들에게 형평성 있게 배분하는 것이므로 조합원 간 상대적 균형에 주안점을 두어야 한다. 따라서 아래 예시한 것과 같이 조합원 전체자산의 고평가 또는 저평가에 의한 영향은 없고, 상대적 형평성 없는 평가가 이뤄질 때만 특정인을 제외한 나머지 조합원이 피해를 입는다.

> ① 전체적인 과다 평가 결과
> 종전자산 평가 시 전체적인 평가금액을 정상가격보다 10% 높게 책정했다고 전제하면,
>
> **〈10% 고가 평가〉**
> 1. '은교'의 종전자산평가액: 1.1억(전체의 1%)
> 2. 종전자산 전체 평가액: 110억
> 3. 분양예정자산 전체 평가액: 250억
> 4. 전체 사업비용: 100억
> 5. 은교의 권리가액(종전자산×비례율)
>
> $$1.1억 \times \frac{250억 - 100억}{110억} = 1.5억$$
>
> **〈정상 평가〉**
> 1. '은교'의 종전자산평가액: 1억(전체의 1%)
> 2. 종전자산 전체 평가액: 100억
> 3. 분양예정자산 전체 평가액: 250억
> 4. 전체 사업비용: 100억
> 5. 은교의 권리가액(종전자산×비례율)
>
> $$1억 \times \frac{250억 - 100억}{100억} = 1.5억$$

이때 일률적으로 10% 평가가격을 높인 것 자체가 은교를 비롯한 모든 조합원의 권리가액에 영향을 미치지 못하고 있는 것을 알 수 있다.

② 특정 조합원 고가 평가

특정 조합원(은교)이 종전자산을 높게 인정받기 위해 일반적으로 종전자산에 포함되지 않는 '신발생무허가건물'을 종전자산 평가에 포함시키게 되면,

〈무허가건물 인정 시 비례율〉	〈무허가건물 배제 시 비례율〉

1. '은교'의 종전자산평가액 : 1.1억
  (무허가건물 1천만원 포함, 전체의 1%)
2. 종전자산 전체 평가액 : 110억
3. 분양예정자산 전체 평가액 : 250억
4. 전체 사업비용 : 100억
5. 비례율
  $\dfrac{250-100}{110} = 1.364$
6. 권리가액 : 1.1억 × 1.364 = 1억 5천만
	1. '은교'의 종전자산평가액 : 1억
	  (전체의 0.9%)
	2. 종전자산 전체 평가액 : 109억 9천만
	3. 분양예정자산 전체 평가액 : 250억
	4. 전체 사업비용 : 100억
	5. 비례율
	  $\dfrac{250-100}{109.9} = 1.365$
	6. 권리가액 : 1억 × 1.365 ≒ 1억 3천 6백 5십만

종전자산에 포함시켜서는 안 되는 신발생무허가건물을 포함시켜 특정 조합원의 종전자산 가치를 높이게 되면, 비례율은 미세하나마 줄어들고 다른 조합원의 권리가액은 줄어든다. 반면, 특정조합원은 비례율 하락의 효과보다 종전자산가액 증가 효과가 커 권리가액이 늘어나 상대적으로 유리해진다.

② 공법상 제한

해당 정비구역의 지정에 따른 도시계획시설의 저촉, 정비구역 지정으로 인한 행위제한 등을 감안하지 않으며, 해당 정비사업의 시행을 목적으로 공법상 제한이 변경된 경우에는 이를 배제하고 감정평가한다.

③ 정비사업으로 인한 가격변동

보상평가와 달리 해당 개발이익은 토지 등 소유자가 향유하는 것이므로 이를 합리적이고 균형있게 반영할 수 있다.

④ 구체적 평가

토지의 종전자산 평가와 관련해 정리할 사항은 다음과 같다.

구 분	상 세
비교표준지	해당 정비구역 안에 있는 표준지 중에서 실무기준 상의 비교표준지 선정기준에 적합한 표준지를 선정하는 것을 원칙으로 한다. 다만, 해당 정비구역 안에 적절한 표준지가 없거나 해당 정비구역 안 표준지를 선정하는 것이 적절하지 아니한 경우에는 해당 정비구역 밖의 표준지를 선정할 수 있다.
적용공시지가	해당 정비구역의 사업시행계획(변경)인가고시일 이전 시점을 공시기준일로 하는 공시지가로서 사업시행계획(변경)인가고시일에 가장 가까운 시점에 공시된 공시지가를 기준으로 한다.
표준지의 도시계획시설 저촉	저촉으로 인해 감액 공시된 것은 아니므로 저촉 받지 않은 상태의 가격으로 파악(증액 보정하지 않음)
일부 편입	편입 전 전체를 기준으로 토지 특성 파악
구분소유적 공유	사업시행자에게서 위치확인도면을 제시받아 위치별로 구분감정평가
타인점유	현황이 아닌 공부상 지목 등을 고려해 평가
현황도로	「토지보상법 시행규칙」 제26조 준용(사실상 사도 1/3 이내 평가 등)

건물 및 구분건물의 종전자산 평가와 관련해 정리할 사항은 다음과 같다.

구 분	상 세
주거용건물	「토지보상법 시행규칙」 제33조 제2항에 따른 거래사례비교법 적용 필요성 없음
미사용승인건물	허가받은 용도기준으로 평가함, 불법 용도변경 된 경우 '합법적 이용평가액－전환비용'으로 평가
구분건물	• 거래사례비교법 적용 • 거래사례는 '사업시행계획인가의 고시가 있은 날' 이전 사례로서, 정비구역 내·외와 무관하게 선정 • 개별요인 중 대지지분율 등을 검토 • 토지면적, 건축연면적, 용적률 등의 측면에서 유사한 (구분건물이 아닌) 복합부동산과의 가격격차율, 즉, 해당 구분건물을 토지·건물로 보아 감정평가한 가액[160]과 거래사례비교법에 의한 비준가액과의 균형을 검토함

한편 비례율을 산정할 때의 종전자산가액에는 분양 신청한 조합원의 종전자산가액만 포함된다. 종전자산평가보고서 총액에서 일부항목의 가감조정이 이뤄진다.

구 분	상 세
비례율 산정에서 포함	• 분양신청해서 분양자격을 얻은 조합원의 종전자산 평가액 • 위 조합원이 점유하고 있는 국·공유지의 조합원 취득가액
비례율 산정에서 제외	• 현금청산하는 조합원의 종전자산 평가액(사업비용) • 분양자격을 얻지 못한 조합원의 종전자산 평가액(사업비용) • 수용보상 받는 조합원의 종전자산 평가액(사업비용) • 분양자격을 얻은 조합원의 신발생무허가건물 등 평가액(사업비용×)

2. 종후자산 감정평가 기출 17회

(1) 성 격

종후자산은 정비사업으로 인해 축조될 분양예정자산으로, 기준시점 당시 실제로 존재하지 않는 물건이다. 따라서 사업시행계획도서에 근거해 적법하게 사용승인 받아 적정 대지사용권의 배분·귀속이 될 것을 전제로 한 조건부 감정평가에 해당된다. 종후자산은 조합원이 분양받을 물건이다. 공동주택 중 분양주택이 아닌 임대주택은 별도 감정평가기준을 따르며, 학교용지, 문화시설용지, 공용청사용지 등의 평가는 일반분양가 성격을 띠므로 종후자산 평가기준과 다르다.

(2) 기준시점

실무기준에서는 '종후자산의 감정평가는 분양신청기간 만료일이나 의뢰인이 제시하는 날을 기준으로 하며, 대상물건의 유형·위치·규모 등에 따라 감정평가액의 균형이 유지되도록 하여야 한다.'고 규정하고 있다.

---

[160] 공시지가기준법에 의한 토지가액과 원가법에 의한 건물가액의 합계에 구분 건물로 이용함에 따른 가치증가분을 반영한 가액

종후자산 감정평가의 기준시점은 분양신청기간 만료일로 하는 것이 원칙이나, 분양신청기간이 만료되는 날까지 종후자산 감정평가의 주요 변수인 정비사업비 추산액이 확정되지 않은 경우가 많고 종후자산 감정평가의 의뢰와 실시는 분양신청기간 만료일보다 상당기간이 경과한 후인 경우도 많은데 상당기간 과거시점인 분양신청기간 만료일을 기준시점으로 하게 되면 불합리할 수 있어, 사업시행자로부터 기준시점을 서면으로 제시받아 감정평가 할 수 있다.

주택규모, 세대수 등의 변경[161]으로 종후자산 감정평가를 다시 하는 경우에는, 「도시정비법」 제72조의 분양신청절차를 다시 거치는지에 따라 기준시점이 달라질 수 있다. 분양신청 절차를 다시 거친 경우에는 새로운 분양신청기간 만료일이 원칙적으로 기준시점이 된다. 다만, 사업시행자가 별도로 제시한 다른 날짜를 기준으로 감정평가 할 수 있다. 분양신청 절차를 다시 거치지 않은 경우도 마찬가지다. 종후자산 중 일부만이 설계 변경되어 재평가하는 경우 종전 기준시점과 다른 기준시점을 제시받는 경우에는 설계 변경되지 않은 종후자산까지 새로운 기준시점으로 재평가를 진행해야 한다. 종후자산 감정평가의 기준시점이 종후자산 물건별로 달라지는 타당하지 않기 때문이다.

(3) 평가기준 및 방법

2009년 「도시정비법」이 개정되기 전에는 '분양예정인 대지 또는 건축물의 추산액은 시·도 조례가 정하는 바에 의하여 산정하되~'라는 규정이 있었고, 위임받은 시·도 조례의 규정은 대부분 '사업시행자가 제시한 원가산출근거에 따라 평가한다.'는 내용이었다. 원가법에 의한 평가를 강제한 것으로 해석됐고 실제 사업시행자가 제시한 원가의 총액을 각 분양예정자산으로 배분하는 평가서가 주를 이뤘다. 2009년 「도시정비법」 개정 이후에는 '시·도 조례가 정하는 바에 의하여 산정하되'라는 문구가 삭제됐다. 실무기준에서는 '종후자산은 인근지역이나 동일수급권 안의 유사지역에 있는 유사물건의 분양사례·거래사례·평가선례 및 수요성, 총 사업비 원가 등을 고려하여 감정평가한다.'고 규정하고 있다. 현재는 각 분양예정자산의 특성에 맞게 아래와 같이 평가하는 것이 합리적이다.

구 분	주된 감정평가방법	그 밖의 감정평가방법	비 고
분양 공동주택	비교방식	원가방식	
임대주택 (재건축소형주택 포함)	별도 규정 존재 (토지+건물)		
근린생활시설 (집합건물)	비교방식	—	물건의 특성 상 다른 감정평가방법 적용이 곤란
토 지	공시지가기준법	비교방식, 원가방식 등	학교용지 등

---

161) 실무적으로는 '설계변경'

① 분양 공동주택

비교방식은 거래사례비교법 적용을 말한다. 인근 공동주택의 실거래를 활용할 경우 조합원 분양가 또한 일반분양가 수준으로 평가될 수 있다. 그러나 일반적으로 조합원분양가는 일반분양가(시가)보다 낮게 책정된다. 따라서 정상적인 실거래 대신, 인근 정비구역 내 조합원 분양계약사례를 포착해 적용하는 것이 합리적이다. 조합원 분양 계약사례는 총회를 거쳐 조합원 분양가로 확정된 금액에 조합과 조합원 간 매매계약이 체결된 것으로 '조합원 분양 주택 거래사례'로 볼 수 있기 때문이다.

원가방식은 과거 평가기준처럼, 전체 정비사업 원가[162] 중에서 분양 공동주택에 귀속되는 원가를 추출해 각 세대별 효용지수와 면적을 고려해 배분하는 과정으로 세대별 평가액을 결정한다. 분양 공동주택에 귀속되는 원가는 '전체원가 – 임대주택매각액 – 근린생활시설평가액 – 매각토지평가액'으로 산정하며, 효용지수는 일조, 조망, 소음 등 주거효용지수의 시뮬레이션결과를 받아 이를 요인비교치로 환산하여 적용한다.

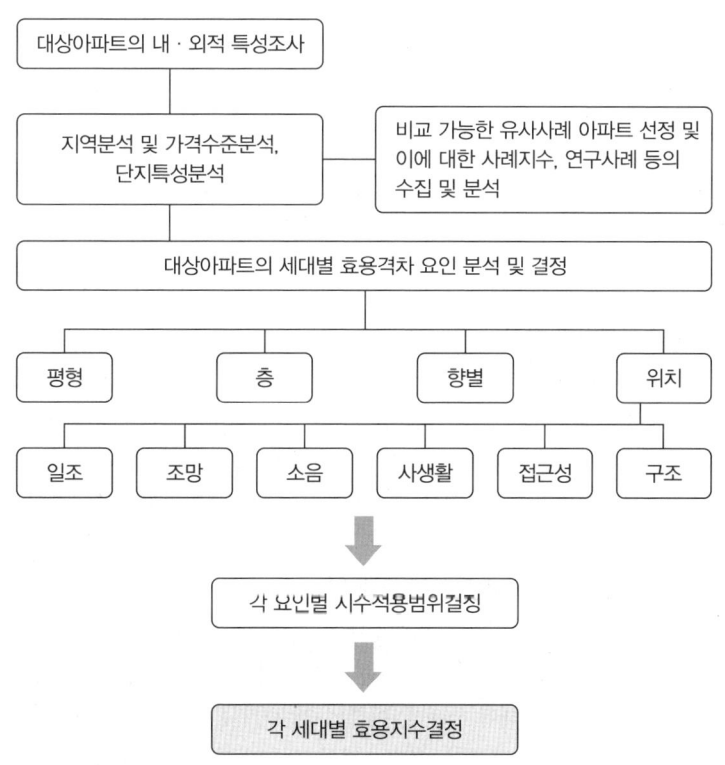

---

162) 사업비용 중에서 사업시행자 부담이 아닌 조합원 개개인의 부담(이주비 금융비용 등)이 있으면 이는 제외해야 한다.

② 임대주택

「도시정비법」 제79조 제5항에 따른 '재개발임대주택'과 「도시정비법」 제54조 제4항에 따른 '소형주택'은 「도시정비법」 및 「공공주택 특별법」에 따라 처분가격이 정해진다. 정리하면 다음과 같다.

구 분	세 분	가액결정방법	비 고
재개발 임대주택	부속토지	사업시행계획인가의 고시가 있은 날을 기준으로 한 2 이상의 감정평가법인등의 감정평가액 산술평균(「도시정비법 시행령」 제68조 제2항)	건축비 및 부속토지의 가격에 가산할 항목은 인수자가 조합과 협의하여 정할 수 있다(영 제68조 제2항)
	건축비	「공공주택 특별법」 시행령 제54조 제5항에 따라 정해진 분양전환 가격의 산정기준 중 건축비(영 제68조 제2항)	
소형주택 (재건축 사업)	부속토지	1. 장기공공임대주택으로 활용하는 경우는 기부채납으로 간주(법 제55조 제2항) 2. 장기공공임대주택이 아닌 임대주택으로 활용하는 경우는 감정평가금액의 30%(임대의무기간 10년), 50%(임대의무기간 10년 미만)의 가액으로 인수(법 제55조 제4항 및 제5항, 영 제48조 제5항 및 제6항)	영 제48조 제5항의 요건을 충족하는 경우는 장기공공임대주택이 아닌 임대주택으로 활용 가능
	건축비	「공공주택 특별법」 제50조의4에 따라 국토교통부장관이 고시하는 공공건설임대주택의 표준건축비(법 제55조 제2항)	

재개발임대주택의 부속토지가격[163]은 종전자산 감정평가액의 산술평균으로 이해하면 된다. 부속토지는 위치특정이 사실상 곤란하므로 산술평균한 종전자산 감정평가금액의 면적가중평균단가를 적용하면 될 것이다. 토지만의 단가를 산출하기 위한 것이므로 건물은 종전자산 감정평가 금액에 포함되지 않는다. 구분건물의 감정평가금액에 대해서도 토지와 건물로 안분하여야 할 것이다. 정리하면, '(전체종전자산평가금액-건물평가금액-구분건물 중 건물 안분액)/(토지 및 복합부동산의 종전자산토지면적+구분건물 종전자산의 대지사용권면적)×부속토지면적'이 된다.

「빈집 및 소규모주택 정비에 관한 특례법」 제49조에 따르면, 사업시행자는 빈집정비사업 또는 소규모주택정비사업의 시행으로 임대주택을 건설하는데, 공공임대주택을 임대주택비율이 10% 이상이 되도록 건설하고 용적률을 완화 받을 수 있다. 이 공공임대주택을 국토교통부장관, 시·도지사, 시장·군수등에게 공급해야 하는데, 이때의 인수가격은 건축비와 부속토지의 가격을 합한 금액이다. 동법 시행령 제33조에 따르면, 부속토지와 건축비 평가의 기준시점은 '건축심의 결과를 통지받은 날'(자율주택정비사업의 경우 준공인가 및 공사완료를 고시한 날)이며, 금액은 감정평가법인등 2인 이상 감정평가의 산술평균이다.

---

163) 부속토지면적은 사업시행자가 확정·제시할 부분이며, 일반적인 집합건물의 대지사용권 배분과 달리 건축물의 전유면적이 아닌 분양면적에 비례해 안분됨

이때의 건축비는「감정평가 및 감정평가사에 관한 법률」,「감정평가에 관한 규칙」에 따라 감정평가한 금액을 말하며,「공공주택 특별법」시행령 제54조에 따라 국토교통부장관이 고시하는 공공건설임대주택 표준건축비를 상한으로 하는 건축비가 아니다. 또한, 해당 임대주택의 건축공사비만을 기준으로 감정평가하고, 소규모주택정비사업 시행에 소요되는 제반 비용 중 해당 임대주택의 건축에 소요되는, 직접 건축비는 아니지만 전체 사업비의 일부를 구성하는 비용(모델하우스 건축비, 분양보증수수료, 조합운영비 등) 중 건축물 귀속분 상당액을 포함하는 것은 아니다(국토교통부 도심주택공급협력과-2741).

3. 정비기반시설 감정평가[164] 기출 22회

(1) 대상

「도시정비법」제87조에 따르면, 정비사업의 시행으로 설치한 정비기반시설은 그 시설을 관리할 국가 또는 지방자치단체에 무상으로 귀속되고, 정비사업의 시행으로 인하여 용도가 폐지되는 국가 또는 지자체 소유의 정비기반시설을 그가 새로이 설치한 정비기반시설의 설치비용에 상당하는 범위 안에서 사업시행자에게 무상으로 양도된다. 이를 무상귀속・무상양도라고 부른다. 사업시행자가 새로이 설치한 정비기반시설의 설치비용을 알려면 새롭게 설치되는 정비기반시설의 부지가액을 알아야 하고, 설치비용에 상응하는 무상 귀속시킬 용도 폐지되는 기반시설의 범위를 특정하려면 역시 용도 폐지되는 시설의 부지가액을 확정해야 한다. 이들의 평가를 정비기반시설 감정평가라고 부른다. 정비기반시설 감정평가를 수행할 당시에는, 정비기반시설 설치비용이 확정되지 않아 용도 폐지되는 정비기반시설 중 어느 것이 무상양도 대상이고 유상으로 매입할 대상인지 알 수 없다. 따라서 실무적으로는 용도 폐지되는 모든 정비기반시설을 평가목록에 넣고 있다. 다만, 토지 등 소유자가 국・공유재산을 점유하고 있는 경우에는 점유자 또는 사업시행자에게 유상 매각하므로 정비기반시설 감정평가 대상이 될 수 없다. 정비기반시설을 용도폐지, 신설, 존치로 구분할 수 있다.

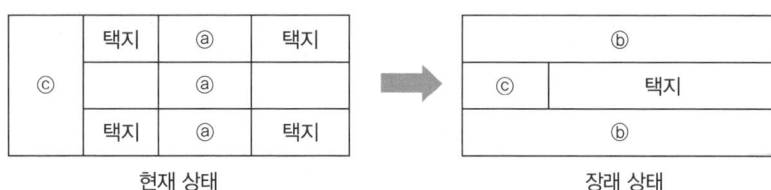

ⓐ 용도 폐지되는 현재 정비기반시설(무상양도)
ⓑ 새로 설치하는 정비기반시설(무상양수)
ⓒ 존치되는 정비기반시설

---

164) 무상양수・도에 따른 감정평가

(2) 기준시점

무상양도는 국·공유재산 처분의 일종이고 「도시정비법」 제98조 제6항 단서 외 본문은 국·공유재산 매각을 위한 감정평가의 기준시점을 '사업시행계획인가의 고시가 있은 날'로 정하고 있다. 정비기반시설의 평가는 사업시행계획인가 신청 전에 완료되어야 하는 사정상 평가 당시에는 사업시행계획인가고시가 없으므로, 사업시행자로부터 '사업시행계획인가고시의 예정일'을 제시받아 그날을 기준시점으로 삼는다. 사업시행계획을 변경해야 할 때는 '사업시행계획변경인가고시의 예정일'로 하면 된다.

(3) 평가기준 및 방법

무상양도 대상토지와 무상귀속 대상토지의 감정평가기준은 상호 대등해야 한다. 국·공유재산 관리청의 감정평가방법적용법률 조회결과에 따라 토지보상법에 의한 보상평가, 「국유재산법」 및 「공유재산 및 물품관리법」의 시가에 의한 매각평가기준 모두 적용될 수 있다. 보상평가기준이 적용되지 않더라도 해당 정비사업 시행을 직접 목적으로 하는 도시계획시설 저촉 등은 감안하지 않으며, 지상 건물이 없는 상태를 상정하여 감정평가한다.

4. 국·공유재산 매각평가 기출 12, 16, 25회

(1) 대 상

무상양도대상에서 제외된 국·공유재산이 평가 대상이다. 정비기반시설 감정평가와 목적물 등을 비교하면 다음과 같다.

구 분	정비기반시설 감정평가	국·공유재산 매각평가
목적물	정비구역 내 무상양도대상인 국·공유재산 및 신설 정비기반시설 예정지	무상양도 대상에서 제외된 국·공유재산
평가시기	사업시행계획인가 신청 전	사업시행계획인가 후(통상 관리처분계획인가 신청 전)
근거법령	「도시정비법」 제97조 제1항 및 제2항, 영 제47조 제2항 제10호 및 제11호	「도시정비법」 제98조 제6항

(2) 기준시점

매각평가의 기준시점은 사업시행계획인가의 고시가 있은 날부터 3년 이내 매각계약 체결여부에 따라 달라진다. 계약체결시점이 3년 이내인 경우 사업시행계획인가 고시일을, 3년 이후인 경우 매각계약 체결 당시가 기준시점이 된다. 실무상 매각계약체결 당시는 대부분 가격조사완료일이다. 사업시행계획인가의 고시가 없는 경우에는 의뢰인으로부터 기준시점을 제시받아 감정평가한다. '3년'의 기산일은 최초 사업시행계획인가의 고시가 있은 날이므로, 사업시행계획변경인가의 고시가 있은 날로부터 3년 이내라 하여도 최초 사업시행계획인가의 고시가 있은 날부터 3년이 경과하였으면 기준시점은 매각계약체결 당시가 된다.

(3) 평가기준 및 방법

실무기준에서 관련된 내용은 다음과 같다.

> 국·공유재산의 처분을 위한 감정평가는 사업시행인가고시가 있은 날의 현황을 기준으로 감정평가하되, 다음 각 호의 어느 하나에 해당하는 경우에는 그에 따를 수 있다.
> 1. 재개발사업 등의 사업구역 안에 있는 국·공유지를 사업시행자에게 매각하는 경우로서 도로 등의 지목을 "대"로 변경하여 감정평가를 의뢰한 경우에는 "대"를 기준으로 그 국·공유지의 위치·형상·환경 등 토지의 객관적 가치형성에 영향을 미치는 개별적인 요인을 고려한 가액으로 감정평가한다.
> 2. 재건축사업구역 안에 있는 국·공유지는 공부상 지목에도 불구하고 "대"를 기준으로 그 국·공유지의 위치·형상·환경 등 토지의 객관적 가치형성에 영향을 미치는 개별적인 요인 등을 고려한 가액으로 감정평가한다.
> 3. 「도정법」 제66조 제6항 단서에 따라 사업시행인가고시가 있은 날부터 3년이 지난 후에 매매계약을 체결하기 위한 국·공유재산의 감정평가는 가격조사 완료일의 현황을 기준으로 감정평가한다.

매각평가의 평가기준 및 방법, 적용법률 등은 계약체결시점과 매각대상자에 따라 다음과 같이 달라진다. 크게 〈「도시정비법」+「국유재산법」등[165]〉과 〈「도시정비법」+「토지보상법」〉으로 대별된다.

구 분		우선적용 법규	기준시점	용도지역, 이용상황 등	
				재개발사업	재건축사업
사업시행계획인가의 고시가 있은 날부터 3년 이내 매각계약체결여부	체결된 경우	사업시행자에게 매각	도시정비법	사업시행계획인가의 고시가 있은 날	「국유재산법」 등 또는 「토지보상법」	「국유재산법」 등
		사업시행자가 아닌 자에게 매각	도시정비법		「국유재산법」 등	「국유재산법」 등
	체결되지 않은 경우	사업시행자에게 매각	국유재산법 등	매각계약 체결당시	「국유재산법」 등 또는 「토지보상법」	「국유재산법」 등
		사업시행자가 아닌 자에게 매각	국유재산법 등		「국유재산법」 등	「국유재산법」 등

〈「도시정비법」+「토지보상법」〉 유형은 기준시점을 제외한 나머지는 「토지보상법」의 보상평가기준이 적용되며, '보상평가편'을 참고하면 된다. 아래는 〈「도시정비법」+「국유재산법」 등〉에 의한 매각평가 시 판단할 사항을 정리한 것이다.

① 용도폐지

「국유재산법」 또는 「토지보상법」 어느 법규가 적용된다고 해도 공통적으로 용도가 폐지된 상태를 전제로 감정평가한다. 관리청에 따라 매각대상 국·공유지의 지목을 '대' 등으로 변경하여 감정평가 의뢰하는 경우가 있는데 지목이 변경됐다고 해서 그 자체로 현실적 이용상황이 변경된 지목과 동일하게 되는 것은 아니나 공부상 지목이 '대'가 아닌 것으로 인한 행정적 조건 감액은 할 필요가 없다.

---

[165] 「공유재산 및 물품관리법」을 포함

② 일단지 판단

구분	상세
점유 국·공유지	• 공부상 지목에 관계없이 현실적 이용상황인 건축물이 있는 토지로 평가하며, 점유 건축물이 사유지, 점유한 국·공유지에 걸쳐 있는 경우 그 사유지와 일단지인 상태로 감정평가 • 1필지 국·공유지를 다수가 각자 소유한 건물 등으로 위치를 특정하여 점유하고 있는 경우(구분소유적 공유), 점유하고 있는 건물 각각의 이용상황, 위치 등에 따라 구분평가
비점유 국·공유지	• 정비사업이 실제 착공한 경우만 아파트용지 등의 일단지로 감정평가 • 실제 착공하지 않았으나 일단지 예정지로 볼 수 있어, 비교표준지 선정 시 장래 이용상황을 기준으로 하는 방법과 현재 이용상황을 기준으로 하는 방법 모두 가능함

③ 도시계획 저촉 및 이용상황

국·공유지의 현실적 이용상황이 해당 목적사업에서의 이용상황(아파트, 학교, 문화시설)과 다른 경우 도시계획시설 저촉은 고려하지 않고 성숙도, 공정률 등을 개별요인에서 반영하며, 실착공 등으로 아파트용지, 학교용지, 문화시설용지 등으로 바뀌고 있는 경우 공사 중인 아파트용지, 학교용지, 문화시설용지로 보고 평가한다.

④ 용도지역

정비사업으로 용도지역 등이 변경되는 것이 일반적이다. 종상향(2종 → 3종)될 수도 있고 종하향(2종 → 1종 또는 녹지)되기도 한다. 이를 명확히 규정한 곳은 없으나 토지보상법이 적용되면 변경 전 용도지역, 「국유재산법」 등이 적용되면 현황인 변경 후 용도지역을 기준으로 평가하는 것이 합리적이다. 다만, 정비구역 전체적으로는 용도지역이 상향되었으나 매각대상 국·공유지의 용도지역만 하향(예 공원 등으로 지정돼 주거지역에서 녹지지역으로 변경)된 경우 변경 후 용도지역을 기준으로 평가하면 인근지역 내 동일 용도지역 비교표준지 선정이 어렵고 관리청 입장에서는 염가로 평가하는 것처럼 보일 수 있다. 현황평가 예외 사유를 기재하고 변경 전 용도지역을 기준으로 평가하는 것도 합리적이다. 어느 것이든, 기준시점의 국·공유지의 적정 시가를 담기만 하면 된다.

⑤ 개량비

「국유재산법」 등에서 매각가액은 매각 당시 개량한 상태의 가격에서 개량비 상당액을 공제한 금액으로 한다고 했으나 개량비는 행정청 심사·결정 사항이며, 감정평가는 개량비와 무관하게 개량된 현황을 기준으로 평가하면 된다.

5. 현금청산 감정평가 [기출 24회]

정비구역에서 조합-조합원 관계에 포함되지 않으면 현금청산대상이 된다. 「도시정비법」에서 현금청산 대상자로 분류한 자는 다음의 어느 하나에 해당하는 자다.

구 분	비 고
1. 「주택법」에 따라 지정된 투기과열지구 내에 위치한 재개발구역에서 관리처분계획인가 후, 재건축구역에서 조합설립인가 후에 구역 내 토지・건축물을 양수(매매・증여, 그 밖의 권리의 변동을 수반하는 일체의 행위 포함, 단 상속・이혼으로 인한 양도・양수는 제외)한 경우	「도시정비법」 제39조 제2항, 제3항
2. 조합설립 등에 동의하여 조합원지위를 획득하였으나 분양신청을 하지 아니하거나 분양신청기간 내에 분양신청을 철회하는 경우, 분양신청을 하였으나 인가받은 관리처분계획에 의해 분양대상에서 제외된 자, 「도시정비법」 제72조 제6항 본문[166]에 해당하여 분양신청자격이 주어지지 않는 자처럼 분양대상자격을 상실한 경우	「도시정비법」 제73조
3. 조합원지위 취득 후 정관에서 정한 조합원이 제명요건을 충족하여 제명된 자, 조합정관이 조합에서 정한 분양계약체결 기간 내에 분양계약을 체결하지 않은 자를 현금청산대상으로 정한 경우로서 이에 해당하는 자	

(1) 「도시정비법」 제73조에 따른 현금청산

① 재개발사업

토지보상에 따른 수용・사용이 가능한 공익사업으로서 현금청산협의가 성립되지 않는 경우에는 「토지보상법」에 따른 수용절차로 나갈 것이 예정된 점, 이 과정에서 「토지보상법」상 손실보상 협의를 별도로 거칠 필요가 없는 점을 고려하면 현금청산 평가는 「토지보상법」상 협의평가와 같은 성격과 기준을 갖는다.

> • 기준시점은 현금청산협의성립 예정일이며, 특별한 사정이 없으면 관리처분계획인가의 고시가 있는 날의 다음 날부터 90일 이내의 특정 시점으로 사업시행자가 제시한 날이 된다. 현금청산대상자로 확정된 날[167]의 다음 날부터 150일 이내 사업시행자가 제시하는 날도 기준시점이 될 수 있다. 한편 분양계약체결기간 내에 분양계약을 체결하지 않아 현금청산자가 된 경우는 분양계약체결기간 종료 후 사업시행자가 제시한 날이 기준시점이 되어야 할 것이다.
> • 사업시행계획인가는 「토지보상법」에서 사업인정으로 의제하므로, 적용공시지는 사업시행계획인가고시 이전 최근의 공시지가여야 한다. 다만, 사업시행기간 도과로 인해 사업인정이 실효된 경우에는 새로운 변경고시가 있다면 그 변경고시를 기준으로 하고, 사업기간 내 사업시행계획변경으로 당초 인가받은 사업시행계획이 실효된 경우에는 당초 사업시행계획인가 고시를 기준으로 한다. 정비구역 추가・확장으로 추가 편입된 토지의 현금청산평가에서는, 최초의 사업시행계획인가 또는 추가・확장을 위한 사업시행계획변경인가 중 사업시행계획인가권자의 제시내용대로 적용공시지가를 결정한다.
> • 현금청산대상 물건이 구분소유적 공유관계인 경우, 그 위치가 아닌 전체 토지를 기준으로 지분비율을 적용하여 평가한다.

---

166) 투기과열지구의 정비사업에서 제74조에 따른 관리처분계획에 따라 같은 조 제1항 제2호 또는 제1항 제4호 가목의 분양대상자 및 그 세대에 속한 자는 분양대상자 선정일(조합원 분양분의 분양대상자는 최초 관리처분계획 인가일을 말한다)부터 5년 이내에는 투기과열지구에서 제3항부터 제5항까지의 규정에 따른 분양신청을 할 수 없다. 다만, 상속, 결혼, 이혼으로 조합원 자격을 취득한 경우에는 분양신청을 할 수 있다. 〈신설 2017.10.24.〉

167) 분양신청을 하지 않거나 분양신청기간 내에 분양신청을 철회한 자는 분양신청기간 종료일, 인가받은 관리처분계획에 의해 분양대상자에게 제외된 자는 관리처분계획이 인가・고시된 날

② 재건축사업
　㉠ 현금청산협의가 성립하지 않는 경우 재건축조합은 현금청산대상자에 매도청구권을 행사하므로 매도청구감정평가의 기준과 동일하다.
　㉡ 기준시점은 구법 및 신법에서 따라 다르다. 다만, 이때도 사업시행자의 제시를 받는 것이 원칙이다.

구 분	상 세
2013.12.23. 법률 제12116호로 개정되기 전의 「도시정비법」이 적용되는 경우	사업시행자의 현금청산금 지급의무 기산일로 • 분양신청을 하지 아니하거나 분양신청기간 내에 분양신청을 철회한 경우 : 분양신청기간 종료일의 다음 날 • 구법 제48조에 따라 인가된 관리처분계획에 의하여 분양대상에서 제외된 자 : 관리처분계획 인가를 받은 날의 다음 날 • 관리처분계획인가 후 사업시행자가 정한 분양계약체결기간 내에 분양계약을 체결하지 아니한 경우 : 분양계약체결기간 종료일의 다음 날 • 분양신청기간 종료 후에 분양신청을 철회한 경우 : 분양계약체결기간 종료일의 다음 날
2013.12.23. 법률 제12116호로 개정된 「도시정비법」이 적용되는 경우[168]	관리처분계획이 인가·고시된 날의 다음 날

　㉢ 용도지역, 도시계획시설 저촉처리, 구분소유적 공유관계인 지분 평가 기준은 재개발평가에서와 같다.

(2) 「도시정비법」 제39조 제3항에 따른 현금청산

기준시점은, 재개발사업은 사업시행자가 제시하는 현금청산 협의성립 예정일이며, 재건축사업은 정비사업 구역 내 건축물 또는 토지를 양수한 날의 다음 날이 된다.

6. 매도청구 감정평가

(1) 유 형

재개발사업에서 「토지보상법」 수용절차를 통해 강제 취득하는 것과 유사한 것이 재건축사업에서의 매도청구권 행사다. 매도청구는 「도시정비법」 제64조와 「도시정비법」 제73조 제2항에 따른 두 가지 유형으로 구분된다.

구 분	비 고
조합설립에 동의하지 아니한 자, 법 제26조 제1항 및 제27조 제1항에 따라 시장·군수 등, 토지주택공사 등, 신탁업자의 사업시행자 지정에 동의하지 아니한 자, 토지만 소유한 자나 건축물만을 소유한 자	「도시정비법」 제64조
조합설립에 동의하였으나 분양신청을 하지 않는 등의 사유로 현금청산대상자가 된 자	「도시정비법」 제73조 제2항

---

168) 최초 조합설립인가신청이 2013.12.24. 이후인 조합

(2) 기준시점

조합설립에 동의하지 아니한 자 등에 대해서는 사업시행자의 매도청구의 의사표시가 상대방에게 도달한 날(최고서를 첨부한 경우 최고서를 받은 날부터 2개월 경과일의 다음 날)이며, 분양신청을 하지 않는 자 등에 대해서는 재건축사업 현금청산평가의 기준시점 처리기준과 같다.

(3) 평가기준 및 방법

실무기준에서는 매도청구 감정평가에서 '현실화·구체화 되지 않은 개발이익은 배제'하여 평가하도록 하고 있다.

> **3.4 매도청구에 따른 감정평가**
> 재건축사업구역 안의 토지 등에 대한 「도시정비법」 제39조의 매도청구에 따른 감정평가는 법원에서 제시하는 날을 기준으로 한다. 다만, 기준시점에 현실화·구체화되지 아니한 개발이익이나 조합원의 비용부담을 전제로 한 개발이익은 배제하여 감정평가한다.

반면, 대법원 판례는 '매도청구권 행사 당시 객관적 거래가격으로서 해당 재건축사업으로 인하여 발생할 것으로 예상되는 개발이익을 포함한 시가'여야 한다는 입장이다. 다만, 해당 재건축사업이 완료된 경우를 상정하거나 해당 재건축사업의 시행에 수반되어 설치되는 각종 기반시설이 설치된 상태를 상정하라는 말은 아니고, 주택건설사업이 진행됨에 따라 점차 구체화되는 기준시점 당시의 개발이익을 그 시가 산정에 반영하라는 취지다. 즉, 해당 재건축 구역 내 비교거래사례를 선정했다면 이로써 개발이익 반영의 필요조건은 충족한 것으로 볼 수 있다.

아파트 외에 단독주택 등이 포함돼 비교표준지를 선정해야 할 필요가 있을 때는 반드시 개발 후 용도인 아파트용지 표준지를 선정해야 하는 것은 아니며, 아파트용지 표준지를 선정했다면 향후 비용부담, 성숙도 등을 개별요인에서 반영해야 할 것이다. 용도지역 및 도시계획시설 저촉문제는 현금청산(국·공유재산 매각평가)평가에서의 처리기준과 동일하며, 지목이 '대'가 아닌 토지의 행정적 조건에서의 감액도 고려하지 않는다.

7. 수용 등에 따른 보상평가

재개발사업에서는 「토지보상법」에 따른 강제취득이 가능하며, 실무기준에서는 「토지보상법」 규정을 준용하도록 하고 있다.

> **3.5 토지 등의 수용 등에 따른 감정평가**
> 도시정비사업구역 안 토지 등의 수용 등에 따른 감정평가는 「공익사업을 위한 토지 등의 취득 및 보상에 관한 법률」 및 [800 보상평가]에 따라 감정평가한다.

영업손실보상평가는 관리처분계획인가 당시와 현금청산에 대한 협의, 수용 단계에서 중복해서 이뤄진다. 법제처[169]는 '정비사업에 따른 영업손실보상을 위해「도시정비법」제73조에 따라 손실보상협의를 하는 경우「도시정비법」의 관리처분계획수립을 위한 영업손실보상평가 외에 별도로「토지보상법」제68조에 따른 감정평가를 거쳐야 한다.'고 했는데, 관리처분계획수립을 위한 평가는 실제 수용단계에서의 평가가 아니라 정비사업비의 하나인 세입자 손실보상액을 추정하기 위한 목적에서 수행된다. 둘의 평가기준은 동일하다.

영업손실보상 대상자 판단의 시간적 기준일은 재개발구역의 최초 정비계획수립을 위한 공람공고일이 언제냐에 따라 달라진다.

구 분	상 세
공람공고가 2012.8.1. 이전인 경우	사업인정고시일 등(사업시행계획인가 또는 정비구역지정고시일)
공람공고가 2012.8.1. 이후인 경우	최초 공람공고일

8. 그 밖의 감정평가

용적률 완화의 대가로 공공시설 또는 기반시설 부지를 제공하거나 공공시설 등을 설치하여 제공하기로 했는데 부지 일부를 현금으로 납부할 것을 요청받는 경우(현금 기부채납), 해당 기부토지에 대한 평가가 수행되며 최초의 사업시행계획인가 고시일을 기준시점으로 한다.

그 밖에 부가세산정목적의 평가, 현물출자자산에 대한 평가, 택지비평가, 재건축초과이익부담금 산정 용역 등이 정비사업구역에서 수행되고 있으며, 이들은 각각 조세평가(부가세, 현물출자), 택지비평가, 비가치추계·컨설팅 파트에서 다루기로 한다.

제3절 빈집 및 소규모주택정비사업 감정평가

1. 빈집 감정평가

(1) 개 요

「빈집 및 소규모주택 정비에 관한 특례법」(이하 "빈집법")에서는, 빈집을 특별자치시장·특별자치도지사·시장·군수 또는 자치구의 구청장이 거주 또는 사용 여부를 확인한 날부터 1년 이상 아무도 거주 또는 사용하지 아니하는 주택으로 정의한다. 여기에 공공임대주택, 건축허가(사업계획승인)받은 자가 보유하고 있는 미분양주택으로서 사용승인(사용검사)받은 후 5년이 경과하지 않은 주택, 사용승인(사용검사)받지 않은 주택, 준주택, 별장 등 일시적 거주(사용)목적의 주택은 포함되지 않는다.

---

[169] 2018.9.18. 법제처 법령해석 18-0303

빈집에 대한 감정평가는 빈집의 '철거', '매입', '수용'의 사유로 발생한다. 철거는 안전사고 등의 사유에 해당하는 경우 정비계획 또는 지방건축위원회의 심의를 거쳐 소유자로 하여금 또는 시장·군수등의 직권으로 해당 주택을 철거하게 될 때의 보상비 책정과 관련돼 있다. 매입은, 빈집정비계획 및 정비사업에 따른 매입과 비축사업의 취지에 따른 매입으로 구분할 수 있으며, 수용은, 빈집정비사업에 따른 매입이 완료되지 않을 경우 토지보상법을 준용한 강제취득을 가리킨다. 한편, 「농어촌정비법」에 따른 빈집정비사업은 통상 빈집 개량비용 또는 철거비를 지원하는 것에 그친다.

(2) 빈집 철거에 따른 감정평가

「빈집법」 제11조에서는, 시장·군수등이 다음의 어느 하나에 해당될 때 안전조치 또는 철거를 명할 수 있게 했다.

> - 붕괴·화재 등 안전사고나 범죄발생의 우려가 높은 경우
> - 위생상 유해 우려가 있는 경우
> - 관리가 적절히 되지 아니하여 현저히 경관을 훼손하고 있는 경우
> - 주변 생활환경 보전을 위하여 방치하기에는 부적절한 경우

빈집정비계획이 수립되어있는 경우 해당 절차에 따르면 되고, 계획이 수립돼 있지 않으면 지방건축위원회 심의를 거쳐 조치한다. 빈집에 대한 철거를 진행할 때 소유자에게 정당한 보상비를 지급하도록 했다. 원칙적으로 소유자에게 철거명령을 내려 자진 철거를 유도하지만, 철거조치를 명할 때 소유자가 특별한 사유 없이 응하지 않거나 소유자의 소재를 알 수 없어 공고 절차를 거쳤음에도 자진 철거가 이뤄지지 않으면 시장·군수등이 직권으로 철거한다. 그때 지급하는 '정당한 보상비'를 감정평가액으로 결정한다. 직권 철거인 경우, 시장·군수등은 보상비에서 철거에 소요된 비용을 빼고 지급할 수 있다. 평가의 기준시점은 시장·군수등이 빈집에 대한 직권 철거 결정을 빈집 소유자에게 통보한 시점이다. 토지보상에서처럼 소유자 및 시장·군수등이 각각 추천한 감정평가법인등의 감정평가액 산술평균치로 보상비가 결정된다.

(3) 빈집 매입에 따른 감정평가

시장·군수등은 향후 활용가치를 고려하여 비축사업의 일환처럼 빈집을 매수하기도 하며, 빈집정비계획에 따라 정비기반시설, 공동이용시설 또는 임대주택 등으로 활용하기 위해 매입[170]할 수 있다. 빈집 소유자 또한 시장·군수등에게 빈집의 매수를 요청할 수 있다. 비축사업처럼 빈집을 매수할 때는, 감정평가법인등이 추정한 가격으로 매입하겠다는 의사를 빈집 소유자에게 전달한 후 소유자가 이를 수용하면 부동산매매계약에 준해 취득이 이뤄진다. 계약이 성사되면 감정평가를 진행하는데, 매수 의사 타진 시 추정했던 가액으로 평가가 이루어지므로, 등기사항전부증명서, 토지 및 건축물대장에 기초해 평가대상이 확정되었을 것이다. 건물 외 수목 등 기타지장물이 매입 가격에 포함된다고 보기 어렵다.

---

170) 이 경우 빈집밀집구역에 있는 빈집을 우선하여 매입할 수 있음.

반면, 빈집정비계획에 따라 정비기반시설 등으로 활용하기 위한 매입에서는 매입 방법 및 절차 등에 관해「토지보상법」제14조에서 제17조까지를 준용하도록 했다. 토지조서 및 물건조서의 작성, 보상계획의 열람, 협의 및 계약의 체결과정은 사업인정 전 협의보상절차와 다를 바 없다. 또한 매입에 대한 협의가 이뤄지지 않으면 후속적으로 수용의 절차를 진행할 수 있다는 점에서, 기타지장물을 평가목록에 포함시킬 수 있다.

(4) 빈집 수용에 따른 감정평가

「빈집법」제11조의4에서, 시장·군수등은 주택, 정비기반시설 및 공동이용시설 등으로 활용하는 등 공공의 필요에 따라 빈집정비사업을 시행하는 경우 수용할 수 있다. 수용과 관련해 토지보상법을 준용하되 손실보상의 기준 및 절차에 대해「빈집법」시행령에서 따로 정할 수 있다고는 했으나 달리 규정된 사항은 없다. 토지·물건 및 권리의 세목을 포함하는 사업시행계획인가 고시(시장·군수등이 직접 사업을 시행하는 경우에는 사업시행계획서의 고시)가 있는 경우에는「토지보상법」제20조 제1항 및 제22조에 따른 사업인정 및 그 고시가 있는 것으로 보므로, 사업시행계획인가 고시 이후에는 사업인정 후 협의[171] 또는 재결절차가 진행되게 된다.

2. 소규모주택정비사업 감정평가

(1) 개 요

「빈집법」에서는 소규모주택정비사업의 4개 유형에 대해 규정하고 있다. 자율주택정비사업, 가로주택정비사업, 소규모재개발사업, 소규모재건축사업으로,『우리집 우리동네 정비사업가이드』(서울시)에서는 이들 사업의 특색을 다음과 같이 설명하고 있다.

구 분	특 징
옆집과 함께 신축하는 〈자율주택정비사업〉	단독, 다세대, 연립주택을 주민이 연접한 주택과 함께 개량 또는 건설할 수 있고, 2명 이상의 토지소유자가 주민합의체를 구성하여 함께 정비하는 사업
블록단위로 함께 신축하는 〈가로주택정비사업〉	노후한 주택지에서 종전의 도로를 유지하며 가로구역단위로 주민들이 조합을 설립하여 정비하는 사업
역세권, 준공업지역의 〈소규모재개발사업〉	역세권 또는 준공업지역에서 5천m^2 미만의 소규모로 재개발하기 위한 사업
안전진단이 필요없는 〈소규모재건축사업〉	노후된 연립주택 등 공동주택을 철거하고 아파트로 건축하기 위한 사업

---

[171] 빈집 매입절차가 진행된 경우 사업인정 전 협의로 볼 수 있으므로 사업인정 후 협의절차는 생략 가능

아래는, 관련규정에 따른 각 사업의 정의, 사업요건, 동의요건, 사업주체에 대한 비교표[172]다.

구 분	정 의	사업요건	동의요건	사업주체
자율주택 정비사업	단독주택, 다세대주택 및 연립주택을 스스로 개량 또는 건설하기 위한 사업	• 단독주택 : 18호 미만 • 다세대·연립 : 36세대 미만 • 혼합 : 36채 미만	• 100% 동의 필요 • 소규모주택정비 관리지역 : 토지등소유자 80% 이상, 토지면적 2/3 이상	주민(민간), 주민&공공
가로주택 정비사업	가로구역에서 종전의 가로를 유지하면서 소규모로 주거환경을 개선하기 위한 사업	• 1만㎡ 미만 (공공시행 시 : 2만㎡ 미만) • 단독주택 : 10호 이상 • 다세대·연립 : 20세대 이상 • 혼합(단독+다세대) : 20채 이상	• (조합) 토지등소유자 80% 이상, 토지면적 2/3이상 • (주민합의체) 100% 동의	주민(민간), 주민&공공
소규모 재건축사업	정비기반시설이 양호한 지역에서 소규모로 공동주택을 재건축하기 위한 사업	• 1만㎡ 미만의 주택단지 • 200세대 미만 • 노후불량건축물 2/3 이상	• (조합) 각 동별 소유자 1/2 이상, 토지등소유자 3/4 이상, 토지면적 3/4 이상 • (주민합의체) 100% 동의	주민(민간)
			• (공공단독) 토지등소유자 2/3 및 토지면적 1/2 이상 • (주민+공공) 조합원 과반수 이상	주민&공공, 공공 단독
소규모 재개발사업	역세권 또는 준공업지역에서 소규모로 주거환경 또는 도시환경을 개선하기 위한 사업	• 역세권 및 준공업지역 (승강장 경계 250m) ※ 3년 한시(24년까지) 350m • 면적 : 5,000㎡ 미만	• (조합·주민합의체) 토지등소유자 80% 이상, 토지면적 2/3 이상	주민(민간), 주민&공공

가로주택정비사업과 소규모재건축사업은 큰 틀에서 주택재건축사업으로, 소규모재개발사업은 주택재개발사업으로 볼 수 있다. 공통적으로 추정분담금 산정, 기반시설교환, 국·공유재산 매각, 관리처분계획에 따른 종전 및 분양예정자산에 대한 평가가 필요하며, 현금청산의 방식은 협의불성립 시 전자는 매도청구, 후자는 재결이다.

---

172) 서울시, 『우리집 우리동네 정비사업가이드』, 2021, p.55

이들을 기존 주택재건축, 주택재개발사업 등과 비교[173]하면 다음과 같이 도식화할 수 있다.

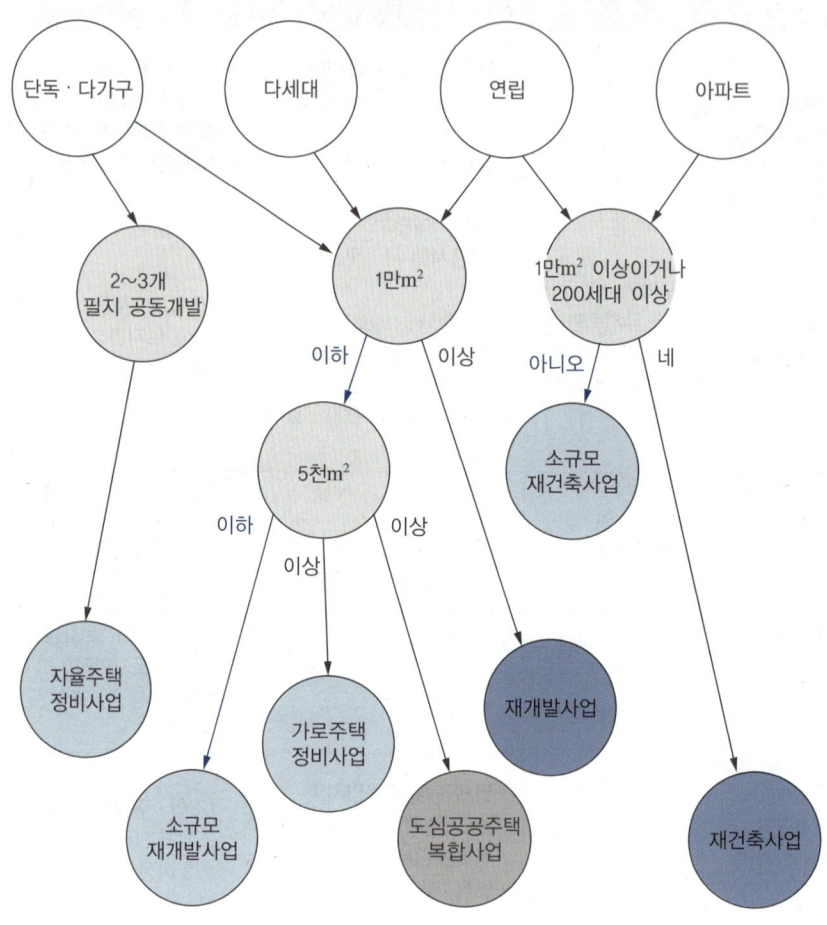

(2) 행위제한 등

재개발, 재건축사업과 비교해 소규모주택정비사업에서는 정비계획수립과정 및 관리처분계획인가 과정이 생략된다.

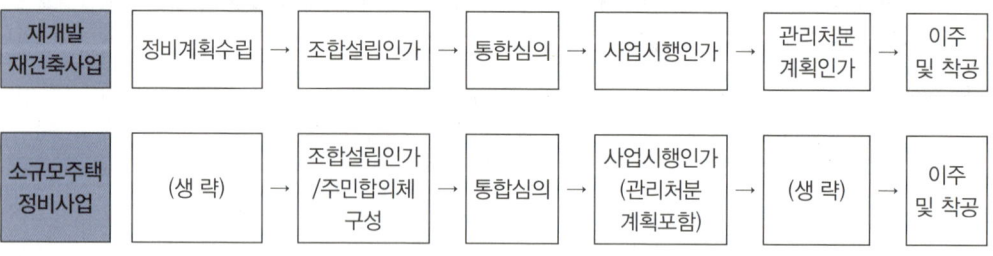

---

173) 서울시, 『우리집 우리동네 정비사업가이드』, 2021, p.7

정비사업에서의 '행위제한 등'은 관리처분단계에서 수분양권 여부, 종전자산 목록 포함여부와 관련 있다. 재개발재건축사업에서는 원칙적으로 정비구역지정에 의해 행위제한이 발생하며, 비경제적인 건축행위 및 투기 수요의 유입을 막기 위하여 예외적으로 기본계획을 공람 중인 정비예정구역 또는 정비계획을 수립 중인 지역에 대하여 3년 이내의 기간(1년의 범위에서 한 차례만 연장할 수 있다)을 정하여 행위를 제한할 수 있다.

반면, 소규모주택정비사업에서는 정비계획수립절차가 생략되므로 정비구역 지정이 아닌, 공공시행자 및 지정개발자의 지정 고시가 있은 날, 주민합의체 구성 고시가 있은 날, 조합설립인가 고시가 있은 날에 행위제한 효과가 발생한다.

(3) 관리처분

재개발재건축에서는 관리처분계획을 수립하는 데 있어 분양대상자별 종전의 토지 또는 건축물 명세 및 사업시행계획인가 고시가 있은 날을 기준으로 한 가격을 포함하도록 해, 종전자산 평가 기준시점이 '사업시행계획인가고시일'임을 알 수 있다. 반면, 「빈집법」에서는 분양공고 및 분양신청과 관련해 토지등소유자에게 통지하는 종전자산의 가격을 '분양대상자별 종전의 토지 또는 건축물의 건축심의 결과를 통지받은 날을 기준으로 한 가격'으로 표기했다. 따라서 '건축심의결과 통지일'이 종전자산 평가의 기준시점이다. 분양예정자산 평가의 기준시점은 분양신청기간 만료일로 재개발재건축과 동일하다.

(4) 매도청구 및 수용

가로주택정비사업 및 소규모재건축사업에서는 조합설립 또는 사업시행자(시장·군수등, 토지주택공사등 또는 지정개발자)지정에 동의하지 않는 자에 대해서, 관리지역에서 시행하는 자율주택정비사업에서는 주민합의체 구성에 동의하지 않는 자에 대해서 각각 매도청구 할 수 있다. 소규모재개발사업에서는 필요한 경우 토지보상법에 따른 수용절차를 진행한다. 사업시행계획인가 고시가 있는 때 사업인정고시가 있는 것으로 본다. 가로주택정비사업에서도 예외적으로 매도청구 대신 수용절차를 진행할 수 있는데, 천재지변 등의 사유로 시장·군수등의 공공시행자가 사업시행자로 지정된 관리지역에서의 정비사업에 한정된다.

가로주택정비사업, 소규모재건축사업, 소규모재개발사업에서의 현금청산은, 분양신청을 하지 아니한 경우, 분양신청기간 종료 이전에 분양신청을 철회한 경우, 인가된 관리처분계획에 따라 분양대상에서 제외된 경우 진행된다. 협의를 먼저 진행하고 협의가 성립하지 않은 경우 매도청구소송을 제기하거나 수용재결을 신청한다. 기준시점 및 평가방법 등은 재개발재건축에서의 현금청산평가와 동일하다.

제4절 도심공공복합사업[174] 감정평가

1. 개요

도심공공주택복합사업은, 노후화된 지역에서 공공이 직접 소유권을 넘겨받아 사업을 주도하는 새로운 형태의 사업이다. 사업부지 특성에 따라 주택공급활성화지구(저층주거지), 주거산업융합지구(준공업지역), 주거상업고밀지구(역세권지역)로 구분한다. 가장 큰 특징은, 도심 내에서 정비사업 방식이 아닌, 수용방식에 의해 주택등을 공급한다는 점이다. 요건을 충족한 현물보상자에게는, 공공주택사업자에게 협의양도하는 종전자산 대신 새롭게 신축하는 주택등을 공급하므로 물물교환의 현물출자, 관리처분방식처럼 보인다. 그러나 관리처분방식에서처럼, 토지소유자등의 종전자산평가액에 사업성의 지표인 비례율을 곱해 권리가액을 산정한 후 조합원분양가와의 차액을 정산하는 식의 교환방식을 취하지 않는다. 소유권이 공공주택사업자에게 넘어가므로 토지등소유자의 종전자산가액은 권리가액 대신 보상금으로 불린다. 정리하면, 토지보상에서 정당보상금을 현금 대신 대토로 받는 것처럼 이 사업에서는 현물보상(우선분양권) 자격을 인정받은 이들에게 현금 대신 신축 공동주택등을 공급한다. 주택등을 공급받는 자를 현물보상자, 현금으로 정산하는 자를 현금보상자로 부른다. 수용방식을 취하는 점에서, 정비사업에서의 재개발사업과 유사한데, 다음과 같은 차이가 있다.

구 분	재개발사업	도심 공공주택 복합사업
근거법	도시 및 주거환경정비법	공공주택 특별법
사업 시행주체	주민(조합)	공공기관(LH등)
사업방식	관리처분방식 (사업기간 토지주가 소유권 보유)	현물보상 또는 현금보상 (공공기관이 토지주로부터 땅을 넘겨받아 사업을 추진하고 이후 소유권 이전등기를 통해 우선분양자에게 소유권 이전)
노후도	30년경과 건축물 2/3 이상	20년경과 건축물 60% 이상
동의요건	• 추진위구성시 : 토지등 소유자 50% 이상 • 조합 구성 시 : 토지등 소유자 3/4이상, 면적 1/2이상	지구 지정 시 : 토지등 소유자 2/3이상, 면적 1/2이상
의사결정	조합설립인가, 사업시행인가, 관리처분인가 등 사업단계마다 법적 동의요건 준수 필요	지구지정 외 법적 동의요건 없음 (주민대표회의 통해 의견제시 가능)
(분양주택) 분양가산정방법	분양가 상한제 미적용 (강남, 서초, 송파, 용산 제외)	분양가 상한제 미적용[175]
인가권자	시·도지사	• (지구지정)국토교통부장관 • (복합계획)시·도지사

---

[174] 2024년까지 한시적으로 운영되지만, 지구지정 된 구역에서의 사업계속 및 사업완결 필요성 등 고려 기한이 연장될 것을 전제로 한 논의임
[175] 2023.12.26. 개정

2. 단계별 감정평가

(1) 도심공공주택복합사업 절차

도심공공주택복합사업의 전반적인 진행과정은 다음과 같다.

단 계	상 세	감정평가 관련
후보지 선정 (자치구 → 국토부)	지자체 사업제안 → 국토부 선도사업 후보지 선정	
사전검토위원회 자문 (국토부·서울시)	구역계, 용도지역(종상향), 용적률 등 완화범위에 대한 사전검토 사항으로, 국토부, 서울시 및 민간위원의 자문 결과 검토 및 반영	
주민설명회 (LH → 토지등소유자)	사업특징, 사업계획안, 추정 분양가격 및 추정 분담금 등 설명 및 질의응답	
지구지정 제안 (LH → 국토부)	공공시행자가 사전검토위원회 결과를 기반으로 사업구상(안)을 수립하여 제안	
주민공람공고(예정지구 지정)(국토부·자치구)	지구지정제안서 공람, 주민 등 의견청취(예정지구 지정으로 갈음, 행위제한 효력 발생)	행위제한
주민동의 확보	토지등소유자 2/3 이상과 토지면적 1/2 이상 동의확보 (지구지정 요건)	
중앙도시계획위원회 심의(국토부)	복합지구 지정을 위한 중앙도시계획위원회 심의 절차 진행	
지구지정 확정·고시 (국토부)	주민공람공고(예정지구 지정) 후 1년 이내 토지등소유자 2/3 이상 및 토지면적 1/2 이상 동의 (기간 내 미충족 시 자동해제)	사업인정고시(적용공시지가)
사업계획수립 (공공기관)	토지이용계획, 주택건설계획, 기반시설 설치계획수립, 설계공모 진행 등	
보상계획공고 (공공기관)	감정평가법인등 선정(주민, 지자체, LH), 종전자산 보상 감정평가	협의보상평가
민간시공사 선정 (토지등소유자)	• 주민협의체 구성원 과반수 출석에 출석자 과반수 동의로 추천 • 공공주택사업자와 시공사 계약 체결	
사업계획승인 (서울시)	• 통합심의를 통한 인허가기간 단축 • 용도지역 결정, 주택건설 등 사업계획 확정	
협의보상 개시 (공공기관)	• 보상평가기준 시점, 보상가격 확정, 현물보상 자격자 확정, 현물/현금보상 선택 • 현물보상자 공급계약 체결, 현금보상자 수용재결	
이주, 착공 및 입주	이주철거 후 착공, 일반분양 실시	

주민공고공람(예정지구 지정)으로 토지등소유자 건축물의 신축, 세대수 증가(다가구 > 다세대) 등에 대한 제한이 붙는다. 정비사업에서의 권리산정기준일과 같은 토지보상에서의 행위제한 효력일이다. 다만, 이 사업에서는 행위제한일과 별도로 권리산정기준일을 특정하고 있다. 「공공주택특별법」에 의거, 국회 본회의 의결일인 '2021년 6월 29일'로, 이날 이후 토지등소유자가 된 경우 현물보상자의 자격을 취득하지 못하고 현금보상자로 분류된다. 이 권리산정일이 확정돼 있으므로 〈2021.6.29. ~ 지구지정〉 기간에 주택을 구입한 후 뒤늦게 지구지정이 되면, 현물보상을 받을 수 없는 폐단이 지적됐다.

현재는 공공주택특별법 시행규칙 [별표 6의7]에, 다음의 요건을 충족한 경우, 2021.6.29. 이후 토지등소유자가 됐어도 현물보상이 될 수 있는 특별공급 규정을 신설했다.

- 복합지구 지정고시 전 종전소유자와 협의양도인(현 소유자)의 계약이 체결됐을 것
- 복합지구 지정고시 전 소유권이전등기가 완료됐을 것
- 입주자모집공고일 현재 무주택세대구성원일 것

한편, 공공주택특별법의 많은 규정은 토지보상법을 준용하고 있는데, 제40조의10(토지등의 수용 등) 제4항(2023.10.24. 일부개정)은 토지보상법상의 대토보상 규정 그대로, 종교시설 및 노유자시설 등 대통령령으로 정하는 시설의 토지등의 전부를 토지보상법에 따른 협의에 응하여 공공주택사업자에게 양도하는 경우로서 토지등소유자가 원하는 경우에는 대통령령으로 정하는 바에 따라 해당 복합사업으로 조성되는 같은 용도의 토지로 보상할 수 있도록 했다.

(2) 보상평가

현물보상 및 현금보상을 위한 감정평가가 동시에 진행되며, 시기적으로는 보상계획공고가 있은 뒤다. 보상계획공고는 지구 지정고시 이후에 진행되며, 「공공주택특별법」 제40조의10에서는 복합지구 지정고시를 사업인정일로 의제하므로, 이때의 감정평가는 사업인정 후 협의보상평가로 볼 수 있다. 기준시점은, 토지보상법 제67조 제1항에 의거 협의성립(예정)일[176]이며, 공공주택사업자로부터 제시받는다. 평가대상은, 토지, 건축물, 기타지장물 등이다. 현물보상자는 기준시점 당시 재산을 현물선납하고 이 가액을 기준으로 신축 공공주택등을 공급받는데, 현물선납의 대상은 토지 및 건축물대장상의 건물로 한정될 가능성이 높다.[177] 이렇게 되면, 현물보상자의 보상금은 건물만을 기준했을 때, 현물선납 가능한 보상금(건축물대장) + 현물선납 불가능한 보상금(기타지장물, 현금지급)으로 나뉘게 된다. 정비사업에서는 종전자산에 포함되지 않은 기타지장물 및 건축물대장상 면적을 초과하는 건물부분에 대한 가액은 권리가액에 반영시킬 수 없고 현금청산자가 될 때 비로소 평가대상에 포함시키는 반면, 복합사업에서는 토지와 건축물대장상의 건축면적에 대해서는 현물보상에 포함시키고 나머지는 현금보상으로 지급한다는 점에서, 현물보상자는 정비사업에서의 조합원(분양자격 있는)보다 평가대상 범위에서는 유리하다.

---

176) 복합사업계획승인 예정일로 단정할 수 없음.
177) 현물선납 목적물의 범위에 대해서는 확정 발표된 바 없음.

토지의 평가 시 지구지정고시일이 사업인정의제일이므로 적용공시지가는 지구지정 전 최근의 표준지 공시지가가 된다. 그 밖의 보상평가기준은 토지보상법에서와 같다. 복합지구토지등소유자가 현물보상을 받지 못한 경우 이주대책으로 공공임대주택의 입주자로 선정할 수 있는데, 선정되지 못한 복합지구토지등소유자에게는 「토지보상법」 제78조 제1항에 따른 이주정착금을 지급해야 한다. 복합지구 지정고시일 당시 복합지구에서 3개월 이상 거주한 세입자에게 가구원 수에 따라 4개월분의 주거이전비를 보상해야 하며, 지구지정 전 상가세입자는 휴업에 따른 영업손실보상 대상자가 된다. 보상계획 공고일 현재 주거용 건축물에 거주하는 경우, 이사비가 지급된다.

현물보상자에게 공급되는 건축물(신축 공동주택등)의 가격은 법 제40조의11에 따르는데 '주택공급 등에 관한 특례'가 적용돼, 분양가상한제 적용을 받지 않으며 감정평가액으로 결정되지도 않는다. 공공주택 사업자가 가격을 결정[178]하며, 가격 결정에 있어서 복합사업의 총사업비, 복합지구 내 토지 및 건축물의 보상금 총액, 분양수입금 추정액 등이 고려된다. 분양계약체결 공고 전, 주민협의체의 요구를 반영함에 따라 총사업비가 증감하게 된 경우, 천재지변의 발생, 매장유산의 발견 등 공사과정에서 사업시행자가 예측하기 어려운 사유가 발생하여 총사업비가 증가하게 된 경우 가격 조정이 가능하다.

따라서 정비사업에서와 같이 분양예정자산을 평가할 일은 없다.

제5절 리모델링에 따른 감정평가

1. 개요

「주택법」 제2조에서는 '리모델링'을, ① 건축물의 노후화 억제 또는 기능 향상 등을 위한 대수선, ② 사용검사일 또는 사용승인일부터 15년이 지난 공동주택을 각 세대의 주거전용면적의 30퍼센트 이내[179]에서 증축하는 행위, ③ 각 세대의 증축 가능 면적을 합산한 면적의 범위에서 기존 세대수의 15퍼센트 이내에서 세대수를 증가하는 증축 행위[180]로 정의한다. 리모델링은 미동의자 및 현금청산자에 대해 토지보상법의 수용방식 대신 주택법의 매도청구에 의하므로 재건축의 틀과 유사하다. 재건축과 진행과정을 비교[181]하면 다음과 같다.

---

[178] 보상계획을 공고할 때 건축물로 보상하는 기준을 포함하여 공고하거나 건축물로 보상하는 기준을 따로 일간신문에 공고할 것이라는 내용을 포함하여 공고한다.
[179] 세대의 주거전용면적이 85제곱미터 미만인 경우에는 40퍼센트 이내
[180] 다만, 수직으로 증축하는 행위(수직증축형 리모델링)는 기존 건축물 층수가 15층 이상인 경우 3개 층, 14층 이하인 경우 2개 층임.
[181] 한국리모델링협회 홈페이지

리모델링	재건축	단계별 감정평가
리모델링 기본계획수립	정비기본계획수립	
	안전진단	
	정비구역지정	
추진위원회/입주자대표회의	추진위원회 구성	
조합설립인가	조합설립인가	주택법 제22조 제2항에 의거 리모델링 미동의자의 매도청구 및 현금청산 평가
안전진단(1)		
건축·도시계획심의	건축심의	
권리변동계획수립		
사업계획(행위허가)승인 ↔	사업시행인가	주택법 제67조 및 동법 시행령 제77조의 제2항에 의거, 권리변동 명세 및 조합원 분담금 산정을 위한 리모델링 전후 재산 또는 권리에 대한 평가
분담금확정총회	관리처분계획	
이 주	이주 및 철거	
안전진단(2차)		세법상 리모델링 주택사업조합의 법인세 과표산정을 위한 현물출자자산 감정평가 및 부대업무
착 공	착 공	
준공(사업검사)	준공인가	
입주 및 청산	입주 및 청산	

2. 리모델링 감정평가

리모델링에서는, 도로, 공원, 녹지 등 기반시설 기부채납이 없어 정비사업과 비교해, 무상양수·도에 따른 감정평가, 국공유재산 매각 평가 등은 개입하지 않으며, 그 밖의 사항은 정비사업 평가와 유사하다.

(1) 매도청구

미동의자 재산 확보를 위한 감정평가로, 재건축의 매도청구에 따른 감정평가와 기준시점, 평가기준 등이 동일하다. 매도청구소송에서의 '시가'의 정의에 맞게 평가한다.

(2) 권리변환(종전, 종후)

「주택법」 제67조에서는 세대수가 증가되는 리모델링을 하는 경우에는 기존 주택의 권리변동, 비용분담 등 권리변동계획을 수립하여 사업계획승인 또는 행위허가를 받아야 한다고 했는데, 권리변동계획의 내용은 다음과 같다.

- 리모델링 전후의 대지 및 건축물의 권리변동 명세
- 조합원의 비용분담
- 사업비
- 조합원 외의 자에 대한 분양계획
- 그 밖에 리모델링과 관련된 권리 등에 대하여 해당 시·도 또는 시·군의 조례로 정하는 사항

동법 시행령 제77조에서는, '대지 및 건축물의 권리변동 명세를 작성하거나 조합원의 비용분담 금액을 산정하는 경우에는 「감정평가 및 감정평가사에 관한 법률」 제2조 제4호에 따른 감정평가법인등이 리모델링 전후의 재산 또는 권리에 대하여 평가한 금액을 기준으로 할 수 있다.'고 규정됐는데, 재건축에서 관리처분계획수립을 위해 종전자산과 분양예정자산을 의무적으로 평가해야 하는 것에 비해, 리모델링에서는 종전 및 종후자산 평가가 선택사항이다. 그러나 조합원 간 분쟁방지와 권리변환의 형평성을 위해 거의 예외없이 평가를 하고 있다.

종전자산의 평가기준일은 사업시행계획승인(행위허가)일이다. 종후자산의 평가기준일도 종전자산 기준시점과 같다. 이 부분이 재건축과 다른데, 재건축에서는 종후자산 평가기준일을, 분양신청기간 만료일 또는 의뢰인 제시일로 정하고 있다. 리모델링 역시 조합원 분양가격에 대한 평가이며, 리모델링을 통해 수평증축, 별동증축, 복층 설계 등이 이뤄져 재건축에서의 종후자산에 비해 정밀한 가치형성요인 분석이 필요하다. 종후자산에 대한 평가 시, 평형별 지수의 격차를 재건축에 비해 줄여야 된다는 의견[182]도 있는데, 증축면적이나 동·호수 추첨에서 조합원의 선택제약을 고려한 것으로 보인다.

각 세대의 권리가액은 '리모델링 전 가치×비례율'로 결정되며, 각 세대가 들어설 리모델링 후 가치에서 권리가액을 차감해 분담금이 결정된다. 조합정관에서 세대별 분담금 산정기준을 아래와 같이 정하고 있어, 세대별 종전자산의 가치에 무관하게 전체 사업비를 행위허가(사업계획승인)를 득한 계약면적으로 배분하는 것처럼 이해될 수 있으나, 실질은 관리처분방식이다.

- 세대별 분담금 산정은 행위허가를 득한 계약면적 기준
- 공사비는 조합과 시공사 간 최종 합의된 단가 적용
- 공사비 제외한 기타 사업비는 계약면적비율로 부담
- 세대별 옵션 비용은 희망 세대가 별도 부담
- 이주비 및 공사비 금융비용은 세대별 상황과 조건이 다르므로 분담금에 포함시키지 않음

---

[182] 한국리모델링협회, 「리모델링가치분석」, 2020, p.207

원가에 기초해 종후자산을 평가할 때 총원가는 '종전자산+사업비'이며, 매도청구에 따른 주택매입비, 조합원 부담이나 조합이 선 대납하는 이주비대출이자 등이 사업비의 항목을 구성한다. 이들을 분양수입과 대응시키면 다음과 같다.

총원가
도급공사비 등
매도청구 세대 매입비
이주비 대출이자 등
조합원 종전자산평가액

⇔

총수익
조합원 종후자산평가액
일반분양매각수입
매도청구세대 매각수입
입주 시 상환받는 금융비

(3) 현금청산

재건축의 현금청산 감정평가와 기준시점, 평가기준 등이 동일하다. 조합정관 규정이 있는 경우 현금청산자에게는 사업기간 제 경비를 공제하고 지급할 수 있다.

(4) 법인세 감정평가

재건축의 법인세 절감을 위한 감정평가와 기준시점, 평가기준 등이 동일하다.

CHAPTER 03 기출문제

정비사업 평가

01 A감정평가법인에 소속된 감정평가사 김정직은 ○○도 ○○시 ○○동 100번지 일대에 소재하는 ○○ 1−1 주택재개발 정비사업 구역의 사업시행인가 신청을 위한 정비기반시설의 감정평가 의뢰를 받았다. 주어진 자료를 활용하여 관련 법규에 따라 주택재개발 정비사업의 시행으로 인하여 용도 폐지되는 기존의 정비기반시설 부지와 새로이 설치하는 정비기반시설 예정 부지를 감정평가 하시오(단, 가격의 산정과정과 본건 감정평가에 적용할 비교 표준지의 선정이유는 반드시 기술). (20점)

기출 22회

〈평가조건〉

(1) 본 감정평가의 대상 토지는 관련 제 규정에 따라 가장 적정하다고 판단되는 인근 공시지가 표준지를 기준으로 공시기준일로부터 가격시점까지의 지가변동률과 토지의 제반가치형성요인을 종합 고려하여 적정가격으로 감정평가할 것
(2) 국가 또는 지방자치단체로부터 사업시행자인 당해 정비사업조합에 무상으로 양여되는 국·공유 정비기반시설 부지는 용도폐지를 전제로 감정평가할 것
(3) 사업시행자로부터 사업시행인가권자인 지방자치단체에 무상으로 귀속되는 새로이 설치하는 정비기반시설은 토지의 형질변경 등 그 시설의 설치에 소요되는 비용은 포함하지 않고 현장조사 당시 현재의 현황을 기준으로 감정평가할 것

〈자료 1〉 사업의 개요

1. 정비구역 현황

사업의 종류	구역의 명칭	위 치	면적(m^2)	비 고
주택재개발 정비사업	○○ 1−1 주택재개발 정비사업 구역	○○시 ○○동 100번지 일원	97,600	제2종 일반주거지역

2. 토지이용 계획

구 분		명 칭	면적(m^2)	비율(%)	비 고
합 계			97,600	100.0	
토지이용계획	정비기반시설 등	소 계	24,800	25.4	
		도 로	6,700	6.9	확장 및 신설
		공 원	18,100	18.5	신 설
	획지	소 계	72,800	74.6	
		획지1	70,500	72.2	공동주택 및 부대시설
		획지2	2,300	2.4	종교시설

3. 건축 계획

구 분		내 용
밀 도	건폐율	18.20%(공동주택 : 15.60%, 부대시설 : 2.60%)
	용적율	229.00%
규 모		공동주택 22개동 1,550세대(16층 ~ 22층)

4. 지적개황도(축척 없음)

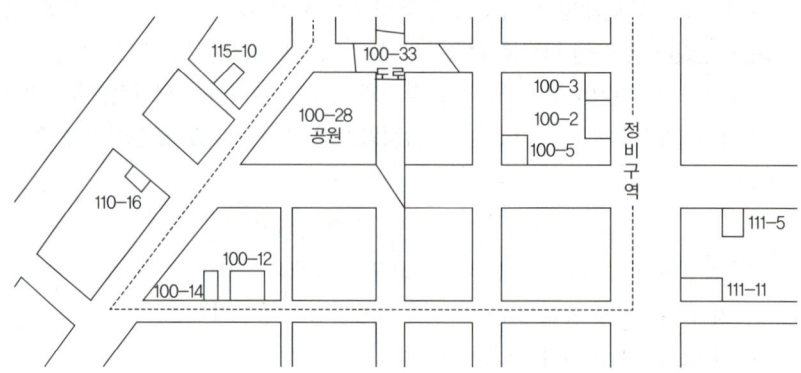

〈자료 2〉 기타 참고사항

1. 주택재개발 정비구역 지정 고시일 : 2010.2.25.
2. 주택재개발 정비조합설립인가 고시일 : 2010.11.8.
3. 가격시점 : 2011.11.30.

〈자료 3〉 평가대상 토지 목록

1. 용도 폐지되는 정비기반시설 부지

일련번호	지 번	지 목	면적(m²)	소유자	비 고
1	100-28	공 원	3,216.0	국 (국토해양부)	현황 도시계획시설 공원
2	100-33	도 로	1,303.3	○○시	현황 도시계획시설 도로

2. 새로이 설치되는 정비기반시설 부지

일련번호	지 번	지 목	면적(m²)	소유자	비 고
3	100-2	대 (상업용)	95.6	박부자	대로 3-1호선 확장 도로 15%저촉
4	100-5	대 (주상용)	91.5	강개발	중로 2-8호선 신설 도로 62%저촉
5	100-14	대 (주거용)	138.7	최토지	근린공원신설 공원 100%저촉

3. 위 평가 대상 토지 중 일련번호 (1) 100-28번지 공원부지의 용도지역은 제1종 일반주거지역이었으나 정비사업의 시행으로 인하여 제2종 일반주거지역으로 변경(2010.2.25., 정비구역 지정고시일)되었음

〈자료 4〉 토지가격 산정에 참고할 자료

1. 인근 공시지가 표준지
   (1) 당해 정비사업구역 내 공시지가 표준지

일련번호	지번	면적(m²)	이용상황	용도지역	도로교통	형상지세	공시지가(원/m²) 2010년	공시지가(원/m²) 2011년	비고
371	○○동 100-3	541.9	상업용	2종일주	광대소각	정방형 평지	2,240,000	2,350,000	도로 15%저촉
372	○○동 100-5	147.5	주상용	2종일주	소로각지	정방형 평지	1,270,000	1,330,000	도로 62%저촉
373	○○동 100-12	153.9	단독주택	2종일주	세로(가)	가장형 평지	1,130,000	1,180,000	공원 100%저촉

(2) 당해 정비사업구역 외 공시지가 표준지

일련번호	지번	면적(m²)	이용상황	용도지역	도로교통	형상지세	공시지가(원/m²) 2010년	공시지가(원/m²) 2011년	비고
375	○○동 110-16	127.9	주상용	2종일주	소로한면	가장형 평지	1,230,000	1,290,000	
377	○○동 111-5	137.4	단독주택	2종일주	소로한면	세장형 평지	1,120,000	1,170,000	
378	○○동 111-11	600.3	상업용	2종일주	광대세각	세장형 평지	2,800,000	2,900,000	
380	○○동 115-10	109.6	단독주택	1종일주	세로(불)	세장형 평지	950,000	990,000	

2. 지가변동률(○○시)

구 분	평 균	주거지역	상업지역	공업지역
2010.1.1. ~ 2010.12.31.	1.04583	1.04629	1.04475	1.04400
2011.1.1. ~ 2011.8.31.	1.01591	1.01584	1.01547	1.01622
2011.8.1. ~ 2011.8.31.	1.00173	1.00160	1.00118	1.00191

3. 개별요인
   (1) 도로접면

구 분	광대한면	중로한면	소로한면	세로(가)	세로(불)
격차율	1.00	0.92	0.85	0.80	0.75

※ 도로접면이 각지인 경우는 한면에 접하는 경우에 비해 3% 우세함

(2) 이용상황

구 분	주거용	주상용	상업용
격차율	1.00	1.08	1.15

(3) 형 상

구 분	가장형	정방형	세장형	사다리형	부정형
격차율	1.00	0.98	0.96	0.92	0.78

(4) 도시계획시설 저촉

구 분	일 반	도 로	공 원
격차율	1.00	0.85	0.60

출제영역
정비기반 시설 평가

답안작성 가이드

I. [물음 1] 평가개요

본 건은 주택재개발 정비사업 구역의 사업시행인가 신청을 위한 정비기반시설의 감정평가로, 관련 법규에 따라 평가함(기준시점 2011.11.30.)

II. [물음 2] 용도폐지 되는 정비기반시설 부지
  1. 기호 1(소로각지, 사다리, 주상용)
    (1) 적용공시지가 선택 : 기준시점 최근 2011년 선택 (이하 동일)
    (2) 비교표준지 선정
      ① 이용상황 결정 : 용도폐지를 전제로 감정평가 하는 바, 대상 면적과 인근 이용상황을 고려하여 주거용으로 결정함 (이하 동일)
      ② 용도지역 결정 : 해당 사업으로 용도지역이 변경되었으므로, 종전 용도지역 기준함 (이하 동일)
      ③ 비교표준지 선정 : 용도지역, 이용상황 등 유사한 번호 380 선택함
    (3) 감정평가액
      $990,000 \times 1.02061^{*1)} \times 1.000 \times 1.201^{*2)} \times 1.00 ≒ @1,213,000$
      $(\times 3,216 = 3,901,008,000)$

   *1) 시점수정 : $1.01584 \times (1 + 0.00160 \times 91/31)$
   *2) 개별요인 : $(0.85 \times 1.03)/0.75 \times 1.08 \times (0.92/0.96) \times 1.00^{*3)}$
   *3) 도시계획시설 저촉 : 재개발사업구역 내 표준지는 당해 사업에 따른 도시계획시설 저촉 감가율을 반영하고 있지 않은 것으로 봄(이하 동일)

2. 기호 2(소로각지, 부정형, 주거용)
   (1) 비교표준지 선정
      용도지역, 이용상황 등이 유사한 번호 373 선정함
   (2) 감정평가액
      $1,180,000 \times 1.02061 \times 1.000 \times 0.854^{*1)} \times 1.00 ≒ @1,030,000$
      $(\times 1,303.3 = 1,342,399,000)$

   *1) 개별요인 $0.85 \times 1.03/0.80 \times 0.78 \times 1.00^{*2)}$(행정)
   *2) 행정(도시계획시설 저촉)재개발사업구역 내 표준지는 당해 사업에 따른 도시계획시설 저촉 감가율을 반영하고 있지 않은 것으로 봄(이하 동일)

Ⅲ. [물음 3] 새로이 설치되는 정비기반시설 부지
   1. 기호 3(광대한면, 가장형, 상업용)
      (1) 비교표준지 선정 : 사업지역 내 용도지역 등 동일한 371 선정
      (2) 감정평가액
         $2,350,000 \times 1.02061 \times 1.000 \times 0.991^{*)} \times 1.00 ≒ @2,380,000$
         $(\times 95.6 \times 0.15 = 34,129,000)$

      *) 개별 $1/1.03 \times 1 \times 1.00/0.98 \times 1.00$(저촉감가 반영하지 않음)

   2. 기호 4(소로각지, 정방형, 주상용)
      (1) 비교표준지 선정 : 본 건 표준지인바, 372 선정
      (2) 감정평가액
         $1,330,000 \times 1.02061 \times 1.000 \times 1.000 \times 1.00 ≒ @1,360,000 (\times 91.5 \times 0.62 = 77,152,800)$

   3. 기호 5(세로(가), 세장형, 주거용)
      (1) 비교표준지 선정 : 본 건 인근 표준지 373 선정
      (2) 감정평가액
         $1,180,000 \times 1.02061 \times 1.000 \times 0.96^{*)} \times 1.00 ≒ @1,160,000$
         $(\times 138.7 = 160,892,000)$

      *) 개별 $1 \times 1 \times 0.96/1 \times 1$

02

K감정평가법인 소속 감정평가사 甲은 서울특별시 A구청장으로부터 B12구역주택재개발정비사업구역 내에 소재한 공유지의 처분을 위한 감정평가를 의뢰받고 현장조사 및 가격조사를 완료하였는바, 주어진 자료를 기준으로 감정평가액을 구하시오. (30점) **기출 25회**

〈자료 1〉 감정평가 의뢰내역(요약)

1. 의뢰인 : 서울특별시 A구청장
2. 의뢰일자 : 2014.9.1.
3. 제출기한 : 의뢰일로부터 14일 내
4. 의뢰목록

일련번호	소재지	지 번	지 목	면적(m²)	용도지역
1	서울특별시 A구 B동	121	대	106.0	2종일주
2	〃	121-2	대	48.0	〃
3	〃	121-3	대	151.0	〃
4	〃	123-5	대	72.0	〃
5	〃	121-7	대	108.0	〃

〈자료 2〉 기본적 조사사항

1. 현장조사 및 가격조사완료일자 : 2014.9.3. ~ 9.5.
2. 조사 내용
   (1) 본건 토지는 사업시행인가일 현재 기존 주택지대 내에 소재하는 일단의 "공용주차장"으로 사용되었던 것으로 조사되었음
   (2) 현장조사일 현재 B12구역 주택재개발정비사업이 착공된 상태로, 본건의 현황이 변경된 상태로서 주택재개발사업에 편입되어 일단의 사업부지로 이용 중임
   (3) 본건 "공용주차장"은 1985.6.21.자로 도시계획시설(주차장)실시계획인가 고시되었음
   (4) B12구역 주택재개발정비사업 현황(요약)
      ① 소재지 : 서울특별시 A구 B동 178번지 일대
      ② 사업구역 면적 : 65,826m²
      ③ 택지면적 : 42,786m²
      ④ 사업시행인가고시일 : 2011.3.20.
      ⑤ 착공일자 : 2013.10.28.
      ⑥ 조합제시 사업비(개량비)분석 내역(2014년 8월 말 현재)

항 목	금액(원)	비 고
토목공사비 등	15,682,000,000	
공통비용	8,560,000,000	토지 및 건물에 공통으로 할당되는 금액으로, 토지비율은 48%임
합 계	24,242,000,000	

〈자료 3〉 공시지가 표준지, 매매사례 및 평가선례 등

1. 인근 공시지가 표준지 내역

기호	소재지	면적(m^2)	지목	이용상황	용도지역	도로교통	형상지세	공시기준일	공시지가(원/m^2)	비고
①	B동 125-1	89.0	대	단독주택	2종일주	세로(가)	사다리평지	2011.1.1.	2,300,000	B12 구역 내 (본건 남서측 인근)
								2012.1.1.	2,380,000	
								2013.1.1.	2,460,000	
								2014.1.1.	-	
②	B동 132	102.0 (일단지)	대	주거나지	2종일주	광대소각	부정형평지	2011.1.1.	-	B12 구역
								2012.1.1.	-	
								2013.1.1.	-	
								2014.1.1.	3,220,000	
③	B동 457	153.0	대	단독주택	2종일주	세로(가)	세장형평지	2011.1.1.	2,180,000	본건 북측 인근
								2012.1.1.	2,250,000	
								2013.1.1.	2,320,000	
								2014.1.1.	2,400,000	

2. 매매사례

기호	소재지	거래일자	지목	면적(m^2) 토지	면적(m^2) 건물	용도지역	거래가액/원
(가)	B동 78-2	2013.8.25.	대	92.0	99.5	2종일주	400,000,000
(나)	B동 249	2014.5.20.	대	103.0	156.2	2종일주	683,000,000

(1) 기호 (가) : 매매 당시 블록조 단층 주택이 소재하였으나, 매매 후 기존 건물은 철거(철거비와 폐자재 매각금액 동일)되고 현장조사일 현재 다세대주택이 신축되어 있음
(2) 기호 (나) : 3층 규모의 주상용 건물(철근콘크리트조)신축 후 바로 매매된 것으로, 매매시점 당시 건물 재조달원가는 @1,000,000원/m^2으로 조사됨

3. 평가선례

기호	소재지	목적	기준시점	지목	면적(m^2)	용도지역	평가액(원/m^2)
㉠	B동 526 외	택지비	2013.9.1.	대	32,685.24	2종일주	5,700,000
㉡	B동 144 외	택지비	2012.10.29.	대	11,790.57	2종일주	5,160,000

⟨자료 4⟩ 지가변동률(서울특별시 A구 주거지역)

기 간	변동률(%)
2011.1.1. ~ 2011.3.20.	0.096
2011.3.20. ~ 2014.9.5.	3.487
2012.10.29. ~ 2014.9.5.	1.926
2013.8.25. ~ 2014.9.5.	0.999
2013.9.1. ~ 2014.9.5.	0.221
2014.5.20. ~ 2014.9.5.	0.022
2014.1.1. ~ 2014.9.5.	0.057

⟨자료 5⟩ 요인비교 자료

1. 지역요인 : 본건, 공시지가 표준지, 매매사례 및 평가선례는 인근지역에 소재하여 지역요인 대등함
2. 개별요인

공시지가 표준지	본 건	매매사례		평가선례	
		(가)	(나)	㉠	㉡
①	1.25	1.15	1.35	1.50	1.35
②	1.00	0.90	1.06	1.18	1.07
③	0.85	0.75	0.87	0.97	0.86

📑 출제영역

국·공유재산 매각평가

📑 답안작성 가이드

Ⅰ. 평가개요

본 건은 서울특별시 A구 B동에 소재한 토지의 주택재개발정비사업 구역 내에 소재한 공유지의 처분을 위한 감정평가로, 관련 법령에 의거 감정평가함

1. 감정평가방법
    (1) 본 건 토지는 「도시 및 주거환경정비법」 제66조 제6항에 의거 평가하되, 사업시행인가의 고시가 있은 날부터 3년 이내에 매매계약이 체결되지 아니한 공유지이므로 「공유재산 및 물품 관리법」에서 정하는 바에 따름
    (2) 「공유재산 및 물품 관리법」에 의해 「감정평가 및 감정평가사에 관한 법률」에 따른 둘 이상의 감정평가법인에 의뢰하여 평가한 감정평가액을 산술평균한 금액 이상으로 하여야 함. 다만 「공익사업을 위한 토지 등의 취득 및 보상에 관한 법률」이 적용되는 공익사업에 필요한 공유재산을 해당 공익사업의 사업시행자에게 매각할 때에는 해당 법률에 따라 산정한 보상액을 해당 재산의 매각가격으로 할 수 있음
    (3) 원칙에 따라 시가평가로 감정평가액을 구하고, 보충적으로 보상평가액을 구함

2. 기준시점
    「감칙」에 의거 가격조사완료일인 2014.9.5.을 기준시점으로 함

Ⅱ. 매각(처분) 감정평가액

1. 공시지가기준법

    (1) 비교표준지의 선정

    현황을 기준하여 B12 구역 내에 위치하는 기호(2) 표준지를 선정하고, 공시지가는 기준시점에 가장 가까운 2014년 공시지가를 적용함

    (2) 시점수정 : 1.00057

    (3) 그 밖의 요인

    ① 평가선례 및 거래사례 선정 : 〈평가선례 ㉠, ㉡〉 모두 선정함(표준지기준방식)

    ② 평가선례 ㉠ 기준

    $$\frac{5,700,000 \times 1.00221^{*1)} \times 1.00 \times 0.847^{*2)}}{3,220,000 \times 1.00057} ≒ 1.50$$

    *1) 시점수정 : 2013.9.1. ~ 2014.9.5.

    *2) 개별 1/1.18

    ③ 평가선례 ㉡ 기준

    $$\frac{5,160,000 \times 1.01926^{*1)} \times 1.00 \times 0.925^{*2)}}{3,220,000 \times 1.00057} ≒ 1.54$$

    *1) 시점수정 : 2012.10.29. ~ 2014.9.5.

    *2) 개별 1/1.17

    ④ 결정 : 〈1.50〉

    면적, 시점 등 유사성 높은 선례 ㉠ 중심으로 결정

    (4) 공시지가기준가액

    $3,220,000 \times 1.00057 \times 1.00 \times 1.00/1.00 \times 1.50 ≒ @4,830,000$

2. 거래사례비교법

    (1) 거래사례의 선정 : 〈매매사례 (가), (나)〉

    매매사례는 본 건과 비교가능성이 희박하나, 참고적으로 검토하기 위하여 가격을 산출함

    (2) (가) 기준 비준가격(철거 전제 토지만의 가격으로 봄)

    $(400,000,000/92.0) \times 1.00999^{*1)} \times 1.00 \times 1.111^{*2)} ≒ @4,880,000$

    *1) 시점수정 : 2013.8.25. ~ 2014.9.5.

    *2) 개별 1/0.9

    (3) (나) 기준 비준가격

    $\{(683,000,000 - 156,020,000)/103\} \times 1.00022^{*1)} \times 1.00 \times 0.943^{*2)} ≒ @4,830,000$

    *1) 시점수정 : 2014.5.20. ~ 2014.9.5.

    *2) 개별 1.00/1.06

3. 감정평가액 결정

    공시지가기준법 시산가액이 거래사례비교법 시산가액에 의해 합리성이 지지된다고 판단되는 바, @4,830,000원으로 결정함

    $(4,830,000 \times 485 = 2,342,550,000원)$

Ⅲ. 보충적 방식(보상평가)

1. 비교표준지의 선정

"공용주차장"으로 사용되었던 것임에도 불구하고 용도 폐지를 전제로 인근 표준적 이용을 고려하여 B12 구역 내 본건 남서측 인근에 위치하는 기호① 표준지를 선정하고, 사업시행인가일 이전 공시지가인 2011년 공시지가를 적용한다.

2. 시점수정

(1) 지가변동률

$$1.00096 \times 1.03487 ≒ 1.03586$$

(2) 결정 : 생산자물가지수 미제시로 지가변동률 적용함

3. 그 밖의 요인(표준지기준방식)

(1) 평가선례 및 거래사례 선정 : 〈평가선례 ㉠, ㉡〉 모두 선정함

(2) 평가선례 ㉠ 기준

$$\frac{5,700,000 \times 1.00221^{*1)} \times 1.00 \times 1/1.50}{2,300,000 \times 1.03586} ≒ 1.60$$

*1) 시점수정 : 2013.9.1. ~ 2014.9.5.

(3) 평가선례 ㉡ 기준

$$\frac{5,160,000 \times 1.01926^{*1)} \times 1.00 \times 1/1.35}{2,300,000 \times 1.03586} ≒ 1.64$$

*1) 시점수정 : 2012.10.29. ~ 2014.9.5.

(4) 결정 : 〈1.60〉

동 지역은 주어진 공시지가의 변동률을 살펴보건대, 재개발사업의 사업승인 후 지가가 특별히 상승한 것으로 보이지 않으며 면적, 시점 등 유사성 높은 선례 ㉠중심으로 결정

4. 감정평가액 결정

$$2,300,000 \times 1.03586 \times 1.00 \times 1.25/1.00 \times 1.60 ≒ 4,760,000$$

$$(\times 485 = 2,308,600,000)$$

Ⅳ. 감정평가액 및 개량비 적용 여부

1. 시가평가일 경우 감정평가액 : 2,342,550,000원

(보상평가일 경우 감정평가액 : 2,308,600,000원)

2. 개량비 적용 여부

「공유재산 및 물품 관리법」에 따르면 공유재산을 개척·매립·간척 또는 조림하거나 그 밖에 정당한 사유로 점유하고 개량한 자에게 해당 재산을 매각하는 경우에는 매각 당시의 개량한 상태의 가액에서 개량비에 해당하는 금액을 빼고 남은 금액을 매각대금으로 한다고 되어 있으며, 개량한 공유재산을 「공익사업을 위한 토지 등의 취득 및 보상에 관한 법률」이 적용되는 공익사업의 사업시행자에게 매각하는 경우로서 그 사업시행자가 그 재산을 점유하고 개량한 자에게 개량비에 해당하는 금액을 지급한 경우 그 매각 대금에 관하여는 개량비에 해당하는 금액을 빼고 남은 금액을 매각대금으로 한다고 규정하고 있다. 따라서 개량비는 감정평가액에서 고려하지 않고 매각대금 지급 단계에서 고려될 수 있다. 본 건의 경우에는 사업시행자에게 매각하는 경우이나, 사업시행자가 직접 개량한 경우이므로, 별도의 개량비는 고려하지 않을 수 있을 것으로 보인다. 다만, 개량비를 고려할 경우 조합제시 개량비 내역을 A구청장이 심사·결정하여 적용하게 된다.

03 감정평가사 김씨는 「도시 및 주거환경정비법」에 의한 A시 B구 C동 XX지구 주택재개발조합으로부터 조합원 P씨의 권리변환 및 정산을 위한 평가를 의뢰받아 다음 자료를 조사수집하였다. 이 자료를 활용하여 다음 물음에 답하시오. (25점)   기출 17회

(1) P씨의 종전자산 가격을 구하시오.
(2) 조합 전체의 분양예정자산 가격을 구하시오.
(3) 비례율, 권리액 등을 산정하여 P씨의 정산금을 구하시오.

〈자료 1〉 P씨 소유 토지와 건물 내용

1. 토 지

소재지	지목	면적	용도지역	도로교통	형상지세
A시 B구 C동 250번지	대	120m²	제2종일반주거지역	세로(가)	사다리형 평지

2. 건 물

소재지	구조	면적	신축일자	비고
A시 B구 C동 250번지	블록조 슬래브 지붕	90m²	1985.2.1.	무허가건축물

〈자료 2〉 재개발사업 계획

1. 사업일정
   (1) 재개발구역지정 고시일 : 2003.7.1.
   (2) 주택재개발조합 설립일 : 2004.3.1.
   (3) 주택재개발사업시행인가 고시일 : 2005.8.1.
   (4) 관리처분계획 인가일 : 2006.8.27.
   (5) 준공 인가일 : 2007.12.31.

2. 건축계획
   철근콘크리트조 슬래브지붕 15층 아파트 2개동 32평형(전용면적 85m²), 각층 1-4호, 총 120세대

3. 분양계획
   일반분양 : 각층 1호 30세대, 분양가는 인근 아파트시세와 비교 결정
   조합원분양 : 각층 2-4호 90세대, 분양가는 350,000,000원으로 동일
   분양아파트 층별 및 호별 효용도

층별	1층	2층	3-14층	15층
	100	106	110	104
호별	1호	2호	3호	4호
	100	103	103	100

〈자료 3〉 현장조사 기간

1. 종전자산 : 2005.12.10. ~ 2006.2.1.
2. 분양예정자산 : 2006.5.1. ~ 2006.7.1.

〈자료 4〉 인근지역의 표준지 공시지가 자료

일련번호	소재지 지번	면적 (m²)	지목	이용 상황	용도 지역	도로 상황	형상 지세	비고
1	A시 B구 C동 119	250	대	단독 주택	제2종 일반 주거	세로 (가)	사다리형 평지	XX주택 재개발지구 내
2	A시 B구 C동 200	200	대	단독 주택	제2종 일반 주거	소로 한면	세장형 평지	XX주택 재개발지구 외
3	A시 B구 C동 300	300	대	단독 주택	제3종 일반 주거	소로 한면	사다리형 완경사	XX주택 재개발지구 외
4	A시 B구 C동 305	200	대	상업용	제2종 일반 주거	세로 (가)	사다리형 완경사	XX주택 재개발지구 내

일련번호	공시지가(원/m²)			
	2003년	2004년	2005년	2006년
1	2,200,000	2,300,000	2,400,000	2,500,000
2	2,000,000	2,100,000	2,200,000	2,300,000
3	1,900,000	2,000,000	2,300,000	2,400,000
4	2,100,000	2,200,000	2,500,000	2,700,000

〈자료 5〉 A시 B구 지가변동률

기 간	용도지역별(%)			
	주거	상업	공업	녹지
2003.1.1. ~ 2003.7.1.	1.102	1.051	1.200	1.301
2003.7.2 ~ 2003.12.31.	1.101	1.022	1.051	1.251
2004.1.1. ~ 2004.3.1.	1.120	1.031	1.022	1.301
2004.3.2. ~ 2004.12.31.	1.501	2.007	1.032	1.053
2005.1.1. ~ 2005.8.1.	2.000	1.054	2.002	1.023
2005.8.2. ~ 2005.12.31.	1.050	1.021	0.101	1.035
2006.1.1. ~ 2006.2.1.	0.500	1.031	0.023	2.005
2006.2.2 ~ 2006.8.27.	0.500	2.001	1.054	0.053

〈자료 6〉 토지가격비준표

1. 도로상황

구 분	광 로	중 로	소 로	세로(가)	세로(불)	비 고
광 로	1.00	0.90	0.81	0.73	0.66	각지인 경우 10% 가산
중 로	1.11	1.00	0.90	0.81	0.73	
소 로	1.23	1.11	1.00	0.90	0.81	
세로(가)	1.36	1.23	1.11	1.00	0.90	
세로(불)	1.51	1.36	1.23	1.11	1.00	

2. 형 상

구 분	정방형	장방형	사다리형	부정형
정방형	1.00	0.95	0.85	0.70
장방형	1.05	1.00	0.95	0.75
사다리형	1.17	1.05	1.00	0.85
부정형	1.42	1.33	1.17	1.00

3. 지 세

구 분	평 지	저 지	완경사	급경사	고 지
평 지	1.00	0.97	0.95	0.85	0.80
저 지	1.03	1.00	0.97	0.95	0.85
완경사	1.05	1.03	1.00	0.97	0.95
급경사	1.17	1.05	1.03	1.00	0.97
고 지	1.25	1.17	1.05	1.03	1.00

〈자료 7〉 건물신축단가 등

구 분	블럭조 슬레이트지붕	블럭조 기와지붕	블럭조 슬래브지붕
내용연수(년)	35	40	40
잔존가치(원)	0	0	0
신축단가(원/m^2)	400,000	450,000	500,000

〈자료 8〉 인근지역 아파트 거래사례

소재지	사례물건	평 형	건축시점	거래시점	거래가격
A시 B구 C동 201번지	D아파트 10층 1호	32평형 (전용면적 85m^2)	2003.5.6.	2006.3.2.	350,000,000원

〈자료 9〉 아파트 비교요인

1. 도로조건, 접근조건, 획지조건, 환경조건 등의 개별요인은 거래사례 아파트 대비 분양예정 아파트 (10층 1호)가 5% 우세

2. 인근 지역 고층아파트의 경과연수별 아파트 시세비율

경과연수	2년 이하	2년 초과 5년 이하	5년 초과 10년 이하	10년 초과 20년 이하	20년 초과
아파트시세비율	100	85	70	65	60

3. 거래시점 이후 3·30 종합부동산대책의 영향으로 인근지역 아파트가격시세는 10% 하락한 것으로 조사됨

〈자료 10〉 기 타

1. 추정 총사업비 : 사업에 소요되는 총사업비는 230억원으로 추산함
2. P씨의 종전자산가액은 조합 전체 종전자산가액의 1%에 해당
3. 비례율은 백분율로서 소수점 이하 셋째 자리에서 반올림하여 둘째 자리까지 표시할 것

출제영역
종전·종후자산 평가

답안작성 가이드

Ⅰ. [물음 1] P씨의 종전자산가격

1. 처리방침

   「도시 및 주거환경 정비법」 및 감정평가실무기준 등에 따라 P씨의 종전자산을 평가함

2. 기준시점

   사업시행인가고시가 있는 날인(2005.8.1.)

3. 적용공시지가 선택

   사업시행인가고시일 당시 공시된 공시지가로서 기준시점에 가장 가까운 시점에 공시된 〈2005년〉 공시지가를 선택함

4. 토지가격

   (1) 비교표준지 선정

   당해 정비구역 안의 표준지 중 용도지역(2종 일주), 이용상황(단독주택), 도로상황(세로가) 등이 가장 유사한 표준지 〈1〉을 선택함

   (사업지역 안/밖의 가격 변동추이를 볼 때 표준지공시지가에 당해 사업으로 인한 가격변동은 없는 것으로 판단됨)

   (2) 공시지가기준가액

   $2,400,000 \times 1.02000 \times 1.000 \times \underline{1.000} \times 1.00 ≒ @2,450,000$
   ${}^{*개} (\times 120 = 294,000,000)$

5. 건물가격

$$500,000 \times \frac{20}{40} = @250,000$$
$$(\times 90 = 22,500,000)$$

6. P씨의 종전자산

294,000,000 + 22,500,000 = 316,500,000

Ⅱ. [물음 2] 조합 전체의 분양예정자산 가격

1. 처리방침

분양예정자산은 '분양신청기간이 만료되는 날'을 기준시점으로 하나, 이 문제에서는 명확하게 제시되지 않았으므로 '분양예정자산의 현장조사완료일'인 2006.7.1.을 기준시점으로 함

2. 조합원분양분

350,000,000 × 90 ≒ 31,500,000,000

3. 일반분양분

(1) 사례기준 10층 1호 분양가격

$$350,000,000 \times (1-0.1) \times 1.00 \times \underline{1.235} \div 389,000,000$$
$$\quad\quad\quad\quad\quad\quad\quad\quad\quad\quad\quad *개$$

$$*개 : \frac{105}{100} \times \frac{100}{85}$$

(2) 전체 분양가격

$$389,000,000 \times \frac{100 + 106 + 110 \times 12 + 104}{110} \times 2개동 \div 11,528,000,000$$

4. 분양예정자산 가격

31,500,000,000 + 11,528,000,000 = 43,028,000,000

Ⅲ. [물음 3] P씨의 정산금

1. 비례율 산정

$$\frac{43,028,000,000 - 23,000,000,000}{316,500,000/0.01} \times 100 \div 63.28\%$$

2. 권리가액

316,500,000 × 0.6328 = 200,281,000

3. P씨의 정산금

350,000,000 − 200,281,000 = 149,718,800

04

총 3인의 조합원으로 구성된 재개발조합은 분양계획의 조정을 위하여 아래와 같은 자료를 수집하였다. 구체적으로 조합원 부담의 감소를 위하여 분양계획 1안을 2안으로 변경하고자 한다. 이때 각 1안 및 2안의 비례율을 산정하여, 2안으로 변경할 경우 유리한 조합원의 순서를 판별하되, 산출과정 및 그 이유를 설명하시오. (15점) 〔기출 21회〕

⟨자료 1⟩ 조합원별 종전자산 평가액
1. 김한국 : 80,000,000원
2. 이대한 : 140,000,000원
3. 박조선 : 180,000,000원

⟨자료 2⟩ 건축계획 및 사업관련비용 등
1. 단위세대당 105m² 면적의 총 10세대를 건축할 예정이며, 이중 3세대는 조합원 분양분이고, 7세대는 일반분양 예정임
2. 본 사업의 진행을 위해서는 기존주택 등의 철거비로 100,000,000원이 소요될 전망이고, 신축공사비로 1,400,000,000원의 지출이 예상됨

⟨자료 3⟩ 분양예정가격
1. 1안 : 조합원에 대한 분양예정가격은 단위세대당 160,000,000원, 일반분양예정가격은 단위세대당 200,000,000원임
2. 2안 : 조합원에 대한 분양예정가격은 단위세대당 140,000,000원, 일반분양예정가격은 단위세대당 200,000,000원임

📝 **출제영역**

종전·종후자산 평가

📝 **답안작성 가이드**

I. 비례율 산정

1. 1안의 비례율

$$\frac{(160,000,000 \times 3 + 200,000,000 \times 7) - (1,400,000,000 + 100,000,000)}{80,000,000 + 140,000,000 + 180,000,000} = 0.95$$

2. 2안의 비례율

$$\frac{(140,000,000 \times 3 + 200,000,000 \times 7) - (1,400,000,000 + 100,000,000)}{80,000,000 + 140,000,000 + 180,000,000} = 0.80$$

Ⅱ. 조합원의 분담금 산정
   1. 김한국
      (1) 1안
         $160,000,000 - 80,000,000 \times 0.95 = 84,000,000$
      (2) 2안
         $140,000,000 - 80,000,000 \times 0.80 = 76,000,000$
      (3) 분담금 변동
         '(1)' – '(2)' = 8,000,000
         추가 분담금이 8백만원 감소함(유리)

   2. 이대한
      (1) 1안
         $160,000,000 - 140,000,000 \times 0.95 = 27,000,000$
      (2) 2안
         $140,000,000 - 140,000,000 \times 0.80 = 28,000,000$
      (3) 분담금 변동
         '(1)' – '(2)' = (–)1,000,000
         추가 분담금 1백만원 증가(불리)

   3. 박조선
      (1) 1안
         $160,000,000 - 180,000,000 \times 0.95 = -11,000,000$
      (2) 2안
         $140,000,000 - 180,000,000 \times 0.80 = -4,000,000$
      (3) 분담금 변동
         '(1)' – '(2)' = (–)7,000,000
         받을 정산금이 7백만원 감소(불리)

Ⅲ. 유리한 순서
   김한국 > 이대한 > 박조선(종전자산평가액이 낮을수록 유리함)

05 공기업인 (주)H전력은 서울특별시 동대문구 Y동 45번지에 소재하는 토지, 건물(이하 "대상물건"이라 함)에 대하여 '① 매각하는 방안, ② 보상을 받는 방안, ③ 분양을 받는 방안'을 감정평가사 甲에게 검토 요청하였다. 대상물건은 재개발 정비구역 내에 소재하고 있으며 관리처분까지 확정되어, 현재 공실상태이고, 종후자산에 대한 분양계약을 체결하면 바로 철거가 진행될 예정이며, 종후자산은 5년 후인 2018.4.30.자로 입주예정이다. 재개발조합에서는 미계약자에게 2013.7.31. 기준시점으로「공익사업을 위한 토지 등의 취득 및 보상에 관한 법률」에 의거 평가한 후 2013.8.31.자로 일시불로 지급하기로 되어있다. 또한, 대상물건은 2013.4.30.에 일시불로 80억 원에 매입하겠다는 매수희망자가 있다. 다음 물음에 답하시오. (30점) **기출 24회**

(1) 2013.7.31. 기준시점으로 보상평가액 (15점)
(2) 2018.4.30.(입주 시) 기준시점의 현금정산액을 포함한 종후자산 가치 (5점)
(3) (주)H전력이 제시한 3가지 방안을 2013.4.30. 기준으로 비교 검토한 후 적절한 방안을 제시하고 그 이유를 설명하시오. (10점)

〈자료 1〉 대상물건 개요

1. 대상토지
   (1) 소재지 : 서울특별시 동대문구 Y동 45번지
   (2) 지목 및 면적 : 대, 820㎡
   (3) 용도지역 : 일반상업지역, 도시계획 도로 일부저촉(20%)
   (4) 토지의 특성 : 장방형, 완경사, 광대소각

2. 대상건물
   (1) 구조 : 철근콘크리트조 평옥개지붕
   (2) 건물면적 : 520㎡
   (3) 층수 : 지하 1층/지상 3층
   (4) 사용승인일 : 1980.9.7.
   (5) 용도 : 업무용
   (6) 대상건물은 도시계획도로에 저촉되지 않음

〈자료 2〉 현장조사자료

1. 건 물
   (1) 공부면적 : 520㎡
   (2) 실측면적 : 650㎡

2. 제시 외 건물
   (1) 수위실 : 벽돌조 슬래브지붕 단층 10㎡
       수위실은 전체면적이 도시계획도로에 저촉됨
   (2) 창고 : 목조 와즙 단층 60㎡
   (3) 제시 외 건물들은 1985.10.10. 신축된 것으로 조사되었음

3. 기타 지장물
   (1) 벽돌조 담장 : 110㎡
   (2) 바닥 포장 : 아스콘 포장 530㎡

(3) 축대 : 철근콘크리트 $54m^2$
(4) 수 목
　① 소나무 45년생 3주
　② 감나무 25년생 5주
　③ 대추나무 15년생 5주

〈자료 3〉 재개발관련 자료

1. 사업승인일 : 2012.4.5.
2. 종전자산 평가액
   (1) 토지 : 7,790,000,000원($820m^2 \times 9,500,000원/m^2$)
   (2) 건물 : 166,400,000원($520m^2 \times 320,000원/m^2$)
   (3) 합계 : 7,956,400,000원
   (4) 비례율 : 95%
3. 종후자산
   (1) (주)H전력은 상가 1층 대지권 $290m^2$, 건물(전용면적) $720m^2$을 분양가능
   (2) 종전자산보다 종후자산이 많을 경우에는 입주 시 일시불로 차액을 지급하고, 적을 경우에는 입주 시(2018.4.30.) 일시불로 차액을 받을 수 있음
   (3) 상가의 조합원 분양가격은 건물면적(전용면적)기준 1층 @8,000,000원/m^2, 2층 @3,000,000원/m^2, 3층 @1,800,000원/m^2, 지층 @1,300,000원/m^2임

〈자료 4〉 공시지가 표준지와 지가변동률

1. 인근 표준지공시지가

기 호	소재지	면적(m^2)	지 목	이용 상황	용도 지역	도로 교통	형상 지세	공시지가(원/m^2)	
								2012년	2013년
①	Y동 26-5	810	대	상업용	일반 상업	광대 소각	세장형 평지	6,000,000	6,500,000
②	Y동 32-1	302	대	업무용	일반 상업	세로 (가)	세장형 평지	4,700,000	4,900,000

※ 기호② 표준지는 도시계획도로에 30% 저촉됨

2. 시점수정 관련자료
   (1) 지가변동률(동대문구 상업지역)

2012.1.1. ~ 3.31.	2012년 4월	2012년 누계	2013.1.1. ~ 3.31.	2013년 3월
0.572%	0.180%	2.240%	0.512%	0.155%

   ※ 2013년 4월 이후 지가변동률은 미고시 되었으므로 2013년 3월 지가변동률을 연장 적용하기로 함

   (2) 동대문구 Y동 일대의 상가는 부동산 경기침체로 2013년 상반기 중 가격변동이 거의 없으므로 시점수정은 없음
   (3) 2013.4.30. ~ 2018.4.30. 사이 5년간의 상가 상승률은 연 2%로 가정함

⟨자료 5⟩ 가격자료

1. 평가선례 및 거래사례
   (1) 평가선례

(단위 : 원/m²)

기호	소재지	지목	면적(m²)	이용상황	용도지역	도로접면	기준시점 평가목적	평균단가
A	Y동 24-2	대	330	상업용	일반상업	광대소각	2013.3.5. 보상	10,500,000
B	Y동 30-1	대	255	주거용	일반상업	세로(불)	2012.2.10. 담보	7,500,000
C	Y동 24-5	대	420	상업용	일반상업	광대소각	2012.4.2. 보상	9,500,000

※ 기호 A와 C는 면적의 40%가 도시계획도로에 저촉됨

   (2) 거래사례

(단위 : 원/m²)

기호	소재지	지목	면적(m²)	이용상황	용도지역	도로접면	거래일자	토지기준 거래단가	비고
D	Y동 42-7	대	550	상업용	일반상업	광대소각	2013.3.27.	12,000,000	토지단가에 건물가포함
E	Y동 30-7	대	187	주상용	일반상업	세로(가)	2013.2.15.	8,000,000	토지단가에 건물가포함

※ 기호 E토지는 지상건물을 포함하여 거래하였으나 노후 건물로 철거예정이며 철거비와 폐자재판매비가 거의 유사함

   (3) 상가거래사례

(단위 : 천원)

기호	소재지	면적(m²)	이용상황	용도지역	도로접면	거래일자	거래금액	비고
F	Y동 22	건물(전용) 640 대지권 160	상업용	일반상업	광대소각	2013.1.30.	7,040,000	○○단지 내 상가 1층
G	Y동 22	건물(전용) 530 대지권 132	상업용	일반상업	광대소각	2013.2.15.	1,060,000	○○단지 내 상가 3층

※ ○○단지는 2012년 신축하여 입주한 아파트단지 내 상가로 대상물건이 소재한 정비구역의 재개발이 완료되면 제반 단지여건이 유사함

   (4) 기타 가격자료
   ① 동 지역은 재개발사업의 사업승인 후 지가가 상당한 폭으로 상승하였음
   ② 상가는 조합원 분양가보다 일반분양가가 약 45% 높게 결정되었으며 70% 정도 분양되었음

2. 대상건물 및 지장물 가격자료
   (1) 대상건물
   ① 재조달원가 : 보정단가 포함한 전체면적 기준 @950,000원/m²
   ② 내용연수 : 철근콘크리트조이므로 50년으로 함

(2) 제시외 건물
　① 재조달원가 : 수위실 @320,000원/m^2, 창고 @600,000원/m^2
　② 내용연수 : 수위실, 창고 모두 40년으로 함
(3) 지장물 가격자료
　감가상각 후 적용단가임
　① 벽돌조 담장 : @40,000/m^2
　② 아스콘포장 비용 : @90,000원/m^2
　③ 축대 조성비용 : @120,000원/m^2
　④ 수목가격자료

수 종	단 위	취득비	이식비
소나무 45년생	1주	15,000,000원	4,200,000원
감나무 25년생	1주	500,000원	800,000원
대추나무 15년생	1주	200,000원	180,000원

※ 소나무는 고손율이 20%이고, 감나무와 대추나무는 고손율이 15%임

〈자료 6〉 지역요인, 개별요인 비교자료

1. 지역요인
　공시지가 비교표준지, 대상토지, 평가선례 및 거래사례는 동일지역임

2. 개별요인비교
　(1) 토지 개별요인비교

대상 토지	표준지 ①	표준지 ②	평가 선례 A	평가 선례 B	평가 선례 C	거래 사례 D	거래 사례 E
100	100	75	103	74	102	105	79

　(2) 상가 개별요인비교

대상 종후상가	거래사례 F	거래사례 G
100	95	20

　(3) 공법상 제한사항

구 분	일 반	제 한
일 반	1.0	0.85
제 한	1.18	1.0

〈자료 7〉 기타자료

1. 일시불 현가화시 할인율은 연 6%(월 0.5%)를 적용함

출제영역
현금청산평가

답안작성 가이드

Ⅰ. 평가개요

(주)H전력의 토지, 건물에 대한 적절한 처리 방안을 제시하는 문제로 각 물음에 답한다.

Ⅱ. [물음 1] 미계약자의 현금청산 감정평가(2013.7.31.)

1. 처리방침

재개발사업 등에 대한 「도정법」 규정에 따른 현금청산평가는 기준시점 당시의 현황을 기준으로 하되, 보상평가를 준용하여 감정평가 하는바, 「토지보상법」에 의거하여 평가함

2. 토 지

(1) 적용공시지가 : 2012년
사업승인일 이전가장 최근 시점의 것으로 함

(2) 비교표준지 : 〈표준지 #1〉
용도지역, 이용상황, 도로교통 등이 동일·유사함

(3) 도시계획 도로 일부저촉 처리 : 저촉되지 않은 것으로 봄

(4) 시점수정

① 지가변동률
$1.02240 \times 1.00512 \times (1+0.00155 \times 122/31) ≒ 1.03390$

② 결정 : 생산자물가지수 미 제시로 지가변동률 적용함

(5) 그 밖의 요인

① 평가선례 및 거래사례 선정 : 〈평가선례 #C〉, 〈거래사례 #E〉
평가선례 #A는 사업승인일 이후, #B는 이용 상황 상이로 배제, 거래사례 #D는 건물가격 배분 불가로 배제함

② 평가선례 기준(표준지기준방식)

$$\frac{9,500,000 \times 1.00 \times 1.02796^{*1)} \times 1.000 \times 0.980^{*2)}}{6,000,000 \times 1.03390} ≒ 1.54$$

*1) 시점수정

: 2012.4.2. ~ 2013.7.31. : $\frac{1.02240}{1.00572 \times (1+0.00180 \times 1/30)} \times 1.00512 \times (1+0.00512 \times 122/31)$

*2) 개별 100/102

③ 거래사례 기준

$$\frac{8,000,000 \times 1.00 \times 1.00868^{*1)} \times 1.000 \times 1.266^{*2)}}{6,000,000 \times 1.03390} ≒ 1.65$$

*1) 시점수정 : 2013.2.15. ~ 2013.7.31. : $(1+0.00512 \times 45/90) \times (1+0.00155 \times 122/31)$

*2) 개별 100/79

④ 결정 : 1.54
동 지역은 재개발사업의 사업승인 후 지가가 상당한 폭으로 상승하였는바, 기준시점이 사업승인일 이전인 평가선례 기준 그 밖의 요인을 결정함

(6) 토지 감정평가액

$6,000,000 \times 1.03390 \times 1.000 \times 100/100 \times 1.55 ≒ @9,553,000(\times 820 = 7,883,460,000)$

3. 지장물
    (1) 처리방침
        ① 건물은 실측면적 기준함
        ② 수위실이 도시계획도로에 저촉된 것은 고려하지 않음
        ③ 제시 외 건물은 사업승인일 이전에 신축된 것으로 평가대상에 포함함
        ④ 축대는 지반조성용일 경우 일반적으로 토지에 화체되었다고 판단하나, 본 건의 축대는 화체되었는지를 판단하기 위한 자료 제시가 불충분하고, 평가 목록에 제시되어 있는바, 평가대상에 포함시킴
        ⑤ 건물 및 제시 외 건물, 기타 지장물은 이전비 미 제시인바, 물건의 가격으로 평가하고 수목은 물건의 가격 한도 내 이전비로 평가함
    (2) 건 물
        @950,000×18/50=@342,000(×650=222,300,000)
    (3) 제시 외 건물
        ① 수위실
            @320,000×13/40=@104,000(×10=1,040,000)
        ② 창 고
            @600,000×13/40=@195,000(×60=11,700,000)
    (4) 기타 지장물(벽돌조 담장, 아스콘포장, 축대)
        @40,000×110+@90,000×530+@120,000×54=58,580,000
    (5) 수 목
        ① 처리방침 : 물건의 가격 한도 내 이전비로 평가해야 하므로, 고손율 등을 고려하여 소나무는 이전비, 감나무 및 대추나무는 취득비로 평가함
        ② 평가액
            (4,200,000+15,000,000×0.2)×3+500,000×5+200,000×5=25,100,000
    (6) 지장물 합계 : 318,720,000

4. 감정평가액 : 8,202,180,000

Ⅲ. [물음 2] 종후자산 가치(2018.4.30.)

1. 처리방침
    2018.4.30.(입주 시) 기준시점의 종후자산에 대한 시장가치를 구함

2. 조합원 분양가격 기준
    $8,000,000 \times 1.45^{*1)} \times 1.10408^{*2)} ≒ @12,800,000(\times 720 = 9,216,000,000)$
    *1) 일반분양가는 조합원 분양가보다 약 45% 높게 결정됨
    *2) 1.02^5

3. 상가거래사례 기준
    (1) 사례선정 : 〈#F〉
    (2) 거래사례 기준
        $(7,040,000,000 \div 640) \times 1.00 \times 1.10408^{*1)} \times 1.00 \times 1.053^{*2)} = @12,800,000(\times 720 = 9,216,000,000)$
        *1) 시점수정 : 2013.1.30. ~ 2018.4.30.
        *2) 100/95

4. 종후자산 가치
    시장가치를 구하는 것이므로 거래사례 기준으로 결정함 〈9,216,000,000〉

Ⅳ. [물음 3] 대상물건 처리 방안 제시 및 이유(2013.4.30.)

  1. 매각하는 방안 : 80억

  2. 보상을 받는 방안(현금청산)
    $8,202,180,000 \div 1.005^4 ≒ 8,040,167,000$

  3. 분양을 받는 방안
    (1) 현금정산액 (2018.4.30.)
      ① 권리가액
        $7,956,400,000 \times 0.95 = 7,558,580,000$
      ② 현금정산액
        $7,558,580,000 - 8,000,000 \times 720 = 1,798,580,000$
    (2) 종후자산 가치 : 9,216,000,000
    (3) 분양을 받는 경우 현재가치
      $(1,798,580,000 + 9,216,000,000)/1.065 ≒ 8,230,735,000$

  4. 제시 방안 결정 : 분양받는 방안

  5. 이 유
    (1) 각 방안에 따른 금액을 2013.4.30. 기준으로 일시불 현가했을 경우 "분양 받는 방안"에 따른 금액이 가장 높음
    (2) 상가 1층의 조합원 분양가가 일반분양가에 비해 크게 낮아 시세 차익이 발생한 것으로 보여 "분양 받는 방안"이 가장 적절한 방안으로 판단됨

---

06 감정평가사 甲은 ○○가로주택정비사업의 관리처분계획수립을 위한 종전자산 및 종후자산 감정평가를 의뢰받았다. 관련 법규 및 이론에 의거 제시된 자료를 활용하여 다음 물음에 답하시오. (30점)   기출 34회

  (1) 종전자산을 평가하시오. (20점)
  (2) 가로주택정비사업에 따른 조합원 F의 분담금(또는 환급금)을 구하시오. (5점)
  (3) 가로주택정비사업의 관리처분계획수립을 위한 종전자산 감정평가와 종후자산 감정평가 업무 수행 시 유의사항을 비교하여 설명하시오. (5점)

> 〈자료 1〉 공통사항
> 1. 비교사례 선정 시 선정사유 및 제외사유를 기재
> 2. 요인비교치는 상승식으로 산출하되, 소수점 셋째자리에서 반올림하여 둘째자리까지 표기
> 3. 감정평가액은 십만원 단위에서 반올림하여 백만원 단위까지 표기
> 4. 조합원 F는 종후자산(아파트) 중 101동 5층 502호를 분양받을 예정
> 5. 비례율 산정 시 소수점 셋째자리에서 반올림하여 둘째자리까지 표기

〈자료 2〉 사업추진 경과
- 2022.9.15. : 조합설립인가
- 2022.12.15. : 감정평가법인 약정 체결
- 2023.2.15. : 건축심의 신청
- 2023.3.15. : 건축심의 조건부 의결
- 2023.5.15. : 건축심의 결과 통지서 수령
- 2023.6.15. : 종전자산 현장조사 실시
- 2023.7.15. : 종전자산 현장조사 완료

〈자료 3〉 종전자산 평가목록
1. 종전자산 건축물 현황

소재지	평가동 1-1번지	평가동 1-2번지
건물명	○○빌라 가동	○○빌라 나동
구조	연와조 스라브지붕 3층	연와조 스라브지붕 3층
주용도	다세대주택	다세대주택
사용승인일	1985.1.2.	1985.1.7.
건축면적/연면적	73.2m²/219.6m²	74.4m²/223.2m²
세대수	6	6
향	남향	동향
형태	계단식	계단식

2. 토지 등 소유자 명부

연번	부번	조합원	물건내역			권리내역					비고
			동	층	호	토지(m²)		건축물(m²)			
						지목	지분	구조	전유	공용	
1	1	A	가	1	101	대	24.6	연와조	32.2	4.4	
2	1	B	가	1	102	대	12.3	연와조	16.1	2.2	공유
2	2	C	가	1	102	대	12.3	연와조	16.1	2.2	공유
3	1	D	가	2	201	대	24.6	연와조	32.2	4.4	
4	1	E	가	2	202	대	24.6	연와조	32.2	4.4	
5	1	F	가	3	301	대	24.6	연와조	32.2	4.4	
6	1	G	가	3	302	대	12.3	연와조	16.1	2.2	공유
6	2	H	가	3	302	대	12.3	연와조	16.1	2.2	공유
7	1	I	나	1	101	대	25.2	연와조	32.8	4.4	

8	1	J	나	1	102	대	12.6	연와조	16.4	2.2	공유
8	2	K	나	1	102	대	12.6	연와조	16.4	2.2	공유
9	1	L	나	2	201	대	25.2	연와조	32.8	4.4	
10	1	M	나	2	202	대	25.2	연와조	32.8	4.4	
11	1	N	나	3	301	대	25.2	연와조	32.8	4.4	
12	1	O	나	3	302	대	25.2	연와조	32.8	4.4	

〈자료 4〉 거래사례

1. 거래사례(1)
    1) 소재지 : 평가동 1-1번지 ○○빌라 가동 1층 102호(사용승인일 : 1985.1.2.)
    2) 거래시점 : 2020.3.10.
    3) 거래금액 : 300,000,000원
    4) 건물내역 : 전유(32.2m^2), 공용(4.4m^2), 소유권대지권(24.6m^2), 남향, 계단식
    5) 기타사항 : 당해 정비사업에 따른 개발이익이 포함되지 않은 정상거래사례임

2. 거래사례(2)
    1) 소재지 : 평가동 1-2번지 ○○빌라 나동 2층 202호(사용승인일 : 1985.1.7.)
    2) 거래시점 : 2022.10.10.
    3) 거래금액 : 450,000,000원
    4) 건물내역 : 전유(32.8m^2), 공용(4.4m^2), 소유권대지권(25.2m^2), 동향, 계단식
    5) 기타사항 : 인테리어비용이 포함된 거래로 사업구역 내 가장 최근 거래사례임

3. 거래사례(3)
    1) 소재지 : 평가동 6번지 일동빌라 2층 202호(사용승인일 : 1982.4.20.)
    2) 거래시점 : 2023.3.20.
    3) 거래금액 : 300,000,000원
    4) 건물내역 : 전유(29.5m^2), 공용(4.05m^2), 소유권대지권(22.5m^2), 서향, 복도식
    5) 기타사항 : 2인이 공유로 매수한 정상거래사례임

4. 거래사례(4)
    1) 소재지 : 평가동 5번지 이동빌라 1층 101호(사용승인일 : 1988.2.10.)
    2) 거래시점 : 2023.4.28.
    3) 거래금액 : 350,000,000원
    4) 건물내역 : 전유(30m^2), 공용(3.05m^2), 소유권대지권(10m^2), 남향, 계단식
    5) 기타사항 : 사례는 △△가로주택정비사업을 위한 추진위원회가 구성되어 있음

5. 거래사례(5)
    1) 소재지 : 평가동 7번지 삼동빌라 2층 204호(사용승인일 : 1987.3.16.)
    2) 거래시점 : 2023.7.10.
    3) 거래금액 : 500,000,000원
    4) 건물내역 : 전유(33.5m^2), 공용(5.5m^2), 소유권대지권(25.5m^2), 동향, 복도식
    5) 기타사항 : 법인이 소유한 물건으로 정상거래사례임

〈자료 5〉 시점수정 자료

거래사례(1)	거래사례(2)	거래사례(3)	거래사례(4)	거래사례(5)
1.05131	0.96353	0.99209	0.99702	0.98722

〈자료 6〉 지역요인 자료
평가대상과 거래사례는 인근지역에 소재하여 지역요인은 대등함

〈자료 7〉 가치형성요인 자료

1. 외부요인

거래사례(1)	거래사례(2)	거래사례(3)	거래사례(4)	거래사례(5)
1.00	1.00	1.05	1.10	0.95

2. 내부요인

거래사례(1)	거래사례(2)	거래사례(3)	거래사례(4)	거래사례(5)
1.00	1.00	0.97	1.00	1.02

3. 호별요인

   1) 층별 효용비율

구 분	지하1층	1층	2층	3층	4층
지하1층	1.00	1.11	1.17	1.14	1.09
1층	0.90	1.00	1.05	1.03	0.98
2층	0.86	0.95	1.00	0.98	0.93
3층	0.87	0.97	1.02	1.00	0.95
4층	0.92	1.02	1.07	1.05	1.00

   2) 향별 효용비율

구 분	동 향	서 향	남 향	북 향
동 향	1.00	0.98	1.02	0.95
서 향	1.02	1.00	1.04	0.97
남 향	0.98	0.96	1.00	0.93
북 향	1.05	1.03	1.07	1.00

   3) 형태별 효용비율

구 분	계단식	복도식
계단식	1.00	0.95
복도식	1.05	1.00

4) 주거환경 영향지수
주거환경 영향지수는 전문기관이 수행한 다음 자료를 적용

구 분	일조지수	조망지수	소음지수	사생활 침해지수	주거환영 영향지수
명부 연번1	0.97	0.95	0.99	1.01	0.92
명부 연번2	0.98	0.95	0.99	1.01	0.93
명부 연번3	0.98	0.96	1.00	1.01	0.95
명부 연번4	0.98	0.96	1.01	1.01	0.96
명부 연번5	0.98	0.97	1.01	1.02	0.98
명부 연번6	0.99	0.97	1.01	1.02	0.99
명부 연번7	0.98	0.97	0.98	1.01	0.94
명부 연번8	0.98	0.97	0.99	1.01	0.95
명부 연번9	0.99	0.97	0.99	1.02	0.97
명부 연번10	0.99	1.00	0.99	1.02	1.00
명부 연번11	1.01	1.00	0.99	1.02	1.02
명부 연번12	1.01	1.00	0.99	1.05	1.05
거래사례(3)	0.98	0.99	1.02	0.98	0.97
거래사례(4)	0.97	0.97	0.99	1.01	0.94
거래사례(5)	0.99	1.01	0.99	0.99	0.98

4. 기타요인
제시된 자료 이외 기타 가격에 영향을 미치는 요인은 없음

〈자료 8〉 종후자산(아파트) 감정평가액

구 분	동	층	호	타 입	전유(m^2)	공용(m^2)	공급(m^2)	감정평가액(원)
1	101	2	201	40A	40.11	12.3	52.41	422,000,000
2	101	3	301	40A	40.11	12.3	52.41	426,000,000
3	101	4	401	40A	40.11	12.3	52.41	439,000,000
4	101	5	501	40A	40.11	12.3	52.41	454,000,000
5	101	6	601	40A	40.11	12.3	52.41	472,000,000
6	101	7	701	40A	40.11	12.3	52.41	491,000,000
7	101	8	801	40A	40.11	12.3	52.41	516,000,000
8	101	9	901	40A	40.11	12.3	52.41	539,000,000
9	101	2	202	40B	40.11	12.3	52.41	425,000,000
10	101	3	302	40B	40.11	12.3	52.41	429,000,000

11	101	4	402	40B	40.11	12.3	52.41	442,000,000
12	101	5	502	40B	40.11	12.3	52.41	457,000,000
13	101	6	602	40B	40.11	12.3	52.41	476,000,000
14	101	7	702	40B	40.11	12.3	52.41	495,000,000
15	101	8	802	40B	40.11	12.3	52.41	519,000,000
16	101	9	902	40B	40.11	12.3	52.41	543,000,000
17	101	2	203	40C	40.11	12.3	52.41	424,000,000
18	101	3	303	40C	40.11	12.3	52.41	428,000,000
19	101	4	403	40C	40.11	12.3	52.41	441,000,000
20	101	5	503	40C	40.11	12.3	52.41	456,000,000
21	101	6	603	40C	40.11	12.3	52.41	475,000,000
22	101	7	703	40C	40.11	12.3	52.41	494,000,000
23	101	8	803	40C	40.11	12.3	52.41	518,000,000
24	101	9	903	40C	40.11	12.3	52.41	542,000,000
합계					962.64	295.2	1,257.84	11,323,000,000

〈자료 9〉 정비사업비 관련 제시자료

항목		금액	귀속
토 지	원가산입 종전자산가액	물음1) 적용	토 지
	시유지 매입비	210,000,000	토 지
	측량 및 지질조사 등	110,000,000	토 지
	취득세 및 등록세 등	155,000,000	토 지
건축비	직접공사비	4,520,000,000	건 물
	간접공사비(인입비, 부담금 등)	25,000,000	건 물
	설계비, 감리비 등	300,000,000	건 물
부대경비	외주용역비(정비사업, 감정평가 등)	150,000,000	공 통
	회계감사비, 신탁등기비, 보존등기비 등	265,000,000	공 통
	이주정착금, 예비비 등	500,000,000	공 통
금융비용	대출수수료	150,000,000	공 통
	조합원이주이자	100,000,000	공 통
	사업비이자 등	150,000,000	공 통
합계(원가산입 종전자산 제외)		6,635,000,000	—

📋 출제영역
종전·종후자산평가

📋 답안작성 가이드

Ⅰ. 개 요

가로주택정비사업의 종전자산 평가와 조합원 F의 분담금 산정

Ⅱ. [물음 1] 종전자산평가(20점)

1. 기준시점

「빈집 및 소규모주택 정비에 관한 특례법」 제28조에 의해, 건축심의 통지일인 2023.5.15.

2. 종전자산 평가(거래사례비교법)

(1) 거래사례 선정
- 사례 1 : 기준시점 최근 3년 이내 사례 아님
- 사례 2 : 인테리어 비용 포함된 사정 있으나, 사정보정 불가
- 사례 4 : 물적 특성(전유면적 대비 대지권비율) 유사성 결여
- 사례 5 : 기준시점 이후 매매

사례 3은 가로주택정비사업구역 내 최근 거래사례로서 물적 특성 유사하고 별도의 사정 개입되지 않은 정상 거래 사례임

(2) 비준가액

① 거래가액 : 300,000,000(10,169,492원/전유m²)

② 요인비교치

| 조합원 | 외부 | 내부 | 호별 | | | | | | 요인비교치 |
			층별	향별	형태	주거환경(대상)	주거환경(보정)	소계	
A	1.05	0.97	0.95	1.04	1.05	0.92	0.95	0.98	1.00
B	1.05	0.97	0.95	1.04	1.05	0.93	0.96	0.99	1.01
C	1.05	0.97	0.95	1.04	1.05	0.93	0.96	0.99	1.01
D	1.05	0.97	1.00	1.04	1.05	0.95	0.98	1.07	1.09
E	1.05	0.97	1.00	1.04	1.05	0.96	0.99	1.08	1.10
F	1.05	0.97	0.98	1.04	1.05	0.98	1.01	1.08	1.10
G	1.05	0.97	0.98	1.04	1.05	0.99	1.02	1.09	1.11
H	1.05	0.97	0.98	1.04	1.05	0.99	1.02	1.09	1.11
I	1.05	0.97	0.95	1.02	1.05	0.94	0.97	0.99	1.00
J	1.05	0.97	0.95	1.02	1.05	0.95	0.98	1.00	1.01
K	1.05	0.97	0.95	1.02	1.05	0.95	0.98	1.00	1.01
L	1.05	0.97	1.00	1.02	1.05	0.97	1.00	1.07	1.09
M	1.05	0.97	1.00	1.02	1.05	1.00	1.03	1.10	1.12
N	1.05	0.97	0.98	1.02	1.05	1.02	1.05	1.10	1.12
O	1.05	0.97	0.98	1.02	1.05	1.05	1.08	1.14	1.16

③ 비준가액

구 분	거래단가	시점수정	요인비교치	전유면적	종전가액
A	10,169,492	0.99209	1.00	32.2	325,000,000
B	10,169,492	0.99209	1.01	16.1	164,000,000
C	10,169,492	0.99209	1.01	16.1	164,000,000
D	10,169,492	0.99209	1.09	32.2	354,000,000
E	10,169,492	0.99209	1.10	32.2	357,000,000
F	10,169,492	0.99209	1.10	32.2	357,000,000
G	10,169,492	0.99209	1.11	16.1	180,000,000
H	10,169,492	0.99209	1.11	16.1	180,000,000
I	10,169,492	0.99209	1.00	32.8	331,000,000
J	10,169,492	0.99209	1.01	16.4	167,000,000
K	10,169,492	0.99209	1.01	16.4	167,000,000
L	10,169,492	0.99209	1.09	32.8	361,000,000
M	10,169,492	0.99209	1.12	32.8	371,000,000
N	10,169,492	0.99209	1.12	32.8	371,000,000
O	10,169,492	0.99209	1.16	32.8	384,000,000
합 계					4,233,000,000

Ⅲ. [물음 2] 조합원 F의 분담금(5점)

1. 개 요

〈F의 분양예정가액 − 종전자산 × 비례율〉로 산정

2. 비례율

(11,323,000,000 − 6,635,000,000)/4,233,000,000 ≒ 1.11

3. 분담금

457,000,000 − 357,000,000 × 1.11 = 60,730,000

Ⅳ. [물음 3] 감정평가 유의사항(5점)

1. 기준시점

종전자산은 도정법과 달리 건축심의 통지일, 종후자산은 도정법과 같은 분양신청기간만료일

2. 평가조건

종전자산은 적법 전제한 현황평가, 종후자산은 사업시행계획에 따른 준공 전제 조건부 평가

3. 가격특성

종전자산은 상대적 균형 및 형평성 고려한 현물출자자산 가액, 종후자산은 원가 등을 고려한 조합원분양가

4. 현장조사

종전자산은 각 세대별 가치형성요인 파악, 종후자산은 설계도면에 의한 효용지수 등 반영

CHAPTER 04 국·공유재산 평가

> **핵심 키워드**
>
> 제1절 개 관
> 1. 정 의
> 2. 분 류
> 3. 기 타
>
> 제2절 국·공유재산 평가
> 1. 행정재산
>   (1) 기부채납
>   (2) 처 분
>   (3) 사용허가
> 2. 일반재산
>   (1) 처 분
>   (2) 대 부

제1절 개 관

1. 정 의

국유재산과 공유재산은 각각 「국유재산법」, 「공유재산 및 물품관리법」에서 다음과 같이 정의하고 있다.

구 분	상 세
국유재산법	국가의 부담, 기부채납이나 법령 또는 조약에 따라 국가 소유로 다음 각 호의 재산 1. 부동산과 그 종물(從物) 2. 선박, 부표(浮標), 부잔교(浮棧橋), 부선거(浮船渠) 및 항공기와 그들의 종물 3. 「정부기업예산법」 제2조에 따른 정부기업(이하 "정부기업"이라 한다)이나 정부시설에서 사용하는 기계와 기구 중 기관차·전차·객차(客車)·화차(貨車)·기동차(汽動車) 등 궤도차량 4. 지상권, 지역권, 전세권, 광업권, 그 밖에 이에 준하는 권리 5. 「자본시장과 금융투자업에 관한 법률」 제4조에 따른 증권 6. 다음 각 목의 어느 하나에 해당하는 권리 　가. 「특허법」·「실용신안법」·「디자인보호법」 및 「상표법」에 따라 등록된 특허권, 실용신안권, 디자인권 및 상표권 　나. 「저작권법」에 따른 저작권, 저작인접권 및 데이터베이스 제작자의 권리 및 그 밖에 같은 법에서 보호되는 권리로서 같은 법 제53조 및 제112조 제1항에 따라 한국저작권위원회에 등록된 권리 　다. 「식물신품종 보호법」 제2조 제4호에 따른 품종보호권 　라. 가목부터 다목까지의 규정에 따른 지식재산 외에 「지식재산 기본법」 제3조 제3호에 따른 지식재산권 다만, 「저작권법」에 따라 등록되지 아니한 권리는 제외한다.

구분	내용

공유재산 및 물품관리법	지방자치단체의 부담, 기부채납(寄附採納)이나 법령에 따라 지방자치단체 소유로 된 다음 각 호의 재산
	1. 부동산과 그 종물(從物)
	2. 선박, 부잔교(浮棧橋), 부선거(浮船渠) 및 항공기와 그 종물
	3. 공영사업 또는 공영시설에 사용하는 중요한 기계와 기구
	  (기관차·전차·객차(客車)·화차(貨車)·기동차(汽動車) 등의 궤도차량, 그 밖에 지방자치단체의 장이 행정안전부장관의 승인을 받아 정하는 기계와 기구)
	4. 지상권·지역권·전세권·광업권과 그 밖에 이에 준하는 권리
	5. 다음 각 목의 어느 하나에 해당하는 권리
	  가. 「특허법」·「실용신안법」·「디자인보호법」 및 「상표법」에 따라 등록된 특허권, 실용신안권, 디자인권 및 상표권
	  나. 「저작권법」에 따른 저작권, 저작인접권 및 데이터베이스 제작자의 권리 및 그 밖에 같은 법에서 보호되는 권리로서 같은 법 제53조 및 제112조 제1항에 따라 한국저작권위원회에 등록된 권리
	  다. 「식물신품종 보호법」 제2조 제4호에 따른 품종보호권
	  라. 가목부터 다목까지의 규정에 따른 지식재산 외에 「지식재산 기본법」 제3조 제3호에 따른 지식재산권. 다만, 「저작권법」에 따라 등록되지 아니한 권리는 제외한다.
	6. 주식, 출자로 인한 권리, 사채권·지방채증권·국채증권과 그 밖에 이에 준하는 유가증권
	7. 부동산신탁의 수익권
	8. 제1호 및 제2호의 재산으로 건설 중인 재산

4편 '목적별 감정평가'에서 다룬 대부분의 자산이 국유 또는 공유재산이 될 수 있다.

2. 분류

국·공유재산은 행정재산과 일반재산으로 나뉜다.

구 분	행정재산	일반재산
국유재산	1. 공용재산 : 국가가 직접 사무용·사업용 또는 공무원의 주거용(직무수행을 위하여 필요한 경우로서 대통령령으로 정하는 경우로 한정한다)으로 사용하거나 대통령령으로 정하는 기한(5년)까지 사용하기로 결정한 재산 2. 공공용재산 : 국가가 직접 공공용으로 사용하거나 대통령령으로 정하는 기한(5년)까지 사용하기로 결정한 재산 3. 기업용재산 : 정부기업이 직접 사무용·사업용 또는 그 기업에 종사하는 직원의 주거용(직무 수행을 위하여 필요한 경우로서 대통령령으로 정하는 경우로 한정)으로 사용하거나 대통령령으로 정하는 기한(5년)까지 사용하기로 결정한 재산 4. 보존용재산 : 법령이나 그 밖의 필요에 따라 국가가 보존하는 재산	행정재산 외의 모든 국유재산
공유재산	1. 공용재산 : 지방자치단체가 직접 사무용·사업용 또는 공무원의 거주용으로 사용하거나 사용하기로 결정한 재산과 사용을 목적으로 건설 중인 재산 2. 공공용재산 : 지방자치단체가 직접 공공용으로 사용하거나 사용하기로 결정한 재산과 사용을 목적으로 건설 중인 재산 3. 기업용재산 : 지방자치단체가 경영하는 기업용 또는 그 기업에 종사하는 직원의 거주용으로 사용하거나 사용하기로 결정한 재산과 사용을 목적으로 건설 중인 재산 4. 보존용재산 : 법령·조례·규칙에 따라 또는 필요에 의하여 지방자치단체가 보존하고 있거나 보존하기로 결정한 재산	행정재산 외의 모든 공유재산

3. 기타

「국유재산법」 및 「공유재산 및 물품관리법」에 의한 감정평가 사유와 관련해 다음과 같이 용어를 정리해 둘 필요가 있다.

구 분	상세(괄호 안은 공유재산)
기부채납	국가 외의 자가 제5조 제1항 각 호에 해당하는 재산의 소유권을 무상으로 국가에 이전하여 국가가 이를 취득하는 것(지방자치단체 외의 자가 제4조 제1항 각 호에 해당하는 재산의 소유권을 무상으로 지방자치단체에 이전하여 지방자치단체가 이를 취득하는 것)
관 리	국유재산의 취득·운용과 유지·보존을 위한 모든 행위(공유재산 및 물품의 취득·운용과 유지·보존을 위한 모든 행위)
처 분	매각, 교환, 양여, 신탁, 현물출자 등의 방법으로 국유재산의 소유권이 국가 외의 자에게 이전되는 것(공유재산 및 물품의 매각, 교환, 양여(讓與), 신탁, 현물 출자 등의 방법으로 공유재산 및 물품의 소유권이 해당 지방자치단체 외의 자에게 이전되는 것)
사용(수익)허가	행정재산을 국가 외의 자가 일정 기간 유상이나 무상으로 사용·수익할 수 있도록 허용하는 것(행정재산을 해당 지방자치단체 외의 자가 일정 기간 유상이나 무상으로 사용·수익할 수 있도록 허용하는 것)
대부계약	일반재산을 국가 외의 자가 일정 기간 유상이나 무상으로 사용·수익할 수 있도록 체결하는 계약(일반재산 또는 물품을 해당 지방자치단체 외의 자가 일정 기간 유상이나 무상으로 사용·수익할 수 있도록 체결하는 계약)

그리고 관련법령에 따른 처분감정평가 기준을 정리하면 다음과 같다.

구 분		감정평가기준	세부규정	감정평가 여부	법령/규정
국유재산법에 의한 처분재산의 예정가격 결정	일반재산 (지식재산·증권 제외)	원칙 : 시가평가	대장가격 3천만원 이상	○	법 제44조, 시행령 제42조 제1항
			대장가격 3천만원 미만, 지자체나 공공기관에 처분	○	
		예외 : 보상평가(재량)	토지보상법에 따른 공익사업에 필요한 일반재산을 사업시행자에게 처분하는 경우	○	시행령 제42조 제9항
	지식재산	원칙 : 사용료/대부료 추정총액(시가평가×)	—	×	시행령 제42조 제1항
		예외 : 시가평가	추정불가능한 경우	△	
	증 권	상장증권	시세가액 등	—	△	시행령 제43조
		비상장증권	자산·수익·상대가치 등	—	△	시행령 제44조

		합의각서 : 원가 투입예상액	—	×	법 제55조 제1항 제3호, 시행령 제58조 제3항, 국유재산 기부 대 양여 사업관리지침 제13조
행정재산의 용도폐지에 따른 일반재산 (기부대양여)	기부재산	시설완공·계획변경 : 원가방식	기부시점	○	
	양여재산	합의각서 : 양여시점, 감정평가조건	시장가치기준	○	
		시설완공·계획변경 : 시장가치기준, 현황기준	양여시점	○	
공유 재산법에 의한 처분재산의 예정가격 결정	일반재산 (지식재산 제외)	원칙 : 시가평가	매각·교환하는 경우	○	법 제30조, 시행령 제27조 제1항
		예외① : 개별공시지가등(재량)	재산가격 1천만원 미만, 국가·지자체와 교환	△	시행령 제27조 제3항 및 제4항
		예외② : 보상평가(재량)	토지보상법에 따른 공익사업에 필요한 일반재산을 사업시행자에게 처분하는 경우	○	시행령 제27조 제6항
	지식재산	원칙 : 사용료/대부료 추정총액(시가평가×)	—	×	시행령 제52조의8 제1항
		예외 : 시가평가	추정불가능한 경우	△	
	불용품	시가평가	매각하는 경우	○	법 제76조 제2항, 시행령 제78조 제1항 내지 제4항

제2절 국·공유재산 평가

1. 행정재산

(1) 기부채납

「국유재산법」 제13조(기부채납)에는, '행정재산의 용도를 폐지하는 경우 그 용도에 사용될 대체시설을 제공한 자, 그 상속인, 그 밖의 포괄승계인이 그 부담한 비용의 범위에서 제55조 제1항 제3호에 따라 용도 폐지된 재산을 양여할 것을 조건으로 그 대체시설을 기부하는 경우'의 기부채납을 허용하고 있다. 「공유재산 및 물품관리법」 제7조(기부채납)에서도, '행정재산으로 기부하는 재산을 기부자, 그 상속인, 그 밖의 포괄승계인에게 무상으로 사용 허가하여 줄 것을 조건으로 하는 경우 및 행정재산의 용도를 폐지하는 경우 그 용도에 사용될 대체시설을 제공한 자, 그 상속인, 그 밖의 포괄승계인이 그 부담한 비용의 범위에서 제40조 제1항 제3호에 따라 용도 폐지된 재산을 양여할 것을 조건으로 그 대체시설을 기부하는 경우'에서의 기부채납을 허용하고 있다.

기부채납자가 부담한 비용은 새로운 대체시설의 가치를 평가해서 판단할 사항이므로 새롭게 행정재산이 될 목적물을 평가해야 할 때가 있다.

(2) 처 분

「국유재산법」 제27조(처분의 제한)에는, 공유(公有) 또는 사유재산과 교환하여 그 교환받은 재산을 행정재산으로 관리하려는 경우 및 대통령령으로 정하는 행정재산을 직접 공용이나 공공용으로 사용하려는 지방자치단체에 양여하는 경우 외에는 처분하지 못하도록 했다. 「공유재산 및 물품관리법」 제19조(처분 등의 제한)에서도, 행정재산의 용도와 성질을 유지하는 조건으로 대통령령으로 정하는 바에 따라 국가 또는 다른 지방자치단체에 양여하는 경우, 해당 지방자치단체 외의 자가 소유한 재산을 행정재산으로 관리하기 위하여 교환하는 경우, 「공익사업을 위한 토지 등의 취득 및 보상에 관한 법률」 제4조에 따른 공익사업의 시행을 위하여 해당 행정재산의 목적과 용도에 장애가 되지 아니하는 범위에서 공작물의 설치를 위한 지상권 또는 구분지상권을 설정하는 경우에만 예외적으로 처분을 허용하고 있다.

(3) 사용허가

「국유재산법」 제30조(사용허가)에는 공용·공공용·기업용 재산은 그 용도나 목적에 장애가 되지 아니하는 범위, 보존용재산은 보존목적의 수행에 필요한 범위에서 행정재산의 사용허가를 할 수 있도록 했다. 「공유재산 및 물품관리법」 제20조(사용허가)에서도, 지방자치단체의 장은 행정재산에 대하여 그 목적 또는 용도에 장애가 되지 아니하는 범위에서 사용허가를 할 수 있도록 했다. 행정재산에 대한 사용허가는 해당 재산가액에 사용료율을 곱해 결정하는데, 토지의 재산가액은 개별공시지가, 주택은 단독주택공시가격 또는 공동주택공시가격이며, 주택 중 공시가격이 없는 경우 및 그 외의 재산은 「지방세법」에 따른 시가표준액을 재산가액으로 활용한다. 이때 그 외의 재산 중 시가표준액이 없는 경우 감정평가를 수행한다.

다만 「국유재산법」 제65조의9(지식재산의 사용료 등) 및 「공유재산 및 물품관리법」 제43조의7(지식재산의 사용료 등)에서, 지식재산의 사용허가 등을 한 때에는 해당 지식재산으로부터의 매출액 등을 고려하여 대통령령으로 정하는 사용료 또는 대부료를 징수한다고 했다. 대통령령 [별표 2] (4)에서 '사용료 등=지식재산을 이용한 제품의 총판매예정수량×제품의 판매단가×점유율×기본율'의 산식을 적용하도록 해 지식재산을 직접 평가할 기회는 없다.

2. 일반재산

(1) 처 분

「국유재산법」 제44조에서 일반재산의 처분가격은 시가를 고려하여 처분 예정가격을 결정하도록 했고 대장가격이 3천만원 이상인 경우는 두 개의 감정평가법인등의 평가액을 산술평균한 금액, 대장가격이 3천만원 미만인 경우나 지방자치단체 또는 공공기관에 처분하는 경우는 하나의 감정평가법인등의 평가액으로 결정한다. 「공유재산 및 물품관리법」 제30조(처분재산의 가격 결정)에서도 일반재산을 처분할 때 그 가격은 대통령령으로 정하는 바에 따라 시가(時價)를 고려하여 결정하도록 했고 처분 예정가격 평가방법은 「국유재산법」과 같다.

매각하는 경우, 인접 토지 소유자를 매수예정자로 정하여 매각할 수 있는데, 이때 합필에 따른 기여도를 판단해야 한다.

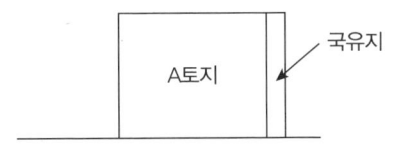

위와 같이 A토지 소유자에게 우측 띠 모양의 국유지를 매각하기 위해 국유지 매각평가를 하면, 합필(또는 일단의 이용)시에 A토지단가와 동일해지지만 국유지만의 면적, 형상 등을 고려하면 단독효용가치가 낮다. 실무적으로는 국유지단독가치＜매각평가액＜합필(또는 일단의 이용)가치가 되도록 기여도를 반영하고 있다.

다만, 토지보상법에 따른 공익사업(사업시행인가고시가 있는 재개발사업도 공익사업임)에 필요한 일반재산을 해당 사업의 사업시행자에게 처분하는 경우에는 토지보상법에 따라 산출한 보상액을 일반재산의 처분가격으로 할 수 있다.

한편, 국유지 매각평가로서 도시관리계획 결정 및 지형도면 고시에 의하여 일부가 수변공원, 완충녹지 및 도로와 같은 도시계획시설로 지정고시 되었고 향후 지역주택조합에 매각돼 수변공원, 완충녹지 및 도로는 그에 대한 공사를 완료한 후 지자체에 기부채납 할 예정에 있는 경우, 토지보상법에 따라 처분가액을 결정할 것을 요청한다면 해당 공법상 제한사항은 개별적 제한사항에 해당하므로 별도로 고려함 없이 감정평가 할 수 있으나, 관리청에서 토지보상법이 아닌 「국유재산법 시행령」 제42조 제1항을 적용하여 매각 평가하도록 요청하는 경우 「국유재산법」에서는 시가(時價)를 고려할 것 외에 별도의 규정을 정하고 있지 아니하므로 일반적인 감정평가 기준에 따르게 돼, 현황평가원칙 하에서는 공법상 제한 반영 문제가 논란이 될 수 있다.

「국유재산법」에서 시가(時價)의 정의 또는 개념에 대해 구체적으로 규정하고 있지 않으나 통상적으로 실무상 "시장가치"와 유사한 개념으로 파악하고 있으며, 본 평가목적이 추후 도시관리계획으로 정하여진 목적에 맞게 사용할 것을 전제로 매각하는 것임을 고려할 때, 시가(時價)의 수준은 해당 공법상 제한사항으로 인한 별도의 가치하락 없이 형성될 것으로 보인다. 따라서 보상평가가 아닌 「국유재산법」에 따른 매각 목적의 감정평가에도 해당 공법상 제한사항 저촉으로 인한 감액 보정은 적정하지 않다.[183]

(2) 대 부

「국유재산법」 제47조(대부료, 계약의 해제 등)에서 일반재산의 대부계약에 따른 대부료는 행정재산의 사용허가 시의 사용료 평가규정을 준용하도록 했다. 「공유재산 및 물품관리법」 제32조(대부료)에서도 대부료 산출을 위한 해당 재산가액 평가방법은 「국유재산법」과 같다.

---

183) 감정평가기준센터

CHAPTER 04 기출문제

국·공유재산 평가

01 실무수습 감정평가사 B씨는 담보평가를 위한 실지조사 후 지도감정평가사 S씨로부터 아래 평가목적별 감정평가액을 산정하여 제출하라는 과제를 부여 받았다. 주어진 자료를 활용하여 동일 부동산에 대한 평가목적별 감정평가가액을 결정하시오. (20점) *기출 16회*

(1) 대상부동산이 국유재산 중 잡종재산[184]일 경우 처분목적의 감정평가액

<자료 1> 대상부동산의 기본자료

1. 소재지 : A시 B구 C동 108번지
2. 형상 및 지세 : 자루형 평지
3. 도시관리계획사항 : 제2종 일반주거지역, 도시계획도로저촉, 문화재보호구역
4. 당해 건축물의 사용승인일은 1998.6.30.이며 건물과 토지는 최유효이용상태에 있는 것으로 조사되었음
5. 건물의 내용연수는 50년이며, 경제적 내용연수는 45년으로 판단되었음
6. 대상부동산은 전체가 도시계획도로 및 문화재보호구역에 저촉된 상태임
7. 해당 구청으로부터 발급받은 지적도상 축척은 1 : 1,200임
8. 가격시점은 평가목적별로 2005.8.28.자임

<자료 2> 사전조사내용

1. 토지 관련자료

구 분	소재지	지목	면 적
토지대장등본	A시 B구 C동 108번지	대	532m²
토지등기부등본	A시 B구 C동 108번지	답	150평

2. 건물 관련자료

구 분	일반건축물대장등본	건물등기부등본
소재지	A시 B구 C동 108번지	A시 B구 C동 108번지
구 조	철근콘크리트조 슬래브 지붕 지하 1층 지상 5층	철근콘크리트조 슬래브 지붕 지하 1층 지상 5층
지하 1층	(주차장) 250m²	(주차장) 250m²
1~4층	(근린생활시설) 각 230m²	(근린생활시설) 각 230m²
5층	(단독주택) 210m²	(단독주택) 180m²

---
184) 현 일반재산

3. 인근지역의 표준지공시지가(공시기준일 2005.1.1.)

일련번호	소재지	면적(m²)	지목	이용상황	용도지역	주위환경	도로교통	형상지세	공시지가(원/m²)
1	A시 B구 C동 107	550	대	주상용	제2종 일반주거	주택 및 상가지대	중로 한면	가로장방형 평지	2,000,000

※ 비고시 항목 중 확인내용 : 도시계획도로 저촉률20%, 문화재보호구역이 아님

4. 지가변동률

〈A시 B구〉

(단위 : %)

구분	주거지역	상업지역	대		기타
			주거용	상업용	
2005년 1월	0.512	0.312	0.511	0.552	0.312
2005년 2월	0.235	0.326	0.221	0.331	0.156
2005년 3월	0.901	0.791	0.701	0.101	0.595
2005년 4월	0.623	0.328	0.531	0.715	0.201
2005년 5월	0.225	0.251	0.282	0.312	0.212
2005년 6월	0.237	0.254	0.297	0.323	0.232
2005년 7월	0.237	0.252	0.298	0.324	0.282

5. 생산자물가지수(한국은행조사)

(1995=100)

2004.12.	2005.1.	2005.3.	2005.5.	2005.6.	2005.7.
108.4	108.6	109.5	109.6	109.0	109.9

〈자료 3〉 실지조사내용

1. 실지조사결과 대상토지중 약 50m²는 현황도로(소유자가 스스로 자기투지의 편익증진을 위해 개설하였으나 개설이후 도시계획시설(도로)결정이 이루어졌음)이며, 약 30m²는 타인이 점유하고 있는 것으로 조사되었고, 일반적으로 도시계획도로에 저촉된 부동산은 인근지역의 표준적인 가격에 비하여 30% 정도 감가되어 거래되는 것으로 조사되었음

(중 략)

3. 건설사례

인근지역에서 대상건물 및 표준지 지상 건물과 구조·시공자재·시공정도 등 제반 건축조건이 유사한 주상복합용 건물의 건설사례를 조사한 결과 가격시점 현재의 표준적인 건축비용은 m²당 750,000원으로 파악되었음

4. 제시 외 건물에 관한 사항
   (1) 대상토지에 소재하는 제시 외 건물은 일반건축물대장에 미등재된 상태로서 종물에 해당되는 것으로 판단되며, 대상부동산 소유자의 소유인 것으로 조사되었음
   (2) 구조·용도·면적 : 시멘트벽돌조 슬래브지붕단층, 화장실 및 창고, 30m²
   (3) 신축시점 : 구두조사결과에 의하면 1998.7.1.에 신축된 것으로 보임
   (4) 가격시점현재 건축비 : 291,000원/m²
   (5) 제시 외 건물의 물리적 내용연수는 45년이며, 경제적 내용연수는 40년으로 판단되었음

〈자료 4〉 평가조건, 지역 및 개별요인 등

1. 같은 구 같은 동의 지역요인격차는 없음

2. 문화재보호구역 가치하락률

저촉정도	0~20%	21~40%	41~60%	61~80%	81~100%
감가율	3%	5%	7%	9%	10%

3. 대상토지 중 타인점유부분은 노후 건물이 소재하여 점유강도가 다소 약한 것으로 판단되며, 이에 따른 가치하락률은 5% 정도인 것으로 판단되었음

4. 대상부동산이 국유재산 중 잡종재산일 경우 지상에 소재하는 제시 외 건물의 매각여부는 국유재산법에 따라 처리할 것

5. 대상부동산을 국유재산의 처분목적으로 감정평가하는 경우 타인점유부분은 건물 철거 후 나지상태로 처분하는 것을 전제로 하고, 도로부분은 분할 후 매각대상에서 제외하는 것으로 할 것

6. 국유재산을 처분목적으로 감정평가할 경우 A시 B구청장이 당해 도시관리계획으로 정하여진 목적 이외의 목적으로 처분한다는 취지와 조건을 제시하였음

〈자료 5〉 기타참고자료

1. 지가변동률은 백분율로서 소수점 이하 넷째 자리에서 반올림하여 셋째 자리까지 표시하고, 단가는 100만원 단위 이상일 경우에는 유효숫자 넷째 자리, 그 미만은 셋째 자리까지 표시함을 원칙으로 하되 반올림할 것

2. 기타요인보정치는 1.00임

3. 건물의 감가수정은 정액법에 의함

4. 토지의 면적을 환산할 경우 소수점이하 첫째자리에서 반올림할 것

출제영역
각 평가목적별 감정평가액

답안작성 가이드

Ⅰ. [물음 1] 처분목적의 감정평가액

1. 개 요

당해 도시관리계획(도시계획시설도로)과 무관하게 용도폐지 후 일반에 매각하는 평가임

2. 대상물건의 확정

(1) 토 지

'(i) 일반적 계획제한(제2종 일반주거지역, 문화재보호구역)은 제한받는 상태, (ii) 용도폐지 후 매각으로 도시계획시설도로 저촉 미반영, (iii) 현황도로는 매각 대상에서 제외, (iv) 타인점유 부분은 나지 상태 처분으로 별도 감가 없음.' 평가 대상 면적 토지대장등본 기준함

(2) 건물 및 제시 외

도시계획시설도로 저촉 미반영, 제시 외 부분은 종물로 판단되므로 매각부분에 포함. 평가 대상 면적 일반건축물대장등본 기준함

3. 토지(공시지가기준법)

$2,000,000 \times \underline{1.03226} \times 1.000 \times \underline{0.957} \times 1.00 ≒ @1,980,000$
　　　　　　　　*1)　　　　　　　　*2)

*1) 2005.1.1. ~ 2005.8.28.
*2) $1/(0.8+0.2\times0.7)\times0.9$

4. 건물 및 제시 외(원가법)

(1) 건 물

$750,000 \times (45-7)/45 ≒ @633,000$

(2) 제시 외

$291,000 \times (40-7)/40 ≒ @240,000$

5. 처분평가액(합)

$1,980,000 \times 482 + 633,000 \times 1,380 + 240,000 \times 30 ≒ 1,835,100,000$

CHAPTER 05 택지비 평가

> **핵심 키워드**
>
> **제1절 개관**
> 1. 분양가상한제
> 2. 분양가 결정
>   (1) 공공택지
>   (2) 공공택지 외의 택지
>
> **제2절 택지비 평가**
> 1. 기본적 사항
>   (1) 기준시점
>   (2) 면 적
>   (3) 조 건
> 2. 평가기준
>   (1) 주된 방법과 합리성 검토
>   (2) 공시지가기준법
>   (3) 원가법
>   (4) 분양가 결정
> 3. 추가검토
> 4. 용적률 보정과 관련된 쟁점
>   (1) 개 요
>   (2) 용적률 보정

제1절 개관

1. 분양가상한제

「주택법」제57조에는, 사업주체가 일반인에게 공급하는 공동주택 중 일정한 지역에서는 「주택법」에서 정하는 기준에 따라 산정되는 분양가격 이하로 공급하도록 했다. 공동주택 분양가의 가이드라인을 정해준 분양가 규제 조항이다. 공공택지뿐만 아니라 공공택지 외의 택지 중 「공공주택 특별법」에 따른 도심 공공주택 복합지구, 「도시재생 활성화 및 지원에 관한 특별법」에 따른 주거재생혁신지구, 주택가격 상승 우려가 있어 제58조에 따라 국토교통부장관이 「주거기본법」제8조에 따른 주거정책심의위원회의 심의를 거쳐 지정하는 지역에서 공급하는 공동주택은 분양가상한제 적용을 받는다.

2. 분양가 결정

(1) 공공택지

분양가는 다음 산식에 의해 결정된다.

> 분양가 = 택지공급가격 + 택지가산비 + 기본형건축비 + 건축가산비

① 택지가산비는 「공동주택 분양가격의 산정 등에 관한 규칙」 제8조에서 다음과 같이 정하고 있다.

> **제8조(공공택지의 택지 공급가격에 가산하는 비용)**
> ① 법 제57조 제3항 제1호에 따라 공공택지의 공급가격에 가산되는 택지와 관련된 비용은 다음 각 호의 비용으로 하고, 「학교용지 확보 등에 관한 특례법」 제2조 제3호에 따른 학교용지부담금은 제외한다.
> 1. 다음 각 목의 공사비
>   가. 말뚝박기 공사비: 건축물의 기초공사인 말뚝박기 공사에 드는 비용
>   나. 암석지반 공사비: 사업지구 택지에 암석지반이 있어 기본형건축비에 반영되어 있는 기초공사비로는 지하터파기가 곤란한 경우에 암석지반의 굴착을 위하여 추가로 소요되는 비용
>   다. 흙막이 및 차수벽(遮水壁) 공사비: 건축물의 기초공사로 시공하는 흙막이 공사비용과 지하수, 하천 등으로 해당 택지의 토질조건이 특별하여 흙막이 공사 외에 이를 보강하기 위하여 추가로 차수벽을 설치하는데 소요되는 비용
>   라. 지하공사에서 특수공법 사용에 따른 공사비: 지하층 공사를 지표면으로부터 20미터 이상의 깊이로 시행하는 경우에 사업지구 택지가 협소하거나 사업지구가 주변 구조물 등에 매우 근접하는 등의 사유로 주변 구조물 등의 침하와 변형이 우려되어 특별자치시장, 특별자치도지사, 시장, 군수 또는 구청장(구청장은 자치구의 구청장을 말하며, 이하 "시장·군수 또는 구청장"이라 한다)이 역타공법(逆打工法) 등 특수한 공법 사용이 필요하다고 인정하는 경우 특수공법 사용에 소요되는 비용. 이 경우 가목부터 다목까지의 공사비, 기본형건축비 중 지하층건축비 등 다른 공사비에 반영되어 있는 비용과 중복하여 산정할 수 없다.
> 2. 방음시설 설치비: 주택의 입지, 주변 환경 등 제반여건을 고려하여 소음도를 저감하기 위하여 소요되는 비용. 다만, 택지조성원가에 포함되어 있지 아니한 경우로 한정한다.
> 3. 택지를 공급받기 위하여 선수금, 중도금 등 택지비의 일부 또는 전부를 납부한 경우에는 그 납부일부터 [별표 1의2]에 따라 산정한 택지대금에 대한 기간이자. 다만, 택지를 조성한 사업주체가 택지를 자체 공급하는 경우에는 주택건설사업 착공일을 납부일로, 택지공급가격을 택지대금으로 보아 기간이자를 계산하되, 해당 택지의 택지조성원가에 포함되는 자본비용의 산정기간은 택지조성사업의 착수일(「공익사업을 위한 토지 등의 취득 및 보상에 관한 법률」에 따라 토지 등을 협의 또는 수용에 의하여 취득하거나 사용하는 경우에는 같은 법 제15조에 따른 보상계획 공고일을 말한다)부터 주택건설사업 착공일까지로 한다.
> 4. 택지의 공급에 따른 제세공과금, 등기수수료 등 필요적 경비 및 택지의 명의변경(검인계약서 등 공공기관이 인정하는 서류를 제출한 경우에 한한다)에 따른 추가비용
> 5. 그 밖에 시장·군수 또는 구청장이 법 제59조에 따른 분양가심사위원회(이하 "분양가심사위원회"라 한다)의 심의를 거쳐 필요하다고 인정하는 택지와 관련된 경비로서 증명서류에 의하여 확인되는 경비

② 기본형건축비는 국토교통부에서 고시한다. 2021년 9월 15일 고시문은 다음과 같다.

고 시 문

국토교통부 고시 제2021-1097호

「공동주택 분양가격의 산정 등에 관한 규칙」제7조 제4항에 따라 「분양가상한제 적용주택의 기본형건축비 및 가산비용(국토교통부 고시 제2021-964호, 2021.7.19.)」을 다음과 같이 조정·고시합니다.

2021년 9월 15일
국토교통부장관

분양가상한제 적용주택의 기본형건축비 및 가산비용

분양가상한제 적용주택의 기본형건축비 및 가산비용 중 일부를 다음과 같이 개정한다.

제1호 가목을 다음과 같이 한다.
가. 층수별, 면적별 지상층건축비는 다음과 같음

(단위 : 천원/m^2)

구분 (주거전용면적기준)		지상층건축비 (주택공급면적기준)
5층 이하	40m^2 이하	1,797
	40m^2 초과 ~ 50m^2 이하	1,858
	50m^2 초과 ~ 60m^2 이하	1,805
	60m^2 초과 ~ 85m^2 이하	1,755
	85m^2 초과 ~ 105m^2 이하	1,801
	105m^2 초과 ~ 125m^2 이하	1,781
	125m^2 초과	1,757
6~10층 이하	40m^2 이하	1,923
	40m^2 초과 ~ 50m^2 이하	1,988
	50m^2 초과 ~ 60m^2 이하	1,931
	60m^2 초과 ~ 85m^2 이하	1,878
	85m^2 초과 ~ 105m^2 이하	1,927
	105m^2 초과 ~ 125m^2 이하	1,906
	125m^2 초과	1,880
11~15층 이하	40m^2 이하	1,804
	40m^2 초과 ~ 50m^2 이하	1,865
	50m^2 초과 ~ 60m^2 이하	1,812
	60m^2 초과 ~ 85m^2 이하	1,762
	85m^2 초과 ~ 105m^2 이하	1,808
	105m^2 초과 ~ 125m^2 이하	1,788
	125m^2 초과	1,764

16 ~ 25층 이하	40m² 이하	1,825
	40m² 초과 ~ 50m² 이하	1,887
	50m² 초과 ~ 60m² 이하	1,832
	60m² 초과 ~ 85m² 이하	1,782
	85m² 초과 ~ 105m² 이하	1,829
	105m² 초과 ~ 125m² 이하	1,808
	125m² 초과	1,784
26 ~ 30층 이하	40m² 이하	1,855
	40m² 초과 ~ 50m² 이하	1,917
	50m² 초과 ~ 60m² 이하	1,862
	60m² 초과 ~ 85m² 이하	1,811
	85m² 초과 ~ 105m² 이하	1,858
	105m² 초과 ~ 125m² 이하	1,838
	125m² 초과	1,813
31 ~ 35층 이하	40m² 이하	1,883
	40m² 초과 ~ 50m² 이하	1,947
	50m² 초과 ~ 60m² 이하	1,891
	60m² 초과 ~ 85m² 이하	1,839
	85m² 초과 ~ 105m² 이하	1,887
	105m² 초과 ~ 125m² 이하	1,866
	125m² 초과	1,841
36 ~ 40층 이하	40m² 이하	1,913
	40m² 초과 ~ 50m² 이하	1,978
	50m² 초과 ~ 60m² 이하	1,921
	60m² 초과 ~ 85m² 이하	1,868
	85m² 초과 ~ 105m² 이하	1,917
	105m² 초과 ~ 125m² 이하	1,895
	125m² 초과	1,870
41 ~ 45층 이하	40m² 이하	1,938
	40m² 초과 ~ 50m² 이하	2,003
	50m² 초과 ~ 60m² 이하	1,946
	60m² 초과 ~ 85m² 이하	1,892
	85m² 초과 ~ 105m² 이하	1,942
	105m² 초과 ~ 125m² 이하	1,920
	125m² 초과	1,894

	40m² 이하	1,998
	40m² 초과 ~ 50m² 이하	2,066
	50m² 초과 ~ 60m² 이하	2,006
46 ~ 49층 이하	60m² 초과 ~ 85m² 이하	1,951
	85m² 초과 ~ 105m² 이하	2,002
	105m² 초과 ~ 125m² 이하	1,980
	125m² 초과	1,953

제2호 가목을 다음과 같이 한다.

가. 면적별 지하층건축비는 다음과 같음

(단위 : 천원/m²)

지하층건축비 (지하층면적기준)
858

※ 주거전용면적과 무관

제3호를 다음과 같이 한다.

3. 공동주택 건설공사비지수는 다음과 같음
   공동주택 건설공사비지수 : 1.0853

※ '20.3.1.일 시행된 기본형건축비의 공동주택 건설공사비지수(=1)를 기준으로 산정

부 칙

제1조(시행일)
이 고시는 2021년 9월 15일부터 시행한다.
제2조(적용례)
이 고시는 시행일 이후 사업주체가 입주자모집승인을 신청(「공동주택 분양가격의 산정 등에 관한 규칙」 제2조 각 호의 어느 하나에 해당하는 사업주체의 경우에는 입주자모집공고를 말한다)하는 경우부터 적용한다.

③ 건축가산비는 「공동주택 분양가격의 산정 등에 관한 규칙」 별표에서 규정하고 있는데, 해당 항목들은 다음과 같다.

> **공동주택 분양가격의 산정 등에 관한 규칙[별표 1의3]**
> 건축비 가산비용의 항목별 내용 및 산정 방법(제14조 제2항 관련)
> 1. 철근콘크리트 라멘구조(무량판구조를 포함한다), 철골철근콘크리트구조 또는 철골구조로 건축함에 따라 추가로 소요되는 비용으로서 국토교통부장관이 정하여 고시하는 산정기준 및 가산비율 등에 따라 산정하는 비용
> 2. 「건축법 시행령」 [별표 1] 제2호 가목에 해당하는 아파트 외의 형태로 건설·공급되는 공동주택에 테라스 등을 설치함에 따라 추가로 소요되는 비용으로서 국토교통부장관이 정하여 고시하는 산정기준 및 가산비율 등에 따라 산정하는 비용 다만, 시장·군수 또는 구청장이 필요하다고 인정하는 금액으로 한정한다.
> 3. 법 제39조에 따라 공동주택성능에 대한 등급을 발급받은 경우나 소비자만족도 우수업체로 선정된 경우 추가로 인정되는 비용으로서 국토교통부장관이 정하여 고시하는 산정기준 및 가산비율 등에 따라 산정하는 비용
> 4. 주택건설사업계획의 승인에 부가되는 조건을 충족하기 위하여 추가되는 비용(사업계획승인권자로부터 사업계획에 포함하여 승인을 받은 비용으로 한정한다) 및 법정 최소 기준면적을 초과하여 설치한 복리시설(분양을 목적으로 건설하는 복리시설을 제외한다)의 설치비용
> 5. 인텔리전트설비(홈네트워크, 에어콘냉매배관, 집진청소시스템, 초고속통신특등급, 기계환기설비, 쓰레기이송설비, 「스마트도시 조성 및 산업진흥 등에 관한 법률」 제12조에 따른 사업시행자가 설치하는 같은 법 제2조 제3호 가목 및 나목에 따른 스마트도시기반시설로 한정한다)의 설치에 따라 추가로 소요되는 비용
> 6. 국토교통부장관이 층수, 높이 등을 고려하여 따로 정하여 고시하는 초고층주택으로서 시장·군수 또는 구청장이 설계의 특수성과 구조물의 안정성 확보를 위하여 필요하다고 인정하는 특수자재·설비 및 그 설치 등에 소요되는 비용
> 7. 임해(臨海)·매립지 등 입지특성으로 인하여 시장·군수 또는 구청장이 구조물의 방염 등에 필요하다고 인정하는 특수자재·설비 및 그 설치 등에 소요되는 비용
> 8. 사업주체가 해당 주택의 시공 및 분양에 필요하여 납부한 보증수수료
> 9. 공사비에 대한 다음 산식에 따라 산정한 기간이자. 다만, 「주택공급에 관한 규칙」 제15조에 따라 사업주체가 의무적으로 건축공정이 전체 공정의 일정 비율(이하 "공정률"이라 한다)에 달한 후 입주자를 모집하여야 하는 주택의 경우로 한정한다.
>
> $$\text{기간이자} = \text{기본형건축비} \times \text{공정률} \times \frac{1}{2} \times \text{착공일부터 입주자모집공고일(공급하려는 주택에 대한 사용검사 후 입주자모집공고를 하는 경우에는 사용검사일)까지의 기간} \times \text{「은행법」에 따라 설립된 금융기관의 1년 만기 정기예금 평균이자율로서 착공일이 속하는 달의 금리}$$
>
> 10. 법 제2조 제21호에 따른 에너지절약형 친환경주택의 건설에 따라 추가로 드는 비용
> 11. 다음 각 목의 어느 하나에 해당하는 사람을 위한 주택의 건설에 따라 추가로 드는 비용
>   가. 65세 이상인 사람
>   나. 「장애인복지법」 제32조에 따라 장애인등록증이 발급된 사람
> 12. 「주택건설기준 등에 관한 규칙」 제6조의2 제2호 단서에 따라 주차장 차로의 높이를 주차바닥면으로부터 2.7미터 이상으로 함에 따라 추가로 드는 비용
> 13. 그 밖에 주택건설과 관련된 법령, 조례 등의 제정 또는 개정으로 인하여 주택건설에 추가로 소요되는 비용

이상에서 공공택지에서 공급되는 공동주택의 분양가 결정에 감정평가는 개입하지 않는다. 각 항목의 가액은 고시, 공고된 금액과 관련 규정에 따라 포함시킬 수 있는 비용들이다.

(2) 공공택지 외의 택지

분양가는 다음 산식에 의해 결정된다.

> - 분양가＝택지평가액＋택지가산비＋기본형건축비＋건축가산비
> - 분양가＝택지매입가격＋택지가산비＋기본형건축비＋건축가산비

① 택지평가액 기준

택지비는 「감정평가 및 감정평가사에 관한 법률」에 따라 감정평가한 가액이다. 평가기준은 「공동주택 분양가격의 산정 등에 관한 규칙」 및 「공동주택 분양가격 산정을 위한 택지평가지침」에 규정돼 있다. 택지가산비는 「공동주택 분양가격의 산정 등에 관한 규칙」 제9조에서 다음과 같이 정하고 있다.

1. 다음의 비용

    (1) 다음 각 목의 공사비
     가. 말뚝박기 공사비 : 건축물의 기초공사인 말뚝박기 공사에 드는 비용
     나. 암석지반 공사비 : 사업지구 택지에 암석지반이 있어 기본형건축비에 반영되어 있는 기초공사비로는 지하터파기가 곤란한 경우에 암석지반의 굴착을 위하여 추가로 소요되는 비용
     다. 흙막이 및 차수벽(遮水壁) 공사비 : 건축물의 기초공사로 시공하는 흙막이 공사비용과 지하수, 하천 등으로 해당 택지의 토질조건이 특별하여 흙막이 공사 외에 이를 보강하기 위하여 추가로 차수벽을 설치하는데 소요되는 비용
     라. 지하공사에서 특수공법 사용에 따른 공사비 : 지하층 공사를 지표면으로부터 20미터 이상의 깊이로 시행하는 경우에 사업지구 택지가 협소하거나 사업지구가 주변 구조물 등에 매우 근접하는 등의 사유로 주변 구조물 등의 침하와 변형이 우려되어 특별자치시장, 특별자치도지사, 시장, 군수 또는 구청장(구청장은 자치구의 구청장을 말하며, 이하 "시장·군수 또는 구청장"이라 한다)이 역타공법(逆打工法) 등 특수한 공법 사용이 필요하다고 인정하는 경우 특수공법 사용에 소요되는 비용. 이 경우 가목부터 다목까지의 공사비, 기본형건축비 중 지하층건축비 등 다른 공사비에 반영되어 있는 비용과 중복하여 산정할 수 없다.
    (2) 방음시설 설치비 : 주택의 입지, 주변 환경 등 제반여건을 고려하여 소음도를 저감하기 위하여 소요되는 비용. 다만, 택지조성원가에 포함되어 있지 아니한 경우로 한정한다.

2. 법 제28조에 따라 사업주체가 부담하는 간선시설의 설치비용
2의2. 「도시공원 및 녹지 등에 관한 법률」 제2조에 따른 도시공원의 설치비용
3. 지장물 철거비용 : 택지 안의 구조물 등의 철거·이설이 불가피한 경우에 그 소요되는 비용
4. 진입도로의 개설로 편입되는 사유지의 가액(감정평가한 가액을 말한다)
5. 제13조 제1항 제1호에 따른 감정평가수수료. 다만, 제12조 제2항 제2호에 따른 감정평가수수료는 제외한다.
5의2. 제13조 제1항 제2호에 따른 검토수수료
6. 그 밖에 시장·군수 또는 구청장이 분양가심사위원회의 심의를 거쳐 필요하다고 인정하는 택지와 관련된 경비로서 증빙서류에 의하여 확인되는 경비

기본형건축비와 건축가산비 항목은 공공택지에서의 적용기준과 같다. 택지비 감정평가의 과정이 개입한다.

② 택지매입가격 기준

「주택법」제57조 제3항에서는 택지매입가격이 「민사집행법」, 「국세징수법」 또는 「지방세징수법」에 따른 경매·공매 낙찰가격, 국가·지방자치단체 등 공공기관으로부터 매입한 가격, 실제 매매가격을 확인할 수 있는 경우에는 택지비평가액 대신 매입가격을 인정할 수 있도록 했다. 다만, 실제매매가격은 「감정평가 및 감정평가사에 관한 법률」에 따라 감정평가한 가액(택지비평가액)의 120%에 상당하는 금액 또는 「부동산 가격공시에 관한 법률」제10조에 따른 개별공시지가의 150%에 상당하는 금액 이내여야 한다.

매입가격을 적용할 경우 택지가산비에 포함할 비용은 다음과 같다.

> 1. 다음의 비용
>
>   (1) 다음 각 목의 공사비
>   가. 말뚝박기 공사비 : 건축물의 기초공사인 말뚝박기 공사에 드는 비용
>   나. 암석지반 공사비 : 사업지구 택지에 암석지반이 있어 기본형건축비에 반영되어 있는 기초공사비로는 지하터파기가 곤란한 경우에 암석지반의 굴착을 위하여 추가로 소요되는 비용
>   다. 흙막이 및 차수벽(遮水壁) 공사비 : 건축물의 기초공사로 시공하는 흙막이 공사비용과 지하수, 하천 등으로 해당 택지의 토질조건이 특별하여 흙막이 공사 외에 이를 보강하기 위하여 추가로 차수벽을 설치하는데 소요되는 비용
>   라. 지하공사에서 특수공법 사용에 따른 공사비 : 지하층 공사를 지표면으로부터 20미터 이상의 깊이로 시행하는 경우에 사업지구 택지가 협소하거나 사업지구가 주변 구조물 등에 매우 근접하는 등의 사유로 주변 구조물 등의 침하와 변형이 우려되어 특별자치시장, 특별자치도지사, 시장, 군수 또는 구청장(구청장은 자치구의 구청장을 말하며, 이하 "시장·군수 또는 구청장"이라 한다)이 역타공법(逆打工法) 등 특수한 공법 사용이 필요하다고 인정하는 경우 특수공법 사용에 소요되는 비용. 이 경우 가목부터 다목까지의 공사비, 기본형건축비 중 지하층건축비 등 다른 공사비에 반영되어 있는 비용과 중복하여 산정할 수 없다.
>   (2) 방음시설 설치비 : 주택의 입지, 주변 환경 등 제반여건을 고려하여 소음도를 저감하기 위하여 소요되는 비용. 다만, 택지조성원가에 포함되어 있지 아니한 경우로 한정한다.
>
> 2. 법 제28조에 따라 사업주체가 부담하는 간선시설의 설치비용
> 2의2. 「도시공원 및 녹지 등에 관한 법률」제2조에 따른 도시공원의 설치비용
> 3. 지장물 철거비용(택지 안의 구조물 등을 철거하거나 이설하는 것이 불가피한 경우 그 철거나 이설에 소요되는 비용)
> 4. 진입도로의 개설로 편입되는 사유지의 가액(감정평가한 가액의 100분의 120에 상당하는 금액 이내의 매입가격)
> 5. 제13조 제1항 제1호에 따른 감정평가수수료. 다만, 제12조 제2항 제2호에 따른 감정평가수수료는 제외한다.
> 5의2. 제13조 제1항 제2호에 따른 검토수수료
> 6. 제세공과금(보유에 따른 제세공과금의 경우에는 입주자모집승인 신청 시까지 부과된 것으로 한정하며, 최초로 부과된 때부터 3년분까지만 합산한다), 등기수수료 등 필요적 경비
> 7. 그 밖에 시장·군수 또는 구청장이 분양가심사위원회의 심의를 거쳐 필요하다고 인정하는 택지와 관련된 경비로서 증명서류로 확인되는 경비

기본형건축비와 건축가산비 항목은 공공택지에서의 적용기준과 같다. 명시적으로 택지비 감정평가 과정이 개입하지 않으나, 실제매매가격을 매입가격으로 인정받기 위해서는 매매가격이 택지비평가액의 120% 이내인 점을 확인해야 하므로 사업주체 또는 시·군·구의 의뢰로 택지비 평가가 수행되어야 한다.

한편, 공공택지 외의 택지에서 평가된 택지비 평가보고서는 한국부동산원의 검토를 거친다. 한국부동산원이 검토한 결과 제출된 감정평가서가 관계 법령에 위반하여 평가되었거나 합리적 근거 없이 비교 대상이 되는 표준지공시지가와 현저하게 차이가 나는 등 부당하게 평가되었다고 인정하는 경우에는 해당 감정평가기관에 그 사유를 명시하여 다시 평가할 것을 요구해야 한다. 사업주체가 이의를 제기하거나 최고평가액이 최저평가액의 100분의 110을 초과하는 경우 등에 해당되면 다른 감정평가기관에 재평가 의뢰를 해야 한다.

제2절 택지비 평가[185] 기출 6회

1. 기본적 사항

(1) 기준시점

택지평가의 기준시점은 사업주체가 시장·군수 또는 구청장에게 택지가격의 감정평가를 신청한 날(국가·지방자치단체·한국토지주택공사 또는 지방공사인 사업주체의 경우에는 해당 기관의장이 택지가격의 감정평가를 의뢰한 날)이다.

(2) 면 적

대상택지의 면적은 사업계획승인 면적 중 주택분양대상이 되는 토지 면적이다.

(3) 조 건

택지조성이 완료되지 않은 소지상태인 토지는 택지조성이 완료된 상태를 상정하고, 이용 상황은 대지를 기준으로 하여 감정평가 한다. 이 경우 신청일 현재 현실화 또는 구체화되지 아니한 개발이익을 반영해서는 안 된다.

2. 평가기준

(1) 주된 방법과 합리성 검토

「부동산 가격공시에 관한 법률」에 따른 표준지공시지가를 기준으로 「감정평가에 관한 규칙」 제2조 제9호에 따른 공시지가기준법에 따라 평가해야 한다. 그리고 해당 토지 또는 해당 토지와 유사한 이용가치를 지닌다고 인정되는 토지의 조성에 필요한 비용추정액을 고려하여 감정 평가한 가액과 비교하여 합리성을 검토해야 한다. 다만, 해당 토지의 특성 및 주위환경 등에 따라 비용추정액을 검토하는 것이 불가능하거나 부적절하다고 판단되는 경우 검토를 생략할 수 있다. 이 경우 감정평가서에 그 사유를 충분히 기재하여야 한다.

---

[185] 공동주택 분양가격 산정 등에 관한 규칙, 공동주택 분양가격 산정을 위한 택지평가지침

(2) 공시지가기준법

① 적용공시지가

해당 토지의 신청일(기준시점) 당시 공시된 표준지공시지가 중 신청일에 가장 가까운 시점의 표준지공시지가를 적용한다. 다만, 감정평가시점이 공시지가 공고일 이후이고 기준시점이 공시기준일과 공시지가 공고일 사이인 경우에는 기준시점 해당 연도의 공시지가를 기준으로 한다.

② 비교표준지 선정[186]

「감정평가에 관한 규칙」 제14조 제2항 제1호 및 「감정평가 실무기준」 [610-1.5.2.1]의 규정(비교표준지 선정 기준)을 준용하되, 인근지역 및 동일수급권 안의 유사지역에 있는 동종·유사규모인 공동주택 표준지를 선정함을 원칙으로 한다. 이러한 표준지가 여러 개인 경우 이용상황, 주변환경, 지리적 근접성 순서로 비교가능성을 검토한다. 동일수급권 내 유사지역 표준지를 선정하게 되면 지역요인 비교가 필요하다. 인근지역 및 동일수급권 안의 유사지역에 있는 동종·유사규모인 공동주택 표준지가 없는 경우 원칙적으로 유사규모가 아니더라도 인근지역의 가격수준을 대표할 수 있는 공동주택 표준지를 선정해 규모에 따른 격차율을 반영하고, 예외적으로 인근지역 주택지 가격을 대표할 수 있는 단독, 다세대, 연립을 선정하거나(이용상황, 규모에 따른 격차율 반영), 동일수급권 내 동종·유사규모 공동주택 표준지를 선정(지역요인 차이에 따른 격차율 반영)한다.

한편, 비교표준지 중에는 공법상제한사항 등 제반 특성이 잘못 조사된 필지가 있을 수 있어 비교표준지 실제 특성이 고시된 내용과 다른 경우 선정에서 배제해야 한다.

③ 지역요인

동일수급권 유사지역 표준지를 선정한 경우 지역요인 비교를 수행해야 한다. 격차율 산정에 고려할 수 있는 항목은 표준지 이용상황별 평균단가와 아파트 매매가격이다. 비교과정을 예시하면 다음과 같다.

구 분		&&구		**구		격차율(&&/**)
		표준지수	평균단가(원/m^2)	표준지수	평균단가(원/m^2)	
전 체	전 체					
	주거용					
	아파트					
(표준지, 대상) 용도지역	전 체					
	주거용					
	아파트					

---

186) 택지비평가서 검토업무매뉴얼, 한국부동산원 소비자보호처 적정성검토부, 2022

[지역별 아파트 매매가격 수준]

구 분		2022.1.	2022.2.	2022.3.	2022.4.	2022.5.	2022.6.	6개월 평균	격차율 (&&/**)
평균매매 가격	&&구								
	**구								
평균단위 매매가격	&&구								
	**구								
중위매매 가격	&&구								
	**구								
중위단위 매매가격	&&구								
	**구								

④ 개별요인

구체적으로 다음과 같은 사항을 검토한다.

구 분	검토사항
가로조건	도로 폭뿐만 아니라 도로의 계통 및 연속성 검토
접근조건	하나의 획지라도 전·후면의 접근성 차이가 발생하는 광평수 토지의 경우 전·후면의 평균적인 접근성을 고려
환경조건	• 접근조건에 반영한 요인의 중복 적용 주의 • 환경조건 비교가 어렵기 때문에 환경조건 비교가 필요 없는 표준지를 우선적으로 선정해야 함
획지조건	• 기부채납 부분을 제외한 택지의 형상을 기준하며, 사업지가 택지 1, 2 등으로 구성되어 있고 물리적으로 일단의 토지로 보기 어려운 경우 각각을 기준으로 하여 비교 • 단순한 토지 형상 외에 단지 배치 등 토지활용도 등을 종합 고려
행정조건	• 도로, 공원 등 공공시설 설치 등을 조건으로 용적률을 완화 적용할 수 있으나 기부채납한 토지비용 및 설치비 등을 택지 가산항목으로 보전해주므로 기준용적률[187]로 비교 • 용적률이 클수록 토지이용 효율은 증가하나 밀집도 증가로 주거 쾌적성이 감소하므로 용적률 차이에 따른 격차율 적용 시 배율 단순 적용은 지양
기타조건	장래의 동향, 유사도 토지의 이용상황에 따른 성숙도 보정, 재개발지역 내 해당 택지 개발로 인한 주거환경 개선에 따른 지가상승 기대 등은 현실화·구체화되지 않는 개발이익으로 반영 금지

---

187) 용도지역에 따른 허용용적률을 가리키며, 이에 대한 다른 주장이 있어 '4. 용적률 보정과 관련된 쟁점'을 참고할 것

알아보기 — 비교표준지 선정 예시

구 분	대 상	비교표준지	비교표준지 선정
1	제3종 일반주거 아파트	(1) 제2종일주, 연립주택 (2) 제3종일주, 아파트	(2) 선정
2	제1종 일반주거 연립	(1) 제2종일주, 연립주택 (2) 제1종일주, 단독주택	(1) 선정
3	제2종 일반주거 아파트	(1) 인접 제3종일주, 아파트 (2) 원거리 제2종일주, 아파트	(1)이 지리적으로 근접하고, 비교 가능성이 더 높은 경우 선정
4	제3종 일반주거 아파트	(1) 인접 제2종일주, 아파트 (2) 원거리 제3종일주, 아파트	(1)이 지리적으로 근접하고, 비교 가능성이 더 높은 경우 선정
5	준주거 주상복합	(1) 준주거, 상업용 (2) 제3종일주, 아파트	(2) 선정

⑤ 그 밖의 요인 보정

인근지역 및 동일수급권의 유사지역 내의 용도지역이 동일한 택지평가 선례를 선정하는 것을 원칙으로 대상택지의 인근지역 또는 동일수급권 안의 유사지역의 정상적인 거래사례나 감정평가사례 등을 참작할 수 있다. 거래사례 등의 선정기준은 다음과 같다. 또 하나의 개발사업이라도 택지가 여러 개인 경우 택지별 구분 평가한 경우 대표 택지 한 개를 선정하여 비교 분석한다.

구 분	상 세
거래사례	1. 「부동산 거래신고 등에 관한 법률」에 따라 신고된 실제 거래사례일 것 2. 거래가 정상적이라고 인정되는 사례나 정상적인 것으로 보정이 가능한 사례일 것 3. 기준시점으로부터 도시지역(「국토의 계획 및 이용에 관한 법률」 제36조 제1항 제1호에 따른 도시지역을 말한다.)은 3년 이내, 그 밖의 지역은 5년 이내에 거래된 사례일 것. 다만, 특별한 사유가 있는 경우에는 그 기간을 초과할 수 있다.[188] 4. 토지 및 그 지상건물이 일체로 거래된 복합부동산의 경우에는 배분법의 적용이 합리적으로 가능한 사례일 것 5. 「감정평가 실무기준」 [610-1.5.2.1]에 따른 비교표준지의 선정기준에 적합할 것
평가선례	1. 감정평가가 정상적이라고 인정되는 사례나 정상적인 것으로 보정이 가능한 사례일 것 2. 기준시점으로부터 도시지역(「국토의 계획 및 이용에 관한 법률」 제36조 제1항 제1호에 따른 도시지역은 3년 이내, 그 밖의 지역은 5년 이내에 감정평가 된 사례일 것. 다만, 특별한 사유가 있는 경우에는 그 기간을 초과할 수 있다. 3. 「감정평가 실무기준」 [610-1.5.2.1]에 따른 비교표준지의 선정기준에 적합할 것

---

188) 초과하는 경우 그 이유를 감정평가서에 기재해야 함, 평가 선례를 적용할 때도 같다.

(3) 원가법

원가법에 의한 가액은 다음의 산식에 따른다.

> 토지의 조성에 필요한 비용추정액을 고려한 감정평가가액＝조성 전 토지의 취득가액＋토지의 조성에 필요한 비용추정액

① 조성 전 토지의 취득가액

실제 취득가격을 원칙으로 하되, 그 가격을 알 수 없는 경우 또는 그 가격이 적정하지 아니하다고 판단되는 경우에는 대상택지의 조성 전 상태를 기준으로 하는 감정평가액[189]을 기준으로 산정할 수 있다. 취득시점(종전평가액 등의 기준시점을 포함)과 택지평가의 기준시점 간 기간 차이가 발생하는 경우 이에 따른 기간보정을 별도로 할 수 있으며, 기간 보정에 따른 이율은 1년 만기 정기예금금리 등 시중금리를 참작하여 결정할 수 있다.

② 토지의 조성에 필요한 비용추정액

해당 토지의 조성에 필요한 직·간접비용에 관해 사업주체로부터 제시받은 자료를 기준으로 산정하되, 제시받은 비용 항목의 적정성을 검토하여야 한다. 사업주체로부터 제시받은 비용이 표준적인 비용 수준과 현저히 부합하지 않는다고 판단되는 경우 이를 합리적인 수준으로 조정하여 산정할 수 있다.

한편, 택지비평가액에 택지와 관련된 가산비의 포함여부에 대해 명확히 기재해야 한다. 택지조성이 완료되지 않은 소지상태인 토지를 택지조성이 완료된 상태를 상정하여 감정평가하는 경우 대상택지의 지형, 지질조건 등이 특수하여 택지와 관련된 가산비 중 일부 항목의 투입 여부를 판단하기 어려운 경우에는 그 비용이 투입되지 아니한 상태를 기준으로 감정평가한다.

사업비 중 「공동주택 분양가격 산정 등에 관한 규칙」 제9조의 택지 가산항목과 동 규칙 제14조의 건축비 가산항목에 해당하는 비용은 제외하며, 토지에 귀속되는 비용(토지비용＋공통비용 중 토지안분액)만 반영해야 한다. 각 비용의 배분 기준을 정리하면 다음과 같다. 공통비용은 토지와 건물로 안분하면 된다.

구 분	항 목	배 분	비 고
설계비	조사측량비, 굴토 설계비	토 지	
	동사무소, 우체국 설계비	제 외	가산항목 (기부채납건물 설계비)
	건축설계비	건 물	
감리비	정비기반시설공사감리, 석면해제 및 철거감리, 동사무소, 우체국 공사감리	제 외	가산항목 (기부채납감리, 지장물철거비용)
	건축공사감리비, 소방, 통신공사 감리비	건 물	

---

[189] 조합원종전자산에 대한 종전자산평가액, 현물출자평가액, 종전자산평가액, 실제취득가액, 현물출자평가액 모두 존재하는 않는 경우 착공시점(주택건설사업승인 시점)을 기준으로 공시지가기준법에 의한 평가액으로 할 수 있음. 이는 사업시행자가 택지를 기소유하고 있는 등 토지를 취득하는 시점이 아주 먼 과거이거나 없는 경우의 극히 특수한 상황에 해당하는 사업으로서 객관적으로 택지에 대하여 완전한 소유권이 인정되는 시점인 착공시점을 취득시점으로 상정하는 것이 타당하기 때문임(택지비평가서 검토업무매뉴얼, 한국부동산원 소비자보호처 적정성검토부(2022.7.))

건축 공사비	기부채납 정비기반시설공사비 및 단지외공사비, 지장물 이설 등, 특고압선 설치비, 특고압선 이설 공사비, 철거 및 잔재처리 용역비	제 외	가산항목 (기부채납 공사비, 지장물철거비용, 간선시설 설치비용)
	건축시설 공사비, 건축시설 공사비 부가가치세	건 물	
보상비	국공유지 매입비, 현금청산 대상 보상, 종교시설 보상, 세입자 이주촉진비	토 지	
	영업권손실보상, 세입자주거이전비	제 외	가산항목으로 반영 예정[190]
관리비	추진위, 조합운영비, 총회운영비	제 외	가산항목으로 반영 예정
	조합사무실 임차료, 각종 소송비용, 회계, 세무비용, 채권매입비, 기타 관리비	공 통	
외주 용역비	석면조사 용역비, 국공유지 무상양도 협의 대행업무, 지질조사비, 세입자조사원 용역비, 영업손실 대상자 용역비, 이주관리 및 이주촉진, 범죄예방 및 대책수립 활동, 국공유지 매수협의 대행 용역	토 지	
	주거성능용역비, 에너지소비 총량제, 친환경용역비, 녹색환경인증, 제로에너지 시범사업 컨설팅 용역, 우수박스 이설 설계용역	제 외	가산항목 (건축가산비)
	정비기반시설 설치공사비 산출, 수용재결 및 명도소송 등	제 외	가산항목으로 반영 예정
	임대아파트가산비용 산출, 감정평가수수료, 회계감사비, 정비계획변경 용역비, 교통영향분석, 개선대책수립 용역, 환경영향평가비, 환경보전방안, 사전재해 영향성 검토비, 백서 제작비, 영상물제작 용역비, 빛공해방지, 장애물, 범죄예방, 교육환경등용역비, 사후환경영향조사 용역, 환경보전방안 검토 용역, 분양가격산정용역, 교통소통대책수립 추가용역, 교육환경평가, 범죄예방, 장애물 등 인증용역, 정비사업 전문관리 용역비	공 통	
부담금	광역교통시설 부담금, 하수도원인자 부담금, 인입부담금, 지역난방 인입공사비 및 부담금	제 외	가산항목 (택지가산비)
	학교용지부담금[191]	제 외	가산항목 불인정
제세 공과금	일반분양, 기반시설 보존등기비, 신탁 및 소유권이전 등기비, 조합원 소유권보존 등기비, 법인세, 기타 취득세 및 공과금, 지방세 및 재산세	공 통	
기 타	HUG분양보증 수수료	제 외	가산항목 (건축가산비)
	조합원 부담금(중도금)대출이자, 일반분양 중도금 대출이자	제 외	
	조합원 이주비 대출이자, HUG조합원 이주비 대출 보증수수료	제 외	가산항목으로 반영 예정
	조합사업비 대출이자, HUG조합사업비 대출 보증수수료, 조합사업비 대출 금융주선 수수료, 민원 처리비, 예비비	공 통	

---

190) 22년 6월 국토부 보도자료에 따르면, 주거이전비, 영업손실보상비, 명도소송비, 이주비 금융비용, 총회운영비 등은 가산항목으로 반영 예정임.
191) 택지가산항목으로도 불인정 및 토지의 조성에 필요한 비용으로도 불인정(헌법재판소 2003헌가20결정)

(4) 분양가 결정

택지비감정평가액이 결정되면, 분양가상한제 하에서 일반분양가가 결정된다. 마포구 oo구역의 일반분양가가 결정되는 산식을 예시하면 다음과 같다. 택지비에서의 일반분양 점유비율은 전체 대지에서 일반분양면적이 차지하는 대지면적을 산출하는데 적용됐다. 건축비항목은 일반분양면적을 기준으로 추산된 금액이다.

구 분			세부항목	총 산출금액	일반분양 점유비율	분양가심사금액	3.3m²당 금액	법적근거
택지비			택지감정평가금액	127,507,395,000	42.3272%	53,970,269,291	15,541,556	주택법 제57조 제3항 제2호
	택지비 가산비	사업주체가 부담하는 비용	흙막이 및 차수벽공사비	3,000,000,000	42.3272%	1,269,815,040	365,662	공동주택 분양가격의 산정 등에 관한 규칙 제9조 제1항 제1호(이하 규칙)
			지장물 철거 및 이설비용	2,088,000,000	42.3272%	883,791,268	254,501	규칙 제9조 제1항 제3호
			감정평가수수료 및 검토수수료			149,265,508	42,983	규칙 제9조 제1항 제5호 및 제5의2호
			정비기반시설 감정평가금액	18,500,000,000	42.3272%	7,830,526,080	2,254,919	규칙 제9조 제1항 제2호
			정비기반시설 설치비용	3,876,000,000	42.3272%	1,640,601,032	472,436	규칙 제9조 제1항 제2호
		택지와 관련된 필요적 경비	각종 보상비	2,205,000,000	42.3272%	933,314,054	268,762	규칙 제9조 제1항 제6호
			각종 분부담금	435,000,000	42.3272%	184,123,181	53,021	규칙 제9조 제1항 제6호
			금융비용	12,062,000,000	42.3272%	5,105,503,004	1,470,207	규칙 제9조 제1항 제6호
	[계]					17,996,939,166	5,182,491	
[소 계]						71,967,208,457	20,724,047	
건축비	기본형 건축비		지상층 건축비			20,921,077,325	6,024,541	규칙 제7조 (1.6% 상승분 적용)
			지하층 건축비			6,561,045,818	1,889,352	규칙 제7조 (1.6% 상승분 적용)
	[계]					27,482,123,142	7,913,894	

건축비 가산비		공동주택성능등급		627,632,320	180,736	지상층건축비의 3% 권장
		법정초과 복리시설 설치비용		25,911,899	7,462	규칙 [별표 1의3] 제4호
	사업 승인 조건에 따른 가산 비용	법정초과 조경 공사비용		146,385,773	42,154	규칙 [별표 1의3] 제4호
	인텔리 전트 설비에 따른 가산 비용	홈네트워크 공사		1,342,322,187	386,542	규칙 [별표 1의3] 제5호
		에어컨냉매 배관공사		1,028,596,716	296,200	규칙 [별표 1의3] 제5호(냉매배관 전실 설치 기준)
		초고속통신 특등급 공사		427,412,842	123,080	규칙 [별표 1의3] 제5호(정보통신 특등급 권장)
		기계환기 설비공사		753,066,840	216,857	규칙 [별표 1의3] 제5호
		분양보증수수료		318,778,907	91,797	규칙 [별표 1의3] 제8호
		에너지절감형 친환경주택 추가비용		503,908,363	145,108	규칙 [별표 1의3] 제10호
		지하층 층고 상향 공사비용		36,705,831	10,570	규칙 [별표 1의3] 제12호
	주택 건설과 관련 되는 법령 및 조례 등제 개정에 따른 비용	건강친화형 주택 추가비용 (권장사항)		1,501,119,184	432,270	흡착흡방습 건축자재 적용 권장
		전기차 충전실비 설치비용		40,000,000	11,519	규칙 [별표 1의3] 제13호 및 서울특별시 친환경자동차법 조례
		외관특화 공사비용		1,240,879,353	357,330	규칙 [별표 1의3] 제13호
		기타가산비용		2,778,114,020	800,000	
		[계]		10,770,834,237	3,101,625	
	[소 계]			38,252,957,379	11,015,518	
[합 계]				110,220,165,836	31,739,566	
3.3m²당 분석표				31,739,566		일반분양분 공급면적: 11,479.8100m² (3,472.64평)

3. 추가검토

실무적으로는 택지비평가액을 적용하여 추계되는 예상 분양가가 인근 신축 공동주택 시세와 균형을 이루는지 확인하는 과정을 밟는다. 분양가상한제 하에서 공급면적당 분양가(원/m²)는 다음의 산식으로 결정된다.

> 공급면적당 분양가격 = 택지비/용적률 + 건축비
> = (택지의 감정평가금액 + 택지비 가산비)/용적률 + (기본형건축비 + 건축비 가산비)

이때 택지비는 사업부지면적기준으로 환산한 단가이며 건축비는 공급면적기준으로 환산한 단가다.

4. 용적률 보정과 관련된 쟁점[192]

(1) 개 요

택지비의 평가 시, 구체적인 격차율 적용에 있어 논란이 되는 부분은, 비교표준지와 대상 택지, 비교표준지[193]와 평가선례로 채택한 택지비평가선례와의 개별요인 비교 중 '행정적조건'에 반영할 용적률 격차다. 대부분 동일 용도지역 내 표준지 및 평가선례를 채택하므로, 용적률보다 상위 개념인 용도지역 격차를 비교하는 경우는 드물다. 통상 용도지역은 용도규제와 밀도규제를 포함하며 용적률은 밀도규제에 한정되나, 용도지역 간 격차의 상당부분은 밀도규제에 집중돼 용적률 비교만으로 충분하다는 견해가 지배적이다. 용적률 격차를 적용함에 있어서도, 다양한 용적률이 정의되고 있다. 해당 건물 또는 개발에 적용된 '실현용적률', 지구단위계획으로 결정되는 계획용적률(기준, 허용, 상한용적률), 「국토계획법」 및 해당 지자체의 도시계획조례로 규정되는 용도지역별 법적상한용적률 등이 그것이다. 이들 용적률 중에서 해당 구역 또는 지역에서 건축이 가능한 최대 허용 가능한 용적률이 개발가능용적률이 된다. 개발가능용적률이 용적률 비교 대상이다. 지구단위계획구역 외에서는 법적상한용적률이 여기 해당되지만, 지구단위계획구역 내에서는 기부채납 등으로 완화된 상한용적률이 개발가능용적률이 된다.

[지구단위계획구역 내외 구역 외 지역 간의 개발가능용적률 비교]

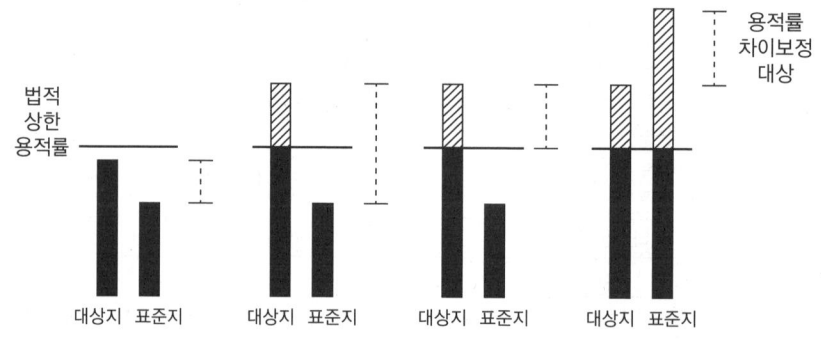

---

192) 주용범, 「택지비 감정평가의 용적률 차이보정을 위한 비교기준 연구-지구단위계획구역을 중심으로」, 한국부동산연구원, 2022-11
193) 그 밖의 요인을 표준지기준방식에 의할 경우이며, 대상토지기준방식인 경우 대상 택지와 비교해야 함

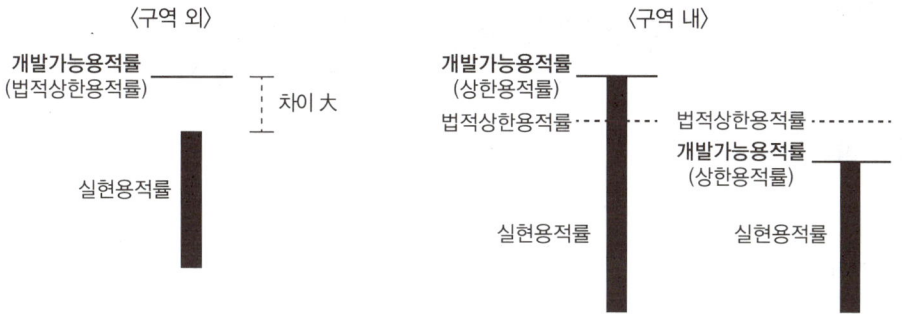

(2) 용적률 보정

택지비 감정평가서 검토기관인 한국부동산원은(기부채납 등에 따른 상한용적률을 결정하는 인센티브를 제외한) 허용용적률 기준으로 용적률 격차보정을 시행토록 하고 있다. 정비사업의 경우 도로, 공원 등 공공시설의 설치 등을 조건으로 용적률을 완화하여 적용할 수 있으나, 기부채납한 토지비용 및 설치비 등을 택지 가산비 항목으로 보전해주므로 완화된 용적률을 모두 반영하여 평가하는 경우 토지비용의 중복계상 우려가 있다는 이유이다. 따라서 동일한 용도지역을 전제로, 표준지와 대상 택지가 지구단위계획구역 내에 있다면 허용용적률 간에 비교를, 표준지가 지구단위계획구역 외에 있다면 표준지의 법적상한용적률과 대상 택지의 허용용적률 간에 비교가 이뤄지며, 용적률 인센티브를 받은 대상 택지의 상한용적률은 고려 대상이 아니다. 분양가산정 측면에서는 이런 접근이 합리적인데, 감정평가 측면에서는 다음과 같은 점에서 불합리할 수 있다.

구 분	상 세
평가 원칙 및 기준과의 부합성	• 택지 감정평가기준은, 「공동주택 분양가 산정 등에 관한 규칙」, 「감정평가에 관한 규칙」 상 공시지가기준법이며, '택지조성이 완료된 상태'의 시장가치 추계임 • 한국부동산원 택지평가 검토지침과 달리, 대상 택지의 시장가치는, 기부채납을 통한 인센티브를 포함한 상한용적률을 기초로 형성됨
지자체 용적률계획의 일관성	• 서울시의 경우 지구단위계획 내에서 '기준/허용/상한' 등 3단계 용적률계획이 있으나, 다른 지자체는 명확치 않음 • 상한용적률은 기부채납 인센티브 외에 다른 요인에 의한 인센티브를 포함. 허용용적률로 비교할 경우 대상 택지 과소평가 우려 있음
표준지와 대상택지의 용적률 비교대상 합리성	• '표준지공시지가 조사평가기준'에 따라 표준지는 일반적 계획, 개별적 계획제한 모두 반영해 표준지의 실현용적률은 허용용적률을 상회하는 상한용적률일 수 있음 • 표준지의 상한용적률과 대상 택지의 허용용적률 간 불평등한 비교가 이뤄짐
기부채납에 따른 용적률 인센티브 제외의 논리적 합리성	• 택지의 감정평가액이 분양가 산정 목적이긴 하나, 용적률 인센티브를 제외한 상태로 평가하는 것은 조건부 평가에 해당되고, 이에 대한 조건제시가 없음 • 기부채납한 토지와 시설물 설치비용과 기부채납에 따른 용적률 인센티브 가치는 동일하지 않음. 즉, '허용용적률 상태 택지평가액＋기부채납비용'≠상한용적률 상태 택지 평가액

한편, 용적률 격차를 반영하기 위해, 회귀분석법 등에 의한 용적률 1% 증가 시 토지가치 상승률에 대한 통계적 자료, 개발법(해당 용적률 하에서의 분양수입－개발비용)에 따라 평가한 토지가치 상승률, 전형적인 토지건물 가격구성비 등을 활용할 수 있다.

CHAPTER 06 과세관련 평가

제4편 | 목적별 감정평가

> **핵심 키워드**
>
> 제1절 표준지공시지가 평가
> 1. 개 관
>   (1) 정 의
>   (2) 표준지 선정
> 2. 표준지공시지가 평가
>   (1) 조사평가 절차
>   (2) 평가 기준
>   (3) 용도별 토지 평가
>   (4) 공법상 제한을 받는 토지 평가
>   (5) 특수 토지 평가
>
> 제2절 개발부담금
> 1. 개 요
> 2. 개발부담금 산정
>   (1) 부과기준
>   (2) 감정평가
> 3. 개발이익
>
> 제3절 부가세 평가
> 1. 개 요
> 2. 배분비율 결정
>   (1) 공급가격(거래가격) 기준
>   (2) 원가 기준
>   (3) 건물비율 적용
>
> 제4절 법인세 평가
> 1. 개 요
>   (1) 법인세 부과 대상
>   (2) 손익의 귀속시기
> 2. 법인세 평가
>   (1) 기준시점
>   (2) 공법상제한 등
>   (3) 평가실익

제1절 표준지공시지가 평가

1. 개 관

(1) 정 의

「부동산 가격공시에 관한 법률」 규정에 의한 절차에 따라 국토교통부장관이 조사·평가하여 공시한 표준지의 단위면적당 적정가격(원/m²)이다. 표준지공시지가는 감정평가법인등이 개별적으로 토지를 감정평가 하는 경우에 공시지가기준법을 적용하기 위한 기준이 된다.

(2) 표준지 선정

「표준지의 선정 및 관리지침」에는 표준지의 선정 및 관리의 기본원칙, 분포기준 및 조정기준에 대해 다음과 같이 규정하고 있다.

구 분	상 세
표준지 선정 및 관리의 기본원칙	• 토지의 감정평가 및 개별공시지가의 산정 등에 효율적으로 활용되고 일반적인 지가정보를 제공할 수 있을 것 • 다양한 토지유형별로 일반적이고 평균적인 토지이용상황, 가격수준 및 그 변화를 나타낼 수 있을 것 • 표준지 상호간 연계성을 고려하여 용도지역·용도지대별 또는 토지이용상황별로 표준지를 균형 있게 분포시키고, 인근토지의 가격비교기준이 되는 토지로서 연도별로 일관성을 유지할 수 있을 것
표준지의 분포기준	• 지역별·용도지역별 및 토지이용상황별로 전체적인 표준지 수를 배분하기 위한 표준지의 일반적인 분포기준은 제시받음. 다만, 다른 토지의 가격산정에의 비교가능성 및 활용도를 높이기 위하여 필요하다고 인정되는 경우에는 표준지의 분포기준을 조정할 수 있음 • 표준지 선정자는 지역분석을 토대로 용도지역·용도지대별 또는 토지이용상황별 표준지 분포 및 활용의 적절성을 판단하여 지가분포가 다양하고 변화가 많은 지역에 대해서는 상대적으로 많은 표준지가 분포될 수 있도록 함
표준지 분포의 조정	• 지역요인의 변동현황 또는 가격층화의 적정한 반영이 필요한 지역, 조세부과 등의 행정목적을 위하여 필요한 지역에 대해서는 표준지의 분포를 조정할 수 있음 • 기존 표준지의 활용실적을 분석하여 과소 또는 과다하게 활용한 필지가 있는 경우에는 표준지가 적절하게 활용될 수 있도록 지역 간 표준지의 분포를 조정할 수 있음

표준지의 선정기준 및 선정 제외 대상, 교체사유는 다음과 같다.

구 분		상 세
표준지의 선정기준	일반적인 경우	• 지가의 대표성 : 표준지선정단위구역 내에서 지가수준을 대표할 수 있는 토지 중 인근지역 내 가격의 층화를 반영할 수 있는 표준적인 토지 • 토지특성의 중용성 : 표준지선정단위구역 내에서 개별토지의 토지이용상황·면적·지형지세·도로조건·주위환경 및 공적규제 등이 동일 또는 유사한 토지 중 토지특성빈도가 가장 높은 표준적인 토지 • 토지용도의 안정성 : 표준지선정단위구역 내에서 개별토지의 주변이용상황으로 보아 그 이용상황이 안정적이고 장래 상당기간 동일 용도로 활용될 수 있는 표준적인 토지 • 토지구별의 확성성 : 표준지신정단위구역 내에서 다른 토지와 구분이 용이하고 위치를 쉽게 확인할 수 있는 표준적인 토지
	특수한 경우	• 특수 토지 또는 용도상 불가분의 관계를 형성하고 있는 비교적 대규모의 필지를 일단지로 평가할 필요가 있는 경우에는 표준지로 선정하여 개별공시지가의 산정기준으로 활용될 수 있도록 하되, 토지형상·위치 등이 표준적인 토지를 선정 • 국가 및 지방자치단체에서 행정목적상 필요하여 표준지를 선정하여 줄 것을 요청한 특정 지역이나 토지에 대해서는 지역특성을 고려하여 타당하다고 인정하는 경우에는 표준지를 선정
표준지 선정 제외		• 국·공유의 토지는 표준지로 선정하지 아니함. 다만, 「국유재산법」상 일반재산인 경우와 국·공유의 토지가 여러 필지로서 일단의 넓은 지역을 이루고 있어 그 지역의 지가수준을 대표할 표준지가 필요한 경우에는 국·공유의 토지를 표준지로 선정 • 한 필지가 둘 이상의 용도로 이용되고 있는 토지는 표준지로 선정하지 않음. 다만, 부수적인 용도의 면적과 토지의 효용가치가 경미한 경우에는 비교표준지로의 활용목적을 고려하여 표준지로 선정

표준지의
교체 등
	• 기존 표준지는 특별한 사유가 없는 한 교체하지 않음
	• 표준지가 다음 각 호의 어느 하나에 해당되는 경우에는 이를 인근의 다른 토지로 교체하거나 삭제할 수 있음
	  1. 도시·군계획사항의 변경, 토지이용상황의 변경, 개발사업의 시행 등으로 인하여 제10조 제1항의 선정기준에 부합되지 아니하는 경우
	  2. 형질변경이나 지번, 지목, 면적 등 지적사항 등의 변경
	  3. 개별공시지가의 산정 시에 비교표준지로의 활용성이 낮아 실질적으로 기준성을 상실한 경우
	• 표준지의 분포를 조정하는 경우에는 다음 각 호의 사항을 고려하여 표준지가 인근토지의 가격비교기준으로 효율적으로 활용될 수 있도록 교체하거나 삭제할 수 있음
	  1. 개별공시지가의 산정 시에 비교표준지로의 활용실적 분석결과
	  2. 지역분석에 의한 표준지 분포조정 검토결과
	  3. 택지개발사업, 도시개발사업 또는 재개발사업 등의 시행으로 인한 토지형질의 변경 등

2. 표준지공시지가 평가[194] 기출 2, 6, 7, 12, 19회

(1) 조사평가 절차

표준지 조사·평가기준에서 규정된 조사·평가 절차는 다음과 같다.

> **제2장 조사·평가절차**
>
> 제4조(조사·평가절차)
> 표준지의 적정가격 조사·평가는 「부동산 가격공시에 관한 법률 시행령」(이하 "영"이라 한다) 제2조 제2항에 따른 「표준지의 선정 및 관리지침」에서 정한 지역분석 등을 실시한 후에 일반적으로 다음 각 호의 절차에 따라 실시한다.
> 1. 공부조사
> 2. 실지조사
> 3. 가격자료의 수집 및 정리
> 4. 사정보정 및 시점수정
> 5. 지역요인 및 개별요인의 비교
> 6. 평가가격의 결정 및 표시
> 7. 경계지역간 가격균형 여부 검토
> 8. 표준지 소유자의 의견청취
> 9. 시장·군수·구청장의 의견청취
> 10. 조사·평가보고서의 작성
>
> 제5조(공부조사)
> 표준지의 적정가격을 조사·평가할 때에는 토지·임야대장, 지적·임야도, 토지이용계획확인서, 건축물대장, 환지계획·환지처분 등 환지 관련서류 및 도면 등을 통해 공시기준일 현재의 다음 각 호의 사항을 조사한다.
> 1. 소재지·지번·지목·면적
> 2. 공법상 제한사항의 내용 및 그 제한의 정도
> 3. 그 밖의 공부(公簿) 조사사항

---

194) 국토교통부, 『표준지공시지가 조사·평가 업무요령』, 표준지 조사·평가 기준, 2021

제6조(실지조사)
표준지의 적정가격을 조사·평가할 때에는 공시기준일 현재의 다음 각 호의 사항을 실지 조사한다.
1. 소재지·지번·지목·면적
2. 위치 및 주위 환경
3. 토지 이용 상황·효용성 및 공법상 제한사항과의 부합 여부
4. 도로 및 교통 환경
5. 형상·지세·지반·지질 등의 상태
6. 편익시설의 접근성 및 편의성
7. 유해시설의 접근성 및 재해·소음 등 유해정도
8. 그 밖에 가격형성에 영향을 미치는 요인

제7조(가격자료의 수집 및 정리)
① 표준지의 적정가격을 조사·평가할 때에는 인근지역 및 동일수급권 안의 유사지역에 있는 거래사례, 평가선례, 보상선례, 조성사례, 분양사례, 수익사례 등과 세평가격 등 가격결정에 참고가 되는 자료(이하 "가격자료"라 한다)를 수집하여 이를 정리한다.
② 제1항에 따른 가격자료는 다음 각 호의 요건을 갖춘 것으로 한다.
1. 최근 3년 이내의 자료인 것
2. 사정보정이 가능한 것
3. 지역요인 및 개별요인의 비교가 가능한 것
4. 위법 또는 부당한 거래 등이 아닌 것
5. 토지 및 그 지상건물이 일체로 거래된 경우에는 배분법의 적용이 합리적으로 가능한 것

제8조(사정보정 및 시점수정)
① 수집된 거래사례 등에 거래당사자의 특수한 사정 또는 개별적인 동기가 개재되어 있거나 평가선례 등에 특수한 평가조건 등이 반영되어 있는 경우에는 그러한 사정이나 조건 등이 없는 상태로 이를 적정하게 보정(이하 "사정보정"이라 한다)한다.
② 가격자료의 거래시점 등이 공시기준일과 다른 경우에는 「부동산 거래신고 등에 관한 법률」 제19조에 따라 국토교통부장관이 조사한 지가변동률로서 가격자료가 소재한 시·군·구의 같은 용도지역 지가변동률로 시점수정을 행한다. 다만, 다음 각 호의 경우에는 그러하지 아니하다.
1. 같은 용도지역의 지가변동률을 적용하는 것이 불가능하거나 적절하지 아니하다고 판단되는 경우에는 공법상 제한이 같거나 비슷한 용도지역의 지가변동률, 이용상황별 지가변동률 또는 해당 시·군·구의 평균지가변동률로 시점수정
2. 지가변동률을 적용하는 것이 불가능하거나 적절하지 아니한 경우에는 「한국은행법」 제86조에 따라 한국은행이 조사·발표하는 생산자물가지수에 따라 산정된 생산자물가상승률 등으로 시점수정
3. 〈삭 제〉
4. 〈삭 제〉

제9조(지역요인 및 개별요인의 비교)
① 수집·정리된 거래사례 등의 토지가 표준지의 인근지역에 있는 경우에는 개별요인만을 비교하고, 동일수급권 안의 유사지역에 있는 경우에는 지역요인 및 개별요인을 비교한다.
② 지역요인 및 개별요인의 비교는 표준지의 공법상 용도지역과 실제이용상황 등을 기준으로 그 용도적 특성에 따라 다음과 같이 용도지대를 분류하고, 가로조건·접근조건·환경조건·획지조건·행정적조건·기타조건 등에 관한 사항을 비교한다.
1. 상업지대 : 고밀도상업지대·중밀도상업지대·저밀도상업지대
2. 주택지대 : 고급주택지대·보통주택지대·농어촌주택지대
3. 공업지대 : 전용공업지대·일반공업지대
4. 농경지대 : 전작농경지대·답작농경지대
5. 임야지대 : 도시근교임야지대·농촌임야지대·산간임야지대
6. 후보지지대 : 택지후보지지대·농경지후보지지대

③ 각 용도지대별 지역요인 및 개별요인의 비교항목(조건·항목·세항목)은 [별표 1]부터 [별표 7]까지에서 정하는 내용을 참고로 하여 정한다.
④ 지역요인 및 개별요인의 비교를 위한 인근지역의 판단은 토지의 용도적 관점에 있어서의 동질성을 기준으로 하되, 일반적으로 지형·지물 등 다음 각 호의 사항을 확인하여 인근지역의 범위를 정한다.
   1. 지반·지세·지질
   2. 하천·수로·철도·공원·도로·광장·구릉 등
   3. 토지의 이용상황
   4. 공법상 용도지역·지구·구역 등
   5. 역세권, 통학권 및 통작권역

제10조(평가가격의 결정 및 표시)
① 거래사례비교법 등에 따라 표준지의 가격을 산정한 때에는 인근지역 또는 동일수급권 안의 유사지역에 있는 유사용도 표준지의 평가가격과 비교하여 그 적정여부를 검토한 후 평가가격을 결정하되, 유사용도 표준지의 평가가격과 균형이 유지되도록 하여야 한다.
② 표준지로 선정된 1필지의 토지가 둘 이상의 용도로 이용되는 경우에는 용도별 면적비율에 의한 평균가격으로 평가가격을 결정한다. 다만, 다음 각 호의 어느 하나에 해당되는 경우에는 주된 용도의 가격으로 평가가격을 결정할 수 있다.
   1. 다른 용도로 이용되는 부분이 일시적인 이용상황으로 인정되는 경우
   2. 다른 용도로 이용되는 부분이 주된 용도와 가치가 유사하거나 면적비율이 현저하게 낮아 주된 용도의 가격을 기준으로 거래되는 관행이 있는 경우
③ 표준지의 평가가격은 제곱미터 당 가격으로 표시하되, 유효숫자 두 자리로 표시함을 원칙으로 한다. 다만, 그 평가가격이 10만원 이상인 경우에는 유효숫자 세 자리까지 표시할 수 있다.
④ 제3항에도 불구하고 표준지 이의신청에 따른 평가가격 또는 「부동산 가격공시에 관한 법률」 제3조 제5항 단서에 따라 하나의 감정평가법인등에게 의뢰하여 표준지공시지가를 평가하는 경우의 평가가격의 유효숫자 제한은 국토교통부장관이 별도로 정할 수 있다.

제11조(경계지역간 가격균형 여부 검토)
① 제10조에 따라 표준지의 평가가격을 결정한 때에는 인근 시·군·구의 유사용도 표준지의 평가가격과 비교하여 그 가격의 균형여부를 검토하여야 한다.
② 제1항의 가격균형여부의 검토는 용도지역·용도지대 및 토지이용상황별 지가수준을 비교하는 것 외에 특수토지 및 경계지역 부분에 있는 유사용도 표준지에 대하여 개별필지별로 행하되, 필요한 경우에는 인근 시·군·구의 가격자료 등을 활용하여 평가가격을 조정함으로써 상호 균형이 유지되도록 하여야 한다.

제12조(표준지 소유자의 의견청취)
영 제5조 제3항에 따라 표준지 소유자가 표준지의 평가가격에 대하여 의견을 제시한 때에는 그 평가가격의 적정여부를 재검토하고 표준지 소유자가 제시한 의견이 객관적으로 타당하다고 인정되는 경우에는 이를 반영하여 평가가격을 조정하여야 한다.

제13조(시장·군수·구청장의 의견청취)
① 영 제8조 제2항에 따라 시장·군수 또는 구청장(필요한 경우 특별시장·광역시장 또는 도지사를 포함한다. 이하 이 조에서 같다)의 의견을 듣고자 할 때에는 표준지의 필지별 가격 및 가격변동률, 용도지역별·지목별 최고·최저지가, 전년대비 가격변동이 현저한 표준지의 내역 및 변동사유, 표준지 위치표시도면 등 표준지의 평가가격 검토에 필요한 자료를 제출하여야 한다.
② 시장·군수 또는 구청장으로부터 특정한 표준지에 대하여 평가가격의 조정의견이 제시된 때에는 그 평가가격의 적정여부를 재검토하고 그 의견이 객관적으로 타당하다고 인정되는 경우에는 이를 반영하여 평가가격을 조정하여야 한다.

제14조(조사·평가보고서의 작성)
표준지에 대한 조사·평가가 완료된 때에는 표준지 조사평가보고서를 작성하여 「부동산 가격공시에 관한 법률 시행규칙」 제3조 제2항에 따른 서류(전자처리 된 전자기록을 포함한다)와 함께 국토교통부장관에게 제출하여야 한다.

(2) 평가 기준

표준지 조사·평가기준에서 규정된 평가기준은 다음과 같다.

제3장 평가기준

제15조(적정가격 기준 평가)
① 표준지의 평가가격은 일반적으로 해당 토지에 대하여 통상적인 시장에서 정상적인 거래가 이루어지는 경우 성립될 가능성이 가장 높다고 인정되는 가격(이를 "적정가격"이라 한다)으로 결정하되, 시장에서 형성되는 가격자료를 충분히 조사하여 표준지의 객관적인 시장가치를 평가한다.
② 특수토지 등 시장성이 없거나 거래사례 등을 구하기가 곤란한 토지는 해당 토지와 유사한 이용가치를 지닌다고 인정되는 토지의 조성에 필요한 비용추정액 또는 임료 등을 고려한 가격으로 평가하거나, 해당 토지를 인근지역의 주된 용도의 토지로 보고 제1항에 따라 평가한 가격에 그 용도적 제한이나 거래제한의 상태 등을 고려한 가격으로 평가한다.

제16조(실제용도 기준 평가)
표준지의 평가는 공부상의 지목에도 불구하고 공시기준일 현재의 이용상황을 기준으로 평가하되, 일시적인 이용상황은 이를 고려하지 아니한다.

제17조(나지상정 평가)
표준지의 평가에 있어서 그 토지에 건물이나 그 밖의 정착물이 있거나 지상권 등 토지의 사용·수익을 제한하는 사법상의 권리가 설정되어 있는 경우에는 그 정착물 등이 없는 토지의 나지상태를 상정하여 평가한다.

제18조(공법상 제한상태 기준 평가)
표준지의 평가에 있어서 공법상 용도지역·지구·구역 등 일반적인 계획제한사항 뿐만 아니라 도시계획시설결정 등 공익사업의 시행을 직접목적으로 하는 개별적인 계획제한사항이 있는 경우에는 그 공법상 제한을 받는 상태를 기준으로 평가한다.

제19조(개발이익 반영 평가)
① 표준지의 평가에 있어서 다음 각 호의 개발이익은 이를 반영하여 평가한다. 다만, 그 개발이익이 주위환경 등의 사정으로 보아 공시기준일 현재 현실화·구체화되지 아니하였다고 인정되는 경우에는 그러하지 아니하다.
  1. 공익사업의 계획 또는 시행이 공고 또는 고시됨으로 인한 지가의 증가분
  2. 공익사업의 시행에 따른 절차로서 행하여진 토지이용계획의 설정·변경·해제 등으로 인한 지가의 증가분
  3. 그 밖에 공익사업의 착수에서 준공까지 그 시행으로 인한 지가의 증가분
② 제1항에 따라 개발이익을 반영함에 있어서 공익사업시행지구 안에 있는 토지는 해당 공익사업의 단계별 성숙도 등을 고려하여 평가하되, 인근지역 또는 동일수급권 안의 유사지역에 있는 유사용도 토지의 지가수준과 비교하여 균형이 유지되도록 하여야 한다.

제20조(일단지의 평가)
① 용도상 불가분의 관계에 있는 2필지 이상의 일단의 토지(이하 "일단지"라 한다) 중에서 대표성이 있는 1필지가 표준지로 선정된 때에는 그 일단지를 1필지의 토지로 보고 평가한다.
② 제1항에서 "용도상 불가분의 관계"란 일단지로 이용되고 있는 상황이 사회적·경제적·행정적 측면에서 합리적이고 해당 토지의 가치형성측면에서도 타당하다고 인정되는 관계에 있는 경우를 말한다.
③ 개발사업시행예정지는 공시기준일 현재 관계 법령에 따른 해당 사업계획의 승인이나 「공익사업을 위한 토지 등의 취득 및 보상에 관한 법률」제20조에 따른 사업인정(다른 법률에 따라 사업인정으로 보는 경우를 포함한다. 이하 같다)이 있기 전에는 이를 일단지로 보지 아니한다.
④ 2필지 이상의 토지에 하나의 건축물(부속건축물을 포함한다)이 건립되어 있거나 건축 중에 있는 토지와 공시기준일 현재 나지상태이나 건축허가 등을 받고 공사를 착수한 때에는 토지소유자가 다른 경우에도 이를 일단지로 본다.

⑤ 2필지 이상의 일단의 토지가 조경수목재배지, 조경자재제조장, 골재야적장, 간이창고, 간이체육시설용지(테니스장, 골프연습장, 야구연습장 등) 등으로 이용되고 있는 경우로서 주위환경 등의 사정으로 보아 현재의 이용이 일시적인 이용상황으로 인정되는 경우에는 이를 일단지로 보지 아니한다.
⑥ 일단으로 이용되고 있는 토지의 일부가 용도지역 등을 달리하는 등 가치가 명확히 구분되어 둘 이상의 표준지가 선정된 때에는 그 구분된 부분을 각각 일단지로 보고 평가한다.

제21조(평가방식의 적용)
① 표준지의 평가는 거래사례비교법, 원가법 또는 수익환원법의 3방식 중에서 해당 표준지의 특성에 가장 적합한 평가방식 하나를 선택하여 행하되, 다른 평가방식에 따라 산정한 가격과 비교하여 그 적정여부를 검토한 후 평가가격을 결정한다. 다만, 해당 표준지의 특성 등으로 인하여 다른 평가방식을 적용하는 것이 현저히 곤란하거나 불필요한 경우에는 하나의 평가방식으로 결정할 수 있으며, 이 경우 제14조에 따른 조사·평가보고서에 그 사유를 기재하여야 한다.
② 일반적으로 시장성이 있는 토지는 거래사례비교법으로 평가한다. 다만, 새로이 조성 또는 매립된 토지는 원가법으로 평가할 수 있으며, 상업용지 등 수익성이 있는 토지는 수익환원법으로 평가할 수 있다.
③ 시장성이 없거나 토지의 용도 등이 특수하여 거래사례 등을 구하기가 현저히 곤란한 토지는 원가법에 따라 평가하거나, 해당 토지를 인근지역의 주된 용도의 토지로 보고 거래사례비교법에 따라 평가한 가격에 그 용도적 제한이나 거래제한의 상태 등을 고려한 가격으로 평가한다. 다만, 그 토지가 수익성이 있는 경우에는 수익환원법으로 평가할 수 있다.
④ 표준지의 평가가격을 원가법에 따라 결정할 경우에는 다음과 같이 한다. 다만, 특수한 공법을 사용하여 토지를 조성한 경우 등 해당 토지의 조성공사비가 평가가격 산출시 적용하기에 적정하지 아니한 경우에는 인근 유사토지의 조성공사비를 참작하여 적용할 수 있다.

> [조성 전 토지의 소지가격+(조성공사비 및 그 부대비용+취득세 등 제세공과금+적정이윤)]/해당 토지의 면적≒평가가격

⑤ (삭 제)
⑥ (삭 제)

① 개발이익 반영 평가와 관련해, 사업의 특성(종류, 기간, 시행처)에 따라 단계별 지가상승의 양상이 다르므로 이를 반영하여 평가하는데, 일반적인 개발사업지구 내 지가상승 추이는 다음과 같다.

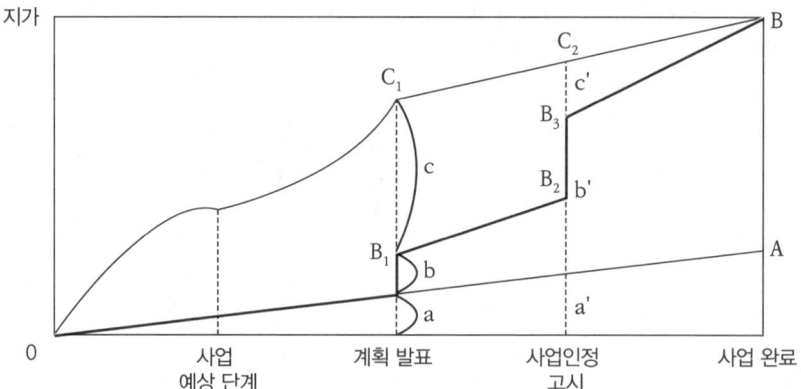

> $\overline{OA}$: 공익사업의 시행이 없었을 경우의 지가곡선
> $B_1 \sim B_2 \sim B_3 \sim B$: 개발의 진행에 따라 개발이익을 적절히 반영시킨 공시지가 수준곡선
> $C_1 \sim C_2 \sim B$: 투기가격을 포함하여 거래되고 있는 현실가격곡선
> a, a' : 정상지가상승분
> b, b' : 공시지가에 반영된 개발 이익분
> c, c' : 투기가격수준
> a+b, a'+b' : 공시지가 수준

② 토지용도별 일단지의 범위와 관련

> - 상업·업무용지 중 지상건물이 공유지분으로 등기되어 있으나 일부 소유자가 소유토지에 지상건물을 수직적으로 구분하여 소유·이용하고 있어 건물 외관상으로 다른 소유자의 건물과 구분이 가능한 경우에는 가치형성 상 구분여부를 판단해 일단지 범위를 판정한다. 건축물이 준공된 이후에 후면에 있는 토지를 매입하여 부족한 주차장 용지로 이용하고 있고 그 후면지가 건물의 대지면적에 포함되어 있지 아니한 경우에는 일단지로 보지 않는다.
> - 전·답 농경지와 임야는 일단지로 보지 않는다.
> - 과수원은 지상 과수목을 보고 그 범위 구분이 명확한 경우 일단지로 볼 수 있으며, 과수원 내 주거용 건물은 일단지에 포함되지 않는다.

(3) 용도별 토지 평가

표준지 조사·평가기준에서 규정된 용도별 토지평가방법은 다음과 같다.

> **제4장 용도별 토지의 평가**
> 제22조(주거용지)
> ① 주거용지(주상복합용지를 포함한다)는 토지의 일반적인 조사사항 이외에 주거의 쾌적성 및 편의성에 중점을 두고 다음 각 호의 사항 등을 고려하여 평가하되, 인근지역 또는 동일수급권 안의 유사지역에 있는 토지의 거래사례 등 가격자료를 활용하여 거래사례비교법으로 평가한다. 다만, 새로이 조성 또는 매립된 토지로서 거래사례비교법으로 평가하는 것이 현저히 곤란하거나 적정하지 아니하다고 인정되는 경우에는 원가법으로 평가할 수 있다.
>   1. 도심과의 거리 및 교통시설의 상태
>   2. 상가와의 거리 및 배치상태
>   3. 학교, 공원, 병원 등의 배치상태
>   4. 거주자의 직업·계층 등 지역의 사회적 환경
>   5. 조망, 풍치, 경관 등 지역의 자연적 환경
>   6. 변전소, 폐수처리장 등 위험·혐오시설 등의 유무
>   7. 소음, 대기오염 등 공해발생의 상태
>   8. 홍수, 사태 등 재해발생의 위험성
>   9. 각 획지의 면적과 배치 및 이용 등의 상태
> ② 아파트 등 공동주택용지는 그 지상에 있는 건물과 유사한 규모(층수·용적률·건폐율 등)의 건축물을 건축할 수 있는 토지의 나지상태를 상정하여 평가한다. 다만, 공시기준일 현재 해당 토지의 현실적인 이용상황이 인근지역에 있는 유사용도 토지의 표준적인 이용상황에 현저히 미달되는 경우에는 인근지역에 있는 유사용도 토지의 표준적인 이용상황을 기준으로 한다.

제23조(상업·업무용지)
① 상업·업무용지(공공용지를 제외한다)는 토지의 일반적인 조사사항 이외에 다음 각 호의 사항 등을 고려하여 평가하되, 인근지역 또는 동일수급권 안의 유사지역에 있는 토지의 거래사례 등 가격자료를 활용하여 거래사례비교법으로 평가한다. 다만, 수익사례의 수집이 가능한 경우에는 수익환원법으로 평가할 수 있으며(이 경우 거래사례비교법으로 평가한 가격과 비교하여 그 합리성을 검토하여야 한다), 새로이 조성 또는 매립된 토지는 원가법으로 평가할 수 있다.
  1. 배후지의 상태 및 고객의 질과 양
  2. 영업의 종류 및 경쟁의 상태
  3. 고객의 교통수단의 상태 및 통행 패턴
  4. 번영의 정도 및 성쇠의 상태
  5. 해당 지역 경영자의 창의와 자력의 정도
  6. 번화가에의 접근성
② 상업·업무용지의 인근지역 또는 동일수급권 안의 유사지역에 임대동향표본(국토교통부장관이 매년 임대동향조사를 위하여 선정한 오피스빌딩 및 매장용 빌딩을 말한다)이 소재하는 경우 상업·업무용지는 임대동향표본을 활용하여 수익환원법으로 평가하여야 한다(이 경우 거래사례비교법으로 평가한 가격과 비교하여 그 합리성을 검토하여야 한다). 다만, 인근지역 또는 동일수급권 안의 유사지역에 비교가능한 적정 거래사례가 충분하여 거래사례비교법으로 평가하는 것이 합리적인 것으로 인정되는 경우나 음(-)의 수익가격이 산출되는 등 임대동향표본을 활용한 수익환원법의 적용이 불합리한 경우에는 예외로 한다.

제24조(공업용지)
① 공업용지는 토지의 일반적인 조사사항 이외에 제품생산 및 수송·판매에 관한 경제성에 중점을 두고 다음 각 호의 사항 등을 고려하여 평가하되, 인근지역 또는 동일수급권 안의 유사지역에 있는 토지의 거래사례 등 가격자료를 활용하여 거래사례비교법으로 평가한다. 다만, 새로이 조성 또는 매립된 토지로서 거래사례비교법으로 평가하는 것이 현저히 곤란하거나 적정하지 아니하다고 인정되는 경우에는 원가법으로 평가할 수 있다.
  1. 제품의 판매시장 및 원재료 구입시장과의 위치관계
  2. 항만, 철도, 간선도로 등 수송시설의 정비상태
  3. 동력자원 및 용수·배수 등 공급처리시설의 상태
  4. 노동력 확보의 난이
  5. 관련산업과의 위치관계
  6. 수질오염, 대기오염 등 공해발생의 위험성
  7. 온도, 습도, 강우 등 기상의 상태
② 「산업입지 및 개발에 관한 법률」에 따른 국가산업단지·지방산업단지·농공단지 등 산업단지 안에 있는 공업용지는 해당 토지 등의 분양가격자료를 기준으로 평가하되, 「산업집적활성화 및 공장설립에 관한 법률 시행령」 제52조에서 정한 이자 및 비용상당액과 해당 산업단지의 성숙도 등을 고려한 가격으로 평가한다. 다만, 분양이 완료된 후에 상당기간 시일이 경과되어 해당 토지 등의 분양가격자료에 따른 평가가 현저히 곤란하거나 적정하지 아니하다고 인정되는 경우에는 인근지역 또는 동일수급권의 다른 산업단지 안에 있는 공업용지의 분양가격자료를 기준으로 평가할 수 있다.

제25조(농경지)
① 전·답·과수원 등 농경지는 토지의 일반적인 조사사항 이외에 다음 각 호의 사항 등을 고려하여 평가하되, 인근지역 또는 동일수급권 안의 유사지역에 있는 농경지의 거래사례 등 가격자료를 활용하여 거래사례비교법으로 평가한다. 다만, 간척지 등 새로이 조성 또는 매립된 토지로서 거래사례비교법으로 평가하는 것이 현저히 곤란하거나 적정하지 아니하다고 인정되는 경우에는 원가법으로 평가할 수 있다.
  1. 토질의 종류 및 비옥도
  2. 관개·배수의 설비상태

3. 한·수해의 유무와 그 정도
4. 관리 또는 경작의 편리성
5. 단위면적당 평균수확량
6. 마을 및 출하지와의 접근성
② 과수원은 그 지상에 있는 과수목의 상황을 고려하지 아니한 상태를 기준으로 평가하되, 제26조 제2항 단서의 규정을 준용한다.

제26조(임야지)
① 임야지는 토지의 일반적인 조사사항 이외에 다음 각 호의 사항 등을 고려하여 평가하되, 인근지역 또는 동일 수급권 안의 유사지역에 있는 임야지의 거래사례 등 가격자료를 활용하여 거래사례비교법으로 평가한다.
  1. 표고, 지세 등의 자연상태
  2. 지층의 상태
  3. 일조·온도·습도 등의 상태
  4. 임도 등의 상태
  5. 노동력 확보의 난이
② 임야지는 그 지상입목의 상황을 고려하지 아니한 상태를 기준으로 평가한다. 다만, 다음 각 호의 어느 하나에 해당되는 경우에는 그 지상입목을 임야지에 포함한 가격으로 평가할 수 있다. 이 경우에 그 지상입목은 따로 경제적인 가치가 없는 것으로 본다.
  1. 입목가격이 임야지 가격에 비하여 경미한 경우
  2. 자연림으로서 입목도가 30퍼센트 이하인 경우
③ 「초지법」 제5조에 따라 허가를 받아 조성된 목장용지는 인근지역 또는 유사용도 토지의 거래사례 등 가격자료를 활용하여 거래사례비교법으로 평가한다. 다만, 인근지역 및 동일 수급권 안의 유사지역에서 유사용도 토지의 거래사례 등 가격자료를 구하기가 현저히 곤란한 경우에는 원가법에 따라 다음과 같이 평가할 수 있다.
  1. 초지는 조성 전 토지의 소지가격에 해당 초지의 조성에 소요되는 통상의 비용(개량비를 포함한다) 상당액 및 적정이윤 등을 고려한 가격으로 평가
  2. 축사 및 부대시설의 부지는 조성 전 토지의 소지가격에 해당 토지의 조성에 소요되는 통상의 비용 상당액 및 적정이윤 등을 고려한 가격으로 평가
  3. 목장용지 내의 주거용 "대" 부분은 목장용지로 보지 아니하며, 실제 이용상황 등을 고려하여 평가

제27조(후보지)
① 택지후보지는 토지의 일반적인 조사사항 이외에 다음 각 호의 사항 등을 고려하여 평가하되, 인근지역 또는 동일수급권 안의 유사지역에 있는 토지의 거래사례 등 가격자료를 활용하여 거래사례비교법으로 평가한다. 다만, 인근지역 및 동일수급권 안의 유사지역에서 유사용도 토지의 거래사례 등 가격자료를 구하기가 현저히 곤란한 경우에는 택지조성 후의 토지가격에서 택지조성에 필요한 통상의 비용 상당액 및 적정이윤 등을 뺀 가격에 성숙도 등을 고려한 가격으로 평가할 수 있다.
  1. 택지화 등을 조장하거나 저해하는 행정상의 조치 및 규제정도
  2. 인근지역의 공공시설의 정비동향
  3. 인근에 있어서의 주택·점포·공장 등의 건설동향
  4. 조성의 난이 및 그 정도
  5. 조성 후 택지로서의 유효이용도
② 제1항의 규정은 농경지후보지의 평가시에 이를 준용한다.

표준지 수익가격평가는 '상업용부동산 임대동향조사'결과에 의한 전국의 임대동향표본을 활용하여 추계한다. 표준지의 순수익 자료 또는 임대동향표본을 선정해 이를 비준할 수 있으며 각각의 평가과정은 다음과 같다.

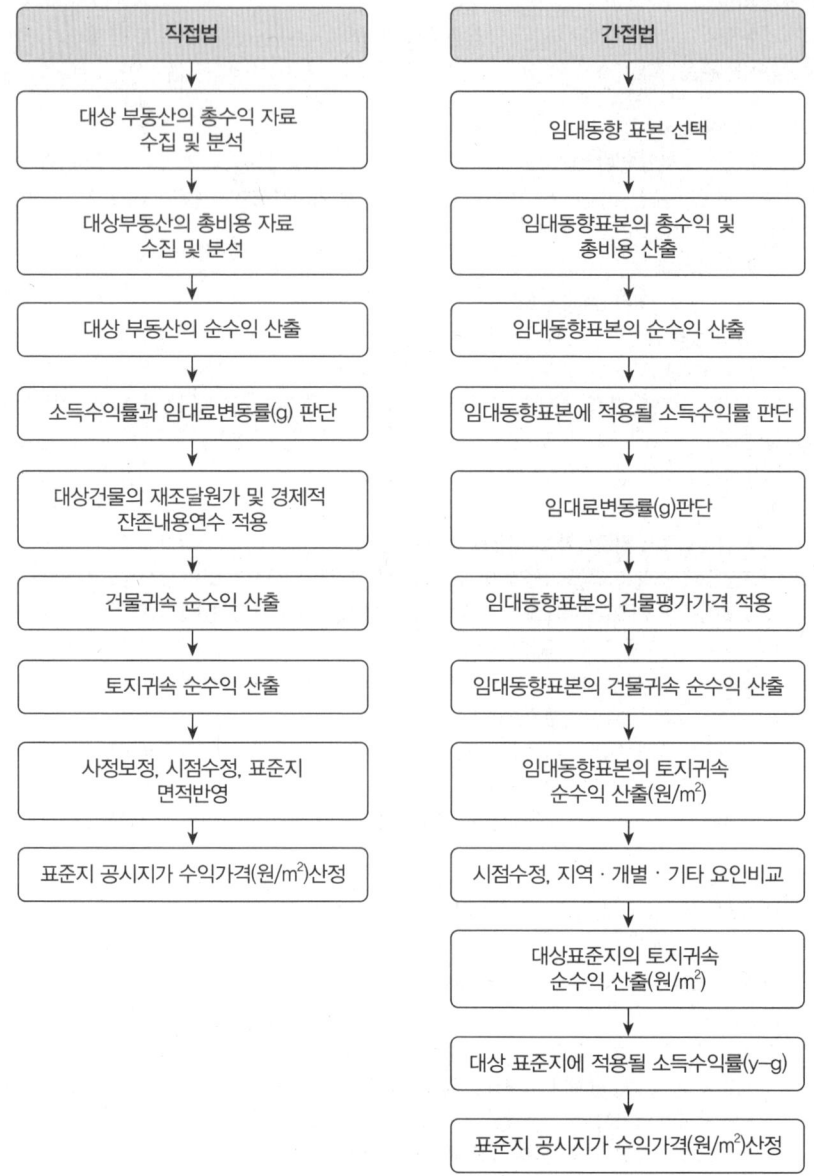

직접법을 운용할 때는, 대상 표준지가 최유효이용상태로서 수익자료 수집이 가능한 경우 또는 표본지가 임대동향표본에 해당하는 경우다. 소득수익률은 대상표준지가 속한 하위시장별(상권)소득수익률을 적용하며, 건물 재조달원가는 신축단가표를 활용한다. 간접법은 표준지의 수익자료 수집이 곤란하거나, 표준지가 임대사례표본이지만 이용상황이 최유효이용상태에 현저히 미달하는 경우 활용한다.

> **➕ 알아보기**　**표준지의 수익가격 평가 모형**

1. 평가모형

$$P_L = \left[a - B \times \frac{y-g}{1-\left(\frac{1+g}{1+y}\right)^n}\right] \times \underbrace{\frac{1-\left(\frac{1+g}{1+y}\right)^n}{y-g}}_{= a_L} + \frac{P_L(1+g)^n}{(1+y)^n}$$

$$\therefore P_L = \frac{a_L}{y-g}$$

(1) P_L : 토지의 수익가격
(2) a : 토지, 건물에 귀속되는 순수익
(3) B : 건물평가액
(4) y : 투자수익률
(5) g : 임대료 변동률(단, y>g)
(6) n : 건물의 경제적 잔존 내용연수
(7) a_L : 토지에 귀속하는 초기년도 순수익
(8) $a_L \times \dfrac{1-\left(\frac{1+g}{1+y}\right)^n}{y-g}$: 매기의 토지귀속순수익의 현가합
(9) $P_L(1+g)^n$: 보유기간 말 매도액
(10) $\dfrac{P_L(1+g)^n}{(1+y)^n}$: 보유기간 말 매도액의 현가

2. 평가모형의 전제
   (1) 부동산의 임대료와 가격은 건물의 경제적 잔존내용연수동안 매년 평균 g%만큼 변동함
   (2) 건물의 경제적 잔존내용연수동안 발생할 것으로 기대되는 건물귀속 순수익의 현가합은 건물가격과 동일

$$B = \sum_{k=1}^{n} a_B \times \frac{(1+g)^{k-1}}{(1+y)^k} = a_B \times \frac{1-\left(\frac{1+g}{1+y}\right)^n}{y-g}$$

- a_B : 건물에 귀속하는 초기년도 순수익

(4) 공법상 제한을 받는 토지 평가

표준지 조사·평가기준에서 규정된 공법상 제한을 받는 토지평가방법은 다음과 같다.

> **제5장 공법상 제한을 받는 토지의 평가**
> 제28조(도시·군계획시설 등 저촉토지)
> ① 「국토의 계획 및 이용에 관한 법률」 제2조 제7호에 따른 도시·군계획시설에 저촉되는 토지는 그 도시·군계획시설에 저촉된 상태대로의 가격이 형성되어 있는 경우에는 그 가격을 기준으로 평가하고, 저촉된 상태대로의 가격이 형성되어 있지 아니한 경우에는 저촉되지 아니한 상태를 기준으로 한 가격에 그 도시·군계획시설의 저촉으로 인한 제한정도에 따른 적정한 감가율 등을 고려하여 평가한다.

② 토지의 일부면적이 도시·군계획시설에 저촉되는 경우에는 저촉부분과 잔여부분의 면적비율에 따른 평균가격으로 평가한다. 다만, 도시·군계획시설에 저촉되는 부분의 면적비율이 현저하게 낮아 토지의 사용수익에 지장이 없다고 인정되는 경우에는 도시·군계획시설에 저촉되지 아니한 것으로 보며, 잔여부분의 면적비율이 현저하게 낮아 단독으로 효용가치가 없다고 인정되는 경우에는 전체면적이 도시·군계획시설에 저촉된 것으로 본다.
③ 표준지가 도시·군계획시설에 저촉되었으나 공시기준일 현재 해당 도시·군계획시설사업이 완료된 경우에는 도시·군계획시설에 저촉되지 아니한 것으로 보고 평가한다.
④ 제1항부터 제3항까지의 규정은 「자연공원법」 제4조에 따라 공원으로 지정·고시된 구역 안에 있는 토지의 평가 시에 이를 준용하되, 집단시설지구 안에 있는 토지는 공시기준일이 해당 공익사업의 사업인정고시 전으로서 그 집단시설지구의 결정에 따른 개발이익이 현실화·구체화되지 아니하였다고 인정되는 경우에는 이를 반영하지 아니한다.

제29조(둘 이상의 용도지역에 속한 토지)
둘 이상의 용도지역에 걸쳐있는 토지는 각 용도지역 부분의 위치, 형상, 이용상황 및 그 밖에 다른 용도지역 부분에 미치는 영향 등을 고려하여 면적 비율에 따른 평균가격으로 평가한다. 다만, 용도지역을 달리하는 부분의 면적비율이 현저하게 낮아 가격형성에 미치는 영향이 별로 없거나 관계 법령에 따라 주된 용도지역을 기준으로 이용할 수 있는 경우에는 주된 용도지역의 가격을 기준으로 평가할 수 있다.

제30조(도시·군계획시설도로에 접한 토지)
도시·군계획시설도로에 접한 토지는 그 도시·군계획시설도로에 접하지 아니한 상태를 기준으로 평가한다. 다만, 공시기준일 현재 건설공사 중에 있는 경우에는 이를 현황도로로 보며, 건설공사는 착수하지 아니하였으나 「국토의 계획 및 이용에 관한 법률」 제91조에 따른 도시·군계획시설사업의 실시계획의 고시 및 「도시개발법」 제18조에 따른 도시개발사업의 실시계획의 고시가 된 경우에는 이를 반영하여 평가한다.

제31조(개발제한구역 안의 토지)
개발제한구역 안에 있는 토지는 그 공법상 제한을 받는 상태를 기준으로 평가하되, 실제용도 또는 지목이 대인 경우에는 다음 각 호의 기준에 따라 평가한다.
1. 건축물이 있는 토지는 「개발제한구역의 지정 및 관리에 관한 특별조치법 시행령」 제13조 제1항에서 규정하는 범위 안에서의 건축물의 개축·재축·증축·대수선·용도변경 등이 가능한 토지의 나지상태를 상정하여 평가
2. 개발제한구역 지정당시부터 지목이 대인 건축물이 없는 토지(이축된 건축물이 있었던 지목이 대인 토지로서 개발제한구역 지정당시부터 해당 토지의 소유자와 건축물의 소유자가 다른 경우의 토지를 포함하며, 형질변경허가가 불가능한 토지를 제외한다)는 건축이 가능한 상태를 기준으로 평가
3. 제2호 이외의 건축이 불가능한 지목이 대인 토지는 현실의 이용상황을 고려하여 평가

제32조(재개발구역 등 안의 토지)
① 「도시 및 주거환경정비법」 제8조에 따라 지정된 주거환경개선구역·재개발구역 안의 토지는 그 공법상 제한을 받는 상태를 기준으로 평가한다. 다만, 공시기준일이 「도시 및 주거환경정비법」 제50조에 따른 사업시행인가 등의 고시 전으로서 해당 공익사업의 시행으로 인한 개발이익이 현실화·구체화되지 아니하였다고 인정되는 경우에는 이를 반영하지 아니한다.
② 삭 제

제33조(환지방식에 의한 사업시행지구 안의 토지)
① 「도시개발법」 제28조부터 제49조까지에서 규정하는 환지방식에 따른 사업시행지구 안에 있는 토지는 다음과 같이 평가한다.
  1. 환지처분 이전에 환지예정지로 지정된 경우에는 청산금의 납부여부에 관계없이 환지예정지의 위치, 확정 예정지번(블록·롯트), 면적, 형상, 도로접면상태와 그 성숙도 등을 고려하여 평가
  2. 환지예정지의 지정 전인 경우에는 종전 토지의 위치, 지목, 면적, 형상, 이용상황 등을 기준으로 평가
② 「농어촌정비법」에 따른 농업생산기반 정비사업 시행지구 안에 있는 토지를 평가할 때에는 제1항을 준용한다.

제34조(택지개발사업시행지구 안의 토지)
「택지개발 촉진법」에 따른 택지개발사업시행지구 안에 있는 토지는 그 공법상 제한사항 등을 고려하여 다음과 같이 평가한다.
  1. 택지개발사업 실시계획의 승인고시일 이후에 택지로서의 확정예정지번이 부여된 경우에는 제33조 제1항 제1호를 준용하되, 「택지개발촉진법 시행령」 제13조의2에 따른 해당 택지의 지정용도 등을 고려하여 평가
  2. 택지로서의 확정예정지번이 부여되기 전인 경우에는 종전 토지의 이용상황 등을 기준으로 그 공사의 시행 정도 등을 고려하여 평가하되, 「택지개발촉진법」 제11조 제1항에 따라 공법상 용도지역이 변경된 경우에는 변경된 용도지역을 기준으로 평가

제35조(특정시설의 보호 등을 목적으로 지정된 구역 등 안의 토지)
① 「국가유산기본법」 제27조에 따른 문화유산보호구역 등 관계 법령에 따라 특정시설의 보호 등을 목적으로 지정된 구역 등 안에 있는 토지는 그 공법상 제한을 받는 상태대로의 가격이 형성되어 있는 경우에는 그 가격을 기준으로 평가하고, 제한을 받는 상태대로의 가격이 형성되어 있지 아니한 경우에는 그 공법상 제한을 받지 아니한 상태를 기준으로 한 가격에 그 공법상 제한정도에 따른 적정한 감가율 등을 고려하여 평가한다.
② 제28조 제2항의 규정은 이 조에서 준용할 수 있다.

(5) 특수 토지 평가

표준지 조사·평가기준에서 규정된 특수 토지 평가방법은 다음과 같다.

제6장 특수토지의 평가

제36조(광천지)
지하에서 온수·약수·석유류 등이 용출되는 용출구와 그 유지에 사용되는 부지(온수·약수·석유류 등을 일정한 장소로 운송하는 송수관·송유관 및 저장시설의 부지를 제외한다. 이하 이 조에서 "광천지"라 한다)는 그 광천의 종류, 질 및 양의 상태, 부근의 개발상태 및 편익시설의 종류·규모, 사회적 명성 및 수익성 등을 고려하여 거래사례비교법에 따라 다음과 같이 평가하되, 공구당 총가격은 광천지에 화체되지 아니한 건물, 구축물, 기계·기구 등의 가격 상당액을 뺀 것으로 한다.

(공구당 총가격/해당 광천지의 면적) = 평가가격

제37조(광업용지)
① 광산 및 오석, 대리석 등 특수채석장의 용지(이하 이 조에서 "광업용지"라 한다)는 광물의 종류와 매장량, 질 등을 고려하여 거래사례비교법으로 평가한다. 다만, 인근지역 및 동일수급권 안의 유사지역에서 유사용도 토지의 거래사례 등 가격자료를 구하기가 현저히 곤란한 경우에는 수익환원법에 따라 평가할 수 있다.
② 광업용지를 제1항 단서에 따라 수익환원법으로 평가할 경우에는 해당 광산전체의 평가가격에서 토지에 화체되지 아니한 건물, 구축물, 기계·기구 등의 시설 및 광업권의 평가가격 상당액을 뺀 것으로 한다.
③ 용도폐지 된 광업용지는 인근지역 또는 동일수급권 안의 유사지역에 있는 용도폐지 된 광업용지의 거래사례 등 가격자료를 활용하여 거래사례비교법으로 평가한다. 다만, 용도폐지 된 광업용지의 거래사례 등 가격자료를 구하기가 곤란한 경우에는 인근지역 또는 동일수급권 안의 유사지역에 있는 주된 용도 토지의 가격자료에 따라 평가하되, 다른 용도로의 전환가능성 및 용도전환에 소요되는 통상비용 등을 고려한 가격으로 평가한다.

제38조(염전부지)
염전시설의 부지(이를 "염전부지"라 한다)는 입지조건, 규모 및 시설 등의 상태, 염생산가능면적과 부대시설 면적의 비율, 주위환경 변동에 따른 다른 용도로의 전환가능성 및 수익성 등을 고려하여 거래사례비교법으로 평가하되, 거래사례 등 가격자료에 토지에 화체되지 아니한 건물 및 구축물 등의 가격상당액이 포함되어 있는 경우에는 이를 뺀 것으로 한다.

제39조(유원지)
① 유원지는 인근지역 또는 동일수급권 안의 유사지역에 있는 유사용도 토지의 거래사례 등 가격자료를 활용하여 거래사례비교법으로 평가한다. 다만, 그 유원지가 새로이 조성되어 거래사례비교법으로 평가하는 것이 현저히 곤란하거나 적정하지 아니하다고 인정되는 경우에는 원가법 또는 수익환원법으로 평가할 수 있다.
② 유원지를 평가할 때에는 다음 각 호의 사항 등을 고려하되 거래사례 등 가격자료에 토지에 화체되지 아니한 건물 등 관리시설과 공작물 등의 가격상당액이 포함되어 있는 경우에는 이를 뺀 것으로 한다.
　1. 시설의 종류·규모 및 그 시설물의 상태
　2. 조망, 경관 등 자연환경조건
　3. 도시지역 및 교통시설과의 접근성
　4. 시설이용의 편리성 및 쾌적성
　5. 공법상 제한사항 및 그 내용
　6. 그 밖에 사회적 명성 및 수익성

제40조(묘지)
① 묘지(공설묘지를 제외한다. 이하 이 조에서 같다)는 그 묘지가 위치한 인근지역의 주된 용도 토지의 거래사례 등 가격자료를 활용하여 거래사례비교법으로 평가하되, 해당 분묘 등이 없는 상태를 상정하여 평가한다.
② 「장사 등에 관한 법률」 제14조 제1항 제3호 및 제4호에 따라 설치된 종중·문중묘지 및 법인묘지로서 제1항에 따라 거래사례비교법으로 평가하는 것이 현저히 곤란하거나 적정하지 아니하다고 인정되는 경우에는 원가법으로 평가하되, 조성공사비 및 그 부대비용은 토지에 화체(공작물 등이 토지에서 분리할 수 없는 일부분으로서 토지의 가치 자체를 형성하는 것을 말한다. 이하 같다.)되지 아니한 관리시설 및 분묘 등의 설치에 소요되는 금액 상당액을 뺀 것으로 한다. 다만, 특수한 공법을 사용하여 토지를 조성한 경우 등 해당 토지의 조성공사비가 평가가격 산출시 적용하기에 적정하지 아니한 경우에는 인근 유사토지의 조성공사비를 참작하여 적용할 수 있다.

제41조(골프장용지 등)
① 골프장용지는 원가법에 따라 평가하되, 조성공사비 및 그 부대비용은 토지에 화체되지 아니한 골프장 안의 관리시설(클럽하우스·창고·오수처리시설 등 골프장 안의 모든 건축물을 말한다. 이하 이 조에서 같다)의 설치에 소요되는 금액 상당액을 뺀 것으로 하고, 골프장의 면적은「체육시설의 설치·이용에 관한 법률 시행령」제20조 제1항에 따라 등록된 면적(조성공사 중에 있는 골프장용지는 같은 법 제12조에 따라 사업계획의 승인을 얻은 면적을 말한다. 이하 이 조에서 같다)으로 한다. 다만, 특수한 공법을 사용하여 토지를 조성한 경우 등 해당 토지의 조성공사비가 평가가격 산출시 적용하기에 적정하지 아니한 경우에는 인근 유사토지의 조성공사비를 참작하여 적용할 수 있다.
② 골프장용지는 골프장의 등록된 면적 전체를 일단지로 보고 평가한다. 다만, 하나의 골프장이 회원제골프장과 대중골프장 등으로 구분되어 있어 둘 이상의 표준지가 선정된 때에는 그 구분된 부분을 각각 일단지로 보고 평가한다.
③ 제1항에 따라 원가법으로 평가한 가격이 인근지역 및 동일수급권의 유사지역에 있는 유사규모 골프장용지의 표준지공시지가 수준과 현저한 차이가 있는 경우에는 수익환원법 또는 거래사례비교법으로 평가한 가격과 비교하여 그 적정 여부를 확인하되, 필요한 경우에는 평가가격을 조정하여 유사용도 표준지의 평가가격과 균형이 유지되도록 하여야 한다.
④ 제1항부터 제3항까지의 규정은 경마장 및 스키장시설 등 이와 유사한 체육시설용지의 평가시에 준용한다.

제42조(종교용지 등)
종교용지 또는 사적지(이하 이 조에서 "종교용지 등"이라 한다)는 그 토지가 위치한 인근지역의 주된 용도 토지의 거래가격을 활용하여 거래사례비교법으로 평가하되, 그 용도 제한 및 거래제한의 상태 등을 고려하여 평가한다. 다만, 그 종교용지 등이 농경지대 또는 임야지대 등에 소재하여 해당 토지의 가격이 인근지역의 주된 용도 토지의 가격수준에 비하여 일반적으로 높게 형성되는 것으로 인정되는 경우에는 원가법에 따르되, 조성공사비 및 그 부대비용은 토지에 화체되지 아니한 공작물 등의 설치에 소요되는 금액 상당액을 뺀 것으로 한다. 다만, 특수한 공법을 사용하여 토지를 조성한 경우 등 해당 토지의 조성공사비가 평가가격 산출시 적용하기에 적정하지 아니한 경우에는 인근 유사토지의 조성공사비를 참작하여 적용할 수 있다.

제43조(여객자동차터미널 부지)
① 여객자동차터미널 부지는 인근지역의 주된 용도 토지의 표준적인 획지의 적정가격에 여객자동차터미널 부지의 용도제한이나 거래제한 등에 따른 적정한 감가율 등을 고려하여 평가한다.
② 제1항에 따라 적정한 감가율 등을 고려하는 경우에는 여객자동차터미널의 구조 및 부대·편익시설의 현황, 여객자동차터미널 사업자의 면허내용 및 해당 여객자동차터미널을 이용하는 여객자동차운송사업자 현황 등을 참작하여야 한다.

제44조(공공용지 등)
① 공공청사, 학교, 도서관, 시장, 도로, 공원, 운동장, 체육시설, 철도, 하천, 위험·혐오시설의 부지 및 그 밖에 이와 유사한 용도의 토지(이를 "공공용지 등"이라 한다. 이하 이 조에서 같다)는 다음과 같이 평가한다.
  1. 공공청사, 학교, 도서관, 시장의 부지 및 그 밖에 이와 유사한 용도의 토지는 인근지역의 주된 용도 토지의 거래사례 등 가격자료를 활용하여 거래사례비교법으로 평가. 다만, 토지의 용도에 따른 감가율은 없는 것으로 본다.
  2. 도로, 공원, 운동장, 체육시설, 철도, 하천, 위험·혐오시설의 부지 및 그 밖에 이와 유사한 용도의 토지는 인근지역에 있는 주된 용도 토지의 표준적인 획지의 적정가격에 그 용도의 제한이나 거래제한 등에 따른 적정한 감가율 등을 고려하여 평가
② 공공용지 등이 새로이 조성 또는 매립 등이 되어 제1항 각 호에 따라 평가하는 것이 현저히 곤란하거나 적정하지 아니하다고 인정되는 경우에는 원가법으로 평가할 수 있다.

제2절 개발부담금 기출 23회

1. 개 요

「개발이익환수에 관한 법률」은 토지에서 발생하는 개발이익을 환수하기 위한 목적에서 제정됐다. 이 법에서 말하는 '개발이익'은 개발사업의 시행이나 토지이용계획의 변경, 그 밖에 사회적·경제적 요인에 따라 정상지가(正常地價)상승분을 초과하여 개발 사업을 시행하는 자나 토지 소유자에게 귀속되는 토지 가액의 증가분으로 정의된다. 개발부담금을 결정하는데 개별공시지가, 지가변동률 등을 활용하기도 하지만, 예외적으로 감정평가를 수행해야 할 때도 있다.

2. 개발부담금 산정

(1) 부과기준

개발부담금의 부과기준인 개발이익은 '(부과 종료시점 부과 대상 토지 가액 − 부과 개시 시점의 부과 대상 토지의 가액 − 부과 기간의 정상지가상승분 − 개발비용)'으로 산정되며, 부담률은 개발이익의 20%, 25%이다. 부과 종료시점 부과 대상 토지 가액을 '종료시점지가', 부과 개시 시점의 부과 대상 토지의 가액을 '개시시점지가'로 부른다. 부과 대상 토지에 국가나 지방자치단체에 기부하는 토지나 국공유지가 포함되어 있으면 그 부분은 종료시점지가와 개시시점지가의 산정 면적에서 제외한다.

① 종료시점지가

부과 종료 시점은 관계 법령에 따라 국가나 지방자치단체로부터 개발사업의 준공인가 등을 받은 날이다. 이 시점의 지가는 부과 종료 시점 당시의 부과 대상 토지와 이용 상황이 가장 비슷한 표준의 공시지가를 기준으로 「부동산 가격공시에 관한 법률」 제3조 제7항에 따른 표준지와 지가 산정 대상토지의 지가형성 요인에 관한 표준적인 비교표에 따라 산정한 가액(價額)에 해당 연도 1월 1일부터 부과 종료 시점까지의 정상지가상승분을 합한 가액으로 한다. 이 경우 종료시점지가와 표준지의 공시지가가 균형을 유지하도록 하여야 하며, 개발이익이 발생하지 않을 것이 명백하다고 인정되는 경우 등 대통령령으로 정하는 경우 외에는 종료시점지가의 적정성에 대하여 감정평가법인등의 검증을 받아야 한다. '표준적인 비교표'는 토지가격비준표를 가리키므로 종료시점이 속한 연도의 1월 1일 가액은 개별공시지가로 이해하면 된다. 즉 〈개별공시지가 + 정상지가상승분〉이다. 다만, 부과 대상 토지를 분양하는 등 처분할 때에 그 처분 가격에 대하여 국가나 지방자치단체의 인가 등을 받는 경우 등은 처분 가격을 종료시점지가로 할 수 있는데, 이때는 매입가격으로 개시시점가액을 산정하는 경우로 한정된다. 이때는 〈처분가격 + 정상지가상승분〉이 된다.

② 개시시점지가

부과 개시 시점은 사업시행자가 국가나 지방자치단체로부터 개발사업의 인가 등을 받은 날이다. 이 시점의 지가는 부과 개시 시점이 속한 연도의 부과 대상 토지의 개별공시지가(부과 개시 시점으로부터 가장 최근에 공시된 지가를 말한다)에 그 공시지가의 기준일부터 부과 개시 시점까지의 정상지가상승분을 합한 가액으로 한다. 즉 〈개별공시지가 + 정상지가상승분〉이다.

다만, 다음 각 호의 어느 하나에 해당하면 그 실제의 매입가액이나 취득 가액에 그 매입일이나 취득일부터 부과 개시 시점까지의 정상지가상승분을 더하거나 뺀 가액을 개시시점지가로 할 수 있다. 이때는 〈매입가격＋정상지가상승분〉이 된다.

> 1. 국가·지방자치단체 또는 국토교통부령으로 정하는 기관으로부터 매입한 경우
> 2. 경매나 입찰로 매입한 경우
> 3. 지방자치단체나 제7조 제2항 제2호에 따른 공공기관이 매입한 경우
> 4. 「공익사업을 위한 토지 등의 취득 및 보상에 관한 법률」에 따른 협의 또는 수용(收用)에 의하여 취득한 경우
> 5. 실제로 매입한 가액이 정상적인 거래 가격이라고 객관적으로 인정되는 경우로서 대통령령으로 정하는 경우

③ 정상지가상승분

금융기관의 정기예금 이자율 또는 「부동산 거래신고 등에 관한 법률」 제19조에 따라 국토교통부장관이 조사한 평균지가변동률(그 개발사업 대상 토지가 속하는 해당 시·군·자치구의 평균지가변동률) 등을 고려하여 대통령령으로 정하는 기준에 따라 산정한 금액이며, 대통령령 제2조에 다음과 같이 정하고 있다.

> **시행령 제2조**
> 제2조(정상지가상승분)
> ① 「개발이익 환수에 관한 법률」(이하 "법"이라 한다) 제2조 제3호에 따른 정상지가상승분은 부과기간 중 각 연도의 정상지가상승분을 합하여 산정하며, 각 연도의 정상지가상승분은 해당 연도 1월 1일 현재의 지가에 해당 연도의 정상지가변동률을 곱하여 산정한다.
> ② 부과기간이 1년 이내인 경우(연도 중에 부과 개시 시점 또는 부과 종료 시점이 속한 경우를 포함한다)에는 월별 정상지가상승분(각 월의 정상지가상승분은 해당 월 1일 현재의 지가에 그 월의 정상지가변동률을 곱하여 산정한다)을 합하여 산정한 금액을 그 부과기간 중의 정상지가상승분으로 하되, 월 중 일부 기간의 정상지가상승분은 그 월의 정상지가상승분을 일 단위로 나누어 산정한 금액으로 한다.
> ③ 제1항에 따른 부과기간 중 제2차 연도 이후의 각 연도 1월 1일 현재의 지가는 부과 개시 시점 또는 전년도 1월 1일 현재의 지가에 전년도 부과기간 중의 정상지가상승분을 합한 금액으로 한다.
> ④ 제1항의 정상지가변동률은 「부동산 거래신고 등에 관한 법률」 제19조에 따라 국토교통부장관이 조사한 연도별 또는 월별 평균지가변동률(해당 개발사업 대상 토지가 속하는 시·군 또는 자치구의 평균지가변동률을 말한다. 이하 같다)로 한다. 다만, 제12조 제1항 제5호 가목 또는 법 제8조 제2호에 따른 정상지가상승분을 산정하는 경우에는 연도별 평균지가변동률(부과기간이 1년 미만인 경우와 연도 중에 부과 개시 시점 또는 부과 종료 시점이 속한 경우에는 해당 연도 내에 속하는 부과기간의 평균지가변동률을 말한다)과 같은 기간의 정기예금 이자율 중 높은 비율로 한다.
> ⑤ 제4항 단서에 따른 정기예금 이자율은 시중은행의 1년 만기 정기예금 평균 수신금리를 고려하여 국토교통부장관이 매년 결정·고시하는 이자율로 한다.

위 규정을 정리하면, 다음과 같다.

$$\text{정상지가상승분} = \sum_{\text{개시}}^{\text{종료}} (\text{매연도의 개별공시지가} \times \text{MAX}[\text{평균지가변동률, 정기예금이자율}])$$

④ 개발비용

개발사업의 시행과 관련하여 지출된 다음의 비용이다.

> 1. 순(純) 공사비, 조사비, 설계비 및 일반관리비
> 2. 관계 법령이나 해당 개발사업 인가 등의 조건에 따른 다음 각 목의 금액
>   가. 납부 의무자가 국가나 지방자치단체에 공공시설이나 토지 등을 기부채납(寄附採納)하였을 경우에는 그 가액
>   나. 납부 의무자가 부담금을 납부하였을 경우에는 그 금액
> 3. 해당 토지의 개량비, 각종 세금과 공과금, 보상비 및 그 밖에 대통령령으로 정하는 금액

(2) 감정평가

종료시점지가와 개시시점지가를 산정할 때 해당 토지의 개별공시지가가 없는 경우 등 대통령령으로 정하는 경우에는 둘 이상의 감정평가법인등이 감정평가한 가액을 산술평균한 가액으로 해당 지가를 산정하도록 하고 있다. 여기에 해당되는 사유는 아래와 같다.

> 1. 개시시점지가 및 종료시점지가를 산정할 때 부과 대상 토지의 개별공시지가가 없는 경우
> 2. 종료시점지가를 산정할 때 법 제10조 제3항 단서에 따라 매입가격으로 개시시점지가를 산정한 경우

따라서 개시시점, 종료시점지가를 결정하는 방법은 개별공시지가, 매입(처분)가격 등으로 산정하는 방법과 감정평가를 거치는 방법 두 가지다.

구 분	사 유	개시시점지가	종료시점지가
지가산정	개시시점, 종료시점 개별공시지가 有	개별공시지가＋시·군·구 평균지가변동률	개별공시지가[195]＋시·군·구 평균지가변동률
	처분가격 인정	매입가격＋시·군·구 평균지가변동률	처분가격＋시·군·구 평균지가변동률
감정평가	매입가격 인정, 처분가격 無	매입가격＋시·군·구 평균지가변동률	감정평가액
	개시시점 또는 종료시점 개별공시지가 無	감정평가액	감정평가액

개시시점 또는 종료시점지가를 감정평가 할 때 시점수정 자료는 지가산정 때 정상지가상승분으로 적용했던 시·군·구 평균지가변동률이 아닌 공시지가기준법에서 정한 시·군·구 용도지역별 지가변동률이다.

---

[195] 종료시점 당시 개별공시지가가 결정되지 않았다면 표준적인 비교표인 '토지가격비준표'에 의해 개별공시지가를 추산할 수 있음. 이 결과는 〈표준지×비준표〉에 의하는 개별공시지가 산정 절차에 의한 결과물과 동일함

3. 개발이익

개발이익환수제도는 개발부담금 부과를 통해 개발이익을 환수하는데 반해, 개발이익 재투자를 강제하기도 한다. 「산업집적활성화 및 공장설립에 관한 법률」 제45조의6에 따르면 사업시행자와 대행사업자는 산업단지구조고도화사업으로 인하여 발생하는 개발이익의 일부를 대통령령으로 정하는 바에 따라 산업기반시설과 공공시설의 설치 등 대통령령으로 정하는 산업단지구조고도화사업에 재투자하여야 한다. 이때 개발이익 산정은 개발부담금 산정과 유사한데 다음의 산식에 의한다.

> 개발이익＝준공기준지가－(수립기준지가＋정상지가상승분＋지출비용)

정상지가상승분은 수립기준지가에 구조고도화사업계획의 승인신청일부터 준공인가신청당시(준공신청일 전 6개월 이내)까지 지가변동률(해당 산업단지구조고도화사업 대상 토지가 속하는 시・군 또는 자치구의 용도지역 지가변동률)을 곱하여 산정하며, 지출비용은 산업단지구조고도화사업 시행을 위해 취득한 부동산의 취득세와 감정평가비용을 말한다.

준공기준지가와 수립기준지가 결정은 감정평가에 의한다. 준공기준지가[196]는 산업단지구조고도화사업의 준공인가신청일 전 6개월 이내에 평가한 산업단지구조고도화사업 대상 토지의 감정평가액, 수립기준지가는 구조고도화사업계획의 승인신청일 전 6개월 이내에 평가한 산업단지구조고도화사업 대상 토지의 감정평가액이다.

제3절 부가세 평가

1. 개 요

재화 또는 용역의 공급에 대한 부가가치세의 과세표준은 공급가액이다. 공급가격은 실제 분양 또는 거래된 가격이다. 공급자는 오피스텔, 상가 등을 공급할 때 부가세를 가산해 분양가격을 결정하고 수분양자는 공급자에게 부가세를 포함해 대금을 지불한다. 그런데 「부가가치세법」 제26조에서 토지는 부가가치세 면세 대상이다. 따라서 오피스텔, 상가는 구분소유부동산 형태로 공급되는데 토지부분에 대해서는 부가세가 발생하지 않는다. 토지와 건물이 일괄로 거래되는 「집합건물의 소유 및 관리에 관한 법률」상 구분소유부동산은 감정평가에서도 일괄평가 대상이므로 일괄평가액으로 표시한다. 부가세를 부과하거나 납부하기 위해서는 구분소유부동산에서 토지와 건물의 가액이 얼마인지 결정해야 한다. 이는 매매에서도 마찬가지다.

---

[196] 개발이익을 추정하는 경우 : 구조고도화사업계획의 승인신청일 전 6개월 이내에 평가한 산업단지구조고도화사업 대상 토지의 감정평가액으로서 산업단지구조고도화사업의 준공인가신청일 현재의 토지용도를 반영한 감정평가액

2. 배분비율 결정

(1) 공급가격(거래가격) 기준

분양가격 또는 거래가격을 배분할 때, 「부가가치세법」 제29조 제9항에서는 다음과 같이 규정하고 있다.

> ⑨ 사업자가 토지와 그 토지에 정착된 건물 또는 구축물 등을 함께 공급하는 경우에는 건물 또는 구축물 등의 실지거래가액을 공급가액으로 한다. 다만, 다음 각 호의 어느 하나에 해당하는 경우에는 대통령령으로 정하는 바에 따라 안분계산 한 금액을 공급가액으로 한다.
> 1. 실지거래가액 중 토지의 가액과 건물 또는 구축물 등의 가액의 구분이 불분명한 경우
> 2. 사업자가 실지거래가액으로 구분한 토지와 건물 또는 구축물 등의 가액이 대통령령으로 정하는 바에 따라 안분계산한 금액과 100분의 30 이상 차이가 있는 경우

동법 시행령 및 국세청고시에서도, 각 자산의 기준시가가 있는 경우 이를 활용해 배분비율을 결정하도록 했다. 구분소유부동산의 토지와 건물 구성 비율을 각각 개별공시지가, 기준시가의 비율로 추정한다.

$$과세표준 = 실지거래가액(부가가치세\ 불포함) \times \frac{건물\ 등의\ 기준가액(기준시가)}{토지의\ 기준가액(공시지가)과\ 건물\ 등의\ 기준가액(기준시가)의\ 합계}$$

> 제64조(토지와 건물 등을 함께 공급하는 경우 건물 등의 공급가액 계산)
> 법 제29조 제9항 각 호 외의 부분 단서 및 같은 항 제2호에 따른 안분계산한 금액은 다음 각 호의 구분에 따라 계산한 금액으로 한다.
> 1. 토지와 건물 또는 구축물 등(이하 이 조에서 "건물 등"이라 한다)에 대한 「소득세법」 제99조에 따른 기준시가(이하 이 조에서 "기준시가"라 한다)가 모두 있는 경우 : 공급계약일 현재의 기준시가에 따라 계산한 가액에 비례하여 안분(按分) 계산한 금액. 다만, 감정평가가액(제28조에 따른 공급시기(중간지급조건부 또는 장기할부판매의 경우는 최초 공급시기)가 속하는 과세기간의 직전 과세기간 개시일부터 공급시기가 속하는 과세기간의 종료일까지 「감정평가 및 감정평가사에 관한 법률」 제2조 제4호에 따른 감정평가법인등이 평가한 감정평가가액을 말한다.)이 있는 경우에는 그 가액에 비례하여 안분 계산한 금액으로 한다.
> 2. 토지와 건물 등 중 어느 하나 또는 모두의 기준시가가 없는 경우로서 감정평가가액이 있는 경우 : 그 가액에 비례하여 안분 계산한 금액. 다만, 감정평가가액이 없는 경우에는 장부가액(장부가액이 없는 경우에는 취득가액)에 비례하여 안분 계산한 후 기준시가가 있는 자산에 대해서는 그 합계액을 다시 기준시가에 의하여 안분 계산한 금액으로 한다.
> 3. 제1호와 제2호를 적용할 수 없거나 적용하기 곤란한 경우: 국세청장이 정하는 바에 따라 안분하여 계산한 금액

[토지와 건물 등의 가액구분이 불분명한 경우 과세표준 안분계산방법 고시]

제1조(목적)
이 고시는 「부가가치세법」 제29조 제9항, 같은 법 시행령 제64조 제3호에서 국세청장에게 위임한, 사업자가 토지와 건물 등을 함께 공급하는 경우로서 실지거래가액 중 토지의 가액과 건물 등의 가액의 구분이 불분명한 경우에 대한 과세표준 안분계산방법에 관한 사항을 정함을 목적으로 한다.

제2조(토지와 건물 등의 가액을 일괄 산정·고시하는 오피스텔, 상업용 건물 및 주택을 공급하는 경우)
사업자가 「소득세법」 제99조 제1항 제1호 다목 및 라목에 규정하는 오피스텔, 상업용 건물, 주택을 공급하는 경우로서 실지거래가액 중 토지의 가액과 건물 등의 가액의 구분이 불분명한 경우에는 다음 각 호와 같이 과세표준을 계산한다.

1. 토지 및 건물 등의 기준가액 산정
   토지의 기준가액은 「소득세법」 제99조 제1항 제1호 가목에 따른 토지의 기준시가로 하고, 건물 등의 기준가액은 같은 법 제99조 제1항 제1호 나목의 규정에 따라 국세청장이 고시한 건물의 기준시가의 산정방법을 준용하여 계산한 가액으로 한다.

2. 과세표준의 안분계산

$$과세표준 = 실지거래가액(부가가치세 불포함) \times \frac{제1호에 \ 따른 \ 건물 \ 등의 \ 기준가액}{제1호에 \ 따른 \ 토지의 \ 기준가액과 \ 건물 \ 등의 \ 기준가액의 \ 합계}$$

제3조(건물의 건축 중에 토지와 건물을 함께 공급하는 경우)
사업자가 건물의 건축 중에 토지와 건물의 공급계약을 체결하면서 해당 건물을 완성하여 공급하기로 한 경우로서 실지거래가액 중 토지의 가액과 건물 등의 가액의 구분이 불분명한 경우에는 다음 각 호의 순서에 따라 과세표준을 계산한다.

1. 토지 및 건물 등의 기준가액 산정
   토지는 제2조 제1호에 따른 토지의 기준가액에 의하고, 건물 등은 공급계약일 현재에 건축법상의 건축허가조건에 따라 건물이 완성된 것으로 보아 제2조 제1호에 따른 건물 등의 기준가액에 의한다. 다만, 당초의 건축허가조건이 변경되거나 건축허가조건과 다르게 건물이 완성되는 경우에는 해당 건물 등이 완성된 날(완성된 날이 불분명한 경우에는 준공검사일)에 정산하여야 한다.

2. 과세표준의 안분계산

$$과세표준 = 실지거래가액(부가가치세 불포함) \times \frac{제1호에 \ 따른 \ 건물 \ 등의 \ 기준가액}{제1호에 \ 따른 \ 토지의 \ 기준가액과 \ 건물 \ 등의 \ 기준가액의 \ 합계}$$

3. 과세표준의 정산
   제1호의 단서규정에 따라 토지와 건물 등의 기준가액을 정산하는 경우에는 제2호의 규정에 따른 과세표준을 정산하여야 한다.

제4조(미완성된 건물 등을 토지와 함께 공급하는 경우)
사업자가 토지와 미완성된 건물 등을 함께 공급하며 실지거래가액 중 토지의 가액과 건물 등의 가액의 구분이 불분명한 경우, 토지는 제2조 제1호의 기준가액으로 하고, 미완성된 건물 등은 장부가액(장부가액이 없는 경우에는 취득가액)으로 하여 그 가액에 비례하여 실지거래가액을 안분계산한다.

이때, 어느 한쪽의 기준시가(공시지가포함)가 없거나, 기준시가가 모두 있더라도 토지와 건물 각각의 감정평가액이 있으면 이를 기준으로 배분비율을 결정할 수 있다. 감정평가액으로 배분비율을 정하기 위해서 부가세목적의 감정평가를 수행했을 것이다. 공급자나 수분양자나 부가세를 합법적인 방법으로 낮추길 원한다. 일반적으로 감정평가를 수행하면, 개별공시지가 대비 토지 감정평가 단가의 증액 비율이 건물 기준시가 대비 건물 감정평가 단가를 상회하므로 건물배분비율을 줄여 과세표준을 낮추는 효과가 발생한다.

> **알아보기** 기준시가
>
> 부가세 감정평가의 실익이 있기 위해서는, 기준시가에 의해 산정되는 건물배분비율이 어느 정도인지 미리 파악해야 한다. 감정평가로 인한 절감액을 확인하기 위해서다. 구분소유부동산의 과표인 기준시가를 정리하면 다음과 같다.
>
> | 구 분 | 토 지 | 건 물 | | | 기타 구분건물 |
> |---|---|---|---|---|---|
> | | | 공동주택 | 근린생활시설, 판매시설, 오피스텔 | | |
> | | | | 한국부동산원의 산정대상 (일정 연면적 이상) | 한국부동산원 산정 대상이 아닌 경우 | |
> | 기준시가 | 부동산공시법에 따른 개별공시지가 | 한국부동산원이 조사·공시하는 공동주택공시가격 (전수조사) | 한국부동산원이 조사·공시하는 공시가격 | 국세청장이 고시한 기준시가 | |
>
> 그런데, 공동주택 공시가격 및 토지와 건물에 대하여 일괄 산정하여 고시하는 오피스텔 및 상업용 건물의 공시가격은, 건물만의 가액이 아니라 토지와 일괄한 가액이므로 과세표준의 안분과 관련해서는 불필요한 자료다. 건물만의 기준시가는 국세청장이 고시한 건물의 기준시가 산정방법에 따라 계산하고 토지는 개별공시지가를 적용하면 된다.
>
> 국세청장이 고시한 건물의 기준시가 계산은 아래 산식이 적용된다.
>
> 기준시가 = m^2당 금액 × 평가대상 건물의 면적(m^2)
> m^2당 금액[197] = 건물신축가격기준액 × 구조지수 × 용도지수 × 위치지수 × 경과연수별잔가율
>
> 건물신축가액은 매년 국세청장이 고시하며(2022년은 m^2당 780,000원임), 아래는 각 항목별 적용요령을 발췌한 것이다.
>
> | 구 분 | 상 세 | | |
> |---|---|---|---|
> | | 번 호 | 구조별 | 지 수 |
> | 구조지수 | 1 | 통나무조 | 135 |
> | | 2 | 목구조 | 130 |
> | | 3 | 철골(철골철근)콘크리트조 | 115 |
> | | 4 | 철근콘크리트조, 석조, 프리캐스트 콘크리트조, 목조, 라멘조, ALC조, 스틸하우스조 | 100 |

---

197) 부가세산정에서와 달리, 「상속세 및 증여세법」에서의 건물 기준시가는 산식 마지막에 '개별건물의 특성에 따른 조정률'을 곱해 결정함

	5	연와조, 철골조, 보강콘크리트조, 보강블록조	97
	6	시멘트벽돌조, 황토조, 시멘트블록조, 와이어패널조	95
	7	철골조 중 조립식패널(EPS패널에 한함)	85
	8	조립식패널조	80
	9	경량철골조	77
	10	석회 및 흙벽돌조, 돌담 및 토담조	60
	11	철파이프조, 컨테이너건물	55

구분	용도		번호	대상건물	지수
용도지수	I 주거용 건물	주거시설	1	아파트	110
			2	• 단독주택(노인복지주택 제외) • 다중주택, 다가구주택, 연립주택, 다세대주택, 기숙사(학생 복지주택 포함), 도시형 생활주택 등 기타 주거용 건물	100
	II 상업용 및 업무용 건물	숙박시설	3	관광호텔(5성급·4성급) : 관광진흥법상 관광숙박시설	140
			4	• 호텔(공중위생법상 일반 숙박시설을 말한다) • 관광호텔(3성급 이하), 수상관광호텔, 한국전통호텔, 가족호텔, 호스텔, 소형호텔, 의료관광호텔 및 휴양 콘도미니엄, 펜션(관광진흥법상 관광편의시설)	130
			5	• 외국인관광 도시민박(홈스테이, 게스트하우스 포함)(관광진흥법상 관광편의시설) • 한옥체험시설(관광진흥법상 관광편의시설)	120
			6	여관(모텔 포함)	117
			7	다중생활시설(제2종 근린생활시설에 해당되는 것은 제외)	105
			8	여인숙	100
		판매시설	9	백화점	135
			10	• 소매점 중 대형점(대형마트, 전문점 등으로서 매장면적이 3,000m² 이상인 것), 쇼핑센터, 복합쇼핑몰 • 위에 열거되지 않은 기타 대규모점포	125
			11	• 일반상점(슈퍼마켓 등 일용품 소매점으로서 바닥면적 합계가 1,000m² 이상 ~ 3,000m² 미만인 것) • 위에 열거되지 않은 기타 판매 및 영업시설	100
			12	• 도매시장(도매위주 매장면적이 3,000m² 이상인 것) • 전통(재래)시장 • 농수축화훼공판장, 경매장	85
		운수시설	13	여객자동차터미널, 철도시설, 공항시설, 항만시설	120

	번호	건물 부속토지의 m²당 개별공시지가	지수	번호	건물 부속토지의 m²당 개별공시지가	지수
위치지수	1	20,000원 미만	75	24	4,500,000원 이상~5,000,000원 미만	124
	2	20,000원 이상~30,000원 미만	82	25	5,000,000원 이상~5,500,000원 미만	126
	3	30,000원 이상~50,000원 미만	84	26	5,500,000원 이상~6,000,000원 미만	128
	4	50,000원 이상~70,000원 미만	86	27	6,000,000원 이상~7,000,000원 미만	130
	5	70,000원 이상~100,000원 미만	87	28	7,000,000원 이상~8,000,000원 미만	132
	6	100,000원 이상~130,000원 미만	88	29	8,000,000원 이상~9,000,000원 미만	134
	7	130,000원 이상~150,000원 미만	89	30	9,000,000원 이상~10,000,000원 미만	137
	8	150,000원 이상~180,000원 미만	90	31	10,000,000원 이상~15,000,000원 미만	140
	9	180,000원 이상~200,000원 미만	91	32	15,000,000원 이상~20,000,000원 미만	143
	10	200,000원 이상~300,000원 미만	92	33	20,000,000원 이상~25,000,000원 미만	146
	11	300,000원 이상~350,000원 미만	94	34	25,000,000원 이상~30,000,000원 미만	149
	12	350,000원 이상~500,000원 미만	96	35	30,000,000원 이상~35,000,000원 미만	152
	13	500,000원 이상~650,000원 미만	98	36	35,000,000원 이상~40,000,000원 미만	155
	14	650,000원 이상~800,000원 미만	100	37	40,000,000원 이상~45,000,000원 미만	158
	15	800,000원 이상~1,000,000원 미만	102	38	45,000,000원 이상~50,000,000원 미만	161
	16	1,000,000원 이상~1,200,000원 미만	105	39	50,000,000원 이상~55,000,000원 미만	164
	17	1,200,000원 이상~1,600,000원 미만	108	40	55,000,000원 이상~60,000,000원 미만	167
	18	1,600,000원 이상~2,000,000원 미만	111	41	60,000,000원 이상~65,000,000원 미만	170
	19	2,000,000원 이상~2,500,000원 미만	114	42	65,000,000원 이상~70,000,000원 미만	173
	20	2,500,000원 이상~3,000,000원 미만	116	43	70,000,000원 이상~75,000,000원 미만	176
	21	3,000,000원 이상~3,500,000원 미만	118	44	75,000,000원 이상~80,000,000원 미만	179
	22	3,500,000원 이상~4,000,000원 미만	120	45	80,000,000원 이상	182
	23	4,000,000원 이상~4,500,000원 미만	122	—	—	—

경과연수별 잔가율	적용대상	Ⅰ그룹	Ⅱ그룹	Ⅲ그룹	Ⅳ그룹
	내용연수	50년	40년	30년	20년
	최종잔존가치율	10%	10%	10%	10%
	상각방법	정액법	정액법	정액법	정액법
	연상각률	0.018	0.0225	0.03	0.045
	Ⅰ그룹	통나무조・철골(철골철근)콘크리트조・철큰콘크리트조・석조・프리캐스트 콘크리트조・목구조・라멘조의 모든 건물			
	Ⅱ그룹	연와조・목조・시멘트벽돌조・보강콘크리트조・ALC조・철골조・스틸하우스조・보강블록조・와이어패널조의 모든 건물			
	Ⅲ그룹	경량철골조・석회 및 흙벽돌조・돌담 및 토담조・황토조・시멘트블록조・조립식 패널조의 모든 건물, 기계식주차전용빌딩			
	Ⅳ그룹	철파이프조・컨테이너건물의 모든 건물			

(2) 원가 기준

토지와 건물에 투입된 원가를 기준으로 토지・건물 배분비율을 추정하기도 한다. 대표적으로 정비사업의 종후자산 평가에서다. 토지원가는 〈종전자산평가액＋토지배분 사업비〉, 건물원가는 〈공사비＋건물배분 사업비〉로 파악한다. 종전자산평가액 중 건물평가액도 토지원가로 보는 것은, 해당 부지를 신축 공동주택 부지로 전환하기 위해 부지를 확보하기 위한 기회비용이기 때문이다. 토지와 건물 어느 원가로 특정하기 어려운 공통경비는 공통경비를 제외하고 추산한 배분비율로 배분하므로, 토지 : 건물＝〈종전자산평가액＋토지배분 사업비〉: 〈공사비＋건물배분 사업비〉가 된다. 아래는 '총사업비＝아파트분양총액'인 사업장에서 배분비율을 결정하는 과정이다.

> **알아보기** 분양아파트 추산액의 토지・건물 배분 예시[198]
>
> 1. 원가산출내역
>   (1) 토지부분
>
> | 항 목 | 자금운용계획서 |
> |---|---|
> | 종전자산 총 평가액 | 24,927,984,700 |
> | 대지조성공사비 | 7,840,000,000 |
> | 조사측량비 | 100,000,000 |
> | 지질조사비 | 31,500,000 |
> | 건축물 철거비 | 1,803,955,000 |
> | 이설비 추산액 | 1,046,900,000 |

---

198) 한국감정평가원, 『도시정비사업과 감정평가』, 2005.12., pp.274~275

항목	
인입공사비	565,380,000
수용공탁금	1,255,303,000
주거대책비	472,500,000
조정공사비 산출용역비	23,000,000
도로 무상양여 차액	5,686,192,500
합 계	43,752,715,200

(2) 건물부분

항 목	자금운용계획서
설계용역비	1,153,134,000
감리비추산액	1,526,526,000
건축시설 공사비	60,429,635,000
합 계	63,109,295,000

(3) 공통부분

항 목	자금운용계획서
조합운영비	720,000,000
등기비	170,250,000
감정평가수수료	220,499,000
채권매입손실액	175,624,000
행정용역비	336,685,000
분양경비	150,000,000
청산금	652,218,000
대여금 이자	4,650,000,000
기타 예비비	3,620,796,000
합 계	10,696,072,000

(4) 총계 : '(1)'+'(2)'+'(3)'=117,558,082,200

2. 분양아파트 추산액의 토지·건물에의 배분

항 목	산 정
대지비 (40.94%)	$43{,}752{,}715{,}200 + 10{,}696{,}072{,}000(공통) \times \dfrac{43{,}752{,}715{,}200(토지)}{106{,}862{,}010{,}200(토지,\ 건물)} \fallingdotseq 48{,}132{,}028{,}214$
건축시설 (59.06%)	$63{,}109{,}295{,}000 + 10{,}696{,}072{,}000(공통) \times \dfrac{63{,}109{,}295{,}000(건물)}{106{,}862{,}010{,}200(토지,\ 건물)} \fallingdotseq 69{,}426{,}053{,}986$
합 계	117,558,082,200

(3) 건물비율 적용

감정평가에 의한 건물배분비율이 기준시가로 산정한 건물배분비율에 비해 낮으면 감정평가에 의한 배분비율을 적용해 분양가격에서 차지하는 건물분 부가세를 결정한다. 우리의 경우 상업용 부동산은 대부분 선분양방식을 취하고 있으므로 평가의뢰당시에는 준공된 건축물이 없다. 따라서 완공을 전제로 한 조건부 평가일 수밖에 없다. 관련규정인 「부가가치세」법 및 평가목적 등에 비춰 이 조건 부가는 합리적이다. 평가방식의 적용에 있어서, 토지에 대해서는 공시지가기준법 또는 거래사례비교법, 건물에 대해서는 원가법[199]을 적용하는데, 건물의 도급공사계약금액이 노출돼 있어 건물재조달원가는 공사금액과 균형을 이뤄야 한다. 「부가가치세」법에서 가액 구분이 불분명한 경우 감정평가액 등을 적용할 수 있도록 했을 뿐 원칙적으로 실지거래가액을 공급가액으로 하도록 했으므로, 도급공사계약금액을 실지거래가액으로 본다면 재조달원가는 여기에 수렴하는 게 상식적이다. 다만, 공사계약의 세부내용을 봤을 때 '토목공사'나 '기존건물철거' 등 토지원가에 귀속시킬 항목이 있다면 그 가액만큼 차감하는 것은 가능하다. 건물의 재조달원가에는 도급공사금액에 포함된 도급공사업자의 이윤 외에 사업시행자(도급공사 발주자)의 적정이윤도 포함시켜야 한다는 견해도 있으나 건물가액을 낮춰 건물분 부가세를 절감하려는 목적의 평가이므로 실무적으로는 원가법에서의 재조달원가 결정 방식인 '표준건축비+부대설비보정액'의 틀만 적용하고 있다.

감정평가의 결과 토지가액 : 건물가액의 비율이 결정되면, 제시된 분양가에 건물분 부가세를 가산하거나 포함시킨다. 상업용 건물에서는 부가세를 가산하는데, 오피스텔의 토지와 건물 구성비, 의뢰자가 제시한 부가세 제외 공급가액이 주어지면, 201호의 부가세와 최종 공급가격은 다음과 같이 결정된다.

[감정평가 결과 토지와 건물의 가액]

오피스텔	면적(m^2)	단가(원/m^2)	평가총액(원)	구성비(%)	비 고
토 지	373	12,800,000	4,774,400,000	53.67%	—
건 물	2,447.88	—	4,120,944,000	46.33%	—
합 계			8,895,344,000	100%	—

[의뢰자가 제시한 부가세 제외 공급가액]

일련번호	용 도	호	전용면적(m^2)	공용면적(m^2)	분양면적(m^2)	대지지분(m^2)	공급금액(원)
(1)	오피스텔	201	43.28	18.89	62.17	9.42	240,841,799

[최종 분양가]

일련번호	구 분	호	공급금액 (①=②+③)	토지금액 (②=①×53.67%)	건물금액 (③=①×46.33%)	부가가치세 (④=③×10%)	분양예정가격 (②+③+④)
(1)	오피스텔	201	240,841,799	129,259,794	111,582,005	11,158,201	252,000,000

---

199) 평가시점 현재 준공을 전제로 하므로, 감가수정의 과정은 불필요함

국민주택규모를 초과하는 공동주택에서는 부가세가 분양가격에 포함되는데[200], 공동주택의 토지와 건물 구성비, 의뢰자가 제시한 부가세 포함 공급가액이 주어지면, 201호의 건물분 부가세는 다음과 같이 결정된다. '공급금액 × 건물배분비율'에 건물분부가세가 포함돼있는 것으로 본 것이다.

[감정평가 결과 토지와 건물의 가액]

공동주택	면적(m²)	단가(원/m²)	평가총액(원)	구성비(%)	비 고
토 지	151,040	10,800,000	1,631,232,000,000	72.84%	—
건 물	318,520	1,910,000	608,373,200,000	27.16%	—
합 계			2,239,605,200,000	100%	—

[의뢰자가 제시한 부가세 제외 공급가액]

일련번호	용 도	호	전용면적(m²)	공용면적(m²)	분양면적(m²)	대지지분(m²)	공급금액(원)
(1)	공동주택	201	109.20	34.15	143.35	19.25	1,250,000,000

[최종 분양가]

일련번호	구 분	호	공급금액 (①=②+③)	토지금액 (②=①×72.84%)	건물금액 (③=①×27.16% ÷1.1)	부가가치세 (④=③×10%)	분양예정가격 (②+③+④)
(1)	공동주택	201	1,250,000,000	910,500,000	339,500,000	33,950,000	1,250,000,000

제4절 법인세 평가

1. 개 요

(1) 법인세 부과 대상

조합방식의 사업(예 재개발, 재건축)은 조합에 법인격을 부여하여 조합이 사업의 주체가 된다. 조합방식의 사업은 조합원이 현 부동산을 현물출자에 의한 방식으로 조합에 신탁하고 관리처분방식에 의해 신축한 부동산을 대물의 형태로 교환, 정산한다. 관리처분방식에 의해 조합원분양물과 일반분양물이 공급되는데, 법인세(사업소득세)는 일반분양물에만 부과된다. 조합원분양물은 비과세다. 법인세의 과세표준인 '순수익'은 다음과 같은 구도에서 계산된다.

---

[200] 상업용건물의 인수자가 사업자인 경우 건물분 부가세는 매입부가세로 잡혀 매출부가세와 상계되므로 실질적으로 부가세 납부 효과가 없어 최초공급가액에 부가세를 가산해도 큰 부담이 없는 반면, 공동주택의 수분양자는 대부분 사업자가 아닌 개인이므로 공급가액에 건물분 부가세를 포함시키면 분양가가 높아졌다고 받아들이게 됨

총익금		총손금
일반분양수입	⇔	사업비 × 일반분양비율
순수익		현물출자자산가액 × 일반분양비율

즉, 일반분양수입을 총익금으로 보고 전체사업비나 조합원 소유 종전 부동산가액에 각각 일반분양비율을 곱한 값을 총손금으로 보아 그 차액(순수익)을 과세표준으로 인식한다.

(2) 손익의 귀속시기

「법인세법」 제40조 및 동법 시행령 제68조 제1항 제3호에 따르면, 조합원으로부터 현물 출자 받은 종전부동산은 건설용지에 해당되며 현물출자시점이 손익의 귀속시기와 관련된다. 내국법인의 각 사업연도의 익금과 손금의 귀속사업연도는 그 익금과 손금이 확정된 날이 속하는 사업연도로 하고, 상품(부동산 제외) 등 외의 자산의 양도 시 손익의 귀속 시기는 그 대금을 청산한 날이 원칙이다. 다만, 대금을 청산하기 전에 소유권 등의 이전등기(등록 포함)를 하거나 당해 자산을 인도하거나 상대방이 당해 자산을 사용 수익하는 경우에는 그 이전등기일, 인도일, 사용수익일 중 빠른 날로 하도록 했다.

구 분	상 세
대금청산일	해당 자산의 대금을 청산한 날. 이 경우의 자산의 대금에는 해당 자산의 양도에 대한 양도소득세 및 양도소득세의 부가세액을 양수자가 부담하기로 약정한 경우에는 해당 양도소득세 및 양도소득세의 부가세액은 제외(「소득세법」 제98조). 대금을 청산한 날이라 함은 매매계약서 상에서 확인되는 대금 청산일을 말하는 것이 아니라 금융 자료 등에 의하여 확인되는 사실상의 대금 청산일을 말함(90누2109). 원칙적으로 거래대금의 전부를 지급한 날을 의미하지만 그 전부를 이행하지 않았어도 사회 통념상 거의 지급되었다고 볼만한 정도의 대금지급이 이행된 날을 포함(88누8609).
소유권 등의 이전 등기접수일(등록일)	부동산의 경우 등기법상 소유권 이전 시 등기접수를 하여야 함. 법에서의 등기접수일은 소유권 이전등기를 말하여 단순한 신탁등기를 말하지 않음. 도정법상 조합의 경우 관리처분계획인가 후 분양 신청한 조합원의 종전부동산을 조합 및 신탁사로 신탁등기 진행
인도일	부동산 이외의 이동 가능한 재화의 인도일, 부동산의 경우 적용되지 않음
사용수익일	• 당사자 간의 계약에 의하여 사용수익을 하기로 약정한 날. 별도의 약정이 없는 경우에는 자산을 양도하는 법인의 사용승낙으로 인하여 매수인이 당해 자산을 실질적으로 사용할 수 있게 된 날 • 매수지가 당해 자산을 실질적으로 사용 수익하는지 여부는 잔금청산 또는 소유권이전 등기일까지 양도자의 관리·통제권 행사 정도(양 당사자의 귀책사유 없는 자산 훼손사유의 발생빈도 등), 제세공과금의 부담상황 등을 참작하여 사실 판단할 사항

현물출자시기에 대해 국세청, 기획재정부, 조세심판원의 입장은 다음과 같다.

구 분	현물출자시기	비 고
국세청	조합설립인가일 또는 신탁등기접수일 중 빠른 날	• 법규－328, 2012.3.30. • 법인－82, 2014.2.28.
기획재정부	조합설립인가일 또는 신탁등기접수일 중 빠른 날	• 기획재정부재산－571, 2009.3.23. • 기획재정부소득 46073－160, 2002.11.28.
조세심판원	대금청산일, 소유권이전등기일, 사용수익일 중 빠른 날	조심2015부4909, 2018.3.14.

조합의 경우 신탁등기일과 사용수익일(관리처분계획인가고시일) 중 빠른 날이며, 서울시 조합회계기준에서는 관리처분계획인가 고시 후 조합원과 본 계약을 체결한 날 종전부동산 평가액을 건설용지로 인식한다. 과거에는 조합설립인가고시일을 기준시점으로 보았지만 현재 통일되지는 않았지만 신탁등기일 또는 관리처분계획인가고시일을 현물출자시기로 보고 있다.

2. 법인세 평가

(1) 기준시점

현물출자시기로 인식하는 신탁등기일 또는 관리처분계획인가고시일 중 빠른 날을 기준시점으로 삼고 있다.

(2) 공법상제한 등

신탁등기일 또는 관리처분계획인가고시일을 기준시점으로 할 때, 기준시점 현재에는 정비계획에 의해 용도지역의 상·하향 및 새로운 도시계획시설 지정이 완료돼 있다. 2종일반주거지역에서 일부는 3종일반주거지역으로 종상향되고 공원으로 지정된 부지는 녹지지역으로 종하향되기도 한다.

종전 주택부지였던 곳이 도로 및 녹지로 지정돼 있을 수 있다. 따라서 당해 사업에 의한 용도지역 변경 및 공법상제한사항의 처리문제가 대두한다. 이 문제에 대한 실무적 처리방침도 통일되지 않았으며 각각의 의견을 정리하면 다음과 같다.

구 분	상 세
의견 1	당해 사업에 의한 변경으로 보아 종전 용도지역기준, 공법상제한 반영하지 않음
의견 2	현황평가원칙이므로 변경된 용도지역 기준, 공법상제한 반영함
의견 3	현황평가원칙이므로 변경된 용도지역 기준, 공법상제한 반영하지 않음[201]

어느 의견을 따르더라도 전체적인 가격수준은 유사하게 도출되어야 할 것이다.

---

201) 공법상제한을 받는 토지는 제한을 받는 상태대로 평가하는 것이 원칙인데, 기부채납 대상인 정비기반시설이 제한을 받아 가격이 낮게 형성된다고 볼 수 없다는 시각

(3) 평가실익

정비사업 진척도가 높아질수록 구역 내 종전자산의 가액은 조합원 프리미엄이 반영돼 계속 상승한다. 비례율 및 권리가액 확정을 위해 사업시행계획인가고시일을 기준시점으로 했던 종전자산평가와 비교해 현물출자자산에 대한 법인세절감 목적의 감정평가에서는 기준시점이 늦춰진 만큼 평가액 상향도 자연스럽게 이뤄진다. 평가실익을 간략히 정리하면 다음과 같다.

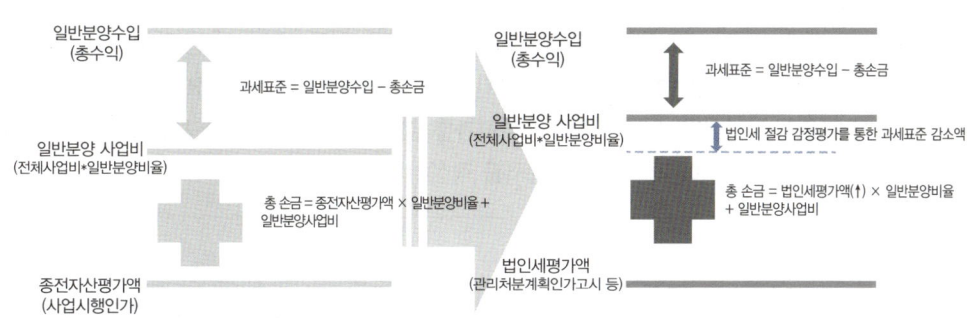

구 분	세부내역	종전자산평가기준 (사업시행인가고시일)	법인세평가기준 (관리처분계획인가고시일 등)	비 고
①	일반분양수입	분양예정금액	좌 동	조합원분양 제외
②	건축공사비 등 사업비	계약금액	좌 동	(건축공사비 등 사업비) × 일반분양비율
③	현물출자자산가액	종전자산평가액 × 일반분양비율	법인세평가액 × 일반분양비율	크게 상향
④	법인세과세표준 (①-②-③)	①-②-③	(①-②-③)-가격상승분	크게 하향
⑤	법인세율	22%	22%	2억 초과 전제
⑥	법인세 (④×⑤)	부과액	가격상승분 × 일반분양비율 × 22%만큼 감소	크게 하향
⑦	지방소득세 (⑥×10%)	부과액	가격상승분 × 일반분양비율 × 22%만큼 감소	크게 하향
⑧	총과세금액	부과액	가격상승분 × 일반분양비율 × 22%만큼 감소	크게 하향

CHAPTER 06 기출문제

과세관련 평가

01 건설교통부장관은 공유수면 매립에 의하여 새로이 조성완료된 K시 병동 제3공업단지 내 625번지에 대하여 1996년 1월 1일자로 공시지가를 고시하고자 한다. 다음에 주어진 자료를 활용하여 신규 표준지 K시 병동 625번지의 공시지가를 결정하되, 자료선택의 사유와 가격 산출과정을 명기하고 주어진 서식에 따라 평가보고서를 작성하시오. (40점)

기출 7회

※ 평가보고서 서식

소재지	면적(m²)	지목		이용상황	용도지역	도로교통	형상·지세	공시지가 (원/m²)
		공부	실제					

〈자료 1〉 대상토지에 대한 자료

1. 소재지 : K시 병동 625번지
2. 지목 : 잡종지
3. 면적 : 9,000m²
4. 이용상황 : 콘테이너 적치장으로 이용 중
5. 용도지역 : 미지정
6. 도로교통 : 중로각지
7. 형상 : 가장형·평지
8. 지역개황 : 다음의 〈평가대상토지 소재지역 개황도〉 참조

〈평가대상토지 소재지역 개황도〉

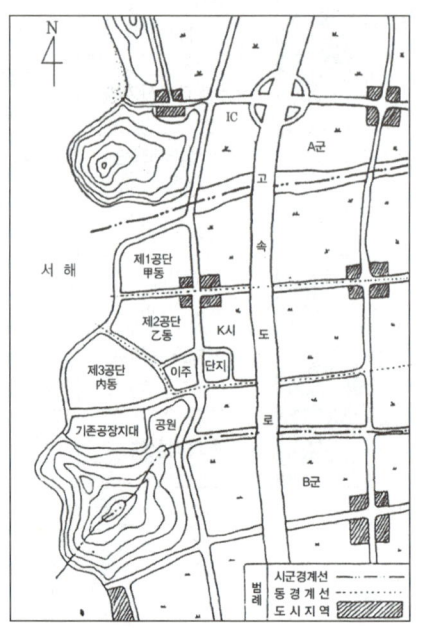

〈자료 2〉 가격산정 참고자료

※ 유의사항 : 공시지가 표준지·거래사례·수익사례·원가사례를 선택하여 토지가격을 산정할 때에는 다음 자료를 기준으로 요인을 비교할 것 단, 격차율은 기준율을 적용키로 하며 이용상황 비교는 실제지목 비교격차를 적용할 것

1. 면적비교 격차율

구분	~ 300			301 ~ 800			801 ~ 3,000			3,001 ~ 12,000			그 이상		
	최저	기준	최고	최저	기준	최고	최저	기준	최고	최저	기준	최고	최저	기준	최고
~ 300	1	1	1	0.96	0.98	0.99	0.95	0.97	0.98	0.91	0.96	0.98	0.93	0.95	0.97
301 ~ 800	1.00	1.02	1.03	1	1	1	0.97	0.99	1.00	0.96	0.98	0.99	0.95	0.97	0.98
801 ~ 3,000	1.01	1.03	1.05	1.00	1.01	1.02	1	1	1	0.97	0.99	1.00	0.96	0.98	0.99
3,001 ~ 12,000	1.02	1.04	1.05	1.00	1.02	1.03	0.99	1.01	1.02	1	1	1	0.95	0.99	1.00
그 이상	1.03	1.05	1.06	1.01	1.03	1.04	1.00	1.02	1.03	0.99	1.01	1.02	1	1	1

2. 실제지목비교 격차율

구분	대			공장용지			임야		
	최저	기준	최고	최저	기준	최고	최저	기준	최고
대	1	1	1	0.7	0.8	0.9	0.6	0.7	0.8
공장용지	1.23	1.25	1.26	1	1	1	0.86	0.88	0.89
임야	1.41	1.43	1.45	1.12	1.14	1.16	1	1	1

3. 용도지역비교 격차율

구분	주거지역			상업지역			공업지역			미지정		
	최저	기준	최고	최저	기준	최고	최저	기준	최고	최저	기준	최고
주거지역	1	1	1	1.49	1.51	1.53	0.73	0.75	0.77	0.68	0.70	0.72
상업지역	0.64	0.66	0.68	1	1	1	0.48	0.50	0.52	0.45	0.46	0.47
공업지역	1.32	1.33	1.35	2.00	2.01	2.03	1	1	1	0.92	0.93	0.95
미지정	1.41	1.43	1.45	2.14	2.16	2.18	1.05	1.07	1.09	1	1	1

4. 도로교통 격차율(각지는 5% 가산할 것)

구분	세로			소로			중로			광대		
	최저	기준	최고	최저	기준	최고	최저	기준	최고	최저	기준	최고
세로	1	1	1	1.03	1.05	1.07	1.12	1.14	1.16	1.20	1.22	1.24
소로	0.93	0.95	0.97	1	1	1	1.07	1.09	1.11	1.14	1.16	1.18
중로	0.85	0.88	0.89	0.90	0.92	0.94	1	1	1	1.05	1.07	1.09
광대	0.80	0.82	0.84	0.84	0.86	0.88	0.92	0.94	0.96	1	1	1

5. 형상·지세 격차율
- 토지형상은 정방형＞가장형＞세장형＞제형＞부정형 순으로 우세하며, 정방형을 100으로 할 때 형상순별로 5% 차이가 있음
- 지세는 평지＞완경사＞저지의 순으로 우세하며, 평지를 100으로 할 때 지세순별로 5%의 차이가 있음

6. 지가지수(1994년 1월 1일=100 기준)

기간	1991	1992	1993	1994				1995			
	1.1	1.1	1.1	1.1	4.1	7.1	10.1	1.1	4.1	7.1	10.1
지수	96	98	100	100	102	105	108	111	113	115	118

(※주) 1995년 10월 1일 이후는 지가수준이 보합세를 유지하고 있음

7. 건물가격 산정자료

건물에 대한 경제적 내용연수는 50년이며, 잔가율은 "0"이고 만년 감가한다.

〈자료 3〉 공시지가 자료

(1995년 1월 1일 기준)

일련번호	소재지	면적(m²)	지목 공부/실제	이용상황	용도지역	주위환경	도로교통	형상지세	공시지가 (원/m²)
1	K시 갑동 25	670	대/대	상업용	상업지역	성숙중인 상가지대	중로각지	정방형 평지	480,000
2	35	710	대/대	상업용	상업지역	성숙중인 상가지대	세로한면	가장형 평지	400,000
3	66	217	대/대	주거나지	주거지역	주택지대	소로각지	세장형 저지	290,000
4	76	217	대/대	주거용	주거지역	주택지대	소로각지	가장형 고지	260,000
5	142	10,200	장/장	공업나지	공업지역	공업단지	소로	가장형 평지	115,000
6	162	8,800	장/장	공업용	공업지역	공업단지	중로한면	세장형 평지	120,000
7	172	9,600	장/장	공업용	공업지역	공업단지	소로한면	세장형 평지	100,000
8	192	11,000	장/장	공업나지	공업지역	공업단지	소로한면	가장형 평지	125,000
9	K시 을동 227	218	대/대	주거나지	미지정	주택 및 상가지대	소로한면	가장형 저지	310,000
10	238	227	대/대	주상용	미지정	주택 및 상가지대	소로한면	세장형 저지	330,000
11	249	278	대/대	주거나지	미지정	미성숙 주택지대	중로각지	가장형 평지	200,000
12	251	286	대/대	주거용	미지정	미성숙 주택지대	중로한면	세장형 평지	190,000
13	421	10,380	장/장	공업나지	미지정	공업단지	광대한면	가장형 평지	100,000
14	432	10,005	장/장	공업나지	미지정	공업단지	광대한면	세장형 평지	110,000
15	443	8,570	장/장	공업용	미지정	공업단지	중로각지	정방형 평지	105,000
16	454	33,014	장/장	공업용	미지정	공업단지	광대소각	제형 평지	120,000
17	465	7,651	장/장	공업나지	미지정	공업단지	중로각지	정방형 평지	100,000
18	K시 내동 산12	48,870	임/임	자연림	미지정	순수야산지대	세로한면	부정형 완경사	30,000
19	산42	15,174	임/임	자연림	미지정	순수야산지대	세로한면	부정형 완경사	40,000

〈자료 4〉 거래사례 자료

(사례 1)
1. 소재지 : K시 갑동 15번지
2. 이용상황 : 상업용(지하1층 지상5층 점포1동 연면적 2,772m^2)
3. 용도지역 : 상업지역
4. 거래시점 : 1995.4.1.
5. 토지면적 : 660m^2
6. 거래가격 : 831,600,000원
7. 도로교통 및 형상지세 : 중로각지, 가장형·평지
8. 기타 조사사항 : 본건 건물은 제1공단 조성 당시에 준공되어 현재 영업활동이 활발한 상태이며, 건물관리 상태가 양호하고 최근 동유형 건물의 재조달원가는 480,000원/m^2임

(사례 2)
1. 소재지 : K시 갑동 86번지
2. 이용상황 : 주거용(반지하1층 지상2층 주택1동 연면적 176m^2)
3. 용도지역 : 주거지역
4. 거래시점 : 1995.10.1.
5. 토지면적 : 220m^2
6. 거래가격 : 140,800,000원
7. 도로교통 및 형상지세 : 세로한면, 정방형·평지
8. 기타 조사사항 : 대상토지는 사다리꼴 형태이고, 인접도로와 등고 평탄하며 제2공단 조성당시에 준공하여 공단 내의 사업체에 근무하는 종업원이 거주하고 있으며, 최근 동유형 건물의 재조달원가는 540,000원/m^2임

(사례 3)
1. 소재지 : K시 갑동 152번지
2. 이용상황 : 공업용(지상2층 사무실 및 창고1동 연면적 420m^2, 지상1층 공장1동 연면적 2,940m^2)
3. 용도지역 : 공업지역
4. 거래시점 : 1995.7.1.
5. 토지면적 : 9,800m^2
6. 거래가격 : 3,600,000,000원
7. 도로교통 및 형상지세 : 소로한면, 세장형·평지
8. 기타 조사사항 : 제1공단 입주당시에 건물착공하여 2년 후인 1993년에 완공한 자동차기계 부품제조업체로서, 특정부품을 독점생산하고 있어 거래가격에는 영업권이 포함된 것으로 조사되며, 동유형 건물의 제조달원가는 사무실 및 창고가 510,000원/m^2, 공장이 420,000원/m^2임

(사례 4)
1. 소재지 : K시 갑동 182번지
2. 이용상황 : 공업단지
3. 용도지역 : 공업지역
4. 거래시점 : 1995.1.1.
5. 토지면적 : 12,000m^2
6. 거래가격 : 1,440,000,000원
7. 도로교통 및 형상지세 : 중로각지, 가장형·평지
8. 기타 조사사항 : 매립토지로 제방에 근접하여 있고 토질이 연약하여 주변 일대가 아직 미성숙된 상태에 있으며, 거래내용을 조사한 바 소유자의 외국으로 이민수속이 완료되어 급히 매각한 것으로 조사됨

(사례 5)
1. 소재지 : K시 을동 216번지
2. 이용상황 : 주상복합용(지하1층 지상3층 점포 및 주택1동 연면적 560m²)
3. 용도지역 : 미지정
4. 거래시점 : 1994.7.1.
5. 토지면적 : 280m²
6. 거래가격 : 361,200,000원
7. 도로교통 및 형상지세 : 중로한면, 제형·평지
8. 기타 조사사항 : 제2공단 조성단지 공단편입 지역 내 주민을 이주코저 조성한 이주단지 내에 소재하며, 동 유형 건물의 재조달원가는 520,000원/m²임

(사례 6)
1. 소재지 : K시 을동 277번지
2. 이용상황 : 주거나지
3. 용도지역 : 미지정
4. 거래시점 : 1994.4.1.
5. 토지면적 : 200m²
6. 거래가격 : 400,000,000원
7. 도로교통 및 형상지세 : 중로각지, 정방형·평지
8. 기타 조사사항 : 제2단지 조성당시 이주단지로 동시에 조성한 토지이나, 이주민의 경제적 여건이 낮아 아직 미성숙 단계에 있음

(사례 7)
1. 소재지 : K시 을동 419번지
2. 이용상황 : 공업용(지상1층 사무실1동 연면적 300m², 지상1층 공장 및 창고1동 연면적 2,580m²)
3. 용도지역 : 미지정
4. 거래시점 : 1994.10.1.
5. 토지면적 : 8,600m²
6. 거래가격 : 1,978,400,000원
7. 도로교통 및 형상지세 : 중로각지, 가장형·평지
8. 기타 조사사항 : 제2공단 입주당시에 건축시행하여 1995년 1월 1일에 완공한 페인트 제조업체이나 공단 내에 공해를 유발한다는 이유에 따라 업종 변경이 필요하여 급매한 것으로, 동유형 건물의 재조달원가는 사무실이 540,000원/m², 공장이 420,000원/m²이며, 업종변경 시는 공장건물의 일부를 철거할 필요가 있음

(사례 8)
1. 소재지 : K시 을동 495번지
2. 이용상황 : 공업단지
3. 용도지역 : 미지정
4. 거래시점 : 1994.10.1.
5. 토지면적 : 9,300m²
6. 거래가격 : 1,000,000,000원
7. 도로교통 및 형상지세 : 광대한면, 정방형·평지
8. 기타 조사사항 : 제2공단 입주업체로 지정된 나염 공장 설립자가 최근 당해 공업단지 내에는 공해업체 설립을 금지하고 있어 매도한 것이나 거래는 정상적인 것으로 판단됨

(사례 9)
1. 소재지 : K시 병동 516번지
2. 이용상황 : 공업용(지상1층 사무실 겸 공장 1동 연면적 1,080m^2)
3. 용도지역 : 미지정
4. 거래시점 : 1995.4.1.
5. 토지면적 : 8,700m^2
6. 거래가격 : 1,232,000,000원
7. 도로교통 및 형상지세 : 중로한면, 제형·평지
8. 기타 조사사항 : 1990년 10월 1일에 건립된 기존의 집단 프라스틱 가공업체 중 하나로서 공단 유해업체 폐지와 관련하여 매도한 것이나, 거래는 정상적인 것으로 판명되고 동유형 건물의 재조달원가는 400,000원/m^{2}임

(사례 10)
1. 소재지 : K시 병동 588번지
2. 이용상황 : 공업용나지
3. 용도지역 : 미지정
4. 거래시점 : 1994.7.1.
5. 토지면적 : 9,200m^2
6. 거래가격 : 600,000,000원
7. 도로교통 및 형상지세 : 소로각지, 제형·평지
8. 기타 조사사항 : 제3공단 매립 조성 후 분양받은 ○○회사가 자회사인 △△회사에 매각한 것으로 조사되었음

〈자료 5〉 수익사례자료
※ 유의사항 : 수익사례를 선택하여 수익가액을 산정할 때 토지의 환원율은 12%, 건물 및 기계시설의 환원율은 15%로 하고, 순수익의 비교는 〈자료 2 : 가격산정 참고자료〉를 활용할 것(시점수정은 지가지수 활용)

(사례 11)
1. 소재지 : K시 갑동 155번지
2. 이용상황 : 공업용(지하2층 사무실 겸 공장 1동 연면적 5,610m^2)
3. 용도지역 : 공업지역
4. 토지면적 : 8,600m^2
5. 도로교통 및 형상지세 : 중로각지, 가장형·평지
6. 수익상황

기간 : 1995.1.1. ~ 1995.12.31.
총수익 : 610,000,000원
총비용 : 360,000,000원(감가상각비 포함)
순수익은 토지·건물·기계기구의 가격비율로 배분하여야 하며 건물의 복성가격은 380,000,000원으로 조사되었고 기계기구 가격은 해당 공장장이 출장 중에 있어 조사가 불가능하였음

7. 기타사항 : 해당 공장은 제1공단 내에 소재하는 전자제품 조립공장으로 현재 정상 가동 중에 있으며, 경영활동도 합리적인 것으로 조사됨

(사례 12)
1. 소재지 : K시 을동 289번지
2. 이용상황 : 주차장(지상 건물 없음)
3. 용도지역 : 미지정
4. 토지면적 : 450m²
5. 도로교통 및 형상지세 : 소로각지, 세장형・평지
6. 수익상황

> 기간 : 1995.1.1. ~ 1995.12.31.
> 총수익－월 고정주차비 : 월 평균 주차대수 5대, 대당 월 30,000원
> 　　　　시간제 주차비 : 월 평균 주차대수 100대, 대당 500원
> 총비용 : 총수익의 20%

7. 기타사항 : 본 주차장은 제2공단 조성 시 조성 완료한 이주단지 내에 소재하나 주변은 이미 순수 주택단지가 건립 중에 있어 주민들은 주차장의 자동차 소음 등에 따른 고통을 K시에 진정하고 있음

(사례 13)
1. 소재지 : K시 을동 485번지
2. 이용상황 : 공업용(지하1층 사무실 겸 공장 1동 연면적 2,900m²)
3. 용도지역 : 미지정
4. 토지면적 : 9,500m²
5. 도로교통 및 형상지세 : 중로한면, 가장형・평지
6. 수익상황

> 기간 : 1995.1.1. ~ 1995.12.31.
> 수익 : 제품 판매수입 : 28,000개×@30,000＝840,000,000원
> 기타 반제품 판매수입 : 60,000,000
> 총비용 : 자재비 : 총수익의 30%
> 인건비 : 총수익의 20%
> 판매비 등 : 총수익의 5%(감가상각비 포함)
> 건물의 복성가격은 1,160,000,000원으로 조사되고, 내부 기계시설의 복성가격은 840,000,000원이다.

7. 기타사항 : 당해 공장은 제2공단 내에 소재하는 신축공장이나 현재 정상가동 중에 있으며, 동 업종 조사내용을 비추어 보아 조사자료는 적정한 것으로 사료됨

(사례 14)
1. 소재지 : K시 병동 625번지 (평가대상토지)
2. 이용상황 : 콘테이너 적치장으로 이용 중
3. 용도지역 : 미지정
4. 토지면적 : 9,000m²
5. 도로교통 및 형상지세 : 중로각지, 가장형・평지
6. 수익상황

> 기간 : 1995.1.1. ~ 1995.12.31.
> 총수익 : 연간 7,000,000원
> 총비용 : 총수익의 20%

7. 기타사항 : 당해 토지는 평가대상 토지로서 제3공단 내에 소재하고 공사완료된 초기상태에서 소유자인 ○○회사가 주변공장에 일시적으로 임대 중인 물건임

〈자료 6〉 원가사례자료

※ 유의사항 : 토지자본 이자는 지가지수를 적용하고, 공사비용 이자는 주어진 이자율을 적용할 것

(사례 15)
1. 소재지 : K시 갑동 195번지
2. 현재 이용상황 : 공업나지
3. 용도지역 : 공업지역
4. 토지면적 : 8,700m²
5. 도로교통 및 형상지세 : 중로각지, 부정형·평지
6. 토지조성공사 내역

> 공사기간 : 1989.1.1. ~ 1990.12.31.
> 토지구입비 : 당초 국가기관에서 공유수면을 매립한 것임
> 공사비용 : m²당 90,000원이 투입되었으며, 공사비 지급은 공사기간 중 균등지불된 것임

7. 기타사항 : 제1공단 내에 소재하는 토지로 공사기간 중 공사비의 이자율이 4%인 것으로 조사되었으며, 해당 K시에서는 공단유치 계획의 일환으로 공사비 입찰시 공단입주자에게 특별한 혜택을 주고자 조건부로 과도하게 경쟁 입찰한 것임

(사례 16)
1. 소재지 : K시 을동 296번지
2. 현재 이용상황 : 단독주택(지상2층 연면적 120m²)
3. 용도지역 : 미지정
4. 토지면적 : 210m²
5. 도로교통 및 형상지세 : 소로한면, 가장형·평지
6. 토지분양내역

> 공사기간 : 1992.1.1. ~ 1993.12.31.
> 총 분양가격 : 56,600,000원
> 공사비용 : 지상건물은 m²당 540,000원이 소요되었고 동 공사비 지급은 공시기간 중 균등 지불된 것임

7. 기타사항 : 이주단지 내에 건립하여 이주민에게 분양한 주택으로 이주민과 협의하에 정신적 보상차원에서 책정된 분양가격이며, 공사기간 중 공사비의 이자율은 10%임

(사례 17)
1. 소재지 : K시 을동 495번지
2. 현재 이용상황 : 공업용
3. 용도지역 : 미지정
4. 토지면적 : 9,300m²
5. 도로교통 및 형상지세 : 광로한면, 가장형·평지

6. 토지조성공사 내역

> 공사기간 : 1992.1.1. ~ 1993.12.31.
>
> 토지구입비 : 공유수면과 접한 잡종지를 1992년 1월 1일자 25,000원/m^2에 구입하여 즉시 조성공사를 시행함
>
> 공사비용 : m^2당 60,000원이 소요되었고 공사비 지급은 공사기간 중 연말에 균등지불된 것임

7. 기타사항 : 제2공단 내에 건립된 본 공장은 공유수면 매립이전에 토지를 구입하여 회사 자체가 토지조성한 것으로 적정한 투자인 것으로 판단되며, 공사기간 중 공사비의 이자율은 8%임

(사례 18)
1. 소재지 : K시 을동 588번지
2. 현재 이용상황 : 공업나지
3. 용도지역 : 미지정
4. 토지면적 : 8,500m^2
5. 도로교통 및 형상지세 : 중로각지, 제형·평지
6. 토지분양 내역

> 공사기간 : 1994.1.1. ~ 1995.12.31.
>
> 총분양가격 : 750,000,000원

7. 기타사항 : 제3공단 분양사무소에서 공사완료 후 즉시 매각한 것으로 매각가격은 적정한 것으로 판단됨

출제영역

표준지공시지가 평가

답안작성 가이드

Ⅰ. 평가개요
1. 부동산 가격공시에 관한 법률 제3조에 의하여 표준지 적정가격을 평가함
2. 공업용지임에 따라 표준지 조사·평가 기준(이하 표조기) 제24조 제1항에 의하여 거래사례비교법으로 평가하고 다른 시산가액으로 그 적정성을 검토함
3. 표조기 제10조, 제11조에 의하여 인근 표준지 공시지가와의 균형여부를 검토 후 결정
4. 현재 콘테이너 적치장은 일시적 이용상황으로 판단되는바 이용상황은 공업나지로 판단함(표조기 제16조, 제17조)

Ⅱ. 거래사례비교법
1. 사례 선정

최근 정상적인 매매사례로 합리적 배분법 적용가능하고 비교가능성 높은 #8·9 중 거래시점 최근, 도로교통 조건 등 유사한 〈#9〉 선정

(#1, 2, 3, 4 : 용도지역 상이, #5, 6 : 이용상황 상이, #7, 10 : 사정개입 가능성으로 배제)

2. 비준가액

(1) 건물가격(1995.4.1.)

$$400,000 \times (1 - \frac{4}{50}) \times 1,080 = 397,440,000$$

(2) 비준가액

$$(1{,}232{,}000{,}000 - 397{,}440{,}000) \times \underset{\text{사}}{1.00} \times \underset{\text{시}^{*1)}}{1.04425} \times \underset{\text{지}}{1.000} \times \underset{\text{개}^{*2)}}{1.174} \times \underset{\text{면}}{\frac{1}{8{,}700}} \fallingdotseq @118{,}000$$

*1) $\dfrac{118}{113}$

*2) $1.05 \times \dfrac{95}{85}$

Ⅲ. 적정성 검토

1. 수익환원법

   적정사례가 없어 적용불가

   (#11 : 용도지역 상이, #12 : 이용상황 상이, #13 : 임대수익 아닌 점, #14 : 일시적 이용으로 각각 배제함)

2. 원가법

   (1) 사례 선정

   최근 분양사례로 적정한 것으로 판단되는 〈#18〉 선정

   (#16 : 이용상황 상이, #15 : 사정개입 가능성, #17 : 최근 2년 이내 사례가 아닌바 배제)

   (2) 토지 단가

$$750{,}000{,}000 \times \underset{\text{사}}{1} \times \underset{\text{시}}{1.00000} \times \underset{\text{지}}{1.000} \times \underset{\text{개}}{\frac{95}{85}} \times \underset{\text{면}}{\frac{1}{8{,}500}} \fallingdotseq @99{,}000$$

3. 적정성 검토

   비준가액이 다른 시산가액보다 다소 높은 것은 가동 중인 공장부지 사례를 기준하여 성숙도 측면에서 다소 높게 나타난 것으로 판단됨에 따라, 다른 시산가액을 참작하여 @110,000으로 결정함

Ⅳ. 균형여부 검토

1. 인근 표준지 선정

   용도지역(미지정), 이용상황(공업나지) 등에서 대상토지와 유사한 이용가치를 지닌다고 판단되는 표준지 #14, #17을 선정하여 균형여부 검토함

2. 단가 : @110,000

3. 균형여부 검토

   전년도 공시지가에 지가변동률, 개별요인 비교치 등을 고려하면 대상토지가격 보다 높게 나타난다. 이는 비교표준지가 소재하는 '을'동은 이미 성숙한 공업단지이고 최근 조성매립한 대상의 소재지 '병'동보다는 성숙도 측면에서 우세하여 다소 높게 추계되었다고 판단된다. 따라서 상기 본건 표준지 가격은 균형 상태를 유지한다고 판단되어 아래와 같이 결정한다.

Ⅴ. 평가보고서

소재지	면적 (㎡)	지 목		이용 상황	용도지역	도로·교통	형상·지세	공시지가 (원/㎡)
		공 부	실 제					
K시 병동 625	9,000	잡	장	공업 나지	미지정	중로각지	가장형평지	110,000

02 甲은 본인이 소유하고 있는 토지를 이용하여 공장을 신축하였다. B시청에서는 당해 사업이 개발부담금 부과대상사업에 해당되어 개발부담금을 부과하려고 한다. 주어진 자료를 활용하여 다음 물음에 답하시오. (20점)

기출 23회

(1) 30-2번지에 대하여 개시시점지가와 종료시점지가를 산정하시오. (10점)
(2) 30-4번지에 대하여 개시시점지가와 종료시점지가를 산정하시오. (5점)
(3) 30-5번지에 대하여 개시시점지가(매입가액기준)와 종료시점지가를 산정하시오. (5점)

〈자료 1〉 기본적 사항

1. 개발사업 인가일 : 2011.10.1.
2. 개발사업 준공인가일 : 2012.8.30.
3. 사업인가조건 : 30-2번지 중 일부(500m²)를 도로 등으로 기부채납
4. 현장조사 완료일 : 2012.9.9.

〈자료 2〉 대상토지자료

1. 기본내용

일련번호	토지소재	지 번	지 목	이용상황	면적(m²)
①	B시 D동	30-2	전	전	3,500
②	B시 D동	30-4	답	답	3,000
③	B시 D동	30-5	답	답	1,000

2. 용도지역 : 계획관리지역임
3. 토지 특성 : 일련번호 ①, ②, ③ 토지특성은 동일함
   (1) 개발 전 : 세로가, 부정형, 완경사
   (2) 개발 후 : 소로한면, 세장형, 평지

〈자료 3〉 가격결정을 위한 참고자료

1. 표준지공시지가 현황

기 호	소재지	면적(m²)	지 목	이용상황	용도지역	도로교통	형상지세	공시지가(원/m²) 2011년	2012년
①	D동 32	500	답	답	계획관리지역	세로(가)	세장형 평지	50,000	55,000
②	D동 50-1	1,000	장	공업용	계획관리지역	세로(가)	세장형 평지	200,000	210,000

2. 개별공시지가

일련번호	토지소재	지 번	2011년(원/m²)	2012년(원/m²)
1	B시 D동	30-2	—	—
2	B시 D동	30-4	45,000	50,000
3	B시 D동	30-5	45,000	50,000

3. 甲은 30-5번지를 경매로 60,000원/m²에 낙찰 받아 2011.6.10.에 소유권 이전을 완료하였다.
4. 지가변동률(%)

구 분	A도 평균	B시 평균	B시 계획관리지역
2011.1.1. ~ 2011.6.10.	3.1	7.1	5.1
2011.1.1. ~ 2011.10.1.	5.5	10.0	7.5
2011.6.10. ~ 2011.10.1.	1.0	2.5	1.5
2011.1.1. ~ 2012.8.30.	12.5	13.5	12.8
2011.10.1. ~ 2012.8.30.	10.0	11.5	11.0
2012.1.1. ~ 2012.8.30.	8.5	10.5	9.5
2011.1.1. ~ 2012.9.9.	13.5	14.8	13.8
2012.1.1. ~ 2012.9.9.	9.8	11.8	10.8
2011.10.1. ~ 2012.9.9.	10.8	12.0	11.8

5. 지역요인 : 동일함
6. 개별요인 비교치(토지가격비준표와 동일)
    (1) 도로접면

구 분	소로한면	세로가
소로한면	1.00	0.93
세로가	1.07	1.00

    (2) 형 상

구 분	세장형	부정형
세장형	1.00	0.96
부정형	1.04	1.00

    (3) 지 세

구 분	평 지	완경사
평 지	1.00	0.97
완경사	1.03	1.00

    (4) 이용상황

구 분	전	답	공업용
전	1.00	0.97	1.33
답	1.03	1.00	1.39
공업용	0.75	0.72	1.00

7. 기타요인 산정을 위한 자료
   (1) 평가선례

기호	소재지	지목	면적(m²)	이용상황	용도지역	단 가	가격시점
①	D동 33	답	300	답	계획관리지역	65,000	2011.1.1.
②	D동 51	장	500	공업용	계획관리지역	240,000	2011.1.1.
③	D동 35	전	500	전	계획관리지역	75,000	2012.1.1.
④	D동 52	장	1,000	공업용	계획관리지역	270,000	2012.1.1.

   (2) 지가변동률은 상기에서 제시한 자료와 동일하고 대상토지와 평가선례와의 지역요인 및 개별요인은 동일함

출제영역

개발부담금

답안작성 가이드

Ⅰ. [물음 1] 30-2번지 개시시점지가와 종료시점지가 (10)

1. 산정방법
개별공시지가가 없는 경우로, 관련 법 규정에 따라 둘 이상의 감정평가법인이 감정평가한 가액을 산술평균한 가액으로 산정하는 바, 개시시점지가와 종료시점지가를 공시지가기준법으로 평가함

2. 개시시점지가
   (1) 기준시점 : 개발사업 인가일인 2011.10.1.로 함(이하 동일)
   (2) 비교표준지 선정 : 표준지 기호 ① 선정(2011년)
   (3) 시점수정치 : B시 계획관리지역
       2011.1.1. ~ 2011.10.1. : 1.07500
   (4) 지역요인 : 1.000
   (5) 개별요인 : $1.00 \times 0.96 \times 0.97 \times 1.03$(이용상황)≒0.959
   (6) 그 밖의 요인 보정치
       ① 평가선례 선정 : 용도지역 등 유사한 '기호 ①' 선정
       ② 그 밖의 요인 보정치
       $$\frac{65,000 \times 1.07500 \times 1.000 \times 1.000}{50,000 \times 1.07500 \times 1.000 \times 0.959} ≒ 1.35$$
   (7) 산정 면적 : 기부채납 면적 제외한 3,000m²로 함(이하 동일)
   (8) 개시시점지가
       $50,000 \times 1.07500 \times 1.000 \times 0.959 \times 1.35$ ≒ @70,000원
       ($\times 3,000m^2 = 210,000,000$)

3. 종료시점지가
   (1) 기준시점 : 개발사업 준공인가일인 2012.8.30.로 함(이하 동일)
   (2) 비교표준지 선정 : 표준지 '기호 ②' 선정(2012년)
   (3) 시점수정치 : B시 계획관리지역 지가변동률 기준
      2012.1.1. ~ 2012.8.30. : 1.09500
   (4) 지역요인 : 1.000
   (5) 개별요인 : $1.07 \times 1.00 \times 1.00 ≒ 1.070$
   (6) 그 밖의 요인 보정치
      ① 평가선례 선정 : 용도지역 등 유사한 '기호 ④' 선정
      ② 그 밖의 요인 보정치
      $$\frac{270,000 \times 1.09500 \times 1.000 \times 1.000}{210,000 \times 1.09500 \times 1.000 \times 1.070} ≒ 1.20$$
   (7) 종료시점지가
      $210,000 \times 1.09500 \times 1.000 \times 1.070 \times 1.20 ≒ @295,000$
      $(\times 3,000㎡ = 885,000,000)$

Ⅱ. [물음 2] 30-4번지 개시시점지가와 종료시점지가 (5)
   1. 산정방법
      개별공시지가가 있는 경우로, 관련 법 규정에 따라 개시시점지가는 "개별공시지가+정상지가상승분", 종료시점지가는 "표준지공시지가×비준표배율+정상지가상승분"으로 산정함

   2. 개시시점지가
      $45,000 \times 3,000 + 45,000 \times 3,000 \times 0.10^{*1)} = 148,500,000$원
      *1) 정상지가변동률 : B시 평균, 2011.1.1. ~ 2011.10.1.

   3. 종료시점지가
      $(210,000 \times 1.07 \times 3,000) + (210,000 \times 1.07 \times 3,000) \times 0.105 = 744,880,500$원

Ⅲ. [물음 3] 30-5번지 개시시점지가와 종료시점지가 (5)
   1. 산정방법
      경매로 매입한 경우로, 관련 법 규정에 따라 개시시점지가는 "매입가격+정상지가상승분", 종료시점지가는 둘 이상의 감정평가법인이 감정평가한 기액을 산술평균한 가액으로 산정하는 바, 공시지가기준법으로 평가함

   2. 개시시점지가
      $60,000 \times 1,000 + 60,000 \times 1,000 \times 0.025^{*1)} = 61,500,000$원
      *1) 정상지가변동률 : B시 평균, 2011.6.10. ~ 2011.10.1.

   3. 종료시점지가([물음 1]의 종료시점지가와 면적 외 동일)
      $295,000 \times 1,000 = 295,000,000$원

CHAPTER 07 재무보고목적 평가

제4편 | 목적별 감정평가

> **핵심 키워드**
> 1. 적용 및 정의
> 2. 대상 및 확인사항
> 3. 기준가치
> 4. 실무상 쟁점(자산별 배분)

1. 적용 및 정의

재무보고목적 감정평가는, 「주식회사의 외부감사에 관한 법률」(외감법) 제5조 제3항[202]의 회계처리기준에 따른 재무보고를 목적으로 하는 공정가치의 추정을 위한 감정평가로서, 국가·지방자치단체·공공기관의 자산과 시설에 대한 재평가 및 회계업무 등에서의 평가를 포함한다.

2. 대상 및 확인사항

재무보고목적 평가의 대상은, 회사·국가·지방자치단체·공공기관의 재무제표에 계상되는 유형자산·무형자산·유가증권 등의 자산 및 관련 부채와 재평가를 위한 시설 등의 자산으로서 의뢰인이 감정평가를 요청한 물건이다. 기업은 국제회계기준에 따라 자신이 보유한 전체 자산 중 일부 자산만을 분류하여 재평가 대상으로 의뢰할 수 있다. 그러나 분류된 자산 중 가격이 상승한 자산만 재평가하는 등 분류된 자산 내에서 일부만 선별해 평가를 진행할 수는 없다. 일반적으로 재무보고 평가는 대상자산에 소유 및 용익 제한이 없는 것을 전제로 평가한다. 담보권 설정, 가압류 설정, 소송 계류 중인 물건이라도 이에 구애됨이 없이 평가하고, 토지만 평가 대상인 경우 지상 건물이 미치는 영향 등을 고려하지 않는다.

3. 기준가치

재무보고 목적 평가의 기준가치는 시장가치가 아닌 공정가치다. 공정가치는 다음과 같이 정의된다.

> 한국채택국제회계기준에 따라 자산 및 부채의 가치를 추정하기 위한 기본적 가치기준으로서 합리적인 판단력과 거래의사가 있는 독립된 당사자 사이의 거래에서 자산이 교환되거나 부채가 결제될 수 있는 금액

---

[202] 2018.11.1. 「외부감사법」 전부개정. 실무기준상 근거조항 표시는 미개정 상태임

위 실무기준 [740-3]의 공정가치 정의는, 한국회계기준원 회계기준위원회가 2007.6.18. K-IFRS 제정 당시 마련한 공정가치의 정의를 그대로 가져온 것이다. 그러나 2011.11.18. K-IFRS 제1113호(공정가치측정)가 제정되면서 공정가치 정의가 아래와 같이 개정되었다.

> 한국채택국제회계기준에 따라 자산 및 부채의 가치를 추정하기 위한 기본적 가치기준으로서 측정일에 시장참여자 사이의 정상거래에서 자산을 매도할 때 받거나 부채를 이전할 때 지급하게 될 가격

공정가치는 시장가치보다 광범위한 개념이다. 일반적으로 특정 당사자 사이에서 공정한 의미를 갖는 가격은 다른 시장참여자에게도 공정한 의미를 갖는다. 그러나 공정가치 평가 시 고려하는 사항들 중 일부는 시장가치 평가에서는 고려하지 않을 수 있다. 공정가치는 기업체의 지분 취득을 위한 가격평가에 흔히 적용된다. 특정 당사자 사이에서만 발생하는 특수한 증분가치는 해당 당사자 간에는 공정한 가격일 수 있으나 일반시장에서 형성되는 가격과는 다를 수 있다. 시장가치는 이와 같은 특수가치(결합가치)의 요소를 배제한다는 것이다. 임대차 계약의 명도나 기한연장에 대한 대가를 반영한 임대인과 임차인 사이에 합의된 가격도 당사자 사이의 공정가치일 수 있다.

4. 실무상 쟁점(자산별 배분)[203]

일반적으로 평가금액의 배분이 필요한 경우로는 구분건물의 평가, 임야의 평가, 토지에 화체된 구축물의 평가, 건물 및 기계기구에 포함된 부대시설의 평가 등을 들 수 있다. 재무보고 목적의 자산재평가에서는 해당 자산의 적정한 평가금액을 도출하는 것뿐만 아니라 결정된 평가금액을 기업이 계상한 자산 분류별로 배분하는 작업도 필요하다. 의뢰기업이 K-IFRS에 따라 자신이 보유한 전체 자산 중 일부 자산만을 분류하여 재평가 대상으로 의뢰할 수 있기 때문이다. 구분건물은 건물 부분과 그 대지사용권을 일괄하여 평가하나 기업이 토지에 한정하여 의뢰한다면, 전체금액을 토지와 건물로 배분해야 할 것이다.

이때 배분과정을 거친 토지, 건물의 가치가 해당 자산의 독립된 시장가치가 아님을 명시해 줄 필요가 있다. 전체 자산을 구성하는 다양한 부분들의 가치는 분리 매각할 경우 별도의 독립된 가치를 가지며, 이 가치는 전체 자산에 대한 일부로서의 가치보다 크거나 작을 수 있다. 배분비율 결정을 위한 참고자료로, 협회지침(공동주택 분양가격 산정을 위한 택지평가지침상의 토지 건물 배분비율), 한국부동산연구원 연구결과(2004, 2007, 2012), 협회 매뉴얼(법원경매평가실무) 등을 활용하고 있다. 이는 참고자료이며, 최유효이용, 건폐율, 용적률, 건물의 건축연도, 관리상태, 대상물건이 속한 지역특성, 지역의 지가수준, 대상물건의 가격변동추이, 건물규모 대비 대지권 면적, 건물의 내용연수, 토지건물의 지역요인 및 개별요인, 분양계약 시의 배분 및 제반 사항을 종합 참작하여 해당 자산마다 개별적으로 결정해야 할 것이다. 배분방법으로는 구분합산법, 건물차감법, 토지차감법 등이 활용된다.

---

[203] 김태훈, 재무보고목적 자산재평가 쟁점 및 개선방향, 한국부동산연구원, 2023.9.

CHAPTER 08 공공기여 등에 따른 감정평가

제4편 | 목적별 감정평가

> **핵심 키워드**
>
> 제1절 공공기여량 한도 산정을 위한 감정평가
> 1. 개 요
> 2. 기본적 사항
>   (1) 평가대상
>   (2) 기준시점
> 3. 감정평가
>   (1) 현황평가 및 조건부평가
>   (2) 개별평가 및 일괄평가
>   (3) 사업계획의 반영
>   (4) 시점수정
>
> 제2절 「공공시설 등 기부채납 용적률 인센티브 운영 기준」 에 따른 감정평가
> 1. 개 요
> 2. 적용산식
> 3. 부지의 가액
>   (1) 용적률을 완화 받는 부지의 가액
>   (2) 공공시설 등 제공 부지의 가액
> 4. 건축물의 가액
> 5. 토지사용료의 가액

제1절 공공기여량 한도 산정을 위한 감정평가[204]

1. 개 요

공공기여는 지구단위계획 등 도시계획결정으로 토지가치가 상승한 경우, ① 공공시설 설치, ② 부지제공, ③ 설치비용 납부 등을 통해 계획이익을 사회적으로 공유하는 제도다. 공공성 확보, 합리적 개발이익 배분, 과도한 부담 지양 등을 목적으로 한다. 국토계획법 상 공공기여와 관련된 규정[205]은 법 제40조의6(도시혁신구역, 복합용도구역, 입체복합구역에 대한 공공시설 등의 설치비용 등), 제52조의2(공공시설등의 설치비용 등), 법시행령제46조의2(공공시설등의 설치비용 납부 등)가 있다. 「노후계획도시 정비 및 지원에 관한 특별법」, 「도심 복합개발 지원에 관한 법률」 등에서도 공공기여를 규정하고 있으나, 대상 사업 특성에 따라 국토계획법과 다른 별도의 공공기여 산정체계를 운용 중이다. '공공기여가이드라인'(이하 "가이드라인")은 국토계획법의 공공기여 관련 규정을 구체화하기 위한 세부 기준인데 아직 법제화 전이며, 지자체 조례, 지침등보다 적용순위에서 밀린다.

---

204) 국토교통부 공공기여 가이드라인, 한국감정평가사협회 감정평가기준센터 '국토계획법에 따른 공공기여량 한도 산정 목적 감정평가 기준 및 유의사항'(2025.04)
205) 재개발재건축 등 지구단위계획을 별도로 수립하지 않고 다른 절차에 따라 함께 처리되는 의제사업은 국토계획법상 공공기여 적용받지 않음

공공기여와 관련한 감정평가는 ① 공공기여량 한도 산정을 위한 토지가치상승분 평가 목적, ② 공공기여량 결정을 위한 공공시설 등 부지가액 평가 목적, ③ 계획구역 밖 공공시설 등 설치비용 산정 목적으로 구분할 수 있다. 특히 ①항에 따른 감정평가는, 주민제안(사전협상)형 지구단위계획사업에서 지자체가 종후 토지가격의 일정비율로 공공기여금을 결정하는데, 공공기여가이드라인에 따르면 공공기여의 기준을 지가 상승분의 70% 이내로 설정하고 있고 공공기여금이 지가상승분을 초과하는 폐단을 막기 위해서도, 지가상승분을 확인할 필요가 있어, 도시계획결정 전·후 감정평가(종전, 종후 감정평가)를 진행하게 된다.

2. 기본적 사항

(1) 평가대상

토지가치상승분 산정을 목적으로 하므로, 종전·종후 감정평가는 토지만 평가한다. 계획수립(예정) 대상 부지 전체가 평가 대상이며, 계획결정 상 면적(공공시설등의 예정부지를 포함)과 동일한 것이 원칙이다.

(2) 기준시점

원칙적으로 의뢰인을 통해 제시받은 날을 기준으로 한다. 가이드라인에 따른 기준시점은 아래와 같다. 종전평가 기준시점은 가이드라인과 각 지자체 조례 등에서 달리 정하고 있는 반면, 종후감정평가의 기준시점은 통상적으로 계획결정(변경)고시일이다.

구분(가이드라인)	도시·군관리계획(법 제52조의2)	공간재구조화계획(법 제40조의6)
종전평가 기준시점 (제16조 제2항)	법 제28조(주민과 지방의회의 의견 청취) 제1항에 따른 최초 열람·공고일 전일	법 제35조의5(공간재구조화계획 수립을 위한 기초조사, 의견청취 등)에 따른 최초 열람·공고일 전일
종후평가 기준시점 (제16조 제3항)	공공기여 계획이 포함된 해당구역등에 대한계획결정(변경) 고시일	
	법 제30조(도시·군관리계획의 결정) 제6항에 따른 결정고시일	법 제35조의6(공간재구조화계획의 결정) 제3항에 따른 결정 고시일

3. 감정평가

(1) 현황평가 및 조건부평가

종전감정평가는 별도 조건이 없는 한 기준시점에서의 대상물건의 이용상황 및 공법상 제한을 받는 상태를 기준으로 한다. 종후감정평가 역시 기준시점인 계획결정(변경)고시일 당시 계획결정으로 인해 변경되는 제반사항 및 기준시점 당시 이용상황을 기준으로 하므로 현황 기준 감정평가[206]에 해당된다. 다만, 종후 감정평가가 계획결정(변경)고시일 이전에 의뢰되는 경우로서 작성시점 당시 해당 계획이 확정되지 않은 경우, 의뢰인으로부터 제시받은 내용을 전제로 감정평가 하였음을 감정평가서 기타사항 란에 기재한다(조건으로 기재할 필요까지는 없음).

---

[206] 지구단위계획은 도시·군관리계획으로 결정하며(국토계획법 제50조), 도시·군관리계획 및 공간재구조화계획 결정의 효력은 지형도면을 고시한날부터 발생(국토계획법 제31조 제1항 및 제35조의7 제1항)

다만, 종후평가에서 조성완료상태를 상정하는 경우 계획이익보다 많은 수준의 공공기여량 산정 가능성이 있으므로, 공공기여량 산정의 취지와 가이드라인 내용을 설명하고 조건부가 여부를 재확인해야 한다. 필요시 감정평가서에 조건부 감정평가 문구를 기재하여 진행할 수 있다.

(2) 개별평가 및 일괄평가

종전평가는 개별감정평가 원칙이 적용되는 반면, 종후감정평가에서는 개별평가 및 일괄평가의 논리가 모두 수용된다. 이행지 또는 용도변경 예정지 종후감정평가는 ① 변경전 이용상황을 기준으로 비교표준지를 선정하고 용도변경에 따른 가치증가분을 가산하는 방법과 ② 변경후 이용상황을 기준으로 비교표준지를 선정하고 조성의 상태 및 성숙도 차이에 따른 가치감소분을 차감하는 방법 적용 모두 가능한데, 대상 토지의 상태 및 인허가 여부, 계획실현가능성, 사업진행단계 등에 따라 적용방법을 결정하며, 일괄감정평가 여부를 일의적으로 판단할 수는 없다[207]. 일괄 감정평가의 논리로는, 해당 감정평가는 공공기여량 한도 산정을 위한 토지가치 상승분 감정평가로 해당 감정평가액을 통해 공공기여량이 결정[208]되는 점, 사업완료 후 일단의 부지로서 효용 창출이 예상되는 점, 상당수 지방자치단체의 조례등에서 사업계획을 고려하여 감정평가 할 것을 정하고 있는 점 등이다. 다만, 일괄감정평가 여부는 원칙적으로 사업계획 내용 및 진행상황 등에 따라 개별적으로 결정하며, 특히 변경되는 용도를 고려한 (종후)일괄감정평가 시 계획이득 과다산정의 우려가 있는 경우 개별감정평가를 통해 가치상승분을 산정하는 것이 합리적이다. 일괄 감정평가 시에도 용도에 따라 가치를 달리하는 경우 구분평가가 적용된다. 아래는 종후평가에서 상황별 감정평가 예시다.

[상황별 감정평가방법 예시]

변경전 용도지역 및 기준시점 당시 이용상황	변경후 용도지역 및 변경예정 용도	합리적 평가방법 제언
• 일반주거지역 내 상업용, 주거용 등 • 일반주거지역 내 주거용	• 일반상업지역 내 상업용 • 일반주거지역 내 아파트부지	• 변경예정용도를 고려하여 비교표준지 선정 • 계획결정도 기반 일괄감정평가(용도별 구분감정평가), • 현 이용상황, 조성의 정도 등 고려
• 농림, 보전관리, 생산관리지역 내 전, 답, 임야 등	• 계획관리지역 내 골프장	• 변경후 용도지역, 기준시점 당시 이용상황을 고려하여 비교표준지 선정(계획관리지역 내 전, 답, 임야 등) • 필지별 개별감정평가 • 인허가에 따른 용도변경가능성 감안

---

[207] 공동주택사업계획승인이 유효한 상태이나 미착공된 상태에서 일단의 토지로 평가할 수 있는지에 관한 협회 질의회신에서, 개발행위의 특정단계 또는 시점을 기준으로 일의적으로 판단하기보다 법적 허용성, 물리적 가능성, 경제적 타당성, 최대수익성을 고려한 대상토지의 최유효이용 관점에서 주위환경이나 대상토지의 이용상황, 거래관행, 장래 일단으로 이용되는 것이 확실시되는지 여부 등을 종합적으로 고려하여 일단지로 감정평가할지 여부를 판단하도록 회신한 바 있음(감정평가기준센터 2023-00451, 2023.3.30.)

[208] 「공공기여 가이드라인」 제15조(공공시설등 공공기여량 산정) ① 공공시설등의 부지(건축물의 대지지분을 포함한다)를 제공하는 경우 공공기여량은 제공한 부지면적에 제16조에 따른 대상 부지의 면적(m^2)당 종후 감정평가액을 곱하여 산정한다.
「서울특별시 도시계획변경 사전협상 운영지침」(2024.10. 23, 7차개정판)
4.33 총 공공기여량은 종후 토지가치를 기준으로 공공기여 비율을 곱하여 산정하며, 세부 기준은 4.35 내지 4.38과 같다.
4.37 총 공공기여량은 공공기여 토지면적에 대상토지의 m^2당 종후 감정평가액을 곱하여 산정한다.

(3) 사업계획의 반영

종후감정평가에서, 사업부지는 해당 사업계획으로 인해 변경되는 용도지역 결정(변경)계획, 토지이용계획, 기반시설의 배치 및 규모계획, 가구 및 획지의 규모와 조성계획, 건축계획(건축물에 대한 용도·건폐율·용적률·높이배치 등에 관한 계획)을 고려한다. 합리적 공공기여량 한도 산정을 위해, 사업계획 반영에 따른 가치수준은 해당 계획결정으로 인해 발생하는 토지가치 상승분(계획이득[209])에 한정하며, 사업자의 토지개발과 건축행위를 통해 발생한 이익(사업이득)은 제외된다. 따라서 변경예정 용도에 따른 비교표준지를 선정하는 경우 물리적 조성의 정도 또는 성숙도의 차이를 개별요인에서 감안하여 감가해야 한다. 한편, 기반시설예정부지는 사업계획상 예정되어 있는 기반시설(도로, 공원, 녹지, 공개공지 등)부지로 공법상 제한사항을 반영하여 감정평가한다. 기반시설예정부지는 해당 부지의 위치 및 형상, 특정용도지정에 따른 사용수익 제한의 정도, 사업예정부지로의 가치 화체 및 기여의 정도, 공법상 제한의 정도, 조성상태 및 현실적 이용상황 등을 종합적으로 고려하여 아래와 같이 감정평가 할 수 있다.

[상황별 감정평가 예시(지구단위계획상 도로로 계획되어 있는 경우)]

유형1	현황 기존도로로 사용 중으로 도로존치예정인 경우 현재이용 상황을 고려하여 감정평가
유형2	사업예정부지가 기존도로와 직접 진출입이 가능한 상황으로 계획결정도상 기반시설(도로)이 인접도로 확폭 등을 위하여 배치되어 있는 경우, 도로예정지로 공법상 제한의 정도를 반영하여 감정평가
유형3	계획결정도상 해당 사업예정부지 진입도로로 활용되는 경우 또는 자기 토지의 편익을 위하여 스스로 설치한 도로로, 그 가치 중 일부가 해당 사업예정부지에 화체될 것으로 판단되는 경우, 그 정도 등을 고려하여 감정평가

(4) 시점수정

종후감정평가 기준시점이 감정평가서 작성일로부터 가까운 미래시점인 경우 지가변동률 연장적용을 통해 시점수정 할 수 있으나, 중장기 미래시점으로 기간차가 상당한 경우 오류발생 가능성이 증가한다. 따라서 해당 부동산 시장의 단기 지가변동 수준 및 중장기 가치변동추세 등을 고려하여 합리적인 방법으로 시점수정 할 수 있다. 최근 미래시점을 상정한 감정평가 및 가치추정 요구가 빈번해, 과거 어느 기간의 상승률을 연장 적용하는지, 가격변동 자료를 무엇으로 보는지 합리적인 판단이 요구된다.

---

209) 토지소유자의 투자행위와 무관하게 용도지역의 변경이나 도시계획사업의 결정 등 공공의 계획결정 또는 변경으로 인해 우발적으로 발생하는 개발이익(김상일 외, 용도지역 변경에 따른 계획이득 추정에 관한 연구, 서울시정개발연구원, 2006, p.12)

제2절 「공공시설 등 기부채납 용적률 인센티브 운영 기준」에 따른 감정평가

1. 개요

토지주는 사업 토지가 포함된 지구단위계획구역(정비구역) 내에서 공공시설 등을 공공에 설치·제공('기부채납')하고 용적률을 완화 받을 수 있다. 여기서 말하는 '공공시설 등'은 공공시설(도로, 공원 등), 기반시설, 공공필요성이 인정되는 경우로서 도시계획조례로 정하는 시설 (공공청사, 문화시설, 체육시설 등) 및 「도시 및 주거환경정비법」 제17조 제4항에 따라 용적률 완화를 위해 납부하는 현금을 포함한다. 기부채납의 방법은 크게 세 가지로, 공공시설로 쓰일 토지 제공, 신축건물 및 기존 건축물의 제공, 현금 납부다. 지구단위계획 심의 및 건축허가 조건으로 기부채납비율(전체 사업부지 면적 대비 기부채납 대지면적 비율)이 정해졌다면, 건물과 현금 제공 시에는 이를 대지면적으로 환산[210]하게 된다. 감정평가법인등은, 완화 받을 용적률을 결정하기 위해, ① 완화 받는 부지 및 공공시설부지의 평가, ② 기부채납하는 기존 건물의 평가, ③ 공공시설 설치비용 산정 시, 입체적 구조물 시설인 경우 구분지상권 설정에 따른 사실상 영구적인 토지 사용료 평가를 수행하게 된다.

2. 적용산식

기부채납을 통한 상한용적률은 다음의 산식으로 결정된다.

$$허용 \text{ or } 기준용적률 \times [1 + 1.3 \times 가중치 \times \alpha토지 + (1.0 \sim 1.2) \times \alpha건축물 + 1.0 \times \alpha현금]$$

여기서 토지 가중치는 사업부지 용적률에 대한 공공시설 등 부지의 해당 용적률이며, 건축물계수는 기부채납 건축물의 종류, 위치, 층수, 규모, 용도 및 사업특성 등을 고려하여 1.0 ~ 1.2 범위 내에서 적용한다. α토지, α건축물, α현금의 정의 및 산식은 다음과 같다.

구분	정의	산식
α토지	'공공시설 등 부지(토지)로 제공한 후의 대지면적' 대 '공공시설 등 부지(토지)로 제공하는 면적[211]'의 비율	공공시설 등 부지제공 면적(기존 건축물 기부채납 시) = 공공시설 등 부지 제공면적 $\times \dfrac{\text{공공시설 등 제공부지의 부지가액}}{\text{용적률을 완화받는 부지의 부지가액}}$
α건축물	'공공시설 등 부지(토지)로 제공한 후의 대지면적' 대 '공공시설 등 부지(건축물 설치비용 환산부지)로 제공하는 면적'의 비율	건축물 환산부지 면적(m²) $= \dfrac{\text{공공시설 등 설치비용(원)}}{\text{용적률을 완화받고자 하는 부지가액(원/m²)}}$
α현금	'공공시설 등 부지(토지)로 제공한 후의 대지면적' 대 '공공시설 등 부지(현금 환산부지)로 제공하는 면적'의 비율	현금 환산부지 면적(m²) $= \dfrac{\text{현금 기부채납비용(원)}}{\text{용적률을 완화받고자 하는 부지가액(원/m²)}}$

---

[210] 용적률 인센티브 산정 원칙에 따르면, 환산 부지면적(m²) = [공공시설 설치비용(원) + 현금 기부채납비용(원)] / 용적률을 완화 받고자 하는 부지가액(원/m²)이다.
[211] 공공시설 등 부지(토지)에는 '기부채납 부지' 및 '건축물(공공시설 등)기부채납 토지지분' 포함

아래는, 위 산식에 따라 상한용적률이 결정되는 과정의 예시다.

> 〈적용 예시〉
> ▶ 대상지
>   • 제3종일반주거지역 (기부채납 10%)
>   • 허용용적률 : 230%, 대지면적 : 50,000m²
> ▶ 기부채납 내용 (가중치 1.0)
>   • 토지(기부채납 부지 및 건축물 토지지분) 제공 면적 : 3,000m²
>   • 공공시설 등 설치에 대한 환산부지면적 : 1,000m²
>   • 현금에 대한 환산부지면적 : 1,000m²
> $\Rightarrow 230\% \times \left(1 + 1.3 \times 1.0 \times \dfrac{3,000}{50,000-3,000} + 1.2 \times \dfrac{1,000}{50,000-3,000} + 1.0 \times \dfrac{1,000}{50,000-3,000}\right)$
> ∴ 상한용적률 = 259%

3. 부지의 가액

(1) 용적률을 완화 받는 부지의 가액

토지평가의 기준시점은 원칙적으로 지구단위계획 수립 이후 건축허가 시점이다. 다만, 사전협상과 같이 구체적 개발안을 전제로 지구단위계획을 수립하는 경우에는 도시건축공동위 심의를 통해 가액을 미리 결정하여 계획을 수립하게 되므로, 기준시점은 도시계획위원회 또는 도시건축공동위원회 심의 (추정)시점이 된다. 부지가액은 개별공시지가기준으로 산정하는 방법과 감정평가(산술평균)해서 결정하는 방법이 있다. 개별공시지가기준 산정방법은, 개별공시지가와 부지가액 가중치로 결정하는데, 부지가액 가중치는 표준지공시지가에 적용하는 '그 밖의 요인 보정치'와 유사한 개념으로 인근 유사토지 실거래 사례를 참고하여 산정하는 개별공시지가에 대한 단위 실거래의 비율로서, 인근 유사토지로 참고 가능 사례가 없는 경우에는 수치 '2'를 적용한다.

> 부지의 가액 = 심의 또는 건축허가 시점 직전 고시된 개별공시지가 × 부지가액 가중치

인근 유사토지는 가액산정 대상지의 대지경계로부터 2km 내에서 건축허가 시점으로부터 1년 이내에 거래된 50m² 이상의 토지로서, 부지가액 산정 대상지와 용도지역, 지목이 동일하고 접도조건이 유사한 사례여야 하며, 가중치 산정방법은, 최소 3개 이상의 인근 유사토지의 개별공시지가 실거래가 비율 사례를 면적기준으로 가중 평균한다. 이 방법은 토지주가 제시한 감정평가액이 없거나 도시계획(용도지역, 도시계획시설)변경이 없는 경우 해당된다.

부지가액을 감정평가로 결정할 때는, 평가대상을 개별토지의 합계로 결정하지 않고 일단의 건축허가지 또는 지구단위계획부지로 보아 가치추계한다. 즉, 정비사업구역이라면, 종전토지가 아니라 종후토지를 가리킨다. 구체적 개발안을 전제로 지구단위계획에서 부지가액을 결정할 때를 포함해 도시계획(용도지역, 도시계획시설)변경이 있는 경우라면 도시계획 변경 내용 및 개발용도를 고려하여 평가한다.[212]

---
212) 이때는 개별공시지가기준방식이 적용될 여지가 없다.

즉, 지구단위계획 등에 의한 용도지역, 개발용도 변경을 반영하되, 기준 또는 허용용적률의 밀도규제를 받는 토지로 본다. 부지가액의 기준이 되는 '용적률을 완화 받는 토지' 또는 '용적률을 완화 받고자 하는 토지'의 평가는, 도시계획사항의 변경으로 기준 또는 허용용적률을 넘어선 상한용적률을 결정하기 위함인바, 상한용적률 하에서의 토지가치추계는 아니다.

(2) 공공시설 등 제공 부지의 가액

공공시설 등 제공 부지에는 '기부채납 부지' 및 '건축물(공공시설 등)기부채납 토지지분'이 모두 포함된다. 용적률 완화를 받은 사업의 완료(준공)시점에 기부채납 대상 공공시설 등이 설치·제공되므로, 건축허가 또는 도시건축공동위 심의 당시에는 도로, 공원 등 조성이 완료된 상태가 아닌, 이와 같은 공공시설로 제공되어야 할 토지로 보는 것이 합리적이다. 따라서 도시계획시설 지정에 따른 용도제한을 반영해서는 안 된다.

4. 건축물의 가액

건축물환산부지 면적을 구하는데, 공공시설 등 설치비용 산정이 필요하다. 「건축법」상 건축물에 해당하는 시설 중 신축건축물을 제공할 경우 설치비용은 '설치비용기준 × 연면적'이 된다. 연면적은 건축물의 「건축법」상 연면적으로 민간 건축물에 복합 설치하는 경우는 공용면적까지 포함한 면적이며, 설치비용기준 세부사항은 다음과 같다.

- 공공임대주택은 국토교통부 장관이 고시한 '공공건설임대주택 표준건축비'를 준용. 다만, 성능 개선 등을 위하여 별도의 산정기준(지침)을 정하는 경우에는 그에 따름
- 기숙사, 오피스텔[213]은 공공임대주택 설치비용 기준 준용 – 공공임대상가, 공공임대산업시설은 「수도권정비계획법」에 따라 매년 고시하는 표준건축비 준용
- 그 외 공공시설 등은 서울시 기준[214]에서 제시하는 시설 종류별 건축비 준용
  (※ 설치비용은 부가가치세 면세된 단가 적용)

체육시설, 문화시설 등 특별한 구조나 성능이 필요하거나, 협의에 의해 추가되는 인테리어(집기 등 포함) 비용 등 설치비용 기준 적용이 적절하지 않은 경우, 설계내역 등 객관적인 산출근거를 통해 설치비용을 따로 산정 할 수 있다. 건축물에 대한 감정평가가 수행되는 경우는 기존건축물을 제공할 때다. 건축물 평가원칙은 원가법이 적용된다.

5. 토지사용료의 가액

건축물 외 시설 중 공간의 일부 범위를 정하여 도시관리계획으로 결정하는 시설 또는 지하, 고가, 터널 등 입체적이거나 특수한 구조로 설치하는 시설인 '입체적 구조물'을 설치하는 경우, 설계도서(도면, 산출내역)에 의거 소요되는 재료비, 노무비, 경비 등을 고려하여 산정된 건축허가 시점의 총 공사비를 공공시설 등 설치비용으로 반영하는데, 이때 입체적 구조물을 제공하면서, 토지의 입체적 공간 일부 역시 제공되는 셈이다. 따라서 설치비용에는 입체적 구조물 시설 설치 시 구분지상권 설정에 따른 사실상 영구적인 토지 사용료를 포함하는 것이 타당하다. 영구적 사용의 구분지상권 가치를 평가하게 된다.

---

213) 공공주택 특별법 제2조의2, 공공주택 특별법 시행령 제4조 제2호의 오피스텔
214) 공공건축물 건립 공사비 책정 가이드라인(서울특별시 기술심사담당관). 단, 가이드라인이 개정되는 경우 그에 따른다.

CHAPTER 09 소송평가[215]

제4편 | 목적별 감정평가

법원에 계속 중인 소송을 위한 토지 등의 감정평가로서, 원고 또는 피고의 신청에 의해 소송물인 토지 등의 경제적 가치를 판정하여 그 결과를 가액으로 표시한다. 소송평가는 법원이 모르는 혹은 법원을 대신하여 구체적 사실에 대한 경제적 가치 측면에서의 사실판단을 하는 것으로서, 기준시점, 평가조건 등은 법원으로부터 제시받아 원·피고의 감정요청 사항 중 법원에서 수용한 물건과 권리에 대해 평가를 진행한다.

대표적인 소송평가에는, 부당이득반환과 관련한 지료평가 및 적정분양가 평가, 일조 또는 조망침해에 따른 가치하락액 평가, 이혼소송에서 재산분할을 위한 시가평가, 권리금소송평가, 「토지보상법」을 적용한 보상금 증감청구소송평가 등이 있다. 한편, 농지에 관한 임대차계약이 강행법규인 「농지법」 제23조에 위반되어 무효가 되는 경우, 임차인이 법률상 권원 없이 농지를 점유·사용함에 따라 얻게 된 이득은 특별한 사정이 없는 한 그 농지의 임료 상당액이고, 이때의 '임료 상당액'은 해당 농지가 다른 용도로 불법으로 전용되어 이용되는 상태임을 전제로 산정하여서는 안 됨은 물론, 임대차보증금이 없는 경우를 전제로 객관적으로 산정된 금액을 의미한다. 따라서 약정 차임이 곧바로 부당이득에 따른 손해배상액이 되는 것은 아니고, 농지의 사용료 평가액이 손해액이 된다(대법원 2022.5.26.).

---

[215] 「법원감정평가실무」, 한국감정평가사협회

CHAPTER 09 기출문제

소송평가

01 서울지방법원 민사 ○○단독 재판장 판사 한공정은 민사소송사건의 심리를 위하여 다음과 같은 사건의 감정평가를 당신에게 의뢰하였다. 주어진 자료를 검토한 후 판사의 감정요청사항에 대하여 견해를 간단하게 약술하시오. (10점)   기출 22회

〈사건의 개요〉

1. 감정평가 목적물 : 서울특별시 ○○구 ○○동 1669−1 한라산 오리엔탈 1층 13호 건물 29.00m², 대지권 5,500m²×5,500분지 10.60m²

2. 청구내용 : 원고 이대리는 2009.9.20. 피고 (주)한라산개발이 시공하여 분양하는 위 목적물을 분양받아 현재 점포를 운영 중에 있으며, 피고는 분양 당시 전·후면 모두 인근 도로와 같은 높이의 평탄한 건축물인 것처럼 광고하였고 이에 원고는 그중 후면 상가인 위 목적물을 분양받았다. 그러나 건축물이 완공되어 입주하여 보니 건물의 전면 상가와는 달리 후면의 상가는 인근도로에 비해 약 1.2m 정도 높은 상태로 계단이 설치되어 고객의 통행이 불편한 구조로 되어 있음을 알게 되었고 분양 당시 광고와는 다른 구조로 인하여 실제 영업이익이 기대한 바에 미치지 못할 뿐만 아니라 현재 시점에서 위 목적물의 시가가 분양가에 미치지 못하는 등 손해를 입게 되었음을 주장하면서 이러한 손해를 이유로 2009.9.20. 당시 분양가격이 과다하고 따라서 피고가 부당하게 얻은 분양가격의 일부를 반환할 것을 청구하는 소를 제기하였다.

(1) 원고의 주장이 타당한지 여부와 분양 당시 전면 상가의 분양가격과 비교할 때 후면 상가의 분양가격이 적정한지 여부를 약술하시오. (5점)
(2) 분양가격이 적정하였다고 판단한다면 그 근거를 약술하고, 적정하지 않았다고 판단한다면 적정가격 수준은 어느 정도인지를 약술하시오. (5점)

〈자료 1〉 분양가격 자료(2009.9.20. 당시 1층 상가의 분양자료)

구 분	면적(m²)		분양가격		비 고
	전용면적	대지권	금액(원)	단가(원/m²)	
1층 4호	26.00	9.50	498,000,000	19,154,000	전 면
1층 6호	65.00	23.80	1,200,000,000	18,462,000	전 면
1층 9호	26.00	9.50	475,000,000	18,269,000	전 면
1층 13호	29.00	10.60	425,000,000	14,655,000	후 면
1층 14호	29.00	10.60	425,000,000	14,655,000	후 면
1층 17호	32.00	11.70	460,000,000	14,375,000	후 면

〈자료 2〉 실거래가격 자료 및 임대사례

구 분	거래사례			임대료(천원)		임대 수익률
	금액(천원)	매매일자	상승률	보증금	월 임료	
1층 4호	550,000	2011.8.4.	10.44%	—	—	자가사용
1층 6호	—	—	—	200,000	2,800	3.97%
1층 9호	—	—	—	55,000	1,150	3.72%
1층 13호	—	—	—	—	—	자가사용
1층 14호	460,000	2010.6.15.	8.24%	60,000	1,000	3.81%
1층 17호	500,000	2010.10.31.	8.70%	70,000	1,050	3.80%

※ 임대사례는 모두 2009년에 임대되었고 2011년 9월에 갱신되었음

〈자료 3〉 경제동향

구 분	지가변동률	주택가격 상승률	생산자물가 상승률
2009.1.1. ~ 2009.12.31.	1.07525	1.0473	1.0435
2010.1.1. ~ 2010.12.31.	1.05366	1.0408	1.0459
2011.1.1. ~ 2011.8.31.	1.03824	1.0311	1.0330

※ 지가변동률과 주택가격상승률은 ○○구 평균임

〈자료 4〉 상가배치도(축척 없음)

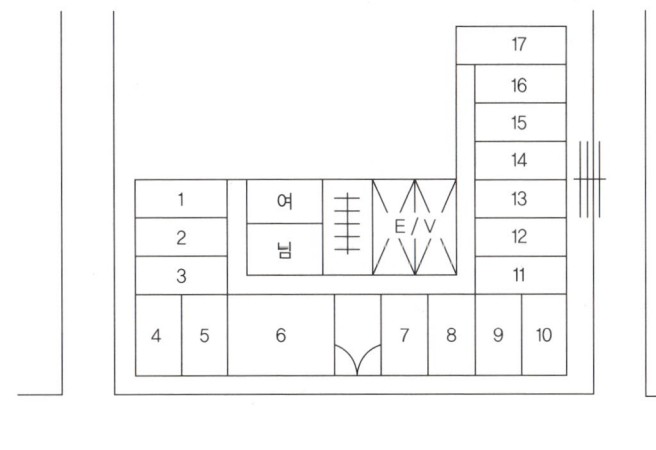

출제영역
소송평가_분양가적정성

답안작성 가이드

Ⅰ. 평가개요

본 건은 서울특별시 00구 00동 1669-1 한라산 오리엔탈 1층 13호의 분양가격 적정성에 대한 소송평가임(기준시점 2009.9.20.)

Ⅱ. [물음 1] 원고주장의 타당성 및 후면 상가 분양가격의 적정성 (5)

1. 후면 상가로 진입하는 도로는 분양 광고 당시와 동일하며, 도로에서 해당 건물로의 진입을 위해 설치된 1.2m 높이의 계단은 일반적으로 통행의 편의성을 크게 훼손하는 것으로 보이지 않음

2. 분양 당시와 다른 구조로 인한 영업이익의 하락 여부는 직접적으로 검증 가능한 사안이 아니며, 본건과 위치적 효용이 대등한 14호의 임대수익률이 전면에 위치한 6호와 9호의 임대수익률과 비교해 큰 차이가 없으므로 14호와 동일한 분양가가 책정된 13호의 분양가는 큰 무리가 없는 것으로 보임

3. 전면 상가 9호 분양가는 18,269,000원/m^2, 본건의 분양가는 14,655,000원/m^2으로 본건은 9호 대비 약 80% 수준이며, 본건은 진입계단에 인접한 반면 9호는 입구와 다소 떨어진 위치에 입점하고 있는 점 등을 종합 고려하면 전면 분양가격에 비해 후면 상가의 분양가격은 적정한 것으로 보임

4. 현재 13호의 시가는 동일한 위치적 효용을 보이는 14호의 거래금액으로 추정 할 수 있는바 2010년 6월 15일 당시 14호의 매매가는 분양가 대비 8.24% 상승한 가격으로 매매가 이루어졌으므로 13호의 시가 역시 상승한 것으로 판단됨

Ⅲ. [물음 2] 분양가격의 적정성 근거 (5)

1. 전, 후면 임대수익률의 균형

   임대수익률은 임대기간 동안의 임대수익 대비 기초자산가치의 비율로 추계되는바 시장에서 포착한 후면상가인 14호, 17호의 임대수익률이 전면상가 6호, 9호의 임대수익률과 균형을 이루고 있어 기초자산가치인 분양가격 역시 적절한 격차를 보이고 있는 것으로 판단할 수 있음

2. 전, 후면 가격 격차의 균형

   (1) 분양 당시 전면 상가인 1층 4호와 본건 13호의 분양가 격차는 약 23.5%임

   (14,655,000/19,154,000)

   (2) 1층 4호의 최근 거래시점인 2011.8.4. 당시 최초분양가 대비 자산 가치 상승률은 10.44%이며, 1층 14호는 2010.6.15. 당시 가치 상승률 8.24%를 보인바 2010.6.15. ~ 2011.8.4. 까지 비주거용 시점수정 자료로 채택가능한 생산자물가 상승률(최소 3% 이상)로 보정하면 1층 4호의 자산가치 상승률을 상회하는 것으로 볼 수 있어 오히려 최초 분양 당시 후면 분양가가 낮았다고 판단되어 전, 후면 가격 격차는 균형을 이루고 있다고 판단됨

02 감정평가사甲은 A지방법원 판사乙로부터 도시철도사업과 관련한 토지의 감정평가를 의뢰받았다. 감정평가사甲은 본 소송 과정에서 원고와 피고의 이해관계가 첨예하게 대립하고 있는 점을 확인하고 각자의 입장에서 대상 토지를 사전분석해 보기로 하였다. 관련 법규 및 이론을 참작하고 제시된 자료를 활용하여 다음의 물음에 답하시오. (20점) 기출 31회

(1) 피고(사업시행자이자 매수인) 입장에서 주장할 것으로 판단되는 대상토지의 이용상황을 관련 법규 등을 근거로 검토한 후, 해당 이용상황에 따른 대상 토지를 감정평가 하시오. (10점)

(2) 원고(피수용자이자 매도인) 입장에서 주장할 것으로 판단되는 대상토지의 이용상황을 관련 법규 등을 근거로 검토한 후, 해당 이용상황에 따른 대상 토지를 감정평가 하시오. (10점)

〈자료 1〉 사건 개요

1. 평가의뢰인 : A지방법원 판사乙
2. 사건번호 : 2020구합○○○○ 손실보상금
3. 원고 : 丙
4. 피고 : A시

〈자료 2〉 기본적 사항

1. 감정평가목적 : 소송(감정목적물에 대한 수용 당시의 적정한 보상금 산정)
2. 감정목적물 : A시 B구 C동 10-3번지
3. 감정할 사항 : 감정목적물에 대한 2019.5.19.을 가격시점으로 한 적정한 시가(보상액)
4. 토지 변동내역
   (1) B동 10번지
      ① 2014.5.24. : 건축허가 득함
      ② 2014.12.5. : 분할되어 본번에 -1을 부함
      ③ 2014.12.12. : 건축물 사용승인 득함
      ④ 2018.5.19. : 분할되어 본번에 -2를 부함
   (2) B동 10-1번지
      ① 2014.12.5. : B동 10번지에서 분할
      ② 2014.12.5. : 지목변경
      ③ 2018.5.19. : 분할되어 본번에 -3을 부함
5. 대로1류(폭20m ~ 25m) 변동내역
   (1) 2008.2.15. : A시 노시계획시설(노로) 결성 및 지형도면고시
   (2) 2016.6.9. : A시 도시계획시설(도로) 결정(변경) 및 지형도면고시
   (3) 2016.7.15. : 보상계획공고
   (4) 2016.9.30. : 도시계획시설(도로) 실시계획인가고시
   (5) 2017.10.31. : 사업 준공 완료
6. 도시철도사업관련
   (1) 2018.5.24. : 도시철도 A선 사업계획승인(「도시철도법」제7조 제1항)
7. 감정평가 관련자료
   (1) 대상토지의 개요

소재지	편입면적(m²)	지목	이용상황	공법상 제한사항
A시 B구 C동 10-13번지	19	도	도로	준주거지역, 도시철도

(2) 표준지공시지가

기호	소재지	면적(m²)	지목	이용상황	용도지역	도로교통	형상/지세	2016.1.1.(원/m²)	2018.1.1.(원/m²)
A	B구 C동 7번지	500	대	단독주택	준주거	세로(가)	사다리/평지	630,000	750,000
B	B구 C동 10번지	550	대	상업용	준주거	광대한면	세장형/평지	1,250,000	1,500,000

※ 2018.1.1.자 표준지 기호B는 도시계획시설(도시철도)에 30% 저촉됨

(3) 시점수정치
   ① 2018.1.1. ~ 2019.5.19. : 1.09268
   ② 2016.1.1. ~ 2019.5.19. : 1.15069

(4) 개별요인 비교치
   ① 도로접면

구 분	광대한면	중로한면	소로한면	세로(가)	세로(불)
광대한면	1.00	0.91	0.85	0.80	0.72
중로한면	1.10	1.00	0.93	0.88	0.80
소로한면	1.18	1.07	1.00	0.94	0.86
세로(가)	1.25	1.14	1.06	1.00	0.91
세로(불)	1.38	1.25	1.17	1.10	1.00

   ② 형 상

구 분	정방형	가장형	세장형	사다리
정방형	1.00	1.02	1.00	0.99
가장형	0.98	1.00	0.98	0.97
세장형	1.00	1.02	1.00	0.99
사다리	1.01	1.03	1.01	1.00

   ③ 도시계획시설

도시계획시설	일 반	도 로	도시철도
일 반	1.00	0.93	0.85
도 로	1.08	1.00	0.92
도시철도	1.18	1.09	1.00

(5) 그 밖의 요인 보정치
   ① 표준지 기호A
      ㉠ 2018.1.1. 표준지 공시지가 : 1.35
      ㉡ 2016.1.1. 표준지 공시지가 : 1.45
   ② 표준지 기호B
      ㉠ 2018.1.1. 표준지 공시지가 : 1.50
      ㉡ 2016.1.1. 표준지 공시지가 : 1.65

(6) 시계열 도면 자료(소재지 : A시 B구 C동 10번지 일원)

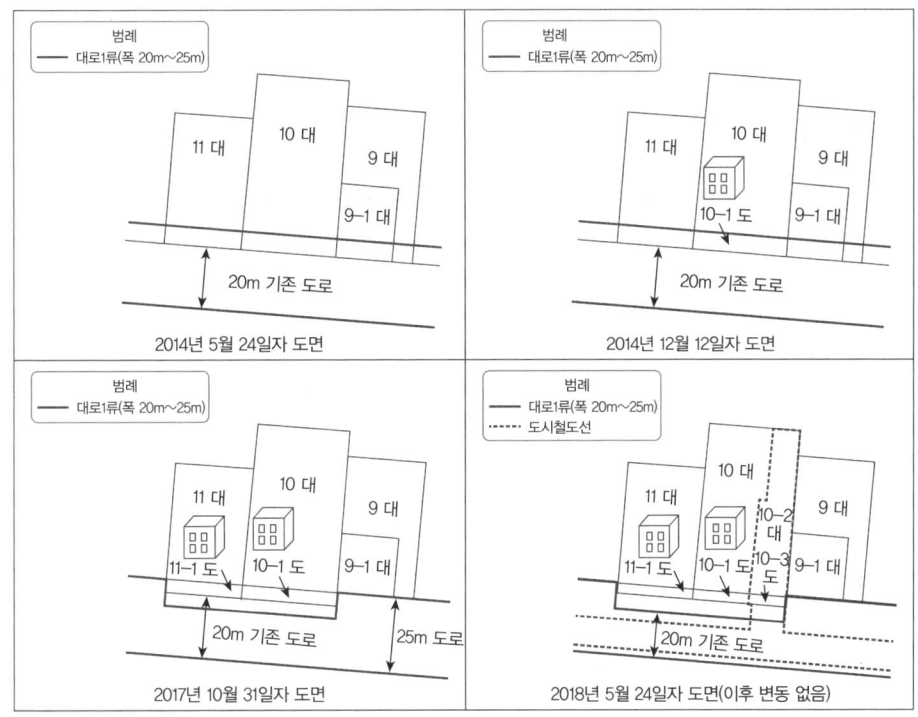

8. 기타 참고자료
   (1) 「도시철도법」 제10조 제2항 : 동법 제7조 제1항에 따른 사업계획의 승인과 같은 조 제6항에 따른 고시는 「공익사업을 위한 토지 등의 취득 및 보상에 관한 법률」(이하 "토지보상법") 제20조 제1항 및 제22조에 따른 사업인정 및 사업인정고시로 봄
   (2) 대상 토지는 C동 10번지 건축허가 이전까지 상업나지 상태였으며, 건축허가를 득하는 과정에서 분필되어 현재까지 도로로 이용 중임
   (3) 대상 토지의 수용재결 평가액은 15,390,000원(2개 법인 평균), 이의재결 평가액은 15,770,000원(2개 법인 평균)임
   (4) C동 10번지, C동 10-1번지, C동 10-2번지, C동 10-3번지는 모두 丙 소유임
   (5) 공시지가기준법으로 평가한 대상 토지의 평가액은 인근 거래사례의 가격수준과 적정한 균형을 이루고 있고, 그 합리성이 인정되는 것으로 봄
   (6) 본 사업은 도시철도 사업으로서 「토지보상법」 제70조 제5항, 동법 시행령 제38조의2 및 동법 시행령 제37조의 검토는 불필요함
   (7) 토지 평가단가는 천원 미만은 절사할 것
   (8) 개별요인은 조건 간 상승식으로 산정하되, 각 조건별 비교치는 소수점 셋째 자리에서 반올림하여 둘째 자리까지 표시하고, 개별요인 비교치는 소수점 넷째 자리에서 반올림하여 셋째 자리까지 표시함

출제영역
소송평가_보상금증감청구

답안작성 가이드

Ⅰ. 개 요
  1. 가격시점(기준시점) : 〈2018.6.1.〉
  2. 적용공시지가 선택
    (1) 취득하여야 할 토지의 가격이 변동되었는지 여부(「토지보상법 시행령」 제38조의2)
      대상물건은 〈철도사업〉에 편입되어 있는 바, 토지의 가격이 변동되었다고 볼 수 없음
    (2) 적용공시지가 선택
      사업인정 의제일(2018.6.24.) 이전 공시된 공시지가 중 가격시점과 가장 가까운 시점에 공시된 공시지가인 〈2018.1.1.〉임

Ⅱ. [물음 1] 피고의 주장 (10)
  1. 관련 법규에 따른 토지의 이용상황
    (1) 토지의 이용상황 : 사실상의 사도
    (2) 관련 법규 : 「토지보상법 시행규칙」 제26조 제2항 제3호에 따라, "건축허가권자가 그 위치를 건축허가권자가 그 위치를 지정·공고한 도로"에 해당함
  2. 사실상 사도에 따른 대상 토지의 감정평가
    (1) 인근토지(「토지보상법 시행규칙」 제26조 제4항)
      표준적인 이용상황과 유사한 토지로서 당해 토지와 위치상 가까운 토지인 〈10−2번지〉
    (2) 비교표준지 선정 : '인근지역, 준주거, 이용상황, 분할 전 모지번' 기준 〈#2〉
    (3) 개별요인 비교치(광대한면, 세장형)
      ① 도시계획시설 저촉 보정 : $1/(0.3 \times 0.85 + 0.7 \times 1.00) = 1.05$
      ② 사실상의 사도 보정 : 0.33 (1/3 이내)
      ③ 개별요인 비교치 : $1.05 \times 0.33 = 0.347$
    (4) 대상 토지의 감정평가액
      @1,500,000 × 1.09268 × 1.000 × 0.347 × 1.50 ≒ @853,000
                                  (× 19m² = 16,207,000원)

Ⅲ. [물음 2] 원고의 주장 (10)
  1. 관련 법규에 따른 토지의 이용상황
    (1) 토지의 이용상황 : 예정공도
    (2) 관련 법규 : 「토지보상법 시행규칙」 제26조 제1항 제3호에 따라, 도시계획시설(도로)로 결정된 이후 도로로 이용 중인 토지로 "예정공도"에 해당함
  2. 예정공도에 따른 대상 토지의 감정평가
    (1) 개별요인 비교치
      ① 가로조건(대상토지가 접한 "중로한면" 기준) : 0.91
      ② 획지조건(대상토지 "가장형" 기준) : 1.02
      ③ 도시계획시설 저촉 보정 : 1.05
      ④ 개별요인 비교치 : $0.91 \times 1.02 \times 1.05 = 0.975$
    (2) 대상 토지의 감정평가액
      @1,500,000 × 1.09268 × 1.000 × 0.975 × 1.50 ≒ @2,397,000
                                  (× 19m² = 45,543,000원)

CHAPTER 10 보상평가[216)

제4편 | 목적별 감정평가

> **핵심 키워드**

제1절 보상평가 입문
1. 보상평가 기초
   (1) 보상평가의 정의
   (2) 공익사업의 종류
   (3) 보상평가의 대상 및 당사자
   (4) 관련법령의 위계
   (5) 공익사업 절차 개관
   (6) 관보예시
   (7) 토지·물건 조서 작성
   (8) 사업인정고시
   (9) 보상평가
   (10) 손실보상의 구분
2. 손실보상 원칙
   (1) 사업시행자 보상
   (2) 사전 보상
   (3) 현금 보상
   (4) 개인별 보상 및 일괄보상
   (5) 사업시행이익 상계 금지

제2절 토지 보상평가
1. 토지 평가 원칙
   (1) 보상평가의 대상
   (2) 관련 법령
   (3) 객관적 기준 감정평가
   (4) 현실 이용상황 기준 감정평가
   (5) 개별 감정평가
   (6) 나지상정 감정평가
   (7) 해당 공익사업으로 인한 가격의 변동 배제 감정평가
   (8) 공시지가기준 감정평가
2. 수용하는 토지 평가
   (1) 공법상 제한을 받는 토지
   (2) 특수 토지
   (3) 기타 토지

3. 사용하는 토지 평가
   (1) 공용사용
   (2) 일반적 토지 사용
   (3) 토지의 지하, 지상공간 사용

제3절 지장물 보상평가
1. 개 관
   (1) 지장물의 정의
   (2) 보상 대상 지장물
   (3) 지장물 보상 원칙
2. 건축물 등 보상평가
   (1) 편입건축물
   (2) 잔여건축물
   (3) 공작물
3. 수목 등 보상평가
   (1) 과 수
   (2) 묘 목
   (3) 입 목
   (4) 농작물
   (5) 분묘(석물)

제4절 영업손실 등 보상평가
1. 광업권 보상평가
   (1) 광업권 보상 기초
   (2) 광업권 보상 규정
   (3) 광업권 보상 유형
   (4) 광업권 소멸 보상
   (5) 광산의 휴업 보상
2. 어업권 보상평가
   (1) 어업권 보상 기초
   (2) 어업권 보상 규정
   (3) 어업권 보상 유형

3. 영업손실 보상평가
   (1) 영업손실 보상 기초
   (2) 영업이익(소득)산정
   (3) 영업손실 보상 규정
   (4) 영업손실 보상 유형
4. 축산손실 보상평가
   (1) 축산손실 보상 기초
   (2) 축산소득(=영업이익) 산정
   (3) 축산손실 보상 유형
   (4) 이전비 및 감손상당액
5. 농업손실 보상평가
   (1) 개 요
   (2) 농업손실보상 유형
   (3) 도별 농작물 총수입 기준
   (4) 실제(입증)소득 기준

제5절 생활보상 등
1. 이주대책
   (1) 이주대책 연혁
   (2) 이주대책 관련규정
   (3) 이주대책 대상자
   (4) 이주정착금
   (5) 그 밖의 사항
2. 주거이전비 등
   (1) 주거이전비
   (2) 이사비, 동산의 이전비
   (3) 이농비, 이어비
   (4) 사업폐지 보상
   (5) 주거용 건축물 보상 특례
   (6) 주거용 건축물 보상 정리
   (7) 실직(휴직)보상
3. 공익사업시행지구밖의 토지등의 보상

---

216) 이용훈, 『한눈에 보는 보상평가』, 『감정평가실무기준』, 『실무기준해설서』, 한국감정평가사협회, 윌비스, 2015

제1절 보상평가 입문

1. 보상평가 기초

(1) 보상평가의 정의

공익사업의 진행에 따라 사업구역 내·외에 위치한 토지 등에 대한 수용, 사용에 대해 사업시행자가 피수용자 측에 지급할 적정한 보상액을 결정하는 평가를 말한다. 이는 공공필요에 의해 발생한 특별한 손해에 대한 조절적 보상이며, 공익사업의 효율적인 수행을 통하여 공공복리의 증진과 재산권의 적정한 보호를 도모하는데 목적이 있다.

통상은 사업구역 내 토지 등이 평가대상이나, 해당 공익사업으로 인해 구역 외 토지 등에 손실이 발생한 경우 평가대상이 확장된다. 취득의 방법에는 협의 또는 강제 수용(수용재결, 이의재결)이 있다.

(2) 공익사업의 종류

「공익사업을 위한 토지 등의 취득 및 보상에 관한 법률」(이하, 토지보상법) 제4조에 따른 공익사업의 종류는 아래와 같다.

구 분	범 위	구체적 사업
1호	국방·군사에 관한 사업	-
2호	교통·통신 등에 관한 사업	관계 법률에 의하여 허가, 인가, 승인, 지정 등을 받아 공익을 목적으로 시행하는 철도, 도로, 공항, 항만, 주차장, 공영차고지, 화물터미널, 삭도, 궤도, 하천, 제방, 댐, 운하, 수도, 하수도, 하수종말처리, 폐수처리, 사방, 방풍, 방화, 방조, 방수, 저수지, 용배수로, 석유비축 및 송유, 폐기물처리, 전기, 전기통신, 방송, 가스 및 기상관측에 관한 사업
3호	공공용 시설 등에 관한 사업	국가 또는 지방자치단체가 설치하는 청사, 공장, 연구소, 시험소, 보건 또는 문화시설, 공원, 수목원, 광장, 운동장, 시장, 묘지, 화장장, 도축장 그 밖의 공공용 시설에 관한 사업
4호	학교 등의 사업	관계 법률에 의해 허가, 인가, 승인, 지정 등을 받아 공익을 목적으로 시행하는 학교, 도서관, 박물관 및 미술관의 건립에 관한 사업
5호	주택건설, 택지조성에 관한 사업	국가, 지방자치단체, 정부투자기관, 지방공기업 또는 국가나 지방자치단체가 지정한 자가 임대나 양도의 목적으로 시행하는 주택의 건설 또는 택지의 조성에 관한 사업
6호	1호 ~ 5호의 사업을 위한 시설 사업	통로, 교량, 전선로, 재료적치장 그 밖의 부속시설에 관한 사업
7호	1호 ~ 5호의 사업을 위한 이주단지 조성 사업	주택, 공장 등의 이주단지 조성에 관한 사업
8호	그 밖에 별표에 규정된 법률에 따라 토지 등을 수용하거나 사용할 수 있는 사업	-

(3) 보상평가의 대상 및 당사자

① 보상평가의 대상

구 분	대 상
1	토지 및 이에 관한 소유권 외의 권리
2	토지와 함께 공익사업을 위하여 필요로 하는 입목, 건물 기타 토지에 정착한 물건 및 이에 관한 소유권 외의 권리
3	광업권·어업권 또는 물의 사용에 관한 권리
4	토지에 속한 흙·돌·모래 또는 자갈에 관한 권리

② 보상평가의 당사자

구 분	상 세
사업시행자	공익사업의 주체로 보상 의무를 진 자
토지소유자	공익사업에 필요한 토지의 소유자
관계인	사업시행자가 취득 또는 사용할 토지에 관하여 소유권 외의 권리[217]를 가진 자
	토지에 있는 물건에 관하여 소유권 및 그 밖의 권리를 가진 자

(4) 관련법령의 위계[218]

법규	법 률	「토지보상법」(보상의 일반법적 지위), 「전기사업법」, 「송변전설비 주변지역의 보상 및 지원에 관한 법률」 등
	시행령, 시행규칙, 훈령	「토지보상법 시행령」, 「토지보상법 시행규칙」, 「농작물 실제소득 인정기준」, 「감정평가 실무기준」
비법규	법 원	보상관련 판례
	행정부	국토교통부, 법제처 등의 질의회신
	중앙토지수용위원회	재결사례, 토지수용업무편람 등
	사업시행자	내규, 방침
	감정평가사 (감정평가협회 내규)	광업권보상평가지침, 영업손실보상 평가지침 등 각종 지침, 감정평가 실무매뉴얼

---

217) 지상권·지역권·저당권·사용대차 또는 임대차에 의한 권리
218) 「헌법」 제23조 제3항에 따른 '정당한 보상'은 상위 개념임

(5) 공익사업 절차 개관

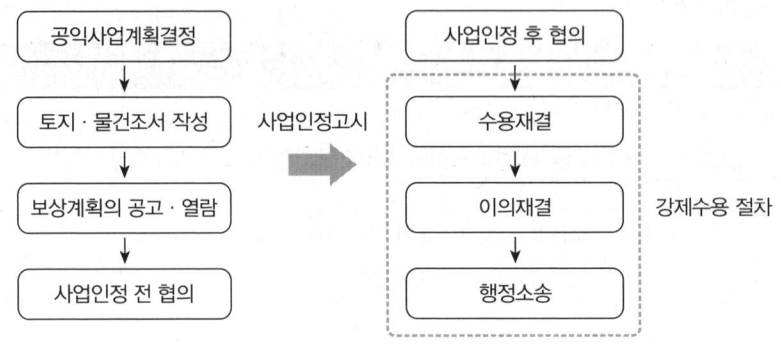

(6) 관보 예시

〈관보 예시〉

국토교통부 고시 제201*_**호

사업인정고시

「공익사업을 위한 토지 등의 취득 및 보상에 관한 법률」 제20조 규정에 의거 다음과 같이 사업인정 하였기에 같은 법 제22조에 의거 고시합니다.

201*년 **월 **일 국 토 교 통 부 장 관

사업시행자	사업시행자	사업인정 예정지	토지세목조서
화성시장 화성도시공사	화성시장 화성도시공사	경기도 화성시 향남읍 장짐리 269-8 등 18필지(2,636m²)	별 첨

수용 또는 사용할 토지의 세목조서

일련 번호	소재지	지 번	지 목	면 적		소유자		관계인			비 고
				공부상	편 입	성 명	주 소	성 명	주 소	권리의 종류 및 내용	
1	***	***	대	54.0	54.0	***	***				

(7) 토지·물건 조서 작성

① 조서작성

사업인정을 받은 토지와 물건에 대하여 조서를 작성, 사업시행자 및 토지소유자, 관계인이 서명 또는 날인하게 하고, 작성된 조서는 일응 진실성을 부여하도록 하고 있다(「토지보상법」 제14조 및 제27조 제2항). 조서작성은 토지 및 물건에 대한 별도의 확인절차 없이 재결을 용이하게 하도록 한 절차이다.

② 토지조서

토지조서										
공익사업의 종류 및 명칭										
사업인정의 근거 및 고시일										
사업시행자	성명 또는 명칭									
	주 소									
토지소유자	성명 또는 명칭									
	주 소									
토지의 내역										
소재지	지번(당초지번)	지 목	현실적인 이용상황	전체 면적	편입 면적	용도지역 및 지구	관계인			비 고
							성명 또는 명칭	주 소	권리의 종류 및 내용	
	***		***							

토지조서는 토지소유자 별로 작성한다. 당해 공익사업으로 인하여 토지가 분할되는 경우에는 분할 전의 지번은 "지번(당초지번)"란에 ( )로 기재하며, 공부상 면적과 실측면적이 다른 경우 실측면적을 "비고"란에 기재한다. 도로부지인 경우에는 도로의 구분, 이용상황 및 위치 등 그 특성을 "참고사항"란에 기재한다.

③ 물건조서

물건조서									
공익사업의 종류 및 명칭									
사업인정의 근거 및 고시일									
사업시행자	성명 또는 명칭								
	주 소								
토지소유자	성명 또는 명칭								
	주 소								
물건의 내역									
소재지	지 번	물건의 종류	구조 및 규격	수량(면적)		관계인			비 고
						성명 또는 명칭	주 소	권리의 종류 및 내용	
		***	***						

물건조서는 물건소유자 별로 작성한다. 건물이 일부 편입되는 경우에는 "수량(면적)"란에 편입면적을 기재하고, "비고"란에 연면적을 기재한다. "관계인"란에는 물건에 관한 소유권외의 권리를 가진 자를 기재하고, 공부상 면적과 실측면적이 다른 경우에는 "비고"란에 공부상 면적을 기재한다. 실측평면도를 첨부하며 이는 건축물현황도로 갈음할 수 있다.

(8) 사업인정고시

① 의 의

일정한 절차의 이행을 조건으로 토지 등을 수용 또는 사용할 수 있는 권리를 설정해 주는 행정처분을 말한다. 사업인정으로 수용대상목적물의 범위가 확정되고, 목적물에 관한 현재 및 장래의 권리자에 대항할 수 있는 공법상의 권리로서의 효력이 발생한다.[219]

사업인정은 「토지보상법」 제4조에 열거된 공익사업에 한하여 국토교통부장관이 중앙토지수용위원회 등의 의견을 들어 결정하고 이를 고시함으로써 효력이 발생[220]한다. 다만, 「국토의 계획 및 이용에 관한 법률」 등 개별법에서 실시계획의 인가 등을 사업인정으로 보도록 특례를 정하고 있는 경우가 많다. (사업인정의제)사업인정고시를 「토지보상법」 제22조 제1항 및 개별법에 따라 관보 등에 고시하지 않고 홈페이지 등에 인터넷으로 고시하는 것 등은 효력이 인정되지 않는다.[221]

② 판 단

특수한 상황에서의 사업인정고시 판단은 아래와 같다.

㉠ 사업인정 당시 고시된 사업기간이 지난 후 사업시행기간을 변경 고시한 경우

구 분	판 단
사업시행기간만 변경 고시한 경우	무효(실효)
인가고시의 모든 요건을 갖춘 경우	새로운 인가고시로 유효
변경인가가 새로운 인가로서의 요건을 갖추지 못한 경우	기존의 사업인정은 실효(수용불가), 새로운 사업인정고시 필요

㉡ 세목고시가 누락된 경우

구 분	판 단
개별법령에서 세목고시를 의무화한 경우	• 제소기간이 지나지 않은 경우 세목고시 보완 필요 • 제소기간이 지난 경우 불가쟁력이 발생해 사업인정 유효
개별법령에서 세목고시를 의무화하지 않은 경우(도로법)	세목고시 여부 또는 세목고시 일자와 관계없이 도로구역결정, 변경 고시일이 사업인정고시일

㉢ 변경 및 추가 고시[222]

사업인정의 고시가 있은 이후에 공익사업지구의 확장이나 변경 등이 없이 지적 분할 등에 의해 토지의 세목 등이 변경 고시된 경우에는 사업인정의 동일성이 계속 유지되는 것이므로 사업인정고시일에는 변동이 없다. 즉, 최초의 세목고시일이 사업인정고시일이 된다. 반면, 공익사업지구의 확장이나 변경 등으로 토지의 세목 등이 추가 고시된 경우에는 해당 토지에 대해서는 세목의 추가 고시를 새로운 사업인정의 고시로 보아야 하므로 추가 고시된 날짜를 사업인정고시일로 본다.

---

219) 대법원 95누4889 판결, 대법원 95누13241 판결, 대법원 2001누9150 판결 참조
220) 「토지보상법」 제20조 ~ 제22조
221) 중토위사무국－8355(2004.4.26.), 2004.4.20. 심의재결
222) 김원보, 「토지보상법 해설 1권」, 가람감정평가법인, 2021. p.306

③ 효과
　　㉠ 토지 등의 보전의무
　　　토지형질변경의 금지/공익사업에 필요한 물건 등의 손괴, 수거 금지/건축, 대수선, 공작물설치, 물건의 부가, 증치 등의 원칙적 금지를 의미한다. 다만, 사업인정고시 이전 공고, 공람 당시에 행위제한의 효과가 발생하는 예외적인 경우도 있다(예 택지개발촉진법).
　　㉡ 보상 대상의 확정
　　　사업인정 고시 당시 토지 및 물건, 권리 등에 대해서만 보상 대상으로 인정되며, 사업인정 고시 이후 신축건물, 가설건축물, 영업 등은 보상대상에서 제외된다.

(9) 보상평가
① 협의평가[223]
　사업시행자, 시·도지사, 토지소유자 각 1인 추천하며, 평가액의 산술평균으로 결정한다.

구 분	성 격	기준시점
사업인정 전 협의	사법상 계약	협의성립 당시
사업인정 후 협의	공법상 계약	협의성립 당시

　공익사업에 필요한 토지는 수용 이전에 협의에 의한 취득이 원칙이다. 이때 사업시행자는 토지소유자 및 관계인과 개인별로 성실하게 협의하여야 한다(「토지보상법」 제16조). 사업인정 이전에 협의절차를 거쳤으나 협의가 성립되지 아니하여 사업인정을 받은 사업으로서 토지조서 및 물건조서의 내용에 변동이 없는 때에는 협의절차를 거치지 아니할 수 있다. 다만, 사업시행자 또는 토지소유자 및 관계인이 협의를 요구하는 때에는 협의하여야 한다(「토지보상법」 제26조 제2항). 협의의 성립으로 수용절차는 종결된다. 사업인정을 받은 사업시행자는 필요한 경우 협의 성립된 내용에 대하여 재결의 신청기간 이내에 당해 토지소유자 및 관계인의 동의를 얻어 관할 토지수용위원회에 협의성립확인을 신청할 수 있고, 협의성립확인은 수용재결절차를 준용한다(「토지보상법」 제29조 제1항 및 제2항). 사업시행자가 협의 성립된 토지의 소재지·지번·지목 및 면적 등에 대하여 「공증인법」에 의한 공증을 받아 협의성립확인을 신청한 때에는 관할 토지수용위원회가 이를 수리함으로써 협의성립이 확인된 것으로 본다(「토지보상법」 제29조 제3항). 협의성립확인은 재결로 보며, 사업시행지, 토지소유자 및 관계인은 그 확인된 협의의 성립이나 내용을 나눌 수 없다(「토지보상법」 제29조 제4항).

---

[223] 기준시점은 협의성립당시이며, 통상 평가의뢰일로부터 1 ~ 2개월 뒤임(현장조사 및 평가서 납품 후 최소 협의기간을 거쳐야 하기 때문). 또한 최초의 협의성립시점이 아니라 개개 물건 또는 권리에 대한 보상협의가 성립된 시점을 의미함.

② 재결평가[224]
㉠ 성 격

구 분	성 격	기준시점
수용재결	형성적 행정처분	수용재결일
이의재결	형성적 행정처분	수용재결일

협의가 성립되지 않은 경우 수용재결평가가 이뤄지며, 수용재결에 대해서도 이의가 있는 경우 이의재결 평가를 진행한다. 이의재결 평가는 수용재결평가결과를 목적물로 다투는 것이므로 (수용재결평가가 적정치 않다는 '이의'임) 기준시점은 수용재결일로 수용재결평가와 동일하다. 수용재결일은 사전에 확정 가능하며, 수용의 개시일과는 다르다. 보상액은 평가액의 산술평균으로 결정된다.

㉡ 평가기준

구 분	상 세

재결평가	• 평가의뢰(「토지보상법」 제58조 제1항 제2호, 「토지보상법 시행규칙」 제16조)
	  - 감정평가협회의 추천을 받아 감정평가법인등 중 2인을 선정, 평가의뢰
	  - 토지 및 물건조서, 토지소유자의견서 및 평가유의사항 등을 첨부하여 토지소유자 등의 의견이 반영되도록 하여야 함(*)
	• 적용할 표준지 공시지가의 기준시점(「토지보상법」 제70조 제4항)
	  - 당해 사업으로 인한 개발이익을 배제하기 위하여 사업인정고시일 전의 시점을 공시기준일로 하는 공시지가로서, 당해 토지에 관한 재결 당시 공시된 공시지가 중 당해 사업인정고시일에 가장 가까운 시점에 공시된 공시지가를 기준으로 함

알아보기 소유자 주장 검토 의견 예시(*)

구 분	내 용
피수용자 주장	사업지구에 편입되어 도로 양편으로 나누어져 가치하락 발생
재결 평가사 검토 사항	산22-7은 원지번이 산22-1로서 대상사업으로 인하여 분할된 이후 재분할(산22-17)된 토지이며 도로사업 지 남측 고지부분의 광평수 토지로서 전반적인 농림지역 내 자연림으로서의 이용도 측면에서는 요인변동이 없으며 산22-10번지를 이용하여 대상지까지 접근 가능한 통로박스를 개설하였는바 시가지로부터의 접근성에 불리한 요인이 발생하지 않아, 별도의 가치하락은 없는 것으로 사료됨

---

224) 기준시점은 재결당시이며, 이는 수용(사용)의 개시일이 아니라 토지수용위원회의 재결일을 의미

③ 재평가

원 평가에서 시·도지사 및 토지소유자의 추천이 있었던 경우에는 재추천을 받아야 한다.

구 분	사 유
당해 감정평가법인등에 요구하는 경우	제출된 보상평가서를 검토한 결과 그 평가가 관계법령에 위반하여 평가되었거나 합리적 근거 없이 비교 대상이 되는 표준지의 공시지가와 현저하게 차이가 나는 등 부당하게 평가되었다고 인정되는 경우
다른 감정평가법인등에 요구하는 경우	• 위 사유에 해당하는 경우로서 당해 감정평가법인등에게 평가를 요구할 수 없는 특별한 사유가 있는 경우 • 대상물건의 평가액 중 최고평가액이 최저평가액의 110%를 초과하는 경우(대상물건이 지장물인 경우 최고평가액과 최저평가액의 비교는 소유자별로 지장물 전체 평가액의 합계액을 기준) • 평가를 한 후 1년이 경과할 때까지 보상계약이 체결되지 아니한 경우

(10) 손실보상의 구분[225]

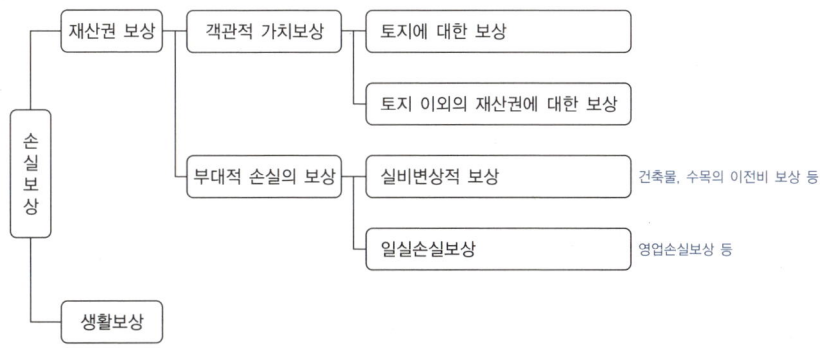

2. 손실보상 원칙

(1) 사업시행자 보상

> 「토지보상법」 제61조
> 공익사업에 필요한 토지 등의 취득 또는 사용으로 인하여 토지소유자나 관계인이 입은 손실은 사업시행자가 보상하여야 한다.

법령에서 정한 손실보상의 범위가 협소하여 피수용자 측은 손실의 '범위'에 대한 불만이 있다.[226] 이에 정당한 보상을 위해 생활보상의 영역까지 손실보상의 범위를 확대해가는 추세에 있으며, 그 대표적인 예로서 편입되지 않고 남은 잔여지와 잔여건축물에 발생한 손실을 보상하도록 규정이 신설되었다(법 제73조~제75조). 미지급용지의 경우 종전 공익사업의 시행자가 원칙적으로 보상의무자이나 종전 사업 시행자가 보상금을 지급하게 되면, 새로운 사업시행자는 종전 사업시행자에게 보상을 해야 하기 때문에 사업 일정이 지연되고 불필요한 행정력이 낭비되는 등 불합리하므로 새로운 사업시행자가 보상의 주체가 된다.

---
225) 김원보, 『토지보상법 해설 3권』, 가람감정평가법인, 2021, p.137
226) 상업용 부동산의 경우 권리금 등이 손실보상의 대상에서 빠져 있다.

(2) 사전 보상

> 「토지보상법」 제62조
> 사업시행자는 해당 공익사업을 위한 공사에 착수하기 이전에 토지소유자와 관계인에게 보상액 전액(全額)을 지급하여야 한다. 다만, 제38조에 따른 천재지변 시의 토지 사용과 제39조에 따른 시급한 토지 사용의 경우 또는 토지소유자 및 관계인의 승낙이 있는 경우에는 그러하지 아니하다.
>
> ※ 천재지변 시의 토지 사용
>   천재·지변 그 밖의 사변으로 인하여 공공의 안전을 유지하기 위한 공익사업을 긴급히 시행할 필요가 있는 때
> ※ 시급을 요하는 토지의 사용
>   재결의 신청을 받은 토지수용위원회는 그 재결을 기다려서는 재해를 방지하기 곤란하거나 그 밖에 공공의 이익에 현저한 지장을 줄 우려가 있다고 인정하는 때

수용에 의하는 경우 수용 또는 사용 개시일까지 관할 토지수용위원회가 재결한 보상금을 지급하여야 하며, '(i) 보상금을 받을 자가 그 수령을 거부하거나 보상금을 수령할 수 없을 때, (ii) 사업시행자의 과실 없이 보상금을 받을 자를 알 수 없을 때, (iii) 관할 토지수용위원회가 재결한 보상금에 대하여 사업시행자가 불복할 때, (iv) 압류나 가압류에 의하여 보상금의 지급이 금지되었을 때'는 토지 등의 소재지에 공탁소에 보상금을 공탁할 수 있다.

(3) 현금 보상

> 「토지보상법」 제63조
> 손실보상은 다른 법률에 특별한 규정이 있는 경우를 제외하고는 현금으로 지급하여야 한다.

토지소유자가 원하는 경우로서 사업시행자가 해당 공익사업의 합리적인 토지이용계획과 사업계획 등을 고려하여 토지로 보상이 가능한 경우에는 토지소유자가 받을 보상금 중 본문에 따른 현금 또는 제7항 및 제8항에 따른 채권으로 보상받는 금액을 제외한 부분에 대하여 그 공익사업의 시행으로 조성한 토지로 보상할 수 있다(대토보상).

(4) 개인별 보상 및 일괄보상

> 「토지보상법」 제64조
> 손실보상은 토지소유자나 관계인에게 개인별로 하여야 한다. 다만, 개인별로 보상액을 산정할 수 없을 때에는 그러하지 아니하다.

동일 세대 내 직계 관계라도 소유자가 다를 경우 별도로 보상된다. 영업장 내 임차인이 부가한 시설물이 있는 경우 건물보상액은 소유자에게, 시설물보상액은 임차인에게 지급된다. 수인의 공유인 경우에는 공유자 각각에게 소유지분별로 보상액이 별도 지급되며, 토지 소유권 외 다른 권리가 있는 경우 다른 권리자와 소유자에게 각각 '다른 권리의 보상액'과 '소유권 보상액-다른 권리의 보상액'이 지급된다.

> 「토지보상법」 제65조
> 사업시행자는 동일한 사업지역에 보상시기를 달리하는 동일인 소유의 토지 등이 여러 개 있는 경우 토지소유자나 관계인이 요구할 때에는 한꺼번에 보상금을 지급하도록 하여야 한다.

(5) 사업시행이익 상계 금지

> 「토지보상법」 제66조
> 사업시행자는 동일한 소유자에게 속하는 일단(一團)의 토지의 일부를 취득하거나 사용하는 경우 해당 공익사업의 시행으로 인하여 잔여지(殘餘地)의 가격이 증가하거나 그 밖의 이익이 발생한 경우에도 그 이익을 그 취득 또는 사용으로 인한 손실과 상계(相計)할 수 없다.

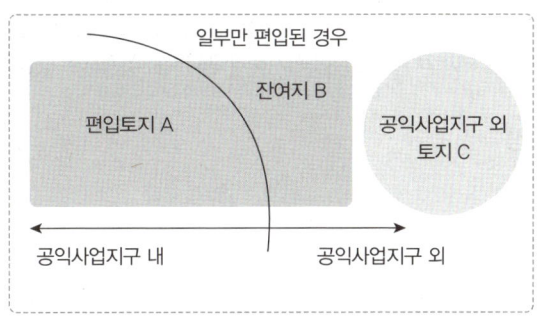

소유자	구 분	적정가격	
		공익사업 편입 전	공익사업 편입 후
갑(甲)	편입 토지(A)	100	—
	잔여지(B)	100	150
을(乙)	사업지구 밖 토지(C)	100	150

토지 A의 보상금으로 100이 아닌 50(100 – 잔여지 가치증가분 50)을 지급할 수 없다. 이는 시행이익을 손실과 상계할 경우 개발이익을 누리는 C토지와의 형평성이 무너지기 때문이다.

제2절 토지 보상평가

1. 토지 평가 원칙

(1) 보상평가의 대상

> 「감정평가 실무기준」
> ① 토지 보상평가의 대상은 공익사업의 시행으로 인하여 취득할 토지로서 사업시행자가 보상평가를 목적으로 제시한 것(이하 "대상토지"라 한다)으로 한다.
> ② 대상토지의 현실적인 이용상황 및 면적 등은 사업시행자가 제시한 내용에 따르되 다음 각 호의 어느 하나에 해당하는 경우에는 사업시행자에게 그 내용을 조회한 후 목록을 다시 제시받아 감정평가하는 것을 원칙으로 한다. 다만, 수정된 목록의 제시가 없을 때에는 당초 제시목록을 기준으로 감정평가하되, 감정평가서에 현실적인 이용상황을 기준으로 한 단위면적당 가액(이하 "단가"라 한다) 또는 면적을 따로 기재한다.
>   1. 실지조사 결과 제시목록상의 이용상황과 현실적인 이용상황이 다른 것으로 인정되는 경우

2. 한 필지의 토지가 둘 이상의 이용상황인 경우로서 이용상황별로 면적을 구분하지 아니하고 의뢰된 경우(다른 이용상황인 부분이 주된 이용상황과 가치가 비슷하거나 면적비율이 뚜렷하게 낮아 주된 이용상황의 가치를 기준으로 거래될 것으로 추정되는 경우는 제외한다)
3. 공부상 지목이 "대"(공장용지 등 비슷한 지목을 포함한다. 이하 같다)가 아닌 토지가 현실적인 이용상황에 따라 "대"로 의뢰된 경우로서 다음 각 목의 어느 하나에 해당하는 경우(형질변경허가 관계 서류 등 신빙성 있는 자료가 있거나 주위환경의 사정 등으로 보아 "대"로 인정될 수 있는 경우는 제외한다)
   가. 제시면적이 인근지역에 있는 "대"의 표준적인 획지면적을 현저하게 초과하거나 미달되는 경우
   나. 지상 건축물의 용도·규모 및 부속 건축물의 상황과 관련 법령에 따른 건폐율·용적률, 그 밖에 공법상 제한 등으로 보아 그 제시면적이 현저하게 과다하거나 과소한 것으로 인정되는 경우

① 보상대상의 확정

㉠ 확정절차

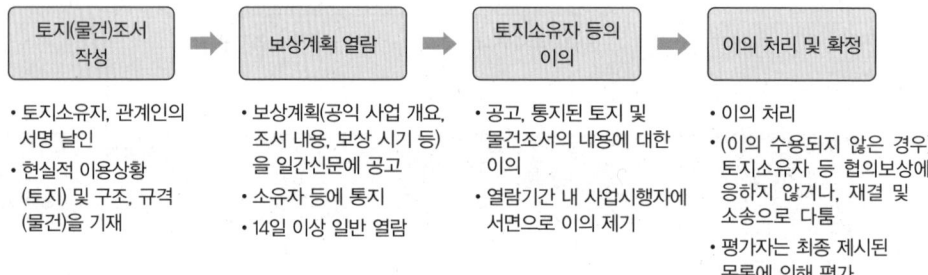

㉡ 확정기준일

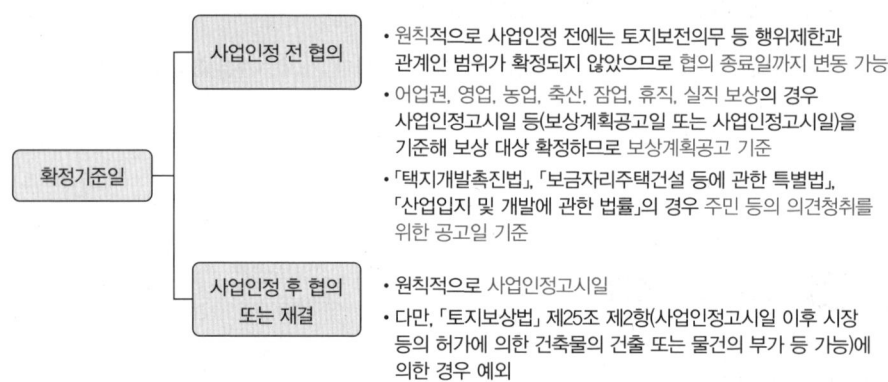

㉢ 토지목록

ⓐ 원 칙

사업시행자가 보상평가를 목적으로 제시한 토지가 보상대상이 된다.

ⓑ 취득의 확장

잔여지 수용과 사용에 갈음하는 수용이 이에 해당한다. 사용에 갈음하는 수용은 일정 요건[227]이 충족되어야 한다.

---

227) 「토지보상법」 제72조(사용하는 토지의 매수청구 등)
1. 토지를 사용하는 기간이 3년 이상인 경우
2. 토지의 사용으로 인하여 토지의 형질이 변경되는 경우
3. 사용하려는 토지에 그 토지소유자의 건축물이 있는 경우

ⓔ 토지의 이용상황 및 면적
  ⓐ 원 칙
    사업시행자, 토지수용위원회, 법원이 제시한 목록에서 표시된 현실적인 이용상황과 면적을 기준으로 한다.
  ⓑ 예 외

구 분	처리방침
현실적인 이용상황이 기재되지 않은 경우	사업시행자에게 현실적인 이용상황을 제시받아 평가, 제시하지 않은 경우 공부상 지목 기준 평가 후 현실적인 이용상황을 기준한 단가를 따로 기재
제시목록상의 이용상황과 현실적인 이용상황이 다른 경우	사업시행자에게 내용 조회 후 목록 다시 제시받아 평가, 제시하지 않은 경우 당초 제시목록 기준 평가 후 현실적인 이용상황을 기준으로 한 단가를 따로 기재
(이용상황별) 면적 구분이 없는 경우	사업시행자에게 내용 조회 후 목록 다시 제시받아 평가, 제시하지 않은 경우 당초 제시목록 기준 평가 후 현실적인 이용상황별 단가를 따로 기재
제시면적이 현실적인 대지면적 규모와 상이한 경우 - 지목이 '대'가 아닌 토지가 '대'로 의뢰	사업시행자에게 내용 조회 후 목록 다시 제시받아 평가
이용상황을 상정하는 경우 - 불법형질변경 및 무허가건축물부지를 현황과 다르게 평가하는 경우	「토지보상법」에 정하는 절차를 통해 결정된 이용상황을 기준(평가자가 임의로 추정하거나 변경하는 것은 불가)

(2) 관련 법령

> 「토지보상법」 제70조
> ① 협의나 재결에 의하여 취득하는 토지에 대하여는 「부동산 가격공시에 관한 법률」에 따른 공시지가를 기준으로 하여 보상하되, 그 공시기준일부터 가격시점까지의 관계 법령에 따른 그 토지의 이용계획, 해당 공익사업으로 인한 지가의 영향을 받지 아니하는 지역의 대통령령으로 정하는 지가변동률, 생산자물가상승률(「한국은행법」 제86조에 따라 한국은행이 조사·발표하는 생산자물가지수에 따라 산정된 비율을 말한다)과 그 밖에 그 토지의 위치·형상·환경·이용상황 등을 고려하여 평가한 적정가격으로 보상하여야 한다.
> ② 토지에 대한 보상액은 가격시점에서의 현실적인 이용상황과 일반적인 이용방법에 의한 객관적 상황을 고려하여 산정하되, 일시적인 이용상황과 토지소유자나 관계인이 갖는 주관적 가치 및 특별한 용도에 사용할 것을 전제로 한 경우 등은 고려하지 아니한다.
>
> 「토지보상법」 제71조
> ① 협의 또는 재결에 의하여 사용하는 토지에 대하여는 그 토지와 인근 유사토지의 지료(地料), 임대료, 사용방법, 사용기간 및 그 토지의 가격 등을 고려하여 평가한 적정가격으로 보상하여야 한다.

(3) 객관적 기준 감정평가

> 「감정평가 실무기준」
> 토지 보상평가는 기준시점에서의 일반적인 이용방법에 따른 객관적 상황을 기준으로 감정평가하며, 토지소유자가 갖는 주관적 가치나 특별한 용도에 사용할 것을 전제로 한 것은 고려하지 아니한다.

① 일반적인 이용방법
  토지가 놓여 있는 지역이라는 공간적 상황 및 기준시점이라고 하는 시간적 상황 하에서 당해 토지를 이용하는 평균인이 이용할 것으로 기대되는 이용방법을 의미한다.
② 객관적 상황
  제3자의 입장에서 판단, 특수한 용도에 이용할 것을 전제로 하거나 주위환경이 특별하게 바뀔 것을 전제하는 경우가 아닐 것[228]을 의미한다.
③ 주관적 가치
  다른 사람에게 일반화시킬 수 없는 개인적인 애착심 또는 감정가치를 의미한다.
④ 특별한 용도
  지역의 일반적인 이용상황이 아닌 특정한 용도[229]를 의미한다.

(4) 현실 이용상황 기준 감정평가

> 「감정평가 실무기준」
> 토지 보상평가는 기준시점에서의 현실적인 이용상황을 기준으로 한다. 다만, 관련법령 및 이 기준에서 달리 규정하는 경우는 그러하지 아니하다.

토지 보상평가는 기준시점에서의 현실적인 이용상황을 기준으로 하며, 예외적으로 아래와 같은 경우에는 공부상 지목 또는 종전 이용상황을 기준으로 감정평가한다. 현실적인 이용상황은 기준시점 당시의 실제이용상황으로서 주위환경이나 대상토지의 공법상 규제 정도 등으로 보아 '인정 가능한 범위의 이용상황'(대법원 2004.6.11. 선고 2003두14703)이어야 하며, 현실적인 이용상황에 따른 비교수치 외에 공부상의 지목에 따른 비교수치를 중복 적용하는 것은 허용되지 않는다(대법원 2001.3.27. 선고 99두7968).

- 일시적인 이용상황
  일시적인 이용상황이란 관계 법령에 따른 국가 또는 지방자치단체의 계획이나 명령 등에 따라 해당 토지를 본래의 용도로 이용하는 것이 일시적으로 금지되거나 제한되어 그 본래의 용도와 다른 용도로 이용되고 있거나[230] 해당 토지의 주위환경의 사정으로 보아 현재의 이용방법이 임시적인 것[231]을 의미한다.
- 공공시설용지(도로 등)
  공공시설용지는 공익사업으로 인한 용도폐지 후의 인근지역 표준적인 이용상황 기준으로 감정평가한다.
- 89.1.24. 이후 신축 무허가건축물부지
- 불법형질변경토지
- 미지급용지(미보상토지)

---

228) 예 온천으로서의 개발가능성이라는 장래의 동향을 지나치게 평가한 것은 객관성과 합리성 결여 – 판례
229) 예 공장을 증축할 목적으로 농경지를 구입한 경우의 특별한 용도는 공업용 – 판례
230) 일반적 계획제한이 아닌 개별적 계획제한이 해당
231) 주택지대 내 지목 '대'인 토지를 농경지로 이용(저가이용)하는 경우, 현황 잡종지나 산림복구가 예정된 채석장. 다만, 지목 '대'이나 현재 토지의 이용상황과 객관적 상황이 유지 또는 답인 저수지 부지는 유지 또는 답으로 판단하며, 수해로 인해 하천화된 토지는 공부상 지목이 전 또는 답이라 하더라도 하천으로 판단함

(5) 개별 감정평가

> 「감정평가 실무기준」
> ① 토지 보상평가를 할 때에는 대상토지 및 소유권 외의 권리마다 개별로 하는 것을 원칙으로 한다. 다만, 개별로 보상액을 산정할 수 없는 등 특별한 사정이 있는 경우에는 소유권 외의 권리를 대상토지에 포함하여 감정평가 할 수 있다.
> ② 제1항에도 불구하고 다음 각 호의 어느 하나에 해당하는 경우에는 그에 따른다.
>   1. 두 필지 이상의 토지가 일단지를 이루고 있는 경우에는 일괄 감정평가한다. 다만, 이용상황 또는 용도지역 등을 달리하여 가치가 명확히 구분되거나 소유자 등이 달라 이를 필지별로 감정평가 할 이유나 조건이 있는 경우에는 그러하지 아니하다.
>   2. 한 필지의 토지가 둘 이상의 이용상황으로 이용되거나 용도지역 등을 달리하는 경우에는 이용상황 또는 용도지역 등 별로 구분감정평가 한다. 다만, 다른 이용상황으로 이용되거나 용도지역 등을 달리하는 부분이 주된 이용상황 또는 용도지역 등과 가치가 비슷하거나 면적비율이 뚜렷하게 낮아 주된 이용상황 또는 용도지역 등의 가치를 기준으로 거래될 것으로 추정되는 경우에는 주된 이용상황 또는 용도지역 등의 가치를 기준으로 감정평가할 수 있다.
> ③ 제2항 제2호에서 사업시행자가 이용상황별로 면적을 구분하여 제시하지 아니한 경우에는 주된 이용상황을 기준으로 감정평가하고 다른 이용상황 및 단가를 감정평가서에 따로 기재한다.
> ④ 제2항에 따라 감정평가 할 때에는 감정평가서에 그 이유를 기재하여야 한다.

토지 보상평가를 할 때에는 대상토지 및 소유권외의 권리마다 개별로 하는 것을 원칙으로 하며, 아래의 예외적인 상황에서는 일괄평가, 구분평가, 부분평가를 할 수 있다.

① 일괄평가

2필지 이상의 토지가 일단지를 이루고 있는 경우에는 일괄하여 감정평가한다. '일단지'라 함은 여러 필지의 토지가 일단을 이루어 용도상 불가분의 관계에 있는 경우로, 부동산 시장에서의 거래관행도 그 전체가 일단으로 거래될 가능성이 높은 경우라야 한다. 일단지라 해도 세부적인 이용상황 및 용도지역 등이 다른 경우에는 구분평가 해야 한다.

② 구분평가

한 필지의 토지라고 해도 이용상황이 다르거나 용도지역 등이 달라 가치가 상이한 경우에는 이를 구분해 평가한다.

③ 부분평가

한 필지 토지 일부만이 편입되는 경우 편입 당시 토지 전체의 상황을 기준으로 평가한다.

(6) 나지상정 감정평가

> 「감정평가 실무기준」
> 토지 보상평가는 나지 상태를 상정하여 감정평가한다. 다만, 건축물 등이 토지와 함께 거래되는 사례나 관행이 있어 그 건축물 등과 토지를 일괄하여 감정평가 하는 경우에는 그러하지 아니하다.

토지 보상평가는 나지 상태를 상정하여 감정평가하며, 예외적으로 다음과 같은 경우에는 나지가 아닌 상태로 감정평가한다. (ⅰ) 구분소유부동산과 같이 법률 및 사실적으로 건물과 함께 거래되는 경우(건물과 함께 평가) (ⅱ) 토지에 소유권 외의 권리가 설정되어 있는 경우(나지 상태 토지 가치-소유권 외의 권리의 가치) (ⅲ) 건축물 등이 있는 것이 토지 가치의 증가요인이 되는 경우(개발제한구역 내 건축물이 있는 토지).

일반적으로 토지는 그 지상에 건축물 등이 없을 때가 최유효이용상태가 되어 가장 지가가 높게 형성되므로 공익사업에 편입되는 토지소유자의 재산권 보호를 위해 건축물 등의 이전을 전제로 건축물 등이 없는 상태를 상정하여 토지를 보상하도록 한 것이다. 한편, 「공사중단 장기방치 건축물의 정비 등에 관한 특별조치법」 시행령 제9조의2 제3항 제2호에서 공사중단 건축물의 대지는, 공사중단 건축물로 인한 대지의 사용제한 사항 등을 고려하여 평가한다.[232]

(7) 해당 공익사업으로 인한 가격의 변동 배제 감정평가

> 「감정평가 실무기준」
> ① 토지 보상평가는 다음 각 호의 사항으로 인한 가치의 증감분을 배제한 가액으로 감정평가한다.
>   1. 해당 공익사업의 계획 또는 시행이 공고 또는 고시된 것에 따른 가치의 증감분
>   2. 해당 공익사업의 시행에 따른 절차로서 행한 토지이용계획의 설정·변경·해제 등에 따른 가치의 증감분
>   3. 그 밖에 해당 공익사업의 착수에서 준공까지 그 시행에 따른 가치의 증감분

공익사업으로 인한 지가변동의 양상은 '(ⅰ) 외부효과에 의한 지가변동(택지개발사업으로 인한 인구증가, 인프라 개선에 의한 지가 변동), (ⅱ) 시장요인에 의한 지가변동(대규모 面적인 사업에서 대토수요에 의한 지가 변동), (ⅲ) 투기적 수요에 의한 지가변동 등이 있다.'

보상평가 시에는 이러한 해당 공익사업으로 인한 가치의 증감분을 배제하여야 하는데, 대표적으로 다음과 같은 방법을 적용하여 가치의 증감분을 배제한다.

(ⅰ) 적용공시지가를 해당 공익사업으로 인해 공시가격이 상승하기 이전 시점으로 소급해 적용하는 방법, (ⅱ) 공시기준일부터 기준시점까지 적용하는 지가변동률을 표준지가 소재하는 시·군·구의 지가변동률이 아닌 해당 공익사업으로 인한 지가의 변동이 발생하지 않은 인근 시·군·구 지가변동률을 적용하는 방법 등이 있다.

(8) 공시지가기준 감정평가 기출 2, 3, 8, 9, 12, 13, 14, 15, 16, 18, 19, 21, 23, 26, 32, 33회

> 「감정평가 실무기준」
> 토지 보상평가는 표준지 공시지가를 기준으로 하되, 그 공시기준일부터 기준시점까지의 관련 법령에 따른 해당 토지의 이용계획, 해당 공익사업으로 인한 지가의 영향을 받지 아니하는 지역의 「토지보상법 시행령」으로 정하는 지가변동률, 생산자물가상승률(「한국은행법」 제86조에 따라 한국은행이 조사·발표하는 생산자물가지수에 따라 산정된 비율을 말한다. 이하 같다), 그 밖에 해당 토지의 위치·형상·환경·이용상황 등을 고려한 적정가격으로 감정평가한다.

보상평가에서 토지는 공시지가기준법을 주된 방법으로 적용한다. 「토지보상법 시행규칙」 제18조에서는 '대상물건의 평가는 이 규칙에서 정하는 방법에 의하되, 그 방법으로 구한 가격 등(가격 또는 사용료)을 다른 방법으로 구한 가격등과 비교하여 그 합리성을 검토'하도록 하고 있으나, 현실적으로 타 방법에 의한 시산가액을 도출하여 시산가액조정과정을 거치지 않고 유사한 보상선례(보상평가 후 보상금 지급이 완료된)나 거래사례를 통한 그 밖의 요인 보정을 통해 공시지가기준법에 의한 가격으로 보상액을 결정하므로 토지보상평가에서는 공시지가기준법외 타 평가방법은 적용되지 않고 있다.

---

[232] 김원보, 「토지보상법 해설 1권」, 가람감정평가법인, 2021, p.533

① 산식

표준지공시지가 × 시점수정 × 지역요인 × 개별요인 × 그 밖의 요인 = 토지평가액

- 비교 표준지 선정
- 적용공시지가 선택

표준지 소재 시, 군, 구
용도지역별 지가변동률

대상(기준시점)/
표준지(기준시점)

대상(기준시점)/
표준지(공시기준일)

- 적정 보상사례
- 적정 거래사례

② 비교 표준지 선정

> 「감정평가 실무기준」
> ① 표준지는 특별한 사유가 있는 경우를 제외하고는 다음 각 호의 기준에 따른 토지로 한다.
>   1. 용도지역, 용도지구, 용도구역 등 공법상 제한이 같거나 유사할 것
>   2. 평가대상 토지와 실제 이용상황이 같거나 유사할 것
>   3. 평가대상 토지와 주위 환경 등이 같거나 유사할 것
>   4. 평가대상 토지와 지리적으로 가까울 것
> ② 택지개발사업·산업단지개발사업 등 공익사업시행지구 안에 있는 토지를 감정평가할 때에는 그 공익사업시행지구 안에 있는 표준지 공시지가를 선정한다.
> ③ 해당 공익사업시행지구 안에 있는 표준지 공시지가의 일부를 선정대상에서 제외하거나, 해당 공익사업시행지구 밖에 있는 표준지 공시지가를 선정할 경우 그 이유를 감정평가서에 기재하여야 한다.
> ④ 비교표준지를 선정한 때에는 선정이유를 감정평가서에 기재한다.

③ 적용 공시지가의 선택[233]

> 「토지보상법」 제70조
> ③ 사업인정 전 협의에 의한 취득의 경우에 제1항에 따른 공시지가는 해당 토지의 가격시점 당시 공시된 공시지가 중 가격시점과 가장 가까운 시점에 공시된 공시지가로 한다.
> ④ 사업인정 후의 취득의 경우에 제1항에 따른 공시지가는 사업인정고시일 전의 시점을 공시기준일로 하는 공시지가로서, 해당 토지에 관한 협의의 성립 또는 재결 당시 공시된 공시지가 중 그 사업인정고시일과 가장 가까운 시점에 공시된 공시지가로 한다.
> ⑤ 제3항 및 제4항에도 불구하고 공익사업의 계획 또는 시행이 공고되거나 고시됨으로 인하여 취득하여야 할 토지의 가격이 변동되었다고 인정되는 경우에는 제1항에 따른 공시지가는 해당 공고일 또는 고시일 전의 시점을 공시기준일로 하는 공시지가로서 그 토지의 가격시점 당시 공시된 공시지가 중 그 공익사업의 공고일 또는 고시일과 가장 가까운 시점에 공시된 공시지가로 한다.

---

233) 2007.10.17. 개정 토지보상법 이전에는, 사업인정 후 취득의 경우에는 가치의 변동이 없는 지역의 표준지를 선정하는 지역적 방법 또는 가치의 변동을 직접 공제하는 방법으로 해당 공익사업으로 인한 가치의 변동을 배제하였음

> 「토지보상법 시행령」 제38조의2[234]
>
> 취득하여야 할 토지의 가격이 변동되었다고 인정되는 경우는 도로, 철도 또는 하천 관련 사업을 제외한 사업으로서 다음 각 호를 모두 충족하는 경우로 한다.
> 1. 해당 공익사업의 면적이 20만 제곱미터 이상일 것
> 2. 해당 공익사업지구 안에 있는 표준지공시지가(해당 공익사업지구 안에 표준지가 없는 경우에는 비교표준지의 공시지가를 말하며, 이하 이 조에서 "표준지공시지가"라 한다)의 평균변동률과 평가대상토지가 소재하는 시(행정시를 포함한다. 이하 이 조에서 같다)·군 또는 구(자치구가 아닌 구를 포함한다. 이하 이 조에서 같다) 전체의 표준지공시지가 평균변동률과의 차이가 3퍼센트 포인트 이상일 것
> 3. 해당 공익사업지구 안에 있는 표준지공시지가의 평균변동률이 평가대상토지가 소재하는 시·군 또는 구 전체의 표준지공시지가 평균변동률보다 30퍼센트 이상 높거나 낮을 것

면적 요건(20만m^2)[235]은 대규모 사업으로 지가에 영향을 미쳤음을, 변동 요건(3%, 30%)은 사업지구와 시·군·구 전체의 상승률 격차가 뚜렷할 것을 의미한다. 도로, 철도, 하천 관련 사업인 경우 해당 공익사업으로 인한 가격의 변동을 배제하기 위해 가격 변동이 반영되지 않는 지역의 비교표준지를 선정하거나 비교 표준지의 가격에서 가격의 변동분을 공제하는 방법이 있다.

표준지 공시지가의 평균변동률은 해당 표준지 별 변동률의 합을 표준지의 수로 나누어 산정하며, 공익사업지구가 둘 이상의 시·군 또는 구에 걸쳐 있는 경우 평가대상토지가 소재하는 시·군 또는 구 전체의 표준지공시지가 평균변동률은 시·군 또는 구별로 평균변동률을 산정한 후 이를 해당 시·군 또는 구에 속한 공익사업지구 면적 비율로 가중평균(加重平均)하여 산정한다.

구체적으로 살펴보면, 공익사업지구를 나누어 보상평가하는 경우에 담당구역이 아니라 공익사업지구 안에 있는 표준지 전체를 기준으로 평균변동률을 산정한다. 해당 공익사업지구 안에 공시지가 표준지가 있으나 해당 공익사업지구 밖에 있는 공시지가표준지를 비교표준지로 선정한 경우 평균변동률의 차이는 공익사업지구 안의 표준지를 기준으로 판단한다. 해당 공익사업지구 안에 공시지가표준지가 없는 경우(평균변동률 산정기간의 시점 및 종점 중의 전부 또는 어느 한 시점에 공시지가 표준지가 전혀 없어 평균변동률의 산정이 불가능한 경우 및 공시지가표준지는 있으나 시점과 종점에 동일한 표준지가 없고 연도별로는 중복하여 존재하는 공시지가 표준지가 있어 기간을 나누어 평균 변동률 계산이 가능한 경우도 아닌 경우), 공익사업지구 토지의 보상평가에 적용할 비교표준지 전체를 기준으로 평균변동률을 산정한다.[236]

30% 이상 높거나 낮아야 한다는 조건에, 시군구 전체의 평균변동률과 공익사업지구 안 표준지공시지가의 평균변동률이 플러스와 마이너스일 경우 평균변동률의 격차에도 불구하고 해당 요건이 충족된 것으로 본다. 평균변동률의 산정기간은 해당 공익사업의 계획 또는 시행이 공고되거나 고시된 당시 공시된 표준지공시지가 중 그 공고일 또는 고시일에 가장 가까운 시점에 공시된 표준지공시지가의 공시기준일부터 원칙(토지보상법 제70조 제3-4항)에 따라 적용하려 했던 표준지공시지가의 공시기준일까지의 기간으로 한다.

---

234) 도로, 철도, 하천 관련 사업 등과 같은 선형사업의 경우 공시지가소급 규정이 적용되지 않는 사업인데, 여기에서의 도로사업은 해당 공익사업 자체가 도로사업이어야 하고 다른 공익사업에 포함되어 시행되는 도로사업은 여기에 해당되지 않음(김원보, 「토지보상법 해설 1권」, 가람감정평가법인, 2021, p.313)
235) 공시지가소급과 관련해 추가편입토지가 있는 경우, 최초 사업면적 및 추가면적을 합쳐 20만 제곱미터 요건을 검토함(김원보, 「토지보상법 해설 1권」, 가람감정평가법인, 2021, p.316)
236) 김원보, 「토지보상법 해설 1권」, 가람감정평가법인, 2021, pp.319~321

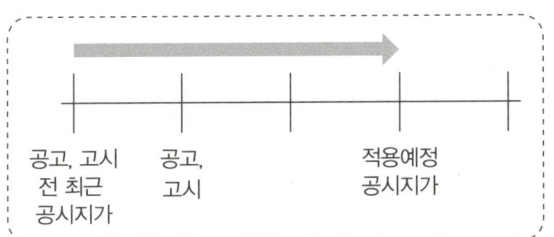

평균변동률 산정(단순 평균)

➡ 평균변동률 산정기간

> **➕ 알아보기** 적용공시지가 검토 보고서 예시
>
> **대상 사업지구 내 토지에 대한 적용공시지가의 검토**
>
> 대상 사업지구는 「토지보상법」 제70조 제4항의 규정에 의하여 사업인정(공공주택지구의 지정)고시일 전의 시점을 공시기준일로 하는 공시지가로서 해당 토지에 관한 협의 또는 재결 당시 공시된 공시지가 중 해당 사업인정고시일(2019년 10월 15일)에 가장 가까운 시점에 공시된 공시지가를 선정하는 것이 원칙이나, 대상 사업지구는 「공공주택 특별법」 제27조 제5항 및 동법 시행령 제20조에 의거하여, ** 공공주택지구 지정을 위한 주민 등의 의견청취 공고(2018년 12월 19일)로 인하여 취득하여야 할 토지의 가치가 변동되었다고 인정되는 경우에는 해당 공고일 전의 시점을 공시기준일로 하는 공시지가로서 해당 토지의 가격시점 당시 공시된 공시지가 중에서 해당 주민 등의 의견청취 공고일에 가장 가까운 시점의 것으로 적용하여야 함. 이하 소급대상 여부를 판단함.
>
> 1. 대상 사업지구에 대한 감정평가의 기준이 되는 표준지공시지가 변동률(단위 : 원/m²)
>
> | 일련
번호 | 소재지
지번 | 면적
(m²) | 지목 | 이용
상황 | 용도
지역 | 공시지가 2019년(A) | 공시지가 2018년(B) | 변동률
(%) |
> |---|---|---|---|---|---|---|---|---|
> | 1722 | ○○리 167-2 | 2,522 | 답 | 답 | 개발제한 | 276,000 | 234,000 | 17.949% |
> | 1726 | ○○리 234-1 | 383 | 대 | 단독주택 | 개발제한 | 624,000 | 503,000 | 24.056% |
> | 1727 | ○○리 250-5 | 1,888 | 전 | 전 | 개발제한 | 269,000 | 235,000 | 14.468% |
> | 1729 | ○○리 263-2 | 691 | 대 | 단독주택 | 자연녹지 | 606,000 | 517,000 | 17.215% |
> | 1730 | ○○리 263-6 | 1,577 | 전 | 전 | 자연녹지 | 355,000 | 300,000 | 18.333% |
> | 1736 | ○○리 380-7 | 443 | 대 | 단독주택 | 개발제한 | 197,000 | 159,000 | 23.899% |
> | 1744 | ○○리 649-9 | 526 | 대 | 단독주택 | 1종일주 | 530,000 | 439,000 | 20.729% |
> | (이하 생략) | | | | | | | | |
> | 감정평가의 기준이 되는 표준지공시지가 평균변동률 | | | | | | | | 16.757% |
>
> 2. 표준지공시지가 변동률 분석 (2018.1.1. ~ 2019.1.1.)
>
> | 감정평가의 기준이 되는
표준지공시지가 (A) | **시 전체
(필지별단순산술평균) (B) | 차이
(C=A-B) | 비율
[D=(A/B)-1] | 비 고 |
> |---|---|---|---|---|
> | 16.757% | 5.744% | 11.013%p | 191.733% | 차이(C) : 3%p 이상
비율(D) : 1.3배(30%)이상 |

---

237) 행정구역이 다른 경우, 행정구역별로 각각 단순 평균해 구한 변동률을 면적 가중하여 결정함

3. 적용공시지가 검토 및 결정

검토 결과, 감정평가의 기준이 되는 표준지공시지가의 평균 변동률과 **시 전체의 표준지공시지가 평균변동률과의 차이는 약 11.013%p이며, 평균변동률의 격차율은 약 191.733%로 산정되었음.

따라서 「공공주택법」 시행령 제20조 제1항의 감정평가의 기준이 되는 표준지공시지가의 평균변동률이 해당 주택지구가 속하는 **시 전체 표준지공시지가의 평균변동률보다 30퍼센트 이상 높은 경우에 해당하여 "주민 등의 의견청취 공고로 인하여 취득하여야 할 토지의 가격이 변동되었다고 인정되는 경우"에 해당함.

「공공주택특별법」 제27조 제5항에 의거 취득하여야 할 토지의 가격이 변동되었다고 인정되는바, 적용공시지가는 공공주택지구의 지정을 위한 주민 등의 의견청취 공고일 전의 시점을 공시기준일로 하는 공시지가로서 그 토지의 가격시점 당시 공시된 공시지가 중 해당 공고일과 가장 가까운 시점에 공시된 2018년 1월 1일을 공시기준일로 하는 표준지공시지가를 선택하였음.

한편, 공공주택특별법에서도 공공주택사업등을 진행함에 있어 토지등의 수용에 관해서는 토지보상법을 준용하고 있다. 토지가격 변동으로 인한 적용공시지가 소급과 관련해, 공고·공람은 '주민 등의 의견청취 공고일'로 사업인정고시일은 '주택지구 지정고시일'로 보면 되는데, 토지가격 변동을 판단할 때 토지보상법과 다른 기준이 적용된다. 토지보상법에서는 표준지공시지가 격차율을 판단할 때 사업지구 내 전체 표준지와 사업지구가 속한 시·군·구 전체 표준지를 비교하는데 반해, 공공주택특별법에서는 후자는 동일하지만 전자는 사업지구 내 전체 표준지가 아닌 '주택지구에 대한 감정평가의 기준이 되는 표준지공시지가' 즉 비교표준지로 파악한다. 이는 공공주택지구 보상평가에서 토지보상법과 동일한 기준으로 가격변동을 검토하는 오류가 다수 발생하면서 2023년 감정평가사협회 심사위원회의 주요 지적사항이기도 했다.

「공공주택특별법」 제27조

⑤ 제10조 제1항에 따른 주민 등의 의견청취 공고로 인하여 취득하여야 할 토지가격이 변동되었다고 인정되는 등 대통령령으로 정하는 요건에 해당하는 경우에는 「공익사업을 위한 토지 등의 취득 및 보상에 관한 법률」 제70조 제1항에 따른 공시지가는 같은 법 제70조 제3항부터 제5항까지의 규정에도 불구하고 제10조 제1항에 따른 주민 등의 의견청취 공고일 전의 시점을 공시기준일로 하는 공시지가로서 해당 토지의 가격시점 당시 공시된 공시지가 중 같은 항에 따른 주민 등의 의견청취 공고일에 가장 가까운 시점에 공시된 공시지가로 한다.

「공공주택특별법 시행령」 제20조(토지등의 수용 등)

① 법 제27조 제5항에서 "취득하여야 할 토지가격이 변동되었다고 인정되는 등 대통령령으로 정하는 요건에 해당하는 경우"란 주택지구에 대한 감정평가의 기준이 되는 표준지공시지가(「부동산 가격공시에 관한 법률」에 따른 표준지공시지가를 말한다. 이하 같다)의 평균변동률이 해당 주택지구가 속하는 특별자치도, 시·군 또는 구 전체 표준지공시지가의 평균변동률보다 30퍼센트 이상 높은 경우를 말한다.
② 제1항에 따른 평균변동률은 법 제10조 제1항에 따른 주민 등의 의견청취 공고일 당시 공시된 공시지가 중 그 공고일에 가장 가까운 시점에 공시된 공시지가의 공시기준일부터 법 제12조 제1항에 따른 주택지구 지정의 고시일 당시 공시된 공시지가 중 그 고시일에 가장 가까운 시점에 공시된 공시지가의 공시기준일까지의 변동률로 한다.
③ 제1항에 따른 평균변동률을 산정할 때 주택지구가 둘 이상의 시·군 또는 구에 걸치는 경우에는 해당 주택지구가 속한 시·군 또는 구별로 평균변동률을 산정한 후 이를 해당 시·군 또는 구에 속한 주택지구 면적의 비율로 가중평균한다.

④ 시점 수정

> 「토지보상법 시행령」 제37조
> ① 국토교통부장관이 조사·발표하는 지가변동률로서 평가대상 토지와 가치형성요인이 같거나 비슷하여 해당 평가대상 토지와 유사한 이용가치를 지닌다고 인정되는 표준지(이하 "비교표준지"라 한다)가 소재하는 시(행정시를 포함한다. 이하 이 조에서 같다)·군 또는 구(자치구가 아닌 구를 포함한다. 이하 이 조에서 같다)의 용도지역별 지가변동률을 말한다. 다만, 비교표준지와 같은 용도지역의 지가변동률이 조사·발표되지 아니한 경우에는 비교표준지와 유사한 용도지역의 지가변동률, 비교표준지와 이용상황이 같은 토지의 지가변동률 또는 해당 시·군 또는 구의 평균지가변동률 중 어느 하나의 지가변동률을 말한다.

세분화된 용도지역의 지가변동률이 없는 경우(예 계획관리, 생산관리, 보전관리지역으로 세분되어 있으나 관리지역 지가변동률만 발표되는 경우)에는 이용상황 별 지가변동률 또는 시·군·구의 평균지가변동률을 적용한다. 지가변동률 외 생산자물가상승률을 참작하라고 하는 취지는 지가변동률이 지가추세를 적절히 반영하지 못한 특별한 사정 있는 경우 이를 통하여 보완하기 위한 것일 뿐이라는 판례가 있다.

> 「토지보상법 시행령」 제37조
> ② 제1항을 적용할 때 비교표준지가 소재하는 시·군 또는 구의 지가가 해당 공익사업으로 인하여 변동된 경우에는 해당 공익사업과 관계없는 인근 시·군 또는 구의 지가변동률을 적용한다. 다만, 비교표준지가 소재하는 시·군 또는 구의 지가변동률이 인근 시·군 또는 구의 지가변동률보다 작은 경우에는 그러하지 아니하다.

공익사업으로 지가변동이 있다고 판단할 때, 비교표준지가 소재하는 시·군 또는 구의 지가변동률이 인근 시·군 또는 구의 지가변동률보다 작은 경우는 해당되지 않는다. 또한 공시기준일 ~ 사업인정고시일, '공시기준일 ~ 해당 공익사업의 계획 또는 시행의 공고 또는 고시일(소급 적용하는 경우)'까지는 비교표준지가 소재하는 시·군·구의 지가변동률을 적용할 수 있다.

> **➕ 알아보기** 인근 시, 군, 구 지가변동률 적용 사유
>
> 비교표준지가 소재하는 시·군 또는 구의 지가가 해당 공익사업으로 인하여 변동된 경우는 도로, 철도 또는 하천 관련 사업을 제외한 사업으로서 다음 각 호의 요건을 모두 충족하는 경우로 한다.
> 1. 해당 공익사업의 면적이 20만 제곱 미터 이상일 것
> 2. 비교표준지가 소재하는 시·군 또는 구의 사업인정 고시일 부터 가격시점(기준시점)까지의 지가변동률이 3퍼센트 이상일 것. 다만, 해당 공익사업의 계획 또는 시행이 공고되거나 고시됨으로 인하여 비교표준지의 가격이 변동되었다고 인정되는 경우에는 그 계획 또는 시행이 공고되거나 고시된 날부터 가격시점(기준시점)까지의 지가변동률이 5퍼센트 이상인 경우로 한다.
> 3. 사업인정고시일부터 가격시점(기준시점)까지 비교표준지가 소재하는 시·군 또는 구의 지가변동률이 비교표준지가 소재하는 시·도의 지가변동률보다 30퍼센트 이상 높거나 낮을 것

위 인근 시·군·구 지가변동률 적용 판단 기준과 관련해, '3. 사업인정고시일부터 가격시점(기준시점)까지 비교표준지가 소재하는 시·군 또는 구의 지가변동률이 비교표준지가 소재하는 시·도의 지가변동률보다 30퍼센트 이상 높거나 낮을 것'의 요건이 협의보상 때는 충족했다가 재결당시에는 불충족하는 상황이 발생하기도 한다. 공고·고시 등에 의해 공익사업지구 내 가격상승이 사업 초기에 주로 발생하고 사업이 진행되면서 상승 폭이 둔화되는 경우 협의보상 때는 1.3배 이상 격차가 발생했다가 재결 당시에는 1.3배 미만으로 격차가 줄어들 수 있다. 요건을 엄격 해석할 경우, 협의보상에서는 개발이익 배제를 위해 인근 시·군·구 지가변동률을 적용하다가, 재결당시에는 해당 시·군·구 지가변동률을 적용해야 한다. 그러나 실질적으로 해당 시·군·구 지가변동률과 인근 시·군·구 지가변동률을 비교할 때 당해 사업에 의한 가격상승분이 해당 시·군·구 지가변동률에 여전히 반영된 것으로 보이기 때문에 단순히 기준시점 변경에 따라 지가변동률 적용기준이 달라지는 점은 입법의 사각지대일 수 있다. (해당 시·군·구 지가변동률－인근 시·군·구 지가변동률)은 재결시점 당시, 정상적인 가격상승이 아닌 지가변동률 적용 기준 변동에 따른 영향으로 보이기 때문이다.

⑤ 지역요인

지역요인 비교는 비교표준지가 속한 지역과 대상이 속한 지역의 지가수준을 비교하는 절차이다. 그 비교치는 대상지역의 기준시점 표준적인 획지를 표준지 지역의 기준시점 표준적인 획지로 나누어 산정한다.

⑥ 개별요인

개별요인 비교는 비교표준지와 대상토지의 개별적 가치형성요인의 격차를 비교하는 절차이다. 그 비교치는 대상지역의 기준시점 최유효이용을 표준지 지역의 공시기준일 당시 최유효이용으로 나누어 산정한다.

[개별요인 비교 예시('주거용'토지의 보상 평가)]

조건	개별요인 비교		격차율	비 고
	항 목	세항목		
가로 조건	가로의 폭, 구조 등의 상태	폭·포장, 보도	0.88	거래사례는 차량 접근이 가능한 반면 대상은 도보에 의한 접근만이 가능한 점, 거래사례 남측으로 '경의선 철도 폐선 공원화 사업'이 조성 중인바 도보에 의한 접근편의성이 확보될 예정인 점 등 가로의 폭, 계통, 연속성에서 대상 토지가 전반적으로 열세함
		계통 및 연속성		
접근 조건	교통시설과의 거리	인근 대중교통시설과의 거리 및 편의성	1.10	간선도로, 노선버스정류장, 지하철역과의 거리, 관공서 등 공공시설과의 접근성 등에서 대상이 우세함
	상가와의 접근성	인근 상가와의 거리 및 편의성		
	공공 및 편익시설과의 접근성	유치원, 초등학교, 공원, 병원, 관공서 등과의 거리 및 편의성		

조건	항목	세 항목	격차율	비고
환경조건	일조 등	일조, 통풍 등	0.88	대상은 일단의 토지 내 구분소유적 공유관계인 주택부지로 획지규모, 가로의 폭 등을 고려할 때 개발 사업을 전제하지 않을 경우 현 용도 외의 다른 이용이 불가한데 비해, 거래사례는 매매 이후 상업으로 용도전환이 이뤄진 점, 사례가 소재한 동일 가로변으로 매매 당시 기존 주거지대에서 주상지대로 변모하고 있는 점, 거래사례 남서 측 경의선 폐선공간의 공원화 사업으로 조성될 근린공원과의 접근성 및 이용 편의도에서 우세한 점 등을 종합 고려할 때 전반적으로 대상이 상당히 열세함
	자연환경	조망, 경관, 지반, 지질 등		
	인근환경	인근토지의 이용 상황		
		인근토지의 이용 상황과의 적합성		
	공급 및 처리시설의 상태	상수도, 하수도, 도시가스 등		
	위험 및 혐오시설 등	변전소, 가스탱크, 오수처리장 등의 유무		
		특별고압선 등과의 거리		
획지조건	면적, 접면너비, 깊이, 형상 등	면적, 접면너비, 깊이, 부정형지, 삼각지, 자루형획지, 맹지	0.98	대상은 표준적인 획지규모에 미달하는바 표준적인 획지규모에 부합하는 거래사례에 비해 다소 열세함
	방위, 고저 등	방위, 고저, 경사지		
	접면도로 상태	각지, 2면획지, 3면획지		
행정적조건, 기타조건			1.00	대등함
격차율 계			0.835	

[개별요인 비교 예시('전'토지의 보상 평가)]

조건	항목	세 항목	격차율	비고
접근조건	교통의 편부	취락과의 접근성	1.00	농로의 개설 상태, 인근 취락과의 접근성 등 제반 접근조건에서 대상 토지는 비교표준지와 대등함
		농로의 상태		
자연조건	일조 등	일조, 통풍 등	1.00	관개, 배수의 상태 등 제반 자연조건에서 대등함
	토양, 토질	토양, 토질의 양부		
	관개, 배수	관개의 양부		
		배수의 양부		
	재해의 위험성	수해의 위험성		
		기타 재해의 위험성		
획지조건	면적, 경사 등	면 적	0.98	비교표준지는 서측 및 동측 농로를 통해 접근가능하나 대상 토지는 북서 및 북동 측 폐구거를 통한 접근이 이뤄지는 점, 비교표준지는 세장형의 정형화된 토지임에 비해 대상 토지는 일부 형상부정을 보이는 점 등을 고려할 때 대상 토지가 다소 열세함
		경사도		
		경사의 방향		
	경작의 편부	형상부정 및 장애물에 의한 장애의 정도		

행정적 조건	행정상의 조장 및 규제정도	보조금, 융자금 등 조장의 정도	1.25	비교표준지는 토지 전체가 농업진흥구역 내에 위치하는바, 농경지 이외 목적으로의 장래 토지 활용성 및 시장성 등에서 대상 토지가 상당히 우세함
		규제의 정도		
기타 조건	기 타	장래의 동향	1.00	
		기 타		
격차율 누계			1.225	—

⑦ 그 밖의 요인

㉠ 일반적인 사항

시점수정, 지역요인 및 개별요인의 비교 외에 대상토지의 가치에 영향을 미치는 사항이 있는 경우에는 그 밖의 요인 보정을 할 수 있다. 그 밖의 요인 보정을 한 경우에는 그 근거를 감정평가서(감정평가액의 산출근거)에 구체적이고 명확하게 기재하여야 한다. 그 밖의 요인 보정을 할 때에는 해당 공익사업의 시행에 따른 가격의 변동은 보정하지 않는다.

대상토지의 인근지역 또는 동일수급권 안의 유사지역의 정상적인 거래사례나 보상사례를 참작할 수 있는데, 이 경우에도 그 밖의 요인 보정에 대한 적정성을 검토하여야 한다. 거래사례를 기준으로 그 밖의 요인 보정을 한 경우에는 보상사례를 통해, 보상사례를 기준으로 그 밖의 요인 보정을 한 경우에는 거래사례를 기준으로 그 밖의 요인 보정율의 적정성을 검토하는 것이 원칙이다. 적정성 검토의 내용에는 보정의 필요성, 거래사례 등 선정의 적정성, 선정된 거래사례 등에 대한 분석의 적정성, 보정율 산정과정 및 결정의 적정성 등으로 구분하여 검토한다.

거래사례 등(보상사례의 경우 해당 공익사업에 관한 것은 제외)은 다음 각 호의 요건을 갖추어야 한다. 다만, 제4호는 해당 공익사업의 시행에 따른 가격의 변동이 반영되어 있지 아니하다고 인정되는 사례의 경우에는 적용하지 아니한다. 다만 그 사례가 "해당 공익사업의 시행에 따른 가격의 변동이 반영되어 있지 아니하다고 인정되는 사례"에 해당되는 사유를 감정평가서에 기재하여야 한다.

> 1. 용도지역 등 공법상 제한사항이 같거나 비슷할 것
> 2. 실제 이용상황 등이 같거나 비슷할 것
> 3. 주위환경 등이 같거나 비슷할 것
> 4. 적용공시지가의 선택기준에 적합할 것(단, 적용공시지가의 공시기준일 이후 사례 가능)

ⓒ 가격자료

보상선례	거래사례
• 협의선례는 사업시행자와 토지소유자 간 자유의사로 합의된 것으로 가장 합리적인 자료로 볼 수 있음(협의선례는 유사한 공익사업에서의 협의율 등을 고려하여 적정성 여부 판단하는 것도 가능) • 재결선례인 경우 자유의사에 의한 합의가 아니므로 합리적인 사례로 볼 지에 대한 이견이 있을 수 있으나, 적용해도 큰 무리는 없음(재결결과에 대한 승복율, 협의가격과의 차이 등을 고려해 볼 수 있음) • 보상금증액청구소송의 선례인 경우 보상평가의 적부외에 형질변경의 적법성 여부 등 평가기준의 변경 등에 의해 보상금 변경 가능성(조건부 평가 여부 포함) 있으므로 이를 고려 • 선(線)적 사업(도로사업 등)과 면(面)적 사업(택지개발사업 등)은 보상평가의 기준이 동일하므로 공익사업의 유형에 따른 선례 선택제한은 불필요	• 당해 공익사업으로 인한 가격의 변동 배제 여부를 확인할 수 있는 정도의 빈도수 확보될 것 • 매매계약서가 아닌 등기사항전부증명서상 기재된 거래사례만 선택 • 이주대책 등의 프리미엄이 거래가격에 포함되었는지 여부에 대한 검토 필요

보상선례 및 거래사례 모두를 적용해 검토하는 것이 가장 합리적임

보상선례는 보상평가액의 산술평균값(실제 지불된 보상금)을 기준하며, 협의 불성립으로 수용재결 및 이의재결, 보상금증감청구소송 단계인 경우 최종 확정된 보상금을 기준하는 것이 합리적이다. 통상 비교 표준지 별로 그 밖의 요인 비교치를 결정한다. 산출된 격차율을 일률적으로 적용하지 않고, 관행적으로 격차율을 넘지 않는 범위에서 5% 단위로 상승 및 하락률을 결정한다. 과거 일률적으로 보상선례를 적용하였으나, 최근에는 거래사례를 이용한 보정이 빈번하다. 지역별 공시지가의 현실화 수준에 의해, 대략적인 그 밖의 요인 비교치의 범위를 추정해 볼 수 있다.

2. 수용하는 토지 평가

(1) 공법상 제한을 받는 토지 기출 5, 30회

> 「토지보상법 시행규칙」 제23조, 「감정평가 실무기준」
> 공법상 제한을 받는 토지는 제한받는 상태대로 감정평가 한다. 다만, 그 공법상 제한이 해당 공익사업의 시행을 직접 목적으로 하여 가하여진 경우에는 제한이 없는 상태를 상정하여 평가한다.

① 공법상 제한의 구분

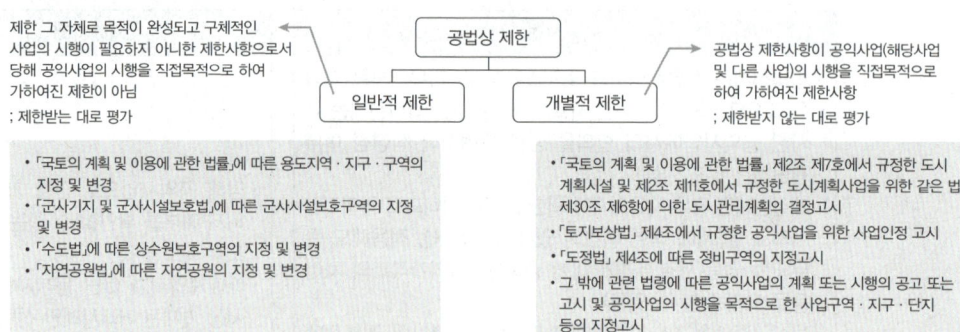

공법상 제한은 크게 계획제한과 사업제한으로 나눌 수 있다. 계획제한은 국토의 합리적인 이용이나 도시의 건전한 발전을 도모하기 위하여 일정한 행정계획에 의거한 지역·지구·구역 등의 지정에서와 같이 부작위부담을 내용으로 하는 제한이며, 사업제한은 공익사업을 원활하고 안전하게 수행하기 위하여 그 사업과 관계가 있는 재산권에 대하여 가해지는 제한으로서 제한의 내용은 부작위, 작위, 수인부담 등이 있다. 통상 보상실무에서 계획제한을 일반적 제한, 사업제한을 개별적 제한으로 보는데, 특정한 도시·군계획시설의 경우 일정한 용도지역에서만 시행할 수 있도록 규정하고 있으므로 이러한 도시·군계획시설 설치를 위해 용도지역이 변경된 경우 제한받는 대로 평가하는 일반적 제한으로 보지 않기 위해, '③ 용도지역 등이 변경된 토지' 규정이 필요한 것이다.[238]
한편, 대법원 2017두61799 판결에서는 그간의 대법원 판례를 종합하여 공법상 제한을 받는 토지를 유형화하고 각 경우의 토지 평가방법을 다음과 같이 제시하고 있다.[239]

유 형	요 건	효 과	예 시
제1유형 일반적 계획제한	용도지역·지구·구역의 지정 또는 변경으로 그 자체로 제한목적이 달성되는 경우	제한받는 상태대로 평가	국토의 계획 및 이용에 관한 법률에 따른 용도지역·지구·구역의 지정 또는 변경
제2유형 개별적 계획제한	구체적 사업이 따르는 계획	제한받지 않는 상태로 평가	• 도시·군 계획시설의 설치를 위한 계획결정 등 계획시설 설치계획결정(승인, 인가) • 공익사업 실시(시행)계획 • 시행자 사업계획
제3유형 일반적 계획제한에서 개별적 계획제한으로 변경되는 경우	일반적 계획제한이 당해 공익사업의 시행을 직접 목적으로 하여 가하여진 경우	변경되기 전의 용도지역 또는 용도지구 등 기준하여 평가	토지이용규제 기본법 시행령 [별표 2]에 따른 사업지구에 해당하는 지역·지구등 : 44개

---

238) 김원보, 『토지보상법 해설 1권』, 가람감정평가법인, 2021, p.565
239) 황선훈, 공법상 제한을 받는 토지의 손실보상에 관한 특수문제, 한국부동산연구원, 2023.10., p39

제4유형 공익사업의 시행을 직접 목적으로 용도지역 등을 변경한 경우	당해 공익사업의 시행을 직접 목적으로 하여 용도지역 또는 용도지구 등이 변경된 경우	변경되기 전의 용도지역 또는 용도지구 등을 기준하여 평가	• 특정 용도지역에서만 도시·군 계획시설 설치 가능한 경우 • 개별법률 규정에서 인허가의제 규정을 통해 용도지역의 변경 이 일어난 경우
제5유형 특정 공익사업의 시행을 위하여 용도지역 등의 분류·지정 또는 변경하지 않은 경우[240]	수용대상 토지에 관하여 특정 시점에서 용도지역 등을 지정 또는 변경하지 않는 것이 특정 공익사업의 시행을 위한 것일 경우	변경이 이루어진 상태 또는 용도지역 등의 지정된 상태 기준하여 평가	당해 수용대상 토지가 일반주거 지역 종세분화에 따른 지정 또는 변경이 이루어진 상태로 평가(제 1종부터 제3종 중 어느 하나를 상정하여 평가)

② 공원구역 등 안의 토지

「자연공원법」에 의한 자연공원의 공원집단시설지구 안의 시설용지
⇒ 공원집단시설지구의 결정에 따른 제한이 구체적인 사업의 시행을 필요로 하는 개별적 제한사항으로서 그 제한을
받은 아니한 상태를 기준으로 평가함/공원 구역으로 지정됨에 따른 공법상 제한사항은 그 제한을 받는 상태를 기준

③ 용도지역 등이 변경된 토지

> 「토지보상법 시행규칙」 제23조, 「감정평가 실무기준」
> 용도지역 등이 변경된 토지는 기준시점에서의 용도지역 등을 기준으로 감정평가한다. 다만, 다음 각 호의
> 어느 하나에 해당하는 경우에는 변경 전 용도지역 등을 기준으로 감정평가한다.
>   1. 용도지역 등의 변경이 해당 공익사업의 시행을 직접 목적으로 하는 경우
>   2. 용도지역 등의 변경이 해당 공익사업의 시행에 따른 절차로서 이루어진 경우

용도지역 등이 해당 공익사업을 직접 목적으로 하여 변경되었는지 여부는 관계법률, 관보 등에 고시되는 변경사유 등을 객관적으로 고려하여 판단해야 한다. 해당 공익사업으로 인하여 용도지역 등이 변경되지 않은 것이 명백한 경우에는 용도지역 등의 변경이 이루어진 상태를 전제로 보상 평가(대법원 2018.1.25. 선고 2017두61799)하고, 특정한 공익사업의 시행을 위해 용도지역 등을 변경한 경우는 해당 공익사업을 직접 목적으로 하는 변경(대법원 2012.5.24. 선고 2012두1020)으로 본다.

---

240) 특정 공익사업의 시행을 위하여 대상 토지의 용도지역 등을 변경하지 않았다고 볼 수 있으려면, 그 토지가 특정 공익사업에 제공된다는 사정을 배제할 경우 용도지역 등의 지정 또는 변경을 하지 않는 행위가 계획재량권의 일탈 남용에 해당함이 객관적으로 명백해야(대법원 2012두7950, 대법원 2017누11501, 대법원 2017두61799)

④ 둘 이상의 용도지역에 속한 토지
  ㉠ 원 칙
    각 용도지역 면적 별로 가중평균하여 감정평가한다.
  ㉡ 예 외
    주된 용도지역을 기준하여 감정평가한다(주된 용도지역 외의 면적이 과소한 경우).
⑤ 용도지역 미지정 토지
  용도지역이 미지정된 토지는 위치·면적·이용상태 등을 고려하여 양측 용도지역의 평균적인 제한상태를 기준으로 평가한다.
  해당 토지가 도로이고, 주거, 상업, 공업지역 중 두 개의 지역을 경계하고 있는 경우 도로의 경계선을 용도지역의 경계로 보며 주거, 상업, 공업지역과 녹지지역 간 경계에 있는 도로는 지역 간 통과도로인 경우 도로의 중심선을 용도지역 경계로 보며 일반도로인 경우 녹지지역이 아닌 것으로 본다.
⑥ 도시계획시설도로에 저촉·접한 토지
  도시계획시설도로에 저촉된 토지는 저촉받지 않는 상태를 기준하여 평가한다. 도시계획시설도로에 접한 토지는 당해 공익사업과 관계없이 지형도면이 고시된 경우 이를 반영하여 평가한다. 접한 상태를 반영한다는 것은 계획도로의 폭, 기능, 개설시기 등과 대상 토지의 위치, 형상, 이용상황, 환경, 용도지역 등을 고려한 가격으로 평가한다는 의미이다. 일부는 저촉되고 일부는 접한 경우 접한 부분의 면적비율을 고려하여 반영한다.
⑦ 개발제한구역 안 토지
  ㉠ 개발제한구역의 정의
    도시의 무질서한 확산을 방지하고 도시주변의 자연환경을 보전하여 도시민의 건전한 생활환경 확보 또는 보안상 도시의 개발을 제한할 필요가 있는 경우 지정되는 구역을 말한다.
  ㉡ 개발제한구역의 행위제한
    개발제한구역 내에서는 건축물의 건축 및 용도변경, 공작물의 설치, 토지의 형질변경, 죽목의 벌채, 토지의 분할, 물건의 적치 등의 행위가 금지(사적 용도 및 공적 용도—도시·군 계획사업—모두 포함)된다.
  ㉢ 지가변동률 적용
    2013.5.28. 이전에 보상계획을 공고한 경우는 대법원 판례(2014.6.12. 선고 2013두4620)에 따라 이용상황별 지가변동률을 적용해야 한다.

> **알아보기** 개발제한구역의 건축허가 **기출** 14회
>
> 개발제한구역 내에서 건축허가가 되기 위해서는 개발제한구역지정 당시부터 지목이 대인 토지여야 한다. 단, 주택의 경우는 단독주택에 한정되며, $60m^2$ 이하인 경우는 건축이 제한된다. 이축된 건축물이 있었던 토지의 경우, 개발제한구역 지정 당시부터 토지와 건축물의 소유자가 달라야 한다. 도로, 상수도 및 하수도가 설치되지 않은 지역은 원칙적으로 건축이 불가하다(「개발제한구역의 지정 및 관리에 관한 법률」 시행령). 한편, 이축하는 토지를 '건축이 가능한 나대지'로 보기 위해서는 건축허가를 득하고 「건축법」 제21조에 따른 착공신고를 하고 실제 착공하여야 한다.[241]

---

[241] 김원보, 『토지보상법해설 2권』, 가람감정평가법인, 2021, p.173

1. 건축물이 있는 토지

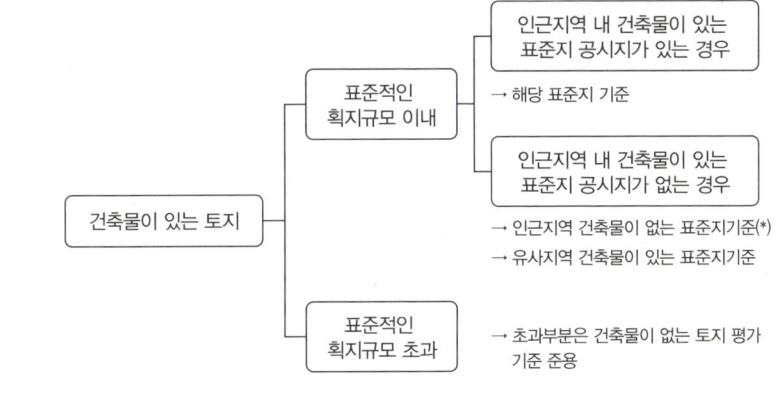

$$(*)\ \frac{건축물이\ 있는\ 토지가격\ 수준}{건축물이\ 없는\ 토지가격\ 수준}$$

- 건축물의 규모, 높이, 건폐율, 용적률, 용도변경 등의 제한과 토지의 분할 및 형질변경 등의 제한, 그 밖에 인근지역의 유통, 공급시설(수도, 전기, 가스, 통신시설, 공동구 등) 등 기반시설의 미비에 따른 가격 격차

2. 건축물이 없는 토지

$$(*)\ \frac{건축물이\ 없는\ 토지가격\ 수준}{건축물이\ 있는\ 토지가격\ 수준}$$

3. $\dfrac{건축물이\ 있는\ 토지가격\ 수준}{건축물이\ 없는\ 토지가격\ 수준}$ 예시

(1) 개발제한구역 내 이용상황이 '단독주택'과 '주거나지'인 표준지 공시지가

소재지 지번	면적 (m²)	지목	지리적 위치	이용 상황	용도지역	주위환경	도로교통 방위	형상 지세	공시지가 (원/m²)
자곡동 271-20	331	대	교수마을 남서측 내	주거 나지	개발제한 자연녹지	취락구조 개선 마을	세로(가) 남향	세장형 평지	1,200,000
자곡동 271-29	407	대	교수마을 중앙 내	단독 주택	개발제한 자연녹지	취락구조 개선 마을	소로각지 남향	세장형 평지	2,550,000

(2) 자곡동이 속한 서울특별시 강남구의 도로접면에 따른 토지가격비준표

구 분	광대한면	광대소각	광대세각	중로한면	중로각지	소로한면	소로각지	세로가	세각가	세로불	세각불	맹 지
소로각지	1.11	1.20	1.18	1.04	1.09	0.97	1.00	0.91	0.93	0.86	0.87	0.82
세로가	1.22	1.32	1.29	1.15	1.20	1.06	1.10	1.00	1.02	0.94	0.95	0.90

자곡동 271-20 표준지의 특성(도로접면)을 자곡동 271-29와 일치시키면, 공시가격은 1,200,000×1.10(소로각지/세로가)=1,320,000원/m²로 조정되므로, 개발제한구역 내 지목 '대'인 토지 중 건물이 있는 토지(단독주택)와 주거나지의 가격 격차가 약 48%(1,320,000/2,550,000≒0.52) 있는 것으로 이해할 수 있다.

⑧ 개발제한구역 우선해제대상지역 안 토지[242]

　㉠ 당해 공익사업으로 인한 해제

　　ⓐ 유형 1

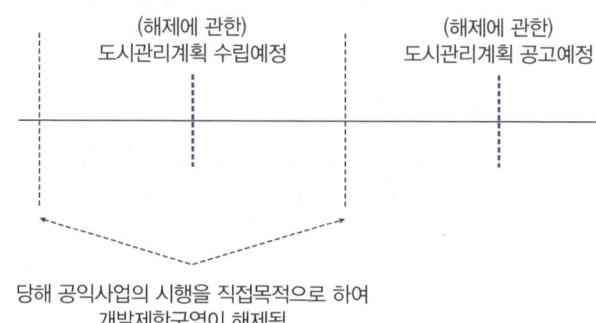

당해 공익사업의 시행을 직접목적으로 하여 개발제한구역이 해제됨

대상토지	종전의 「집단취락 등의 개발제한구역해제를 위한 도시계획변경 수립지침(우선해제지침)」에 의한 조정대상에 해당하는 지역 중 집단취락, 경계선관통취락, 산업단지, 개발제한구역 지정의 고유목적 외의 특수한 목적이 소멸된 지역, 그 밖에 개발제한구역의 지정 이후에 개발제한구역 안에서 공익사업의 시행 등으로 인한 소규모 단절 토지
충족요건	• 시장 등이 우선해제지침에서 정하는 절차에 따라 도시관리계획안의 주요내용을 공고한 경우 (또는) • 우선해제지침에 따른 도시관리계획안의 주요 내용을 수립하였으나 당해 공익사업의 시행을 직접목적으로 하여 개발제한구역이 해제됨으로 인하여 주요 내용이 공고되지 않은 경우 (또는) • 당해 공익사업을 직접목적으로 하여 개발제한구역이 해제되지 아니하였을 경우에 시장 등이 우선해제지침에서 정하는 절차에 따라 도시관리계획안의 주요내용을 수립, 공고하였을 것으로 예상되는 경우로서 시장 등이 그 내용을 확인하는 경우
보상평가	• 우선해제지역 안 표준지 선정 • 개발제한의 우선해제가 예정된 것에 따른 정상적인 지가상승요인 고려, 해제된 것에 준한 가격(해제동시조치로 인한 지역, 지구변경 반영)으로 평가

---

242) 현재 우선해제지침 등이 폐지돼 전면수정이 필요하며, 26년 개정판에 반영할 예정임

ⓑ 유형 2[243]

대상토지	우선해제대상 외의 토지가 국민임대주택단지조성사업, 경부고속철도 운용활성화를 위한 광명역세권 개발사업 및 시급한 지역현안사업의 부지로서 우선해제대상지역으로 된 경우
충족요건	당해 토지가 종전의 「광역도시계획수립지침」 "제3장 제5절 [3-5-2]. 조정가능지역의 설정"에서 정하는 조정가능지역에 해당하는 경우
보상평가	• 조정가능지역 내 표준지 선정 • 정상적인 지가상승 요인 반영[244]

ⓒ 검토사항[245]

조정가능지역은 '토지이용계획확인서'등에 기재되지 않으므로 별도 확인하는 과정이 필요하다. 우선해제대상지역은 개발제한구역의 해제를 위한 공람·공고 등을 거치지 않은 경우에도 개발제한구역이 해제된 것으로 보고 보상평가(대법원 2013.8.19. 2010다91206)해야 한다. 한편, 우선해제지침은 2007.6.1.일자로 폐지됐다.

⑨ 개발제한구역 안 매수청구 토지

㉠ 요 건

다음 중 어느 하나에 해당하는 토지는 매수청구의 대상이 된다.

ⓐ 종래의 용도대로 사용할 수 없어 그 효용이 현저히 감소된 토지

매수청구 당시 매수 대상 토지를 개발제한구역 지정 이전의 지목대로 사용할 수 없음으로 인하여 매수청구일 현재 당해 토지의 개별공시지가가 그 토지가 소재하고 있는 읍, 면, 동 안의 지정된 개발제한구역 안의 동일한 지목의 개별공시지가 평균치의 50% 미만일 것

ⓑ 사용, 수익이 사실상 불가능한 토지

「개발제한구역의 지정 및 관리에 관한 특별조치법」 제11조, 제12조의 규정에 의한 행위제한으로 인하여 당해 토지의 사용, 수익이 불가능할 것

㉡ 평 가

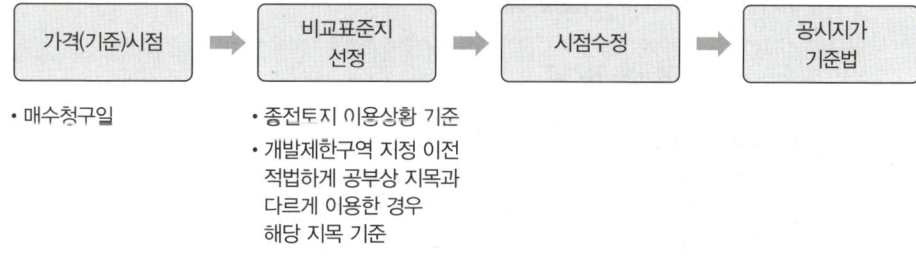

---

243) 단, 우선해제대상 및 조정가능지역으로 된 사유가 국가정책사업 및 지역현안사업(그 사업이 해당 공익사업인 경우)의 필요에 의한 지정인 경우는 미반영
244) 예 5년 후 해제되고 해제될 경우 60% 지가상승이 예상되는 경우
할인율 6% 적용 시 격차율은 $1+(1.6-1)\times 1/1.06^5$로 산정 가능
245) 김원보, 『토지보상법해설 2권』, 가람감정평가법인, 2021, pp.180~197

⑩ 도시공원과 비오톱이 중복 지정된 토지[246]

　　도시공원 내 보상대상 토지는 개별적제한인 도시·군계획시설 공원에 저촉받지 않는 것으로 보상평가해야 한다. 그런데, 대상 토지가 비오톱으로 중복 지정돼 있는 경우, 적용 표준지의 공법상 제한에 따라 평가방법이 달라진다.

구 분	처리방법
비교표준지가 도시공원 외이며 비오톱으로 지정되지 않은 경우	대상토지가 비오톱에 따른 행위제한을 받는 것을 개별요인으로 반영하여 감정평가
비교표준지가 도시공원 내이며 비오톱으로 지정되지 않은 경우	비교표준지의 도시공원으로서의 공법상 제한을 보정하여 공시지가를 조정한 후 대상토지가 비오톱에 따른 행위제한을 받는 것을 개별요인으로 반영하여 감정평가
비교표준지 도시공원 내이며 비오톱으로 지정된 경우[247]	도시공원으로의 공법상 제한과 비오톱의 공법상 제한의 강도가 유사하므로 비교표준지의 공시지가는 도시공원으로서의 공법상 제한을 받는 상태에서의 가격수준으로 결정된다고 보아야 함. 비교표준지의 도시공원으로서의 공법상 제한을 보정하여 공시지가를 조정한 경우 조정된 공시지가는 비오톱으로서의 공법상 제한도 받지 않은 토지의 공시지가 됨. 대상 토지가 비오톱에 따른 공법상 제한을 받는 것으로 개별요인으로 반영하여 감정평가

⑪ 문화유산[248]

　　「국가유산기본법」상의 현상변경제한은 일반적 계획제한(협회 2019.7.1. 감정평가실－1175)에 해당하며, 지정문화유산 또는 보호구역 안의 토지가 다른 공익사업에 편입된 경우는 공법상의 제한을 받는 상태대로 감정평가한다. 「국가유산기본법」에 의한 공익사업에 편입된 경우, 사업인정을 받거나/지정문화유산 또는 보호구역의 지정이 있었고 취득절차를 개시했을 때는, 지정문화유산 또는 보호구역 지정에 따른 제한은 해당 공익사업의 시행을 직접 목적으로 하여 가하여진 공법상의 제한에 해당하므로 공법상의 제한이 없는 상태를 상정하여 감정평가한다.

(2) 특수 토지

① 무허가건축물 등의 부지　기출 8, 15회

> 「토지보상법 시행규칙」 제24조
> 「건축법」 등 관계법령에 의하여 허가를 받거나 신고를 하고 건축 또는 용도변경을 하여야 하는 건축물을 허가를 받지 아니하거나 신고를 하지 아니하고 건축 또는 용도변경한 건축물(이하 "무허가건축물 등"이라 한다)의 부지 또는 「국토의 계획 및 이용에 관한 법률」 등 관계법령에 의하여 허가를 받거나 신고를 하고 형질변경을 하여야 하는 토지를 허가를 받지 아니하거나 신고를 하지 아니하고 형질변경한 토지(이하 "불법형질변경토지"라 한다)에 대하여는 무허가건축물 등이 건축 또는 용도변경 될 당시 또는 토지가 형질변경 될 당시의 이용상황을 상정하여 평가한다.

---

246) 김원보, 『토지보상법해설 1권』, 가람감정평가법인, 2021, p.596
247) 이 경우는, 실무적으로 의견이 나뉘고 있음
248) 김원보, 『토지보상법해설 2권』, 가람감정평가법인, 2021, pp.118～124

> 「감정평가 실무기준」
> ① 무허가건축물 등의 부지에 대한 감정평가는 해당 토지에 무허가건축물 등이 건축될 당시의 이용상황을 기준하여 감정평가한다. 다만, 1989년 1월 24일 당시의 무허가건축물 등의 부지에 대한 감정평가는 기준시점에서의 현실적인 이용상황을 기준으로 한다.
> ② 제1항 단서의 1989년 1월 24일 당시의 무허가건축물 등의 부지면적은 해당 건축물 등의 적정한 사용에 제공되는 면적을 기준으로 하되, 관련 법령에 따른 건폐율을 적용하여 산정한 면적을 초과할 수 없다.

㉠ 무허가건축물 부지의 요건
　ⓐ 관계법령에 의한 허가 또는 신고에 사용승인 요건이 포함됨
　　사용승인을 받지 못한 토지는 형질변경에 대한 준공검사도 받지 못한 것이므로 불법형질변경 토지와 동일한 기준을 적용하려면 사용승인을 얻지 못한 것은 허가 또는 신고의 미비와 동일하다.
　　다만, 해당 공익사업으로 사용승인을 받지 못한 경우는 예외이며, 토지조서 작성시점 당시 무허가건축물 부지였으나 기준시점까지 하자를 치유하여 사용승인을 받은 경우 무허가건축물부지로 보지 않는다.
　ⓑ 불법용도변경 건축물이 있는 토지도 무허가건축물 부지에 해당
　　2012.1.2. 「토지보상법 시행규칙」 개정으로 무허가건축물부지에 불법용도변경토지가 포함되었다. 다만, 2012.1.2. 이전 보상계획을 공고하거나 토지소유자 및 관계인에게 보상계획을 통지한 공익사업에서는 불법용도변경 건축물이 있는 토지는 무허가건축물 부지에 해당하지 않는다.
　　1997.12.13. 이전 「건축법」 제14조에는 '건축'의 정의에 '용도변경'을 포함시켰으나, 1997.12.13. 「건축법」이 개정되면서 '용도변경'이 제외되어, 유권해석으로 불법용도변경건축물을 무허가건축물 등에 포함시켰으나 대법원 판례가 무단 용도변경 건축물을 무허가건축물에 해당한다고 볼 수 없다고 판시하여 「토지보상법 시행규칙」 제24조를 개정한 것이다.
㉡ 이용상황 판단
　무허가건물 건축시점의 확인은 무허가건물대장의 건축일자를 기준으로 하되, 무허가건물대장이 없는 경우에는 지방자치단체에 공문으로 조회하여 항공사진 촬영일자 등을 확인한다.

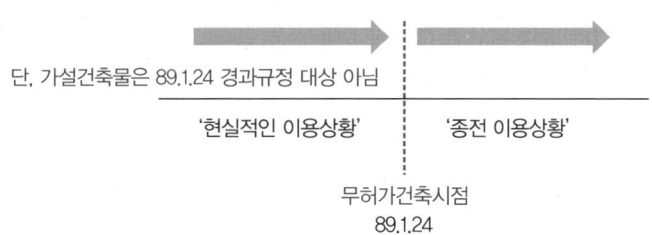

ⓒ 면적사정(현황대로 평가하는 면적)
　ⓐ 판 례
　　• …무허가건물에 이르는 통로, 야적장, 주차장 등은 그 무허가건물의 부지로 볼 수 없고…,
　　• …무허가건물에 이르는 통로, 야적장, 마당, 비닐하우스·천막부지, 컨테이너·자재적치장소, 주차장 등은 무허가건물의 부지가 아니라…
　　• …'무허가 건물 등의 부지'라 함은 당해 무허가건물 등의 용도·규모 등 제반 여건과 현실적인 이용 상황을 감안하여 무허가건물 등의 사용·수익에 필요한 범위 내의 토지와 무허가건물 등의 사용·수익에 필요한 범위 내의 토지와 무허가건물 등의 용도에 따라 불가분적으로 사용되는 범위의 토지…(2000두8325)
　ⓑ 중앙토지수용위원회
　　무허가건축물 등의 부지면적은 건축물의 바닥면적, 차양, 통로, 마당, 화단 등의 면적을 합한 면적(중토위 2020.4.9. 재결)으로 한다는 재결도 있지만, 2019년 중토위 제31차 위원회 보고 사항에서는, 아래와 같이 무허가건축물 부지면적 판단 기준을 제시하고 있다.[249]

> • 시행규칙 부칙과 판례에 근거하여 무허가건축물의 부지 인정범위는 현황 측량한 '건축바닥면적＋불가분적 사용면적'을 원칙으로 함
> • 개별 사건별로 현황측량 면적과 무허가건물 건축(바닥)면적에 건폐율을 적용하여 산정한 면적을 비교하여 심의
> • 무허가건축물 등의 부지면적＝아래 ①, ②, ③, ④ 중에서 가장 작은 값
>   ① 무허가건축물 등 바닥면적＋무허가건축물 등의 용도에 따른 불가분적 사용범위 면적(현황측량)
>   ② 무허가건축물 등의 바닥면적을 건폐율로 나눈 면적
>   ③ 토지면적에 건폐율을 곱하여 산출한 면적
>   ④ 개별법에 따라 허용되는 개발면적

ⓒ 「토지보상법 시행규칙」 부칙 제5조 제2항
　무허가건축물 등의 부지로 사실상 사용되고 있는 면적이 관련 법령에 따른 건폐율을 적용하여 산정한 면적을 초과하는 경우에는 건폐율을 적용하여 산정한 면적을 상한으로 한다.
ⓔ 기 타
　ⓐ 관련법령에 의한 허가 또는 신고여부, 89.1.24. 당시 무허가건축물 여부의 입증책임은 사업시행자에게 있다.
　ⓑ 개발제한구역 안의 89.1.24. 당시 무허가건축물
　　개발제한구역 안에서는 절대적으로 건축행위가 금지되나 이 경우에도 별도의 단서가 없으므로 기준시점에서의 현실적인 이용상황을 기준으로 평가한다.

---
249) 중앙토지수용위원회, 토지수용 업무편람, 2021, p.247

ⓒ 농지전용부담금 등의 공제 여부

무허가건축물부지를 기준시점 당시의 현실적인 이용상황을 기준으로 평가하는 경우 해당 토지가 「농지법」 제38조의 규정에 의한 농지전용부담금, 「산지관리법」 제19조의 규정에 의한 대체산림자원조성비의 부과대상이 되는 경우 이를 감안하여 개별요인 비교 시 반영하여야 하는지 여부가 문제된다. 이에 대한 종전 처리방침과 현재 처리방침은 아래와 같다.

종전 처리방침 (토지보상평가지침, 토지수용업무편람)	현재 처리방침(감정평가실무기준해설서)
공부상 지목이 '대'가 아닌 토지를 적법한 절차에 따라 '대'인 토지로 변경하는데 소요되는 비용상당액인 농지전용부담금(대체산림자원조성비), 지목변경에 소요되는 비용상당액을 고려하여 이를 개별요인 비교 시에 반영	별도 고려하지 않음 (판례: …현실적인 이용 상황에 따른 비교수치 외에 다시 공부상의 지목에 따른 비교수치를 중복적으로 적용하는 것은 허용되지 아니한다…)

ⓓ 그 밖의 사항[250]

1989.1.24. 당시 무허가건축물 등이 타인소유 토지에 건축되어 있는 경우도 달리 판단할 필요는 없으며, 1989년 1월 24일 당시의 무허가건축물이 멸실되고 새로이 건축한 무허가건축물 등의 부지, 1989년 1월 24일 당시 무허가건축물 등의 부지에 추가로 건축한 경우 추가 건축물의 부지는 1989년 1월 24일 당시의 무허가건축물 등의 부지로 보지 않는다.

② 불법형질변경 토지 기출 7, 8회

> 「토지보상법 시행규칙」 제24조
> 「건축법」 등 관계법령에 의하여 허가를 받거나 신고를 하고 건축 또는 용도변경을 하여야 하는 건축물을 허가를 받지 아니하거나 신고를 하지 아니하고 건축 또는 용도변경한 건축물(이하 "무허가건축물 등"이라 한다)의 부지 또는 「국토의 계획 및 이용에 관한 법률」 등 관계법령에 의하여 허가를 받거나 신고를 하고 형질변경을 하여야 하는 토지를 허가를 받지 아니하거나 신고를 하지 아니하고 형질변경한 토지(이하 "불법형질변경토지"라 한다)에 대하여는 무허가건축물 등이 건축 또는 용도변경 될 당시 또는 토지가 형질변경 될 당시의 이용상황을 상정하여 평가한다.
>
> 「감정평가 실무기준」
> ① 불법형질변경 토지는 그 토지의 형질변경이 될 당시의 이용상황을 기준으로 감정평가한다. 다만, 1995년 1월 7일 당시 공익사업시행지구에 편입된 토지는 기준시점에서의 현실적인 이용상황을 기준으로 감정평가한다.
> ② 제1항에도 불구하고 형질변경이 된 시점이 분명하지 아니하거나 불법형질변경 여부 등의 판단이 사실상 곤란한 경우에는 사업시행자가 제시한 기준에 따른다.

㉠ 불법형질변경의 요건 등

형질변경은 절토, 성토, 정지, 포장 등의 방법으로 토지의 형상을 변경하는 행위와 공유수면의 매립을 뜻하며, 토지의 지표 또는 지중(대법원 2007.2.23. 선고 2006두4875)의 형질이 외형상으로 사실상 변경되고 그 변경된 상태가 일정한 정도 고정되어 원상회복이 어려운 상태에 있을 것을 말한다.

---

250) 김원보, 『토지보상법해설 1권』, 가람감정평가법인, 2021, p.636

「국토의 계획 및 이용에 관한 법률」, 「개발제한구역의 지정 및 관리에 관한 특별조치법」, 「산지관리법」 등의 법률은 형질변경을 위해 관련 법률에 따른 허가, 신고를 거쳐야 하므로 이를 거치지 않을 때 불법형질변경이 된다.

관련법령에 의한 허가·신고에 준공검사가 포함되는데, 허가나 신고를 받고 당해 공익사업 때문에 준공검사를 받지 못한 경우는 불법 형질변경토지가 아니다.

보상실무에서는, 형질변경 시점의 확인이 곤란하다는 이유로 보상시점(기준시점) 당시의 법령에 따라 불법형질변경 여부를 판단하고 있다. 이는 형질변경 시점이 장기간에 걸쳐 이뤄져 어느 행위 당시에 불법의 요건을 갖추었는지 판단하기 어렵기 때문이다. 원칙에는 맞지 않는다. 한편, 불법형질변경 시기는 사업시행자가 입증하여야 한다(중토위 2018.1.25. 이의재결). 그리고 불법형질변경이 여러 차례 있은 경우 최초 불법형질변경을 기준으로 한다.

「국토의 계획 및 이용에 관한 법률」에서 허가 없이 할 수 있는 형질변경도 「토지보상법」에 의한 행위제한일 이후에는 허가 대상이다.

ⓒ 이용상황 판단

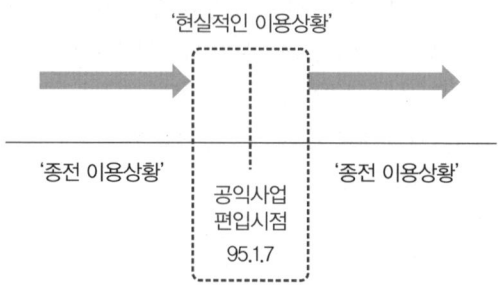

- 편입시점은 '공익사업시행계획공고·고시일'

지목이 임야인 토지로서 1961.6.27. 전에 농지로 개간된 토지는 농지(대법원 2020.2.6. 선고 2019두43474)에 해당되는데, 현재 1961.6.27. 이전의 이용상황을 확인할 자료는 거의 없고 1966년도에 촬영된 항공사진이 가장 근접한 자료다. 따라서 이용상황 확정에 어려움이 많다.[251]

ⓒ 현황 「농지법」상 농지인 지목 임야

> 「산지관리법」 부칙 제2조(2010.5.31.)
> 제2조(불법전용산지에 관한 임시특례)
> ① 이 법 시행 당시 적법한 절차를 거치지 아니하고 산지를 5년 이상 계속하여 다음 각 호의 어느 하나에 해당하는 용도로 이용 또는 관리하고 있는 자는 그 사실을 이 법 시행일(2010.12.1.)부터 1년 이내에 농림수산식품부령으로 정하는 바에 따라 시장·군수·구청장에게 신고하여야 한다.
>   1. 국방·군사시설
>   2. 대통령령으로 정하는 공용·공공용 시설 또는 농림어업용 시설(농림어업인이 주된 주거용으로 사용하고 있는 시설을 포함한다)
> ② 시장·군수·구청장은 제1항에 따라 신고 된 산지가 이 법 또는 다른 법률에 따른 산지전용의 행위제한 및 허가기준이나 대통령령으로 정하는 기준에 적합한 산지인 경우에는 심사를 거쳐 산지전용허가 등 지목 변경에 필요한 처분을 할 수 있다.

---
251) 김원보, 「토지보상법해설 1권」, 가람감정평가법인, 2021, p.516

> ③ 제2항에 따른 처분을 하는 경우에는 이 법을 적용한다. 다만, 산지를 전용한 시점의 규정이 신고자에게 유리한 경우에는 산지전용 시점의 규정을 적용한다.
> ④ 시장·군수·구청장은 제2항에 따른 산지전용허가 등을 하고자 하는 산지가 산지전용이 제한되는 산지이거나 다른 법률에 따른 인가·허가·승인 등의 행정처분이 필요한 산지인 경우에는 미리 관계 행정기관의 장과 협의를 하여야 한다.
> ⑤ 제2항에 따른 심사의 방법 및 처분절차 등에 관한 사항은 대통령령으로 정한다.

2010.12.1. 시행 「산지관리법」 부칙 제2조에 따라 이 법 시행일 당시 임야를 5년 이상 계속하여 농지로 사용하였던 토지를 이 법 시행일로부터 1년 이내에 시장·군수·구청장에게 신고한 경우 및 2017.6.3. 시행 「산지관리법」 부칙 제3조에 따라 2016.12.1. 기준으로 임야를 3년 이상 계속하여 전, 답, 과수원의 용도로 이용한 경우 그 사실을 이 법 시행일로부터 1년 이내에 시장·군수·구청장에게 신고한 토지는 농지로 보상평가[252] 할 수 있다.

ⓐ (임시 특례에 따라) 지목이 변경된 경우

농지로 보상평가한다.

ⓑ 임시특례규정 적용대상 토지임을 확인하는 경우

관련법령에 따라 사업인정고시 등이 있는 때에는 「산지관리법」 제14조에 따른 산지전용허가가 의제되므로 (2중으로) 임시특례에 따른 신고만으로 산지전용허가를 받을 수 없다. 따라서 시장, 군수, 구청장이 임시특례 규정 적용대상 토지임을 확인해 주는 경우 농지로 보상평가한다.

ⓒ 지목변경 절차 또는 확인하는 절차를 거치지 않은 경우

공부상 지목대로 보상평가한다.

ⓓ 기 타

구 분	상 세
불법의 입증책임	95.1.7. 이후 공익사업에 편입되었다는 점을 사업시행자가 입증
불법형질변경될 당시의 이용상황, 면적의 확정	사업시행자가 확정
농지전용부담금 등의 공제 여부	별도 고려할 필요 없음
국가·지방자치단체 등[253]이 불법형질 변경한 경우	기준시점의 현실적인 이용상황 기준. 사인이 토지를 불법으로 형질변경함으로 인하여 증가한 토지가치를 보상액에서 배제하여 토지소유자 등이 부당한 이익을 얻게 되는 것을 방지하기 위한 규정 취지 고려
건축허가 등을 받은 후 행위제한일 이후 착공한 경우	건축허가는 예정지구 지정·고시에 의해 그 효력이 상실되므로 불법형질변경에 해당(대법원 2007.4.12. 선고 2006두18492) - 다만, 사업인정 고시 후 허가관청의 착오(또는 관계 행정청과 협의 불이행) 등으로 적법하게 허가를 얻어 형질변경 한 경우는 불법형질변경에 해당되지 않음

---

252) 구 「임산물 단속에 관한 법률」이 제정·시행된 1961.6.27. 이전에 관련 법령에 저촉됨이 없이 농지로 개간된 토지를 포함
253) 불법형질변경과 관련된 규정이, 형질변경의 주체에 관하여 제한을 두고 있지 아니하므로, 행정청이 적법한 절차를 거치지 아니한 채 타인의 토지를 형질변경하여 장기간 사용한 경우에도 형질변경이 이루어질 당시의 이용상황을 상정하는 것이 원칙(대법원 2003.6.13. 2002두3409)이나, 이 경우는 예외적으로 현상이 악화된 경우를 가리킴

불법형질변경으로 현실적인 이용상황이 악화된 경우	기준시점의 현실적인 이용상황 기준
공익사업에 '편입'된 시기	공익사업지구에 편입된 때는 해당 공익사업의 계획 또는 시행이 공고되거나 고시된 날로서, '공익사업지구에 편입된 때'란 도시계획시설의 부지로 결정·고시된 때를 의미(대법원 2005.5.12. 선고 2003두9565)

③ 미지급용지 기출 8, 24회

「토지보상법 시행규칙」제25조
① 종전에 시행된 공익사업의 부지로서 보상금이 지급되지 아니한 토지(이하 이 조에서 "미지급용지"라 한다)에 대하여는 종전의 공익사업에 편입될 당시의 이용상황을 상정하여 평가한다. 다만, 종전의 공익사업에 편입될 당시의 이용상황을 알 수 없는 경우에는 편입될 당시의 지목과 인근토지의 이용상황 등을 참작하여 평가한다.
② 사업시행자는 제1항의 규정에 의한 미지급용지의 평가를 의뢰하는 때에는 제16조 제1항의 규정에 의한 보상평가의뢰서에 미지급용지임을 표시하여야 한다.

「감정평가 실무기준」
① 미지급용지는 종전의 공익사업에 편입될 당시의 이용상황을 기준으로 감정평가한다.
② 미지급용지의 비교표준지는 종전 및 해당 공익사업의 시행에 따른 가격의 변동이 포함되지 않은 표준지를 선정한다.
③ 주위환경변동이나 형질변경 등으로 종전의 공익사업에 편입될 당시의 이용상황과 비슷한 이용상황의 표준지 공시지가가 인근지역 등에 없어서 인근지역의 표준적인 이용상황의 표준지 공시지가를 비교표준지로 선정한 경우에는 그 형질변경 등에 드는 비용 등을 고려하여야 한다.

㉠ 미지급용지 개요

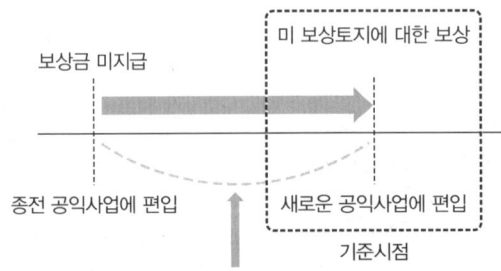

→ 종전 공익사업에 의해 종전 이용상황의 변동 가능성
→ 종전 공익사업 또는 새로운 공익사업에 의한 용도지역 등의 변동 가능성

종전의 공익사업을 시행하면서 사업시행자가 토지소유자에게 보상을 하거나 기부채납을 받고도 소유권 이전등기를 하지 않아 미지급용지로 남아 있는 경우도 있다. 다만, 종전의 공익사업에 포함되어 토지세목고시 되었으나 해당 공익사업의 기준시점 당시 실제로 공익사업에 사용되고 있지 않은 토지는 미지급용지에 해당되지 않는다.[254]

---
254) 김원보, 「토지보상법해설 1권」, 가람감정평가법인, 2021, p.726

ⓛ 이용상황 판단[255]

ⓐ 개 요

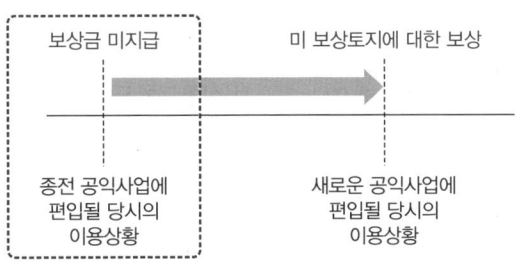

→ 종전 공익사업에 편입될 당시의 이용상황을 기준
→ 인근지역 내 종전 이용상황의 표준지가 없는 경우(지역 내 표준적인 이용상황의 변동) 〈인근지역의 표준적인 이용상황의 표준지 기준 평가 액 – 종전이용상황에서 표준적인 이용상황으로 변경하는데 소요되는 비용 상당액〉으로 평가

ⓑ 예외적 사항[256]

- 편입 당시의 현실적인 이용상황을 알 수 없는 경우
편입될 당시의 지목과 인근 토지의 이용상황 등을 참작하여 판단한다. 즉, 편입 당시의 공부상 지목과 유사한 인근 토지의 기준시점에서의 현실적인 이용상황을 참작한다.

- 인근지역의 표준적인 이용상황이 변경된 경우
인근지역의 표준적인 이용상황이 변경되었고, 대상 토지도 종전 공익사업에 편입되지 않았다면 현실적인 이용상황이 변경되었을 것이 객관적으로 명백한 경우에는 기준시점에서의 인근토지의 표준적인 이용상황을 기준한다.

- 현실적인 이용상황을 기준으로 감정 평가하는 것이 유리한 경우
공익사업의 시행으로 이용상황이 개선(예 농경지 → 대지)된 경우 현실 이용상황 기준 평가 원칙에 따른다.

ⓒ 그 밖의 사항 판단

ⓐ 용도지역의 판단
기준시점의 용도지역을 기준으로 평가하는 것이 원칙이다. 다만, 용도지역이 변경된 경우 종전 또는 해당 공익사업으로 인해 변경되었다면 종전 용도지역 등을 기준하며, 종전 또는 해당 공익사업과 무관하게 변경된 경우 기준시점 용도지역 등을 적용한다. 다만, 미지급용지 인근지역의 용도지역 등이 종전 또는 새로운 공익사업과 관계없이 변경되었고, 미지급용지가 종전의 공익사업에 편입되지 않았다면 인근지역의 용도지역 등과 같이 변경되었을 것으로 추정되는 경우라도 '이용상황'의 판단과는 달리 이러한 변경은 고려하지 않는다.

ⓑ 공익사업으로 인한 가격변동 배제
종전 및 해당 공익사업으로 인한 가격변동은 모두 배제한다. 비교 표준지 선정 시에도 종전 및 해당 공익사업으로 인한 가격의 변동이 포함되지 않은 표준지를 선정해야 한다.

---

255) 이용상황 판단의 주체는 사업시행자 또는 토지수용위원회가 된다.
256) 김원보, 『토지보상법해설 1권』, 가람감정평가법인, 2021, p.744

그러나 종전의 공익사업의 사업시행자가 보상하고 취득한 토지의 보상액에는 종전의 공익사업으로 인한 가치의 변동을 배제하지 않음에도 미지급용지의 보상액에 한해 이를 배제한다면 형평이 맞지 않다는 의견도 있다.

ⓒ 미지급용지가 아닌 경우

적법하게 소유권을 취득했으나 소유권 이전등기를 하지 않은 경우, 사유토지의 협의 취득 또는 국·공유지의 무상양수에 의한 취득 후 소송 등에 의해 소유자가 변경되어 재취득하는 경우(협의에 의한 취득은 재결과 달리 원시취득이 아님)는 미지급용지가 아니다.

ⓓ 미지급용지의 시효취득은 불가

ⓔ 미지급용지의 보상의무자 및 보상대상자

보상의무자는 새로운 공익사업의 사업시행자(사업지연 등의 행정비경제 고려)이며, 보상대상자는 종전 편입 토지 소유자 또는 새로운 소유자가 된다. 종전 공익사업의 시행시점과 해당 공익사업의 기준시점 당시에 미지급용지의 소유자가 변경되었을 경우, 미지급용지 보상기준은 새로운 소유자에 대해서 적용하는 것이 타당하다.

ⓕ 종전의 사업시행자가 미지급용지를 취득하는 경우 미지급용지 평가 규정 적용[257]

ⓖ 미보상토지

미보상토지는 준공된 공익사업시행지구 내에 소재하는 보상이 되지 않은 토지로, 다른 공익사업에 편입되지 않은 토지를 말한다. 미보상토지에 대하여 그 공익시설의 관리청 등으로부터 협의취득 또는 매수를 목적으로 감정평가가 의뢰된 경우 미지급용지의 감정평가기준을 준용하여 감정평가 할 수 있다. 미보상 기설 선하지를 보상하는 경우도 미지급용지 평가 기준을 준용한다.[258]

④ 도 로 기출 14, 28회

> 「토지보상법 시행규칙」 제26조
> ① 도로부지에 대한 평가는 다음 각 호에서 정하는 바에 의한다.
>   1. 「사도법」에 의한 사도의 부지는 인근토지에 대한 평가액의 5분의 1 이내
>   2. 사실상의 사도의 부지는 인근토지에 대한 평가액의 3분의 1 이내
>   3. 제1호 또는 제2호외의 도로의 부지는 제22조의 규정에서 정하는 방법[259]
> ② 제1항 제2호에서 "사실상의 사도"라 함은 「사도법」에 의한 사도외의 도로(「국토의 계획 및 이용에 관한 법률」에 의한 도시·군관리계획에 의하여 도로로 결정된 후부터 도로로 사용되고 있는 것을 제외한다)로서 다음 각 호의 1.에 해당하는 도로를 말한다.
>   1. 도로개설당시의 토지소유자가 자기 토지의 편익을 위하여 스스로 설치한 도로
>   2. 토지소유자가 그 의사에 의하여 타인의 통행을 제한할 수 없는 도로
>   3. 「건축법」 제45조에 따라 건축허가권자가 그 위치를 지정·공고한 도로
>   4. 도로개설당시의 토지소유자가 대지 또는 공장용지 등을 조성하기 위하여 설치한 도로

---

257) 공익시설의 관리청으로부터 보상금 지급 목적으로 평가 의뢰되는 경우
258) 김원보, 「토지보상법해설 1권」, 가람감정평가법인, 2021, pp.746~751
259) 제22조의 규정에서 정하는 방법이란 '유사한 이용가치를 지닌다고 인정되는 하나 이상의 표준지의 공시지가를 기준으로 평가하는 것'이므로 인근토지의 일정률 이하로 평가하는 도로로 보지 않겠다는 것임

> 「감정평가 실무기준」
> [6.2.4] 사도법에 따른 사도부지
> ① 「사도법」에 따른 사도의 부지(이하 "사도부지"라 한다)에 대한 감정평가는 인근토지에 대한 감정평가액의 5분의 1 이내로 한다.
> ② 제1항에서 "인근토지"란 그 사도부지가 도로로 이용되지 아니하였을 경우에 예상되는 인근지역에 있는 표준적인 이용상황의 토지로서 지리적으로 가까운 것을 말한다.
>
> [6.2.5] 사실상의 사도부지
> ① 사실상의 사도부지에 대한 감정평가는 인근토지에 대한 감정평가액의 3분의 1 이내로 한다.
> ② 제1항에서 "인근토지"란 이 절 [6.2.4-2]을 준용한다.

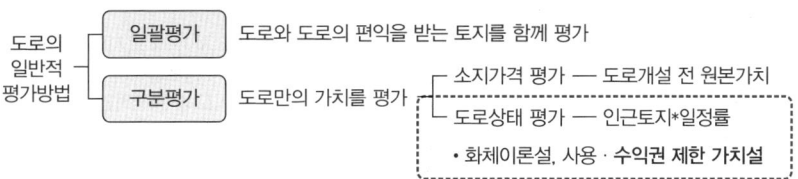

㉠ 사도법에 따른 도로
   ⓐ 「사도법」에 따른 사도의 정의
      공도가 아닌 도로로서 그 소유자가 자기 토지 다른 부분의 효용증진을 위하여 스스로 관할 시장·군수의 사도개설허가를 받아 개설되는 공도에 연결되는 도로를 말한다. 즉, 사도관리대장에 등재되고 일반인의 통행을 제한하거나 금지할 수 없는 도로다.
   ⓑ 「사도법」에 따른 사도의 평가
      인근 토지의 1/5 이내 평가(절사)한다. '인근토지'는 그 사도부지가 도로로 이용되지 아니하였을 경우에 예상되는 인근지역에 있는 표준적인 이용상황의 토지로서 지리적으로 가까이 있는 것(판례 : 점용도로의 인근에 있는 토지로서 도로점용의 주된 사용목적과 동일 또는 유사한 용도로 사용되는 토지)을 의미하며, 인근 토지에 대한 평가액은 당해 사도가 개설된 상태에서의 평가금액이 된다.
㉡ 사실상의 사도
   인근 토지의 1/3 이내로 평가한다. 법령상 사실상의 사도가 되는 요건은 아래와 같다.
   ⓐ 도로개설 당시의 토지소유자가 자기 토지의 편익을 위하여 스스로 설치한 도로
      (i) 「도로법」, 「국토의 계획 및 이용에 관한 법률」 등에 의해 강제로 설치되지 않고, 자의에 의해 개설되어야 한다. 또한 (ii) 도로 개설로 동일인 소유 토지의 가치(효용)가 증가(개설 당시는 동일인 소유였다가 이후 소유권이 달라지게 된 경우 포함)되어야 하며, 개설 당시 위 2가지 요건을 검토할 때 인접토지의 획지면적, 이용상태, 개설경위, 목적, 주위환경 등에 의해 객관적으로 판단한다.

ⓑ 건축허가권자가 그 위치를 지정·공고한 도로
　　건축허가 또는 신고 시 서울특별시장·광역시장·도지사 또는 시장·군수·구청장이 그 위치를 지정·공고한 도로 또는 그 예정도로를 말한다. 허가권자가 그 위치를 지정·공고하려면 예외적인 경우(이해관계인의 해외 거주, 주민이 오랫동안 통행로로 이용하고 있는 사실상의 통로로서 지자체의 조례로 정하는 경우)를 제외하고는 이해관계인의 동의를 얻어야 한다.
ⓒ 토지소유자가 대지 또는 공장용지 등을 조성하기 위해 설치한 도로
　　토지소유자가 넓은 토지를 개발하면서 토지형질변경의 허가를 받거나 허가받지 아니하고 자기 토지 다른 부분의 효용증진을 위하여 도로를 개설하는 단지분할형 도로를 의미한다.
ⓓ 토지소유자가 그 의사에 의하여 타인의 통행을 제한할 수 없는 도로
　　주위토지통행권에 의한 도로, 약정에 의한 도로, 자연발생적 도로(*)등이 있다.

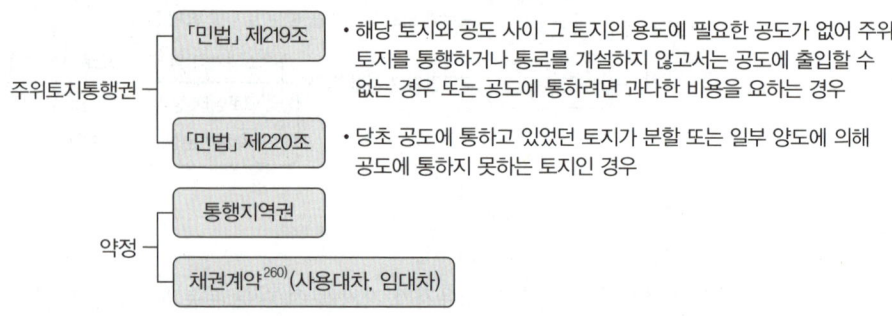

> **알아보기**　자연발생적 도로(*)
>
> 자연발생적 도로는 원상회복 가능여부, 독점적·배타적 사용수익권 포기 여부, 관습상 통행권 발생 여부, 불법행위로 인한 손해배상청구 가능여부, 부당이득 성립 여부 등을 종합적으로 검토해 판단 가능하다.
>
> 판례는 '불특정 다수인의 통행에 제공되고 있는 토지이기만 하면 그 모두를 인근 토지의 3분의 1 이내로 평가한다는 것이 아니라 그 도로의 개설경위, 목적, 주위환경, 인접토지의 획지면적, 소유관계, 이용 상태 등의 제반 사정에 비춰 당해 토지소유자가 자기 토지의 편익을 위하여 스스로 공중의 통행에 제공하는 등 인근토지에 비하여 낮은 가격으로 보상하여 주어도 될 만한 객관적인 사유가 인정되는 경우에만 인근 토지의 3분의 1 이내에서 평가…', '…단순히 당해 토지가 불특정 다수인의 통행에 장기간 제공되어 왔고 이를 소유자가 용인하여 왔다는 사정만으로는 사실상의 도로에 해당한다고 할 수 없으나, 도로로서의 이용상황이 고착화되어 당해 토지의 표준적 이용상황으로 원상회복하는 것이 용이하지 아니한 상태에 이르는 등 인근의 토지에 비해 낮은 가격으로 평가하여도 될 만한 객관적인 사정이 인정되는 경우에는 사실상의 사도에 포함'이라고 해석하였다.
>
> 국가나 지자체의 예산 사정 등으로 도로가 개설되지 않아 부득이 사인의 다수의 사람이 통행하게 되어 외관적으로 도로의 형태를 갖춘 후 통행을 제한할 경우 통행자의 반발 내지 비난을 받게 되어 이를 묵인하거나 호의에 의해 허용하는 경우 등이 있을 수 있으므로 자연발생적 도로를 사실상 사도로 보기 위한 요건은 정당한 보상을 위해 엄격히 해석해야 할 것이다.

---

260) 채권계약에 의한 통행권이 설정된 도로의 경우는 토지소유자가 채권계약에 불구하고 소유권을 행사하여 통행을 제한할 수 있는지 여부에 따라 판단(김원보, 『토지보상법해설 1권』, 가람감정평가법인, 2021, p.776)

> **➕ 알아보기** 특수한 도로
>
> 아래 특수한 도로 중 새마을 도로와 건축선 후퇴 도로만 사실상 사도로 본다.
> - 농로 및 임도 – 농지의 영농, 산지의 관리를 위해 개설된 도로
> - 단지 내 도로 – 대규모 공장용지 또는 학교용지 내 도로[261]
> - 새마을 도로 – 마을간 또는 공도 등과의 접속을 위하여 새마을사업에 의하여 설치되었거나 불특정 다수인의 통행에 이용되고 있는 사실상의 사도 등이 새마을사업에 의해 확장, 노선변경 된 도로
> - 건축선 후퇴 도로 – 대지가 도로와 접한 부분에 있어서 건축물을 건축할 수 있는 한계선인 건축선 지정으로 도로전면에서 후퇴한 부분을 도로로 사용하는 것

ⓒ 공 도

ⓐ 공도의 정의 및 유형

국가 또는 지방자치단체가 관련법률(「도로법」, 「국토의 계획 및 이용에 관한 법률」 등)에 의해 공중의 통행에 제공한 도로(예정공도 포함)를 말한다. 공도에는 관련 법률에 따른 공도, 사실상의 공도(일반 공중의 통행에 제공되고 있으나, 도로구역결정고시 등과 같은 절차를 거치지 않고 자연발생적으로 형성된 도로)가 있다. 도시·군계획시설 도로 선에 맞춰 토지 분할할 때 지목만 도로로 변경한 경우, 공도로 개설되었으나 합필되지 않아 지목이 도로가 아닌 경우 모두 공도에 해당한다.

「농어촌도로 정비법」에 따라 '경작지 등과 연결되어 농어민의 생산 활동에 직접 공용되는 도로'인 '농도(農道)'는 공도에 해당(일단의 농지 내에 있는 농로는 농경지로 봄)한다. 「산림자원의 조성 및 관리에 관한 법률」, 「임도설치 및 관리 등에 관한 규정」에 의해 설치된 '국유임도', '공유임도', '사설임도' 모두 공도에 준해 평가(설치주체 불문)한다.

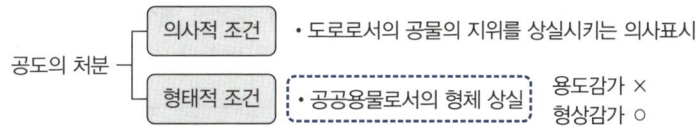

ⓑ 공도의 평가

공도는 도로로 이용되지 아니하였을 경우에 예상되는 인근 지역의 표준적인 이용상황을 기준하여 평가한다.

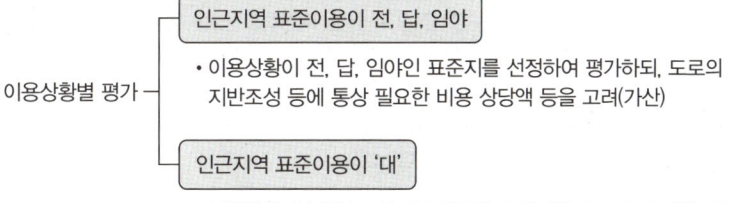

---

261) 토지소유자가 대지 또는 공장용지 등을 조성하기 위해 설치한 도로와는 성격이 다름

ⓒ 예정공도의 평가

예정공도는 인근지역의 표준적인 이용상황을 기준으로 감정평가하므로 해당 예정공도를 도로로 보지 않는다. 따라서 비교표준지에 해당 예정공도의 개설에 따른 가치변동이 포함되어 있는 경우에는 이를 개별요인에서 고려해야 한다. 예정공도의 형태조건 등 개별요인 판단과 관련해서는 의견이 갈린다. 기준시점 당시의 형태 및 면적(분할 전)을 기준으로 하여야 한다는 견해가 있는 반면 원 토지의 형태 및 면적 등을 기준으로 하여야 한다는 견해도 있다. 후자는 다른 공익사업으로 인한 개별요인의 변경도 고려하지 않는 것이 타당하다는 논리에 기초한다.[262]

⑤ 구거

> 「토지보상법 시행규칙」 제26조
> 제26조(도로 및 구거부지의 평가)
> ③ 구거부지에 대하여는 인근토지에 대한 평가액의 3분의 1 이내로 평가한다. 다만, 용수를 위한 도수로부지(개설 당시의 토지소유자가 자기 토지의 편익을 위하여 스스로 설치한 도수로부지를 제외한다)에 대하여는 제22조의 규정에 의하여 평가한다.
> ④ 제1항 및 제3항에서 "인근토지"라 함은 당해 도로부지 또는 구거부지가 도로 또는 구거로 이용되지 아니하였을 경우에 예상되는 표준적인 이용상황과 유사한 토지로서 당해 토지와 위치상 가까운 토지를 말한다.
>
> 「감정평가 실무기준」
> ① 구거부지(도수로부지는 제외한다. 이하 같다)에 대한 감정평가는 인근토지에 대한 감정평가액의 3분의 1 이내로 한다.

㉠ 구거의 정의

용수(用水) 또는 배수(排水)를 위하여 일정한 형태를 갖춘 인공적인 수로・둑 및 그 부속시설물의 부지와 자연의 유수(流水)가 있거나 있을 것으로 예상되는 소규모 수로부지(「공간정보의 구축 및 관리 등에 관한 법률」 시행령 제58조)를 말한다.

+ 알아보기 구거 유사개념

구 분	내 용
하 천	자연의 유수(流水)가 있거나 있을 것으로 예상되는 토지 - 구거와 달리 국토교통부 장관 또는 시・도지사가 하천으로 지정해야 함
유 지	물이 고이거나 상시적으로 물을 저장하고 있는 댐・저수지・소류지(沼溜地)・호수・연못 등의 토지와 연・왕골 등이 자생하는 배수가 잘 되지 아니하는 토지 - 구거와 달리 물이 흐르지 않고 고여있음
수도용지	물을 정수하여 공급하기 위한 취수・저수・도수(跳水)・정수・송수 및 배수 시설의 부지 및 이에 접속된 부속시설물의 부지 - 구거와 달리 자연수가 아닌 정수가 흐름
도수로	관행용수권과 관련하여 용수・배수를 목적으로 일정한 형태를 갖춘 인공적인 수로・둑 및 그 부속시설물 - 구거와 달리 인위적으로 물이 흐르도록 조성(농업, 생활용수 취득 목적)

---

262) 김원보, 『토지보상법해설 1권』, 가람감정평가법인, 2021, pp.812~813

ⓒ 평가

구거는 인근 토지에 대한 평가금액의 1/3 이내로 평가한다. 단, 폐쇄 또는 타 용도 전환이 가능한 구거는 정상 평가한다. 구거를 감액 평가하는 이유는 구거의 가치가 인근토지의 가치에 화체되었기 때문이 아니라, 구거는 대부분 물이 높은 곳으로부터 낮은 곳으로 흐름에 따라 자연스럽게 형성되고, 구거와 관련된 토지의 합리적인 이용을 위한 상린관계가 성립되어, 소유권을 행사하여 그 구거를 임의로 폐쇄시키거나 변경시키는 것이 금지되는 등 여러 가지 제한이 부가되기 때문이다.[263]

> **+ 알아보기** 도수로부지 보상[264] (수도용지도 동일)
>
> 이용상황별 평가
> ├─ 인근지역 표준이용이 전, 답, 임야
> │   • 이용상황인 전, 답, 임야인 표준지를 선정하여 평가하되, 도수로의 지반조성 등에 통상 필요한 비용 상당액 등을 고려(가산)하고 위치조건 등을 반영
> └─ 인근지역 표준이용이 '대'
>   • 이용상황이 '대'인 표준지를 선정하여 평가하되, 도수로의 지반조성 등에 통상 필요한 비용 상당액 등을 고려하지 않고, 위치조건 등을 반영
>
> → 공작물 등 도수로 시설물의 가격은 포함시키지 않음

⑥ 하천구역 안 토지

㉠ 보상유형[265]

하천구역 안 토지의 보상은 크게 4가지 유형으로 나뉜다.

구 분	상 세
하천공사 등을 위한 보상	• 사업인정 의제 : 사업시행자가 하천관리청 등인 경우 하천공사시행계획 수립·고시일, 그 외의 경우 하천공사실시계획 수립·고시일 • 보상평가기준 : 하천구역 지정에 따른 점용허가 등의 공법상 제한, 홍수관리권역인 경우 홍수관리구역의 지정에 따른 공법상 제한을 고려하여 보상평가
(구)「하천법」제3조에 따라 국유로 된 토지에 대한 보상	1971.7.20. 이후 '관리청이 지정한 유사한 토지의 구역' 또는 1999.8.9. 시행「하천법」제2조 제1항 제2호 라목에 해당하는 '대통령령이 정하는 제외지와 유사한 토지의 구역 중 가목에 해당하는 구역과 일체로 하여 관리할 필요가 있는 토지로서 하천의 관리청이 지정하는 토지의 구역'이 대상이며, 'ⓒ「하천편입토지 보상 등에 관한 특별조치법」에 따른 보상기준' 적용

---

263) 김원보, 『토지보상법해설 1권』, 가람감정평가법인, 2021, p.836
264) 도수로부지를 감액 평가하지 않는 이유는 전용가능성이 있고 가치가 인근토지에 이전되지 않기 때문이다(김원보, 『토지보상법해설 1권』, 가람감정평가법인, 2021, p.839).
265) 김원보, 『토지보상법해설 2권』, 가람감정평가법인, 2021, pp.292~318

구분	
국유하천의 하천구역 안의 토지 등에 대한 매수청구에 대한 보상	• 매수대상 : 국가하천의 하천구역의 결정 또는 변경으로 그 구역 안의 토지 등을 종래의 용도로 사용할 수 없어 그 효용이 현저하게 감소한 토지 등 또는 그 토지 등의 사용 및 수익이 불가능한 토지 — 하천구역으로의 결정·변경에 따른 「하천법」에서 정한 공법상 제한은 고려하지 않으며, 하천관리청의 하천공사로 현상변경이 이루어진 경우 미지급용지의 평가방법을 준용
기타손실보상	• 하천점용에 따른 손실보상 : 하천점용허가로 손실을 받은 기득하천사용자가 있을 때 • 공용부담 등으로 인한 손실보상 — 하천공사에 따른 손실보상(하천공사 당시에 보상되지 않은 경우) — 관리청이 하천공사(국가하천, 지방하천) 또는 수문조사시설공사를 시행했으나 「하천법」에 따라 보상하지 않은 경우(「하천법」 제78조에 따라 보상한 경우 제외) — 기타제한 및 타인토지 출입 등에 따른 손실보상 — 감독처분으로 인한 손실보상 — 공익을 위한 처분, 하천관리청에 대한 감독에 따른 손실보상

「소하천정비법」상의 보상에서도, 소하천정비시행계획의 공고일이 사업인정의제일이며, 「소하천정비법」 제14조에 따른 소하천 등에서의 점용허가 등의 제한은 일반적 계획 제한으로 이를 고려하여 감정평가한다.

ⓒ 「하천편입토지 보상 등에 관한 특별조치법」에 따른 보상[266]

하천법에 따른 보상청구권의 소멸시효 만료로 인해 보상을 받지 못한 하천편입 토지를 보상대상으로 한다. 정리하면 다음과 같다.

구 분	상 세
보상대상자	국유로 된 당시의 토지소유자
기준시점	보상청구절차를 통지 또는 공고한 날
보상청구권 소멸시효	2023년 12월 31일
보상평가기준	• 편입 당시 — 1971.7.20. 이전 : 하천구역으로 공고된 시점. 공고되지 아니하였거나 공고시점이 불분명한 경우는 1971.7.20. — 1971.7.20. 이후 : 하천구역에 해당되어 국유화되는 시점 • 지목 및 이용상황, 용도지역 : 하천구역으로 된 시점 당시 • 현재의 토지이용참작 : 기준시점이 편입 시점으로부터 장기간 경과되어 사실상 편입 당시 이용상황을 알 수 없는 경우, 기준시점 당시의 현실이용상황에 일정비율을 적용(이는 예외적인 경우임)

---

266) 김원보, 「토지보상법해설 2권」, 가람감정평가법인, 2021, pp.307~310

> **➕ 알아보기** 인근토지의 일정비율로 평가할 때의 '일정비율'
>
> 하천구역으로 된 이후 하천관리청의 하천공사나 하천점용허가로 현상변경이 이루어져 기준시점 당시의 현실적인 이용상황이 하천구역으로 된 당시보다 뚜렷하게 좋아졌거나 나빠진 것으로 인정되는 경우 이용 상황의 판단이나 일정비율을 적용할 때 고려 할 수 있으며 보상 대상 토지가 도시지역 안에 있는 경우로서 인근 토지가 순수농경지로 인정되는 경우에는 도시지역 밖의 일정비율을 적용한다.

구 분 이용상황별		일정비율	
		도시지역 안	도시지역 밖
농경지(전, 답 등)		인근토지에 대한 적정가격의 2분의 1 이내	인근토지에 대한 적정가격의 10분의 7 이내
제 방	제외지 측과 접한 부분이 농경지인 경우	인근토지에 대한 적정가격의 2분의 1 이내	인근토지에 대한 적정가격의 10분의 7 이내
	제외지 측과 접한 부분이 농경지가 아닌 경우	인근토지에 대한 적정가격의 4분의 1 이내	인근토지에 대한 적정가격의 3분의 1 이내
고수부지		인근토지에 대한 적정가격의 4분의 1 이내	인근토지에 대한 적정가격의 3분의 1 이내
모래밭·개펄		인근토지에 대한 적정가격의 7분의 1 이내	인근토지에 대한 적정가격의 5분의 1 이내
물이 계속 흐르는 토지		인근토지에 대한 적정가격의 10분의 1 이내	인근토지에 대한 적정가격의 7분의 1 이내

⑦ 기타 특수 토지

㉠ 저수지부지

ⓐ 농업생산기반시설로 사용 중인 저수지[267]

- 원 칙

  농업생산기반시설인 저수지부지는 비슷한 이용상황 즉, 현실적인 이용상황이 저수지 또는 이와 유사한 표준지공시지가를 기준으로 감정평가한다.

- 예 외

  현실적인 이용상황이 저수지 또는 이와 유사한 표준지공시지가가 인근지역 등에 없는 경우에는 인근지역의 표준적인 이용상황의 표준지공시지가를 비교표준지로 선정하여 감정평가한다.

  － 인근지역의 표준적인 이용상황이 전·답 또는 임야인 경우

    인근지역의 표준적인 이용상황이 전·답 등 농경지 또는 임야인 경우에는 전·답 또는 임야인 비교표준지를 기준으로 감정평가하되, 저수지 지반조성에 통상 필요한 비용 상당액 등을 고려[268]할 수 있다. 즉, 인근지역의 표준적인 이용상황이 전·답 등 농경지 또는 임야인 경우 저수지부지의 가치는 이러한 소지(素地)의 가치에 지반조성비용을 더하여 결정된다고 본다. 이 경우 조성비용의 고려방법은 금액으로 직접 더하는 방법이 아니라 비교방식으로 한다.

---

267) 공작물 등 저수지 시설물은 저수지 부지 평가액에 포함시키지 않는다.
268) 저수지 지반조성 비용 상당액은 평가단가에서 가산하지 않고 개별요인 비교 시 참작한다.

- 인근지역의 표준적인 이용상황이 "대"인 경우

  인근지역의 표준적인 이용상황이 "대"인 경우에는 대인 비교표준지를 기준으로 감정평가하되, 저수지 지반조성에 통상 필요한 비용 상당액 등은 고려하지 아니한다. 즉, 비교표준지의 가격에 지반조성비용이 포함되어 있다고 본다.

ⓑ 기능이 사실상 상실되었거나 용도 폐지된 저수지부지

농업생산기반시설로서의 기능이 사실상 상실되었거나 용도 폐지된 저수지부지는 용도전환을 전제로 감정평가하므로, 전환 가능한 용도와 비슷한 이용상황의 비교표준지를 기준으로 감정평가한다. 이 경우 저수지부지의 다른 용도로의 전환 가능성, 전환 후의 용도, 용도전환에 통상 필요한 비용 상당액 등을 고려하여 감정평가할 수 있다.

> **➕ 알아보기** 농업기반시설이 아닌 것으로서 양어장·소류지·호수·연못 등의 부지
>
> 농업기반시설이 아닌 양어장·소류지·호수·연못 등의 부지는 저수지부지의 감정평가방법을 준용한다.

ⓒ 염전부지
  ⓐ 염전으로 사용 중인 경우

  현실적인 이용상황이 염전 또는 이와 유사한 표준지 공시지가를 기준으로 평가한다. 이때, 염전 전체는 용도상 불가분의 관계로 보아 염전, 유지, 잡종지, 구거 등 염전을 구성하는 필지 전체를 일단지로 평가한다.

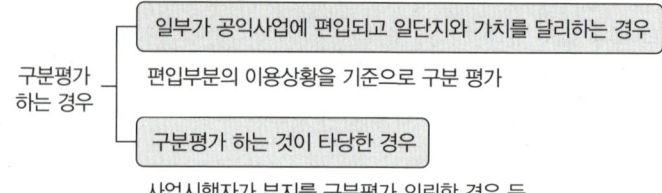

  일단지로 평가 시에도 염 생산 용도로 이용되지 아니하여 방치된 부분, 염전시설을 외곽에서 보호하고 있는 제방시설부지, 염전시설의 용도 외에 불특정 다수인의 통행에 이용되고 있는 도로 등은 일단지로 보지 않고 구분 평가한다.

  ⓑ 사실상 기능이 상실된 경우

  인근지역 표준적인 이용상황의 표준지 공시지가를 기준으로 평가한다. 전체를 염전부지로 보지 않기 때문에 일단지가 아닌 개별토지로 평가하며, 표준적인 이용상황으로의 용도전환에 수반되는 비용 상당액[269]을 개별요인 비교 시 고려한다.

---

269) 연약지반 보강공사비용, 객토비용 등

ⓒ 목장용지

| 초지 | 축사부지 | 주택부지 | 부대시설 부지 |

〈지목 '목장용지' 토지의 실제 이용상황〉

ⓐ 「초지법」에 의해 허가받고 조성한 토지

현실적인 이용상황이 초지인 표준지 공시지가를 기준하여 평가한다. 인근지역에 초지 상태인 표준지가 없는 경우 표준적인 이용상황의 표준지 공시지가 선정 후 통상적인 초지 조성비용 상당액을 개별요인에서 고려(단, 초지에서의 행위제한 및 전용제한사항도 감안)하며, 현황 축사 및 부대시설, 주거용 건물의 부지는 이용상황이 동일 또는 유사한 표준지 공시지가를 기준하여 평가한다.

ⓑ 「초지법」에 의해 허가받지 않고 조성한 토지

농경지로 판단해 평가하되, 「초지법」에 따른 초지에서의 행위제한 및 전용제한이 없기 때문에, 이를 감안하지 않고 평가한다.

ⓔ 묘 지

ⓐ 개 요

사람의 시체나 유골이 매장된 토지, 「도시공원 및 녹지 등에 관한 법률」에 따른 묘지공원으로 결정·고시된 토지, 「장사 등에 관한 법률」에 따른 봉안시설과 이에 접속된 부속시설물의 부지(묘지관리 위한 건축물 부지는 제외)를 말한다.

공부상 지목 여하에 불구하고 현실적인 이용상황이 묘지인 것은 '묘지'에 준해 평가하며, 분묘기지권이 성립하는 경우에도 해당 권리는 일종의 점유권으로 양도가 불가능하고 분묘를 이전할 경우 권리가 소멸하게 되므로 토지의 소유권 외의 권리에 해당하는 것으로 볼 수 없어 이에 구애 없이 평가한다.

ⓑ 묘지의 평가

묘지는 원칙적으로 현실적인 이용상황이 묘지인 비교표준지를 기준으로 감정평가한다. 이때 토지보상평가 일반원칙인 나지상정평가원칙에 따라 지상 분묘가 없는 상태로 평가한다. 인근지역에 이용상황이 묘지인 표준지가 없는 경우에는 인근지역 표준적인 이용상황을 기준해 평가하되, '(i) 대상토지가 지목이 묘지인 소규모 토지인 경우, (ii) 다른 지목의 자기소유 토지 일부분에 묘지가 설치된 경우로서 그 묘지부분의 면적을 구분하여 평가의뢰 된 경우, (iii) 「장사 등에 관한 법률」 제14조에 따른 사설묘지인 경우(조성비용이 들어갔을 것으로 추정되는 경우)' 아래와 같이 원가법으로 평가한다.

| 묘지 조성 전 토지 적정가격 | + | 묘지 조성에 필요한 적정 비용 |

- 묘지 용도에 부합하는 규모, 위치 등이 반영된 가격
- 용도전환에 필요한 필지분할비용, 조성비용 상당액
- 석물 등 분묘시설 설치비용 제외

ⓜ 구분소유적 공유 토지[270]

구분소유적 공유 토지도 한 필지 전체를 기준으로 평가하여 공유지분 비율에 따라 안분하여 보상액을 산정(대법원 1998.7.10. 선고 98두6067)한다. 그런데 다른 공유자와 구분소유적 공유관계에 있는 국가가 공유자의 토지를 수용하는 경우는 구분소유하는 특정부분의 소유권을 취득(대법원 2012.4.26. 선고 2010다6611)한다는 판결도 있다. 대법원 판례는 특별한 사정이 없는 한 필지별로 감정평가 될 것이므로 이를 다시 구분소유 토지별로 구분할 필요가 없다는 의미이지 구분소유 토지별로 가치를 달리하는 등 특별한 사정이 있어 구분평가하는 경우까지를 금하는 것은 아니라고 해석해야 한다는 의견도 있으나, 최근까지 지분위치별로 평가해야 한다는 명시적인 판결은 나오지 않고 있다.

⑧ 전주, 철탑 등의 설치를 위한 토지

  ㉠ 취득의 개요

  전주, 철탑을 설치하기 위해 설치부분만 소규모로 분할하여 취득 보상하는 경우를 의미한다.

  ㉡ 토지의 평가

  해당 토지 전체의 개별요인을 기준으로 감정평가하지 않고, 그 편입부분의 개별요인(위치, 지형, 지세, 면적, 이용상황 등)을 고려하여 감정평가한다.

  원칙적으로는 분할 취득 전 필지전체를 기준으로 평가한 단가에 취득면적을 곱해야 하나 대규모 임야 중 하단부의 평지 부분이 편입되는 것과 같이 편입부분만의 단가와 전체면적을 기준한 단가의 격차가 크므로 필지전체를 기준으로 하지 않고 편입부분만의 위치, 지형, 지세, 이용상황 등을 기준하여 평가한다.

⑨ 소유권 외의 권리의 목적이 되고 있는 토지

> 「토지보상법 시행규칙」 제29조
> 취득하는 토지에 설정된 소유권 외의 권리의 목적이 되고 있는 토지에 대하여는 당해 권리가 없는 것으로 하여 제22조 내지 제27조의 규정에 의하여 평가한 금액에서 제28조의 규정에 의하여 평가한 소유권 외의 권리의 가액을 뺀 금액으로 평가한다.
>
> 「감정평가 실무기준」
> ① 소유권 외의 권리의 목적이 되고 있는 토지는 다음과 같이 감정평가하되, 그 내용을 감정평가서에 기재한다.
>
> > 감정평가액 = 해당 토지의 감정평가액 − 해당 토지에 관한 소유권 외의 권리에 대한 감정평가액
>
> ② 지하 또는 지상공간에 송유관 또는 송전선로 등이 시설되어 있으나 보상이 이루어지지 않은 토지는 이에 구애됨이 없이 감정평가 한다.

---

270) 김원보, 「토지보상법해설 2권」, 가람감정평가법인, 2021, p.353

㉠ 원 칙

지상권 등 그 밖에 소유권 외의 권리의 목적이 되고 있는 토지에 대하여는 해당 권리가 없는 것으로 한 토지의 감정평가액에서 소유권 외의 권리의 가액을 뺀 금액으로 감정평가한다.

㉡ 예 외

해당 권리가 없는 상태로 평가하는 경우로서, 구체적인 사안은 아래와 같다.

ⓐ 보상 없이 사실상 사용되고 있는 토지

지하 또는 지상공간에 송유관 또는 송전선로 등을 시설하여 토지를 사용하기 위해서는 사전에 이에 대한 보상을 하고 구분지상권 또는 임차권 등의 권리를 설정하나, 이러한 보상 없이 시설물을 설치하여 사실상 사용하고 있고 현실적으로 이러한 시설물의 철거가 불가능한 경우에도 시설물의 소유자는 토지소유권 외의 별도의 권리를 설정하였다고 볼 수 없으므로 이에 구애됨이 없이 토지를 감정평가한다. 시설물의 소유자가 시설물의 사용에 대한 지료를 지급하고 있지 않거나, 정상지료보다 낮은 지료를 지급하고 있어 사실상 이익을 얻고 있는 경우에도 이는 반사적 이익에 불과하여 보상대상이 되는 권리라고 볼 수 없기 때문이다.

ⓑ 사업시행자의 요청(해당 권리의 소멸 전제)이 있는 경우

소유권 외의 권리가 설정된 토지에 대하여 토지소유자에게 이러한 권리를 소멸시키도록 한 후 보상하기 위하여 사업시행자가 이러한 권리의 설정이 없는 상태로 감정평가 하도록 조건을 제시하는 경우에는 이러한 권리가 없는 토지가액으로 감정평가할 수 있다.

(3) 기타 토지

① 개간비 기출 11, 32회

「토지보상법 시행규칙」 제27조
① 국유지 또는 공유지를 관계법령에 의하여 적법하게 개간(매립 및 간척을 포함한다. 이하 같다)한 자가 개간당시부터 보상당시까지 계속하여 적법하게 당해 토지를 점유하고 있는 경우(개간한 자가 사망한 경우에는 그 상속인이 개간한 자가 사망한 때부터 계속하여 적법하게 당해 토지를 점유하고 있는 경우를 포함한다) 개간에 소요된 비용(이하 "개간비"라 한다)은 이를 평가하여 보상하여야 한다. 이 경우 보상액은 개간후의 토지가격에서 개간 전의 토지가격을 뺀 금액을 초과하지 못한다.
② 제1항의 규정에 의한 개간비를 평가함에 있어서는 개간 전과 개간 후의 토지의 지세·지질·비옥도·이용상황 및 개간의 난이도 등을 종합적으로 고려하여야 한다.
③ 제1항의 규정에 의하여 개간비를 보상하는 경우 취득하는 토지의 보상액은 개간 후의 토지가격에서 개간비를 뺀 금액으로 한다.

「감정평가 실무기준」
① 개간비는 기준시점을 기준으로 개간에 통상 필요한 비용 상당액을 기준으로 감정평가한다. 이 경우 개간비는 개간 후의 토지가액에서 개간 전의 토지가액을 뺀 금액을 초과하지 못한다.
② 제1항의 규정에 의한 개간비를 감정평가 함에 있어서는 개간 전과 개간 후의 토지의 지세·지질·비옥도·이용상황 및 개간의 난이도 등을 종합적으로 고려하여야 한다.
③ 제1항의 규정에 의하여 개간비를 보상하는 경우 취득하는 토지의 감정평가액은 개간 후의 토지가액에서 개간비를 뺀 금액으로 한다.

㉠ 개간의 개념

임야 등을 농경지로 만드는 것이나 매립, 간척을 통해 종전 토지의 이용가치를 높이는 것을 의미한다. 개간비[271]는 기준시점을 기준으로 개간에 통상 필요한 비용 상당액을 말한다.

㉡ 개간비 보상 요건

ⓐ 국유 또는 공유지를 관계법령의 규정에 의하여 적법하게 개간(매립, 간척)
- 「국토의 계획 및 이용에 관한 법률」상 형질변경허가, 「국유재산법」, 「공유재산 및 물품관리법」에 의한 사용허가, 대부계약을 모두 포함
- 95.1.7. 당시 공익사업지구에 편입된 무허가개간지도 포함[272]
- 기준시점 이전 점용기간 만료되고 갱신되지 않은 경우 보상 대상 제외
- 허가용도와 다른 용도로 개간한 경우 불법 개간에 해당
- 점용허가면적을 초과한 경우 초과 부분은 개간비 보상 대상 제외
- 원상회복 또는 보상제한의 적법한 부관이 있는 경우 개간비 보상 대상 제외

ⓑ 개간 당시부터 보상 당시까지 계속해서 적법하게 당해 토지를 점유
- 개간비 지출자와 보상대상자가 동일인일 것
- 개간한 자가 사망한 경우 포괄승계인이 사망 당시부터 적법하게 점유한 경우 해당

ⓒ 사업시행자로부터 지장물과는 별도로 개간에 소요된 비용의 평가의뢰

평가 의뢰 목록의 최종 결정은 사업시행자 또는 중앙토지수용위원회

㉢ 개간비 보상 평가

ⓐ 기준시점 당시 개간에 통상 소요되는 비용을 알 수 있는 경우

개간에 통상 소요되는 비용(과거지출시점이 아닌 기준시점 현재)

ⓑ 기준시점 당시 개간에 통상 소요되는 비용을 알 수 없는 경우
- 개간 후의 토지가치의 일정비율 이내
- 일정비율은 도시지역 내 녹지지역 1/5, 그 밖의 도시지역 1/10, 비도시지역은 1/3(실무적)

ⓒ 유의사항

개간비는 개간 전·후 토지의 지세, 지질, 비옥도, 이용상황 및 개간의 난이도에 따라 책정 가능하다. 일반적으로 개간 후 장기간이 경과한 경우 위 내역을 파악하기 어려워 개간 후 토지가치의 일정비율로 보상한다.

개간비의 상한은 〈개간 후 토지가치 - 개간 전 토지가치〉이며, 개간비를 보상하는 경우 토지보상액은 〈개간 후 토지가치 - 개간비 보상액〉이 된다.

---

271) 사인의 토지를 제3자가 개간한 경우 토지보상금에서 상호간 부당이득 반환 법리에 의해 처리 가능하나, 국·공유지는 별도 협의와 소송 절차의 번거로움이 발생하는 것을 고려하여 개간비 보상 규정을 신설한 것이다.
272) 「토지보상법 시행규칙」 부칙 제6조

② 토지에 관한 소유권 외 권리[273] 기출 26회

「토지보상법 시행규칙」 제28조
① 취득하는 토지에 설정된 소유권외의 권리에 대하여는 당해 권리의 종류, 존속기간 및 기대이익 등을 종합적으로 고려하여 평가한다. 이 경우 점유는 권리로 보지 아니한다.
② 제1항의 규정에 의한 토지에 관한 소유권외의 권리에 대하여는 거래사례비교법에 의하여 평가함을 원칙으로 하되, 일반적으로 양도성이 없는 경우에는 당해 권리의 유무에 따른 토지의 가격차액 또는 권리설정계약을 기준으로 평가한다.

「감정평가 실무기준」
① 취득하는 토지에 설정된 소유권 외의 권리는 해당 권리의 종류, 존속기간 및 기대이익 등을 종합적으로 고려하여 감정평가 한다. 이 경우 점유는 권리로 보지 아니한다.
② 토지에 관한 소유권 외의 권리는 거래사례비교법에 따라 감정평가 하는 것을 원칙으로 하되, 일반적으로 양도성이 없는 경우에는 다음 각 호의 방법에 따를 수 있다.
  1. 해당 권리의 유무에 따른 토지가액의 차이로 감정평가하는 방법
  2. 권리설정계약을 기준으로 감정평가하는 방법
  3. 해당 권리를 통하여 획득할 수 있는 장래기대이익의 현재가치로 감정평가 하는 방법

㉠ 용익물건
  ⓐ 지상권
    일반적인 지상권은 양도성이 있는 권리이므로 거래사례비교법을 적용한다. 거래사례 포착이 불가능한 경우 지상권을 통해 획득할 수 있는 장래기대이익의 현재가치로 감정평가 하는데, 지료의 등기가 있는 경우 지료증감청구권이 인정돼 실제 지료는 언제든지 정상지료와 동일하게 된다고 보아야 하므로 별도의 경제적 가치가 없으며, 지료의 등기가 없는 경우 무상의 지상권이므로 장래기대이익은 인근 지료가 된다. 영구지상권은 사실상 소유권과 방불하나 토지 자체의 처분권이 없어 소유권과 완전 등가로 볼 수는 없다. 법정지상권은 장래기대이익이 없어 경제적 가치가 없으며 관습법상의 법정지상권 중 지료가 정해진 경우는 경제적 가치가 있는 것으로 본다. 한편, 분묘기지권은 별도의 경제적 가치를 가지는 것으로 볼 수 없다.
  ⓑ 지역권
    요역지가 공익사업에 편입된 경우, 승역지에 지역권을 설정하고 편익을 얻고 있는 상태대로 요역지를 감정평가하고 지역권은 별도 보상 대상으로 보지 않는다. 승역지가 공익사업에 편입된 경우, 승역지는 승역지로 제한을 받고 있는 상태대로 평가하면 된다.
  ⓒ 전세권
    양도성 있는 권리이나 전세금에 대한 증액 청구를 인정하고 있으므로 장래기대이익이 발생한다고 볼 수 없어 보상대상으로 보지 않는다.

---

273) 김원보, 「토지보상법해설 2권」, 가람감정평가법인, 2021, pp.410~422

ⓓ 구분지상권

토지가치의 일부를 보상한 구분지상권의 감정평가방법은 다음과 같이 정리할 수 있다. 각 평가방법별로 장단점이 있으며, 가급적 활용할 수 있는 여러 방법을 모두 고려할 필요가 있다.

구 분	상 세
지료의 차이로 감정평가하는 방법	• (정상지료 – 실제지료)를 환원 • 정상지료 : 기준시점에서의 구분지상권 신규설정에 대한 보상액을 연금으로 전환 • 실제지료 : 종전에 지급된 보상액을 연금으로 전환 • 단점 : 최근 설정된 구분지상권이 다른 공익사업에 편입될 경우 정상지료와 실제지료가 대등해 가치가 없는 것으로 감정평가 돼 현실과 괴리. 신설 구분지상권은 가치가 낮게 평가되고 오래돼 존속기간이 짧은 구분지상권 가치가 높게 감정평가 됨. 구분지상권자는 토지소유자에게 지급한 보상금보다 현저히 낮은 보상금을 받게 되고, 토지소유자는 구분지상권 가치가 낮게 평가되므로 보상을 많이 받음
구분지상권의 유무에 따른 토지가액의 차이로 감정평가하는 방법	• (구분지상권이 설정되지 않은 토지 거래가격 – 구분지상권이 설정된 토지의 거래가격) • 가장 설득력이 높은 평가방법이나, 거래사례 수집이 용이하지 않음
권리설정계약금액으로 감정평가하는 방법	• 구분지상권을 위해 기 지급된 보상액으로 감정평가하는 방법 • 구분지상권의 가치가 시간에 따라 변동될 수 있음에도 이를 고려하지 않음
권리설정계약을 기준으로 이를 보정하여 감정평가하는 방법	기 지급된 보상액에 지가변동률, 생산자물가지수, 적정 이자율 등을 적용해 시점수정하는 방법
기준시점에서의 구분지상권 설정가액으로 감정평가하는 방법	• 기준시점에서 해당 구분지상권을 재취득하기 위한 설정가액으로 감정평가하는 방법. 입체이용저해율 등 활용 • 근거 규정 불명확, 구분지상권 가치(해당 시설의 존속기간까지 등기, 영구는 아님)와 영구사용에 따른 보상액이 상이, 존속기간에 대한 고려 없음
기준시점에서의 구분지상권 설정가액을 감가수정하여 감정평가하는 방법	기준시점에서의 구분지상권 설정가액으로 감정평가하는 방법에 기간 경과에 따른 감가수정 보정과정을 거치나, 존속기간이 미확정적이라는 단점
구분지상권 보상기준을 적용하여 감정평가하되, 감가율의 일부를 조정하는 방법	기준시점에서의 구분지상권 설정가액으로 감정평가하는 방법에서, 기간의 차이를 입체이용저해율 또는 추가보정율을 조정하는 식으로 보정하는 방법

ⓒ 채 권

임차권은 장래에 대한 차임의 증감을 청구할 수 있도록 규정돼 있어 보상대상으로 보지 않으며, 사용대차는 사용대차를 통해 획득할 수 있는 장래기대이익인 인근의 정상임료를 환원하거나 할인하여 평가할 수 있다.

③ 잔여지 기출 21회

「토지보상법」제73조
① 사업시행자는 동일한 소유자에게 속하는 일단의 토지의 일부가 취득되거나 사용됨으로 인하여 잔여지의 가격이 감소하거나 그 밖의 손실이 있을 때 또는 잔여지에 통로·도랑·담장 등의 신설이나 그 밖의 공사가 필요할 때에는 국토교통부령으로 정하는 바에 따라 그 손실이나 공사의 비용을 보상하여야 한다. 다만, 잔여지의 가격 감소분과 잔여지에 대한 공사의 비용을 합한 금액이 잔여지의 가격보다 큰 경우에는 사업시행자는 그 잔여지를 매수할 수 있다.
② 제1항 본문에 따른 손실 또는 비용의 보상은 관계 법률에 따라 사업이 완료된 날 또는 제24조의2에 따른 사업완료의 고시가 있는 날(이하 "사업완료일"이라 한다)부터 1년이 지난 후에는 청구할 수 없다.
③ 사업인정고시가 된 후 제1항 단서에 따라 사업시행자가 잔여지를 매수하는 경우 그 잔여지에 대하여는 제20조에 따른 사업인정 및 제22조에 따른 사업인정고시가 된 것으로 본다.
④ 제1항에 따른 손실 또는 비용의 보상이나 토지의 취득에 관하여는 제9조 제6항 및 제7항을 준용한다.
⑤ 제1항 단서에 따라 매수하는 잔여지 및 잔여지에 있는 물건에 대한 구체적인 보상액 산정 및 평가방법 등에 대하여는 제70조, 제75조, 제76조, 제77조 및 제78조 제4항부터 제6항까지의 규정을 준용한다.

「토지보상법」제74조
① 동일한 소유자에게 속하는 일단의 토지의 일부가 협의에 의하여 매수되거나 수용됨으로 인하여 잔여지를 종래의 목적에 사용하는 것이 현저히 곤란할 때에는 해당 토지소유자는 사업시행자에게 잔여지를 매수하여 줄 것을 청구할 수 있으며, 사업인정 이후에는 관할 토지수용위원회에 수용을 청구할 수 있다. 이 경우 수용의 청구는 매수에 관한 협의가 성립되지 아니한 경우에만 할 수 있으며, 사업완료일까지 하여야 한다.
② 제1항에 따라 매수 또는 수용의 청구가 있는 잔여지 및 잔여지에 있는 물건에 관하여 권리를 가진 자는 사업시행자나 관할 토지수용위원회에 그 권리의 존속을 청구할 수 있다.
③ 제1항에 따른 토지의 취득에 관하여는 제73조 제3항을 준용한다.
④ 잔여지 및 잔여지에 있는 물건에 대한 구체적인 보상액 산정 및 평가방법 등에 대하여는 제70조, 제75조, 제76조, 제77조 및 제78조 제4항부터 제6항까지의 규정을 준용한다.

「토지보상법 시행령」제39조
① 법 제74조 제1항에 따라 잔여지가 다음 각 호의 어느 하나에 해당하는 경우에는 해당 토지소유자는 사업시행자 또는 관할 토지수용위원회에 잔여지를 매수하거나 수용하여 줄 것을 청구할 수 있다.
  1. 대지로서 면적이 너무 작거나 부정형(不定形) 등의 사유로 건축물을 건축할 수 없거나 건축물의 건축이 현저히 곤란한 경우
  2. 농지로서 농기계의 진입과 회전이 곤란할 정도로 폭이 좁고 길게 남거나 부정형 등의 사유로 영농이 현저히 곤란한 경우
  3. 공익사업의 시행으로 교통이 두절되어 사용이나 경작이 불가능하게 된 경우
  4. 제1호부터 제3호까지에서 규정한 사항과 유사한 정도로 잔여지를 종래의 목적대로 사용하는 것이 현저히 곤란하다고 인정되는 경우
② 잔여지가 제1항 각 호의 어느 하나에 해당하는지를 판단할 때에는 다음 각 호의 사항을 종합적으로 고려하여야 한다.
  1. 잔여지의 위치·형상·이용상황 및 용도지역
  2. 공익사업 편입토지의 면적 및 잔여지의 면적

「토지보상법 시행규칙」제32조
① 동일한 토지소유자에 속하는 일단의 토지의 일부가 취득됨으로 인하여 잔여지의 가격이 하락된 경우의 잔여지의 손실은 공익사업시행지구에 편입되기 전의 잔여지의 가격(당해 토지가 공익사업시행지구에 편입됨으로 인하여 잔여지의 가격이 변동된 경우에는 변동되기 전의 가격을 말한다)에서 공익사업시행지구에 편입된 후의 잔여지의 가격을 뺀 금액으로 평가한다.
② 동일한 토지소유자에 속하는 일단의 토지의 일부가 취득 또는 사용됨으로 인하여 잔여지에 통로·구거·담장 등의 신설 그 밖의 공사가 필요하게 된 경우의 손실은 그 시설의 설치나 공사에 필요한 비용으로 평가한다.
③ 동일한 토지소유자에 속하는 일단의 토지의 일부가 취득됨으로 인하여 종래의 목적에 사용하는 것이 현저히 곤란하게 된 잔여지에 대하여는 그 일단의 토지의 전체가격에서 공익사업시행지구에 편입되는 토지의 가격을 뺀 금액으로 평가한다.

「감정평가 실무기준」
[6.3.3]
① 잔여지의 가치하락에 따른 손실액은 공익사업시행지구에 편입되기 전의 잔여지 가액(해당 토지가 공익사업시행지구에 편입됨으로 인하여 잔여지의 가치가 변동된 경우에는 변동되기 전의 가액을 말한다)에서 공익사업시행지구에 편입된 후의 잔여지의 가액을 뺀 금액으로 감정평가한다.
② 제1항에서의 공익사업시행지구에 편입되기 전의 잔여지 가액은 일단의 토지의 전체가액에서 공익사업시행지구에 편입되는 토지(이하 '편입토지'라 한다)의 가액을 뺀 금액으로 산정한다.
③ 공익사업시행지구에 편입되기 전의 잔여지의 가액 및 공익사업시행지구에 편입된 후의 잔여지의 가액의 감정평가를 위한 적용공시지가는 이 절 [5.6.3]을 준용한다.
④ 잔여지의 공법상의 제한사항 및 이용상황 등은 편입토지의 보상 당시를 기준으로 한다.
⑤ 잔여지의 가치하락에 따른 손실액은 해당 공익사업의 시행으로 인하여 잔여지의 가격이 증가하거나 그 밖의 이익이 발생한 경우에도 이를 고려하지 않고 감정평가한다.
⑥ 잔여지에 대한 시설의 설치 또는 공사로 인한 손실액은 그 시설의 설치나 공사에 통상 필요한 비용 상당액을 기준으로 산정한다.
[6.3.4]
① 매수하는 잔여지는 일단의 토지의 전체가액에서 편입되는 토지의 가액을 뺀 금액으로 감정평가한다.
② 일단의 토지 전체가액 및 편입토지의 가액의 감정평가를 위한 적용공시지가는 이 절 [5.6.3]를 준용
③ 일단의 토지 및 편입토지의 공법상의 제한사항 및 이용상황 등은 편입토지의 보상 당시를 기준
④ 기준시점 당시의 일단의 토지의 전체가액 및 편입토지의 가액을 감정평가 함에 있어 해당 공익사업의 시행으로 인한 가치의 변동은 이를 고려하지 아니한다.

㉠ 잔여지 가치하락 보상
  ⓐ 잔여지의 개요
    • 개 념
      동일한 토지 소유자에 속하는 일단의 토지 중 일부가 공익사업에 편입되고 남은 토지를 말한다.
    • 요 건
      – 일단의 토지가 동일인일 것(사실상 동일 소유관계 포함)
      – 일단의 토지는 1필지 토지뿐만 아니라 용도상 불가분의 관계에 있는 수 필지인 경우를 포함

- 일단의 토지를 판단함에 있어 중앙토지수용위원회 '잔여지 수용 및 가치하락 손실보상 등에 관한 참고기준' [별표 5]에 따르면, 소유자의 동일성, 지반의 연속성, 용도의 일체성(주택과 공장 등과 같이 토지의 현실적 이용상황이 다른 경우는 해당 없음)을 고려한다. 일단의 토지 판단시점은 편입토지의 보상시점이다.

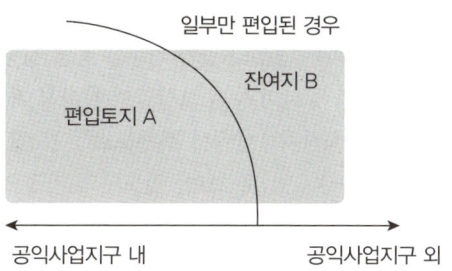

ⓑ 잔여지 가치하락 보상평가
- 산 식[274]

편입되기 전 잔여지 가치	−	편입된 후 잔여지 가치
• 일단의 토지전체가격−편입되는 토지가격 • 편입되는 토지가격은 일단의 토지전체가격 산정 시와 동일단가를 적용(다만, 편입토지와 잔여지가 구분 평가 된 경우는 예외) • 해당 공익사업으로 인해 잔여지의 가격이 변동된 경우 변동 전 가격 기준(일단의 토지 전체가 공익사업에 편입되는 것을 기준으로 일단의 토지전체가격을 구함)		• 당해 공익사업으로 인해 잔여지의 불리해진 개별요인을 기준으로 평가(사업시행이익상계금지원칙에 의해 공익사업으로 인해 잔여지의 개별요인이 개선되어 가치 증가가 있는 경우 이를 고려하지 않음) • 개별요인에는 잔여지의 면적·형상 및 지세, 잔여지와 인접한 본인 소유 토지의 유·무, 잔여지의 용도변경 등이 필요한 경우 주위토지의 상황, 잔여지에 도로·구거·담장·울 등 시설의 설치 또는 성토·절토 등 공사의 필요성 유·무 및 공사가 필요한 경우 그 공사방법, 공익사업으로 인해 수인범위를 넘는 소음·진동·악취·그늘 등에 따른 손해(사업 손실)를 고려 • 장래 이용가능성, 거래 용이성 저하 등에 의한 가치하락 포함

- 적 용
  - 잔여지에 통로, 도랑, 담장 등의 신설이나 그 밖의 공사가 필요하게 된 경우의 손실은 그 시설의 설치나 공사에 통상 필요한 비용 상당액을 기준한다.
  - 기준시점은 잔여지 가치하락에 대한 협의 성립 당시 또는 재결 당시
  - 적용공시지가는 편입토지와 동일하게 적용(사업인정 전, 후 취득에 따른 구분)
  - 잔여지는 편입되는 토지가 아니므로 「토지보상법」 제70조(사업인정 전, 후 취득 및 공고, 고시로 인한 가격변동에 따른 적용공시지가 소급)가 준용되지 않으며, 동법 시행규칙 제59조(공익사업지구 밖 토지보상)에도 해당되지 않으므로 달리 볼 소지가 있으나 편입 당시 잔여지에 대한 손실이 발생하는 것으로 이해하면 편입토지와 다른 기준을 적용할 필요는 없다.

---

274) 잔여지 매수 보상(잔여지를 종래의 목적에 사용하는 것이 현저히 곤란)과 달리 가치 감소액이 얼마라도 있는 경우 보상 대상이 됨

- 공법상 제한 및 이용상황은 편입토지의 보상 당시를 기준
- 편입토지의 보상 이후에 당해 공익사업과 관계없이 공법상 제한사항이 변경된 경우에는 이를 고려하지 않는다(당해 공익사업으로 인한 공법상 제한사항 변경 역시 반영하지 않는다).
- 사용하는 토지(토지의 지하 또는 지상공간을 사용하는 경우를 포함)의 가치하락 보상에도 취득하는 경우의 평가 기준을 동일 적용
- 가치하락과 공사비 등의 보상금이 잔여지 가격을 초과하는 경우 사업시행자가 매수
- 잔여지 가치하락보상에서 부체도로[275]를 접면도로(협회 2020.8.20. 감정평가기준센터 2020-00031)로 보며, 접도구역 지정으로 인한 손실은 잔여지 손실보상에 해당되지 않는 것(대법원 2017.7.11. 선고 2017두40860)으로 본다.
- 잔여지 손실에는 그 획지조건이나 접근조건 등의 가격형성요인이 변동됨에 따라 발생하는 손실뿐만 아니라 그 취득 또는 사용 목적 사업의 시행으로 설치되는 시설의 형태, 구조, 사용 등에 기인하여 발생하는 손실과 수용재결 당시의 현실적 이용상황의 변경 외 장래의 이용가능성이나 거래의 용이성 등에 의한 사용가치 및 교환가치상의 하락 모두가 포함(대법원 2011.2.24. 선고 2010두23149)

ⓒ 실무상 쟁점

특수한 상황에서 사업시행이익 상계금지와 관련해 엇갈린 주장이 제기되기도 한다. 공익사업에 편입되기 전 '광대한면, 부정형'의 창고용지가 공익사업에 편입된 후 '중로한면, 세장형'으로 바뀌었는데, 기존 도로의 차선 감소 등으로 광대한면에서 중로한면으로 도로 폭의 악화가 발생하지 않고 광대한면의 폐쇄와 중로한면의 개설, 즉 중로한면이 당해 사업에 의해 개설된 도로일 경우 가치하락을 판단함에 있어 도로조건의 변화를 다르게 해석할 수 있다. 사업시행이익 상계금지 및 당해 공익사업으로 인하여 도로에 접하게 되는 이익을 고려하지 않아야 한다는 시각에서는, 잔여지의 도로접면 등 토지특성은 편입 후를 기준으로 맹지, 세장형으로 파악해야 한다. 이는 문언적인 해석이다. 반면, 사업시행이익은 당해 공익사업으로 인한 가치형성요인의 증가를 가리키는 것으로 보고, 잔여지의 가격이 증가하거나 그 밖의 이익이 발생한 경우 편입토지 보상금과의 상계를 금지하는 사업시행이익상계금지 원칙을 잔여지 가치하락 보상의 취지에 비춰 해석하면, 개설되는 중로한면을 반영해도 도로개설로 인한 사업시행이익이 발생했다고 볼 여지는 없다.

특히 진출입로 폐쇄 등으로 접근 조건이 뚜렷하게 악화돼 사업자가 부체도로를 개설해 준 경우, 잔여지의 도로조건은 부체도로 개설 상태를 기준으로 판단하고 있으므로 이와의 균형을 고려해서도 잔여지의 도로조건은 중로한면으로 봄이 타당하다는 시각이다.

---

[275] 고속도로가 신설됨에 따라 기존마을 간 연결로 및 농로가 단절됨으로써 지역주민의 통행, 경작의 불편을 최소화시키기 위해 사업시행자가 설치한 도로

ⓛ 잔여지 매수 보상
  ⓐ 매수 보상 잔여지
   • 유 형
    – 동일한 토지소유자에 속하는 일단의 토지 중 일부가 협의 또는 수용된 후 잔여지를 종래의 목적에 사용하는 것이 현저히 곤란하게 된 경우, 이때 종래의 목적은 편입 당시 잔여지의 현실적인 이용상황으로 장래 예정된 이용 목적은 고려하지 않는다. 사용하는 것이 현저히 곤란함은 물리적 측면뿐만 아니라 사회적·경제적 측면을 포함하며 종전 대로의 이용에 많은 비용이 소요되는 경우도 해당된다.
    – 해당 공익사업이 아닌 다른 공법상의 제한으로 인해 건축 등이 불가능하게 된 경우에는 잔여지 매수·수용 청구 대상이 되지 않으며, 접도구역 지정(해당 공익사업의 보호·유지를 위해 가해진 경우)으로 인해 잔여지의 건축면적이 적을 경우에는 종래의 목적으로 사용하는 것이 현저히 곤란(중토위 2017.7.13. 재결)한 것으로 볼 수 있음[276]
    – 잔여지 가치하락과 공사비 등의 보상금이 잔여지 가격을 초과하는 경우(사업시행자가 매수 가능)

> 사업시행자와 소유자의 협의 → 협의 불성립 → 사업시행자나 손실을 입은 자가 관할 토지수용위원회에 재결 신청

   • 요 건
   관련법령에서는 종래의 목적 사용 불가한 아래 사유 중 하나에 해당되는 경우로 규정하고 있다.
    – 대지로서 면적이 너무 작거나 부정형(不定形) 등의 사유로 건축물을 건축할 수 없거나 건축물의 건축이 현저히 곤란한 경우

> • 건축법 및 지자체 조례에 의해 정해진 대지분할제한면적(주거 60m², 상업·공업 150m², 녹지 200m², 그 외 60m²) 참고 가능
> • 공유토지의 경우 지분면적이 아닌 전체면적을 기준으로 판단하고 집합건물의 일부분이 편입된 경우 대지권에 대해서는 전체면적에 관계없이 매수 대상

    – 농지로서 농기계의 진입과 회전이 곤란할 정도로 폭이 좁고 길게 남거나 부정형 등의 사유로 영농이 현저히 곤란한 경우
    – 공익사업의 시행으로 교통이 두절되어 사용이나 경작이 불가능하게 된 경우
    – 제1호부터 제3호까지에서 규정한 사항과 유사한 정도로 잔여지를 종래의 목적대로 사용하는 것이 현저히 곤란하다고 인정되는 경우

---

[276] 잔여지가치하락에서의 판단과 다름

> **알아보기** 중앙토지수용위원회의 '잔여지 수용 및 가치하락 손실보상 등에 관한 참고기준'
>
> - 택지의 판단기준(위 참고기준 제6조)
>   - 면적 기준 : 주거용 토지로서 단독·다세대 주택 90m^2, 연립주택 330m^2, 아파트 1,000m^2 이하인 경우, 상업용(업무용)토지로서 150m^2 이하인 경우, 공업용 토지로서 330m^2 이하에 해당하여 건축물의 건축이 현저히 곤란한 경우. 일단의 토지 중 잔여지의 비율이 25% 이하인 경우에는 위의 면적을 1.5배까지 완화해 적용할 수 있음. 일단의 토지 위에 건축물의 용도가 2개 이상 혼재한 경우에는 주된 용도로 판단하고, 주된 용도가 명확하지 아니한 경우에는 해당 건축물에 적용되는 면적 중 적은 면적을 적용하여 판단
>   - 도로기준 : 잔여지의 접면도로상태가 바뀌어「건축법」상 건축허가가 불가능한 경우
>   - 형상기준 : 잔여지의 형상이 부정형으로 바뀌어 건축물의 건축이 현저히 곤란한 경우. 잔여지의 형상이 사각형으로서 폭 5m 이하인 경우 또는 삼각형으로서 한 변의 길이가 11m 이하인 경우 등은 부정형으로 보며, 그 이외의 형상은 잔여지에 내접하는 사각형 또는 삼각형을 도출하여 판단
> - 농지의 판단기준(위 참고기준 제7조)
>   - 면적 기준 : 330m^2 이하로서 영농이 현저히 곤란한 경우. 잔여지의 비율이 25% 이하인 경우에는 1.5배까지 완화해 적용
>   - 도로 또는 수로 기준 : 잔여지에 접한 도로 또는 수로가 없어져 농지로서의 사용이 현저히 곤란한 경우. 잔여지가 축사부지인 경우로서 접면도로상태가 바뀌어「건축법」상 건축허가가 불가능한 경우
>   - 형상 기준 : 농기계 진입과 회전이 곤란하거나 잔여지의 형상이 부정형으로 바뀌어 농지로서의 사용이 현저히 곤란한 경우. 잔여지의 형상이 사각형으로서 폭 5m 이하인 경우 또는 삼각형으로서 한 변의 길이가 11m 이하인 경우 등은 부정형으로 보며, 그 이외의 형상은 잔여지에 내접하는 사각형 또는 삼각형을 도출하여 판단
> - 산지의 판단기준(위 참고기준 제8조)
>   - 면적기준 : 330m^2 이하로서 종래 목적대로 사용이 현저히 곤란한 경우. 잔여지의 비율이 25% 이하인 경우에는 1.5배까지 완화해 적용
>   - 도로기준 : 일단의 산지가「건축법」제2조 제11호에 따른 도로,「농어촌도로정비법」제4조에 따른 도로,「산림자원의 조성 및 관리에 관한 법률」제2조 제1호 라목에 따른 임도 등의 도로와 접하였다가 공익사업으로 인해 잔여지에 접한 도로가 없어져 종래 목적대로 사용이 현저히 곤란한 경우

ⓑ 잔여지 매수 보상 평가
- 산 식
  편입되기 전 전체토지 가치 − 편입되는 토지 가치
- 적 용
  - 기준시점은 잔여지 매수에 대한 협의 성립 당시 또는 재결 당시
  - 적용공시지가는 편입토지와 동일하게 적용(사업인정 전, 후 취득에 따른 구분)
    「토지보상법」제74조 제3항에 의거 매수보상 대상 토지는 사업인정 및 사업인정의 고시가 있는 것으로 본다(사업인정 시에 토지세목에는 포함되지 않았음).
  - 공법상 제한 및 이용상황은 편입토지의 보상 당시를 기준
    편입 토지의 보상 이후에 해당 공익사업으로 인하여 용도지역 등 공법상의 제한이 변경된 경우는 물론이고 해당 공익사업과 관계없이 공법상 제한이 변경된 경우에도 이를 고려하지 아니한다.
  - 공익사업으로 인한 잔여지의 가치의 변동 미반영
  - 사용하는 토지의 매수청구[277] 시 잔여지도 매수보상의 대상
    단, 사용하는 토지의 잔여지만의 매수보상은 인정되지 않음.

---

[277] 1. 토지를 사용하는 기간이 3년 이상인 경우
2. 토지의 사용으로 인하여 토지의 형질이 변경되는 경우
3. 사용하려는 토지에 그 토지소유자의 건축물이 있는 경우

④ 환매토지 기출 6, 10, 25, 36회

「토지보상법」 제91조
① 공익사업의 폐지·변경 또는 그 밖의 사유로 취득한 토지의 전부 또는 일부가 필요 없게 된 경우 토지의 협의취득일 또는 수용의 개시일(이하 이 조에서 "취득일"이라 한다) 당시의 토지소유자 또는 그 포괄승계인(이하 "환매권자"라 한다)은 다음 각 호의 구분에 따른 날부터 10년 이내에 그 토지에 대하여 받은 보상금에 상당하는 금액을 사업시행자에게 지급하고 그 토지를 환매할 수 있다.
  1. 사업의 폐지·변경으로 취득한 토지의 전부 또는 일부가 필요 없게 된 경우 : 관계 법률에 따라 사업이 폐지·변경된 날 또는 제24조에 따른 사업의 폐지·변경 고시가 있는 날
  2. 그 밖의 사유로 취득한 토지의 전부 또는 일부가 필요 없게 된 경우 : 사업 완료일
② 취득일부터 5년 이내에 취득한 토지의 전부를 해당 사업에 이용하지 아니하였을 때에는 제1항을 준용한다. 이 경우 환매권은 취득일부터 6년 이내에 행사하여야 한다.
③ 제74조 제1항에 따라 매수하거나 수용한 잔여지는 그 잔여지에 접한 일단의 토지가 필요 없게 된 경우가 아니면 환매할 수 없다.
④ 토지의 가격이 취득일 당시에 비하여 현저히 변동된 경우 사업시행자와 환매권자는 환매금액에 대하여 서로 협의하되, 협의가 성립되지 아니하면 그 금액의 증감을 법원에 청구할 수 있다.
⑤ 제1항부터 제3항까지의 규정에 따른 환매권은 「부동산등기법」에서 정하는 바에 따라 공익사업에 필요한 토지의 협의취득 또는 수용의 등기가 되었을 때에는 제3자에게 대항할 수 있다.
⑥ 국가, 지방자치단체 또는 「공공기관의 운영에 관한 법률」 제4조에 따른 공공기관 중 대통령령으로 정하는 공공기관이 사업인정을 받아 공익사업에 필요한 토지를 협의취득하거나 수용한 후 해당 공익사업이 제4조 제1호부터 제5호까지에 규정된 다른 공익사업(별표에 따른 사업이 제4조 제1호부터 제5호까지에 규정된 공익사업에 해당하는 경우를 포함한다)으로 변경된 경우 제1항 및 제2항에 따른 환매권 행사기간은 관보에 해당 공익사업의 변경을 고시한 날부터 기산(起算)한다. 이 경우 국가, 지방자치단체 또는 「공공기관의 운영에 관한 법률」 제4조에 따른 공공기관 중 대통령령으로 정하는 공공기관은 공익사업이 변경된 사실을 대통령령으로 정하는 바에 따라 환매권자에게 통지하여야 한다.

「토지보상법」 제92조
① 사업시행자는 제91조 제1항 및 제2항에 따라 환매할 토지가 생겼을 때에는 지체 없이 그 사실을 환매권자에게 통지하여야 한다. 다만, 사업시행자가 과실 없이 환매권자를 알 수 없을 때에는 대통령령으로 정하는 바에 따라 공고하여야 한다.
② 환매권자는 제1항에 따른 통지를 받은 날 또는 공고를 한 날부터 6개월이 지난 후에는 제91조 제1항 및 제2항에도 불구하고 환매권을 행사하지 못한다.

「토지보상법 시행령」 제48조
법 제91조 제4항에 따른 토지의 가격이 취득일 당시에 비하여 현저히 변동된 경우는 환매권 행사 당시의 토지가격이 지급한 보상금에 환매 당시까지의 해당 사업과 관계없는 인근 유사토지의 지가변동률을 곱한 금액보다 높은 경우로 한다.

「토지보상법 시행령」 제49조
① 법 제91조 제6항 전단 및 후단에서 "「공공기관의 운영에 관한 법률」 제4조에 따른 공공기관 중 대통령령으로 정하는 공공기관"이란 「공공기관의 운영에 관한 법률」 제5조 제4항 제1호의 공공기관을 말한다.
② 사업시행자는 법 제91조 제6항에 따라 변경된 공익사업의 내용을 관보에 고시할 때에는 그 고시 내용을 법 제91조 제1항에 따른 환매권자(이하 이 조에서 "환매권자"라 한다)에게 통지하여야 한다. 다만, 환매권자를 알 수 없거나 그 주소·거소 또는 그 밖에 통지할 장소를 알 수 없을 때에는 제3항에 따른 공고로 통지를 갈음할 수 있다.
③ 제2항 단서에 따른 공고는 사업시행자가 공고할 서류를 해당 토지의 소재지를 관할하는 시장(행정시의 시장을 포함한다)·군수 또는 구청장(자치구가 아닌 구의 구청장을 포함한다)에게 송부하여 해당 시(행정시를 포함한다)·군 또는 구(자치구가 아닌 구를 포함한다)의 게시판에 14일 이상 게시하는 방법으로 한다.

> 「토지보상법 시행령」 제50조
> 법 제92조 제1항 단서에 따른 공고는 전국을 보급지역으로 하는 일간신문에 공고하거나 해당 토지가 소재하는 시(행정시를 포함한다)·군 또는 구(자치구가 아닌 구를 포함한다)의 게시판에 7일 이상 게시하는 방법으로 한다.
>
> 「감정평가 실무기준」
> ① 환매토지에 대한 환매 당시의 가액은 다음 각 호의 기준에 따라 감정평가한다.
>   1. 적용공시지가는 환매 당시에 공시되어 있는 공시지가 중 환매 당시에 가장 가까운 시점의 공시지가로 한다.
>   2. 해당 공익사업에 따른 공법상 제한이나 가격의 변동이 있는 경우에는 이를 고려한 가액으로 감정평가한다. 다만, 해당 사업의 폐지·변경 또는 그 밖의 사유로 인하여 그 공법상 제한이나 가격의 변동이 없어지게 되는 경우에는 그러하지 아니하다.
>   3. 이용상황 등의 판단은 환매 당시를 기준으로 하되, 해당 공익사업의 시행 등으로 토지의 형질변경 등이 이루어진 경우에는 그 형질변경 등이 된 상태를 기준으로 한다. 다만, 원상회복을 전제로 하는 등 의뢰인으로부터 다른 조건의 제시가 있는 경우에는 그에 따른다.
>   4. 환매토지가 다른 공익사업에 편입되는 경우에는 비교 표준지의 선정, 적용공시지가의 선택, 지가변동률의 적용, 그 밖의 감정평가기준은 다른 공익사업에 편입되는 경우와 같이 한다.

㉠ 환매권 개념

일정한 기간 이내 공익사업의 폐지, 변경 등의 사유로 취득한 토지의 전부 또는 일부가 필요 없게 된 경우 및 일정기간 취득한 토지 전부를 이용하지 않게 될 경우, 사업시행자가 취득할 당시의 토지 소유자가 해당 토지를 매수하여 소유권을 회복할 수 있는 권리를 말한다.

㉡ 환매금액

ⓐ 산 식

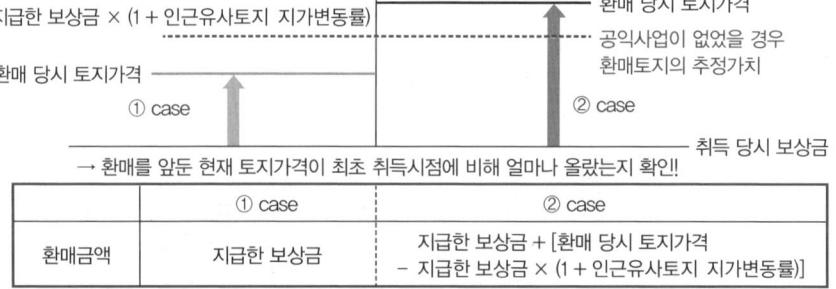

	① case	② case
환매금액	지급한 보상금	지급한 보상금 + [환매 당시 토지가격 − 지급한 보상금 × (1 + 인근유사토지 지가변동률)]

→ ②의 경우 지가변동률이 (−)이면 환매금액이 환매당시 토지가격을 상회하나, 상한선은 환매 당시 토지가격

ⓒ 항목별 상세
  ⓐ 환매 당시 토지가격
   • 적용공시지가는 환매 당시 최근의 공시지가 적용
   • 공법상 제한 및 이용상황은 환매 당시 기준
     종전 공익사업(최초 취득의 원인이 되는 공익사업)으로 인한 가격의 변동분을 모두 반영한다. 다만, 해당 공익사업의 폐지·변경 등으로 인해 공법상 제한사항이나 가격의 변동분이 없어지는 경우는 예외이다.
     종전 공익사업으로 인해 토지 형질 변경된 상태 또한 모두 반영하되, 현재 도로 등의 공익사업용지인 경우는 환매 시 용도폐지가 되므로 도로가 아닌 인근 표준적인 이용상황을 기준한다.
   • 새로운 공익사업에 편입되는 경우 새로운 공익사업으로 인한 보상평가 준용
     새로운 공익사업으로 인한 공법상 제한 또는 가격의 변동은 반영하지 않는다.
  ⓑ 인근유사토지 지가변동률
     인근 유사토지의 취득 당시부터 환매 당시까지의 지가변동률을 말한다. 인근 유사토지를 '표본지'라 부르며, 환매토지와 용도지역 및 이용상황 등이 유사한 표준지를 기준으로 하되, 적정 표준지가 없는 경우 이와 유사한 토지를 선정한다.
     표본지는 환매토지와 취득 이후 환매 당시까지 용도지역 및 이용상황 등의 변동 양상이 유사한 토지로서 해당 공익사업과 관계가 없을 것을 요건으로 한다. 이때 〈인근유사토지의 지가변동률=환매 당시 표본지 적정가격 / 취득 당시 표본지 적정가격〉으로 계산하며, 환매 및 취득 당시 표본지가 표준지가 아닌 경우 인근 표준지를 기준으로 지역요인, 개별요인 비교를 거쳐 표본지 적정가격을 결정한다.

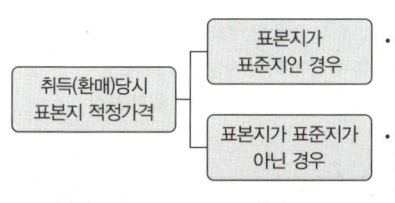

     다음연도 표준지공시지가 미공시 상태인 경우에는 해당연도 '표준지공시지가 × 시·군·구 용도지역별 지가변동률'로 계산한다.

> **＋ 알아보기** 환매금액 산정 예시
>
> • 보상금 1,000만원, 현재 평가금액 2,000만원, 인근유사토지의 10년간 지가상승률 150%
>   1,000만원×(1+1.5)>2,000만원 → 1,000만원으로 결정
>
> • 보상금 1,000만원, 현재 평가금액 3,000만원, 인근유사토지의 10년간 지가상승률 150%
>   1,000만원×(1+1.5)<3,000만원 → 1,000만원+(3,000만원-1,000만원×2.5)=1,500만원으로 결정

ⓔ 환매권 상실로 인한 손해배상
　ⓐ 요건
　　사업시행자의 환매권 사유 발생 통지 누락 등으로 환매권의 행사 제척기간이 도과하여 환매권 행사를 제한 받게 될 것을 요건으로 한다.
　ⓑ 손해배상액
　　환매 당시 적정가격 − 환매가격

- 환매 당시의 적정가격 ≤ 지급한 보상금 × (1 + 인근유사토지의 지가변동률)
  환매 당시 적정가격 − 지급한 보상금
- 환매 당시의 적정가격 > 지급한 보상금 × (1 + 인근유사토지의 지가변동률)
  환매 당시 적정가격 − [지급한 보상금 + 환매 당시 적정가격 − 보상금 × (1 + 인근유사토지의 지가변동률)] = 보상금 × 인근유사토지의 지가변동률

3. 사용하는 토지 평가

(1) 공용사용

사용유형

- 일시적 사용
  - 사업시행자가 타인의 토지, 건축물 기타 재산을 일시적으로 사용하는 것
  - 국가, 지자체 등의 행정청이 사업시행자인 경우 법률 규정에 의해, 비행정청이 사업시행자인 경우 행정청의 허가에 의함
  - 「토지보상법」 제9조에 의한 타인 토지출입에 의한 손실 보상이 대표적인 경우
- 계속적 사용
  - 사업시행자가 타인의 토지, 건축물, 기타 재산을 일정한 기간 계속적으로 사용하는 것
  - 공용수용과 같은 법률 규정에 따라 사용권이 설정
  - 「도시철도법」, 「전기사업법」, 「토지보상법」에 의한 보상

구 분	사용보상 유형	사용보상 범위
도시철도법	도시철도 건설을 위한 지하부분 영구적 이용	철도 시설물의 설치, 보호를 위하여 사용되는 토지의 지하부분
전기사업법	지상 또는 지하 공간에 송전선로 설치를 위한 영구적 이용	송전선 바깥 선부터 일정 범위 수직 대응면적(지상) 또는 시설물 설치, 보호를 위하여 사용되는 수직 대응면적(지하)
도로법	지상 또는 지하의 입체적 도로구역 설정	입체적 도로구역 결정 부분

(2) 일반적 토지 사용

① 관련규정

> 「토지보상법」제71조
> ① 협의 또는 재결에 의하여 사용하는 토지에 대하여는 그 토지와 인근 유사토지의 지료(地料), 임대료, 사용방법, 사용기간 및 그 토지의 가격 등을 고려하여 평가한 적정가격으로 보상하여야 한다.
> ② 사용하는 토지와 그 지하 및 지상의 공간 사용에 대한 구체적인 보상액 산정 및 평가방법은 투자비용, 예상수익 및 거래가격 등을 고려하여 국토교통부령으로 정한다.
>
> 「토지보상법 시행규칙」제30조
> 토지의 사용료는 임대사례비교법으로 평가한다. 다만, 적정한 임대사례가 없거나 대상토지의 특성으로 보아 임대사례비교법으로 평가하는 것이 적정하지 아니한 경우에는 적산법으로 평가할 수 있다.
>
> 「감정평가 실무기준」
> ① 토지사용 보상평가는 임대사례비교법에 따른다. 다만, 다음 각 호의 어느 하나에 해당하는 경우에는 적산법으로 감정평가할 수 있다.
>   1. 적절한 임대사례가 없는 경우
>   2. 대상토지의 특성으로 보아 임대사례비교법으로 감정평가하는 것이 적절하지 아니한 경우
>   3. 미불용지에 대한 사용료를 감정평가하는 경우

② 평가방법

㉠ 임대사례비교법

임대사례비교법은 대상물건과 가치형성요인이 같거나 비슷한 물건의 임대사례와 비교하여 대상물건이 현황에 맞게 사정보정, 시점수정, 가치형성요인 비교 등의 과정을 거쳐 대상물건의 임대료를 산정하는 방법이다. 다음과 같은 경우는 임대사례비교법을 적용하기 어려워 적산법으로 평가한다.

> • 적절한 임대사례가 없는 경우
> • 대상토지의 특성으로 보아 임대사례비교법으로 감정평가 하는 것이 적절하지 아니한 경우
> • 미지급용지에 대한 사용료[278]를 감정평가하는 경우

㉡ 적산법

적산법은 대상물건의 기초가액에 기대이율을 곱하여 산정된 기대수익에 대상물건을 계속 임대하는 데 필요한 경비를 가산하는 방법이다. 토지에 대한 필요제경비는 다음과 같다.

> • 감가상각비, 손해보험료 : 별도 고려대상 아님
> • 유지관리비, 정상운영자금이자 : 미미
> • 공조공과 : 공조(국세, 지방세) 및 공과(세금 외 공법상 각종 부과금) 중 대상 토지 귀속분
> • 대손준비금 : 임대료 지불 의무 불이행에 따른 손실(보증금 충분한 경우 미 고려)
> • 공실손실상당액 : 임대차기간 만료일부터 재임대되기 전의 임대기간 손실 상당액

---

[278] 통상 과거 토지임대사례 포착이 어렵기도 하지만, 사용료 보상과 더불어 취득보상(미지급용지 수용 평가)을 하게 되므로 사용료 평가 시 토지평가금액이 적용되는 적산법을 중용하는 것임

(3) 토지의 지하, 지상공간 사용[279] 기출 5, 9, 11, 14, 29회

① 관련규정

> 「토지보상법 시행규칙」 제31조
> ① 토지의 지하 또는 지상공간을 사실상 영구적으로 사용하는 경우 당해 공간에 대한 사용료는 제22조의 규정에 의하여 산정한 당해 토지의 가격에 당해 공간을 사용함으로 인하여 토지의 이용이 저해되는 정도에 따른 적정한 비율(이하 이 조에서 "입체이용저해율"이라 한다)을 곱하여 산정한 금액으로 평가한다.
> ② 토지의 지하 또는 지상공간을 일정한 기간 동안 사용하는 경우 당해 공간에 대한 사용료는 제30조의 규정에 의하여 산정한 당해 토지의 사용료에 입체이용저해율을 곱하여 산정한 금액으로 평가한다.
>
> 「감정평가 실무기준」
> 토지의 지하 또는 지상공간의 일부를 사용하는 경우 그 사용료는 사용기간에 따라 다음 각 호와 같이 감정평가한다.
> 1. 한시적으로 사용하는 경우 : 이 절 [5.1] 제1항부터 제3항에 따른 사용료의 감정평가액에 입체이용저해율을 곱하여 감정평가한다.
> 2. 구분지상권을 설정하거나 임대차계약 등에 의해 사실상 영구적으로 사용하는 경우 : 표준지 공시지가를 기준으로 산정한 해당 토지의 가액에 입체이용저해율을 곱하여 감정평가한다.

② 평가방법

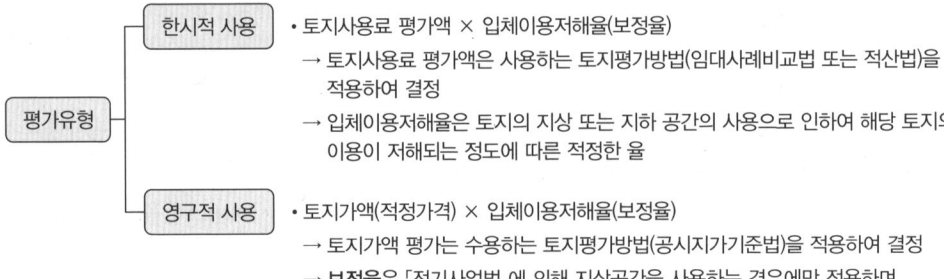

- 한시적 사용
  - 토지사용료 평가액 × 입체이용저해율(보정율)
  - → 토지사용료 평가액은 사용하는 토지평가방법(임대사례비교법 또는 적산법)을 적용하여 결정
  - → 입체이용저해율은 토지의 지상 또는 지하 공간의 사용으로 인하여 해당 토지의 이용이 저해되는 정도에 따른 적정한 율
- 영구적 사용
  - 토지가액(적정가격) × 입체이용저해율(보정율)
  - → 토지가액 평가는 수용하는 토지평가방법(공시지가기준법)을 적용하여 결정
  - → 보정율은 「전기사업법」에 의해 지상공간을 사용하는 경우에만 적용하며 입체이용저해율에 추가보정율을 가산하여 결정함

㉠ 입체이용저해율

> 「감정평가 실무기준」
> 이 절 [5.2.1]에 따라 사용료 감정평가를 할 때에 적용할 입체이용저해율은 건축물 등 이용저해율, 지하부분 이용저해율 및 기타 이용저해율을 더하여 산정한다.
>
> 입체이용저해율 = 건축물 등 이용저해율 + 지하부분 이용저해율 + 기타 이용저해율
>
> 건축물 등 이용저해율은 건축물 등 이용률에 최유효건축물의 층별효용비율 합계 대비 저해층의 층별효용비율 합계의 비율을 곱하여 산정하되, 세부 산정기준은 별도로 정할 수 있다.
> 지하부분 이용저해율은 지하이용률에 심도별지하이용효율을 곱하여 산정하되, 세부 산정기준은 별도로 정할 수 있다.

---

279) 「철도의 건설 및 철도시설 유지관리에 관한 법률」, 「전기사업법」 등과 같이 개별 법령에서 사용하는 토지의 보상평가기준을 별도로 규정하고 있는 경우, 「도시철도법」과 같이 개별 법령에서 보상평가기준을 해당 토지가 속한 시·도 조례에 위임한 경우로서 조례에서 보상평가기준을 규정하고 있는 경우에는 해당 법령 또는 조례를 우선 적용함.

ⓐ 토지의 입체이용분포[280]

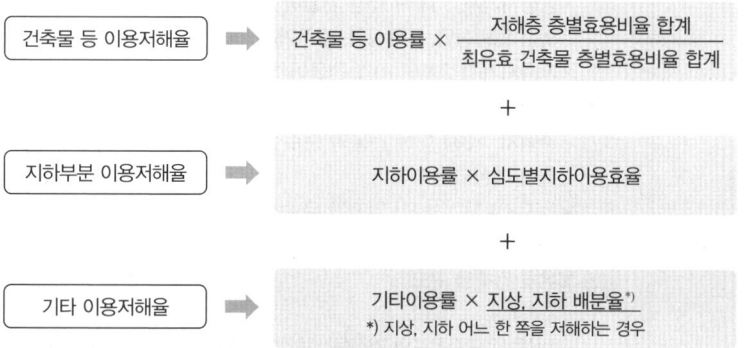

V_{11} : 건물 지상층 이용가치
V_{12} : 통신시설·광고탑 또는 굴뚝 등 이용가치
V_{21} : 건물의 지하층 또는 지하 이용가치
V_{22} : 지하수 사용시설 또는 특수물의 매설 등 이용가치

- 입체이용가치(A) = 건물 이용가치(V_{11}) + 지하 이용가치(V_{21}) + 그 밖의 이용가치($V_{12} + V_{22}$)
- 건물의 이용에 의한 이용률(α) = $\dfrac{V_{11}}{A}$
- 지하부분의 이용에 의한 이용률(β) = $\dfrac{V_{21}}{A}$
- 그 밖의 이용에 의한 이용률(γ) = $\dfrac{V_{12} + V_{22}}{A}$

ⓑ 입체이용저해율 산식

입체이용저해율 = 건축물 등 이용저해율 + 지하부분 이용저해율 + 기타 이용저해율

건축물 등 이용저해율 ➡ 건축물 등 이용률 × $\dfrac{\text{저해층 층별효용비율 합계}}{\text{최유효 건축물 층별효용비율 합계}}$

+

지하부분 이용저해율 ➡ 지하이용률 × 심도별지하이용효율

+

기타 이용저해율 ➡ 기타이용률 × 지상, 지하 배분율[*]
*) 지상, 지하 어느 한 쪽을 저해하는 경우

ⓒ 입체이용저해율 상세

1. 건축물 등 이용저해율

지하 도시철도에 의한 경우 하중 제한 등으로 인해 지하부분(지하층 임대부분)의 건물 이용률이 저해되기도 한다.

건축물 등 이용률 × $\dfrac{\text{저해층의 층별효용비 합계}}{\text{최유효층의 층별효용비 합계}}$

---

280) 「도시철도법 시행령」 [별표 1]

(1) 건축물 등 이용률

이용률 구분 \ 해당지역 용적률	고층 시가지 800% 이상 (670~1000%)	중층 시가지 550~750% (450~1000%)	저층 시가지 200~500% (200~1000%)	주택지 100% 내외 (60~300%)	농지·임지 100% 이상 (60~150%)
건물 등 이용률(α)	0.8	0.75	0.75	0.7	0.8
지하 이용률 (β)	0.15	0.10	0.10	0.15	0.10
기타 이용률 (γ)	0.05	0.15	0.15	0.15	0.10
(γ)의 상하 배분 비율	1:1–2:1	1:1–3:1	1:1–3:1	1:1–3:1	1:1–4:1

- 고층시가지 : 16층 이상 고층건물이 최유효이용으로 예상되는 지역으로 중심상업과 일반상업지역 등
- 중층시가지 : 11~15층 건물이 최유효이용으로 판단되는 지역으로 고층시가지로 변화하고 있는 일반상업, 근린상업, 준주거지역 등
- 저층시가지 : 4~10층 건물이 최유효이용으로 판단되는 지역으로 일반상업, 근린상업, 준주거, 주거지역 등 상가로서 성숙도가 낮은 주·공·상이 혼재된 지역
- 주택지 : 3층 이하 건물의 순수주택가인 주거, 녹지, 공업지역 등으로 가까운 장래에 택지화가 예상되는 지역
- 농지·임지 : 농지·임지가 유효 이용인 녹지지역 등으로 사회, 경제 및 행정적 측면에서 가까운 장래에 택지화가 어려운 지역

(2) 최유효 건축물 규모

> 「서울시 도시철도의 건설을 위한 지하부분토지의 사용에 따른 보상기준에 관한 조례」제5조
> 최유효 건물층수의 결정은 다음 각 호의 사항을 고려하여 결정한다.
> 1. 인근토지의 이용상황, 토지가격 수준, 성숙도, 잠재력 등을 고려할 때의 경제적인 층수의 규모
> 2. 토지가 갖는 입지조건, 형태, 지질 등을 고려할 때 건축 가능한 층수
> 3. 제1호 및 제2호 규정의 층수가 당해지역 내에서 「건축법」이나 「국토의 계획 및 이용에 관한 법률」 등에서 규제하고 있는 제한범위 내의 층수

- 법적 허용 가능성 : 「국토의 계획 및 이용에 관한 법률」, 「건축법」 등의 규정에 의한 건폐율, 용적률, 건축높이 등 확인
- 물리적 채택 가능성 : 지반, 지질, 형태, 입지조건 등을 고려
- 경제적 타당성 : 인근 토지 이용에 부합한 용도 및 규모

(3) 건축가능 층수

> 「서울시 도시철도의 건설을 위한 지하부분토지의 사용에 따른 보상기준에 관한 조례」 제6조
> ① 건축가능 층수는 구조형식, 지반상태, 토피 등에 따라 [별표 1]에 의한다.
> ② 제1항 규정에 의한 건축가능 층수는 보상기준을 설정하기 위하여 대표단면에 의거 산정한 것으로 건축 등 행위 시에는 해당토지의 지반여건, 건축 등 시설물의 특성 및 공법 등에 맞도록 시행하여야 한다.

가. 풍화토(PD-2) 패턴(단위 : 층)

건축 구분 \ 토피(m)[281]	10	15	20	25
지 상	12	15	18	22
지 하	1	2	2	3

나. 풍화암(PD-3) 패턴(단위 : 층)

건축 구분 \ 토피(m)	10	15	20	25	30
지 상	17	19	21	23	25
지 하	1	2	2	3	4

다. 연암(PD-4) 패턴(단위 : 층)

건축구분 \ 토피(m)	10	15	20	25	30	35
지 상	19	24	28	30	30	30
지 하	1	2	3	3	4	4

라. 경암(PD-5) 패턴(단위 : 층)

건축구분 \ 토피(m)	10	15	20	25	30	35	40
지 상	30	30	30	30	30	30	30
지 하	1	2	3	4	5	6	7

마. 개착(단위 : 층)

건축구분 \ 토피(m)	10	15	20	25
지 상	7	12	19	19
지 하	1	2	2	2

---

281) 도시철도 지하시설물 최상단에서 지표까지 수직거리

(4) 층별효용비율

층별효용비율 = 효용비 × 전유면적

층 별	고층, 중층 시가지		저층시가지				주택지
	A형	B형	A형	B형	A형	B형	
10 ~ 20	35	43					
9	35	43	42	51			
8	35	43	42	51			
7	35	43	42	51			
6	35	43	42	51			
5	35	43	42	51	36	100	
4	40	43	42	51	38	100	
3	46	43	50	51	42	100	
2	58	43	60	51	54	100	100
지상1	100	100	100	100	100	100	100
지하1	44	43	44	44	46	48	
2	35	35	—	—	—	—	

① 표본의 지수는 건물가격의 입체분포와 토지가격의 입체분포가 동일하다고 전제하였음
② 본 표에 없는 지수는 본 표의 경향과 주위상태를 참작하여 결정한다.
③ 본 표의 지수는 각 군의 대략적인 표준을 표시한 것이므로 여건에 따라 보정을 할 수 있음
④ A형이란 상층부 일정 층까지 임대료 수준에 차이를 보이는 유형, B형이란 2층 이상의 동일 임대료수준을 나타내는 유형

2. 지하부분 이용저해율

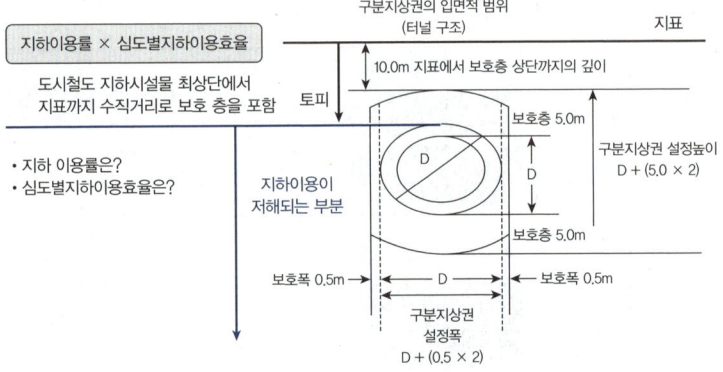

(1) 지하이용률

이용률 구분 \ 해당지역 용적률	고층 시가지 800% 이상 (670~1000%)	증층 시가지 550~750% (450~1000%)	저층 시가지 200~500% (200~1000%)	주택지 100% 내외 (60~300%)	농지·임지 100% 이상 (60~150%)
건물 등 이용률(α)	0.8	0.75	0.75	0.7	0.8
지하 이용률 (β)	0.15	0.10	0.10	0.15	0.10
기타 이용률 (γ)	0.05	0.15	0.15	0.15	0.10
(γ)의 상하 배분 비율	1:1—2:1	1:1—3:1	1:1—3:1	1:1—3:1	1:1—4:1

(2) 심도별 지하이용효율

[심도별 지하이용 저해율표]

한계심도[282](M)	40M		35M		30M			20M	
감률(%)	P	β×P	P	β×P	P	β×P	β×P	P	β×P
토피심(M)		0.15×P		0.10×P		0.10×P	0.15×P		0.10×P
0 ~ 5미만	1.000	0.150	1.000	0.100	1.000	0.100	0.150	1.000	0.100
5 ~ 10미만	0.875	0.131	0.857	0.086	0.833	0.083	0.125	0.750	0.075
10 ~ 15미만	0.750	0.113	0.714	0.071	0.667	0.067	0.100	0.500	0.050
15 ~ 20미만	0.625	0.094	0.571	0.057	0.500	0.050	0.075	0.250	0.025
20 ~ 25미만	0.500	0.075	0.429	0.043	0.333	0.033	0.050		
25 ~ 30미만	0.375	0.056	0.286	0.029	0.167	0.017	0.025		
30 ~ 35미만	0.250	0.038	0.143	0.014					
35 ~ 40미만	0.125	0.019							

---

282) 한계심도 : 토지소유자의 통상적 이용행위가 예상되지 않으며 지하시설물설치로 인하여 일반적인 토지이용에 지장이 없는 것으로 판단되는 깊이

3. 기타 이용저해율

　　기타이용률 × 지상, 지하 배분율[283]

지상의 기타이용을 저해하는 경우

지표면 ─────────────

지하의 기타이용을 저해하는 경우

해당지역 용적률 이용률 구분	고층 시가지 800% 이상 (670~1000%)	중층 시가지 550~750% (450~1000%)	저층 시가지 200~500% (200~1000%)	주택지 100% 내외 (60~300%)	농지·임지 100% 이상 (60~150%)
건물 등 이용률(α)	0.8	0.75	0.75	0.7	0.8
지하 이용률(β)	0.15	0.10	0.10	0.15	0.10
기타 이용률(γ)	0.05	0.15	0.15	0.15	0.10
(γ)의 상하 배분 비율	1:1−2:1	1:1−3:1	1:1−3:1	1:1−3:1	1:1−4:1

지상 및 지하부분 모두의 기타 이용을 저해하는 경우는 γ로 하고 지상 또는 지하 어느 한쪽의 기타 이용을 저해하는 경우에는 γ에 지상 또는 지하의 배분비율을 곱하여 산출한다. 이용저해심도가 높은 터널 토피 20m 이하의 경우의 상하배분비율을 최고치를 적용한다.

ⓓ 노후율

최유효 건물 층 및 규모로 사용하거나 이에 유사한 기존 건물이 있는 경우는 다음과 같이 입체이용 저해율을 산정한다(단, 기존 건물이 최유효 사용에 현저히 미달되거나 노후 정도 및 관리상태 등으로 판단할 때 관행상 토지만의 가격으로 거래가 예상되는 경우에는 나지에 준하여 산정). 최유효이용상태인 건축물이 있는 경우 노후율을 적용하는 이유는 최유효 이용상태가 건축물의 잔존내용연수 동안 지속될 수 있으므로, 그 범위 내에서는 건축물 및 지하이용저해가 없다고 보기 때문이다.

---

283) 지상, 지하 어느 한 쪽을 저해하는 경우

- 입체이용 저해율＝최유효 나지 상태 건물 및 지하이용 저해율×노후율＋기타 이용에 대한 저해율
- 노후율＝$\dfrac{\text{건물의 유효경과연수}}{\text{건물의 경제적 내용연수}}$

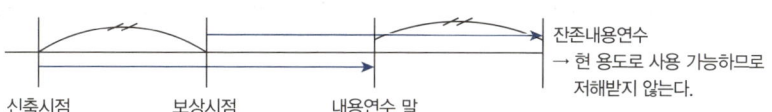

ⓛ 추가보정율[284]

입체이용저해율 대신 보정율(입체이용저해율＋추가보정율)을 적용하는 경우에 고려한다. 이는 송전선로를 설치함으로써 해당 토지의 경제적 가치가 감소되는 정도를 나타내는 비율을 의미한다. 송전선로요인, 개별요인, 그 밖의 요인 등을 고려한 율로서, 통과전압의 종별로 산정한다.

추가보정율＝송전선로 요인＋개별요인＋그 밖의 요인

송전선로 요인	통과전압의 종별 및 송전선의 높이, 회선 수, 해당 토지의 철탑건립여부, 주변 철탑 수, 철탑거리, 철탑으로 인한 일조 장애, 송전선 통과 위치 등
개별요인	용도지역, 고저, 경사도, 형상, 필지면적, 도로접면, 간선도로 거리, 구분지상권 설정 여부 등
그 밖의 요인	인구수준(인구수, 인구 순유입), 경제 활성화 정도, 장래의 동향 등

송전선로부지 등 보상평가지침에서는 통과전압 종별로 추가보정률 범위만 제시하고 있다. 아래는 345kV통과전압에서의 추가보정률 적용표다.

	감가요인 항목	택 지	농 지	임 지
송전선로 요인	회선수	9－22%	6－16%	6－11%
	송전선높이			
	해당 토지의 철탑 건립 여부			
	주변 철탑 수			
	철탑 거리			
	철탑으로 인한 일조 장애			
	송전선 통과 위치			

---

284) 송전선로부지 등 보상평가지침

개별요인	용도지역, 고저 경사도, 형상	8−18%	6−14%	6−9%
	필지면적			
	간선도로 거리			
	구분지상권 설정여부			
그 밖의 요인	인구수준(인구 수, 인구 순유입), 경제활성화 정도, 장래의 동향	0−5%	0−3%	0−3%
추가보정률 합계		17−45%	12−33%	12−23%

추가보정률을 적용하여 산정된 감정평가액이 그 송전선로부지의 지상 공간 사용에 따른 해당 토지의 현실적인 경제적 가치 감소상당액 수준에 현저히 못 미친다고 인정되는 경우에는 따로 추가보정률의 산정기준 등을 정하여 감정평가할 수 있다. 이 경우에는 송전선로부지의 위치 및 면적, 송전선로 전압의 종별, 송전선로의 높이, 송전선로의 통과위치, 인근 철탑의 존재여부 및 그 거리, 송전선로의 이전가능성 및 그 난이도 등과 주위 토지 상황 등을 종합적으로 고려하여 추가보정률 등을 정하여야 한다. 한편 배전선로의 보상에서도 추가보정률을 적용(협회 감정평가기준센터 2020.7.9. 2020−01310)하며, 부당이득금 산정을 위한 선하지 사용료평가 시에도 추가보정률을 적용(대법원 2013.1.24. 선고 2012다86536)하여야 한다.

③ 기 타

미보상 기설 선하지의 보상평가방법은 신설 송전선로 선하지의 보상평가방법과 동일하다. 다만, 이 보상금은 기설선하지의 기 사용기간에 대한 보상금도 포함하여 보상하였다고 봄이 합리적이다. 한편, 송전선로가 도시·군 계획시설인 공원으로 지정된 토지를 통과할 경우 선하지의 공간적 사용을 위한 보상평가에서 해당 토지에 지정된 도시·군 계획시설 공원으로서의 공법상의 제한을 고려하여야 하는지 여부에 대해 중토위는 송전선로의 선하지 보상평가에서 해당 토지가 도시·군 계획시설에 저촉됨으로 인한 공법상의 제한은 고려하지 않아야 한다(중토위 2018.4.12. 재결)고 재결했다.

한편, 구분지상권 설정자가 한전인 경우 선하지 소유자와 구분지상권 설정자 간 구분지상권 계약서를 작성할 때 '지료에는 송전선이 통과하는 토지 ○○○㎡에 대한 구분지상권 존속기간 동안의 토지가치 변동 및 전기공작물의 설치로 인하여 전체 토지의 경제적 가치 하락에 따른 보상금액이 포함되어 있다.'는 문구를 활용하고 있다. 이때 계약금액 중 지료와 경제적 가치 하락에 따른 보상금을 구분해 달라는 요청을 받기도 한다. 이는 지료가 과세대상인데 반해 경제적 가치하락 보상금은 비과세이기 때문이다. 해당 토지의 이용이 저해되는 정도(입체이용저해) 외에 발생하는 해당 토지의 경제적 감소 정도를 추가보정률로 반영하고 있으므로 경제적 가치 감소 정도는 추가보정률을 통해 파악할 수 있으나, 이를 명확히 경제적 가치 하락액으로 특정하지 못하는데 이는 추가보정률이 잔여지의 가치하락 보상의 성격도 지니기 때문이다.

제3절 지장물 보상평가

1. 개관

(1) 지장물의 정의

공익사업시행지구 내의 토지에 정착한 건축물·공작물·시설·입목·죽목 및 농작물 그 밖의 물건 중에서 당해 공익사업의 수행을 위하여 직접 필요하지 아니한 물건을 말한다. 공익사업을 위하여 소유자의 의사에 불구하고 대상물건을 취득 또는 사용하는 것은 재산권의 침해에 해당하므로, 그 대상물건은 대체성이 없는 것에 한정되는 것이 원칙이다. 따라서 일반적으로 대체성이 인정되는 건축물 등은 대부분 취득 또는 사용의 대상이 되지 않으며 공익사업의 시행을 위하여 이전해야 하는 지장물에 해당된다.

(2) 보상 대상 지장물[285] 기출 35회

① 시간적 요건

사업인정 전 협의의 경우 보상금 지급시점까지 존재하고 있어야 한다. 사업인정 후 협의 또는 수용의 경우 사업인정고시일(별도의 행위제한일이 있는 경우 그날) 이전부터 보상금 지급시점 또는 수용재결일까지 존재하고 있어야 한다. 다만, 사업인정고시일 이전에 건축 또는 설치되었더라도 손실보상만을 목적으로 설치되었음이 명백(해당 토지의 통상의 이용과 관계없거나 이용 범위를 벗어나는 경우)하다면 예외적으로 손실보상의 대상에 해당되지 않는 것(대법원 2012두22096)으로 본다. 또한 「국토계획법」 제64조 제2항에 의거 시장 등의 허가를 받아 도시·군계획시설의 부지에서 건축되거나 설치된 가설건축물(공작물)은 도시·군계획시설사업의 시행예정일 3개월 전까지 소유자의 부담으로 그 가설건축물등의 철거 등 원상회복에 필요한 조치를 해야 하므로 사업인정고시일 이전에 건축되거나 설치되었다고 하여도 보상대상이 아니다. 존치기간이 경과한 가설건축물 등으로 용도가 폐지되었거나 기능이 상실되어 경제적 가치가 없는 경우에도 보상대상이 아니다. 반면, 사업인정고시일 이후에 허가 등을 받고 건축한 건축물과 통상적인 이용범위 내에서의 추가설치된 건축물 등(예 농지 상 비닐하우스)은 예외적으로 보상대상이 된다.

② 장소적 요건

건축물 등이 공익사업시행지구 내에 존재해야 한다. 다만, 토지보상법 제79조 제2항에 따라 공익사업시행지구 밖에 있는 건축물 등이 공익사업의 시행으로 인하여 본래의 기능을 다할 수 없게 되는 경우에는 보상대상이 된다. 또한 매수하지 않는 잔여지(종래의 목적에 사용 가능)상의 건축물 등이 종래의 목적대로 사용하는 것이 불가능한 경우 토지보상법 시행규칙 제60조 및 제62조를 유추적용(해당 규정이 열거조항이 아니라 예시조항으로 본다면)해 보상대상이 될 수 있다.

③ 법률적 요건

토지보상법에서 건축물 등에 대해서는 건축허가 등을 보상의 요건으로 규정하고 있지 않으므로 적법한 허가 등을 받고 건축, 설치된 것인지(적법한 토지사용권한이 있는지) 여부에 관계없이 사업인정고시일 이전에 건축 또는 설치된 것은 원칙적으로 손실보상의 대상이 된다.

---

[285] 김원보, 「토지보상법해설 2권」, 가람감정평가법인, 2021, pp.652~661

(3) 지장물 보상 원칙

① 관련규정

> 「토지보상법」제75조
> ① 건축물·입목·공작물과 그 밖에 토지에 정착한 물건(이하 "건축물 등"이라 한다)에 대하여는 이전에 필요한 비용(이하 "이전비"라 한다)으로 보상하여야 한다. 다만, 다음 각 호의 어느 하나에 해당하는 경우에는 해당 물건의 가격으로 보상하여야 한다.
>   1. 건축물 등을 이전하기 어렵거나 그 이전으로 인하여 건축물 등을 종래의 목적 대로 사용할 수 없게 된 경우
>   2. 건축물 등의 이전비가 그 물건의 가격을 넘는 경우
>   3. 사업시행자가 공익사업에 직접 사용할 목적으로 취득하는 경우
> ② 농작물에 대한 손실은 그 종류와 성장의 정도 등을 종합적으로 고려하여 보상하여야 한다.
> ③ 토지에 속한 흙·돌·모래 또는 자갈(흙·돌·모래 또는 자갈이 해당 토지와 별도로 취득 또는 사용의 대상이 되는 경우만 해당한다)에 대하여는 거래가격 등을 고려하여 평가한 적정가격으로 보상하여야 한다.
> ④ 분묘에 대하여는 이장(移葬)에 드는 비용 등을 산정하여 보상하여야 한다.
> ⑤ 사업시행자는 사업예정지에 있는 건축물 등이 제1항 제1호 또는 제2호에 해당하는 경우에는 관할 토지수용위원회에 그 물건의 수용 재결을 신청할 수 있다.
> ⑥ 제1항부터 제4항까지의 규정에 따른 물건 및 그 밖의 물건에 대한 보상액의 구체적인 산정 및 평가방법과 보상기준은 국토교통부령으로 정한다.

② 이전비보상 기출 2, 8회

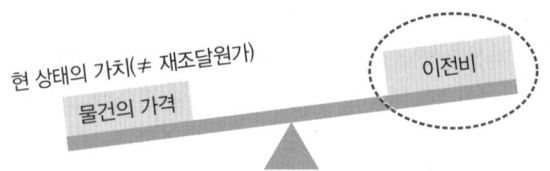

이전이 가능한지의 여부는 물리적, 기술적인 면에서 판단하는 것이 아니라 **경제적인 관점에서 이전이 타당한지 여부를 판단**

㉠ 이전비 정의

대상물건의 유용성을 동일하게 유지하면서 이를 당해 공익사업시행지구 밖의 지역으로 이전·이설 또는 이식하는데 소요되는 비용을 말한다(물건의 해체비, 건축허가에 일반적으로 소요되는 경비를 포함한 건축비와 적정거리까지의 운반비를 포함하며, 「건축법」 등 관계법령에 의하여 요구되는 시설의 개선에 필요한 비용을 제외한다).

예외적으로 아래와 같은 경우에는 물건의 가격으로 보상한다.
  ⓐ 건축물 등을 이전하기 어렵거나 그 이전으로 인하여 건축물 등을 종래의 목적대로 사용할 수 없게 된 경우
  ⓑ 건축물 등의 이전비가 그 물건의 가격을 넘는 경우
  ⓒ 사업시행자가 공익사업에 직접 사용할 목적으로 취득하는 경우

ⓒ 유형별 이전비 항목

건축물 등	해체비(철거비)＋운반비＋정지비＋**재건축비**(＝노무비＋자재비＋설치비)＋건축허가비용＋보충자재비(부대비용)－폐자재처분비
수 목	굴취비＋운반비＋상하차비＋식재비＋재료비＋부대비용＋**고손액**＋**감수액**
기계기구	상하차비＋운반비＋**설치비**＋기타잡비
분 묘	인건비(보통, 염사)＋재료비(4분판, 마포, 전지)＋**제례비**

③ 물건의 가격보상[286]

  ㉠ 유형별 보상 방법

   ⓐ 건축물 등

   > 원가법(재조달원가－감가수정)

   ※ 주거용 건축물에 있어서는 거래사례비교법에 의하여 평가한 금액(공익사업의 시행에 따라 이주대책을 수립·실시하거나 주택입주권 등을 당해 건축물의 소유자에게 주는 경우 또는 개발제한구역 안에서 이전이 허용되는 경우에 있어서의 당해 사유로 인한 가격상승분은 제외하고 평가한 금액)이 원가법에 의하여 평가한 금액보다 큰 경우와 「집합건물의 소유 및 관리에 관한 법률」에 의한 구분소유권의 대상이 되는 건물의 가격은 거래사례비교법으로 평가한다.

   ⓑ 그 외

   > - 거래사례비교법에 의한 가격－벌채비용－운반비(입목)
   > - 가격시점(기준시점)까지 소요된 비용(농작물, 입목, 묘목)
   > - 예상총수입의 현가－장래투하비용(농작물)

④ 그 밖의 사항

이전비가 가액을 초과하여 가액으로 보상한 경우에도 이는 이전비의 한 형태로 보아야 하므로 사업시행자가 건축물 등의 소유권을 취득하였다고 볼 수 없어, 소유자가 이전비를 부담하고 건축물 등을 이전해 갈 수 있다. 반면, 이전이 가능한 건축물 등에 대하여 이전비보다 적은 가액으로 협의보상한 경우 사업시행자가 건축물 등의 소유권을 취득한다고 볼 수는 없으나 건축물 등의 소유자도 가액으로 보상을 받은 만큼 사업시행자의 철거 등을 수인하여야 한다.[287]

---

286) 국비 또는 지방비가 보조된 건축물 등을 가액으로 감정평가하는 경우 보조금을 공제하지 않음
287) 김원보, 「토지보상법해설 2권」, 가람감정평가법인, 2021, p.693

2. 건축물 등 보상평가

(1) 편입건축물 기출 9, 12, 14, 15, 17, 18, 19, 21, 33회

① 관련규정

> 「토지보상법 시행규칙」제33조
> ① 건축물(담장 및 우물 등의 부대시설을 포함한다. 이하 같다)에 대하여는 그 구조·이용상태·면적·내구연한·유용성 및 이전가능성 그 밖에 가격형성에 관련되는 제 요인을 종합적으로 고려하여 평가한다.
> ② 건축물의 가격은 원가법으로 평가한다. 다만, 주거용 건축물에 있어서는 거래사례비교법에 의하여 평가한 금액(공익사업의 시행에 따라 이주대책을 수립·실시하거나 주택입주권 등을 당해 건축물의 소유자에게 주는 경우 또는 개발제한구역 안에서 이전이 허용되는 경우에 있어서의 당해 사유로 인한 가격상승분은 제외하고 평가한 금액을 말한다)이 원가법에 의하여 평가한 금액보다 큰 경우와 「집합건물의 소유 및 관리에 관한 법률」에 의한 구분소유권의 대상이 되는 건물의 가격은 거래사례비교법으로 평가한다.
> ④ 물건의 가격으로 보상한 건축물의 철거비용은 사업시행자가 부담한다. 다만, 건축물의 소유자가 당해 건축물의 구성부분을 사용 또는 처분할 목적으로 철거하는 경우에는 건축물의 소유자가 부담한다.

② 이전비 산정 예시 기출 3회

보상액 = 대상 건물의 신축단가 × 면적 × 이전보상비율(0 ~ 1)

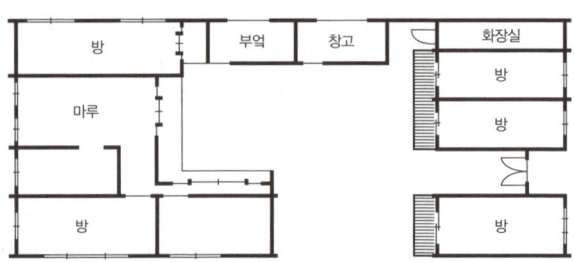

공사비내역 구조 및 용도	신축공사비 (원/m²)	이전공사비율				내용연수
		해체공사	운반공사	보충자재	재축공사	
목조한식지붕틀 한식기와잇기 주택	630,000	0.142	0.030	0.168	0.538	45
목조지붕틀 시멘트기와잇기 주택	549,000	0.114	0.023	0.169	0.589	35
철골조철골지붕틀 칼라피복철판잇기 공장	524,000	0.168	0.014	0.170	0.502	35
통나무구조 — 풀너치방식 주택 —	988,000	0.086		0.064	0.277	45
스틸하우스 — 주택 —	865,000	0.139	0.021	0.212	0.388	40

③ 물건의 가격 산정 예시

보상액 = 대상 건물의 신축단가 × 면적 × 잔존연수 / 내용연수

공사비내역 구조 및 용도	신축공사비 (원/m²)	내용연수
목조한식지붕틀 한식기와잇기 주택	630,000	45
목조지붕틀 시멘트기와잇기 주택	549,000	35
철골조철골지붕틀 칼라피복철판잇기 공장	524,000	35
통나무구조 — 풀너치방식 주택 —	988,000	45
스틸하우스 — 주택 —	865,000	40

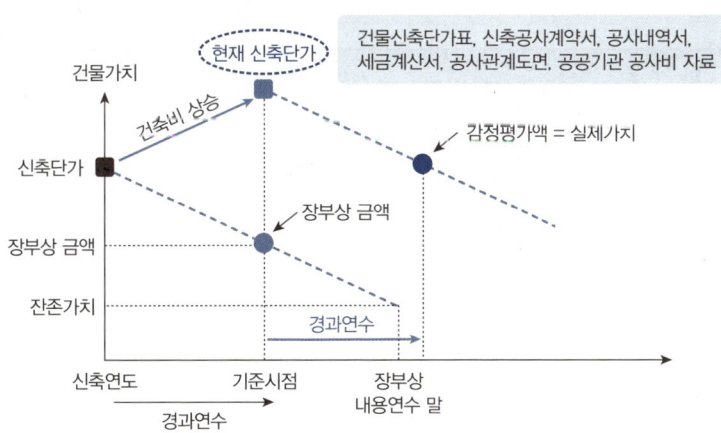

(2) 잔여건축물[288] 기출 8, 14, 19, 21, 32회

① 관련규정

> 「토지보상법」 제75조의2
> ① 사업시행자는 동일한 소유자에게 속하는 일단의 건축물의 일부가 취득되거나 사용됨으로 인하여 잔여 건축물의 가격이 감소하거나 그 밖의 손실이 있을 때에는 국토교통부령으로 정하는 바에 따라 그 손실을 보상하여야 한다. 다만, 잔여 건축물의 가격 감소분과 보수비(건축물의 나머지 부분을 종래의 목적대로 사용할 수 있도록 그 유용성을 동일하게 유지하는 데에 일반적으로 필요하다고 볼 수 있는 공사에 사용되는 비용을 말한다. 다만, 「건축법」 등 관계 법령에 따라 요구되는 시설 개선에 필요한 비용은 포함하지 아니한다)를 합한 금액이 잔여 건축물의 가격보다 큰 경우에는 사업시행자는 그 잔여 건축물을 매수할 수 있다.
> ② 동일한 소유자에게 속하는 일단의 건축물의 일부가 협의에 의하여 매수되거나 수용됨으로 인하여 잔여 건축물을 종래의 목적에 사용하는 것이 현저히 곤란할 때에는 그 건축물소유자는 사업시행자에게 잔여 건축물을 매수하여 줄 것을 청구할 수 있으며, 사업인정 이후에는 관할 토지수용위원회에 수용을 청구할 수 있다. 이 경우 수용 청구는 매수에 관한 협의가 성립되지 아니한 경우에만 하되, 사업완료일까지 하여야 한다.
> ③ 제1항에 따른 보상 및 잔여 건축물의 취득에 관하여는 제9조 제6항 및 제7항을 준용한다.
> ④ 제1항 본문에 따른 보상에 관하여는 제73조 제2항을 준용하고, 제1항 단서 및 제2항에 따른 잔여 건축물의 취득에 관하여는 제73조 제3항을 준용한다.
> ⑤ 제1항 단서 및 제2항에 따라 취득하는 잔여 건축물에 대한 구체적인 보상액 산정 및 평가방법 등에 대하여는 제70조, 제75조, 제76조, 제77조 및 제78조 제4항부터 제6항까지의 규정을 준용한다.
>
> 「토지보상법 시행규칙」 제35조
> ① 동일한 건축물소유자에 속하는 일단의 건축물의 일부가 취득 또는 사용됨으로 인하여 잔여 건축물의 가격이 감소된 경우의 잔여 건축물의 손실은 공익사업시행지구에 편입되기 전의 잔여 건축물의 가격(해당 건축물이 공익사업시행지구에 편입됨으로 인하여 잔여 건축물의 가격이 변동된 경우에는 변동되기 전의 가격을 말한다)에서 공익사업시행지구에 편입된 후의 잔여 건축물의 가격을 뺀 금액으로 평가한다.
> ② 동일한 건축물소유자에 속하는 일단의 건축물의 일부가 취득 또는 사용됨으로 인하여 잔여 건축물에 보수가 필요한 경우의 보수비는 건축물의 잔여부분을 종래의 목적대로 사용할 수 있도록 그 유용성을 동일하게 유지하는데 통상 필요하다고 볼 수 있는 공사에 사용되는 비용(「건축법」 등 관계법령에 의하여 요구되는 시설의 개선에 필요한 비용은 포함하지 아니한다)으로 평가한다.

구 분	상 세
보상액	• 잔여건축물의 가격 감소 or • 잔여건축물의 보수비 or • 잔여건축물의 가격감소＋보수비
보상 한도	잔여건축물의 가격(전체건축물가격－편입건축물가격)

---

288) 편입건축물은 사업시행자만 재결 신청할 수 있으나 잔여 건축물 가치감소 또는 매수 보상은 토지소유자도 직접 재결신청 할 수 있음. 잔여건축물의 가치감소 또는 매수(수용)보상에서의 공사완료일은 사업인정고시에서 정한 사업의 완료일이며, 사업기간 만료일 전에 실제 공사가 준공된 경우 그 준공일임

> **+ 알아보기** '종래의 목적에 사용하는 것이 현저히 곤란하게 된 때'의 의미
>
> 한국감정평가사협회의 지장물보상평가자료집(2017)에 따르면, '종래의 목적에 사용하는 것이 현저히 곤란하게 된 때'를, 1) 건축물의 안전진단 결과 잔여 건축물의 도괴 등의 위험요소가 있는 경우, 2) 건축물의 주요 구조부 및 필수시설이 편입되어 대체시설의 설치가 곤란한 경우, 3) 기둥, 보 등 주요 구조부에 대한 보강시설 설치가 곤란한 경우, 4) 계단, 화장실, 주방 등에 대한 대체시설의 설치가 곤란한 경우, 5) 잔여 건축물이 세모꼴 또는 좁고 긴 형상으로 되어 도시미관과 건축물의 이용이 부적합한 경우, 6) 주거용 건축물로서 도로 등과 직접 접하여 소음, 진동 및 안전사고의 위험이 큰 경우로 예시하고 있다.

② 보수비 예시

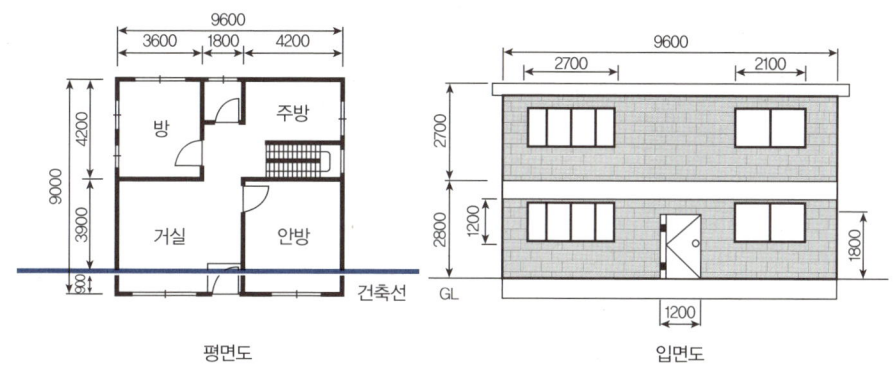

평면도 / 입면도

구 분	상 세
용 도	일반주택, 지상 2층
건축물구조	치장벽돌조
건축면적	$86.4m^2$
세부상황	• 줄기초로 기둥이 없는 구조임(상황별 추가공사반영은 불필요한 경우임) • 창문은 알루미늄(85mm), 문은 스텐레스이며 이전이 불가능한 경우임) • 건축설비는 안방과 거실에 독립된 난방설비가 있으며, 재설치가 요구됨
편입상태	전면편입 10%(편입부분의 평면도는 1층과 2층이 유사함)

구 분	항 목		상 세	
벽면적 수리와 관련된 비용	면 적	—	전면벽 : 가로×세로	9.6m×5.5m
		—	1, 2층 왼쪽 창문 : 세로×가로×개수	1.2m×2.7m×2
		—	1, 2층 오른쪽 창문 : 세로×가로×개수	1.2m×2.1m×2
		—	1층 출입문 : 가로×세로	1.2m×1.8m
			합 계	$39.12m^2$
	금 액	$39.12m^2 \times 656,000$원(치장벽돌조 단가)		25,663,000원

특수상황 보정에 소요되는 비용	기둥수리		줄기초로 기둥이 없는 건축물이므로 기둥수리와 관련된 비용은 제외됨	
	창문 등	보수 면적	1, 2층 왼쪽 창문	1.2m×2.7m×2
			1, 2층 오른쪽 창문	1.2m×2.1m×2
			합 계	11.52m²
		금 액	11.52m²×181,000원(알루미늄 창문 단가)	2,085,000원
	출입문	면 적	1.2m×1.8m	2.16m²
		금 액	2.16m²×175,000원(스텐레스 출입문 단가)	378,000원
	건축설비	면 적	1, 2층 거실 및 안방 바닥면적	3.9m×9.6m×2
			합 계	74.88m²
		금 액	74.88m²×60,000원(난방설비하급단가)	4,493,000원
		기 타		—
합 계			25,663,000+2,085,000+378,000+4,493,000=32,619,000원	

(3) 공작물

건축물 보상(잔여건축물 포함) 평가방법을 준용한다.

> 「토지보상법 시행규칙」 제36조
> ① 제33조 내지 제35조의 규정은 공작물 그 밖의 시설(이하 "공작물 등"이라 한다)의 평가에 관하여 이를 준용한다.
> ② 다음 각 호의 1에 해당하는 공작물 등은 이를 별도의 가치가 있는 것으로 평가하여서는 아니 된다.
>   1. 공작물 등의 용도가 폐지되었거나 기능이 상실되어 경제적 가치가 없는 경우
>   2. 공작물 등의 가치가 보상이 되는 다른 토지 등의 가치에 충분히 반영되어 토지 등의 가격이 증가한 경우
>   3. 사업시행자가 공익사업에 편입되는 공작물 등에 대한 대체시설을 하는 경우

3. 수목 등 보상평가 기출 8, 12, 17, 33회

(1) 과 수

① 관련규정

> 「토지보상법」 제75조
> ① 건축물·입목·공작물과 그 밖에 토지에 정착한 물건(이하 "건축물 등"이라 한다)에 대하여는 이전에 필요한 비용(이하 "이전비"라 한다)으로 보상하여야 한다. 다만, 다음 각 호의 어느 하나에 해당하는 경우에는 해당 물건의 가격으로 보상하여야 한다.
>   1. 건축물 등을 이전하기 어렵거나 그 이전으로 인하여 건축물 등을 종래의 목적대로 사용할 수 없게 된 경우
>   2. 건축물 등의 이전비가 그 물건의 가격을 넘는 경우
>   3. 사업시행자가 공익사업에 직접 사용할 목적으로 취득하는 경우

「토지보상법 시행규칙」 제37조
① 과수 그 밖에 수익이 나는 나무(이하 이 조에서 "수익수"라 한다) 또는 관상수(묘목을 제외한다. 이하 이 조에서 같다)에 대하여는 수종·규격·수령·수량·식수면적·관리상태·수익성·이식가능성 및 이식의 난이도 그 밖에 가격형성에 관련되는 제요인을 종합적으로 고려하여 평가한다.
② 지장물인 과수에 대하여는 다음 각 호의 구분에 따라 평가한다. 이 경우 이식가능성·이식적기·고손율(枯損率) 및 감수율(減收率)에 관하여는 [별표 2]의 기준을 참작해야 한다.
   1. 이식이 가능한 과수
      가. 결실기에 있는 과수
         (1) 계절적으로 이식적기인 경우 : 이전비와 이식함으로써 예상되는 고손율·감수율을 고려하여 정한 고손액 및 감수액의 합계액
         (2) 계절적으로 이식적기가 아닌 경우 : 이전비와 (1)의 고손액의 2배 이내의 금액 및 감수액의 합계액
      나. 결실기에 이르지 아니한 과수
         (1) 계절적으로 이식적기인 경우 : 이전비와 가목(1)의 고손액의 합계액
         (2) 계절적으로 이식적기가 아닌 경우 : 이전비와 가목(1)의 고손액의 2배 이내의 금액의 합계액
   2. 이식이 불가능한 과수
      가. 거래사례가 있는 경우 : 거래사례비교법에 의하여 평가한 금액
      나. 거래사례가 없는 경우
         (1) 결실기에 있는 과수 : 식재상황·수세(樹勢)·잔존수확가능연수 및 수익성 등을 고려하여 평가한 금액
         (2) 결실기에 이르지 아니한 과수 : 가격시점까지 소요된 비용을 현재의 가격으로 평가한 금액(이하 "현가액"이라 한다)
③ 법 제75조 제1항 단서의 규정에 의하여 물건의 가격으로 보상하는 과수에 대하여는 제2항 제2호 가목 및 나목의 예에 따라 평가한다.
④ 제2항 및 제3항의 규정은 과수외의 수익수 및 관상수에 대한 평가에 관하여 이를 준용하되, 관상수의 경우에는 감수액을 고려하지 아니한다. 이 경우 고손율은 당해 수익수 및 관상수 총수의 10퍼센트 이하의 범위 안에서 정하되, 이식적기가 아닌 경우에는 20퍼센트까지로 할 수 있다.
⑤ 이식이 불가능한 수익수 또는 관상수의 벌채비용은 사업시행자가 부담한다. 다만, 수목의 소유자가 당해 수목을 처분할 목적으로 벌채하는 경우에는 수목의 소유자가 부담한다.

「토지보상법 시행규칙」 제40조
① 제37조 내지 제39조의 규정에 의한 수목의 수량은 평가의 대상이 되는 수목을 그루별로 조사하여 산정한다. 다만, 그루별로 조사할 수 없는 특별한 사유가 있는 경우에는 단위면적을 기준으로 하는 표본추출 방식에 의한다.
② 수목의 손실에 대한 보상액은 정상식(경제적으로 식재목적에 부합되고 정상적인 생육이 가능한 수목의 식재상태를 말한다)을 기준으로 한 평가액을 초과하지 못한다.

② 이전비 평가(이식가능)[289]

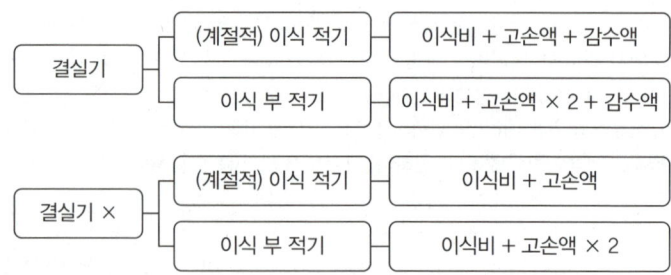

법령에 따라 굴취 후 이동행위가 금지되는 수목(예 소나무재선충병 방제특별법 상의 소나무)의 경우는 이전비가 아닌 가액으로 보상하며(중토위), 천연기념물 등인 수목 등의 경우 이전비 또는 이식비가 그 수목의 가액을 초과하는 경우에도 반드시 이전하여야 하는 경우 이전비 또는 이식비로 보상할 수 있다.

③ 물건의 가격 평가(이식불가능)

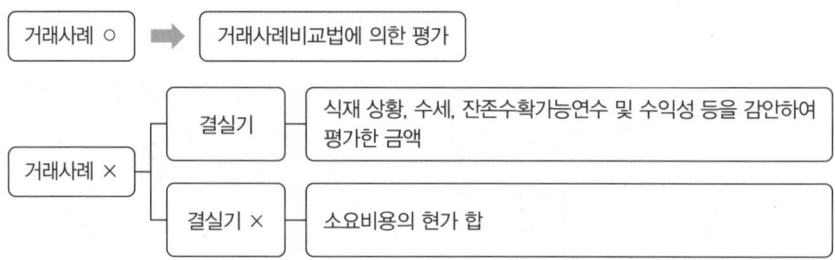

수목가액을 조달청수목가격을 기준으로 할 경우 이 가격에서 굴취, 상하차, 운반비, 재료비 및 부대비용을 공제해야 한다.

④ 이식적기 등

「토지보상법 시행규칙」 [별표 2]에는 아래와 같이 수종별 이식가능수령과 이식적기, 고손율 및 감수율 기준이 정리돼 있다. 고손율은 제시된 범위의 최대치, 감수율은 3년간의 수익감소를 고려해 220%(2.2)를 적용한다. 한편, 과수의 이식시기는 사업시행자로부터 제시받아야 하며, 대량 수목의 이식비는 규모의 경제 원리에 따라 감액이 가능하나 고손액은 감액할 수 없다(대법원 2015두2444).

구 분 수 종	이식가능 수령	이식적기	고손율	감수율	비 고
일반사과	5년 이하	2월 하순 ~ 3월 하순	15% 이하		
왜성사과	3년 이하	2월 하순 ~ 3월 하순, 11월	20% 이하		
배	7년 이하	2월 하순 ~ 3월 하순, 11월	10% 이하	이식 1차년 : 100% 이식 2차년 : 80% 이식 3차년 : 40%	그 밖의 수종은 유사수종에 준하여 적용한다.
복숭아	5년 이하	2월 하순 ~ 3월 하순, 11월	15% 이하		
포 도	4년 이하	2월 하순 ~ 3월 하순, 11월	10% 이하		
감 귤	8년 이하	6월 장마기, 11월, 12월~3월 하순	10% 이하		

---

289) 고손액 : 이전에 따른 과수의 고사에 따른 손실액, 감수액 : 이전에 따른 수확량의 감소에 따른 손실액

감	6년 이하	2월 하순 ~ 3월 하순, 11월	20% 이하
밤	6년 이하	11월 상순 ~ 12월 상순	20% 이하
자두	5년 이하	2월 하순 ~ 3월 하순, 11월	10% 이하
호두	8년 이하	2월 하순 ~ 3월 하순, 11월	10% 이하
살구	5년 이하	2월 하순 ~ 3월 하순, 11월	10% 이하

⑤ 그 밖의 사항

한편, 수익수(뽕나무, 약용식물 등)와 관상수(잎, 열매, 꽃 따위의 외부 형태를 보고 즐기는 나무)는 과수의 평가방법을 준용하되, 관상수의 경우 감수액을 고려하지 않는다. 그리고 과수의 경우 결실기 이후에는 사실상 이전이 불가하다. 한편, 근원직경의 측정기준은 나무의 크기에 따라서 일부 상이하나 대체로 토지와 접한 부분으로부터 유령목(10cm 이하)은 5cm, 중경목(30cm 이하)은 10cm, 대경목(30cm 이상)은 20~30cm 부분의 직경을 측정하는데 조경업계에서는 지표부의 직경으로 표시하기도 한다.[290]

(2) 묘목

① 관련규정

「토지보상법 시행규칙」 제38조
① 묘목에 대하여는 상품화 가능여부, 이식에 따른 고손율, 성장정도 및 관리상태 등을 종합적으로 고려하여 평가한다.
② 상품화할 수 있는 묘목은 손실이 없는 것으로 본다. 다만 매각손실액(일시에 매각함으로 인하여 가격이 하락함에 따른 손실을 말한다. 이하 같다)이 있는 경우에는 그 손실을 평가하여 보상하여야 하며, 이 경우 보상액은 제3항의 규정에 따라 평가한 금액을 초과하지 못한다.
③ 시기적으로 상품화가 곤란하거나 상품화를 할 수 있는 시기에 이르지 않은 묘목에 대하여는 이전비와 고손율을 고려한 고손액의 합계액으로 평가한다. 이 경우 이전비는 임시로 옮겨 심는데 필요한 비용으로 평가하며, 고손율은 1퍼센트 이하의 범위 안에서 정하되 주위의 환경 또는 계절적 사정 등 특별한 사유가 있는 경우에는 2퍼센트까지로 할 수 있다.
④ 파종 또는 발아 중에 있는 묘목에 대하여는 가격시점까지 소요된 비용의 현가액으로 평가한다.
⑤ 법 제75조 제1항 단서의 규정에 의하여 물건의 가격으로 보상하는 묘목에 대하여는 거래사례가 있는 경우에는 거래사례비교법에 의하여 평가하고, 거래사례가 없는 경우에는 가격시점까지 소요된 비용의 현가액으로 평가한다.

---

290) 김원보, 「토지보상법해설 2권」, 가람감정평가법인, 2021, p835

② 평가방법

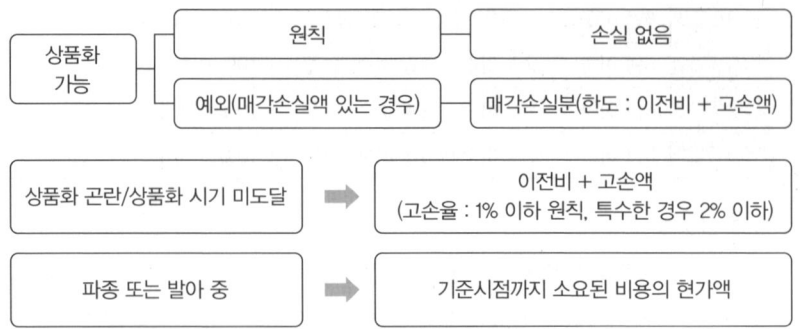

물건의 가격으로 보상하는 경우 거래사례가 있으면 거래사례비교법으로 평가하며, 거래사례가 없는 경우에는 기준시점까지 소요된 비용의 현가액으로 보상평가한다.

(3) 입목

토지에 정착하여 토지와 별개로 독립하여 경제적 가치를 지니는 개개의 수목 및 수목의 집단을 말한다.

① 관련규정

> 「토지보상법 시행규칙」 제39조
> ① 입목(죽목을 포함한다. 이하 이 조에서 같다)에 대하여는 벌기령(「산림자원의 조성 및 관리에 관한 법률 시행규칙」 [별표 3]에 따른 기준벌기령을 말한다. 이하 이 조에서 같다)·수종·주수·면적 및 수익성 그 밖에 가격형성에 관련되는 제요인을 종합적으로 고려하여 평가한다.
> ② 지장물인 조림된 용재림(用材林 : 재목을 이용할 목적으로 가꾸는 나무숲을 말한다) 중 벌기령에 달한 용재림은 손실이 없는 것으로 본다. 다만, 용재림을 일시에 벌채하게 되어 벌채 및 반출에 통상 소요되는 비용이 증가하거나 목재의 가격이 하락하는 경우에는 그 손실을 평가하여 보상해야 한다.
> ③ 지장물인 조림된 용재림 중 벌기령에 달하지 아니한 용재림에 대하여는 다음 각 호에 구분에 따라 평가한다.
>   1. 당해 용재림의 목재가 인근시장에서 거래되는 경우 : 거래가격에서 벌채비용과 운반비를 뺀 금액. 이 경우 벌기령에 달하지 아니한 상태에서의 매각에 따른 손실액이 있는 경우에는 이를 포함한다.
>   2. 당해 용재림의 목재가 인근시장에서 거래되지 않는 경우 : 가격시점까지 소요된 비용의 현가액. 이 경우 보상액은 당해 용재림의 예상총수입의 현가액에서 장래 투하비용의 현가액을 뺀 금액을 초과하지 못한다.
> ④ 제2항 및 제3항에서 "조림된 용재림"이라 함은 「산림자원의 조성 및 관리에 관한 법률」 제13조에 따른 산림경영계획인가를 받아 시업하였거나 산림의 생산요소를 기업적으로 경영·관리하는 산림으로서 「입목에 관한 법률」 제8조에 따라 등록된 입목의 집단 또는 이에 준하는 산림을 말한다.
> ⑤ 제2항 및 제3항의 규정을 적용함에 있어서 벌기령의 10분의 9 이상을 경과하였거나 그 입목의 성장 및 관리상태가 양호하여 벌기령에 달한 입목과 유사한 입목의 경우에는 벌기령에 달한 것으로 본다.
> ⑥ 제3항의 규정에 의한 입목의 벌채비용은 사업시행자가 부담한다.
> ⑦ 제2항·제3항 및 제6항의 규정은 자연림으로서 수종·수령·면적·주수·입목도·관리상태·성장정도 및 수익성 등이 조림된 용재림과 유사한 자연림의 평가에 관하여 이를 준용한다.
> ⑧ 제3항 및 제6항의 규정은 사업시행자가 취득하는 입목의 평가에 관하여 이를 준용한다.

② 평가방법

조림된 용재림 및 이와 유사한 자연림에 적용한다.

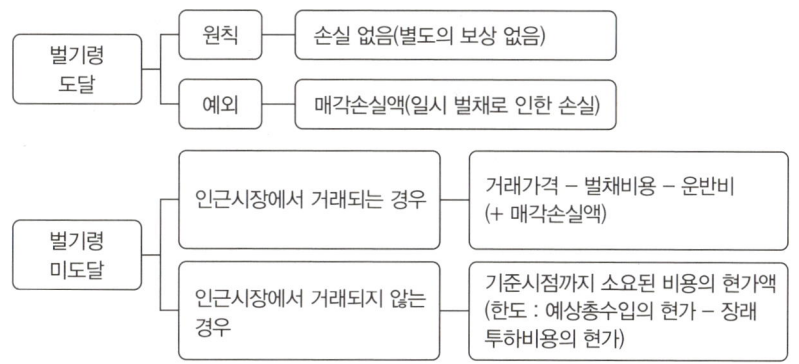

벌기령 도달 여부는 산림법에서 정한 입목별 기준 벌기령의 9/10에 미치는 지로 판단한다. 벌채비용은 기본적으로 사업시행자가 부담하며, 입목 소유자가 처분 목적으로 벌채할 때는 소유자가 지불한다.

③ 관련자료

기준벌기령(「산림법 시행규칙」 [별표 3])

구 분	국유림	공·사유림(기업경영림)
가. 일반기준벌기령		
소나무	60년	40년(30년)
(춘양목보호림단지)	(100년)	(100년)
잣나무	60년	50년(40년)
리기다소나무	30년	25년(20년)
낙엽송	50년	30년(20년)
삼나무	50년	30년(30년)
편 백	60년	40년(30년)
기타 침엽수	60년	40년(30년)
참나무류	60년	25년(20년)
포플러류	3년	3년
기타 활엽수	60년	40년(20년)

나. 특수용도기준벌기령

펄프, 갱목, 표고·영지·천마 재배, 목공예, 숯, 목초액, 섬유판(fiber board), 산림바이오매스에너지의 용도로 사용하고자 할 경우에는 일반기준벌기령중 기업경영림의 기준벌기령을 적용한다. 다만, 소나무의 경우에는 특수용도기준벌기령을 적용하지 않는다.

비 고

1. 불량림의 수종갱신을 위한 벌채, 피해목·옻나무·약용류(「임업 및 산촌진흥촉진에 관한 법률 시행규칙」[별표 2]에서 정한 약용류 중 약용을 목적으로 식재한 수목으로 한정한다) 또는 지장목의 벌채와 임지생산능력급수 Ⅰ급지부터 Ⅲ급지까지의 지역에서 리기다소나무를 벌채하는 경우에는 기준벌기령을 적용하지 않는다.
2. 특수용도기준벌기령을 적용받으려는 자는 입목벌채허가 신청 시 별지 제53호 서식의 목재사용계획서에 목재를 펄프, 갱목, 표고·영지·천마 재배, 목공예, 숯, 목초액, 섬유판, 산림바이오매스에너지의 용도로 직접 사용하려 한다는 사실을 증명하는 서류를 첨부하여 관할 특별자치시장·특별자치도지사·시장·군수·구청장 또는 지방산림청국유림관리소장에게 제출하여야 한다. 이 경우 특별자치시장·특별자치도지사·시장·군수·구청장 또는 지방산림청국 유림관리소장은 「전자정부법」 제36조 제1항에 따른 행정정보의 공동이용을 통하여 신청인의 사업자등록증명을 확인하여야 하고, 신청인이 확인에 동의하지 아니하는 경우에는 이를 첨부하도록 하여야 한다.

④ 수목 등의 수량산정방법

수목의 수량은 평가 대상이 되는 수목을 그루별로 조사(매목조사방식)하여 산정함을 원칙으로 하되, 그루별로 조사할 수 없는 특별한 사유가 있는 경우에는 단위면적을 기준으로 하는 표본추출방식에 의한다.

수목의 본수가 정상식에 미달되어 식재되어 있는 경우에는 그 상태대로, 정상식을 초과하여 식재되어 있거나 다른 수종의 나무가 보식 또는 간식되어 있는 경우에는 정상식을 기준으로 평가한 보상액을 초과하지 못한다.

> **알아보기** 수목보상상세[291]
>
> 1. 수목의 개념 등
> 토지 위에 식생하는 초본식물을 제외한 모든 목본 식물군(입목죽)을 통칭하는 용어로서, 용도 및 형태 등에 따라 아래와 같이 분류할 수 있다.
>
> | 구 분 | 상 세 |
> | --- | --- |
> | 조경수 | 특정한 목적을 위해 심는 수목 전체.관상수,과수,가로수,공원수,용재림 등을 포괄 |
> | 관상수 | 관상의 가치를 가진 것으로 인정되는 나무(정원 수 등) |
> | 수익수(유실수) | 나무의 열매/잎/뿌리/수액을 수확할 목적으로 심는 나무 |
> | 가로수 | 거리 미관과 국민 보건 등을 위한 길에 심는 나무 |
> | 용재림 | 벌채기에 도달하면 각종 재목으로 사용할 목적으로 가꾸는 나무 |
> | 자연림 | 원래 자연 상태의 임목 |
> | 차례수 | 차폐,방품,소음방지 등을 목적으로 심는 나무 |
> | 풍치목 | 명소 또는 고적 풍치보전을 목적으로 식재되어 있는 나무 |

---

291) 한국부동산연구원 '수목 감정평가 자료집 발간 연구' 착수보고(2025.07)

반면, 보상평가와 관련해서는 관상수, 과수, 묘목, 입목으로 구분한다.

구 분	상 세
관상수	관상의 가치를 가지는 것으로 인정되는 수목으로 택지의 정원에 심어진 정원수
과 수	생식하거나 가공하여 식용하는 과실을 맺는 다년생 수목
묘 목	묘포(묘밭)에서 기르고 있는 어린 나무
입 목	토지에 자라고 있는 수목 또는 수목의 집단으로서 토지와는 별도로 소유권이 인정되어 거래대상이 되고 별도의 경제적 가치를 지닌 수목

2. 수목의 규격 등

수목의 규격은 수고, 수관폭, 흉고직경, 근원직경, 수관길이, 지하고(수간)등으로 표시된다.

구 분	단 위	정 의
수고 (Tree Height, H)	m	근원으로부터 수관의 정상까지의 수직거리(웃자람가지 제외)
수관폭 (Width of Crown, W)	m	수관의 너비를 의미하며, 수관이 타원형인 경우는 최대폭과 최소폭의 평균치를 적용(웃자람가지는 제외)
흉고직경 (Diameter at Breast Height, B)	cm	지표면에서 1.2m부위의 수간직경
근원직경 (Diameter at Root Height, R)	cm	지표면 부위의 수간직경
수관길이 (Length of Crown, L)	m	수관이 수평으로 성장하는 특성을 가진 조형된 수관의 최대길이
지하고 (Clear Bole Length, C.L)	m	수관을 구성하고 있는 가지 중 가장 아래에 있는 가지의 분기점으로부터 지표까지의 수직고

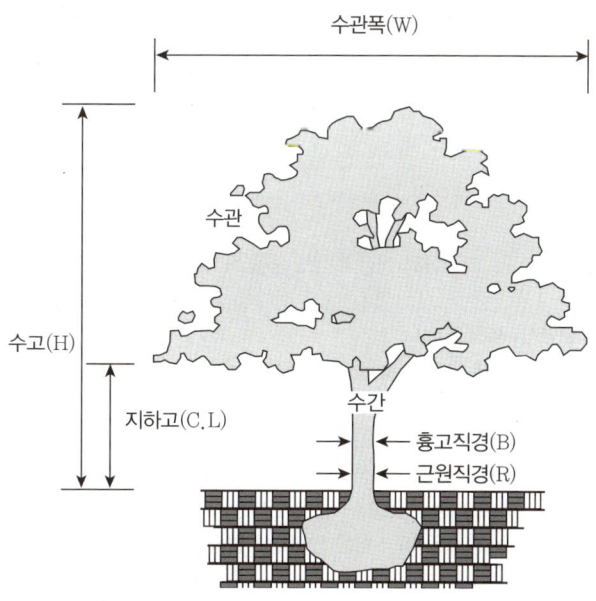

3. 수목보상 평가 유의사항
   (1) 수목의 가격
      조경수 가격은 인도조건에 따라 다음과 같이 나뉜다.

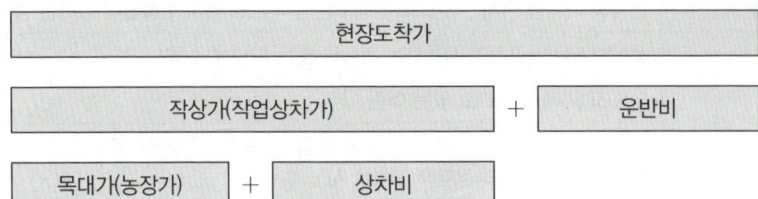

목대가는 농장에서 판매하는 수목 자체의 가격이고, 작상가는 목대가에 상차비가 포함된 가격, 현장도착가는 현장까지의 운반비가 포함된 가격이다. 현장도착가는 생산농장이 전문건설업체에 납품하여 현장에 들어가는 가격이자, 전문건설업체가 유통비용 등을 포함하여 최종적으로 식재공사에 적용되는 가격의 이중적 의미를 내포한다. 수목을 양수포에서 굴취하여 상차하고 운반하여 이식 대상지에 하차시키는 작업까지의 비용과 수목대금(목대)을 포함한다.

   (2) 유의사항

구 분	상 세
기초 확인	평가 대상 수종의 수량, 규격 등에 대한 정확한 확인과정 필요
밀식여부 판단	수목 정상식 판정 세부기준, 농산물실제소득인정기준 고려
평가여부 판단	경제적인 이전 가능성 여부를 기준으로 관상수와 입목 구분
가격조사 관련	유관기관의 고시가격 등을 참고하되 제시가격의 특성을 파악해야 하며, 실제 시장가격 조사 필요
조경업자 조경수 관련	조경 본래의 목적이 아닌 상업적 판매를 목적으로 한 것이므로, 상품화 가능성에 대한 판단 요구. 이전해야 할 경우 가식의 문제로 인한 굴취비의 절감 및 대량식재로 인해 규모의 경제가 이루어지는 것이 일반적이므로 이식비 산정 시 비용 절감에 유의
임야 평가 시 입목 포함 평가여부 판단	굴취 허가 가능 여부를 판단하여 가치가 있는 조림지의 경우 입목으로 구분하여 평가 가능. 이 때 입목은 이전비 대상은 아니며, 시장가역산법을 적용하여 가격 산정 가능

(4) 농작물
① 관련규정

> 「토지보상법」 제75조
> ② 농작물에 대한 손실은 그 종류와 성장의 정도 등을 종합적으로 고려하여 보상하여야 한다.
>
> 「토지보상법 시행규칙」 제37조
> ① 농작물을 수확하기 전에 토지를 사용하는 경우의 농작물의 손실은 농작물의 종류 및 성숙도 등을 종합적으로 고려하여 다음 각 호의 구분에 따라 평가한다.
>   1. 파종 중 또는 발아기에 있거나 묘포에 있는 농작물 : 가격시점까지 소요된 비용의 현가액
>   2. 제1호의 농작물외의 농작물 : 예상총수입의 현가액에서 장래 투하비용의 현가액을 뺀 금액. 이 경우 보상당시에 상품화가 가능한 풋고추·들깻잎 또는 호박 등의 농작물이 있는 경우에는 그 금액을 뺀다.
> ② 제1항 제2호에서 "예상총수입"이라 함은 당해 농작물의 최근 3년간(풍흉작이 현저한 연도를 제외한다)의 평균총수입을 말한다.

② 평가방법

농작물이라 함은 벼, 보리, 배추, 무 등과 같은 1년생 작물 및 도라지, 작약, 인삼, 상황버섯 등 다년생 작물을 말한다. 농작물 보상은 농경지 등을 취득 또는 사용하는 경우에 농작물이 파종 혹은 식재 되어 있거나, 파종 또는 식재되기 위한 비용이 투하되어 있을 때 부득이 그 농작물을 수확하기 전에 농경지를 수용 또는 사용함으로써 농작물의 경작자가 입게 되는 손실을 보상하는 것이다. 농작물에 대한 보상은 언제나 경작자에게 귀속되며, 농작물을 보상 평가하기 위해서는 기준시점 현재 대상 농작물의 파종여부, 생육상태(파종기, 발아기, 성장기, 수확기), 재배 관리상태, 농업생산비 각 항목별 투하여부, 연생에 대해 파악이 필요하다.

구 분	평가방법
파종 중 또는 발아기에 있거나 묘포에 있는 농작물	기준시점까지 소요된 비용의 현가액
성장기에 있는 농작물	예상총수입의 현가 액-장래투하비용의 현가 액-상품화가 가능한 농작물(중간 판매액)
수확기에 도달한 농작물	원칙적으로 손실이 없는 것으로 봄

다만, 수확기에 도달 후 일정기간 계속하여 수확하는 농작물(고추, 오이, 참외, 수박, 토마토, 딸기, 상추 등)의 경우 성장기에 있는 농작물의 평가방법 또는 기타 적정한 평가방법을 적용한다.

㉠ 파종 중 또는 발아기에 있거나 묘포에 있는 농작물

기준시점까지 소요된 비용의 현가

㉡ 성장기에 있는 농작물

> 예상총수입의 현가액-장래투하비용의 현가액-상품화가 가능한 농작물(중간 판매액)

ⓐ 예상총수입의 현가액

풍·흉년을 제외한 최근 3년간의 평균총수익을 기준으로 한 주산물 가격과 부산물 가격의 합계액

ⓑ 장래투하비용의 현가액

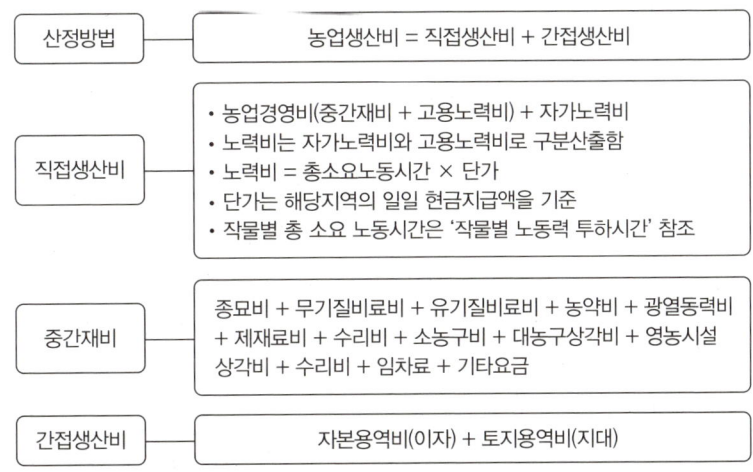

(5) 분묘(석물)

① 관련규정

> 「토지보상법」 제75조
> ④ 분묘에 대하여는 이장(移葬)에 드는 비용 등을 산정하여 보상하여야 한다.
>
> 「토지보상법 시행규칙」 제42조
> ① 「장사 등에 관한 법률」 제2조 제16호에 따른 연고자(이하 이 조에서 "연고자"라 한다)가 있는 분묘에 대한 보상액은 다음 각 호의 합계액으로 산정한다. 다만, 사업시행자가 직접 산정하기 어려운 경우에는 감정평가법인등에게 평가를 의뢰할 수 있다.
>   1. 분묘이전비 : 4분판 1매·마포 24미터 및 전지 5권의 가격, 제례비, 노임 5인분(합장인 경우에는 사체 1구당 각각의 비용의 50퍼센트를 가산한다) 및 운구차량비
>   2. 석물이전비 : 상석 및 비석 등의 이전실비(좌향이 표시되어 있거나 그 밖의 사유로 이전사용이 불가능한 경우에는 제작·운반비를 말한다)
>   3. 잡비 : 제1호 및 제2호에 의하여 산정한 금액의 30퍼센트에 해당하는 금액
>   4. 이전보조비 : 100만원
> ② 제1항 제1호의 규정에 의한 운구차량비는 「여객자동차 운수사업법 시행령」 제3조 제2호 나목의 특수여객자동차운송사업에 적용되는 운임·요금 중 당해 지역에 적용되는 운임·요금을 기준으로 산정한다.
> ③ 연고자가 없는 분묘에 대한 보상액은 제1항 제1호 내지 제3호의 규정에 의하여 산정한 금액의 50퍼센트 이하의 범위 안에서 산정한다.

② 산정예시

㉠ 분묘이전비 산정기준표(2021)

구 분	이전비		운구차량비 (차량운반비)		잡 비		계		적용단가(일반)	
	최소	최대	최소	최대	최소	최대	최소	최대	최소	최대
유연 단장	1,510,000	1,842,000	367,000	473,000	563,100	694,500	2,440,100	3,009,500	2,440,000	3,010,000
유연 합장	2,265,000	2,763,000	367,000	473,000	789,600	970,800	3,421,600	4,206,800	3,420,000	4,210,000
유연 3합장	2,869,000	3,499,800	367,000	473,000	970,800	1,191,840	4,206,800	5,164,640	4,210,000	5,160,000
유연 4합장	3,322,000	4,052,400	367,000	473,000	1,106,700	1,357,620	4,795,700	5,883,020	4,800,000	5,880,000
유연 5합장	3,624,000	4,420,800	367,000	473,000	1,197,300	1,468,140	5,188,300	6,361,940	5,190,000	6,360,000
유연 6합장	3,775,000	4,605,000	367,000	473,000	1,242,600	1,523,400	5,384,600	6,601,400	5,380,000	6,600,000
무연 단장	755,000	921,000	95,000	110,000	255,000	309,300	1,105,000	1,340,300	1,110,000	1,340,000
유연 아장	604,000	736,800	367,000	473,000	291,300	362,940	1,262,300	1,572,740	1,260,000	1,570,000

ⓛ 유연단장이전비 산출근거

구분	규격(cm)	수량	단위	단가 최소	단가 최대	금액 최소	금액 최대	계 최소	계 최대	비고
보통인부		4	인	141,096	141,096	564,384	564,384	564,000	564,000	
염사		1	인	336,696	444,464	336,696	444,464	337,000	444,000	
4분판	180×30×1.2	1	매	8,700	11,700	8,700	11,700	9,000	12,000	
마포		24	m	8,700	11,700	208,800	280,800	209,000	281,000	
전지	90×40	5	권	3,400	4,600	17,000	23,000	17,000	23,000	
제례비		2	회	187,200	259,100	374,400	518,200	374,000	518,000	
계								1,510,000	1,842,000	

ⓒ 석물이전비 산정예시(상석 및 부속물)

- t=50
- 거리 : 편도거리

(단위 : 원)

구분	종별	규격(m)	중량(kg)	V3-2, 20m인 경우
A	상판	0.81×0.51×0.17	190.0	78,000
A	하박석 외 6종	식	246.0	100,000
A	계		436.0	178,000
B	상판	0.9×0.6×0.21	306.0	125,000
B	하박석 외 6종	식	289.0	118,000
B	계		595.0	243,000
C	상판	1.11×0.78×0.27	631.0	257,000
C	하박석 외 6종	식	471.0	192,000
C	계		1,102.0	449,000
D	상판	1.3×0.7×0.21	516.0	210,000
D	부속물 없음	—	—	—

※ A형 상석(계)의 이전비 산출근거
 [중량=436kg, t=50, 도로상태 및 경사도=V3-2, 거리=20m인 경우(계수는 30.44)]
 $178,000 = 436(중량) \times 30.44(계수) \times 67,000(노임) \times 2(왕복) \times 10^{-4}$
 주) 상석부속물: 하박석, 걸방, 북석, 향로석, 혼유석, 잔석, 화병 등

제4절 영업손실 등 보상평가

1. 광업권 보상평가

(1) 광업권 보상 기초

① 광업권 개념

광업권이란 등록을 한 일정한 토지의 구역(광구)에서 등록을 한 광물과 이와 같은 광상(鑛床)에 묻혀 있는 다른 광물을 채굴 및 취득하는 권리로서 '탐사권'[292]과 '채굴권'[293]을 포함한다.

② 광업권 보상 유형

㉠ 공익상 이유에 의한 취소처분 등

> 「광업법」제34조
> ① 산업통상자원부장관은 광업이 공익을 해친다고 인정할 때에는 광업권의 취소 또는 광구의 감소처분을 하여야 한다.
> ② 산업통상자원부장관은 국가중요건설사업지 또는 그 인접 지역의 광업권이나 광물의 채굴이 국가중요건설사업에 지장을 준다고 인정할 때에는 광업권의 취소 또는 그 지역에 있는 광구의 감소처분을 할 수 있다.
> ③ 국가는 제1항과 제2항에 따른 광업권의 취소처분 또는 광구의 감소처분으로 발생한 손실을 해당 광업권자(취소처분에 따른 광업권의 광구 부분 또는 감소처분에 따른 광구 부분에 조광권이 설정되어 있는 경우에는 그 조광권자를 포함한다)에게 보상하여야 한다.

㉡ 공익사업의 진행으로 인한 보상

「토지보상법」제4조에 따른 공익사업의 진행에 따라 공익사업지구 내에 위치한 광산에 대한 보상을 말한다.

③ 광업 보상의 특수성

공익사업의 시행으로 광업권자가 입은 손실의 범위와 한계가 다소 모호하며, 그 보상여부는 광종, 광구, 갱구 및 시설, 당해 공익사업의 성격, 사업시행으로 인하여 광업권자가 입은 손실의 범위 등을 종합적으로 판단하여 결정한다.

---

292) 등록을 한 일정한 토지의 구역(광구)에서 등록을 한 광물과 이와 같은 광상에 묻혀 있는 다른 광물을 탐사하는 권리
293) 광구에서 등록을 한 광물과 이와 같은 광상에 묻혀 있는 다른 광물을 채굴하고 취득하는 권리

(2) 광업권 보상 규정

「토지보상법」 제76조
① 광업권·어업권 및 물(용수시설을 포함한다) 등의 사용에 관한 권리에 대하여는 투자비용, 예상 수익 및 거래가격 등을 고려하여 평가한 적정가격으로 보상하여야 한다.

「토지보상법 시행규칙」 제43조
① 광업권에 대한 손실의 평가는 「광업법 시행규칙」 제19조에 따른다.
② 조업 중인 광산이 토지 등의 사용으로 인하여 휴업하는 경우의 손실은 휴업기간에 해당하는 영업이익을 기준으로 평가한다. 이 경우 영업이익은 최근 3년간의 연평균 영업이익을 기준으로 한다.
③ 광물매장량의 부재(채광으로 채산이 맞지 아니하는 정도로 매장량이 소량이거나 이에 준하는 상태를 포함한다)로 인하여 휴업중인 광산은 손실이 없는 것으로 본다.

「감정평가 실무기준」
[4.2.1] 유형별 감정평가방법
① 광업권자가 조업 중이거나 정상적으로 생산 중에 휴업한 광산으로서 광물의 생산실적이 있는 경우에는 장래 수익성을 고려한 광산의 감정평가액을 기준으로 이전이나 전용이 가능한 시설물의 잔존가치를 뺀 금액에서 그 이전비를 더하여 감정평가한다.
② 다음 각 호의 어느 하나에 해당하는 경우에는 해당 광산개발에 투자된 비용과 현재시설의 감정평가액에서 이전이나 전용이 가능한 시설의 잔존가치를 뺀 금액에 그 이전비를 더하여 감정평가한다.
   1. 탐사권자가 탐사를 시작한 경우
   2. 탐사권자가 탐사실적을 인정받은 경우
   3. 채굴권자가 채굴계획의 인가를 받은 후 광물생산실적이 없는 경우
③ 탐사권자가 등록을 한 후 탐사를 시작하지 아니하거나 채굴권자가 채굴계획인가를 받지 아니한 경우에는 등록에 든 비용으로 산정한다.
④ 다음 각 호의 어느 하나에 해당하는 경우에는 광업손실이 없는 것으로 본다.
   1. 휴업중인 광산으로서 광물의 매장량이 없는 경우
   2. 채광으로 채산이 맞지 아니하는 정도로 매장량이 소량인 경우
   3. 제1호 또는 제2호에 준하는 상태인 경우

[4.2.2] 광산의 감정평가방법
광산의 감정평가는 [620-2.4]를 준용한다.

[4.2.3] 시설물의 감정평가방법
이전 또는 전용이 가능한 시설물의 잔존가치 및 이전비는 시설물의 종류에 따라 토지보상법 등 감정평가관계 법규에서 정하는 바에 따라 감정평가한다.

[4.3] 광산의 휴업에 대한 감정평가
조업 중인 광산이 토지 등의 사용으로 휴업을 한 경우에는 휴업기간에 해당하는 영업이익을 기준으로 감정평가한다. 이 경우 영업이익은 최근 3년간의 연평균 영업이익을 기준으로 한다.

(3) 광업권 보상 유형

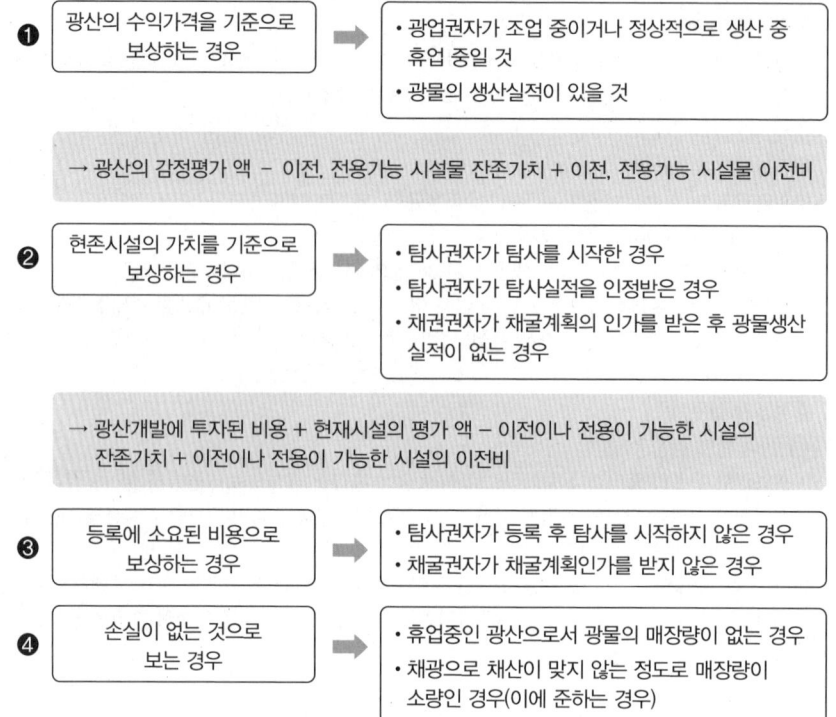

(4) 광업권 소멸 보상

① "광산의 감정평가액－이전·전용가능 시설물 잔존가치＋이전·전용가능 시설물 이전비"

㉠ 광산의 감정평가액[294]

$$광산수익가격 = a \times \cfrac{1}{S + \cfrac{r}{(1+r)^n - 1}} - E$$

㉡ 이전, 전용가능 시설물 잔존가치

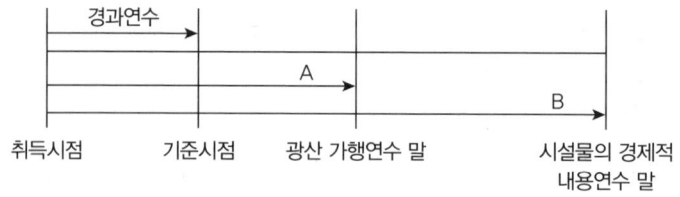

---

294) 제3편 '유형별 감정평가'에서의 광산수익가격 평가 세부 내용 참조

ⓐ 시설물의 잔존내용연수를 광산의 잔존내용연수로 조정하는 경우(A)

> 시설물의 전체내용연수＝경과연수＋광산의 잔존 가행연수(<시설물 잔존내용연수)

ⓑ 시설물의 잔존내용연수를 그대로 인정하는 경우(B)

> 시설물의 전체내용연수＝경과연수＋시설물의 잔존내용연수(>광산 잔존 가행연수)

- 추정광량의 연장이나 예상광량이 있다고 인정되는 경우
- 다른 광산과 인접하여 다른 용도로 전용이 가능한 경우
- 시가지 및 농경지와 인접한 건물인 경우

ⓒ 이전, 전용가능 시설물 이전비
물건의 가격 범위 내 시설물 별 이전비

② "광산개발에 투자된 비용＋현재시설의 평가 액－이전이나 전용이 가능한 시설의 잔존가치＋이전이나 전용이 가능한 시설의 이전비"

㉠ 광산개발에 투자된 비용
등록비용, 탐사비용, 인허가비용, 고정적 경비 등

㉡ 현재시설의 평가액, 이전이나 전용이 가능한 시설의 잔존가치
시설의 종류(건물유형, 기계유형)에 따라 정액법, 정률법 적용하되, 광산의 잔존내용연수를 고려하여 시설의 잔존내용연수 조정

㉢ 이전이나 전용이 가능한 시설의 이전비
물건의 가격 범위 내 시설물 별 이전비

③ 실제 지출 비용

(5) 광산의 휴업 보상

① 조업 중인 광산이 토지 등의 사용으로 일정기간 광업권의 행사가 정지되는 경우

> 연수익×휴업(정지)기간＋시설물의 이전, 수거에 드는 비용＋정지기간 중 발생하는 통상의 고정적 경비

② 토지 등의 사용으로 광구의 입체적 특정부분의 채굴이 불가능하게 된 경우

- 광업권의 평가액×일정비율(제한내용을 고려한)
- 도로, 철도 등의 사업구간에 편입된 토지에 광업권이 설정되어 있는 경우 「광업법」에 의해 채굴이 제한되는 지역이 한정되어 있으므로 제한 내용을 감안하여 평가

2. 어업권 보상평가 기출 12회

(1) 어업권 보상 기초

① 어업권 개념

「수산업법」 제8조 및 「내수면어업법」 제6조에 따른 면허를 받아 어업을 경영할 수 있는 권리

수산업법		내수면어업법
정치망, 해조류양식, 패류양식, 어류 등 양식, 복합양식, 마을어업, 협동양식, 외해양식어업을 하려는 자는 시장, 군수, 구청장의 면허 (외해양식은 해양수산부 장관)를 받아야 함	+	양식, 정치망, 공동어업을 하려는 자는 특별자치도지사, 시장, 군수, 구청장의 면허를 받아야 함

어업면허를 받은 자와 어업권을 이전 받거나 분할 받은 자는 어업권원부에 등록을 함으로써 어업권을 취득한다. 어업권은 물권(物權)으로 하며, 「민법」 중 토지에 관한 규정을 준용하되, 어업권과 이를 목적으로 하는 권리에 관하여는 「민법」 중 질권(質權)에 관한 규정을 적용하지 아니하고, 법인이 아닌 어촌계가 취득한 어업권은 그 어촌계의 총유(總有)로 한다.[295]

② 어업권 보상 유형

㉠ 공익상 필요에 의한 제한처분 등[296]

> 「수산업법」 제34조
> ① 시장·군수·구청장은 다음 각 호의 어느 하나에 해당하면 면허한 어업을 제한 또는 정지하거나 어선의 계류(繫留) 또는 출항·입항을 제한할 수 있다.
> 1. 수산자원의 증식·보호를 위하여 필요한 경우
> 2. 군사훈련 또는 주요 군사기지의 보위(保衛)를 위하여 필요한 경우
> 3. 국방을 위하여 필요하다고 인정되어 국방부장관이 요청한 경우
> 4. 선박의 항행·정박·계류 또는 수저전선(水底電線)의 부설을 위하여 필요한 경우
> 5. 「해양폐기물 및 해양오염퇴적물 관리법」 제7조 제2항에 따른 폐기물 해양배출로 인하여 배출해역 바닥에서 서식하는 수산동물의 위생관리가 필요한 경우
> 6. 「공익사업을 위한 토지 등의 취득 및 보상에 관한 법률」 제4조의 공익사업을 위하여 필요한 경우
> 7. 「어선안전조업법」 제27조 제1항 각 호에 해당하여 해양수산부장관의 요청을 받은 경우
> 8. 어업권자가 이 법, 「어장관리법」, 「양식산업발전법」 또는 「수산자원관리법」을 위반하거나 이 법, 「어장관리법」, 「양식산업발전법」 또는 「수산자원관리법」에 따른 명령·처분이나 그 제한·조건을 위반한 경우
> 9. 어업권자가 외국과의 어업에 관한 협정 또는 일반적으로 승인된 국제법규와 외국의 수산에 관한 법령을 위반한 경우

---

295) 보상대상인 어업권은 상기 정의된 면허어업 외에도 허가, 신고어업, 관행입어 모두 보상의 대상이므로 넓은 의미에서 모든 어업을 포괄
296) 기준시점은 수산업법에 따른 처분을 한 날

> 「수산업법」 제35조
> 시장·군수·구청장은 어업면허를 받은 자가 다음 각 호의 어느 하나에 해당하면 해양수산부령으로 정하는 바에 따라 어업면허를 취소할 수 있다.
> 　6. 제34조 제1항 각 호의 어느 하나에 해당하게 된 경우
>
> 「수산업법」 제81조
> ① 다음 각 호의 어느 하나에 해당하는 처분으로 인하여 손실을 입은 자는 그 처분을 행한 행정관청에 보상을 청구할 수 있다.
> 　1. 제34조 제1항 제1호부터 제6호까지 또는 제35조 제6호(제34조 제1항 제1호부터 제6호까지의 규정에 해당하는 경우를 말한다)에 해당하는 사유로 인하여 이 법에 따른 면허·허가를 받거나 신고한 어업에 대하여 제한 등의 처분을 받았거나 제14조에 따른 어업면허의 유효기간 연장이 허가되지 아니한 경우. 다만, 제34조 제1항 제1호부터 제3호까지의 규정(제49조 제1항과 제3항에서 준용하는 경우를 말한다)에 해당하는 사유로 허가를 받거나 신고한 어업이 제한되는 경우는 제외한다.
>
> 「내수면어업법」 제21조
> ① 다음 각 호의 어느 하나에 해당하는 처분으로 손실을 입은 자는 그 처분을 한 행정관청에 보상을 청구할 수 있다.
> 　1. 제16조 제1항 제1호(「수산업법」 제34조 제1항 제1호부터 제4호까지에 해당하는 경우로 한정한다) 및 제2호에 해당하는 사유로 면허·허가 또는 신고한 어업에 대한 제한·정지 또는 취소의 처분을 받은 경우. 다만, 제16조 제1항 제1호(「수산업법」 제34조 제1항 제1호부터 제3호까지에 해당하는 경우로 한정한다)에 해당하는 사유로 허가 또는 신고한 어업이 제한되는 경우는 제외한다.
> 　2. 제16조 제1항 제1호(「수산업법」 제34조 제1항 제1호부터 제4호까지에 해당하는 경우로 한정한다) 및 「수산업법」 제34조 제1항 제6호에 해당하는 사유로 제13조에 따른 어업의 유효기간 연장이 허가되지 아니한 경우

　ⓒ 공익사업의 진행으로 인한 보상
　　토지보상법에 따라 토지 등을 취득하거나 사용할 수 있는 사업(국방, 군사, 철도, 도로, 항만, 청사, 공장, 연구소, 학교, 도서관, 주택건설, 부속시설, 이주단지 조성 등)에 의해 공익사업지구 내에 위치한 어업권에 대한 보상을 말한다.

③ 어업의 종류
　㉠ 면허어업
　　「수산업법」 제8조에 따라 시장·군수·구청장의 면허를 받은 어업을 의미한다.

ⓒ 허가어업

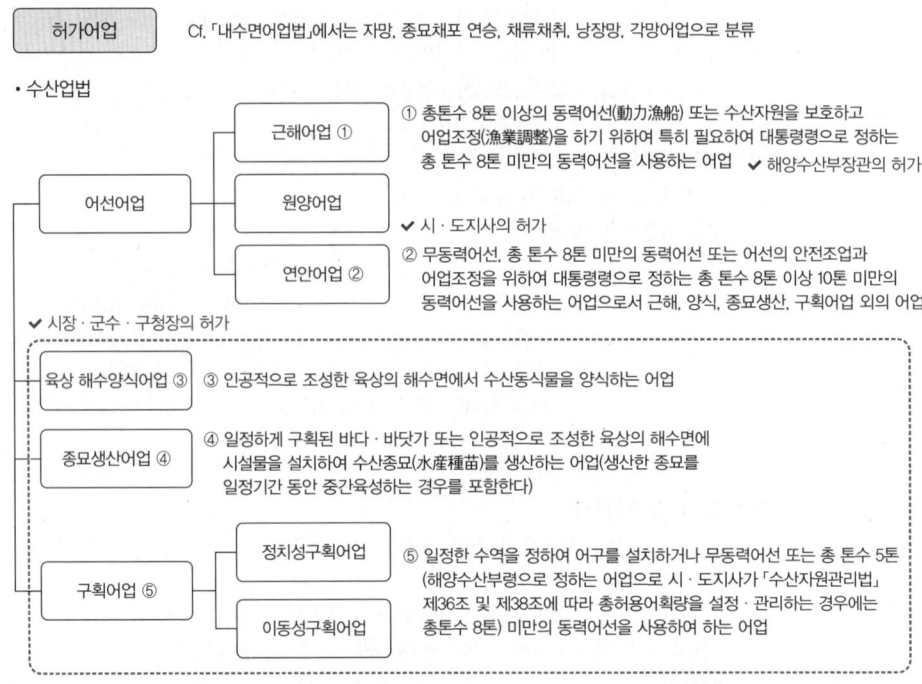

ⓒ 신고어업
  ⓐ 수산어업
    ㉮ 나잠어업(裸潛漁業) : 산소 공급 장치 없이 잠수한 후 낫·호미·칼 등을 사용하여 패류, 해조류, 그 밖의 정착성 수산동식물을 포획·채취하는 어업
    ㉯ 맨손어업 : 손으로 낫·호미·해조틀이 및 갈고리류 등을 사용하여 수산동식물을 포획·채취하는 어업
    ㉰ 투망어업 : 투망을 사용하여 수산동물을 포획하는 어업
  ⓑ 내수면[297]어업법
    ㉮ 투망어업 : 투망을 사용하여 수산동물을 포획하는 어업
    ㉯ 어살어업 : 하천에 어살을 설치하여 수산동물을 포획하는 어업
    ㉰ 통발어업 : 통발을 사용하여 수산동물을 포획하는 어업
    ㉱ 외줄낚시어업 : 외줄낚시로 수산동물을 포획하는 어업
    ㉲ 육상양식어업 : 육상에서 일정한 시설을 설치하여 수산동식물을 양식하거나 종묘(種苗)를 생산하는 어업
    ㉳ 관상어양식어업 : 실내에서 일정한 시설(수조의 수면적이 16.5제곱미터 이상인 것으로 한정한다)을 설치하여 관상어를 양식하거나 종묘를 생산하는 어업

---

[297] "내수면"이란 하천, 댐, 호수, 늪, 저수지와 그 밖에 인공적으로 조성된 담수(淡水)나 기수(기수 : 바닷물과 민물이 섞인 물)의 물흐름 또는 수면을 말하며, "공공용 수면"(公共用 水面, 국가, 지방자치단체 또는 대통령령으로 정하는 공공단체가 소유하고 있거나 관리하는 내수면)과 "사유수면"(私有水面, 사유토지에 자연적으로 생기거나 인공적으로 조성된 내수면)으로 구분

(2) 어업권 보상 규정

「토지보상법」 제76조
① 광업권·어업권 및 물(용수시설을 포함한다) 등의 사용에 관한 권리에 대하여는 투자비용, 예상 수익 및 거래가격 등을 고려하여 평가한 적정가격으로 보상하여야 한다.

「토지보상법 시행규칙」 제44조
① 공익사업의 시행으로 인하여 어업권이 제한·정지 또는 취소되거나 「수산업법」 제14조 또는 「내수면어업법」 제13조에 따른 어업면허의 유효기간의 연장이 허가되지 아니하는 경우 해당 어업권 및 어선·어구 또는 시설물에 대한 손실의 평가는 「수산업법 시행령」 [별표 4]에 따른다.
② 공익사업의 시행으로 인하여 어업권이 취소되거나 「수산업법」 제14조 또는 「내수면어업법」 제13조에 따른 어업면허의 유효기간의 연장이 허가되지 아니하는 경우로서 다른 어장에 시설을 이전하여 어업이 가능한 경우 해당 어업권에 대한 손실의 평가는 「수산업법 시행령」 [별표 4] 중 어업권이 정지된 경우의 손실액 산출방법 및 기준에 의한다.
③ 법 제15조 제1항 본문의 규정에 의한 보상계획의 공고(동항 단서의 규정에 의하는 경우에는 토지소유자 및 관계인에 대한 보상계획의 통지를 말한다) 또는 법 제22조의 규정에 의한 사업인정의 고시가 있은 날(이하 "사업인정고시일 등"이라 한다) 이후에 어업권의 면허를 받은 자에 대하여는 제1항 및 제2항의 규정을 적용하지 아니한다.
④ 제1항 내지 제3항의 규정은 허가어업 및 신고어업(「내수면어업법」 제11조 제2항의 규정에 의한 신고어업을 제외한다)에 대한 손실의 평가에 관하여 이를 준용한다.
⑤ 제52조는 이 조의 어업에 대한 보상에 관하여 이를 준용한다.

「감정평가 실무기준」
[5.1] 어업권 보상평가의 대상
① 어업권 보상평가의 대상은 사업시행자가 보상평가를 목적으로 제시한 것으로 한다.
② 어업권 보상평가를 할 때에는 피해범위, 어업피해손실의 구분, 피해정도 등은 전문용역기관의 조사결과를 참고할 수 있으며, 다만 조사결과가 불분명하거나 판단하기 어려운 경우에는 사업시행자와 협의 등을 거쳐 판단할 수 있다.

[5.2] 어업권 감정평가방법
어업권의 보상평가는 「수산업법 시행령」 [별표 4]에 따른다.

> **+ 알아보기** 보상 제외
>
> '(i) 보상계획 공고 등 이후에 면허·허가를 받거나 신고한 어업, (ii) 면허 발급 시 보상 청구 포기 부관이 부기된 경우, (iii) 1993.2.1. 당시 어업권원부에 등록하지 않은 관행입어, (iv) 내수면 중 사유수면에서의 어업, (v) 무면허, 무허가, 무신고, 무등록 어업(다만, 이 경우 보상계획 공고 이전부터 계속적으로 행한 경우 무허가영업보상 규정 준용), (vi) 허가, 신고어업에 대한 제한 중 제한의 사유가 있는 경우'[298](공익성이 상당히 큰 경우)에는 보상에서 제외된다.

---

298) 1. 수산자원의 증식·보호를 위하여 필요한 경우
  2. 군사훈련 또는 주요 군사기지의 보위(保衛)를 위하여 필요한 경우
  3. 국방을 위하여 필요하다고 인정되어 국방부장관이 요청한 경우

(3) 어업권 보상 유형

① 면허어업이 제한·정지 또는 취소되었거나 그 사유로 어업면허 유효기간의 연장이 허가되지 않은 경우[299]

  ㉠ 취소 또는 어업권 유효기간 연장이 허가되지 않은 경우[300]

> 평년수익액 / 0.12 + 어선, 어구 등 시설물의 잔존가액

  ㉡ 어업권이 정지된 경우

> 평년수익액 × 어업의 정지기간 + 시설물 등 또는 양식물의 이전·수거 등에 드는 손실액 + 어업의 정지기간 중에 발생하는 통상의 고정적 경비

  ㉢ 어업권이 제한된 경우

> 평년수익액과 제한기간이나 제한 정도 등을 고려하여 산출한 손실액

어업권이 정지된 경우 및 제한된 경우 산출된 어업손실액은 어업권이 취소 또는 어업권 유효기간 연장이 허가되지 않은 경우의 손실액을 초과할 수 없다.

② 허가 또는 신고어업이 제한, 정지 또는 취소된 경우

  ㉠ 허가어업 또는 신고어업이 취소된 경우

> 3년분 평년수익액 + 어선·어구 또는 시설물의 잔존가액

  ㉡ 허가어업 또는 신고어업이 정지된 경우(어선계류 포함)

> 평년수익액 × 어업의 정지기간 또는 어선의 계류기간 + 어업의 정지기간 또는 어선의 계류기간 중에 발생하는 통상의 고정적 경비

  ㉢ 허가어업 또는 신고어업이 제한되는 경우

> 어업의 제한기간 또는 제한 정도 등을 고려하여 산출한 손실액

어업권이 정지된 경우 및 제한된 경우 산출된 어업손실액은 어업권이 취소 또는 어업권 유효기간 연장이 허가되지 않은 경우의 손실액을 초과할 수 없다.

---

299) 내수면 가두리양식어업 면허기간 연장불허에 따른 손실보상에 관한 특별법에 따르면, 보상금 = 시설물잔존가액 + 종묘폐기비용 + 시설철거비이며, 각 항목은 감정평가에 의해 결정됨

300) 면허어업으로서 어업권이 취소되었거나 어업권 유효기간의 연장이 허가되지 않은 경우 어업권의 가치를 영구환원하는 것은 어업면허의 유효기간 20년(10년 + 연장 10년)을 고려할 때 문제가 있음. 또 어업면허의 잔존유효기간이 전혀 고려되지 않으며, 영구환원식은 어장의 가치가 되므로, 어선·어구 또는 시설물의 가치가 2중 보상되는 문제가 있음(김원보,「토지보상법해설 3권」, 가람감정평가법인, 2021, p.65)

③ 측량·검사에 장애가 되는 물건에 대한 이전 또는 제거 명령을 받고 이전 또는 제거를 한 경우와 소하성어류의 통로에 방해가 되는 물건에 대한 제거명령을 받고 제거 공사를 한 경우

물건의 이전 또는 제거 공사에 드는 비용과 이전 또는 제거로 인하여 통상적으로 발생하는 손실로서 보상한다.

④ 어업권(면허, 허가, 신고)이 취소되거나 어업면허의 유효기간의 연장이 허가되지 아니하는 경우로서 다른 어장에 시설을 이전하여 어업이 가능한 경우

㉠ 면허어업인 경우

> 평년수익액 × 어업의 정지기간 + 시설물 등 또는 양식물의 이전·수거 등에 드는 손실액 + 어업의 정지기간 중에 발생하는 통상의 고정적 경비

㉡ 허가, 신고어업인 경우

> 평년수익액 × 어업의 정지기간 또는 어선의 계류기간 + 어업의 정지기간 또는 어선의 계류기간 중에 발생하는 통상의 고정적 경비

⑤ 무면허, 무허가, 무신고 어업[공익사업에 관한 계획의 고시 등이 있기 이전부터 어업(관행입어 포함)을 면허, 허가, 신고 없이 행하고 있는 경우]

> 「통계법」에 의한 도시근로자 3인 가구 기준 "3개월분의 가계지출비 + 이전비 및 감손상당액"(무허가영업보상 규정 준용)[301]

⑥ 내수면 중 사유수면에서의 신고어업(「내수면어업법 시행령」 제11조 제2항)

영업보상 규정 준용(「토지보상법 시행규칙」 제45조 ~ 제47조)

⑦ 공익사업의 시행으로 인하여 해당 공익사업시행지구 인근에 있는 어업에 피해가 발생한 경우(「토지보상법 시행규칙」 제63조)

> - 사업시행자가 실제 피해액을 확인할 수 있을 때 보상
> - 감소된 어획량 및 평년수익액 등을 참작하되, 해당 공익사업으로 인한 변동분만 포함시킴
> - 어업권이 취소되거나 면허의 유효기간이 연장되지 아니하는 경우의 보상액을 상한으로 함

⑧ 어업권 보상 실무

㉠ 평년수익액 산출

> 평균 연간어획량을 평균 연간판매단가로 환산한 금액에서 평년어업경비를 뺀 금액

일반적인 경우에는 "평균연간어획량 × 평균연간판매단가 — 평년어업경비"로 산정하나, 평균연간생산량 및 평균연간판매단가를 각각 산정하는 것이 불합리한 경우에는 "평균연간생산금액(판매금액) — 평년어업경비"로 산정한다.

---

[301] 무허가영업보상의 단서규정과 같이 본인 또는 생계를 같이 하는 동일 세대 안의 직계존속·비속 및 배우자가 해당 공익사업으로 다른 어업에 대한 보상을 받은 경우에는 어업시설 등의 이전비 및 감손상당액만을 보상

ⓐ 평균연간어획량
- 3년 이상의 어획실적이 있는 경우

  「수산업법」 제96조 제2항 및 「수산자원관리법」 제12조 제4항에 따라 보고된 어획실적, 양륙량(揚陸量) 또는 판매실적(보상의 원인이 되는 처분을 받은 자가 보고된 실적 이상의 어획실적 등이 있었음을 증거서류로 증명한 경우에는 그 증명된 실적을 말한다)을 기준으로 산출한 최근 3년 동안의 평균어획량(양식어업의 경우 생산량을 말한다. 이하 같다)으로 하되, 최근 3년 동안의 어획량은 보상의 원인이 되는 처분일이 속하는 연도의 전년도를 기준연도로 하여 소급 기산(起算)한 3년 동안(소급 기산한 3년의 기간 동안 일시적인 해양환경의 변화로 연평균어획실적의 변동폭이 전년도에 비하여 1.5배 이상이 되거나 휴업·어장정비 등으로 어획실적이 없어 해당 연도를 포함하여 3년 동안의 평균어획량을 산정하는 것이 불합리한 경우에는 해당 연도만큼 소급 기산한 3년 동안을 말한다)의 어획량

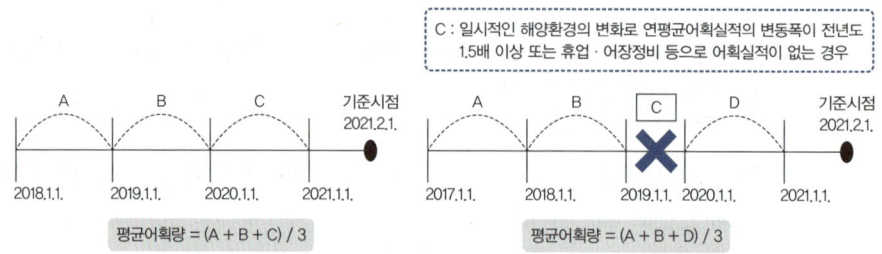

- 3년 이상의 어획실적이 없는 경우

구 분	상 세
면허어업	해당 어장의 실적기간 중의 어획량×인근 같은 종류 어업 어장(통상 2개소)의 3년 평균어획량÷인근 같은 종류의 어업의 어장의 해당 실적기간 중의 어획량
허가, 신고어업	해당 어업의 실적기간 중의 어획량×같은 규모 같은 종류의 어업(통상 2건)의 3년 평균어획량÷같은 규모 같은 종류 어업의 해당 실적기간 중의 어획량(다만, 같은 규모 같은 종류 어업의 어획량이 없으면 비슷한 규모의 같은 종류 어업의 어획량을 기준으로 3년 평균어획량을 계산)

실적기간은 실제 어획실적이 있는 기간으로 하되, 같은 규모 또는 비슷한 규모의 같은 종류의 어업의 경우에는 손실을 입은 자의 실제 어획실적이 있는 기간과 같은 기간의 실제 어획실적으로 한다.

어획량의 기본단위는 킬로그램을 원칙으로 하고, 어획물의 특성에 따라 생물(生物) 중량 또는 건중량(乾重量)을 기준으로 한다. 다만, 김은 마른 김 1속을 기준으로 하고, 어획물을 내용물 중량으로 환산할 필요가 있으면 해양수산부장관이 고시하는 수산물가공업에 관한 생산고 조사요령의 수산물 중량환산 및 수율표를 기준한다.

ⓑ 평균연간판매단가
- 계통출하(系統出荷)된 판매실적이 있는 경우

  평가시점 현재를 기준으로 하여 소급 기산한 1년 동안의 수산물별 평균 판매단가(해당 수산물이 계통출하(系統出荷)된 주된 위판장의 수산물별·품질등급별 판매량을 수산물 별로 가중 평균하여 산출한 평균 판매단가)

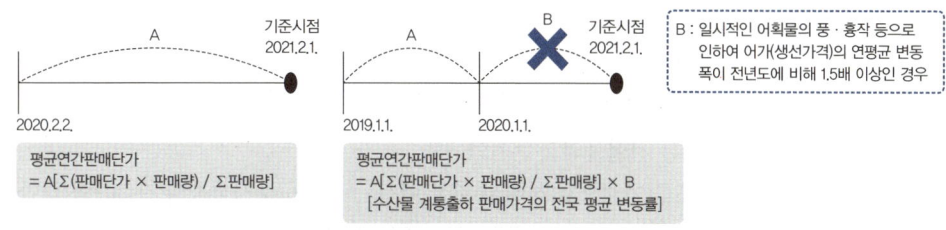

- 계통출하(系統出荷)된 판매실적이 없는 경우

  해당 지역 인근의 수산업협동조합의 위판가격, 수산물도매시장의 경락가격 순서대로 적용

ⓒ 평년어업경비

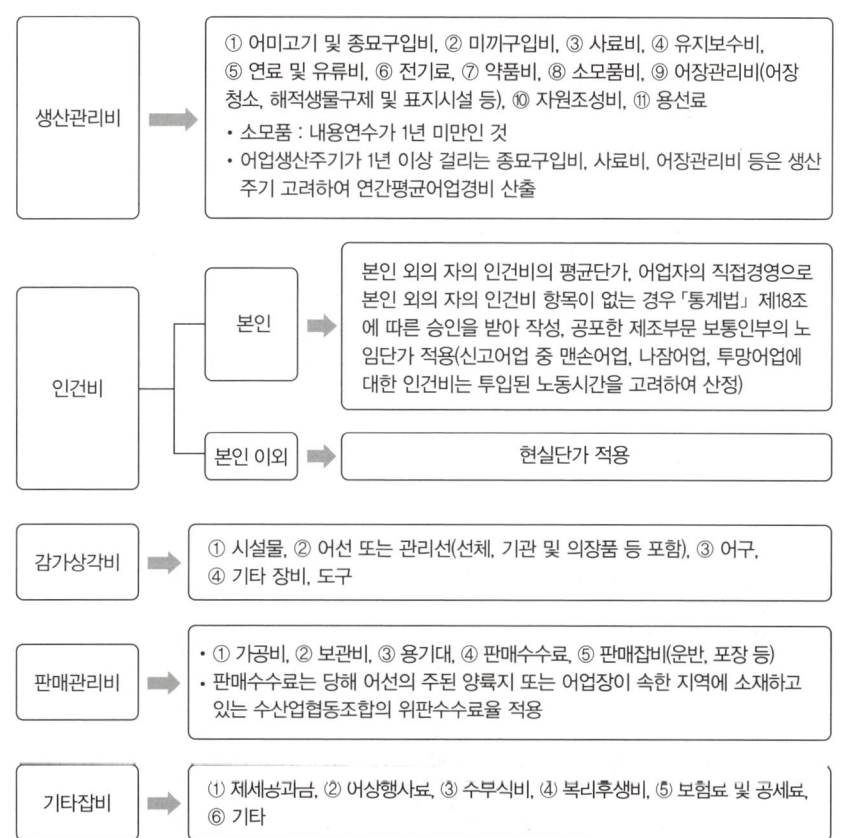

일시적인 요인에 의한 경비 변동 폭이 통상적인 경우의 1.5배 이상인 경우에는 인근 유사 규모의 동종 어업(유사 어업) 2개 이상의 평균치를 적용한다.

- 어선의 내용연수 및 잔존가치율은 아래와 같다.

선질별	내용연수(년)	잔존가치율(%)
강 선	25	20
F.R.P.선	20	10
목 선	15	10

ⓒ 통상의 고정적 경비

어업의 정지기간 중 또는 어선의 계류기간 중에 해당 시설물 또는 어선·어구를 유지·관리하기 위하여 통상적으로 발생하는 경비

ⓒ 어선, 어구 또는 시설물의 잔존가액

평가시점 현재를 기준으로 하여 평가한 어선·어구 또는 시설물의 잔존가액(다만, 해당 잔존가액은 보상을 받으려는 자가 어선·어구 또는 시설물을 재사용하는 등의 사유로 보상을 신청하지 않으면 손실액 산출에서 제외)

ⓒ 기타

ⓐ 정당한 사유(법에 규정된 사유로 면허, 허가 또는 신고한 어업에 일정한 처분을 가하여 어업실적이 없는 경우 및 휴업, 태풍피해복구 등의 사유로 어업실적이 없는 경우)가 없음에도 불구하고 어업실적이 없어 어업별 손실액의 산출방법 및 산출기준 등에 따라 어업별 손실액을 산출할 수 없는 경우의 어업별 손실액은 어업의 면허·허가 또는 신고에 든 인지세·등록세 등 모든 경비와 해당 어업의 어선·어구 또는 시설물의 매각이나 이전에 따른 손실

ⓑ 어업별 손실액의 산출기관
- 보상의 원인이 되는 처분을 한 행정기관 : 보상을 받으려는 자가 제출한 서류로 어업 별 손실액을 계산할 수 있는 경우
- 전문기관 : 보상을 받으려는 자가 제출한 서류로 어업 별 손실액을 계산할 수 없는 경우

ⓒ 양식업의 보상 기준도 수산업법 시행령 규정을 준용하며, 하천수사용권과 같은 '물의 사용에 관한 권리'는 어업권보상평가기준을 유추 적용하여 보상액 산정하는 것이 타당(대법원 2014두11601)하다. 한편 낚시터업은 어업이 아닌 영업으로 보아야(해양수산부 1AA-1607-163275)한다.[302]

3. 영업손실 보상평가 기출 1, 7, 11, 15회

(1) 영업손실 보상 기초

① 영업손실보상 개념

재산권에 대한 수용에 부수하여 또는 독립적으로 공익사업으로 인해 사업을 폐지하거나 휴업하게 되는 경우에 있어 전업기간 또는 휴업기간 중에 사업경영으로 얻을 수 있는 기대이익의 일실에 대한 보전과 영업용 고정자산, 재고자산 등의 이전에 수반되어 지출되는 비용인 실비에 대한 보상을 말한다.

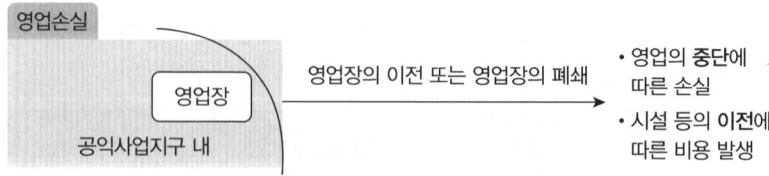

---

302) 김원보, 『토지보상법해설 3권』, 가림감정평가법인, 2021, pp.76~128

영업의 이전 혹은 폐업에 따른 전업, 폐업기간 중의 실질손실을 보전하는 것인데 이를 재산권에 대한 부대적 손실로 보는 견해도 있고, 생활보상의 영역에 포함시키는 견해가 있으나 현행 법제 하에서 보상의 대상으로 삼고 있다는 점은 이견이 없다.

② 영업손실보상 요건

> 「토지보상법」 제77조
> ① 영업을 폐업하거나 휴업함에 따른 영업손실에 대하여는 영업이익과 시설의 이전비용 등을 고려하여 보상하여야 한다.
>
> 「토지보상법 시행규칙」 제45조
> 법 제77조 제1항에 따라 영업손실을 보상하여야 하는 영업은 다음 각 호 모두에 해당하는 영업으로 한다.
>   1. 사업인정고시일 등 전부터 적법한 장소(무허가건축물 등, 불법형질변경토지, 그 밖에 다른 법령에서 물건을 쌓아놓는 행위가 금지되는 장소가 아닌 곳을 말한다)에서 인적·물적시설을 갖추고 계속적으로 행하고 있는 영업. 다만, 무허가건축물 등에서 임차인이 영업하는 경우에는 그 임차인이 사업인정고시일등 1년 이전부터 「부가가치세법」 제8조에 따른 사업자등록을 하고 행하고 있는 영업을 말한다.
>   2. 영업을 행함에 있어서 관계법령에 의한 허가 등을 필요로 하는 경우에는 사업인정고시일 등 전에 허가 등을 받아 그 내용대로 행하고 있는 영업

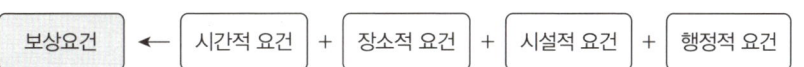

보상요건 ← 시간적 요건 + 장소적 요건 + 시설적 요건 + 행정적 요건

㉠ 시간적 요건

사업인정고시일 등은 보상계획의 공고(예외적인 경우 보상계획의 통지) 또는 사업인정고시일 중 빠른 날을 의미한다. 「토지보상법」 제25조에 따라 사업인정고시가 된 후는 '토지의 형질변경', '건축물의 신축 등'이 금지되는데 반해 영업이 금지되는 것은 아니나, 공익사업으로 인한 영업장의 이전이 예정되어 있으므로 해당 기준일 이후의 영업은 보상대상에서 제외된다. 이때 개별법에서 행위제한일을 사업인정고시일 등 이전으로 정하고 있는 경우는 행위제한일을 기준한다. 다만, 「토지보상법」에 의한 공익사업은 사업인정고시일부터 1년 이내에 재결신청을 하지 않으면 사업인정이 효력이 상실되므로 행위제한의 기간이 짧아 보상계획공고일 등 또는 사업인정고시일을 영업보상대상을 결정하는 기준일로 하여도 큰 문제가 없으나 개별법률에서는 행위제한일 또는 사업인정고시일 등으로부터 보상까지 10년 이상 걸릴 수도 있어 영업자의 재산권 침해 소지가 크다.[303]

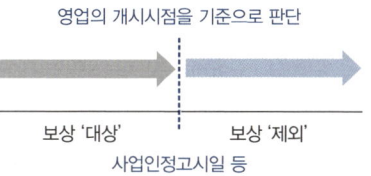

영업의 개시시점을 기준으로 판단

보상 '대상' 보상 '제외'
사업인정고시일 등

보상 대상인 영업은 사업인정고시일 등 당시까지 계속해서 영업을 행하고 있어야 한다. 이때 일시적인 영업, 계절에 따른 한시적인 영업, 영업악화로 인한 영업의 폐업, 휴업, 중단 등의 사유로 계속적인 영업이 이뤄지지 않은 경우 보상 대상에서 제외된다. 사업인정고시일 등 당시 임대차기간의 만료로 인해 영업장의 이전을 준비 중인 경우에도 영업의 계속성은 인정되지 못한다.

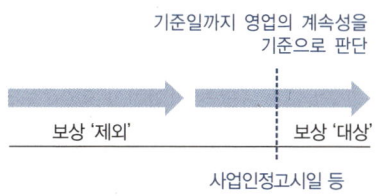

기준일까지 영업의 계속성을 기준으로 판단

보상 '제외' 보상 '대상'
사업인정고시일 등

---
303) 김원보, 「토지보상법해설 3권」, 가람감정평가법인, 2021, pp.76 ~ 128

ⓒ 장소적 요건

영업이 보상대상이 되기 위해서는 적법한 장소에서 행해져야 한다. 물건의 적치가 금지되는 장소에는 절대적으로 금지되는 곳(개발제한구역, 도시자연공원구역)과 상대적으로 금지되는 곳(녹지지역 및 관리지역 내 일정면적 이하에서 일정무게, 부피의 적치를 하는 경우 허가를 요함)이 있다.

불법용도변경건축물이 무허가건축물 등에 포함된 것은 2012년 1월 2일 「토지보상법 시행규칙」 제24조의 개정에 의한 것이므로 2012.1.2. 이전 보상계획의 공고나 통지가 있었던 경우에는 무허가건축물로 볼 수 없어 보상 대상이 된다. 다만, 세입자 보호 차원에서 무허가건축물 등에서 임차인이 사업인정고시일 등 1년 이전부터 「부가가치세법」 제5조에 따른 사업자등록을 하고 영업하는 경우 보상 대상에 포함시킨다.

ⓒ 시설적 요건

일반적인 영업장은 물건의 적치, 판매, 가공 등을 위한 물적 시설을 보유하고 있으며, 가공 및 판매를 위한 종사자를 보유하고 있다. 종사자의 수, 물적 시설의 규모 등에 대한 통일된 기준이 없어 국토교통부, 법제처 등의 유권해석 및 대법원 판례를 통해 판단하고 있으나 영업의 행태가 다양하여 대상 적격성 판단이 어렵기 때문에 종합적 판단이 요구된다. 물적 시설이 없는 철학관, 점집 등은 보상에서 제외했으나, 최근에는 이들 사업장의 성격을 고려하여 최소한의 물적 시설만으로도 시설적 요건을 충족한 것으로 보고 있다.

ⓔ 행정적 요건[304]

허가 등에는 허가, 면허, 신고가 포함되며, 허가, 면허, 신고가 있는 경우에도 허가 등의 내용과 달리 영업하고 있는 경우, 허가 등 수령자가 아닌 다른 자가 영업하는 경우, 다른 장소에서 허가 등의 내용대로 영업하고 있는 경우 모두 보상대상에서 제외된다.

---

[304] 일반음식점 영업의 경우 시, 군, 구청장에 영업의 신고 시 '① 수질검사성적서, ② 소방시설완비증명서, ③ 위생교육필증 등'을 제출해야 하며, 사업자등록은 납세의무를 위해 운영하는 제도이므로 사업자등록은 신고 등의 행정적 요건과 무관

신고요건을 충족하지 못한 경우 중 해당 신고가 수리를 요하는 신고가 아닌 '자기완결적 신고'인 경우 허가 등의 요건을 충족한 것으로 본다.[305] 자유업의 경우 원칙적으로 허가 등의 절차가 불필요하고, 사업자등록여부는 허가 등의 판단요건과 무관하며, 다만 무허가건축물 등에서의 임차인의 영업인 경우에만 고려할 사항이다.

ⓗ 영업의 성격 요건

영업의 성격 요건이란 실질적으로 손실이 발생하는 영업인지에 대한 판단을 의미한다.

시간적, 장소적, 시설적, 행정적 요건 충족 + 공익사업의 시행으로 특별한 희생이 발생하는 영업일 것

단순한 사무를 보는 사업장(인력사무소, 연락사무소)과 같이 판매, 가공, 서비스제공 등의 행위가 이뤄지지 않는 영업은 보상에서 제외된다. 또한 물건의 적치 및 보관(통신판매업 창고, 주류도매업)의 기능만 하고 있어 영업장의 이전에 따른 영업의 폐업, 휴업이 발생하지 않는 영업 역시 보상에서 제외된다.

타 요건은 모두 충족하고 영업의 성격 요건이 갖추어지지 않을 경우에도 사업장의 이전에 따른 비용은 실비변상적 성격이므로 보상해 주어야 한다. 사업장이 반드시 영리만을 목적으로 운영되는 곳은 아니더라도 영업이익이 발생하는 사업장이면 영업손실 보상대상이 된다.

③ 영업손실보상 유형

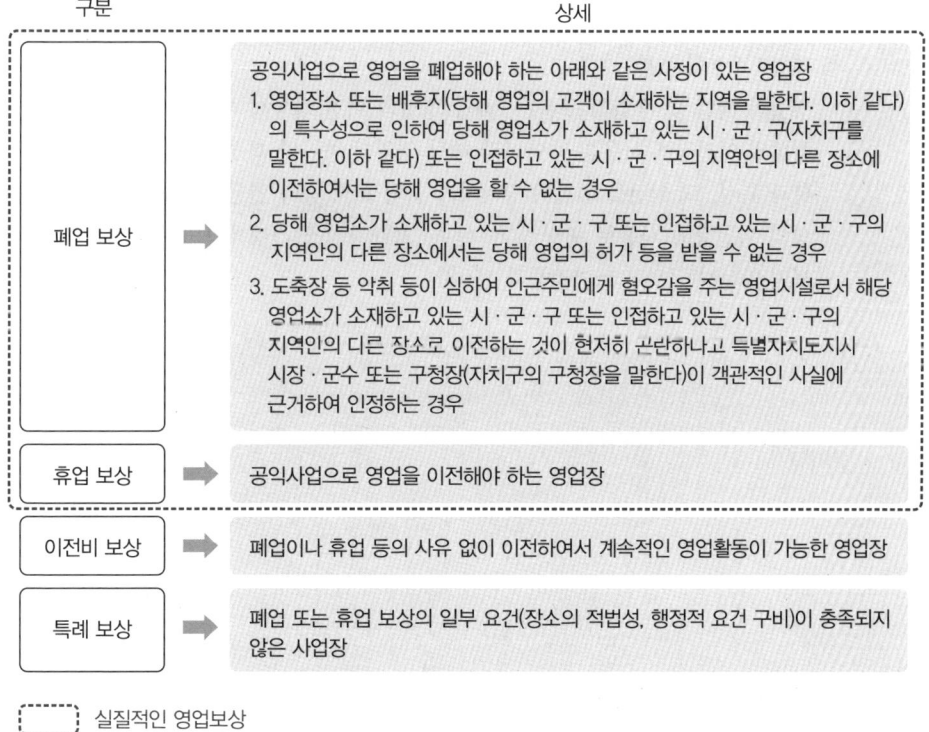

---

305) 2012. 대법원 판례

㉠ 보상대상 결정

토지보상법에 따라 '물건조서의 작성 → 보상계획의 열람 등 → 관계인(영업자)의 이의 → 이의처리 → 보상대상 결정'의 절차로 결정된다. 영업보상 대상에서 제외된 경우 재결신청 청구 또는 재결에 대한 행정소송을 통해서 다툰다.

㉡ 폐업보상 결정

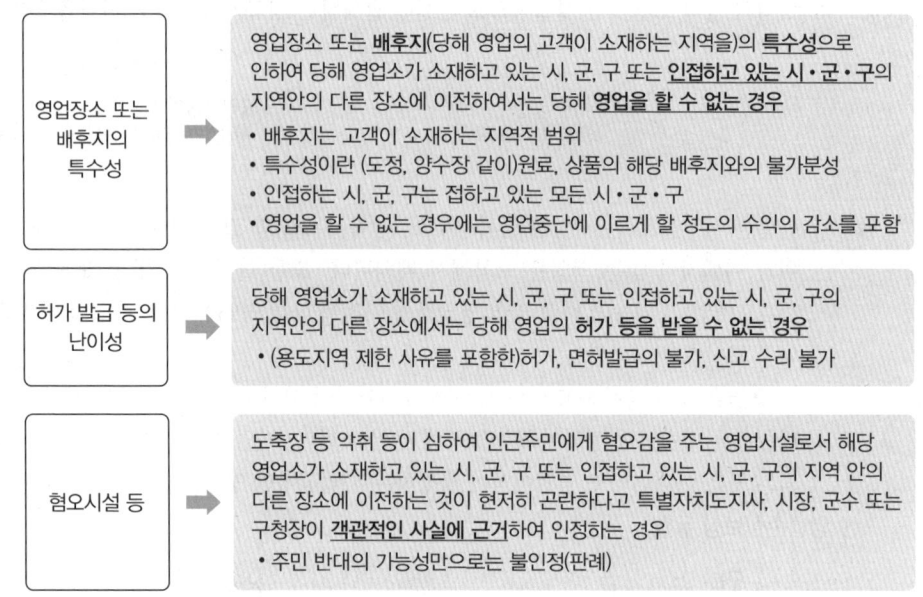

㉢ 폐업·휴업의 구분

영업의 폐업 및 휴업의 구분은, 해당 영업의 이전 가능성 여부에 의하고, 이전 가능성에는 법령상의 이전장애 사유뿐만 아니라 해당 영업의 종류와 특성, 영업시설의 규모, 인접지역의 현황과 특성, 그 이전을 위하여 당사자가 들인 노력 등과 인근주민들의 이전반대 등과 같은 사실상의 이전장애 사유로 판단한다. 한편, 프랜차이즈 가맹계약의 특수성은 영업의 폐업사유로 보지 않는다(국토부 토지정책과 4598).

④ 영업손실보상 시 고려 항목
  ㉠ 폐업보상 대상
    사업자등록번호, 업종, 개업일자, 면적, 종업원 수 등을 조사한다.

부가가치세	연 도	년	년	년	평 균
	과세표준액				
영업현황	구 분	년	년	년	평 균
	매출액				
	기초재고액				
	당기매입액				
	기말재고액				
	매출이익				
	판매비 및 일반관리비				
	영업이익				평균 영업이익은 얼마인지

영업용고정자산			재고자산		
항 목	연 도	매각가액	항 목	현재가액	처분가액
구축물 차량운반구 기계장치 공구, 기구 비 품	차액이 얼마인지		제품·상품 반제품· 재공품 원재료 저장품	차액이 얼마인지	
합 계			합 계		

영업이익의 평균, 현재가액과 매각가액의 차액을 확인해야 한다.

  ㉡ 휴업보상 대상
    ⓐ 영업종류 및 상황

업 종 :				면 적 :		종업원 수 :		
보증금 :				월 세 :		기타사항 :		
영 입 현 황	구 분	년	년	평균	고 정 자 산 및 재 고 자 산	종 류	규 격	수 량	현재가액
	매출액							
	매출원가							
	매출이익							
	판매비 및 일반관리비							
	영업이익							
	영업이익률 :							

ⓑ 영업비용 및 생활상태

생활상태에 대한 조사는 개인영업의 소득추정을 위한 것으로, 최소지출액 이상 영업이익이 해당 매장에서 발생하는지를 확인하기 위한 것이다.

항 목		금 액
영업비용 명세	인건비 수도광열비 광고선전비 복리후생비 제세공과금 감가상각비 기타비용	
	계	

생활상태					
생활상태	수 입	영업수입 :	과세표준 액		
		기타수입 :	연 도	금 액	
		계 :			
	지 출	생활비, 학비, 이자, 저축, 기타			
		계 :	평 균		

⑤ 실무적 판단사항

판례 및 중토위 재결, 질의회신 등을 통해 실무적으로 영업보상 대상을 판단하는 기준은 다음과 같다.

- 유치원은 「교육기본법」 제9조에 따라 학교로 분류되므로 영업보상대상이 아니며, 어린이집은 학교에 포함되지 않으므로 영업보상 대상이다.
- 사업인정고시일 등 이후에 기존의 영업을 승계한 자는 관계인에 해당되어 보상대상자가 된다.
- 공장설립 등의 승인, 제조시설설치승인을 받지 않은 공장은 영업보상대상에서 제외된다.
- 영업보상이 되기 위해 일정한 정도의 사람이 근무하여야 하나 영업의 종류에 따라 개별적으로 판단해야 하며, 「옥외광고물 등의 관리와 옥외광고산업 진흥에 관한 법률」에 의해 허가를 받고 설치한 조명탑 광고 시설물은 영업보상 대상(국토부 토관58342-1650)이다.
- 사실상 물적 시설이 없다고 볼 수 있는 부동산중개업도 영업보상대상(서울고등법원 2006누19787)이다.
- 계절적 수요에 의해 일시적으로 민박영업을 하는 경우는 보상대상이 아니나(국토부 토정4903), 「농어촌 정비법」 제86조에 따라 농어촌민박사업자로 신고하거나 민박마을로 지정을 받은 경우 계절적 영업이라 해도 매년 계속적으로 행하는 경우 영업보상 대상(대법원 2010두12842)이다.
- 신고영업이 관련법령의 개정으로 허가영업으로 변경된 경우는 허가를 다시 받아야 영업보상 대상이 된다.
- 사업인정고시일 이후 사업지구 내 다른 곳으로 영업장소를 이전하여 영업을 한 경우는 영업보상 대상(대법원 2011두27827)이다.
- 부동산임대업도 영업보상 대상(대법원 2004두3458)이다.
- 동일인이 같은 장소에 자재 등을 구분하지 않고 2개 이상의 영업을 하는 경우 영업보상대상은 하나(중토위 2021.9.2.)이다.
- 부부가 같은 장소에서 다른 영업을 하는 경우 하나의 영업보상 대상(중토위 2021.1.7.)이다.
- 부동산전대업은 영업보상 대상이 아니며(중토위), 주택에서 하는 과외교습(개인과외교습자 신고필증 있는 경우)은 영업보상 대상(중토위)이다.

(2) 영업이익(소득)산정

① 관련규정

> 「토지보상법 시행규칙」 제46조
> ③ 제1항에 따른 영업이익은 해당 영업의 최근 3년간(특별한 사정으로 인하여 정상적인 영업이 이루어지지 않은 연도를 제외한다)의 평균 영업이익을 기준으로 하여 이를 평가하되, 공익사업의 계획 또는 시행이 공고 또는 고시됨으로 인하여 영업이익이 감소된 경우에는 해당 공고 또는 고시일전 3년간의 평균 영업이익을 기준으로 평가한다. 이 경우 개인영업으로서 최근 3년간의 평균 영업이익이 다음 산식에 의하여 산정한 연간 영업이익에 미달하는 경우에는 그 연간 영업이익을 최근 3년간의 평균 영업이익으로 본다.

> 「감정평가 실무기준」
> [5.2] 영업이익의 산정
> ① 영업이익은 해당 영업의 기준시점 이전 최근 3년간(특별한 사정에 의하여 정상적인 영업이 이루어지지 아니한 연도를 제외한다. 이하 같다)의 평균 영업이익을 기준으로 산정한다. 다만, 공익사업의 계획 또는 시행이 공고 또는 고시됨에 따라 영업이익이 감소된 경우에는 해당 공고 또는 고시일 전 3년간의 평균 영업이익을 기준으로 산정한다.
> ② 해당 영업의 실제 영업기간이 3년 미만이거나 영업시설의 확장 또는 축소, 그 밖에 영업환경의 변동 등으로 최근 3년간의 영업실적을 기준으로 영업이익을 산정하는 것이 곤란하거나 현저히 부 적정한 경우에는 해당 영업의 실제 영업기간의 영업실적이나 그 영업시설규모 또는 영업환경 변동 이후의 영업실적을 기준으로 산정할 수 있다.

② 영업이익 산정 기간

㉠ 원칙

ⓐ 기준시점 이전 최근 3년

ⓑ 영업이익=(A+B+C) / 3

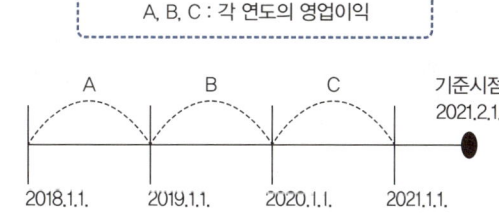

㉡ 예외

ⓐ 사유발생연도 제외하고 기준시점 이전 최근 3년

영업이익=(A+B+D) / 3

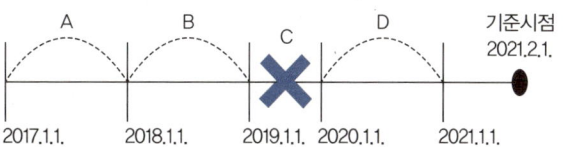

ⓑ 최근 실제 영업기간

$$영업이익 = (A+B) / 2$$

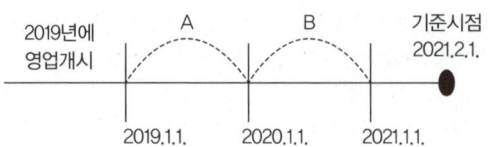

ⓒ 사유발생일 이전 최근 3년

$$영업이익 = (A+B+C) / 3$$

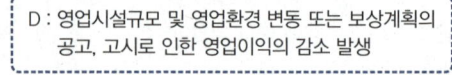

D : 영업시설규모 및 영업환경 변동 또는 보상계획의 공고, 고시로 인한 영업이익의 감소 발생

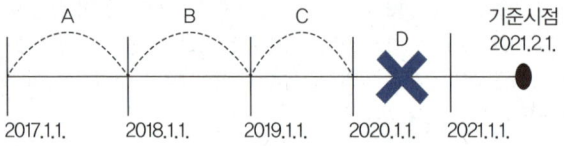

③ 영업이익(소득)

㉠ 영업이익

영업이익이란, 기업의 영업활동에 따라 발생된 이익으로서 매출총액에서 매출원가와 판매비 및 일반관리비를 뺀 것을 말한다.

조사자료	조사사항
1. 법인등기사항전부증명서, 정관 2. 최근 3년 간 재무제표, 부속명세서 3. 회계감사보고서 4. 법인세과세표준 및 세액신고서, 종합소득과세표준확정신고서 5. 고정자산대장, 재고자산대장 6. 취업규칙, 급여대장, 근로소득원천징수영수증 7. 부가가치세과세표준증명원	1. 영업장소의 소재지, 업종, 규모 2. 수입 및 지출 등에 관한 사항 3. 과세표준액 및 납세실적 4. 영업용 고정자산, 재고자산 내용 5. 종업원 현황 및 인건비 등 지출내용 6. 기타 필요한 사항

ⓐ 항 목

- 매출액
  - 기업의 주요 영업활동, 경상적 활동으로부터 얻는 수익
  - 상품 판매 또는 용역 제공으로 실현된 금액
  - 손익계산서상 총 매출액에서 매출에누리, 매출할인, 매출환입을 차감
- 매출원가
  - 상품 판매원가 또는 구입원가
  - 기초재고액 + 당기순매입액 − 기말재고액

- 제조기업의 경우 당기순매입액＝당기제품제조원가
- 당기순매입액＝총매입액(매입운임 포함)－매입환출－매입에누리
• 판매비, 관리비
- 관리비는 근로자 급여 등의 비용
- 판매비는 판매직접비(판매수수료, 하역비, 발송운임, 보험료)와 판매간접비(판매부분 급료, 소모품비, 통신 및 교통비)로 구분

ⓑ 자료의 신빙성
• 영업자가 (신빙성 있는) 관련자료를 제시한 경우

> 매출액－매출원가－판매비 및 일반관리비

• 영업자가 (신빙성 있는) 관련자료를 제시하지 않는 경우 등
(i) 제시된 영업이익 등 관련 자료가 불충분하거나 신빙성이 부족하여 영업이익의 산정이 사실상 곤란한 경우, (ii) 기타 제시된 영업이익 등 관련된 자료에 의하여 산정된 영업이익이 같은 공익사업 시행지구 등 당해 영업의 인근지역 또는 동일수급권 안의 유사지역에 있는 동종 유사규모 영업의 영업이익과 비교하여 현저히 균형을 이루지 못한다고 인정되는 경우 등을 포함

> • 최근 3년간의 평균(추정)매출액×영업이익률(인근, 유사지역의 동종 유사규모 영업기준)
> • 최근 3년간의 평균(추정)매출액×표준소득률(국세청장고시)
> • 추정매출액 : 당해 영업의 종류, 성격, 영업규모(상태, 연수), 배후지 상태 기타 인근지역 또는 동일수급권 안의 유사지역에 있는 동종유사규모영업의 최근 3년간 평균 매출액

ⓛ 소 득
소득이란 개인의 주된 영업활동에 따라 발생한 이익으로서 자가노력비상당액(생계를 함께 하는 같은 세대 안의 직계존속·비속 및 배우자의 것을 포함)이 포함된 것을 말한다. 즉, 소득 산정 시, 필요제경비에 자가노력비를 포함시키지 않는다(권리금 산정 시에는 자가노력비를 판관비에 포함시킴).

ⓐ 경비비율에 의한 결정
• 기준경비비율에 의한 소득 계산

> 소득금액＝수입금액－주요경비(매입비용＋임차료＋인건비)－수입금액×기준경비율

• 단순경비비율에 의한 소득 계산

> 소득금액＝수입금액－수입금액×단순경비율

• 기준경비율 및 단순경비율은 「소득세법」 제80조 제3항 단서에 따른 소득금액 추계결정 또는 경정을 하거나 「법인세법」 제66조 제3항 단서에 따른 추계결정 또는 경정을 하는 경우에 적용한다.

- 기준경비율 및 단순경비율은 타가사업자(사업장에 대한 임차료를 지급하는 사업자)에게 적용되는 율(타가율)을 일반율로 하며, 자가사업자에게 적용되는 율(자가율)은 별도로 두지 않고 일반율에 일정한 율을 가산하거나 차감하여 자가사업자에게 적용한다.

구 분	상 세
기준경비율의 자가율 적용	자가사업자에게 기준경비율을 적용하는 경우에는 기준경비율의 일반율에 업종 구분 없이 0.4를 가산하여 적용한다. ※ 기준경비율의 일반율이 11.6인 경우 적용할 기준경비율의 자가율은 12.0임 (11.6+0.4=12.0)
단순경비율의 자가율 적용	자가사업자에게 단순경비율을 적용하는 경우에는 단순경비율의 일반율에 업종 구분 없이 0.3을 차감하여 적용한다. ※ 단순경비율의 일반율이 90.3인 경우 적용할 단순경비율의 자가율은 90임 (90.3-0.3=90.0)

기준경비율 적용대상자는 직전연도 수입금액의 합계액이 일정금액 이상인 사업자로서 장부를 기록하지 않은 사업자, 단순경비율 적용대상자는 수입금액이 일정금액 미만인 자

ⓑ 표준소득률에 의한 결정
- 「소득세법」제80조 제3항 단서의 규정에 의한 소득금액 추계결정 또는 경정을 하거나 법인세법 제66조 제3항 단서의 규정에 의한 추계결정 또는 경정을 하는 경우에 적용
- 세법에서 정한 회계장부와 증빙서류를 작성하지 않거나 제대로 작성할 능력이 없는 개인사업자 등에게 소득세를 부과하기 위해 국세청에서 고시하는 기준자료로 수입 금액에서 소득 금액이 차지하는 비율을 나타내며 소득금액은 수입금액에 표준소득률을 곱해서 산출

(3) 영업손실 보상 규정

> 「토지보상법 시행규칙」제46조
> ① 공익사업의 시행으로 인하여 폐업하는 경우의 영업손실은 2년간의 영업이익(개인영업인 경우에는 소득을 말한다. 이하 같다)에 영업용 고정자산·원재료·제품 및 상품 등의 매각손실액을 더한 금액으로 평가한다.
> ② 제1항에 따른 폐업은 다음 각 호의 어느 하나에 해당하는 경우로 한다.
>   1. 영업장소 또는 배후지(당해 영업의 고객이 소재하는 지역을 말한다. 이하 같다)의 특수성으로 인하여 당해 영업소가 소재하고 있는 시·군·구(자치구를 말한다. 이하 같다) 또는 인접하고 있는 시·군·구의 지역 안의 다른 장소에 이전하여서는 당해 영업을 할 수 없는 경우
>   2. 당해 영업소가 소재하고 있는 시·군·구 또는 인접하고 있는 시·군·구의 지역 안의 다른 장소에서는 당해 영업의 허가 등을 받을 수 없는 경우
>   3. 도축장 등 악취 등이 심하여 인근주민에게 혐오감을 주는 영업시설로서 해당 영업소가 소재하고 있는 시·군·구 또는 인접하고 있는 시·군·구의 지역 안의 다른 장소로 이전하는 것이 현저히 곤란하다고 특별자치도지사·시장·군수 또는 구청장(자치구의 구청장을 말한다)이 객관적인 사실에 근거하여 인정하는 경우
> ③ 제1항에 따른 영업이익은 해당 영업의 최근 3년간(특별한 사정으로 인하여 정상적인 영업이 이루어지지 않은 연도를 제외한다)의 평균 영업이익을 기준으로 하여 이를 평가하되, 공익사업의 계획 또는 시행이 공고 또는 고시됨으로 인하여 영업이익이 감소된 경우에는 해당 공고 또는 고시일전 3년간의 평균 영업이익을 기준으로 평가한다. 이 경우 개인영업으로서 최근 3년간의 평균 영업이익이 다음 산식에 의하여 산정한 연간 영업이익에 미달하는 경우에는 그 연간 영업이익을 최근 3년간의 평균 영업이익으로 본다.
>
> 연간 영업이익=「통계법」제3조 제3호에 따른 통계작성기관이 같은 법 제18조에 따른 승인을 받아 작성·공표한 제조부문 보통 인부의 '임금단가×25(일)×12(월)'

④ 제2항에 불구하고 사업시행자는 영업자가 폐업 후 2년 이내에 해당 영업소가 소재하고 있는 시·군·구 또는 인접하고 있는 시·군·구의 지역 안에서 동일한 영업을 하는 경우에는 영업의 폐업에 대한 보상금을 환수하고 제47조에 따른 영업의 휴업 등에 대한 손실을 보상하여야 한다.

⑤ 제45조 제1호 단서에 따른 임차인의 영업에 대한 보상액 중 영업용 고정자산·원재료·제품 및 상품 등의 매각손실액을 제외한 금액은 제1항에 불구하고 1천만원을 초과하지 못한다.

「토지보상법 시행규칙」 제47조

① 공익사업의 시행으로 인하여 영업장소를 이전하여야 하는 경우의 영업 손실은 휴업기간에 해당하는 영업이익에 다음 각 호의 비용을 합한 금액으로 평가한다.
  1. 휴업기간 중의 영업용 자산에 대한 감가상각비·유지관리비와 휴업기간 중에도 정상적으로 근무하여야 하는 최소인원에 대한 인건비 등 고정적 비용
  2. 영업시설·원재료·제품 및 상품의 이전에 소요되는 비용 및 그 이전에 따른 감손상당액
  3. 이전광고비 및 개업비 등 영업장소를 이전함으로 인하여 소요되는 부대비용

② 제1항의 규정에 의한 휴업기간은 4개월 이내로 한다. 다만, 다음 각 호의 어느 하나에 해당하는 경우에는 실제 휴업기간으로 하되, 그 휴업기간은 2년을 초과할 수 없다.
  1. 당해 공익사업을 위한 영업의 금지 또는 제한으로 인하여 4개월 이상의 기간 동안 영업을 할 수 없는 경우
  2. 영업시설의 규모가 크거나 이전에 고도의 정밀성을 요구하는 등 당해 영업의 고유한 특수성으로 인하여 4개월 이내에 다른 장소로 이전하는 것이 어렵다고 객관적으로 인정되는 경우

③ 공익사업에 영업시설의 일부가 편입됨으로 인하여 잔여시설에 그 시설을 새로이 설치하거나 잔여시설을 보수하지 아니하고는 그 영업을 계속할 수 없는 경우의 영업 손실 및 영업규모의 축소에 따른 영업 손실은 다음 각 호에 해당하는 금액을 더한 금액으로 평가한다. 이 경우 보상액은 제1항에 따른 평가액을 초과하지 못한다.
  1. 해당 시설의 설치 등에 소요되는 기간의 영업이익
  2. 해당 시설의 설치 등에 통상 소요되는 비용
  3. 영업규모의 축소에 따른 영업용 고정자산·원재료·제품 및 상품 등의 매각손실액

④ 영업을 휴업하지 아니하고 임시영업소를 설치하여 영업을 계속하는 경우의 영업 손실은 임시영업소의 설치비용으로 평가한다. 이 경우 보상액은 제1항의 규정에 의한 평가액을 초과하지 못한다.

⑤ 제46조 제3항 전단은 이 조에 따른 영업이익의 평가에 관하여 이를 준용한다. 이 경우 개인영업으로서 휴업기간에 해당하는 영업이익이 「통계법」 제3조 제3호에 따른 통계작성기관이 조사·발표하는 가계조사통계의 도시근로자가구 월평균 가계지출비를 기준으로 산정한 3인 가구의 휴업기간 동안의 가계지출비(휴업기간이 4개월을 초과하는 경우에는 4개월분의 가계지출비를 기준으로 한다)에 미달하는 경우에는 그 가계지출비를 휴업기간에 해당하는 영업이익으로 본다.

⑥ 제45조 제1호 단서에 따른 임차인의 영업에 대한 보상액 중 제1항 제2호의 비용을 제외한 금액은 제1항에 불구하고 1천만원을 초과하지 못한다.

⑦ 제1항 각 호 외의 부분에서 영업장소 이전 후 발생하는 영업이익 감소액은 제1항 각 호 외의 부분의 휴업기간에 해당하는 영업이익(제5항 후단에 따른 개인영업의 경우에는 가계지출비를 말한다)의 100분의 20으로 하되, 그 금액은 1천만원을 초과하지 못한다.

「토지보상법 시행규칙」 제52조

사업인정고시일 등 전부터 허가 등을 받아야 행할 수 있는 영업을 허가 등이 없이 행하여 온 자가 공익사업의 시행으로 인하여 제45조 제1호 본문에 따른 적법한 장소에서 영업을 계속할 수 없게 된 경우에는 제45조 제2호에 불구하고 「통계법」 제3조 제3호에 따른 통계작성기관이 조사·발표하는 가계조사통계의 도시근로자가구 월평균 가계지출비를 기준으로 산정한 3인 가구 3개월분 가계지출비에 해당하는 금액을 영업 손실에 대한 보상금으로 지급하되, 제47조 제1항 제2호에 따른 영업시설·원재료·제품 및 상품의 이전에 소요되는 비용 및 그 이전에 따른 감손상당액(이하 이 조에서 "영업시설등의 이전비용"이라 한다)은 별도로 보상한다. 다만, 본인 또는 생계를 같이 하는 동일 세대안의 직계존속·비속 및 배우자가 해당 공익사업으로 다른 영업에 대한 보상을 받은 경우에는 영업시설등의 이전비용만을 보상하여야 한다.

(4) 영업손실 보상 유형
① 폐업보상
  ㉠ 산식

> 평균 영업이익×2년+고정자산·재고자산의 매각손실액

무허가건축물 등에서 임차인이 사업인정고시일 등 1년 이전부터 「부가가치세법」 제5조에 따른 사업자등록을 하고 행하는 영업인 경우 〈평균 영업이익×2년〉의 상한액은 1천만원이다.
영업의 폐업 후 2년 이내에 해당 영업소가 소재하고 있는 시·군·구 또는 인접하고 있는 시·군·구의 지역 안에서 동일한 영업을 하는 경우에는 영업의 폐업에 대한 보상금을 환수하고 영업의 휴업 등에 대한 손실을 보상한다.

  ㉡ 영업이익

기업경영에 의한 평균 영업이익 또는 개인경영에 의한 평균 소득 기준이며, 개인영업으로서 최근 3년간의 평균 영업이익이 다음 산식에 의하여 산정한 연간 영업이익에 미달하는 경우에는 그 연간 영업이익을 최근 3년간의 평균 영업이익으로 본다.

> 연간 영업이익=「통계법」 제3조 제3호에 따른 통계작성기관이 같은 법 제18조에 따른 승인을 받아 작성·공표한 제조부문 보통 인부의 '노임단가×25(일)×12(월)'

상기 개인영업의 최저 보상 시 동일인이 공익사업지구 내에서 둘 이상의 영업을 행하는 경우 하나의 영업으로 본다.

  ㉢ 매각손실액

> 현재가액－매각가능가격(*해체처분가격)

현재가액은 원가법에 의해 평가한 금액이며, 토지에서 분리하여 매각하는 것이 불가능하거나 현저히 곤란한 경우에는 재조달원가에서 감가상각 상당액을 공제한 현재 시장에서의 가격이 보상이 되는 매각손실액(대법원 2002다3662, 3679)이 된다. 영업용 고정자산 중 매각손실액의 평가가 현실적으로 곤란한 경우 현재가액의 60% 이내에서 정할 수 있으며, 재고자산(원재료 등)의 매각손실액 평가가 현실적으로 곤란한 경우 현재가액을 기준으로 아래 비율을 적용할 수 있다.

유 형	상 세	매각손실액(현재가액의 %)
제품, 상품	수요성 ○	20% 이내
	수요성 ×	50% 이내
원재료	신 품	20% 이내
	사용 중	50% 이내
반제품, 재공품, 저장품		60% 이내

ⓔ 기 타

물건조서 작성 이후 또는 보상계획의 공고 이후 영업용 고정자산을 부가·증치한 경우에는 통상적인 영업활동의 범위 안에서는 보상대상에 포함된다.

② 휴업보상 기출 3, 15, 19, 27, 31회

㉠ 영업장소를 이전해야 하는 경우

> 영업이익×휴업기간+영업이익 감소액+고정적 비용 등+이전비 및 감손상당액+부대비용

ⓐ 영업이익

기업경영에 의한 평균 영업이익 또는 개인경영에 의한 평균 소득을 기준한다. 개인영업으로서 최근 3년간의 평균 영업이익이 다음 산식에 의하여 산정한 연간 영업이익에 미달하는 경우에는 그 연간 영업이익을 최근 3년간의 평균 영업이익으로 본다.

> 「통계법」 제3조 제3호에 따른 통계작성기관이 조사·발표하는 가계조사통계의 도시근로자가구 월평균 가계지출비를 기준으로 산정한 3인 가구의 휴업기간의 가계지출비(휴업기간이 4개월을 초과하는 경우에는 4개월분의 가계지출비를 기준으로 한다)

무허가건축물 등에서 임차인이 사업인정고시일 등 1년 이전부터 「부가가치세법」 제5조에 따른 사업자등록을 하고 행하는 영업인 경우 이전비 및 감손상당액을 제외한 휴업보상액의 상한은 1천만원이며, 휴업기간 중 일부 영업이 가능한 경우에는 이로 인한 영업이익을 공제하고 보상한다.

ⓑ 휴업기간

휴업기간은 사업시행자로부터 제시가 있는 경우 해당 기간을 기준하며, 제시가 없는 경우 4개월 이내로 하되, 아래에 해당하는 경우 2년을 초과하지 않는 범위에서 실제 휴업기간으로 한다.

> 1. 해당공익사업을 위한 영업의 금지 또는 제한으로 인하여 4월 이상의 기간 동안 영업을 할 수 없는 경우
> 2. 영업시설의 규모가 크거나 이전에 고도의 정밀성을 요구하는 등 당해 영업의 고유한 특수성으로 인하여 4월 이내에 다른 장소로 이전하는 것이 어렵다고 객관적으로 인정되는 경우

휴업기간의 판단주체는 사업시행자이며, 통상 실무적으로 4월을 기준으로 한다. 종전 3월(현 4월)의 휴업기간에 대해 판례는 '현실적인 이전계획에 맞춘 휴업기간 결정은 자의에 좌우되기 쉬워 평가의 공정성 유지가 어렵고 3월(현 4월)의 기간은 누구나 수긍할 수 있는 기간'이라고 해석하였다.

「도시 및 주거환경 정비법 시행규칙」 제9조의2 제1항에 따라 정비사업 구역 내 휴업보상인 경우 종전 「토지보상법」 규정에도 불구하고 휴업기간을 4월 이내(통상 4월)로 하였으며, 개정(2014.10.22.)으로 양 법률의 휴업기간은 4개월로 통일됐다.

ⓒ 영업이익 감소액

영업이익 감소액은 휴업기간 동안의 영업이익(혹은 가계지출비)의 20%로 하며, 상한액은 1천만원이다.

ⓓ 고정적 비용 등

구분	내용
인건비	휴업·보수기간 중에도 휴직하지 아니하고 정상적으로 근무하여야 할 최소인원(일반관리직 근로자 및 영업시설 등의 이전·설치 계획 등을 위하여 정상적인 근무가 필요한 근로자 등으로서 보상계획의 공고가 있은 날 현재 3개월 이상 근무한 자)에 대한 실제지출이 예상되는 인건비 상당액
제세공과금	해당 영업과 직접 관련된 제세 및 공과금
임차료	임대차계약에 따라 휴업 중에도 계속 지출되는 임차료
감가상각비 등	고정자산의 감가상각비상당액. 다만, 이전이 사실상 곤란하거나 이전비가 취득비를 초과하여 취득하는 경우에는 제외
보험료	계약에 따라 휴업 중에도 계속 지출되는 화재보험료 등
광고선전비	계약 등에 따라 휴업 중에도 계속 지출되는 광고비 등
기타 비용	비용항목 중 휴업기간 중에도 계속 지출하게 되는 위 각 호와 비슷한 성질의 것 휴직보상자에게 지급하는 휴직보상금을 고정적 비용 중 인건비로 고려해 휴업보상액에 포함하여 감정평가 하거나, 휴업보상금에 포함하여 영업자에 지급하는 것은 불가(개인별 보상 원칙)

ⓔ 이전비

이전비란 영업시설 등의 유용성을 동일하게 유지하면서 이를 해당 공익사업시행지구 밖의 지역으로 이전 또는 이설하는데 소요되는 비용을 말한다. 해체, 운반, 재설치, 시험가동 등에 드는 비용으로 하되, 개량 및 개선비용은 불포함(재설치로 내용연수가 증가하는 등의 사유로 인한 가치증가분 차감)한다. 현 영업장소에서 매각손실 없이 매각할 수 있는 시설 등은 미고려하며, 이전 장소가 정해지지 않은 경우 이전거리는 30km를 기준한다. 영업시설 이전비가 물건의 가액을 넘는 경우에는 가액으로 보상하여야 하고 매각손실액으로 보상하지 않는다.

ⓕ 감손상당액

감손상당액은 '현재가액-이전 후 가액'으로 산정하며, 산정이 곤란한 경우 현재가액의 10% 이내로 한다. 이전 후 본래 용도 사용 불가한 경우 매각손실액으로 평가한다. 한편, 미술품 등의 경우는 감손상당액을 보험금으로 대체할 수 있다(서울고법 2018누77915).

ⓖ 부대비용

부대비용은 이전광고비, 개업비 등 지출상당액을 말한다. 이전기간에도 계속적으로 지출되는 성격의 비용을 포함하며, 이전 후 종전 영업수준 회복까지의 수익감소와 임대인에 대한 권리금, 임차인에 대한 권리금은 모두 포함하지 않는다.

ⓒ 일부 편입으로 (규모 축소)잔여부분에 시설 설치, 보수 등으로 휴업하는 경우

> 영업이익×설치(보수) 기간+(고정적 비용)[306]+설치비용 등+매각손실액

ⓐ 전체보상액
- 잔여부분 시설 설치 및 보수 후 정상적인 영업 가능한 경우
  (잔여부분에서 해당 영업을 계속할 수 없는 경우 'ⓒ 이전에 따른 보상'으로 취급)
- 영업장소를 이전하는 경우의 보상액이 상한
- 규모 축소에 따른 영업이익 감소분은 미고려
- 설치(보수)기간 중 일부 영업이 가능한 경우 해당 영업이익 등 차감
- 설치(보수)기간은 사업시행자가 제시한 경우 해당 기간, 제시하지 않은 경우 실제 설치(보수)기간(이전에 따른 보상액이 상한이므로 과다 보상의 우려 없음)

ⓑ 설치비용 등
- 잔여부분을 종전 목적대로 사용할 수 있도록 그 유용성을 동일하게 유지하는 비용
- 시설개선비용은 불포함

ⓒ 매각손실액
- 영업규모의 축소에 따라 영업용 고정자산의 불가피한 매각 시의 매각손실액
- 폐업 보상 시의 매각손실액 평가방법 준용

③ 임시영업소 보상

임시영업소를 설치하여 영업을 계속하는 경우는 임시영업소를 임차하는 경우와 임시영업소를 가설하는 경우로 나뉜다. 임시영업소를 임차하거나 가설하는 경우의 보상액은 이전에 따른 휴업 보상액이 상한이다. 임시영업소를 설치하는 경우 영업의 중단이 없기 때문에 영업이익에 대한 손실보상 항목은 없다. 금융기관은 임시영업소를 설치하는 경우로 보상함이 원칙(국토교통부 2012.7.20. 토지정책과-3641)이다.

㉠ 임시영업소 임차

> 임차료×임시영업기간+이전비 및 감손상당액+기타 부대비용

임차료에는 임차료상당액과 설정비용 등 포함되며, 이전비 및 감손상당액, 기타 부대비용은 휴업보상 시 평가를 준용한다.

㉡ 임시영업소 가설

> 지료상당액+임시영업소 신축비용 등+이전비 및 감손상당액+그 밖의 부대비용

지료상당액에는 지료, 설정비용 등 임차에 필요한 비용을 포함한다. 신축비용 등에는 신축, 해체, 철거비를 포함(폐자재가치 공제)하며 이전비 및 감손상당액, 기타 부대비용은 휴업보상 시 평가를 준용한다.

---

[306] 규정에는 이 항목이 없으나, 다른 규정과의 균형을 고려할 때 이 항목이 누락된 것으로 판단됨

④ 특례보상

> 「통계법」 제3조 제3호에 따른 통계작성기관이 조사·발표하는 가계조사통계의 도시근로자가구 월평균 가계지출비를 기준으로 산정한 3인 가구 3개월분 가계지출비에 해당하는 금액을 영업 손실에 대한 보상금으로 지급하되, 영업시설·원재료·제품 및 상품의 이전에 소요되는 비용 및 그 이전에 따른 감손상당액(이하 이 조에서 "영업시설 등의 이전비용"이라 한다)은 별도로 보상

사업인정고시일 등 전부터 적법한 장소에서 허가 등을 받아야 행할 수 있는 영업을 허가 등이 없이 행하여 온 경우를 말한다. 본인 또는 생계를 같이 하는 동일 세대 안의 직계존속·비속 및 배우자가 해당 공익사업으로 다른 영업에 대한 보상을 받은 경우에는 영업시설 등의 이전비용만을 보상한다.

⑤ 이전비보상 기출 12회

> 영업시설·원재료·제품 및 상품의 이전에 소요되는 비용 및 그 이전에 따른 감손상당액

사업인정고시일 등 전부터 행하던 영업으로 영업보상 대상 조건에 해당하지 않는 경우(영업손실 발생하지 않는 영업형태, 적법한 장소 요건 불충족 등)에는 이전비로 보상한다.

4. 축산손실 보상평가 기출 33회

(1) 축산손실 보상 기초

① 관련규정[307]

> 「토지보상법 시행규칙」 제47조
> ① 제45조부터 제47조(다음 각 호의 규정은 제외한다)까지의 규정은 축산업에 대한 손실의 평가에 관하여 이를 준용한다.
>   1. 제46조 제3항 후단
>   2. 제47조 제1항 각 호 외의 부분(영업장소 이전 후 발생하는 영업이익감소액의 경우만 해당한다) 및 제7항
>   3. 제47조 제5항 후단
> ② 제1항에 따른 손실보상의 대상이 되는 축산업은 다음 각 호의 어느 하나에 해당하는 경우로 한다.
>   1. 「축산법」 제22조에 따라 등록한 종축업·부화업·정액 등 처리업 또는 가축 사육업
>   2. [별표 3]에 규정된 가축별 기준 마리 수 이상의 가축을 기르는 경우
>   3. [별표 3]에 규정된 가축별 기준 마리 수 미만의 가축을 기르는 경우로서 그 가축별 기준 마리 수에 대한 실제 사육마리수의 비율의 합계가 1 이상인 경우
> ③ [별표 3]에 규정된 가축 외에 이와 유사한 가축에 대하여는 제2항 제2호 또는 제3호의 예에 따라 평가할 수 있다.
> ④ 제2항 및 제3항의 규정에 의한 손실보상의 대상이 되지 아니하는 가축에 대하여는 이전비로 평가하되, 이전으로 인하여 체중감소·산란율저하 및 유산 그 밖의 손실이 예상되는 경우에는 이를 포함하여 평가한다.

---

307) 축산법 제22조 제5항에 따른 '등록을 하지 않아도 되는 가축사육업'은, 가축별 기준마리 수 이상의 가축을 기르는 경우에만 보상대상이 됨. 또한 등록대상이나 등록하지 않은 가축사육업은 기준마리 수 이상의 가축을 기르는 경우에도 보상대상이 아님(대법원 2007두10686)

② 보상대상

아래 요건 중 어느 하나에 해당하면 보상대상에 해당한다. 다만, 무허가영업 특례보상 규정은 준용하지 않는다.

㉠ 「축산법」 제22조에 따라 등록한 부화업, 계란집하업, 종축업, 가축사육업
㉡ [별표 3]에 규정된 가축별 기준 마리 수 이상의 가축을 기르는 경우
㉢ [별표 3]에 규정된 가축별 기준 마리 수 미만의 가축을 기르는 경우로서 그 가축별 기준 마리 수에 대한 실제사육마리수의 비율의 합계가 1 이상인 경우

[기준 마리 수 [별표 3]]

가 축	닭	토 끼	오 리	돼 지	소	사 슴	염소, 양	꿀 벌
기준 마리 수 (마리)	200	150	150	20	5	15	20	20군

닭이 100마리인 경우 단독으로 기준마리수를 넘지 못하지만 함께 사육하고 있는 돼지가 10마리라면 가축 별 사육비율의 합계는 '100 / 200＋10 / 20＝1'이 되어 보상 대상이 된다. 대상 물건의 기본조사 당시(물건조서 작성 시)나 평가 당시, 계약체결 당시 등 어느 경우이든 기준 사육 마리 수 이상을 사육하고 있어야 한다.

③ 보상요건

㉠ 시간적 요건

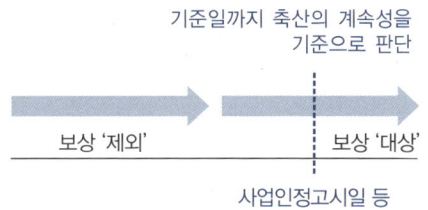

㉡ 장소적 요건

- 적법한 건축물
- 89.1.24 이전 무허가건축물
- 가축사육이 허용되는 지역

- 89.1.24 이후 무허가건축물 (불법용도변경 포함)
- 가설건축물
- 가축사육이 제한되는 지역

㉢ 시설적 요건

ㄹ) 행정적 요건[308]

```
  관계법령에 의한         +      허가 등을 사업인정고시일 등
  허가 등을 얻었을 것              이전에 얻었을 것
```

(2) 축산소득(=영업이익) 산정

① 실제소득 기준
  예) 한우의 경우 가축판매수입을 조사, 젖소라면 '우유 판매소득+부산물(송아지, 종모우도태, 구비 판매) 판매수입+기타수입'

② 축산물생산비조사 자료 기준

> - 축산소득=조수입-일반비
> - 조수입=주산물수량×주산물단가+부산물수량×부산물단가+기타수입
> - 일반비=사육비-자가노력비-제 자본이자

③ 국세청 고시 경비비율 기준

> - 기준경비율 적용 시 : 축산소득=수입금액-주요경비-보조적 경비
> - 단순경비율 적용 시 : 축산소득=수입금액-수입금액×단순경비율
> - 주요경비는 사료 등의 매입비용(상품, 제품, 재료, 소모품 등의 매입과 외주가공비 및 운송업의 운반비)과 임차료(사업에 직접 사용하는 건축물, 기계장치 등 사업용 고정자산의 임차료), 인건비(종업원 급여, 임금 및 일용근로자의 임금과 실제 지급한 퇴직금) 등을 말하며, 보조적 경비는 '수입금액×기준경비율'

(3) 축산손실 보상 유형

① 폐업보상

> 평균 축산소득×2년+축산시설의 매각손실액

② 휴업보상(사육장소를 이전해야 하는 경우)

> 축산소득×휴업기간+고정적 비용 등+이전비 및 감손상당액+부대비용

③ 이전비보상

> 축산시설 및 가축의 이전에 소요되는 비용 및 그 이전에 따른 감손상당액

---

308) 「가축분뇨의 관리 및 이용에 관한 법률」상 배출시설의 허가 또는 신고대상인 축산업은 허가 또는 신고하고 설치하여야 보상대상임(협회 감정평가실 2019-00031)

(4) 이전비 및 감손상당액

① 이전비

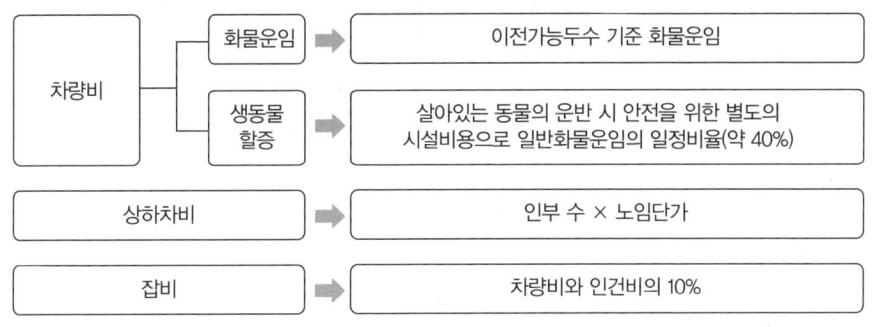

② 감손상당액

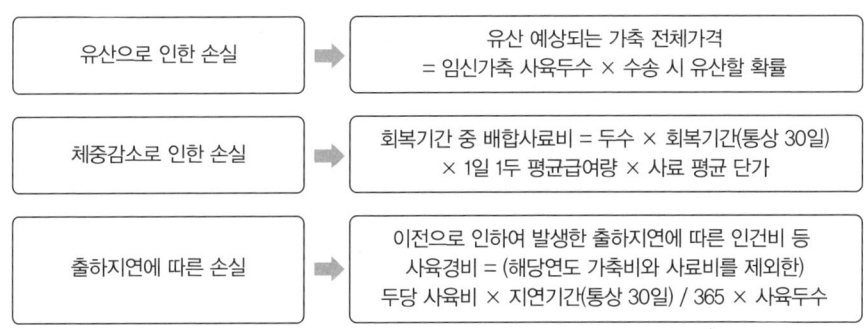

5. 농업손실 보상평가[309]

(1) 개 요

① 연 혁

농업에 대한 손실 보상은 영업 손실 보상과 더불어 일실손실보상(장래 실현이 가능한 기대이익 상실에 대한 보상)으로 실농보상(77.3.), 영농보상(91.10.)의 이름으로 불렸으며, 1997.10.15. 개정 시 실농보상으로 되었다가 현행 「토지보상법」에서는 '농업의 손실에 대한 보상'으로 칭하고 있다. 농업손실보상제도는 일본의 농업보상제도의 취지를 제대로 파악하지 못하고 도입함으로써 제도 도입 이후 빈번한 개정이 이뤄졌다. 77년 3월에는 종전에 경작하던 농경지가 공공사업지구에 편입됨에 따라 대체농지취득기간동안의 종전의 소득을 보전해 주기 위해서 1분기의 순이익으로 보상토록 하였으나, 91년 10월에는 영업보상에 준하여 실제 재배하는 작물을 기준으로 하여 단년생은 3기분, 다년생은 2기분으로, 95년 1월에는 버섯 재배장, 화훼 재배 등 특수작물 재배 농지를 포함시켰다.

---

309) 농작물실제소득인정기준

95년 1월 개정 시 지력을 이용하지 않는 버섯 재배장, 화훼 재배 등 특수 작물 재배 농지도 영농보상 대상에 포함시켰으며 실제로 재배하는 작물의 기준시점, 경작자의 경작시기 등에 대하여 명확한 기준을 설정하지 않았고 질의회신에 의하여 '보상계약체결당시의 재배하는 작물'로 보상액을 산정토록 함으로써 투기화를 조장했으며, 97년 10월 개정으로 일부 보완하였다.

현재 「토지보상법」은 도별 연간 농가평균 단위경작면적당 농작물 총수입을 기준으로 2년분의 소득을 영농 손실액으로 지급하도록 하여 원칙적으로 재배작물과 무관하게 편입농지에 대하여 일정한 금액으로 보상하도록 하고 있고, 실제 소득을 입증하는 경우에 한하여 실제소득을 기준으로 하여 보상하고 있다.

② 관련규정

> **「토지보상법」 제77조**
> ② 농업의 손실에 대하여는 농지의 단위면적당 소득 등을 고려하여 실제 경작자에게 보상하여야 한다. 다만, 농지소유자가 해당 지역에 거주하는 농민인 경우에는 농지소유자와 실제 경작자가 협의하는 바에 따라 보상할 수 있다.
>
> **「토지보상법 시행규칙」 제48조**
> ① 공익사업시행지구에 편입되는 농지(「농지법」 제2조 제1호 가목 및 같은 법 시행령 제2조 제3항 제2호 가목에 해당하는 토지를 말한다. 이하 이 조와 제65조에서 같다)에 대하여는 그 면적에 「통계법」 제3조 제3호에 따른 통계작성기관이 매년 조사·발표하는 농가경제조사통계의 도별 농업총수입 중 농작물수입을 도별 표본농가현황 중 경지면적으로 나누어 산정한 도별 연간 농가평균 단위 경작 면적당 농작물 총수입(서울특별시·인천광역시는 경기도, 대전광역시는 충청남도, 광주광역시는 전라남도, 대구광역시는 경상북도, 부산광역시·울산광역시는 경상남도의 통계를 각각 적용한다)의 직전 3년간 평균의 2년분을 곱하여 산정한 금액을 영농손실액으로 보상한다.
> ② 국토교통부장관이 농림축산식품부 장관과의 협의를 거쳐 관보에 고시하는 농작물실제소득인정기준(이하 "농작물실제소득인정기준"이라 한다)에서 정하는 바에 따라 실제소득을 입증하는 자가 경작하는 편입농지에 대해서는 제1항에도 불구하고 그 면적에 단위경작면적당 3년간 실제소득 평균의 2년분을 곱하여 산정한 금액을 영농손실액으로 보상한다. 다만, 다음 각 호의 어느 하나에 해당하는 경우에는 각 호의 구분에 따라 산정한 금액을 영농손실액으로 보상한다.
>   1. 단위경작면적당 실제소득이 「통계법」 제3조 제3호에 따른 통계작성기관이 매년 조사·발표하는 농축산물소득 자료집의 작목별 평균소득의 2배를 초과하는 경우 : 해당 작목별 단위경작면적당 평균생산량의 2배(단위경작면적당 실제소득이 현저히 높다고 농작물실제소득인정기준에서 따로 배수를 정하고 있는 경우에는 그에 따른다)를 판매한 금액을 단위경작면적당 실제소득으로 보아 이에 2년분을 곱하여 산정한 금액
>   2. 농작물실제소득인정기준에서 직접 해당 농지의 지력(地力)을 이용하지 아니하고 재배 중인 작물을 이전하여 해당 영농을 계속하는 것이 가능하다고 인정하는 경우 : 단위경작면적당 실제소득(제1호의 요건에 해당하는 경우에는 제1호에 따라 결정된 단위경작면적당 실제소득을 말한다)의 4개월분을 곱하여 산정한 금액
> ③ 다음 각 호의 어느 하나에 해당하는 토지는 이를 제1항 및 제2항의 규정에 의한 농지로 보지 아니한다.
>   1. 사업인정고시일 등 이후부터 농지로 이용되고 있는 토지
>   2. 토지이용계획·주위환경 등으로 보아 일시적으로 농지로 이용되고 있는 토지
>   3. 타인소유의 토지를 불법으로 점유하여 경작하고 있는 토지
>   4. 농민(「농지법」 제2조 제3호의 규정에 의한 농업법인 또는 「농지법 시행령」 제3조 제1호 및 동조 제2호의 규정에 의한 농업인을 말한다. 이하 이 조에서 같다)이 아닌 자가 경작하고 있는 토지
>   5. 토지의 취득에 대한 보상 이후에 사업시행자가 2년 이상 계속하여 경작하도록 허용하는 토지

④ 자경농지가 아닌 농지에 대한 영농손실액은 다음 각 호의 구분에 따라 보상한다.
  1. 농지의 소유자가 해당 지역(영 제26조 제1항 각 호의 어느 하나의 지역을 말한다. 이하 이 조에서 같다)에 거주하는 농민인 경우
    가. 농지의 소유자와 제7항에 따른 실제 경작자(이하 "실제 경작자"라 한다)간에 협의가 성립된 경우 : 협의내용에 따라 보상
    나. 농지의 소유자와 실제 경작자 간에 협의가 성립되지 아니하는 경우에는 다음의 구분에 따라 보상
      (1) 제1항에 따라 영농손실액이 결정된 경우 : 농지의 소유자와 실제 경작자에게 각각 영농손실액의 50퍼센트에 해당하는 금액을 보상
      (2) 제2항에 따라 영농손실액이 결정된 경우 : 농지의 소유자에게는 제1항의 기준에 따라 결정된 영농손실액의 50퍼센트에 해당하는 금액을 보상하고, 실제 경작자에게는 제2항에 따라 결정된 영농손실액 중 농지의 소유자에게 지급한 금액을 제외한 나머지에 해당하는 금액을 보상
  2. 농지의 소유자가 해당 지역에 거주하는 농민이 아닌 경우 : 실제 경작자에게 보상
⑤ 실제 경작자가 자의로 이농하는 등의 사유로 보상협의일 또는 수용재결 당시에 경작을 하고 있지 않는 경우의 영농손실액은 제4항에도 불구하고 농지의 소유자가 해당 지역에 거주하는 농민인 경우에 한정하여 농지의 소유자에게 보상한다.
⑥ 당해 지역에서 경작하고 있는 농지의 3분의 2 이상에 해당하는 면적이 공익사업시행지구에 편입됨으로 인하여 농기구를 이용하여 해당 지역에서 영농을 계속할 수 없게 된 경우(과수 등 특정한 작목의 영농에만 사용되는 특정한 농기구의 경우에는 공익사업시행지구에 편입되는 면적에 관계없이 해당 지역에서 해당 영농을 계속할 수 없게 된 경우를 말한다) 해당 농기구에 대해서는 매각손실액을 평가하여 보상하여야 한다. 다만, 매각손실액의 평가가 현실적으로 곤란한 경우에는 원가법에 의하여 산정한 가격의 60퍼센트 이내에서 매각손실액을 정할 수 있다.
⑦ 법 제77조 제2항에 따른 실제 경작자는 다음 각 호의 자료에 따라 사업인정고시일 등 당시 타인소유의 농지를 임대차 등 적법한 원인으로 점유하고 자기소유의 농작물을 경작하는 것으로 인정된 자를 말한다. 이 경우 실제 경작자로 인정받으려는 자가 제5호의 자료만 제출한 경우 사업시행자는 해당 농지의 소유자에게 그 사실을 서면으로 통지할 수 있으며, 농지소유자가 통지받은 날부터 30일 이내에 이의를 제기하지 않는 경우에는 제2호의 자료가 제출된 것으로 본다.
  1. 농지의 임대차계약서
  2. 농지소유자가 확인하는 경작사실확인서
  3. 「농업·농촌 공익기능 증진 직접지불제도 운영에 관한 법률」에 따른 직접지불금의 수령 확인자료
  4. 「농어업경영체 육성 및 지원에 관한 법률」 제4조에 따른 농어업경영체 등록 확인서
  5. 해당 공익사업시행지구의 이장·통장이 확인하는 경작사실확인서
  6. 그 밖에 실제 경작자임을 증명하는 객관적 자료

③ 보상대상
  ㉠ 물적요건
    ⓐ 「농지법」 제2조 제1호 가목에 해당하는 토지

> 전답 또는 과수원의 경작 + 사실상 농지(실제토지현황이 농작물경작 또는 다년성 식물 재배지)

    ⓑ 「농지법 시행령」 제2조 제3항 제2호 가목에 해당하는 토지
      고정식온실·버섯재배사 및 비닐하우스와 그 부속시설

ⓒ 보상제외

> - 사업인정고시일 등 이후부터 농지로 이용되고 있는 토지
> - 토지이용계획·주위환경 등으로 보아 일시적으로 농지로 이용되고 있는 토지
> - 타인소유의 토지를 불법으로 점유하여 경작하고 있는 토지
> - 농민(「농지법」 제2조 제3호의 규정에 의한 농업법인 또는 「농지법 시행령」 제3조 제1호 및 동조 제2호의 규정에 의한 농업인을 말한다. 이하 이 조에서 같다)이 아닌 자가 경작하고 있는 토지
> - 토지의 취득에 대한 보상 이후에 사업시행자가 2년 이상 계속하여 경작하도록 허용하는 토지

ⓒ 인적요건

ⓐ 1,000제곱미터 이상의 농지에서 농작물 또는 다년성 식물을 경작 또는 재배하거나 1년 중 90일 이상 농업에 종사하는 자

ⓑ 농지에 330제곱미터 이상의 고정식온실·버섯재배사·비닐하우스 기타 농림부령이 정하는 농업생산에 필요한 시설을 설치하여 농작물 또는 다년성 식물을 경작 또는 재배하는 자

(2) 농업손실보상 유형

① 원 칙[310]

> (직전 3년 평균) 도별 농가평균 단위경작면적당 농작물 총수입 × 2년

② 실제소득 입증 시

> 〈농작물실제소득인정기준〉
> 「공익사업을 위한 토지 등의 취득 및 보상에 관한 법률 시행규칙」 제48조 제2항의 규정에 의하여 영농손실액의 보상기준이 되는 농작물의 실제소득을 입증하는 방법을 정함을 목적으로 하는 국토교통부 고시
> ㉠ 실제소득 × 2년
>   실제소득이 작목별 평균소득의 2배 이하인 경우에 적용
> ㉡ 소득자료집 작목별 평균생산량 2배의 판매수입 × 2년
>   - 실제소득이 작목별 평균소득의 2배를 초과하는 경우에 적용
>   - 생산량을 확인할 수 없는 경우 '평균생산량 2배의 판매수입' 대신 '평균소득의 2배'를 적용
>   - 실제소득인정기준에서 정하는 작물, 재배방식인 경우 예외적으로 평균생산량의 2배를 초과하는 판매수입 적용 가능
> ㉢ 실제소득 × 4월
>   지력(地力)을 이용하지 않는 경우

(3) 도별 농작물 총수입 기준 기출 11회

「통계법」 제3조 제3호에 따른 통계작성기관이 매년 조사·발표하는 농가경제조사통계의 도별 농업총수입 중 농작물수입을 도별 표본농가현황 중 경지면적으로 나누어 산정한 도별 연간 농가평균 단위경작면적당 농작물총수입(서울특별시·인천광역시는 경기도, 대전광역시는 충청남도, 광주광역시는 전라남도, 대구광역시는 경상북도, 부산광역시·울산광역시는 경상남도의 통계를 각각 적용)의 2년분을 곱하여 산정한 금액

---

310) 실제소득을 입증하지 않은 경우, 실제소득을 입증하였으나 실제소득에 의한 영농손실액이 통계자료에 의한 영농손실액보다 작은 경우임

⟨도별 연간 농가평균 단위경작면적당 농작물총수입⟩
도별 농업총수입 중 농작물 수입 / 도별 표본농가현황 중 경지면적

(4) 실제(입증)소득 기준[311] 기출 16, 26회

① 실제소득이 작목별 평균소득의 2배 이하

- 연간 단위경작면적당 실제소득 × 2년 × 경작면적
- 연간 단위경작면적당 실제소득 = 농작물 총수입 / 경작농지 전체면적 × 소득률

㉠ 농작물총수입

영농손실액의 보상대상자가 실제소득을 입증하고자 하는 편입농지에서 실제로 재배한 농작물(다년생식물을 포함)과 같은 종류의 농작물을 재배한 경작농지의 총수입으로서, 보상계획의 공고 또는 사업인정의 고시가 있은 날 이전 3년간의 연간평균총수입(당해 농작물의 경작자가 경작을 한 기간이 3년 미만인 경우에는 그 경작기간에 한함)

> **＋ 알아보기** 농작물 총수입 입증자료[312]
>
> 1. 「농수산물 유통 및 가격 안정에 관한 법률」(이하 이 조에서 "농안법"이라 한다) 제21조 제1항의 규정에 의한 도매시장관리사무소·시장관리자, 동법 제22조의 규정에 의한 도매시장법인·시장도매인, 동법 제24조의 규정에 의한 공공출자법인 또는 동법 제48조의 규정에 의한 민영도매시장의 개설자·시장도매인이 발급한 표준정산서(「농안법」 제41조 제2항의 규정에 의한 표준정산서를 말한다) 또는 거래실적을 증명하는 서류(출하자의 성명·주소, 출하일, 출하품목, 수량, 판매금액, 판매경비, 정산액 및 대금지급일 등을 기재한 계산서·거래계약서 또는 거래명세서 등으로서 당해 대표자가 거래사실과 같다는 것을 증명한 서류를 말한다. 이하 이 조에서 같다)
> 2. 「농안법」 제43조의 규정에 의한 농수산물공판장·동법 제51조의 규정에 의한 농수산물산지유통센터 또는 동법 제69조의 규정에 의한 종합유통센터가 발급한 거래실적을 증명하는 서류
> 3. 「유통산업발전법」 별표의 규정에 의한 대규모 점포 중 대형마트, 전문점, 백화점이 발급한 거래실적을 증명하는 서류
> 4. 「관광진흥법」 제3조 제1항 제2호 가목의 규정에 의한 호텔업을 영위하는 업체가 발급한 거래실적을 증명하는 서류
> 5. 「식품위생법시행령」 제21조 제1호의 규정에 의한 식품제조·가공업을 영위하는 업체가 발급한 거래실적을 증명하는 서류
> 6. 「관세법」 제248조 제1항의 규정에 의하여 세관장이 교부한 수출신고필증
> 7. 국가·지방자치단체·공공단체 또는 「농안법」 제43조의 규정에 의하여 농수산물공판장을 개설할 수 있는 생산자단체와 공익법인이 발급한 거래실적을 증명하는 서류
> 8. 「농어업재해보험법」 제8조 제1항에 의한 보험사업자가 발행한 보험료 산정을 위한 서류
> 9. 세무서 등 관계기관에 신고·납부한 과세자료

---

311) 대상농지 전체가 아닌 입증할 수 있는 일부 면적에 한해 실제소득 입증하여 산정하는 것도 가능(중토위)
312) 농작물총수입의 입증자료로 거래실적을 증명하는 서류 등을 규정한 것은 객관성과 합리성이 있는 증명방법을 예시한 것에 지나지 아니하고, 거기에 열거된 서류 이외의 증명방법이라도 객관성과 합리성이 있다면 그에 의하여 농작물 총수입을 인정할 수 있다고 봄이 타당함(대법원 2011두26794)

ⓒ 소득률

> 우선순위
> 1. 농촌진흥청장이 매년 조사·발표하는 농축산물 소득자료집(소득자료집)의 도별 작물별 소득률
> 2. 제1호의 도별 작물별 소득률에 포함되어 있지 아니한 농작물에 대하여는 유사작목군의 평균소득률, 이 경우 유사작목군은 식량작물, 노지채소, 시설채소, 노지과수, 시설과수, 특용약용작물, 화훼, 통계청조사작목 등으로 구분
> ※ 소득자료집은 사업인정고시일 등이 속한 연도에 발간된 소득자료집(다만, 사업인정고시일 등이 속한 연도에 소득자료집이 발간되지 않은 경우에는 사업인정고시일 등 전년도에 발간된 소득자료집)

② 실제소득이 작목별 평균소득의 2배 초과(특수한 작물, 재배방식이 아닌 경우)

해당 작목별 단위경작면적당 평균생산량 2배의 판매수입×2년×경작면적, 생산량을 확인할 수 없는 경우에 '평균소득의 2배'를 적용

③ 실제소득인정기준 별지 1에서 정한 작물과 재배방식(예 장미 양액재배 등)

해당 작목별 단위경작면적당 평균생산량 일정배수(*B/A)판매수입×2년×경작면적 아래 표 참조

구 분	평균생산량(A) (본 / 10a)	최대생산량(B) (본 / 10a)	(B / A)	재배방식		
장 미	112,413	300,000	2.7	양액재배	보광재배	근권냉난방
국 화	61,812	171,314	2.8	양액재배	보광재배	근권냉난방
접목선인장	77,395	283,020	3.7	양액재배	근권냉난방	
거베라	72,703	393,000	5.4	양액재배	지중난방	
알스토메리아	48,978	120,667	2.5	근권난방		
금어초	74,286	320,830	4.3	고랭지재배	多적심재배	
리아트리스	6,586	26,380	4.0	준고랭지	조기육묘 (1월)	
분화류 (단위 : 분)	—	—	—	화분입식수(數) 및 재배회수(期作)에 따라 생산량 차이 발생		

④ 농지의 지력 이용하지 않는 특정한 경우[313]

> 해당 작목별 단위경작면적당 실제소득[*1]×4月×경작면적

(*1) 작목별 평균소득의 2배 초과하는 경우에는 특수 작물 및 재배방식이 아니면 평균생산량 2배의 판매수입을, 특수 작물 및 재배방식이면 평균판매수입의 일정배수(최대생산량 / 평균생산량)를 곱한다.

> ※ 이전하여 중단 없이 계속 영농이 가능한 작목 및 재배방식
> ① (버섯) 원목에 버섯 종균 파종하여 재배하는 버섯
> ② (화훼) 화분에 재배하는 화훼작물
> ③ (육묘) 용기(트레이)에 재배하는 어린묘

---
313) 이전하여 중단 없이 해당 영농을 계속하는 것이 가능하다고 인정하는 경우

- 실제소득 산정특례(생산량 및 소득의 2배까지 인정, 2배 초과할 수 있는 특정작물 및 재배방식 규정) 및 이전하여 중단 없이 해당 영농을 계속하는 것이 가능하다고 인정되는 경우의 보상(농지의 지력 이용하지 않는 경우)규정은 2013.7.5. 이후에 토지보상법 제15조 제1항(법 제26조 제1항에 따라 준용되는 경우를 포함한다)에 따라 보상계획을 공고하거나 토지소유자 및 관계인에게 보상계획을 통지하는 분부터 적용
- 소득인정기간(종전 3월 → 4월)은 2014.10.22.일 이후 보상계획공고분부터 적용

제5절 생활보상 등

1. 이주대책

(1) 이주대책 연혁

이주대책은 공공사업의 시행에 필요한 주거용 건축물을 제공함으로 인하여 생활을 근거를 상실하게 되는 이주대책대상자들을 위하여 사업시행자가 기본적인 생활시설이 포함된 택지를 조성하거나 그 지상에 주택을 건설하여 이주자들에게 그 투입비용 또는 원가만의 부담 하에 개별 공급하는 것으로서 그 본래의 취지에 있어 이주대책대상자들에 대하여 종전의 생활상태를 원상으로 회복시키면서 동시에 인간다운 생활을 보장하여 주기 위한 이른바 생활보상의 일환으로 국가의 적극적이고 정책적인 배려에 의하여 마련된 제도(2001다67126)이다.

이주대책이 법률에 최초로 등장한 것은 1973년「산업기지개발 촉진법」제정 시이나, 이주정착지가 법에 언급된 1973년 이전에 이미 정부에서 조성한 많은 이주정착지가 존재했다. 대표적인 이주정착지 조성으로는 1950년대 도심지 주택상가 밀집지역(양동, 남창동, 남산동 등)의 화재민이나 한강변, 청계천변 등의 수재민 등에 대한 빈민구호차원의 시행이다.

한편, 도시철거민을 위한 이주정착지는 1958년 미아리 정착지 조성사업을 시작으로 1970년대 초까지 조성되었으며, 이들 이주정착지역들의 대부분은 서울 변두리 주변에 위치한 국공유지로서 교통 등 접근성이 안 좋았을 뿐만 아니라, 고지대의 황무지에 위치하여 상하수도, 전기 등 생활필수 시설조차 전혀 없이 단지 8내지 10평의 토지만을 주는 것이 당시 이주정착지 조성사업의 선부였으므로 이런 열악한 이주정착지 제공으로 인해 1971년 광주이주단지에서 폭동이 발생하기도 하였다.

이에 대한 제도적 개선으로 1976년 제정된「공공용지의 취득 및 손실보상에 관한 특례법 시행령」제5조는 이주정착지에 도로·급수시설 등 지역조건에 따른 생활기본시설을 포함해야 하며, 이에 필요한 비용은 사업시행자가 부담토록 하였고 이 후 신도시 건설 등 주택건설 사업이 본격적으로 실시되면서 1989.1.24.「공공용지의 취득 및 보상에 관한 특례법 시행령」제5조가 개정되어「택지개발촉진법」또는「주택법」등 관계법령에 의하여 이주대책대상자에게 택지 또는 주택을 공급하는 경우에는 이주대책을 수립한 것으로 볼 수 있도록 하였다.

(2) 이주대책 관련규정

「토지보상법」 제78조

① 사업시행자는 공익사업의 시행으로 인하여 주거용 건축물을 제공함에 따라 생활의 근거를 상실하게 되는 자(이하 "이주대책대상자"라 한다)를 위하여 대통령령으로 정하는 바에 따라 이주대책을 수립·실시하거나 이주정착금을 지급하여야 한다.
② 사업시행자는 제1항에 따라 이주대책을 수립하려면 미리 관할 지방자치단체의 장과 협의하여야 한다.
③ 국가나 지방자치단체는 이주대책의 실시에 따른 주택지의 조성 및 주택의 건설에 대하여는 「주택법」에 따른 국민주택기금을 우선적으로 지원하여야 한다.
④ 이주대책의 내용에는 이주정착지(이주대책의 실시로 건설하는 주택단지를 포함한다)에 대한 도로, 급수시설, 배수시설, 그 밖의 공공시설 등 통상적인 수준의 생활기본시설이 포함되어야 하며, 이에 필요한 비용은 사업시행자가 부담한다. 다만, 행정청이 아닌 사업시행자가 이주대책을 수립·실시하는 경우에 지방자치단체는 비용의 일부를 보조할 수 있다.
⑧ 제4항에 따른 생활기본시설에 필요한 비용의 기준은 대통령령으로 정한다.

「토지보상법」 제78조의2

사업시행자는 대통령령으로 정하는 공익사업의 시행으로 인하여 공장부지가 협의 양도되거나 수용됨에 따라 더 이상 해당 지역에서 공장(「산업집적활성화 및 공장설립에 관한 법률」 제2조 제1호에 따른 공장을 말한다)을 가동할 수 없게 된 자가 희망하는 경우 「산업입지 및 개발에 관한 법률」에 따라 지정·개발된 인근 산업단지에 입주하게 하는 등 대통령령으로 정하는 이주대책에 관한 계획을 수립하여야 한다.

「토지보상법 시행령」 제40조

① 사업시행자가 법 제78조 제1항에 따른 이주대책(이하 "이주대책"이라 한다)을 수립하려는 경우에는 미리 그 내용을 같은 항에 따른 이주대책대상자(이하 "이주대책대상자"라 한다)에게 통지하여야 한다.
② 이주대책은 국토교통부령으로 정하는 부득이한 사유가 있는 경우를 제외하고는 이주대책대상자 중 이주정착지에 이주를 희망하는 자의 가구 수가 10호(戶) 이상인 경우에 수립·실시한다. 다만, 사업시행자가 「택지개발촉진법」 또는 「주택법」 등 관계 법령에 따라 이주대책대상자에게 택지 또는 주택을 공급한 경우(사업시행자의 알선에 의하여 공급한 경우를 포함한다)에는 이주대책을 수립·실시한 것으로 본다.
⑥ 제2항 본문에 따른 이주정착지 안의 택지 또는 주택을 취득하거나 같은 항 단서에 따른 택지 또는 주택을 취득하는 데 드는 비용은 이주대책대상자의 희망에 따라 그가 지급받을 보상금과 상계(相計)할 수 있다.

「토지보상법 시행령」 제41조의2

① 법 제78조 제4항 본문에 따른 통상적인 수준의 생활기본시설은 다음 각 호의 시설로 한다.
  1. 도로(가로등·교통신호기를 포함한다)
  2. 상수도 및 하수처리시설
  3. 전기시설
  4. 통신시설
  5. 가스시설

② 법 제78조 제8항에 따라 사업시행자가 부담하는 생활기본시설에 필요한 비용[314](이하 이 조에서 "사업시행자가 부담하는 비용"이라 한다)은 다음 각 호의 계산식에 따라 산정한다.
  1. 택지를 공급하는 경우

> 사업시행자가 부담하는 비용=해당 공익사업지구 안에 설치하는 제1항에 따른 생활기본시설의 설치비용×(해당 이주대책대상자에게 유상으로 공급하는 택지면적/해당 공익사업지구에서 유상으로 공급하는 용지의 총면적)

  2. 주택을 공급하는 경우

> 사업시행자가 부담하는 비용=해당 공익사업지구 안에 설치하는 제1항에 따른 생활기본시설의 설치비용×(해당 이주대책대상자에게 유상으로 공급하는 주택의 대지면적/해당 공익사업지구에서 유상으로 공급하는 용지의 총면적)

③ 제2항 제1호 및 제2호에 따른 해당 공익사업지구 안에 설치하는 제1항에 따른 생활기본시설의 설치비용은 해당 생활기본시설을 설치하는 데 드는 공사비, 용지비 및 해당 생활기본시설의 설치와 관련하여 법령에 따라 부담하는 각종 부담금으로 한다.

「토지보상법 시행령」 제41조의3

① 법 제78조의2에서 "대통령령으로 정하는 공익사업"이란 다음 각 호의 사업을 말한다.
  1. 「택지개발촉진법」에 따른 택지개발사업
  2. 「산업입지 및 개발에 관한 법률」에 따른 산업단지개발사업
  3. 「물류시설의 개발 및 운영에 관한 법률」에 따른 물류단지개발사업
  4. 「관광진흥법」에 따른 관광단지조성사업
  5. 「도시개발법」에 따른 도시개발사업
  6. 「공공주택 특별법」에 따른 공공주택사업
② 법 제78조의2에 따른 공장의 이주대책에 관한 계획에는 해당 공익사업 지역의 여건을 고려하여 다음 각 호의 내용이 포함되어야 한다.
  1. 해당 공익사업 지역 인근 지역에 「산업입지 및 개발에 관한 법률」에 따라 지정·개발된 산업단지(이하 "산업단지"라 한다)가 있는 경우 해당 산업단지의 우선 분양 알선
  2. 해당 공익사업 지역 인근 지역에 해당 사업시행자가 공장이주대책을 위한 별도의 산업단지를 조성하는 경우 그 산업단지의 조성 및 입주계획
  3. 해당 공익사업 지역에 조성되는 공장용지의 우선 분양
  4. 그 밖에 원활한 공장 이주대책을 위한 행정적 지원방안

---

[314] 생활기본시설의 설치비용
  1. 공사비 : 해당 사업지구 안에 설치하는 도로(가로등·교통신호기 포함), 상수도 및 하수처리시설, 전기시설, 통신시설, 가스시설을 설치하는 필요한 공사비
    가. 시설공사비, 나. 측량비, 다. 조성관련 용역비
  2. 용지비
  3. 부담금
  4. 공사비, 용지비 및 각종 부담금의 산정에 관하여 제1호 내지 제3호에서 정하지 아니한 사항은 택지개발촉진법령 및 관련지침의 산정기준에 따름

(3) 이주대책 대상자

이주대책 대상자는 주거용 건축물 소유자[315]에 한하며, 다음 각 호의 어느 하나에 해당하는 자는 이주대책대상자에서 제외된다.

> 1. 허가를 받거나 신고를 하고 건축 또는 용도변경을 하여야 하는 건축물을 허가를 받지 아니하거나 신고를 하지 아니하고 건축 또는 용도변경을 한 건축물의 소유자
> 2. 해당 건축물에 공익사업을 위한 관계 법령에 따른 고시 등이 있은 날부터 계약체결일 또는 수용재결일까지 계속하여 거주하고 있지 아니한 건축물의 소유자. 다만, 다음 각 목의 어느 하나에 해당하는 사유로 거주하고 있지 아니한 경우에는 예외
>   가. 질병으로 인한 요양
>   나. 징집으로 인한 입영
>   다. 공 무
>   라. 취 학
>   마. 그 밖에 가목부터 라목까지에 준하는 부득이한 사유
> 3. 타인이 소유하고 있는 건축물에 거주하는 세입자

➕ 알아보기   관련 판례

소유자는 주거용 건축물을 공공사업에 제공함으로써 해당 생활의 근거를 영구적으로 상실하게 되는 것에 비하여 세입자는 원래 계약 기간 동안(통상 2년)에만 해당 건축물을 임대 받아 생활의 임시 근거지로 사용하였던 것이므로 생활의 근거의 상실 정도에 있어서 차이 ~ 세입자에 대해서는 이주대책이 아니더라도 「토지보상법 시행규칙」에 의하여 주거이전비와 이사비가 보상 ~ 이러한 사정을 종합하면 입법자가 이주대책 대상자에 세입자를 제외하고 있다 하더라도 이것이 불합리한 차별로서 세입자의 평등권을 침해하는 정도의 것이라고 볼 수 없다. (2004헌마19)

➕ 알아보기   택지개발업무처리지침(제28조 제1항)상 이주대책기준일

택지개발예정지구지정 공람공고일. 다만, 수도권지역에서 이주대책으로 주택건설용지를 공급하는 경우에는 택지개발예정지구지정 공람공고일 1년 이전을 기준일로 함 1997.9.4 건교부의 "택지개발예정지구에 대한 부동산투기 방지대책 통보"를 통하여 택지개발예정지구 지정에 따른 개발이익을 노린 투기행위를 예방하기 위하여 이주대책 관련규정을 개정하도록 하였고 관련판례에서도 사업시행자는 주택의 소유여부, 거주기간, 지역적 특성과 투기행위의 방지 및 예방 필요성 등을 종합적으로 고려하여 이주대책에 차등을 둘 수 있다고 판시함 (2004누956)

---

315) 89.1.24. 이전 무허가건물은 적법한 건물로 봄

(4) 이주정착금 기출 33회

> 「토지보상법 시행령」 제41조
> 사업시행자는 법 제78조 제1항에 따라 다음 각 호의 어느 하나에 해당하는 경우에는 이주대책대상자에게 국토교통부령으로 정하는 바에 따라 이주정착금을 지급하여야 한다.
> 1. 이주대책을 수립·실시하지 아니하는 경우
> 2. 이주대책대상자가 이주정착지가 아닌 다른 지역으로 이주하려는 경우

> 「토지보상법 시행규칙」 제53조
> ① 영 제40조 제2항 본문에서 "국토교통부령으로 정하는 부득이한 사유"란 다음 각 호의 어느 하나에 해당하는 경우를 말한다.
> 1. 공익사업시행지구의 인근에 택지 조성에 적합한 토지가 없는 경우
> 2. 이주대책에 필요한 비용이 당해 공익사업의 본래의 목적을 위한 소요비용을 초과하는 등 이주대책의 수립·실시로 인하여 당해 공익사업의 시행이 사실상 곤란하게 되는 경우
> ② 영 제41조에 따른 이주정착금은 보상대상인 주거용 건축물에 대한 평가액의 30퍼센트에 해당하는 금액으로 하되, 그 금액이 1천2백만원 미만인 경우에는 1천2백만원으로 하고, 2천4백만원을 초과하는 경우에는 2천4백만원으로 한다.

집합 건축물의 경우 통상 건축물과 해당 부지를 일체로 평가하기에 '이주정착금'의 산정을 위해서는 부득이 전체평가액을 건물과 대지권의 가격으로 배분해야 한다.

(5) 그 밖의 사항

주거용 건축물이 소재한 토지가 국·공유지인지 또는 타인의 사유지인지에 관계없이 이주대책 대상인 주거용 건축물이 되며, 사업시행자는 이주대책대상자의 범위를 확대할 수도 있으나, 확대된 이주대책 대상자에게는 생활기본시설을 설치해 줄 의무는 없다(대법원 2012다109811). 또한 철도건설 사업이라고 하여 이주대책을 수립하지 못할 부득이한 사유가 있다고 볼 수 없다(대법원 2011두28301).

2. 주거이전비 등 기출 33회

(1) 주거이전비

> 「토지보상법」 제78조
> ⑤ 주거용 건물의 거주자에 대하여는 주거 이전에 필요한 비용과 가재도구 등 동산의 운반에 필요한 비용을 산정하여 보상하여야 한다.

> **「토지보상법 시행규칙」 제54조**
> ① 공익사업시행지구에 편입되는 주거용 건축물의 소유자에 대하여는 해당 건축물에 대한 보상을 하는 때에 가구원수에 따라 2개월분의 주거이전비를 보상하여야 한다. 다만, 건축물의 소유자가 해당 건축물 또는 공익사업시행지구 내 타인의 건축물에 실제 거주하고 있지 아니하거나 해당 건축물이 무허가건축물 등인 경우에는 그러하지 아니하다.
> ② 공익사업의 시행으로 인하여 이주하게 되는 주거용 건축물의 세입자(무상으로 사용하는 거주자를 포함하되, 법 제78조 제1항에 따른 이주대책대상자인 세입자는 제외한다)로서 사업인정고시일 등 당시 또는 공익사업을 위한 관계 법령에 따른 고시 등이 있은 당시 해당 공익사업시행지구 안에서 3개월 이상 거주한 자에 대해서는 가구원수에 따라 4개월분의 주거이전비를 보상해야 한다. 다만, 무허가건축물 등에 입주한 세입자로서 사업인정고시일 등 당시 또는 공익사업을 위한 관계 법령에 따른 고시 등이 있은 당시 그 공익사업지구 안에서 1년 이상 거주한 세입자에 대해서는 본문에 따라 주거이전비를 보상해야 한다.
> ③ 제1항 및 제2항에 따른 거주사실의 입증은 제15조 제1항 각 호의 방법으로 할 수 있다.
> ④ 제1항 및 제2항에 따른 주거이전비는 「통계법」 제3조 제3호에 따른 통계작성기관이 조사·발표하는 가계조사통계의 도시근로자가구의 가구원수별 월평균 명목 가계지출비(이하 이 항에서 "월평균 가계지출비"라 한다)를 기준으로 산정한다. 이 경우 가구원수가 5인인 경우에는 5인 이상 기준의 월평균 가계지출비를 적용하며, 가구원수가 6인 이상인 경우에는 5인 이상 기준의 월평균 가계지출비에 5인을 초과하는 가구원수에 다음의 산식에 의하여 산정한 1인당 평균비용을 곱한 금액을 더한 금액으로 산정한다.
>
> 1인당 평균비용＝(5인 이상 기준의 도시근로자가구 월평균 가계지출비－2인 기준의 도시근로자가구 월평균 가계지출비)/3

가구원수에 따른 주거이전비[316]는 다음과 같다.

가구원수(인)	주거이전비
1	2인 도시근로자가구 월평균 가계지출비－'1인당 평균비용'
2	2인 도시근로자가구 월평균 가계지출비
3	3인 도시근로자가구 월평균 가계지출비
4	4인 도시근로자가구 월평균 가계지출비
5	5인 이상 도시근로자가구 월평균 가계지출비
6인 이상	5인 이상 도시근로자가구 월평균 가계지출비＋'1인당 평균비용'

1인당 평균비용＝(5인 이상 기준 도시근로자가구 월평균 가계지출비
－2인 기준 도시근로자가구 월평균 가계지출비)/3

한편, 이주대책대상자와 달리 소유자가 질병으로 인한 요양, 징집으로 인한 입영, 공무, 취학, 그 밖에 부득이한 사유 등으로 인하여 해당 주거용 건축물 또는 해당 공익사업지구 내 타인의 건축물에 실제 거주하고 있지 않은 경우는 주거이전비 보상대상자에 해당되지 않는다. 이는 주거이전비가 공익사업의 시행에 따라 주거를 이전하는 경우에 발생하는 비용의 지출에 대한 실비변상적 성격의 보상이기 때문이다.

---

316) 가계조사통계는 대표성이 있는 '농림어가가 포함된 1인 이상 가구'의 발표 자료 사용(국토교통부 토지정책과－6720)

(2) 이사비, 동산의 이전비

> 「토지보상법」 제78조
> ⑤ 주거용 건물의 거주자에 대하여는 주거 이전에 필요한 비용과 가재도구 등 동산의 운반에 필요한 비용을 산정하여 보상하여야 한다.

> 「토지보상법 시행규칙」 제55조
> ① 토지 등의 취득 또는 사용에 따라 이전하여야 하는 동산(제2항에 따른 이사비의 보상대상인 동산을 제외한다)에 대하여는 이전에 소요되는 비용 및 그 이전에 따른 감손상당액을 보상하여야 한다.
> ② 공익사업시행지구에 편입되는 주거용 건축물의 거주자가 해당 공익사업시행지구 밖으로 이사를 하는 경우에는 [별표 4]의 기준에 의하여 산정한 이사비(가재도구 등 동산의 운반에 필요한 비용을 말한다. 이하 이 조에서 같다)를 보상하여야 한다.
> ③ 이사비의 보상을 받은 자가 당해 공익사업시행지구안의 지역으로 이사하는 경우에는 이사비를 보상하지 아니한다.

주거이전비는 이전 장소와 무관하게 이전 기간의 생활비 및 이전비용을 보전하는 것인데 반해, 이사비는 공익사업지구 밖으로 이사함에 따라 별도로 소요되는 이사비용을 책정해 지급하는 것이다. 주거이전비 대상 또는 영업손실보상의 대상이 아닌 경우 집기, 비품 등의 이전비용을 별도로 보전 받을 수 없기 때문에 '동산의 이전비' 명목으로 보상해 주는 것이다. 한편, 이사비 보상의 기준시점(가격시점)은 실제로 이사하는 당시다.

※ [별표 4]의 이사비 기준
공익사업을 위한 토지 등의 취득 및 보상에 관한 법률 시행규칙 [별표 4]

[이사비 기준(제55조 제2항 관련)]

주택연면적기준	이사비			비 고
	임금	차량운임	포장비	
1. 33제곱미터 미만	3명분	1대분	(임금+차량운임)×0.15	1. 임금은 「통계법」 제3조 제3호에 따른 통계작성기관이 같은 법 제18조에 따른 승인을 받아 작성·공표한 공사부문 보통인부의 임금을 기준으로 한다. 2. 차량운임은 한국교통연구원이 발표하는 최대적재량이 5톤인 화물자동차의 1일 8시간 운임을 기준으로 한다. 3. 한 주택에서 여러 세대가 거주하는 경우 주택연면적기준은 세대별 점유면적에 따라 각 세대별로 계산·적용한다.
2. 33제곱미터 이상 49.5제곱미터 미만	4명분	2대분	(임금+차량운임)×0.15	
3. 49.5제곱미터 이상 66제곱미터 미만	5명분	2.5대분	(임금+차량운임)×0.15	
4. 66제곱미터 이상 99제곱미터 미만	6명분	3대분	(임금+차량운임)×0.15	
5. 99제곱미터 이상	8명분	4대분	(임금+차량운임)×0.15	

(3) 이농비, 이어비

> 「토지보상법」 제78조
> ⑥ 공익사업의 시행으로 인하여 영위하던 농업·어업을 계속할 수 없게 되어 다른 지역으로 이주하는 농민·어민이 받을 보상금이 없거나 그 총액이 국토교통부령으로 정하는 금액에 미치지 못하는 경우에는 그 금액 또는 그 차액을 보상하여야 한다.

> 「토지보상법 시행규칙」 제56조
> ① 법 제78조 제6항에서 "국토교통부령이 정하는 금액"이라 함은 「통계법」 제3조 제3호에 따른 통계작성기관이 조사·발표하는 농가경제조사통계의 연간 전국평균 가계지출비 및 농업기본통계조사의 가구당 전국평균 농가인구를 기준으로 다음 산식에 의하여 산정한 가구원수에 따른 1년분의 평균생계비를 말한다.
>
> > 가구원수에 따른 1년분의 평균생계비 = 연간 전국평균 가계지출비 / 가구당 전국평균 농가인구 × 이주가구원수
>
> ② 제1항에 따른 이농비 또는 이어비(離漁費)는 공익사업의 시행으로 인하여 영위하던 농·어업을 계속할 수 없게 되어 다음 각 호의 어느 하나 외의 지역으로 이주하는 농민(「농지법 시행령」 제3조 제1호에 따른 농업인으로서 농작물의 경작 또는 다년생식물의 재배에 상시 종사하거나 농작업의 2분의 1 이상을 자기의 노동력에 의하여 경작 또는 재배하는 자를 말한다) 또는 어민(연간 200일 이상 어업에 종사하는 자를 말한다)에게 보상한다.
> 1. 공익사업에 편입되는 농지의 소재지(어민인 경우 주소지를 말한다)와 동일한 시·군 또는 구
> 2. 제1호의 지역과 인접한 시·군 또는 구

(4) 사업폐지 보상

> 「토지보상법 시행규칙」 제57조
> 공익사업의 시행으로 인하여 건축물의 건축을 위한 건축허가 등 관계법령에 의한 절차를 진행중이던 사업 등이 폐지·변경 또는 중지되는 경우 그 사업 등에 소요된 법정수수료 그 밖의 비용 등의 손실에 대하여는 이를 보상하여야 한다.

농지전용부담금 및 대체산림자원조성비와 같이 허가를 받지 못하거나 허가가 취소된 경우 회수가 가능한 비용은 사업폐지 등에 대한 보상 범위에 포함되지 않는다.[317] 사업폐지 등에 대한 보상도 감정평가대상(국토부 2005.9.8. 토지정책팀－104)으로 보고 있다.

---

317) 김원보, 「토지보상법해설 3권」, 가람감정평가법인, 2021, p.408

(5) 주거용 건축물 보상 특례 기출 18회

> 「토지보상법 시행규칙」 제58조
> ① 주거용 건축물로서 제33조에 따라 평가한 금액이 6백만원 미만인 경우 그 보상액은 6백만원으로 한다. 다만, 무허가건축물 등에 대하여는 그러하지 아니하다.
> ② 공익사업의 시행으로 인하여 주거용 건축물에 대한 보상을 받은 자가 그 후 당해 공익사업시행지구 밖의 지역에서 매입하거나 건축하여 소유하고 있는 주거용 건축물이 그 보상일부터 20년 이내에 다른 공익사업시행지구에 편입되는 경우 그 주거용 건축물 및 그 대지(보상을 받기 이전부터 소유하고 있던 대지 또는 다른 사람 소유의 대지 위에 건축한 경우에는 주거용 건축물에 한한다)에 대하여는 당해 평가액의 30퍼센트를 가산하여 보상한다. 다만, 무허가건축물 등을 매입 또는 건축한 경우와 다른 공익사업의 사업인정고시일등 또는 다른 공익사업을 위한 관계법령에 의한 고시 등이 있은 날 이후에 매입 또는 건축한 경우에는 그러하지 아니하다.
> ③ 제2항의 규정에 의한 가산금이 1천만원을 초과하는 경우에는 1천만원으로 한다.

① 주거용 건물 최저보상액

보상평가액이 6백만원에 미치지 못하는 경우 6백만원을 지급한다. 주거용건축물의 최저보상특례에서의 주거용 건축물 감정평가액에는 담장, 우물, 축사, 퇴비사, 변소 등 종물, 부합물의 가액이 포함(국토교통부 토지정책과 58342-735)된다. 다만, 주거용 건축물의 일부가 편입되고 잔여 건축물을 보수하여 계속 거주하는 경우 최저보상 대상이 아니다.

② 재편입에 따른 가산금

요 건	종전 공익사업으로 주거용 건축물에 대한 보상을 받았을 것	
	종전 공익사업지구 외에 주거용 건축물을 매입하거나 건축하여 소유하고 있을 것	
	종전 보상일로부터 20년 이내에 당해 공익사업지구에 편입될 것	
보 상	토지와 건물 모두 재 편입 가산 대상	(토지+건물)×30% ≤ 1천만원
	건물만 재편입 가산 대상 (토지+건물)×30% ≤ 1천만원	건물×30%
	(토지+건물)×30% > 1천만원	1천만원×[1－토지/(토지+건물)]

토지, 건물 평가액을 기준하며, 상속자나 배우자 명의로 구입 또는 신축한 건축물은 동일한 소유자, 즉 기존 보상받은 자로 볼 수 없다[국토교통부 질의회신(1998.6.23.)]. 최저보상액 6백만원(종전 5백만원)은 2014.10.22. 이후 보상계획 공고분부터 적용한다. 한편, 재편입가산금대상에 증여 등의 무상취득은 해당되지 않는다(법제처 16-0265).

(6) 주거용 건축물 보상 정리

대상			건물 보상 여부	거래 사례 비교법 적용	이주대책 (이주 정착금)	주거 이전비	최저 보상액 6백만원	재편입 가산금 (해당되는 경우)	이사비
소유자 (거주)		적법건축물	○	○	○	○	○	○	○
	무허가 건축물	89.1.24. 이전	○	○	○	○	○	○	○
		89.1.24. 이후 ~ 사업인정 전	○	○	×	×	×	×	○
	사업인정 이후 신축		×	×	×	×	×	×	×
세입자 (거주)		적법건축물	×	×	×	○	×	×	○
	무허가 건축물	89.1.24. 이전	×	×	×	○	×	×	○
		89.1.24. 이후 ~ 사업인정 전	×	×	×	△[318]	×	×	○
	사업인정 이후 신축		×	×	×	×	×	×	×

(7) 실직(휴직)보상

> 「토지보상법」 제77조(영업의 손실 등에 대한 보상)
> ③ 휴직하거나 실직하는 근로자의 임금손실에 대하여는 「근로기준법」에 따른 평균임금 등을 고려하여 보상하여야 한다.
> ④ 제1항부터 제3항까지의 규정에 따른 보상액의 구체적인 산정 및 평가 방법과 보상기준, 제2항에 따른 실제 경작자 인정기준에 관한 사항은 국토교통부령으로 정한다.
>
> 「토지보상법 시행규칙」 제51조(휴직 또는 실직보상)
> 사업인정고시일등 당시 공익사업시행지구안의 사업장에서 3월 이상 근무한 근로자(「소득세법」에 의한 소득세가 원천징수된 자에 한한다)에 대하여는 다음 각 호의 구분에 따라 보상하여야 한다.
> 1. 근로장소의 이전으로 인하여 일정기간 휴직을 하게 된 경우 : 휴직일수(휴직일수가 120일을 넘는 경우에는 120일로 본다)에 「근로기준법」에 의한 평균임금의 70퍼센트에 해당하는 금액을 곱한 금액. 다만, 평균임금의 70퍼센트에 해당하는 금액이 「근로기준법」에 의한 통상임금을 초과하는 경우에는 통상임금을 기준으로 한다.
> 2. 근로장소의 폐업 등으로 인하여 직업을 상실하게 된 경우 : 「근로기준법」에 의한 평균임금의 120일분에 해당하는 금액
>
> 「근로기준법」 제2조(정의)
> 6. "평균임금"이란 이를 산정하여야 할 사유가 발생한 날 이전 3개월 동안에 그 근로자에게 지급된 임금의 총액을 그 기간의 총일수로 나눈 금액을 말한다. 근로자가 취업한 후 3개월 미만인 경우도 이에 준한다.
>
> 「근로기준법 시행규칙」 제6조(통상임금)
> ① 법과 이 영에서 "통상임금"이란 근로자에게 정기적이고 일률적으로 소정(所定)근로 또는 총 근로에 대하여 지급하기로 정한 시간급 금액, 일급 금액, 주급 금액, 월급 금액 또는 도급 금액을 말한다.

---

[318] 적법건축물(89.1.24. 이전 무허가건축물 포함)에서는 사업인정고시일등 당시 공익사업지구 안에 3월 이상 거주해야 하나, 이 경우에는 거주기간이 1년 이상이어야 함.

② 제1항에 따른 통상임금을 시간급 금액으로 산정할 경우에는 다음 각 호의 방법에 따라 산정된 금액으로 한다.
  1. 시간급 금액으로 정한 임금은 그 금액
  2. 일급 금액으로 정한 임금은 그 금액을 1일의 소정근로시간 수로 나눈 금액
  3. 주급 금액으로 정한 임금은 그 금액을 1주의 통상임금 산정 기준시간 수(1주의 소정근로시간과 소정근로시간 외에 유급으로 처리되는 시간을 합산한 시간)로 나눈 금액
  4. 월급 금액으로 정한 임금은 그 금액을 월의 통상임금 산정 기준시간 수(1주의 통상임금 산정 기준시간 수에 1년 동안의 평균 주의 수를 곱한 시간을 12로 나눈 시간)로 나눈 금액
  5. 일·주·월 외의 일정한 기간으로 정한 임금은 제2호부터 제4호까지의 규정에 준하여 산정된 금액
  6. 도급 금액으로 정한 임금은 그 임금 산정 기간에서 도급제에 따라 계산된 임금의 총액을 해당 임금 산정 기간(임금 마감일이 있는 경우에는 임금 마감 기간을 말한다)의 총 근로 시간 수로 나눈 금액
  7. 근로자가 받는 임금이 제1호부터 제6호까지의 규정에서 정한 둘 이상의 임금으로 되어 있는 경우에는 제1호부터 제6호까지의 규정에 따라 각각 산정된 금액을 합산한 금액
③ 제1항에 따른 통상임금을 일급 금액으로 산정할 때에는 제2항에 따른 시간급 금액에 1일의 소정근로시간 수를 곱하여 계산한다.

실직보상의 경우, 평균임금이 통상임금을 초과하는지 여부에 관계없이 평균임금을 적용하며, 사업장이 영업보상대상이 아닌 경우에도 휴직 또는 실직보상대상자가 될 수 있다(국토부 2010.3.15. 토지정책과-1460).

3. 공익사업시행지구밖의 토지등의 보상

「토지보상법 시행규칙」제59조(공익사업시행지구밖의 대지 등에 대한 보상)
공익사업시행지구밖의 대지(조성된 대지를 말한다)·건축물·분묘 또는 농지(계획적으로 조성된 유실수단지 및 죽림단지를 포함한다)가 공익사업의 시행으로 인하여 산지나 하천 등에 둘러싸여 교통이 두절되거나 경작이 불가능하게 된 경우에는 그 소유자의 청구에 의하여 이를 공익사업시행지구에 편입되는 것으로 보아 보상하여야 한다. 다만, 그 보상비가 도로 또는 도선시설의 설치비용을 초과하는 경우에는 도로 또는 도선시설을 설치함으로써 보상에 갈음할 수 있다.

「토지보상법 시행규칙」제60조(공익사업시행지구밖의 건축물에 대한 보상)
소유농지의 대부분이 공익사업시행지구에 편입됨으로써 건축물(건축물의 대지 및 잔여농지를 포함한다. 이하 이 조에서 같다)민이 공익시업시행지구밖에 남게 되는 경우로서 그 건축물이 매매가 불가능하고 이주가 부득이한 경우에는 그 소유자의 청구에 의하여 이를 공익사업시행지구에 편입되는 것으로 보아 보상하여야 한다.

「토지보상법 시행규칙」제61조(소수잔존자에 대한 보상)
공익사업의 시행으로 인하여 1개 마을의 주거용 건축물이 대부분 공익사업시행지구에 편입됨으로써 잔여 주거용 건축물 거주자의 생활환경이 현저히 불편하게 되어 이주가 부득이한 경우에는 당해 건축물 소유자의 청구에 의하여 그 소유자의 토지 등을 공익사업시행지구에 편입되는 것으로 보아 보상하여야 한다.

「토지보상법 시행규칙」제62조(공익사업시행지구밖의 공작물등에 대한 보상)
공익사업시행지구밖에 있는 공작물등이 공익사업의 시행으로 인하여 그 본래의 기능을 다할 수 없게 되는 경우에는 그 소유자의 청구에 의하여 이를 공익사업시행지구에 편입되는 것으로 보아 보상하여야 한다.

「토지보상법 시행규칙」 제63조(공익사업시행지구밖의 어업의 피해에 대한 보상)
① 공익사업의 시행으로 인하여 해당 공익사업시행지구 인근에 있는 어업에 피해가 발생한 경우 사업시행자는 실제 피해액을 확인할 수 있는 때에 그 피해에 대하여 보상하여야 한다. 이 경우 실제 피해액은 감소된 어획량 및 「수산업법 시행령」 [별표 4]의 평년수익액 등을 참작하여 평가한다.
② 제1항에 따른 보상액은 「수산업법 시행령」 [별표 4]에 따른 어업권·허가어업 또는 신고어업이 취소되거나 어업면허의 유효기간이 연장되지 아니하는 경우의 보상액을 초과하지 못한다.
③ 사업인정고시일등 이후에 어업권의 면허를 받은 자 또는 어업의 허가를 받거나 신고를 한 자에 대하여는 제1항 및 제2항을 적용하지 아니한다.

「토지보상법 시행규칙」 제64조(공익사업시행지구밖의 영업손실에 대한 보상)
① 공익사업시행지구밖에서 제45조에 따른 영업손실의 보상대상이 되는 영업을 하고 있는 자가 공익사업의 시행으로 인하여 다음 각 호의 어느 하나에 해당하는 경우에는 그 영업자의 청구에 의하여 당해 영업을 공익사업시행지구에 편입되는 것으로 보아 보상하여야 한다.
  1. 배후지의 3분의 2 이상이 상실되어 그 장소에서 영업을 계속할 수 없는 경우
  2. 진출입로의 단절, 그 밖의 부득이한 사유로 인하여 일정한 기간 동안 휴업하는 것이 불가피한 경우
② 제1항에 불구하고 사업시행자는 영업자가 보상을 받은 이후에 그 영업장소에서 영업이익을 보상받은 기간 이내에 동일한 영업을 하는 경우에는 실제 휴업기간에 대한 보상금을 제외한 영업손실에 대한 보상금을 환수하여야 한다.

「토지보상법 시행규칙」 제65조(공익사업시행지구밖의 농업의 손실에 대한 보상)
경작하고 있는 농지의 3분의 2 이상에 해당하는 면적이 공익사업시행지구에 편입됨으로 인하여 당해지역(영 제26조 제1항 각 호의 1의 지역을 말한다)에서 영농을 계속할 수 없게 된 농민에 대하여는 공익사업시행지구밖에서 그가 경작하고 있는 농지에 대하여도 제48조 제1항 내지 제3항 및 제4항 제2호의 규정에 의한 영농손실액을 보상하여야 한다.

CHAPTER 10 기출문제

보상평가

제1절 보상평가 입문
제2절 토지 보상평가

01 감정평가사 甲은 중앙토지수용위원회로부터 이의재결평가를 의뢰받았다. 관련 법규 및 이론을 참작하고 제시된 자료를 활용하여 적정보상액을 산정하시오. (20점)   기출 32회

〈자료 1〉 사업개요

1. 사업명 : ○○ 민자고속화도로사업
2. 사업시행자 : ○○ 민자고속화도로 주식회사
3. 사업인정고시(의제)일 : 2020년 10월 2일
4. 수용재결일 : 2021년 4월 1일
5. 의뢰일 : 2021년 8월 6일

〈자료 2〉 의뢰목록

1. 토지 목록

일련번호	소재지	지번	지목	이용상황	용도지역	편입면적(m^2)	피수용자
1	A군 B읍 C리	산1	임야	전	자연녹지지역	3,000	A군
2	A군 B읍 C리	산2	임야	자연림	자연녹지지역 보전녹지지역	5,000×1/2	乙

2. 지장물 목록

일련번호	소재지	지번	물건종류	규격	수량	피수용자
3	A군 B읍 C리	산1	개간비	개간면적 (3,000m^2)	1식	丙

〈자료 3〉 인근지역 공시지가표준지(공시기준일 : 2020년 1월 1일)

기호	소재지	지번	면적(m²)	지목	이용상황	용도지역	도로접면	형상지세	공시지가(원/m²)
A	A군 B읍 C리	10	1,820	전	대	자연녹지지역	세로(가)	세장형 완경사	350,000
B	A군 B읍 C리	20	950	답	전	자연녹지지역	세로(불)	부정형 완경사	120,000
C	A군 B읍 C리	45	8,452	임야	조림	자연녹지지역	세로(불)	부정형 완경사	60,000
D	A군 B읍 C리	산10-1	5,526	임야	자연림	보전녹지지역	맹지	부정형 완경사	35,000
E	A군 B읍 C리	산15	2,570	임야	자연림	자연녹지지역	맹지	부정형 급경사	15,000

〈자료 4〉 인근 평가사례 및 매매사례

1. 평가사례(ㄱ)
   - 지목, 이용상황, 면적 : 전, 전, 2,570m²
   - 용도지역 : 자연녹지지역
   - 평가목적 : 담보
   - 기준시점 : 2020년 8월 1일
   - 평가단가 : 220,000원/m²
   - 기타사항 : 임야지대 내 적법하게 개간된 전으로 이용 중인 사례임

2. 평가사례(ㄴ)
   - 지목, 이용상황, 면적 : 전, 답, 416m²
   - 용도지역 : 자연녹지지역
   - 평가목적 : 협의보상
   - 기준시점 : 2020년 12월 1일
   - 평가단가 : 270,000원/m²
   - 기타사항 : 대상 공익사업에 포함된 협의완료 된 사례임

3. 평가사례(ㄷ)
   - 지목, 이용상황, 면적 : 임야, 자연림, 5,470m²
   - 용도지역 : 자연녹지지역
   - 평가목적 : 체납처분
   - 기준시점 : 2021년 3월 1일
   - 평가단가 : 130,000원/m²
   - 기타사항 : 유찰 사례로 처분절차 진행 중인 사례임

4. 평가사례(ㄹ)
   - 지목, 이용상황, 면적 : 임야, 자연림, 1,320m²
   - 용도지역 : 보전녹지지역
   - 평가목적 : 협의보상
   - 기준시점 : 2020년 9월 1일
   - 평가단가 : 75,000원/m²
   - 기타사항 : 임지상에 소재하는 잡목을 포함한 일괄 평가사례임

5. 거래사례(ㅁ)
   - 지목, 이용상황, 면적 : 전, 전, 1,560m²
   - 용도지역 : 자연녹지지역
   - 거래시점 : 2020년 7월 31일
   - 총 거래가격 : 399,360,000원
   - 기타사항 : 개인과 법인간의 거래사례임

6. 거래사례(ㅂ)
   - 지목, 이용상황, 면적 : 전, 전, 1,906m²
   - 용도지역 : 자연녹지지역
   - 거래시점 : 2020년 2월 1일
   - 총 거래가격 : 590,860,000원
   - 기타사항 : 친족 간의 지분거래사례임

7. 거래사례(ㅅ)
   - 지목, 이용상황, 면적 : 임야, 자연림, 3,750m²
   - 용도지역 : 자연녹지지역
   - 거래시점 : 2020년 7월 1일
   - 총 거래가격 : 562,500,000원
   - 기타사항 : 임지상에 소재하는 잣나무(300그루)를 포함한 일괄 거래사례임

8. 거래사례(ㅇ)
   - 지목, 이용상황, 면적 : 임야, 자연림, 1,670m²
   - 용도지역 : 보전녹지지역
   - 거래시점 : 2021년 3월 1일
   - 총 거래가격 : 158,650,000원
   - 기타사항 : 최근 지가상승이 반영된 정상거래사례임

〈자료 5〉 지가변동률(A군, 녹지지역)

2020년	1월	2월	3월	4월	5월	6월	7월	8월	9월	10월	11월	12월	누계액
변동률	0.092	0.313	0.223	0.252	0.252	0.170	0.363	0.230	0.280	0.223	0.223	0.312	2.972

2021년	1월	2월	3월	4월	5월	6월	7월	8월	9월	10월	11월	12월
변동률	0.282	0.221	0.235	0.310	0.289	0.287	미고시	미고시	미고시	미고시	미고시	미고시

〈자료 6〉 요인 격차율

1. 지역요인 : 대상과 사례는 인근지역에 소재하여 지역요인은 유사함
2. 개별요인

구 분	일련번호 1	일련번호 2
공시지가표준지 A	0.90	0.65
공시지가표준지 B	1.05	0.75
공시지가표준지 C	1.02	1.03
공시지가표준지 D	1.50	1.08
공시지가표준지 E	1.15	1.10

구 분	공시지가 표준지 A	공시지가 표준지 B	공시지가 표준지 C	공시지가 표준지 D	공시지가 표준지 E
평가사례(ㄱ)	0.85	0.90	0.55	0.35	0.40
평가사례(ㄴ)	0.90	0.95	0.60	0.40	0.45
평가사례(ㄷ)	0.65	0.70	0.95	0.65	0.70
평가사례(ㄹ)	0.50	0.55	1.30	0.90	0.80
거래사례(ㅁ)	0.88	0.85	0.58	0.38	0.50
거래사례(ㅂ)	0.80	0.78	0.50	0.30	0.43
거래사례(ㅅ)	0.67	0.75	1.25	0.60	0.65
거래사례(ㅇ)	0.55	0.60	1.15	0.88	0.68

〈자료 7〉 기타자료

1. 대상은 20만㎡ 미만 공익사업으로 협의와 수용재결 절차가 완료된 상태로 일부 피수용자에 대한 이의재결이 진행 중임
2. 일련번호 1, 2의 지세는 완경사지임
3. 丙은 일련번호 1을 2018년 10월 2일부터 관계법령에 따라 적법하게 개간하고 현재까지 점유하고 있으며, 개간소요비용은 개간당시 250,000,000원이나, 가격시점 기준 300,000,000원이 소요됨
4. 일련번호 2의 자연녹지지역 비율은 전체의 60%임
5. 인근지역은 잣나무만의 거래가 일반적이며, 1그루당 500,000원에 거래됨
6. 토지단가 산출시 백원 단위에서 반올림 할 것

출제영역

토지보상

답안작성 가이드

Ⅰ. 감정평가 개요

1. 감정평가 목적 : 이의재결 보상 감정평가
2. 가격시점(기준시점) : 2021.4.1. (「토지보상법」 제67조 제1항)
3. 적용공시지가 선택

   대상물건은 〈도로사업〉에 편입되어 토지의 가격이 변동되었다고 볼 수 없고, 사업 면적이 20만m² 미만인바, 보상계획의 공고, 고시 등에 의한 가격변동여부를 검토할 필요 없어, 사업인정 의제일(2020.10.2.) 이전 공시된 공시지가 중 가격시점과 가장 가까운 시점에 공시된 공시지가인 〈2020.1.1.〉임

Ⅱ. 토지 보상 감정평가

1. 감정평가방법 (둘 이상의 용도지역에 속한 경우)

   용도지역별로 구분 감정평가함 (「감정평가 실무기준」 800-5.3-②)

2. 비교표준지 선정

   (1) 기호 1. : '인근지역, 자연녹지, 전' 기준 〈#B〉
   (2) 기호 2. (자연녹지) : '인근지역, 자연녹지, 자연림' 기준 〈#E〉
   　　기호 2. (보전녹지) : '인근지역, 보전녹지, 자연림' 기준 〈#D〉

3. 그 밖의 요인 보정 거래사례 등 선정

   (1) 선정 방법

   　　해당 공익사업의 시행에 따른 가격의 변동 여부는 확인이 곤란하나, 거래사례 등이 인근지역에 소재하여 "적용공시지가의 선택기준에 적합"한 거래사례 등을 선정함

   (2) 거래사례 등 선정

   　① 기호 B : '인근지역, 자연녹지, 전' 기준 〈#ㅁ〉
   　② 기호 E (자연녹지) : '인근지역, 자연녹지, 자연림' 기준 〈#ㅅ〉
   　　기호 D (보전녹지) : '인근지역, 보전녹지, 자연림' 기준 〈#ㄹ〉

4. 시점수정치 (2020.1.1. ~ 2021.4.1.)

   $1.02972 \times 1.00282 \times 1.00221 \times 1.00235 \times (1+0.00310 \times 1/30) = 1.03745$

5. 지역요인 비교치 : 인근지역으로서 〈1.000〉

6. 개별요인 비교치

   (1) 기호 1. : 1.050
   (2) 기호 2. (자연녹지) : 1.100
   　　기호 2. (보전녹지) : 1.080

7. 그 밖의 요인 보정치

   (1) 기호 B ≒ 〈1.78〉

   $$\frac{256{,}000^{*)} \times 1.00 \times 1.02046^{**)} \times 1.000 \times 0.850}{120{,}000 \times 1.03745}$$

   *) 거래사례단가 : 399,360,000/1,560

   **) 시점수정치 (2020.7.31. ~ 2021.4.1.)

   $(1+0.00363 \times 1/31) \times 1.00230 \times 1.00280 \times 1.00223 \times 1.00223 \times 1.00312 \times 1.00282 \times 1.00221 \times 1.00235 \times (1+0.00310/30)$

(2) 기호 E≒⟨4.70⟩

$$\frac{110{,}000^{*)} \times 1.00 \times 1.02405^{**)} \times 1.000 \times 0.650}{15{,}000 \times 1.03745}$$

*) 거래사례단가 : (562,500,000−500,000×300)/3,750

**) 시점수정치 (2020.7.1.~2021.4.1.)
1.00363×1.00230×1.00280×1.00223×1.00223×1.00312×1.00282×1.00221×1.00235×(1+0.00310/30)

(3) 기호 D≒⟨1.89⟩

$$\frac{75{,}000 \times 1.00 \times 1.01800^{*)} \times 1.000 \times 0.900}{35{,}000 \times 1.03745}$$

*) 시점수정치 (2020.9.1.~2021.4.1.)
1.00280×1.00223×1.00223×1.00312×1.00282×1.00221×1.00235×(1+0.00310/30)

8. 적정보상액
(1) 기호 1.
@120,000×1.03745×1.000×1.050×1.78≒@233,000
(×3,000㎡=699,000,000원)

(2) 기호 2.
① 평균단가
㉠ 자연녹지지역 (60%)
@15,000×1.03745×1.000×1.100×4.70≒@80,000
㉡ 보전녹지지역 (40%)
@35,000×1.03745×1.000×1.080×1.89≒@74,000
㉢ 평균단가 : '㉠'×60%+'㉡'×40%=@78,000
② 적정보상액 : '(1)'×(5,000/2)㎡=195,000,000원

Ⅲ. 개간비 보상 감정평가
1. 개간비 : 기준시점을 기준으로 개간에 통상 필요한 비용 상당액 ⟨300,000,000원⟩

2. 한도액
(1) 개간 후 토지가액
상기 "Ⅱ-8-(1)" 기준 ⟨699,000,000원⟩
(2) 개간 전 토지가액
① 비교표준지 선정 : '인근지역, 자연녹지, 임야' 기준 ⟨#E⟩
② 개간 전 토지가액
@15,000×1.03745×1.000×1.150×4.70≒@84,000
(×3,000㎡=252,000,000원)
(3) 한도액
'(1)'−'(2)'=447,000,000원

3. 개간비 적정보상액
한도액 이내로서, 기준시점을 기준으로 개간에 통상 필요한 비용 상당액 ⟨300,000,000원⟩

02

이대한씨는 甲구 乙동에 근린생활시설을 소유하고 있다. 이 건물의 1층은 편의점으로, 2층은 주거용으로 사용되고 있다. 대상 토지는 제1종 주거지역내 정방형의 대(지목)로서 150m² 중 50m²가 공익사업인 자동차전용 도로개설사업에 편입되어 보상협의요청서를 받았으나 토지에 대하여는 협의에 응하지 않고 재결의 신청을 청구하였는바, 사업시행자로 부터 재결서 정본을 수령하였다. 재결에 불복한 이대한씨는 이의신청과 동시에 잔여지의 손실에 대하여도 손실보상을 청구하기로 하였다. 다음의 자료를 검토, 분석 후 물음에 답하시오. (20점)   기출 21회

(1) 잔여지(100m²)와 관련하여 다음 질문에 답하시오. (10점)
① 잔여지에 대한 손실보상을 받기 위한 요건을 약술하시오.
② 잔여지 손실보상의 종류와 각각의 종류에 따른 보상액 산정방법을 설명하되, 자료를 활용하여 산정 가능한 범위 내에서 이대한씨가 청구할 수 있는 손실보상액을 산정하시오.

〈자료 1〉 손실보상금 지급내역서 (요약)

소재지	지번	면적	편입면적	단가(원/m²)	금액(원)
甲구 乙동	123-1	150	50	1,500,000	75,000,000

※ 건물 등 지장물과 영업손실의 보상금은 협의를 위한 보상협의요청 시 수령하였음

〈자료 2〉 대상 부동산의 상황 등

(1) 잔여지 100m²는 자동차 전용도로가 잔여지의 전면부를 통과하여 맹지가 되어 건축이 불가능한 상태임
(2) 가격조사 결과 공익사업시행 후, 잔여지 매매가능가액은 700,000원/m² 내외로 파악되었음
(3) 도로개설공사 완료일 : 2010년 9월 5일
(4) 본 건의 사업인정고시일 : 2009년 1월 1일
(5) 본 사업으로 인한 인근지역의 지가변동은 없는 것으로 조사되었음

출제영역

잔여지

답안작성 가이드

I. [물음 1] 잔여지 관련 (10)

1. ① 잔여지에 대한 손실보상을 받기 위한 요건

(1) 잔여지 손실과 공사비 보상 (법 제73조)
동일한 토지소유자에게 속하는 일단의 토지의 일부가 취득되거나 사용됨으로 인하여 잔여지의 가격이 감소하거나 그 밖의 손실이 있을 때, 또는 잔여지에 통로, 도랑, 담장 등의 신설 그 밖의 공사가 필요할 때에는 공사완료일로부터 1년 이내에 청구하면 손실보상금을 받을 수 있다.

(2) 잔여지의 매수 및 수용청구 (법 제74조)
동일한 소유자에게 속하는 일단의 토지의 일부가 협의에 의하여 매수되거나 수용됨으로 인하여 잔여지를 종래의 목적에 사용하는 것이 현저히 곤란할 때에는 공사완료일까지 매수를 청구할 수 있으며, 사업인정 이후에는 매수에 관한 협의가 성립되지 않은 경우에는 관할 토지수용위원회에 수용을 청구할 수 있다.

2. ② 잔여지 손실보상의 종류 및 산정방법
   (1) 가격하락보상 (「토지보상법 시행규칙」(이하, 규칙) 제32조 제1항)
      공익사업시행지구 편입 전의 잔여지 가격 - 편입된 후의 잔여지 가격
      ※ 사업시행이익상계금지원칙 (법 제66조)에 따라 형상·도로조건 등이 좋아진 경우를 고려하지 않음
   (2) 공사비, 보수비보상 (규칙 제32조 제2항)
      통로, 구거, 담장 등의 설치나 그 밖의 공사에 필요한 비용
   (3) 매수 및 수용보상 (규칙 제32조 제3항)
      일단의 토지 전체가격 - 편입되는 토지의 가격

3. 이대한씨가 청구할 수 있는 손실보상액
   대지로서 건축이 불가능하여 매수나 수용대상이 되는 잔여지이므로, 공사완료일(2010년 9월5일)까지 수용청구를 하면 보상금을 받을 수 있다.
   1,500,000 × 100 = 150,000,000원
   만약, 공사완료일까지 수용청구를 하지 못한다면 공사완료일로부터 1년 이내에 손실보상을 청구하여 가격하락에 따른 보상금을 받을 수 있다.
   1,500,000 - 700,000 = @800,000
   (× 100 = 80,000,000)

03 다음과 같이 도로개설사업에 편입되고 남은 토지(잔여지)가 있다. 잔여지 손실보상 기준을 약술하고, 적정한 보상액을 구하시오. (10점) [기출 34회]

〈자료 1〉 기본적 사항

1. 토지면적 : 2,000m²(편입면적 : 1,700m²)
2. 토지특성 : 소로한면/세장형/평지
3. 편입토지 보상평가액(평균) : @600,000원/m²

〈자료 2〉 토지특성 자료

1. 도로접면

구 분	소로한면	세로(가)	세로(불)	맹 지
소로한면	1.00	0.90	0.80	0.65
세로(가)	1.10	1.00	0.89	0.72
세로(불)	1.25	1.12	1.00	0.81
맹 지	1.53	1.38	1.23	1.00

2. 형상

구 분	가장(정방)형	세장형	사다리형	부정형
가장(정방)형	1.00	0.98	0.97	0.92
세장형	1.02	1.00	0.99	0.94
사다리형	1.03	1.01	1.00	0.95
부정형	1.08	1.06	1.05	1.00

3. 고저

구 분	평지	완경사	급경사	저지
평지	1.00	0.98	0.92	0.90
완경사	1.02	1.00	0.94	0.92
급경사	1.08	1.06	1.00	0.98
저지	1.11	1.08	1.02	1.00

〈자료 3〉 기타자료

1. 잔여지 특성 : 맹지/부정형/저지
2. 잔여지는 도로사업의 시행으로 맹지가 됨은 물론 일반적인 경우와는 달리 기존의 마을과 단절되어 마을과 연결되는 통로의 개설이 필요한 상태로 사업시행자도 이를 인정하고 있음
3. 마을과 잔여지를 연결하는 통로[세로(가)]의 개설비용 : 150,000,000원/식(제반 부대비용을 포함)

출제영역

잔여지

답안작성 가이드

Ⅰ. 개요

잔여지 손실보상 기준 및 손실보상액

Ⅱ. 잔여지 손실보상기준

1. 원칙(법 73조, 시행규칙 32조)

   잔여지 가격감소분과 잔여지에 대한 공사비용의 합계

2. 예외(한도)

   가격감소분과 공사비용이 잔여지 가격을 초과하는 경우 사업시행자가 잔여지 매수 가능, 편입토지단가 적용

3. 구체적 산정

   (1) 잔여지 가격감소분

   편입되기 전 잔여지의 가격 – 편입된 후의 잔여지의 가격

   (2) 공사비용

   잔여지에 통로・구거・담장 등의 신설 그 밖의 공사가 필요한 경우 그 비용

Ⅲ. 적정보상액

1. 가격감소분＋공사비용

    (1) 가격감소분

    ① 편입 전 가격 : @600,000원/m^2

    ② 편입 후 가격 : @600,000원/m^2×0.9×0.94×0.90＝@457,000원/m^2

    ③ 가격감소분 : (600,000－457,000)×300*)＝42,900,000

    　*) (2,000－1,700)

    (2) 공사비용

    　150,000,000

    (3) 적정보상액

    　42,900,000＋150,000,000＝192,900,000

2. 잔여지가격(매수)

    @600,000×300＝180,000,000

3. 결 정

    사업시행자는 가격감소분과 공사비용의 합계가 잔여지 가격을 초과하므로, 매수청구 가능

04 종전에 시행된 재개발사업으로 인하여 현재 공원으로 이용 중인 토지가 있다. 소유자는 그 사실을 뒤늦게 발견하고 지방자치단체에 보상을 요청하였다. 지방자치단체는 2013.4.1.을 계약체결일로 하여 보상을 실시하려고 감정평가를 요청하였다. 자료를 참고하여 다음 질문에 답하시오. (20점)

기출 24회

(1) 대상토지 평가 시 적용할 비교표준지의 선정 사유를 설명하시오. (5점)

(2) 대상토지의 평가 시 고려하여야 하는 지목, 실제용도, 지형, 지세, 면적 등을 정리하시오. (5점)

(3) 실무에서는 개별요인 비교치를 가로조건, 접근조건, 환경조건, 획지조건, 행정적조건, 기타조건 등으로 구분하여 산정하고 있다. 자료가 주어지지 않은 조건은 대등한 것으로 보고, 표준지와 대상토지간의 개별요인 비교치를 실무와 같이 산정하고 산정사유를 설명하시오. (5점)

(4) 제시된 자료에 의해 보상감정평가액을 산정하시오. (5점)

〈자료 1〉 종전사업의 개요

1. 사업의 종류 : 관악지구 재개발사업
2. 사업인정고시일 : 2001.1.1.

〈자료 2〉 토지조서

기 호	소재지	면적(m^2)		지 목	비 고
		공 부	편 입		
1	관악동 00	1,000	1,000	임 야	

〈자료 3〉 종전사업에 편입될 당시의 이용상황

1. 의뢰된 토지는 종전의 공익사업에 편입되기 전에는 지목이 임야이고, 1970년경부터 무허가건물 부지로 이용되던 10,000m²의 토지의 일부였으나, 종전의 공익사업으로 9,000m²는 아파트부지와 도로로 이용 중이고 1,000m²는 공원으로 이용 중이며, 의뢰된 토지는 공원으로 이용 중인 부분임

2. 의뢰된 토지는 현재는 중로에 접하는 장방형의 토지이나, 이는 종전의 공익사업의 시행으로 새로운 도로가 개설되었기 때문이며, 분할되기 이전의 토지는 완만한 경사를 이루고 있는 부정형으로 세로에 접하는 토지였음

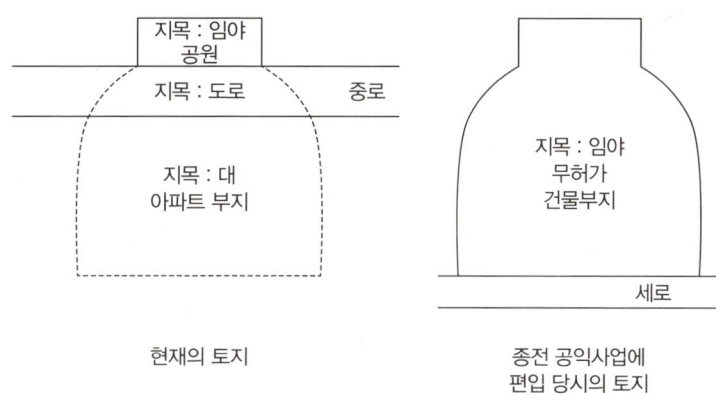

현재의 토지   종전 공익사업에 편입 당시의 토지

3. 종전의 공익사업이 시행되기 이전에는 일반주거지역이었으나, 종전의 공익사업으로 인하여 대상토지만 자연녹지지역으로 용도지역이 변경되었음

4. 대상토지 주변은 당시 미개발지대로서 남측 근거리의 불량주택지대를 포함하여 재개발사업을 시행하였음

〈자료 4〉 인근의 공시지가 표준지 현황

1. 대상 토지 인근지역에 소재하며 표준적인 이용상황의 표준지는 다음과 같음

일련번호	소재지	면적(m²)	지목	이용상황	용도지역	도로교통	형상지세	공시지가(원/m²)	
								2001년	2013년
1	관악동 201	1,000	대	단독	일반주거	소로한면	장방형 평지	600,000	1,000,000
2	관악동 202	1,000	대	단독	자연녹지	소로한면	장방형 평지	200,000	300,000
3	관악동 산1	10,000	임야	자연림	일반주거	세로(가)	부정형 완경사	120,000	200,000
4	관악동 산2	10,000	임야	자연림	자연녹지	세로(가)	부정형 완경사	20,000	30,000

2. 표준지 일련번호 1은 2000년경 구획정리사업(환지방식)으로 개발된 주거지대 내에 소재하며, 당시 감보율이 40%였던 것으로 조사되었음

〈자료 5〉 시점 수정자료
1. 2001.1.1.에서 2013.4.1.까지의 지가변동률은 60%임
2. 2013.1.1.에서 2013.4.1.까지의 지가변동률은 0%임
3. 2000년 12월에서 2013년 3월까지의 생산자물가지수 변동률은 40%임
4. 2012년 12월에서 2013년 3월까지의 생산자물가지수 변동률은 1%임

〈자료 6〉 각종 격차율
1. 9,000 ~ 10,000m²의 대지는 1,000m² 대지의 85% 수준임
2. 부정형의 토지는 장방형 토지의 95% 수준임
3. 대지인 경우 평지는 완경사지의 110% 수준임
4. 중로에 접하는 토지는 세로에 접하는 토지의 120% 수준임
5. 소로에 접하는 토지는 세로에 접하는 토지의 105% 수준임

〈자료 7〉 기 타
인근의 평가선례, 매매사례 등과 비교 시 비교표준지의 공시지가는 인근지가수준과 같은 수준으로 판단됨

출제영역
미지급용지

답안작성 가이드

Ⅰ. 평가개요
종전 재개발사업으로 현재 공원인 미보상토지의 보상평가로 「토지보상법」 등에 따라 각 물음에 답한다. (2013.4.1.)

Ⅱ. [물음 1] 비교표준지의 선정 사유 (5)
　1. 처리방침
　　(1) 「토지보상법 시행규칙」 제25조 미지급용지 규정 준용 부분평가
　　(2) 종전의 공익사업에 편입될 당시의 이용상황 기준

　2. 적용공시지가 : 〈2013년〉
　　기준시점(가격시점) 이전 최근 공시지가

　3. 비교표준지 : 〈표준지#1〉
　　종전 공익사업 당시 일반주거지역, 1989.1.24. 이전 적법 의제 무허가건물의 대지 기준

Ⅲ. [물음 2] 지목 등의 판단 (5)
　1. 지목 : 편입되기 전 임야
　2. 실제용도 : 1989.1.24. 이전 무허가건축물부지로 대지
　3. 지형 : 분할되기 이전 부정형
　4. 지세 : 완경사
　5. 면적 : 10,000m² 기준

Ⅳ. [물음 3] 개별요인 비교치의 산정 및 산정 사유 (5)

1. 개별요인 비교치의 산정

   가로조건 : 100/105(세로/소로)
   접근조건 : 1.00(대등)

   환경조건 : 0.60(감보율 고려)
   획지조건 : 0.95(부정형/장방형)×100/110(완경사/평지)×0.85(면적비교)
   행정적조건 : 1.00(대등)
   기타조건 : 1.00(대등)

   개별요인 비교치 : 100/105×0.6×(0.95×100/110×0.85)≒0.419

2. 산정 사유

   대상토지와 비교표준지의 개별 특성 차이를 감정평가액에 반영하고자 각종 격차율을 각 조건별로 비교하여 산정함

Ⅴ. [물음 4] 보상감정평가액 (4)

1. 시점수정

   (1) 지가변동률 : 1.00000
   (2) 생산자물가상승률 : 1.01000
   (3) 결 정

   해당 지역의 국지적 지가추이를 잘 반영하는 지가변동률 〈1.00000〉

2. 지역요인

   비교표준지가 대상토지의 인근지역에 위치하여 〈1.000〉

3. 그 밖의 요인

   비교표준지의 공시지가는 인근지가의 수준과 같은 수준으로 〈1.00〉

4. 보상감정평가액

   1,000,000×1.00000×1.000×0.419×1.00≒@419,000

   (×1,000㎡=419,000,000)

05

감정평가사 김○○은 W시 N구청장으로부터 도시계획시설(도로)사업과 관련하여 토지의 보상평가를 의뢰받았다. 관련 법규 및 이론을 참작하고 제시된 자료를 활용하여 다음 물음에 답하시오. (40점)

> 기출 28회

(1) 미지급용지의 개념 및 평가기준을 기술하고, 대상토지의 감정평가액을 구하시오. (15점)
(2) 사실상 사도의 개념 및 평가기준을 기술하고, 대상토지의 감정평가액을 구하시오. (15점)
(3) 예정공도의 개념 및 평가기준에 대해 기술하고, 대상토지의 감정평가액을 구하시오. (10점)

〈공통 자료〉

1. 사업의 개요
   (1) 사업시행지 : W시 N구 M동 100-4번지 일원
   (2) 사업의 종류 : 도시계획시설(도로)사업(소로2-60호선) 개설공사
   (3) 사업시행자 : W시 N구청장
   (4) 사업의 착수 예정일 및 준공예정일 : 인가일 ~ 2018.3.31.

2. 사업추진일정

구 분	일 정
도시계획시설(도로)결정일	2010.8.21.
도시계획시설(도로)사업 실시계획인가고시일	2016.12.15.
보상계획공고일	2017.3.31.
현장조사완료일	2017.6.1.

※ 보상의뢰서상 가격시점 요구일 : 2017.7.1.

3. 대상토지의 개요(가격시점 현재)

기 호	소재지	편입면적(m²)	지 목	현실 이용상황	용도지역	비고(소유자)
1	W시 N구 M동 100-4번지	381	전	도 로	준주거지역	홍길동

4. 표준지 공시지가 자료

기 호	소재지	면적(m²)	지 목	이용상황	용도지역	도로교통	형상지세	공시지가(원/m²) 2016.1.1.	공시지가(원/m²) 2017.1.1.
A	W시 N구 M동 105번지	400	대	주거나지	2종일주	세로(불)	가장형 평지	770,000	860,000
B	W시 N구 M동 103번지	420	대	다세대	준주거	세로(가)	정방형 평지	1,050,000	1,160,000
C	W시 N구 M동 101번지	450	대	주상용	준주거	소로한면	사다리 평지	1,100,000	1,210,000

5. 시점수정자료(W시 N구 주거지역)

구 분	지가변동률(%)	비 고
2016.1.1. ~ 2016.12.31.	3.257	2016년 12월 누계
2017.1.1. ~ 2017.5.31.	1.426	2017년 5월 누계
2017.5.1. ~ 2017.5.31.	0.431	2017년 5월 변동률

※ 2017년 6월 이후의 지가변동률은 현재 미고시인 상태로 직전월인 2017년 5월 지가변동률을 연장적용 하기로 함

6. 개별요인 품등 비교자료
   (1) 형 상

구 분	정방형	가장형	세장형	사다리	부정형	자루형
정방형	1.00	1.02	1.00	0.99	0.94	0.89
가장형	0.98	1.00	0.98	0.97	0.92	0.87
세장형	1.00	1.02	1.00	0.99	0.94	0.89
사다리	1.01	1.03	1.01	1.00	0.95	0.90
부정형	1.06	1.09	1.06	1.05	1.00	0.94
자루형	1.12	1.15	1.12	1.11	1.06	1.00

※ 부정형 : 삼각형 포함, 자루형 : 역삼각형 포함

(2) 도로접면

구 분	중로한면	소로한면	세로(가)	세로(불)	맹 지
중로한면	1.00	0.92	0.82	0.78	0.70
소로한면	1.09	1.00	0.89	0.85	0.79
세로(가)	1.22	1.12	1.00	0.95	0.88
세로(불)	1.28	1.18	1.05	1.00	0.93
맹 지	1.43	1.27	1.13	1.07	1.00

7. 그 밖의 요인 보정치 산정을 위한 자료
   (1) 보상 평가사례

기 호	소재지	면적(m^2)	지 목	이용상황	용도지역	도로교통	형상지세	단가(원/m^2)	가격시점
ㄱ	W시 N구 M동 200번지	300	대	주거나지	일반상업	소로한면	부정형평지	2,500,000	2017.1.1.
ㄴ	W시 N구 M동 250번지	350	대	다세대	준주거	세로(가)	세장형평지	1,500,000	2017.1.1.
ㄷ	W시 N구 M동 300번지	380	대	주상용	준주거	소로한면	사다리평지	1,800,000	2017.1.1.

(2) 거래사례(토지만의 정상 거래사례임)

기호	소재지	면적(m²)	지목	이용상황	용도지역	도로교통	형상지세	단가(원/m²)	가격시점
ㄹ	W시 N구 M동 400번지	400	대	주상나지	2종일주	중로한면	부정형평지	1,600,000	2017.1.1.
ㅁ	W시 N구 M동 420번지	380	대	상업나지	준주거	중로한면	세장형평지	2,200,000	2017.1.1.
ㅂ	W시 N구 M동 500번지	350	대	주거나지	2종일주	세로(가)	사다리평지	1,000,000	2017.1.1.

8. 현장조사내용
    (1) 대상토지 주변은 도심지 내 기존 주택지를 중심으로 형성된 소규모 점포주택과 단독주택 및 다세대주택 등이 혼재하는 지역으로 조사되었음
    (2) 비교표준지, 보상 평가사례 및 거래사례는 인근지역에 소재하며, 당해 도시 계획시설(도로)사업에 따른 개발이익이 포함되어 있지 않은 것으로 조사되었음

9. 대상 토지 주변 지적현황(축척 없음)

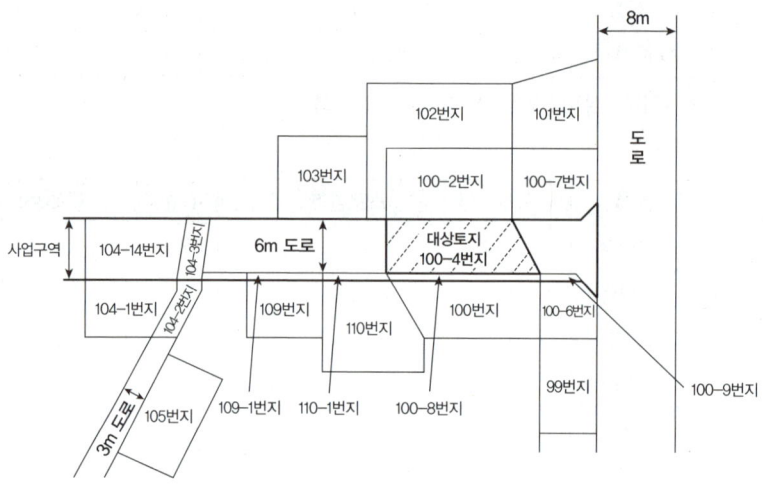

10. 〈공통 자료〉 외에는 아래 각 물음의 자료를 활용하여 기술하되, 물음 1, 물음 2, 물음 3은 각각 독립적인 사실관계임을 전제함

〈물음 1 관련 자료〉
1. 사업시행자인 N구청장은 대상 토지가 미지급용지임을 보상평가의뢰서에 명기하였음
2. 본건 토지는 종전 공익사업의 시행으로 M동 100번지에서 분필된 토지로 현재 도로로 이용 중인 사다리형 토지이나, 종전 편입 당시에는 부정형, 맹지인 토지였음
3. 본건 토지는 종전 공익사업 시행이전에는 제2종일반주거지역 이었으나, 종전의 공익사업으로 인하여 준주거지역으로 변경되었음

4. 본건 토지의 지목은 종전의 공익사업에 편입되기 전에도 "전"이었으나, 당시 주변 토지의 표준적 이용상황 등을 고려할 때 종전 편입당시의 이용상황은 주거나지였음을 사업시행자로부터 확인하였음
5. 개별요인 비교 시 도로접면과 형상을 제외한 토지 특성은 모두 동일한 것으로 봄
6. 비교표준지, 보상 평가사례 및 거래사례에는 종전 공익사업에 따른 가치변동이 포함되어 있지 아니함

〈물음 2 관련 자료〉
1. 사업시행자인 N구청장은 대상 토지가 사실상 사도임을 보상평가의뢰서에 명기하였음
2. 인접한 M동 100-2번지 소유권자는 대상 토지와 동일한 홍길동이고, 1992년 8월 부터 홍길동은 M동 100-2번지의 건축허가를 위하여 대상 토지를 도로로 개설한 것으로 확인이 되었는바, 대상 토지는 M동 100-2번지의 효용증진에 기여하고 있음
3. 대상 토지 평가 시 기준이 되는 인근토지 및 인근토지의 토지 특성은 주어진 자료를 활용하여 판단할 것
4. 개별요인 비교 시 도로접면과 형상을 제외한 토지 특성은 모두 동일한 것으로 봄

〈물음 3 관련 자료〉
1. 사업시행자인 N구청장은 대상 토지가 예정공도임을 보상평가의뢰서에 명기하였음
2. 인접한 M동 100-2번지 소유권자는 대상 토지와 동일한 홍길동이며, 당해 도시 계획시설사업 시행 절차 등이 없는 상태에서 M동 100-2번지의 건축허가를 위하여 2012년 8월부터 도로로 개설한 후, 사실상 불특정 다수인의 통행에 이용 중임을 사업시행자로부터 확인하였음
3. 인근지역의 표준적인 이용상황은 주어진 자료를 활용하여 판단할 것
4. 개별요인 비교 시 도로접면과 형상을 제외한 토지 특성은 모두 동일한 것으로 보며, 당해 도로의 개설로 인한 개발이익은 30%임
5. 주변토지 이용상황

구 분	소재지	지 목	이용상황	용도지역	비 고
가	W시 N구 M동 104-1, 104-14번지	대	단독주택	2종일주	-
나	W시 N구 M동 104-2, 104-3번지	도	도 로	2종일주	-
다	W시 N구 M동 109, 109-1번지	대	단독주택	준주거지역	-
라	W시 N구 M동 110, 110-1번지	대	단독주택	준주거지역	-
마	W시 N구 M동 102번지	대	단독주택	준주거지역	-
바	W시 N구 M동 100-2번지	대	다세대	준주거지역	-
사	W시 N구 M동 100, 100-8번지	대	다세대	준주거지역	-
아	W시 N구 M동 100-1번지	전	도 로	준주거지역	-
자	W시 N구 M동 100-6, 100-9번지	전	주상나지	준주거지역	-
차	W시 N구 M동 100-7번지	대	주상용	준주거지역	-
카	W시 N구 M동 99번지	대	주상용	준주거지역	-

출제영역
미지급용지, 도로

답안작성 가이드

I. [물음 1] 미지급용지 (15)
   1. 미지급용지의 개념 및 평가기준
      (1) 미지급용지의 개념
         ① 미지급용지의 의의
            미지급용지란, 종전에 시행된 공익사업의 부지로서 보상금이 지급되지 아니한 토지를 의미함
         ② 미지급용지가 아닌 경우(92누4833)
            토지의 거래가격이 상승된 경우는 미지급용지의 개념에 포함되는 것이라고 볼 수 없음
      (2) 평가기준
         ① 가격시점 (「토지보상법」 제67조)
            협의에 의한 경우에는 협의 성립 당시, 재결의 경우에는 재결 당시를 기준으로 함
         ② 용도지역 등
            원칙적으로 가격시점의 용도지역 등에 따라 평가함. 다만, 가격시점에서의 용도지역 등이 종전의 공익사업 또는 새로운 공익사업의 시행을 직접 목적으로 하거나 그 시행의 절차에 의해 변경된 경우에는 종전 용도지역 등을 기준으로 함
         ③ 이용상황 (「토지보상법 시행규칙」 제25조)
            미지급용지에 대하여는 종전의 공익사업에 편입될 당시의 이용상황을 상정하여 평가함 다만, 종전의 공익사업에 편입될 당시의 이용상황을 알 수 없는 경우에는 편입될 당시의 지목과 인근토지의 이용상황 등을 참작하여 평가함
         ④ 비교표준지 선정
            종전 및 해당 공익사업의 시행에 따른 가격의 변동이 포함되지 않은 표준지를 선정함

   2. 대상토지의 감정평가액
      (1) 기본적 사항의 확정
         ① 미지급용지인지 여부 : 현황 도로로 이용됨은 종전 주거나지로 이용함에 따른 가격보다 높다고 할 수 없는 바, 대상토지는 〈미지급용지〉임
         ② 가격시점 : 〈2017.7.1.〉
         ③ 용도지역(「토지보상법 시행규칙」 제23조 제2항) : 〈2종일주〉
         ④ 이용상황 등 : 〈주거나지, 부정형, 맹지〉
      (2) 적용공시지가 선택
         ① 사업인정 의제일 : 〈2016.12.15.〉
         ② 적용공시지가 선택 (「토지보상법」 제70조 제4항) : 〈2016.1.1.〉
      (3) 비교표준지 선정 : '2종일주, 주거나지' 기준 〈#A〉
      (4) 시점수정치(2016.1.1. ~ 2017.7.1.)
         $1.03257 \times 1.01426 \times (1+0.00431 \times 31/31) ≒ 1.05181$
      (5) 지역요인 비교 : 인근지역으로서 〈1.000〉
      (6) 개별요인 비교 : $0.92(형상) \times 0.93(도로접면) ≒ \langle 0.856 \rangle$

(7) 그 밖의 요인 보정치
  ① 보상 평가사례 등의 선정 : '2종일주, 주거나지' 기준 〈#ㅂ〉
    ※ 사업인정고시일 등 이후 사례이나, 당해 공익사업의 영향이 없는 것으로 전제함
  ② 그 밖의 요인 보정치≒〈1.23〉
    $$\frac{1,000,000 \times 1.01863^{*)} \times 1.000 \times 0.979^{**)}}{770,000 \times 1.05181}$$
    *) 시점수정치(2017.1.1. ~ 2017.7.1.) : $1.01426 \times (1+0.00431 \times 31/31)$
    **) 개별요인 비교 : 0.95×1.03
(8) 감정평가액 결정
  @770,000 × 1.05181 × 1.000 × 0.856 × 1.23 ≒ @853,000
  (×381㎡ = 324,993,000원)

Ⅱ. [물음 2] 사실상 사도 (15)
 1. 사실상 사도의 개념 및 평가기준
  (1) 사실상 사도의 개념
    ① 사실상 사도의 의의
      「사도법」에 의한 사도외의 도로로서 다음 각 호의 1에 해당하는 도로를 말함
      ㉠ 도로개설당시의 토지소유자가 자기 토지의 편익을 위하여 스스로 설치한 도로
      ㉡ 토지소유자가 그 의사에 의하여 타인의 통행을 제한할 수 없는 도로
      ㉢ 「건축법」 제45조에 따라 건축허가권자가 그 위치를 지정·공고한 도로
      ㉣ 도로개설 당시의 토지소유자가 대지 또는 공장용지 등을 조성하기 위하여 설치한 도로
    ② 도로개설당시의 토지소유자가 자기 토지의 편익을 위하여 스스로 설치한 도로
      이에 대한 판단기준은 도로개설 당시를 기준으로, 개설의 자의성과 동일인 소유 토지로의 가치 이전이라는 2가지 요건은 인접토지의 획지면적·이용상태·개설경위·목적·주위환경 등에 의하여 객관적으로 판단함
  (2) 평가기준(「토지보상법 시행규칙」 제26조)
    사실상의 사도의 부지는 인근토지에 대한 평가액의 3분의 1 이내로 함
    '인근토지'라 함은 당해 도로부지가 도로로 이용되지 아니하였을 경우에 예상되는 표준적인 이용상황과 유사한 토지로서 당해 토지와 위치상 가까운 토지를 말함
 2. 대상토지의 감정평가액 (가격시점과 적용공시지가 선택, 시점 수정치는 물음 1과 동일)
  (1) 기본적 사항의 확정
    ① 사실상 사도인지 여부
      1992년 8월(도로개설) 당시의 토지소유자(홍길동)가 건축허가를 위하여(자기 토지의 편익을 위하여) 스스로 설치한 도로로서, (i) 개설의 자의성과, (ii) 동일인 소유 토지로의 가치 이전(M동 100-2번지의 효용증진에 기여) 요건을 충족하는 바, 대상토지는 〈사실상 사도〉임
    ② 인근토지의 판단 및 토지특성
      M동 100-2번지의 효용증진에 기여, M동 100-2번지 이용상황이 인근의 표준적인 이용 상황에 부합하여 〈M동 100-2번지〉를 인근토지로 판단, 토지특성은 〈가장형, 세로(가)〉
  (2) 인근토지에 대한 평가단가
    ① 비교표준지 선정 : '준주거, 다세대' 기준 〈#B〉
    ② 지역요인 비교 : 인근지역으로서 〈1.000〉
    ③ 개별요인 비교 : 1.02(형상)×1.00(도로접면)≒〈1.020〉

④ 그 밖의 요인 보정치
  ㉠ 보상 평가사례 등의 선정 : '준주거, 다세대' 기준 〈#ㄴ〉
  ㉡ 그 밖의 요인 보정치 ≒ 〈1.38〉

$$\frac{1,500,000 \times 1.01863 \times 1.000 \times 1.000}{1,050,000 \times 1.05181}$$

⑤ 인근토지에 대한 평가단가 결정
  $1,050,000 \times 1.05181 \times 1.000 \times 1.020 \times 1.38 ≒ @1,550,000$

(3) 대상토지의 감정평가액 결정
  @1,550,000 (인근토지에 대한 평가단가) × (1/3 이내) ≒ @516,000

  $(\times 381\text{m}^2 = 196,596,000원)$

Ⅲ. [물음 3] 예정공도 (10)

1. 예정공도의 개념 및 평가기준
  (1) 예정공도의 개념
    ① 예정공도의 의의
      「국토계획법」에 따른 도시·군관리계획에 의하여 도로로 결정된 후부터 도로로 사용되고 있는 도로를 말함
    ② 사실상 사도와의 차이
      '자기 토지의 편익을 위하여' 설치한 도로이기는 하나, 도시·군관리계획에 의하여 도로로 결정됨으로 인하여 도로개설이 강제된 것이므로 '스스로 설치한 도로'로 보지 않음. 그러므로 예정공도는 사실상의 사도로 보지 않음
  (2) 평가기준
    ① 「토지보상법 시행규칙」제26조 제1항 제3호 준용
      「토지보상법 시행규칙」제22조의 규정에서 정하는 방법에 따라 감정평가함. 따라서 평가대상토지와 유사한 이용가치를 지닌다고 인정되는 하나 이상의 표준지의 공시지가를 기준으로 함
    ② 인근지역의 표준적인 이용상황이 '대'인 경우
      인근지역의 표준적인 이용상황과 같거나 비슷한 이용상황을 가지는 표준지공시지가를 기준으로 감정평가하되, 도로의 지반조성 등에 통상 필요한 비용 상당액 등은 고려하지 아니함

2. 대상토지의 감정평가액 (가격시점과 적용공시지가 선택, 시점수정치는 물음 1과 동일)
  (1) 기본적 사항의 확정
    ① 예정공도인지 여부
      도시계획시설(도로) 결정 이후 도로로 개설한 후, 사실상 불특정 다수인의 통행에 이용 중인 바, 대상토지는 〈예정공도〉임
    ② 인근지역의 표준적인 이용상황
      주변토지 이용상황 중 〈#바, #사〉를 기준하여 〈다세대〉로 판단함
    ③ 대상토지 개별특성
      대상토지 기준하여 〈사다리형, 세로(가)〉
  (2) 비교표준지 선정 : '준주거, 다세대' 기준 〈#B〉
  (3) 지역요인 비교 : 인근지역으로서 〈1.000〉
  (4) 개별요인 비교 : 0.99(형상) × 1.00(도로접면) × 0.77[*] ≒ 〈0.762〉
    [*] 당해 도로의 개설로 인한 개발이익 배제 : 1/1.30
  (5) 그 밖의 요인 보정치 (물음 2와 동일) ≒ 〈1.38〉
  (6) 대상토지의 감정평가액 결정
    $@1,050,000 \times 1.05181 \times 1.000 \times 0.762 \times 1.38 ≒ @1,160,000$

    $(\times 381\text{m}^2 = 441,960,000원)$

06 A감정평가법인에 근무 중인 감정평가사 甲은 B도 C시장으로부터 보상목적의 감정평가를 의뢰받아 사전조사 및 현장조사를 마쳤는바, 관련법규 및 이론을 참작하고 제시된 자료를 활용하여 감정평가액을 산출 및 결정하시오. (30점) 〔기출 30회〕

〈자료 1〉 감정평가 의뢰 내역(요약)

1. 의뢰인 : B도 C시장
2. 의뢰일자 : 2019.5.10.
3. 가격시점 : 2019.6.29.
4. 공익사업의 명칭 : ○○○공원 조성사업
5. 의뢰목록(일부 발췌)

일련번호	소재지	지 번	지목(실제)	면적(m²)	용도지역	비 고
1	B도 C시 D동	148	전(전)	1,235.0	자연녹지	공원 100%

〈자료 2〉 사업개요

1. 사업계획의 개요
   (1) 사업명칭 : ○○○공원 조성사업
   (2) 사업시행자 : B도 C시장
   (3) 위치 : B도 C시 D동 100번지 일원
   (4) 사업면적 : 1,028,520m²(1단계 462,800m², 2단계 565,720m² 중 1단계 사업)
   (5) 사업기간 : 2018.10.1. ~ 2020.12.31.

2. 사업추진 주요 경과
   (1) 2018.1.10. : ○○○공원 조성계획 결정(변경) 공람공고
   (2) 2018.5.30. : ○○○공원 조성계획 결정(변경) 및 지형도면 고시
   (3) 2018.10.1. : 보상계획 열람 공고
   (4) 2018.12.10. : 공익사업 준비를 위한 토지 출입 허가 공고
   (5) 2019.5.10. : 감정평가 의뢰

〈자료 3〉 공시지가 표준지, 매매사례 및 평가사례

1. 사업구역 및 인근의 공시지가 표준지 내역

기 호	소재지	면적(m²)	지 목	이용상황	용도지역	도로교통	형상지세	공시기준일	공시지가(원/m²)	비 고
①	D동 121	1,452.0	전	전	자연녹지	맹지	부정형 완경사	2018.1.1.	156,000	사업 구역 내 (공원 100%)
								2019.1.1.	160,000	
②	D동 214-1	2,564.0	과수원	과수원	자연녹지	세로(불)	부정형 완경사	2018.1.1.	166,000	사업 구역 내 (공원 100%)
								2019.1.1.	171,000	

기호	소재지	면적	지목	이용상황	용도지역	도로교통	형상지세	기준시점	공시지가(원/㎡)	비고
③	D동 산72-4	4,028.0	임야	자연림	자연녹지	맹지	부정형 완경사	2018.1.1.	28,000	사업 구역 내 (공원 100%)
								2019.1.1.	29,000	
④	D동 457	1,321.0	잡종지	전기타	자연녹지	세로(불)	부정형 완경사	2018.1.1.	260,000	사업 구역 외
								2019.1.1.	290,000	

※ 본 사업구역 내에 소재하는 공시지가 표준지는 모두 3개로, 표준지 기호 ①과 ③은 1단계 사업지 내에 그리고 기호 ②는 2단계 사업지 내에 각각 소재함
※ 2018.1.1. ~ 2019.1.1. 기간 중 B도 C시의 표준지 공시지가 평균변동률은 7.216%임

2. 매매사례

기호	소재지	거래일자	지목	용도지역	면적(㎡)	이용상황	거래가액(원/㎡)	비고
가	D동 137	2018.9.1.	전	자연녹지	1,208.0	전	280,000	*
나	D동 648	2018.1.6.	전	자연녹지	1,532.0	전기타	360,000	**

*) 기호 가 : 사업구역 내(공원 100%) 토지로, 본건 토지보다 제반 개별요인 우세함
**) 기호 나 : 사업구역 외 토지로, 인근의 매매가격 수준 및 평가사례 등에 비추어 정상적인 매매로서 당해 사업으로 인한 영향을 받지 아니한 것으로 판단됨

3. 평가사례

기호	소재지	기준시점	평가목적(사업명칭)	지목	면적(㎡)	용도지역	평가액(원/㎡)	비고
ㄱ	A동 1207	2019.2.1.	보상 (△△테마공원 주차장조성사업)	전	2,004.0	자연녹지	320,000	*
ㄴ	E동 36	2018.4.8.	보상 (중로 3-XX호 개설공사)	전	1,082.0	자연녹지	380,000	**

*) 기호 ㄱ : 전체 65필지 중 협의체결률은 약 45%로서, 가격조사일 현재 나머지 필지는 수용재결 절차에 있는 것으로 조사됨
**) 기호 ㄴ : 본 사업구역이 소재하는 D동과 인근의 E동을 남북으로 연결하는 도로 사업임

〈자료 4〉 지가변동률 등

기간	변동률(%) 평균	변동률(%) 녹지	비고
2018.1.1. ~ 2019.6.29.	4.108	4.202	C시
2019.1.1. ~ 2019.6.29.	1.403	1.470	C시
2018.10.1. ~ 2019.6.29.	2.567	2.718	C시
2018.10.1. ~ 2019.6.29.	2.479	2.692	B도

2018.1.6. ~ 2019.6.29.	3.549	3.892	C시
2018.4.8. ~ 2019.6.29.	3.002	3.112	C시
2018.9.1. ~ 2019.6.29.	2.651	2.847	C시
2019.2.1. ~ 2019.6.29.	1.082	1.236	C시

※ 생산자물가상승률은 인근지역의 적정한 지가변동을 반영하고 있지 아니하다고 판단하여 검토 생략

〈자료 5〉 요인비교 자료

1. 지역요인 : 본건 및 공시지가 표준지, 매매사례 및 평가사례는 모두 인근지역에 소재하여 지역요인 대등함

2. 개별요인

(공시지가 표준지 : 1.00)

공시지가 표준지	본건 (연번 1)	매매사례		평가사례	
		가	나	ㄱ	ㄴ
①	1.00	1.04	1.08	1.00	1.12
②	0.95	0.98	0.95	0.95	0.95
③	4.00	4.10	4.05	4.00	4.00
④	0.90	0.92	0.97	0.90	1.00

※ 상기 개별요인 비교 자료는 도시계획시설 공원 저촉에 따른 제한을 반영하지 않은 수치이며 인근지역에 대한 매매사례 기타 평가사례 등에 대한 조사 결과, 도시계획시설 공원에 저촉된 것에 비해 저촉되지 아니한 상태로의 가치 상승률은 20%(임야)~80 %(대) 수준을 나타내고 있는바, 필요 시 공원 저촉 여부에 따른 추가 요인 비교를 행함

📖 출제영역

공 원

📖 답안작성 가이드

Ⅰ. 평가개요

　　ㅇㅇㅇ공원 조성사업에 따른 사업인정 전 협의보상 감정평가 건임(가격시점 : 2019.6.29.)

Ⅱ. 적용공시지가 선택

1. 「토지보상법 시행령」 제38조의2 검토

　　(1) 해당 공익사업의 면적이 20만㎡ 이상임

　　(2) 표준지공시지가 평균변동률과 C시 전체의 표준지공시지가 평균변동률 차이

　　　① 해당 공익사업지구 내 표준지공시지가 평균변동률

　　　　㉠ 표준지공시지가 '①' : 160,000/156,000≒2.564%

　　　　㉡ 표준지공시지가 '②' : 171,000/166,000≒3.012%

　　　　㉢ 표준지공시지가 '③' : 29,000/28,000≒3.571%

　　　　㉣ 평균변동률 : ('①'+'②'+'③')/3≒〈3.049%〉

② C시 전체의 표준지공시지가 평균변동률과의 차이
   시 전체의 표준지공시지가 평균변동률 7.216%와의 차이 〈3퍼센트 포인트 이상〉임
(3) C시 전체의 표준지공시지가 평균변동률보다 〈30퍼센트 이상 낮음〉
(4) 검토 결과 : 취득하여야 할 토지의 가격이 변동되었다고 인정됨 (개발손실 발생)

2. 적용공시지가 선택
「토지보상법」 제70조 제5항에 의거, 〈2018.1.1.〉 선택

Ⅲ. 비교표준지 선정

1. 사업구역 내·외 표준지 선정 여부
「토지보상법」 제70조 제5항이 적용되기 때문에, 사업구역 내·외 어떤 경우에도 비교표준지에 해당 공익사업으로 인한 개발이익이 포함될 수 없음. 따라서, 가장 근접하여 비교성이 높은 해당 사업구역 〈내〉에 있는 표준지를 선정함

2. 비교표준지 선정 : '자연녹지, 전' 기준 〈#①〉

Ⅳ. 시점수정치

1. 「토지보상법 시행령」 제37조 제3항 검토
해당 공익사업은 〈사업인정 전〉으로서, 「토지보상법 시행령」 제37조 제3항 제3호의 요건을 충족할 수 없음(공고 이후 가격시점까지 변동률<5%)

2. 시점수정치 (2018.1.1. ~ 2019.6.29., C시 녹지지역) : 〈1.04202〉

Ⅴ. 지역요인 비교

인근지역으로서 〈1.000〉

Ⅵ. 개별요인 비교

1. 공원 저촉 보정
   (1) 대상토지의 공원 저촉 보정
       「토지보상법 시행규칙」 제23조 제1항에 의거, 제한이 없는 상태를 상정함
   (2) 비교표준지의 공원 저촉 보정
       ① 2018.1.1.자 비교표준지에 공원 저촉이 되어 있는지 여부
          2018.1.1.자 이후 ㅇㅇㅇ공원 조성사업이 조성되었으나, 주어진 자료 3 비고란에 사업구역 내 공원 100% 저촉이 되어 있다고 제시된 점 등을 고려하여, 2018.1.1.자 비교표준지에도 공원 저촉이 있는 것으로 판단함
       ② 비교표준지의 공원 저촉 보정
          ㉠ 매매사례 '#가' 기준 대상토지 가격
             280,000×1.02847×1.000×0.962*)≒@277,000
             *) 개별요인 비교 : 1.00/1.04
          ㉡ 매매사례 '#나' 기준 대상토지 가격
             360,000×1.03892×1.000×0.926*)≒@346,000
             *) 개별요인 비교 : 1.00/1.08
          ㉢ 비교표준지의 공원 저촉 보정 : '㉡'/'㉠'≒〈1.25〉로서, 임야 20%와 대 80% 범위 내의 적정한 수치라 판단함

2. 개별요인 비교 : 1.00×1.25=〈1.25〉

Ⅶ. 그 밖의 요인 보정

1. 그 밖의 요인 보정 격차율 산정

(1) 보상선례 등의 선정 기준

「토지보상법」 제70조 제5항을 적용하였으므로, 공람공고일인 〈2018.1.10.〉 이전의 보상선례 등을 선정하여야 하나, 해당 공익사업의 시행에 따른 가치의 변동이 반영되어있지 아니하다고 판단하여, 이에 구애 없이 선정함

(2) 보상선례 등의 선정 : '자연녹지, 전' 기준 〈#ㄴ〉

(3) 그 밖의 요인 보정치≒〈1.72〉

$$\frac{380,000 \times 1.03112 \times 1.000 \times 0.714^{*)}}{156,000 \times 1.04202}$$

*) 개별요인 비교 : $(1.00/1.12) \times (1.00/1.25)$

2. 매매사례 분석 등을 통한 검증

(1) 매매사례의 선정 : '자연녹지, 전, 당해 사업으로 인한 영향 없는 매매사례' 기준 〈#나〉

(2) 매매사례 기준한 그 밖의 요인 보정치≒〈1.70〉

$$\frac{360,000 \times 1.03892 \times 1.000 \times 0.741^{*)}}{156,000 \times 1.04202}$$

*) 개별요인 비교 : $(1.00/1.08) \times (1.00/1.25)$

3. 그 밖의 요인 보정

보상선례 등을 통한 그 밖의 요인 보정치는 매매사례 분석을 통해 그 타당성이 인정되는 바, 〈1.72〉로 결정하였음

Ⅷ. 감정평가액 결정

@156,000 × 1.04202 × 1.000 × 1.250 × 1.72 ≒ @349,000

$(\times 1,235\text{m}^2 = 431,015,000원)$

[참고] 비교표준지 ④ 기준

Ⅰ. 평가개요

○○○공원 조성사업에 따른 사업인정 전 협의보상 감정평가 건임 (가격시점 : 2019.6.29.)

Ⅱ. 적용공시지가 선택

1. 「토지보상법 시행령」 제38조의2 검토

    (1) 해당 공익사업의 면적이 20만㎡ 이상임

    (2) 표준지공시지가 평균변동률과 C시 전체의 표준지공시지가 평균변동률 차이

    ① 해당 공익사업지구 내 표준지공시지가 평균변동률

    ㉠ 표준지공시지가 '①' : 160,000/156,000 ≒ 2.564%

    ㉡ 표준지공시지가 '②' : 171,000/166,000 ≒ 3.012%

    ㉢ 표준지공시지가 '③' : 29,000/28,000 ≒ 3.571%

    ㉣ 평균변동률 : ('①'+'②'+'③')/3 〈3.049%〉

    ② C시 전체의 표준지공시지가 평균변동률과의 차이

    시 전체의 표준지공시지가 평균변동률 7.216%와의 차이 〈3퍼센트 포인트 이상〉임

    (3) C시 전체의 표준지공시지가 평균변동률보다 〈30퍼센트 이상 낮음〉

    (4) 검토 결과 : 취득하여야 할 토지의 가격이 변동되었다고 인정됨 (개발손실)

2. 적용공시지가 선택

    「토지보상법」 제70조 제5항에 의거, 〈2018.1.1.〉 선택

Ⅲ. 비교표준지 선정

1. 사업구역 내·외 표준지 선정 여부

「토지보상법」 제70조 제5항이 적용되기 때문에, 사업구역 내·외 어떤 경우에도 비교표준지에 해당 공익사업으로 인한 개발이익이 포함될 수 없음

공원저촉 등 공법상 제한 사항이 가장 유사한, 해당 사업구역 〈외〉에 있는 표준지를 선정함

2. 비교표준지 선정 : '자연녹지, 전' 기준 〈#④〉

Ⅳ. 시점수정치

1. 「토지보상법 시행령」 제37조 제3항 검토

해당 공익사업은 〈사업인정 전〉으로서, 「토지보상법 시행령」 제37조 제3항 제3호의 요건을 충족할 수 없음(공고 이후 가격시점까지 변동률<5%)

2. 시점수정치(2018.1.1. ~ 2019.6.29., C시 녹지지역) : 〈1.04202〉

Ⅴ. 지역요인 비교

인근지역으로서 〈1.000〉

Ⅵ. 개별요인 비교

〈자료 5〉 요인비교 자료 중 2. 개별요인 비교표에 따라 0.90

Ⅶ. 그 밖의 요인 보정

1. 그 밖의 요인 보정 격차율 산정

(1) 보상선례 등의 선정 기준

「토지보상법」 제70조 제5항을 적용하였으므로, 공람공고일인 〈2018.1.10.〉 이전의 보상선례 등을 선정하여야 하나, 해당 공익사업의 시행에 따른 가치의 변동이 반영되어 있지 아니하다고 판단하여, 이에 구애 없이 선정함

(2) 보상선례 등의 선정 : '자연녹지, 전' 기준 〈#ㄴ〉

(3) 그 밖의 요인 보정치 ≒〈1.44〉

$$\frac{380,000 \times 1.03112 \times 1.000 \times 1.000}{260,000 \times 1.04202}$$

2. 매매사례 분석 등을 통한 검증

(1) 매매사례의 선정 : '자연녹지, 전, 당해 사업으로 인한 영향 없는 매매사례' 기준 〈#나〉

(2) 매매사례 기준한 그 밖의 요인 보정치 ≒〈1.42〉

$$\frac{360,000 \times 1.03892 \times 1.000 \times 1.031^{*)}}{260,000 \times 1.04202}$$

*) 개별요인 비교 : 1.00/0.97

3. 그 밖의 요인 보정

보상사례 등을 통한 그 밖의 요인 보정치는 매매사례 분석을 통해 그 타당성이 인정되는 바, 〈1.44〉로 결정하였음

Ⅷ. 감정평가액 결정

@260,000 × 1.04202 × 1.000 × 0.900 × 1.44 ≒ @351,000

(× 1,235m² = 433,485,000원)

07 서울특별시 A구가 도시계획시설 도로개설사업으로 소유자 甲의 토지를 협의 취득하였으나 이후 당해 토지가 B공사가 시행하는 H택지개발사업에 편입되어 환매권이 발생하였다. 그러나 사업시행자가 원소유자 甲에게 환매권이 발생한 사실을 통지나 공고를 하지 아니하여 결국 환매권이 상실되었다. 이에 원소유자 甲은 환매권 발생 통지의무 해태로 인한 손해배상소송을 제기하였다. 원소유자 甲의 환매권 상실로 인한 손해액을 다음 물음에 따라 구하시오. (30점) 기출 25회

(1) 환매권 상실 당시의 토지 평가에 적용할 비교표준지 기호 및 적용 공시지가(연도)와 그 선정 이유 (5점)
(2) 환매권 상실 당시의 토지 평가금액 (5점)
(3) 환매권을 행사하였을 경우 반환하여야 할 환매금액 (15점)
(4) 환매권 상실로 인한 손해액 (5점)

〈자료 1〉 개요
1. 지급한 보상금액은 토지 56,700,000원, 지장물 5,400,000원이며, 환매 토지의 소유권이전일은 2001.9.20.임
2. H택지개발사업의 사업인정고시 의제일은 2007.10.27.임

〈자료 2〉 토지의 개황
1. 소재지 및 면적 : 서울특별시 A구 B동 119번지, 315m^2
2. 도로개설사업 편입 당시 : 전, 부정형, 완경사, 맹지
3. 가격조사완료일 : 2014.9.20.
4. 환매대상토지는 2004년 5월 중에 용도지역이 자연녹지지역에서 제2종일반주거지역으로 변경되었음

〈자료 3〉 표준지공시지가
1. 인근 표준지 공시지가의 특성항목

기호	소재지	지목	면적(m^2)	이용상황	용도지역	도로교통	형상지세
1	A구 B동 16	전	865	전	자연녹지	맹지	부정형 완경사
2	A구 B동 255-1	대	540	단독주택	자연녹지	세로(가)	부정형 평지
3	A구 B동 306	전	306	전	자연녹지	세로(가)	부정형 완경사
4	A구 B동 381-5	전	413	주거나지	2종일주	세로(불)	부정형 완경사
5	A구 B동 651	대	248	단독주택(다가구)	2종일주	세로(가)	가장형 평지
6	A구 C동 381-5	전	243	단독주택	2종일주	세로(가)	사다리 평지

(1) 기호 2, 4, 5 표준지공시지가는 도로개설사업에 따른 가격변동이 있는 것으로 조사되었음
(2) 기호 3, 5 표준지공시지가는 2004년 신규표준지임
(3) 기호 6 표준지공시지가는 환매 대상 토지와 용도지역, 지목 및 이용상황의 변경과정이 유사함

2. 인근 표준지 공시지가의 연도별 공시가격

기호	2001년	2002년	2007년	2008년	2011년	2012년
1	100,000	106,000	137,000	129,000	145,000	158,000
2	200,000	210,000	283,000	270,000	300,000	330,000
3	—	—	170,000	165,000	185,000	202,000
4	270,000	284,000	380,000	370,000	410,000	450,000
5	—	—	530,000	510,000	570,000	620,000
6	360,000	380,000	500,000	490,000	550,000	600,000

〈자료 4〉 지가변동률(서울특별시 A구)

기 간	변동률(%)	
	주거지역	녹지지역
2001.1.1. ~ 2001.9.20.	0.100	0.200
2001.1.1. ~ 2007.10.27.	0.300	0.400
2001.1.1. ~ 2011.9.20.	3.500	4.500
2007.1.1. ~ 2007.10.27.	−0.001	−0.002
2007.1.1. ~ 2011.9.20.	5.000	7.000

〈자료 5〉 지역요인 및 개별요인 비교

1. 본건 토지와 표준지공시지가 기호 1 ~ 기호 6은 인근지역에 위치하므로 지역요인은 대등함
2. 개별요인비교치

구 분	표준지1	표준지2	표준지3	표준지4	표준지5	표준지6
개별요인 비교치	1.010	1.020	1.030	1.040	1.050	1.060

〈자료 6〉 그 밖의 요인 보정치

본건 평가에 적용할 그 밖의 요인 보정치는 표준지공시지가 기호 1 ~ 기호 6 공히 1.30으로 산정되었음

〈자료 7〉 기 타

1. 환매대상 토지는 환매권 상실 당시 H택지개발지구에 편입되어 조성공사중인 바 지적확인이 곤란한 상태이며, 인근의 표준적인 이용상황은 주거용(다가구주택)임
2. 상기의 B공사는 「공공기관의 운영에 관한 법률」 제5조 제4항 제1호의 공공기관임
3. 상기의 H택지개발사업은 「공익사업을 위한 토지 등의 취득 및 보상에 관한 법률」 제4조 제5호에 규정된 공익사업임

출제영역
환매권

답안작성 가이드

Ⅰ. 평가개요
원소유자 甲의 환매권 상실로 인한 손해액 산정

Ⅱ. [물음 1] 환매권 상실 당시 비교표준지 선정 (5)
  1. 환매권 상실 시점 : 2011.9.20.
     도로개설사업 편입 토지가 취득일부터 10년 이내 택지개발사업에 편입되어 당초 사업에 필요 없게 됨. 「토지보상법」 제91조 제1항에 따라 환매권 상실시점은 취득일부터 10년 후 같은 법 제91조 제6항에 따라 현재 환매권 행사가 가능할 수 있으나 본 문제는 환매권 상실을 전제함

  2. 적용공시지가 : 2007년도
     택지개발사업의 사업인정고시 의제일인 2007.10.27. 이전 최근 공시지가

  3. 비교표준지 선정 : 기호 5
     해당 사업과 무관한 용도지역 변경(2종 일주), 인근 표준적인 이용상황의 주거용(다가구주택) 표준지

  4. 선정이유
     환매 대상 토지가 다른 공익사업에 편입되는 경우 그 다른 공익사업에 편입되는 토지의 경우와 같은 기준 적용

Ⅲ. [물음 2] 환매권 상실 당시의 토지 평가금액 (5)

  @530,000 × 1.05000 × 1.000 × 1.050 × 1.30 ≒ @760,000
                시$^{*1)}$ (×315m² = 239,400,000)

  *1) 시점수정(2007.1.1 ~ 2011.9.20, A구 주거)

Ⅳ. [물음 3] 환매권 행사 시 반환할 환매금액 (15)
  1. 개 요
     환매권 행사 대상은 토지에 한함

  2. 인근 유사토지의 지가변동률
    (1) 표본지 선정 : 기호 6
        환매 대상 토지와 용도지역 등 변경과정이 유사한 표준지
    (2) 취득 당시 표본지 가격(2001.9.20.)

        @360,000 + (@380,000 − @360,000) × 263/365 ≒ @374,000
         2001   2002   2001

    (3) 환매권 상실 당시 표본지 가격(2011.9.20.)

        @550,000 + (600,000 − 550,000) × 263/365 ≒ @586,000
                                          시$^{*2)}$

        *2) 시점수정(2011.1.1. ~ 2011.9.20.)
    (4) 인근 유사토지의 지가변동률
        '(3)'/'(2)' ≒ 1.56684

3. 환매권 행사 시 환매금액
   (1) 보상금×인근 유사토지 지가변동률
   @180,000×1.56684≒@282,000
   ※ 단가 : 56,700,000원 / 315m²
   (2) 환매 당시 토지 금액＝@760,000
   (3) 환매금액
   '(1)'＜'(2)'이므로
   @180,000＋(@760,000－@282,000)＝@658,000
   (×315m²＝207,270,000)

Ⅴ. [물음 4] 환매권 상실로 인한 손해액 (5)
   1. 개 요
      환매권 상실 당시 토지 평가금액－환매권 행사 시 환매금액
   2. 손해액
      @760,000－@658,000＝@102,000
      (×315m²＝32,130,000)

08 감정평가사 甲은 법원으로 부터 피고가 시행한 도시계획시설사업(이하 "공익사업"이라함)에 편입된 토지에 대하여 원고의 환매권 상실로 인한 손해액을 증명하기 위한 감정평가를 의뢰받았다. 관련 법규 및 이론을 참고하고, 제시된 자료를 활용하여 다음 물음에 답하시오. (20점) 기출 36회

(1) 환매권 상실 당시를 기준으로 한 목적물의 감정평가액을 구하시오. (10점)
(2) 손해액 산정을 위한 인근 유사 토지의 지가변동률을 구하시오. (10점)

〈자료 1〉 감정평가 대상의 확정

일련번호	소재지	지 번	면적(m²)	비 고
1	A시 B구 C동	100	700	토 지
2	A시 B구 C동	200	900	토 지

〈자료 2〉 법원 제시 기준일자

일련번호	소유권 상실일	환매권 발생일	환매권 상실일
1	2008.12.29.	2013.12.29.	2014.12.29.
2	2016.06.17.	2021.06.17.	2022.06.17.

〈자료 3〉 토지의 개황

1. 소유권 상실일 당시

일련번호	소재지	지번	지목	이용상황	용도지역	형상지세	도로접면
1	A시 B구 C동	100	전	주거기타	자연녹지	사다리형 평지	세로(가)
2	A시 B구 C동	200	전	주거나지	2종일주	가장형 평지	소로한면

2. 환매권 발생일 및 환매권 상실일 당시

일련번호	소재지	지번	지목	이용상황	용도지역	형상지세	도로접면
1	A시 B구 C동	100	전	주거기타	자연녹지	부정형 평지	소로한면
2	A시 B구 C동	200	전	주거나지	2종일주	부정형 평지	중로한면

3. 당해 공익사업으로 인해 토지 등의 가격이 변동된 것으로 조사됨

〈자료 4〉 표준지공시지가

1. 인근 표준지공시지가 특성항목

기호	소재지	지목	면적(㎡)	이용상황	용도지역	형상지세	도로접면
1	A시 B구 C동 60	전	700	전	자연녹지	부정형 평지	맹지
2	A시 B구 C동 80	전	500	전	자연녹지	부정형 평지	세로(가)
3	A시 B구 C동 120	전	400	주거기타	자연녹지	부정형 평지	세로(가)
4	A시 B구 C동 140	전	600	주거기타	자연녹지	부정형 평지	소로한면
5	A시 B구 C동 160	전	700	주거나지	2종일주	부정형 완경사	세로(불)
6	A시 B구 C동 180	전	600	주거나지	3종일주	가장형 평지	세로(가)
7	A시 B구 C동 220	전	900	주거기타	2종일주	부정형 평지	세로(가)
8	A시 B구 C동 240	전	800	주거나지	2종일주	부정형 평지	소로한면

주1) 기호 2, 4, 6, 8 표준지공시지가는 당해 공익사업에 따른 가격변동이 있는 것으로 조사됨
주2) 기호 1, 3, 5, 7 표준지공시지가는 당해 공익사업과 직접 관계가 없는 것으로 조사됨
주3) 기호 1, 2 표준지공시지가는 2013년, 기호 5, 8 표준지공시지가는 2021년 신규표준지임

2. 인근 표준지공시지가의 연도별 공시가격
   (1) 자연녹지지역 표준지공시지가

(원/㎡)

기호	소재지	2007. 01.01.	2008. 01.01.	2009. 01.01.	2013. 01.01.	2014. 01.01.	2015. 01.01.
1	A시 B구 C동 60	—	—	—	70,000	75,000	85,000
2	A시 B구 C동 80	—	—	—	45,000	50,000	55,000
3	A시 B구 C동 120	42,000	44,000	44,000	50,000	55,000	60,000
4	A시 B구 C동 140	100,000	102,000	102,000	110,000	115,000	120,000

(2) 주거지역 표준지공시지가

(원/m²)

기 호	소재지	2015. 01.01.	2016. 01.01.	2017. 01.01.	2021. 01.01.	2022. 01.01.	2023. 01.01.
5	A시 B구 C동 160	—	—	—	450,000	460,000	460,000
6	A시 B구 C동 180	167,000	174,000	175,000	240,000	250,000	230,000
7	A시 B구 C동 220	143,000	146,000	147,000	185,000	189,000	173,000
8	A시 B구 C동 240	—	—	—	310,000	320,000	300,000

〈자료 5〉 지가변동률(A시 B구)

기 간	지가변동률(%)	
	녹지지역	주거지역
2013.01.01.~2013.12.29.	6.00	5.00
2013.01.01.~2014.12.29.	10.00	8.00
2014.01.01.~2014.12.29.	4.00	3.00
2021.01.01.~2021.06.17.	5.00	4.00
2021.01.01.~2022.06.17.	8.00	6.00
2022.01.01.~2022.06.17.	3.00	2.00

〈자료 6〉 지역요인, 개별요인 및 그 밖의 요인

1. 본건 토지와 기호 1~8 표준지공시지가는 인근지역에 위치하므로 지역요인 대등함
2. 개별요인 및 그 밖의 요인 비교

구 분	표준지1	표준지2	표준지3	표준지4	표준지5	표준지6	표준지7	표준지8
개별요인	1.150	1.100	1.050	1.150	1.150	1.080	1.050	1.050
그 밖의 요인	2.00	2.00	2.00	2.00	3.00	3.00	3.00	3.00

주1) 개별요인과 관련된 수치(= 평가대상÷표준지)는 평가대상과 각각의 표준지를 비교하여 산정된 결과임
주2) 그 밖의 요인과 관련된 수치는 "표준지 기준 산정방식"에 의해 산정된 결과임
주3) 개별요인 및 그 밖의 요인과 관련된 수치는 본건 일련번호 1, 2 토지에 동일하게 적용됨

〈자료 7〉 기 타

1. 윤년은 고려치 않음
2. 인근 표준지공시지가의 특성항목은 연도에 따른 변동은 없음
3. 법원 확인 결과 일련번호 "1"토지는 2008.12.29.에, 일련번호 "2" 토지는 2016.06.17.에 협의취득에 따른 매매대금이 지급되었고, 같은 날 소유권이전등기를 마침

4. 가격조사완료일: 2025.07.12.
5. 산정단가는 백원 단위에서 반올림함
6. 인근 유사 토지의 지가변동률은 %로 표시하되 소수점 첫째자리에서 반올림함
   (예: 11.4% 상승 → 11% 상승, 11.6% 상승 → 12% 상승)
7. 상기자료 등은 법원, 감정평가사, 원고, 피고가 모두 확인하고 동의한 사항임

출제영역

환매권

답안작성 가이드

Ⅰ. [물음1] 환매권 상실 당시 기준 평가액 (10)

1. 일련번호 #1 (2014.12.29.)
   (1) 비교표준지 및 적용공시지가
       해당 사업으로 인한 가격변동 반영, 자연녹지, 주거기타 #4 선정함. (2014.1.1.적용)
   (2) 시점수정치(2014.1.1. ~ 12.29 녹지) : 1.04000
   (3) #1 평가액
       @115,000 × 1.04000 × 1.000 × 1.050 × 2.00 = @251,000
       (× 700㎡ = 175,700,000원)

2. 일련번호 #2 (2022.6.17.)
   (1) 비교표준지 및 적용공시지가
       해당 사업 인한 가격변동 반영, 2종일주, 주거나지 #8 선정 (2022.1.1. 적용)
   (2) 시점수정치(2022.1.1. ~ 6.17 주거) : 1.02000
   (3) #2 평가액
       @320,000 × 1.02000 × 1.000 × 1.050 × 3.00 = @1,028,000
       (× 900㎡ = 925,200,000원)

Ⅱ. [물음2] 인근유사토지 지가변동률 (10)

1. 일련번호 #1 (2008.12.29. ~ 2014.12.29.)
   (1) 표본지 선정 : 해당사업 무관, 자연녹지, 주거기타 #3
   (2) 취득당시 가격(08.12.29) : @44,000
   (3) 환매권상실 당시 가격(14.12.29) : @55,000 + (@60,000 - @50,000) × 363/365 = @60,000
   (4) 지가변동률 : 60 ÷ 44 - 1 = 36%

2. 일련번호 #2 (2016.6.17. ~ 2022.6.17.)
   (1) 표본지 선정 : 해당사업 무관, 2종일주, 주거기타 #7 선정
   (2) 취득당시 가격(16.6.17)
       @146,000 + (147,000 - 146,000) × 168/365 = @146,000
   (3) 환매권 상실 당시 가격(22.6.17)
       @189,000 + (@173,000 - @189,000) × 168/365 = @182,000
   (4) 지가변동률 : 182 ÷ 146 - 1 = 25%

09

감정평가사 甲은 철도건설사업과 관련하여 지하공간 사용에 따른 보상목적의 감정평가를 의뢰받았다. 관련 법규 및 감정평가이론을 참작하고 제시된 자료를 활용하여 다음의 물음에 답하시오. (40점) 〔기출 29회〕

(1) 감정평가사 甲은 대상토지의 지역요인을 분석하여 인근지역, 동일수급권, 유사지역의 범위를 판정하려고 한다. 인근지역의 개념과 판정기준에 대해 설명하고, 제시된 자료를 활용하여 표준지 기호 1과 기호 2, 보상선례 토지에 대해 각각 대상토지와 인근지역의 여부를 판정하시오. (10점)
(2) 지하공간 사용에 대한 보상금을 산정하기 위한 대상토지의 적정가격을 감정평가 하시오. (15점)
(3) 대상토지의 지하공간 사용에 대한 보상금을 산정하시오. (10점)
(4) 관련 법규상 지하공간 사용에 대한 보상금을 감정평가하는 기준의 문제점에 대해 설명하시오. (5점)

〈자료 1〉 공익사업에 관한 사항

1. 사업명 : ○○ ~ ○○간 철도건설사업
2. 사업시행자 : ○○공단
3. 사업추진일정
   (1) 기본계획의 수립·고시일 : 2017.2.2.
   (2) 보상계획 공고일 : 2017.8.8.
   (3) 실시계획승인·고시일 : 2018.6.6.
4. 권원확보방법 : 구분지상권 설정

〈자료 2〉 감정평가의 기본적 사항

1. 대상물건 : 경기도 B시 C동 산1번지의 지하터널 사용부분
2. 구분지상권 설정(예정)면적 : 1,200㎡
3. 감정평가목적 : 협의보상
4. 가격시점(기준시점) : 2018.6.1.

〈자료 3〉 대상토지에 관한 사항

1. 소재지 : 경기도 B시 C동 산1번지
2. 면적 : 12,000㎡, 지목 : 임야, 실제 이용상황 : 자연림
3. 토지이용계획 : 자연녹지지역, 도시·군계획시설 공원 저촉(100%)
4. 등기사항증명서의 확인사항 : 구분지상권이 설정됨
   (1) 구분지상권자 : ○○전력공사
   (2) 목적 : 154kV 가공 송전선로 건설
   (3) 범위 : 동측 토지 상공 30m에서 60m까지의 공중공간
   (4) 구분지상권 설정면적 : 1,800㎡, 존속기간 : 해당 송전선로 존속시까지
   (5) 구분지상권 설정일 : 2010.9.9.

〈자료 4〉 지하공간 사용에 관한 사항

1. 지하시설물의 유형 : 지하터널
2. 지하시설물의 크기 : 높이 3m, 너비 8m
3. 토피 : 대상토지가 완경사로서 위치마다 토피가 다르며, 최소 15m ~ 최대 22m임(사업시행자에게 질의한 결과 평균 토피는 18m임)
4. 지하시설물 사용기간 : 지하터널 존속시까지

〈자료 5〉 표준지공시지가 자료

기호	소재지	면적 (m²)	지목	이용 상황	용도 지역	도로 접면	형상 지세	공시지가(원/m²) 2017년	공시지가(원/m²) 2018년
1	경기도 B시 C동 산11	10,000	임야	자연림	자연 녹지	맹지	부정형 완경사	62,000	66,000
2	경기도 E시 F동 산20	12,500	임야	자연림	자연 녹지	세로 (불)	세장형 완경사	58,000	60,000

※ 표준지 기호 1은 도시·군계획시설 공원에 100% 저촉함
※ 표준지 기호 2는 도시자연공원구역에 100% 저촉함
※ 도시·군계획시설 공원 또는 도시자연공원구역에 저촉하는 표준지의 경우 해당부분에 대해 공시지가의 감정평가 시 40%의 감가율을 적용함
※ 표준지 기호 1과 표준지 기호 2에는 154kV 가공 송전선로 건설로 인한 구분 지상권이 설정되어 있음

〈자료 6〉 지가변동률 자료

1. 경기도 B시

구 분		지가변동률(단위 : %)		
		2017년 (누계)	2018년 (1월~4월 누계)	2018년 4월 (당월)
용도지역별	자연녹지	2.010	0.890	−0.005
이용상황별	임야	2.110	0.990	−0.003

※ 2018년 5월 이후 지가변동률은 미고시 상태임

2. 경기도 E시

구 분		지가변동률(단위 : %)		
		2017년 (누계)	2018년 (1월~4월 누계)	2018년 4월 (당월)
용도지역별	자연녹지	2.120	1.008	0.002
이용상황별	임야	2.450	0.990	−0.002

※ 2018년 5월 이후 지가변동률은 미고시 상태임

〈자료 7〉 보상선례 자료

1. 소재지 : 경기도 E시 F동 산50번지
2. 공익사업의 종류 : 송전선로 건설사업(철탑부지)
3. 권원확보방법 : 소유권 취득
4. 보상액 : 80,000원/m²
5. 가격시점(기준시점) : 2018.5.1.
6. 면적 : 15,000m², 지목 : 임야, 실제 이용상황 : 자연림
7. 토지이용계획 : 자연녹지지역, 도시자연공원구역(100%)
8. 도시자연공원구역에 저촉하는 토지는 보상목적의 감정평가 시 40%의 감가율을 적용함

〈자료 8〉 토지의 지역요인에 관한 자료

1. 경기도 B시 C동과 E시 F동은 서로 지리적으로 접하고 있음
2. 대상토지, 표준지 기호 1과 기호 2, 보상선례 토지는 서로 대체·경쟁관계가 성립하고 가격(가치)형성에 서로 영향을 미치고 있음
3. 대상토지, 표준지 기호 1과 기호 2, 보상선례 토지는 모두 완경사의 국도주변 야산 지대에 속하고, 소나무와 활잡목이 혼재한 자연림지대로서 가격(가치)형성요인 중 지역요인이 같거나 유사하며 가격(가치)수준이 동일함
4. 대상토지와 표준지 기호 1이 속한 B시 C동과 표준지 기호 2와 보상선례 토지가 속한 E시 F동 사이에는 중앙분리대가 있는 왕복 4차선의 국도가 개설되어 있음

〈자료 9〉 토지의 위치도

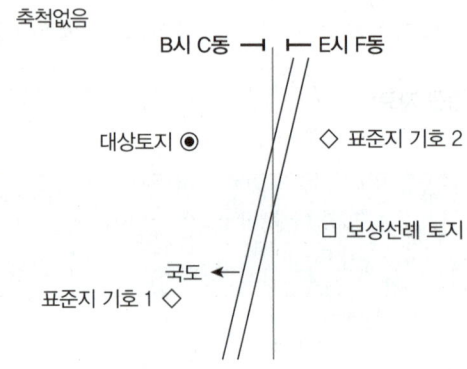

〈자료 10〉 토지의 개별요인에 관한 자료

각 토지의 개별요인에 관한 자료는 다음의 표와 같으며, 세항목별 격차율은 감정평가사가 판단할 사항임

구 분	대상토지	표준지 기호 1	표준지 기호 2	보상선례 토지
면 적	12,000㎡	10,000㎡	12,500㎡	15,000㎡
취락과의 거리	500m	750m	750m	750m
도로의 상태	폭 3m	맹 지	폭 3m	맹 지
방 위	동 향	남 향	동 향	동 향
경사도	14°	10°	10°	14°
형 상	세장형	부정형	세장형	부정형
용도지역	자연녹지지역	자연녹지지역	자연녹지지역	자연녹지지역
도시·군 계획시설	공원(100%)	공원(100%)	없 음	없 음
도시자연 공원구역	없 음	없 음	저촉(100%)	저촉(100%)
구분지상권(설정면적)	설정(1,800㎡)	설정(1,500㎡)	설정(2,500㎡)	없 음

⟨자료 11⟩ 구분지상권의 감가율

154kV 가공 송전선으로 인한 구분지상권이 설정된 임야(임지)는 주변의 시장조사 결과 필지별로 선하지의 면적비율에 따라 다음과 같이 토지가 감가되는 것으로 조사됨

구 분	선하지 면적비율		
	10% 미만	10% ~ 20% 미만	20% ~ 30% 미만
토지 감가율	15%	20%	25%

⟨자료 12⟩ 입체이용률 배분표

구 분	저층시가지	주택지	농지·임지
건물 등 이용률(α)	0.75	0.70	0.80
지하부분 이용률(β)	0.10	0.15	0.10
그 밖의 이용률(γ)	0.15	0.15	0.10
(γ)의 상하배분비율	1 : 1 ~ 3 : 1	1 : 1 ~ 3 : 1	1 : 1 ~ 4 : 1

※ 이용저해심도가 높은 터널 토피 20m 이하의 경우에는 (γ)의 상하배분비율을 최고치를 적용함

⟨자료 13⟩ 심도별 지하이용저해율 표

한계심도	30m		20m	
체감율(%) 토피심도(m)	p	β×p 0.15×p	p	β×p 0.10×p
0 ~ 5 미만	1.000	0.150	1.000	0.100
5 ~ 10 미만	0.833	0.125	0.750	0.075
10 ~ 15 미만	0.667	0.100	0.500	0.050
15 ~ 20 미만	0.500	0.075	0.250	0.025
20 ~ 25 미만	0.333	0.050	—	—

※ p는 심노별 시하이용효율

⟨자료 14⟩ 한계심도에 관한 사항

1. 한계심도는 주택지는 30m, 농지 및 임지는 20m임
2. 한계심도를 초과하는 경우 보상율은 1.0% 이하임

출제영역
지하공간

답안작성 가이드

Ⅰ. [물음 1] 인근지역 (10)
   1. 인근지역의 개념과 판정기준
      (1) 인근지역의 개념
         ① 인근지역의 정의 (「감칙」 제2조 제13호)
            인근지역이란, 대상부동산이 속한 지역으로서 부동산의 이용이 동질적이고 가치형성요인 중 지역요인을 공유하는 지역을 말함
         ② 인근지역의 요건
            '(i) 대상부동산이 속한 지역이라는 점, (ii) 지역의 실제용도에 따른 구분이라는 점(이용의 동질성), (iii) 가격수준이 동일한 지역이라는 점 등'을 요건으로 함
      (2) 인근지역의 판정기준
         토지의 용도적 관점에 있어서의 동질성을 기준으로 하되, 일반적으로 지형·지물 등 다음 각 호의 사항을 확인하여 인근지역의 범위를 정함
         ① 지반·지세·지질
         ② 하천·수로·철도·공원·도로·광장·구릉 등
         ③ 토지의 이용상황
         ④ 공법상 용도지역·지구·구역 등
         ⑤ 역세권, 통학권 및 통작권역
   2. 대상토지와 인근지역의 여부 판정
      (1) 인근지역의 요건으로 검토
         표준지 기호 1과 기호 2 및 보상선례 토지는 대상토지와 ① '자연림'으로 이용의 동질성이 있고, ② 가격(가치)수준이 동일함
         다만, '대상부동산이 속한 지역'이라면 〈대상과 지리적 근접성〉을 갖춘 일단의 지역이어야 함 이는 인근지역의 판정기준의 지형·지물 등으로 구분할 수 있음
      (2) 인근지역의 판정기준으로 검토
         중앙분리대 있는 왕복 4차선 국도(도로)를 경계로 〈대상토지, 표준지 기호 1〉과 〈표준지 기호 2, 보상선례 토지〉로 구분됨. '인근'은 이웃한 가까운 곳이라는 의미를 갖고 있는 바, 인근지역을 하기와 같이 구분함
         ① 인근지역 : 대상토지, 표준지 기호 1
         ② 동일수급권 내 유사지역 : 표준지 기호 2, 보상선례 토지

Ⅱ. [물음 2] 대상토지의 적정가격 (15)
   1. 가격시점(기준시점) : 〈2018.6.1.〉
   2. 적용공시지가 선택
      (1) 취득하여야 할 토지의 가격이 변동되었는지(「토지보상법 시행령」 제38조의2)
         대상물건은 〈철도사업〉에 편입되었는 바, 토지의 가격이 변동되었다고 볼 수 없음
      (2) 적용공시지가 선택
         사업인정 의제일(2018.6.6.) 이전 협의보상으로서, 가격시점 당시 공시된 공시지가 중 가격시점과 가장 가까운 시점에 공시된 공시지가인 〈2018.1.1.〉임

3. 비교표준지 선정 : '인근지역, 자연녹지, 자연림' 기준 〈#1〉

4. 시점수정치(2018.1.1. ~ 2018.6.1.)
   (1) 인근 시·군 또는 구의 지가변동률 적용 여부(「토지보상법 시행령」 제37조 제3항)
       대상물건은 〈철도사업〉에 편입되었는 바, 비교표준지가 소재하는 시·군 또는 구의 용도지역별 지가변동률을 적용함
   (2) 시점수정치(경기도 B시, 자연녹지)
       $1.00890 \times (1 - 0.00005 \times 32/30) ≒ 1.00885$

5. 지역요인 비교 : 인근지역으로서 〈1.000〉

6. 개별요인 비교
   (1) 접근조건
       ① 취락과의 거리
          대상토지(500m)는 비교표준지(750m) 대비 취락과의 거리가 가까워 우세함
       ② 도로의 상태
          대상토지(폭 3m)는 비교표준지(맹지) 대비 도로의 상태에서 우세함
       ③ 접근조건
          전반적으로 우세함(1.05)
   (2) 자연조건
       대상토지(동향, 14°, 세장형)는 비교표준지(남향, 10°, 부정형)와 대등함
   (3) 행정적조건
       ① 도시·군계획시설
          도시·군계획시설은 〈수용의 목적〉이 되는 사업으로서, 대상토지는 도시·군계획시설의 제한을 받지 아니한 상태를 기준함 1.00/0.60 ≒ 〈1.67〉
       ② 구분지상권
          대상토지 구분지상권 설정면적 15%, 비교표준지는 나지상정, 구분지상권 미반영
          $0.80/1.00 ≒ 〈0.80〉$
       ③ 행정적조건 : ('①' + '②') - 1 ≒ 〈1.47〉
   (4) 기타조건 : 〈1.00〉
   (5) 개별요인 비교 : 1.05(접근) × 1.00(자연) × 1.47(행정적) × 1.00(기타) ≒ 〈1.544〉

7. 그 밖의 요인 보정치
   (1) 보상 평가선례등의 선정 : '인근지역 내 유사지역, 자연녹지, 자연림' 기준
   (2) 그 밖의 요인 보정치 ≒ 〈1.20〉
       $$\frac{80,000 \times 1.00002^{*)} \times 1.000^{**)} \times 1.000^{***)}}{66,000 \times 1.00885}$$

   *) 시점수정치 (2018.5.1. ~ 2018.6.1. E시) : $1 + 0.00002 \times 32/30$
   **) 지역요인 비교 : 가격수준 동일 및 대체·경쟁관계로서 〈1.000〉으로 판단함
   ***) 개별요인 비교
       • 접근조건, 자연조건, 기타조건 : 대등함
       • 행정적조건 : 도시·군계획시설 및 도시자연공원구역 감가 상쇄하여, 대등함

8. 대상토지의 적정가격
   @$66,000 \times 1.00885 \times 1.000 \times 1.544 \times 1.20 ≒$ @123,000
   $(\times 1,200\text{m}^2 = 147,600,000$원$)$

Ⅲ. [물음 3] 대상토지의 지하공간 사용에 대한 보상금 (10)

1. 개요
대상토지는 한계심도(20m) 내 평균 토피 18m로, 〈입체이용저해율〉을 곱하여 산정한 금액으로 보상함

2. 입체이용저해율
(1) 건물 등 이용 저해율
   대상토지는 〈임야〉로, 건물 등 이용 저해 없음
(2) 지하부분 이용 저해율 : 〈0.025〉
(3) 그 밖의 이용 저해율 : $0.1 \times (1/2) ≒ 0.05$
(4) 입체이용저해율 : '(1)' + '(2)' + '(3)' = 〈0.075〉

3. 대상토지의 지하공간 사용에 대한 보상금 (「토지보상법 시행규칙」 제31조 제1항)
$147,600,000 \times 0.075 = 〈11,070,000원〉$

Ⅳ. [물음 4] 관련 법규상 지하공간 사용에 대한 보상금 감정평가 기준의 문제점 (5)

1. 토피와 보호층의 정의 문제
토피가 깊을수록 보상금액은 낮아지고, 토피가 낮을수록 보상금액은 높아짐. 그런데, 토피에서 보호층까지 토지사용을 제한하여 실질적으로 토피는 보호층 상단이 됨에도, 현행 규정상 지하시설물 최상단에서 지표까지의 수직거리를 기준으로 보상하는 문제점이 있음

2. 추가보정률 산정 기준의 미비
대상토지 지하공간 사용 저해 시 토지소유자의 소유의사 감소나 부정적인 인식은 경제학적으로 수요측면에 부정적인 영향을 미치게 되고, 결과적으로 지가가 하락하는 경향을 초래할 수 있게 됨 그럼에도 선하지 보상과 차별적으로 쾌적성 저해, 시장성 저해, 기타 저해 등을 지하 공간 사용 보상에 반영하지 못하고 있는 점이 문제임

3. 영구사용 보상의 성격 문제
지하공간을 이용하여 보상을 하는 입장에서는 영구적 보상으로서 더 이상 보상을 하지 않는 것으로 판단함 반면, 보상을 받은 입장에서는 지하공간 이용시설의 내용연수 초과 시 보상 재계약을 함이 타당하다고 판단하기 때문에 보상 재계약 등의 규정 미비가 문제가 됨

4. 구체적인 산정 기준의 미비
(i) 한계심도를 초과하는 경우, (ii) 지하보상비가 1,000,000원 미달되는 경우 등에 있어 단순 계산식에 의해 보상하거나 필지 수, 토지소유자 수를 기준으로 관행적인 금액으로 보상하는 등 구체적인 산정 기준이 미비하다는 문제점이 있음

10 감정평가사 김공정은 택지개발사업과 관련하여 보상목적의 감정평가를 의뢰받았다. 관련법규 및 이론을 참작하고 제시된 자료를 활용하여 다음의 물음에 답하시오. (30점) 〔기출 26회〕

(1) 자료와 같은 내용의 구분지상권이 설정된 토지가 공익사업에 편입되어 해당 송전선을 철거하는 경우 보상목적의 구분지상권 감정평가방법에 대해 구체적으로 기술하되 각 방법의 장점과 단점도 포함하여 기술하시오. (10점)

(2) 주어진 자료를 활용하여 대상물건의 보상액을 구하되, 적용 가능한 방법을 모두 활용한 후 시산가액의 조정을 통해 구하시오. (20점)

<자료 1> 공익사업에 관한 사항

1. 사업명 : ○○지구 택지개발사업(공익사업 근거법 : 「택지개발촉진법」)
2. 사업지구면적 : 180,000㎡
3. 사업시행자 : G지방공사
4. 사업추진일정
   (1) 택지개발지구지정·고시일 : 2011.9.9.
   (2) 보상계획공고일 : 2012.2.20.
   (3) 실시계획승인·고시일 : 2013.4.4.

<자료 2> 감정평가의 기본적 사항

1. 대상물건 : 경기도 A시 B읍 C리 1번지의 구분지상권
2. 감정평가목적 : 보상
3. 기준시점 : 2015.9.2.

<자료 3> 구분지상권에 관한 사항

1. 구분지상권자 : H전력공사
2. 구분지상권의 목적 : 154kV 가공 송전선로 건설
   ※ 가공 송전선로 : 송전철탑을 통해 공중으로 설치한 송전선로
3. 구분지상권의 범위 : 경기도 A시 B읍 C리 1번지 토지 상공 15m에서 30m까지의 공중 공간(선하지 면적 : 300㎡)
   ※ 선하지면적은 구분지상권 설정면적을 말함
4. 구분지상권이 존속기간 : 해당 송전선로 손속 시까지
5. 구분지상권 설정일 : 2010.3.3.
6. 당시 보상액(구분지상권 설정대가) : 32,000,000원
7. 특약사항 : 존속기간 동안 구분지상권 설정대가의 증감은 없음
8. 기타사항 : 송전선로가 필지의 중앙을 통과함

<자료 4> 토지에 관한 사항

1. 소재지 : 경기도 A시 B읍 C리 1번지
2. 면적 : 300㎡, 지목 : 전, 실제 이용상황 : 전
3. 접면도로 : 폭 6m의 도로와 접함
4. 토지이용계획의 변동사항
   (1) 2010.1.1. ~ 2013.4.3. : 자연녹지지역
   (2) 2013.4.4. ~ 2015.9.2. : 일반주거지역(택지개발사업으로 인해 변경)

〈자료 5〉 주변지역 현황

1. 구분지상권이 설정된 토지(경기도 A시 B읍 C리 1번지 토지) 주변은 송전선 건설 당시 농지지대에서 주택지대로 전환되는 중이었고(단독주택이 지속적으로 건설되고 있었음), 당시 인근지역에 속한 토지로서 ○○택지개발지구 인근의 지구 밖 토지 대부분은 기준시점 현재 단독주택부지로 이용하고 있음
2. 조사결과 기준시점 현재 ○○택지개발지구와 접한 지구 밖 토지의 표준적 이용은 2층의 단독주택부지이며, 주택의 표준적인 각 층의 층고는 3.5m임

〈자료 6〉 표준지 공시지가 자료

기호	소재지 지번	면적(m²)	지목	이용상황	도로교통	형상지세
가	B읍 C리 10	360	답	과수원	세로(불)	세장형 완경사
나	B읍 C리 250	280	대	주거나지	세로(가)	세장형 평지
다	B읍 D리 500	350	전	과수원	세로(가)	가장형 평지

※ 표준지 '가' ~ '다'는 모두 동일수급권내에 소재함

(계 속)

기호	용도지역	공시지가(원/m²)		비 고
		공시기준일	공시지가	
가	자연 녹지	2011.1.1.	300,000	○○지구 택지개발사업지구 내의 토지로 도시계획시설 도로에 40% 저촉함
		2013.1.1.	380,000	
	일반 주거	2015.1.1.	480,000	
나	자연 녹지	2011.1.1.	340,000	○○지구 택지개발사업지구 내의 토지로 가공 송전선으로 인해 구분지상권이 설정되어 있음
		2013.1.1.	420,000	
	일반 주거	2015.1.1.	500,000	
다	자연 녹지	2011.1.1.	300,000	○○지구 택지개발사업지구 밖의 토지로 가공 송전선으로 인해 구분지상권이 설정되어 있음
		2013.1.1.	360,000	
		2015.1.1.	500,000	

※ 도시계획시설 도로에 저촉하는 표준지의 경우 해당부분에 대해 20%의 감가율을 적용하여 공시하였음

〈자료 7〉 시점수정 자료 : 경기도 A시 지가변동률

기 간	지가변동률(단위 : %)	
	주거지역	녹지지역
2010.1.1. ~ 2010.12.31.(누계)	1.103	2.758
2011.1.1. ~ 2011.12.31.(누계)	2.154	3.085
2012.1.1. ~ 2012.12.31.(누계)	2.060	2.072
2013.1.1. ~ 2013.12.31.(누계)	2.058	2.085

2014.1.1. ~ 2014.12.31.(누계)	2.064	3.082
2015.1.1. ~ 2015.7.31.(누계)	−0.130	−0.120
2015.7.1. ~ 2015.7.31.(당월)	0.060	0.072

※ 2015년 8월 이후 지가변동률은 미고시 상태이며 2015년 7월 지가변동률과 동일하게 변동하는 것으로 추정함

〈자료 8〉 보상사례 자료

1. 보상물건 : 경기도 A시 B읍 D리 500번지[〈자료 6〉의 기호 '다' 토지임]의 구분지상권(구분지상권 설정일 : 2010.3.3.)
2. 보상사유 : 도시개발사업(사업인정고시일 : 2013.5.1., 사업지구면적 : 100,000㎡)에 편입되어 154kV 가공 송전선로 철거
3. 보상액 : 37,400,000원
4. 보상액 감정평가 시 기준시점 : 2015.7.31.
5. 구분지상권의 범위 : 경기도 A시 B읍 D리 500번지 토지 상공 16m에서 30m까지의 공중 공간(선하지 면적 : 280㎡)
6. 구분지상권의 존속기간 : 해당 송전선로 존속 시까지
7. 특약사항 : 존속기간 동안 구분지상권 설정대가의 증감은 없음
8. 기타사항 : 송전선로가 필지의 중앙을 통과함

〈자료 9〉 구분지상권의 가치형성요인 비교 자료 등

1. 조사결과 가공 송전선로를 위한 구분지상권의 가치는 해당 부지의 지역요인 및 개별요인, 송전선로로 인한 입체이용저해율 및 추가보정률(쾌적성 저해요인, 시장성 저해요인, 기타 저해요인), 선하지 면적에 영향을 받음
2. 조사결과 〈자료 8〉의 보상사례와 대상물건은 〈자료 10〉 및 〈자료 11〉의 내용과 같이 비교치가 산정됨
3. 조사결과 구분지상권의 가치는 지가변동률과 동일하게 변동함

〈자료 10〉 지가형성요인 비교 자료

1. 지역요인 비교치 : 표준지와 비교한 B읍 C리 1번지의 비교치

표준지 '가'	표준지 '나'	표준지 '다'
1.00	1.00	1.10

※ 비교치는 표준지공시지가의 공시기준일이 상이해도 동일하게 적용함

2. 개별요인 비교치 : 표준지와 비교한 B읍 C리 1번지의 비교치

표준지 '가'	표준지 '나'	표준지 '다'
1.10	0.90	1.00

※ 비교치는 표준지공시지가의 공시기준일이 상이해도 동일하게 적용함

3. 그 밖의 요인 보정치
   토지의 감정평가에 적용할 그 밖의 요인 보정치는 공시기준일에 상관없이 표준지 '가' ~ '다' 모두 1.30으로 적용함

〈자료 11〉 보정률 산정 자료

1. 건조물의 이격거리
   건조물은 가공전선의 전압 35kV 이하는 3m, 35kV를 초과하는 경우에는 초과하는 10kV 또는 그 단수마다 15cm를 가산한 수치씩 이격하여야 함

2. 주택지대의 층별효용지수
   1층 : 100, 2층 : 100

3. 입체이용률 배분표

구 분	건물이용률(α)	지하이용률(β)	그 밖의 이용률(γ)	γ의 상하배분비율
주택지대 · 택지후보지지대	0.7	0.15	0.15	3 : 1
농지지대	0.8	0.1	0.1	4 : 1

4. 추가보정률 산정기준표

구 분	추가보정률 적용범위		상·중·하 구분 기준
	주택지대 · 택지후보지지대	농지지대	
쾌적성 저해요인	상 : 10.0% 중 : 7.5% 하 : 5.0%	상 : 5.0% 중 : 4.0% 하 : 3.0%	송전선로의 높이를 기준으로 구분 적용 • 10m 이하 : 전압에 관계없이 '상' • 10m 초과 20m 이하 : 154kV 이하는 '중', 154kV 초과는 '상' • 20m 초과 : 754kV 이상은 '상', 345kV 이상은 '중', 154kV 이하는 '하'
시장성 저해요인	상 : 10.0% 중 : 7.0% 하 : 4.0%	상 : 7.0% 중 : 5.0% 하 : 3.0%	선하지면적비율 또는 송전선로의 통과 위치를 기준으로 구분 적용 • 선하지면적비율이 40%를 초과하거나 송전선로가 필지의 중앙을 통과하는 경우 : '상' • 선하지면적비율이 20%를 초과하거나 송전선로가 필지의 측면을 통과하는 경우 : '중' • 선하지면적비율이 20% 이하이거나 송전선로가 필지의 모서리를 통과하는 경우 : '하'
기타 저해요인	상 : 10.0% 중 : 6.0% 하 : 3.0%	상 : 8.0% 중 : 5.0% 하 : 3.0%	송전선로의 존속기간을 기준으로 구분 적용 • 존속기간이 30년을 초과하는 경우 : '상' • 존속기간이 10년을 초과하는 경우 : '중' • 존속기간이 10년 이하인 경우 : '하'

추가보정률 산정 기준 : 각 해당 항목을 가산하여 산정

〈자료 12〉 기타 자료

1. 일시금운용이율(또는 환원율) : 연 5.0%

📝 출제영역
구분지상권

📝 답안작성 가이드

Ⅰ. 평가개요

구분지상권에 대한 보상평가로 기준시점은 2015.9.2.임

Ⅱ. [물음 1] (10)

1. 과거 본건 구분지상권 계약을 기준으로 하는 방법
   (1) '과거 보상금 × 시점수정'(설정 당시 ~ 현재)의 산식이며,
   (2) 지급한 보상금상당액으로 결정하는바 가장 손쉬운 방법이라는 장점이 있으나,
   (3) 새로운 위치에 구분지상권을 설정해야 하는 구분지상권자에게 비용 대체가 되지 못하는 단점'이 있음

2. 최근 가공송전선로 구분지상권 보상선례를 기준하는 방법
   (1) 대상과 유사한 가공송전선로 '구분지상권 보상평가액 × 격차율'의 산식에 의하며,
   (2) 시장에서 협의 보상 완료된 사례인바 신뢰성이 높은 장점이 있으나,
   (3) 유사한 사례 포착이 어렵다는 단점이 있음

3. 새로이 구분지상권 설정을 상정하는 방법
   (1) '현재 토지가치 × 보정률'의 산식으로,
   (2) 새로운 위치에 구분지상권을 설정해야 하는 구분지상권자에게 비용의 대체가 이뤄진다는 장점이 있으나,
   (3) 토지가치 증가분이 구분지상권 보상평가액에 포함돼 토지소유자의 불만을 초래할 수 있고, 추가보정률은 선하지부분의 용익대가가 아닌 잔여지의 시장성 등 하락에 대한 보전성격인바 보정률이 과도하게 산정될 우려가 있음

4. 구분지상권 설정 유무에 따른 토지가액 차이에 의한 방법
   (1) 가공 송전선로 구분지상권이 설정된 토지와 설정되지 않은 토지 간 가격차이
   (2) 합리적으로 설득력이 높은 장점이 있으나,
   (3) 현실적으로 사례 포착이 어려움

5. 지료 차액에 의한 방법
   (1) 영구 보상금의 매년 지불액 수준과 정상적 지료 간 차액을 현가화하는 방법
   (2) 구분지상권 가치가 '0'이 될 수 있으며, 영구사용 기간 설정의 자의성이 있음

Ⅲ. [물음 2] (20)

1. 과거 본건 구분지상권 계약을 기준하는 방법
   (1) 과거보상금 : 32,000,000
   (2) 시점수정치(2010.3.3. ~ 2015.9.2.)
       구분지상권 가치의 변동이 지가변동률과 동일하게 변동하므로, 용도지역별 지가 변동률을 적용하되, 당해 사업에 의한 용도지역 반영치 않고 '녹지지역' 기준
       $(1 + 0.02758 \times \frac{304}{365}) \times 1.03085 \times 1.02072 \times 1.02085 \times 1.03082 \times (1 - 0.0012) \times (1 + 0.00072 \times \frac{33}{31}) ≒ 1.13220$
   (3) 구분지상권 보상액
       '(1)' × '(2)' = 36,230,400

2. 최근 가공송전선로 구분지상권 보상선례를 기준하는 방법
   (1) 보상선례 검토
      구분지상권 설정일, 전압, 수직범위, 선하지 면적, 기준시점 등 유사한바 적정함
   (2) 보상평가액

   $(37,400,000/280) \times \underset{시^{*1)}}{1.00079} \times \underset{지)}{1.100} \times \underset{개^{*2)}}{1.000} ≒ @147,000$ $(\times 300 = 44,100,000)$

   *1) 녹지지역(2015.7.31. ~ 2015.9.2.) $(1+0.00072 \times \frac{1}{31}) \times (1+0.00072 \times \frac{33}{31})$
   *2) 보정률 동일

3. 새로이 구분지상권 설정을 상정하는 방법
   (1) 기준시점 토지가치
      ① 적용공시지가
         택지개발지구지정고시일 이전 최근인 2011.1.1. 공시지가 선택
      ② 비교표준지
         녹지지역(당해 사업으로 인한 용도지역 변경 미 고려), 농경지, 사업지구 내 표준지 〈기호 '가'〉 선정
      ③ 시점수정(녹지지역, 2011.1.1. ~ 2015.9.2.)
         $1.03085 \times 1.02072 \times 1.02085 \times 1.03082 \times (1-0.0012) \times (1+0.00072 \times \frac{33}{31}) ≒ 1.10677$
      ④ 지역요인 : 1.000
      ⑤ 개별요인 : 1.100(도시계획시설저촉 등 반영된 수치로 봄)
      ⑥ 그 밖의 요인 : 1.30
      ⑦ 공시지가 기준가액
         $300,000 \times 1.10677 \times 1.000 \times 1.100 \times 1.30 ≒ @475,000$
         $(\times 300 = 142,500,000)$
   (2) 보정률
      ① 기본율(입체이용저해율, 택지후보지지대 기준)
         ㉠ 건물이용률 - 건조물의 이격거리 고려, 지상 2층 주택 이용에 저해 없음
         ㉡ 지하이용률 - 저해 없음
         ㉢ 그 밖의 이용률(공중부분 최대 배분 전제) : $0.15 \times 3/4 = 0.1125$ (11.25%)
         ㉣ 기본율 : 11.25%
      ② 추가보정률
         ㉠ 쾌적성 저해요인
            송전선로 높이(10 ~ 20) 및 전압 154kV 기준. '중' 해당 7.5%
         ㉡ 시장성 저해요인
            선하지 면적비율(100%) 및 송전선로 중앙 통과 고려. '상' 해당 10%
         ㉢ 기타 저해요인
            존속기간(영구) 고려. '상'에 해당 10%
         ㉣ 추가보정률 : 7.5% + 10% + 10% = 27.5%
      ③ 보정률 : 11.25% + 27.5% = 38.75%
   (3) 구분지상권 보상평가액
      $142,500,000 \times 38.75\% = 55,218,750$

4. 보상액 결정
   방법 '1'은 최저보상액, 방법 '3'은 최대보상액 성격이며, 본건과 구분지상권 설정시기, 전압, 수직범위 등이 유사한 적정 보상선례사례를 기준으로 한 방법 '2'가 가장 합리적이라고 판단되는 바, 방법 '2' 중심 44,100,000원으로 결정함

11 감정평가사 甲은 중앙토지수용위원회로부터 수용재결평가를 의뢰받았다. 관련 법규 및 이론을 참고하고, 제시된 자료를 활용하여 다음의 물음에 답하시오. (40점) 〔기출 35회〕

(1) 대상토지의 감정평가에서 〈자료 4〉의 연도별 표준지공시지가 중 적정한 비교표준지의 공시기준일을 정하고 그 근거를 제시하시오. (10점)

(2) 대상토지의 감정평가에서 적용할 지가변동률은 첫째, 비교표준지가 소재하는 해당 시·군·구의 용도지역별 지가변동률, 둘째, 해당 공익사업과 관계없는 인근 시·군·구의 용도지역별 지가변동률 중 어느 것인지를 결정하고 그 근거를 제시하시오. (10점)

(3) 대상토지에 대하여 시산가액에 대한 합리성 검토는 생략하고 보상평가액을 산정하시오. (10점)

(4) 대상지장물인 건물에 대한 보상평가액을 〈자료 10〉과 〈자료 11〉을 참고하여 산정하시오. (10점)

〈자료 1〉 평가개요

1. 의뢰인 : 중앙토지수용위원회위원장
2. 사업시행자 : ○○공사
3. 평가목적 : 수용재결
4. 평가의뢰일자 : 2024.6.1.
   제시된 가격시점(재결일) : 2024.7.1.
   사업인정고시일 : 2015.12.30.

〈자료 2〉 사업개요

1. 사업명 : ○○산업단지 재생사업지구 기반시설공사
2. 사업시행지의 위치 : A광역시 B구 C동 10번지 일원
3. 사업의 규모 : 500,000m²
4. 사업추진 경위
   - 2009.9.30. : 재생사업 우선사업지구 선정(국토교통부)
   - 2010.2.25. : ○○산업단지 재생계획 수립용역 착수
   - 2013.12.30. : 재생사업지구 지정(재생계획) 및 지형도면 고시
   - 2015.12.30. : 재생사업지구 지정(재생계획) 변경, 재생시행계획 승인 고시 및 지형도면 고시

〈자료 3〉 의뢰목록

1. 대상토지 목록

일련번호	소재지	지목	이용상황	전체면적(m²)	편입면적(m²)	용도지역	도로교통	형상지세	주위환경	피수용자
1	B구 C동 10	공장용지	공업용	990	990	일반공업	소로한면	사다리형 평지	기존 공장지대	乙

2. 지장물 목록

일련번호	소재지	물건의 종류	구조 및 규격	수량(m²)	사용승인일	등급	내용년수(년)	피수용자
가	B구 C동 10	공장	철골조 철골지붕틀 샌드위치판넬잇기	660	2012.3.2.	중급	40	乙

〈자료 4〉 사업지구 내 표준지공시지가 현황

기 호		1	2	3	4	5
소재지		B구 C동 70	B구 C동 100	B구 C동 200	B구 C동 300	B구 C동 400
면적 (m²)		850	450	600	290	1,800
지 목		공장용지	대	공장용지	공장용지	대
이용상황		공업용	주상용	공업용	공업용	공업용
용도지역		일반공업	일반공업	일반공업	일반공업	일반공업
도로교통		소로각지	중로한면	소로한면	세로(가)	중로한변
형상 지세		세장형 평지	세장형 평지	부정형 평지	세장형 평지	가장형 평지
연도별 표준지 공시지가 (원/m²)	2013.1.1	700,000	900,000	690,000	610,000	850,000
	2014.1.1	770,000	970,000	760,000	680,000	920,000
	2015.1.1	850,000	1,030,000	840,000	750,000	990,000
	2024.1.1	1,230,000	1,550,000	1,200,000	1,000,000	1,500,000

주1) 주위환경은 공히 기존공장지대임
주2) 대상토지와 지리적으로 인접한 정도는 기호 1, 2, 3, 4, 5번의 순서임

〈자료 5〉 A광역시 B구 전체 표준지공시지가의 평균변동률

구 분	2014년/2013년	2015년/2013년	2024년/2013년	2024년/2015년
	3.523%	7.179%	12.055%	11.412%

〈자료 6〉 지가변동률 현황
— A광역시

구 분	기 간	지가변동률(%)
A광역시 공업지역	2013.12.30. ~ 2024.7.1.	12.321(1.12321)
	2015.12.30. ~ 2024.7.1.	10.850(1.10850)

— A광역시 B구

구 분	기 간	지가변동률(%)
B구 공업지역	2013.1.1. ~ 2013.12.29.	3.795(1.03795)
	2013.12.30. ~ 2024.7.1.	36.158(1.36158)
	2015.1.1. ~ 2015.12.29.	3.662(1.03662)
	2015.12.30. ~ 2024.7.1.	19.450(1.19450)
	2024.1.1. ~ 2024.7.1.	0.225(1.00225)

— A광역시 B구와 인접한 인근 시·군·구

구 분	기 간	지가변동률(%)
C구 공업지역	2013.12.30. ~ 2024.7.1.	29.092(1.29092)
	2015.12.30. ~ 2024.7.1.	25.350(1.25350)
	2024.1.1. ~ 2024.7.1.	2.358(1.02358)

구 분	기 간	지가변동률(%)
D구 공업지역	2013.12.30. ~ 2024.7.1.	15.355(1.15355)
	2015.12.30. ~ 2024.7.1.	13.270(1.13270)
	2024.1.1. ~ 2024.7.1.	2.032(1.02032)

구 분	기 간	지가변동률(%)
E구 공업지역	2013.12.30. ~ 2024.7.1.	17.266(1.17266)
	2015.12.30. ~ 2024.7.1.	15.850(1.15850)
	2024.1.1. ~ 2024.7.1.	1.985(1.01985)

주1) 해당월의 지가변동률이 미고시된 경우에는 직전월의 지가변동률을 연장하여 적용함
주2) 생산자물가지수는 고려하지 않기로 함

〈자료 7〉 거래사례 현황

기 호	소재지	면적 (m²)	지 목	이용 상황	용도 지역	도로교통	형상지세	거래단가 (원/m²)	거래시점
가	B구 C동 30	780	공장 용지	공업용	일반 공업	소로한면	사다리 평지	1,600,000	2013.2.18.
나	B구 D동 55	950	공장 용지	공업용	일반 공업	소로각지	세장형 평지	2,400,000	2015.5.6.

주1) 기호 가)는 인근지역의 기존공장지대이고, 매수자가 양도소득세를 부담하는 조건으로 거래된 사례로 조사되며, 2013.2.18. ~ 2024.7.1.의 공업지역 지가변동률은 38.456%임
주2) 기호 나)는 인근지역의 기존공장지대이고, 특수관계인간의 거래로서 고가로 거래된 사례로 조사되며, 2015.5.6. ~ 2024.7.1.의 공업지역 지가변동률은 20.795%임

<자료 8> 평가사례 현황

기호	소재지	면적(㎡)	지목	이용상황	용도지역	도로교통	형상지세	보상가액(원/㎡)	가격시점	평가목적
다	B구 C동 330	880	공장용지	공업용	일반공업	소로한면	사다리평지	2,600,000	2021.12.25.	협의보상
라	D구 F동 100	1,100	공장용지	공업용	일반공업	소로한면	세장형평지	1,400,000	2022.5.30.	협의보상
마	E구 G동 180	1,050	공장용지	공업용	일반공업	소로한면	사다리평지	1,800,000	2022.7.25.	담보

주1) 기호 다는 인근지역의 기존공장지대로 ○○산업단지 재생사업지구 기반시설공사에 편입되어 협의보상이 완료된 사례이고, 2021.12.25. ~ 2024.7.1.의 공업지역 지가변동률은 3.456%임

주2) 기호 라는 동일수급권 유사지역의 기존공장지대로 ○○관리소 건설공사에 편입되어 협의보상이 완료된 사례이고, 해당 공익사업의 시행에 따른 가격의 변동이 반영되어 있지 않다고 인정되며 2022.5.30. ~ 2024.7.1.의 공업지역 지가변동률은 2.495%임

주3) 기호 마는 동일수급권 유사지역의 기존공장지대에 위치하며, 담보목적의 평가사례로서 2022.7.25. ~ 2024.7.1.의 공업지역 지가변동률은 2.793%임

<자료 9> 가치형성요인 비교자료

― 지역요인 격차율

비교표준지가 있는 지역의 표준적인 획지의 최유효이용과 사례가 있는 지역의 표준적인 획지의 최유효이용을 판정하여 비교함. B구 C동(비교표준지 소재)은 D구 F동(사례 소재)과 지역요인을 비교하였을 때 가로의 계통 및 연속성 등에서 5% 정도 우세하며, 산업도로 등과의 접근의 용이성에서 20% 정도 우세한 것으로 나타남.

그 외 지역 간 지역요인은 상호 대등한 것으로 판단됨

― 개별요인 격차율

토지용도		주거용	상업업무	주상복합	공업용
	주거용	1.00	1.43	1.20	0.98
	상업업무	0.70	1.00	0.84	0.69
	주상복합	0.83	1.19	1.00	0.82
	공업용	1.02	1.46	1.22	1.00

형상		정방형	(가로·세로)장방형	사다리형	부정형
	정방형	1.00	1.00	0.98	0.95
	(가로·세로)장방형	1.00	1.00	0.98	0.95
	사다리형	1.02	1.02	1.00	0.97
	부정형	1.05	1.05	1.03	1.00

도로접면		중로한면	중로각지	소로한면	소로각지	세로(가)	세각(가)
도로접면	중로한면	1.00	1.06	0.89	0.94	0.84	0.88
	중로각지	0.94	1.00	0.84	0.88	0.79	0.83
	소로한면	1.12	1.19	1.00	1.05	0.94	0.99
	소로각지	1.07	1.14	0.95	1.00	0.90	0.94
	세로(가)	1.19	1.27	1.06	1.12	1.00	1.05
	세각(가)	1.13	1.21	1.01	1.06	0.95	1.00

주) 격차율 자료를 이용한 요인 비교치 산정은 상승식을 적용할 것

〈자료 10〉 건물 재조달원가 자료

- 재생사업지구 인근에 대상건물과 유사하게 신축예정인 공장건물이 있다. 아래의 "공장건물 신축개요"와 "자본환원표"를 참고하여 산정한 재조달원가를 대상건물의 재조달원가로 적용할 것
- 공장건물 신축개요

구 분		내 용	비 고
도급금액		630,000,000원	
건축연면적		700m²	
건축구조		철골조 철골지붕틀 샌드위치판넬잇기	
건축공사계약일 및 공사기간		2024.7.1.부터 1년간	
도급금액 지급 일정	계약금	계약시 도급금액의 10%	소유자는 잔금을 준공시점에 건물을 담보로 대출 받아 지급할 예정임
	중도금	6개월 후 도급금액의 20%	
	잔 금	준공시점에 도급금액의 70%	
대출조건		대출이율 연 5.0%, 10년간 매월 원리금균등분할상환	
시장조건		시장이자율 연 6.0%	
상환계획		대출을 받고 4년 후의 시점에 미상환잔액을 일시에 상환하려고 함	

- 자본환원표
  ■ 이자율 연 5.0%

기간(월)	일시불내가계수	연금내가계수	감채기금계수	일시불현가계수	연금현가계수	저당상수
6개월	1.025262	6.062848	0.164939	0.975361	5.913463	0.169106
12개월	1.051162	12.278855	0.081441	0.951328	11.681222	0.085607
48개월	1.220895	53.014885	0.018863	0.819071	43.422956	0.023029
60개월	1.283359	68.006083	0.014705	0.779205	52.990706	0.018871
72개월	1.349018	83.764259	0.011938	0.741280	62.092777	0.016105
120개월	1.647009	155.282279	0.006440	0.607161	94.281350	0.010607

■ 이자율 연 6.0%

기간(월)	일시불내가계수	연금내가계수	감채기금계수	일시불현가계수	연금현가계수	저당상수
6개월	1.030378	6.075502	0.164595	0.970518	5.896384	0.169595
12개월	1.061678	12.335562	0.081066	0.941905	11.618932	0.086066
48개월	1.270489	54.097832	0.018485	0.787098	42.580318	0.023485
60개월	1.348850	69.770031	0.014333	0.741372	51.725561	0.019333
72개월	1.432044	86.408856	0.011573	0.698302	60.339514	0.016573
120개월	1.819397	163.879347	0.006102	0.549633	90.073453	0.011102

〈자료 11〉 건물의 감가수정 자료
- 대상건물의 감가수정액은 아래의 내용을 모두 참작하여 적용할 것
- 대상건물에 대하여 시간의 경과, 노후화 등에 따른 물리적 감가수정은 정액법을 적용하고, 경과연수는 연단위로 산정하며 잔가율 등은 고려하지 아니함
- 대상건물은 건축당시 층고가 낮게 설계되어 정상적인 임대료 대비 월임대료는 50원/m^2 낮은 실정이다. 이러한 문제에 관하여 조임대료승수(GRM : Gross Rent Multiplier)를 활용하여 감가수정액을 산정하며, GRM은 12를 적용하기로 함
- 대상건물은 인접한 혐오시설에 기인한 악취 등으로 인하여 정상적인 임대료 대비 월임대료는 100원/m^2 낮은 실정이다. 이 문제로 인한 임대료손실액 중 건물부분이 20%를 차지하는 것으로 판단된다. 환원율은 연 6%를 적용하기로 함

〈자료 12〉 기타 사항
1. 공시지가변동률 산정시 백분율로서 소수점 셋째자리에서 반올림하여 둘째자리까지 표시함
2. 지가변동률 산정시 백분율로서 소수점 넷째자리에서 반올림하여 셋째자리까지 표시함
3. 지역요인비교치 및 개별요인비교치는 소수점 넷째자리에서 반올림하여 셋째자리까지 표시함
4. 그 밖의 요인 보정치는 표준지 기준 산정방식을 적용할 것
5. 대상토지의 결정단가는 백원 단위에서 반올림하여 천원 단위까지 표시함
6. 대상건물의 재조달원가 및 감가수정액 등은 백원 단위에서 절사하여 천원 단위까지 표시함

출제영역

토지, 지장물

답안작성 가이드

Ⅰ. 평가개요
  1. 보상(수용재결) 목적의 감정평가로서, 공익사업을 위한 토지등의 취득 및 보상에 관한 법률(이하 토지보상법)에 근거함.
  2. 가격시점 2024.7.1.

[물음 1] 적용공시지가(연도별 공시지가) (10)

1. 2013.1.1.

2. 이유

토지보상법 제70조 제4항에 의거 사업인정고시일(2015.12.30.) 이전 공시지가(2015.1.1.)를 선택해야 하나, 토지보상법 제70조 제5항에 의거 해당 공익사업의 공고 또는 고시(재생사업지구 지정(재생계획) 및 지형도면 고시)로 인한 토지가격 변동 여부를 판단해야 함

(1) 가격변동 여부 요건 판단(토지보상법 시행령 제38조의2)

　가. 사업의 유형 : 선형사업 ×, 면형사업 ○

　나. 세부 요건

　　① 사업 면적 : 50만 제곱미터(사업구역) > 20만 제곱미터(기준 면적)

　　② 사업지구 내 표준지공시지가의 평균변동률과 B구 전체 표준지공시지가의 평균변동률 비교(3%p, 30% 이상 여부)

　　　㉠ 산정기간 : 2013.1.1. ~ 2015.1.1.

　　　㉡ 사업지구 내 표준지공시지가 변동률

$$\frac{\left(\frac{850,000}{700,000}-1\right)+\left(\frac{1,030,000}{900,000}-1\right)+\left(\frac{840,000}{690,000}-1\right)+\left(\frac{750,000}{610,000}-1\right)+\left(\frac{990,000}{850,000}-1\right)}{5}$$

$$=0.1941(19.41\%)$$

　　　㉢ B구 전체 표준지공시지가의 평균변동률 : 7.179%

　　　㉣ 비교

　　　　19.41% - 7.179% = 12.23%p (>3%p)이며, 19.41%/7.179% = 2.70(170%) (>30%) 임.

(2) 판단

해당 공익사업의 공고 또는 고시로 인해 사업지구 내 표준지공시지가 변동률이 B구 전체 표준지공시지가의 변동률과 비교할 때 〈3%p, 30%〉를 초과함으로써 토지 가격이 변동되었다고 판단되므로 해당 공익사업의 공고 또는 고시 이전 시점인 2013.1.1. 기준 공시지가 적용

[물음 2] 지가변동률 (10)

1. 시점수정치 산정기간

　2013.1.1. ~ 2024.7.1.

2. 지가변동률의 적용

(1) 비교표준지가 소재하는 시·군·구의 가격변동 판단(토지보상법 시행령 제37조)

　가. 사업의 유형 : 선형사업 ×, 면형사업 ○

　나. 세부 요건

　　① 사업 면적 : 50만 제곱미터(사업구역) > 20만 제곱미터(기준 면적)

　　② 해당 공익사업의 공고 또는 고시로 인한 비교표준지가 소재하는 B구의 지가 변동 여부(5%p, 30% 이상 여부)

　　　㉠ 산정기간 : 2013.12.30. ~ 2024.7.1.

　　　㉡ B구 공업지역 36.158%(>5%), $\frac{B구 : 36.158}{A시 광역시 : 12.321}$ (>30%)

(2) 판단

해당 공익사업의 공고 또는 고시로 인해 비교표준지가 소재하는 B구의 지가가 변동되었다고 판단〈5%p, 30%〉되므로 2013.12.30.부터 가격시점(2024.7.1.)까지는 인근 시군구의 용도지역별 평균지가변동률을 적용함

(3) 지가변동률의 적용

　① 2013.1.1. ~ 2013.12.29. : 비교표준지가 소재하는 해당 B구의 공업지역 지가변동률 적용

　② 2013.12.30. ~ 2024.7.1. : 해당 공익사업과 관계없는 인근 C, D, E구의 용도지역공업지역 평균지가변동률 적용

[물음 3] 토지 보상평가액 (10)

1. 처리방침
   - 토지보상법 제70조에 따라 공시지가기준법을 적용함

2. 토지 보상평가액
   1) 적용공시지가
      2013.1.1.
   2) 비교표준지 선정
      - 선정 : 용도지역(공업지역), 이용상황(공업용), 주변환경(기존공장지대), 지리적 위치, 면적 등이 동일/유사하여 비교가능성이 가장 높은 #1
      - 배제 : #2는 이용상황 등 상이, #3은 지리적 위치와 면적, #4 및 #5는 지리적 위치와 도로조건, 면적에서 #1에 비해 비교가능성 상대적으로 낮음
   3) 시점수정
      - 2013.1.1. ~ 2024.7.1.
      - 지가변동률 적용(생산자물가상승률 생략)
      (1) 적용 기준
         2013.1.1. ~ 2013.12.29. : 해당 B구의 공업지역 지가변동률 적용
         2013.12.30. ~ 2024.7.1. : 해당 공익사업과 관계없는 인근 C, D, E구의 용도지역별 평균지가변동률 적용
      (2) 시점수정치
         $(1+0.03795) \times (1+0.20571^{*1}) = 1.25147$ (25.147% 상승)
         *1) 인근 시군구 평균 : $(29.092 + 15.355 + 17.266)/3 = 20.571$
   4) 지역요인 비교 : 동일
   5) 개별요인 비교
      1.00(토지용도) × 0.98(형상) × 0.95(도로접면) = 0.931
   6) 그 밖의 요인 보정
      ① 사례의 선정
         - 선정 : 용도지역, 이용상황이 동일, 해당 공익사업의 시행에 따른 가격의 변동이 반영되지 않은 기호 '라' 선정
         - 배제 : #가는 양도소득세 보정 불가, #나는 고가거래 보정 불가, #다는 해당 사업이 보상선례, #마는 감정평가목적 상이로 배제
      ② 그 밖의 요인 보정치(표준지 기준 방식)
         $$\frac{1,400,000 \times 1.02495^{*1} \times 1.260^{*2} \times 1.050^{*3}}{700,000 \times 1.25147} ≒ 2.16^{*4}$$
         *1) 시점수정 : 2022.5.30. ~ 2024.7.1. D구 F동 공업지역
         *2) 지역요인 비교 : $1.05 \times 1.20 \times 1 = 1.260$
         *3) 개별요인 : 1.00(토지용도) × 1.00(형상) × 1.05(도로접면)
         *4) 소수점 이하 셋째자리 이하 절사함
   7) 토지 보상평가액
      $700,000 \times 1.25147 \times 1.000 \times 0.931 \times 2.16 ≒ 1,762,000 (\times 990 = 1,744,380,000)$

[물음 4] 건물 보상평가액 (10)
1. 처리방침
    1) 토지보상법 제75조에 따라 이전비와 건축물의 가격을 비교하여 보상평가액을 결정해야 하나, 이전비 자료가 주어지지 않아 건축물의 가격으로 평가함.
    2) 토지보상법 시행규칙 제33조 제2항에 따라 원가법 적용.

2. 재조달원가
    - (계약금＋중도금＋잔금)의 현재가치
    1) 계약금과 중도금의 현가
        $630,000,000 \times (0.1 + 0.2 \times 0.970518) = 185,285,268$
    2) 잔금(대출금액)의 현가
        (1) 대출기간(4년) 동안 저당지불액의 현재가치
            $630,000,000 \times 0.7 \times MC(10 \times 12, 5\%/12) \times PVAF(12 \times 4, 6\%/12) \times PVF(1년, 6\%)$
            $= 630,000,000 \times 0.7 \times 0.010607 \times 42.580318 \times 0.941905$
            $= 187,606,188$
        (2) 4년 후 상환시 미상환저당잔금의 현재가치
            $630,000,000 \times 0.7 \times (1 - \frac{(1+0.05/12)^{48}-1}{(1+0.05/12)^{120}-1}) \times PVF(5년, 6\%)$
            $= 630,000,000 \times 0.7 \times (1 - \frac{1.220895-1}{1.647009-1}) \times 0.741372$
            $= 215,322,915$
        (3) 소계 : 402,929,103
    3) 건축비의 현재가치(재조달원가)
        1)＋2)＋3) = 588,214,000원(백원 이하 절사)
    4) 대상물건의 재조달원가
        $588,214,000 / 700 \times 660 = 554,602,000$

3. 감가수정
    분해법에 따라 감가수정
    1) 물리적 감가수정(정액법)
        $554,602,000 \times 12/40 = 166,380,600$원
    2) 기능적 감가수정
        치유불가능 부족설비로, 신축시 비용은 주어지지 않아 고려치 않음
        $50 \times 660 \times 12월 \times 12 = 4,752,000$원
        *GRM 연기준으로 판단
    3) 경제적 감가수정
        $100 \times 660 \times 12 \times 0.2 / 0.06 = 2,640,000$원
        *순임대료 가정
    4) 감가수정액
        2)＋3)＋4) = 173,773,000원

4. 건물 보상평가액
    $554,602,000 - 173,773,000 = 380,829,000$원

제3절 지장물 보상평가

01 Y시로부터 보상평가 의뢰를 받고 다음과 같은 자료를 수집하였다. 보상평가 관련 제 규정에 의하여 적정 보상평가액을 산정하시오. (10점) 〔기출 17회〕

〈자료 1〉 감정개요

1. 사업명 : 근린공원조성사업
2. 평가대상
   ① 주택(토지는 시유지)

소재지	지번	건물구조	면적(m²)	신축일자
Y시 K동	10	목조 기와지붕 단층(한식구조)	100	1986.1.31.

   ② Y시 K동 12번지 지상 배나무 50주(근원경 10, 수고 4)
3. 사업인정 고시일 : 2006.2.5.
4. 가격시점 : 2006.8.27.

〈자료 2〉 당해 공공사업의 이주대책
1. 당해 공공사업에 편입된 주거용 건물 소유자에 대해 주택입주권 부여
2. 주택입주권 가치 : 30,000,000원

〈자료 3〉 이전공사비율

공사비내역 구조 및 용도	신축공사비 (원/m²)	이전공사비율				내용 연수
		해체 공사	운반 공사	보충 자재	재축 공사	
목조한식지붕틀 한식기와잇기 주택	630,000	0.142	0.030	0.168	0.538	45
목조지붕틀 시멘트기와잇기 주택	549,000	0.114	0.023	0.169	0.589	35
철골조철골지붕틀 칼라피복철판잇기 공장	524,000	0.168	0.014	0.170	0.502	35
통나무구조 -풀너치방식 주택-	988,000	0.086		0.064	0.277	45
통나무구조 -포스트앤빔 주택-	943,000	0.094		0.097	0.273	45
스틸하우스 -주택-	865,000	0.139	0.021	0.212	0.388	40

⟨자료 4⟩ 당해 공공사업지구 내 주택 거래사례

1. 사례물건 : Y시 K동 15번지 주택(토지는 시유지)
2. 사례건물 내용

건물구조	면적(m^2)	신축일자
목조 기와지붕 단층 (한식구조)	105	1985.12.5.

3. 거래가격 : 80,000,000원
4. 거래시점 : 2006.5.1.(거래이후 인근지역 주택가격 변동은 없음)
5. 건물개별요인 비교치(면적비교 제외) : 0.95

⟨자료 5⟩ 이식비 품셈표

규격	굴취		운반	상하차비(원)	식재		재료비	부대비용	수익액(원)	수목가격(원)
H2.0R6	조경공	보통인부	0.008	357	조경공	보통인부	(굴취비+식재비)의 10%	전체이식비의 20%	10,000	55,000
	0.11	0.01			0.11	0.07				
H3.0R8	조경공	보통인부	0.015	1,017	조경공	보통인부	(굴취비+식재비)의 10%	전체이식비의 20%	15,000	80,000
	0.19	0.02			0.23	0.14				
H4.0R10	조경공	보통인부	0.030	2,000	조경공	보통인부	(굴취비+식재비)의 10%	전체이식비의 20%	20,000	120,000
	0.30	0.04			0.40	0.25				

⟨자료 6⟩ 수목이식 관련자료

1. 정부노임단가 : 조경공 45,000원, 보통인부 30,000원
2. 구역화물자동차운임 : 43,000원(4.5t, 30km내)

⟨자료 7⟩ 수종별 이식적기 및 고손율

구분	이식적기	고손율	비고
일반사과	2월 하순 ~ 3월 하순	15% 이하	
왜성사과	2월 하순 ~ 3월 하순, 11월	20% 이하	
배	2월 하순 ~ 3월 하순, 11월	10% 이하	
복숭아	2월 하순 ~ 3월 하순, 11월	15% 이하	
포도	2월 하순 ~ 3월 하순, 11월	10% 이하	
감귤	6월 장마기, 11월, 12월 하순 ~ 3월 하순	10% 이하	그 밖의 수종은 유사수종에 준하여 적용
감	2월 하순 ~ 3월 하순, 11월	20% 이하	
밤	11월 상순 ~ 12월 상순	20% 이하	
자두	2월 하순 ~ 3월 하순, 11월	10% 이하	
호두	2월 하순 ~ 3월 하순, 11월	10% 이하	
살구	2월 하순 ~ 3월 하순, 11월	10% 이하	

출제영역
지장물

답안작성 가이드

Ⅰ. 평가개요
공익사업에 직접 필요하지 않은 지장물의 평가로서, 공익사업을 위한 토지 등의 취득 및 보상에 관한 법률(이하 '법') 제75조 등에 의해 적정 보상액을 평가함[가격시점(기준시점) 2006.8.27.]

Ⅱ. 주택 보상평가액

1. 이전비

    $630,000 \times (0.142 + 0.030 + 0.168 + 0.538) \times 100 = 55,314,000$

2. 건물가격

    (1) 원가법

    $630,000 \times \dfrac{25}{45} = @350,000$
    $(\times 100 = 35,000,000)$

    (2) 거래사례비교법

    $(80,000,000 - \underline{30,000,000}^{*)}) \times 1.00 \times 1.00 \times 1.00 \times \underline{0.95} \times \dfrac{100}{105} = 45,238,000$

    　　　　　　　주택입주권가치　　　　　　　　　잔가율 포함

    *) 당해 공공사업에 따른 주택입주권으로 인한 가격상승분은 제외함

    (3) 결정

    거래사례비교법에 의한 비준가액이 더 높으므로 45,238,000원으로 결정함(규칙 제33조 제2항 단서)

3. 보상액 결정

    이전비가 물건의 가격을 넘는 경우이므로 주택가격인 45,238,000원으로 결정함(법 제75조 제1항 단서)

Ⅲ. 배나무 보상평가액

1. 이전비(H4.0 R10)

    (1) 이식비

    $[\{45,000 \times (0.3+0.4) + 30,000 \times (0.04+0.25)\} \times 1.1 + 43,000 \times 0.03 + 2,000] \times 1.2 = @57,012$

    (2) 고손액 및 감수액

    $120,000 \times (\underline{0.1 \times 2}) + 20,000 \times (1-0.2) \times 2.2 = @59,200$
    　　　　　　*고손율(이식 부적기이므로 2배)

    (3) 합계

    $57,012 + 59,200 = @116,212$

2. 보상액 결정

    이전비가 물건의 가격(120,000원/주)을 넘지 않으므로 이전비로 보상함

    $116,212 \times 50 = 5,810,600$원

02 감정평가사 甲은 공익사업에 편입되는 물건에 대한 협의평가를 의뢰받았다. 관련 법규 및 이론을 참작하고 제시된 자료를 활용하여 적정보상액을 산정하시오. (10점) 〔기출 32회〕

〈자료 1〉 사업개요
1. 사업종류 : ○○도시계획도로사업
2. 사업명칭 : ○○ ~ △△ 도로 확·포장공사
3. 사업기간 : 실시계획인가고시일부터 2년 이내
4. 실시계획인가고시일 : 2020년 11월 30일

〈자료 2〉 감정평가 의뢰내역
1. 가격시점 : 2021년 8월 7일
2. 지장물 의뢰목록

일련번호	소재지 지번	물건종류	규격	수량	비고
1	○○동 151-6	조적조 (1, 2층 건물/상가)	일부편입	6m²	보수비 포함평가

〈자료 3〉 대상물건 현황

소재지 지번	구조	주용도	층별내역	사용승인일	비고
○○동 151-6	조적조	상가	1층 : 100m² 2층 : 100m²	2005.11.1.	일부편입으로 인한 벽체보수 면적 : 23.79m²

〈자료 4〉 재조달원가 관련 자료 등
1. 표준단가

분류번호	용도	구조	급수	표준단가 (원/m²)	내용연수
4-1-4-3	점포 및 상가	조적조	3	1,060,000	45

2. 부대설비 보정단가

항목	단가	비고
화재탐지설비	20,000원/m²	연면적기준
TV공시청설비	3,000원/m²	연면적기준
위생·급배수시설, 급탕설비	50,000원/m²	연면적기준 급탕설비 미설치 시 80%적용
소화설비(옥내소화전)	6,000,000원/개	—

3. 보수공사비

항 목	시장조사 내역	소유자 제시 내역
벽돌쌓기	800,000원/m^2	15,000,000원
테두리 보공사	1,300,000원	1,500,000원
보일러 보수공사	1,000,000원	2,000,000원
시설개선비	3,000,000원	3,500,000원
기타비용	제비용의 20%	제비용의 20%

〈자료 5〉 기타사항

1. 건물의 일부편입으로 인한 철거 시 시공하중에 대한 구조 안정성은 양호한 것으로 조사됨
2. 대상건물은 위생·급배수시설, 화재탐지시설, 옥내소화전(2개)가 설치되어 있음
3. 전체 건물 중 1층(창고) 및 2층(보일러실) 일부가 편입됨
4. 편입면적이 과소하여 보수 후 잔여건축물의 가격감소는 없음
5. 소유자는 건물보수공사 기술자로 소유자 제시 보수공사비 내역은 직접 공사할 경우 공사비임
6. 건물의 감가수정은 정액법(만년감가)을 적용하며, 적용단가 산정 시 백원 단위에서 반올림함

출제영역

잔여건축물

답안작성 가이드

Ⅰ. 감정평가 개요

　1. 가격시점 : 2021년 8월 7일

　2. 감정평가방법

　　(1) 일부 편입으로 인하여 "편입 부분"과 "잔여건축물 부분"으로 나누어 적정보상액을 산정함

　　(2) 잔여건축물 부분은 물건의 가격을 한도로 "가격감소＋보수비"를 산정함

Ⅱ. 적정보상액

　1. 편입 부분

　　(1) 재조달원가

　　　　$1,060,000 + 20,000 + 50,000 \times 80\% + 6,000,000 \times 2/200m^2 ≒ @1,180,000$

　　(2) 건물단가 : '(1)' × (30/45) ＝ @787,000

　　(3) 편입 부분 적정보상액 : '(2)' × $6m^2$ ＝ 4,722,000원

　2. 잔여 부분

　　(1) 가격감소 및 보수비

　　　① 가격감소 : 없음

　　　② 보수비(시장조사 기준/시설개선비 제외)

　　　　　$(800,000 \times 23.79m^2 + 1,300,000 + 1,000,000) \times 1.2 = 25,598,400$원

　　　③ 소계 : '①' ＋ '②' ＝ 25,598,400원

(2) 잔여건축물 부분의 물건의 가격

@787,000×(200−6)m²=152,678,000원

(3) 잔여 부분 적정보상액 : Min[(1), (2)]=25,598,400원

3. 적정보상액 결정

'(1)'+'(2)'=⟨30,320,400원⟩

제4절 영업손실 등 보상평가

01 감정평가사 L씨는 택지개발예정지구로 지정 고시된 지역의 보상에 대하여 중앙토지수용위원회로부터 이의재결평가 의뢰를 받았다. 보상 관련법규의 재규정 등을 참작하고 제시된 자료를 활용하여 보상액을 산정하시오. (40점) 〔기출 19회〕

(1) 〈자료 8〉을 활용하여 아래 조건에 따라 영업손실보상액을 산정하되, 구체적인 산출근거를 제시하시오.

① 영업허가를 득하고 영업장소가 적법인 경우

② 영업허가를 득하고 영업장소가 무허가 건축물인 경우

③ 무허가 영업이고 영업장소가 적법인 경우

④ 무허가 영업이고 영업장소가 무허가 건축물인 경우

〈자료 1〉 사업개요

1. 사업의 종류 : ○○택지개발사업
2. 택지개발사업 예정지구 공람·공고일 : 2006.4.5.
3. 택지개발사업 개발계획승인 고시일 : 2007.10.24.
4. 추가 세목고시일 : 2008.3.24.
5. 협의평가 가격시점 : 2008.5.21.
6. 재결일 : 2008.8.25.
7. 현장조사 완료일 : 2008.9.21.
8. 이의재결시점 : 2008.10.25.
9. 서울시 강남구, 동작구 및 성남시 수정구와 인접하고 있는 서울시 서초구는 당해 공익사업의 영향으로 지가변동률이 높게 나타나고 있음
10. 당해 사업지구의 용도지역이 기존에는 자연녹지(개발제한구역)였으나 공익사업시행에 따른 절차로서 제2종일반주거지역으로 변경되었음

〈자료 2〉 의뢰물건 내용

1. 토지조서

기호	소재지	면 적		지목	비고
		공부	편입		
1	서초구 신원동 210	450	350	대	
2	서초구 신원동 221	600	450	대	
3	서초구 신원동 230	2,000	2,000	임야	
4	서초구 신원동 240	900	900	전	

2. 지장물조서

기호	소재지	물건의 종류	구조·규격	수량	비고
가	신원동 210	주택	시멘트벽돌조 슬래브지붕 단층	$50m^2$	$20m^2$ 편입
나	신원동 210	점포	블록조 스레트지붕 단층	$40m^2$	전부편입
다	신원동 210	나라안경	-	1식	영업권

(중 략)

〈자료 8〉 영업보상관련자료

1. 대상건물의 임차인은 개인사업자로서 2003.12.1.부터 안경점을 운영하여 왔음
2. 영업이익에 관한 자료
   (1) 재무제표에 의한 영업이익 산정

(단위 : 원)

구 분	2004년	2005년	2006년	2007년
매출액	180,000,000	200,000,000	240,000,000	150,000,000
매출원가	87,000,000	95,000,000	113,000,000	65,000,000
판매 및 일반관리비	35,000,000	40,000,000	50,000,000	40,000,000

※ 2007년 매출액은 택지개발사업 개발계획승인이 고시됨으로써 매출액이 감소된 것으로 조사됨

   (2) 부가가치세 과세표준액 기준 매출액 등

구 분	매출액(원)	표준소득률(%)
2004년	110,000,000	20
2005년	120,000,000	20
2006년	150,000,000	20
2007년	90,000,000	20

   (3) 인근동종 유사규모 업종의 영업이익 수준
   대상물건을 포함한 인근지역 내 동종유사규모 업종의 매출액을 탐문조사한 바 연간 200,000,000원 수준이고 매출액 대비 영업이익률은 약30%인 것으로 조사되었음

3. 이전 관련자료
   (1) 상품재고액 : 30,000,000원
   (2) 상품운반비 : 3,000,000원
   (3) 영업시설 등의 이전비 : 2,000,000원
   (4) 상품의 이전에 따른 감손상당액 : 상품가액의 10%
   (5) 고정적 비용 : 임차인은 영업과 관련된 차량에 대한 자동차세 600,000원과 매달 임대료로 500,000원을, 종업원(소득세 원천징수 안함)은 2인으로서 각각 1,200,000원/월을 지급하고 있으며 휴업기간 중에는 1인만 필요함
   (6) 이전광고비 및 개업비 등 부대비용 : 2,000,000원
4. 기타자료
   (1) 제조부분 보통인부 노임단가 : 50,000원/일
   (2) 도시근로자 월평균 가계지출비

구 분	월평균 가계지출비
2인	2,500,000
3인	3,000,000
4인	3,500,000
5인	4,000,000
6인	4,500,000

   (3) 영업이익은 만원 단위에서 반올림하여 사정함

출제영역

영업보상

답안작성 가이드

Ⅰ. 처리방침

이의재결평가로 토지보상법(이하 "법") 등에 따라 각 물음에 답한다.

Ⅱ. 영업손실보상액
  1. (조건 ①) (영업허가 득하고 영업장소 적법)
   (1) 영업이익(만원 단위 반올림)
      ① 재무제표 기준(2007년 전 3년 평균)
         [(180−87−35)+(200−95−40)+(240−113−50)]/3 × 4/12개월 ≒ 22,200,000
      ② 과세표준액 기준 : (110+120+150)/3 × 0.2 × 4/12 ≒ 8,440,000
      ③ 인근 동종유사업종 기준 : 200,000,000 × 0.3 × 4/12 = 20,000,000
      ④ 최저 한도액 : 3,000,000 × 4개월 = 12,000,000
      ⑤ 결 정
         동종 유사업종과 균형, 최저 한도액 이상 재무제표 기준 22,200,000원
         (영업이익 감소액 22,200,000 × 0.2 = 4,440,000 < 1천만원)

(2) 고정적 비용 : 600,000×4/12+(500,000+1,200,000)×4=7,000,000
(3) 이전비 등 : 3,000,000+2,000,000+30,000,000×0.1=8,000,000
(4) 부대비용 : 2,000,000
(5) 보상액 : '(1)'+4,440,000+'(2)'+'(3)'+'(4)'=43,640,000

2. (조건 ②) (영업허가 득하고 영업장소 무허가건축물)
   (1) 법 시행규칙 제47조의6 임차인 보상 최고 한도액 1천만원+이전비 등
   (2) 보상액 : 10,000,000+8,000,000=18,000,000

3. (조건 ③) (무허가영업, 영업장소 적법)
   (1) 법 시행규칙 제52조 도시근로자 3인 가구 3개월분 가계지출비+이전비 등
   (2) 보상액 : 3,000,000×3개월+8,000,000=17,000,000원

4. (조건 ④) (무허가영업, 무허가건축물)
   (1) 보상대상 아님, 법 시행규칙 제55조 동산의 이전비 등 별도 보상
   (2) 보상액 : 8,000,000

02

감정평가사 甲은 A시 B구에서 시행하는 도시계획시설 도로 사업에 편입되는 주식회사K의 영업보상(휴업)에 대한 협의를 위한 감정평가를 의뢰받았다. 관련 법규 및 이론을 참작하고 제시된 자료를 활용하여 영업손실 보상액을 감정평가하시오. (10점) 기출 31회

〈자료 1〉 사업의 개요
1. 사업시행지 : A시 B구 C동 5-19번지 일원
2. 사업의 종류 : 도시계획시설(도로)사업 (중로5-24호선)개설공사
3. 사업시행자 : B구청장
4. 사업인정고시일 : 2020.1.24.
5. 가격시점 : 2020.9.19.

〈자료 2〉 사업 토지 및 영업장 개황

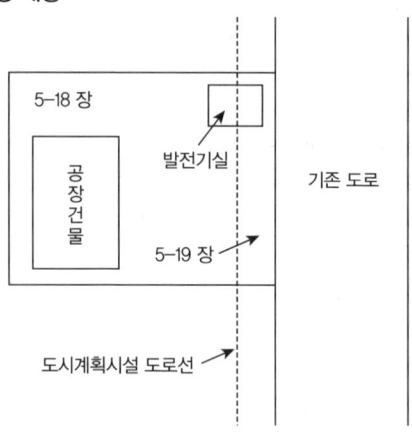

〈자료 3〉 관련자료

1. 주식회사K는 2012년 6월 경 개업하였으며, 최근 3년의 월평균 영업이익은 다음과 같음

구 분	2017년	2018년	2019년
월평균 영업이익	3,650,000	3,950,000	4,250,000

2. 발전기실
   (1) 구조 : 벽돌조 슬래브지붕
   (2) 연면적 : $9m^2$
   (3) 사용승인일 : 2012.5.24.

〈자료 4〉 기타 참고사항

1. 주식회사K는 「공익사업을 위한 토지 등의 취득 및 보상에 관한 법률(이하 "토지보상법") 시행규칙」 제45조의 영업손실의 보상대상 요건을 갖추었음
2. 주식회사K는 발전기실 철거 후 재설치 까지 공장가동이 불가능한 상태이며, 발전기실을 동일규모로 새로이 건축하고, 내부에 소재하는 발전기 및 그 부대설비를 이전 재설치 하는데 1개월이 소요될 예정임
3. 벽돌조 슬래브지붕의 발전기실을 신축하는데 통상 1,300,000원/m^2가 소요됨
4. 발전기실 내 발전기 및 그 부대설비를 이전 재설치하는데 3,500,000원이 소요되며, 시운전 비용 500,000원이 추가 소요됨
5. 도시근로자가구 월평균 가계지출비(3인 가구) : 4,233,829원
6. 영업규모 축소에 따른 영업용 고정자산, 원재료, 제품 및 상품 등의 매각에 따른 손실은 없음
7. 발전기실은 지장물 조서 목록에 별도로 조사되어 있음
8. 본 영업장의 이전에 따른 휴업보상액(「토지보상법」 제47조 제1항)은 25,000,000원임

출제영역

영업보상

답안작성 가이드

Ⅰ. 개 요
   1. 가격시점(기준시점) : 2020.9.19.
   2. 근거 규정 : 「토지보상법 시행규칙」 제47조 제3항

Ⅱ. 이전에 따른 휴업보상액(한도) : 25,000,000원

Ⅲ. 일부 편입에 따른 휴업보상액
   1. 설치기간의 영업이익
      (1) 최저 한도액 : 법인영업으로 "최저한도액"은 별도 고려하지 아니함
      (2) 설치기간의 영업이익
         (3,650,000＋3,950,000＋4,250,000)/3＝3,950,000원

2. 해당 시설의 설치 등에 통상 소요되는 비용
   (1) 발전기실 : 지장물 조서 목록에 별도 조사되어 있는 바, 휴업보상액에서 제외함
   (2) 해당 시설의 설치 등에 통상 소요되는 비용 : 3,500,000+500,000=4,000,000원

3. 영업규모의 축소에 따른 영업용 고정자산·원재료·제품 및 상품 등의 매각손실액 : 해당 사항 없음

4. 일부 편입에 따른 휴업보상액
   '1.'+'2.'=7,950,000원

Ⅳ. 영업손실 보상액의 결정
   이전에 따른 휴업보상액(25,000,000원)을 초과하지 않는바 일부 편입에 따른 휴업보상액인 "7,950,000원"으로 결정함

03

대한민국 정부와 중국 정부 간에 한중 어업협정이 체결됨에 따라 조업어장에서 어업활동에 제한을 받는 어업인의 폐업어선 등에 대한 지원사업으로 A호 어선에 대한 폐업지원금 산출 평가를 의뢰받은 감정평가사 L씨는 지원금 산출에 필요한 〈자료 1〉 내지 〈자료 7〉을 수집하였다. 이 자료를 활용하여 다음의 물음에 답하시오(가격시점 2001.8.1.). (10점)   기출 12회

(1) 어선어업(허가어업)의 취소 시 '① 보상평가 기준, ② 어선의 평가 방법, ③ 어선평가를 위한 기초자료'에 대하여 기술하시오.

(2) 아래의 조사된 자료를 이용하여 A호 어선에 대한 폐업지원금(손실보상금)을 산출하시오.

〈자료 1〉 선박의 개요

어선번호	1	어선명칭	A호
어선종류	동력선	선체재질	강
총톤수	79톤	주요치수(M)	길이 : 24.51 너비 : 6.70 깊이 : 2.65
무선설비	SSB 1기	어업종류	근해통발어업
추진기관	디젤기관 1대 (600마력)	형식 / 제작자 / 제작연월일 CAT3412DIT / ○○○ / '97.6월'	
최대승선인원	선원 : 12명, 기타의 자 : 0명, 계 : 12명		
선적항	○○시	조선지	○○시
조선자	××조선(주)	진수연월일	'97.7월'

〈자료 2〉 재조달원가 등
- ○○시에 소재하는 조선소에 어선의 재조달원가를 조사한 결과 강선은 4,500,000원/ton 수준이었음
- 선박의 주기관의 가격조사를 한 결과 평가대상 선박인 1,800rpm의 고속기관은 마력당 200,000원으로 조사되었음
- 의장품은 선박 건조 시 신품으로 장착하였고 재조달원가는 250,000,000원으로 조사되었음
- 어구는 2000년 6월에 구입하였으며, 재조달원가는 100,000,000원으로 조사되었음

〈자료 3〉 내용연수 및 잔존가치율

구 분	내용연수(년)	잔존가치율(%)
선체(강선)	25	20
기 관	20	10
의 장	15	10
어 구	3	10

〈자료 4〉 연도별 어획량

(단위 : kg)

1995년	1996년	1997년	1998년	1999년	2000년	2001년
114,000	111,000	112,000	114,000	110,000	112,000	79,000

〈자료 5〉 월별 판매 단가

〈2000년〉

월	1	2	3	4	5	6	7	8	9	10	11	12
단가(월/kg)	5,000	5,000	5,100	5,200	5,200	5,200	5,300	5,300	5,300	5,200	5,200	5,100

〈2001년〉

월	1	2	3	4	5	6	7	8	9	10	11	12
단가(월/kg)	5,300	5,400	5,400	5,400	5,400	5,300	5,300	5,300	—	—	—	—

〈자료 6〉 정률표

구 분 경과연수 \ 내용연수	잔존가치율(10%)			잔존가치율(20%)
	3	15	20	25
1	2/0.464	14/0.858	19/0.891	24/0.938
2	1/0.215	13/0.736	18/0.794	23/0.879
3	0.100	12/0.631	17/0.708	22/0.824
4		11/0.541	16/0.631	21/0.773
5		10/0.464	15/0.562	20/0.725
6		9/0.398	14/0.501	19/0.680
7		8/0.341	13/0.447	18/0.637
8		7/0.293	12/0.398	17/0.598
9		6/0.251	11/0.355	16/0.560
10		5/0.215	10/0.316	15/0.525
11		4/0.185	9/0.282	14/0.493
12		3/0.158	8/0.251	13/0.462
13		2/0.136	7/0.224	12/0.433
14		1/0.117	6/0.200	11/0.406
15		0.100	5/0.178	10/0.381
16			4/0.158	9/0.357
17			3/0.141	8/0.335
18			2/0.126	7/0.314
19			1/0.112	6/0.294
20			0.100	5/0.276
21				4/0.259
22				3/0.243
23				2/0.228
24				1/0.213
25				0.200

〈자료 7〉 기 타
- A호에 적용할 어업 경비율은 85%로 조사되었음
- 보상의 원인이 되는 "처분일"은 가격시점과 동일함
- 선체·기관의 단가, 평균 연간어획량, 평년수익액의 산정 시 1,000단위 미만은 버림

출제영역
어업보상

답안작성 가이드

Ⅰ. 평가개요
A호 허가어업 취소 보상평가 기준 등을 기술하고 손실보상금을 산출한다.

Ⅱ. [물음 1] 보상평가 기준 등
  1. 보상평가 기준
     법 제76조, 법 시행규칙 제44조, 수산업법 시행령 [별표 4]
     3년분 평년수익액＋어선·어구 또는 시설물의 잔존가액

  2. 어선의 평가방법
     「감칙」제20조의3 선체·기관·의장별 구분평가, 각각 원가법 적용

  3. 어선 평가를 위한 기초자료
     선박원부, 선박국적증서, 선급증서, 국제톤수증서, 선박검사증서, 선원명부, 선박등기사항전부증명서, 선박검사증서, 어업허가증, 선급협회가입증명서 등

Ⅲ. [물음 2] 보상평가액
  1. 평년수익액
     (1) 평균 연간어획량(처분일 전년도 기준 3년 소급)
         $(114,000＋110,000＋112,000)/3＝112,000$kg
     (2) 평균 연간판매단가[가격시점(기준시점) 현재 기준 1년 소급]
         $(5,300＋\cdots＋5,300)/12＝5,300$원/kg
     (3) 평년수익액 : $5,300 \times 112,000 \times (1－0.85)＝89,040,000$

  2. 시설물 등 잔존가액(정률법)
     (1) 어 선
         ① 선체 : $4,500,000 \times 79$톤$\times 0.773＝274,801,000$
         ② 기관 : $200,000 \times 600$마력$\times 0.631＝75,720,000$
         ③ 의장 : $250,000,000 \times 0.541＝135,250,000$
         ④ 소계 : '①'＋'②'＋'③'＝485,771,000
     (2) 어구 : $100,000,000 \times 0.464＝46,400,000$
     (3) 합계 : '(1)'＋'(2)'＝532,171,000

  3. 보상평가액 : '1.'×3년＋'2.'＝799,291,000

04 감정평가사 김공정 씨는 ○○ 택지개발사업지구로 지정고시된 지역의 보상에 대하여 중앙토지수용위원회로부터 이의재결 평가를 의뢰받았다. 관련법규를 참작하고 제시된 자료를 활용하여 다음의 물음에 답하시오. (20점) 기출 26회

(1) 관련법규에 의거 농업손실보상대상 여부를 검토하시오. (5점)
(2) 보상대상자별로 농업손실보상액을 산정하시오. (5점)

〈자료 1〉 사업의 개요

사업의 종류 및 명칭	사업시행자	사업 위치 및 면적
○○ 택지개발사업	한국 △△ 공사	K도 P시 A동 및 Y동 일원 245,050m²

1. 사업추진일정

택지개발사업 주민 등의 의견청취 공고일	2013.6.19.
택지개발지구지정·고시일	2014.1.2.
보상계획공고일	2015.2.5.
재결일	2015.8.25.
현장조사완료일	2015.9.19.
이의재결일	2015.10.5.

〈자료 2〉 의뢰물건 내용

1. 토지조서

기호	소재지 지번	지목	공부면적(m²)	편입면적(m²)	비고(소유자)
1	P시 A동 10	임	1,200	1,200	이대한

2. 물건조서

기호	소재지 지번	물건의 유형	물건의 종류	구조 및 규격	수량	단위
1-1	P시 A동 10	농업손실 보상	당근	-	1	식

〈자료 3〉 현장 조사내용

1. 〈자료 2〉의 기호1 토지는 토지소유자 이대한씨가 산지전용허가를 받지 아니하고 형질 변경하여 경작해오다 건강악화로 김민국과 임대차계약서를 작성하고, 2013년 2월부터 김민국 씨가 당근을 재배하고 있음
2. 이대한씨와 김민국 씨는 모두 해당지역에 거주하는 「농지법」에서 정하는 농민으로, 농업보상에 대한 협의가 성립되지 아니한 상태임
3. 〈자료 2〉의 기호1 토지는 차량통행이 불가능한 노폭 약 2미터의 비포장도로에 접해 있고, 남서하향의 약 15도의 경사지에 위치한 부정형의 토지임 한편, 용도지역은 계획관리지역임

(중 략)

〈자료 8〉 농업보상 자료

1. 통계청 농가경제조사 통계자료 (도별 연간 농가평균 단위경작면적당 농작물 총수입)

(단위 : 원, m²)

행정 구역	농작물 총수입(원)	경지면적 (m²)	농작물총수입/ 경지면적(원/m²)	2년분 농업손실보상액(원/m²)
K도	18,855,086	11,086.12	1,701	3,402

2. 실제소득인정기준에서 정하는 기관(농협)에서 발급받은 거래실적 자료

출하주	출하처	품 목	중량 (kg)	평균판매단가 (원/kg)	판매금액 (원)	발급 기관	비 고
김민국	L마트 외 4개소	당 근	6,521	1,050	6,847,050	농 협	연평균

※ 김민국 씨는 P시 A동 10번지 토지에서만 당근을 경작함

3. 농축산물 소득 자료집 중 작목별 평균소득

(기준 연1기작/1,000m²)

구 분	수량(kg)	단가(원)	금액(원)	비 고
조수입	4,184	832	3,481,088	—
생산비	—	—	1,595,346	종자비, 비료비 등
소 득	—	—	1,885,742	소득률 54.2%

〈자료 9〉 기타자료

(중 략)

 출제영역

농업손실보상

답안작성 가이드

Ⅰ. 평가개요

농업손실보상평가로 기준시점은 재결일인 2015.8.15.임

Ⅱ. [물음 1] (5)

1. 농업손실보상대상 여부

(1) 농업손실보상 제외사유(「토지보상법」 시행규칙 제48조 제3항)

① 사업인정고시일등 이후부터 농지로 이용되고 있는 토지, ② 토지이용계획·주위환경 등으로 보아 일시적으로 농지로 이용되고 있는 토지, ③ 타인소유의 토지를 불법으로 점유하여 경작하고 있는 토지, ④ 농민(농지법 제2조 제3호의 규정에 의한 농업법인 또는 농지법 시행령 제3조 제1호 및 동조 제2호의 규정에 의한 농업인)이 아닌 자가 경작하고 있는 토지, ⑤ 토지의 취득에 대한 보상 이후에 사업시행자가 2년 이상 계속하여 경작하도록 허용하는 토지로 규정하고 있음

(2) 농업손실보상 대상여부 검토

대상 토지는 상기 5가지 제외사유에 해당하지 않으며, 법제처 법령해석(11-073)에 의해 불법전용산지에 관한 임시특례 규정 적용 대상 여부와 무관하게 현황 농경지는 농업손실보상 대상이며, '예외적으로 산지로서의 관리 필요성 등 전반적인 사정을 고려할 때 손실보상을 하는 것이 사회적으로 용인될 수 없다고 인정되는 경우'에도 해당되지 않는바 농업손실보상 대상으로 판단됨

Ⅲ. [물음 2] (5)

1. 보상대상자별 농업손실보상액

(1) 농업손실보상액

① 도별 농가평균 단위경작면적당 농작물 총수입 기준
1,701 × 1,200 × 2년 = 4,082,400

② 실제소득기준
6,847,050 × 0.542 × 2년 = 7,422,202

③ 결정
실제소득(7,422,202)이 작목별 평균소득(1,885,742 × 1,200㎡/1,000㎡ × 2년 = 4,525,781)인바, 실제소득기준 7,422,202원

---

05 감정평가사 甲은 A군수로부터 「도로법」에 따른 도로에 편입되는 토지·지장물 등에 대한 협의보상평가를 의뢰받았다. 관련 법규 및 이론에 의거 제시된 자료를 활용하여 다음의 각 물음에 답하시오. (40점)　　　　　　　　　　　　　　　　　　　　　　　　　　　　　　　　　　　기출 33회

(1) 대상토지에 대한 보상액을 산정하시오. (단, 시산가액에 대한 합리성 검토는 하지 않음) (10점)

(2) 소유자 乙은 아래 자료와 같이 주거용 건축물을 신축하여 현재까지 거주하고 있다. 지장물 중 건축물에 대한 보상액을 산정하시오. (단, 건축물은 이전이 불가능하며, 이주대책 등은 고려하지 않음) (10점)

(3) 지장물 중 수목에 대한 보상평가방법을 설명하고, 소나무(관상수)에 대한 보상액을 산정하시오. (6점)

(4) 소유자 乙씨 부부(부부와 함께 동거하던 아들 1명은 현재 징집으로 인한 입영 중임)는 주거용 건축물이 공익사업에 편입됨으로 인하여 추가적으로 지급받을 수 있는 보상으로 이주대책, 주거이전비, 이사비 등이 있다. 하지만 사업시행자는 이주대책을 별도로 수립·실시하지 않는다고 한다. 공익사업의 시행으로 주거용 건축물을 제공함에 따라 생활의 근거를 상실하게 된 소유자 乙이 수령할 수 있는 보상액은 각각 얼마인가? (8점)

(5) 물건조서의 꿀벌(양봉), 닭(산란계)에 대하여 축산업의 손실에 대한 보상 평가를 하려고 한다. 영업손실의 보상대상인 영업의 일반적인 요건은 성립하는 것으로 가정한다. 꿀벌(양봉), 닭(산란계)에 대하여 〈자료 10〉을 토대로 축산업 손실보상의 대상여부를 판단하여 보상액을 산정하시오. (6점)

〈자료 1〉 평가의뢰 내역 등

1. 사업의 종류 : ○○~○○간 도로건설공사
2. 도로구역결정고시일 : 2021.12.31.
3. 사업시행자 : A군수
4. 보상평가의뢰일자 : 2022.6.1.
5. 제시된 가격시점 : 2022.7.31.
6. 현장조사완료일 : 2022.6.30.
7. 토지조서 및 대상토지특성

기호	소재지	지번	지목	현실이용	전체면적(m^2)	편입면적(m^2)	용도지역 및 지구	비고 도로교통	비고 형상지세	비고 기타
1	A군 B면 C리	106번지	대	단독주택	330	330	계획관리지역	세로(가)	사다리형 완경사	후면주택지대

※ 토지소유자 : 乙

8. 물건조서 및 대상건축물특성

기호	소재지	지번	물건의 종류	구조 및 규격	수량	비고 사용승인일	비고 등급	비고 내용연수
1	A군 B면 C리	106번지	단독주택	벽돌조 슬래브지붕 1층	$88m^2$	2017.7.1.	상급	50년
2	A군 B면 C리	106번지	부속창고	벽돌조 슬래브지붕 1층	$8m^2$	2017.7.1.	중급	45년
3	A군 B면 C리	106번지	야외화장실	벽돌조 슬래브지붕 1층	$3m^2$	2017.7.7	중급	45년
4	A군 B면 C리	106번지	소나무(관상수)	H3.5×W1.5×R15	1주			
5	A군 B면 C리	106번지	꿀벌(양봉)		30군			
6	A군 B면C리	106번지	닭(산란계)	70일령 이상	20마리			

※ 물건소유자 : 乙

〈자료 2〉 표준지공시지가

기호	소재지	지목	면적(m^2)	이용상황	용도지역	도로교통	형상지세	공시지가(원/m^2)	비고	공시기준일
가	A군 B면 C리 50번지	대	210	주상용	계획관리지역	세로(가)	부정형 평지	400,000	계획도로 저촉 10%	2021.1.1.
나	A군 B면 C리 50번지	대	210	주상용	계획관리지역	세로(가)	부정형 평지	450,000	계획도로 저촉 10%	2022.1.1.

기호	소재지	지목	면적(m²)	이용상황	용도지역	도로교통	형상지세	공시지가(원/m²)	비고	공시기준일
다	A군 B면 C리 65번지	대	300	단독주택	계획관리지역	소로한면	사다리형 평지	300,000	계획도로 저촉 25%	2021.1.1.
라	A군 B면 C리 65번지	대	300	단독주택	계획관리지역	소로한면	사다리형 평지	330,000	계획도로 저촉 25%	2022.1.1.

주1) 상기 표준지공시지가는 공히 대상토지와 인근지역에 소재함
주2) 표준지공시지가 기호 가), 나)는 주택상가혼용지대이고, 표준지공시지가 기호 다), 라)는 주택지대임.

〈자료 3〉 거래사례

기호	소재지	지목	면적(m²)	이용상황	용도지역	도로교통	형상지세	거래가액(원/m²)	거래일자
A	A군 B면 C리 42번지	대	160	상업용	계획관리지역	소로한면	사다리형 평지	700,000	2021.12.1.
B	D군 E면 F리 15번지	대	270	단독주택	계획관리지역	세로(가)	사다리형 완경사	390,000	2021.12.1.

주1) 거래사례는 대상토지 및 표준지공시지가와 동일수급권 유사지역 또는 인근지역에 소재하며, 공히 지역요인은 대등함.
주2) 거래사례는 거래당사자간의 사정이 개입되지 않은 정상적인 거래로 판단됨
주3) 거래사례 중 기호 A)는 주택상가혼용지대이고, 기호 B)는 후면 주택지대임.

〈자료 4〉 지가변동률

기 간	A군 계획관리지역 지가변동률(%)	비 고
2021.1.1. ~ 2021.12.31.(누계)	8.340	2021.12.1. ~ 2021.12.31. : 0.150%임
2022.1.1. ~ 2022.5.31.(누계)	5.270	
2022.5.1. ~ 2022.5.31.	0.132	

기 간	D군 계획관리지역 지가변동률(%)	비 고
2021.1.1. ~ 2021.12.31.(누계)	7.450	2021.12.1. ~ 2021.12.31. : 0.130%임
2022.1.1. ~ 2022.5.31.(누계)	5.070	
2022.5.1. ~ 2022.5.31.	0.145	

주1) 지가변동률은 용도지역별 지가변동률을 적용하며, 생산자물가지수는 고려하지 않기로 함
주2) 지가변동률은 2022년 6월 이후는 고시되지 않아서 5월 지가변동률을 연장·추정하여 적용함
주3) 지가변동률은 백분율로서 소수점 넷째자리에서 반올림하여 셋째자리까지 표시함

〈자료 5〉 토지 가치형성요인 비교자료

1. 접근조건
   1) 대상토지는 표준지 가), 나), 다), 라) 대비 각각 20% 열세함
   2) 표준지 가), 나), 다), 라)는 거래사례 A)와 대등, 거래사례 B) 대비 20% 우세함

2. 환경조건
   1) 대상토지는 표준지 가), 나) 대비 30%, 표준지 다), 라) 대비 10% 각각 열세함
   2) 표준지 가), 나)는 거래사례 A)와 대등, 거래사례 B) 대비 30% 우세함
   3) 표준지 다), 라)는 거래사례 A) 대비 30% 열세, 거래사례 B) 대비 10% 우세함
3. 기타 격차율 자료
   1) 토지이용상황

구 분	주거용	주상용	상업용
주거용	1.00	1.10	1.30
주상용	0.91	1.00	1.18
상업용	0.77	0.85	1.00

   2) 형 상

구 분	사다리형	부정형
사다리형	1.00	0.95
부정형	1.05	1.00

   3) 경 사

구 분	평 지	완경사
평 지	1.00	0.91
완경사	1.10	1.00

   4) 도로접면

구 분	세로가	소로한면
세로가	1.00	1.18
소로한면	0.85	1.00

   5) 도시·군계획시설

구 분	일 반	도 로
일 반	1.00	0.85
도 로	1.18	1.00

   ※ 도시·군계획시설에 대한 요인비교치는 소수점이하 셋째자리에서 반올림하여 둘째자리까지 표시함

〈자료 6〉 건축물 재조달원가 관련 자료

1. 표준단가

(원/m²)

용 도	구 조	상 급	중 급	하 급	내용연수
단독주택	벽돌조 슬래브 지붕	1,400,000	1,200,000	1,000,000	50년
창 고	벽돌조 슬래브 지붕	400,000	360,000	320,000	45년
화장실	벽돌조 슬래브 지붕	1,300,000	1,100,000	900,000	45년

※ 대상건축물 및 주거용 건축물 거래사례에도 동일하게 적용함

2. 단독주택 부대설비 보정단가

(원/m²)

구 분	위생·급배수설비	난방설비
보정단가	30,000	70,000

※ 대상건축물 및 주거용 건축물 거래사례에도 동일하게 적용함

〈자료 7〉 주거용 건축물 거래사례 자료 등

1. 주거용 건축물 거래사례

소재지	건축물 면적(m²)	이용 상황	구 조	사용 승인일	등 급	거래가액 거래일자	비 고
A군 B면 C리 200 번지	88	단독주택	벽돌조 슬래브지붕 1층	2017.6.1.	상 급	130,000,000원 2022.6.1.	건축물 일체의 거래임
	8	부속창고	벽돌조 슬래브지붕 1층	2017.6.1.	중 급		
	3	야외화장실	벽돌조 슬래브지붕 1층	2017.6.1.	중 급		

2. 건축물 가치형성요인 비교자료

가. 대상건축물은 주거용 건축물 거래사례 대비 현상 및 관리상태에서 5% 우세함

나. 건축비는 연간 6% 증가함

※ 건축비 상승률을 고려한 지수는 소수점 셋째자리에서 절사하여 둘째자리까지 표시함

다. 면적 등 기타 제반 가치형성요인은 대등함

〈자료 8〉 수목 보상평가 참고자료

1. 이식에 소요되는 비용은 다음과 같이 조사됨

(단위 : 주당)

구 분	굴취비	운반비	상하차비	식재비	재료비	부대비용	소 계
이식비	70,000	50,000	30,000	130,000	30,000	20,000	330,000

※ 이식은 물리적으로 가능한 것으로 판단됨

2. 수목의 취득가격은 400,000원/주 임
3. 고손율을 적용할 경우 20% 임
4. 감수율을 적용할 경우 이식1차년 : 100%, 이식2차년 : 80%, 이식3차년 : 40% 임

〈자료 9〉 이사비 등 보상 관련 참고자료

1. 가구원수에 따른 1년분의 평균생계비는 1인당 15,106,000원 임

※ 가구원수에 따른 1년분의 평균생계비=농가경제조사통계의 연간 전국평균 가계지출비÷가구당 전국평균 농가인구

2. 도시근로자가구의 가구원수별 월평균 명목가계지출비

구 분	1인 가구	2인 가구	3인 가구
월평균 가계지출비	2,277,700원	3,334,200원	4,665,400원

3. 이사비

주택연면적	이사비	비 고
66m² ~ 99m² 미만	1,540,000원	노임, 차량운임, 포장비 등 포함
99m² 이상	1,790,000원	노임, 차량운임, 포장비 등 포함

※ 연면적은 부속건축물을 합한 면적을 적용하기로 함

〈자료 10〉 축산업 관련 보상평가 참고자료

1. 축산업의 가축별 기준마리 수

가 축	기준마리수	가 축	기준마리수
소	5마리	닭	200마리
사슴	15마리	토 끼	150마리
염소·양	20마리	오 리	150마리
꿀 벌	20군	돼 지	20마리

※ 자료 : 「공익사업을 위한 토지 등의 취득 및 보상에 관한 법률 시행규칙」 [별표 3]

2. 꿀벌(양봉)
   가. 축산이익은 최근 3년간의 평균소득을 토대로 연간 240,000원/군 임
   나. 수송비는 5,000원/군 이고, 이전손실은 벌통폐사에 따른 손실, 채밀능력 저하 등으로 인한 손실, 이전시 유실 및 치사에 따른 손실 등을 고려할 때 25,000원/군 임(단, 그 외 추가적인 손실은 없는 것으로 함)

3. 닭(산란계)
   가. 축산이익은 최근 3년간의 평균소득을 토대로 연간 3,600원/수 임
   나. 수송비는 200원/수 이고, 이전손실은 산란율 저하로 인한 손실, 폐사율 증가로 인한 손실, 제반 사육경비 등을 고려할 때 1,300원/수 임(단, 그 외 추가적인 손실은 없는 것으로 함)

4. 기타 참고사항
   가. 도시근로자가구 월평균 가계지출비(3인 가구 기준)는 4,665,400원 임
   나. 휴업기간은 4개월로 함
   다. 영업이익감소액은 휴업기간에 해당하는 영업이익의 100분의 20으로 하되, 1천만을 초과하지 못함

〈자료 11〉 기타 사항

1. 지역요인비교치 및 개별요인비교치는 소수점 넷째자리에서 반올림하여 셋째자리까지 표시함
2. 그 밖의 요인 보정치는 표준지 기준 산정방식을 적용함
3. 대상토지의 결정단가는 백원 단위에서 반올림하여 천원 단위까지 표시함
4. 건축물의 감가수정은 정액법으로 하며, 경과연수는 연단위로 산정함
5. 건축물의 단가는 백원 단위에서 절사하여 천원 단위까지 표시함

출제영역
보상

답안작성 가이드
토지, 지장물(건축물, 수목), 생활보상, 축산보상액을 관련규정에 의해 평가한다.

I. [물음 1] 토지보상액 (10)

1. 개 요

단독주택으로 이용 중인 토지에 대한 보상평가로, 가격시점은 의뢰일(협의예정일로 추정)인 2022.7.31.임

2. 토지보상평가액

(1) 적용공시지가

「도로법」에 의한 사업인정의제일은 도로구역결정고시일(2021.12.31.)이므로, 사업인정고시일 전 최근 2021년 공시지가 적용

(2) 비교표준지

대상토지와 용도지역, 이용 상황이 동일하고 주위환경(주택지대)이 유사한 표준지 '다' 선정

(3) 시점수정

비교표준지가 소재하는 A군 계획관리지역 지가변동률 적용하며, 2022년 6월 이후 지가변동률이 미고시된바 최근 월인 2022년 5월 지가변동률 연장 적용함

$1.08340 \times 1.05270 \times (1 + 0.00132 \times 61/31) ≒ 1.14346$

(4) 지역요인

비교표준지가 대상 토지 인근지역에 위치하므로 대등

(5) 개별요인

- 가로(세로가/소로한면) : 0.85
- 접근 0.80
- 환경 0.90
- 획지(완경사/평지) : 0.91
- 행정(표준지 25% 도로저촉) : 1/(0.75 + 0.25 × 0.85)
- 개별요인 : 0.579

(6) 그 밖의 요인

정상적인 거래사례로서 주위환경이 유사한 기호 B 거래사례 기준

$$\frac{390,000 \times 1.05507^{*1)} \times 1.000 \times 1.649^{*2)}}{300,000 \times 1.14346} = 1.97$$

*1) 지가변동률(D군 계획관리지역 2021.12.1. ~ 2022.7.31.)

$1.00130 \times 1.05070 \times (1 + 0.00145 \times 61/31)$

*2) 개별요인(거래사례/표준지) : 1.18(가) × 1.2(접) × 1.1(환) × 1.1(획) × (0.75 + 0.25 × 0.85)(행)

(7) 공시지가기준평가액

$300,000 \times 1.14346 \times 1.000 \times 0.579 \times 1.97 ≒ @391,000원$

($\times 330m^2 = 129,030,000원$)

(8) 토지보상평가액

$@391,000 \times 330m^2 = 129,030,000원$

Ⅱ. [물음 2] 건축물보상액 (10)

1. 개 요

이전이 불가한바 물건의 가격으로 평가하되, 주거용 건물은 거래사례비교법에 의한 가액과 원가법에 의한 가액 중 큰 금액으로 평가하며, 최저보상액 이상으로 결정(부속창고 및 야외화장실을 주택의 일부로 판단)

2. 원가법에 의한 가액

(1) 단독주택

$[1,400,000 + (30,000 + 70,000)] \times (50-5)/50 = @1,350,000$

$(\times 88m^2 = 118,800,000)$

(2) 부속창고

$[360,000 \times (45-5)/45] ≒ @320,000$

$(\times 8m^2 = 2,560,000)$

(3) 야외화장실

$[1,100,000 \times (45-5)/45] ≒ @977,000$

$(\times 3m^2 = 2,931,000원)$

(4) 적산가액

$118,800,000 + 2,560,000 + 2,931,000 = 124,291,000$

3. 거래사례비교법에 의한 가액

$130,000,000 \times 1.01^{*1)} \times 1.05^{*2)} = 137,865,000$

*1) 시점수정 : $1 + 0.06 \times 2/12$

*2) 개별요인(잔가율 포함 전제)

(1) 건축물보상액

원가법 < 거래사례비교법 인바, 거래사례비교법에 의한 가액으로 결정함

$137,865,000 (> 6,000,000)$

Ⅲ. [물음 3] 수목보상액 (6)

1. 수목 평가방법

토지보상법 시행규칙 제37조에 의거 수종・규격・수령・수량・식수면적・관리상태・수익성・이식가능성 및 이식의 난이도 그 밖에 가격형성에 관련되는 제요인을 종합적으로 고려하여 아래와 같이 평가하되, 관상수는 과수의 평가에 대한 평가를 준용함(단, 감수액은 고려하지 않음)

A. 이식이 가능한 과수

가. 결실기에 있는 과수

(1) 계절적으로 이식적기인 경우 : 이전비와 이식함으로써 예상되는 고손율・감수율을 고려하여 정한 고손액 및 감수액의 합계액

(2) 계절적으로 이식적기가 아닌 경우 : 이전비와 (1)의 고손액의 2배 이내의 금액 및 감수액의 합계액

나. 결실기에 이르지 아니한 과수

(1) 계절적으로 이식적기인 경우 : 이전비와 가목(1)의 고손액의 합계액

(2) 계절적으로 이식적기가 아닌 경우 : 이전비와 가목(1)의 고손액의 2배 이내의 금액의 합계액

B. 이식이 불가능한 과수

가. 거래사례가 있는 경우 : 거래사례비교법에 의하여 평가한 금액

나. 거래사례가 없는 경우

(1) 결실기에 있는 과수 : 식재상황・수세(樹勢)・잔존수확가능연수 및 수익성 등을 고려하여 평가한 금액

(2) 결실기에 이르지 아니한 과수 : 가격시점까지 소요된 비용을 현재의 가격으로 평가한 금액

2. 소나무(관상수)보상액
    (1) 개 요
        물건의 가격 범위 내 이식비로 평가함
    (2) 이식비
        330,000＋400,000×20％＝410,000원/주
    (3) 물건의 가격
        400,000원/주
    (4) 소나무보상액
        이식비＜물건의 가격인바, 물건의 가격 400,000원/주로 평가함.

Ⅳ. [물음 4] 乙의 생활보상 (8)
    1. 이주정착금
        (1) 개 요
            이주대책을 수립하지 않은바, 주거용건축물 평가액의 30%(최소 1천2백만원, 최대 2천4백만원)로 결정함.
        (2) 산 정
            118,000,000×30％＞24,000,000원인바, 24,000,000원으로 결정

    2. 주거이전비
        (1) 개 요
            적법한 건축물의 소유자인바, 2개월의 주거이전비(도시근로자가구의 가구원수별 월평균 명목 가계지출비)로 산정하되, 실제 거주하지 않은 아들 1명 제외하고, 2인 기준 적용함
        (2) 주거이전비
            3,334,200×2개월＝6,668,400원

    3. 이사비
        부속건축물 포함 $99m^2$ 기준, 1,790,000원

    4. 이농비・이어비
        농민 또는 어민에 해당되지 않음.

    5. 생활보상
        24,000,000＋6,668,400＋1,790,000＝32,458,400원

Ⅴ. [물음 5] 축산보상 (6)
    1. 개 요
        등록대상 종축업 등이 아닌 것으로 보아, 가축별 기준마리수 이상여부로 휴업보상을 판단함

    2. 보상여부 판단
        꿀벌은 실제마리수(30군)＞기준마리수(20군)이며, 닭은 실제마리수(20)＜기준마리수(200)이나 가축별 기준마리수에 대한 실제 사육마리수의 비율의 합계가 1 이상이므로 휴업보상으로 판단됨.

    3. 휴업보상액
        (1) 개 요
            최저영업이익 및 영업이익감소액 적용치 않으며, 휴업기간 축산이익과 이전비상당액으로 결정
        (2) 휴업보상액
            (240,000×30＋3,600×20)×4/12＋[(5,000＋25,000)×30군＋(200＋1,300)×20]＝3,354,000

제5편
비가치추계 (컨설팅)

2026 시대에듀 감정평가사 2차 감정평가실무

CHAPTER 01 최고최선의 이용분석
CHAPTER 02 타당성 분석(투자의사결정)
CHAPTER 03 투자수익률
CHAPTER 04 그 밖의 컨설팅

CHAPTER 01 최고최선의 이용분석[319]

제5편 | 비가치추계(컨설팅)

> **핵심 키워드**
>
> 1. 개 관
> 2. 유형별 최고최선 이용 분석
> 3. 특수상황 하의 최고최선 이용
> 4. 그 밖의 경우

1. 개 관

공지나 개량부동산에 대해 합법적이며 합리적으로 이용이 가능한 대안 중에서 물리적으로 채택이 가능하고 최고의 수익성이 경험적인 자료에 의해 적절히 지지될 수 있으며 경제적으로도 타당성이 있다고 판명된 것으로서 최고의 가치를 창출하는 이용인 '최고최선의 이용'이 무엇인지를 분석하는 것이다. 최고최선의 이용과 관련된 '최선의 이용'과 '최고의 이용'을 정리하면 다음과 같다.

구분		상세	세부적 판단기준
최선의 이용	물리적 채택가능성	대상 토지가 의도하고 있는 토지이용에 물리적으로 적합한가 여부	• 공업용 – 하중지지력 • 상업용(쇼핑센터) – 부지의 모양과 지형 • 숙박시설 – 상수도, 하수도 이용가능성 • 고층건물 – 지반, 지질 〈토지보상평가지침 [별표 10]〉 건축가능층수기준표(단위 : 층) | 건축구분(층) \ 토피(m)	10	15	20	25 | |---|---|---|---|---| | 지상 | 12 | 15 | 18 | 22 | | 지하 | 1 | 2 | 2 | 3 |
	합법적 이용	현재 또는 가까운 미래시점의 지역 지구제, 환경기준이나 생태기준, 건축규제 등에 부합하는 이용	• 지역지구제 – 건축물의 용도, 건폐율, 용적률, 층수, 높이 기준 • 기타 공법상 규제 – 최소대지분할제한, 도로확보요건, 사선제한, 대지안의 조경 등
	합리적 이용	현재 또는 가까운 미래시점에 합리적으로 가능한 이용	• 수요, 공급 분석을 통한 흡수율 분석 • 경제적 타당성 여부
최고의 이용	최고수익에 대한 경험적 증거	최고의 가치를 창출할 수 있다는 것이 경험적인 자료에 의해서 지지될 수 있는 이용	• 시장수익률 이상의 수익을 창출할 수 있는 이용 • 최고의 가치를 시현하는 이용

---

319) 안정근, 『부동산평가이론 제4판』, 양현사, 2006/이용훈, 『감정평가실무의 이해』, 리북스, 2010

2. 유형별 최고최선 이용 분석 기출 16, 19, 20회

최고수익성에 대한 분석(최고의 이용 분석)은 크게 토지의 최고수익성과 개량물의 최고수익성을 분석하는 것으로 나뉘며, 토지인 경우 수익성부동산여부에 따라서, 개량물은 자본적 지출이 요구되는지에 따라 달라진다.

토 지	비수익성부동산		[개발 후 시장가치−건축비용]이 가장 큰 대안
	수익성 부동산	직접환원법	[개발 후의 순수익/종합환원율−개발비용]이 가장 큰 대안
		잔여환원법	[(개발 후의 순수익−건물귀속소득)/토지환원율]이 가장 큰 대안
개량 부동산	자본적 지출 필요 ×		[순수익/종합환원율]이 가장 큰 대안
	자본적 지출 필요 ○		[자본적 지출 후 순수익/종합환원율−자본적 지출]이 가장 큰 대안

3. 특수상황 하의 최고최선 이용

통상의 최고최선의 이용은 인근 표준적 사용과 유사하거나 현재 공법상 규제에 부합하나, 그렇지 않을 때에도 현재의 이용이 최고최선의 이용일 때가 있다. 다음과 같은 경우다.

단일이용	• 주위의 용도와 일치하거나 유사하지 않은 이용 상황 • 주거지역 내 대형마트와 같이 표준적 사용과는 상이하나 현재의 이용이 최고최선의 이용인 경우
중도적 이용 (이행적 이용)	• 가까운 미래에 도래할 최고최선의 이용을 대기하는 과정상 현재에 할당되는 일시적 이용 • 전환비용을 고려할 때 현재의 일시적 이용이 최고최선의 이용인 경우
비적법적 이용	• 과거 적법하게 설립되고 유지되던 이용이 현재의 지역지구제의 규정에 부합하지 않는 이용 • 개발제한구역 내의 과대 개량물과 같이(주위 부동산에 비해 높은 수익을 실현하고 있는 경우) 현재의 규정상 비적법적 이용이나 불법적 이용이 아닌 경과규정 조항에 의한 합법적 이용이므로 현재의 이용이 최고최선의 이용인 경우
복합적 이용	• 하나의 용도가 아닌 복수의 용도로 이용되는 경우 • 아파트 단지와 같이 아파트, 위락시설, 쇼핑시설, 스포츠 시설 등이 하나의 계획된 단위로 개발되어 복수의 이용이 최고최선의 이용인 경우

4. 그 밖의 경우

비최고최선의 이용	• 대상 부지를 공지인 경우로 간주했을 때 개량물이 대상 부지의 최고최선의 이용에 부합하지 않는 경우 • 토지의 최유효이용을 기준으로 가치를 평가하는 경우 기존의 개량물은 기능적 감가상각 또는 경제적 감가상각의 대상이 됨
특수목적의 이용	• 대상 부동산이 특정한 활동을 위해서 설계되고 운영되는 부동산인 경우 • 특수목적 부동산 중 토지의 최유효이용 분석 결과 현재의 이용이 최유효이용인 경우 개량물은 사용가치로 평가하고 현재의 이용이 최유효이용이 아닌 경우 개량물을 교환가치로 평가함
투기적 이용	• 운영수익보다는 시세차익을 목적으로 토지를 보유하는 경우 • 현재의 이용이 아닌 대안적 이용을 기준으로 최고최선의 이용방안을 결정
초과토지와 잉여 토지	• 대상과 유사한 이용 상황인 인근의 표준적인 획지 규모에 비해서 현재 획지 규모가 다소 큰 경우 표준적인 획지규모를 넘어서는 부분의 토지 • 독립적인 최고최선이 이용이 가능한 상태의 자투리 토지를 초과 토지, 독립적인 최고최선의 이용이 불가하여 부속토지로서의 기능만을 갖는 자투리 토지를 잉여토지로 봄

CHAPTER 01 기출문제

최고최선의 이용분석

01 당해 부동산 소유자 A씨는 현재의 적정가격을 파악한 후 현 상태대로 매도할 것인지, 아니면 개발업자들로부터 제시받은 여러 개발방안 중의 하나를 선택하여 개발할 것인지를 판단하기 위해 Q감정평가법인에 감정평가를 의뢰하였다. Q감정평가법인에 소속된 S감정평가사는 A씨의 부동산을 평가하기 위해 아래와 같이 관련 자료를 수집·정리하였다. 제시된 자료를 활용하여 아래의 물음에 답하시오. (35점) 〔기출 16회〕

(1) A씨가 개발업자들로부터 제시받은 개발방안 자료 및 공통자료를 활용하여 부동산에 대한 개발방안의 타당성 분석을 행하여 최종 개발방안을 제시하되, 분석 및 판단에 대한 근거를 최유효이용과 관련하여 설명하시오.

(2) 부동산의 감정평가자료 및 공통자료를 활용하여 현재 상태의 대상부동산에 대한 가격을 산정하고 (1)에 제시한 개발대안의 가격과 비교하여 대상부동산의 시장가격을 결정하시오.

〈자료 1〉 대상부동산 기본자료

1. 소재지 : K시 B구 A동 100번지
2. 토지 : 대, 500m2, 소로한면, 세로장방형, 평지
3. 건물 : 조적조 슬래브지붕 2층 건물로 면적은 1층 $350m^2$, 2층 $100m^2$
4. 이용상황 : 1층 전자대리점, 2층 주거용
5. 도시관리계획사항 : 일반상업지역
6. 가격시점 : 2005년 8월 1일

〈자료 2〉 A씨가 개발업자들로부터 제시받은 개발방안 자료
(자료 2-1) 개발계획안 1

1. 건물구조 및 층수 : 철근콘크리트조 슬래브 지붕 지하 1층 지상 6층 건물 1개동
2. 면적 : 지하 $280m^2$, 지상 각층 $340m^2$
3. 이용상황 : 업무용
4. 건축계획 : 건축허가 및 건축설계기간 2개월, 공사기간 8개월
5. 공사비지급조건 : 가격시점 현재의 총건축비를 기준으로 완공 시 100% 지급함
6. 건축 후 임대계획 : 건물건축과 동시에 국내유명보험회사의 지역영업본부에 임대할 예정이며 임대조건은 임대보증금 10억원, 월 임대료 2천 4백만원, 계약기간은 5년임
7. 추가조건 : 5년 임대 후 보험회사에 채권 3억 5천만원과 현금 21억원에 매각한다.(채권은 한국은행이 2000년 6월 1일 발행한 만기10년, 복리이자율 5%, 만기 일시지급 조건의 채권임)
8. 영업경비 : 연간 총임료의 30%수준

(자료 2-2) 개발계획안 2

1. 건물구조 및 층수 : 철골조 슬래브지붕 지하 1층 지상 6층 건물 4개동
2. 면적 : 각동 각층 $87.5m^2$
3. 이용상황 : 상업용
4. 건축계획 : 건축허가 및 건축설계기간 2개월, 공사기간 10개월
5. 공사비지급조건 : 가격시점 현재의 총 건축비를 기준으로 착공부터 완공까지 순차적으로 지급하는 조건임
6. 건축 후 분양계획 : 착공과 동시에 각 동별 대지귀속면적에 따라 지적 분할하여 분양을 시작하며, 매 2개월마다 1동씩 분양될 것으로 예상하고, 분양가액은 동당 5억원 임

(자료 2-3) 개발계획안 3

1. 건물구조 및 층수 : 철근콘크리트조 슬래브지붕 지하 2층 지상 6층 건물 1개동
2. 면적 : 지하·지상 각 $350m^2$
3. 이용상황 : 지상1층 대형마트, 지상2층 ~ 6층 소형아파트(각 층 7개호)
4. 건축계획 : 건축허가 및 건축설계기간 2개월, 공사기간 15개월
5. 공사비지급조건 : 가격시점 현재의 총건축비를 기준으로 착공 시 50%, 완공 시 50%를 지급함
6. 건축 후 분양계획 : 대형마트는 보증금 없이 매월 임대료 1천만원에 임대한 후 10년 뒤 9억원에 임차인에게 매각할 예정이고, 소형아파트는 착공과 동시에 분양을 시작하여 순차적으로 완공 시까지 분양이 완료되며, 소형아파트 분양가는 2층 기준 1호당 4천 5백만원에 분양할 예정이고, 소형아파트 분양가를 기준한 층별효용비는 다음과 같음

구 분	2층	3층	4층	5층	6층
층별효용비	100	105	105	105	107

(자료 2-4) 개발계획안 4

1. 건물구조 및 층수 : 철골조 슬래브지붕 지하 2층 지상 7층 건물 1개동
2. 면적 : 지하 각$300m^2$, 지상 1층 $180m^2$, 지상 2층 ~ 7층 각각 $320m^2$
3. 이용상황 : 지하 1, 2층은 주차장, 지상 층은 상업용 복합영화관
4. 건축계획 : 건축허가 및 건축설계기간 2개월, 공사기간 12개월
5. 공사비 지금조건 : 가격시점 현재의 총건축비를 기준으로 완공 시 개발부동산을 담보로 S은행으로부터 전액 대출받아 지급한다. 대출조건은 저당기간 10년 기준으로 임대기간 동안 매년 원리금을 균등 분할하여 상환하되, 부동산 처분 시에는 잔금을 일시상환 하는 조건임(S은행 대출이자율 8%)
6. 건축 후 임대계획 : 국내 유명 복합영화관을 유치할 예정이며, 임대주인 건축주는 유치조건으로 옥상에 가로 5m, 세로 4m의 대형 광고스크린을 건물 완공과 동시에 설치해 주기로 했다(완공 시 설치비용 2억원 발생) 임차인은 매월 초에 월 1,200만원의 임대료를 지불하되, 영화관 매출액의 10%를 추정 임대료로 지불하여야 한다. 영화관의 매출액은 연20억원 수준으로 예상되며, 대상부동산의 관리에 따른 영업경비는 총임료의 25%수준이다. 또한 5년 임대계약 후에는 24억원에 임차인에게 매각하는 조건으로 임대차계약이 가능함

(자료 2-5) 개발계획안 5

1. 건물구조 및 층수 : 철골조 슬래브지붕 지하 3층 지상 9층 건물 1개동
2. 면적 : 지하 각층 350m², 지상 1층 300m², 지상 2층 ~ 9층 각각 350m²
3. 이용상황 : 지하 1층 ~ 지하 3층은 주차장, 지상 각층은 상업용 쇼핑몰(지상 1층은 대형점포 1개, 2 ~ 7층은 각층 소형점포 15개)
4. 건축계획 : 건축허가 및 건축설계기간 3개월, 공사기간 15개월
5. 공사비 지급조건 : 가격시점 현재의 총 건축비를 기준으로 착공 시 60%, 완공 시 40%를 지급함
6. 건축 후 분양계획 : 착공 시부터 완공 시까지 순차적으로 분양되며, 1층 대형 점포의 분양가액은 7억 5천만원, 소형점포의 분양가액은 층별로 차이가 없이 점포당 1억 5천만원임

(자료 2-6) 기타자료

1. 개발안 중 건물을 임대하는 경우는 건물 완공 시에 사용승인 및 임대가 완료되는 것으로 가정함
2. 모든 개발계획안에 있어 지하층 중 1개 층은 주차장 설치가 필수적임
3. 개발계획에 있어 건축허가 및 설계기간이 완료되면 즉시 착공하는 것으로 가정함
4. 건물은 착공과 동시에 철거하되, m²당 60,000원이 소요되고 잔재가치는 없음
5. 인근지역의 모든 개발안의 자본수익률은 10%임

〈자료 3〉 대상부동산의 감정평가자료

(자료 3-1) 인근 공시지가자료(2005년 1월 1일)

기 호	소재지	면적(m²)	지 목	용도지역	이용상황	도로교통	형상·지세	공시지가 (원/m²)
1	A동 190	500	대	일반상업	상업용	중로한면	세장형·평지	1,400,000
2	A동 250	550	대	중심상업	상업용	세로(가)	사다리·평지	1,850,000
3	B동 80	420	대	일반상업	주상나지	중로한면	가장형·평지	1,150,000
4	B동 150	460	대	일반상업	주상용	세로(가)	정방형·평지	1,300,000
5	B동 300	850	대	일반상업	주상기타	소로한면	자루형·평지	750,000

※ 표준지 기호1은 약 20%가 도시계획시설(도로)에 저촉되며, 표준지 기호5는 건부감가가 10% 발생되고 있는 토지임

(자료 3-2) 인근지역 거래사례

1. 거래사례 (1)
   (1) 사례부동산
      ① 토지 : K시 B구 A동 300번지 대, 500m², 세로(가), 사다리형, 평지
      ② 건물 : 위지상 철근콘크리트조 슬래브지붕 지하 1층 지상 6층(상업용, 연면적 2,350m²)
   (2) 거래시점 : 2005년 6월 15일
   (3) 거래가격 : 23억원
   (4) 도시관리계획사항 : 일반상업지역
   (5) 기타사항 : 당해 사례는 거래당시의 제반 상황이 반영되어 정상적으로 매매가 이루어진 전형적인 거래사례로 조사되었음

2. 거래사례 (2)
   (1) 사례부동산
      ① 토지 : K시 B구 B동 120번지 대 520m², 소로한면, 가로장방형, 평지
      ② 건물 : 위지상 조적조 슬래브지붕 2층(주상용, 연면적 400m²)
   (2) 거래가격 : 9억원
   (3) 거래시점 : 2005년 6월 5일
   (4) 도시관리계획사항 : 일반상업지역
   (5) 기타사항 : 당해사례는 거래당시의 제반 상황이 반영된 거래사례임
3. 토지·건물가격구성비
   현황을 기준으로 사례(1)은 3 : 7, 사례(2)는 7.5 : 2.5인 것으로 조사되었으나, 대상부동산은 파악이 곤란한 상황임

(자료 3-3) 임대관련 자료

1. 대상부동산의 임대자료
   대상부동산의 1층은 보증금 7억원, 월 임대료 500만원에, 2층은 보증금 1억원, 월 임대료 50만원에 각각 임대되고 있으며, 소유자는 대상부동산의 관리를 연간임대료의 3%를 지급하는 조건으로 부동산관리회사에 위탁관리하고 있다. 또한 연간 임대료의 20%가 유지관리비 등의 비용으로 지출되고 있고, 대상부동산의 토지 및 건물분 재산세 및 소유자급여가 각 연간 임대료의 1%이다. 이러한 대상부동산의 임대상황은 현황을 기준한 일반적인 수준으로 판단됨

2. 최유효이용을 기준한 인근 부동산의 1, 2층 최근임대자료

구 분	월순임대료(원/m²)	비 고
1층	250,000	
2층	125,000	

3. 대상부동산의 현황을 기준한 자본환원율은 15%임

(자료 3-4) 대상 및 사례건물 상황

구 분	대상건물	거래사례 (1)	거래사례 (2)
사용승인(신축)일자	1995.7.1.	2003.4.15.	1996.10.30.
가격시점 현재 잔존내용연수	35	48	36
건물과 부지와의 관계	건부감가	최유효이용	건부감가
건축당시 신축가격	—	—	—

〈자료 4〉 공통자료

(자료 4-1) 인근지역의 지역개황 등
대상토지가 속해 있는 인근지역은 지질 및 지반상태가 대부분 연암인 것으로 조사되었고, 최근 임대수요의 상승으로 인한 부동산 개발이 가속화되어 5층 내외의 상업·업무용 건물이 밀집하여 형성된 전형적인 상업지대인 것으로 조사되었다.

또한 상업·업무용 건물의 신축으로 기존 건물들의 임대료는 하락하고 있는 상황이며, 인근지역 주민들을 대상으로 표본조사를 실시한 결과 지역의 급속한 상업지로의 이행이 진행됨에 따라 공개공지 및 근린공원 등의 부족으로 주거지로서의 기능은 대체로 상실된 것으로 조사되었다. 또한 최근 당해지역의 표준지 공시지가를 평가한 담당감정평가사의 K시 B구 지역분석보고서에서도 이러한 지역상황이 재확인되었음

(자료 4-2) 건축비 및 경제적 내용연수

구 분	내용연수	가격시점 기준 건축비(원/m^2)	
		상업·업무용	주상용
철근콘크리트조	50	750,000	800,000
철골조	40	480,000	540,000
조적조	45	600,000	660,000

※ 건축비자료는 지상·지하층(주차장부분 포함) 구분 없이 적용 가능함

(자료 4-3) K시의 건축 및 도시계획 관련 조례

1. 대지의 최소면적 : 주거지역 90m^2, 상업지역 150m^2, 공업지역 200m^2, 녹지지역 200m^2, 기타지역 90m^2
2. 건축물의 최고높이 : 인근 상업지역은 도시경관조성을 위하여 필요하다고 인정되는 구역으로 지정되어 건축물의 높이를 30m이하로 하되, 이는 광고탑, 송신탑 등과 같은 옥상구조물의 높이를 포함한 것임
3. 건폐율 : 전용주거지역 40%, 제2종일반주거지역 50%, 준주거지역 60%, 중심상업지역 80%, 일반상업지역 70%, 근린상업지역 60%, 유통상업지역 60%
4. 용적율 : 전용주거지역 100%, 제2종일반주거지역 150%, 준주거지역 400%, 중심상업지역 1,000%, 일반상업지역 600%, 근린상업지역 600%, 유통상업지역 400%
5. 층고 : 3.5m

(자료 4-4) 지반에 따른 건축가능층수

구 분	풍화토	풍화암	연 암	경 암
지상층	3	5	10	15
지하층	1	1	2	3

(자료 4-5) 지가변동률 및 건축비지수

1. 지가변동률(K시 B구, %)

구 분		주거지역	상업지역
2004년 누계		3.15	2.14
2005년	3월(누계)	0.043(1.045)	0.121(1.000)
	6월(누계)	0.165(2.130)	0.126(1.540)
	7월(누계)	0.100(2.560)	0.075(1.980)

2. 건축비지수

건축비지수는 2003년 상승 이후 2004년 1월1일 부터는 보합세를 유지하고 있음

(자료 4-6) 개별요인 비교자료

1. 접면도로

비 고	중로한면	소로한면	세로(가)
중로한면	1.00	0.93	0.86
소로한면	1.08	1.00	0.93
세로(가)	1.15	1.08	1.00

2. 형 상

비 고	정방형	가로장방형	세로장방형	사다리형	부정형·자루형
비교치	1.00	1.03	0.95	0.90	0.81

3. 지 세

비 고	저 지	평 지	완경사	급경사	고 지
비교치	1.00	1.04	0.95	0.89	0.80

4. 인근지역의 표준적인 토지규모는 450m² ~ 600m²임

(자료 4-7) 기타자료

1. 보증금운용비율 및 지불임료운용비율 : 1%/월
2. 개별요인 비교치는 백분율로서 소수점 이하 첫째 자리까지, 지가변동률은 소수점 이하 셋째 자리까지 표시하되, 반올림할 것
3. 단위가격 결정 시 백원 단위에서 반올림할 것

출제영역

최고최선의 이용

답안작성 가이드

Ⅰ. 평가개요

본 건은 '(i) 각 개발방안의 타당성 분석 후 최종 개발방안과, (ii) 현재 상태의 가격을 비교하여 시장가치를 결정'함 (기준시점 2005.8.1.)

Ⅱ. [물음 1] 개발방안의 타당성 분석

1. 최유효이용의 개념

(1) 의 의

최유효이용이란 "객관적으로 보아 양식과 통상의 이용능력을 가진 사람이 부동산을 합법적이고 합리적이며 최고·최선의 방법으로 이용하는 것"을 말한다.

(2) 판단기준

　(i) 최선의 이용(합법적 이용, 물리적 채택 가능한 이용, 합리적 이용)인 대안 중에서, (ii) 경제적 타당성이 가장 큰 이용을 최유효이용으로 판단함

2. 최선의 이용 분석

(1) 합법적 이용(legal use)

① 대지의 최소면적 : 150m²(상업지역)

② 건폐율 적용 최대 건축 가능 면적 : 500×0.7=350m²

③ 용적률 적용 최고 층수 : 600/70≒8.57(8층 이하)

④ 층고 기준 최고 층수 : 30/3.5≒8.57(8층 이하)

(2) 물리적 채택 가능한 이용(physically adaptable use)

연암으로 〈지하2층 ~ 지상10층〉 가능

(3) 합리적 이용(reasonable use)

인근지역의 지역개황 등으로 보아, 주거지 기능 상실, 〈상업용·업무용의 상업지대〉임

(4) 판단 : 〈기호 1, 4〉가능

(기호 2-지적 분할 시 최소대지면적 미달, 기호 3-주거용으로 합리적 이용 아님, 기호 5-지하 3층은 물리적 채택 불가능·지상 9층은 최고층수 이상임)

3. 경제적 타당성 분석(최유효이용 판단)

(1) 대안 1(업무용)

① 개발 후 부동산 가치

$\{(1,000,000,000 \times 0.01 \times 12 + 24,000,000 \times 12) \times (1-0.3) \times PVAF(10\%, 5) + (350,000,000 \times 1.05^{10}/1.1^4 + 2,100,000,000) \times 1/1.1^5\} \times 1/(1+0.1/12)^{10} ≒ 2,522,000,000$

② 자본적 지출

$750,000 \times (280 + 340 \times 6) \times 1/(1+0.1/12)^{10} + 60,000 \times 450 \times 1/(1+0.1/12)^2 ≒ 1,628,000,000$

③ 부동산 가치

'①'-'②'≒894,000,000

(2) 대안 4(상업용)

① 개발 후 부동산 가치

$(12,000,000 \times 12 \times 1.12 + 2,000,000,000 \times 0.1) \times (1-0.25) \times PVAF(10\%, 5) \times 1/(1+0.1/12)^{14} + 2,400,000,000 \times 1/(1+0.1/12)^{74} ≒ 2,213,000,000$

② 자본적 지출

$480,000 \times (300 \times 2 + 180 + 320 \times 6) \times \{MC(8\%, 10) \times PVAF(10\%, 5) + \{1-(1.08^5-1)/(1.08^{10}-1)\} \times 1/1.1^5\} \times 1/(1+0.1/12)^{14} + 60,000 \times 450 \times 1/(1+0.1/12)^2 + 200,000,000 \times 1/(1+0.1/12)^{14} ≒ 1,283,000,000$

③ 부동산 가치

'①'-'②'≒930,000,000

(3) 최종 개발대안 제시

〈대안 4(상업용)〉가 최선의 이용 중에서 가장 경제적 타당성이 높아 최유효이용이므로 최종 개발대안으로 제시함

Ⅲ. [물음 2] 현재 상태의 대상 부동산 가격과 시장가치 결정
　1. 개 요
　　현재의 이용이 최유효이용은 아니나, 중도적 이용(interim use)으로서 최유효이용 인지를 (i) 현재 상태 부동산 가격을 산정 후, (ii) 물음 1의 최종 개발대안 가격과 비교하여 시장가치를 결정함

　2. 현재 상태의 대상부동산 가격
　　(1) 물건별 평가
　　　① 토 지
　　　　ⓐ 비교표준지
　　　　　· 선정 : #4
　　　　　· 이유 : 일반상업, 주상용(#1 − 이용상황, #2 − 용도지역, #3, 5 − 규모 등 상이 제외)
　　　　ⓑ 평가액
　　　　　$1,300,000 \times \underline{1.01982} \times 1 \times (1.08 \times 0.95) \times 1 ≒ @1,360,000$
　　　　　　　　　　　*시　　　　　　　　　　($\times 500 = 680,000,000$)

　　　　　*시 : 시점수정(2005.1.1. ~ 2005.8.1. 상업지역) = $1.01980 \times (1 + 0.00075 \times 1/31)$
　　　② 건 물
　　　　$660,000 \times 35/45 ≒ @513,000$
　　　　　　　　($\times 450 = 231,000,000$)
　　　③ 부동산 가치(합) = 911,000,000
　　(2) 거래사례비교법
　　　① 사례선택 : 〈사례 (2)〉
　　　　(사례 '1' 규모 등 상이)
　　　② 비준가액
　　　　$900,000,000 \times 1 \times [0.75 \times 1.00187^{*)} \times 1 \times 95/103 \times 500/520 + 0.25 \times 1 \times (35/45)/(36/44) \times 1 \times 450/400]$
　　　　$≒ 840,000,000$
　　　　*) 시점수정(2005.6.5. ~ 2005.8.1. 상업지역)
　　(3) 수익환원법
　　　① 개 요
　　　　본 건은 최유효이용에 미달하는 부동산으로 이와 같은 상황이 현행임료에 반영됨. 현행임료 기준으로 자본환원하여 수익가액 산정함
　　　② 순수익
　　　　$\{(700+100) \times 0.12 + (5+0.5) \times 12\} \times \{1 - (0.03 + 0.2 + 0.01^{*)})\} \times 백만 = 123,120,000$
　　　　*) 소유자 급여는 대상 부동산 운영과 직접 관련 없어 제외함
　　　③ 수익가액
　　　　'②'/0.15 = 820,800,000
　　(4) 현재 상태 대상부동산 가격 결정
　　　시장성 반영한 비준가액 중점. 본건이 수익성 부동산임에 수익가액 참작하여 결정
　　　∴ 〈840,000,000〉

　3. 시장가치 결정
　　현재 상태 가격(840,000,000)보다 최종 개발 대안 가격(930,000,000)이 큰 바, 개발대안 가격으로 결정함
　　∴ 〈930,000,000〉

CHAPTER 02 타당성 분석(투자의사결정)

제5편 | 비가치추계(컨설팅)

> **핵심 키워드**
>
> 1. 개 관
> 2. 전통적 분석방법
>   (1) 회수기간법
>   (2) 평균회계이익률법
>   (3) 어림셈법
>   (4) 비율분석법
> 3. 최신의 분석방법
>   (1) 순현가법
>   (2) 내부수익률법
> (3) 수익성지수법
> (4) 각 분석기법의 비교
> (5) 분석기법의 보완
> 4. 매후환대차 분석
>   (1) 계속보유하는 안
>   (2) 매후환대차 안
> 5. 사업성평가 실무
>   (1) 개 요
>   (2) 단계별 사업성 평가

1. 개 관[320]

타당성(Feasibility)이란 투입(Input)과 산출(Output)을 모두 고려했을 때 어떤 사업을 수행하는 것이 바람직한지를 나타내는 개념이다. 산출이 투입을 초과하는 경우 사업성 또는 타당성이 양호하다고 판단한다. 타당성검토(Feasibility Study) 또는 사업성평가는 그러한 사업성 또는 타당성을 검토하여 결론을 도출하는 과정을 말한다. 이를 위해서는 투입과 산출을 화폐의 단위로 예측해야 하며, 예측된 미래의 현금흐름을 현재가치로 할인해야 한다.[321]

사업성평가[322]는 그것을 수행하는 목적과 내용에 따라 법률적 타당성검토, 기술적 타당성검토, 환경적 타당성검토, 경제적 타당성검토, 재무적 타당성검토 등으로 분류할 수 있다. 법률적 타당성검토(Legal Feasibility Study)는 어떤 사업을 수행하는 것이 법적, 제도적으로 문제가 없는지 분석하는 것이다. 기술적 타당성검토(Technical Feasibility Study)는 어떤 사업에 동원되는 활동이 기술적으로 가능한지를 분석하는 것이다. 환경적 타당성검토(Environmental Feasibility Study)는 어떤 사업이 환경에 미치는 영향이 수용 가능한지를 분석하는 것이다. 환경영향평가 등의 형태로 제도화되어 있어서 의무적으로 수행해야 하는 경우가 많다. 경제적 타당성검토(Economical Feasibility Study)는 어떤 사업을 수행하는 것이 경제적으로 가치 있는지를 분석하는 것이다. 이때 누구의 입장에서 투입과 산출을 예측하는지가 중요한데, 일반적으로 해당 경제 또는 사회 전체의 투입과 산출을 관심 대상으로 한다.

---

320) 민성훈, 부동산사업성평가 활성화를 위한 실무지침 마련 기초 연구용역, 2021.12.
321) 이를 단순화시키면 투자가치>시장가치인지, 기대수익률>요구수익률인지를 확인하는 것
322) 사업성평가의 주체로 볼 때, 회계법인은 재무분석, 신용평가기관은 위험분석, 부동산서비스회사는 거시적인 시장분석에 강점을, 감정평가업계는 부동산의 가치평가와 관련된 기법과 미시적 시장조사에 경쟁력이 있음

이에 비해 재무적 타당성검토(Financial Feasibility Study)는 경제적 타당성검토와 유사하지만, 해당 사업을 수행하는 주체의 금전적인 측면으로 검토의 대상을 제한한다. 따라서 사회 전체의 구성원에게 큰 편익을 주지만 사업주체의 입장에서 수익보다 비용이 큰 사업의 경우 경제적 타당성은 양호한 반면 재무적 타당성은 그렇지 않은 것으로 평가될 수 있다.

2. 전통적 분석방법

화폐의 시간가치를 고려하지 않는 분석방법으로, 회수기간법, 평균회계이익률법, 어림셈법, 비율분석법 등이 있다.

(1) 회수기간법

현재의 투자비용을 회수하는 데 걸리는 시간인 '회수기간'을 이용해 투자안의 타당성을 판정하는 방법으로, 투자비용은 투자시점 현재 일시적으로 지불되는 금액, 회수액에 대해서는 할인과정 없이 명목상으로 계산한다.

구 분	의사결정
독립적 투자안	예상 회수기간이 요구 회수기간보다 짧은 모든 투자안 채택
종속적 투자안	예상 회수기간이 요구 회수기간보다 짧은 것 중 예산 범위 내에 들어오는 모든 투자안을 채택

(2) 평균회계이익률법

예상되는 투자안의 미래평균이익(상각 후 세 공제 전)을 평균 순장부 가치로 나눈 값인 '평균회계이익률'을 계산하여 이 값과 투자자가 고려하고 있는 최소이익률과 비교하여 타당성을 판단한다.

- $\text{ARR}(\text{평균 이익률}) = \dfrac{\text{연평균 순이익}}{\text{연평균 투자액}}$

- 연평균 순이익 $= \dfrac{\text{순수익 합}}{\text{투자기간}}$

- 연평균 투자액 $= \dfrac{\text{매년 말 장부가치의 합}}{\text{투자기간}+1}$

구 분	의사결정
독립적 투자안	평균회계이익률>최소이익률인 모든 투자안을 채택
종속적 투자안	평균회계이익률>최소이익률인 투자안 중 예산의 범위 내에서 순서대로 선택

(3) 어림셈법 기출 13회

현금수지를 승수나 수익률의 형태로 나타내 이를 기준으로 타당성을 판단한다.

구 분	의사결정
조 소득승수(총 투자액/조 소득)	• 독립적 투자안 : 기준 승수 값과 비교하여 해당 투자안의 승수가 기준값보다 작은 모든 투자안 채택 • 종속적 투자안 : 기준 승수 값과 비교하여 해당 승수가 기준값보다 작은 투자안 중 예산의 범위 내에서 채택
순소득승수(총 투자액/순 영업소득)	
세전현금수지승수(지분투자액/세전현금수지)	
세후현금수지승수(지분투자액/세후현금수지)	

구 분	의사결정
종합자본 환원율(순 영업소득/총 투자액)	• 독립적 투자안 : 기준 수익률 값과 비교하여 해당 수익률이 기준값보다 큰 모든 투자안 채택 • 종속적 투자안 : 기준 수익률 값과 비교하여 해당 수익률 기준값보다 큰 투자안 중 예산의 범위 내에서 채택
지분배당률(세전현금수지/지분투자액)	
세후수익률(세후현금수지/지분투자액)	

(4) 비율분석법

여러 가지 재무비율을 활용하여 이를 기준으로 타당성을 판단한다.

구분			의사결정
대부 비율법[323]	대부비율(부채 잔금/부동산가치)을 이용하여 타당성을 판단	독립적 투자안	대부비율이 기준비율보다 낮은 모든 투자안 채택
		종속적 투자안	대부비율이 기준비율보다 낮은 투자안 중 예산의 범위 내에서 채택
부채 감당률법	부채감당률(순영업소득/부채 서비스액)을 이용하여 타당성을 판단	독립적 투자안	부채감당률이 기준비율보다 높은 모든 투자안 채택
		종속적 투자안	부채감당률이 기준비율보다 높은 투자안 중 예산의 범위 내에서 채택
채무 불이행률법	채무불이행률 $\left(\dfrac{영업경비 + 부채서비스액}{유효조소득}\right)$을 이용하여 타당성을 판단	독립적 투자안	채무불이행률이 기준비율보다 낮은 모든 투자안 채택
		종속적 투자안	채무불이행률이 기준비율보다 낮은 투자안 중 예산의 범위 내에서 채택
총자산 회전율법	총자산회전율(조소득/부동산 가치)을 이용하여 타당성을 판단	독립적 투자안	총자산회전율이 기준비율보다 높은 모든 투자안 채택
		종속적 투자안	총자산회전율이 기준비율보다 높은 투자안 중 예산의 범위 내에서 채택
생산성 비율법	생산성비율(소득비율, 영업경비비율, 공실률)을 이용하여 이를 기준으로 타당성을 판단	독립적 투자안	소득비율(영업경비비율, 공실률)이 기준비율 보다 높은(낮은) 모든 투자안 채택
		종속적 투자안	소득비율(영업경비비율, 공실률)이 기준비율 보다 높은(낮은) 투자안 중 예산의 범위 내에서 채택

---

[323] 어림셈법의 수익률과 반대의 개념 즉 대부비율이 높은 투자안일수록 위험성이 커지게 되므로 수익률과는 반대방향으로 투자의사결정을 하게 된다.

3. 최신의 분석방법 기출 36회

화폐의 시간가치를 고려(할인)하여 투자의 타당성을 판단하는 방법이다.

(1) 순현가법 기출 6, 8, 9, 10, 12, 14, 23, 24, 27, 30회

부동산 투자 시 창출되는 수익의 현가합과 투입되는 비용의 현가합의 차액 값인 순 현가(net present value)를 이용하여 타당성을 판단한다.

$$NPV = \sum_{t=1}^{n} \frac{CFI_t}{(1+r)^t} - \sum_{t=1}^{n} \frac{CFO_t}{(1+r)^t}$$

(CFI_t : t기의 현금유입, CFO_t : t기의 현금유출, r : 할인율(기대수익률, 요구수익률), n : 보유기간)

구 분	의사결정
독립적 투자안	NPV > 0인 모든 투자안을 채택
종속적 투자안	NPV > 0인 투자 안 중 예산의 범위 내에서 순차적으로 채택

(2) 내부수익률법 기출 15, 21, 27회

투자에 대한 현금유입의 현재가치와 현금유출의 현재가치를 동일하게 만드는 해당 투자안의 내부수익률(internal rate of return)과 기준수익률(요구수익률)을 비교하여 타당성을 판단한다.

$$NPV = \sum_{t=1}^{n} \frac{CFI_t}{(1+IRR)^t} - \sum_{t=1}^{n} \frac{CFO_t}{(1+IRR)^t} = 0$$

(CFI_t : t기의 현금유입, CFO_t : t기의 현금유출, IRR : 내부수익률, n : 보유기간)

구 분	의사결정
독립적 투자안	IRR > 요구수익률인 모든 투자안 채택
종속적 투자안	IRR > 요구수익률인 투자안 중 예산의 범위 내에서 순차적으로 채택

(3) 수익성지수법

현금유입의 현재가치와 현금유출의 현재가치의 비율인 PI(profitability index)를 이용하여 타당성을 판단한다.

$$PI = \frac{\sum_{t=1}^{n} \frac{CFI_t}{(1+r)^t}}{\sum_{t=1}^{n} \frac{CFO_t}{(1+r)^t}}$$

구 분	의사결정
독립적 투자 안	PI > 1인 모든 투자안 채택
종속적 투자 안	PI > 1인 투자안 중 예산의 범위 내에서 순차적으로 선택

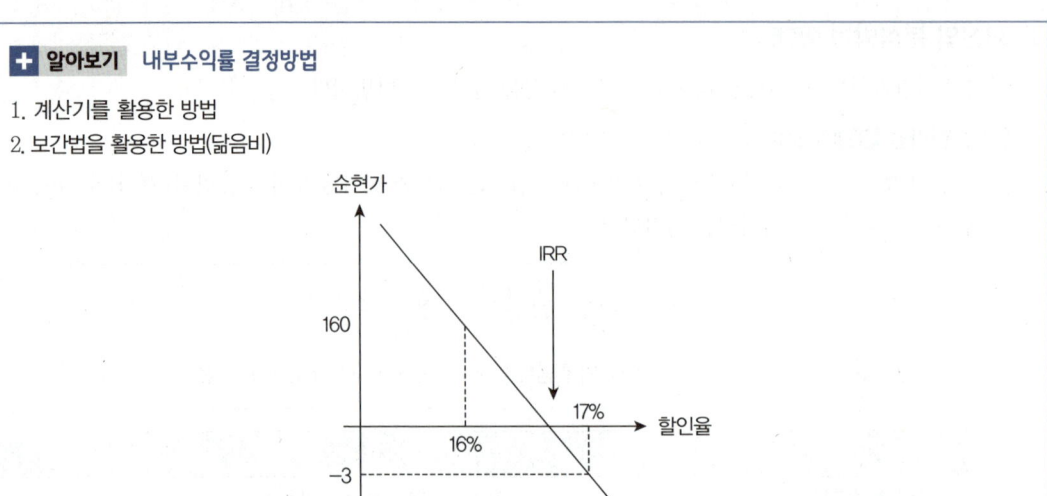

(4) 각 분석기법의 비교
① 순현가법과 내부수익률법
  단일투자안을 검토할 때는, 전형적인 현금흐름을 보이는 경우 순현가법과 내부수익률법의 의사결정이 합치하나, 비전형적인 현금흐름에서는 양자의 분석기법을 적용했을 때 다른 결론이 도출된다.
  ㉠ 단일투자안

구 분	NPV VS. 수익률		의사결정
전형적인 현금흐름	(NPV 곡선, IRR(기대수익률), r_1, r_2)	요구수익률 r_1인 경우	• 순현가법 : NPV > 0 • 내부수익률법 : r_1 < IRR 이므로 타당성 있는 투자안으로 의사결정 합치
		요구수익률 r_2인 경우	• 순현가법 : NPV < 0 • 내부수익률법 : r_2 > IRR 이므로 타당성 없는 투자안으로 의사결정 합치
비전형적인 현금흐름	(NPV 곡선, IRR(기대수익률), r_1, r_2)	요구수익률 r_1인 경우	• 순현가법 : NPV < 0 • 내부수익률법 : r_1 < IRR 이므로 순현가법에 의해서는 타당성이 없고 내부수익률법에 의해서는 타당한 투자안으로 판단돼 의사결정 불합치
		요구수익률 r_2인 경우	• 순현가법 : NPV < 0 • 내부수익률법 : r_2 > IRR 이므로 타당성 없는 투자안으로 의사결정 합치

ⓛ 복수의 투자안 – 상호배타적

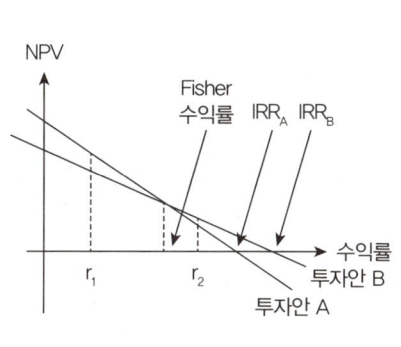

요구수익률 r_1인 경우	• 순현가법 $NPV_A > NPV_B > 0$ • 내부수익률법 $IRR_A < IRR_B$ 이므로 순현가법에 의해서는 A안이 우월한 투자안이나 내부수익률법에 의해서는 B안이 우월한 투자안이 되어 의사결정 불합치
요구수익률 r_2인 경우	• 순현가법 $NPV_B > NPV_A > 0$ • 내부수익률법 $IRR_A < IRR_B$ 이므로 B안이 우월한 투자안인 것으로 의사결정 합치

※ 요구수익률이 피셔수익률보다 작은 경우 두 방법에 의한 의사결정이 달라짐

> ➕ **알아보기** 순현가법과 내부수익률법의 우위 비교
>
> 순현가법과 내부수익률법에 의한 의사결정이 상치될 때, 일반적으로 순현가법의 결론이 신뢰성 있는 것으로 받아들여지는데 다음과 같은 이유에서다.
>
> 1. 재투자수익률 가정의 합리성
>   순현가법은 요구수익률로 재투자된다고 가정하지만 내부수익률법에서는 내부수익률로 재투자된다고 가정하여 요구수익률에 미치지 못하는 낮은 수익률로 재투자되는 비현실적인 상황을 상정함
> 2. 복수의 내부수익률 또는 내부수익률의 부존재
>   동일한 투자안에 대해 복수의 내부수익률이 존재하거나 내부수익률이 존재하지 않을 수 있음. 아래와 같은 비전형적인 현금흐름을 보이는 투자 안에서 내부수익률이 복수로 존재하여 의사결정의 준거로 사용해야 할 내부수익률 판단이 용이하지 않음
>
>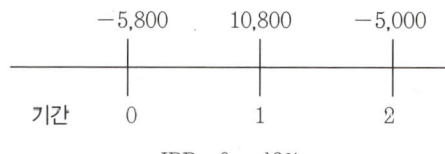
>
>   IRR = 0 or 16%
>
> 3. 가치가산의 원리
>   순현가법에서는 'NPV(A+B) = NPV(A) + NPV(B)'와 같이 두 개의 투자안을 동시에 진행할 때 예상되는 순현가가 각 투자안의 순현가의 합과 동일하나 내부수익률법에서는 'IRR(A+B) ≠ IRR(A) + IRR(B)'와 같이 투자조합에 대한 내부수익률이 각 투자안의 내부수익률과 상관관계가 없어 별도로 구해야 하는 번거로움이 있음
> 4. 부의 극대화
>   복수의 투자대안이 존재할 때 순현가법에 의해 투자의 우선순위를 정했을 때는 부의 극대화로 연결되지만 내부수익률을 준거로 우선순위를 판단하게 되면 반드시 부의 극대화가 이루어지는 것은 아님

② 순현가법과 수익성지수법
  ㉠ 단일투자안
    'NPV>0' 과 'PI>1'은 동시에 성립하므로 순현가법에 의한 타당성 판단과 수익성지수법에 의한 타당성 판단은 동일한 결론에 도달한다.
  ㉡ 복수의 투자안 – 상호배타적

구 분	의사결정
$NPV_A > NPV_B$ $PI_A > PI_B$	A안이 우월한 투자안
$NPV_A > NPV_B$ $PI_A < PI_B$	• 순현가법으로는 A안이 우월한 투자안이나 수익성지수법에 의해서는 B안이 우월한 투자안임 {표1} • 이는 투자 안의 판단에 있어 수익의 규모와 수익률 중 무엇을 우선순위로 상정하느냐에 따라 다른 결론에 도달함. 따라서 다음과 같이 결론지을 수 있음 {표2}

표1:

구 분	현금 유입의 현가합	현금 유출의 현가합	NPV	PI
투자안 A	1,000	800	200	1.25
투자안 B	100	50	50	2.0

표2:

구 분	투자결정	
가용자금 100~1,000	투자안 B	
가용자금 1,000~1,100	수익률을 우선시 하는 경우	투자안 B
	수익의 규모를 우선시 하는 경우	투자안 A
가용자금 1,100 이상	투자안 A, B	

(5) 분석기법의 보완

① 수정된 내부수익률(Modified internal rate of return) 활용

  재투자수익률로, 요구수익률을 사용하여 구한 투자안의 내부수익률을 활용한다. 매기간의 현금흐름을 기말까지 요구수익률로 할증하므로 NPV법과 동일한 효과를 가지나 투자규모가 현저히 다른 경우 내부수익률법과 동일하게 NPV법에 의한 결과와 상이할 수 있다.

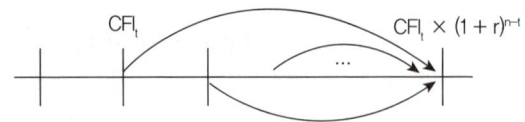

$$\frac{\sum_{t=1}^{n} CFI_t \times (1+r)^{n-t}}{(1+MIRR)^n} = CFO_0$$

• $CFI_t \times (1+t)^{n-t}$: t시점의 현금유입을 기말까지 요구수익률로 재투자한 값
• CFO_0 : 기초의 현금유출액
• MIRR : 수정된 내부수익률
• r : 요구수익률

② 증분 IRR(Incremental internal rate of return)법
A, B 두 투자안을 분석할 때 양 투자안의 투자금액 차와 현금유입 차액의 현가합계를 일치시키는 내부수익률(증분 IRR)을 구하여 이를 규모가 큰 투자안의 내부수익률로 보아 투자안을 분석하는 방법이다.

$$\sum_{t=1}^{n} \frac{(CFI_{A,t} - CFI_{B,t})}{(1+IIRR)^t} = CFO_A - CFO_B$$

- $CFI_{A,t}$: A 투자안의 t시점 현금유입
- $CFI_{B,t}$: B 투자안의 t시점 현금유입
- CFO_A : A 투자안의 기초 투자비용
- CFO_B : B 투자안의 기초 투자비용

[예 시]

구 분	0기	1기	2기	…
A 투자안 현금흐름	−1,000	200	120	…
B 투자안 현금흐름	−800	180	100	…
증 분	−200	20	20	…

A 투자안은 B 투자안에 비해 초기 투자비용이 200만원 더 소요되지만 매기 현금유입도 B에 비해 크다. 이때 B 투자안에서 투자 규모가 큰 A 투자안으로 선회하는 경우 추가 투자비용 200만원을 지불하고 매기 증액된 현금유입을 확보하게 되는데 전환과정에 소요되는 비용과 추가수입으로 새로운 투자 안을 만들 때 그 내부수익률을 IIRR(증분IRR, 증분차입비용)이라 한다. 이때의 산식은 다음과 같다.

$$(1,000-800) = \frac{20}{1+IIRR} + \frac{20}{(1+IIRR)^2} \cdots \cdots$$

③ 가중평균 수익성 지수(Weighted Average Profitability)
여유자금이 발생하는 투자안에 대해서는 여유 자금을 PI=1인 투자안에 투지한다고 상정하여 가중 평균하여 구한 PI를 놓고, 투자안을 분석하는 방법이다.

구 분	현금 유입의 현가합	현금 유출의 현가합	NPV	PI
투자안 A	1,000	800	200	1.25
투자안 B	100	50	50	2.0

순현가법과 수익성지수법에 의한 투자 우위 판단이 상반되는 상기 상황에서 투자안 A를 기준하여 투자안 B는 900의 여유자금이 발생하고 있으므로 여유자금 900을 'PI=1'인 투자안에 투자한다고 상정하여 구한 투자안 B의 가중평균수익성지수는 "$0.1 \times 2.0 + 0.9 \times 1 = 1.1$"이 된다. 따라서 가중평균수익성지수로 투자 우위를 비교하면 투자안 A가 우위에 있게 되고 이는 순현가법에 의한 판단과 동일한 결론이다.

한편, 최신의 분석 기법을 적용할 때, 분석 과정에서 확률 분석 또는 감응도 분석을 겸하게 된다. 확률분석(probability analysis)은 투자안의 상황별 시나리오를 상정해 투자안의 수익성과 위험성을 분석하는 기법이며, 감응도 분석(sensitivity analysis)은 투자안에서 상정한 특정 요소의 값을 달리 변화시킴에 따라 투자안의 결과물이 받는 영향의 정도(민감도, sensitivity)를 분석하는 기법이다.

$$감응도 = \frac{종속변수의 변화율}{독립변수의 변화율}$$

상업용 부동산의 경우 미래의 현금흐름에서 상정한 공실률 값을 종전 5%에서 8%로 60% 증가시켰을 때 투자가치가 100에서 20으로 80% 감소한 경우와 영업경비비율을 종전 20%에서 32%로 60% 증가시켰을 때 투자가치가 100에서 45로 55% 감소하였다면 투자가치 산정에 있어 공실률이 영업경비비율보다 좀 더 민감한 요소라는 것을 파악할 수 있다($\frac{80\%}{60\%} > \frac{55\%}{60\%}$).

4. 매후환대차 분석

(복합부동산 또는 구분소유부동산)을 매도한 후에 매수자로부터 이를 다시 임차하여 사용하는 것을 매후환대차로 정의한다. 매도자는 재무구조개선, 새로운 투자자금 확보, 인수합병에 대한 부담감 감소 등의 효과를 향유하고 매수자에게는 안정적인 임대수입 확보와 buy-back 조건 시 부동산 가치 하락 위험부담 이전의 이점이 있다. 자산의 보유와 임차에 대한 선택의 문제로 대상 자산을 소유하는 것과 임차하는 것에 따른 현금유출입을 비교 분석하여 경제적 타당성을 판단한다. 계속 보유하는 안과 매후환대차를 실행하는 안의 순현금유입의 결정 과정은 다음과 같다.

(1) 계속 보유하는 안

구 분	현금유출입
cash flow chart	(보유기간 동안 감가상각비 절세효과(+), 처분(+), 자본이득세(-))
① 대상 자산 가치(+)	보유기간 말 매도가격 $\times \frac{1}{(1+r)^n}$
② 자본이득세(-)	(순매도가격-장부가액)×(1-공제율)×양도세율 $\times \frac{1}{(1+r)^n}$
③ 감가상각비 절세효과(+)	재조달원가 $\times \frac{1}{N}$[324] × 법인세율 × $PVAF_{r\%, n년}$
④ 임차료(-)	-
⑤ 임차료 절세효과[325](+)	-
순현금유입	①-②+③

---
324) N : 경제적 내용연수, n : 보유기간 말
325) 임차료가 비용으로 인정되어 해당금액만큼 과세대상소득에서 공제되므로 절세금액은 임차료×법인세율이다

(2) 매후환대차 안

구분	현금유출입
cash flow chart	보유기간 / 처분(+) / 자본이득세(−) / 임차료 절세효과(+) / 매기 임차료(−)
① 대상 자산 가치(+)	현재 매도가격
② 자본이득세(−)	(매도가격−장부가액)×(1−공제율)×양도세율
③ 감가상각비 절세효과(+)	−
④ 임차료(−)	매기임차료 × $PVAF_{r\%,\ n년}$
⑤ 임차료 절세효과(+)	매기임차료 × 법인세율 × $PVAF_{r\%,\ n년}$
순현금유입	①−②−④+⑤

5. 사업성평가 실무[326]

(1) 개 요

'투자기구가 부담하는 채무를 완전히 이행하고도 지분투자자의 요구수익률을 충족할 수 있는가'로 사업성평가의 개념을 단순화시킬 수 있다. 앞서 전통적 또는 최신의 분석기법으로 구분했지만 이를 달리, 투자비가 회수되는데 걸리는 시간, 투자에서 회수에 이르는 동안의 재무비율, 장기간의 현금흐름에 시간가치를 적용한 순현재가치나 내부수익률로 사업성 평가지표를 요약할 수 있다. 투자회수기간의 경우 인프라투자와 같이 투자금의 회수에 장기간이 소요되고 회수금의 변동성이 크지 않은 분야에서 주로 사용되는 평가지표이나, 부동산투자에 대해서는 활발하게 사용되지 않는다. 재무비율의 경우 전체 투자기간뿐 아니라 매 회계연도마다 측정해서 추세를 관찰할 수 있기 때문에 부동산투자에서도 자주 활용되는 평가지표다. 재무비율 중에는 수익지표와 위험지표가 모두 있는데, 전자 중에는 자산수익률(ROI : Return on Investment)과 자기자본수익률(ROE : Return on Equity)이, 후자 중에는 자산부채비율(LTV : Loan to Value)과 부채상환비율(DSCR : Debt Service Coverage Ratio)이 대표적이다. 현금흐름할인모형의 경우 화폐의 시간가치를 고려할 뿐 아니라 장기간에 걸친 투자성과를 하나의 숫자로 보여주기 때문에 부동산투자의 사업성평가에서 가장 널리 활용되고 있다. 대표적인 평가지표로는 순현재가치(NPV : Net Present Value)와 내부수익률(IRR : Internal Rate of Return)이 있는데, 두 평가지표의 검토논리는 크게 다르지 않다. 다만 산출과 적용의 편리성 때문에 NPV보다는 IRR이 널리 활용되고 있다.[327]

---

[326] 민성훈, 부동산사업성평가 활성화를 위한 실무지침 마련 기초 연구용역, 2021.12.
[327] NPV와 IRR에 의한 투자우위판단의 결과가 같을 때

(2) 단계별 사업성 평가

사업의 유형은 매입과 개발(건축)로 나눌 수 있다. 대부분 할인현금흐름모형을 활용하는데, 매기의 현금유입과 현금유출 항목을 확정하고 각각의 금액을 추정한다. 이 단계를 기본전제 설정(사업성평가의 대상과 기간 확정, 거시경제와 주변시장 지표 설정), 투자비 및 자본구조 추정(매입·개발금액 및 부대비용 추정, 자기·타인자본 및 금융조건 추정), 운영손익 및 회수금 추정(운영수익·비용 추정, 매각금액 및 부대비용 추정)의 단계를 거친다.

① 기본전제 설정

구 분	상 세
사업성평가의 대상과 기간 확정	• 평가의 대상 확정 − 매입이나 개발의 목적물인 부동산뿐 아니라 매입이나 개발의 수단인 투자기구도 확정 대상 − 목적물은 매입이나 개발의 대상이 되는 부동산을 의미. 단, 개발의 경우 사업 또는 프로젝트의 형태를 가지기 때문에 실물 부동산뿐 아니라 개발의 방식도 함께 고려해야 함. 개발의 방식에는 선매각과 후매각, 일괄매각과 분할매각(분양) 등 다양한 유형이 있음. − 투자기구(Investment Vehicle)는 매입이나 개발에 동원되는 법적 실체(Legal Entity). 자본시장에는 자금집적, 자산배분, 위험관리, 절세 등의 목적을 위해 다양한 투자기구가 개발되어 있음. 부동산투자에 활용되는 대표적인 투자기구로는 부동산펀드, 리츠, 프로젝트금융투자회사(PFV : Project Finance Vehicle) 등이 있음. 실제로 사업성평가를 필요로 하는 투자자는 이러한 투자기구를 활용할 수도 있고, 직접투자를 할 수도 있음. • 평가의 기간 확정 − 기간은 투자자가 예정하고 있는 투자일정 − 매입의 경우 투자일정이 매입일과 매각일로 구성되어 비교적 단순. 반면 개발의 경우 부지확보, 인허가, 시공, 매각 등 다양한 요소로 투자일정이 구성되기 때문에 평가의 기간도 여러 단계로 나뉨. − 투자기구를 활용할 경우 매입과 개발의 일정 전후에 투자기구를 설정·설립하는 기간과 청산·해산하는 기간이 추가
거시경제와 주변시장 지표 설정	• 물가상승률 − 미래를 예측해야 하는데, 그 과정에서 다양한 거시경제지표(대표적으로 물가상승률과 이자율)활용. 공신력 있는 거시경제지표가 발표되지 않거나 지역성이 커서 거시경제지표로 합리적인 예측을 할 수 없는 경우에는 주변시장을 직접 조사 − 물가상승률은 투자의 과정에서 지출되는 여러 비용의 시간에 따른 상승, 임대수익의 근거가 되는 임대료(임대차계약에서는 매년 물가상승률에 연동하여 임대료와 관리비를 조정하는 것이 일반적)와 관리비의 시간에 따른 상승을 추정하는데 사용 − 물가 관련 통계는 생산자물가, 소비자물가, 수출입물가 등 종류가 다양하며, 지역별로도 구분. 일반적으로 사업성평가에서는 소비자물가지수(CPI : Consumer Price Index)의 전국평균상승률을 사용

	• 이자율 　— 차입금에 대한 이자비용(대출금리)과 여유자금에서 발생하는 이자수익(예금금리)을 추정하는 데 사용 　— 대출일 때 예금일 때 각각 다르며, 대출 내에서도 자금의 용도, 차입자의 신용, 대출의 만기, 담보의 제공 등에 따라 다름. 일반적으로 매입에 필요한 담보대출은 이자율이 낮고, 개발에 필요한 프로젝트파이낸싱은 이자율이 높음 　— 사업성평가에서는 은행을 대상으로 집계한 대출 및 예금금리, 채권을 대상으로 집계한 신용등급별 유통수익률을 사용함. 최근의 유사사례를 조사하여 함께 고려하는 것이 일반적 • 그 외 시장지표 　— 임대료, 공실률, 자본환원율 　— 한국부동산원과 부동산서비스업을 영위하는 여러 민간기업이 발표하고 있는데, 전자의 경우 전국을 대상으로 다양한 용도를 취급하고 있으나 시장을 예민하게 반영하지 못하고, 후자의 경우 비교적 시장을 잘 반영하지만 서울과 인근의 오피스 정도로 범위가 제한된다는 약점. 사업성평가에서는 이들 통계와 주변지역에 대한 조사를 병행하여 지표를 설정

② 투자비 및 자본구조 추정

구 분	상 세
매입·개발금액 및 부대비용 추정	• 매입, 개발비용 　— 매입의 경우 매도자와 매수자 간 합의한 매매가격(투자자 입장에서는 매입가격)과 매매거래에 수반되는 부대비용 　— 매입가격은 사업성평가를 의뢰한 투자자로부터 제공받지만, 매입부대비용은 평가자가 직접 추정 　— 매입부대비용은 중개, 감정평가, 법률자문, 재무자문(사업성평가를 위해 투자자가 지출하는 비용), 물리실사, 법무 등의 업무에 필요한 수수료, 차입에 따른 담보설정비용, 취득세 등으로 구성 　— 개발의 경우 부지비용, 건설비용, 금융비용으로 구성 　— 투자비의 지출이 일시에 이루어지는 매입과 달리 개발기간 중 순차적으로 이루어지므로 현금흐름이 상대적으로 복잡 　— 부지비용의 구성은 매입의 투자비와 유사하며, 토지의 소유자와 합의된 매입가격과 매매거래에 수반되는 부대비용(점유자의 명도비용 및 구축 철거비용 추가)으로 구성 　— 간설비용은 설계비·감리비·PM(Project Management)비와 같은 용역비, 직접공사비, 준공시점의 보존등기비 등으로 구성 　— 설계가 완료된 상황이라면 사업성평가를 의뢰한 투자자로부터 이 비용들을 제공받고 그렇지 않다면 평가자가 건축물의 수준을 고려하여 추정(건설비용의 지출은 공정별 추정) 　— 금융비용은 부지비용과 건설비용의 조달을 위해 사용한 타인자본에 대한 이자비용 　— 금융비용은 이자율뿐 아니라 자본구조에 의해서도 크게 달라짐
자기·타인자본 및 금융조건 추정	• 자기·타인자본 　— 자본구조 확정 　— 자본구조란 자기자본과 타인자본의 비율, 자기자본 내에서 보통주(2종수익권)와 우선주(1종수익권)의 비율, 타인자본 내에서 선순위차입과 후순위차입의 비율 등을 말함.

- 자본구조는 자기자본과 타인자본 두 가지로 간단히 수립할 수도 있고, 다양한 트렌치(Tranche)[328]를 사용하여 수립할 수도 있음
- 타인자본을 먼저 추정. 대부분 투자자는 레버리지효과(Leverage Effect)를 위해 타인자본을 최대한 사용하고자 하고 타인자본의 공급자는 위험관리를 위해 대출을 일정 한도 내에서만 집행.
- 자본구조를 수립할 때 자본시장에서 조달 가능한 만큼 타인자본을 먼저 할당하고, 부족한 자금을 자기자본에 할당하는 것이 일반적
- 타인자본을 더 사용하고 싶다면 후순위차입도 고려할 수 있고, 그래도 자기자본이 부족하다면 우선주(1종수익권) 투자자를 모집하는 것도 고려
- 타인자본의 조달금액은 매입의 경우 자산부채비율(LTV : Loan to Value), 개발의 경우 비용부채비율(LTC : Loan to Cost)와 같은 지표를 사용해서 추정
- LTV는 매입가격 대비 대출금액의 비율, LTC는 개발비용(토지비용＋건설비용＋금융비용) 대비 대출금액의 비율

• 금융조건
- 타인자본의 구조가 확정되면 각 트렌치별로 이자율, 이자지급주기, 만기 등의 금융조건을 추정
- 이자율은 거시경제지표를 사용하여 추정하기도 하지만, 최근의 유사사례를 조사하여 고려하는 것이 필수적. 특히 트렌치가 다양할수록 사례조사의 중요성이 더욱 커지는데, 거시경제지표는 각 트렌치의 특성을 반영할 만큼 다양하지 않기 때문

③ 운영손익 및 회수금 추정

구 분	상 세
운영수익·비용 추정	• 운영수익 - 임대수익, 기타수익, 이자수익 등으로 구성 - 임대수익은 임대료, 관리비, 보증금 등 임대활동에 따른 현금흐름에서 발생하는 수익 - 임대수익은 매입시점의 임대차현황(Rent Roll)을 의뢰인으로부터 제공받아 추정. 보증금의 예금에 의해 발생하는 이자수익[329] 포함 - 기타수익은 경상적인 임대활동 외에 주차, 창고, 회의실, 광고, 자판기 등에서 추가적으로 발생하는 수익. 일반적으로 임대수익의 일정 비율을 적용하여 추정하는데, 구체적인 비율은 임대차현황으로부터 도출 - 이자수익은 여유자금 즉 현금보유액에 예금이자율을 적용하여 추정 • 운영비용 - 보유세, 보험료, 관리비용 등으로 구성 - 보유세는 재산세(토지 및 건물), 종합부동산세 등 부동산의 보유에 따르는 세금만을 고려하며, 소득세 등은 포함하지 않음

---

[328] 보통주, 우선주, 선순위차입, 후순위차입 등 수익과 위험의 특성이 다른 자금조달의 포지션들을 트렌치라고 함
[329] 임대료에 비해 보증금이 크지 않은 국가들의 경우 순영업소득의 계산에 보증금이자수익을 포함시키지 않음. 그러나 우리나라의 경우 보증금이 월 임대료의 10배에서 수십 배에 달하며, 보증금이 클수록 임대료가 작아지는 관계에 있으므로 이를 무시하기 어려움

	— 보험료는 부동산과 관련된 화재보험, 책임보험 등에서 발생하는 비용 — 관리비용은 청소, 경비, 안내, 설비관리, 임차인관리 등 다양한 관리행위를 위한 비용을 포괄. 투자기구를 활용한다면 이를 위한 비용도 추가. 대형 부동산의 경우 이러한 관리행위를 전문적인 PM(Property Management)사에게 위탁. PM사는 시설과 관련된 관리행위를 다시 전문적인 FM(Facility Management)사에게 재위탁. 투자자 입장에서는 두 서비스회사에 수수료를 지불하는 형태로 비용이 지출. 투자기구를 위한 비용도 AM(Asset Management)사에 대한 보수의 형태로 지출. 수수료와 보수 외에 별도로 지출되는 비용에는 수도광열비와 수선유지비가 있음. 수도광열비는 상하수, 전기, 가스 등 유틸리티의 사용료를, 수선유지비는 부동산의 성능유지를 위해 지출하는 비용 중 자본적 지출이 아닌 것을 의미. 관리비용은 일반적으로 단위면적당 단가를 적용하여 추정
매각금액 및 부대비용 추정	• 매각금액 — 투자기간 말 부동산을 처분하여 현금화할 때의 수입(회수금)으로 매각금액에서 매각부대비용을 차감하여 추정. — 매각금액은 일반적으로 직접환원법을 통해 산출. — 개발의 경우 부동산을 준공한 후 보유하지 않고 즉시 매각해도 자본이득을 얻을 수 있음. 착공과 동시에 선매각을 하기도 하나 매각금액을 결정하기 위해 순영업소득이 필요하므로 매각시점 이후 1년간의 운영수익과 운영비용의 추정은 필수적 • 부대비용 — 중개, 평가 등의 업무에 필요한 수수료가 대부분. 매각금액에 일정한 비율을 곱해서 추정 — 부동산처분손익에 의해 발생하는 법인세는 고려하지 않음. 운영소득에 대해서도 마찬가지인데, 투자자의 부동산 보유현황이나 다른 사업에서 발생하는 이익현황에 따라 세율 등의 조건이 달라지기 때문. — 사업성평가는 세전현금흐름을 기준으로 수행하고, 세금의 효과는 투자자가 별도로 고려하는 것이 바람직

CHAPTER 02 기출문제

타당성 분석(투자의사결정)

01 토지 소유자인 甲법인은 골프장 개발업체인 乙법인과 다음과 같은 계약을 맺었다.

〈계약내용〉
- 乙법인은 甲법인의 토지를 임차하여 골프장(27홀)으로 개발하여 운영한다.
- 골프장 개발과 관련된 인허가 비용은 甲법인 부담으로 하고 개발비용은 乙법인 부담으로 한다.
- 乙법인은 골프장 준공일로부터 연간 토지임대료 1,000,000,000원을 甲법인에 매년 초 지급하며 연간 2%씩 임대료를 상승하여 지급한다.
- 골프장 운영과 관련된 제반 유지보수비용, 보험료, 제세공과 등은 운영자 부담으로 한다.
- 계약기간은 준공일로부터 10년이고, 계약기간 만료일 乙법인이 개발한 모든 골프장 시설 등은 甲법인으로 귀속되며, 甲법인은 乙법인의 최초 개발비용의 30% 상당액을 乙법인에 지급한다.

乙법인의 골프장 개발계획은 순조롭게 진행되어 2013.1.1.에 준공하였다. 다음 물음에 답하시오. (35점)

기출 24회

(1) 감정평가사 丙씨는 甲법인으로부터 2013.1.1.자 甲법인 소유토지에 대한 가치산정을 의뢰 받았다. 주어진 자료를 활용하여 가치를 산정하고 평가방법에 대해 서술하시오. (20점)
(2) 이러한 계약을 하는 甲법인과 乙법인은 합리적 의사결정을 하는 것인가에 대해 NPV법으로 검토하고 서술하시오. (15점)

〈자료 1〉 토지목록(甲법인)

기 호	소재지	지 번	지목	면적(m²)	용도지역
1	A군 B면 C리	200	전	1,000	계획관리
2	A군 B면 C리	200-1	전	2,600	계획관리
3	A군 B면 C리	200-2	전	1,550	계획관리
4	A군 B면 C리	200-3	답	2,350	계획관리
5	A군 B면 C리	200-5	전	1,300	계획관리
6	A군 B면 C리	200-6	전	1,600	계획관리
7	A군 B면 C리	201	전	1,750	계획관리
8	A군 B면 C리	202	답	3,700	계획관리

9	A군 B면 C리	산100-1	임야	4,500	계획관리
10	A군 B면 C리	산100-2	임야	1,500,000	계획관리
11	A군 B면 C리	산100-3	전	900	계획관리
계				1,521,250	

※ 사업승인면적은 1,450,000m²이며, 나머지는 산100-2번지 일부로서 자연림 상태의 원형을 유지하고 있음

〈자료 2〉 표준지 공시지가

(2013.1.1.)

일련번호	소재지	지번	면적(m²)	지목	이용상황	용도지역	도로교통	형상지세	공시지가(원/m²)
1	A군 D면 E리	14(××골프장)	201,000 (일단지)	임야	골프장	계획관리	소로한면	부정형완경사	50,000
2	A군 B면 C리	190	4,627	전	전	계획관리	세로(가)	부정형완경사	30,000
3	A군 B면 C리	210	1,096	답	답	계획관리	세로(불)	부정형완경사	20,000
4	A군 B면 C리	산 110	32,000	임야	임야	계획관리	세로(불)	부정형완경사	12,000

※ 상기 표준지 공시지가는 2013.1.1. 고시된 것으로 봄

〈자료 3〉 요인비교

1. 본건 준공된 골프장과 '일련번호 1' 비교표준지는 제반여건이 유사하나 접근성 등에서 본건이 약 2% 우세함

2. 소지상태로서의 본건은 '일련번호 2~4'와 비교 시 지목별로 대체로 유사하나 본건 "전"은 표준지 대비 3%, 본건 "답"은 표준지 대비 2%, 본건 "임야"는 표준지 대비 1%씩 각각 우세함

3. 주변 거래사례나 평가선례를 분석하여 보면 표준지 '일련번호 1'은 기타요인 보정이 필요 없으나 표준지 '일련번호 2, 3'은 10%, 표준지 '일련번호 4'는 20% 기타요인 보정이 필요함

〈자료 4〉 제 비용

1. 인허가 관련비용 :

인허가 비용	1,500,000,000원
제반부담금	2,500,000,000원
제세공과	500,000,000원
기 타	3,000,000,000원
계	7,500,000,000원

2. 골프장 조성(개발)공사 비용 : 홀당 1,400,000,000원

〈자료 5〉 주변사례 및 시장동향

주변 유사 골프장의 사례를 보면 연간 9홀 기준으로 20억원의 영업이익이 발생하는 것으로 조사되었으며, 향후 매년 영업이익증가율은 1% 정도 일 것으로 추정됨. 그러나 시장의 수요·공급을 예측하여 보면 연간 9홀 기준으로 22억원이 한계점인 것으로 조사됨

〈자료 6〉 기 타

1. 클럽하우스 등 건물은 고려하지 아니함
2. 인허가 및 개발에 관한 제 비용은 준공일에 투입된 것으로 가정하며, 영업이익의 발생시점은 토지임대료를 지급하는 매년 초에 발생하는 것으로 가정함
3. 준공 후 제반세금은 고려하지 아니하며 영업이익은 현금유입액으로 봄
4. 본건 투자에 있어 타인자본은 고려하지 아니함
5. 현금흐름(cash flow)에 적용된 할인율은 연 7%로 조사되었음
6. 기말복귀액 산정 시 영업이익과 골프장 가치에 적용할 환원율은 연 8%로 조사되었음
7. 본건 주변 표준지 공시지가의 향후 10년 후 예상 상승률은 10% 정도임

〈자료 7〉 시간가치율

1. 현재 가치율(7%)

1기초	2기초	3기초	4기초	5기초	6기초	7기초	8기초	9기초	10기초	10기말
1.000	0.9346	0.8734	0.8163	0.7629	0.7130	0.6663	0.6227	0.5820	0.5439	0.5083

2. 미래 가치율(2%)

1.02^0	1.02^1	1.02^2	1.02^3	1.02^4	1.02^5	1.02^6	1.02^7	1.02^8	1.02^9	1.02^{10}
1.00	1.0200	1.0404	1.0612	1.0824	1.1041	1.1262	1.1487	1.1717	1.1951	1.2190

3. 미래 가치율(1%)

1.01^0	1.01^1	1.01^2	1.01^3	1.01^4	1.01^5	1.01^6	1.01^7	1.01^8	1.01^9	1.01^{10}
1.00	1.0100	1.0201	1.0303	1.0406	1.0510	1.0615	1.0721	1.0829	1.0937	1.1046

출제영역

투자타당성_순현가법

답안작성 가이드

Ⅰ. 평가개요
  (1) 甲법인 소유토지에 대한 가치산정 및 평가방법을 서술하고,
  (2) 乙법인의 골프장 개발계획에 따른 甲법인과 乙법인의 합리적 의사결정여부를 NPV법으로 검토하고 서술함(기준시점 2013.1.1.)

Ⅱ. [물음 1] 甲법인 소유토지에 대한 가치산정 및 평가방법 (20)
  1. 개 요
     (i) 골프장 부분과 제외지 부분을 구분평가하고, (ii) 골프장 부분은 사업승인면적(1,450,000m²)을 일단지로 현황평가하고, (iii) 제외지 부분은 임야(1,521,250−1,450,000=71,250m²)로 평가함

  2. 골프장 부분
     (1) 공시지가기준법
         ① 비교표준지 선정 : #1(계획관리, 골프장)
         ② 평가액
             $50{,}000 \times 1.00000 \times 1.000 \times 1.020 \times 1.00 = @51{,}000$
             $(\times 1{,}450{,}000 = 73{,}950{,}000{,}000)$

     (2) 원가법
         ① 소지가격 : 각 지목별로 구분평가함
             ㉠ 전
                • 비교표준지 선정 : #2
                • 평가액
                  $30{,}000 \times 1.00000 \times 1.000 \times 1.030 \times 1.10 \fallingdotseq @34{,}000$
                  $(\times 10{,}700 = 363{,}800{,}000)$
             ㉡ 답
                • 비교표준지 선정 : #3
                • 평가액
                  $20{,}000 \times 1.00000 \times 1.000 \times 1.020 \times 1.10 \fallingdotseq @22{,}000$
                  $(\times 6{,}050 = 133{,}100{,}000)$
             ㉢ 임 야
                • 비교표준지 선정 : #4
                • 평가액
                  $12{,}000 \times 1.00000 \times 1.000 \times 1.010 \times 1.20 \fallingdotseq @15{,}000$
                  $(\times 1{,}433{,}250 = 21{,}498{,}750{,}000)$
                ※ 자연림 면적 : $1{,}500{,}000 + 4{,}500 - 71{,}250 = 1{,}433{,}250$
             ㉣ 소계 : 21,995,650,000
         ② 조성비
             $7{,}500{,}000{,}000 + 1{,}400{,}000{,}000 \times 27 = 45{,}300{,}000{,}000$
         ③ 적산가액
             '①'+'②'= 67,295,650,000
                 $(\div 1{,}450{,}000 \fallingdotseq @46{,}000)$

     (3) 수익환원법(DCF법)
         ① 영업이익 현가(계약기간 : 10년)

             $\underline{20억 \times 3} \times 1 - \underline{1.1046} \times 0.5083 \times 1.07 \fallingdotseq 46{,}922{,}905{,}000$
             *9홀 기준 $0.07 - 0.01$ *기초보정

         ② 기말복귀액 현가
             본건 주변 표준지 공시지가의 향후 10년 후 예상 상승률이 10% 정도임을 고려해 볼 때 시장의 수요·공급을 예측하여 조사된 연간 9홀 기준의 한계점인 22억이 기말복귀액으로 적정하다 판단함
             $(22억 \times 3/0.08) \times 0.5083 \fallingdotseq 41{,}934{,}750{,}000$

③ 수익가액
'①'+'②'≒88,857,655,000
(÷1,450,000≒@61,000)

(4) 골프장 부분 토지가치 결정

(i) 적산가액은 공급자 중심의 가격으로 객관성이 다소 결여된다고 판단되고, (ii) 수익가액은 건물 등과 결합하여 발생하는 영업이익을 기준으로 산정되어 토지가치가 과대평가된 측면을 고려하여, (iii) 「감정평가법」 제3조 제1항 및 감정평가에 관한 규칙 제14조 제1항에 따라 공시지가기준가액으로 결정함

∴ @51,000×1,450,000=73,950,000,000원

3. 제외지 부분(임야, 71,250m²)

임야의 소지가격 적용함

∴ @15,000×71,250=1,068,750,000원

4. 합 계

'2.'+'3.'=75,018,750,000원

Ⅲ. [물음 2] 합리적 의사결정 여부 검토 (15)

1. 개 요

토지소유자 甲법인과 골프장 개발업체인 乙법인 각각의 입장에서 NPV법으로 검토하고 서술함

2. 甲법인의 합리적 의사결정여부 검토(토지소유자)

(1) 현금유입

① 토지임대료 현가

$$1,000,000,000 \times \frac{1-1.2190 \times 0.5083}{0.07-0.02} \times 1.07 ≒ 8,140,181,000$$

② 기말 토지 복귀액 현가

75,018,750,000×1.1×0.5083≒41,945,234,000

※ 공시지가기준가액, 10년 후 10% 상승 예상

③ 소계 : 50,085,415,000원

(2) 현금유출

① 소지가격 : 21,995,650,000+1,068,750,000≒23,064,400,000

② 인허가비용 : 7,500,000,000

③ 乙법인의 최초 개발비용의 30% 지급분

1,400,000,000×27×0.3×0.5083=5,764,122,000

④ 소계 : 36,328,522,000원

(3) 합리적 의사결정 여부

① NPV : '(1)'−'(2)'=13,756,893,000

② 검 토

NPV가 0보다 큰바 甲법인 입장에서 합리적 의사결정한 것이라 판단됨

3. 乙법인의 합리적 의사결정여부 검토(개발업체)

(1) 현금유입

① 영업이익 현가 : 46,922,905,000

② 기말 甲법인으로부터 지급받는 최초개발비용의 30% : 5,764,122,000

③ 소계 : 52,687,027,000원

(2) 현금유출
   ① 개발비용 : 1,400,000,000 × 27 = 37,800,000,000
   ② 토지임대료 지급액 현가 : 8,140,181,000
   ③ 소계 : 45,940,181,000원
(3) 합리적 의사결정 여부
   ① NPV : '(1)' − '(2)' = 6,746,846,000
   ② 검토
   NPV가 0보다 큰바 乙법인 입장에서 합리적 의사결정을 한 것이라 판단됨. 다만, 개발비용 대비 NPV가 큰 수치의 이익이 아닌 바 영업이익의 실현여부 및 시장상황에 따라 타당성이 달라질 수 있을 것으로 판단됨

02

부동산에 투자를 고려하고 있는 투자자가 당신에게 자문을 요청하였다. 투자자가 자문을 의뢰한 부동산은 상업용으로 인근유사지역의 부동산 A, B, C 3건이다. 부동산 A, B, C는 동일한 가격으로 매입할 수 있고 투자자가 투자할 수 있는 현금보유액은 450,000,000원이며 나머지 부족분은 K은행으로부터 대출받아 연간 저당지불액 255,000,000원으로 해결할 계획이라고 한다. 부동산 A를 조사한 결과 첫해의 예상 수익 자료를 아래와 같이 얻을 수 있었다.

시나리오 조사항목	비관적으로 보는 경우	일반적으로 보는 경우	낙관적으로 보는 경우
잠재적총소득(PGI)	500,000,000원	530,000,000원	560,000,000원
공실률(Vacancy)	8%	6%	5%
영업경비비율(OER)	42%	38%	35%
확률(Probability)	25%	50%	25%

다음 물음에 답하시오. (25점)

기출 15회

(1) 확률을 고려한 부동산 A의 자기지분환원율(R_E : Equity Capitalization Rates)과 부동산 A의 시나리오별 R_E에 대한 표준편차를 구하시오. (12점)

> 공식 : 표준편차(Standard Deviation) = $\sqrt{\text{분산(Variance)}}$
>
> 분산(Variance) = $\sum_{n=1}^{n} P_i(X_i - \overline{X})^2$
>
> (P_i : Return을 달성할 확률, $\overline{X}$: 분포의 평균, n : 관측의 수)

(2) 부동산 B와 부동산 C도 같은 방법으로 조사 분석하여 다음과 같은 결과를 얻었다.

구분	가중평균 R_E	표준편차(%)
부동산 B	11.6%	4.5
부동산 C	12.5%	6.2

어느 부동산에 투자하는 것이 바람직한 선택인지를 위험(Risk)을 고려하여 부동산 상호간을 각각 비교 설명하시오. (5점)

(3) 부동산 A 인근에 공공시설이 들어선다는 소문이 사실로 확인될 경우 부동산 A의 시나리오는 확률이 비관적인 경우 10%, 일반적인 경우 60%, 낙관적인 경우 30%로 수정되어야 한다고 한다. 투자자의 선택에는 어떠한 변화가 일어나는가? (4점)

(4) 국내경기의 후퇴에 따라 가계의 유동성이 축소되고 소비여력이 감소하면서 부동산 A는 당초 예상수익 자료보다 공실률이 각각 3% 포인트씩 증가하고, 영업경비비율(OER)은 각각 1% 포인트씩 감소하는 것으로 분석되었다. 다른 조건이 동일한 상황에서 자기지분환원률(R_E)를 산정한 결과 비관적인 경우 1.7%, 일반적인 경우 10.9%, 낙관적인 경우 18.9%로 나타났다. 이 경우 가중평균 R_E가 10.2%, 표준편차는 6.8%인 동일 수급권내의 부동산 D(매입조건과 금융조건은 부동산 A와 동일)와 비교하여 투자대안을 검토하시오. (4점)

출제영역

투자자문_확률분석

답안작성 가이드

Ⅰ. [물음 1] (25)

1. 지분환원율(R_E)

   (1) 비관적인 경우

   ① 지분수익 : $500{,}000{,}000 \times (1-0.08) \times (1-0.42) - 255{,}000{,}000 = 11{,}800{,}000$

   ② $R_E : \dfrac{11{,}800{,}000}{450{,}000{,}000} \times 100 ≒ 2.62\%$

   (2) 일반적인 경우

   ① 지분수익 : $530{,}000{,}000 \times (1-0.06) \times (1-0.38) - 255{,}000{,}000 = 53{,}884{,}000$

   ② $R_E : \dfrac{53{,}884{,}000}{450{,}000{,}000} \times 100 ≒ 11.97\%$

   (3) 낙관적인 경우

   ① 지분수익 : $560{,}000{,}000 \times (1-0.05) \times (1-0.35) - 255{,}000{,}000 = 90{,}800{,}000$

   ② $R_E : \dfrac{90{,}800{,}000}{450{,}000{,}000} \times 100 ≒ 20.18\%$

   (4) 부동산 A의 R_E : $0.25 \times 0.0262 + 0.5 \times 0.1197 + 0.25 \times 0.2018 ≒ 0.1169(11.69\%)$

2. 표준편차(σ_E)

   (1) 분 산

   $0.25 \times (0.1169-0.0262)^2 + 0.5 \times (0.1169-0.1197)^2 + 0.25 \times (0.1169-0.2018)^2 ≒ 0.0039$

   (2) $\sigma_E : \sqrt{0.0039} ≒ 0.0625(6.25\%)$

Ⅱ. [물음 2] (5)
  1. 평균-분산 지배원리
     평균과 분산만으로 위험자산을 선택하는 기준으로서, 동일한 수준의 위험을 갖는 투자안 중에서는 가장 큰 기대수익률을 갖는 투자안이 다른 투자안을 지배하고, 동일한 기대수익률을 갖는 투자안 중에서는 가장 낮은 위험을 갖는 투자안이 다른 투자안을 지배한다는 원리이다.

  2. 투자선택
     (1) 자기지분환원율과 위험

구 분	가중평균 R_E(%)	표준편차(%)
부동산 A	11.69	6.25
부동산 B	11.6	4.5
부동산 C	12.5	6.2

     (2) 투자안의 선택
        A와 B는 수익률은 유사하나 위험이 A가 높아 B를 선택함이 타당하며, A와 C는 위험은 유사하나 수익률이 C가 높으므로 C를 선택함이 타당하다.
        B와 C는 수익과 위험의 우열이 엇갈리므로 투자자의 위험에 대한 선호도에 따라 투자안의 선택이 달라질 수 있다.

Ⅲ. [물음 3] (4)
  1. R_E 및 σ_E의 변화
     (1) R_E
        $0.1 \times 0.0262 + 0.6 \times 0.1197 + 0.3 \times 0.2018 ≒ 0.135(13.5\%)$
     (2) 분 산
        $0.1 \times (0.1350 - 0.0262)^2 + 0.6 \times (0.1350 - 0.1197)^2 + 0.3 \times (0.1350 - 0.2018)^2 ≒ 0.0027$
     (3) σ_E : $\sqrt{0.0027} ≒ 0.052(5.2\%)$

  2. 투자자 선택의 변화
     확률변화에 따른 부동산 A의 수익률과 위험을 기준으로 부동산 A는 C를 지배하고, A와 B는 투자자의 위험에 대한 태도에 따라 달라진다.

Ⅳ. [물음 4] (4)
  1. R_E
     $0.25 \times 0.017 + 0.5 \times 0.109 + 0.25 \times 0.189 ≒ 0.106(10.6\%)$

  2. σ_E
     (1) 분 산
        $0.25 \times (0.106 - 0.017)^2 + 0.5 \times (0.106 - 0.109)^2 + 0.25 \times (0.106 - 0.189)^2 ≒ 0.0037$
     (2) σ_E : $\sqrt{0.0037} ≒ 0.06088(6.088\%)$

  3. 부동산 D와의 투자대안 검토
     부동산 A는 D보다 위험은 낮고 수익률은 높아 D를 지배하므로 부동산 A에 투자하는 것이 타당하다고 판단된다.

03

감정평가사 甲은 수도권 북동부 소재 A택지개발지구 내에 분양중인 상업용지 개발과 관련된 자문을 의뢰받았다. 제시된 자료를 활용하여 다음 물음에 답하시오. (20점) *기출 34회*

(1) 해당 토지의 개발이 가능한 임대료(Feasibility Rent)를 구하고, 그 결과를 바탕으로 현재의 개발 타당성을 판단하시오. (10점)
(2) 현재 개발이 타당하지 않다면, 개발사업에 소요되는 기간을 고려할 경우 얼마 후 사업에 착수하는 것이 타당한지 그 시기를 구하시오. (10점)

〈자료 1〉 기본적 사항
- 토지면적 : 3,000m^2
- 용적률 : 250%
- 토지분양가격(부대비용 포함) : @6,000,000원/m^2
- 건축비(부대비용 포함) : @1,800,000원/m^2
- 건물 전용률 : 60%

〈자료 2〉 시장조사 내용 요약
1. 시장임대료(전유면적 기준) : 보증금 @400,000원/m^2, 월임료 @40,000원/m^2(전환율 : 연 9.0%)
2. 운영경비
   1) 연간 조세공과(보유세 등) : 토지가격 및 건물가격의 0.25%
   2) 연간보험료 : 건물가격의 0.2%
   3) 변동비용 : 유효총수익(EGI)의 5.0%
   4) 건물설비 중 엘리베이터(현재 재조달원가 1.2억원)는 내용연수 12년으로 내용연수 만료 시 신품으로 대체하여야 함
3. 공실률 : 6.0%
4. 할인율 : 연 7.0%

〈자료 3〉 시장전망 요약
1. 최근 금리 상승 등에 따른 영향으로 향후 토지 분양가격 및 건축비, 인근지역의 상업용 부동산가격은 보합세를 보일 것으로 예상됨
2. 개발 착수 후 사용승인까지는 9개월이 소요될 것으로 예상되며, 개발기간 중의 제반비용(금융비용 등)은 고려하지 않음
3. 향후 주변 신축 아파트의 지속적인 입주로 상업시설공간에 대한 안정적인 수요가 있어 사용승인과 더불어 현재 공실률 수준의 임대가 가능할 것으로 예상되며, 시장임대료는 연 5.0%, 운영경비(엘리베이터 가격 포함)는 연 2.0% 상승할 것으로 예상됨

📝 **출제영역**

투자타당성—개발시기

📝 **답안작성 가이드**

I. 개 요

상업용지 개발의 현 시점 타당성과 개발 타당성 있는 착수시기 판단

Ⅱ. [물음 1] 개발가능 임대료 및 현시점 개발 타당성 (10점)
  1. 개발가능 임대료(요구임대료)
    (1) 개 요
      9개월 뒤 건물 준공시점을 기준
    (2) 개발비용
      ① 토지 : @6,000,000원/m^2 × 3,000m^2 = 18,000,000,000
      ② 건축비 : @1,800,000원/m^2 × (3,000 × 2.5*)m^2 = 13,500,000,000
      *) 용적률 250%
      ③ 개발비용 : ① + ② = 31,500,000,000
    (3) 요구수익률
      연 할인율 7% 적용
    (4) 개발가능 임대료(요구임대료)
      '(2)' × '(3)' = 2,205,000,000

  2. 현시점 개발 타당성
    (1) 개 요
      기대임대료(시장임대료 기준 NOI) > 요구임대료로 판단
    (2) 기대임대료
      ① 가능총수익
        (@400,000원/m^2 × 0.09 + @40,000원/m^2 × 12) × 3,000 × 2.5 × 0.6*) = 2,322,000,000
        *) 전용률
      ② 유효총수익
        '①' × (1 − 0.06) = 2,182,680,000
      ③ 운영경비
        ─ 고정경비(조세공과 및 보험료)
          (토지 + 건물) × 0.0025 + 건물 × 0.002 = 105,750,000
        ─ 변동경비(유효총수익 × 5%)
          2,182,680,000 × 0.05 = 109,134,000
        ─ 대체충당금(엘리베이터)
          1.2억/12 = 10,000,000
        ─ **운영경비** : (105,750,000 + 109,134,000 + 10,000,000) = 224,884,000
      ④ 기대임대료
        '②' × (1 + 0.05)$^{9/12}$ − '③' × (1 + 0.02)$^{9/12}$ = 2,062,432,320
    (3) 개발 타당성
      기대임대료 < 요구임대료인바, 타당성 없음

Ⅲ. [물음 2] 착수시기 판단 (10점)
  1. 개 요
    기대임대료 > 요구임대료인 시기로 결정
  2. 착수시기
    (1) 1년 뒤 기대임대료
      2,182,680,000 × 1.05 − 224,884,000 × 1.02 = 2,062,432,320(<2,205,000,000)

(2) 2년 뒤 기대임대료

$2,182,680,000 \times 1.05^2 - 224,884,000 \times 1.02^2 = 2,172,435,386 (<2,205,000,000)$

(3) 3년 뒤 기대임대료

$2,182,680,000 \times 1.05^3 - 224,884,000 \times 1.02^3 = 2,288,076,235 (>2,205,000,000)$

(4) 결 정

3년 뒤 개발 타당성이 있으므로, 9개월의 개발기간을 고려할 때 2년 3개월 뒤에 착수하는 것이 합리적임

04

감정평가사 甲은 고객으로부터 건축공사가 중단된 부동산과 관련한 감정평가 및 관련 자문을 의뢰받았다. 관련 법규와 이론에 따라, 제시된 자료를 활용하여 다음 물음에 답하시오. (40점) 기출 36회

(1) 〈자료 1~10〉을 활용하여 대상부동산에 대한 현재 상태대로의 적정 매수 가격(2025.07.12. 시점)과 개발을 완료할 경우의 적정 매수가격(2026.07.12. 시점)을 제시하시오. (20점)

(2) 개발을 완료할 경우의 적정 수익가격을 구하시오. (10점)

(3) 주어진 자료에 따른 향후 시장동향을 기술하고, 이에 따른 수익성지수(PI), 내부수익률(IRR), 순현재가치(NPV)의 변화를 해당 구조식(산식)을 활용하여 설명하시오. (10점)

〈자료 1〉 기본적 사항 확정

1. 기준가치 : 시장가치

2. 기준시점

(1) 2025.07.12. (현재시점)

(2) 2026.07.12. (개발완료시점)

3. 대상부동산의 개요

(1) 토 지

소재지	지 목	면적(m²)	용도지역	이용상황	도로접면	형상지세	주위환경
K시 H구 A동 100	대	1,000	일반상업	업무용	광대한면	가장형평지	업무지대

(2) 건물: 지하3층, 지상7층으로 설계된 건물로, 현재 지하층 공사는 완료되었으나 지상층은 5층까지 주요구조부 공사 중 중단상태임

소재지	구 조	층	면적(m²)	용 도
K시 H구 A동 100	철근콘크리트조 슬래브지붕	지상1~7층	각층 800	업무용
		지하1~3층	각층 800	주차장, 창고

4. 표준지, 거래사례, 평가선례, 임대사례의 선정은 가장 비교성이 높은 것 하나만 선정하기로 함

〈자료 2〉 공사중단 건물과 관련한 조사자료

1. 기성공사 내역

(단위 : 천원)

구 분	설계안		기성공사	
	공사비	구성비(%)	공사비	공정률(%)
01. 가설공사	1,000,000	6.25	800,000	80
02. 기초 및 토공사	400,000	2.50	400,000	100
03. 철근콘크리트공사	2,800,000	17.50	2,240,000	80
04. 조적공사	200,000	1.25	160,000	80
05. 방수공사	400,000	2.50	320,000	80
06. 미장공사	600,000	3.75	180,000	30
07. 타일공사	600,000	3.75	180,000	30
08. 창호공사	1,800,000	11.25	540,000	30
09. 유리공사	400,000	2.50	120,000	30
10. 도장공사	2,000,000	12.50	600,000	30
11. 수장공사	1,600,000	10.00	480,000	30
12. 기타공사	600,000	3.75	480,000	80
소 계	12,400,000	(77.50)	6,500,000	(52.41)
제경비	2,600,000	16.25	2,080,000	80
건축 공사비 합계	15,000,000	(93.75)	8,580,000	(57.20)
설계비	240,000	1.50	240,000	100
감리비	160,000	1.00	80,000	50
전기기본설비비	600,000	3.75	600,000	100
총 공사비 합계	16,000,000	100	9,500,000	(59.37)

주) 동 공사비 내역서는 적성한 것으로 판단되어 2026년 7월 12일자 제조달원가로 적용할 수 있으며, 건축공사비와 공정률은 층별로 동일(기초공사 및 토공사는 공통비용)한 것으로 가정함

2. 공사중단에 따른 감가비용 등 관련 조사자료

기성공사 중 공사중단에 따른 일부 물리적, 기능적 감가에 따른 비용은 기성건축공사비의 5% 정도로 추정되며 이는 적정한 것으로 조사되었고 건축허가사항과의 상이점 및 구조안전진단 결과 등에서 문제점이 발견되지는 않았으며, 이 경우 토지에 대한 별도 감가는 불필요함

〈자료 3〉 향후 개발방안 관련 조사자료

1. 기존 건축물 추가공사 방안

    1년이 소요되는 추가공사를 진행할 경우의 공사완료시점 재조달원가는 원자재비 및 금리 인상 등의 시장여건 변화를 반영하되, 설계안을 기준하여 미성 건축공사비의 20% 증가요인으로 보정하는 것이 적정한 것으로 조사되었고, 정상적인 사용승인을 득하는데도 문제가 없을 것으로 조사됨

2. 기존 건축물 철거 후 신축방안

    매수인이 부담할 철거비용은 기성 건축공사비의 10%가 적정한 수준이며, 신축시 신자재 및 신공법 도입으로 총 공사기간은 1년으로 동일하나, 총 공사비는 설계안 대비 25% 증가요인이 있고 이는 적정한 것으로 조사되었고, 정상적인 사용승인을 득하는데도 문제가 없을 것으로 조사됨

〈자료 4〉 표준지 공시지가 자료

1. 표준지 공시지가

(공시기준일 : 2025.1.1.)

기호	소재지	지목	면적(m²)	이용상황	용도지역	도로접면	형상지세	공시지가(원/m²)
1	H구 A동 88	대	1,000	업무용	근린상업	광대세각	정방형 평지	6,600,000
2	H구 A동 102	대	750	업무용	일반상업 근린상업	광대한면	부정형 평지	6,000,000
3	H구 A동 147	대	900	상업용	일반상업	중로한면	정방형 평지	4,500,000
4	H구 A동 180	대	1,200	업무용	중심상업	광대소각	정방형 평지	10,000,000
5	H구 A동 196	대	900	업무용	일반상업	광대소각	정방형 평지	7,000,000

2. 표준지 조사자료

    기호 3 표준지는 위치를 확인한 바 후면 상업지대 토지였음

〈자료 5〉 평가선례 자료(평가목적 : 일반거래(시가참고용))

기호	소재지	지목	면적(m²)	용도지역	이용상황	도로접면	형상지세	기준시점	토지단가(원/m²)
a	H구 A동 123	대	1,500	일반상업	업무용	광대한면	세장형 평지	2024.01.01.	8,500,000
b	H구 A동 188	대	1,300	일반상업	상업용	광대한면	가장형 평지	2023.01.01.	8,000,000
c	H구 A동 215	대	950	중심상업	업무용	광대한면	세장형 평지	2021.01.01.	9,000,000

〈자료 6〉 거래사례 자료

1. 거래사례

기호	소재지	지목	면적 (m^2)	용도지역	이용상황	도로접면	형상지세	거래시점	토지단가 (원/m^2)
가	H구 A동 87	대	290	일반상업	업무용	중로한면	정방형 평지	2024.01.01.	5,550,000
나	H구 A동 125	대	3,000	일반상업 3종일주	업무용	광대한면	세장형 평지	2025.01.01.	8,500,000
다	H구 A동 190	대	2,000	일반상업	업무용	광대한면	가장형 평지	2023.01.01.	8,000,000
라	H구 A동 220	대	950	일반상업	업무용	광대한면	세장형 평지	2021.01.01.	9,000,000
마	H구 A동 363	대	1,160	일반상업	업무용	광대한면	가장형 평지	2025.01.01.	8,500,000

2. 거래사례 조사자료
   (1) 기호 가 거래사례는 위치를 확인한 바 후면 상업지대 토지였음
   (2) 기호 다 거래사례는 등기사항전부증명서를 확인한 바 미등재상태였음

〈자료 7〉 시점수정 자료 : 지가변동률(K시 H구)

(단위 : %)

구 분	주거지역	상업지역
2021.01.01.~2025.06.30.(누계)	2.624	2.645
2022.01.01.~2025.06.30.(누계)	2.265	2.285
2023.01.01.~2025.06.30.(누계)	1.827	1.845
2024.01.01.~2025.06.30.(누계)	1.278	1.293
2025.01.01.~2025.06.30.(누계)	0.795	0.806
2025.06.01.~2025.06.30.	0.000	0.000

주) 2025년 7월 이후 지가변동률은 미고시 되었음

〈자료 8〉 토지 지역요인

대상, 표준지, 평가선례 및 거래사례는 인근지역에 소재하여 지역요인은 대등함

〈자료 9〉 토지 개별요인

1. 가로조건(각지인 경우 가로조건에서 반영하기로 함)

구 분	광대한면	광대소각	광대세각	중로한면	중로각지	소로한면	소로각지
광대한면	1.00	1.09	1.05	0.95	0.99	0.85	0.89
광대소각	0.92	1.00	0.96	0.87	0.91	0.78	0.82
광대세각	0.95	1.04	1.00	0.90	0.94	0.81	0.85
중로한면	1.05	1.15	1.11	1.00	1.04	0.89	0.94
중로각지	1.01	1.10	1.06	0.96	1.00	0.86	0.90
소로한면	1.18	1.28	1.24	1.12	1.16	1.00	1.05
소로각지	1.12	1.22	1.18	1.07	1.11	0.96	1.00

2. 획지조건

구 분	정방형	가장형	세장형	사다리형	부정형
정방형	1.00	1.00	0.98	0.95	0.92
가장형	1.00	1.00	0.98	0.95	0.92
세장형	1.02	1.02	1.00	0.97	0.94
사다리형	1.05	1.05	1.03	1.00	0.97
부정형	1.09	1.09	1.07	1.03	1.00

〈자료 10〉 기타 사항

1. 제시된 이외의 조건은 동일한 것으로 가정함
2. 지역요인비교치 및 개별요인비교치는 소수점 넷째자리에서 반올림하여 셋째자리까지 표시함
3. 그 밖의 요인 보정치는 표준지 기준 산정방식을 적용하고 소수점 셋째자리 이하는 절사함
4. 대상토지의 결정단가는 백원단위에서 반올림하여 천원단위까지 표시함

〈자료 11〉 업무용빌딩 수익 관련자료

1. 업무용빌딩 소득수익률(K시 H구)

구 분	2024.3분기	2024.4분기	2025.1분기	2025.2분기
소득수익률(%)	3.4	3.3	3.2	3.2

주) 소득수익률 = $\dfrac{NOI}{V_0}$ (NOI : 순영업소득, V_0 : 분기초 자산가액)

2. 업무용빌딩 영업경비율(K시 H구)

구 분	2024.3분기	2024.4분기	2025.1분기	2025.2분기
영업경비율(%)	48	49	50	50

3. 임대사례 자료

구 분	대상물건	임대사례 1	임대사례 2	임대사례 3	임대사례 4
소재지	H구 A동	H구 A동	H구 A동	H구 B동	H구 B동
오피스 권역	KG서부 권역	KG서부 권역	KG서부 권역	KG서부 권역	KG동부 권역
용도지역	일반상업	일반상업	일반상업	일반상업	일반상업
층(지상/지하)	7F/B3	18F/B3	9F/B3	8F/B3	25F/B6
구 조	철근 콘크리트	철골철근 콘크리트	철근 콘크리트	철근 콘크리트	철골철근 콘크리트
건물연면적(m^2)	8,000	45,000	8,500	9,000	59,000
토지면적(m^2)	1,000	3,300	1,260	1,200	3,200
사용승인(년)	2026.7.12.	2020.7.12.	2010.7.12.	2025.7.12.	2015.7.12.
연간실질임대료 (원/m^2)	—	221,000	185,000	213,000	252,000
임대(계약)시점	2026.7.12.	2025.7.12.	2025.7.12.	2025.7.12.	2025.7.12.

주) 임대면적은 건물연면적으로 계약함

4. 임대료 지수

구 분	2025.7.12.	2026.7.12.
임대료지수	100	98

5. 지역 및 개별요인 통합비교치

구 분	대 상	임대사례			
		1	2	3	4
평 점	100	102	98	98	102

6. 대상부동산의 순영업소득(NOI) 등과 관련하여 전부AI프로그램에 기격자료와 관련자료를 제시하고 계량분석을 실시한 결과 다음 결과를 얻었음
   (1) 인근지역 업무시설의 최근 5년간 시계열 임대사례를 이용하여 대상부동산 순영업소득을 종속변수와 다수의 설명변수로 구축한 모형의 설명력은 0.306(R^2 : 수정된 결정계수)이고, 모형과 설명변수들의 F값과 t값의 유의확률이 유의수준 보다 커서 추정된 모형이 유의하다는 가설을 기각하였음
   (2) 인근지역 업무시설의 최근 5년간 시계열 임대사례를 이용하여 구축한 임대료변동률 추정모형의 설명력은 0.825(R^2 : 수정된 결정계수)이고, 모형과 독립변수의 F값과 t값의 유의확률이 유의수준 보다 작아 추정된 모형이 유의하다는 가설을 채택하였으나 이를 장기간의 추이로 보기에는 어려움이 있다는 심사 감정평가사의 의견이 있었음
   $\hat{g}_t = -0.002 g_{t-1} + 5.125$
   ($\hat{g}_t$: t시점의 임대료변동률 추정치, g_{t-1} : t−1기의 임대료변동률)

7. 자본환원표
   (1) 이자율 연 4%

기간(년)	일시불 내가계수	연금 내가계수	감채기금 계수	일시불 현가계수	연금 현가계수	저당상수
1	1.040000	1.000000	1.000000	0.961538	0.961538	1.040000
5	1.216653	5.416323	0.184627	0.821927	4.451822	0.224627

   (2) 이자율 연 5%

기간(년)	일시불 내가계수	연금 내가계수	감채기금 계수	일시불 현가계수	연금 현가계수	저당상수
1	1.050000	1.000000	1.000000	0.952381	0.952381	1.050000
5	1.276282	5.525631	0.180975	0.783526	4.329477	0.230975

8. 기타 사항
   소득수익율과 영업경비율은 2025.2분기 이후 변동이 없다고 봄

출제영역

매입타당성 − 수익률

답안작성 가이드

Ⅰ. [물음1] 적정 매수가 분석 (20)
  1. 현 상태 적정 매수가(25.7.12)
    (1) 토지평가액
      1) 공시지가기준법(「감칙」14조)
        ① 표준지 선정 : 일반상업, 상업용으로서 본건과 유사한 #5 선정함.
        ② 시점수정(25.1.1 ~ 25.7.12 상업) : 1.00806
        ③ 개별요인 : 0.92 × 1.00 = 0.920

         $\dfrac{광대한면}{광대소각} \times \dfrac{가장형}{정방형}$

        ④ 그 밖의 요인
          : 본 건과 가치형성 요인 유사, 최근 평가된 선례 #a 선정함.
          $\dfrac{@850 \times 1.000 \times 1.01293^{*1)} \times 1.112^{*2)}}{@700 \times 1.00806} = 1.356 \langle 1.35 \rangle$ 결정

          *1) 24.1.1 ~ 25.7.12 상업
          *2) 개별요인: $\dfrac{광대소각}{광대한면} \times \dfrac{정방형}{세장형}$

        ⑤ 공시지가기준가액
          @7,000,000 × 1.00806 × 1.000 × 0.920 × 1.35 = @8,764,000

2) 거래사례비교법(「감칙」12조)
① 거래사례선정: 토지만의 사례로서 본건과 유사한 #마 선정함 (@8,500,000).
  (#가 : 주위환경, #나 : 용도지역, #다 : 미등기, #라 : 시적격차)
② 시점수정(25.1.1 ~ 25.7.12 상업) : 1.00806
③ 개별요인 : 1.000
$$\frac{광대한면}{광대한면} \times \frac{가장형}{가장형}$$
④ 비준가액
  @8,500,000 × 1.000 × 1.00806 × 1.000 × 1.000 = @8,570,000

3) 토지 평가액 결정
감칙 14조 의거 공시지가기준법. 다른 방식에 의한 합리성 인정.
∴ @8,764,000(×1,000m² = **8,764,000,000원**

(2) 현 상태 건물 평가액(「감칙」15조 원가법)
① 기준시점 현재 재조달원가 : 95억원(기성고 기준함)
② 물리적, 기능적 5% : 95억×5% = 475,000,000
③ 건물 평가액 : 95억 - 475,000,000 = 9,025,000,000

(3) 현재 상태 적정 매수가액
8,764,000,000 + 9,025,000,000 = **17,789,000,000원**

2. 개발 완료시 적정 매수가액(26.7.12)
(1) 기존 건축물 추가공사
① 완공시 재조달원가: (160억 - 95억) × 1.20 = 78억
② 기성 건축물 가액: 95억
③ 합계 : 8,764,000,000[1](토지) + 78억 + 95억 = 26,064,000,000원
  *1) 25.7.12 ~ 26.7.12 지가변동률 0%

(2) 기존 건축물 철거후 신축
① 철거비용 : 85.8억 × 10% = 8.5억
② 총 공사비 : 160억 × 1.25 = 200억원
③ 신축 건물 평가액 : 8,764,000,000(토지) + 200억원 = 28,764,000,000원
④ 적정매수가액 : 28,764,000,000 - 8.5억(철거비) = 27,914,000,000원

(3) 개발완료시 적정 매수가액
철거비 및 총 공사비의 비용부담이 큰 바 기존 건축물을 추가공사할 경우의 적정 매수가액인 〈약 260억원 수준〉에서 결정한다.

Ⅱ. [물음2] 개발완료시 적정 수익가격 (10)
1. 처리방침
본건과 유사한 임대사례를 통하여 개발완료시 기대 NOI를 산출하여 적정 환원율로 환원하는 직접환원법(DCM)에 의함.

2. 임대사례선정 : 본건과 유사한 임대사례#3 선정함 (@213,000원).
  (#1, 4: 규모 상이, #2: 노후도 상이, #4: 권역 상이)

3. 본건 기대 NOI 산정
   (1) EGI[*1]
   @213,000×1.000×0.98000[*2]×1.020[*3]≒@213,000

   ($\times 8,000m^{2}$[*4]= 1,704,000,000원)

   *1) 공실률 등이 반영된 것으로 봄
   *2) 시점수정(26.7.12/25.7.12 임대료지수) : 98/100
   *3) 가치형성요인 비교 : 100/98
   *4) 연면적 기준

   (2) NOI
   1,704,000,000×(1−50%)=852,000,000원

4. 환원율 산정
   (1) 업무용빌딩 소득수익률 기준 : 3.2% (25.2분기)

5. 수익가액 결정
   852,000,000÷0.032=26,625,000,000원 (토지가액 87.64억원 33%, 건물가격구성비 67%)

Ⅲ. [물음3] 향후 시장동향 및 수익성 분석 (10)

1. 향후 시장동향 예측
   (1) 임대료 지수는 1년 후 2% 하락을 나타냄.
   (2) K시 H구 업무용빌딩 25년도 2분기 소득수익률은 약 3.2%수준이며 약한 하락세임.
   (3) 또한 수익성부동산인 본건의 경우 건물가격구성비율이 상대적으로 높아 자본회수율이 부담됨.
   (4) 시계열 임대료 변동률 모형은 회귀계수 −0.002로 매우 약한 음의 자기상관을 나타내며, 이는 직전 기간 변동률에 거의 영향을 받지 않고 평균적으로 약 5.125% 수준의 변동률로 수렴하는 경향이 있음을 시사함.
   (5) 지가변동률은 보합세임.
   (6) 제시 자료상 잔여공사비 20%가산, 철거시 25%가산 되는 등 신규개발대안의 수익성 저하가 예상됨.

2. 수익성지표 분석
   (1) PI : "투자 1원당 현재가치 수익"이므로, **수익(PV)이 많거나 투자비가 적을수록** 높아짐.

   $$PI = \frac{NPV+I}{I} = \frac{미래\ 현금유입의\ 현재가치}{초기투자액}$$

   ※ 1보다 크면 경제성 있음, 1보다 작으면 투자 부적합

   (2) NPV : 미래 현금유입의 현재가치 총합과 초기 투자비 간의 차이이므로, NOI나 자산가치(V_T)가 클수록 증가, 할인율이나 투자비가 클수록 감소함.

   $$NPV = \sum_{t=1}^{n} \frac{CF_t}{(1+r)^t} + \frac{V_T}{(1+r)^n} - I$$

   - CF_t : t기 순영업소득(NOI)
   - V_T : 복귀가치(Terminal Value, 마지막 연도 말 자산가치)
   - r : 할인율(자본비용 또는 시장이자율)
   - I : 초기투자액(예 토지+공사비)
   - n : 보유기간(보통 5년)

   (3) IRR : NPV를 0으로 만드는 수익률로서 투자안의 요구수익률보다 클 때 경제성있다고 판단함.

   $$0 = \sum_{t=1}^{n} \frac{CF_t}{(1+IRR)^t} + \frac{V_T}{(1+IRR)^n} - I$$

3. 시장금리 변화에 따른 분석
   (1) 개 요
   시장동향 예측을 위하여 임대료는 변동없음을 가정하고 현 시점과 1년 뒤를 비교하여 NPV, IRR, PI 지수를 산정한다. 다만 IRR은 현재시점으로만 계산한다.

   (2) IRR

구 분	0기	1기
CF	$-17,789,000,000^{*1)}$	$-7,800,000,000^{*2)}$
		$+26,625,000,000^{*3)}$

$$17,789,000,000 = \frac{-7,800,000,000}{1+IRR} + \frac{26,625,000,000}{1+IRR} \quad \therefore IRR = 5.82\%$$

*1) 현상태 부동산매입가격(물음1)
*2) 추가공사비
*3) 개발완료시 적정 수익가액(물음2)

(3) NPV 및 PI
  ① 현금유입액의 현재가치: 26,625,000,000 (개발완료시 수익가액)
  ② 현금유출액의 현재가치: 26,064,000,00 (개발완료시 적정 매입가액)

할인율	기준시점	현금유입 PV	현금유출 PV	NPV	PI
4%	25.07	$25,600,961,538^{*1)}$	$25,289,000,000^{*2)}$	311,961,538	1.0123
	26.07	26,625,000,000	26,064,000,000	561,000,000	1.0215
5%	25.07	$25,357,142,857^{*3)}$	$25,217,571,429^{*4)}$	139,571,429	1.0055
	26.07	26,625,000,000	26,064,000,000	561,000,000	1.0215

*1) $\dfrac{26,625,000,000}{1.04}$

*2) $17,789,000,000 + \dfrac{7,800,000,000}{1.04}$

*3) $\dfrac{26,625,000,000}{1.05}$

*4) $17,789,000,000 + \dfrac{7,800,000,000}{1.05}$

(4) 종합의견 및 결론
  ① **투자판단의 기준** : 본 사업의 기대수익률을 의미하는 내부수익률(IRR)은 5.82%로 산출되었다. 이는 투자자의 요구수익률이 5.82%를 초과할 경우 본 사업의 타당성이 확보되지 않음을 의미한다.
  ② **분석 결과의 해석** : 할인율 4%, 5%를 적용한 NPV는 모두 0을 초과하여 **재무적 타당성은 있는 것으로** 분석된다. 다만, 향후 시장 전망이 부정적임에도 불구하고 투자를 1년 연기할 경우의 **NPV와 PI가 현재 시점보다 오히려 상승**하는 이율배반적인 결과가 나타나고 있다. 이는 사업 자체의 수익성이 개선된다기보다는, 현금흐름의 시점 차이로 인한 **분석상의 결과**로 해석된다.
  ③ **최종 결론** : 결론적으로, 본 투자안은 **계량적 분석(NPV>0)상으로는 타당성**이 있으나, 질적인 측면에서 여러 위험 요인을 내포하고 있다. 기대수익률(IRR 5.82%)이 시장금리 수준인 요구수익률(4~5%)을 근소하게 상회하고 있어 **안전마진이 매우 낮으며** 향후 원자재비 추가 인상이나 예측보다 큰 폭의 임대료 하락 등 부정적 시장 상황이 현실화될 경우, **사업 타당성이 쉽게 훼손될 수 있으므로 투자 결정에 신중한 접근이 요구된다.**

CHAPTER 03 투자수익률

투자수익률은, 투자안의 현금흐름에 따라 사후적으로 실현된 최종 수익률이다. 국토교통부는 매분기 한국부동산원을 통한 '임대동향조사'를 통해 상업용부동산의 소득수익률과 자본수익률을 권역별로 추계, 발표하고 있다.

투자수익률은 1기간 할인모형에서의 내부수익률과 동일하다. 수익환원법에서 정의하는 가치는 대상 부동산이 장래 창출하는 현금흐름의 현재가치다. 현재시점의 가치를 'V_0', 1년 뒤 예상가격이 'V_1', 1년간의 운영수입을 NOI라고 하면 '$V_0 = \dfrac{NOI}{1+r} + \dfrac{V_1}{1+r}$'의 관계식이 성립한다.

이 식을 변형하면, 다음과 같이 되어 1기간 할인모형에서의 내부수익률이 곧 투자수익률이 됨을 알 수 있다.

$$V_0 = \dfrac{NOI}{1+r} + \dfrac{V_1}{1+r}$$
$$\Leftrightarrow V_0 \times (1+r) = NOI + V_1$$
$$\Leftrightarrow V_0 \times r = NOI + V_1 - V_0$$
$$\Leftrightarrow r = \dfrac{NOI}{V_0} + \dfrac{V_1 - V_0}{V_0}$$

부동산 투자분석에서는 1기간 동안의 순수익과 1기간 말의 부동산가치를 모두 추정·예상하여 내부수익률을 도출하는 데 반해 임대동향조사에서의 투자수익률 추계는 실현된 순수익과 기말가치(기준시점)를 평가한 사후적 결과물이다.

투자수익률 추계절차는 다음과 같다.

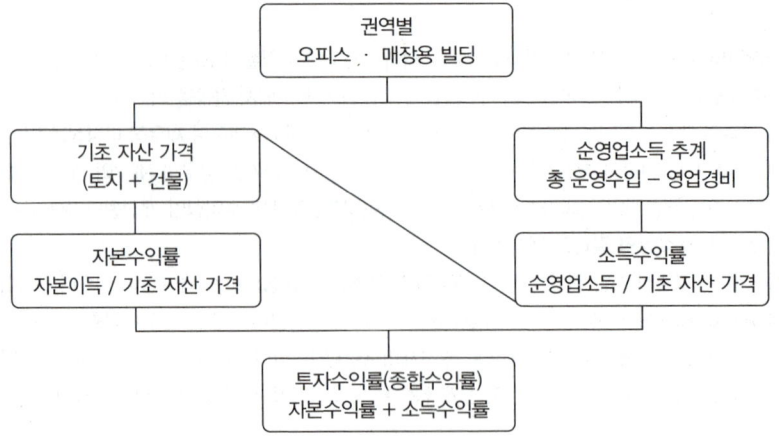

구 분	상 세	기 타
기초 자산 가격(V_0)	보유기간 개시시점의 토지+건물 평가액	분기 초 평가 가격
기말 자산 가격(V_1)	보유기간 종료시점의 토지+건물 평가액	분기 말 현재 가격
순영업소득(NOI)	보유기간 동안 발생하는 순수익	—
소득수익률 (income rate)	$\dfrac{NOI}{V_0}$	—
자본수익률 (capital rate)	$\dfrac{V_1-V_0}{V_0}$	—
투자수익률 (total rate)	$\dfrac{NOI}{V_0}+\dfrac{V_1-V_0}{V_0}$	소득수익률+자본수익률

CHAPTER 03 기출문제

투자수익률

01 투자자 P는 감정평가사 K에게 부동산투자에 대한 자문을 구하였다. 감정평가사 K는 적절한 자산 포트폴리오 구성을 위하여 150,000,000원 규모의 부동산에 향후 3년간 투자하는 것이 적정하다고 자문하고 2002.7.1.에 투자부동산을 추천하였다. 다음 부동산의 투자수익률을 산정하고 투자의 사결정을 하시오. 단, 부동산은 감정평가가격에 매입하는 것으로 가정하고 거래비용은 무시하며 투자 수익률은 아래공식을 활용한다. (15점)   기출 13회

$$r_n = \frac{NOI_n}{V_n} + \frac{V_{n+1} - V_n}{V_n}$$

r_n : n년의 연간 투자수익률
NOI_n : n년의 연간 순영업소득
V_n : 기초자산가치
V_{n+1} : 기말자산가치

Ⅰ. A 부동산에 관한 자료

〈자료 1〉 A 부동산의 개요

1. 토지 : C시 D구 E동 50번지, 200m², 일반주거지역
2. 건물 : 각층 바닥면적 100m², 3층, 상업용
3. 기타사항 : 토지와 건물은 당해지역의 표준적이용과 유사하며 최고최선의 이용상태에 있는 것으로 분석되었음

〈자료 2〉 A 부동산의 수익자료(2001.7.1. ~ 2002.6.30.)

1. 2층 임대료 : 매월 5,000원/m², 임대면적은 바닥면적의 90%이며 이는 모든 층에 동일함
2. 기타소득 : 주차장 임대료는 연간 3,000,000원이 발생하고 있음
3. 운영경비(OE) : 유효조소득(EGI)의 40%

〈자료 3〉 A 부동산의 가격자료
A부동산의 적정한 감정평가 선례가 있으며 가격시점은 2002.6.30.이고 감정평가 가격은 150,000,000원 이다.

〈자료 4〉 기타자료

1. C시 일반주거지역내 상업용부동산의 순영업소득(NOI)과 부동산가치는 향후 5년간 매년 2%씩 상승하는 것으로 추정되었으며 그 모형은 신뢰할 만한 것임
2. 시장의 전형적인 공실률 : 3%
3. 대상부동산과 유사한 상업용부동산의 층별효용비는 아래와 같음

(단위 : %)

구 분	1층	2층	3층
층별효용비	100	80	70

Ⅱ. B 부동산에 관한 자료

〈자료 5〉 B 부동산의 개요

1. 토지 : F시 G구 E동 120번지, $100m^2$, 일반상업지역
2. 건물 : 연면적 $200m^2$, 3층, 상업용, 2001.7.1. 신축
3. 기타사항 : 토지와 건물은 당해지역의 표준적이용과 유사하며 최고최선의 이용상태에 있는 것으로 분석되었음

〈자료 6〉 B 부동산의 수익자료(2001.7.1. ~ 2002.6.30.)

B 부동산의 순영업소득(NOI)은 10,500,000원이고 당해 시장의 표준적인 수익을 시현하고 있는 것으로 조사되었음

〈자료 7〉 B 부동산의 토지감정평가자료

나지상태였던 본 토지에 대한 감정평가선례(가격시점 : 2001.7.1.)는 $300,000원/m^2$이고, 2001.7.1. ~ 2002.7.1.간의 지가변동률(2% 상승)로 보정한 가격을 가격시점 현재의 공시지가 및 거래사례 등을 기준한 가격과 비교 검토한바 적정한 것으로 판단됨

〈자료 8〉 B 부동산의 건물감정평가자료

1. 본 건물의 2002.7.1. 감정평가가격은 유사거래사례로부터 회귀분석모형을 구축하여 도출하는 것으로 함

- 회귀모형 $y = a + bx$
- 회귀상수 $(a) = \dfrac{\sum y \times \sum x^2 - \sum x \times \sum xy}{n\sum x^2 - (\sum x)^2}$
- 회귀계수 $(b) = \dfrac{n\sum xy - \sum x \times \sum y}{n\sum x^2 - (\sum x)^2}$

2. 유사거래사례자료

　가. 사례건물은 대상건물과 경과연수 요인을 제외한 제반요인이 거의 동일하며, 건물가격과 경과연수 간에는 선형관계가 있고 다른 요인의 건물 가격 영향은 무시함

　나. 건물거래사례자료

사 례	거래가격에서 적절하게 보정된 가격시점의 건물가격(원/m²)	가격시점 현재의 경과연수
1	580,000	3
2	500,000	10
3	520,000	7
4	560,000	5
5	600,000	0

※ 구축한 모형의 R^2(결정계수)값은 충분히 유의하여 모형채택이 가능하다고 봄

〈자료 9〉 기타자료

F시 상업지역내 상업용부동산의 순영업소득(NOI)과 부동산가치는 향후 5년간 매년 4%씩 상승하는 것으로 추정되었으며 그 모형은 신뢰할 만한 것임

출제영역

투자수익률

답안작성 가이드

Ⅰ. 투자수익률 산정

1. A부동산

　(1) NOI

　　① PGI

$$5,000 \times (100\text{m}^2 \times 0.9) \times 12 \times \frac{100+80+70}{80} = 16,875,000$$

　　② EGI

　　　'①' × (1−0.03) + 3,000,000 = 19,368,750

　　③ NOI

　　　'②' × (1−0.4) = 11,621,250

　(2) 투자수익률

$$\frac{11,621,250}{150,000,000} \times 1.02 + 0.02 ≒ 0.099 \ (9.90\%)$$

2. B부동산
    (1) 부동산가치
        ① 토 지
            @300,000×1.02000×100m²=30,600,000
        ② 건 물
            ⓐ 회귀분석식
                y=605,448−10,690×x(r²≒0.9633)
                (x=경과연수, y=건물가격, r²=결정계수)
            ⓑ 건물가격
                605,448−10,690×1≒@595,000
                                (×200=119,000,000)
            ⓒ 합 계
                '①'+'②'=149,600,000원
    (2) 투자수익률
        $\dfrac{10,500,000}{149,600,000} \times 1.04 + 0.04 ≒ 0.1130$ (11.30%)

Ⅱ. 투자의사 결정
지난 1년의 자료로 유추해 볼 때 투자규모가 유사한 A와 B부동산 중에서 B부동산에 투자할 경우에 더 높은 수익이 기대되므로 B부동산에 투자하는 것이 유리함(투자수익률 : A<B)

CHAPTER 04 그 밖의 컨설팅

제5편 | 비가치추계(컨설팅)

> **핵심 키워드**
>
> 1. 가치추정 컨설팅
> 2. 재건축 초과이익 부담금 산정
>   (1) 초과이익 산정방식
>   (2) 종료시점 주택가액
>   (3) 개시시점 주택가액
>   (4) 정상주택가격상승분
>   (5) 개발비용
>   (6) 재건축부담금
>   (7) 재건축부담금 예정액 통지, 부과

1. 가치추정 컨설팅

실무적으로 빈번한 컨설팅은 준공 후 가치추정용역이다. 낙관과 비관적 상황에서 개발계획대로 완공될 장래 부동산의 가치를 상한추정액과 하한추정액으로 제시한다. 가치추계기법은 감정평가 3방식 7방법을 적용하며, 범위로 가액을 제시하는 것만 빼면 실질적인 감정평가 업무로 볼 수 있다.

2. 재건축 초과이익 부담금 산정

최근 재건축구역에서의 '재건축부담금 산정' 용역도 수행되고 있다. 국토교통부의 '재건축부담금 업무매뉴얼'에 따라 각 항목의 검토과정을 요약하면 다음과 같다.

(1) 초과이익 산정방식

> 재건축 초과이익 = 종료시점 주택가액 − (개시시점 주택가액 + 정상주택가격상승분 + 개발비용)

(2) 종료시점 주택가액

① 부과종료시점은 당해 재건축사업의 준공인가일로 하며, 부과대상이 되는 재건축사업의 전부 또는 일부가 관계법령에 의해 준공인가 된 날 또는 관계행정청의 인가 등을 받아 건축물의 사용을 개시한 날 중 어느 하나에 해당 하는 경우에는 그 해당하게 된 날을 부과종료 시점으로 한다.

② 조합원 주택가액, 일반분양분의 주택가액, 재건축소형주택 인수가격을 합산하여 산정한다.
  ㉠ 조합원주택가액
    부동산 가격의 조사·산정에 관하여 전문성이 있는 기관에 의뢰하여 종료시점 현재의 주택가격 총액을 조사·산정하고 이를 「부동산공시법」에 따른 부동산가격공시위원회의 심의를 거쳐 결정한 가액으로 하며, 이에 따라 산정된 종료시점 현재의 주택가격은 「부동산공시법」에 따라 공시된 주택가격으로 보도록 함. 통상, [종료시점 당시 추정시세×(종료시점 당시)예상 현실화율(공시가격의 시가반영비율)]로 산정함.
  ㉡ 일반분양분 주택가액
    분양시점 분양가격의 총액으로 하되, 재건축부담금 예정액 산정 시에는 인근시세 및 분양사례 등을 고려한 예상 분양가격에 분양시점까지의 가격상승률을 보정하여 분양가격을 산정함. 통상, 분양가상한제가 적용되는 지역은 [종료시점 당시 추정 택지비+(종료시점 당시)예상 건축비+(종료시점 당시)가산비]로 산정함.
  ㉢ 재건축 소형주택 인수가액
    광역 지방자치단체, 한국토지주택공사 또는 지방공사가 해당 재건축소형주택을 인수한 가격
③ 국가 또는 지방자치단체가 보유하는 주택, 「공공기관의 운영에 관한 법률」 제4조에 따른 공공기관 또는 「지방공기업법」 제49조에 따라 주택사업을 수행하기 위하여 설립된 지방공사가 임대목적으로 보유하는 주택, 관계법령에 따라 주택을 건설·공급하는 때에 국가 또는 지방자치단체로 보는 기관이 임대목적으로 보유하는 주택, 국가, 지방자치단체, 「한국토지주택공사법」에 따른 한국토지주택공사 또는 지방공사가 「도시 및 주거환경정비법」 제55조 제1항, 제66조 제3항 전단 또는 제101조의6 제2항, 「빈집 및 소규모주택 정비에 관한 특례법」 제43조의5 제1항 또는 제49조의2 제3항·제5항 규정에 따라 공급받는 주택, 국가 또는 지방자치단체가 「국토의 계획 및 이용에 관한 법률」 제52조의2 제1항 제3호에 따라 제공받는 공공임대주택은 주택가액 산정 시 제외할 수 있다.

(3) 개시시점 주택가액

① 재건축사업을 위하여 최초로 조합설립인가를 받은 날로 한다. 다만, 부과대상이 되는 재건축사업의 전부 또는 일부가 다음 각 호의 어느 하나에 해당하는 경우에는 다음 각 호의 어느 하나에 해당하는 날을 부과개시시점으로 한다. 부과개시시점부터 부과종료시점까지의 기간이 10년을 초과하는 경우에는 부과종료시점으로부터 역산하여 10년이 되는 날을 부과개시시점으로 한다.

- 조합이 합병된 경우는 각각의 최초 조합설립인가일
- 공공시행자가 사업시행자로 최초 지정 승인된 날(조합설립인가를 받지 아니한 경우에 한정)
- 주민합의체 구성을 신고한 날
- 신탁업자가 사업시행자로 최초 지정 승인된 날(조합설립인가를 받지 아니한 경우에 한정
- 조합이 분할된 경우에는 분할 전에 최초로 해당 조합의 설립인가를 받은 날
- 「빈집 및 소규모주택 정비에 관한 특례법」 제18조 제1항에 따라 특별자치시장·특별자치도지사·시장·군수 또는 자치구의 구청장이 직접 시행하기로 결정된 날 또는 「한국토지주택공사법」에 따라 설립된 한국토지주택공사 또는 지방공사가 사업시행자로 최초 지정된 날(주민합의체의 구성이 없는 경우만 해당)
- 「빈집 및 소규모주택 정비에 관한 특례법」 제19조 제1항에 따라 신탁업자가 사업시행자로 최초 지정된 날(주민합의체의 구성이 없는 경우만 해당)

② 개시시점 주택가액은 「부동산 가격공시에 관한 법률」에 따라 공시된 부과대상 주택가격(공시된 주택가격이 없는 경우는 제3항에서 규정한 절차에 따라 국토교통부장관이 산정한 부과개시시점 현재의 주택가격)총액에 공시기준일부터 개시시점까지의 정상주택가격상승분을 반영한 가액으로 한다. 다만, 「주택법」에 따른 부대시설 또는 복리시설을 소유한 조합원이 종료시점 부과대상 주택을 공급받는 경우에는 본문에 따라 산정된 부과대상 주택가격총액에 「감정평가 및 감정평가사에 관한 법률」에 따른 감정평가법인등이 아래에서 정하는 바에 따라 평가·산정한 부대시설 및 복리시설의 가격 총액을 합산하여야 한다.

> 1. 「도시 및 주거환경정비법 시행령」 제63조 제2항 제2호 가목 또는 「빈집 및 소규모주택 정비에 관한 특례법 시행령」 제31조 제2항 제2호 가목에 따라 주택을 공급받는 경우 : 개시시점의 부대시설등에 대하여 감정평가를 실시하여 산정한 가격
> 2. 「도시 및 주거환경정비법 시행령」 제63조 제2항 제2호 나목 또는 「빈집 및 소규모주택 정비에 관한 특례법 시행령」 제31조 제2항 제2호 나목에 따라 주택을 공급받는 경우 : 개시시점의 부대시설등에 대하여 감정평가를 실시하여 산정한 가격에 「도시 및 주거환경정비법」 제74조 제1항 제3호 또는 「빈집 및 소규모주택 정비에 관한 특례법」 제33조 제1항 제3호에 따른 분양대상자의 분양예정 대지 또는 건축물의 추산액에서 분양대상자의 분양예정 주택의 추산액이 차지하는 비율을 곱하여 산정한 가격. 다만, 조합등이 요청하는 경우에는 개시시점의 부대시설등에 대하여 감정평가를 실시하여 산정한 가격에 종료시점의 대지 또는 건축물의 감정평가가격에서 종료시점의 주택의 감정평가가격이 차지하는 비율을 곱하여 산정할 수 있음
> 3. 「도시 및 주거환경정비법 시행령」 제63조 제2항 제2호 다목 또는 「빈집 및 소규모주택 정비에 관한 특례법 시행령」 제31조 제2항 제2호 다목에 따라 주택을 공급받는 경우 : 개시시점의 부대시설등에 대하여 감정평가를 실시하여 산정한 가격

㉠ 실제 부과 시, 개시시점 주택가액에 종료시점 주택가액과 종료시점 실거래가격(실거래가격이 없거나 부족한 경우에는 인근 유사단지의 실거래가격을 고려한 적정가격)과의 비율을 적용하여 조정한 가액으로 한다.

> 조정한 개시시점 주택가액 = A × B × C
> A : 개시시점 주택가액
> B : 종료시점 부과대상 주택의 가격총액 ÷ 종료시점 실거래가격
> C : 개시시점 실거래가격 ÷ 개시시점 주택가액
> (다만, 부대복리시설등의 감정평가액을 합산하는 경우 A : 부대시설등의 가격 총액, C : 1)

㉡ 실거래가격은 「부동산 거래신고 등에 관한 법률」 제3조에 따라 신고된 거래가격으로서, 개시시점 전후 1년 이내, 종료시점 전 1년 이내여야 하며, 신고된 건수가 월평균 1건 미만인 경우에는 인근 유사단지에서 「부동산 거래신고 등에 관한 법률」 제3조에 따라 신고된 거래가격을 고려한 적정가격으로 한다. 다만, 인근 유사단지에서 신고된 건수가 월평균 1건 미만이고, 납부의무자의 요청에 따라 시장·군수·구청장이 감정평가가 필요하다고 인정하는 경우에는 감정평가를 실시하여 산정한 가액으로 한다.

③ 「도시 및 주거환경정비법」 제54조 제4항에 따라 건설된 재건축사업의 국민주택규모 주택에 대하여 법 제9조 제3항 전단에 따라 종료시점 주택가격을 산정하는 경우에는 「도시 및 주거환경정비법」 제55조에 따라 국토교통부장관, 특별시장·광역시장·특별자치시장·도지사·특별자치도지사·시장·군수·구청장, 「한국토지주택공사법」에 따른 한국토지주택공사 또는 지방공사가 해당 재건축소형주택을 인수한 가격을 그 주택의 종료시점주택가액으로 산정한다.

④ 국가 또는 지방자치단체가 보유하는 주택, 「공공기관의 운영에 관한 법률」 제4조에 따른 공공기관 또는 「지방공기업법」 제49조에 따라 주택사업을 수행하기 위하여 설립된 지방공사가 임대목적으로 보유하는 주택, 관계법령에 따라 주택을 건설·공급하는 때에 국가 또는 지방자치단체로 보는 기관이 임대목적으로 보유하는 주택은 주택가액 산정 시 제외할 수 있다.

(4) 정상주택가격상승분

개시시점 주택가액에 종료시점까지의 정기예금이자율과 해당 재건축사업장이 소재하는 특별자치시·특별자치도·시·군·구의 평균주택가격상승률 중 높은 비율을 곱하여 산정한다.

① 정기예금이자율
  ㉠ 한국은행이 작성한 통계자료인 '예금은행 가중평균 수신금리' 중 '저축성 수신'의 '순수저축성예금' 중 '정기예금 6개월 ~ 1년 미만'의 연이율(%)을 적용하여 산정
  ㉡ 개시시점부터 종료시점까지의 정기예금이자율은 각 연도별 정기예금연평균이자율을 소수로 환산한 후 곱하여 산정

② 평균주택가격상승률[330]
  ㉠ 한국부동산원에서 매월 조사 발표하는 '시·군·구별 주택매매가격지수'
  ㉡ 개시시점부터 종료시점까지의 평균주택가격상승률은 각 연도별 가격상승률을 산정하고 소수로 환산한 후 곱하여 산정

(5) 개발비용

① 다음의 비용에 대해 납부의무자가 제출한 자료에 근거하여 산정한다.

> - 공사비, 설계감리비, 부대비용 및 그 밖의 경비
> - 관계법령의 규정 또는 인가 등의 조건에 의하여 납부의무자가 국가 또는 지방자치단체에 납부한 제세공과금
> - 관계법령의 규정 또는 인가 등의 조건에 의하여 납부의무자가 공공시설 또는 토지 등을 국가 또는 지방자치단체에 제공하거나 기부한 경우에는 그 가액. 다만, 그 대가로 「국토의 계획 및 이용에 관한 법률」 및 「도시정비법」에 따라 용적률 등이 완화된 경우는 그러하지 아니함
> - 주택재건축조합(추진위원회 포함)의 운영과 관련된 경비
> - 「도시정비법」 제30조의3에 따른 재건축소형주택 건설과 관련된 비용

---

330) 다만, 특별자치시·특별자치도·시·군·구의 주택가격 통계가 생산되기 이전 기간의 평균주택가격상승률은 국토교통부장관이 대통령령으로 정하는 바에 따라 부동산가격조사 전문기관에 의뢰하여 해당 특별자치시·특별자치도·시·군·구의 기준시가 변동률, 통계청 승인을 받은 해당 특별자치시·특별자치도·시·군·구가 소재하는 광역지방자치단체의 주택가격 상승률 등을 고려하여 조사·산정하고 이를 부동산가격공시위원회의 심의를 거쳐 결정

② 개발비용은 납부의무자가 해당 주택재건축사업의 시행과 관련하여 지출한 비용으로서 「주식회사의 외부감사에 관한 법률」에 따른 감사인의 회계감사를 받은 후 계약서, 금융 및 세금 납부 자료 등 그 증명서류를 갖추어 제시한 금액에 한한다.

③ 납부의무자가 제시하는 금액 중 「재건축이익법」에서 정하는 개발비용을 합한 금액이 「주택법」에 따른 금액(직접공사비, 간접공사비, 설계비, 감리비, 부대비 등)등에 비추어 적정범위를 초과하는 경우 시장·군수·구청장은 외부 전문기관에 회계감사를 의뢰하는 등의 방법으로 해당 개발비용의 적정성을 확인하여야 하며, 그 적정성을 확인할 수 없는 비용은 해당개발비용에 계상하지 아니한다.

(6) 재건축부담금

재건축초과이익을 해당 조합원 수로 나눈 금액에 다음의 부과율을 적용하여 계산한 금액을 그 부담금액으로 한다.

조합원 1인당 평균이익	부담금액
8천만원 이하	면 제
8천만원 초과 ~ 1억 3천만원 이하	8천만원을 초과하는 금액의 100분의 10 × 조합원수
1억 3천만원 초과 ~ 1억 8천만원 이하	500만원 × 조합원수 + 1억 3천만원을 초과하는 금액의 100분의 20 × 조합원수
1억 8천만원 초과 ~ 2억 3천만원 이하	1천 500만원 × 조합원수 + 1억 8천만원을 초과하는 금액의 100분의 30 × 조합원수
2억 3천만원 초과 ~ 2억 8천만원 이하	3천만원 × 조합원수 + 2억 3천만원을 초과하는 금액의 100분의 40 × 조합원수
2억 8천만원 초과	5천만원 × 조합원수 + 2억 8천만원을 초과하는 금액의 100분의 50 × 조합원수

한편, 조합원(또는 토지등소유자)별 재건축부담금 분담은, 조합원별 개시시점 부과대상 주택의 가격, 조합원별 종료시점 부과대상 주택의 가격 추정액, 조합원별 관리처분계획상 청산금 등을 고려하여 산정된 조합원별 순이익을 모두 합산한 총액에서 조합원별 순이익이 차지하는 비율에 기초하여 조합원별 재건축부담금의 분담비율을 결정하여야 한다.

재건축부담금 감경규정도 있다. 조합원이 속한 세대(조합원 및 그 배우자와 그들과 생계를 같이 하는 가족으로서 대통령령으로 정하는 것)의 구성원이 재건축사업의 대상이 되는 주택(「주택법」 제2조에 따른 부대시설 또는 복리시설을 포함) 외의 다른 주택[331](대통령령으로 정하는 준주택을 포함)을 보유하지 아니한 경우로서 해당 조합원(1세대 1주택자)이 부과종료시점부터 역산하여 6년 이상 재건축 대상주택을 보유한 경우에는 부담금액 중 조합원별 분담기준 및 비율에 따라 해당 조합원이 분담해야 하는 부담금액에 다음 각 호의 보유기간(1세대 1주택자로서의 기간에 한정)에 따른 비율을 곱한 금액에 해당하는 재건축부담금을 감경한다. 이 경우 해당 조합원은 부과종료시점에 1세대 1주택자이어야 한다.

---

331) 다음의 주택은 해당되지 않음.
   1. 상속, 혼인 등 부득이한 사유로 인하여 보유하는 경우로서 대통령령으로 정하는 주택
   2. 재건축사업의 시행기간 동안 거주를 위한 사유로 보유하는 경우로서 대통령령으로 정하는 주택
   3. 주택 소재지역, 주택가액 등을 고려하여 대통령령으로 정하는 저가주택

- 보유기간이 6년 이상 7년 미만 : 100분의 10
- 보유기간이 7년 이상 8년 미만 : 100분의 20
- 보유기간이 8년 이상 9년 미만 : 100분의 30
- 보유기간이 9년 이상 10년 미만 : 100분의 40
- 보유기간이 10년 이상 15년 미만 : 100분의 50
- 보유기간이 15년 이상 20년 미만 : 100분의 60
- 보유기간이 20년 이상 : 100분의 70

(7) 재건축부담금 예정액 통지, 부과

재건축부담금 예정액 통지를 위해 조합등은 기한 내에 재건축부담금 산정에 필요한 자료를 국토교통부장관에게 제출해야 한다. 「도시 및 주거환경정비법」 제2조 제2호 다목에 따른 재건축사업의 경우에는 사업시행인가 고시일부터 3개월 이내(기한 내에 시공사가 선정되지 아니하면 자료제출 기한을 시공사와의 계약 체결일부터 1개월 이내로 연장할 수 있음), 「빈집 및 소규모주택 정비에 관한 특례법」 제2조 제1항 제3호 다목에 따른 소규모재건축사업의 경우에는 시공사와의 계약 체결일부터 1개월 이내가 기한이다. 국토교통부장관은 부과종료시점부터 5개월 이내에 재건축부담금을 결정·부과하여야 한다. 재건축부담금을 감경하는 경우에는 부과종료시점부터 8개월 이내에 재건축부담금을 결정·부과할 수 있고, 납부의무자가 제16조 제1항의 규정에 따라 고지 전 심사를 청구한 경우에는 그 결과의 서면통지일부터 1개월 이내에 재건축부담금을 결정·부과하여야 한다.

비관론자는 모든 기회 속에서 어려움을 찾아내고,
낙관론자는 모든 어려움 속에서 기회를 찾아낸다.

– 윈스턴 처칠 –

2026 시대에듀 감정평가사 2차 감정평가실무 한권으로 끝내기

개정4판1쇄 발행	2026년 01월 15일(인쇄 2025년 12월 05일)
초 판 발 행	2021년 12월 28일(인쇄 2021년 11월 16일)
발 행 인	박영일
책 임 편 집	이해욱
저 자	이용훈
편 집 진 행	김현지
표지디자인	박종우
편집디자인	손설이·임창규
발 행 처	(주)시대고시기획
출 판 등 록	제10-1521호
주 소	서울시 마포구 큰우물로 75 [도화동 538 성지 B/D] 9F
전 화	1600-3600
팩 스	02-701-8823
홈 페 이 지	www.sdedu.co.kr
I S B N	979-11-434-0344-5 (13320)
정 가	50,000원

※ 이 책은 저작권법의 보호를 받는 저작물이므로 동영상 제작 및 무단전재와 배포를 금합니다.
※ 잘못된 책은 구입하신 서점에서 바꾸어 드립니다.

합격의 공식 ▶
온라인 강의

혼자 공부하기 힘드시다면 방법이 있습니다.
시대에듀의 동영상 강의를 이용하시면 됩니다.
www.sdedu.co.kr ➔ 회원가입(로그인) ➔ 강의 살펴보기

합격의 공식 시대에듀

감정평가사 1·2차
유료 동영상 강의

합격을 위한 동반자, 시대에듀 유료 동영상 강의와 함께하세요!

수강회원들을 위한 특별한 혜택!

》 **무제한 반복 수강**
PC + 모바일 스트리밍 서비스 무제한 수강 가능!

》 **G-TELP 청취 특강**
영어능력검정시험 대비용 지텔프 청취 특강 제공

》 **회계 기초 과정 특강**
회계 노베이스를 위한 기초회계 강의&교재 제공

》 **1:1 맞춤학습 Q&A 제공**
온라인피드백 서비스로 빠른 답변 제공

유료 동영상 강의 문의
1600-3600

www.sdedu.co.kr
강의신청 바로가기

※ 동영상 상품에 따라 제공되는 구성에 차이가 있을 수 있습니다.

시대에듀 감정평가사 1·2차 시리즈

1차 라인업

감정평가사 1차
민법 한권으로 끝내기

감정평가사 1차
경제학원론 문제로 끝내기

감정평가사 1차
부동산학원론 한권으로 끝내기

감정평가사 1차
감정평가관계법규 한권으로 끝내기

감정평가사 1차
회계학 한권으로 끝내기

감정평가사 1차
기출문제집

단기합격을 위한 최적의 시리즈!
감정평가사 기출이 충실히 반영된 시리즈!

2차 라인업

감정평가사 2차
감정평가 및 보상법규 한권으로 끝내기

감정평가사 2차
감정평가이론

감정평가사 2차
감정평가실무 한권으로 끝내기

※ 도서의 이미지 및 세부사항은 변경될 수 있습니다.

시대에듀 전자책(eBOOK)으로 간편하게 공부하세요!

업계최초
전자책 구독이 '무료'라니, 시대에듀답죠.
*업계 최초 전자책(eBOOK) 수강생 전원 서비스 무료 제공

두꺼운 교재는 그만~
시대에듀 전자책 서비스 OPEN!

학습 효율은 높아지고, 불편함은 사라지는 합리적 선택!

#활용성 #편의성 #올인원 학습

늘어나는 학습량만큼 쌓여 가는 교재. 그 무게를 덜기 위해 시대에듀가 먼저 바꿨습니다.
가방은 가볍게, 공부는 더 똑똑하게. 이제, 시대에듀 전자책으로 새로운 학습을 시작해 보세요.

시대에듀(eBOOK)전자책 이용 방법

1 시대에듀 회원 가입   **2** 전자책(eBOOK) 신청   **3** 무료로 이용 시작

시대에듀 전자책 무료 구독 GO! →

* 업계 최초 전자책(eBOOK) 수강생 전원 서비스 무료 제공